PEKING UNIVERSITY

北京大学年鉴

1999

北京大學

PEKING UNIVERSITY

北京大学年鉴

北京大学年鉴编委会

1999

北京大学出版社

图书在版编目(CIP)数据

北京大学年鉴.1999/《北京大学年鉴》编委会编著.北京:北京大学出版社,2000.5
ISBN 7-301-04536-0

Ⅰ.北…　Ⅱ北…　Ⅲ北京大学-年鉴-1999　Ⅳ.G649.281-54

中国版本图书馆 CIP 数据核字(2000)第 07677 号

书　　　名: 北京大学年鉴(1999)
著作责任者:《北京大学年鉴》编委会
责 任 编 辑: 刘乐坚
标 准 书 号: ISBN 7-301-04536-0/Z·72
出　版　者: 北京大学出版社
地　　　址: 北京市海淀区中关村北京大学校内　100871
网　　　址: http://cbs.pku.edu.cn/cbs.htm
电　　　话: 出版部 62752015　发行部 62754140　编辑室 62752032
电 子 信 箱: zpup@pup.pku.edu.cn
排　版　者: 北京大学出版社激光照排室
印　刷　者: 北京大学印刷厂
发　行　者: 北京大学出版社
经　销　者: 新华书店
787 毫米×1092 毫米　16 开本　31.125 印张　1070 千字
2000 年 5 月第 1 版　2000 年 5 月第 1 次印刷
定　　　价: 75.00 元

江泽民主席在庆祝北京大学建校一百周年大会上发表重要讲话

1998年4月29日上午，江泽民主席在北京大学党委书记任彦申、校长陈佳洱、常务副校长闵维方的陪同下视察北京大学

江泽民主席与北大师生座谈，参加座谈的还有中共中央政治局委员、中共北京市委书记贾庆林，中共中央政治局候补委员、书记处书记曾庆红，教育部部长陈至立等

座谈会会场

江泽民主席在北大图书馆与学生交谈

江泽民主席到北大学五食堂看望学生

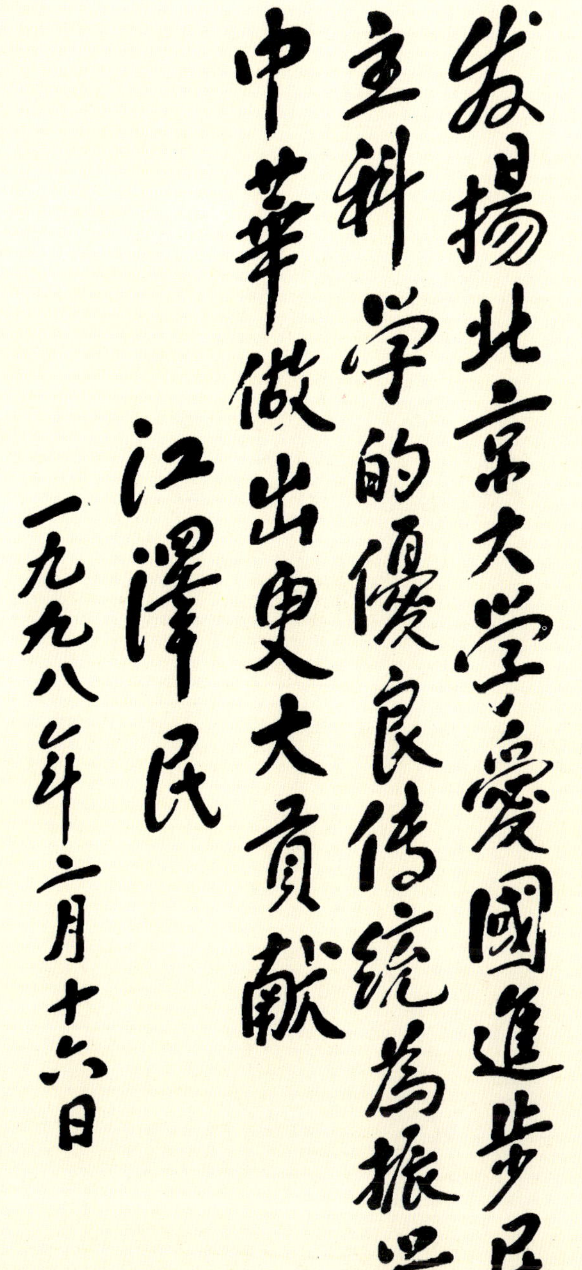

江泽民主席为北京大学建校一百周年题词

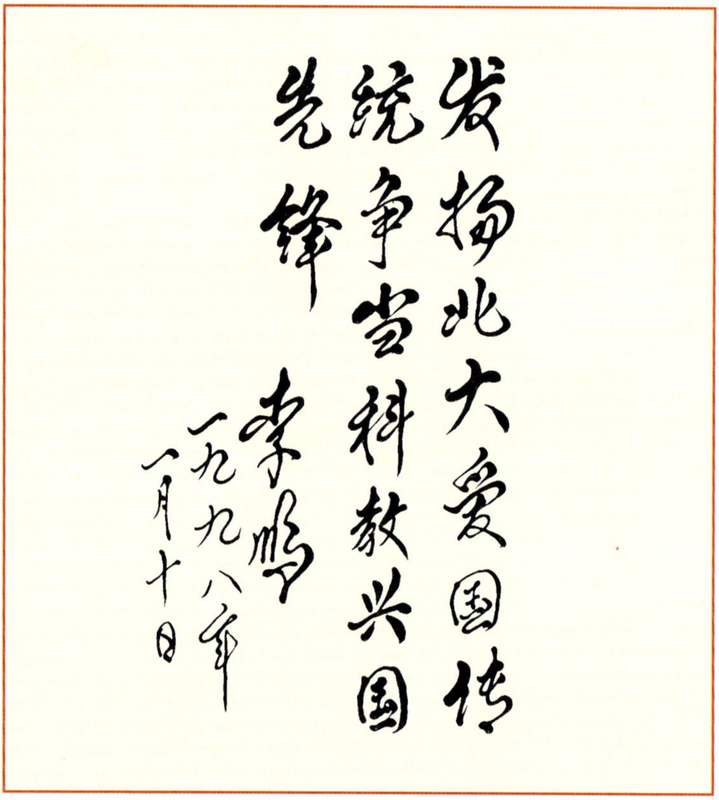

全国人大常委会委员长李鹏为北京大学建校一百周年题词

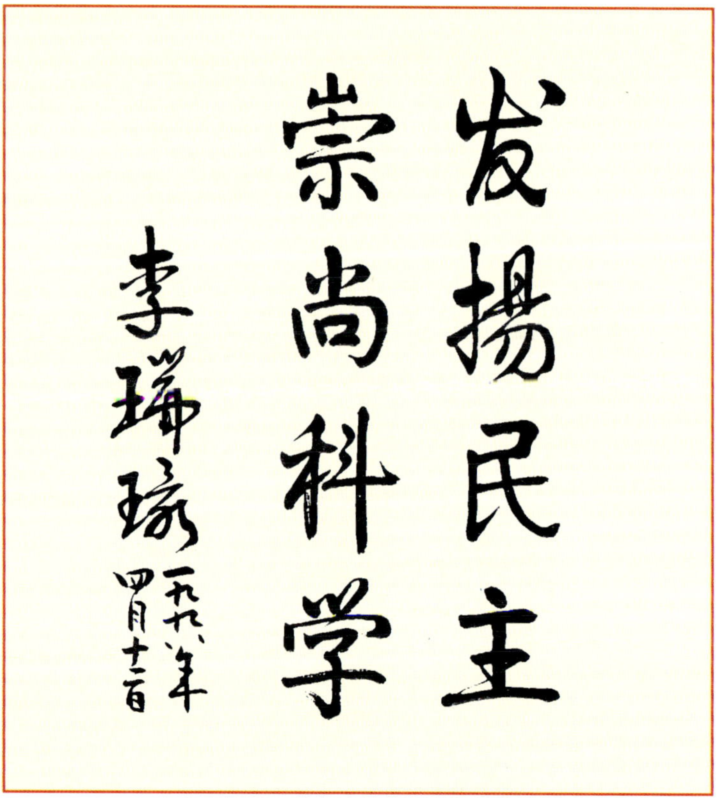

全国政协主席李瑞环为北京大学建校一百周年题词

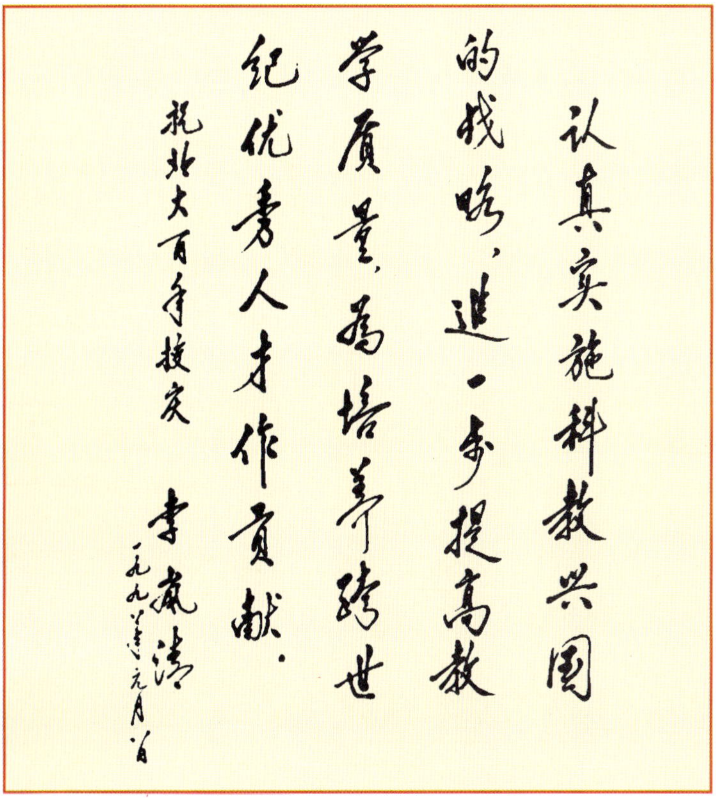

中共中央政治局常委、国务院副总理李岚清为北京大学建校一百周年题词

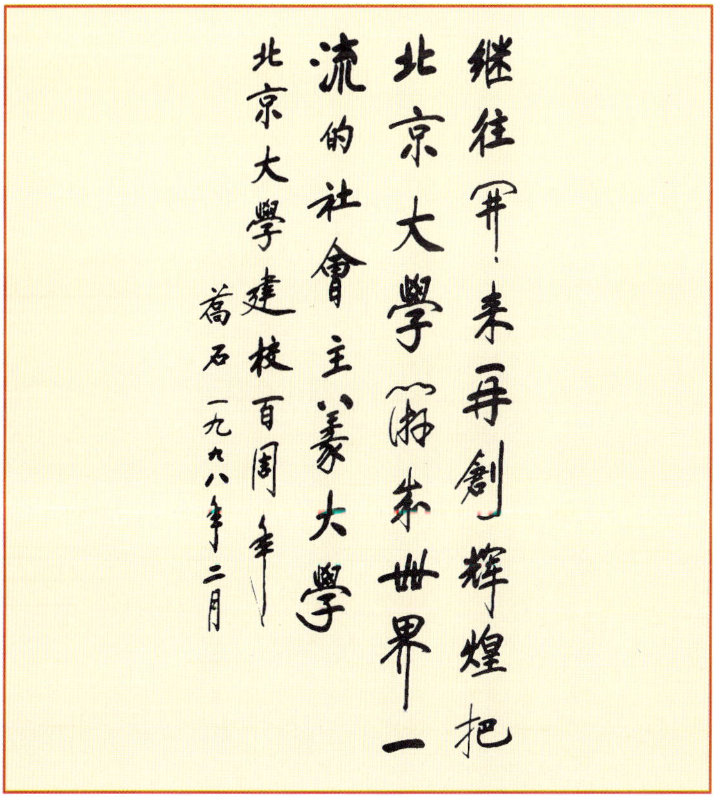

乔石同志为北京大学建校一百周年题词

庆祝北京大学建校一百周年大会会场

党和国家领导人江泽民、李鹏、朱镕基、李瑞环、李岚清在庆祝大会上

李岚清副总理在北京大学主办的以"面向二十一世纪的高等教育"为主题的世界著名大学校长论坛上发表讲话

国务院副总理李岚清、北京市委书记贾庆林、教育部部长陈至立与北京大学校长陈佳洱、常务副校长迟惠生在世界著名大学校长论坛开幕式上

党委书记任彦申主持庆祝大会

陈佳洱校长在庆祝大会上发表讲话

百年校庆成为世界瞩目的学术节、教育节和文化节，图为百年校庆著名华人科学家演讲会会场，著名华人科学家杨振宁、李政道、李远哲、朱棣文、丘成桐等作了精彩演讲

世界著名大学校长论坛主会场，来自哈佛大学、牛津大学、东京大学、莫斯科大学、清华大学等100多所世界著名大学和中国大学的校长走上了北京大学的讲坛

“光明行”北大百年庆典晚会现场

北大师生代表季羡林、王选、刘忠范、李岭在晚会上撞响世纪之钟

陈佳洱校长与时任中国科学院副院长的许智宏(1999年11月出任北京大学校长)在“北京大学星”雕塑揭幕仪式上

“北京大学星”雕塑揭幕仪式

《北京大学建校一百周年》纪念邮票首发式在人民大会堂举行

1998年4月21日，北大山鹰社登山队员成功登上海拔8201米的卓奥友峰，为百年校庆献礼

北大学生演出话剧《蔡元培》

教工团体操为校庆添彩

1998 年元旦，北大学生在天安门广场庄严宣誓：承百年报国志，做世纪栋梁材

美国总统克林顿在北京大学演讲

相约九八

让班长先说

解读北大

为学长们演出

未名湖前留个影

校友返校

校庆专列上的北大校友

留学生校友也回来了

校友挥毫签名

喜相逢

百年校庆前夕峻工的北京大学图书馆新馆

厦门校友会向母校捐赠石狮

京师大学堂校匾

京师大学堂挂钟

国立北京大学关防

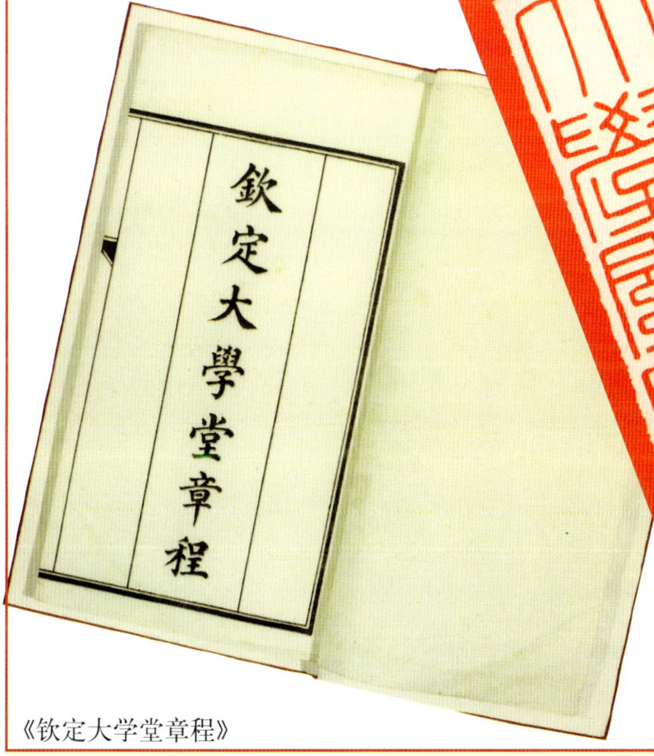

《钦定大学堂章程》

蔡元培，1916年出任北京大学校长

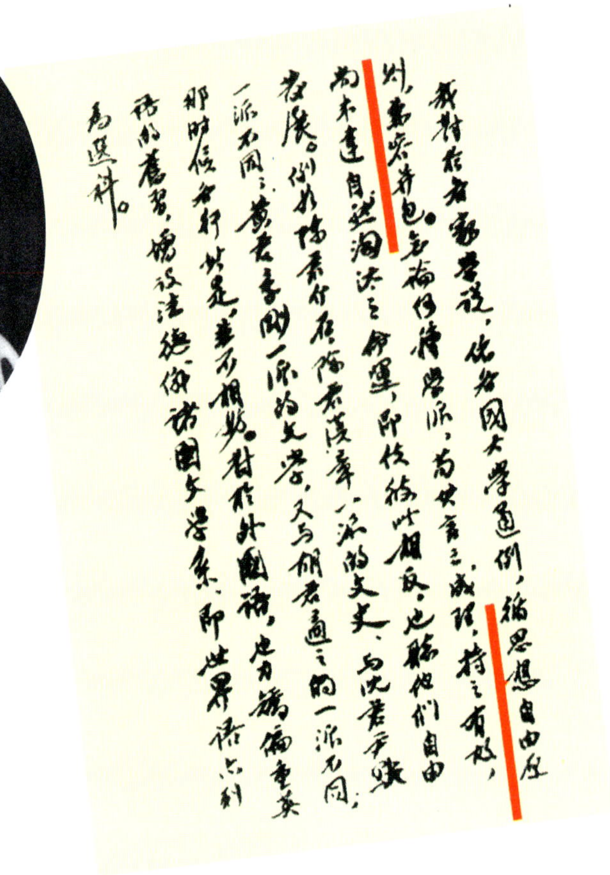

我对于各家学说，依各国大学通例，循思想自由原则，兼容并包。无论何种学派，苟其言之成理，持之有故，尚不达自然淘汰之命运，即使彼此相反，也听他们自由发展。例如陈君介石、陈君汉章一派的文史，与沈君尹默一派不同；黄君季刚一派的文学，又与胡君适之的一派不同；那时候各行其是，并不相妨。对于外国语，也力矫偏重英语的旧习，增设法、德、俄、意等国文学系，即世界语亦列为选科。

蔡元培《自写年鉴》手迹："我对于各家学说，依各国大学通例，循思想自由，兼容并包……"

李大钊，1917年受聘于北大，出任图书馆馆长；1920年讲授"唯物史观"

亢慕义斋（"亢慕义"意为"共产主义"）

陈独秀，1917年受聘于北大，出任北京大学文科学长，时年36岁

胡适，1946年7月出任北京大学校长，1917年初，胡适发表《文学改良刍议》，陈独秀发表《文学革命论》，发起反对旧文学提倡新文学的文学革命

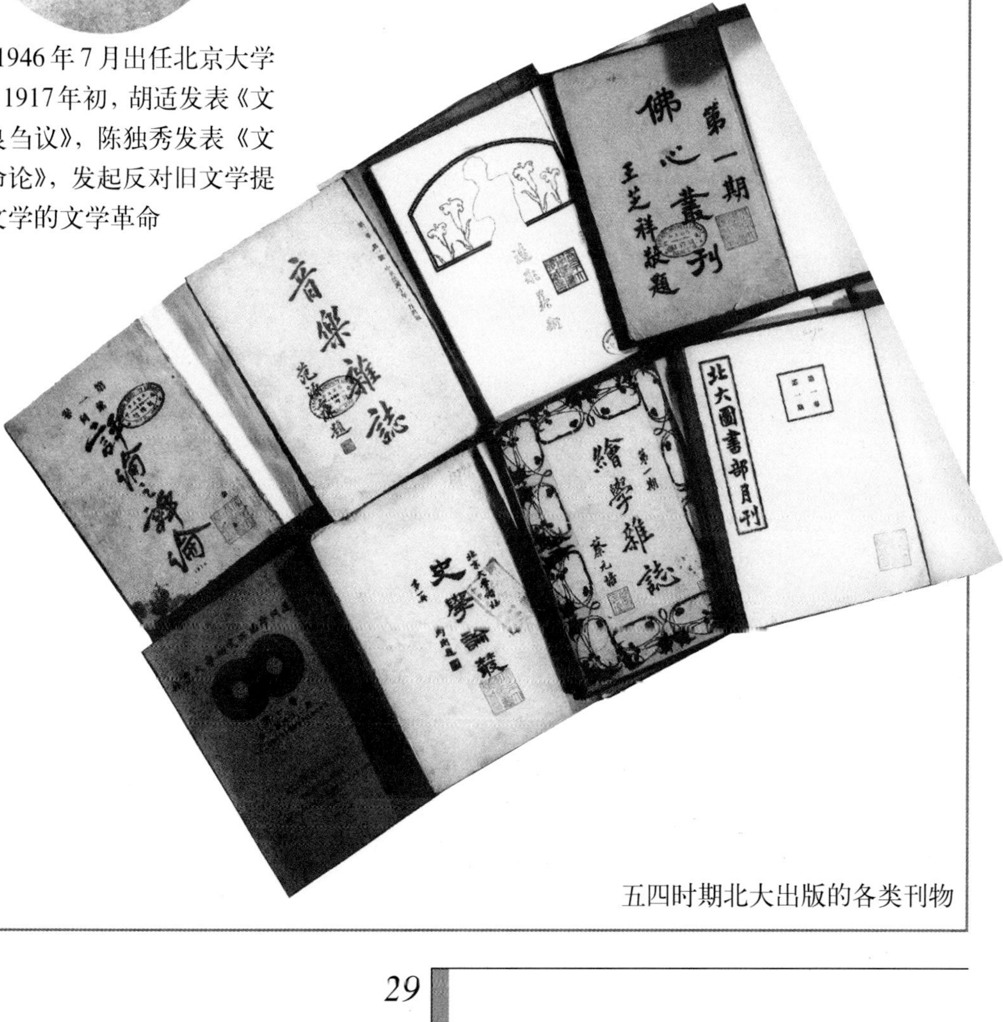

五四时期北大出版的各类刊物

鲁迅，1920 年 8 月开始应邀在北大讲授“中国小说史”

1917 年，鲁迅设计的北大校徽

1919 年，毛泽东担任北大图书馆助理馆员

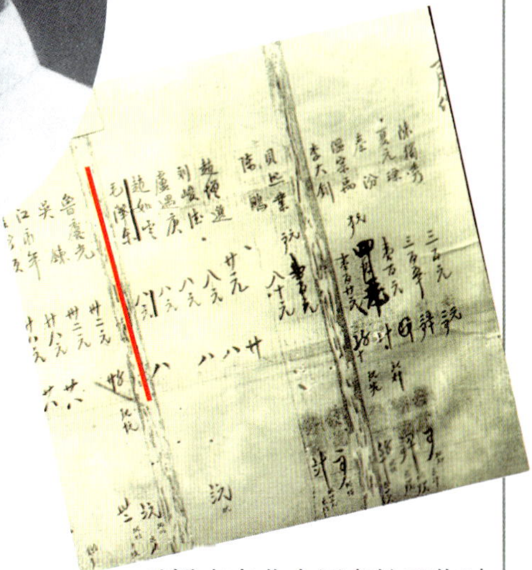

毛泽东在北大图书馆工作时的薪金底册

北大红楼

1919年五四运动中，北京大学学生游行队伍向天安门行进

西南联大校园一隅

北京大学鸟瞰

未名湖

北京大学西校门

博雅塔夜景

1958年，毛泽东主席接见北京大学学生代表

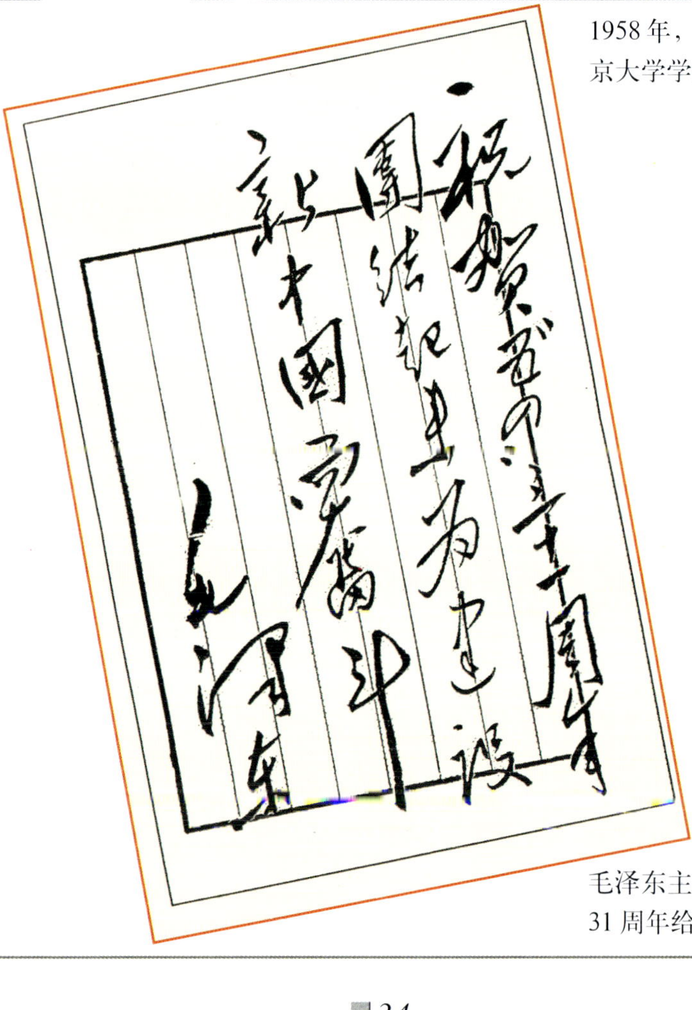

毛泽东主席为庆祝五四运动31周年给北京大学的题词

1957年5月5日，邓小平副总理陪同外宾参观北京大学

1984年10月1日，北大学生在国庆35周年游行时打出“小平您好”的横幅

北大教师在课堂上

季羡林先生在备课

中科院院士、工程院院士、第三世界科学院院士王选教授与研究助手在一起

国家重点实验室一角

图书馆部分藏书

北京大学出版社被评为全国优秀出版社

野外实习

在教室里

毕业了

中国通

大山扮戏

外国留学生在毕业典礼上

圣诞之夜

五四知识竞赛

走在军训的路上

节日狂欢的未名湖

学生文艺演出

学生游泳队

研究生院举办的'97研究生教育国际研讨会

授予萨马兰奇北大名誉教授

哈佛大学校长尼尔·陆登庭博士访问北京大学

中德大学校长研讨会

1994年11月8日，加拿大总理让·克雷蒂安在北京大学发表演讲

1996年，北大“211工程”建设计划得到国家的正式批准

1995年2月，北京大学与北京医科大学签署联合办学协议

中国共产党北京大学第十次代表大会会场

出席第十次党代会的代表热烈讨论建设世界一流大学计划

北大方正集团

党和国家领导人江泽民、李鹏视察方正集团

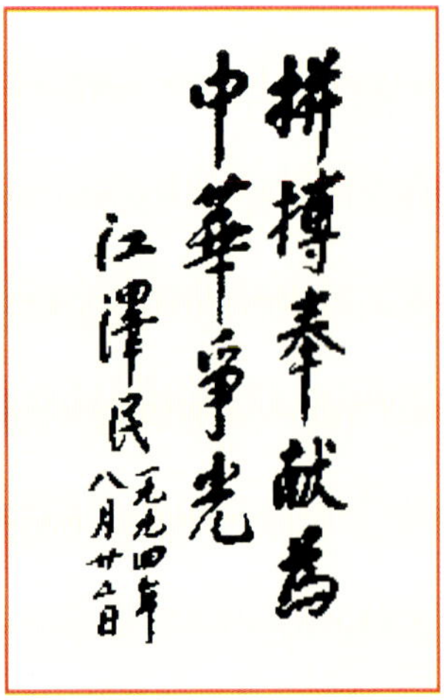

江泽民主席为方正集团题词

方正技术研究院数字媒体研究所

位于北京海淀区上地信息产业基地的方正大厦

北大方正集团公司是北京大学创建的高新技术企业，拥有2个控股上市公司：方正（香港）有限公司和上海方正延中科技集团股份有限公司；有17家独资、合资企业，总资产50亿元，1998年销售收入为74.5亿元。

集团拥有国家级企业技术中心，中心下设方正技术研究院和5个研究所（指纹技术、计算机技术、信息产品、精细化工、稀土科技）。方正研究院设有文字信息处理技术国家重点实验室和电子出版新技术国家工程研究中心，其中文文字信息处理技术处于世界领先水平。

1997年，集团成为国家120家大型试点企业集团之一；国家首批六家技术创新试点企业之一；国家重点支持的五家PC生产厂家之一。

北大未名生物工程集团

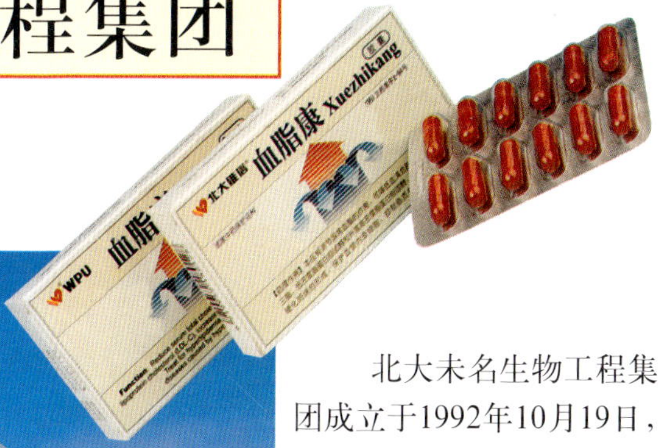

北大未名生物工程集团成立于1992年10月19日，主要从事基因工程制药、天然药物、化学药物、生化制品、疫苗、诊断试剂、农业生物工程和第三态保健食品八大领域的技术研究、开发、产业化与商业化。在“科教兴国、产业报国、健康强国”企业理念的指导下，经过几年的艰苦创业，北大未名已发展成为拥有深圳科兴生物制品有限公司、北京北大维信生物科技有限公司、厦门北大之路生物工程有限公司、北大未名诊断试剂有限公司等十几家全资、合资、合营企业的高科技企业集团。

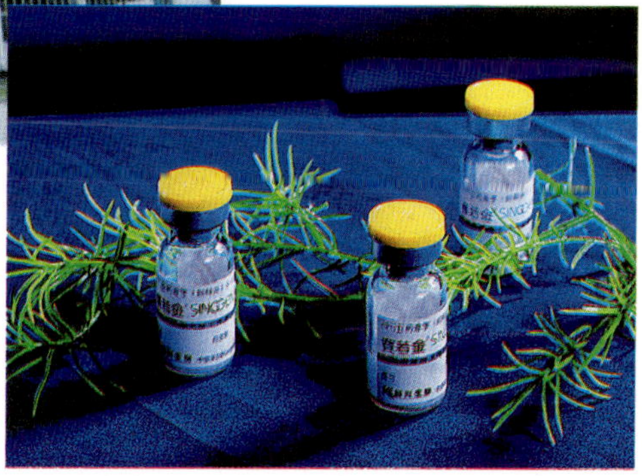

北大青鸟集团

集团董事长杨芙清院士

北大青鸟—北京天桥重组暨股权转让签约仪式

北大青鸟参加98’北京国际计算机及网络展览会

北大青鸟集团是北京大学四大支柱产业之一，是一家以软件为主体的高科技企业集团，由著名计算机软件专家、中科院院士杨芙清教授任公司董事长。公司依托北京大学的技术和人才优势，秉承“以人才为根本，以技术为核心，以产品为依托”的经营宗旨，在国家支持的重大科技攻关项目“青鸟工程”的基础上，面向行业，不断拓展，积极推动科研成果向市场产品的转化，逐步形成了集软件(Software)、微电子(Chips)、系统集成(Information Integration)、嵌入式系统(Embedded System)、网络(Network)、通信(Communications)和教育(Education)于一体的“SCIENCE”产品体系。目前，公司在总资产、净资产、产值、利税、市场占有率等五个方面的年增长率均超过了100%，体现了高科技公司飞速发展的特征。

北大资源集团

北大资源集团的前身——北大资源开发公司成立于1992年9月，并在北京市新技术产业开发实验区注册，1996年8月更名为北大资源集团。集团充分依托北京大学的综合资源优势，遵循“开拓、实干、高效、奉献”的企业宗旨，致力于北京大学科学园的建设，并确立了集团三大支柱产业，即房地产、科技产业及教育产业，成为拥有各类资产近十亿元人民币的高科技企业集团。

集团已投资的高科技项目主要涉及电子信息、精细化工、新能源、新材料等领域。

编 辑 说 明

《北京大学年鉴》(1999)是北京大学建校百年以来第一本年鉴,全面反映了北京大学 1998 年度在教学、科研、对外交流等各方面的改革、建设与发展的最新成就。

《北京大学年鉴》(1999)以文章和条目为基本体裁,以条目为主。全书共分特载,专文,北大概况,机构与干部,院系情况,教学和学科建设,科研工作,管理与后勤保障,党建和思想政治工作,人物,北京大学党发、校发文件,统计资料,表彰与奖励,1998 年毕业生,1998 年大事记及附录等基本栏目。

1998 年是北京大学建校 100 周年,这是北大乃至全国教育界的盛事,本年鉴为此设置特载一栏,记载北大百年校庆重要活动及重要讲话汇编。特载中还收录了北大“211 工程”进展情况及创建世界一流大学的规划和中国共产党北京大学第十次代表大会的有关资料。

本年鉴所收录的各院、系、所、中心等单位的资料,基本上按照发展概况、学科建设、科研活动、未来展望等条目编写。统计资料中仅收入与学生相关的统计数字,其它统计数字附在相关内容后。

本年鉴所刊内容由各单位确定专人负责提供,并经本单位领导审定。作者署名以条目为篇,紧跟条目之后,单位名加“供稿”二字。

本年鉴采用双重检索系统。书前有目录,书后有索引。索引采用内容分析主题法,按汉语拼音排序,读者还可通过书眉查检所需资料。。

本年鉴主要收录了各单位 1998 年 1 月 1 日至 1998 年 12 月 31 日期间发生的重大事件,部分内容依据实际情况时限前后略有延伸。

《北京大学年鉴》(1999)由北京大学党委办公室、校长办公室组织编写,在编写过程中,得到了各有关单位和部门的大力支持,在此谨表衷心感谢。

《北京大学年鉴》编辑部

1999 年 12 月

目 录

·特 载·

江泽民总书记
在庆祝北京大学建校一百周年大会上的讲话

（1998 年 5 月 4 日）

老师们，同学们，同志们，朋友们：

今天，参加庆祝北京大学建校一百周年的隆重集会，我感到十分高兴。首先，我代表党中央、国务院，并以我个人的名义，向北京大学的全体师生员工，表示热烈的祝贺！向全国高等院校的师生员工和广大从事教育工作的同志们，致以亲切的问候！向参加这次庆典的嘉宾们，表示诚挚的欢迎！

一百年前，在列强入侵、民族危亡的历史关头，中国发生了戊戌变法。一批爱国志士喊出了兴学图强的口号。北京大学在这种历史背景下应运而生。大家知道，在我们的民族尚未掌握自己命运的情况下，单靠兴学显然难以图强。但是，北京大学和一些高等学府的相继创建，标志着中国现代教育事业的开端，也标志着中国人民带着寻求新知识、挽救民族危亡的强烈愿望进入二十世纪。

在二十世纪的百年中，中华民族的命运发生了历史性的转折和巨变。本世纪上半叶，中国人民在中国共产党的领导下为实现民族独立和解放，经过百折不挠的斗争，终于胜利地建立了新中国。本世纪下半叶，中国人民在党的领导下又为实现国家的繁荣富强，经过艰辛的探索，终于成功地走上了建设有中国特色社会主义的正确道路。伟大的改革开放和现代化建设事业，正在向世界展示出中华民族全面振兴的灿烂前景。

一个世纪以来，北京大学随着时代的步伐前进，成为享誉海内外的著名学府。北京大学有着光荣的革命传统，是新文化运动的中心和五四运动的策源地，最早在我国传播马克思主义和科学、民主的思想。中国共产党的主要创始人和一些早期的著名活动家，新文化运动的先驱和一批著名的进步学者，都曾在这里工作或学习过。毛泽东同志在北大工作期间，通过阅读传播马克思主义的著作和具体了解十月革命，思想迅速地朝着马克思主义的方向发展。北京大学作为我国重要的教育学术文化阵地为祖国培养了一代又一代优秀人才，在社会科学和自然科学领域创造了许多重大成果，为我国的革命、建设和改革事业做出了重要的贡献。

鲁迅先生说过："北大是常为新的，改进的运动的先锋，要使中国向着好的，往上的道路走。"北大在长期发展和斗争历程中形成的爱国、进步、民主、科学的光荣传统，显示的不断钻研、求实、创新、向上的优良学风，生动地体现了中国人民自强不息、开拓进取的民族精神，也是北大永葆生机的重要动力。这种优良传统和精神动力，要永远发扬光大。

此时此刻，我不由想起了五十多年前在大学里度过的岁月。那时候，中国正处在山河破碎、民不聊生的悲惨境地，中国人民正在进行抵抗外来侵略，推翻反动统治，争取自身解放的斗争。虽然环境十分恶劣，条件十分艰苦，但广大爱国进步的青年发愤学习，追求真理，积极投身人民革命运动的洪流。半个世纪过去了，我在那段生活中学到的科学文化知识、做人的道理和确立的人生理想，至今仍然受用。大学时代，对人的一生会产生深远的影响，希望风华正茂的同学们要千万珍惜。

二十一世纪正向我们走来。全国各族人民正在党的领导下，坚定不移地高举邓小平理论伟大旗帜，全面推进建设有中国特色社会主义事业，决心把我们伟大的祖国建设成为富强民主文明的社会主义现代化国家。为了实现这个宏伟目标，我们必须紧紧围绕经济建设这个中心，坚持不懈地实施科教兴国战略。

当今世界，科学技术突飞猛进，知识经济已见端倪，国力竞争日趋激烈。邓小平同志反复教导我们，科学技术是第一生产力。必须尊重知识，尊重人才。他的这些重要思想是我们实行科教兴国战略的理论基础。全党和全社会都要高度重视知识创新、人才开发对经济发展和社会进步的重大作用，使科教兴国真正成为全民族的广泛共识和实际行动。

我们的大学应该成为科教兴国的强大生力军。教育应与经济社会发展紧密结合，为现代化建设提供各类人才支持和知识贡献。这是面向二十一世纪教育改革和发展的方向。大家要继续解放思想，深化改革，面向现代化，面向世界，面向未来，在教育和科研战线上努力开创人才培养、知识创新的生机勃勃的新局面。

为了实现现代化，我国要有若干所具有世界先进水平的一流大学。这样的大学，应该是培养和造就高素质的创造性人才的摇篮，应该是认识未知世界、探求客观真理、为人类解决面临的重大课题提供科学依据的前沿，应该是知识创新、推动科学技术成果向现实生产力转化的重要力量，应该是民族优秀文化与世界先进文明成果交流借鉴的桥梁。

同志们，朋友们，今天是五四青年节。七十九年前，北京大学的爱国青年发起了具有划时代意义的五四运动。五四运动的精神，最根本的就是中华民族的爱国主义精神。当代中国的广大青年，要继续继承和发扬五四运动的光荣传统，努力担当起振兴中华民族的历史使命，创造出无愧于时代和人民的业绩。

在这里，我向北大同学和所有高等院校的大学生，向全国各界青年提出几点希望。

希望你们坚持学习科学文化与加强思想修养的统一。首先要刻苦学习，掌握现代科学文化知识。这是成才的重要前提。要学有专长，同时努力拓宽知识面，用人类社会创造的一切优秀文明成果丰富和提高自己。求知与修养相结合，是中华民族的一个优秀文化传统。没有好的思想品德，也不可能把学到的知识真正奉献给祖国和人民，也就难以大有作为。青年时期注重思想修养，陶冶情操，努力树立正确的世界观、人生观、价值观，对自己一生的奋斗和成就将会产生长远而巨大的作用。

希望你们坚持学习书本知识与投身社会实践的统一。要健康成长，不仅要学习书本知识，而且要向社会实践学习，自觉地投身于火热的改革开放和现代化建设实践。人民群众的社会实践，是知识常新和发展的源泉，是检验真理的试金石，也是青年锻炼成长的有效途径。青年人要立志到祖国和人民最需要的地方去，到条件艰苦的地方去，磨炼意志，砥砺品格，把学得的知识用于实践，在实践中继续学习提高。艰辛知人生，实践长才干。这是古往今来许多人成就一番事业的经验总结。

希望你们坚持实现自身价值与服务祖国人民的统一。青年人富有遐想和抱负，憧憬着美好的未来。这是青年的特点，也是优点。但需懂得，个人的抱负不可能孤立地实现，只有把它同时代和人民的要求紧密结合起来，用自己的知识和本领为祖国为人民服务，才能使自身价值得到充分实现。如果脱离时代，脱离人民，必将一事无成。波澜壮阔的改革开放和现代化建设，为全国各族青年展示才华，实现志向，提供了广大的舞台。生长在这样的时代是幸福的。广大青年一定要虚心向革命先辈和人民群众学习，在为祖国的竭诚奉献中焕发出青春的绚丽光彩。

希望你们坚持树立远大理想与进行艰苦奋斗的统一。青年人要有理想，还要有实现理想的坚定信念和脚踏实地、百折不挠的奋斗精神。建设有中国特色社会主义，实现中华民族的振兴，是非常艰巨的事业。我国还处在并将长期处在社会主义初级阶段，在前进的道路上必然会遇到许多这样或那样的困难与挑战。广大青年一定要深刻认识我们的国情，要有坚韧不拔的充分思想准备，取得成绩时不盲目乐观，遇到困难时不气馁悲观。创业维艰，奋斗以成。历史的胜利与成功，永远属于具有崇高理想、坚定信念的艰苦奋斗的人们。

再经过半个世纪的努力，到建国一百周年时，我国的社会主义现代化将会胜利地得到基本实现。到那时，无数志士仁人梦寐以求的振兴中华的理想将变成现实，中国人民将过上中等发达水平的富裕文明生活，中华民族将对人类做出更大的贡献。

祖国的未来是无限美好的，青年的未来也是无限美好的。祖国和民族的希望寄托于青年。希望广大青年和全国人民一道，在党的基本理论和基本路线指引下，同心同德，勇于开拓，向着新世纪前进，向着现代化的光辉目标前进，向着中华民族的伟大复兴前进！

李岚清副总理在“面向21世纪的高等教育——大学校长论坛”开幕式上的讲话

（1998年5月2日）

今天，时逢北京大学百年校庆之际，几十位世界著名大学的校长从世界各地聚集到北京，并在这里举办以面向21世纪的高等教育为主题的大学校长论坛。我很高兴有这样一个机会与大家在中国见面，预祝这次论坛取得圆满成功！

自人类进入文明时代以来，“教育”这个名词便在人类生活中占据了越来越重要的地位。尽管大学起源于欧洲中世纪，但大学这朵人类的智慧之花并没有随着中世纪的结束而凋谢，反而历经沧桑，汲取了人类各民族文化传统的营养，更显芳姿和青春活力，已成为影响人类生存、促进社会进步的最值得人类重视的力量之一。

大学是古老的机构，波洛尼亚(BOLOGNA)、巴黎或牛津学者们所创立的传统，至今仍依稀尚存。无论从古老的校园建筑，还是从学者们所遵循的学术规则，我们都不难捕捉到那种令人肃然起敬的古老传统；大学又是年轻的机构，她不为传统所囿，不断地创新，使自己跟上时代的步伐，处于知识革新的前沿，完成了时代赋予的使命。

中国的教育虽有很长的历史传统，但我国现代意义上的大学，是在向西方学习的过程中产生的，然而她是在深深植根于中国民族文化、教育传统的土壤中发展起来的。两千多年来，高深的学问在中国以其独特的方式得到积累、培植，并形成了中国自己的学术传统。到大约一百年前，中国出现了自己现代的大学，北京大学就是少数几所最早的中国现代大学，她为开拓知识的疆域、促进中国的学术与社会的进步做出了重要的贡献。

高等教育发展的核心是学术和人才。就学术而言，19世纪出现了知识学科化和专业化的趋势。学科的分化保证了学科发展是“有效率的”、“具有思想上的创造性”。学科的分化无疑大大促进了学科的发展，但同时也造成了知识体系的肢解，不同学科之间缺少交流，形成互相分离、彼此歧视的局面。德国科学家普朗克(Max Planck)指出：“科学是内在的统一体，它被分解为单独的部门不是事物的本质，而是由于人类认识的局限性。”现代科学技术正朝着既不断分化又不断综合的方向发展，新知识的生长点往往出现在学科的边缘和学科之间的交叉处。未来的经济发展将更加注重发展的可持续性。例如，人口问题、环境问题、生态问题、能源问题、空间问题，将日益成为人们关注的热点，而这些问题的解决绝非某一个专业可以胜任的，它有赖于各种专业和社会力量的协同努力；就人才而言，未来社会需要的人才，不仅应具有某一个专门领域的知识和技能，他们还要具有根据经济结构变化而改变工作类型的能力和熟悉整个生产过程所需的多方面的知识和技能。分科教育不应该使某些学生精于古典而疏于现代，也不等于使某些学生精于科学而荒于人文。关键是通过各种渠道，使不同部分之间发生联系，在相融、共处和合作中相得益彰。大学在整合传统与现实、历史与未来、科学与人文、理论与经验、个人与社会之间的关系中，将起着十分重要的作用。

迎着21世纪的曙光，人们正在迎接未来的机遇和挑战。其中知识，包括科学和技术，将在新的世纪里比在人类存在的以往任何时期都发挥更多更大的作用，已成为人们的共识。中国政府认为中国现代化建设必须依靠教育，教育必须为中国现代化建设服务，并把发展中国的科学和教育事业作为头等重要任务，制定了科教兴国的战略。可以预言，中国的高等教育在21世纪一定会在中国的发展中发挥应有的作用。

中国是一个发展中国家，中国的现代化是一个长期的过程。在中国广袤的大地上，各个地区的发展是极不平衡的。中国高等教育的发展不会脱离这个实际。当今高等教育不再是一个孤立的系统，发展越来越取决于外部环境对它提出的需求和为它提供的支持。经济增长方式的转变，要求高等教育的发展不仅要注重发展过程中的数量问题，而且更要注重结构、质量和效益问题。中国现有普通高等学校一千多所，成人高等学校一千多所，在校生规模在六百万人以上，可谓是一个高等教育大国。但不等于是一个高等教育强国，高等教育的质量还有待于进一步提高。在下一个世纪，我们要力争有一批大学跻身于世界一流大学的行列。这批大学将在培养高素质的创造性人才、推动知识创新和科技成果向现实生产力的转化以及促进民族优秀文化与世界先进文明成果交流等方面担负起重要的历史使命。

目前，中国正处在一个特殊的发展时期，她所进行的改革目标，是将一个具有十二亿人口的国家引向现代化。这是一项人类历史上少有的伟大工程,所要解决的问题之多、之大、之复杂是可想而知的。解决这些问题显然离不开大学所拥有的智力资源,培养更多的高素质人才。我们有理由期望,中国的大学不但应对了解和认识自然界和人类社会有更多更新的知识,同时也应能为解决中国社会面临以及人类共同面临的一系列根本性问题提出方案和对策,更重要的是,要为中国社会主义现代化建设事业和中华民族的伟大复兴做出更大的贡献。

北京大学已走过了一百年的历程。在中国,具有百年历史的大学不多,所以,我们常用“古老”来形容北京大学的历史。各位校长在北京大学举行一百年庆典时,从世界各地来到北京,为这次活动增添了特殊的光彩。这是北京大学的荣耀,也是众多历史悠久、卓有成效的大学的校长们的一次盛会。

如果把各国的大学作为一个国际学术大家庭来看待的话,任何一所大学都是其中的一员,都生活在彼此间的交往、合作之中。今天的论坛便充分体现了世界上大学之间这种联系。我相信,这次论坛一定会进一步加深彼此之间的了解,加深相互之间的友谊,为今后共同的交流与合作,为创造人类的美好未来做出贡献。

北京大学百年校庆

综　述

1998年5月,与祖国世纪风雨同行的北京大学,隆重热烈地举办了世人瞩目的百年庆典,获得了圆满而巨大的成功。

5月4日上午,庆祝北京大学建校一百周年大会在人民大会堂隆重举行,党和国家领导人江泽民、李鹏、朱镕基、李瑞环、李岚清和各界人士一起参加了庆典。中共中央总书记、国家主席江泽民在庆祝大会上发表了重要讲话。庆典大会由北京大学党委书记任彦申主持,北京大学校长陈佳洱院士首先介绍了北大的光荣历史和发展现状。教育部部长陈至立宣读了教育部的贺信。联合国秘书长安南也发来贺信,他高度赞扬了北京大学对中国的科学、文化生活所产生的巨大影响,希望北京大学在国际事务中发挥更大作用。安南的特使、秘书长外事办公室主任环纳在庆祝大会上宣读了安南的贺信。北京市副市长林文漪在会上宣读了北京市人民政府的贺信。清华大学校长王大中院士、牛津大学校长卢卡斯也先后在会上致辞,对北大百年华诞表示祝贺。北大校友代表、物理系49届毕业生于敏院士,北大学生代表、经济学院94级本科生叶建第也在会上发言。

校党委书记任彦申在会议结束时表示:今天是北京大学第一个百年的结束,也是北京大学一个新纪元的开始。我们将继续高举邓小平理论的伟大旗帜,紧密团结在以江泽民同志为核心的党中央周围,在实施科教兴国战略,推进建设有中国特色社会主义的伟大事业中建功立业,为把北京大学建设成为世界一流大学而继续努力奋斗。

北京大学的百年校庆成为世界瞩目的学术节、教育节、文化节和艺术节。在这个世界科技革命和知识经济兴起,我国现代化建设飞速发展的时代,党和国家把北京大学的百年校庆作为实施科教兴国战略的一项重要工作,中共中央总书记、国家主席江泽民为北京大学百年校庆题词:“发扬北京大学爱国、进步、民主、科学的优良传统,为振兴中华做出更大的贡献。”4月29日,江泽民总书记专程来到北京大学,祝贺北大百年校庆,并与师生代表进行了座谈。在整个视察过程中,江总书记神采奕奕,兴致勃勃,发表了很多重要讲话,所到之处掀起一个又一个高潮,整个校园沉浸在节日般的欢乐气氛之中。5月2日,中共中央政治局常委、国务院副总理李岚清视察了北京大学,祝贺北京大学百年校庆,并参观了北京大学校史展览、北京大学图书馆新馆及校友赠送母校百年校庆纪念品展览。在视察活动中,李岚清副总理与北大师生及校友亲切交谈,节日中的北京大学充满了热烈、欢乐的气氛。

百年校庆以“弘扬传统、繁荣学术、面向未来、促进发展”为宗旨,始终贯穿着振兴中华的历史使命、科教兴国的科学主题以及创办世界一流大学的奋斗目标这样一条主旋律,在党中央和教育部、北京市等各级政府部门和社会的关心和支持下，在全校师生员工的共同努力下，顺利而出色地完成了各项预定任务。百年校庆既隆重、热烈、俭朴，又周到、细致、安全，规模之大、层次之高、成果之多、意义之重大、影响之广泛、综合效益之丰硕，在我国教育史上前所未有。百年校庆弘扬了爱国、进步、民主、科学的光荣传统和勤奋、严谨、求实、创新的优良学风，结下了多方面、多层次的累累硕果。

学校共组织了38项大型活动，举办了包括世界著名大学校长论坛，汉学研究国际会议，荣获诺贝尔、菲尔茨等世界大奖的著名华人科学家演讲会在内的15项学术会议和活动，吸引了2000多名国内外著名学者。各院系举办的重要活动也有近百项之多。来自近30个国家和地区的140多家中外大学代表团参加了北大的百年庆典，其中多为世界著名大学的校长。83家港台和国外跨国公司、著名企业代表团的四五百名代表也参加了北大校庆，达成了多种产学研合作协议。北大共有各类校友近20万人，通过这次校庆取得联系的有9万多人。据估算，5月4日当天，至少有5万名校友返校，加上在校的师生员工，共有七八万人同聚校园。

北京大学的百年校庆是中国教育史上前所未有的盛事，无可争议地证明了北京大学非凡的感召力和特殊的精神魅力，更表明了全社会对北大寄予的殷切希望。百年校庆丰富的成果也向人们表明：北大不仅是传统的，北大更是现代的；北大不仅仅属于中国，北大将进一步融入世界，百年校庆已成为北京大学走向下一个更加成熟和辉煌的百年的起点。

校庆的主要成果

1. 通过百年校庆，树立了两个形象。首先，树立了党和政府科教兴国和重视教育、重视人才的良好形象，充分表达了党中央实施科教兴国战略的巨大决心。江总书记视察北大以及出席庆祝大会，并发表重要讲话，成为科教兴国动员令，在社会上引起强烈反响。其次，也向世人展示了北大改革进取、安定团结、人才辈出、硕果累累的良好形象。

2. 弘扬了北大的百年传统，进行了一次生动直观的传统教育。江总书记为北大百年校庆题词："发扬北京大学爱国进步民主科学的优良传统，为振兴中华做出更大贡献"，他在"五四"讲话中指出："北大在长期发展和斗争历程中形成的爱国、进步、民主、科学的光荣传统，显示的不断钻研、求实、创新、向上的优良学风，生动地体现了中国人民自强不息、开拓进取的民族精神，也是北大永葆生机的重要动力。这种优良传统和精神动力，要永远发扬光大。"总书记的题词和讲话，使北大师生深受教育和鼓舞。在校庆过程中，北大通过各种有效形式，弘扬光荣的革命传统和优良的学术传统，对师生员工进行了生动而深入的传统教育。国内外新闻媒体最为广泛地报道了北京大学百年校庆的盛况；围绕校庆，出版了一大批书籍，其中北大传统方面的占了很大比重；校史展览观者如云，好评如潮，自4月30日开展以来，到5月上旬就接待了近2万人，是进行北大传统教育的成功范例；在筹备校庆过程中，组织了各种报告会、演讲会、知识竞赛，对百年历史传统进行了一次普及教育；北大先后召开两次国内新闻发布会、一次外国记者新闻发布会，对宣传北大校庆的定位、宗旨和指导思想，对准确宣传和弘扬北大传统，起到了积极的作用。

3. 学术活动空前活跃，取得了丰硕成果。繁荣学术是校庆的宗旨之一，也是校庆的一个重要目的，更是校庆的突出特色，并与学校的改革发展任务相结合，把校庆真正办成了教育节、学术节、文化节。"面向21世纪的高等教育——世界著名大学校长论坛"是百年校庆的一个重要组成部分，也是这次校庆的重要成果之一。李岚清副总理亲临开幕式并发表讲话，国内外125所著名大学的191位校长及其代表出席了论坛。举办如此规格的校长论坛，在中国教育史上尚属首次，在世界高等教育史上也很罕见。校庆期间，理科召开了7个学术会议，组织了一次荣获诺贝尔、菲尔茨等世界级大奖的世界著名华人科学家演讲会。前来参加校庆的有诺贝尔、菲尔茨等大奖获得者9人、美国及欧洲国家科学院院士14人，国内两院院士100多位。文科举办了8个学术研讨会，其中的汉学研究国际会议赢得了广泛的好评，充分体现出北大在汉学研究方面的核心和中心地位，堪称世界一流的国际学术研讨会。来自17个国家和地区的近300名学者参加了会议，国际汉学大家一时云集京城。此外，各院系也举办了大量学术会议和学术讲座。

4. 这次校庆是校友的一次前所未有的大聚会，一次大团结、大平等的盛会。校庆办公室和各院系校友联络人员将9万名校友的基本资料输入了计算机，初步建立起了校友联系网络。这是校友联络工作的历史性突破，为日后加强学校与校友之间的联系，有效利用校友资源奠定了扎实的基础。在校友接待过程中，坚持序齿不序爵的原则，对返校校友只分长幼，不分尊卑，一律平等，一视同仁，使校友们深受感动，真正体会到了回家的感觉。校友们看到母校的发展变化，感到非常兴奋和激动，同时也激发了校友关心支持母校发展建设的浓烈情感，他们纷纷捐书、捐助、设立基金，有的还提出了进一步合作的意向。在校庆期间，全国各地和海外的校友会也纷纷举办了各种庆祝和纪念性活动。

5. 大大拓展了与海外和社会各界的联系，争取了多方面的支持。校庆期间,海外和社会各界嘉宾纷纷前来祝贺,同时表达了多种合作意向。校庆过后,各种交往、协议、合作纷至沓来,参观者络绎不绝,学校的对外联系和交往的渠道越来越宽,能力越来越强。企业界对校庆广泛参与,通过各种渠道和形式进行捐助、合作、设立基金,表达了进一步发展关系的强烈愿望。

6. 校庆是一项巨大的精神文明建设工程,是对学校凝聚力、战斗力、组织力的一次大检验,达到了空前的大团结、大振奋。在校庆活动中,广大师生员工甘于奉献、自动补位,涌现出不少可歌可泣的动人事迹。校庆过程中体现出来的效率性、协调性、周密性,充分说明北大的干部队伍是过硬的,团队精神也是值得骄傲的。在校庆活动中,2000 名学生志愿者队伍,气质高雅,文明服务,礼貌周到,给中外来宾留下了难忘印象。校庆带来的有形和无形的资源,其精神效益、社会效益乃至经济效益已经开始显示出来,并将逐渐在北大今后的发展中越来越显现出来,这是难以估量的财富,真正做到了校庆之前所说:把校庆当做了一个难得的历史机遇、一个潜力无穷的宝贵资源、一个推动学校改革和发展的强大动力、一次对学校全面工作的巨大考验。

校庆成功的原因分析及体会

校庆的巨大成功,是政府支持、社会协作、全校上下团结一心共同努力的结果,首先,百年校庆顺应了知识经济的崛起和科教兴国的大趋势,反映了“国运兴则教育兴”。联合国秘书长安南的代表环纳先生在庆祝大会上说:“这次北大的百年校庆是向全世界发出一个重要信号:中国政府高度重视教育,希望得到各个国家的响应。”随着知识经济时代的到来,科技和教育的重要地位日益显示出来,科教兴国已成为既定国策。时代呼唤教育的振兴,社会期待大学的崛起。其次,党中央和各级政府部门的高度重视,社会各界的大力支持,为校庆成功提供了现实保障。江泽民总书记 3 月份为北大百年校庆题词,确定了校庆基调,成为北大百年奋斗史的主旋律;4 月,总书记为北大图书馆重新题写“百年书城”的匾额;4 月 29 日,蒙蒙细雨中,总书记亲临北大,与师生座谈,为校庆“暖寿”,校庆走向高潮;5 月 4 日的庆祝大会上,总书记发表了重要讲话,在充分肯定北大历史地位的同时,着重强调了教育的重要性,向全世界发出了科教兴国、创办世界一流大学的宣言。李岚清副总理非常关心北大的校庆工作,多次过问,给予了多方面的支持,并于 5 月 2 日来校考察工作。中央领导的亲切关怀,极大地振奋和鼓舞了全校师生,使大家士气更加高涨,情绪更加激昂。在筹备校庆的过程中,贾庆林、曾庆红、陈至立、吴基传等领导同志亲自过问、安排有关事宜。中办、国办、教育部、北京市委市政府以及海淀区委区政府,包括公安、交通、安全等有关部门为北大的百年校庆做出了重大贡献。清华大学、人民大学、首都师范大学等兄弟院校在伙食、车辆等后勤保障方面给予了无私的支持和援助,使北大的百年校庆真正成为了教育界的一件盛事,成为了国家的一件盛事。第三,校庆的策划和组织非常成功。这次校庆,经过了长时间的酝酿和筹备。1994 年,在北大第九次党代会上,任彦申同志代表新一届党委致闭幕词时提出:“精心策划并尽快启动北京大学百年庆典工程,把它作为实施改革发展战略的一个步骤。”此后,学校一直把校庆当作一项最重要的工作,反复研讨,步步推进。1995 年,成立北京大学百年校庆筹备委员会,并随之成立校庆办公室,有条不紊地启动了筹备活动;1997 年初,校党委常委连续召开会议,集中研究百年校庆工作,确定了百年校庆的定位、宗旨和形象等原则问题,校庆进入具体实施阶段;1997 年 5 月 4 日,百年校庆倒计时牌揭幕,北大校庆开始成为社会关注的热点;1997 年 8 月,学校抽调整精干力量成立校庆总指挥部,任彦申同志任总指挥,各项工作紧锣密鼓地开展起来。在近三年的筹备过程中,特别是一年多以来,全校上下同心同德,团结奋斗,百年校庆成为理顺情绪、凝聚人心、振奋精神、促进改革和发展、创办世界一流大学的关键一环,众目所瞩。在校庆的策划、筹备和具体实施过程中,坚持解放思想、实事求是的思想路线,一直注意充分发挥全体北大人的智慧和作用,广泛征求意见,开阔思路,不拘一格用人才,真正做到了“抓住机遇而不是丧失机遇,开拓进取而不是因循守旧”。坚持走群众路线,相信群众相信党,是百年校庆的一条成功经验。校庆在筹划和组织过程中,吸收了很多群众的思想和建议。党的十五大提出科教兴国的伟大战略,新一届国务院领导机构又把科教兴国作为头等大事,这是中国教育和科技发展最难得的时机。在这样的大背景下,北大作为国家“211 工程”的重点支持对象,及时抓住了百年校庆的机遇,在迈入 21 世纪的历史时刻,揭开了创办一流大学的帷幕。

校庆刚刚结束,学校就连续召开五次常委会和两次全校干部大会,学习贯彻江总书记的重要讲话,围绕科教兴国和一流大学的目标,不失时机地推动学校的改革和发展。

波澜壮阔的 20 世纪即将结束,充满希望与挑战的 21 世纪已经渐露曙光;满载着光荣与辉煌的第一个百年落下了帷幕,创建世界一流大学的第二个百年昭示在眼前。群情振奋、活力勃发的北京大学已经开启了新的航程,又一次站在了世纪的潮头。

(刘宇辉　孙华)

百年校庆前夕江泽民总书记视察北京大学

1998年4月29日上午，江泽民总书记在贾庆林、曾庆红、陈至立、由喜贵、王沪宁、贾廷安等领导同志的陪同下，来北大视察，祝贺北大百年校庆，并与师生代表进行了座谈。在整个视察过程中，江总书记神采奕奕，兴致勃勃，发表了很多重要讲话，所到之处掀起一个又一个高潮，整个校园沉浸在节日般的欢乐气氛之中。

上午8:50，江总书记一行来到北大。在蒙蒙细雨之中，江总书记健步走下汽车，同早已等候在那里的任彦申书记、陈佳洱校长等校领导亲切握手。总书记对任彦申、陈佳洱同志说，我这次是来祝贺北大百年校庆的，5月4日你们在人民大会堂的庆祝大会我要参加，但那代表不了我到学校来慰问师生，所以我要亲自到学校来。这些天我一直在看北大的材料，越看越觉得北大真是了不起啊！你们的校庆实际上已经开始了，我就是为你们烘托气氛来了。

江总书记首先来到赛克勒考古与艺术博物馆，参观了北大珍存的考古文物。这些文物，绝大部分是北大考古系师生在野外实习时，挖掘并保存下来的。考古系主任、博物馆馆长李伯谦教授为江总书记等领导做了现场讲解。江总书记不时停下脚步，仔细观看展品，询问有关问题。

蛋白质及植物基因工程国家重点实验室的全体师生夹道欢迎江总书记前来参观。著名青年科学家、北大副校长陈章良教授为江总书记介绍了植物克隆等有关科技发展情况，引起了总书记的很大兴趣。

在计算中心，江总书记听取了有关北大校园网络建设的情况汇报。石青云院士为江总书记作了指纹识别系统、图像压缩技术系统和说话人语音识别系统现场演示。江总书记对石青云说，你们报给我的材料，我都看了，一个晚上就看完了，增加了不少知识，我知道人的指纹分四种，你刚才作的是斗形指纹。当石青云院士谈到国外指纹应用比较广泛，而我国只有有前科的人才留指纹时，江总书记对在场的有关领导同志说，这个问题要认真研究。江总书记还特意来到正在上课的计算机实验室，与学生亲切交谈。

走出计算中心，江总书记一行坐车游览了未名湖区。总书记对未名湖赞不绝口，他说，未名湖因未名而有名，水塔修得多好啊，北大的环境真是太美了。

随后，江总书记来到北大图书馆。1992年，江总书记曾为北大图书馆题词："几代英烈，百年书城，发扬传统，继往开来"，这次又为图书馆重新题写了"百年书城"匾额。在视察了北大图书馆新馆的外观之后，江总书记来到老馆文科开架阅览室，正在那里学习的学生喜出望外，纷纷向总书记致敬问候。总书记非常高兴，一一询问了在场学生的专业，谈古论今，纵评中外，并用英、俄、法、德等几种语言与学生交谈，兴致勃勃地背诵了《滕王阁序》等古诗词。在场的北大学生面对总书记的提问，应答如流，场面非常热烈，掌声、笑声此起彼伏。总书记询问用英语怎么翻译"社会学"，在场的一位学生立刻答出。看到窗外的蒙蒙细雨，总书记脱口而出："清明时节雨纷纷"，在场的学生齐声应道："路上行人欲断魂"，总书记连连夸奖，在场的其他领导同志也对北大学生表现出来的高素质赞不绝口。在与学生交谈中，总书记不断变换话题，但始终围绕着全面提高素质、全面成才这个主题，一再强调要学习学习再学习。学生们与总书记恋恋不舍地话别，用热烈的掌声欢送总书记走出了图书馆。

上午10:25，江总书记来到北大正大国际中心，与早已等候在那里的北大师生代表进行了座谈。座谈会由任彦申同志主持，陈佳洱校长介绍了北大的有关情况，季羡林、王选、刘忠范代表北大老中青三代教师分别发言，法律系97级硕士生李岭也在会上发了言。见到季羡林先生，总书记说，久闻大名，如雷贯耳，今日一见，三生有幸。整个座谈会气氛热烈，轻松愉快。

江总书记在座谈会上神采飞扬，精神饱满，在讲话一开始就说，今天到北大来非常高兴，本来事先准备了一个稿子，看到几位同志都是即兴发言，我也不念稿子了，谈谈感想。总书记说，今天我是祝贺北大百年校庆来的，5月4日还要参加你们的庆祝大会，我已经看到了报告。虽然人民大会堂可以有8000人参加，但即使一万人、两万人，也代替不了我到北大来看一看。今天虽然是迷蒙细雨，但我的心情很高兴，和大家共同祝贺北大的生日。现在你们已经开始过生日了，这在过去叫"暖寿"，我就是来为你们做暖寿的，为你们的百年校庆烘托气氛。

针对季羡林先生提出的社会上重理轻文的问题，江总书记说，任何一个学理工的，不懂文科是不行的。我非常赞成和支持季老的意见，要重视文科，文理兼通。我个人是学理工的，但对文也有一些爱好。北大是综合性大学，既有文，又有理，要进一步充实提高。学问是相通的，我最近看了李政道的 Art and Science，他把艺术与科学联系了起来。中国有句话"熟读唐诗三百首，不会作诗也会吟"，我主张小孩子也要学一些。我的小孙子9岁，孙女儿12岁，教给他们《陋室铭》，三天就会背了。接着，总书记当场背诵了《陋室铭》以及李清照的词，无一错漏，赢得在场师生的热烈掌声。总书记还用英语询问了参加座谈会的两位外籍教师，一起探讨关于中国文化的问题。

李岭同学在发言中谈到，北大学生看到总书记在哈佛大学演讲的新闻后，深为总书记的风度、学识和修养所倾倒，盼望着总书记有一天能到北大来，想不到总书记这么快就来了，我们非常激动。她还谈到了北大学生的学习、生活等方面的情况。听了她的发言，江总书记说，你的发言可以用三句话概括：北大的学生学习勤奋努力，生活丰富多彩，政治上积极上进。

江总书记对北大的历史和工作给予了充分的肯定，他说，北大的名人很多，在场的季老最大。在中央政治局里，我的年龄是 No.1，但在季老面前是小弟弟。北大在历史上是中西结合的，从梁启超开始就是这样，严复翻译的《天演论》我是看过的。我每天晚上 11 点之后读书，脑力劳动者最好的休息就是学习吸收各种知识，不仅不累，而且是享受，我现在就在学习德文。

刘忠范是日本东京大学的博士，学成后归国，现在在北大主持纳米科学的研究，取得了很好的成绩。听了刘忠范的发言后，江总书记用日语与他交流了对中国文化与日本文化关系问题的看法。总书记说，日本受我国唐朝文化的影响很深，我见过 10 位日本首相，都会背中国的古诗词。1992 年我到日本，日本人给我唱《五星红旗迎风飘扬》，我用日语给他们背诵了一首童谣。总书记还表示要给刘忠范的纳米实验室题词。

王选教授在发言中谈到了方正的发展情况，特别提到了 18 年前江总书记对方正的关心和支持。听了王选的发言后，江总书记说，我和北大是有缘分的。18 年前，我就看到了王选他们的报告，并作了批示，后来又作了电子工业部长。当时并没有想到居功为己有，今天方正的变化大得很。

江总书记还谈到，北大有一个未名湖，在湖边漫步，空气新鲜，可以激发人的灵感，很多科学创造就是这样出来的，让人羡慕。

江总书记说，我今天的讲话是“大杂烩”，不像李岭讲得那样有条理，年轻人总比我们强，长江后浪推前浪，世上新人换旧人嘛。最后，江总书记再次强调说，我今天来，一是祝贺校庆，二是与学生、老师和领导进行交流，三是来向大家学习，包括向李岭这样的年轻人学习。

任彦申同志在座谈会上总结说，总书记的讲话语重心长，北大的历史会记住 1998 年 4 月 29 日这一天，总书记视察北大将成为我国实施科教兴国战略和北大发展的巨大推动力。

座谈会结束后，江总书记和与会的师生合影留念。

总书记视察北大的消息，像春风一样迅速传遍了整个校园，很多师生赶来争睹江总书记的风采。按原定计划，照相结束后，总书记一行就将返回中南海。但走出正大国际中心以后，江总书记看到自发在现场欢迎的师生，热情向大家招手致意，兴致极高地来到学五食堂，看望正在里面就餐的学生。

学五食堂内外，人山人海，至少围聚了 2000 多名师生。江总书记在食堂里与学生亲切交谈，查看了饭菜质量，夸奖道：“很香！可惜我没有带饭盒。”总书记还在售饭窗口与食堂师傅握手，向他们表示慰问，并询问了饭卡的使用方法。

走出学五食堂，江总书记向在场的师生高声说道：“向你们祝贺校庆！”在场师生回应道：“欢迎总书记来北大！”场面热烈感人。总书记上车后，看到另一侧还有欢迎的师生，再次走下车来，向师生挥手致意。

中午 12:00，江总书记乘车离开了北大，但大家久久没有散开，仍在回味刚才的场景。很多师生说，总书记视察北大，是对我们的巨大关怀和鼓舞，更体现了党中央对教育的高度重视和实施科教兴国战略的决心。我们一定不辜负总书记的一片厚望，用实际行动把北大建设好，早日进入世界一流社会主义大学的行列，为振兴中华做出自己的贡献。

（刘宇辉　薛松岩）

附：新华社通讯稿

江泽民总书记考察北京大学时强调：必须紧紧围绕经济建设中心，坚定不移实施科教兴国战略

1998 年 4 月 29 日，在北京大学建校百年庆典前夕，中共中央总书记、国家主席江泽民今天上午来到北京大学考察工作。他强调，实现我国跨世纪发展的宏伟目标，要求我们必须紧紧围绕经济建设这个中心，坚定不移地实施科教兴国战略。这是我国改革开放和现代化建设发展的必然要求。江泽民希望，各条战线、各行各业的同志都要认识到，把科教兴国战略贯彻好、实施好，对我们祖国的繁荣昌盛和中华民族的全面振兴，具有极其重要的战略意义。

北京大学的前身是创办于 1898 年的京师大学堂。辛亥革命后，改名为北京大学。北大有着光荣的革命传统，是中国新文化运动的中心和“五四”运动的策源地，是最早在中国传播马克思主义和科学、民主思想的基地。中国共产党的创始人陈独秀、李大钊、毛泽东，中国新文化运动的主将、文学家、思想家鲁迅，都曾在北大任教或任职。40 多年来，特别是近 20 年来，北大的改革和建设取得了重大进展，在教学和科研上充分发挥了基础学科的优势，正在成为一所拥有多种学科的新型综合性大学。

今天上午，迎着霏霏的春雨，江泽民在北京大学党委书记任彦申、校长陈佳洱等陪同下来到这所世界闻名的高等学府，先后参观了北京大学赛克勒考古与艺术博物馆、蛋白质工程及植物基因工程国家重点实验室、视觉与听觉信息处理国家重点实验室和计算中心、北大图书馆，同师生们亲切交谈，详细了解北大的教学与科研情况。

随后，在热烈、亲切的气氛中，江泽民与北大师生代表进行座谈。北京大学校长陈佳洱，东方语言文学系教授季羡林，计算机所所长王选，纳米科学与技术中心副主任刘忠范和法律系97级硕士生李岭等分别发言，从不同角度畅谈北大百年庆典的感想。87岁高龄的季羡林提出两条建议：发展教育，一是要注重文理科等各方面素质的全面提高，二是要切实解决好人才的使用和梯队的问题；以北大方正而闻名的王选谈到了近年来方正集团事业蓬勃发展的历程；从日本留学归来的青年教授刘忠范简要介绍了微米纳米技术科研的有关情况；学生代表李岭则用三句话概括北大学生的精神风貌：学习上勤奋努力，生活上丰富多彩，政治上积极上进。

听取师生们的发言后，江泽民发表了重要讲话。他首先代表党中央、国务院向北京大学全体师生员工表示热烈的祝贺，并向全国高等院校的广大师生和教育战线的同志们表示亲切的问候。

江泽民说，一个世纪以来，北京大学一代又一代的广大师生，发扬爱国、进步、民主、科学的优良传统，为实现民族独立、人民解放和国家富强，为实现我国教育科学文化事业的繁荣，作出了许多贡献。特别是改革开放以来，北京大学和全国其他高等院校一样，坚持以邓小平理论和党的基本路线为指导，解放思想，实事求是，开拓进取，锐意创新，在人才培养、学科建设、科学研究、社会服务等方面，都取得了新的成绩。北京大学今天的面貌，也生动展现了改革开放以来我国高等教育事业蓬勃发展的新气象。

江泽民说，十年树木，百年树人。全国许许多多的教师，忠诚于党和人民的教育事业，为培养祖国和人民需要的合格人才，日日夜夜地辛勤工作，默默奉献。教师的工作是无上光荣的。尊师重教是中华民族的优良传统，在这里，我要向全国的广大教师们表示崇高的敬意。

江泽民指出，当今世界，各国之间的竞争越来越表现为科学技术和人才的竞争。科技的发展，知识的创新，越来越决定着一个国家、一个民族的发展进程。创新是不断进步的灵魂。中华民族自古以来就具有自强不息、锐意创新的光荣传统。如果不能创新，不去创新，一个民族就难以发展起来，难以屹立于世界民族之林。创新，很根本的一条就是要靠教育，靠人才。培养同时代潮流和现代化要求相适应的大批人才，不断开拓新的科学研究领域，是关系我国的发展前景和国际地位的百年大计。

江泽民强调，实施科教兴国战略，高等教育是非常重要的一环。大学办得好不好，直接影响社会主义现代化建设。他说，高等教育战线的同志们肩上的责任十分重大。大家要继续坚持社会主义的办学方向，深化改革，更好地适应祖国现代化建设的要求，全面提高教育质量和办学效益。教育要与经济社会发展紧密结合，为经济建设这个中心服务，促进社会全面进步。

江泽民要求各级党委和政府都要把教育摆在优先发展的战略地位，切实抓紧抓好。要千方百计把教育搞上去。他说，教育搞好了，我国的人才优势和科技优势上去了，国家的发展就大有希望。

江泽民称北京大学的同学们与全国广大青年学生一样，朝气蓬勃，风华正茂。他说，青年是祖国的未来，民族的希望。在21世纪，中国发展新的历史篇章将要由你们来书写。建设有中国特色社会主义的事业，为广大青年的成长，发挥聪明才智，建功立业，提供了广阔舞台。一切有志气的中国青年，都应立志投身于这个伟大的事业。江泽民希望学生们以胸怀祖国、服务人民为座右铭，在学校里全面提高自身素质，为毕业后挑起现代化建设的重担打好基础，要立志到祖国和人民最需要的地方去，努力为中华民族的伟大复兴贡献自己的智慧和力量。

座谈结束时已是中午，江泽民又兴致勃勃地来到学生食堂，同正在就餐的学生亲切握手、交谈，掌声、笑声、问候声交织在一起，宁静的北大校园顿时沸腾起来。

随同江泽民考察的有中共中央政治局委员、北京市委书记、市长贾庆林，中共中央政治局候补委员、书记处书记曾庆红，教育部部长陈至立等。

（新华社记者何平、刘思扬，人民日报记者吴恒权）

百年校庆前夕李岚清副总理视察北京大学

1998年5月2日，中共中央政治局常委、国务院副总理李岚清同志在教育部部长陈至立、北京市副市长林文漪、北京大学党委书记任彦申、北京大学校长陈佳洱等陪同下，视察了北京大学，祝贺北京大学百年校庆。李岚清副总理参观了北京大学校史展览、北京大学图书馆新馆及校友赠送母校百年校庆纪念品展览，听取了北京大学百周年纪念讲堂施工进展情况汇报。在视察活动中，李岚清副总理与北大师生及校友亲切交谈，节日中的北京大学充满了热烈、欢乐的气氛，百年校庆活动再次掀起高潮。

上午9:50，刚刚参加了由北京大学主办的世界著名大学校长论坛开幕式的李岚清副总理来到燕园，健步走下汽车，同早已等候的校领导一一握手。李岚清副总理首先参观了北大校史展。经过一年筹备的北京大学校史展规模空前，展览以北京大学自身发展的阶段及特点划分为九个时期，其中以五四运动前后的北京大学和改革开放新时期的北京大学为重点，光荣的革命传统和优良的学术传统这两条主线贯串整个展览。展室面积700平方米，展线320米。展出各个时期的图片800余幅、图表60余张，还有90位英烈和396位院士的照片及简介。实物400余件，其中有大量珍贵的文物，有些照片是第一次展出。这些图片、图表和实物真实、全面地反映了北京大学一个世纪的发展历程，展示北大的辉煌成就和优良传统。在参观中，李岚清副总理仔细观看着图片和实物，并不时询问图片的历史背景。在北京大学的全景图前，任彦申同志介绍了北大近年来的建设发展情况，李岚清副总理连连点头称赞。在介绍蔡元培任校长时期的著名教授时，李岚清副总理快步走到一张图片前，向大家介绍说："这是我的老师，我听过马寅初先生的课。"听了任彦申同志介绍当时不拘一格降人才的办学风格和教师聘任制后，李岚清副总理幽默地说："这些是延聘的，那这些就是下岗的。"陈至立部长也关心地询问了北京大学第一批女生后来的发展情况。在"五四运动前后的北京大学"部分，李岚清副总理仔细地观看了北京大学作为新文化运动的中心、五四运动的发祥地、在中国传播马克思主义和建立中国共产党的最初基地所作出的突出贡献。在1923年北京大学在中国第一次演奏交响乐的照片前，李岚清副总理说："过去讲体、智、德、美，现在我们讲德、智、体、美。"在"西南联大时期"部分，李岚清副总理说，这是一个辉煌的时期，造就了大量人才，王汉斌、朱光亚也是西南联大的。陈至立部长看着西南联大时期教授们的照片感慨地说："这些都是大师，这里培养了这么多的大师。"

在看到第一台百万次计算机和北大制药厂的照片时，李岚清副总理说："这就是产学研相结合的方针，北京大学一直做得很好。"在李岚清副总理1992年视察北京大学的照片前，李岚清副总理把陈章良副校长拉到身边，笑着说："陈章良最大的本事是把高深的道理解释得通俗易懂。"李岚清副总理曾对北京大学校办科技产业多次作了重要的批示，他在参观中向任彦申书记询问了北大方正的发展情况，并称赞说香港方正的上市做得非常好。

得知李岚清副总理视察北大消息的师生们自发地聚集在校史展门口，向走出校史展厅的岚清同志热烈鼓掌，有的学生大声说："李副总理好！"岚清同志高兴地向大家挥手致意。

看到展厅对面的北京大学百周年纪念讲堂工地，李岚清副总理说："我前年来北京大学作报告，就在这个用大饭厅改建的大讲堂，我看了心里非常难受，就说一定要给北京大学师生建一个像样的大讲堂。"岚清同志风趣地说，"我说话是算数的。"李岚清副总理关心地询问了工程的情况，特别提出音响设备非常重要。马树孚副校长介绍了工程的进展，并讲解了工程模型图和平面图。北京大学百周年纪念讲堂是在李岚清副总理的亲切关怀下兴建的，将成为北京大学的学术与艺术活动中心，建筑面积为1.24万平方米，地上主体三层，礼堂共有2200座位，具有影剧院和音乐厅的功能，纪念讲堂主体工程于1998年9月完工，1999年5月4日投入使用。任彦申书记邀请李岚清副总理在明年纪念五四运动80周年之际，在竣工的北京大学百周年纪念讲堂中再为北大师生作一次演讲。在场的北大师生立刻报以热烈的掌声，李岚清副总理非常高兴，微笑着向大家挥手致意。

10:40，李岚清副总理参观了北京大学图书馆新馆。由邓小平同志题写馆名的北京大学图书馆是全国高校中规模最大、收藏文献最多的图书馆，现有藏书445万册。由香港李嘉诚先生捐资1000万美元建造的图书馆新馆落成后，北大图书馆将成为亚洲最大的大学图书馆，总面积达到5.2万平方米，可容纳藏书700万册，提供阅览座位5000个。李岚清副总理在参观新馆时指出，要充分发挥北京大学图书馆的作用，特别是发展图书馆电子化。在一楼展厅，李岚清副总理观看了北京大学校友赠送母校百年校庆纪念品展览，他说："北大校友非常热爱母校，要珍惜丰富的校友资源。"

走出图书馆新馆，李岚清副总理同等候在那里的北大师生和校友握手问候。李岚清副总理不断向大家招手致意，并高声说："向北京大学的校友问好！向北京大学师生问好！祝贺北京大学百年校庆！"李岚清副总理亲切的声音像春风般浸入每个人心田，掌声、问候声、笑声交织在一起，节日的北京大学再次掀起欢乐的高潮。

（孙华）

庆祝北京大学建校一百周年大会

1998年5月4日，享誉中外的著名学府北京大学在走过一个世纪的历程后，在人民大会堂庆祝自己的百年华诞。党和国家领导人江泽民、李鹏、朱镕基、李瑞环、李岚清和各界人士一起参加了庆典。

中共中央总书记、国家主席江泽民在讲话中强调指出，北大在长期发展和斗争历程中形成的爱国、进步、民主、科学的光荣传统，显示的不断钻研、求实、创新、向上的优良学风，生动地体现了中国人民自强不息、开拓进取的民族精神，也是北大永葆生机的重要动力。这种优良传统和精神动力，要永远发扬光大。

成立于1898年的北京大学原名京师大学堂，1912年改为现名，是清朝末年在列强入侵、民族危亡的历史关头发生的戊戌变法的产物，是中国近现代史上第一所由国家创办的综合性大学。她是新文化运动的中心、五四运动的策源地，最早在我国传播马克思主义和科学、民主的思想，毛泽东等中国共产党的主要创始人和一些早期的著名活动家，新文化运动的先驱和一批著名的进步学者，都曾在这里工作或学习过。

江泽民在庆祝大会上以十分高兴的心情发表了热情洋溢的讲话。他代表党中央、国务院，并以他个人的名义，向北京大学的全体师生员工表示热烈的祝贺，向全国高等院校的师生员工和广大从事教育工作的同志们致以亲切的问候。

在总结了北大百年历史后，江泽民指出，要把我们伟大的祖国建设成为富强民主文明的社会主义现代化国家，就必须紧紧围绕经济建设这个中心，坚持不懈地实施科教兴国战略。全党和全社会都要高度重视知识创新、人才开发对经济发展和社会进步的重大作用，使科教兴国真正成为全民族的广泛共识和实际行动。他说，我们的大学应该成为科教兴国的强大生力军。教育应与经济社会发展紧密结合，为现代化建设提供各类人才支持和知识贡献。为了实现现代化，我国要有若干所具有世界先进水平的一流大学。

江泽民说，今天是五四青年节。五四运动的精神，最根本的就是中华民族的爱国主义精神。当代中国的广大青年，要继续继承和发扬五四运动的光荣传统，努力担当起振兴中华的历史使命，创造出无愧于时代和人民的业绩。

江泽民在讲话中向北大同学和所有高等院校的大学生，向全国各界青年提出了四点希望：坚持学习科学文化与加强思想修养的统一；坚持学习书本知识与投身社会实践的统一；坚持实现自身价值与服务祖国人民的统一；坚持树立远大理想与进行艰苦奋斗的统一。他说，祖国的未来是无限美好的，青年的未来也是无限美好的。祖国和民族的希望寄托于青年。希望广大青年和全国人民一道，在党的基本理论和基本路线指引下，同心同德，勇于开拓，向着新世纪前进，向着现代化的光辉目标前进，向着中华民族的伟大复兴前进！

庆祝大会在庄严的国歌声中开始举行。北京大学校长陈佳洱院士首先介绍北大的光荣历史和发展现状：100年来，北大培养了近20万名毕业生，其中许多人成为社会各界卓有建树的优秀人才，他们在影响和推动中国近现代思想理论、科学文化和高等教育发展的进程上，在社会主义现代化建设中发挥了重要的作用。目前，北大共有8个学院和23个系、52个研究所、63个研究中心、2个国家级工程研究中心、42个国家重点学科，已建成国家重点实验室11个，国家重点学科专业实验室4个。北京大学是中国推进现代化建设的一个重要教育中心和科学研究中心。

教育部部长陈至立宣读了教育部的贺信。贺信说，北京大学的百年校庆，不仅是北大发展史上的一件大事，也是我国教育界的一件大事。随着国家科教兴国战略的进一步实施，教育科技将在我国现代化建设中发挥越来越大的作用。贺信希望北京大学能够继往开来，继承和弘扬百年优良传统，在新世纪铸造新的辉煌。

联合国秘书长安南也发来贺信，他高度赞扬了北京大学对中国的科学、文化生活所产生的巨大影响，并对北大组织21世纪高等教育论坛表示赞赏。安南的特使、秘书长外事办公室主任环纳在庆祝大会上宣读了安南的贺信。

北京市副市长林文漪在会上宣读了北京市人民政府的贺信。清华大学校长王大中院士、牛津大学校长卢卡斯也先后在会上致辞，对北大百年华诞表示祝贺。北大校友代表、物理系49届毕业生于敏院士，北大学生代表、经济学院94级本科生叶建第也在会上发言。

庆祝大会由北京大学党委书记任彦申主持。他在会议结束时表示，将继续高举邓小平理论的伟大旗帜，紧密团结在以江泽民同志为核心的党中央周围，在实施科教兴国战略，推进建设有中国特色社会主义的伟大事业中建功立业，为把北京大学建设成为世界一流大学而继续努力奋斗。

出席庆祝大会的还有：丁关根、贾庆林、钱其琛、曾庆红、吴仪、彭珮云、何鲁丽、周光召、丁石孙、成思危、王忠禹、钱伟长、任建新、马万祺、朱光亚、罗豪才、周铁农、王汉斌、费孝通、雷洁琼、邓力群等。

中央、国家机关有关部门负责人，北京市和部分省市负责人，出席大学校长论坛的海内外大学校长，诺贝尔奖和菲尔茨奖获得者，北京大学名誉教授、校际交流学校代表、知名人士，为北京大学发展做出重大贡献的国内外重要企业负责人，北京大学历任党委书记、校长，历任北京大学地下党负责人和“一二·九”时期老同志代表，北京大学校友代表和在校师生员工代表8000多人参加了庆祝大会。

大会开始前，江泽民等党和国家领导人还会见了参加庆祝大会的80多位海外大学校长和著名科学家。

（据新华社记者张宿堂、人民日报记者杨振报道）

“面向二十一世纪的高等教育——大学校长论坛”

1998年5月2日，在北京大学迎来百年校庆之际，来自世界各国和地区的六十多所著名大学的校长、国内三十多所著名大学的校长今天在北京聚集一堂，举行"面向二十一世纪的高等教育——大学校长论坛"开幕式。中共中央政治局常委、国务院副总理李岚清出席论坛开幕式并发表了热情洋溢的讲话。

大学校长论坛是北京大学百年庆典活动的一个重要组成部分，其规模之大、层次之高，在中国教育史上尚属首次。论坛会期两天，大学校长们将共同探讨21世纪人类高等教育的发展趋势。李岚清在讲话中说，自人类进入文明时代以来，"教育"这个名词便在人类生活中占据了越来越重要的地位。中国的教育虽有很长的历史传统，但现代意义上的大学，是在向西方学习的过程中产生的，然而她是深深植根于中国民族文化、教育传统的土壤中发展起来的。两千多年来，高深的学问在中国以其独特的方式得到积累、培植，并形成了中国自己的学术传统。到大约一百年前，中国出现了自己现代的大学。北京大学就是少数几所最早的中国现代大学，她为开拓知识的疆域、促进中国的学术与社会的进步作出了重要的贡献。

李岚清指出，高等教育发展的核心是学术和人才，在传统与现实、历史与未来、科学与人文、理论与经验、个人与社会之间的关系中，起着十分重要的作用。迎着21世纪的曙光，人们正在迎接未来的机遇和挑战。其中知识，包括科学和技术，将在新的世纪里比在人类存在的以往任何时期都将发挥更多更大的作用，已成为人们的共识。中国政府认为中国现代化建设必须依靠教育，教育必须为中国现代化建设服务，并把发展中国的科学和教育事业作为头等重要任务，制定了"科教兴国"的战略。可以预言，中国的高等教育在21世纪一定会在中国的发展中发挥应有的作用。

李岚清强调，中国是一个发展中国家，中国的现代化是一个长期的过程，中国高等教育的发展不会脱离这个实际。当今高等教育的发展越来越取决于外部环境对它提出的需求和为它提供的支持。经济增长方式的转变，要求高等教育的发展不仅要注重发展过程中的数量问题，而且更要注重结构、质量和效益问题。中国现有普通高等学校一千多所，成人高等学校一千多所，在校生规模在六百万人以上，可谓一个高等教育大国，但不等于是一个高等教育强国，高等教育的质量还有待进一步提高。在下一个世纪，我们要力争有一批大学跻身于世界一流大学的行列。他指出，目前，中国正处在一个特殊的发展时期，她所进行的改革目标，是将一个具有十二亿人口的国家引向现代化。这是一项人类历史上少有的伟大工程，所要解决的问题之多、之大、之复杂是可想而知的。解决这些问题显然离不开大学所拥有的智力资源，培养更多的高素质的人才。我们有理由期望，中国的大学不但应对了解和认识自然界和人类社会有更多更新的知识，同时也能为解决中国社会面临的、以及人类共同面临的一系列根本性问题提出方案和对策。

李岚清说，北京大学已走过了一百年的历程。各位校长从世界各地来到北京，在北京大学共度一百年庆典，为这次活动增添了特殊的光彩。这是北京大学百年历史上前所未有的荣耀。这也是众多历史悠久、卓有成效的大学的校长们的一次空前盛会。如果把各国的大学作为一个国际大家庭来看待的话，任何一所大学都是国际大学家族中的一员，都生活在与国际大学家族的交往、合作之中。今天的论坛便充分体现了世界上大学之间这种联系。我相信，这次论坛一定会进一步加深彼此之间的了解，加深相互之间的友谊，为今后共同的交流与合作，为创造人类的美好未来作出贡献。

北京大学校长陈佳洱在开幕式上致辞，向前来参加论坛的各国和地区的大学校长们表示感谢。他说，大家不远万里相会一起，回顾历史，研讨教育现状，展望教育的未来，将对世界高等教育的发展十分有益。

中共中央政治局委员、北京市委书记、市长贾庆林，教育部部长陈至立，副部长韦钰、周远清，北京市副市长张福森、林文漪等出席了论坛开幕式。

（据人民日报记者毕全忠、温红彦报道）

北京大学百年庆典晚会"光明行"

1998年5月4日晚，中央电视台同北京大学在静园草坪联合举办"光明行"——北京大学百年庆典晚会。晚会由中央民族乐团、中央民族歌舞团、中国京剧院、北京军区战友歌舞团、战友京剧团等国内艺术团体，和一些国内著名演员、表演艺术家，同北大学生合唱团、北大学生舞蹈团联袂演出，莫斯科大学艺术团、夏威夷大学艺术团等国外团体和艺术家也同台献艺。

彭珮云、罗豪才等领导同志观看了演出。100多位国内外著名大学的校长、北京大学校领导、各界嘉宾和教师代表、校友和学生代表6000余人也观看了演出。中央电视台对这台节目进行了现场直播。

随着四代北大人季羡林、王选、刘忠范、李岭共同敲响北大的世纪大钟，舞台上红色宫门依次翻出"北京大学一百年！"的字幅，夜空升腾起"光荣百年北大，北大百年光荣"的欢呼声。晚会由此拉开序幕。

八方校友欢聚静园，大家情不自禁地高歌《远方的客人请你留下来》。伴着情绪激昂、催人向上的二胡协奏曲《光明行》的奏响，晚会推出了主题。"光明行"这一主题取自北大教授、国乐大师刘天华30年代创作的二胡曲，表达了北大人从昨天走向今天，再走向明天的光明里程。

79年前的今天，“五四”爱国的烈火在这里点燃；79年后的今天，几代北大人今宵在这里欢聚。在这庄严的时刻，北大校旗升上星空，52所国外著名大学和41所国内著名大学的旗帜也在舞台上迎风招展。几千只放飞的气球也为这欢腾的夜空增色添彩。200多名博士生为德高望重的张岱年、季羡林、侯仁之等老教授敬献鲜花。

著名演员关牧村、杨洪基、李维康、殷秀梅、阎维文、宋飞、那英、王菲等为晚会带来了一个个精彩的节目，博得一阵阵热烈的掌声。北京大学的学生、教工、老教授、老校友、老干部五大合唱团联唱《我们从历史中走来》，表达了北大师生继往开来的心声。彭珮云同志也兴致勃勃地加入了合唱团的演唱。北大学生还自编自演了《多彩的校园》歌舞，向各界人士展现了新一代北大学子的风采。晚会高潮迭起，最后在《百年红烛》的歌舞声中结束。

(王荣奎)

《北京大学建校一百周年》纪念邮票

1998年5月4日，国家邮政局和北京大学在北京人民大会堂联合举行了《北京大学建校一百周年》纪念邮票首发式。全国人大副委员长丁石孙、全国政协副主席罗豪才、国家信息产业部部长吴基传、国家邮政局局长刘立清、国家教育部副部长吕福源，北京市副市长林文漪，以及北京大学领导任彦申、赵存生、陈章良、林钧敬等出席了首发式，北京大学师生代表200多人参加了仪式。

北京大学的百年校庆已成为1998年社会关注的焦点，对于这件中国教育界、学术界的盛事，党和国家给予了高度的重视，提高到国家发展与科教兴国战略的议程中来。这枚邮票是中国邮政史上由国家第一次为一所大学而专门发行的纪念邮票，也是科教兴国战略下中国教育史上的一件盛事，意义深远。

这枚纪念邮票以北京大学百年历程中，具有代表意义的三组画面——京师大学堂章程、沙滩红楼、燕园西校门为图案。这三组景物生动体现了北京大学诞生、崛起和发展壮大的不同历史阶段；体现了北京大学光荣的革命传统和优良的学术传统；展现了北京大学正在向世界一流的社会主义大学迈进的崭新风貌。这枚邮票的设计者为北京大学艺术学系教师余璐。

(王荣奎)

北京大学校史展

1998年4月30日，北京大学校史展在光华管理学院大楼前举行了隆重的开展仪式。开幕式由党委副书记赵存生主持，任彦申书记致开幕词，指出这次校史展比较全面真实地反映了北大一个世纪的发展历程，展示了北大百年来的辉煌成就和形成的优良传统。在全部的展览中，始终围绕着一个主题就是振兴中华；贯穿着两条主线，即北大优良的学术传统和革命传统。

本次校史展筹备近一年半，是北大历次校史展中规模最大的一次。展览以图片为主，总共有800多幅，此外还有实物400多件，表格60余张。展厅面积700多平方米，另设有烈士墙和院士墙，展线长320多米。其中有些史料是第一次公开展出，具有很高的文物保护价值。

展览按北大自身发展的阶段性和变化特点分为九个阶段。北大烈士墙展示了90名北大英烈，其中最小的18岁，刚刚入学不久，就为革命牺牲了。北大院士墙展示了396名在北大学习和工作过的院士，所取得的瞩目成就令人骄傲和振奋。这两面墙是北大两大优良传统的标志，是北大学子中两面不倒的旗帜。

(王荣奎)

著名华人科学家演讲会

1998年5月5日，“著名华人科学家演讲会”在北京大学办公楼礼堂举行。担任演讲会主讲的有：诺贝尔物理学奖获得者、中国科学院院士、美国国家科学院院士、英国皇家学会院士、俄国科学院院士杨振宁；诺贝尔化学奖获得者、中国科学院院士、美国国家科学院士李远哲；瑞典皇家科学院奖和美国科学奖章获得者、中国科学院院士、美国国家科学院院士丘成桐；诺贝尔物理学奖获得者、中国科学院院士、美国国家科学院院士朱棣文。北京大学校长陈佳洱、常务副校长王义道到会主持会议。

朱棣文教授用英文演讲了《与生物学相结合的原子和分子物理学的前沿》，使这一领域的研究者们受到启迪。杨振宁教授的关于《对称与物理学》的演讲，把会场的气氛推向了高潮。他从自然界的雪花讲到中国的青铜器，从古建筑讲到中国的诗歌、外国的音乐；小到传说中的海螺，大到天体的运行轨迹，都可以成为他注释现代物理学的例证。李远哲教授作了题为《面向21世纪的挑战》的学术演讲。丘成桐教授在他的《数学:它的内容、方法和意义》的演讲中,阐述了数学与物理、化学、美学、社会科学等多种学科的深刻联系,以及数学家的使命。科学家们还回答了现场的提问。

(王荣奎)

百年校庆主要学术研讨会议

【马克思主义理论研讨会】 1998年4月17日,北京大学建校一百周年马克思主义理论研讨会召开,拉开了百年校庆系列学术活动的序幕。

中共中央文献研究室主任逄先知,中宣部副部长白克明,中央党校副校长龚育之、刘海藩,中央党史研究室副主任石仲泉,北京市教工委书记徐锡安等领导,以及近百名专家、学者,就邓小平理论是当代中国的马克思主义、马克思主义在中国的传播和发展、面向21世纪的马克思主义、马克思主义与北大等问题进行研讨。

会议由北京大学前校长吴树青主持,党委书记任彦申致开幕辞。吴树青、刘海藩、肖超然、龚育之、石仲泉、梁柱等先后在大会上作了专题发言。

研讨会于18日举行闭幕式,北京大学校长陈佳洱致闭幕辞,并向"学习邓小平理论征文"的获奖者颁奖。

(王荣奎)

【汉学研究国际会议】 1998年5月6日至8日,由北大中国传统文化研究中心主办的汉学研究国际会议在北京香山举行。来自美、英、德、法、俄、日、瑞典、荷兰等17个国家及台、港、澳地区的近300位著名学者出席了会议。这是建国以来在汉学研究领域层次最高、规模最大的一次国际性学术盛会。

本次大会的宗旨是:站在时代的高度,以开放的态度,把中国传统文化放到世界各民族文化大格局中加以研究,努力运用新的成果,为弘扬和发展中华文化服务。与会专家学者围绕着"我与汉学研究"这一主题,回顾了近百年汉学研究成就,展望了21世纪汉学研究前景。

百年校庆主要学术研讨会议一览

时间(1998年)	会议名称	主办单位
4月17～18日	马克思主义理论研讨会	马克思主义学院
4月25日～5月7日	东方学系系列国际研讨会	东方学系
4月30日～5月1日	经济体制转型中的政府作用	政治学与行政管理系 公共政策研究所
5月2～3日	中国资本市场发展国际研讨会	光华管理学院
5月2～4日	国际地球科学学术研讨会	地球物理系、地质系
5月2～4日	"21世纪环境科学与可持续发展"国际研讨会	环境科学中心 中国可持续发展研究中心
5月3日	"面向21世纪的化学"国际研讨会	化学学院
5月3日	计算机与微电子科学技术国际研讨会	计算机系
5月3～5日	数学科学前沿展望讨论会	数学学院
5月4日	现代物理学前沿问题国际研讨会	物理系
5月5日	"21世纪的生命科学"国际研讨会	生命科学院
5月5日	面向21世纪的遥感与地理信息科学研讨会	遥感所
5月6～8日	汉学研究国际会议	中国传统文化研究中心
6月2～16日	"21世纪:文化自觉与跨文化对话"国际研讨会	社会学人类学所
6月21～23日	"21世纪女性研究与发展"国际学术研讨会	中外妇女问题研究中心
8月20～23日	戊戌维新100周年国际学术研讨会	历史系

(王荣奎)

具有开放性、前瞻性、科学性和灵活性的会议宗旨和议题吸引了众多汉学家纷至沓来。哈佛大学哈佛燕京学社社长杜维明、哈佛大学东亚学系系主任斯蒂芬·欧文、香港中文大学名誉教授饶宗颐、京都大学名誉教授清水茂、台湾中研院院士王叔岷、北京大学东方学系教授季羡林、北京大学哲学系教授张岱年、北京图书馆教授任继愈等一大批中外学者济济一堂,彼此交流信息,展示最新成果,共商学术发展大计。会议收到论文220多篇,仅提要就达80余万字。

在为期3天的会议中,各国著名学者在文学、语言、历史、哲学、考古等领域进行了深入探讨。这是学贯中西、开一代风气的学术大师的交流,更是中国传统文化与国外学术文化的世界对话。

(王荣奎)

【中国资本市场发展国际研讨会】 1998年5月2日至3日,由北京大学光华管理学院主办、光大证券有限公司协办的"中国资本市场发展国际研讨会"在北京大学召开。来自中国大陆、香港、台湾、英国、美国、日本、澳大利亚等国家和地区的著名学者、政府官员和企业界人士参加了会议。

1996年诺贝尔经济学奖获得者、英国剑桥大学教授詹姆斯·莫里斯、全国人大副委员长成思危、香港证券期货监察委员会主席梁定邦、、国务院发展研究中心主任王梦奎、北京大学光华管理学院院长厉以宁等出席了开幕式。北京大学副校长何芳川致欢迎词,莫里斯、厉以宁、梁定邦各就中国资本市场和国际金融问题作了精彩的主题演讲。

研讨会就中国国有企业改革与中国资本市场发展,宏观经济调控与金融体制改革,投资银行等金融中介机构在中国资本市场发育中的地位和作用,证券市场实证分析,东南亚金融危机对中国资本市场发展的启示,金融风险与控制,金融创新与金融工程,大陆与港台资本市场关系,中国资本市场规范以及中国资本市场现代化与国际化等十个专题进行了深入的讨论。

(王荣奎)

【数学科学前沿展望讨论会】 1998年5月3日至5日,由北京大学数学科学学院和北京大学数学研究所主办的"数学科学前沿展望讨论会"在北京大学举行。400多位中外数学家参加了会议。

菲尔兹奖得主、美国哈佛大学教授丘成桐博士,菲尔兹奖得主、美国伯克利加州大学和香港城市大学教授S.斯梅尔博士,1998年世界数学家大会程序委员会主席、美国普林斯顿高等研究所所长P.格瑞菲斯教授,著名应用数学家、美国麻省理工学院教授林家翘博士,著名数学家吴文俊教授等十余名科学院院士出席了会议。

会议组织委员会主任由全国人大副委员长丁石孙教授、北京大学数学研究所所长张恭庆教授和北京大学数学学院院长姜伯驹教授担任。本次讨论会的主题是回顾20世纪数学的巨大进步,展望新世纪数学发展和应用的广阔前景。

(王荣奎)

【"面向21世纪的化学"学术研讨会】 1998年5月3日,"面向21世纪的化学"学术研讨会在北京大学开幕。北京大学化学学院教授、中科院院士徐光宪致开幕辞。30多位国内外化学界的教授学者作了学术报告。

加州理工大学教授、诺贝尔奖获得者鲁道夫·马柯斯(R.A.Marcus)就化学、电子化学和生物学领域、电子转移现况的应用作了首席报告,这也是他1992年获诺贝尔奖时的研究课题。台湾"中央研究院"院长、诺贝尔奖获得者李远哲教授在报告中介绍了自己近期的科研成果,提出了一些新的观点和研究的方向,尤其是对物理化学的交叉边缘学科的新发展阐述了自己的见解和展望。徐光宪教授就21世纪稀土化学的发展作出了新的展望。中国科学院院士唐有祺教授对今后化学的发展作了整体的展望。加拿大麦吉尔大学教授陈德恒就有机化学的发展作了报告。

(王荣奎)

【计算机与微电子科学技术国际研讨会】 1998年5月3日,由北京大学计算机系主办的计算机与微电子科学技术国际研讨会在资源宾馆召开。计算机科学技术系主任杨芙清院士出席开幕式并致词。各大学、科研单位的专家、计算机系的校友及在校生百余人参加了这次会议。

杨芙清院士在发言中开宗明义阐明了这次研讨会的意义。随后,来自美国伯克利大学、美国康乃尔大学、中国科学院、北京大学、台湾清华大学、清华大学、英特尔公司等大学及科研单位的35位专家分别在微电子技术、计算机软件技术、计算机系统及应用、计算机通信等方面作了前瞻性的报告。本次会议所报告的观点和成果将在中国走向信息化的道路中发挥积极的作用。

(王荣奎)

【"21世纪的生命科学"国际研讨会】 1998年5月5日上午,由北京大学生命科学学院主办的"21世纪生命科学"国际研讨会在电教报告厅隆重开幕。本次研讨会旨在扩大影响,促进交流,加强合作。约有20名中外科学家参加了这次研讨会,他们中间有北大的名誉教授及客座教授,也有长期与北大合作的科学家,另外还有100多名来自国内外的校友。会议研讨内容包括分子生物学、细胞生物学及发育生物学、神经科学、生物医学以及环境生物学等。

在两天的会议中,学者们探讨了21世纪生命科学的发展趋势和方向，交流了各自的科研成果和教学经验。这次大会成了一个联系的纽带，将世界各地的北大校友和关心北大的科学家更紧密地团结起来，为使北大成为世界一流大学打下了坚实的基础。

（李彤）

【“21世纪环境科学与可持续性发展”国际研讨会】 5月2日至4日，北京大学环境科学中心、北京大学中国持续发展研究中心和大气环境模拟国家重点实验室联合主办了“21世纪环境科学与可持续发展”国际会议。

会议研讨了大气环境、环境管理与可持续性发展、水资源与水环境、生态学与生物多样性等方面内容。瑞典皇家科学院院士 Mohan Munasinghe 教授作了题为《中国的可持续性发展：一个实际应用框架》的报告，指出迈向21世纪的中国在环境问题中所面临的挑战与机遇。中国工程院院士钱易教授认为：中国环保问题要在控制人口、节约资源、治理污染等方面下功夫。

来自世界十几个国家、地区以及国内近200名专家学者参加了研讨会。国家环保总局局长解振华、北京大学副校长王义遒、国家科技部社会发展司司长甘师俊、北京市环保局副局长赵永平及环境科学界著名院士钱易、唐孝炎、刘鸿亮等到会并发了言。全国人大环境资源委员会主任曲格平参加了大会闭幕式，并对北大百年校庆和此次国际学术研讨会的圆满成功表示热烈的祝贺。

（李彤）

【戊戌维新100周年国际学术研讨会】 1998年8月20，由中国史学会和北京大学联合主办、北京市社会科学界联合会和香港中文大学历史系等单位协办的戊戌维新－百周年国际学术讨论会在北大隆重开幕。这次国际学术讨论会围绕着戊戌维新与近代中国的改革开放及现代化这一主题，对百年前中国改革的有关理论、历史思想、人物、史料等进行了深入的研讨。这次讨论会是本世纪末中外史学界一次难得的学术盛会，也是北京大学百年校庆的一项重要的学术活动。

（李彤）

【“21世纪女性研究与发展”国际学术研讨会】 1998年6月21～23日，“21世纪女性研究与发展”国际学术研讨会在北大召开。全国妇联书记处书记康泠、北京大学校长陈佳洱、著名学者季羡林在开幕式上发表了热情洋溢的致辞。

与会学者围绕“21世纪女性研究与发展”这一主题，分女性学学科的建设与发展、经济发展与女性地位、女性政治参与的回顾与展望、妇女历史、近代社会转型与女性发展、女性在人口、贫困、权益保障等方面的现状与对策、东西文化交融与女性传统等六个议题展开热烈的讨论。

会议收到论文82篇，有些论文见解独到，尤其是在女性学学科建设上有较大突破和进展。北京大学代表提交论文34篇，集中反映了在女性学研究方面的教学及科研上的优秀成果。

来自美国、澳大利亚、加拿大、丹麦、德国、韩国、日本、新西兰等世界各国和北京、上海、河南、河北、海南、吉林、辽宁等省市及香港台湾地区的120多位专家学者出席了会议。

（李彤）

“北京大学星”命名仪式暨纪念雕塑揭幕典礼

1998年5月4日，北京大学星命名仪式暨纪念雕塑揭幕典礼在北大校园湖心岛举行，教育部副部长韦钰、北京大学领导等出席了仪式。一颗编号7072号的小行星，经国际小天体命名委员会批准，由国际天文学会联合会小行星通报〔30477〕号通知国际社会，正式命名为“北京大学星”。北京大学在未名湖湖心岛设立该星纪念雕塑。

这颗被命名为“北京大学星”的7072号小行星是由北大校友、中科院院士、北京天文台研究员陈建生所领导的观测宇宙学组于1996年3月发现的。在北大百年校庆来临之际，北大校长陈佳洱写信给陈建生院士，希望能得到他领导的宇宙观测学组发现的小行星命名资格。陈建生院士立即回信表示“我们以能用我们发现的小行星来命名北京大学星感到骄傲和荣幸。我所领导的课题组都为有幸命名‘北京大学星’而欢欣鼓舞”。经过半年多的努力，这一命名的申请得到了国际小行星命名委员会的批准。

据“北京大学星”发现人之一朱进博士介绍，一个奇妙的巧合是，在北大校庆前后，“北京大学星”处于与太阳最近的位置。届时，太阳、火星、地球及北京大学星几乎在同一直线上，北京大学星与太阳同升同落。

（方英恩）

北京大学百年校庆“深圳——北京”专列

1997年，北京大学深圳校友会提出了开行深圳——北京校庆专列的设想。在北京大学领导的重视和铁道部沿线各铁路局、车站的支持下，这一设想得以顺利实现。1998年4月30日，北京大学校庆专列开行仪式在深圳火车站一楼大厅隆重举行，深圳市市长李子彬和广州铁路局领导、北大领导、深圳北大校友会及深圳大学领导等出席了仪式。21点05分,一列19节车厢的专列驶离深圳站,驶上返回北大的归途。本次列车创造了中国铁路史上的两个第一:第一次为一个大学的校庆开行专列,第一次在铁路非调价期为专列提供优惠价格。

专列途经广东→湖南→湖北→河南→河北→北京,沿线各地校友会都组织了欢迎仪式,火车上的校友则手持"欢迎北大专列'新生'"的横幅致意。在列车上,校友们还组织了各种形式的活动:以"北大往事"为题,利用列车上的广播举行了有18人参加的演讲比赛;开辟"长明教室"及"沙龙"给校友提供交流场所;诗歌朗诵;校园歌曲演唱;设立"乘专列留念"摄影点;组织乘车全体校友签名留念;幸运抽奖等。

1998年5月2日凌晨5时43分,校庆专列经过32个小时,行程2436公里,满载着720余名北大校友驶入了北京西站。站台上的礼仪队舞动着鲜花,接待人员高举着醒目的"北京大学"、"百年校庆"、"喜迎校友"的牌子。曾在1997年北京市中小学艺术节获一等奖,在香港、台湾做过访问演出的北大附中的管乐队奏起了欢快的《北京喜讯到边寨》。当第一位校友走出列车时,所有的摄像机、照相机的镜头都对准了他。站台上爆发出一阵热烈的掌声。

北京大学党委书记任彦申、副书记岳素兰、副校长陈章良、林钧敬等校领导率队迎接。陈章良副校长主持了在站台上举行的欢迎仪式。王阳元院士代表北大在校的教师向乘坐这次专列的校友们问好。之后,学生代表、校友代表做了动情的发言。前副校长梁柱教授介绍了专列上校友的情况。最后,党委书记任彦申介绍了校庆近况,并代表全体北大师生员工欢迎所有的校友并祝他们在校庆期间过得充实愉快。

(王荣奎)

北京大学图书馆新馆竣工仪式

北京大学图书馆新馆竣工仪式于1998年5月4日下午在图书馆新馆东门广场举行。新图书馆建设得到国家教委和北京市政府的关怀和支持,由香港知名企业家、北京大学名誉博士李嘉诚先生及下属香港长江集团捐资兴建。清华大学建筑设计院承担新馆设计,总建筑师为中国工程院院士、清华大学建筑学院关肇邺教授。

出席竣工仪式的有人大党委会副委员长丁石孙、全国政协副主席罗豪才、教育部部长陈至立、国务院港澳办副主任陈佐洱、北京市副市长林文漪、校长陈佳洱、校务委员会主任任彦申以及李嘉诚等。竣工仪式邀请了海内外、校内外嘉宾共300人左右,同时有教职工代表100人,学校代表800人。

竣工仪式由常务副校长闵维方主持,陈佳洱院士、陈至立部长、林文漪副市长、李嘉诚博士分别致辞,任彦申主任代表北京大学向李嘉诚先生颁发"北京大学杰出教育贡献奖"奖牌。

北京大学校史博物馆奠基典礼

北京大学校史博物馆奠基典礼于1998年5月3日下午在北京大学未名湖北岸举行。建造北京大学校史博物馆是百年校庆基础建设项目之一。校史博物馆拟建成两层,建筑面积约为30000平方米。内设办公室、研究室、展览厅、档案存放室、电脑室等。

为了庆祝北京大学建校一百周年,日本电通公司同北大商讨确定了为兴建北京大学校史博物馆由日筹资的计划,并于1997年6月底成立了"北京大学100周年纪念事业募捐发起人会",发起人和顾问包括名古屋铁道会长谷口清太郎、丰田汽车会长丰田章一郎、三井物产会长熊谷直彦、新日本制铁会长斋藤裕、电通社长成田丰等12人。从7月开始募捐至今,经过发起人会各位成员及电通公司有关人士的艰苦努力,不仅完成了21000万日元的筹款计划,而且超额了6000万日元,捐款总额达到27000万日元。参加捐款的日本企业达到69家。

(王荣奎)

北京大学登山队登上卓奥友峰

从1996年开始,北京大学登山队就开始了百年校庆登山系列活动:1996年攀登玛卿冈日峰,1997年攀登东昆仑玉珠峰,实现了中国人首次从北坡登顶。1998年3月20日,北京大学登山队的17名队员从北京出发,开始系列登山活动的最后一项——攀登卓奥友峰。

卓奥友峰海拔8201米,藏语为"首席尊师",属喜马拉雅山脉,世界第六高峰。这里地形复杂,气候多变,冰塔扑朔迷离,冰蘑菇形态各异,两侧山谷为陡峭岩壁,壁下为滚石区,还有冰川湖。4月21日上午8时,队员唐元新、张春柏和高永宏从海拔7700米的突击营地出发冲击顶峰。经过5个多小时的艰难行进,于13时15分登顶成功,3名队员终于把鲜艳的五星红旗和北大校旗、登山队队旗展现在卓奥友峰顶,实现了国内大学生攀登 8000 米以上高峰零的突破。

北京大学登山队全体队员于 5 月 1 日回到北京，在北大南校门前举行的欢迎仪式上，北京大学党委书记任彦申赞扬登山队员们以自己的行动向母校的百年华诞献上了一份珍贵的厚礼。他说："登山队的师生们不畏艰险、勇攀高峰的精神，将激励百年北大攀登科技文化高峰，为振兴中华做出更大的贡献！"

（王荣奎）

北京大学百年校庆书画展

1998 年 5 月 1 日，北京大学百年校庆书画邀请展开幕式在中国美术馆举行。北大历来重视美术教育，曾产生过众多精于书画或书画理论的学者、教授。此次书画展旨在继承北大书画传统、弘扬中国传统艺术文化。画展得到了全国书画艺术家及旅居海外的书画艺术家的广泛支持，短短几个月就收到 1000 多幅捐赠作品，其中既有沈鹏、启功等著名老书画家的精品，也有颇具实力和影响的中青年书画家的力作。

北京大学还将在此次展览的基础上，广泛收藏全国书画家的艺术作品，深入开展对当代书画艺术的研究，逐渐形成一个集艺术史、艺术理论研究与艺术收藏于一体的高层次艺术文化科研机构，为当代中国书画艺术的发展做出贡献。

（王荣奎）

北京大学百年校庆演唱会

1998 年 4 月 28 日晚上，北京大学百年校庆演唱会如约在北京大学五四操场隆重举行。演唱会汇集了内地十几位著名歌手，戴娆的《风儿轻轻地吹》、王洁实谢莉斯的《外婆的澎湖湾》、陈琳的《拉着你的手》、陈红的《喜乐年华》、田震的《干杯啊，朋友》等这些脍炙人口的歌曲使晚会始终处在热烈欢腾的气氛中。香港歌星郭富成载歌载舞，兴致盎然地连唱三首，谢东、黄格选、高枫、吕继红等歌手也演唱了大家喜爱的歌曲。

9000 名师生校友冒雨参加了演唱会，有的穿着雨衣，有的几人合打一把伞，没有雨具的就任雨水浇淋，再大的雨也浇不息北大人欢庆母校生日的挚情。许多人都这么说：百年的北大经历了百年的风雨，所以我们注定要在风雨中庆祝她的百年。

校庆服务队的学生志愿者排立成两道人墙，维持着场内秩序。舞台的灯光瑰丽闪烁，五彩的气球飞向雨幕中的天空。晚会在北大学生《年轻的朋友来相会》的歌声中结束。

（李彤）

北京大学百年校庆交响音乐会

为庆祝北京大学建校一百周年，由北京大学和浙江金泰集团共同举办的"北京大学百年校庆交响音乐会"，于 1998 年 5 月 2 日晚在北京世纪剧院举行。在著名指挥家陈佐湟博士的指挥下，中国交响乐团演奏了交响诗《咏雪》、钢琴协奏曲《黄河》、贝多芬第七交响曲等中外名曲。参加北大百年庆典活动的世界著名大学校长、诺贝尔奖获得者、著名学者以及北大部分师生和校友出席了音乐会。

（王荣奎）

·附　录·

北京大学校长陈佳洱在庆祝北京大学建校一百周年大会上的讲话

（1998 年 5 月 4 日）

尊敬的江泽民主席、李鹏委员长、朱镕基总理、李瑞环主席：

各位领导、各位嘉宾、各位校友：

老师们、同学们：

今天，我们在人民大会堂隆重集会，热烈庆祝北京大学建校一百周年。请允许我代表北京大学向光临大会的江泽民主席、李鹏委员长、朱镕基总理、李瑞环主席和各位领导、各位贵宾，以及从全国各地和海外专程光临庆典的各位嘉宾，表示热烈的欢迎和由衷的感谢！

北京大学原名京师大学堂，成立于 1898 年，是上个世纪末我国维新变法兴学图强的产物。1912 年改名为北京大学。这一百年来北大所走过的历程，始终是与中国人民争取民族独立、人民解放和国家富强的历史紧密地联系在一起的。这使她成为一所具有光荣革命传统的学校。中华民族悠久的灿烂文化培育了北京大学,使她成为体现中国文化和民族精神的重要标志。中国近代历史的发展和世界的进步造就了北京大学,使她成为中国第一所具有现代意义的国立综合性大学。著名教育家、思想家严复、蔡元培曾先后担任北京大学校长,对北京大学的改革发展发挥了重要作用。北京大学曾经是中国新文化运动的中心和具有划时代意义的五四运动的策源地,是中国传播马克思主义和民主科学思想的最初基地,也是中国共产党的发祥地之一。中国共产党的创始人李大钊、陈独秀、毛泽东以及中国新文化运动的主将鲁迅都曾在北大任教或任职。一大批优秀的革命家和学者从这里走向社会、服务于社会。北京大学在历史发展的进程中形成了"爱国、进步、民主、科学"的光荣革命传统和"勤奋、严谨、求实、创新"的优良学风,这是北京大学极为宝贵的精神财富。

新中国建立以来党和国家十分重视北京大学的建设和发展,毛泽东主席亲自为北大题写校名,三次写信鼓励北大师生团结起来,为建设新中国而奋斗！周恩来总理六次亲临北大指导工作。"文化大革命"之后,邓小平同志亲自过问北京大学的"拨乱反正"和恢复发展工作,并为北京大学图书馆题写馆名。江泽民主席对北京大学的发展也给予了多方面的关怀和支持。就在5天前,江主席还亲临北大考察工作,祝贺北大百年校庆。今天,党和国家领导人又在百忙之中莅临这个庆祝大会,江主席还将发表重要演讲,这对我们是极大的鼓舞和鞭策。正是由于党和国家的亲切关怀和全校师生员工的共同努力以及各个方面的大力支持,北京大学从以文理基础学科为主的综合性大学,逐步发展成为包括人文科学、自然科学、社会科学、技术科学、管理科学和教育科学等多学科研究型的综合性大学,成为我国重要的教育中心和科学研究中心,为中国的社会主义现代化建设做出了自己的贡献。

新中国成立以来,现代高等教育的许多重要学科,包括原子核科学、半导体物理、政治学、国际文化学等都是在北大率先建立起来的。迄今,北京大学共为国家培养了近12万名高级专门人才,培训了近8万名各种专业人员,他们之中绝大多数具有良好的品德、坚实的基础和无私奉献的精神,成为我国各条战线的骨干,一部分已成为各领域的杰出人物。曾在北大学习或工作过的中国科学院、中国工程院院士就有396人,还有一批著名的哲学家、史学家、文学家、语言学家、经济学家和法学家等,他们影响和推动了中国近现代思想理论、科学文化和高等教育的发展,在社会主义现代化建设中发挥了重要的作用。我国知识分子的优秀代表蒋筑英、雷雨顺、王忠诚,为中国的国防建设作出重大贡献的于敏院士和周光召院士,全军科技工作模范钱绍钧院士等人就是他们当中的杰出代表。

北京大学紧密结合科学技术发展及国家的需要,承担了一大批国家重点研究课题和科技攻关项目,创造了一批重大的思想文化和科学技术成果。近年来,在研究中国传统文化、社会主义市场经济、社会主义法制以及"一国两制"的理论与实践等方面均有重大建树,对邓小平理论的学习和研究也取得了可喜的进展。科学技术方面,从国际首次人工合成牛胰岛素和微分动力系统理论等基础研究,到我国第一台百万次集成电路计算机的研制、第一块1024位MOS动态随机储存器的制造,以至第一台汉字激光电子照排系统的研究开发成功,都对科技进步和社会发展产生了重大影响。北京大学在积极推进科技成果的转化、探索产学研一体化的道路方面,形成了自己的特色。以北大方正集团为代表的一批校办高新技术产业取得了良好的社会效益和经济效益。

今天,当我们欢聚一堂庆祝北京大学建校一百周年之际,我们深深地怀念那些为北大的发展呕心沥血的先辈们;我们衷心地感谢那些对北大发展给予关心和帮助的各级领导、国内外的各位朋友和众多校友。我们特别要向为北大的进步和发展勤奋工作的全校师生员工,包括离退休教职工,表示深切的敬意和诚挚的慰问。

江泽民主席为北大百年校庆挥毫题词:"发扬北京大学爱国进步民主科学的优良传统,为振兴中华做出更大的贡献。"鲁迅先生也曾说过:"北大是常为新的,改进的运动的先锋,要使中国向着好的,往上的道路走。"这精辟地概括了北大的传统和北大的精神,也是北大百年历史的主旋律。面对世界范围科技革命的新思潮,展望即将到来的21世纪所面临的新挑战,我们深感任重而道远。在下个世纪,大学作为创造、传授和运用知识的重要基地,对于国家的进步和世界的发展肩负着前所未有的重大历史使命。为了迎接新世纪的挑战,我们一定要做好以下几个方面的工作:

第一,要更自觉地用邓小平理论,用中华民族传统文化和人类文明的精华教育学生,努力做到德育、智育、体育、美育的高度统一,培养具有高度人文素质和科学文化素养的人才,以满足国家的需要。他们中的一部分应能成为世界政治、经济、文化、科学等领域的杰出代表。

第二,要更加充分地发挥北京大学学科齐全、基础理论雄厚、教学与研究紧密结合的优势,使北大成为知识创新的基地,产生能深刻影响社会发展的思想;使北大成为有国际影响的学术研究中心,取得世界公认的重大学术成果。

第三，要更加积极地促进教育、科技和经济的结合，把更多、更好的科技成果转化为现实生产力，为增强国家的综合国力、促进社会的持续发展作出贡献。

第四，要更主动地发挥北京大学的社会功能，为国家提供更多更好的精神产品，为国际社会提供具有中国特色的思想、文化成果，使北大成为国家的思想库和精神文明建设的基地，成为古今融合、东西交汇的文化殿堂和人类友好合作的桥梁。

这些任务显然是十分艰巨的。我们相信，只要高举邓小平理论的伟大旗帜，牢记江泽民主席代表党和国家对我们的重托，认真贯彻科教兴国和可持续发展的战略，认真学习和借鉴海内外大学的有益经验，弘扬我们自己的光荣传统和优良学风，锐意进取、奋发图强，北京大学就一定能够在21世纪再创辉煌，为中华民族的振兴、为全人类的和平与进步做出自己的新贡献！

谢谢大家。

教育部致北京大学百年校庆的贺信

北京大学：

值此你校隆重举行百年校庆盛典之际，谨致以热烈的祝贺！并向全体师生员工和海内外校友致以诚挚的问候！

北京大学是我国最为重要和著名的高等学府之一，在二十世纪中国的历史上具有举足轻重的作用。北大的百年辉煌历程，始终与祖国的命运休戚相关。作为新文化运动的中心和五四运动的发源地，作为中国传播马克思主义思想的发祥地和中国共产党早期活动的重要场所，她为实现民族独立和人民解放、推动中国革命和社会进步起到了重要的先锋作用。北京大学的创立，是中国近代高等教育发展的重要标志。她在长期的办学历程中，汇集了众多著名的专家学者，形成了活跃而浓厚的学术氛围，积累了丰富的办学经验，她的“爱国、进步、民主、科学”传统，深深植根于百年的办学历史中。她对中国近现代思想文化、科学技术、高等教育的发展进程，产生了深刻的影响。

新中国成立后，北京大学进入了新的发展时期。党和政府高度重视北京大学在我国教育、文化发展中的重要地位，对北大给予了大力的支持。学校全面贯彻党和国家的教育方针，重视基础研究，注重提高教育质量，为我国社会主义建设培养了大批优秀人才，取得了丰硕的科研成果。特别是改革开放以来，北京大学积极适应经济、社会不断发展的要求，致力于深化改革，加快发展，积极参与国家重大科技、经济、社会问题的研究和解决，继承和弘扬祖国传统文化，在加强学科建设、延揽优秀人才、发展高新科技、促进科技成果产业化等方面取得了新的成绩，为我国的社会主义现代化建设和高等教育事业的发展做出了重要的贡献。今天的北京大学，已成为我国高层次人才培养和科学研究最重要的基地，也是一所代表我国高等教育和科学文化先进水平的大学。

在世纪之交，北京大学同祖国一起走过了风雨兼程的二十世纪，迎来了新世纪的曙光。北京大学的百年校庆，不仅是北大发展史上的一件大事，也是我国教育界的一件大事。随着国家“科教兴国”战略的进一步实施，教育和科技将在我国现代化建设中发挥越来越巨大的作用，有着百年历史、在国际上享有盛誉的北京大学承担着光荣的历史使命。把北京大学建设成为世界一流的大学，不仅是几代北大人的梦想，也是国家对北大的期望。我们希望北京大学能够继往开来，继承和弘扬百年优良传统，在新世纪铸造新的辉煌！

北京市政府致北京大学百年校庆的贺信

北京大学：

在新世纪即将来临之际，我们欢欣鼓舞地迎来了您的百年华诞。在这百年庆典的时刻，我们谨向您致以热烈的祝贺，并向全体师生员工及海内外广大校友致以亲切的问候。

北京大学是国内外享有盛誉的著名高等学府，也是孕育革命思潮的摇篮。回首百年，北京大学始终以民族振兴为己任，与祖国共命运，在其斗争与发展的历程中形成了“爱国、进步、民主、科学”的光荣传统，贯穿了为振兴中华而不断改革创新的精神。作为中国新文化运动的中心和“五四”运动的发源地，作为中国最早传播马克思主义的重要基地和中国共产党早期活动的重要场所，北京大学为实现民族独立和社会进步起到了极为重要的先锋作用。

北京大学，名师荟萃，群星灿烂。兼容并蓄的办学思想，百年积淀的办学经验，活跃而浓郁的学术氛围，形成了北京大学勤奋、严谨、求实、创新的优良学风，对近代以来中国的思想文化、科技进步、高等教育的发展产生了深刻的影响。新中国成立后特别是改革开放以来,北京大学焕发了新的生机和活力,在注重基础研究的同时,面向国家经济建设的主战场,加强应用研究,积极参与国家重大理论问题和实践问题的研究与探索,在促进高等教育的两个根本性转变方面不断创新,开辟了产学研紧密结合、共同发展的成功之路。今天的北京大学,作为我国重要的教育中心和科学研究中心,为全国、特别是为北京的经济建设和社会发展,培养了大批合格的高级专门人才,提供了大批重大的科技成果,贡献了非常宝贵的精神财富。

下一个世纪,将是一个知识经济的时代。北京作为中华人民共和国的首都,正在积极迎接知识经济的到来。毫无疑问,在今后的日子里,北京大学在发展首都经济,实施科教兴市和可持续发展战略中,必将发挥更大的优势,作出更大的贡献。

北京大学已走过了波澜壮阔的一百年,今后的道路更加宽广,事业更加辉煌。在伟大的中国共产党的领导下,北京大学一定会发扬传统,再创辉煌,成为世界一流的大学!

联合国秘书长科菲·安南致北京大学百年校庆的贺信

在北京大学百年校庆之际,我谨向贵校师生致以最热烈的敬意,深感荣幸。

北京大学是一个名声显赫的学术中心。长期以来,它对中国的科学、文化生活产生了巨大影响。众多杰出学者正是从北大起步进而对高等教育,全球觉悟,以及社会进步做出重大贡献。这种贡献从未像今天这样重要。为充分发挥联合国的潜能以应付日益复杂的世界所面临的种种挑战,我们必须使政治界和知识界承担义务以完成这个任务。在此深刻变革之际,像贵校这样的机构在世界事务中获取了业已提高的重要地位。它们有助于揭示变革的重要性,并同时创造更加美好明天的知识讲坛。为此,我赞赏贵校主办以二十一世纪高等教育为主题的论坛的主动性。

由于深受贵校这个伟大学术基地使之长期保持崇高学术与精神思考水平的激励,我相信你们将继续运用你们的学识、远见以及分析能力去帮助应付我们这个时代的各种问题,人类繁荣的希望之源存在于此,而我们离实现成为联合国的目标越来越近的希望之源也存在于此。

(此信由安南的特使、秘书长外事办公室主任米歇尔·环纳在庆典大会上宣读)

牛津大学校长卢卡斯在庆祝北京大学建校一百周年大会上的讲话

(1998年5月4日)

女士们,先生们,亲爱的同事们:

因为我是今天出席这个仪式的外国大学中最古老的大学的校长,我被推选代表他们讲话,我很高兴代表他们向正值百年华诞的北京大学的教授、教师、研究人员和学生们表示衷心的祝贺。

我们这些大学在世界范围组成了一个庞大的知识界,科学无国籍,知识属于每一个人。我们这些大学创造新知识。它们传授这些知识,也传授其他大学的知识以及知识宝库中的最精彩部分,而这 切都是由我们的前人发现、验证和积累起来的。

所有的大学都为其国家的繁荣和成功做出贡献,它们也在保持其文明中独有的文化和遗产。不仅如此,它们还有更多作为。知识只有在经历准确性、理性阐释和真理的独立检验而确凿获取时才是牢靠的。因此,我们在向学生传授技能的同时,也在教给他们价值观。这些价值观一方面包括个人及公民行为的价值观,另一方面也涵盖了对独立理解的个人需求,而这正是人类创造力的源泉。

这些职责赋予大学以崇高的责任。这些职责植根于诚实、自由无畏的求知精神以及独立性的伟大优良传统。每所大学都是其所在社会的一座灯塔,通过与其姊妹院校的联系,其知识和价值观得以广泛传播。

一种传统的建立并非轻而易举、一蹴而就。百年来,北京大学一直不断地在形成自己的传统。北京大学现在和未来的成员们,我们希望看到你们发扬并巩固你们的传统,我们希望看到你们成为知识界的一个支柱。在下一个百年,我们希望看到你们越来越多的成员加入到姊妹学校的活动中,为作为一个整体的国际学术运动做出贡献。

谨向北京大学在第一个百年中所取得的成就表示祝贺!

清华大学校长王大中在庆祝北京大学建校一百周年大会上的讲话

（1998年5月4日）

各位领导和来宾、同志们、朋友们：

今天，北京大学迎来了建校一百周年，我谨代表清华大学的师生员工，表示最热烈的祝贺！

北京大学是我国第一所国立综合性大学，它的成立标志着中国现代高等教育的开端。上世纪末至本世纪初，作为中国新文化运动和“五四”运动的发源地，作为中国最早传播马克思主义思想和中国共产党早期活动的一个基地，北京大学曾经在我国民族独立和人民解放事业中发挥了重要作用。三四十年代，在抗日战争的炮火中，北大、清华和南开大学的师生们在祖国的西南边陲，合建了西南联合大学，在极其艰苦的条件下，培养了一大批优秀人才。建国以来，北京大学在中国共产党的领导下，有了进一步的发展，为我国经济、科技、文化、教育事业的发展做出了重要贡献，在学科建设、人才培养、学术研究、产业开发等方面，都取得了巨大的成就。一百年来，有着爱国进步、民主科学光荣传统的北京大学，一直是中国最著名的高等学府，它不仅培育了一代代高素质的人才、创造了一批批高水平的成果，而且对我国整个高等教育和科学文化事业的发展起到了积极的带动作用。因此，把北京大学办得更好，建成世界一流的社会主义大学，不仅是北京大学师生的宏伟目标，也表达了全国高等教育工作者的共同心愿！

当前，我们正处在世纪之交的历史时刻。随着知识经济时代的到来，世界上科学技术的飞速发展和国际竞争的日趋激烈，我国改革开放的不断深化和经济建设的新的要求，都使我们面临着新的挑战和机遇。高等教育肩负着培养跨世纪优秀人才，促进经济、科技发展的历史使命，我们必须自觉地适应我国经济建设的两个根本性转变，转变教育思想，更新教育观念，不断深化高等教育改革，全面提高办学质量与效益，使教育、科研更加紧密地与社会发展和经济建设相结合，为国家的两个文明建设服务；同时，要进一步面向世界、面向未来、面向现代化，加强与国际上知名大学和科研机构的交流与合作，紧紧跟上世界科技发展的前沿，促进我国高等学校教育和学术水平的提高。

同志们，朋友们，新世纪的灿烂霞光已经在向我们召唤。我们要更高地举起邓小平理论的伟大旗帜，在以江泽民同志为核心的党中央领导下，为实施“科教兴国”的发展战略，开拓进取，扎实工作，不断提高办学质量和办学效益。北京大学和清华大学有着长期的密切合作关系和深厚的友谊，在北大百年校庆之际，清华大学赠给北京大学一棵象征我们两校友谊的长青树，祝愿北京大学发扬建校百年光荣传统，永葆青春和活力。愿我们两校继续携手并进，不辜负党和人民的重望，为促进我国高等教育事业和科学文化事业的发展，为中华民族在下世纪屹立于世界民族之林，做出更大的贡献。

校友代表于敏在庆祝北京大学建校一百周年大会上的发言

（1998年5月4日）

尊敬的各位领导、各位来宾，
尊敬的老师、校友、同学们：

今天在人民大会堂举行如此隆重的庆祝北京大学建校100周年大会，江主席亲临致贺，海内外群英荟萃，济济一堂，这是北京大学的荣耀。在此，请允许我代表19万北大校友，向母校的百年华诞致以深深的祝福和崇高的敬意。

北京大学作为中国近代第一所国立综合性大学，创建于中华民族危急存亡之秋。100年来，北大始终与祖国、人民的命运紧密相连，始终是“常为新的，改进的运动的先锋”，始终以振兴中华为己任；高举民主、科学的伟大旗帜，屡开中国教育与科学进步之先河；实事求是，开拓进取，锐意创新，无私无畏，对于中国社会的进步、革命的胜利和科学文化的发展，做出了巨大贡献，铸造了北大的辉煌。唯其如此，才有今天的世纪大典，这是历史给予北大公允的评价。我们全体校友为母校辉煌的过去感到自豪。

北京大学以她百年不懈的求真、求实、求善、求美的进取精神，创造了累累学术硕果，培育了一代又一代高素质高水平的人才。可以告慰母校的是，校友们没有辜负您的殷切希望，无论过去和现在，奋斗在各条战线上的北大人为国家民族的振兴和现代化建设做出了多方面的贡献，创造出众多辉煌业绩。或许这正是母校在百年诞辰之际最愿意接收的学子们奉献的礼物。

我是1949年建国前夕的毕业生，毕业后50年来，一直从事核科学研究工作。是北大浓厚的学术气氛奠定了我的科学基础，是北大的爱国主义传统和勤奋、严谨、求实、创新的优良学风激励着我为增强祖国综合国力而奋斗终身。时光流逝，50年过去了，在北大求学时的历历往事，仍然鲜明地留在我记忆之中，它是我一生中永远怀念的峥嵘岁月。

纪念过去，是为了创造未来，迎接21世纪的机遇和挑战。在科教兴国、全面振兴中华的伟大历史时期，北京大学又适时地提出了到21世纪初叶建设成为世界一流大学的奋斗目标。这不仅是全体在校师生的共识，也是全体校友的心声，更是时代对中国高等教育发展的必然要求。在这继往开来的时刻，我们满怀信心地响应您的号召，努力学习邓小平理论，为了北大的明天，更为了祖国和中华民族的明天，“发扬北京大学爱国进步民主科学优良传统，为振兴中华做出更大贡献”，“面向现代化，面向世界，面向未来”，团结奋斗，再创辉煌。

5月4日是北大的校庆纪念日，也是青年人的节日。让我们祝愿母校像年轻人一样生机勃勃，青春永驻。

谢谢大家。

学生代表叶建第在庆祝北京大学建校一百周年大会上的发言

（1998年5月4日）

尊敬的江泽民主席，
尊敬的各位领导、各位老师、各位学长，
亲爱的同学们：

今天，1998年5月4日，我们怀着庄严而喜悦的心情迎来了北京大学的百年华诞！在这个激动人心的日子里，伴随着鲜花和掌声，从开普敦到温哥华，从太平洋到大西洋，从林海雪原到天涯海角，大江南北、长城内外，几十万北大学子从世界各地一齐向伟大的祖国，向百年母校道出心底最真挚的祝贺与问候，衷心祝福与祖国同呼吸、共命运、风雨同行的母校永葆青春。

并不是每一个百年都有这样的重量，它汇集中国五千年文化的精髓，沉淀至今；并不是每一所学府都有这样的气度，它海纳百川，博大恢宏；并不是每一种精神都有这样的力量，它吸引了一代代风流才俊、学界泰斗，身居斗室，畅游学海！

正如鲁迅先生在设计北大校徽时所期望的，北大如一个坚毅的忍者，一步一步走来，背负着一代又一代北大人的青春，背负着一代又一代中国人的梦想，走了整整一百年。

一百年前，京师大学堂在风雨飘摇之中，在上个世纪最后一次变法维新的废墟上建立起来。然而，就像是黎明前的一线曙光预兆着晨曦一样，它改变了几代人用青春与热血也未能改变的世界。从此，新文化运动，文坛领袖打破桎梏，勇于创新，领导学术潮流；“五四”运动，“一二·九”运动，青年学生忧国忧民，激情澎湃，献身革命洪流；第一个共产主义小组的诞生，孕育了中国最早的一批马克思主义者……北京大学，无论是在争取民族独立的战争年代，还是在寻求国家富强的和平时期，都高举着“爱国、进步、民主、科学”的旗帜，本着“勤奋、严谨、求实、创新”的优良学风，走在时代的前列，始终与祖国和人民的命运紧密相连。

当改革开放的春风吹遍祖国大地，北大也迎来了发展的新契机。在党和人民的关心和支持下，在全校师生的共同努力下，北大已成为学科最齐全的综合性大学之一，并力争在下世纪跻身世界一流大学的行列。从“团结起来，振兴中华”到“小平您好”，从北大方正带动起中国高科技产业的崛起，到北大生物工程研究的最新突破；从建立市场机制的改革思路，到通过实行股份制改革改造国企的主张，北大，始终走在了改革开放的最前列。而今，在世纪之交的今天，北大正面临着千帆竞发、百舸争流的盛世良机，我们又怎能不感到任重而道远？一百年很长，为了实现富民强国的梦想，数代北大人在这里倾注了毕生的心血，才有北大今天的光荣和辉煌；一百年太短，放眼历史，白驹过隙，千载不过弹指瞬间，北大才刚刚走出新长征的第一步。新的时代呼唤新的栋梁之材，“而今迈步从头越”才是我们这一代北大人的风采。

回首，是百年丰碑；前行，有重任在肩。我们深深感到，北大学子只有继承和发扬“爱国、进步、民主、科学”的优良传统，以振兴中华为己任，全面提高自身素质，才能谱写出自己辉煌壮丽的人生篇章；我们也深深感到，青年学生只有团结到爱国主义和社会主义的旗帜下，把个人的前途命运和祖国的富强进步紧密联系在一起，奉献自己的聪明才智，才能无愧于历史和时代的选择。

如今，我们站在世纪之巅，百年的沧桑已成往事，世纪的辉煌永载史册。今天，我们北大的万名学子欢聚一堂，共庆母校百年华诞。我们将牢记传统，面向未来，响应江泽民主席的号召：胸怀祖国，服务人民。同时我代表所有的青年学生向祖国、向人民庄严宣誓：承百年报国志，做世纪栋梁材！

北京大学制定创建世界一流大学计划

创建世界一流大学计划的
前奏："211 工程"

(一)北京大学"211 工程"项目形成及主要建设内容

1993 年 2 月 13 日，中共中央、国务院颁布"中国教育改革和发展纲要"，随后原国家教委发布了《关于重点建设一批高等学校和重点学科的若干意见》，开始实施"211 工程"。在这些重大举措鼓舞下，北京大学开始酝酿和提出学校自身改革与发展的新思路。1994 年 7 月北京大学召开第九次党代会，在对全校学科现状进行全面调研的基础上，解放思想，转变观念，分析形势，明确目标，讨论通过《北京大学改革与发展纲要》，确立了在 21 世纪初叶把北大建设成为世界一流大学的发展目标，从而有力地促进了北大的改革与发展，也为北大申请列入"211 工程"建设计划打下了坚实基础。

1993 年下半年，北京大学按照原国家教委直属办下发的《关于北京大学、清华大学两校进行"211 工程"部门预审工作的通知》，开始进行申报"211 工程"的规划和论证工作。经过组织有关教师及职能部门近一年的深入调研、反复论证，前后五易其稿，1994 年 9 月，以《北京大学改革与发展纲要》基本内容为蓝本的"211 工程"申报文件最终完成。1994 年 10 月 12 日至 13 日，原国家教委组织对北京大学申请进入"211 工程"的部门预审。专家组成员和原国家教委直属高校工作领导小组成员听取北京大学的汇报，并进行实地考察，最后经专家组全体成员一致同意，北京大学顺利通过申请进入"211 工程"的部门预审。

1995 年 10 月，北京大学向国家计委、原国家教委、财政部上报《北京大学"211 工程"建设项目可行性研究报告》。1995 年 12 月 4 日上述三部委的两个专家组对北大"211 工程"可行性报告及申请购置的大型仪器设备进行审核并予以原则通过。1996 年 4 月，北京大学对《北京大学"211 工程"可行性研究报告专家审核意见》采纳情况进行说明，并对《可行性报告》作了进一步的修改后上报。1996 年 10 月北大收到 1996 年 9 月 26 日原国家教委办公厅(教计厅)[1996]19 号关于转发《国家计委关于北京大学"211 工程"建设项目可行性研究报告的批复》的通知，国家计委的"批复"(计社会[1996]497 号)宣布国家正式批准将北大列入国务院批准的《"211 工程"总体建设规划》的院校，在"九五"期间进行重点建设。1996 年 12 月国家计委、财政部"211 工程"的第一批拨款到位，至此，北京大学"211 工程"正式启动进入实施阶段。

与此同时，北京大学正式向国家计委上报北京大学"211 工程"项目法人组织及法人代表名单报告(北发[1996]277 号)，并成立"211 工程"办公室，各有关院系也相应建立"211 工程"项目领导小组，负责"211 工程"项目的具体实施。

"九五"期间北京大学"211 工程"的建设目标是，力争到本世纪末使北京大学在教育质量、学科建设、科学研究、管理水平和办学效益等方面有较大提高，成为国内高等教育领域培养高层次人才，发展文化科学技术，解决经济建设和社会发展中重大问题的重要基地之一，为到 21 世纪初叶把北京大学建设成为具有国际先进水平的一流大学，奠定坚实基础。

北京大学"211 工程"主要包括重点学科建设、基础设施建设和公共服务体系建设三个方面，具体内容为：

(1)保持、发挥北大多学科的综合优势，重点建设电子信息科学与技术、地球系统与资源环境、新功能材料、中国传统文化、经济学与市场经济、社会可持续发展等六个学科群和数学、物理学、化学、生命科学与生物工程等四个重点学科，以及与重点学科建设相关的基础教学设施，使其成为我国高水平的博士、硕士人才培养和承担国家重大科研任务的重要基地。

(2)基础设施建设要紧密围绕重点学科建设进行，主要任务是新建理科教学 1 号楼和 2 号楼，以及更新水电暖等基础设施，使重点学科具有相对集中和便于管理的教学、科研、实验用地。

(3)公共服务体系建设的主要任务是，建设图书馆现代化服务体系和校园信息网，为推进教学改革和教学内容、教学方法的更新提供必要的现代化手段，优化教学、科研和管理的运行环境。

(二)"211 工程"进展情况及所取得的成绩

北京大学的全体领导和师生员工深深认识到，"211 工程"的实施是北京大学发展过程中一次难得的机遇，因此，从开始进行申报工作时起，就始终把"211 工程"的实施作为全校首要的大事来抓，从而保证了"211 过程"得以顺利实施。虽然进展过程中也存在着一些问题，但"211 工程"的实施对北京大学的学科建设、基础设施的改善起到了较大的促进作用，取得了以下几方面的成绩：

(1)使重点学科、国家重点实验室及一些新兴学科的建设上了一个新台阶，学术水平明显提高。"211 工程"用于学科建设的总经费为 1.6 亿元，到 1998 年为止，已经到位 1.28 亿元，已经下拨经费近一亿元，是解放以来国家给予北大的最大的一笔学科建设投资。经统计，北大 42 个重点学科中有 32 个直接受益，其中理科 22 个重点学科中有 21 个直接受益，15 个国家重点实验室中有 12 个实验室的仪器设备得到改善。

(2)促进了学校体制改革和学科的交叉与联合。北京大学是一所综合性大学，促进学科间的互补与交叉，充分发挥多学科的优势，改革学校不合理的体制是学科建设中一项重要任务。北大充分利用"211 工程"这一有利杠杆，统筹规划、积极推进，促进学科群的建设及新的学科体系、交叉学科、新的研究中心的形成和建立。到 1998 年为止，已组建了电子信息科学与技术、中国传统文化、新功能材料、电子系统设计与实现实验室、视觉与听觉信息处理实验室等 6 个学科群和六个跨专业、跨部门的实验室及研究中心。

(3)改善了重要基础课实验室条件，促进了教学改革。长期以来，北大基础教学设施非常落后，严重影响了基础课的教学质量和教学改革的进行，在"211 工程"建设过程中，学校集中投入，更新和新建 21 个重要基础课实验室及现代化多功能教室、语音教室，使部分主要基础课的教学条件明显改善，提高了教学质量。

(4)为跨世纪的青年学术骨干创造了良好的教学和科研条件。由于"211 工程"建设把大量经费集中投入到重点学科、新兴学科及国家重点实验室的建设上，这些学科的科研条件大为改善，使许多优秀中青年学术骨干感到有用武之地，从而为造就人才创造了条件。

(5)公共服务体系有了很大改善。首先是校园信息网络得到更新改造。北大校园网的主体结构建成于 1992 年。由于网络应用的普遍开展及网络资源的不断丰富，原有校园网的主要技术指标已不能满足教学科研对校园网的要求。在"211 工程"建设中，学校投入 700 万元对校园网进行更新和改造，使北京大学校园网达到了国内先进水平，为教学、科研及管理的网络应用和数字图书馆的建设创造了良好的网络环境。其次是大力加强图书馆现代化服务体系的建设，从而增强了北大图书馆对现代信息技术的应用，改善了服务手段和信息处理能力，提高了为教学科研服务的水平。

(6)学校的基础设施建设取得重大进展，为改善办学条件提供了必要的保证。基础设施建设是北京大学"211 工程"的重要组成部分，投资总额为 35194 万元，占北京大学 "211 工程"总投资的 66%，主要用于理科 1 号楼、2 号楼、水电暖基础设施的新建和改建，以及住宅建设等。理科 1 号楼、2 号楼是北京大学 "211 工程"的重点建设项目，是北大重要的标志性建筑，建筑面积达 8.6 万平方米，占现有教学面积的 50%。自开工建设以来，施工进展顺利，将于 1999 年 10 月前竣工。它的建成将大大改善数学系、电子学系、力学系、地球物理系、信息中心等 9 个系所的办学条件，缓解了北大长期以来教学科研用房的紧张状况。水电暖基础设施建设总投资 5300 万元，此项工程的目的在于从根本上解决长期困扰北大的供暖问题。该工程已于 1997 年 11 月完成。

(7)利用"211 工程"建设的有利条件，促进对外开放及国际合作，吸收大量外资共建教学与科研实验室。"211 工程"的实施为吸引外资提供了较好的外部条件，"211 工程" 实施两年来，北京大学接受国外、境外赠送仪器设备总价值达 1100 万美元，几乎接近"211 工程"同期的设备投资费用。

(8)调动了广大教职员工的积极性。在北京大学"211 工程"实施过程中，许多教职员工都表现出很强的敬业精神和高度的责任感、使命感，大家发扬艰苦奋斗、厉行节约的精神，为使仪器尽快在教学科研当中发挥作用，不少同志加班加点，不计报酬，为节省经费，他们精打细算，能自己动手的就亲自动手制作，使有限的资金能够发挥最大效益。

通过近三年"211 工程"项目的建设，北京大学各个方面，尤其是各重点学科的面貌发生了很大变化，仪器设备的先进水平大大提高，建成了一批具有国际先进水平的实验室，教学与科研水平大为提高，增强了承担国家重大研究任务的能力，为高层次人才培养创造了良好的条件，为面向 21 世纪教学改革、提高教育质量打下了必要的物质基础，为在 21 世纪初叶把北京大学建设成为具有世界先进水平的一流大学奠定了坚实的基础。同时，北大有信心和能力圆满完成"211 工程"的各项建设任务。

创建世界一流大学计划的主要内容

(一)“创建世界一流大学计划”的缘起

1998年5月4日，中共中央总书记、国家主席江泽民在庆祝北京大学建校一百周年大会上发表重要讲话，并在讲话中特别提出：“为了实现现代化，我国要有若干所具有世界先进水平的一流大学。”他同时提出了我国创建世界一流大学的四条标准，即“这样的大学应该是培养和造就高素质的创造性人才的摇篮；应该是认识未知世界、探求客观真理，为人类解决面临的重大课题提供科学依据的前沿；应该是知识创新、推动科学技术成果向现实生产力转化的重要力量；应该是民族优秀文化与世界先进文明成果交流借鉴的桥梁。”

北京大学在1994年召开的第九次党代会上，也明确提出在下个世纪初叶把北京大学建成世界一流大学的奋斗目标。作为中国最有实力的大学之一，北京大学理应在我国建设世界先进水平大学的战略行动中拥有一席之地，并应为实现这一目标发挥带头作用，这也是由北大的历史、及其在中国高校中的地位和自身的奋斗目标所决定的。因此，北大把国家支持北京大学建设具有世界先进水平的一流大学计划定名为北大“创建世界一流大学计划”。这一计划已在北京大学召开的第十次党代表大会上作为北京大学下世纪的奋斗目标得到了确认。

(二)本计划与其它发展计划的关系

北京大学第九次党代会通过的《北京大学改革发展纲要》，明确提出了创建世界一流大学的奋斗目标，在此基础上北大制定了“211工程”建设规划，并于1996年由国家批准实施。该规划总的投资强度较低，在预计的五年内只能一定程度上改善北大的基础条件。创建世界一流大学计划是国家实施科教兴国战略的一个重要举措，也是国家建立知识、科技创新体系和教育部《面向二十一世纪教育振兴行动计划》中的一个重要内容，投资强度有显著增加，建设目标与内容更为集中，是“211工程”在新的历史条件下的有益补充和进一步提高。

(三)创建世界一流大学计划的总体实施步骤

创建世界一流大学，是一个长期的过程，既要有远景目标，又要有切实可行的近期行动计划。为此，北大提出分两步走的战略设想：

第一步，从现在起到2005年。这一时期的主要任务是：统一办学思想，拓宽学校功能；加快体制改革和结构调整，组建一所真正的综合性大学，使办学效益显著提高；教学改革全面推进，实施创新教学计划；创建一批高水平的人才培养基地、知识创新基地和产学研结合基地，取得一批标志性成果；稳妥推进新老交替，形成适应新世纪需要的高素质的师资队伍；办学自主权得到落实和扩大，办学经费大幅度增长，大规模建设基本就绪，办学条件和教职工待遇得到显著改善，从而为下一步发展提高奠定坚实的基础。

第二步，从2006年到2015年左右，按照国际公认的世界一流大学标准，全面推进各项事业。届时，将建成一批处于国际学术前沿的学科点和研究机构，拥有一批世界知名学者，不断创造有重大理论价值和应用价值的学术成果，在回答和解决中国现代化进程中的重大问题上有突出贡献；成为国内外杰出学者和优秀学子向往的著名高等学府，毕业生有公认的信誉，并能产生荣获世界级大奖的成果和科学家，进入世界一流大学行列。

(四)近期目标及重要举措

第一，集中精力办好几件大事。

这对于鼓舞士气、增强凝聚力至关重要。在实现总体战略目标过程中，要不失时机地组织专项计划或工程，狠抓实效，带动学校各项工作全面协调发展，并为国家做出值得称道的贡献。

深入实施人才工程。在“跨世纪人才工程”的基础上，积极参加教育部“高层次创造性人才工程”的实施，吸引和培养一批具有国际先进水平的优秀学术带头人和管理带头人，尽快形成一支结构合理、具有竞争实力的人才梯队。

实施创新基地建设计划。对已有国家重点实验室和国家工程中心加强管理和支持力度，促其多出高水平成果。根据国家需要设立新的跨学科研究基地并为国家提供有显示力度的贡献。支持重点学科人才培养基地和大学生文化素质培养基地建设，增强知识创新和技术创新能力，产生一批高质量的学术成果。

加强科学园建设，实施“高新技术产业创新工程”。在信息、制药、化工、生物技术等方面实现产业集团的新飞跃，为国家高新技术产业发展与国家新的经济生长点的发展做出重要贡献。通过与国内外企业的合作以及产学研合作等多种有效方式，使北京大学成为高新技术创新的重要基地、辐射源和“孵化器”。

第二，建设高素质的人才队伍。

实施创建世界一流大学规划，关键在人才。北京大学将牢固树立“尊重知识，尊重人才”、“人才难得”的观念。学校的人事改革，将按照“压缩总量、改善结构、加强管理、减人增效、优才优用、优劳优得”的原则进行。学校的事业编制压缩到5000人以下，教师占到教职工总数的一半。人事改革将立足于提高各类人员素质,调动各方面积极性,做到"人尽其才,才尽其用"。结构调整的重点是压缩非教学人员的比例。随着管理体制改革的进展和向世界一流大学的迈进,人员只进不出、职务只升不降、待遇只增不减是不可能的,下岗分流、减员增效、优胜劣汰、竞争上岗势在必行。学校将采取积极分流、加强培训、发展继续教育、扩大社会服务等措施,妥善做好下岗、转岗和再就业工作。教师将实行聘任制,评聘分开,加强聘任后的考核管理,不断优化队伍,激发上进。

实施"高层次创造性人才工程",建设一支具有世界先进水平的中青年人才队伍,是学校队伍建设的当务之急。北大将通过校内选拔、校外引进和兼职借聘等多种方式,采取灵活的用人制度,建立起800人左右的学术骨干队伍和200人左右的管理骨干队伍。其中,有50名左右能够跻身世界学术发展的前列、有希望领导本学科进入国际先进水平的重量级学者。有200名左右能够担任重点学科、重点实验室的带头人,重大课题的牵头人,名牌课程主讲人和产学研结合的负责人,成为国内著名的专家学者。还要有500名左右能够在教学科研中承担重任、创造优秀业绩的骨干教师。同时,实行和扩大访问学者计划,聘请海内外知名学者或在实际部门卓有成就的专家担任兼职及客座教授。像重视学术骨干队伍那样,重视管理骨干队伍的建设,坚持两支队伍并重的原则。

第三,建设高水平的学术研究基地。

学校的科学研究工作将以提高创新能力、建立创新机制和服务现代化建设为根本导向,坚持科学研究与人才培养相结合、多学科相结合、产学研相结合,切实克服脱离实际、低水平重复、力量分散、"小而全"的现象。

在科研布局上将贯彻"稳住一头,放开一片"和"有所为,有所不为"的方针,积极参与"国家创新体系"计划和"高校高新技术产业化工程"计划。基础研究是新技术、新发明的源泉,是可持续发展的基石,北大将密切跟踪国际学术发展的前沿,对具有优势的某些基础研究领域,选准方向,进行长期稳定的支持,努力产生一些有突破性的创新成果;同时,面向市场需求,对国家和社会急需的应用研究领域,找准结合点,努力促进科技成果的应用转化,为发展生产力、造福社会做出贡献。北大将特别重视多学科的交叉互补,联合攻关。充分发挥国家重点学科、国家重点实验室和开放实验室以及高层次人才培养基地在知识和技术创新中的带头和示范作用。对优势明显、有希望突破的领域给予重点支持,在校内各种资源的配置上要优先保证,不搞平均主义,以尽快建成高水平的创新基地,在知识创新、技术创新和培养创造性人才方面取得突破性进展。在21世纪最有希望、最有发展前途的信息技术、生物技术、新材料以及环境等领域的国际竞争中,北大应该占有一席之地。

通过实施建设世界一流大学计划,经过5~7年的努力,北京大学将在科学发展前沿和国家目标的学科中,结合引进与培养具有世界级学术水平的带头人,力争取得一批标志性的,具有世界先进水平,或者世界领先水平的创新性成果。这些成果将主要来自于长江学者计划,国家重点基础研究项目("973"),国家重大科研项目,如基金委重大项目、"863"、攻关项目等,也包括一些居于国际先进水平的交叉学科和新兴学科生长点。

基础研究与应用科学方面

(1) 建设世界一流数学学科

用十年左右时间把北京大学数学科学学院建设成为具有世界先进水平的国际性数学研究中心和高素质科学人才基地。在现代数学(核心数学和应用数学)的主要骨干领域内,如几何分析,低维拓扑,动力系统,代数集合与表示论及生物信息论和医学统计,在总体上达到世界领先或先进水平。培养10名左右具有重要国际影响的知名学者,2至3名数学家达到在2002年世界数学家大会上作45分钟报告的水准。

(2) 湍流的理论与应用

发展湍流层次结构理论,并应用于对气候、生物等多尺度对层次复杂系统的描述,建立系统的层次结构的复杂性理论,并创立灾害性气候预测学说及基因生物信息系统分类学说;以精确、全面、细致的实验测量建立复杂湍流场的脉动变化实验数据库,彻底验证和发展复杂非均匀可压缩流场中的层次结构律;应用湍流研究新思想,完成开发新型的湍流数值模拟计算方法。

总体目标是在湍流理论、实验和计算的结合上,创造一批有国际影响的研究成果,建设一个国际湍流研究中心。

(3) 微电子机械系统研究

作为集成化感知和控制信息的高技术综合系统,微电子机械系统(MEMS)将微电子技术和精密机械加工技术相互融合,将对21世纪的科学技术和人类生产和生活方式产生革命性的影响,并将在未来高科技战争中起举足轻重的作用,是关系国民经济发展和国家安全保障的关键技术。

在今后的五至七年里,北大将利用"微米/纳米加工技术国家重点实验室"的设备和技术,并充分发挥北京大学多学科交叉的优势,组织相关力量,形成微电子机械系统新的设计理论体系,建立先进的加工工艺,制造出一批既有世界领先水平,又能带动高新技术产业,促进中国经济和社会发展的微器件和系统,包括微惯性系统，射频 MEMS 器件，微型环境控制系统，全光学 MEMS，生化 MEMS 等。

(4) 时间—空间分辨的探针物理技术及其应用

将探针物理技术（近场光学显微术，光纤光学，原子力显微术，扫描隧道显微术等）与瞬态光学等时间分辨技术相结合，探索出新的物理实验技术并在研究微米到亚微米尺度的物理化学过程，单分子的物理化学研究以及生命物质的物理研究上作出一批成果，发表高水平的文章。在应用技术上发展出能用于医疗的基因探针系统，并争取发展出实时的和在现场上使用的分子（包括基因）探针技术。

(5) 超短、超强激光在微结构材料、光功能材料科学和超快动力学中的研究

飞秒激光的超短、超强特性为材料科学、物理学和化学等研究提供了一种独特的手段并开创了崭新的研究领域，是当前国际上现代科学研究中的重大前沿领域。围绕国际上最前沿和尚未深入的研究工作，结合已有的研究基础和跨学科综合优势，开展如下研究内容：

①微聚合和微爆炸制备亚微米—微米尺度的微结构材料及其应用。包括材料的选取、微爆炸的物理机制、规则立体微结构的制备、光子晶体及相关物理研究、三维光数据存储等。在微结构材料的制备、新物理思想及其应用正获得突破。

②超高时间空间分辨光技术及其应用。包括泵浦—探测技术；四维显微技术；微细材料结构分析；微结构材料、有机及新型光功能材料超快光响应及其激发和弛豫动力学过程；生命和生物过程中的超快瞬态现象。在分子至介观尺度上进行新的研究和分析，揭示出新的规律。

(6) 放射性核束物理

以晕核和超重核的发现以及世界上（包括我国）正在兴建的若干大科学工程为标志，核物理正在进入一个新的活跃期，其中最受关注的内容，就是放射性核束物理。北京大学的课题组经过长期坚持不懈的积累和引进优秀人才，已经具备国际先进的理论工作和基础很好的实验工作，并与科学院合作成立了围绕兰州大科学工程的第一个青年核物理中心。北大组在物理基础和年轻人才队伍方面具有明显的优势。预计在 5—7 年内，理论工作达到国际领先，在正式国际会议上作大会报告；实验方面完成标志性的探测设备建设和物理测量工作，达到国际先进水平，获得国家奖励。15 年左右取得有重大国际影响的成果。

(7) 地震波理论及其应用

研究内容：①研究横向非均匀地球介质中地震波的激发与传播理论；②以新的地震波理论为基础研究地球内部的精细结构以及地震震源破裂的细致过程；③以新的地震波理论为基础发展石油勘探的新方法、新技术。预期在地震波理论方面有所突破。

(8) 以硅为基底的分子构筑

硅是最常见的半导体材料。北大的研究发现，用光化学方法能够可控地将有机分子组装到平整的硅基底上，得到非常稳定、致密的有机膜，进而可以将特定功能的分子构筑上去。以硅为基底进行分子构筑，是当前表面分子构筑组装技术中最有希望器件化的。将 DNA 片段组装到硅基底上，发展疾病诊断的生物技术和将 DNA 模拟物组装到硅基底上发展清洁能源的仿生技术，以及发展其它器件的应用基础研究，有望在近 5 至 7 年内取得重要创新成果。

(9) 甲壳型液晶高分子材料

甲壳型液晶高分子是由北京大学最先提出并成功合成出的一类新型液晶高分子。它的性能与主链型液晶高分子相似但可以用较容易的合成侧链型液晶高分子的方法制备；它可以作为具有控制结构的模型材料；可以通过熔体加工制成纤维并具有异常的分子结构和熔体历史效应；它容易实现高度分子链取向、液晶相温度范围非常宽、热稳定性高；它是液晶高分子的一个新概念。甲壳型液晶高分子的概念一经提出即引起国内外学者的广泛关注，英国、法国等发达国家的著名科学家曾多次发表文章证明该概念的正确性，美国杜邦公司曾向北大索要样品以跟踪研究。最近美国空军组织了 10 所大学和公司参加的液晶高分子研究项目，将甲壳型液晶高分子作为下一代有希望的材料。

在新型甲壳型液晶高分子的设计、合成与基本性能的研究方面，北大一直处在国际领先水平。北大希望在以下几方面取得突破，开发出由我国科学家首先提出并自主研制的先进材料：

①设计、合成不含传统意义上的液晶基元的新型液晶高分子，拓宽液晶高分子的种类，保持现有的优势。

②通过不对称聚合反应制备出不含手性中心的新型光学活性液晶高分子，研究它们在信息显示技术、手性药物分离等方面的应用，实现从甲壳型液晶高分子到先进功能材料的飞跃。

③将现有甲壳型液晶高分子的饱和主链换成共轭主链，发展发光效率高、颜色可调、寿命长的电致发光高分子材料。

(10)“气化分解型”超高密度信息存储新技术

运用纳米技术和针尖化学研究思想，利用局域热效应导致存储介质气化分解，形成永久性的信息记录点。北大在新开发的双组分电荷转移络合物存储材料上可重复地记录大面积信息点阵，最小信息点达 6 纳米。可以进行大面积、高可靠性的信息写入，与现行光学存储技术兼容，实现纳米级的存储。构建仅含数十

个有效粒子的化学反应体系，探索非热力学体系的化学反应规律。此项工作为原创性小尺度化学研究，预计2—3年内确立技术基础，发表包括Nature，Science在内的高水平文章，未来5—7年内取得突破，建立具有独创性的针尖化学学术体系。

(11) 拟南芥功能基因组研究

拟南芥基因组的全序列将于2000年被测定，而它的功能基因组将是全世界科学家的研究热点之一。北京大学和美国耶鲁大学在北大建立的植物生物学联合研究中心将构建拟南芥突变文库数据库，向全世界开放；同时在分子水平进行植物发育生物学研究，并应用于水稻、玉米等农作物，为我国农业服务。

(12) 细胞凋亡与细胞衰老

细胞的凋亡与衰老是细胞最基本的生命活动，细胞的重大生命活动如增殖、分化、衰老和凋亡是生命赖以存在的基础。目前北大已经建立了较为理想的实验模式，将系统地研究决定基因有序表达的细胞信号传导、染色体聚散活动等在细胞增殖、分化、衰老、凋亡等生命活动中的作用。可望在调控机理的研究中取得较大的进展，探索出延缓衰老的可能途径。

(13) 北京大学千亿次高性能计算环境

结合湍流和地球物理计算等实际应用，在三年里创建一个每秒千亿次浮点计算的环境。这将是在全国高校自主建立的第一个千亿次可用于普通教学和科研的大规模并行计算环境（与国防科大的银河机目的不同）。它有如下意义：

①建立北京大学在计算机系统结构学科方面的一流形象。

②促进校内计算机系统结构学科和高性能计算应用学科的交叉和融合，为在我国创立现代计算学学科（交叉学科）准备实验环境和课程的基础。

(14) 北京大学软硬件协同设计

根据国际科技和产业发展趋势，充分发挥北大在计算机软件及微电子学领域技术、人才、体制上的优势，通过研制一整套支持我国软硬件协同设计的综合基础设施，在ASIC设计、嵌入式微处理器IP核的研究及开发、芯片级系统设计等方面取得标志性成果。

预期标志性成果：

①建立我国自主版权的软硬件协同设计基础设施；

②建立我国急需的支持微处理器正向设计的基础设施；

③通过设计实现实用的嵌入式处理器和芯片级系统，使得我国在该研究领域取得突破性进展；

④建立一套支持教学和专业人才培训的模拟和实验环境。

(15) 内蒙古—河北北部中新生代陆内构造变形及其动力学研究

北京大学地质学系以郑亚东教授为核心的研究组，以及钱祥麟、郑亚东教授执行的国际合作计划，先后确定了北京怀柔云蒙山大型伸展构造、中国第一个科迪勒拉型变质核杂岩、中蒙边界世界最大的巨大型推服构造。其重要研究进展引起了国内外地质学家的广泛重视，继郑亚东教授之后各国地质学家纷纷前往中国内蒙进行相关研究，确认郑亚东教授的研究成果具有重大的理论意义。进一步研究的关键地质问题为：①陆内构造变形的几何学和运动学；②构造变形的年代学；③构造变形的动力学机理；④流体与构造变形的关系。在现有研究基础上，可望在3～5年内取得重大突破。提交世界一流水平成果的方式为：①争取在《Nature》或《Science》杂志上发表论文1—2篇，在地学世界一流杂志上发表论文若干篇；②在国际地质大会上作大会报告，并作为分会特约主持人。

(16) 中国江河洪水—泥沙灾害形成机理及防治研究

中国江河独特的泥沙问题已使许多大江大河连年出现“小水大灾”的怪现象，针对这一新问题由北京大学主持开展了国家自然科学基金“九五”重大项目。这一众多学者参与的国家重大项目以揭示大江大河“小水大灾”形成机理及防治方法为明确预期目标，开展一年就取得了很大进展，第一阶段的成果在中、美、英国际会议上作特邀报告后引起很大反响。为此，加拿大CIDA出资加入研究；国家防汛指挥部出资支持扩大研究；美国风险研究主席Roger教授郑重提出带一队一流专家和经费加入研究；中国、美国和德国基金会分别出资支持本项目开展了定期双边学术讨论会。无疑，这一研究的重要性无论怎样强调都不过分，而独特的科学价值和第一阶段出色的开端已奠定了本项研究在5至7年后一定能取得具有世界领先水平和应用价值的成果。

(17) 以遥现为背景的图像压缩与解压专用硬件实现

研究基于小波分析的高压缩比、高复现图像质量和便于硬件实现的彩色序列图像压缩于复现，进一步优化定型。在满足共享2Mbps通道带宽总体指标及监视分辨率需求的前提下，研究压缩比和复现质量多水平档次，并在DMS控制在动态可变的软硬件系统。将实现对于普通电视机图像的实时采集、压缩和复现，应用于电视电话和电视监控等领域。争取在JPEG 2000标准颁布时，率先推出图像压缩芯片，在国际国内市场竞争中占据有利位置。

(18) 国家空间信息基础设施关键技术研究

研究内容包括：①空间信息共享与处理技术。研究在网络分别环境下异构空间信息的共享技术。②空间信息压缩就网络传输技术。研究适于国土资源和区域经济信息的高压缩比、高复现图像质量的快速压缩和复现技术。预计在空间信息共享技术和空间信息压缩与复现技术方面取得一批有创造性的重大成果，将作为关键技术用于"国土资源和区域精良信息系统"中，将提供关于国家土地资源、土地利用、水资源、森林、地质、矿产、海洋、区域经济等大量数据，从而形成我国空间信息基础设施的雏形。

(19) 城市氮氧化物及区域氧化性污染的形成机制、影响及控制对策

由于城市化和工业化的快速发展，以北京、上海和广州等为代表的城市的大气污染特征正发生深刻的变化。以城市为中心的区域氧化性污染将成为我国新世纪环境问题的焦点，这一问题的基础研究也是世界性的科学难题。瞄准这一重大趋势，北京大学拟在5—7年的时间内，集中优势在以下方面取得突破：光化学氧化性污染的非线性过程；瞬态高活性自由基的在线测量技术；区域氧化性污染的生物标记物和协同作用；以及城市氮氧化物及区域氧化性污染的控制技术和政策体系。

(20) 稀土分离及功能材料

这是由北大主持的国家重点基础研究项目("973")的部分内容，包括：①稀土分离理论、工艺及应用：解决目前国内外都面临的重稀土溶剂萃取分离体系及工艺设计理论方面的难题，获得具有我国特色的工艺设计理论和有知识产权的实际生产流程。研究和技术水平达到国际领先。②稀土功能材料：充分利用在稀土配位化学方面的研究积累和稀土在磁、光、电等方面本征特性，结合纳米材料(纳米晶、纳米晶薄膜)的软化学制备手段，针对稀土掺杂的半导体和氧化物光学材料、稀土/过渡金属复合氧化物磁光、巨磁电阻材料和电解质材料、分子基功能材料等诸方面，建立完备的制备和表征方法，在所述领域达到国内领先水平，并在国际上拥有一席之地。

近期内可能出现较大突破的项目

北大在以下项目中，已经做出国际水平的研究工作，并且可能在近期内出现较大的突破，做出国际领先的成果。

(1) 斑图动力学研究

北大斑图动力学研究小组的工作处在国际研究前沿，属于国际先进水平。本项工作包括两部分：①反应扩散系统中螺旋波失稳的研究。这是非线性科学的最前沿课题之一。课题负责人欧阳颀于1996年第一次发现了螺旋波的对流失稳现象，文章在Nature发表后引起很大反响。今年又系统研究了螺旋波的另一类失稳机制，即多普勒失稳。对第三类失稳机制，即扭曲失稳已有理论讨论。通过研究对流失稳与实验中寻找扭曲失稳，发表2～3篇高质量文章。在研究螺旋波的控制中探索一种实时控制模型。②图灵斑图中斑图选择的研究。欧阳颀于1994年首次发现复杂形态的图灵斑图，即"黑眼"图形以来，在国际上引起图灵斑图的高级分叉或斑图的三维投影的争论。国际同行希望我们设计实验对两种理论做出决断。实验结果将必然引起国际同行的重视。

(2) 纳米电子学基础研究

研究纳米电子材料的隧穿效应，新型纳米电子器件，新型有机材料的高密度信息存储，新型纳米薄膜材料。目前我们的材料信号写入读出点尺度达到1.3纳米，国际上最高水平是10纳米，新型有机材料是北大合成的，采用真空加工技术具有北大特色，此成果被两院院士评为1997年我国十大科技进展之四。今年又实现了单壁碳纳米管站立在金膜表面上的成果，这是目前各国科学家都在追求的，它首先在北大实现了。用单壁碳纳米管做出了扫描隧道显微镜的针尖，用这个针尖得到了石墨的原子像。该实验室还测得了单壁碳纳米管室温下具有量子特性的I－V曲线。目标：达到世界领先水平或先进水平：实现室温下的单电子隧穿效应，进一步研究纳米电子器件的放大器，振荡器和开关器件，信息存储密度达每平方厘米1012到1013，制备优于10－13秒超快时间响应光电纳米薄膜材料。

技术与产学研基地项目

高水平的基础研究工作不但在学术上有重要影响，而且可转化为生产力，为国民经济作出重要贡献。除了以上在基础研究与应用科学方面近期内可能出现较大突破的项目以外，北京大学还将在以下技术科学与产学研结合的基地建设方面做出以下工作。

(1) 新型吸附剂的产业化

北大固体表面化学组首次发现并在理论和实验上证明许多固体化合物可在载体表面自发单层分散，为催化剂、吸附剂及其它有关材料研制提供了新的原理。取得居国际领先水平的成果，获国家教委科技进步一等奖。该研究组利用单层分散原理，设计制得一氧化碳吸附剂性能明显优于国外同类产品，已获国内外专利。最新研制新型空分制氧吸附剂，此吸附剂是国际上刚出现的新产品，外国公司不卖给中国。我们自己进行研究开发获得突破，使一种稀有元素的单程利用率有目前国外约15%提高到接近100%，质量达国际先进水平，生产成本低于国外方法，有很强的竞争力，有可能大量出口。

(2) 新型药物的研制

药物科学的发展是世界范围的重要课题，而制药工业是公认的朝阳工业。我国的新药研制正面临着由仿制到创制的转变。在北大现有国家重点实验室、药

业和化工研究开发公司基础上，结合北大与北医合并的优势，联合进行药物研究和着手组建新的药物研发基地，开展以肾上腺素受体为靶向的新型抗高血压药物研究。目前在基因药物(如 α 干扰素)等方面已经取得初步成功经验。

(3) 数字地球的基础

数字地球工程的启动将增强人类认识地球、获取知识的潜力。“数字地球”是集地球科学、计算机科学、信息科学和社会学等多种学科的重大交叉学科工程。利用北京大学多学科综合交叉的优势，组织在以下几个方面建立数字地球的理论框架，开展关键技术攻关和原型系统开发：

地球系统动力学模型与复杂性研究；“数字地球”的数学框架与时空坐标系；“数字地球”的对象模型与形式化表达；共享机制与操作系统；数字生态系统；虚拟建模环境；数字城市规划等。预期通过“数字地球”的基础研究和学科交叉融合，初步形成“数字地球”的理论框架，发展“数字地球”的关键技术和原型系统，使北京大学数字地球工作处于国内领先地位，为国家重要决策提供依据。

(4) 高速率光纤通信网与新型卫星通信的研制

含双网结构的波分复用光网(WDM)研究，WDM 全光网(包括可变节点)研究，光通信中关键波导器件的研究，20Gb/s 和 40Gb/s 波分复用光纤传输系统开发研究，高速光纤通信系统色散机理研究等。目前已经通过多项部级鉴定，获得部级和国家科技进步奖，形成了我国自己的知识产权，部分达到了国际先进水平。目标：WDM 光网可实用，20Gb/s 和 40 Gb/s 波分复用光纤传输系统商用化，光器件(AOTF) 等达到国际水平。宽带无线接入网的研制，Ku 频段 TDM/CDMA 的 VSAT 专用网的研制和便携站的研制，基于通用小卫星平台的高中低轨道通信卫星系统，用户信号检测和干扰消除技术研究等。卫星通信实验室长期承担军用通信系统研制任务，为国家科技发展做出了贡献。目标：三年内研制出新型卫星通信设备，可供国防实用。

(5) 基于高温超导材料的量子干涉器件

在高温超导电子学研究的基础上，加对高温超导体中的晶界，小尺度非均匀性的研究和非平衡超导电性的研究，将目前量子干涉器件的灵敏度提高一个量级，达到世界最高水平，并开发出它在医疗技术(如心磁图仪)和地球物理勘探上的进入市场的产品(如大地磁场探测仪)。

(6) 宽禁带半导体与新型发光器件

在发展蓝光 LED(发光二极管)的物理基础上，发展 GaN 基的绿光 LED 和蓝光的激光二极管，进而发展利用蓝光 LED 的白光 LED，在其物理过程和工艺过程上作出重要的工作。应用技术上：把蓝光 LED 和绿光 LED 产业化，并建立小规模白光 LED 的生产。

(7) 新型磁性材料和器件

在软磁生产上成为国内主要企业，年产值 2 亿元以上，同时，开拓新型稀土—铁金属间化合物磁性材料的工业。

(8) 基因芯片/探针的研制

基因芯片的开发已经成为国际上最有潜力的高新技术产业之一。北大研究了一种新型探针模式，可以将荧光标记在 DNA 探针上，因而大大简化 DNA 的探测，同时可以提高探测灵敏度。在新型基因芯片/基因探针的模型建立后，研制一种基因探针，用以对细胞中的 mRNA 做定量、实时检测。

文科科研和学科建设

文科科研将力争继续保持领先优势，把改革开放和现代化进程中的重大理论和实践问题作为主攻方向，加强综合研究，为两个文明建设服务，为党和国家的决策服务，积极探索有中国特色社会主义政治、经济、文化的发展规律，不断产生重大思想文化成果。人文社会科学将关注和追赶科学技术的发展，善于从科学技术的最新成果中汲取营养，寻找手段，不断提高研究和认识水平。

文科学科建设所要取得的标志性成果：

(1) 开展“马克思主义中国化发展历程”研究

①马克思主义中国化与中国现代化(专著 3 种)

②毛泽东思想研究(“毛泽东思想专题讲座”教材 1 种，“毛泽东思想专题研究”专著 2 种)

③ 邓小平理论研究(“邓小平理论专题讲座”教材 1 种，“邓小平理论专题研究”专著 3 种，“用邓小平理论武装当代大学生”专著 1 种)

④邓小平理论与当代中国哲学社会科学发展研究(“邓小平理论与当代中国哲学”等专著 10 种)

⑤第三代领导人对邓小平理论的实践和发展研究(“第三代领导人社会主义现代化论述专题讲座”教材 1 种，“第三代领导人社会主义现代化论述专题研究”专著 3 种)

(2)开展中华文明史研究

①编撰《中华文明史》四卷

②《中华文明图志》二卷

③《中华文明编年》二卷

④《中华文明史纲要》教材一卷

(3)开展盛唐工程跨学科研究

① 编辑《盛唐画卷》大型图录(500 页、800 余幅)

② 编纂《全世界散藏敦煌文献综合分类目录》

(4)对首次开放的中国第一历史档案馆的清代外务部档案进行整理研究

①整理出版全部档案

②出版研究专著若干种

(5)开展东方学综合研究

①出版《东方文化集成》100种

②举办东方学系列讲座

(6)开展“中国司法制度及其改革”问题研究

①建立中国司法制度研究资料数据库(建成全国第一库)

②“中国经济与社会转型中的法律研究”,完成专著5种

(7)开展“转型经济”问题研究

①出版一套具有权威性的学术著作10种(《转型的微观经济分析》、《转型的宏观经济分析》、《转型的经济增长分析》、《转型的国际经济分析》、《转型的道德文化分析》等)

②围绕经济转型问题提出一系列政策建议

(8)建设像哈佛大学案例库那样的MBA案例库

出版具有权威性的MBA教材

(9)《中国经济中长期增长的发展战略》

已完成研究报告,以此为基础出版专著。

(10)开展“世纪之交的中国社会变迁”若干重大问题综合调查研究

①出版《世纪之交的中国社会变迁》系列研究专著

②开展应用伦理问题研究(包括经济伦理、生态环境伦理、生命伦理、医学伦理等),编写教材,开设课程,出版专著

(11)开展“十五”期间“国家贫困地区义务教育工程”的调研,提出调查报告,制定出实施方案,为政府决策提供科学依据。

重视科研体制的创新。重点实验室实行开放式运作,固定编制和流动编制相结合。重大科研项目实行主持人负责制。加强与兄弟院校、科研部门特别是大中型企业、实际应用部门和地方政府的联合与合作。在改革科研经费提成分配办法的基础上,制定相应的激励机制。

第四,培养高素质有创新精神和实际能力的学生。

培养人才是学校的根本任务,教学是学校第一位的工作,学校的一切工作、一切人员都应当面向学生,为培养人才服务。北大将高度重视教学工作,在资源配置上优先保证教学需要,在政策导向上要向教学倾斜。

深化教学改革的目的是提高学生的全面素质,培养具有创新精神和实践能力的高级专门人才,切实克服专业面偏窄、人文教育和实践环节偏弱、教育内容偏旧、教学方法偏死、培养模式单一、缺乏个性和创造性等弊端。本科教育将立足于提高素质,研究生教育将着重提高水平,继续教育将不断增强活力。在学生教育中,北大将贯彻落实江泽民总书记对青年学生提出的“四个统一”的要求,始终把德育放在首位,使学生树立起为建设有中国特色社会主义而奋斗的政治方向和为人民服务的价值取向,继承发扬理论联系实际的学风和艰苦奋斗的精神。在全面发展的基础上鼓励拔尖,在规范的基础上增加选择,使学生学会求知,学会做事,学会做人,学会审美,成为素质高、能力强、具有较强适应性和创造性的社会主义事业的建设者和接班人。

继续修订并全面实施面向21世纪的教学计划,重点建设好主干基础课程。逐步开设并改进150门综合素质教育课。知名教授要上基础课,创建一批水平高、体系新、效果好、特色鲜明、在全国产生影响的名牌课程。认真建设好文理基础学科人才培养基地和基础课程教学基地,争取对全国起到示范作用。大力改革研究生的培养制度,全面提高研究生的培养质量。积极加强教学基础设施和公共服务体系的建设,改进教学手段,建设高水平的继续教育基地,开展现代远程教育,充分发挥北京大学的名师效应和其它教育资源优势,运用现代信息技术,形成开放式的教育网络。

第五,重点产学研基地建设与科学园区的发展。

知识创新、推动科学技术成果向现实生产力转化是创建世界一流大学的一项重要任务。这就要求高校在创建世界一流水平的教学和科研基地的同时,必须强化知识和技术的创新,主动培植高新技术,创建世界一流的产学研一体化的成果转化模式,建立高新技术的“孵化”基地,为中国产业发展开发高新技术和产品。北大将进一步调整科研发展方向,使学校的教学、科研与国家的经济建设和产业调整密切结合,将科研人员在实验室所获得的研究成果尽快转化为生产力,为国民经济的发展,为21世纪中国的高新技术产业提供发展源泉。由于北大原有学科性质的限制,虽然每年有许多高水平学术论文发表,但有许多可能转化为生产力的研究成果仍停留在论文、样品、样机或报奖阶段。特别是在北大颇具研究积累的信息科学与技术,生物技术及制药,新功能材料开发等方面,这一情况更为严重。

为此,北大在创建世界一流大学的规划中,在发展和提高教学、科研水平的同时,拟建立信息科学与技术、生物技术与制药、新型功能材料等三个研究开发中心(基地)。通过上述研究和开发中心的建立,联合北大相关的院系和国家重点实验室等,在信息处理及通讯、软件工程;基因工程、优质动植物培育、新药开发和天然产物开发;稀土功能材料、液晶高分子材料、医用高分子材料、新型存储材料和纳米信息材料等方面,真正形成“产学研”一体化,为科研成果的产业化研究和工程放大提供基础条件。上述基地分别依托于相关的基础研究单位和它们丰厚的科研积累和人才资源。此外,基地还将引进一批有工程科学技术背景的中青年

骨干,注重基地的研究和开发计划与国家目标和国际产业走向的结合,保持所研究和开发的方向对国内同行具有引导和支撑作用。

为推动科研成果向现实生产力的转化,学校将继续加大对方正集团的技术投入,使之在3—5年的时间内,发展成为全国最大的信息产业企业,并以此为基础,建立强大的信息产业基地。依托北大的技术和人才优势,大力发展生物制药技术,争取在5年时间内,建成中国最大的生物制药基地。尽快开辟新的产学研结合领域,同清华、科学院合作,创建新功能材料基地和智能机械基地。同海淀区密切结合,创建一流的高科技园区和高文化社区。坚持知识创新,坚持技术创新,坚持体制创新。用改革的精神推动科教成果转化和科技产业的各项工作,使校办科技产业在激烈的市场竞争中,具有强大的技术创新能力和市场竞争力,同时,充分发挥高校在国家发展民族高科技产业中的生力军作用。

第六,公共服务体系的改造与完善。

当前,信息是经济发展的战略资源,信息技术已成为社会生产力中重要的因素。人类社会从主要依靠物质资源消耗的农业社会,发展到主要依靠能量资源消耗的工业社会,进而开始向主要依靠信息资源消耗的信息社会迈进。社会的信息化成为势不可挡的历史趋势,成为促进各行各业发展的关键因素,也是促进教育和科研工作的关键因素。因而,信息网络的建设必然成为学校里重要的、必不可少的基础设施建设,是创建世界一流大学,培养一流人才必备的重要物质条件。

90年代以来,北京大学一直很重视这方面的工作。从1989年参加“中关村地区网”的建设,完成了北京大学校园网(一期工程)的建设,1994年承担“中国教育科研计算机网络示范工程”华北地区网络北大主节点的建设,到1996年启动的我国教育系统的“211工程”的实施,正在进行的北大211工程“信息网络建设项目”,为信息网络建设做了大量的工作,打下了坚实的基础,一直走在全国高校的前头。但是,由于每次受投资力度的限制,从1990年到1998年,累计投资不超过1700万元,所作的工作总是不能尽如人愿。为了在21世纪把北大办成世界先进水平的一流大学,还要加大投资力度,把信息网络建设再提高一个档次。

第七,基础设施及支撑体系的解困与更新。

世界一流大学必须有良好的办学条件。现代化的大学要有现代化的基础设施、条件装备和后勤保障。要逐步形成这样一种局面:北大的门槛是高的,来北大任职求学是不容易的,而进了北大各方面的条件都是比较优越的。

由于多年来办学经费投入不足,北大基础设施一直处于供给不足、严重老化、失修、失调的状态,由于长期在计划体制下管理运行,近二十年来虽经多项改革,但就保障系统整体而言,仍未摆脱被动低效的维持状况;由于体制的限制,全校师生员工乃至家属的绝大多数生活服务由学校行政负担。这些问题严重制约着学校教学、科学研究等各项事业的发展。

实现世界一流大学目标对校园及基础设施等“硬件”性支撑条件的基本要求:

(1) 基本适应各学科需要的配置合理、设施完好的教学、科学研究用房。

(2) 适应现代管理需求的各类办公用房。

(3) 基本满足师生文化体育活动的设施及场地。

(4) 满足师生就近解决餐饮的设施。

(5) 满足需求并留有必要余地的供电、供暖、供热、给水排水等保障能力,及合理的管理制度。

(6) 优美清洁并反映出现代文明的校园环境。

(7) 满足师生日常需求的生活服务设施。

(8) 满足国外或校外进修者、讲学者、合作者短期住宿所需条件。

(9) 学生及教职工的公寓制住房。即师生住房今后主要应争取政府的政策支持,主要应在校外通过社会化途径解决。

对上述支撑条件的管理,必须逐项落实改革措施。从现有管理体制和运行机制的改革入手,使后勤系统的管理、服务、经营基本与学校行政剥离。通过合同及市场机制,为学校师生员工提供及时、高效的优质服务。

第八,校园环境与校园文化建设。

世界一流大学应该有一流的校园文化,北京大学校园文化建设的奋斗目标是以邓小平理论为指导,继承和发扬北京大学优良传统,建设以教师为主导,以学生为主体,既有多样化又有主旋律,既有多层次又有高品味,既反映高等教育发展一般规律又体现北大特色的校园文化,努力培养和塑造大批高素质的创新型人才。

北大把校园文化区分为以教育为主的和以服务为主的两个方面。以教育为主的校园文化包括四点内容:政治文化建设是灵魂,道德文化建设是基础,学术文化建设是关键,文体文化活动是重要补充。以服务为主的校园文化指坚持寓教于乐,服务育人,构建全方位的、面向同学的服务体系。北大将充实和完善学生就业指导中心工作,扩大就业指导的普及面,增强指导力度;进一步加强大学生心理咨询中心工作,为大学生释疑解惑,使其健康成长;抓紧设立北京大学青年研究中心,运用先进手段和科学方法,及时了解学生思想动态,通过加强研究来增强工作的科学性和预见性。

世界一流大学校园文化建设的内容丰富多彩,但真正落实到工作中还需要有物质上、精神上、制度上以及政策上的保证。一流校园文化建设需要有四个保证:理论研究是一流校园文化建设的思想和理论保证;基地建设是一流校园文化建设的物质保证;学生工作队伍和学生骨干队伍是一流校园文化建设的依靠力量和组织保证;运用管理手段强化建设效果和规范建设成果是校园文化建设的制度保证。

知识经济的初现与我国科教兴国战略的实施,使北京大学不仅面临着良好的机遇同时也面临着巨大的挑战,肩负着成为科教兴国强大生力军的神圣使命,北京大学将进一步解放思想、转变观念,充分发挥所拥有的各方面优势,围绕经济建设这个中心,以市场和社会需求为导向,为国家的经济发展和现代化建设做出更大贡献,不辜负党和国家的重托,为实现科教兴国和创建世界一流大学而努力奋斗。

回顾北大的百年历史尤其是改革开放二十年来所走过的路程,我们深刻地认识到,只有继续坚持走改革和创新的道路,才能把北京大学建设成为世界一流大学,从而促进科教兴国战略的实施,为国家的经济发展和现代化建设做出更大贡献。

创建世界一流大学,是一项集"调整、改革、建设、提高"为一体的艰巨任务,其中必然涉及到观念更新、体制交替、资源的重新配置和利益格局的广泛调整,我们将通过强有力的思想政治工作,来统一认识,化解矛盾,理顺情绪,凝聚力量,正确处理改革力度、发展速度和群众承受程度的关系。继续加强学校综合育人环境的建设,积极推进以思想道德建设为重点的精神文明建设。同时,还必须警惕社会上的错误思潮和不良势力对学校的干扰,防止某些社会矛盾对学校的冲击。总之,我们将牢牢把握爱国主义、集体主义和社会主义的主旋律,紧紧围绕着为改革、发展、稳定的大局服务,为学生的全面发展、健康成才服务,开创思想政治工作的新局面。

把北京大学建成世界一流大学,这不仅仅是北京大学自身的行为,同时也是国家的行为、社会的行为,需要得到国家和社会的大力支持和帮助。我们相信,有党和政府的英明领导以及社会各界的大力支持和帮助,加上北京大学全体师生员工孜孜不倦的追求和坚持不懈的努力,把北京大学建成世界一流大学是大有希望的!

(梁枫)

北京大学召开第十次党代会

综　述

中国共产党北京大学第十次代表大会于1999年1月23至26日隆重召开。大会紧紧围绕"高举邓小平理论伟大旗帜,落实科教兴国战略,创建世界一流大学"的主题,总结过去,规划未来,顺利完成了各项预定议程。大会批准了党委工作报告和纪委工作报告,选举产生了新一届党委和纪委领导集体。

这是一次求真务实的大会,团结奋进的大会。会议气氛庄严热烈,令人鼓舞。会议期间,代表们认真行使民主权利,集思广益,群策群力,振奋了精神,形成了共识。党代会的圆满成功,为北大步入21世纪开了一个好头,拉开了北大跨世纪改革发展的序幕。

一、关于党代会召开的背景和基本情况

这次党代会是在世纪交替之际,在北京大学第一个百年刚刚结束、第二个百年刚刚开始的重要时刻召开的,担负着承前启后、继往开来的历史使命。目前,北大面临着创建世界一流大学这样一个前所未有的历史机遇。党和政府坚定不移地实施科教兴国战略,江泽民总书记在庆祝北京大学建校一百周年大会上的讲话中提出了创建世界一流大学的宏伟构想,教育部已将此列入了教育振兴行动计划之中,并得到了国家科教领导小组的原则批准。北大第九次党代会确定的创建世界一流大学的奋斗目标,今天已经成为国家战略和政府行为。这是国家赋予北大的庄严使命,也是北大面向21世纪振兴发展的必然选择。全校上下热切盼望党代会能对此作出重大决策。

这次党代会经过了较长时间的筹备。1998年以来,学校一直把校庆和党代会作为两件最重要的大事来抓。校庆结束以后,迅速启动了党代会的筹备工作。广大党员认真行使民主权利,差额选举出了288名正式代表。推举新一届党委委员和纪委委员候选人预备人选的工作，经过了三下三上的民主过程，党员和代表的参与面广，推出的候选人既有广泛的代表性，又相对集中，提交大会的人选名单几乎就是党员和代表民主推举的自然结果。党代会的工作报告多方征求意见，六易其稿，是全党智慧的结晶。纪委工作报告也进行了认真的修改。

党代会如期召开，是北大党内政治生活民主化、正常化的重要标志之一。会议按照预定日程顺利进行，大体分三个阶段：第一阶段一天半，举行开幕式，听取任彦申同志代表第九届党委作工作报告，审议两委工作报告；第二阶段半天，安排了科研、人事、后勤、产业、学生工作、党建和有关院系代表等九个发言，进行大会交流；第三阶段一天半，进行大会选举，通过有关决议，举行闭幕式。

中共中央政治局委员、北京市委书记、市长贾庆林，教育部部长陈至立等领导同志亲临大会开幕式，向党代会表示祝贺，并充分肯定了校党委几年来的工作成绩。他们在讲话中指出，北大要用邓小平理论武装党员、教育师生、指导工作、推动发展，抓住历史机遇，坚定办学目标，为创建世界一流大学而不懈努力。他们强调，要进一步加强党的建设，努力发挥党组织的政治核心作用、党支部的战斗堡垒作用和党员的先锋模范作用。他们希望北大能以江总书记“五四”讲话精神为指导，开好党代会，深刻总结过去，立志开创未来，认真抓好落实，实现北大跨世纪的腾飞。北京17所高校党委的负责同志和校内民主党派、无党派代表同志也应邀到会致贺，北大学生艺术团为大会作了专场庆祝演出。

全体代表以认真负责的态度参加大会和讨论，会议的出勤率始终很高。一些列席代表虽然年事已高，但也克服各种困难，到会发表意见。大家在讨论中畅所欲言，对两委工作报告给予了充分的肯定，同时提出了很多建设性意见和建议。会议主题鲜明，代表积极参与，共识程度越来越高，使会议获得了圆满成功。

二、关于党委工作报告的主要内容和特点

大会通过了第九届党委的工作报告。报告的主题是：高举邓小平理论伟大旗帜，落实科教兴国战略，创建世界一流大学。这个报告将对北大今后一个时期的改革、发展和提高起到重要指导作用。

报告总体上起点比较高，信息量大，内容充实，语言也比较精炼。报告约17000字，分三个部分：第一部分是历史经验和四年工作的总结。总结历史是为了指导未来。对过去百年历史形成的办学经验和优良传统，报告从四个方面作了简要的概括；对过去四年的工作，报告在作出总体评价后，列举了九个方面的成绩和五个方面的不足；报告还总结了近年来学校在改革发展过程中积累的五条基本经验。

第二部分是报告的核心，主要论述学校下一步改革发展的指导原则、目标、任务和实施步骤，即创建世界一流大学计划。报告明确提出一个目标、分两步走的战略、四条必须坚持的基本原则、五项主要任务和两个基本保障条件。这是北大上次党代会确定的“一个目标、四件大事”在新形势下的延续和发展。由于这个计划仍在制定之中，报告只从总体上进行阐述，有些具体任务和措施，还要随着计划的编制和审批作必要的调整，并在今后的有关会议上进一步确定。

第三部分论述党建的有关问题。学校党的建设是各项工作的根本保障。按照党的十五大的精神，报告强调了围绕中心工作抓党建的指导思想和党要管党、从严治党的原则，从思想、组织和作风建设方面提出了学校党建的目标和任务，要求各级党组织要发挥党的思想政治优势、组织优势和密切联系群众的优势，在创建世界一流大学的实践过程中，体现党组织的领导核心作用、党支部的战斗堡垒作用和党员的先锋模范作用。

党代会报告具有以下几个特点：第一，报告始终围绕“高举邓小平理论伟大旗帜，落实科教兴国战略，创建世界一流大学”这个鲜明的主题进行阐述，体现了北大对国家、对社会的深切责任感和不断向上奋进的精神状态。

第二，报告贯穿了一条过去——现在——未来的时间线索，既尊重历史，又面向未来，体现了承前启后、继往开来的精神。

第三，报告突出改革、突出提高、突出创新。北大要实现21世纪的奋斗目标，改革是根本动力和唯一出路，创新是灵魂，必须始终着眼于提高，提高质量，提高水平，提高效益。

第四，报告强调必须把指导思想、精神状态搞对头。要用邓小平理论特别是邓小平科教兴国思想武装头脑，统一认识，在办学指导思想上有一个大提高和新飞跃。必须坚定信念，抓住机遇，开拓进取，艰苦创业，迎难而上，百折不挠，同心同德，团结奋斗。

纪委的工作报告认真总结了过去四年的纪检监察工作，分析了北大党风廉政建设面临的形势，对今后的工作提出了建设性意见。大会对纪委过去四年的工作给予了积极的评价。

三、关于选举产生的跨世纪领导集体

代表们充分行使民主权利，差额选举产生了由25人组成的中共北京大学第十届委员会和由13人组成的新一届党的纪律检查委员会。这个新的领导集体，以中年同志为主体，既有经验丰富的老同志，又有朝气蓬勃的年轻同志，同时兼顾了工作连续性和梯次配备等问题。

新产生的第十届党委会，肩负着新世纪开局起步

和启动创建世界一流大学计划的重任。我们相信,这个新的领导集体在全校师生员工的信赖和支持下,一定能够担负起历史赋予的责任,团结带领全校师生员工,为实现创建世界一流大学的目标而不懈努力。

第十次党代会具有重要的历史意义,确定了北京大学跨世纪发展的奋斗目标和行动计划。全校各级党组织和全体共产党员要认真学习贯彻会议精神,振奋精神,鼓足干劲,写好北大新纪元的开局新篇,努力创造无愧于先人和时代的新的辉煌。

(刘宇辉)

北京市委书记贾庆林在北京大学第十次党代会开幕式上的讲话

(1999年1月23日)

同志们:

在北京大学去年刚刚隆重庆祝建校100周年、今年又将迎来伟大的"五四"运动80周年之际,北京大学第十次党代会今天隆重召开了,我代表中共北京市委向大会表示热烈的祝贺!北大第九次党代会以来的四年里,北大党委带领全校党员和广大师生员工,在党中央正确路线的指引下,同心同德,奋发进取,不断推进学校的改革和发展,为把北大建设成为一所社会主义的一流大学做出了极大的努力。在培养现代化的建设人才、提高学科建设水平、深化教育改革、加强队伍建设、改善办学条件、创办高技术产业、加强党的建设和精神文明建设等方面,都取得了突出的成绩,展示了北大在改革开放和发展社会主义市场经济条件下的崭新风貌。为全国,也为首都的发展做出了自己的贡献。在这里,我向北大全体党员和广大师生员工表示衷心的感谢!

去年5月,江泽民总书记亲临北大视察,并在北大百年校庆大会上发表了重要讲话。这个讲话深刻地论述了实施科教兴国战略的重大意义,指明了面向21世纪教育改革和发展的方向,并向我们直接指出:"大学应该成为科教兴国的强大生力军","应该是培养和造就高素质的创造性人才的摇篮,应该是认识未知世界、探求客观真理、为人类解决面临的重大课题提供科学依据的前沿,应该是知识创新、推动科学技术成果向现实生产力转化的重要力量,应该是民族优秀文化与世界先进文明成果交流借鉴的桥梁。"这些指示不仅是对高校广大师生员工的殷切期望和巨大鼓舞,也是我们共同办好北京大学应当遵循的方向。北大这次党代会要以总书记的重要讲话为指引,深刻总结过去,立志开创未来,认真抓好落实,努力实现北京大学跨世纪的腾飞。

借此机会,我在这里讲几点意见:

一、紧紧围绕党的十五大的主题,坚持用邓小平理论武装党员、教育师生、指导工作、推动发展

北大是我国最早传播马克思主义的重要基地,一批北大先进知识分子成为中国研究和传播马克思主义的第一支力量。此后,在长期的历史中,北大形成了学习、研究和传播马列主义、毛泽东思想的优良传统。近年来,北大又在开设邓小平理论课方面进行了成功的实践,为邓小平理论"进课堂、进教材、进头脑"创造了新鲜经验。邓小平理论是当代中国的马克思主义。党的十五大提出高举邓小平理论伟大旗帜,用邓小平理论指导我们的整个事业和各项工作,这是我们党从历史和现实中得出的不可动摇的结论。北大的发展,必须坚持以邓小平理论为指导,理论联系实际,认识、研究和解决在发展社会主义市场经济条件下服务现代化建设、办好社会主义大学的方向、方针、方法问题。与此同时,北大自身应当带头成为学习邓小平理论的模范:不仅是学习邓小平理论的教学、研究、传播的重要阵地,而且是实践邓小平理论,为国家提供更多高质量人才、更多创新知识和科技成果的名副其实的一流学校。在学习应用邓小平理论改造主观世界、推进改革发展上,为全市、全国进一步起好示范作用。

二、抓住历史机遇,为创建世界一流大学而不懈努力

党中央确定了科教兴国的伟大战略,这不仅要求科技和教育为民族振兴提供强有力的人才支持和知识贡献,而且为教育事业的发展创造了前所未有的机遇。江总书记指出:"为了实现现代化,我国要有若干所具有世界先进水平的一流大学",这指明了北京大学的前进方向。北京大学,历经百年沧桑,积数代之努力,形成了爱国、进步、民主、科学的光荣传统和钻研、求实、创新、向上的优良学风,为祖国培养了一代又一代的优秀人才,成为我国重要的教育学术文化阵地。作为享誉中外的著名学府,国家"211工程"建设的重点高校,面对历史性的跨越,北京大学任重而道远。

创建世界一流大学的关键在于创新。创新是一个国家兴旺发达的不竭动力,高等学校也是如此。科技创新越来越成为当今社会生产力发展的重要因素,世界各国都在抓紧制定面向新世纪的发展战略,争抢高科技产业的制高点。鲁迅先生讲:"北大是常为新的,改进的运动的先锋",当前我国改革开放正处于攻坚阶段，北京大学要创建世界一流大学，就必须在教育观念、管理体制、教学内容和方法等方面改革创新。广大党员和师生员工要深刻领会“解放思想、实事求是”这一理论精髓，统一思想、坚定信心、抓住机遇、知难而进、团结一致、艰苦奋斗，以不懈的努力，去实现既定的目标。

一流大学就要出一流的人才和一流的成果。国家和首都的现代化建设事业急需大批创新的人才，我们希望北京大学进一步发扬优良学风，加强新老合作，进一步制定规划、政策和措施，为更多优秀人才脱颖而出创造良好的氛围和环境，尽快培养出成批的、杰出的乃至大师级的人才，这也是我们建设一流大学的根本目的之所在。

三、面向新世纪，全面加强党的建设

20年来，我们国家改革开放和现代化建设的伟大成就证明：只要我们党的领导是正确的，我们就可以干出一番轰轰烈烈的事业。邓小平同志指出：“要聚精会神地抓党的建设”。在新旧世纪之交，我们一定要下大力气抓好这个新的伟大工程，不断增强党组织的凝聚力和战斗力。

高等学校要继续贯彻《中国共产党普通高等学校基层组织工作条例》，努力发挥党委的领导核心作用，进一步完善党委领导下的校长负责制。发挥党组织的政治核心作用、党支部的战斗堡垒作用和党员的先锋模范作用。要以思想政治建设为重点，全面加强党的建设，充分发挥党的思想政治优势、组织优势和密切联系群众的优势，做好知识分子工作，把从严治党贯彻到各项工作中去，进一步加强高校的领导班子和干部队伍建设，把党建设成为领导广大师生员工深化改革、加快发展、确保稳定的坚强核心。

北京大学地处首都，长期以来，北京大学为北京市的经济建设和社会发展培养了大批人才，提供了有力的智力支持，在首都的发展史上记载着你们的功绩。在跨入21世纪的时候，我们希望北大继续为北京市的经济建设和社会发展多做贡献。北京市委将在党中央、国务院的领导下，与教育部一起一如既往地大力支持北京大学的建设和发展，尽心尽力、尽职尽责地做好我们的工作。

同志们，北大第十次党代会是一次跨世纪交接的会议。部分老同志由于年龄原因将不再进入下届党委，他们为北大的发展付出了无数心血。在此，谨向他们及历届的老领导、老同志表示崇高的敬意。也希望新一届党委在未来四年的任期内，继承他们的优良作风，带领北大全体师生员工，为北大跨世纪的发展，为我们民族的伟大复兴作出更大的贡献！

预祝大会圆满成功！谢谢！

教育部部长陈至立在北京大学第十次党代会开幕式上的讲话

（1999年1月23日）

同志们：

在北京大学第十次党代会隆重召开之际，我谨代表教育部党组向北京大学党委、各位代表和学校的全体共产党员以及全体师生员工表示热烈的祝贺！

在以江泽民同志为核心的党中央的正确领导下，在北京市委和各级党组织的领导下，北京大学党委领导班子坚持以邓小平理论为指导，认真贯彻执行党中央的各项路线、方针、政策，切实贯彻党的民主集中制原则，团结合作，锐意进取，在党的思想建设、组织建设和作风建设等方面都取得了新的成绩。北大党委在积极探索新时期加强学校党的工作方面所取得的成功经验多次受到中央有关部门和北京市委的表彰。学校党委同行政领导班子一道，团结全校广大师生员工，全面贯彻落实党和国家的教育方针，坚持社会主义办学方向，自觉遵守办学规律，在教学、科研、队伍建设和学校内部管理改革方面都取得了显著的成绩，对实施科教兴国战略作出了新的贡献。实践证明，北京大学党委是一个坚强有力、团结战斗的领导集体。这次党代会后，有的党委领导由于年龄原因将离开领导岗位。多年来他们勤奋工作、尽职尽责，为北京大学的发展作出了自己的贡献，我们向他们表示崇高的敬意和衷心的感谢！

同志们，北京大学第十次党代会的召开，是学校政治生活中和发展历程中的一件大事。这次党代会的召开，又正值世纪之交，更具有重大的意义，责任也非常重大。下面，我代表教育部党组提几点希望：

一、进一步加强党的建设。历史经验告诉我们，高等学校党组织的状况如何，直接关系到学校改革和发展的各项事业的成败。去年，江泽民同志亲临北大百年华诞的庆典，并在庆祝大会上发表了重要讲话。在充分肯定北京大学所取得的成绩的同时，也对北大的未来寄予了深切的期望。我们希望各位代表认真学习江泽民同志讲话的精神，总结近年来北京大学的各项工作，特别是党建工作的经验，深入研究新形势下加强和改善党的建设、党的领导的有效措施，从北大长远发展的大局出发，认真地、负责地发扬党内民主，提出自己的建议，规划北大在下一世纪的发展蓝图。同时，我们希望，学校各级领导干部、特别是学校领导班子每一位成员,都要按照江泽民同志所提出的“讲学习、讲政治、讲正气”的要求认真学习邓小平理论,加强党的思想建设、组织建设和作风建设,保持和发扬北大的光荣传统,在学校改革和发展的各项工作中,更加充分地、自觉地发挥各级党组织的领导作用、战斗堡垒作用和全体党员的先锋模范作用,切实保证北京大学各项任务的完成。

二、进一步坚定学校发展的奋斗目标。要通过这次党代会,进一步统一全校干部、全体党员和广大师生员工的思想,要遵照江泽民同志在庆祝北京大学建设一百周年大会上所提出的要求,抓住机遇,深化改革,开拓进取,使北京大学成为培养和造就高素质的创造性人才的摇篮;认知未知世界,探求客观真理,为解决人类面临的重大课题提供科学依据的前沿;知识创新,推动科学技术成果向现实生产力转化的重要力量;民族优秀文化与世界先进文明成果交流、借鉴的桥梁。北京大学作为一所在国内外享有崇高声誉的高等学府,对中国乃至世界的高等教育和科学研究应作出自己的贡献,应有越来越多的科学家、教育家涌现,应有更多的发明创造和最高水平的科研成果问世,在知识创新、技术创新和高新技术产业化等方面,北京大学应走在前列,发挥示范和辐射作用,做出自己的贡献。

三、选好新一届党委领导班子。党代会的重要任务之一,就是要选出新一届的党委领导班子。新一届党委将要率领北大实现跨世纪的发展目标,这对学校各项事业的发展和改革至关重要。我们相信,全体党代表一定不会辜负全校共产党员的重托,认真负责地行使自己的民主权利,按照党的民主集中制原则,选好新一届党委班子。同时,我们殷切地希望这次党代会选举产生的新一届党委班子能按照江泽民同志所提出的“努力成为社会主义的政治家、教育家”的要求,进一步加强领导班子建设,使北大党政领导班子成为政治坚定、勇于改革、团结协调、联系群众、勤奋廉政、务实高效的坚强领导集体。

同志们,江泽民同志在庆祝北京大学建校一百周年大会上指出:“为了实现现代化,我国要有若干所具有世界先进水平的一流大学。”党中央、国务院十分关心北京大学的改革和发展,对北大寄予厚望。全国人民、全国高校也都注视着北大的各项工作。为了使北京大学在迈向世界一流大学的进程中能够顺利地开展各项工作,国务院非常关心,教育部也作出了安排,与财政部商量,现在已经落实了北京大学进一步改革发展所需要加强投入的资金。

我们相信,北大的新一届党委一定能在以往工作的基础上,深化改革,保持稳定,开拓创新,带领北京大学广大党员、干部和教职员工面向世界、面向未来、面向现代化,高举邓小平理论伟大旗帜,更加紧密地团结在以江泽民同志为核心的党中央周围,全面贯彻党的十五大和十五届三中全会精神,把学校的发展和改革全面推向前进,把一个蒸蒸日上、充满生机和活力的北京大学带入二十一世纪!

最后,预祝北京大学第十次党代会圆满成功!

落实科教兴国战略　创建世界一流大学

——在中国共产党北京大学第十次代表大会上的报告

任 彦 申

(1999 年 1 月 23 日)

各位代表,同志们:

现在,我代表中国共产党北京大学第九届委员会向大会报告工作,请审议。这次党代会是在北大第二个百年刚刚开始,二十一世纪即将来临的重要时刻召开的。如何抒写北京大学新纪元的开局新篇,把一个什么样的北京大学带入二十一世纪,这是人们普遍关注、需要我们认真回答的问题。

党的十五大确立了高举邓小平理论伟大旗帜,把建设有中国特色社会主义事业全面推向二十一世纪的主题。江泽民总书记在庆祝北京大学建校一百周年大会上的重要讲话,充分肯定了北大百年的巨大贡献,指明了面向二十一世纪我国高等教育改革发展的方向,提出了创建世界一流大学的宏伟构想。这是科教兴国的动员令,是北京大学步入二十一世纪的行动指南。这次党代会的主题,是高举邓小平理论伟大旗帜,落实科教兴国战略,创建世界一流大学。大会将围绕这一主题,发扬民主,集思广益,确定创建世界一流大学的指导思想和目标原则,选举产生新一届党委领导集体,动员全校共产党员和师生员工,为科教兴国建功立业,为创建世界一流大学奋发图强。

一、历史经验与四年工作总结

1998 年 5 月,北京大学度过了百年华诞。这次百年校庆,紧紧围绕科教兴国的主题,贯彻“弘扬传统、繁荣学术、面向未来、促进发展”的宗旨,取得了巨大成功,产生了广泛而深远的社会影响。它不仅为过去的百年奋斗划下了圆满的句号,而且为新世纪的全面振兴开辟了光明前景，成为北京大学历史上一个重要的里程碑。

一百年来，北京大学始终以振兴中华、繁荣教育为己任，勇敢地走在时代的前列，培育了一代又一代的优秀人才，创造了许多重大的思想文化成果和科学技术成果，为我国的革命、建设和改革事业做出了重要贡献，形成了自己的优良传统和办学风格。北大之所以长盛不衰、享誉中外，深刻的原因就在于：第一，北大对祖国和人民怀着高度的使命感和责任感，始终不渝地围绕民族独立、人民解放和祖国强盛、人民富裕这两大历史任务，英勇奋斗，艰苦创业，形成了爱国、进步、民主、科学的光荣传统；第二，北大自从戊戌维新运动中诞生起，就孕育着一种锐意改革、大胆创新的精神，站在思想解放和对外开放的前列，勇开风气之先，不断向上奋斗，推动着自我更新和社会进步；第三，在队伍建设中提倡五湖四海，坚持德才兼备，敢于不拘一格，以海纳百川的宽广胸怀吸纳天下英才，努力开创一种人才辈出、群星灿烂的局面；第四，倡导学术自由，鼓励“百家争鸣”，努力营造一种浓厚而活跃的文化氛围，宽松而自由的学术环境，在中外交流、古今融汇中开拓创造新思想、新文化，靠着对真理的执着追求和科学严谨的学风，推动着学术的进步和繁荣。这些在百年历史中凝结出的重要经验，是北大永葆生机和活力的不竭源泉，也是北大实现跨世纪发展的宝贵精神财富。进入九十年代以来，我国人民在以江泽民同志为核心的党中央领导下，继续沿着有中国特色社会主义道路阔步前进，改革开放和现代化建设取得了新的伟大成就，北大的历史也翻开了新的一页。北大第九次党代会以来的四年，我们较好地把握了改革、发展、稳定的大局，进入了一个过去少有的大建设、大发展的高峰时期；也是师生精神状态和学校总体面貌发生深刻变化，北大社会形象和社会影响力显著提升的重要时期。

我校第九次党代会第一次正式提出了创建世界一流大学的远景目标，制定了面向二十一世纪改革发展的规划，确定了今后一个时期学校需要重点抓好的四项工作，即学科调整和教学改革、人才队伍建设、多渠道筹资和改善办学条件、加强党的建设和思想政治工作，并决定在第九届党委任期内集中力量搞好三大工程：“211工程”、跨世纪人才工程和百年校庆工程。

四年来，全校党员和师生员工在党的十四大、十五大精神指引下，按照北大第九次党代会确定的目标、思路和任务，勤奋工作，不懈努力，各项事业都不同程度地有了新进展，今天展现在世人面前的是一个更有活力、大有希望的北京大学。

——政治局面持续稳定，从根本上扭转了改革开放前期那种动荡不安、争论不休的状况，广大师生对党和国家的大政方针以及学校改革发展的基本思路形成了日益广泛的共识，出现了聚精会神搞建设、同心同德搞改革的校园氛围。

——办学规模稳步发展，学生结构更趋优化，形成了以培养高层次人才为主、多层次、多形式办学的新格局。本科生招生连续四年保持高质量，研究生比例显著增加，在校研究生数量由1994年的近3600人增加到1998年的6100多人。留学生质量继续提高，成人继续教育更加活跃。四年共毕业学生21000多人，培训高层次学生4400多人，目前在校学生总量达到24000多人。

——学科建设和教学改革取得显著进展。“211工程”项目全面实施，重点学科的面貌发生了很大变化，建成了一批具有先进水平的实验室。新一轮的专业调整基本完成，专业结构进一步改善。从1996年起开始实施新的教学计划，确定了一批重点建设的基干课程，并实行主讲教师选聘上岗。文理基础学科人才培养基地的建设、综合素质教育试点、高年级学生攻读双学位和实行主辅修专业以及文理科综合试验班等教学改革，都在积极推进。对学科建设和教学工作的投入有了大幅度增长。

——科学研究更加活跃，在基础研究、应用研究和科技成果转化方面都取得了许多重要的成果。科研经费扭转了前几年徘徊不前的局面，有了大幅度增长。被SCI收录的论文数量1997年比1996年猛增60%，1998年又有大幅度提升。人文社会科学的研究水平和获奖数目继续保持高校领先的地位。社会服务更加活跃和富有成效。产学研结合取得了重大进展，校办科技产业连续四年快速增长，已初步形成了几个科技含量高、市场竞争力强并具有一定规模效益的骨干企业，销售收入从1994年的10亿元增加到1997年的60亿元。1994—1997年利用各种形式回报学校达1.92亿元。科技产业不仅成为办学经费的重要来源，更重要的是，在教育、科技、经济结合和产学研结合方面走出了一条成功之路，为国民经济培育了新的增长点。北大方正已成为我国高科技产业的一面旗帜。

——实施跨世纪人才工程取得很大成效。全校教师平均年龄43岁。45岁以下教师占教师总数的58%，比1994年上升了10个百分点。每年从海内外招聘近百名博士来校任教，目前教师中具有博士学位的达到700多人，其中本校培养的、从国内其它单位引进的和从国外引进的大约各占1/3。“文革”造成的青黄不接、师资断层现象已得到很大缓解。在平稳的新老交替中，一批跨世纪的优秀人才正在茁壮成长，有70多人入围国家杰出人才基金，“百千万工程”第一、二层次等国家级优秀人才队伍，在高校中名列榜首。

——办学体制改革正在逐步深化。同北京市、中国科学院、国家文物局等开展了多种形式、不同层次的共建。同云南省、内蒙古自治区、广州市、青岛市等一些省市签订了全面合作协议。同国内外一批著名大学开展了多种形式的联合办学。同国内外一些企业联合兴办实验室、培训中心,开展了多领域的合作研究和合作开发。通过这些措施,密切了学校同社会的联系,增强了办学活力。

——多渠道筹措办学经费的格局基本形成,办学条件明显改善。在国家经费投入严重不足的情况下,通过多渠道筹措经费,不仅维持了学校的正常运行,而且完成了一些重大的基本建设项目。目前学校的年度总收入中,国家拨款不足1/3,2/3以上依靠自筹。四年中学校新建住宅近10万平方米、1398套,有3570户教职工的住房得到改善。用于改善教学、科研和公共服务条件的一批建筑相继建成或即将竣工,校园面貌发生了很大变化。长期制约学校发展的基础设施陈旧落后的状况正在逐步缓解,供暖面积达100万平方米的集中供暖工程已于1997年建成。昌平园区全部收回,为学校后续发展预留了空间。从1993年至今,学校自筹经费先后出台了四项工资性补贴和教学科研岗位补贴,每年投入4000万元以上。后勤职工在为教学、科研和生活服务、美化绿化校园方面克服了许多困难,付出了大量劳动。

——对外交流合作空前活跃。我校已与150所海外大学和一批国际组织、跨国公司签订了合作协议,从互派学生、交换学者、合作研究、共建研究实体到合作兴办企业、引进人才、争取捐赠等,领域不断拓宽,层次和成效大幅度提高。百年校庆期间,成功地举办了“世界著名大学校长论坛”和14项国际学术讨论会,集中地反映了对外交流合作的成果。

——党的建设和精神文明建设不断取得新成就。用邓小平理论武装头脑的工作坚持不懈地推进,“邓小平理论课”的成功开设在社会上产生了重要影响。以党内“双学”和干部“三讲”为主要内容的党性党风党纪教育取得积极成效。研究、宣传邓小平理论取得了一批有影响的成果。以学习贯彻邓小平科教兴国思想为中心的办学思想、教育观念大学习、大讨论正在深入进行。坚持并不断完善党委领导下的校长负责制。育人环境不断改善,群众性精神文明创建活动不断拓展,校园文化活动丰富多彩又体现了主旋律,涌现了爱心社、山鹰社等一批著名学生社团。百年校庆期间以及江泽民主席视察北大、美国总统访问北大时,北大学生表现出的良好素质和精神风貌,给世人留下了深刻的印象。产生了国政92本科生班这样的全国先进班集体和王选教授这样的科教兴国的先进人物。发展新党员工作取得显著进展,四年共发展新党员2759人,申请入党的学生已占到学生总数的1/3。1994年我校荣获“北京市党的建设和思想政治工作先进普通高等学校”的称号,1998年荣获全国“党的建设和思想政治工作先进高等学校”的称号。

北大今天的新局面、新气象来之不易,它凝聚了全校师生员工的集体智慧和辛勤劳动,也包含了党和国家以及教育部等有关部委、北京市委、市政府和社会各界、海内外朋友的关心、指导和大力支持。许多同志热爱北大,爱岗敬业,开拓进取,忘我奉献,长年累月地超负荷工作,他们是北大的脊梁和希望。我代表第九届党委向建设北大、支持北大的所有人们表示崇高的敬意和由衷的感谢!

在过去四年的工作中,我们还存在着不少缺点和不足:一是在改革与发展的关系上,我们重视了发展,但改革进展不快,力度不大,特别是管理体制改革滞后,已成为制约学校发展、影响办学效益的突出问题;二是在队伍建设中,仍然存在着总量过大、非教师比例偏高、学术骨干年龄偏大的问题,相当数量的学科还缺乏高水平的年轻学术带头人;三是在教学上,经费投入有了很大增长,但领导投入不足、一部分教师精力投入不足的状况还没有明显改变,教学管理比较薄弱。科研上突出的问题是创新不够,组织不力,小而散和低水平重复的状况还大量存在;四是学生的生活学习条件在许多方面都比较差,欠账过多,解决的速度太慢。学校工作中存在的这些问题,主要是学校党委对形势的变化、事业的发展,从观念上、能力上、作风上存在着种种不适应的状况,特别是组织管理工作跟不上。我们要通过加强学习、总结经验和自我批评,不断提高和改进领导水平。

在改革建设的实践中,我们也积累了一些经验:

——一定要善于发现和利用机遇。几年来,由于正确分析形势、把握趋势、未雨绸缪、精心准备,才较好地抓住和充分利用了启动“211工程”、实施科教兴国战略和迎接百年校庆等机遇,加快了发展,迈上了一个新的台阶。正如党的十五大报告所指出的那样,能否抓住机遇,历来是关系革命和建设兴衰成败的大问题。

——一定要结合学校的实际,正确处理改革、发展、稳定的关系。这些年,学校能够保持持续稳定,首先是由于大气候的好转,对邓小平理论和中央的大政方针形成了日益广泛的共识。就学校工作来说,一是牢固树立着眼于建设的思想,坚决摒弃在“以阶级斗争为纲”、以政治运动为中心时期形成的一套思维方式和行为方式。二是不争论,按照“三个有利于”的标准,认准了就干,用实践效果来统一大家的认识。三是坚信“改革是根本出路”、“发展是硬道理”,只有不失时机地推进改革、促进发展,学校有了活力,群众看到了希望,才能有真正的稳定。四是对不安定因素,要果断迅速处理,防患于未然,消化在萌芽状态。一旦排除干扰,就迅速把注意力重新集中到改革建设上来。在解决各种事端时，必须依法办事，严格执行政策，正确理解和贯彻学术自由原则、政治民主原则和行政效率原则。

——学校的改革发展一定要有一个长远的奋斗目标。这些年，学校党政领导班子始终面向未来，遵循创建世界一流大学的目标和思路来推进工作。这期间虽然有干部交替、行政换届，但一直保持这一目标和思路的稳定性和连续性。

——一定要树立以人才为本的观念。教育的振兴靠创新，创新的关键在人才，特别是年轻英才的大量涌现。必须摒弃论资排辈、求全责备、忌贤妒能、门户之见等陈旧观念，创造一个有利于优秀人才脱颖而出的大环境。衡量学校的人事政策是否优越，关键要看是否有利于多出人才、早出人才、出拔尖人才。只有不拘一格才能出人才。我们应当继承发扬中老年教师热爱祖国、忠诚教育、艰苦创业、无私奉献的高尚品格；同时要满腔热情地扶植新秀，在他们风华正茂、思维敏捷、处于创造力和进取心的高峰时，大胆使用。在新老的亲密合作中实现有序交替。

——学校的工作千头万绪，面临的矛盾、困难很多，一定要紧紧围绕"全面适应"和"全面提高"这两大问题，来推进学校的改革发展，即全面适应现代化建设对各类人才的需要，全面提高办学质量和效益。学校的突出困难是经费短缺，办学条件差，同学校生存、发展、提高的需要，同师生员工的物质文化需求存在着很大的差距。我们必须多渠道筹措办学资金，千方百计地克服和缓解经费短缺的困难。

二、创建世界一流大学的远景目标和近期主要任务

当今世界，科学技术突飞猛进，知识经济已见端倪，国力竞争日趋激烈。教育作为人才摇篮和知识传播、创新、应用的重要基地，正在成为经济和社会发展的战略制高点，教育的兴衰将决定综合国力竞争的成败。我国国民经济的两个根本转变，强烈地呼唤着高等学校进入经济建设的主战场。加快教育改革发展，促进教育、科技和经济的密切结合，已成为当今世界的大趋势。

党的十五大之后，我国加快推进科教兴国战略。新一届政府宣布把科教兴国作为本届政府的最大任务。江泽民总书记在庆祝北京大学建校一百周年大会上的重要讲话中，提出了创建世界一流大学的历史任务。国家教育部制定了《面向二十一世纪教育振兴行动计划》，并把创建世界一流大学的任务列入其中。四年前北大第九次党代会确定的创建世界一流大学的目标，今天已经成为国家战略和政府行为。这对北大来说是一个最重大、最难得的历史机遇，是国家赋予北京大学的庄严使命，也是北京大学面向二十一世纪振兴发展的必然选择。

从现在起，我们应该把全部工作的重心迅速转移到落实科教兴国战略、创建世界一流大学的目标任务上来，并以此统一全校的思想，凝聚师生的智慧和力量。

应该清醒地认识到，目前我校在学科水平、师资力量、教育质量、管理水平以及经费投入、办学条件等方面，同世界一流大学还存在很大的差距。国内兄弟院校之间的竞争也越来越激烈。作为一个处在社会主义初级阶段的发展中国家，在建设世界一流大学的过程中，会遇到很多困难。同时也必须看到，经过一百年的奋斗，北大形成了优良的校风学风，具有良好的社会声誉，在人才培养、科学研究、社会服务方面都有较好的基础。特别是近几年进入了一个快速发展提高的新阶段。我们的广大干部和师生，有着艰苦创业、奋发图强、爱国奉献的精神，过去在比较艰苦的条件下也曾取得过高水平的成果。经过二十年的改革开放，我国的综合实力大大增强。有党和政府的大力支持，采取集中力量、重点突破的方针，我国在今后一二十年内建成若干所世界一流大学，不但是必要的，而且是可能的。在这个问题上，头脑发热、急于求成是错误的，无所作为、悲观失望同样也是错误的。

创建世界一流大学，必须以科学理论武装头脑，在办学指导思想上有一个大提高和新飞跃。邓小平理论是指引我国人民在改革开放中胜利实现社会主义现代化的正确理论，也是指导我们创建世界一流大学的强大思想武器。江泽民同志在庆祝北京大学建校一百周年大会上的重要讲话是创建世界一流大学的重要指针。在创建一流大学的过程中，我们应当坚持这样一些重要原则：

第一，必须坚持面向二十一世纪教育改革发展的方向，即坚持教育要面向现代化、面向世界、面向未来。我们的大学应当与经济社会发展紧密结合，为现代化建设提供各类人才支持和知识贡献，成为科教兴国的强大生力军。北大只有在二十一世纪中华民族的伟大复兴中，在回答和解决中国现代化进程中的重大理论和重大实际问题上做出突出贡献，才能成为世界一流大学。

第二，必须坚持以培养人才为中心，以创新为灵魂，积极开拓并充分发挥人才培养、科学研究、社会服务三大功能，使我们的大学成为培养和造就高素质的创造性人才的摇篮，成为认识未知世界、探求客观真理、发展科学文化的前沿，成为技术创新、促进科技成果向现实生产力转化的重要力量，成为为党和政府制定重大政策、为解决人类共同面临的重大问题提供科学依据的思想库和智囊团，成为民族优秀文化同世界先进文明成果交流借鉴的桥梁。

第三，必须坚持以提高为主、以内涵发展为主的方针，北大应当定位在提高上，始终把提高质量、水平和效益放在第一位，办学规模不宜过大，结构应该更加优化。

第四，必须坚持把改革作为发展提高的根本动力，以解放思想为先导，以教学改革为核心，以体制改革为突破口，全面推进学校各方面的配套改革，不断增强学校的适应性和办学活力。

创建世界一流大学，是一个长期的过程，既要有远景目标，又要有切实可行的近期行动计划。为此，我们提出分两步走的战略设想：

第一步，从现在起到2005年。这一时期的主要任务是：统一办学思想，拓宽学校功能；加快体制改革和结构调整，组建一所真正的综合性大学，使办学效益显著提高；教学改革全面推进，实施创新教学计划；创建一批高水平的人才培养基地、知识创新基地和产学研结合基地，取得一批标志性成果；稳妥推进新老交替，形成适应新世纪需要的高素质的师资队伍；办学自主权得到落实和扩大，办学经费大幅度增长，大规模建设基本就绪，办学条件和教职工待遇得到显著改善，从而为下一步发展提高奠定坚实的基础。

第二步，从2006年到2015年左右，按照国际公认的世界一流大学标准，全面推进各项事业。

届时，将建成一批处于国际学术前沿的学科点和研究机构，拥有一批世界知名学者，不断创造有重大理论价值和应用价值的学术成果，在回答和解决中国现代化进程中的重大问题上有突出贡献；成为国内外杰出学者和优秀学子向往的著名高等学府，毕业生有公认的信誉，并能产生荣获世界级大奖的成果和科学家，进入世界一流大学行列。

今后几年，是为世界一流大学奠定基础的关键时期。我们要在教育部和北京市的领导和支持下，广开思路，充分论证，在"211工程"项目的基础上，制定出北京大学创建世界一流大学的战略规划和行动计划，争取尽快通过国家审核批准，从1999年起正式付诸实施。

在"九五"计划后期和"十五"计划期间，我们将重点做好以下几项工作：

(一)认真贯彻"共建、调整、合作、合并"八字方针，重新组建一个学科更加齐全、结构更加优化、综合实力更强、办学效益更高的新北京大学

抓紧推进与北京医科大学、北京航空航天大学、清华大学等兄弟院校和中国科学院等科研院所的合并、合作或联合办学的计划。

大力搞好与北京市以及其它若干省市的"共建"工作，在面向全国的同时，加强为区域经济发展服务。以贡献促共建，积极为首都的经济社会发展培养和输送人才，提供科技成果和咨询服务，共同创办高科技示范区，使北大成为首都经济发展的助推器，高新技术的发源地和精神文明的辐射源。

高度重视并积极加强同国内外著名企业的产学研合作。企业是未来技术创新的主体，我们要以产品为核心，以市场为导向，促进科技进步与市场培育的紧密结合，形成强大的技术创新和应用能力。

继续发展同海外大学、研究机构的合作交流，善于利用国际上的人才、科技、信息和资金等资源，学习借鉴世界著名大学的办学经验，加快我校的改革发展。

采取上述措施的目的，就是要进一步打破条块分割、封闭办学的状况，在国内国际更广阔的领域内实现优势互补、资源共享，以建设一个更加开放的国际化的综合性大学。

(二)以提高效益为目标，加快校内管理体制改革

当前，深化校内管理体制改革是大势所趋、人心所向，应当不失时机地启动新一轮内部管理体制改革。按照有利于教学改革，有利于学科整合，有利于资源优化配置和有效利用，有利于加强管理、减员增效的原则，重新调整和组合现有的院系，使学院成为拥有较大自主权的管理实体。在调查研究、科学论证的基础上形成方案，坚决贯彻执行。成熟一个，建立一个，政策兑现一个。通过典型示范，推动这项工作，尽快按照新体制运行。

校、院(系)机关要精简机构，压缩编制，改进管理，转变作风，改善服务，提高效能，建立机关部处长任期目标责任制和全员聘任制。在冻结机关进人指标的基础上，迅速实施机构改革、人员分流方案，机构减少30%以上，全校教育职员从目前的900人精减到500人以下。后勤要在"小机关、多实体、大服务"的基础上，把管理、经营和服务分开。引入市场竞争机制，加强成本核算，实行企业化、专业化、集约化、市场化的管理体制和运行机制，使后勤服务走向社会化。

财务改革要本着严格、公平、透明、效益的原则，既要不断扩大财源，又要进一步提高现有资金的使用效率。健全财务制度，改变拨款方式，改善分配办法，规范校内经济秩序，加强国有资产管理。实行会计人员派驻制。高度重视并充分发挥教育基金会的作用。

通过校内管理体制的配套改革，大大提高资源效益和工作效率，为教学、科研和生活提供优质高效的服务和更加可靠的后勤保障。

(三)以培养高素质的创造性人才为中心，继续深化教学改革

培养人才是学校的根本任务，教学是学校第一位的工作，学校的一切工作、一切人员都应当面向学生，为培养人才服务。要高度重视教学工作，在资源配置上优先保证教学需要，在政策导向上要向教学倾斜。

深化教学改革的目的是提高学生的全面素质，培

养具有创新精神和实践能力的高级专门人才，切实克服专业面偏窄、人文教育和实践环节偏弱、教育内容偏旧、教学方法偏死、教学手段落后、培养模式单一、缺乏个性和创造性等弊端。本科教育要立足于提高素质，研究生教育要着重提高水平，继续教育要不断增强活力。在学生教育中，要贯彻落实江泽民总书记对青年学生提出的“四个统一”的要求，始终把德育放在首位，使学生树立起为建设有中国特色社会主义而奋斗的政治方向和为人民服务的价值取向，继承发扬理论联系实际的学风和艰苦奋斗的精神。在全面发展的基础上鼓励拔尖，在规范的基础上增加选择，使学生学会求知，学会做事，学会做人，学会审美，成为德智体全面发展、具有较强适应性和创造性的社会主义事业的建设者和接班人。

继续修订并全面实施面向二十一世纪的教学计划，重点建设好主干基础课程。逐步开设并改进150门综合素质教育课。知名教授要上基础课，创建一批水平高、体系新、效果好、特色鲜明、在全国产生影响的名牌课程。认真建设好文理基础学科人才培养基地和基础课程教学基地，争取对全国起到示范作用。大力改革研究生的培养制度，全面提高研究生的培养质量。积极加强教学基础设施和公共服务体系的建设，改进教学手段，建设高水平的继续教育基地，开展现代远程教育，充分发挥北京大学的名师效应和其它教育资源优势，运用现代信息技术，形成开放式的教育网络。积极探索从幼儿园、小学、中学到大学一条龙式的配套教育改革。

(四)以创新为灵魂，大力提高科学研究的水平和效益

学校的科学研究工作，要以提高创新能力、建立创新机制和服务现代化建设为根本导向，坚持科学研究与人才培养相结合、多学科相结合、产学研相结合，切实克服脱离实际、低水平重复、力量分散、“小而全”的现象。

在科研布局上，要贯彻“稳住一头，放开一片”和“有所为，有所不为”的方针，积极参与“国家创新体系”计划和“高校高新技术产业化工程”计划。基础研究是新技术、新发明的源泉，是可持续发展的基石，要密切跟踪国际学术发展的前沿，对具有优势的某些基础研究领域，选准方向，进行长期稳定的支持，努力产生一些有突破性的创新成果；同时，面向市场需求，对国家和社会急需的应用研究领域，找准结合点，努力促进科技成果的应用转化，为发展生产力、造福社会做出贡献。要特别重视多学科的交叉互补，联合攻关。

充分发挥国家重点学科、国家重点实验室和开放实验室以及高层次人才培养基地在知识和技术创新中的带头和示范作用。通过“211工程”和创建世界一流大学计划，对优势明显、有希望突破的领域给予重点支持，在校内各种资源的配置上要优先保证，不搞平均主义，以尽快建成高水平的创新基地，在知识创新、技术创新和培养创造性人才方面取得突破性进展。在二十一世纪最有希望、最有发展前途的信息技术、生物技术、新材料以及环境等领域的国际竞争中，北大应该占有一席之地。

文科科研要继续保持领先的优势，把改革开放和现代化进程中的重大理论和实践问题作为主攻方向，加强综合研究，为两个文明建设服务，为党和国家的决策服务，积极探索有中国特色社会主义政治、经济、文化发展的规律，不断产生重大的思想文化成果。人文社会科学必须关注和适应科学技术的发展，善于从科学技术的最新成果中汲取营养，寻找手段，不断提高研究和认识水平。

继续大力拓展产学研结合的道路，在“高校高新技术产业化工程”中发挥龙头作用。要按照现代企业制度，对校办企业进行改组和改制，通过资产重组以及科技与金融的结合，在信息和计算机领域、制药领域以及化工领域，建成三四个海内外有影响的高科技企业和产学研结合基地。同时，积极参与海淀高科技示范区和高文化社区的建设。

重视科研体制的创新。重点实验室实行开放式运作，固定编制和流动编制相结合。重大科研项目实行主持人负责制。加强与兄弟院校、科研部门特别是大中型企业、实际应用部门和地方政府的联合与合作。在改革科研经费提成分配办法的基础上，制定相应的激励机制。

(五)以实施“高层次创造性人才工程”为重点，积极推进人事改革

实施创建世界一流大学计划关键在人才。要牢固树立“尊重知识，尊重人才”、“人才难得”的观念。一个优秀学术带头人在教学科研和凝聚队伍中所起的作用，是其他人难以替代的。

学校的人事改革，将按照“压缩总量、改善结构、加强管理、减员增效、优才优用、优劳优得”的原则进行。学校的事业编制压缩到5000人以下，教师占到教职工总数的一半。

在人事改革中，要立足于提高各类人员素质，调动各方面积极性，做到“人尽其才，才尽其用”。结构调整的重点是压缩非教学人员的比例。随着管理体制改革的进展和向世界一流大学的迈进，人员只进不出、职务只升不降、待遇只增不减是不可能的，下岗分流、减员增效、竞争上岗势在必行。学校将采取积极分流、加强培训、发展继续教育、扩大社会服务等措施，妥善做好下岗、转岗和再就业工作。教师要实行聘任制，评聘分开，加强教授后的考核管理，不断优化队伍，激发上进。

全校教职员工都要爱岗敬业,不断提高自身素质和工作水平。

实施“高层次创造性人才工程”,建设一支具有世界先进水平的中青年人才队伍,是学校队伍建设的根本大计和当务之急。我们将通过校内选拔、校外引进和兼职借聘等多种方式,采取灵活的用人制度,建立起800人左右的学术骨干队伍和200人左右的管理骨干队伍。其中,有50名左右能够跻身世界学术发展的前列、有希望领导本学科进入国际先进水平的重量级学者。有200名左右能够担任重点学科、重点实验室的带头人,重大课题的牵头人,名牌课程主讲人和产学研结合的负责人,成为国内著名的专家学者。还要有500名左右能够在教学科研中承担重任、创造优秀业绩的骨干教师。同时,实行和扩大访问学者计划,聘请海内外知名学者或在实际部门卓有成就的专家担任兼职及客座教授。要像重视学术骨干队伍那样,重视管理骨干队伍的建设,坚持两支队伍并重的原则。

为了实现上述任务和目标,必须以多渠道筹措办学资金、改善办学条件作为物质基础,以加强和改进思想政治工作、确保安定团结作为政治保证。

世界一流大学必须有良好的办学条件。现代化的大学要有现代化的基础设施、条件装备和后勤保障。要逐步形成这样一种局面:北大的门槛是高的,来北大任职求学是不容易的,而进了北大各方面的条件都是比较优越的。为此,必须千方百计地多渠道筹措办学经费。这种筹资过程,就是与社会结合、加强社会服务的过程。要根据发展的需要,重新制订校园规划,二十一世纪的校园面貌要有一个大的改观。到2000年,学校将新建10万平方米以上的教工住宅,彻底改造筒子楼,发展青年教师公寓,基本实现青年教师住宅解困的目标。抓紧建设好新图书馆、理科楼群、百周年纪念讲堂和燕园科技大厦等重大标志性工程。要把改善学生的生活、学习和文化活动条件作为建设的重点,改造和兴建一批学生公寓、自习教室、学生食堂和浴室。进一步扩展完善校园计算机网络系统,大力发展计算机辅助教学和多媒体教学,加快图书信息化保障系统建设。加强社区建设,搞好社区服务。要按照多劳多得、优劳优得的原则,改革分配制度,在增量中拉开差距。对于1000名左右的学术骨干和管理骨干,将分层次、较大幅度地增加补贴。对于一些年事已高的著名学者,要给予更多的关心照顾,使他们能够安度晚年。进一步重视离退休人员工作,使他们老有所养、老有所医、老有所乐、老有所为。对其他人员,在减员增效的基础上,通过岗位补贴和业绩奖励,使工资待遇逐步提高。在学校的整体投入中,既要见物,更要见人。学校的各级领导,都应当“想群众之所想,急群众之所急”,尽可能为广大师生员工创造一个安居乐业的环境。

创建世界一流大学,是一项集调整、改革、建设、提高为一体的艰巨任务,其中必然涉及到观念更新、体制转换、资源的重新配置和利益格局的广泛调整,必须通过强有力的思想政治工作,来统一认识,化解矛盾,理顺情绪,凝聚力量,正确处理改革力度、发展速度和群众承受程度的关系。继续加强学校综合育人环境的建设,积极推进以思想道德建设为重点的精神文明建设。同时,还必须警惕社会上的错误思潮和敌对势力对学校的干扰,防止某些社会矛盾对学校的冲击。总之,我们要牢牢把握爱国主义、集体主义和社会主义的主旋律,紧紧围绕着为改革、发展、稳定的大局服务,为学生的全面发展、健康成才服务,开创思想政治工作的新局面。

三、伟大的任务需要党的坚强领导

创建世界一流大学,是一次伟大的创业实践,需要长期的艰苦奋斗。在这一历史过程中,必须加强和改善党的领导,充分发挥党的思想政治优势、组织优势和密切联系群众的优势。我们要紧密围绕着全党工作的大局,围绕着落实科教兴国战略、创建世界一流大学这一主题,加强党的建设,从严治党,不断增强党组织的领导核心作用、战斗堡垒作用和共产党员的先锋模范作用。衡量学校党的建设的成效,归根到底要看能否保证创建世界一流大学这一任务的顺利进行和最终实现。

(一)把用邓小平理论武装全党作为首要任务,加强党的思想建设

党的十五大把邓小平理论确立为党的指导思想,号召“全党要重视学习,善于学习,兴起一个学习马列主义、毛泽东思想特别是邓小平理论的新高潮”。

对邓小平理论真学、真信、真实践,是思想入党的根本标志。每一个共产党员,都应当通过不断学习,掌握邓小平理论的精神实质和科学体系,树立对建设有中国特色社会主义的坚定信念,坚持党的基本路线一百年不动摇,自觉地在思想上、政治上同党中央保持高度一致,并且善于结合本单位的实际,把中央的决策、部署真正落到实处。同时,对于按照党的基本理论和基本路线确定的科教兴国战略和创建世界一流大学的目标,也要有一种坚定的信念和执着的追求,身体力行地去实践和奋斗。

在理论学习中,我们要重点学习和领会邓小平同志关于科教兴国的重要思想,以我们正在做的创建世界一流大学的实际工作为中心,进一步转变办学思想,指导学校的改革发展。邓小平科教兴国思想的核心内容,就是从社会主义现代化建设的全局出发,围绕发展生产力这一根本任务,以经济建设为中心,以科技为关键,以教育为基础,三者紧密结合,互相促进,有机地统一于建设有中国特色社会主义的实践中。其中关于教

育、科技、经济紧密结合的思想，是邓小平科教兴国思想中最精华、最有时代特点的内容，指明了教育振兴的根本出路，也反映了世界教育改革发展的大趋势。我们要用邓小平同志的这些重要思想武装头脑，统一认识，并贯彻到创建世界一流大学的战略规划和政策措施中去。在认真学习邓小平理论的同时，我们还要努力用人类社会创造的一切知识来丰富和提高自己，认真学习哲学、政治学、经济学、法学、历史学、文学和科学技术等方面的知识，特别要注重学习反映当代世界政治、经济、科技、文化新发展的各种新知识，努力使自己的思想水平和知识水平适应时代前进的需要。

充分发挥北大的多学科综合优势，加强邓小平理论的教学和研究，积极探索建立有中国特色的哲学社会科学创新体系，是创建世界一流大学的一项重要任务。我们要本着"学马列要精，要管用"的原则，认真总结和推广我校开设邓小平理论课的经验，进一步推进邓小平理论"进教材、进课堂、进学生头脑"的工作，积极而富有成效地搞好马克思主义理论课和思想品德课的教学改革。继承和发扬北大研究传播马克思主义的光荣传统，在研究和传播邓小平理论方面出人才，出成果，做出无愧于时代的新贡献。建设有中国特色社会主义的伟大实践，为哲学社会科学的理论创造提供了生动和丰富的材料。北大应当树立雄心壮志，坚持以全党和全国人民正在做的事情为中心，着力研究新情况，解决新问题，在人民群众的实践创造中进行理论创造，在社会历史的进步中推动理论进步，建设立足中国现实、继承历史文化优秀传统、汲取外国文化有益成果的社会主义精神文明。

(二)以贯彻《中国共产党普通高等学校基层组织工作条例》为重点，搞好党的组织建设

《中国共产党普通高等学校基层组织工作条例》和《中华人民共和国高等教育法》都明确规定，国家举办的高等学校实行党委领导下的校长负责制。这一领导体制适合中国国情和我国高等教育的实际需要。改革开放以来，北大一直实行党委领导下的校长负责制。实行这一领导体制的关键是健全集体领导，实行分工负责，既要坚持党委的统一领导，又要支持校长独立自主地行使职权，全面担负起学校的教学、科研和其它行政管理工作。学校和院系都应严格按照《条例》规定的党委和行政的职责范围、议事规则和决策程序办事，特别是党政一把手要形成高度的共识和合力，分工不分家，互相信任，互相支持，互相补台，团结奋斗。党支部工作要围绕党的基本路线和学校的中心任务，结合本单位的实际，生动切实地开展起来。必须建立和坚持必要的学习和组织生活制度，根据新情况不断改进工作方法和活动方式。党支部要把搞好对党员的教育、管理和监督，培养申请入党的积极分子和发展新党员以及密切联系党外群众，作为经常性的工作。在继续抓紧抓好在青年学生中发展党员的同时，特别注意在年轻教职工和跨世纪的学术骨干中发展党员，尽快改变一些单位党的力量比较薄弱的状况。所有的共产党员都应当讲理想，讲信念，严于律己，忠于职守，淡泊名利，多做贡献。通过"争先创优"等活动，推动广大党员在创建世界一流大学的任务中建功立业，发挥先锋模范作用。

一流的大学必须有一流的管理，一流的管理有赖于一流的干部队伍。必须承认，大学管理是一门综合性很强的学问，是一项要求很高和难度很大的职业，教育管理专家是一种复合型人才。切实克服轻视管理和管理人才的偏见，努力建设一支素质优秀、训练有素、精明强干的党政管理干部队伍。一所著名大学，不但应当出专家学者，出科研成果，而且应当出领导人才，出办学经验。在干部的选拔上，要开阔视野，扩大民主，坚持标准，注重公论，真正把那些坚决贯彻党的路线、办学思想明确、有管理能力、勤政廉洁的领导人才选拔到重要领导岗位上来，特别是要选好党政一把手。在干部的考核上，应当坚持德能勤绩综合考评、注重实绩的原则。一个干部的德和能，应当贯穿在实践中，体现在实绩上，只有注重实践和实绩，才能排除主观随意性，做到客观公正。对那些德才兼备、精于管理、业绩突出的优秀干部，应当像对待优秀学术骨干一样，实行优才优用，优劳优得。必须大胆改革干部制度，实行"公开、平等、竞争、择优"的用人原则，采取选举、委任、推荐、自荐、考试、考核等多种选拔方式。坚持按期换届制度，建立领导干部任期制度，严格执行干部退休制度，逐步摸索出一套适合高校特点的干部选任、培养、考核、监督、交流等办法，其中最重要的是做到能上能下、能进能出。党政领导干部应当以提高领导水平和管理能力为重点，坚持讲学习、讲政治、讲正气，以高度的事业心和责任感，搞好本职工作。新上岗的年轻干部，一定要注重学习马克思主义基本理论和党的路线方针政策，加强实践锻炼，正确处理继承与创新、理论与实践、个人与群众等关系，更好地承担起跨世纪的重任。

(三)以全心全意为人民服务为根本，切实转变工作作风

坚持"从群众中来，到群众中去"的工作方法，不断提高决策的民主化、科学化水平。重要问题的决策，必须走群众路线，深入实际，调查研究，广开民主渠道，倾听各方面意见，充分发挥学校的人才和智力优势。同时，还要善于在民主基础上集中，当机立断，果断决策。总之，既要"多谋"，又要"善断"。通过生动活泼的宣传教育和有效的组织工作，把正确的决策化为群众的自觉行动。

进一步完善教职工代表大会制度，定期召开教代会，议大事，办实事，群策群力，办好学校。校党委支持和帮助民主党派搞好自身建设，充分发挥民主党派在民主决策、民主管理和民主监督中的重要作用。工会、团委、学生会和研究生会要代表群众利益，反映群众呼声，团结引导群众前进，成为党联系各方面群众的纽带和桥梁。

学校的各级领导机关、服务部门，特别是领导干部，应当关心群众疾苦，牢记邓小平同志的教诲，“领导就是服务”，“当好后勤部长”，少说空话，多办实事，尽量为群众排忧解难，想方设法地改善师生员工的学习和生活条件。

必须发扬艰苦奋斗、勤俭办学的精神，切实管好用好学校的一切人力、物力和财力资源，反对大手大脚、铺张浪费，更不允许以权谋私、搞行业不正之风。坚决抵制和防范社会不良风气对学校的侵染，通过“明之以理、导之以轨、绳之以纪”等多种手段，遏制腐败现象在学校中滋生蔓延。

纵观历史，国际上的一流大学都是经过长期的建设形成的。我们既要有雄心壮志，又必须脚踏实地。在过去的一个世纪，无数北大人为兴学图强进行了艰苦卓绝的努力，他们的业绩已经融入了祖国的历史，铸就了北大百年的丰碑；今天，我们面对知识经济的呼唤，肩负科教兴国的重任，更要以良好的精神状态，抓住机遇，开拓进取，迎难而上，百折不挠，去创造无愧于前人和时代的新的辉煌。

各位代表，同志们！

新世纪的序幕即将拉开，跨世纪的宏伟目标已经确定。让我们高举邓小平理论伟大旗帜，紧密团结在以江泽民同志为核心的党中央周围，为了中华民族的伟大复兴，为了社会主义现代化强国宏伟蓝图的早日实现，为了把北京大学建设成为世界一流大学，同心同德，奋勇前进！

统一思想　团结奋进
努力开创我校纪检监察工作新局面

——在中国共产党北京大学第十次代表大会上的报告

中共北京大学纪律检查委员会

（1999年1月23日）

各位代表，同志们：

现在，校纪律检查委员会向大会报告工作，请予审议。

一、校纪律检查委员会四年来的主要工作

自1994年7月我校第九次党代会产生本届纪委以来，校纪律检查委员会在学校党委和上级纪委的领导下，认真贯彻上级纪检监察机关的部署和要求，紧密围绕学校的中心任务和创办世界一流大学的奋斗目标，不断加强学校的党风廉政建设和反腐败斗争的力度，在维护党的纪律、加强干部廉洁自律、查处违法违纪案件、实施保证监督等各项工作中都取得了一定的进展，对加强学校党的建设、维护学校改革、发展和稳定的大局起到了积极促进作用。四年来的主要工作是：

（一）结合学校实际，贯彻落实中央提出的关于领导干部廉洁自律的各项规定，加强了我校副处级以上干部的廉洁自律工作

近年来，党中央、国务院为加强党风廉政建设，采取了一系列措施，先后制定和下发了有关党员领导干部廉洁自律的多项政策和规定。纪委紧密结合学校的特点和实际，按照上级纪检监察机关的要求认真贯彻落实。

1994年初，根据上级的有关政策和规定，协助校党委进一步充实和完善了《北京大学关于干部廉洁自律的规定》。1995年，编印了《党政领导干部廉洁自律条规选编》，下发到学校党员干部手中。1997年初，党中央、国务院颁发了《中国共产党党员领导干部廉洁从政若干准则(试行)》和《中国共产党纪律处分条例(试行)》后，纪委通过多种方式，组织全校党员、干部学习落实。1997年下半年，纪委根据党中央、国务院《关于党政机关厉行节约制止奢侈浪费行为的若干规定》精神，结合学校迎接百年校庆的实际情况，及时作出了“百年庆典活动要朴实、热烈，要控制会议开支，节省招待费用”以及“严禁发放礼品和贵重纪念品”等若干规定，并向全校发出通知，要求严格执行。

坚持组织校系两级干部按规定和要求过好每年度的党政领导干部廉洁自律民主生活会。为保证生活会的质量，校系两级纪检干部注意从多方面听取师生员工对领导干部的意见和要求，并及时向有关干部进行反馈。在生活会上，校系两级干部能对照廉洁自律的有关规定，结合思想和工作实际进行自查自纠。对各单位生活会的原始记录和自查报告，纪委及时收集汇

总并写出有关校系两级干部廉洁自律民主生活会的情况通报，通过《纪检监察简报》等形式，向全校各单位通报。

根据上级纪检监察机关的部署和安排，四年来纪委先后就“校、系各单位汽车管理使用情况”、“副处以上干部在公司、经济实体兼职取酬情况”、“副处以上干部住房、购房及公款装修个人住房情况”、“公款安装住宅电话、配备使用移动电话情况”以及执行“个人收入申报制度”、“公务活动中接受礼品礼金登记上交制度”和校办企业落实“国有企业业务招待费向职代会报告制度”的情况，进行了专项检查和监督，并写出了有关专项检查的书面材料，及时向学校领导及上级机关反映或向全校通报。自1995年下半年开始，纪委监察室与财务处配合协作，采取了将学校各单位(不包括后勤和校办产业系统)招待费用支出在学校财务账上单独列项的办法，以检查和控制用公款吃喝的问题，对季度招待费用支出超万元的单位及时予以提醒，起到了抑制作用。

协助学校及有关部门建立健全有关勤政廉政、勤俭节约方面的规定。几年来，党委和有关部门先后出台了《北京大学关于干部廉洁自律的规定》、《北京大学校级领导干部改进工作作风若干措施》、《北京大学中层干部选拔任用工作暂行办法》、《关于改变机关工作作风，加强机关精神文明建设的若干意见》、《关于对外公务活动中接受礼品赠品的管理规定》、《关于大额度资金使用审批的规定》、《校系两级干部电话费用报销办法》等规章制度。为加强民主监督、拓宽监督渠道，纪委协助党委在全校范围内聘请了六位党风监督员，其中有两位是民主党派成员和无党派人士。这些规定、措施和办法对增强党员干部的廉洁自律意识，规范党员干部的廉洁从政行为，起到了积极作用。

(二)严肃查处党内违纪案件，认真做好群众的来信来访工作

查处违纪案件是纪委的重要工作，也是衡量反腐败和党风廉政建设成效的主要标志。纪委始终把查处案件工作放在重要位置上，加强领导，加大力度。1994—1998年底，共核查各类违纪案件线索33件，立案查处违纪案件20件。其中，政治类案件3件、失职类案件1件、经济类案件8件、道德类案件6件、其它类案件2件。有18名党员受到不同程度的纪律处分和处理，其中，开除党籍5人、留党察看3人、党内严重警告2人、警告7人、党内通报批评1人，涉及处级干部3人、科级干部2人、教师7人、学生2人、其他人员6人。查办案件难度较大，纪委依靠发案单位的党组织，与学校有关职能部门密切配合，与司法机关协作，克服困难，排除各种阻力和干扰，坚决查处各类违纪案件。在查办案件过程中，坚持以事实为依据，以党纪为准绳，努力提高办案的质量和效率，使查处的案件经得起历史的检验。我校案件审理工作通过北京市纪委监察局的检查，是北京高校中首批通过的案件审理达标单位。为不断积累办案经验，提高办案的质量和效率，纪委加强了对办案工作的研究和总结，写出了《我们在查办案件中的几点做法和体会》的文章，在北京市高校办案工作经验交流大会上发言，受到好评。1997年初，校纪委、监察室被北京市纪委授予“办案集体二等功”。

群众来信来访，是学校各级党组织密切联系教职工的窗口，是党员和教职工行使民主权利的有效途径，也是纪委获取案件线索的重要渠道。纪委十分重视并注意做好群众的信访举报工作，对每一位来访者都能耐心接待，认真听取意见和申诉；对每一封来信都能做到认真分析研究，进行调查，根据不同情况，分别进行处理。对来信来访基本上做到件件有交代，事事有着落。据统计，1994—1998年底，纪委、监察室共受理群众信访举报483件。这些信访举报提供了党员违纪问题的重要线索。在多方掌握案件线索的基础上，根据《中国共产党纪律检查机关控告申诉工作条例》的规定，对构成违纪的及时立案调查，对触犯刑律的移送司法机关处理，对犯有较轻违纪行为属于批评教育构不成处分的，及时会同有关单位党政领导对当事人进行不同方式的批评教育，使其提高认识，改正缺点错误，起到防微杜渐的作用。纪委在查核各类信访举报中，坚持实事求是的原则，也及时澄清一些反映失实的问题，解脱和保护了一些干部和党员，同时调解了一些党群、干群之间的矛盾，维护了稳定和团结。

(三)深入进行党性党风党纪教育，提高党员干部遵纪守法的自觉性

在改革开放和建立社会主义市场经济的新形势下，教育党员干部廉洁自律，增强抵制腐败的能力，促进党风廉政建设，是学校纪委的一项经常性任务。四年来，纪委在学校党委领导下，采取了多种方式对广大党员进行党性、党风、党纪教育，主要做法是：

1. 积极参与和配合学校党委组织的学习邓小平理论、学习新党章的“双学”活动以及在处级以上干部中进行的“讲学习、讲政治、讲正气”为主要内容的党性党风教育活动。

2. 有计划有针对性地组织党员、干部学习党纪政纪条规。纪委、监察室先后编发了《党的纪律条规选编》、《党政领导干部廉洁自律条规汇编》、《知识产权法规选编》，组织全校党员、干部认真学习《中国共产党党员领导干部廉洁从政若干准则(试行)》和《中国共产党纪律处分条例(试行)》，同时利用学校举办的中青年党员干部读书班和对新党员进行条规考核等多种方式组织有关党纪政纪条规的学习，使党员、干部了解和掌握

有关条规的基本内容和具体要求，明确是非界限，增强法制观念，提高纪律意识，用党的纪律规范约束自己的行为。

3. 充分发挥纪检监察工作执纪办案的优势，编发校内外典型案例，通报违纪事件，组织党员学习先进党员事迹和收看案例录像，以具体生动的形象和实例对广大党员进行党纪党风教育。四年来，纪委组织全校党员先后收看了《权力——失去监督的时候》、《法网》、《长天惊雷——九五大案要案启示录》等十余部正反典型纪实录像片，通报和转发校内外各类违纪典型案例数十起。1996 年 9、10 月间，我校发生了图书馆党员副研究馆员陈秉才盗窃珍贵文物案和法律系党员教授程正康在深圳嫖宿被杀案。这两起案件性质恶劣，在校内引起很大震动，在社会上造成不良影响。纪委监察室在其所在单位党组织的支持配合下，进行了大量细致的调查研究，对陈、程二人违法违纪步入歧途的原因和教训进行深入剖析和总结，写出《关于陈秉才盗窃案、程正康嫖宿案的通报》下发各单位，并要求全校各党支部过一次组织生活，以此两案为反面教材，从中吸取教训，加强思想道德修养，提高拒腐防变能力。此《通报》被教育部纪检组和北京市教育纪工委在内部纪检刊物上加了按语转发各单位。

(四)积极开展执法监察和监督检查，推进学校党风廉政建设

纪委监察室贯彻执行教育部《关于普通高校招生监察机构职责的暂行规定》和《关于加强招生管理，严肃招生纪律的通知》精神，按照国家有关政策和规定，坚持对学校各类招生工作进行监督检查，通过转发文件，通报案例，参与招生人员培训，申明严肃纪律；通过参与招生的具体过程等方式，了解情况，发现问题，并积极协助职能部门处理解决群众信访举报，查处违纪案件，较好地维护了国家的招生政策、法规在学校的贯彻执行，保证了学校的招生质量和社会信誉。

按照教育部的部署，自 1995 年初开始，纪委监察室在学校职能部门密切配合下，从调查研究入手，先后对学校各单位科研经费的管理、使用情况开展了两次较大规模的执法监察工作。在各单位自查自报的基础上，纪委监察室多次召开各类人员座谈会，了解情况，调查研究，并就有关政策和管理中的问题提出意见和建议，写出了《积极开展对科研经费的专项执法监察，促进学校科研事业的健康发展》的报告，并参加了教育部召开的部属高校工作交流会，为学校和上级机关了解情况、制定政策提供了一定依据。

近几年，学校建筑工程项目较多，纪委监察室积极派人参与图书馆、大讲堂和理科楼群等工程的招标过程，在参与中了解情况，加强监督，发挥了积极作用。

四年来，纪委还积极参加了学校每年度的财务税收检查，部分中层班子的配备和届中考核，优秀党员、优秀党务工作者和先进集体的评选，职称评定及学校综合治理等多项工作。注意从师生关注的热点问题，了解情况，发现问题，督促和协助有关职能部门及时解决存在的问题。纪委监察室还协助学校先后处理了多起有人在社会上擅自冒用北京大学的牌子或以北京大学某单位的名义做有损北大形象的事件，采取果断措施，及时挽回影响，维护了北大的声誉。

此外，纪委在全面贯彻落实关于党风廉政建设和反腐败斗争各项任务的同时，注意结合学校实际，积极开展纪检监察工作的调查研究，也取得了明显成效，先后写出了《关于我校各单位创收活动的调查报告》、《关于校办产业发展的现状、问题和对策》、《加强学校预算外资金管理的调查与探讨》、《高校党风廉政建设面临的机遇和挑战》等十余篇有一定质量的调查报告和论文，在校内外产生了积极影响，其中多篇获北京市和全国教育系统纪检监察优秀成果奖。纪委注意加强各种信息的收集和反馈，1994—1998 年底上报各种信息 81 件次，发出纪检监察简报 22 期，我校纪委监察室多次被北京市纪委和中纪委授予优秀信息单位称号。几年来，学校纪检监察工作得到了各级党组织和各部门的大力支持与帮助，校系专兼职纪检监察干部付出了辛勤的劳动，在此，向各院系(所、中心)党组织、各有关部门和同志致以诚挚的谢意！

回顾和总结过去四年的工作，我们有以下几点认识和体会：

(一)学校纪检监察工作必须坚持为学校的改革和发展服务的指导思想，在全面贯彻落实上级纪检监察机关工作部署时，要紧密结合学校的特点和实际，围绕学校的中心工作来开展，把服从、服务和保证学校中心工作顺利进行作为工作的出发点和落脚点。只有这样，才能增强工作的主动性和实效性，也才能取得校系党组织的重视及有关部门的配合和支持。

(二)邓小平同志关于“三个有利于”的论述，是判断各项工作是非的标准，也是正确分析和处理党风廉政建设和反腐败工作中遇到的新情况、新问题的重要指导原则。纪委既要依法监督，善于运用党纪政纪的武器，同腐败现象作斗争，严肃查处妨害和影响学校改革发展的违法违纪案件，又要从“三个有利于”的高度，热情支持广大党员干部改革、创新的积极性，坚持实事求是，对确属被诬告、错告的干部要积极澄清是非，保护干部。

(三)教育为本，防范在先，是加强党风廉政建设、深入开展反腐败斗争的基础性工作。在学校，严重违法违纪者毕竟是极少数，对于广大党员来说，主要的还在于教育。纪委要充分发挥独特的教育优势，配合学校党组织，加强对广大党员干部进行经常性思想政治

教育和党纪党风教育，引导党员干部树立正确的世界观、人生观、价值观，增强拒腐防变能力，牢牢筑起思想道德防线。

(四)反对腐败、加强党风廉政建设是系统工程，是学校全局性工作，仅靠纪检监察部门的力量是不能完成的，必须建立、完善并切实坚持江泽民同志在十五大报告中提出的“党委统一领导，党政齐抓共管，纪委组织协调，部门各负其责，依靠群众的支持和参与”的领导体制和工作机制。

二、我校党风廉政建设面临的形势和对今后工作的建议

几年来，在全校各级党组织和全体党员的努力下，我校的党风廉政建设和反腐败工作取得了较大进展。从总体看，我校的党风廉政建设状况是好的，表现为党的各级组织健全，党内活动正常，各级党组织对党员的教育管理比较严格，党内风气较正，党员干部整体素质较高，廉洁自律意识较强，民主监督空气比较浓厚，各种不正之风和大要案相对较少。但是，随着社会主义市场经济的逐步建立，学校经济活动的日渐增多，社会上各种腐败现象和不正之风的影响，我校的党风廉政建设也面临着严峻的考验。近些年来，学校发生的违法违纪案件呈持续上升趋势，经济违纪案件和违反社会主义道德案件不断增加，政治类案件时有发生；违纪案件从管钱管物等部门逐渐向教学科研领域延伸；有的党员抵御腐败的能力在减弱，拜金主义、享乐主义、极端个人主义在滋长；铺张浪费、奢侈挥霍的现象常有发生；个别党员干部自律意识不强，群众观念、民主作风较差，师生意见较大。这些问题如不认真解决，将影响我校的党风廉政建设，影响学校的党群和干群关系，影响学校改革、发展和稳定的大局，对此我们必须有足够的警觉和认识。

在党风廉政建设和反腐败工作中也存在不少问题，如有的单位对党风廉政建设和反腐败的重要性认识不足，工作不够主动、扎实；有的工作流于形式，党风廉政责任制没有很好落实；有的基层党组织对党员缺乏严格要求和管理，执纪不严，对本单位发生的不良风气和违纪问题不积极主动查处，敷衍、推诿；在社会主义市场经济条件下，纪委如何结合学校的特点和实际有效地开展工作，新思路、新办法不多，监督不够到位，工作不够深入，对基层纪检监察工作指导不够。对于这些不足和问题，必须在今后工作中认真加以解决。

在世纪之交的重要历史时刻，我校召开了第十次党代会。这次大会确立了“高举邓小平理论伟大旗帜，落实科教兴国战略，为创建世界一流大学而奋斗”的主题，大会将确定创建世界一流大学的远景目标、战略规划和改革发展的重要任务。北京大学将面临着更加繁重的“调整、改革、建设、提高”的任务。新的形势和任务对学校党的纪律检查工作提出了新的更高的要求，纪委要高举邓小平理论的伟大旗帜，坚持党的基本路线，坚持从严治党的方针，认真贯彻落实上级纪检监察机关关于加强党风廉政建设和开展反腐败斗争的指导思想、工作格局和各项部署，在学校党委的领导下，从实际出发，进一步加大工作力度，推进学校党风廉政建设和反腐败斗争的不断深入，以良好的党风、校风促进学校各项事业的发展和创新，保证学校第十次党代会确定的各项目标和任务顺利完成。

对于今后的工作，我们建议：

(一)高举邓小平理论伟大旗帜，统一思想，提高认识，进一步加强学校的党风廉政建设和反腐败工作

邓小平理论是指导各项事业取得成功的保证。邓小平同志从中国国情出发，对新时期加强党风廉政建设和反腐败有一系列精辟论述，这些论述是邓小平理论的重要组成部分，是指导我们在社会主义市场经济条件下加强党风廉政建设、深入开展反腐败斗争的强大思想武器。校系各级党组织和纪检监察干部必须认真贯彻学校党委关于在全校深入开展学习邓小平理论的部署，在深入学习邓小平教育理论的同时，要注意学习和掌握邓小平同志关于加强党风廉政建设和反腐败的有关理论，统一思想，提高认识。

在庆祝北京大学建校一百周年大会上，江泽民总书记提出了世界一流大学的四项标准。北大的地位、影响及其所承担的任务，要求北大应当努力建成世界一流大学，应当走在社会主义精神文明建设的最前列，应当成为党风廉政建设的首善之地。全校党员干部都应当有这样的共识，在党风廉政建设和反腐败斗争中必须坚持高标准、严要求。校系党组织要把党风廉政建设和反腐败工作纳入工作的全局，一起部署、落实和检查，要完善和落实党风廉政建设责任制，坚持“谁主管谁负责”的原则，一级抓一级，层层负责。纪委和校系纪检监察干部要主动争取各级党组织的领导，加强监督检查，协助校系党政领导切实抓好党风，保证党风廉政建设和反腐败各项任务和制度的贯彻落实。

(二)坚持反腐败的三项格局，继续抓好干部廉洁自律、查办案件和纠正不正之风工作

校系两级干部能否以身作则、廉洁自律对学校的党风廉政建设至关重要。近些年，中央为加强领导干部的廉洁自律工作，陆续出台了一系列规定和措施，对各级领导干部廉洁自律工作提出了明确具体的要求。校系两级干部要以贯彻落实《廉政准则》和《关于党政机关厉行节约制止奢侈浪费行为的若干规定》为重点，提高自律意识，按照《准则》和《规定》严格规范自己的行为，廉洁从政。现在学校的改革、发展任务十分繁重，用钱的地方很多，我们是在资源配置不足、教育经费短缺的情况下来创建世界一流大学的，在这种情况

下，靠什么凝聚师生的力量？靠什么实现跨世纪的奋斗目标？伟大的创业，必须有伟大的精神。要有艰苦创业的思想和奋发有为的旺盛斗志，要大力提倡艰苦奋斗、勤俭节约的精神，少花钱多办事，坚决反对大手大脚、铺张浪费的行为。校系两级领导干部要以身作则、率先垂范，带头勤俭节约、艰苦奋斗，同时也要敢抓敢管、严格要求、严格管理，管好本单位，带出一个好风气。

坚持从严治党的方针，加大查办案件的力度。要重点查处贪污受贿、挪用公款等经济违纪案件和具有教育行业特点的招生、考试、毕业生就业分配、职称评定等方面的严重舞弊和以权谋私案件，同时也要认真查处给国家和学校造成重大损失的失职渎职案件和违反社会主义道德的案件。继续做好群众的信访举报工作，不断扩大案件线索，进一步完善办案责任制。各单位党政领导和纪检监察干部对本单位本部门发生的违纪案件要及时上报和组织调查，校纪委要加强指导和督促，同时要注意与审计、财检和司法机关协调配合，发挥办案的合力作用，集中力量查处有影响的大要案。坚持实事求是，掌握政策，严格遵循“二十字”办案方针，做到“事实清楚、证据确凿、定性准确、处理恰当、手续完备”，努力提高办案的质量和效率。

从学校的实际出发，继续加强对招生、分配、各类办班、各种收费以及建筑工程招标、大宗物资采购、住房分配等容易发生问题的部位和环节进行监督，加强对各单位经费使用、财务管理的监督检查。关注教职工反映的热点问题，协助有关部门健全制度，加强管理，纠正和防止各种不正之风的发生。必须明确，学校各行政业务主管部门对自己所辖的工作范围，负有重要的管理和监督检查责任，应该自觉地把监督检查工作纳入各自的日常工作之中，严格管理，严格监督，维护学校的健康发展和良好声誉。

(三)履行纪检监察职能，按照“教育是基础，制度是保证，监督是关键”的思路，推进学校党风廉政建设和反腐败斗争的深入开展

加强党风廉政教育，提高广大党员干部的思想政治素质和道德素质，不断增强拒腐防变的能力，是加强党风廉政建设的治本措施，也是一项基础性工作。纪委要积极协助学校党委组织党员干部认真学习邓小平同志党风廉政建设思想，继续深入开展以“讲学习、讲政治、讲正气”为主要内容的党性党风教育，抓好《中国共产党党员领导干部廉洁从政若干准则(试行)》、《中国共产党纪律处分条例(试行)》和《关于党政机关厉行节约制止奢侈浪费行为的若干规定》等廉政法规和党纪条规的学习、宣传和教育。要发挥纪检监察自身特有的优势，深入分析典型案例，充分运用正反两方面典型教育，对广大党员干部警钟长鸣，不断增强党员干部的纪律观念和自律意识，不断提高抵御腐败的能力。

协助学校党委和有关部门不断加强学校党风廉政建设制度和有关管理制度的建设。根据中纪委近期颁布的党风廉政责任制度，结合学校的实际情况，建立和完善北京大学党风廉政责任制度，具体明确各级党政领导及业务主管部门在党风廉政建设中应负的责任，明确纪委的监督协调职责等。进一步全面落实中央确立的“党委统一领导，党政齐抓共管，纪委组织协调，部门各负其责，依靠群众的支持和参与”的反腐败工作领导机制。认真落实中央已出台的各项廉政法规制度在学校的贯彻执行，要制定北京大学贯彻执行《关于党政机关厉行节约制止奢侈浪费行为的若干规定》的实施办法，充实和完善《北京大学关于党员干部廉洁自律的规定》，积极推进学校有关“客饭招待标准”、“离任审计”、“岗位轮换”和“办事公开”等制度的实施。各院系、各单位、各业务主管部门要从本单位本部门的实际出发，针对容易发生问题的部位和环节制定和完善相关的制度和规定，规范程序，堵塞漏洞，严肃纪律，加强管理。

加强以党内监督为重点的监督制约机制。通过领导干部的双重民主生活会、开展批评与自我批评、提高生活会质量等方式，加强校系两级党委会和党政领导班子成员之间的相互监督，认真落实中央关于加强党内监督的五项制度及实施办法。纪委和校系纪检监察干部要认真履行监督职责，加强对同级党委及其成员和党政领导干部行使权力的监督。要重点监督检查贯彻执行党的路线、方针、政策和高教法规，贯彻民主集中制原则，对有关重大决策、重要干部任免、重要项目安排和大额度资金使用是否集体讨论决定等方面的情况。加强执法监察和廉政检查，要积极研究和探索对人、财、物等重要管理部位进行有效监督的办法。要充分发挥工会、教代会、团委、学生会等群众组织和民主党派在监督中的作用，发挥党风监督员的作用，便于群众多渠道进行监督。

(四)加强纪检监察队伍的建设，从组织上保证和促进学校党风廉政建设和反腐败斗争的深入开展

纪检监察干部队伍，担负着协助党委抓好党风廉政建设、深入开展反腐败斗争的重要任务。因此，应当按照江泽民总书记提出的“政治坚强、公正清廉、纪律严明、业务精通、作风优良”的要求，逐步建设一支专兼职相结合的校系纪检监察干部队伍。要重视基层纪检监察工作，各单位党委要加强对纪检监察工作的领导，选拔党性强、作风正、素质好、在群众中有威信的同志担任纪检监察委员。为方便工作，各院、系纪检监察委员要参加同级党政领导班子的双重民主生活会和其他有关内容的会议，充分发挥纪检监察委员在检查监督中的作用。校系纪检监察干部要在同级党委领导下，

认真履行职责,积极开展工作,发挥应有作用。纪检监察工作责任重,难度大,有时工作还不被人理解,各级党政领导应从各方面给予更多的关心和支持。

校系纪检监察干部要注意在工作中加强学习,努力提高自身素质。要学习马列主义、毛泽东思想特别是邓小平理论,同时还要注意学习经济、法律、财会、教育等方面的知识,努力钻研纪检监察业务,不断提高业务素质,增强工作能力。要深入实际,了解情况,加强调查研究,努力探索新的历史条件下纪检监察工作的规律、特点及对策,开阔工作视野,拓宽工作思路,增强工作的主动性和预见性,提高工作效率和质量。

这次党代会将选举产生新的一届纪委会,新的纪委会担负着跨世纪的历史使命,面临着艰巨而繁重的工作任务。让我们高举邓小平理论的伟大旗帜,在上级纪检监察机关和学校党委的领导下,团结奋斗,扎实工作,开拓进取,努力开创学校纪检监察工作的新局面,为落实科教兴国战略的实施,为把北大建成世界一流大学而努力奋斗。

中国共产党北京大学第十次代表大会闭幕词

陈 佳 洱

(1999 年 1 月 26 日)

各位代表,同志们:

中共北京大学第十次代表大会,在全体代表的共同努力下,圆满地完成了各项预定的任务,就要胜利地闭幕了。这次大会开得很成功,正如各位代表所说的,这是一次承前启后、继往开来的大会,是一次团结鼓劲、开拓进取的大会,是一次动员全校共产党员和师生员工高举邓小平理论伟大旗帜,落实科教兴国战略,为创建世界一流大学而努力奋斗的大会!

这次党代会对北大今后的发展具有重要的意义。大会认真地总结了过去,规划了未来,回答了将把一个什么样的北京大学带入 21 世纪的问题。会议期间,代表们以高度的使命感和责任感,以饱满的政治热情和积极务实的态度,认真审议了任彦申同志代表上届党委所做的工作报告以及纪委的工作报告。大会通过的工作报告和各项决议必将对学校今后的改革和发展以及学校党的建设起到重要的指导作用。

一百年来,兴学图强、振兴中华是一代又一代北大人矢志不渝的奋斗目标,更是今天工作在北大的共产党员自觉担负的历史使命和为之发挥先锋模范作用的责任所在。在 21 世纪即将到来的今天,这一目标已经作为党和国家实施科教兴国战略的重大举措——建设具有世界先进水平的一流大学提了出来。这一光荣而艰巨的历史性任务,责无旁贷地落在我们北大党组织和全体党员、师生员工的肩上。这一目标深深地包含着党和国家乃至整个民族的要求和期望,也是在这新世纪的面前,我们北京大学振兴发展的自觉选择。确立这样的目标意味着我们全校共产党员和师生员工的觉悟和历史责任,对此我们只有一往无前,义无返顾。大会闭幕之后,我们要认真贯彻党代会通过的工作报告的精神,在目标、任务、方针、指导思想、工作思路以及具体的政策措施等方面形成高度的共识,团结一心,凝聚起强大动力,扎扎实实地推进工作,为实现这个目标去做不懈的努力!

这次党代会议还选举产生了新一届党委会和纪律检查委员会。在这世纪之交的关键时刻,新一届党委肩负着贯彻实施国家科教兴国战略、知识创新工程和“面向 21 世纪教育振兴行动计划”,创建世界一流大学的历史重任。新的党委和纪委在保持连续性和稳定性的同时,补充了一批新生力量。一批三十多岁、四十多岁的同志进入了新的党委会和纪律检查委员会,形成了北京大学跨世纪的领导班子,这是我们创建世界一流大学的重要组织保证。退下来的老同志多年来辛勤工作、任劳任怨,为学校的改革、发展和稳定,为学校党的建设做出了很大贡献,我们向他们表示由衷的感谢!新当选的年轻同志朝气蓬勃、意气风发,对学校的建设和发展充满了热情和干劲,我们向他们表示热烈的祝贺! 同时也对他们寄予殷切的期望。作为新一届党委中年龄最大的成员,我希望能够和大家一起深入基层,深入实际,尽心尽力,做好工作,把一个更加富有活力的北京大学带入 21 世纪;作为学校的行政负责人,我将和行政班子其他同志一起,发扬北大党委和行政齐心合力、团结协作的好传统,在新一届党委的领导下,以培养高素质创造性人才为中心,搞好学校的改革与发展,为北大创建世界一流大学打下坚实的基础。

同志们,我们正在面临着一个重大而难得的历史机遇。我们的过去已为我们今后的发展奠定了良好的基础。我们对学校的前景和我们为之奋斗的目标满怀信心。但是我们也清醒地看到,我们面对的各种各样的挑战同样也是严峻的。就学校而言,我们最缺少的是年轻的、影响大的国际著名学者,最缺乏的是具有重大理论或应用价值的创新性成果以及处于国际前沿的、一流水平的学科和教学研究基地。此外办学经费的严重不足，管理体制改革滞后，机构的庞大和低效率运作等问题也严重地影响着我们的发展。如果我们不能很好地抓住当前的有利时机，同心同德，真抓实干，深化改革，开拓进取，切实地把我们的教学科研和管理工作搞上去，那么我们将会“实不副名”，不仅和世界一流大学的距离越拉越大，也有可能失去在国内高校中综合实力的优势地位，有负于党和国家的期望。

各位代表，同志们，改革发展的战略目标已经确定，新的领导集体已经产生，下一步的关键就是大家齐心协力地来实施。经费投入固然重要，但更为重要的是我们要有一个良好的精神状态，一个主人公的心劲，一种改革创新的精神和艰苦奋斗的作风。面对时代的呼唤，肩负历史的重托，我们全校 6000 多名党员一定要进一步团结起来，成为我们全校师生员工的团结战斗的模范和中坚，在以江泽民同志为核心的党中央和北京市委的领导下，以邓小平理论为指导，“讲学习、讲政治、讲正气”、“讲大局”，以高度的历史责任感和使命感，下定决心，积极创造条件，经过长年累月辛勤奋斗，脚踏实地地把我们学校建设成为具有世界一流水平的大学。我相信，在全校上上下下的共同努力下，我们一定能充分地发挥全体师生员工的聪明才智，实现我们的雄伟目标！

会议期间，各位代表对党委和纪委的两个工作报告以及学校的工作提出了许多很好、很中肯的意见和建议。我们大会主席团要把这些意见转交到新一届党委和纪委，以切实地加强和改进学校的工作。

最后，我们的这次大会得到了贾庆林同志和陈至立同志，教育部、北京市委和北京市教工委的其他领导同志以及北京市部分高校的领导同志的亲切关怀和热情指导。我校民主党派代表也到会祝贺。在此我代表大会主席团和全体代表，向他们一并表示衷心的感谢！特别是贾庆林同志和陈至立同志的讲话，对我们这次大会，对北京大学的改革发展和党的建设工作具有重要的指导意义，我们要在今后认真地加以贯彻。此外，为开好这次大会，全体工作人员和所有为大会服务的同志做了大量的工作，在此也向他们表示诚挚的谢意！

中共北京大学第十届委员会委员名单

（共 25 人，按姓氏笔划为序）

王　杰　王丽梅　王其文　王春梅　王登峰　丰子义　孔宪倬　任彦申　关成华
李小凡　李松岗　严纯华　闵维方　迟惠生　张继平　陈文申　陈占安　陈佳洱
林建华　林钧敬　岳素兰　周其凤　郝　平　赵存生　魏引树

中共北京大学第十届委员会常务委员名单

（共 11 人，按姓氏笔划为序）

王　杰　王丽梅　王登峰　任彦申　闵维方　迟惠生　陈文申　陈佳洱　岳素兰
郝　平　赵存生

党委书记： 任彦申
党委副书记： 赵存生　岳素兰　王登峰

中共北京大学新一届纪律检查委员会委员名单

（共 13 人，按姓氏笔划为序）

王丽梅　卢咸池　叶静漪　曲春兰　李克安　吴宝科　吴新英　邱恩田　张宝岭
陈淑敏　周有光　周岳明　廖陶琴

纪委书记： 王丽梅
纪委副书记： 叶静漪

·专文·

世纪之交的北京大学

任彦申

1998年5月4日,北京大学度过了她的百年华诞。校庆期间,150余名中外知名大学校长聚会北京,共商面向21世纪高等教育的改革与发展。2000余名中外学者应邀参加北大主办的十四项国际学术会议,产生了一批重要的科学文化成果。江泽民总书记在百年庆典大会上发表重要演讲,为中国高等教育及北京大学跨世纪的发展指明了方向。这次百年校庆,以"弘扬传统,繁荣学术,面向未来,促进发展"的鲜明主题载入了北大的史册,大大推动了科教兴国战略的实施,它必将激励北大师生继往开来,奋发进取,为21世纪中华民族的全面振兴做出更大贡献。

一、百年奋斗的主旋律

1898年,北京大学(初名京师大学堂)在戊戌变法维新运动中应运而生,这是现代中国第一所国立综合性大学,也是当时中国的最高学府和最高教育行政机关。她既有现代大学的特征,又承继了封建社会"国子监"的某些功能。1917年初,蔡元培先生担任北大校长后,大胆革故鼎新,倡导民主科学,主张学术自由,八方延揽人才,使北大的风气发生了根本变化,迅速成为中国新文化运动的中心。1919年,具有划时代意义的"五四"爱国运动就是由北大率先策动进而推向全国的,从此揭开了中国新民主主义革命的历史序幕。北大把5月4日作为校庆日,不仅是对这场伟大革命运动的永久纪念,也集中地反映了北京大学与"五四"运动的密切渊源关系。在俄国十月革命成功后,以北大图书馆主任、经济学教授李大钊先生为代表的一批致力于探求救国救民道路的先进知识分子,立即把目光从西方转向了东方。从1918年夏天开始,李大钊先生就满腔热忱地介绍十月革命的经验,研究传播马克思主义学说,相继在北京大学成立了"马克斯学说研究会"和"社会主义研究会",并从1920年起,破天荒地在北大正式开设"唯物史观"、"社会主义与社会运动"等马克思主义课程,并成立了中国北方第一个中国共产党支部,使北京大学成为在中国传播马克思主义的最早、最重要的基地,为中国共产党的成立奠定了思想基础和干部基础。一批在北京大学接受了马克思主义思想的革命志士,把真理火种洒向全国。到1921年7月中国共产党正式建立时,全国8个地方党组织的领导人中有6位是北大的校友,全国仅有的53位共产党员中有21位出自北大。北京大学培育了一批中国革命的骨干分子和领袖人才,如李大钊、陈独秀、毛泽东、邓中夏、张太雷、高君宇等都曾经在北大学习或工作过。可以说,在实现民族独立和人民解放的历史任务中,北京大学起到了重要的先锋和桥梁作用。这是北大百年历史中特殊的光荣和骄傲,也奠定了北大生生不息、永不磨灭的革命进步传统。

一百年来,北京大学始终是中国的著名高等学府,是我国最重要的教育中心和科学研究中心之一。她聚拢了中国一批又一批知名教授、杰出学者,培育了一代又一代的优秀人才,目前中国科学院和中国工程院的千余名院士中,1/3以上是北大校友。她还创造了许多重大的思想文化成果和科学技术成果,深刻地影响和推动了我国的经济社会发展和现代化进程。北京大学今天在国内外享有的声誉,是百年奋斗的结果,是对其社会奉献的承认。

纵观北大百年历史,贯穿其中的一个主旋律就是"振兴中华"。从前半个世纪为"救亡图存"英勇斗争,到后半个世纪为"振兴图强"艰苦创业,这种"以天下为己任、与民族共荣辱"的高度历史责任感,铸就了北大师生强烈的社会参与精神。江泽民总书记在为北大百年校庆的题词中写道:"发扬北京大学爱国进步民主科学的优良传统，为振兴中华做出更大贡献”。鲁迅先生在《我观北大》一文中指出：“北大是常为新的，改进的运动的先锋，要使中国向着好的，往上的道路走。”这两段话集中概括了北大的优良传统和校风。这种爱国进步、民主科学、大胆创新、锐意改革的精神，正是北大长盛不衰、永葆活力的不竭动力。北京大学在百年进程中，经历过不同的历史阶段，面临过不同的社会背景，其内部也存在着前进与后退、革新与守旧、光明与黑暗、正确与错误的冲突和斗争，大江东去中也会有旋涡、逆流和岸边激起的泡沫浪花，但这些都不能改变北大的主旋律和主潮流，都不能影响北大在爱国主义和社会主义旗帜下为中华崛起而建树的丰硕业绩。

二、改革开放后的大发展

党的十一届三中全会以来，北京大学进入了一个新的历史发展时期。长期的政治运动留下的创伤和种种积重难返的问题，对外开放后各种思潮的此起彼伏和鱼龙混杂，使北大的拨乱反正和工作重心转移具有特殊的艰巨性和曲折性。经过一段动荡不定和争论不休的时期，北大师生终于在邓小平理论的旗帜下凝聚和团结起来，形成了聚精会神搞建设、同心同德搞改革的局面。特别是进入90年代以来，在邓小平同志南方谈话和党的十四大、十五大精神指引下，北京大学出现了多年未有的改革、发展、稳定相互促进的好形势，以一种安定团结、改革进取、人才辈出、成果丰硕的新形象立于世人面前。改革开放后的20年，是北大持续、健康、快速发展的最好时期，学校的面貌发生了巨大而深刻的变化。

其一，在稳定的教育秩序下，办学规模稳步扩大，高层次人才的培养数量显著增加。近二十年来，正常的教育秩序再也没有被意外的政治运动所打断，使学生受到了完整的现代高等教育。近二十年来，北大的毕业生总数为72873人，是此前八十年毕业生总数的2.92倍，此外还培训了8万多名各种人才。特别是培养研究生的数量大幅度增长，改革开放以前，北大毕业的研究生只有1133人，而1997年一年招收的研究生就有2064人，目前在校各类学生的总数达到2.4万人。

其二，顺应我国社会主义现代化建设的需要和世界科技革命的潮流，进行了大规模的系科结构的更新调整。在继续发挥北大基础学科优势的同时，重点发展应用学科、高新技术学科和边缘学科。目前北大设置的87个本科专业、146个硕士专业和101个博士专业中，有1/3以上是近年来新增设的社会急需学科，形成了较为合理的学科布局。面向21世纪的教学改革不断向纵深发展。新的教学计划基本确定并付诸实施。近年来开设的新课程有一千几百门，到本世纪末将有500部新教材问世。目前北大拥有的国家重点学科42个，占全国高校的1/10。在多次全国优秀教材评比中，北大均名列榜首。

其三，在“百花齐放、百家争鸣”、自由而宽松的学术氛围下，科学研究空前活跃，从基础研究、应用研究到科技开发、咨询服务、科技成果转化，都产生了丰硕成果。先后建成了18个国家重点实验室、重点工程研究中心和重点专业实验室。从80年代初国家恢复和建立评奖制度以来，北大在自然科学技术领域共获得国家级和省部级奖励290余项，编译出版科技专著830余部。90年代以来，先后承担了国家科技攻关项目、“攀登计划”项目、自然科学基金重大项目等重点项目330余项。十几年来，北大文科发表专著6000余部，论文19000余篇，获得国家级和省部级的科研成果奖387项，在全国高校中名列前茅。在促进产学研结合、推动科技成果产业化方面也取得了重大突破，在信息、生物制药等领域崛起了几个有自主创新能力和市场竞争力的科技企业，1997年校办科技产业的销售收入突破60亿元，税后利润近4亿元。

其四，教师队伍在新老合作中稳步地实行新老交替，跨世纪人才工程取得重要进展。“文化大革命”造成的教师断层、青黄不接状况有了明显缓解，初步形成了结构较为合理的师资队伍。目前，45岁以下的教师占教师总数的55%。教师中教授、副教授和讲师、助教大约各占1/3。近年来，先后有近600名具有博士学位的中青年教师来校执教，仅1997年就从海内外招聘了99名具有博士学位的教师，他们中有1/3多是北大培养的，另外近2/3来自海外留学生和国内其他单位，打破了近亲繁殖的状况。一批优秀的中青年学术骨干和学科带头人脱颖而出，邓小平同志所期待的那种人才辈出、群星灿烂的时期正在到来。

其五，对外合作交流不断向广度深度发展，形成了多层次、多渠道对外开放的格局。仅1997年，来北大访问交流的外宾就有2.1万多人次，其中103位海外大学校长访问北大，来北大从教的外国专家有350多人，求学的外国留学生有2300余人，还举办了20多次国际学术讨论会。另外，1997年北京大学到海外工作、访问、讲学、求学的师生近3000人。这些，对引进智力资源、提高师资水平和教学科研水平、改进学校管理、发展科技产业、争取海外支持、活跃人民外交都起到了重要作用。

其六，改变了单一依靠政府拨款维持学校运行的局面，初步形成了多渠道筹资办学的新格局。办学条件有了多方面的改善。兴建了一批具有先进水平的实验室和博物馆，教学科研计算机国际互联网络已经开通并不断改进。90年代以来，已经竣工了14万平方米、近2000套新住宅，到2000年，还将有1000多套新住宅竣工。随着北大新图书馆的落成,该馆成为亚洲大学第一大图书馆。一批新的建筑物如百周年纪念大讲堂、理科楼群、科技大厦、产学研大楼及住宅新区正在抓紧建设之中,这将大大改变燕园的旧景观,形成一道壮丽的新北京大学风景线。

其七,社会主义精神文明建设出现了许多新气象。"邓小平理论课"成为深受学生欢迎的课程。青年学生追求真理、要求上进的风气日益高涨。目前学生中的共产党员和申请入党的积极分子占学生总数的1/3以上。"勤奋、严谨、求实、创新"的优良学风继续发扬光大。校园文化活动丰富多彩又体现了主旋律。群众性文明共建活动蓬勃开展,"爱心社"、"文明修身协会"等一些道德性社团非常活跃。涌现了一批以国政92班为代表的先进集体。

通过近二十年改革开放的实践,我们对在新的历史条件下如何做好学校工作,积累了一定的经验。

第一,必须善于发现和利用机遇。正如党的十五大报告所提出的:"能否抓住机遇,历来是关系革命和建设兴衰成败的大问题。"这些年,北大正是抓住了国家实行科教兴国战略、实施"211工程"和迎接北大百年校庆这三个机遇,促进和加快了学校的发展。实践证明,机遇是一种潜力很大、时效性很强的资源,能不能发现机遇,会不会利用机遇,早利用还是晚利用,情况是大不一样的。

第二,必须从学校的实际出发,正确处理改革、发展、稳定关系。北大的稳定事关全局,至关重要,必须以高度的社会责任感搞好学校的稳定,这也是对学生的真正爱护。这些年,北大所以能保持持续稳定的政治局面,首先是因为大气候的好转,对邓小平理论和中央的大政方针形成了日益广泛的共识。就学校工作来说,一是牢固树立着眼于建设的思想,扭转浮躁过热的空气,坚决摒弃在以阶级斗争为纲、以政治运动为中心时期形成的一套思维方式、行为方式和价值尺度。二是"不争论",按照"三个有利于"的标准,认准了就干,用实践效果来统一大家的认识。三是坚信"改革是根本出路","发展是硬道理"。只有不失时机地推进改革发展,学校有了活力,群众有了希望,有了盼头,才能有真正的稳定。四是对不安定因素,必须防患于未然,严格依法办事,利刀斩乱麻,消除在萌芽。一旦干扰排除了,不过多纠缠,继续前进,把人们的注意力迅速聚集到改革建设上来。同时,要力求处理好学术自由原则、政治民主原则和行政效率原则的关系。

第三,学校的改革发展必须有一个长远的奋斗目标,有一个明确稳定的思路,持之以恒地奋斗下去。办大学必须有"面向现代化,面向世界,面向未来"的眼光,不能急功近利,搞短期行为。这些年,北大一直围绕着建设世界一流社会主义大学的目标,把学科调整和教学改革作为改革发展的核心,把建设跨世纪的学术骨干队伍和管理骨干队伍作为兴衰盛败的关键,把多渠道筹措办学资金、改善办学条件作为物质后盾,把加强党的建设和思想政治工作作为政治保证。尽管班子换届,干部交替,但一直保持了这一思路的稳定性和连续性。

第四,学校的工作千头万绪,面临的矛盾困难很多,一定要抓住基本线索和主要矛盾。在学校改革发展中,一条基本线索就是"全面适应"和"全面提高"问题。"全面适应",就是全面适应社会主义现代化建设对学校的需求,解决好学校的"服务"和"面向",这是根本的办学方向问题。"全面适应",就是要全面提高教育质量、科研水平和办学效益。北大作为国家的重点大学,必须定位在"提高"上,注重内涵发展,以质取胜。学校面临的主要矛盾就是经费不足,办学条件差,同学校的生存、发展、提高的需要,同师生日益增长的物质文化需求存在很大差距。学校改革发展的目标能不能实现,在很大程度上取决于我们能不能有效解决"适应"、"提高"问题,能不能有效地缓解经费短缺的困难。

北大二十年的大发展,最根本、最深层的原因在于指导思想发生了历史性飞跃,精神状态发生了深刻变化。总之,是在邓小平理论的伟大旗帜下,抓住机遇而不是丧失机遇,开拓进取而不是因循守旧,从而使北京大学进入一个前所未有的稳定有序、健康发展、改革前进的历史时期。

三、面向21世纪的新任务

纪念北京大学的百年华诞,我们不仅要尊重历史,弘扬在过去一个世纪中形成的优良传统和优良校风,更重要的是面向未来,改革进取,在邓小平理论的指引下,把一个实力更强、水平更高、更有生机活力的北京大学带入21世纪。即将到来的21世纪,是一个新技术革命蓬勃发展、知识经济迅速崛起的世纪,是一个智力开发空前重要、人才争夺空前激烈的世纪,教育必将被推向经济和社会发展的战略制高点,成为综合国力较量的决定性因素。北京大学必须响应时代的呼唤,自觉担负起科教兴国的重任,为实现国家繁荣富强、人民共同富裕的历史任务创建更加辉煌的业绩。

正如面对经济全球化的挑战,我国需要组建若干个具有强大实力和竞争力的大型企业集团一样,面对新技术革命挑战,我国也需要建设若干所代表中国教育科学最高水平、跻身世界著名大学行列的标志性大学,北京大学应当奋发努力,率先成为这样的大学。

21世纪的北京大学,应当努力成为国际公认的培养高素质人才的摇篮。这里培养出的人才,不但要知识面广,基础扎实,能力强,学风好,而且要有较强的适应性和创造力。在坚持德智体全面发展的基础上,发展个性,鼓励冒尖,注意培养特殊人才。只有不拘一格才能产生拔尖人才。北京大学将紧紧围绕"振兴中华"的目标,不但要培养能够攀登科学文化高峰的各类专家,而且要培养能够安邦治国的政治家、社会活动家,还要培养能够经世济民的实业家。

21世纪的北京大学,应当努力成为发展科学文化的中心,成为优秀学者向往的学术殿堂。这里,有着追求真理、献身科学的精神,有着浓厚而活跃的学术氛围,有着良好的工作条件,能够站在世界学术前沿,不断创造出有重大理论创新意义和实际价值的科学文化成果,孕育出国际知名的学者大师,形成有中国特色的新学派、新体系、新风格。

21世纪的北京大学,应当努力成为开拓高新技术的源头。密切适应世界科技革命的潮流,具有强烈的面向经济建设主战场的意识,积极探索教育、科技和经济相结合,产、学、研相结合的道路,源源不断地为国民经济注入高新技术成果,为发展生产力,增强综合国力,提高人民生活水平做出重要的贡献。

21世纪的北京大学,应当努力成为国家的思想库、智囊团,为党和政府的科学民主决策提供及时有效的咨询服务,为社会的可持续发展和解决人类共同面临的重大课题提供正确的理论指导和智力保证。

21世纪的北京大学,应当努力成为社会主义精神文明建设的基地。一方面,扎根于中华民族五千年文明的沃土之中,成为维护和弘扬民族优秀传统、塑造和凝聚民族精神的中流砥柱,成为研究、传播马列主义、毛泽东思想和邓小平理论的重要阵地;另一方面,又以"海纳百川,有容乃大"的博大胸怀,善于吸收消化世界上一切有益的文明成果,为中国的现代化建设服务,在古今中外文化的交融中创造高水平的人类文化成果。按照党的十五大的要求,"建设立足现实、继承历史文化优秀传统、吸取外国文化有益成果的社会主义精神文明。"

我们相信,在我国经历了二十年经济建设的持续高涨之后,一定会有一个文化建设高潮出现。在21世纪中国社会主义现代化大厦落成之时,一定会有几所中国大学跻身于世界著名大学之林。

校党委书记任彦申在春季全校干部会上的讲话(摘要)

(1998年2月28日)

1998年是北大发展历史上至关重要的一年。学校工作的中心任务是紧紧围绕着"高举伟大旗帜,推进伟大事业"这一主题,结合实际,切实贯彻落实党的十五大精神和即将召开的九届全国人大会议的精神。这包括两个方面,一方面是以党的十五大和九届全国人大的精神为尺度,认真地回顾和总结去年和过去五年的工作;另一方面,是按照党的十五大和九届人大确定的指导思想和目标任务,以"全面适应"和"全面提高"为重点,加快改革,搞好建设,为实现下世纪初叶把北大建成世界一流的社会主义大学的奋斗目标奠定扎实的基础。简而言之,就是以党的十五大精神为指针,解决对过去怎么看和今后怎么办的问题。

过去五年中,学校的发展变化主要表现在以下几个方面:

第一,我们终于摆脱了改革开放前期的那种动荡不安、争论不休的局面,开创了持续稳定的政治局面,广大师生把注意力和积极性聚集在了改革建设的中心任务上,从动荡走向稳定。这是一个历史性的变化。

第二,按照科教兴国的战略和《中国教育改革发展纲要》的要求,我们制定了面向21世纪的学校改革发展的奋斗目标和主要任务,并以艰苦创业、持续奋斗的精神将这些目标、任务付诸实施,扎实地向前推进已经制定了的面向未来的规划和目标。

第三,教育事业有很大进步,办学效益不断提高。1993年对一年军训进行调整以后,教学秩序走上正轨,招生质量明显提高。目前,各类在校学生总量已达到2.3万人,其中本科9000余人,研究生5000余人,长期留学生1000余人,成人教育学生7000人左右,还有少量大专学生,学生总量以及本科生与研究生的比例提前达到了本世纪的目标。全校每年承担科研项目达到九百余项,其中理科近800项,文科100多项。学校开设的课程达到3800余门。后勤服务和校办产业的规模也有大幅度的增长。在学校各方面事业都有很大发展的情况下,教职工总量近5年减少九百余人,这也说明了办学效益在提高。

第四,学科结构有了显著改善,面向21世纪的教学改革正逐步推进。目前,新的学科布局已基本形成,在稳步提高基础学科的同时,着力发展了一批应用性学科,并适度增设了一些新学科。现有的专业目录,有1/3左右是新增的。本科生专业的新教学计划已基本完成。基础学科人才培养基地建设正在实施。重点课程建设正在积极推进。在"八五"和"九五"期间,已经和将要编写出版500余种新教材。科研经费连续两年有较大幅度增长,去年达到18亿元,科研的领域有所拓宽,规模有所扩大,在自然科学和人文社会科学方面都出了一批重要成果。

第五,产学研结合工作有重大突破,校办科技产业持续快速发展。在"七五"期间,校办产业的年产值只有几千万元,对学校回报也很少。而去年,校办科技产业的总产值突破60亿元,不仅成为支持办学的一个重要财源,更重要的是在深化教育科技体制改革、开辟产学研结合道路上积累了重要经验。

第六,教师和干部队伍年龄老化、后继乏人的状况有了较大的改善和缓解。学校在重视发挥中老年教师的作用、对他们的离退休采取慎重和宽松政策的同时,重点培养、引进和扶植可以跨世纪担当重任的中青年教师。目前全校45岁以下的教师已占教师总量的54.7%,拥有博士学位的教师已达650人左右,一批优秀的中青年学术骨干正在迅速成长。仅去年从国内外招聘到我校任教的有博士学位的就有99人。在拥有博士学位的500多名的中青年教师中,本校毕业的约占1/3,其余2/3是从校外和国内其它单位引进的,打破了近亲繁殖的状况。中层干部的平均年龄从1991年的54岁多下降到去年的48岁。目前,校院系领导干部中45岁以下的占37%。并初步建立起了一支370多人的后备干部队伍。

第七,办学条件有了显著改善,制约学校发展的一些难点问题逐步得到解决。教学科研互联网已经建成并不断改善。集中供暖工程按期竣工,满负荷运行后,供暖面积可达到100万平方米。教工住宅困难得到明显缓解,1994年学校党代会上曾提出今后三年建成1000套住宅,这个计划已经大大超过。"八五"以来,学校已建成近14万平方米、1900多套住宅,今后两三年还将建成10万平方米、1000多套住宅。教学研究用房紧张的状况在今后两年内也可望大大缓解,仅去年和今年两年中,通过多渠道筹资开工的建筑总面积将达到30～40万平方米,到2000年,我们看到的不再是老燕京大学的景观,而是一个全新的北京大学。随着"211工程"项目的进展、基础学科人才培养基地的建成以及百年校庆的到来,教学、科研设施、实验室条件以及公共服务设施也在迅速改善,过去学校每年的设备定货不过一两千万元,而仅去年一年设备定货就达到1.4亿元,加上社会捐赠,用于改善教学科研设施的经费突破了2亿元。教职工的生活待遇尽管有不如人意的地方,但也在逐步提高,去年学校自筹资金用于增加教职工收入的经费有1000万元,今年还要再自筹1000万元用于改善教职工待遇。学生的教室条件近两年内将会有较大改善。学生食堂和宿舍的改造也提到了日程上来。

第八,精神文明建设也有许多新气象、新进展。学校把用邓小平理论武装头脑作为精神文明建设的根本任务,坚持不懈地向前推进。党内"双学"和干部"三讲"工作取得了阶段性成果。邓小平理论课的成功开设在校内外都引起了很好的反响。学生中1/3以上的骨干队伍已经形成,积极上进、要求入党的学生达到3000多人,近两年发展学生党员在700人左右。群众性的文明创建活动也日益活跃起来。学生的文明修身活动不断拓展和深化。校园文化活动既生动活泼又体现了主旋律。

第九,初步形成了多渠道筹措办学经费的格局,学校的经济实力和回旋余地有了很大增加。在"七五"以前,我校基本上还是依靠上级拨款维持学校运行。"八五"以来,学校积极开拓多渠道筹资的格局。通过"211"工程等重点项目的实施,国家投入有了较大幅度的增长。目前,学校每年维持运行的2亿多经费,一半靠自筹。每年学校5～6亿的总收入中,近2/3靠自筹。特别是近两年争取国内外捐赠的明显进展和校办产业上缴的大幅增加,对保持学校的正常运行、缓解财政困难,支持学校建设起了重要作用。在"七五"、"八五"期间,尽管我们连续两个五年计划被列入国家重点项目,但用于项目的建设费用不过1亿元。而"九五"期间,要完成预定的巨大的建设任务(包括学科建设、公共服务设施建设、校园基本建设等)大约需要十几个亿,这些建设项目的完成将为下世纪初把北大建成世界一流大学打下必要的基础。

第十,对外交流合作日益广泛和活跃,形成了多渠道对外开放的格局。近几年,接待来访外宾2.1万人次,103位外国大学校长来访,举办了20多次国际学术会议。来北大留学的外国学生长期的突破1000人,短期的也有一千几百人。来北大工作的外国专家每年有300人。到国外学习、工作、交流访问的北大师生达到3000多人。北大已成为最大的涉外单位之一。对外交流合作的领域也在不断拓宽,从互派留学生、交换学者、合作研究,到共同兴办科技产业,进行产学研合作以及争取国外捐赠等。这些对提高队伍素质和教学科研水平、改进学校管理、争取海外支持、发展科技产业、活跃人民外交等都起到了重要作用。

在过去几年的实践中,我们对于在新的历史条件下如何做好学校的工作,也积累了一定的经验。

其一,必须善于发现和利用机遇。在我校1994年第九次党代会上,提出了要利用我国政治稳定、经济发展和科教兴国,"211工程"实施和百年校庆这三个机遇。这几年,我们正是较好地利用了这三个机遇,促进和加快了学校的发展,迈上了一个新的台阶。这是一条很重要的经验。

其二,一定要结合学校的实际,正确处理改革、发展和稳定的关系。北大的稳定历来事关全局,至关重要,我们要以高度的责任感和着眼全局的观念,高度重视稳定工作。这些年,学校能保持持续稳定的局面并不是轻而易举的事。首先是由于大气候的好转,对邓小平理论和中央的大政方针形成了日益广泛的共识。就学校工作来说,一是要牢固树立着眼建设的思想,扭转浮躁过热的政治空气,坚决摒弃在"以阶级斗争为纲"、以政治运动为中心时期形成的一套思维方式、价值尺度和行为方式。二是不争论,按照"三个有利于"的标准,认准了就干,用实践效果来统一大家的认识。三是坚信"改革是根本出路"、"发展是硬道理",只有不失时机地推进改革、促进发展,只有学校有了活力,群众有了希望,有了盼头,才能有真正的稳定。四是对不安定因素,要利刀斩乱麻,防患于未然,消化在萌芽。一旦干扰排除了,不过多纠缠,继续往前走,把注意力重新迅速集中到改革建设上来。但涉及学术的问题,涉及人的处理,一定要慎之又慎,力求处理好学术自由原则、政治民主原则和行政效率原则的关系。

其三,学校的改革发展一定要有一个长远的奋斗目标,有一个稳定的、明确的思路,持之以恒。这些年,学校改革建设一直遵循着学校第九次党代会确定的目标和思路来进行,即抓住机遇,以解放思想、转变观念为先导,以保持学校稳定为前提,以深化发展、扩大开放为动力,以学科建设和教学改革为核心,以两支骨干队伍的建设即学术骨干队伍和管理骨干队伍建设为学校成败的关键,以提高管理水平和办学质量为重点,以发展校办产业、增强经济实力为后盾,以加强和改进党的建设和思想政治工作为保证,全面提高教育质量、科研水平和为社会服务的能力,努力把北大建成有中国特色的世界一流的社会主义大学。这些年来,我们一直按照这个基本目标和思路来推进工作。这中间虽然有干部交替、行政换届,但一直保持这一思路的稳定性和连续性。实践证明,这一思路是正确的,同中央所强调的教育的两个转变的思想是一致的。

其四,学校的工作千头万绪,面临的矛盾、困难很多,一定要抓住基本线索和主要矛盾。在学校的改革发展中,基本的线索就是解决"全面适应"和"全面提高"的问题,主要的矛盾就是经费短缺,办学条件差,同学校生存、发展、提高的需要,同师生员工的物质文化需求存在着很大的差距。学校改革发展的目标能不能实现,在很大程度上取决于我们能不能有效地解决"适应"和"提高"问题,能不能有效地克服和缓解经费短缺的困难。即抓主要矛盾,抓基本线索。

其五,必须时刻想着群众的疾苦,千方百计地改善师生员工的学习、工作、生活条件。我们应当努力去实现这样一个目标,北大门槛是高的,进北大是不容易的,但进了北大,各方面的条件应当比外单位更好,这样才和世界一流大学的地位相称。学校的各级党政领导,都应当按照小平同志倡导的"领导就是服务","当好后勤部长",以"少谈空话多办实事"的精神尽量为师生员工排忧解难,创造一个安居乐业的环境。当然,限于现阶段的基本国情和物质条件,解决条件、待遇问题,只能尽力而为,量力而行,区分轻重缓急,逐步加以改善。

1998 年学校工作的指导思想

第一,全面部署和组织领导干部、党员和师生员工学习贯彻十五大精神和邓小平理论,统一思想,凝聚力量,兴起学习邓小平理论的新高潮。这是一再强调的首要问题。

第二,坚持解放思想,实事求是,围绕"全面适应"和"全面提高",进一步转变教育观念,理顺教育改革发展的思路。这是贯彻思想路线的问题。江泽民同志提出的教育工作必须解决好两大重要问题(即"全面适应"和"全面提高"),是适应经济体制和经济增长方式两个根本性转变的客观要求的。李岚清同志也强调指出,教育必须从宝塔式的封闭办学转到面向经济社会发展的主战场,要从产、学、研的分离转向产学研的结合,科学研究和科技工作也要从片面地追求出论文、获奖转到着重促进科技成果向生产力的转化。当前,面对新的经济体制、新的经济增长格局、新的所有制结构和国有企业的改革,促进教育、科技和经济的密切结合,已成为教育改革和发展迫切需要解决的首要问题。这个问题解决不好,就不能说坚持了教育的正确方向,就抓不住教育的主要矛盾,也就不能说是坚持了社会主义初级阶段的理论。在办学思想上,解放思想的关键就是教育、科技和经济密切结合的问题。这是转变教育观念的一个重要的问题。

第三,按照"规模、结构、质量、效益内在统一,相互协调"的原则,高等教育要坚持走以内涵发展为主的道路,稳步发展,稳中求进。即在适度发展规模的同时,把重点放到调整结构,优化资源配置,提高质量和效益上来。

第四,高教管理体制改革,要贯彻"共建、调整、联合、合并"的方针,加大力度,加快步伐。

第五,面向 21 世纪的教学内容和课程体系的改革要有新的突破。这项改革要着力克服现行教育中的一些弊端,如专业面过窄,人文教育偏弱,教学内容偏旧,教学方法偏死,培养模式单一;缺乏个性和创造性等。这是面向 21 世纪教学所针对的几个问题。这一改革的目标,一是完成专业目录的修订;二是形成面向 21 世纪的新的教学计划,特别强调把知识教育、能力教育和素质教育贯穿于教学过程中,培养基础扎实、能力强、素质高的人才;三是编写出版一批面向 21 世纪的高水平的教材。

第六,以党的十五大精神为指导,进一步加强党的建设、德育工作和精神文明建设。包括按照十五大提出的新时期党建总目标,全面加强党的思想建设、组织建设、作风建设。以领导干部为重点,推动党内学习理论新高潮;围绕不断提高领导水平和执政水平、不断增强拒腐防变能力这两大课题,以思想政治建设为重点,切实加强领导班子建设;完善和健全党委领导下的校长负责制,研究这一体制的运行机制和工作特点;加强马列主义、毛泽东思想和邓小平理论对哲学社会科学和研究工作的指导,加强教师职业道德建设,推动文明校园建设等等。

工作中要注意几个重要问题

关于兴起学习邓小平理论新高潮问题

总的要求是武装头脑,统一认识,指导工作,深入学科。重点要抓好领导干部的学习。校院系党委要健全和坚持中心组学习制度,要订出学习计划,规定内容,保证时间,有考勤、有记录、有检查。平时不好集中,利用业余时间和双休日进行,这是有保证的。加强党校培训和举办干部学习进修班,采取轮训和调训的方式。有些干部自觉性不够,经常请假,不报名。今后凡没有参加过培训的都要参加。要采取这种方式:自觉+调训+纪律保证。

党员和教师的学习,要在全面学习了解邓小平理论和十五大报告的基础上,本学期着重学习十五大报告中关于科教兴国战略和有中国特色社会主义的文化建设等部分,联系学校教育改革和发展的实际,进一步转变教育观念,理顺工作思路,明确目标任务。因为教育的专题很多,考虑到这学期校庆等很多重大事情的进行,所以这学期的内容就强调一个方面:在全面学习十五大报告的基础上,强调科教兴国、有中国特色社会主义文化建设,紧密结合学校改革发展的实际来进行。

大力推进邓小平理论“进教材、进课堂、进头脑”的工作,进一步搞好“两课”建设。党委将进一步支持“邓小平理论课”的建设,使这门课成为重点课程,使其成为基干课程、精品课程。

要充分发挥我校理论学科和理论骨干队伍的优势,在研究和宣传邓小平理论方面出成果,出人才,出精品。

在学习研究邓小平理论方面学校的重点是:支持一个中心(邓小平理理论研究中心),建好一门课程(邓小平理论课),开好一个会议(“马克思主义在中国的传播”理论讨论会)。

关于百年校庆问题

校庆是一个非常重要的机遇,校庆不仅是北大的行为,而且是社会的行为、政府的行为和教育界的行为。

校庆工作是学校近期的头等大事,办好校庆,人人有责。校庆是一个庞大的工程,而学校有几件大事就忙不过来。所以各单位要主动地把工作做起来。现在有些院系的校庆活动已经有计划地展开,但很不平衡。各单位都要有一名主要领导人负责,有一个专门的班子,按照校庆的宗旨和总体安排,制定本单位校庆的活动计划,不要只等着总任务的分解落实。比如弘扬传统的教育活动,现在就应当积极组织进行,校庆宗旨的第一句话就叫“弘扬传统”,这是教育功能,也是校庆重要的舆论准备和宣传准备。校庆时来的校友预计有三四万或四五万。校友的接待工作要以院、系、所为单位承担,现在应抓紧进行校友的联络工作,校友的接待工作校友的活动安排,各系要自己做出计划。承担国际学术会议的单位要周密地做好联络、组织、学术论文的准备、后勤保障等工作。要人人动手,共建文明的校园,最近,结合春季爱国卫生运动,全校要组织一些义务劳动,把我们的学校修整得干干净净、漂漂亮亮的。除了全校性的校园整治活动外,各单位都要把自己单位和周边的环境治理好,该整修的就整修一下,自己能解决的事不要都等学校来解决,要建设好一些校友接待室和校庆日开放的实验室。迎接校庆是个大题目,要做的文章多得很。校庆是难得的机遇,利用校庆可以做很多平时想做而做不成的事情。各单位除了积极承担和落实全校大活动分解的任务外,应该“各自扫好门前雪”,真正以新成绩、新面貌、新气象迎接百年校庆的到来。

国家教委领导同志在听取我校校庆汇报时,提出了一些重要的意见,对办好校庆有重要的指导意义。一是百年校庆是件大事情。因为北大的百年是同中国革命的历史,同五四运动的历史,同中国教育科技发展的历史密切相联系的。北大是中国最重要的大学之一,在世纪之交庆祝百年,无论从历史,从现实,从未来的角度来讲,都是意义重大的。这不仅是北京大学的校庆,也是中国教育界的一件大事。要通过校庆,进一步凝聚和动员师生,把学校的教育事业推向21世纪。这是一个非常好的契机。应当办好校庆,开创北大工作的新局面。要把它当做国家教育的一件大事来做。教委的领导们认为:校庆总的计划是可行的,有大的活动,也有分散的活动,突出了学术的氛围,涉及的层次也较高,突出了大学办校庆的特点,而且是面向未来的;要借校庆这个契机,解决一些问题,比如周边的整治问题、北大的校园建设问题、科研教学上新水平的问题。教委对此非常重视,愿意帮助促成这件事情,帮助北大解决一些问题。同时也谈到,一定要开成一个教育界大团结的大会,做到皆大欢喜,不要让来的校长们感到大学是分等级的;接待校友也强调不分等级,只分长幼。教委的领导们还强调活动要赶快行文上报,因为需要领导人出席的活动有很多,一些重要人物、政要人物来了之后还有很多的社会活动需要中央领导去安排。在邀请外宾时要有分寸,要有自己的尊严。校庆时,现在的班子、老班子、学校著名的教授都应该出来迎来送往。北大要宣传自己的成绩、进步,但要有谦虚谨慎的态度,既要讲成绩,又要看到我们发展中的困难和问题、差距。此外,校园的整治工作一定要搞好,要体现一个新气氛,好的精神面貌,要展现一个新北大,而不是燕京大学的旧景观。校庆是一个门面,要把未来北大的新气象展现出来。同时,还要处理好少数人活动和多数人活动的关系,千万不要忽略了大多数人的活动。还要注意校庆宣传中舆论导向问题,对于北大在各个历史时期所起的作用,特别是主流方面要给予肯定,特别要宣传在新的历史时期党和政府、社会对北大的希望和支持,北大发生的变化。古今关系也要处理好,特别对新中国改革开放以来北京大学发生的变化,取得的成绩要注意宣传。党和国家始终把北大放在大学中最重要的地位,北大的同志一定要有高度的历史责任感,要有强烈的进取精神。对兄弟院校要谦虚谨慎。要把握好基调和主旋律,宣传正面、歌颂光明、激励上进、促进团结;要展示新中国以来特别是改革开放以来北大的新发展、新变化、新成就,给人一种崭新的面貌。另外安全工作至关重要,那么多重要的外宾,几万人的聚会一定要注意安全,注意形象。

关于稳定问题

今年是十五大之后的第一年,是实施“九五”计划关键的一年,又是实行改革开放政策二十年。经济改革、国企改革、政府机构改革等方面都有一些重大举措出台。社会矛盾很多,也很尖锐,如职工下岗问题,干部下岗问题,社会治安问题,腐败问题,还有亚洲金融风波的影响问题。这些都会反映或影响到学校中来,甚至影响到某些家庭。学校又赶上百年校庆等重大活动,保持稳定至关重要,千万不要掉以轻心。百年校庆是学校的一个盛大节日,要特别警惕境外或内部心怀敌意和不满的人借机制造事端,进行渗透破坏活动。我们一定要提高政治警觉性,以有备无患、防患于未然的精神确保百年校庆期间的稳定,使我们的百年校庆在一种团结、安定、祥和、喜庆的气氛中进行。同时要注意社会矛盾对学校的影响,要注意因为下岗问题对一些学生或职工经济生活造成的影响,继续千方百计地解决贫困生的困难。同时,还要加强校园综合治理和周边整治,加强各要害部位的安全防范,对各种灾害隐患进行整改。总之,要力争平平安安、高高兴兴、祥祥和和、干干净净地过好百年校庆。

要有一个良好的精神状态

今年,学校改革建设的任务这么重,大事这么多,需要全校同志特别是干部党员有一种奋发有为、艰苦奋斗、坚韧不拔的精神状态,这是我们拼搏奉献的时候,为学校做贡献的时候。

现在校庆逼近了,全校同志都要振奋精神,争分夺秒,尽职尽责,紧张地工作。特别是领导干部要坚守岗位,这一时期尽量少出差,少出国,集中力量,聚精会神地把校庆办好。

校长陈佳洱在春季全校干部会上的讲话(摘要)

(1998年2月28日)

大力加强学科建设与教育、教学改革

以梳理课程为切入口,加强基础课的师资力量,强化综合素养的教育

首先在专业和课程的设置和建设上,我们要在国家教委审定的新的专业目录的基础上,进一步梳理和调整原有的3800门课程(本科1900门,研究生1900门)。为了突破“专业”的框框,拓宽学生的知识结构,加强学生基础知识、基本能力和素质的培养,使他们有坚实的自我学习、自我创造的能力,我们不仅要删除重复、分散的,更要从提高学生的综合素质出发,大力鼓励学科的交叉和综合,并以此为据确定一批新的必修课、基干课和精品课。同时在基干课程中,还要精选一批既重要又能代表北大水平、在国内具有影响的课程为北京大学优秀课程(课程精品)。迄今全校有65门课程申请定为优秀课程,本学期要对这些课程进行认真评选,最后由学校学术委员会确定。对于基干课和精品课,我们要面向全国吸引和选聘在学术上有成就和造诣的教师来主讲,以加强传授科学前沿知识和科学思维的方法,培养学生探索和创造的能力。我们还要结合“人才基地”建设、“面向21世纪课程体系建设”和设立系列讲座等方式重点加强对这些课程的建设和支持。最近物理系在周培源基金会的支持下,通过评选将“电磁学”和“量子力学”定为周培源系列讲座课并聘请陈秉乾和曾谨言教授为讲座的主讲人,就是一个很好的例子。我们学校正计划进一步加强音乐等艺术素养教育的力度。层次越高的学生,文化、科学的素养也应更高,而不应该仅仅有狭窄的专业知识。

围绕课程的调整,学校要大力加强对全校公共课、

学科大类课、专业课等各类课程的教学管理。这里还要向大家强调一点,今年迎接校庆的工作特别重,做好这些课程,加强对这些课程进行管理本身,也是迎接校庆的一个方面。要让大家看到,尽管我们北大有迎接百年校庆这样一个任务,我们的学校还是井井有条,有条不紊,一定要注意不能因此放松教学管理和学生的思想工作,影响正常的教学秩序,特别是教务部门和各个院系负责教学的领导同志,要切实负起责任来。

结合国家科技体制改革,进一步发扬北京大学的优势,大力加强科研基地建设,增强争取国家重大科技任务和出重大成果的实力

科学研究既是学校为国家科技、经济和社会发展服务的重要手段,也是提高学校师生学术水平和科学素质的主要途径。我校拥有一大批包括本科生、硕士生、博士生、博士后和年轻教师在内的青年人,他们想象力丰富、创造力旺盛。我们既需要将科学实践作为必要的教育环节,使他们得以增长实际知识、提高科学素养和解决实际问题的能力,又需要通过科学实践,充分发挥这一支科技生力军的作用,创造一大批高水平的成果。像我们北京大学这样综合性的大学,学科齐全,基础理论强,在适应当代科技革命的发展趋势即多学科高度交叉、人文和科技高度结合的趋势上有很大的优势,应该在获取新的科学发现、提出新的科学思维、开辟新的技术领域等方面出更大、更多的成果,为国家的科学决策、科技文化进步以及高新技术产业的发展作出更有分量的贡献。

另一方面,科研中的"小型化"、"分散化"以及科研与教学脱节、组织管理薄弱等问题仍然是困扰我校科研发展的重要因素。更令人忧虑的是,我校文、理科的科研基地建设薄弱。

为了从根本上解决这些问题,我们要结合国家的科技体制改革,以加强组织、调整结构、转变机制、优化配置为改革的重点,大力加强我校科研基地建设,改变重复、小型分散和"小而全"的缺陷,组建和发展国内领先、国际有影响的学科群和跨学科的教育及研究中心。基地是出人才、出成果的地方,基地的建设是根本性的,有了基地,才有实力去争取项目,有实力去出大的成果,实验室建设其实也是基地建设的一个重要部分。学校对跨学科的中心,例如吴全德院士主持建立的纳米科学与技术研究中心、史树中教授主持的"金融数学与金融工程研究中心"、文理交叉的夏商周断代工程的研究等,我们要重点加以支持。当前,在国家有关部门正在部署"九五"规划的时候,我们要通过加强组织力争拿到重大项目,像理科的"攀登"、"973"以及超级"863"项目等。我们力求使具有优势的基础学科能占领新的制高点;国家和社会急需又相对薄弱的应用性学科能找准结合点集中突破。

对于基础性和高新科技的研究,我们要遵循科学研究的规律,通过改革建立和建设科技与教育紧密结合的、有利于出成果、出人才的研究体制和开放、流动、联合、竞争的运行机制。

"九五"期间要特别注意"稳住一头"的问题,稳定一支精干的基础性研究队伍,使他们无后顾之忧,有用武之地,全身心地从事研究,参与高水平的国际竞争。只要队伍好,科研就上得去。去年年底,我们分头到文理科各系去看了看。看到不少年轻人搞得不错,像化学、物理、城环、地球、生物、中文系的一些年轻人,他们很有生气,科研上打开了很好的局面。学校一定要全力支持他们,这是未来希望之所在;另一方面,对从事应用和开发的科研机构和科研人员,也要随着改革的深入,分期分批放开,推动他们建立自负盈亏、自主经营的机制,按新的现代企业制度运行。

切实抓好"211工程"的贯彻实施,大力加强教学和科研的基础设施

1997年"211工程"经费2.29亿元到位,其中学科建设1.13亿元。立项的43个项目中,已有33项开始发挥作用。随着"211工程"的进展,一些基础性重要实验室的教学条件得到了显著改善,同时促进了教学手段和方法的更新,为现代化教学手段和方法的引进与使用创造了条件。比如新建成的多媒体教室,使课堂的信息量更加丰富、概念的阐述更加深入、形象更加生动具体,大大地提高了教学效果。"211工程"还提高了重点学科的装备水平,促进了学科的交叉与联合,为提高科研水平、承担重要科研任务、培养科研骨干奠定了基础。今年的工作,最重要的是要做好中期验收。这是争取下一步新的、更大的发展的基础。

要争取搞出几个有说服力、有显示度的拳头项目来,以争取国家对我们的更大支持。这方面一定要认真地计划和组织。组织得好不好,效果大不一样。像我校图书馆的全国高等学校文献保障系统,他们周密地组织了美国《科学杂志》服务器开通仪式,国内人员通过我们的服务器查阅,不仅速度快,而且成本只有直接查阅的十分之一。国家自然科学基金委计划局表扬了我们开通验收工作组织得好,国家教委韦钰副主任表扬我校图书馆为全国做了一件大好事!还让我们把《科学杂志》上的每日科学新闻用电子邮件发给教委,并由教委转发江泽民总书记办公室。

积极、主动、稳定、有序地进行学校管理体制改革

当今人才综合素质的提高、新的学科生长点的建设、国家重大科研任务的争取和完成等等,都有赖于多学科的高度交叉、综合,包括文理科的高度融会。我们学校的学科相对比较齐全,如果组织得好,本来在许多方面可以产生新的优势。可惜我们学校里也和社会上一样,"条块分割",重复、分散,大家各自建设自己的

“小而全”,这样不仅我们有限资源的效益不能充分发挥,甚至造成浪费。更重要的是我们本来可以发挥的优势,现在发挥不出来了。所以我们主张学科之间首先要按大类紧密联合起来。联合的目的大体有六:(1)围绕拓宽学生的知识结构,增强基础统筹课程;(2)开展跨学科综合研究,争取国家重大项目,出重大成果;(3)通过学科综合交叉建设新的学科生长点;(4)建设视野宽广、基础功底深厚的新一代师资队伍;(5)扩大国内外的交流,广纳贤才;(6)资源共享,充分发挥有限资源的效益。我的这些想法和文、史、哲、考古等系的有关领导多次交换过,得到了他们的支持。现在他们成立了学科联合建设委员会,我们一定要尽力从政策上、财力上、物力上给予支持,希望他们能很好地规划,发挥 1+1 > 2 的作用,并在时机成熟的时候建立北京大学人文科学学院。那将是我们北大发展史上的一件大事,它将促进我校传统人文精神的发扬,促进我校全体师生人文素质的提高。这是培养具有高度创造能力的人才的基础,对我们全校是一个重大贡献。我经常讲,北大的人文精神是我们的一个传统,是核心、灵魂,我希望其他大类学科同样联合起来,如各个语言文学学科,经济和工商管理学科,政法学科以及理科的数理学科、信息学科、地学学科等等,以推进真正的多学科学院的建立。

除了校内的学科联合和新一轮学院制的建设之外,学校在春节期间还和北医和北航一起,按照岚清副总理提出的“共建、调整、联合、合并”八字方针,进行了实行实质性联合的研讨。我们和北医、北航 1994 年就着手联合办学的尝试,取得了若干进展。特别是和北医,1996 年建立了“北京大学医学中心”,在招生、教学和科研上进行了联合。但是改革的力度和步伐都还不够,不能适应当前国家经济发展和体制改革的形势。从国家考虑,到明年已经是建国 50 周年了,应该有几所学科门类比较齐全的、高水平的、真正能代表国家水平的国立综合性大学,跻身于世界一流大学的行列。这也正是我们为之奋斗的目标。然而现在的北京大学虽然是多学科性的,却缺乏医和工等重要学科,还不是真正意义上的综合性的大学。岚清副总理对我们说过,他对北医大的王校长也讲,“没有一个国际一流的大学没有医学院的”,“没有一所国际一流的医学院不在国际一流大学里的”。所以,我们几个各具特色的学校合在一起,作为“强—强”、“大—大”的结合,实现优势互补,可以在学科结构、师资力量、科学研究以及综合实力等方面上一个新的台阶,有利于更快、更好地跻身于世界一流的行列。如果我们和北医结合在一起,就有很多跨学科科研中心可以建立:医学心理研究中心、医学统计测试中心、社会人口与医学研究中心、脑与神经科学研究中心、医学影像研究中心、新药研究开发中心、环境科学与公共卫生中心、基因药物与基因治疗中心等等,可以清楚地看到优势互补的作用。目前我们两校已正式报告李岚清副总理、国家教委、卫生部和北京市,建议两校实现共建—合并,即由上述领导部门联合共建一个新的北京大学。这是一件很大的事情,我们可以在下面就教学、科研、招生等问题进行一些沟通和合作。但到底什么时候做,怎么做,要由政府来决策,这必须是政府行为。我们认为,这样有利于一个新的真正的代表国家水平的综合性大学的建立,这是国家的需要,也是历史赋予我们的使命。我们希望这件事在校庆之际有个眉目。如果与北医的合并顺利,下面与北航的联合就有案可循了。除了上述共建—合并之外,我们还有与中科院、社科院、香港大学、国外一些大学及国家其他部门如文物局等联合办学的问题,我们对此都持积极态度。我们学校应该是与社会紧密结合的开放体系。

体制方面还有与北京市的共建问题。去年国家教委与北京市对北大等院校实行共建,这对我校的发展无疑是一件大好事。我们通过“共建”获得北京市支持的前提是“贡献”,因此,我们必须要强化为首都服务的观念,发挥我们自身的优势和潜力,实实在在地为首都的经济发展和两个文明建设做贡献。今后我们要更多地争取北京市各级领导的理解和了解,并更广泛地为北京多做贡献,以此争取北京市政府及其有关部门在财力、物力、政策等方面给北大更大的支持。

积极推进队伍建设和人事制度的调整与改革

在队伍建设方面,这两年来,主要在三个方面取得了进展。一是各单位对人才的引进、选留给予了高度的重视,尤其是在优秀学术骨干的引进方面取得了十分可喜的进展。这对于学校今后的长远发展具有十分重要的意义。在这项工作中,院、系学术委员会和党政联席会议在选准对象、吸引人才以及质量把关上起了十分关键的作用。希望今后各院系在这些方面继续发挥好作用。“千军易得,一将难求”,我校的“将才”总的来说还远不能满足需要,可以说是任重而道远。所以要请各院、系在吸引优秀学术骨干方面进一步加大力度,做出不懈的努力。二是学校在教职工总量控制上取得了进展。“八五”以来,学校在办学规模不断扩大教育职能进一步拓展的情况下,人力的投入不仅没有增加,反而做到教职工总量逐年减少。1995～1997 三年来,我校教职工总数平均每年净减约 159 人左右。不仅提高了学校工作的效率,而且减少了学校各方面的负担。如果按年人均教育投入计算,仅总量控制这一点,每年就为学校节省经费投入 500 万元以上。这些成绩的取得一方面是由于工资总额包干的实施起了好的作用,同时也与人事部门和各院系单位的共同努力分不开。三是在教职工总量得到有效控制的情况下,教师队伍的年龄结构、学历结构得到了改善。

关于今年的队伍建设与人事改革,主要有三个方面,一是继续加强总量控制,优化结构;二是实行优才优遇,加强对优秀中青年学术骨干吸引和培养的力度;三是大力做好定岗定编,为真正实行聘任制奠定基础。

前面我们谈到了总量控制对于提高办学效益的重要意义。今年学校人事部门,各院、系和后勤部门都要继续做好总量控制。为此,人事处准备适当提高缺编费的标准,加大定额包干的力度。与此同时,还要注意工种结构和职务结构的优化。从队伍总体结构看,至少有几个不合理。学校作为人才培养的机构,教师应占有适当的比例,但是和兄弟院校相比,如与北航相比,我校显得偏低。所以要研究并拿出措施来,包括与后勤部门配合加快服务社会化的进程。再一个是职务结构。我们高级职务人数偏高,"倒三角现象"比较严重,有人说这个三角倒得有点像一朵"蘑菇云"了。教授、正高级太多了之后,就不值钱了,更重要的是不利于组织学术梯队,不利于接任务、出成果、出人才。这个问题无论如何要引起注意,要认真围绕队伍年龄、职务梯队的建设,逐步进行调整。还有一个问题是实验技术队伍,设备运行、维护人员的队伍如何加强的问题。这个问题解决不好,对整体效益的发挥有很大的影响。

第二个是要在适当改善教职员工待遇的基础上,实行优才优遇的问题。对于改善教职员工待遇,这几年学校一直在努力。与此同时,我们还要配合教育、教学改革,配合人才基地和重点学科以及科研基地的建设,对基干课的主讲人、重大的教学和科研项目的带头人、知名学者以及先进和重点单位中有突出贡献的人员等,择优、择重加大支持的力度。支持的方式可以多样化,包括捐赠讲座教授的教席、捐赠系列讲座的教席、奖教金、中青年跨世纪学术骨干基金以及重大科研项目奖励津贴等等。

三是各单位编制和岗位重新确定。这是一项十分重要的基础性工作,是学校人员选留引进、职称评聘以及结构调整的基础。上一次的定编定岗离现在已经很多年了,现在情况发生了变化,需要调整。如果这个问题不定,每次提职称,盲目性就很大,定好这个问题,我们就可以权力下放,减少盲目性,发挥自觉性,增加校系上下的积极性。但这又是综合性很强的工作,需要由人事部门牵头,有关职能部门参加。

加大后勤改革的步伐

今年后勤面临更加繁重的任务,除正在施工的工程之外,年内还有12个开工项目,建筑面积20多万平方米(兰旗营10万平方米;汽车库、科技交流大厦4万多平方米;附中教学楼1.3万平方米;还有力学和物资处的办公楼、幼儿园的翻建等)。一百周年前大批修缮任务要完成,各项接待的后勤保障工作要准备好。任务相当之繁重。为了更好地完成这些任务,并提高各项工作的效益,我们必须根据我们的实际能力,做好两方面的工作。一方面,要严格项目规范化程序,加强对项目和战线的控制,每个项目有关建设的面积、经费、项目的内容都应签有明确的任务书,不经批准,不能随便更改,不能干着干着,一些项目又增加了,面积又增加了,经费就要增加,就来要钱,这样不行。今年我们的财政特别紧张,必须精打细算,财务部门要我告诉大家,今年我们的运行费用开支要紧缩,至少紧缩10%,否则没法维持。这就要求我们工作要讲操作,要讲程序。另外一方面,我们要进一步加快后勤改革、后勤服务社会化的步伐,加大改革的力度。对此,后勤部门提出了"完善科学管理,加大改革力度,强化优质服务,发展后勤产业,促进后勤服务社会化进程"这样一个改革的目标。我们都觉得不错。后勤改革说到底就要改变计划经济体制下花多少算多少,干多少算多少,学校统统包下来的弊病。后勤的各项工作都要讲究成本,讲投入、产出,讲求效率和效益。否则不仅效率低下,而且实践已充分说明学校实在背不起。所以后勤改革中,凡能计算投入产出的都要实行企业化、半企业化管理。管理的队伍必须是少而精的。同时要转变机制,主要是要逐步改变拨款的方式,引入服务和竞争的机制。后勤职工应该讲求成本服务,通过干活、服务挣工资。谁的服务质量更好、效益更高,谁挣得也更多。要彻底改变过去那种花多少算多少,花了再算的状况。后勤服务实体可以开放,既可以对内服务,也可以对外服务。当然由于学校已经做了有形和无形的资产投入,对内在费用方面要适当优惠。像勺园的教授午餐,是一个好例子。与此同时,学校也可以选择校外单位进学校服务。这样一种开放的系统,有利于引进竞争机制,实现社会化服务,也有利于减少学校包养的职工。在这样的改革过程中,学校领导、全校师生及后勤干部都有一个观念转变的问题,"福利型"、"供给制"越来越少,收费服务、成本服务项目逐步增多,比如售房后各户室内修缮、维修就要收费。当然,收费的标准要由后勤制定并经校教代会生活委员会审议后公布执行。公房今年也要试行"定额管理,有偿使用"的办法,以提高公房面积的使用效率,保障维修、运行的费用,进入良性循环的运行机制。

关于昌平校区的问题

经过书记校长联席会议的反复商讨,对校区的名称、体制和政策有了一个初步的想法,定下了几条。一是学校决定昌平园区正式定名为北京大学昌平校区,组建北京大学昌平校区工作委员会,作为学校行政的派出机构,并由副校长林钧敬同志任昌平校区主任,牵头负责。教务、后勤、人事、学生、财务等几个部门参加,对校区进行统筹规划,统一管理和安排。二是近期的办学功能不能丢。因为1998年我们招生计划确定后,还缺180间学生宿舍,因此今年除了文科新生要去昌平以外,外语类、数学、物理、计算机等五个理科院系的新生也不得不过去。这当然要我们上下一起做大量的工作。三是在办学的同时,要研究昌平校区今后的建设规划,例如是否可以筹建、开发昌平培训基地和会议中心,一方面为学校今后的各类会议、培训创造条件,提供物质保障,同时也可为校区增加收入,并逐步达到"以校养校"的目的。还要进行"产、学、研"合作、开发基地的可行性论证等。总之,我们的目标是要通过统筹规划、逐步发展和建设,使昌平校区成为面向21世纪的、现代化的、具有多种功能的新校区。现在昌平的办学条件、教学设施和整个文化氛围还都离我们的目标有很大的差距。但我想,只要大家齐心协力熬过这几年,把校区建设工作搞好,新校区有了一定的物质基础,一定会创造出更多、更大的效益来。

以上讲了学校的几项工作,从中不难看出,今年学校改革、发展的任务是很重的。所以今年既是一个"改革之年",又是我们北大面临重大机遇之年。在这样的时刻,尤其要注意处理好改革、发展、稳定的关系。我们既要注意学校内部思想、政治的稳定,还要注意社会上因下岗、失业等问题带来的影响。对此我们要做耐心、细致的工作。今年我校大事、喜事比较多,千万不能因为我们工作的疏忽而影响了整个学校的改革与发展,这是对我们的工作提出的更高的要求。

校党委书记任彦申在秋季全校干部会上的讲话(摘要)

(1998年9月11日)

当前,北大正处在一个前进发展的重要历史时刻,一个世纪结束了,一个新纪元开始了,如何搞好北大新纪元的开局新篇,把一个什么样的北大带入21世纪,这是大家都非常关注的问题。这个时候,对北大面临的形势有一个清醒的认识,对学校的现状有一个正确的估量,对于实事求是地确定今后办学的指导思想、发展战略、目标任务以及方针政策,都是非常重要的。在分析形势的时候,一定要开阔视野,把北大放在一个国内外的大形势、大背景下加以认识,特别是要善于抓住机遇,发展自己。正像江泽民同志最近所指出的:"应善于审时度势,果断决策。无论做什么工作都要抓住机遇,而不能丧失机遇,否则就会丧失开拓前进的主动权。"在对北大的现状进行估量时,也要放开视野、客观冷静,有一个过去、现在、未来的历史眼光,减少随意性和盲目性,不能坐井观天,以北大之是非来论天下之是非。

1998年对北大来讲是很不平凡的一年,以百年校庆为标志,北大进入了一个以贯彻科教兴国战略、创建世界一流大学为中心任务和主攻目标的历史新时期。对北大来说,这种前所未有的大好机遇突出地表现在三个方面:

第一,百年校庆取得巨大成功,这在北大的发展史上有着里程碑式的重大意义。它大大推动了我国实施科教兴国战略的进程,大大提高了北大在国内外的声誉和影响力,大大增强了广大师生员工和校友的凝聚力、荣誉感和责任感,大大推动了学校的精神文明建设,同时,也使我们进一步看清了世界高等教育改革发展的大趋势、大潮流和中国面向21世纪教育改革发展的方向。百年校庆之后,北大出现了过去少有的一种"天时、地利、人和"的局面。这次百年校庆也是一项创新工程,它集中反映了北大师生和校友的想象力和创造力。校庆所带来的巨大的综合效益,包括机会效益、政策效益、社会效益和经济效益都随着时间的发展更加显现出来。我们应当乘势而上,不失时机地巩固和发展校庆的成果,开创学校改革发展的新局面。

第二,我国正在加快实施科教兴国战略,这对北大的改革发展来说是一个最重大、最根本的机遇。1995年,我国第一次正式提出实施科教兴国战略。党的十五大和第九届全国人大一次会议之后,在对科教兴国战略的认识、领导、投入和政策措施方面都有了实质性的进展和突破。世界范围内科学技术的突飞猛进、知识经济的迅速崛起、综合国力较量的日趋激烈和我国国民经济的两个根本性转变,进一步凸现了实施科教兴国战略的紧迫性和必要性。新一届政府宣布把科教兴国作为本届政府的最大任务,这是一个庄严的承诺。江泽民主席的"五四"讲话显示了党和政府实施科教兴国战略的巨大决心,可以说是中国实施科教兴国战略的宣言书和动员令。国家正式成立了以朱镕基总理为组长、李岚清副总理为副组长的国家科技教育领导小组。今年6月9日,在这个小组举行的第一次会议上,决定要尽快建立中国科技创新体系,集中力量,增加投入,重点突破。在7月初全国高校党建工作会议上,朱镕基总理又宣布从今年起,中央财政每年增加一个百分点用于教育的投入(即今年增加一个百分点,明年增加两个百分点,后年增加三个百分点)。全国政协也在调查研究的基础上,提出加快实施科教兴国战略的重要议案。在教育部内部,“211工程”计划,基础学科人才基地建设计划,以及旨在支持基础学科建设的新的世界银行贷款计划,用于重点扶持优秀年轻拔尖人才的“长江学者奖励计划”等也正在抓紧实施。在促进产学研结合、推动高校科技成果产业化以及促进科技与金融结合方面,国家也在采取一些新的重要措施。我国实施科教兴国战略的进程正在大大加快,我们必须充分利用这个机遇,大力推动教育、科技和经济的密切结合,在推动科教兴国的实践中发展和提高自己。

第三,继“211工程”之后,我国第一次明确提出了要建设若干所世界一流大学,这是我国实现现代化的一个重大战略举措,也是北大面临的一个难得的历史机遇。党中央、国务院以及教育部,包括北京市领导对北大寄予厚望,并给予多方面的政策倾斜,希望北大能够率先突破,脱颖而出。在北大第九次党代会上,也就是四年前,我们正式提出了创建世界一流大学的奋斗目标,今天这个任务作为国家目标、政府行为提到了日程上来,这是一个求之不得的机会。从现在起,我们应当把全部工作的重心转到创建世界一流大学的任务上来,按照江主席提出的世界一流大学的重要特征和奋斗目标,做好调整、重组、改革、建设和提高等各项工作,尽快做好世界一流大学的战略规划和可行性论证,争取通过国家立项,尽快付诸实施。

通过一百年来北大几代人继往开来的奋斗,特别是改革开放二十年的改革发展,北大在实施科教兴国战略、创建世界一流大学方面已经具备了一定基础。进入90年代后,北大较好地保持了改革发展稳定的大格局,紧紧围绕创建世界一流大学的目标,集中力量持续推进四个方面的工作,即学科调整和教学改革;队伍建设,特别是跨世纪的学术骨干和管理骨干队伍的建设;多渠道筹措办学资金和改善办学条件;精神文明建设和改善育人环境。近几年学校进入了一个过去少有的建设发展的高峰期,在社会声望和综合实力方面仍保持一定优势,制约学校发展的一些难点和瓶颈环节逐步得到缓解和克服。这次百年校庆的成功是对过去几年工作的一个综合性的大检阅、大考验,是一种积累效应。因此,在创建世界一流大学的国家战略提出之时,北大应当说是有基础、有准备的,我们应当有这样的雄心壮志,责无旁贷地率先向着世界一流大学的目标奋进。

当然,在机遇面前我们更要保持清醒头脑。百年校庆确实大大提高了北大的声望、地位和影响力,党和政府、社会各界和校友、师生,都对北大寄予厚望,这也带来一个新问题,就是“盛名之下,其实难副”。我们必须埋头苦干,练好内功,切实解决“实不副名”的问题。实施科教兴国战略对北大是一个最根本的机遇,但北大要真正成为科教兴国的强大生力军,在实施这一战略中有大的作为,并不是一件很容易的事。“三个面向”的核心是面向现代化,不面向现代化,就谈不上面向世界,面向未来;科教兴国,核心是教育、科技和经济的密切结合。要解决教育与科研的脱节,教育、科研和经济社会发展的脱节,把北大的改革发展转到科教兴国的轨道上来,是一个深刻的转变,是一场革命,观念、体制、结构、政策、组织都要相应地调整和转变。创建世界一流大学,这是一个非常鼓舞人心的目标,是求之不得的机会。但是也要清醒地看到,我国还处于社会主义初级阶段,要办世界一流大学是一件很不容易的事,需要几十年的持续奋斗。通过校庆举办的世界著名大学校长论坛和十四项国际学术讨论会,我们看出北大离世界一流大学还有很大的差距,不只是物质条件,更重要的是还缺乏世界级的著名学者,缺乏处于世界前沿的学科和实验室,缺乏有重大理论创新价值和重大应用价值的研究成果。同国内大学相比,北大全面领先、独领风骚的时代已过去了。我们不能仅仅满足于有多少重点学科、重点实验室,多少教授、博导、院士,更重要的是比有多少个公认的“国内第一”。在科学上,十个第二也比不了一个第一。要比办学的效益,比体制改革的领先程度。世界一流大学的计划,不仅要着眼于它的投入程度,更重要的是立足于要出人才,出成果,出效益,出经验。为了创建世界一流大学,北大面临着艰巨的调整、重组、改革、建设、提高的任务。

在分析形势时,还有两个问题需要我们高度重视。一个问题是国有企业和国家机关都在进行改革,下岗分流,精简机构,减人增效。这给学校的机构、人事改革提出了挑战,我们该怎么办?朱镕基总理指出,现在全国2800万吃皇粮的人中,1400万是教育部门的,教育界必须精简队伍,提高生师比、生源比,教育界的减人增效、队伍分流也是大势所趋,高校不能成为计划经济、大锅饭、铁饭碗的最后阵地,对此我们要有足够的思想准备和工作准备。如同国有企业一样,学科只生不灭,职工只进不出,职务只升不降,工资待遇只增不减,这样要办出有活力、有效益的大学是不可能的。另一个问题,就是今年国家经济形势相当严峻,我国面临着过去几年没有过的复杂的国内外经济环境。亚洲金融危机还在发展,周边许多国家货币大幅贬值,物价上涨,经济衰退。我们在这种严峻的外部形势下仍保持较高速度的增长,确实很不容易,更加上今年遇到特大洪涝灾害。在这样的情况下,国家还在尽最大努力增加对教育的投入。我们必须要有过紧日子的思想准备,要有为国分忧,为民解难,与民族共渡难关的思想,要大力提倡艰苦奋斗,艰苦创业,提倡勤俭办一切事业,坚决反对大手大脚、铺张浪费。

总之,北大面临着少有的改革发展稳定的局面,少有的天时地利人和的形势,机遇非常好,但压力也非常大,挑战非常严峻,改革建设的任务非常艰巨。经过改革开放二十多年的发展,北大正在孕育着一场从量变到质变的新的飞跃,一次向世界一流大学进军的新的起飞,我们一定要按照十五大的要求,抓住机遇而不可丧失机遇,开拓进取而不可因循守旧。

今后一个时期,学校工作的主题就是高举邓小平理论伟大旗帜,加快贯彻实施科教兴国战略,集中力量为创建世界一流大学而奋斗。本学期,学校有两大中心工作,一是以召开北大第十次党代会为中心,全面加强和改进党的建设和精神文明建设,制定和实施北大面向21世纪的新规划,开创工作的新局面;二是以创建世界一流大学为目标,加速学校的调整、改革、发展、提高的工作,特别是抓近期突破,在某些方面要取得一些标志性成果。

学校的重点工作大致有以下方面:

一是在全校组织一次围绕科教兴国、创建世界一流大学为宗旨的办学思想的大学习、大讨论;

二是召开北大第十次党代会;

三是认真做好创建世界一流大学方案,争取国家立项;

四是在"共建、联合、合作、合并"方针指引下,在教育体制改革方面迈出新步伐,特别是要做好同北医大的合并,同时还有与北航的联合办学计划;

五是精心组织、管理好"211工程"项目,交出满意答卷,为这一工程的滚动发展打好基础;

六是继续推动面向21世纪的教学改革,切实抓好基础学科的基地建设和列入世行贷款计划的基础学科项目建设;

七是大力推动校办科技产业的发展,在科技与金融的结合上迈出重大步伐,做好几家科技产业的重组和股票上市工作,开辟新的产学研基地;

八是按照精简总量、改善结构、提高素质、改进管理、减人增效、下岗分流、优才优用、优绩优遇的原则,积极推进人事改革,尽快制定和实施杰出青年学科带头人计划,基干课的主持人和主讲教师的选聘上岗计划;

九是抓紧抓好在建基建项目的建设,重点抓好几大标志性的工程以及改善青年教师住宅和学生生活学习条件的项目;

十是组织开好几个全校性重要会议,包括教学改革工作会议,科技工作会议,文科科研工作会议,财政工作会议,并积极筹备召开后勤改革工作会议。

要做好上述这些重要工作,首先必须正确处理好改革、发展、稳定的关系,确保学校改革发展有一个稳定有序的局面,其次,全校同志必须有一个好的精神状态和工作状态,确实做到解放思想,抓住机遇,开拓进取,艰苦创业,真抓实干,务求实效。

下面我重点讲几项主要工作:

第一是开好第十次党代会。

第十次党代会对于北大来讲具有重要的意义。这次党代会的主题,是高举伟大旗帜,推进科教兴国,建设世界一流大学,这也是北大今后一个时期工作的主题。党代会的主要议程有两项:审议通过工作报告,选举产生新的领导集体。

要做好党代会的工作,首先要有一些基础性的准备,主要有三项:一是理论武装、思想教育、舆论导向。党代会之前我们需要认真回顾第九次党代会以来以及改革开放20年以来的经验和教训,实事求是,一分为二,同时要认真开展理论、方针、路线的学习,做好武装头脑的工作。还要对广大师生员工进行形势教育,对北大面临的形势和任务有一个清醒的认识,这是开好党代会的一个重要的思想理论准备。第二项基础性的工作是要选好代表。第三是做好两委人选的推荐工作。在组建新的党委领导班子的时候,既要考虑我们面临的新的任务,因为"用人"是为了"治事",真正能选出一个能够驾驭全局、团结奋斗、开拓进取、胜任工作的坚强领导集体,同时要考虑两个因素,一是与北医的合并,合并后这个班子还要重组,另外在第十届党委任期中,还有一次行政换届的任务,要把这个考虑进去,为未来的行政班子换届做好准备。

在第九次党代会上,北大提出了创建世界一流大学的目标,而且确定了当时学校工作的基本思路:学科建设是核心,队伍建设是关键,经济实力是后盾,精神文明建设是保障。这些年我们一直在按这个思路开展工作。当时提出北大要抓住机遇,实施三大工程:第一是"211工程",二是跨世纪人才工程,三是百年校庆工程。第九次党代会为北大四年来的发展起了至关重要的作用。要开好第十次党代会,不仅要总结过去,更重要的在于规划未来,团结动员党内外群众向着新世纪前进,向着现代化的光辉目标前进,向着中华民族的伟大复兴前进!

第二项工作是关于理论学习的问题。

这学期我们要围绕科教兴国战略和创建世界一流大学的目标,开展一场办学思想的大学习、大讨论,使我们在指导思想上有一个新的飞跃,这是一个很重要的任务。

北大这次理论学习,也是第十次党代会的一次重要思想理论准备,是北大创建世界一流大学的重要思想理论准备。学习的重点是邓小平科教兴国理论,江泽民同志的"五四"讲话等。江泽民同志的"五四"讲话是我国科教兴国的宣言书和动员令,很多内容对北大有着直接的指导作用,希望我们的干部、党员和全校师生员工逐字逐段地学习,要真正理解、领会和贯彻执行,真正用这个讲话来统一我们的思想,凝聚我们的智慧和力量。

在学风上,要注重理论联系实际,改造主客观世界相结合。当前的要求是"一个中心、三个着眼于"。即以改革开放的现代化建设的实践、以我们正在做的事情为中心,着眼于马克思主义理论的应用,着眼于对实际问题的理论思考,着眼于新的实践和新的发展,我们要按照这个要求搞好我们的学习。

这次学习的目的,一是要统一思想,形成共识,在办学思想上来一次新的提高,来一次大的飞跃。统一什么认识?

第一,对国家实施的科教兴国战略和北大在科教兴国战略中的地位和作用要有一个全面正确的认识。在理解和掌握科教兴国战略上有一条基本的线索,即"实现现代化,经济是中心,科技是关键,教育是基础,归根到底是个人才问题"。而科教兴国战略能否成功,中心环节在于教育、科技、经济的密切结合。

第二,对面向21世纪教育改革发展的方向,要有一个全面、正确的认识。什么是面向21世纪教育改革的方向?总书记讲过三句话:"我们的大学应该成为科教兴国的强大生力军,教育应与经济社会发展紧密结合,为现代化建设提供各类人才支持和知识贡献,这就是面向21世纪教育改革和发展的方向。"

第三,对创建世界一流大学的基本目标和基本特征要有一个全面正确的认识,总书记在"五四"讲话中讲了四个方面:"应该是培养和造就高素质创造性人才的摇篮,应该是认识未知世界、探求客观真理、为人类解决面临的重大课题提供科学依据的前沿,应该是知识创新、推动科学技术成果向现实生产力转化的重要力量,应该是民族优秀文化与世界先进文明成果交流借鉴的桥梁。"这就是我们创建世界一流大学的目标和特征。

第四,对实施国家创新体系要有全面的认识,包括如何弘扬创新精神,如何加快建设当代中国的创新体系,如何增强我们的知识科技创新能力,如何培养高素质富有创造性的人才。这些年我们的教育制度、教育思想,把过去北大很多很好的办学风格都给丢掉了,比如鼓励创新的风格,不拘一格出人才的风格。我们还要大力提倡在合格的基础上发展特长,在规范的基础上增加更多的选择,打好基础,发展个性,培养特长,鼓励拔尖,使学生能够主动地,更加自由地得到发展。北大应当为一批又一批优秀年轻英才的脱颖而出创造一个良好的环境,要扶植新人,要把青出于蓝而胜于蓝当作重要的价值观念。对年轻人才要严格要求,善于引导,但不能求全责备,"有高山必有深谷,有奇才难免有怪癖",要想成为全才、全知、全能、全德,那是不可能的,我们必须转变观念,只有转变观念才能为优秀人才的脱颖而出创造条件,要把北大历史上"不拘一格出人才"的风尚发扬起来。

以上四个方面,要有统一的认识,要转变观念,要有指导思想的飞跃,在这个基础上,北大要制定创建世界一流大学的规划,制定我们新的发展目标和改革发展的任务,各个院系也要有自己的目标和计划。特别在近期突破上,要明确目标、制定计划,要下决心扶植出北大的一批重点学科和重要基地,一批重要的产学研的生长点,一些重要的项目,一些重量级的人才,这就叫"择重"。同时北大要修订政策,调整措施,要改革,要创新。如果我们组织上不创新,体制上不创新,所有的创新都会落空,所以北大一定要在一些政策措施上做一些新的调整。

第三项工作是关于领导班子建设问题。

推进党建工作有四个目标,一是领导班子建设切实得到加强;二是基层党组织的三个作用得到加强;第三是邓小平理论武装党员、武装师生有实质性进展;第四是学校改革发展事业有明显的推进。

北大的干部是一支很不错的队伍,整体素质比较好,有事业心、有责任感、有奉献精神。北大的工作这些年来经受了多次考验,证明我们这支队伍是值得信赖的,是能推进我们的事业的。学校一定要重视干部队伍的建设,千万不能认为当了干部就是浪费了人才,只有搞学术才是人才。事实上,要培养出一名优秀的管理者是非常不容易的,我们一定要两种素质并重,思想道德素质和科学文化素质并重,学术骨干和管理骨干并重。没有高水平的管理者,怎么可能创办世界一流大学呢?大学的运行很多情况下不是靠权力的运作,而是靠管理者的说服力、影响力来完成的。对我们干部的要求,第一是要高举旗帜,坚定信念。干部一定要讲学习,重视理论武装。对建设有中国特色的社会主义事业,对创建世界一流大学的目标一定要有坚定的信念和执着的追求。第二是明确方向,要在政治上和中央保持一致,对于北大的党员和领导干部来讲,一定要对贯彻科教兴国战略,对面向21世纪的教育改革方向真正地理解、贯彻、执行,要把办学的指导思想搞对头。教育要为现代化建设服务,为经济建设服务,要在科教兴国中做贡献,这就是办学方向,这就是政治方向。第三,党内继续进行以"三讲"为主要内容的党性党风教育,开展批评与自我批评,有针对性地解决自身存在的问题。最近江泽民同志提到要正确对待自己和同志,正确对待组织,正确对待群众;要严于律己,宽以待人。一个干部必须眼光宽广,胸襟广阔,淡泊名利,从政为官的人要有容人容事的大气量,要有雅量,干部要高唱“团结就是力量”。大家要做到相互信任、相互支持、相互补充、相互帮助,而绝不能相互拆台。现在学校院系调整、系科调整、体制改革、新老交替,这里都有一个服从大局的问题,都有一个服从改革需要的问题,所以我们都要有大局观念,对那些从个人或小团体的狭隘利益出发,损害大局,损害学校改革发展的事情,干部应该坚决抵制。中央最近特别强调,干部要解决一个精神状态的问题,这个精神状态就包括要善于抓住机遇,敢于开拓进取,要有奋发有为的旺盛斗志,干部要提倡艰苦创业,艰苦奋斗,要办实事。现在国家有这么多困难,我们不能只是向国家伸手,要为国分忧、为民解难、与民族共渡难关,北大一定要有这种精神。

总之,我们的干部要在其位,谋其政,要对党的事业负责,对北大的未来负责,对群众负责,只要掌管一项事业,就得把事业搞上去,让这项事业兴旺发达起来。这是干部的“大德”、“大公”。

面临大好的发展机遇,我们更需要同心同德地奋斗,共同为实现科教兴国,为把北大办成世界一流大学做出我们应有的贡献,不辜负党和人民对我们的期望。

校长陈佳洱在秋季全校干部会上的讲话(摘要)

(1998年9月11日)

一年来我们在教学、科研和后勤保障工作方面,经过辛勤努力取得了可喜的成绩,为未来的发展创造了条件。例如在人才培养基地的评审中,在理科八个半的基地中,数学、物理(包括按半个算的核物理)、化学、生物、城环、力学等六个半被评为A级,即优秀基地,其中前五个半名列第一,地质和大气科学被评为B。这在全国高校中是成绩最好的。文科基地按教育部规定,每所学校只能评选一个A,我校文史哲三个基地中,历史被评为优秀基地,其它两个为B。这次评审显示了北大的教学实力,也增强了我们的信心。由于评审的成绩优异,得到了近1000万的资助,这在我校教学上是一笔空前的投入,一定要认真规划,把它用好。科研方面,理科科研经费从1993年到1995年,每年在4000万~5000万徘徊,1996年突破了1亿,1997年达到1亿7000多万,今年将有可能接近2亿;理科论文SCI收录,1993~1995年一直是200篇左右,1996年达到285篇,1997年458篇,1998年上半年达到了341篇,增长速度令人欣喜;在争取科研重大项目方面,“973”国家重点基础研究项目,每项强度达5000万元,在几百个申请项目中,通过教育部和基金委等预选,进入科技部竞争的仅70多个正式项目,我们有6个项目入选,还有2个后备项目。青年人才的成长和引进方面我们也有可喜进展。今年中组部、人事部和中国科协组织评选的中国科技青年奖(国家级),通过最后一轮复评征求意见的100人中,我校有6位;全国十大杰出青年中我校生物系吕植副教授榜上有名。此外,MIT的田刚教授,UCLA的佘振苏教授和中科院的某些院士都应允来校任职。这些都是国内外有分量的中青年学术带头人。

一年多来校园的面貌在后勤全体同志不畏辛劳,日夜奋战之下,发生了日新月异的变化。热电工程的完工和冬季供暖质量的提高、新图书馆土建的完工、理科楼群的封顶以及大讲堂等建设的进展,都显示我校基础设施发展的美好前景。

本学期学校大事较多,包括学校第十次党代会、教代会、与北医共同组建新的北京大学、教学工作会议、财政工作会议、科技工作会议以及“211工程”部分项目验收、“973”项目论证等,任务相当之繁重。但所有这些任务都围绕着一个总的目标,那就是:抓住难得机遇,开好百年新局,加快一流大学建设的步伐。为了实现这个目标,我们首先要学好、用好邓小平理论,同时要抓好下述几方面的重点工作:

制订规划

要本着“面向未来、面向世界、面向现代化”的精神,总结经验、理清思路,做好建设一流大学的规划。

教学工作

教学要以邓小平教育思想为指导,围绕“培养高素质的创造性人才”这个大目标,学习理论,转变观念,调整课程设置,进一步加强基础课的建设,并要着力提高研究生的水平和质量。

首先要转变教育观念,就是要破除不利于高素质的创造性人才培养的陈旧观念,树立正确观念。那些过分强调专业教育的狭隘观念、教学和研究分离与轻视实践的观念、忽视学生个性培养以及与学校统得过死、教师包得过多相联系的种种观念,恐怕都不利于创造性人才的培养。是否应代之以德育、智育、美育高度统一,通识教育与专业教育相结合,教学与研究密切结合,因材施教,以及发挥学生在教学中的能动性与主动性的教育观念?需要大家来研究。

其次要根据新的本科生专业目录,调整课程设置,完成好"面向21世纪课程体系"的建设,加强学生的基础课和人文、艺术教育,注意不同学科之间课程的交叉传授以使学生具有深厚的基础、坚实的功底和宽阔的视野,并具有良好的科学、文化素养。这些是创造性人才的基础。

三是经校学术委员会审定的主干基础课,要按照校内外"公开招聘、竞争上岗"的原则,由学校"滚动"聘任课程主持人和主讲教师,努力把学术造诣较深、实践经验较丰富的优秀教师,特别是优秀的年轻教师推上主干基础课第一线。要注意聘任研究所、机关和企业中有经验的专家来任课。要赋予主持人在组织梯队、支配资源上一定的自主权;要分层次逐步提高任课教师的课时津贴;还要通过适时的考核、评估,在基干课中选出一批在国内外有影响、有北京大学特色的精品课,推出一批优秀的基础课教材。对精品课的任课教师要给予高额的课时津贴。

四是要大力改善研究生的招生、提高研究生入学的水平,严格研究生的培养和管理,扭转博士生的相对质量不如硕士生的局面。

五是要本着教学与研究密切结合的精神,采取措施鼓励研讨讲座型的启发式教学,鼓励学生在课堂上质疑、提问。北大学生在讲座中有以能提出高水平的问题为荣的传统,我们要鼓励。要寓知识的传授于师生对客观问题的共同探究之中,强化培育学生创造性思维的能力,改变"满堂灌"等灌输式教学方式。

六是要加强教育中实践与研究的环节。校内各实验室要向学生开放,在研究生中要完善教学助理、研究助理、行政助理的制度;要加强学生论文的管理,提高论文,特别是博士论文的水平和质量,还要有计划有步骤地加强学生的社会实践和社会调查工作。

七是进一步改善学校的学术环境和学术研讨的氛围,并有计划地加强对学生第二课堂的引导和支持。

八是要切实加强对教师教学工作的量和质的考核,对于兼职过多,主要精力不能在本职教学上的教师要及时调整、转岗分流。

科研工作

科研工作要以"知识创新"为核心,着眼于人才和基地的建设,一手抓我校的优势和特色的发扬,一手抓国家急需而我们又有条件发展的领域。科研工作包括基础研究和应用研究两大方面。基础研究方面我校有一定优势,主要的问题是缺少闪光的创新点和有影响的重大成果,相当一部分项目小而散。事实上基础研究要想取得较大的创新和突破,必须要有长期的潜心研究和积累,以及多学科的交叉结合。所以抓基础研究不能简单地抓项目,必须强调抓人抓基地。

首先要物色好的带头人,即活跃于研究前沿、思路开阔、执著于探索客观真理的高水平的学科带头人,这是关键;有了好的带头人之后,要根据他们的所长,依靠他们组织好精悍的研究梯队,建设必要的研究基地,并以较高的强度给他们以长期稳定的支持。为他们创造一个宽松的切磋、交流的环境,鼓励他们通过自由的学术探索来不断探求新发现,创立新思想、新理论。另一方面,对于经过探索已经初具眉目的方向要依靠有能力的学科带头人,按照学科发展的趋势和国家目标,大力组织多学科交叉的大项目,象理科的973项目和文理交叉的金融数学与金融工程以及文科的中国传统文化、"盛唐工程"等,以求在为解决国家面临的重大问题提供科学依据、弘扬民族优秀文化、增强国家的综合实力等方面做出较大的贡献。

在有限的资源条件下,我们只能根据学术领导人及其梯队的创新能力和业绩选出若干重点,集中给予支持以求重点突破。我们只能"有所赶、有所不赶",寻求重点突破,别无它路。过去学校的研究得益于长期的积累,取得了较大的突破,但这种源头上的工作是很艰巨的,要有长期、稳定的支持,要以学术发展为导向,不能以功利为导向,要下本钱培育若干真正有创新思想的项目,培育一些重大项目。

高新技术和应用开发研究则必须瞄准国家的重大目标和若干年后统治国内外市场的新技术和新产品来开发、创新,开拓新领域,并要通过发展"产学研"三结合基地使我校成为"知识创新、推动科学技术成果向现实生产力转化的重要力量"。文科在应用研究方面要发挥我校底蕴厚实的优势,大力加强组织,努力使北大为国家在文化、社会、政治、经济等方面所面临的重大问题的决策上做出有分量的贡献,成为国家的一个重要的思想库和"智囊团"。

学校科研的另一个重要方面是必须同教学密切结合。大学的科研既是提高教学质量和师生科学素质的主要手段,是教学的必要环节,又是发挥大学生和研究生创造能力的主要平台。我们的教学固然得益于研究,我们的研究更得益于教学,因为广大的学生是科技创新的重要生力军。

总的来说,像我们北京大学这样的综合性的大学,学科齐全,底蕴厚实,在适应当代科技多学科高度交叉、综合,人文和科技日益融汇的趋势上有很大的优势,应该在探求新的科学发现、提出新的科学思想、开辟新的技术领域等方面出更大、更多的成果,为国家的科学决策、科技文化进步以及高新技术产业的发展做出更有分量的贡献,努力成为国家知识创新的重要阵地。

加大学校管理体制改革的力度

我校现有的院系管理体制,基本上是按高度分化的学科建立起来的。如果将这样的体系固定化或强化起来,并不能很好地符合现代科学发展的趋势,不利于新的学科生长点的建设和发展,也不利于学生综合素质的提高。

随着人类对自然和社会认识的深化,相关学科将在分化的同时,向不断综合的方向发展。因此按照学科和学科群发展和建设的需要重新调整、组合现有的院系,使之有利于加强学生基础、拓宽学生知识面,改进学生的知识结构的教学;有利于学科的交叉、整合和新的学科生长点的发展;有利于资源配置的优化、资源的共享和有效利用;有利于机构精简、减员增效和服务、管理的加强,是一种符合规律的改革。正是在这种认识的基础上,上学期校学术委员会的文科和理科学科建设小组分别就组建人文学院、语言学院和电子信息科学学院等问题进行了多次商讨,并建立了相应的筹备小组。为了进一步推进管理体制改革,当前重要的是要进一步统一对于体制改革的认识,做好总体的规划和部署,即"顶层设计"。这个设计应符合现代科学发展的趋势,符合世界一流大学发展的共同规律,有利于与北医大共建新的北大,有利于校内现有状态的过渡。

学校建立适应学科发展需要,适应办学质量和办学效益提高的管理体制,是建设世界一流大学的必由之路,如何根据我们的实际情况和我们自身的发展来做,将是我们认真思考的重大课题,也是本学期学校的重点工作。

积极推进队伍建设和人事管理制度的改革

关于队伍建设,这学期有两个重点,一是加大招聘和选拔优秀拔尖人才力度,二是总量控制,调整人员结构,减人增效。

对北大来说,年轻的优秀人才是我们希望之所在。这方面我们有了一些可喜的进展。但总体上说,离一流大学的差距还非常之大,尤其缺乏年轻的,高层次的有分量的学术带头人。所以教育部结合"长江学者奖励计划"实施的特聘教授计划,是我们的一次宝贵机遇。我们已就此向教育部申报了 47 个岗位。最后能争取到几个尚未可知,关键是要找到真正拔尖的人才。李岚清副总理在北戴河提出要就二级学科建立处于国际前列的国内外专家人名库,就是为了能找准引人的对象。此事我们必须搞,务请各单位抓紧做好。有了"对象"还要通过各种渠道来吸引,包括尽快在网上公布招聘计划,请进来访问、兼职等。为了建设一流的学科,除了争取用"长江学者奖励计划"的 10 万元聘任主持人外,还得组建称之为"突击队"的学术梯队。对于梯队的其他成员也得设法通过各种渠道给予资助,包括申请 150 万的配套资助费、设法挤进"创新工程"、设法从项目经费或人才基地经费中提出一定的百分比来用于人才投入等。我们一定要重视人才,只有找到真正一流的人才,才会出现创新的闪光点,否则有再好的大楼或硬件设施也是"白搭"。除此之外,还有一点要提请大家警惕,物色优秀人才中,有个别的单位领导,目光短浅,象"武大郎开店",不敢任用比自己能力强的人,生怕人家超过自己,丢了自己的饭碗。其实没有强人,你也提不高,在激烈的竞争中,工作上不去,被别人超过去了,更得丢饭碗。害了学校又害自己。实在要不得!

关于"总量压缩,结构调整"的问题,教育部的负责同志曾在北戴河提到,全国机关调整下岗之后,明年高校平均也得有 15% 的压缩。我觉得首先应结合结构调整实行。因为我校的队伍结构有两个不合理的比例。一是全校吃"皇粮"的一万人中在职教师只占约 1/4。朱总理曾说,高校行政、后勤人员太多,不改不行,这也适用于我校;二是高级职务,尤其是正高的比例过高。以教师为例,我校现在有教授 869 名,高出限额 300 余名。两个不合理的比例严重地浪费了资源,限制了效益的提高,也影响了教师队伍的稳定。

其次结构的改善又必须与体制改革和管理的改善相结合。我校各种机构繁多,各单位都追求小而全,岗位重复,队伍臃肿,效率低下。结构的调整必须和管理体制的改革,机构的精简,聘任制的完善以及后勤服务的社会化等结合起来搞。具体压缩调整的方案将来要由人事和组织部门研究、提请党委来讨论决定。

行政机关的人事工作同样要大力改革。学校的人事、组织部门目前正在考虑机关部处"减人增效"的方案,包括部处长要有任期,实行轮岗制,管理和服务的职能进一步分开等。

简而言之,今年人事工作是否可以用这么几句话来概括:压缩总量,调整结构;公开招聘,竞争上岗;评聘分离,按绩任用;优才优遇,培植优秀;减人增效,进出有序。

加快后勤服务社会化的步伐

今年上半年我校后勤工作取得了很大成绩,百年校庆的成功,学校中这么多已建和在建工程,无不凝聚着后勤同志们的辛劳和汗水。但今年后勤面临任务还是非常之重,除了近 40 万平米的在建或即将开工的工程外,还要着重改善学生的学习生活条件,启动筒子楼的改造工程;解决办公房的定额管理和有偿使用问题,加强对家属区的物业管理等等。在学校建设世界一流大学的任务中,后勤还面临着服务走向社会化的问题。要改变过去学校把后勤包下来的做法,向企业化、半企业化发展,形成"小机关、大实体"。以此来改善服务,提高效益。关于后勤下一步改革的方向,用几句话概括就是:"转换机制,理顺关系,减员增效,发展产业,提高效益,改善服务。"

"转换机制"是改革的重点:包括用工制度上的约束机制;大宗货料采购的市场机制;工程中的竞争机制;资源配置上的优化、保值、增值机制;经营上的风险机制;干部的优胜劣汰机制;分配制度的激励机制;运行过程中的监督机制等。

"理顺关系",主要针对职责不分、政出多门、管理混乱的状况,确定管理干部职数,落实责任制。例如初步考虑,可把节能办的职能分别并入工程办和动力中心。关系理顺了,责任制落实了,对干部、对工作的考核才有章法可言。

"减员增效",后勤现在有职工一千多人,粗看起来我们的人数并不算多,问题在于我们用了大批临时工。占用了一定资源,也减少了上岗机会。后勤现在决定精简岗位,能不用临时工的,就不用临时工。在增加效率的基础上,减少用工总数。

"发展产业",为社会化打基础,为"三服务"、"两育人"创造物质条件。此外,还要增收节支,提高效益,不断改善服务质量,为教学、科研、师生员工服务好,这是后勤的宗旨。

· 北 大 概 况 ·

1998年是北京大学建校一百周年,这所在中国的近现代史上发挥过重要作用的著名学府已经走过了整整一个世纪的不平凡历程。

创办于1898年的北京大学,初名京师大学堂。中国在甲午战争中失败后,为了救亡图存,康有为、梁启超、谭嗣同等发起变法维新的改良运动,特别提出维新变法,须从废科举、兴学校开始。作为中国第一所现代高等学府和最高教育行政机关,京师大学堂应运而生。1898年6月,光绪皇帝在《明定国是诏》中宣布"京师大学堂为各行省之倡,尤应首先举办"。维新志士梁启超等人起草了京师大学堂章程。虽然戊戌变法运动很快失败,所有新政措施几乎全部被废除,但京师大学堂却成为硕果仅存的变法成果得以保留,并于1898年12月正式开学,当时有学生近百人。

辛亥革命推翻了清王朝的统治。1912年5月,京师大学堂改名为北京大学,严复为北京大学第一任校长。

北京大学的创立,在我国高等教育史上具有里程碑式的意义。她在中国走向现代化的历史进程中起到了重要的先锋作用,形成了光荣的革命传统和优良的学术传统。作为新文化运动的中心和五四运动的发源地,作为中国最早传播马克思主义和科学民主思想的发祥地,作为中国共产党最早的活动基地,北京大学为民族的振兴和解放、国家的建设和发展、社会的文明和进步做出了很大的贡献。爱国、进步、民主、科学的精神在这里生生不息,代代相传。

1917年,蔡元培出任北大校长,这是一项对北大有至关重要影响的任命。这位著名的民主主义革命家、思想家、教育家"循思想自由原则,取兼容并包之义",对北大进行了卓有成效的改革,促进了思想解放和学术繁荣。蔡元培延聘陈独秀担任文科学长,陈独秀是新文化运动的领袖之一,他主办的《新青年》杂志,提出反对封建复古主义,主张民主与科学。他任文科学长后,许多北大教授成为《新青年》的编辑,实现了《新青年》与北大的结合,使北大成为当时新文化运动的中心。李大钊出任图书馆主任,他是中国第一个接受并传播马克思主义的人。鲁迅、胡适等一大批学者前来任教,毛泽东也曾在校任职。1919年,伟大的五四爱国运动爆发,北京大学是其策源地。中国共产党在北方的第一个支部是在北大建立的,中国共产党第一批50多名党员中有20多位在北大学习和工作过,参加中共一大的13位代表中有6位曾在北大学习或任职。可以说北京大学对中国近现代的历史进程产生过重要影响,为中国的革命和进步事业做出了显著贡献。

1927年,奉系军阀统治北京时,悍然决定取消北京大学,将北京的国立9所学校合并,成立所谓京师大学校。国民党新军阀统治后,又将京师大学校改为中华大学,不久又改为北平大学。由于北大师生的强烈反对,1929年8月,恢复了北京大学。

抗日战争爆发后,北京大学师生辗转南下,与清华大学、南开大学共同组成长沙临时大学。1938年4月,由长沙迁到昆明,改名为国立西南联合大学,设立文、理、工、法、师范5个学院26个学系。在抗日战争的艰苦环境下,西南联大仍继续坚持着教育文化事业,每年在校学生一般保持在3000人左右。

抗日战争胜利后,西南联合大学于1946年5月宣告结束,北京大学在北平复校,同年10月正式开学。当时设有文、理、法、医、农、工6个学院和1个文科研究所,学生总数为3400多人。

1949年2月,北平和平解放,北京大学获得了新生。

中华人民共和国成立后,北京大学逐步发展成为一所新型的社会主义大学。为了继承和发扬"五四"光荣传统,北大将校庆日由过去的每年12月17日改为每年的5月4日。党和国家非常关怀北大的发展,毛泽东主席亲自为北大题写校名并曾3次写信鼓励师生团结起来,为建设新中国而奋斗。周恩来总理曾先后6次亲临北大视察或做报告。1951年6月,国务院任命著名经济学家、教育家马寅初为解放后北京大学第一任校长。

1952年,全国高等院校进行院系调整,北京大学的医、工、农学院以及其他部分学科或分出去单独成立高等学校,或并入了其他大学。清华大学、燕京大学的文、理、法科以及辅仁大学、浙江大学、中法大学等高校的有关系科并入进来。北大的校址也从北京市内的沙滩等地迁移到了位于北京西北郊著名园林风景区的原燕京大学校址，即“燕园”。院系调整后，北京大学成为一所侧重于文理基础科学的教学和科学研究的综合大学，为后来的学术发展和领先地位奠定了基础。当时全校共有12个系、33个专业，到1965年发展到18个系、53个专业。学校规模也不断扩大，1962年在校本科生曾达到10671人，研究生为280人。从1949年到1965年的16年间，北京大学共为国家培养了3万多名本科毕业生和2000多名毕业研究生。他们大部分成为我国各个领域的骨干。据不完全统计，在北大学习或工作过的师生中有396位中国科学院和中国工程院院士，中科院数理学部2/3的院士来自北大，地质系一个系培养了53位院士，数学系54级毕业生中出了6位院士，技术物理系56级毕业生中出了4位院士，中国哲学界有影响的4位大师级学者全部出自北大。蒋筑英、雷雨顺等作为中国知识分子的杰出代表，也正是北大培养的众多毕业生的缩影和写照。1955年，北大成立了中国第一个原子能系，为国防科技战线培养了一批骨干。60年代，与兄弟单位联手研制成功的人工合成牛胰岛素是国内基础研究方面的重大突破，对生命科学研究具有重大的理论意义和实践意义。1973年，中国第一台每秒运算百万次的电子计算机在北大诞生。

党的十一届三中全会以来，我们国家进入了以经济建设为中心，改革开放，建设有中国特色社会主义的新的历史时期，北京大学也进入了在改革开放中振兴和发展的新阶段。邓小平同志曾亲自过问北大的拨乱反正和恢复、发展工作，并于1978年为北京大学图书馆题写了馆名，1987年还为《今日北大》一书题写了书名。陈云同志为北大革命烈士纪念碑题写碑名。以江泽民同志为核心的党中央十分关心北大的改革、建设和发展，中央领导同志多次视察北大。

近十几年来，特别是邓小平同志视察南方发表重要谈话以来，北京大学不断解放思想，深化改革，加速发展，取得了历史上前所未有的建设成就。北大积极探索和进一步明确了各个领域的改革思路，陆续出台了各项改革措施，并逐步形成和完善了改革发展的总体思路。1994年7月，北大成功地召开了第九次党代会，确定了到21世纪初叶把北大建设成为世界一流大学的奋斗目标，通过了《北京大学改革发展纲要》，标志着北大的改革发展进入了一个新阶段。经过近三年的规划论证和申报审批，北大于1996年10月得到国家的正式批准，成为国家“211工程”实施中首批重点支持的两所高校之一。近期北大又成为国家创建世界一流大学计划的两所重点高校之一，得到了国家的大力支持。

北京大学为适应国家的经济建设、社会发展和现代科学技术进步的要求，更多更好地为社会主义现代化建设出人才出成果，对学校的结构以及教育教学、科学研究、学校管理等工作进行了一系列的改革，加强了学科建设、师资队伍建设、教学科研设施建设、校办产业建设和校园基本建设，并且积极开展了对外交流与合作，使北京大学的面貌发生了巨大的变化。

院系调整后，北大的系科专业大都侧重于基础科学的教学和研究，技术科学和应用性学科方面的系和专业很少，培养的基本上是全日制本科生，研究生和其他层次、类型的学生很少。改革开放以来，北大从以下两个方面着手对学校结构进行了改革：一是按照继续重视基础学科专业，大力加强技术科学和应用性学科专业，注意发展新兴边缘学科专业的方向，改革学校的学科专业结构。目前北京大学已经由原来文理学院式的综合性大学改变为包括自然科学、技术科学、人文科学、社会科学、管理科学、教育科学等多种学科的新型综合大学。近年来，为适应市场经济体制对人才培养的需要，北大新增了近200个学科方向，如文科的经济法、国际经济法、国际金融、国际贸易、企业管理、会计、市场营销，理科的环境学、自然资源与环境生态、计算机软件、微电子、生物技术、材料化学等；二是按照以培养本科生和研究生为主，逐步增加研究生的比重，截止到1998年，北大授予硕士和博士学位已突破万人大关，达到12000多人，成人教育的规模和形式也有了很大发展。近年来，学生的规模和层次有了明显的扩大和提高，到1998年，在校本专科学生为9313人，研究生为6108人（博士生1645人、硕士生4463人），本科生和研究生的比例达到1.5:1左右，基本达到国际先进水平。

学科建设得到重大的推进，教学改革进一步深入。为适应国家经济建设、社会发展和科技进步的需要，特别是适应建设社会主义市场经济的需要，在继续保持基础学科优势的同时，着重发展了应用学科、交叉学科和新兴学科。先后成立了跨学科的中国传统文化研究中心、中国可持续发展研究中心、药学教育与研究中心、中国特色社会主义研究中心、中国经济研究中心等一批新的教学、科研机构。为探索培养高层次基础科学研究和教学人才的新路子，从1993年起先后创办了理科综合试验班和文科试验班。积极推进联合办学，先后与北京航空航天大学和中国科学院签订了联合办学或合作协议，与北京医科大学合作成立北京大学医学中心，与光华基金会合办光华管理学院。教学改革方面，本着“面向社会、适应市场、发扬优势、增强活力、办出特色”的指导思想和“加强基础、淡化专业、因材施教、分流培养”的教学方针，进一步加强了教学内容和方法的改革，加强了同社会实际的联系，使本科生在知识结构、适应社会能力等方面有一定提高。着重将面向21世纪的课程体系设计和课程建设列为教学改革重点，确定了400门左右本科课程建设，力争使其在“九五”期间达到国内同类课程的先进水平。为提高大学生综合文化素质，开设了文科数学、文科化学、中国历史、中国文学等多种公共选修课以及“自然科学专题讲座”、“人文社会科学专题讲座”、“名著名篇导读”等高水平讲座，全面提高学生的科学文化素养和艺术修养。在研究生培养上，近年来陆续出台了一些改革措施，改善了生源结构，调整了专业方向，开展了国内外导师联合培养博士，实行研究生兼任助教、助研、助管的制度，特别是近几年实行了本科生直接攻读博士学位和硕士、博士连续培养的办法等，使北大研究生培养质量位于全国高校前列。

到1998年，北京大学共有8个学院，即数学学院、化学与分子工程学院、生命科学学院、经济学院、光华管理学院、国际关系学院、马克思主义学院、知识产权学院；22个系，即力学与工程科学系、物理系、地球物理系、技术物理系、电子学系、计算机系、地质学系、城市与环境学系、心理系、中文系、历史系、考古系、哲学系（含宗教学系）、政治学系、法律学系、信息管理系、社会学系、东方学系、西语系、俄语系、英语系、艺术系。全校共设有74个本科专业、3个第二学士学位专业、138个硕士专业、124个博士专业，有42个全国重点学科，55个研究所、77个研究中心、2个国家级工程研究中心、12个国家重点实验室、4个国家重点学科专业实验室。

作为我国最著名的高等学府之一，北京大学拥有力量雄厚的教师队伍。近年来，北大教师队伍的年龄结构、学历结构、职称结构都有很大改善。到1998年全校共有教学和科研人员近3000人，其中专任教师2066人，有教授814人，副教授783人，讲师719人，助教154人。在北大教师中，有中国科学院和中国工程院院士27人、博士生导师561人。北大的两院院士、博士生导师、教授的数量均居全国高校前列。为了加速中青年教师的成长，使更多的学术骨干脱颖而出，北大近年来采取诸如打破论资排辈、破格晋升高级职称，设立青年科研基金和出版基金等一系列措施，还实施了“跨世纪人才工程”，相继评出了一百余名优秀中青年学术骨干，一大批中青年教师迅速成长起来，目前全校45岁以下的教师已超过教师队伍的一半。

近年来北大的科研工作也获得了重大进展，无论是在承担国家重大科研项目、获得的科研经费、得奖的数量、取得的各种国际国内荣誉称号方面都是十分突出的。改革开放以来，北大理科共完成国家科技攻关项目、“863项目”、攀登计划、国家自然科学基金、博士点基金等研究项目2000多项。1996年的科研经费首次突破1亿元，1997、1998年均达到1亿元以上，稳居综合性大学之首。一些分支学科已经跻身于世界先进行列，引起国内外同行的高度重视。特别是在坚持理论与实践相结合，坚持为经济建设中心服务方面，有了明显的进步。北大在继续保持基础学科传统优势的同时，着重发展应用研究特别是高新技术研究，并创造了一批有影响的重大成果。计算机所研制成功的“调频挂网”等7项成果，使我国激光照排技术达到国际先进水平。技术物理系、重离子物理研究所联合考古系、地质系及中科院等单位研制的加速器质谱计于1992年初建成，不仅在加速器质谱计的传统应用领域——地球科学与考古学方面取得了一系列重要成果，而且在生命科学和环境科学领域开展了应用研究。化学学院张青莲教授等合作测定的铕(Eu)、铈(Ee)原子量被国际上确认为原子量数据标准。石青云院士创造性地运用基础数学的计算方法，研制成功指纹识别系统，挫败了日本著名的NEC公司和美国的莫福公司而在美国中标。1996年一年，该系统就应用于全国14个省市的公安和保安系统，取得了较好的社会效益和经济效益。计算机系杨芙清教授主持研制的青鸟系统显示了北大在计算机软件系统研制方面的强大实力以及软件系统产业化方面的巨大潜力。王义遒教授主持研制的中国第一个磁光阱在北大诞生，标志着我国迈入了激光冷却获得超冷气体原子这一世界尖端的科学领域。区域光纤通信网与新型光通信系统国家重点实验室从1992年开始在国内率先从事波分复用通信技术的研究，研制成功了光纤通信系统，该系统无中继传输距离为154公里，是我国研制成功的第一套可供现场实验和工程试用的、传输容量最大的无中继波分复用系统。地球物理系与国家气象局合作研制的“中期数值预报业务系统”，遥感所的“内蒙古草原牧场防护区遥感综合调查研究”等获得国家或部委科技进步特等和一等奖。由化学、电子学、生物学、介观物理和微电子机械系统等五个研究集体组建的纳米科学与技术研究中心，及时抓住了这一世纪之交最富挑战性的高科技前沿学科，为我国在纳米科技领域争得了一席之地，其中，刘忠范教授主持研究的纳米尺度刻蚀及表征系统已经达到国际先进水平。此外，北大的科技论文数量，SCI论文数和被引用数也一直位于全国高校前列。

文科科研方面，北大承担了多项国家社科基金重点项目，承担多项国家教委、北京市和其他部委的项目以及各种国际合作项目，取得了一大批高水平的研究成果。北大的文科具有传统的优势，实力雄厚，起点较高。据初步统计，改革开放以来，北大文科获得的国家级、部委级及北京市等各类科研项目1000多项，出版学术著作6000部左右，发表学术论文20000篇左右。

1985年建立各类科研评奖制度以来，文科获得近50项国家级奖励，300多项省市部级奖励。在这些成果中，有不少是填补历史空白的佳作。如东方学系季羡林教授的《敦煌吐鲁番吐火罗语研究导论》被认为是一部“我国前所未有的开创性著作”；中文系古文献研究所整理的《全宋诗》共72册4000余万字，是中国断代诗歌总集中分量最大的一种；历史系田余庆教授的《东晋门阀政治》一书获海内外学术界的高度评价。在文科应用研究方面，费孝通教授的《小城镇四记》等论著，研究了小城镇经济社会发展的模式，为我国农村改革特别是探索具有中国特色的城乡一体化发展做出了重大贡献；厉以宁教授在国内首先提出建立股份制的建议，被誉为“厉股份”，萧蔚云教授主持了“一国两制与香港基本法律制度”的研究，都为国家决策提供了重要依据；闵维方教授关于“高等教育规模扩展的形式与办学效益研究”的系列成果，提出了我国高等教育今后应走内涵式发展道路的建议以及提高办学效益的途径；人口研究所的《应用于中国及第三世界国家的家庭状态生命表模型的创立、应用及计算机软件研究》等研究成果，受到有关部门的高度重视。文科成立了中国特色社会主义研究中心，取得了一批理论成果。中国传统文化研究中心在弘扬中华优秀传统文化方面做出了重大贡献，和中央电视台合作拍摄的150集大型系列电视片《中华文明之光》，在中央电视台播出后，受到广泛关注和好评。人学研究中心、中国经济研究中心开展的学术活动获得广泛影响。北大文科科研水平和学术地位总体上仍居全国高校首位，在1995年国家教委首届人文社会科学优秀成果评奖中，北大有42项成果获奖，是获奖项目最多、获一等奖项目也最多的学校。在1996年第四届北京市哲学社会科学优秀成果评比中，也有31项成果获奖。

近年来，北大在科研产业方面已经形成了具有北大特色的、产学研相结合的高科技产业格局，形成了以信息、制药、物业和化工为骨干的几个规模效益型支柱产业，并成为学校办学经费的重要来源。北大依托基础研究和应用研究的强大优势，面向经济建设主战场，大力发展高新科技产业，走出了一条前无古人的新路。方正集团的成功，使北大站在了中国甚至世界产学研一体化发展模式的前列。

王选教授从70年代中后期开始研究汉字信息压缩技术，历十余年心血，用数学方法打通了古老汉字文化与现代信息技术之间的屏障。1988年初，当时已荣获日内瓦发明金奖、国家科技进步一等奖的王选，拿着国家投资上千万元的“精密照排系统”成果，与北大新技术公司合作，决心把这项成果变为产品，推向市场。有市场头脑的科学家和有科学头脑的企业家的结合，迈出了产学研的决定性一步，由此开创了方正集团的成功之路。成立于1988年的北大方正集团公司是北大的校办高新技术企业。十余年来，方正艰苦创业，从电子出版到系统集成、硬件制造、多媒体技术，从信息产业到精细化工、金融、实业开发，方正集团已走上了产业化、多元化、国际化的良性健康发展之路，其股票在香港上市成功。方正集团在中文电子出版系统、计算机应用软件开发、系统集成及指纹识别等领域取得了辉煌的业绩。被誉为“告别铅与火，迎来光与电”的方正电子出版系统已成功占领国内99%的印刷业市场和80%以上的海外华文报业市场，并成功打入日本和东南亚，成为全球最大的中文电子出版系统开发商和供应商。1997年，方正完成“三级跳”，连续成为国家1000户国有重点企业、120家大型企业集团试点单位和6家技术创新试点企业之一。当年靠借贷4000万起家的方正集团，到1997年产值已达到58.5亿，1998年更接近80亿元。尽早跻身于世界工业企业500强，是方正集团的既定目标。方正的成功是多方面因素促成的，但最重要的是，方正背靠着一所科研实力比较强的综合性大学，摸索出了一条产学研密切结合的发展之路。方正是北大的代表，但北大不仅仅拥有方正。令人欣喜的是，北大科技成果转化连年保持高速增长的态势，初步形成了以基础研究和应用研究为依托，产学研相结合的规模效益型的高科技产业格局。未名生物工程集团生产的α干扰素是第一个用中国人基因克隆成功的基因工程类新药，市场占有率达到50%；以软件工程技术为核心的青鸟集团的大型软件开发环境，被称为是最有市场前景的商品软件，其性能达到国际水平，1998年产值突破亿元大关；维信公司开发生产的“血脂康”胶囊，是中华医学会重点推荐的唯一降脂药，前景可观。致力于北大周边开发的资源集团已建成4万多平方米的高科技用房，吸引了300家科技企业在北大科学园区落户。

这些高科技产业的源头是北大的国家重点实验室、国家工程研究中心和有关研究院所，这是其存在发展的根基。同时，这些成功产业又以不同形式回报北大，支持学科建设、人才引进和办学条件的改善。“八五”期间，校办产业除向国家依法纳税，向学校全部缴纳资源占有费以外，上交学校财政的资金累计达1.3亿多元，缓解了学校资金紧张的困难。此外，校办企业还设立了“跨世纪人才基金”、“院士文库基金”以及奖学金和奖教金，以多种形式支持学校建设。产学研一体化已呈现出广阔的发展前景。

经过多年的建设尤其是近年来的努力，北大的教学、科研、学习、生活条件有了明显改善。校园占地面积增加到目前的231.8公顷，建筑面积达到102万平方米。近些年也是北大基本建设规模最大、成绩最为突出的时期，一大批教学、科研用房和教职工住宅陆续交付使用，建成了生物实验楼，博士后楼，勺园七、八、九号楼，热电工程，燕北园宿舍区，青年教师流动公寓等。特别是北大被列入国家“211 工程”和创建世界一流大学的两所重点建设的高校之一，得到了国家和海内外各界的大力支持，校园基本建设取得突破性进展。总面积达 1 万多平米的光华管理学院大楼于 1997 年顺利竣工，将为创办第一流的经济管理类学科创造良好的条件；北大图书馆是全国高校最大的图书馆，也是国内的第五大图书馆，目前藏书达 465 万册，在香港著名实业家李嘉诚先生的大力支持下，图书馆新馆已于百年校庆时建成，同老馆连接后总面积达 50000 平方米，已成为亚洲最大的大学图书馆；在李岚清副总理的亲自关怀下，北大一百周年纪念会堂也已动工兴建。“211 工程”的总建设资金为 5.32 亿元，其中国家投资 3.5 亿元，首批建设资金也已于 1996 年底到位，理科教学楼群等一批重点建设项目也已经启动。

近年来也是北大对外交流与合作最为频繁、成效最为显著的时期。随着我国对外开放的深入和“教育要面向现代化、面向世界、面向未来”的战略方针的贯彻，特别是北大建设世界一流大学宏伟目标的确立，大大促进了北大与国际教育和学术界的联系，对外交流与合作的步伐进一步加快，层次和成效大幅度提高。截止 1998 年，北大已与 44 个国家和地区的 136 所大学签订了校际交流协议，特别是与港澳台地区的学术交流与合作稳步发展，1995 年同台湾大学签订了学术交流备忘录，这是海峡两岸教育往来的重大突破，对扩大两岸的学术交流，促进祖国和平统一将产生重大影响。与此同时，北大近年主办或参与主办的包括自然科学、人文社会科学等各类国际和双边学术会议一百余次，不少会议由于主题明确，准备充分，取得了圆满成功，其中如“第三届海外及归国生物学者生命科学研讨会”、“第一届华人青年化学家学术会议”、“人口与可持续发展国际研讨会”等，都在国内外产生了较好的影响。百年校庆期间所主办的一系列国际学术会议，更是产生了广泛的影响。此外，北大还向数十名国际著名学者和知名人士授予了名誉博士或名誉教授的称号。北大还根据教学科研的需要，聘请了多名外籍专家、学者来校讲课和讲学。培养外国留学生工作也有很大发展，接收留学生的数量逐年增加，目前在校留学生的数量已超过 1000 人，分别来自亚、非、欧、美等各大洲的 70 多个国家和地区。北大每年还接待多批外宾来校参观访问，其中有包括美国总统克林顿在内的许多国家的国家元首和政府首脑等高级官员。

北京大学是最早建立中国共产党基层组织的地方，具有光荣的革命传统。近年来，北大党的建设和思想政治工作得到进一步加强。北大党建工作一直以邓小平理论为指导，全面贯彻党的基本路线和教育方针，紧密结合学校的改革、发展、稳定和各项工作，加强党的思想、组织、作风和制度建设，努力发挥党组织的领导核心、政治核心和团结核心作用，取得了显著成绩。近年来，学校党委认真开展学校邓小平理论和党章活动，在 1994 年召开的北大第九次党代会上，明确提出把北大建成学习、研究马克思主义的重要基地作为建设世界一流大学总体目标的内容之一，把用邓小平理论武装党员作为加强党的思想建设的首要任务。北大广大干部和党员学习自觉性进一步提高，产生了一批水平较高的理论成果。在组织建设方面，加大了干部队伍的建设和改革的力度，逐步探索出一条适合高校特点的，高素质的，专兼结合的干部队伍建设模式。这几年还特别加强了对后备干部的培养，通过举办读书班、培训班，提高青年后备干部的素质，通过选派青年干部到地方挂职锻炼、有计划地选派干部出国进修或在职培训深造，以及吸引国外留学的优秀人才回校从事管理工作，开拓任用选拔干部的新途径。在干部队伍的年轻化方面也有重要进展，“七五”末学校中层以上干部平均年龄 54 岁，其中 45 岁以下的不到 15%，而目前学校校系干部平均年龄不到 50 岁，一批三四十岁的年轻干部走上校系主要领导岗位。为表彰党员、干部的工作业绩和奉献精神，学校还设立了 100 万元奖励基金，用以表彰优秀党员、先进党组织及党务和思想政治工作优秀个人和先进集体。

“爱国、进步、民主、科学”的优良传统，早已同北大融为一体，成为北大精神的体现。一百年来，无数北大学子，不仅在这里获取了知识，而且在第二课堂中陶冶了情操，磨炼了意志，增长了才干。近年来，借助人文资源，弘扬优良传统，营造健康丰富的校园文化，日益成为北大师生精神文明建设的自觉行动。学校充分发挥了德育在培养人才中的主导作用，开展了具有北大特色的既高品位又多层次，既有主旋律又多样化的校园文化建设。学生中要求入党的积极分子逐年增多，党校周末培训班盛况空前，学生中党员和要求入党的积极分子已占到学生总数的三分之一。涌现了一批有良好社会影响的以加强道德修养和提高理论水平为主旨的学生社团，如爱心社、山鹰社、邓小平理论研究会、修身协会、希望工程支持会等。挑战杯科技工程、文明修身工程以及各种文化节、科技节、体育节等大大丰富了学生的精神文化生活，每年开办的数百场富于思想性、知识性、趣味性的报告、讲座大大开拓了学生的知识视野，良好的校园文化环境为学生的健康成长带来了积极而深刻的影响。

北大百年所积淀下来的文化传统，为燕园的山水树木，砖瓦碑石，赋予了不同凡响的人文气息。北京大学校园地处北京市西北郊著名的科技文化和园林风景区，北依闻名中外的圆明园遗址，西临颐和园、玉泉山、香山，东边和清华园相接，南面为“中关村电子一条街”。校园内景色优美，四季常青。建设风格既保留有古典园林特色，又反映出新时代教育中心和科研中心的气势。校内著名的景观有未名湖、博雅塔，湖光塔影交相辉映，为美丽的燕园增添了无限风韵。校内还有蔡元培、李大钊铜像，青年毛泽东铜像，马寅初铜像，“三一八”烈士纪念碑，北大革命烈士纪念碑，埃德加·斯诺墓等纪念建筑，反映了北大的光荣历史和革命传统，为后人留下了不尽怀念。近年来新建成的考古博物馆、管理学院大楼、图书馆新馆和正在建设的百年纪念讲堂、理科教学楼群等一大批建筑更是体现了北大浓厚的学术氛围和新的时代特色。

1998年在北京大学的历史上是极不平常的一年，在这一年里，北京大学迎来了建校一百周年。过去的一百年是北大充满着光荣与进步的一百年，她为我们民族的振兴、国家的富强做出了显著贡献，北京大学成立一百周年也标志着中国近代的高等教育走过了一个世纪的历程。在迎来百年校庆之际，北京大学这所历史悠久的学府更充满着生机和活力。

令我们十分欣慰和高兴的是，党和国家，海内外各界都对北大给予了特殊的关怀和厚爱。校庆期间，江泽民同志不仅亲临北大视察，与北大师生代表亲切座谈，而且在北大建校一百周年大会上作了重要讲话，发出了科教兴国的动员令，希望北大建设世界一流大学。李鹏、朱镕基、李瑞环、李岚清等党和国家主要领导人都亲自出席了北大的百年庆祝大会。60多所海外著名大学和20余所国内著名大学的校长云集北大，参加了“面向21世纪的高等教育——世界著名大学校长论坛”，此项活动规模之大、层次之高在中国教育史上尚属首次，在国际教育界也是罕见的。杨振宁、李远哲、朱棣文、丘成桐等世界著名华人科学家亲临北大演讲。校庆期间还组织了一批十分成功的活动和各种国际学术研讨会。北大的广大校友、新闻界、海内外各界也给予北大极大的关注和各方面的支持。这一切对于全体北大师生是极大的鼓励和鞭策，将激励他们不辜负党、国家和人民的期望，继承和发扬北大的光荣传统和一百年来取得的不凡业绩，使北大在下一个百年里取得更加辉煌的成就。即将到来的下一个一百年将是北京大学充满希望和发展的新时代，将是北大真正走向世界，达到世界一流教育科学文化水平的时期，也必将为我们国家的繁荣富强做出更大的贡献。

鲁迅先生在1925年纪念北大27周年校庆时曾经写道：“北大是常为新的，改进的运动的先锋，要使中国向着好的，往上的道路走。”正如鲁迅先生所言，走过了百年历程的北大既珍惜往日的辉煌，更憧憬壮丽的未来。目前，全校师生员工正在邓小平理论和党的十五精神指引下，以百年校庆为契机，解放思想，抓住机遇，不断加快学校改革和建设的步伐，迎接21世纪的到来，为把北京大学尽快建设成为具有世界先进水平的现代化大学而努力奋斗。

· 机构与干部 ·

校级领导干部名单

中共北京大学第九届委员会委员名单

马树孚	王　杰	王义遒	王春梅	王登峰	孔宪倬	吕以乔	朱善璐	任彦申
吴树青	邱水平	闵开德	闵维方	迟惠生	陈占安	陈佳洱	岳素兰	周其凤
赵存生	赵亨利	郝　斌	晏智杰	童宣海	曾　毅	魏引树		

党委常委名单

马树孚	王义遒	朱善璐	任彦申	吴树青	闵开德	闵维方	迟惠生	岳素兰
赵存生	郝　斌							

党委书记

任彦申

党委副书记

郝　斌　　赵存生　　岳素兰

中共北京大学第九次代表大会选举产生纪委委员名单

王丽梅	王淑文	石进元	曲春兰	朱启超	孙绍有	吴新英	闵开德	张书仁
陈文申	陈淑敏	栾桂冬	廖陶琴					

纪委书记

闵开德

纪委副书记

王丽梅

(1999 年 1 月 23 日召开的北大第十次党代会,选举产生了第十届党委和新一届纪委,具体情况见“特载·北京大学召开第十次党代会”)

校　长

陈佳洱

副校长

王义遒　　闵维方　　迟惠生　　马树孚　　陈章良　　何芳川　　林钧敬

校长助理

陈文申　　郝　平　　鞠传进

校务委员会名单

主任

任彦申

副主任

吴树青　王学珍　张学书　王效挺　梁　柱　李安模　金开诚　吴季兰

名誉副主任

季羡林

委员

王义遒　王存厚　王　选　王思斌　甘子钊　厉以宁　石志夫　朱　滢　刘式达
刘宏勋　刘锡大　严文明　严宝瑜　苏志中　李崇熙　张启运　陈守良　林志超
周文骏　赵宝煦　赵凯华　赵　靖　郝　斌　胡美浩　姜伯驹　施德福　徐承和
袁行霈　陶　洁　崔之久　梁立基　葛淑英　董学文　曾　毅　谢　青　谢衷洁
雷秀英　魏引树

校学术委员会暨教师职务评审委员会名单

主任

陈佳洱

副主任

迟惠生　王义遒

成员

何芳川　申　丹　黄　琳　甘子钊　厉以宁　马　戎　任彦申　赵柏林　王　选
叶　朗　袁行霈　张恭庆　黎乐民　闵维方　翟中和

校学位评定委员会名单

主席

陈佳洱

副主席

王义遒　闵维方

成员

李　忠　王敏中　章立源　黄嘉佑　杨芙清　周其凤　丁明孝　刘瑞珣　陶　澍
唐孝炎　袁行霈　马克垚　赵敦华　梁守德　宁　骚　杨春洗　厉以宁　王邦维
张玉书　梁　柱

校教职工代表大会执行委员会名单

主任委员

赵存生

副主任委员

马树孚　陈淑敏

委员

丰子义　王登峰　尤承业　刘永福　江长仁　汤卡罗　岳庆平　赵钰林　梁　燕

曾　辉

提案审理工作委员会

主任委员

赵钰林

副主任委员

张少云　倪宝忠

教书育人工作委员会

主任委员

江长仁

副主任委员

刘守芬　梁　燕

住房分配与改革审议工作委员会

主任委员

岳庆平

副主任委员

魏引树　刘永福

生活服务与医疗保健民主管理委员会

主任委员

汤卡罗

副主任委员

李鸿明　张胜群

校机关各部门、工会、团委负责人名单

教务长　羌　笛

秘书长　史守旭

总务长　马树孚(1994.9～1998.7)

鞠传进(1998.7～)

党委办公室　主任　刘宇辉

党委研究室	主任	岳庆平
纪委	副书记	王丽梅
党委组织部	部长	岳素兰(1994.5～1998.5)
		王　杰(1998.5～)
党校办公室	主任	侯学忠
党委宣传部	部长	赵为民
党委统战部	部长	卢咸池
学生工作部	部长	王登峰
武装部	部长	(空缺)
保卫部	部长	童宣海
老干部处	处长	赵岚明
工会	主席	赵存生(兼)
	常务副主席	陈淑敏
团委	书记	关成华
机关一党委	书记	王丽梅(兼)
机关二党委	书记	李国斌(1994.10～1998.12)
		仇守银(1998.12～)
后勤党委	书记	赵钰林
产业工委	书记	隋凤花
昌平园区工委	书记	张荫春
校长办公室	主任	范　强
人事处	处长	陈文申
人才培养与交流中心	主任	陈文申(兼)
教务处	处长	李克安
自然科学处	处长	严纯华
社会科学处	处长	王浦劬(1996.6～1998.2)
		程郁缀(1998.2～)
研究生院	院长	陈佳洱(兼)
	常务副院长	周其凤
研究生院管理处	处长	刘曙雄
研究生院培养处	处长	汪太辅(1991.9～1998.9)
		蔡运龙(1998.9～)
学位办公室	主任	杨以文(1994.10～1998.9)
		周其凤(兼,1998.9～)
成人教育学院	院长	沈　鹏
财务处	处长	胡妙慧(1984.8～1998.6)
		糜陶琴(1998.6～)
监察室	主任	(空缺)
审计室	主任	赵立群
外事处(港澳台办)	处长	郝　平
设备实验室处	处长	王兴邦
校办产业管理办公室	主任	李平方
工程技术管理办公室	主任	孙玉梅
基建处	处长	支　琦
房地产管理处	处长	宋心才
动力处(中心)	处长	孙玉梅
伙食管理处	处长	崔芳菊

事务处	处长	赵钰琳(兼)
勺园管理处	处长	杨永庚
档案馆	馆长	张爱蓉
电教中心	主任	殷金生
昌平园区办事处	主任	崔殿祥

各院系负责人名单

数学科学学院	党委书记	王　杰(1995.12～1998.10)
		刘和平(1998.10～)
	院长	姜伯驹(1995.10～1998.9)
		张继平(1998.9～)
力学与工程科学系	党委书记	秦寿珪
	主任	方　竞
物理学系	党委书记	周岳明
	主任	甘子钊
化学与分子工程学院	党委书记	关烨第
	院长	赵新生(1995.5～1998.6)
		林建华(1998.6～)
生命科学学院	党委书记	李松岗
	院长	周曾铨
地球物理系	党委书记	仲维英
	主任	黄嘉佑
地质学系	党委书记	宋振清
	主任	李茂松(1995.5～1998.9)
		潘　懋(1998.9～)
城市与环境学系	党委书记	吴月照
	主任	杨开忠
遥感与地理信息系统研究所	所长	杨开忠(兼)
技术物理系	党委书记	白郁华
	主任	叶沿林
重离子物理研究所	所长	陈佳洱
电子学系	党委书记	栾桂冬
	主任	项海格
计算机科学技术系	书记	魏引树
	主任	杨芙清
心理学系	党委书记	肖　健
	主任	王　垒(1998.5～)
计算机科学技术研究所	所长	王　选
计算中心	主任	张兴华
环境科学中心	党总支书记	刘宝章(1994.10～1998.7)
		栾胜基(1998.7～)
	主任	张远航
信息科学中心	主任	唐世渭

中国语言文学系	党委书记	李小凡
	主任	费振刚
历史学系	党委书记	王春梅
	主任	王天有
中古史研究中心	主任	王天有(兼)
考古系	党委书记	赵朝洪
	主任	李伯谦
哲学系	党委书记	丰子义
	主任	叶　朗
宗教学系	主任	叶　朗(兼)
国际关系学院	党委书记	邱恩田
	院长	梁守德
国际关系研究所	所长	袁　明
亚非研究所	所长	陆庭恩(1991.5～1998.1)
		李　玉(1998.1～1999.1)
经济学院	党委书记	睢国余
	院长	晏智杰
光华管理学院	党委书记	王其文
	院长	厉以宁
人口研究所	所长	曾　毅
法律学系	党委书记	刘守芬
	主任	吴志攀
信息管理系	党委书记	刘兹恒
	主任	吴慰慈
社会学系	党委书记	吴宝科
	主任	王思斌
社会学人类学研究所	所长	马　戎
政治学与行政管理系	党委书记	陈庆云
	主任	王浦劬
东方学系	党委书记	吴新英
	主任	王邦维
西方语言文学系	党委书记	林成勤
	主任	林成勤(代理)
俄罗斯语言文学系	党委书记	郑惠康
	主任	任光宣
英语语言文学系	党委书记	孔宪倬
	主任	胡家峦
艺术学系	直属支部书记	彭吉象
	主任	叶　朗(兼)
马克思主义学院	党委书记	黄南平(1995.4～1998.12)
		杨　河(1998.12～)
	院长	陈占安
高等教育科学研究所	所长	闵维方(兼)
体育教研部	主任	田敏月
海外教育学院	党总支书记	张秀环
	院长	周金福(兼)
外国学者留学生处	处长	黄道林(1989.9～1998.9)

		周金福(1998.9～)
对外汉语教学中心	主任	郭振华

直属、附属单位负责人名单

图书馆	党委书记	高倬贤
	馆长	戴龙基
出版社	党委书记	周月梅
	社长	彭松建
	总编辑	温儒敏
校医院	党委书记	傅　新
	院长	王慧芳
街道工委	书记	张书仁(1994.7～1998.2)
		何敬仁(1998.2～)
街道办事处	主任	张书仁
附中	党委书记	董灵生
	校长	赵钰林
附小	直属支部书记	李秀琴(1992.10～1998.7)
		李建新(1998.7～)
	校长	刘开云

各民主党派和侨联负责人名单

中国国民党革命委员会北京大学支部委员会	主任委员	韩汝琦
	副主任委员	钮珍南　臧仲伦
中国民主同盟北京大学委员会	主任委员	黎乐民
	副主任委员	黄嘉佑　谢文蕙
中国民主建国会北京大学支部委员会	主任委员	晏懋洵
	副主任委员	刘宝诚　邱建国
中国民主促进会北京大学总支委员会	主任委员	高巧君
	副主任委员	张颐武　潘燕生
中国致公党北京大学支部委员会	主任委员	李崇熙
	副主任委员	曹　焯
九三学社北京大学委员会	主任委员	张有民
	副主任委员	张　镡　霍宏暹　许保良
归国华侨联合会	主席	苏志中
	副主席	施振才　王　芸　李瑞珍
		王德煌(兼秘书长)

·院系情况·

数学科学学院

【发展概况】 北京大学数学科学学院的前身是1913年秋开始招收新生的北京大学“数学门”，这也是我国现代第一个大学数学系(门)。85年来，经过几代人的艰苦创业、辛勤耕耘，北京大学的数学学科从无到有、从小到大，发生了巨大的变化。1952年秋，为适应国家大规模经济建设的需要，全国高等学校进行了院系调整，北京大学数学系与清华大学数学系、燕京大学数学系经调整后，组成了新的北京大学数学力学系。1969年力学专业在陕西汉中北京大学分校成立了力学系。1985年，概率统计专业独立成立了概率统计系。随着事业的发展和形势的变化，在数学系与概率统计系的基础上，1995年成立了北京大学数学科学学院。

北京大学数学科学学院目前设有5个系和1个实验室：数学系、概率统计系、科学与工程计算系、信息科学系、金融数学系和学院中心实验室。教育部“数学及其应用”开放实验室和全国高校“数学研究与高等人才培养中心”办公室也挂靠在数学科学学院。北京大学数学研究所是1980年教育部批准的第一个高校数学研究所，目前与学院实行院所结合的体制。另外，《数学进展》、《逼近论及其应用》、《北京数学》三种学术期刊的编辑部也设在数学科学学院。

数学科学学院(所)师资力量雄厚，现有教研人员138名，其他教研辅助和开发人员18人，其中：中国科学院院士4名，第三世界科学院院士2名，教授66名，副教授42名，博士生导师40名。教师中有71人具有博士学位，45岁以下的中青年教师72人。

数学科学学院(所)科学研究硕果累累。1986年以来北京大学数学学院(所)荣获国家自然科学奖10项，其中一等奖1项，二等奖2项，三等奖6项，四等奖1项；国家科技进步奖7项，其中特等奖1项(与外单位合作)，一等奖1项(与外单位合作)，二等奖2项，三等奖3项(与外单位合作)；国家教委科技进步奖44项，其中一等奖12项，二等奖31项，三等奖4项；其他省部级科技进步奖9项。此外，先后荣获第三世界科学院数学奖2项，何梁何利科技进步奖4项，陈省身数学奖3项，“求是”杰出青年科学家奖3项，国家杰出青年基金6人，教育部跨世纪人才基金4人。国家级有突出贡献的专家4人，30多人享受政府特殊津贴。

(刘化荣)

【学科建设】 数学科学学院的本科被国家教委遴选为国家“理科基础科学研究和教学人才培养基地”。1998年全院(不分专业)招收本科生157名；硕士招生分为5个专业(基础数学、计算数学、应用数学、概率论与数理统计和信号与信息处理)，1998年招收硕士生58名；博士招生分为4个专业(基础数学、计算数学、应用数学和概率论与数理统计)，1998年招收博士生36名。目前学院(所)在读的博士生87人、硕士生127人、本科生548人。学院(所)的四个博士专业都设有博士后流动站，每年进站博士后4－6人，现有在站博士后14人。1998年毕业本科生132人，毕业硕士生25人，毕业博士生24人。

自1952年至今，数学科学学院(包括原数学系和概率统计系)先后培养出了5000多名本科毕业生、600余名硕士毕业生和100余名博士毕业生，其中有16位毕业生已成为中国科学院院士。在国外学习、工作的留学人员中，田刚教授(美国麻省理工学院)、林晓松教授(加州大学)等是最突出的优秀代表，他们分别是张恭庆院士和姜伯驹院士等指导的学生。

学院的几代教师为人才培养、教学改革和教材建设付出了极大的心血，做出了卓越贡献。1980年至1997年出版各种教材、专著、译著约220种(册)。近十年来，一批学术造诣深、教学经验丰富的资深教授亲自撰写的11部教材荣获全国高校和国家教委优秀教材奖，其中两部获全国高校优秀教材特等奖。1998年学院开设研究生课程58门，本科生课程185门，被学校聘任的主干基础课主持人24名。

(刘化荣)

【科研活动】 年初，数学科学学院申报的田刚和夏志宏教授均被教育部批准为长江特聘教授。侯一钊被聘为北京大学客座教授。

数学科学学院被国家自然科学基金委员会表彰为优秀科学研究基地，数学科学学院的“国家理科基础科学研究和教学人才培养基地”在全国评选中被评为优秀培养基地。

5月3日至5月5日，学院结合百年校庆的大好时机，举办了“数学科学前沿展望讨论会”，50名中外数学家做了学术报告；返校参加校庆的约2000名系友中，有部分系友参加了讨论会。

1998年12月至1999年1月，在北大校领导的直接关怀和支持下，“北京大学特别数学讲座”（第一期）在数学学院举行。该讲座由国际著名数学家田刚教授主持，“北大特别数学讲座”第一期共开设了5门课程，主讲学者分别是美国麻省理工大学的田刚教授、美国加州大学的林晓松教授、美国宾州大学的许进超教授、美国耶荷华大学的王立河教授、意大利著名数学家E. Arbarello教授。北大数学科学学院从北大和国内兄弟院校择优挑选了64名研究生和高年级大学生作为正式学员参加《北大特别数学讲座》的学习，并挑选了4位有丰富教学经验的教授为学员们开设了4门预备课程。除了正式学员外，还有北大和北京各兄弟院校的几十名教师、博士后、博士生和硕士生参加了“北大特别数学讲座”的学习。

“1999中国数学奥林匹克（第十四届全国中学生数学冬令营）”于1999年1月9日至1月14日在北京大学举办。全国各省、市、自治区，香港特别行政区，石化系统等32支代表队参加了竞赛。

北京大学数学科学学院1998年获资助科研项目27项，发表论文154篇（中文39篇，外文115篇），其中被SCI收录50篇。

数学科学学院1998年获奖统计表

获奖项目名称	获奖者	获奖名称	获奖级别
——	程民德	何梁何利科技进步奖	——
——	张继平	求是杰出青年学者奖	——
无穷维 Teichmuller 空间中的几何	李忠	国家教育部科技进步奖	一等奖
反应扩散方程引论	李正元	国家教育部科技进步奖(科技专著类)	一等奖
非线性变分问题奇性解的数值解法	李治平	国家教育部科技进步奖	二等奖
仿射和 Moebius 微分几何中的子流形理论	王长平	国家教育部科技进步奖	二等奖
时间序列分析中潜频率模型的参数估计	何书元	国家教育部科技进步奖	三等奖
动力系统的理论与计算	郑志明	国家教育部科技进步奖	三等奖
常识推理	林作铨	国家教育部科技进步奖	三等奖
文科高等数学教程(上下册)	姚孟臣	国家教育部科技进步奖	三等奖
——	王长平	辽宁省科技进步奖	一等奖
——	郑忠国等	国家安全部科技进步奖	二等奖
——	耿直等	国家统计局科技进步奖	一等奖
——	施沛德	国家统计局科技进步奖	二等奖
——	蒋建成	国家统计局科技进步奖	二等奖
——	郑忠国等	国家统计局科技进步奖	三等奖
非线性完全可积系统	乔志军	辽宁省教委科技进步奖	二等奖
——	刘西垣	北京市高等教育学会优秀工作者	——
走向数学丛书(4册)滤波及其应用	谢衷洁	第四届全国优秀教育图书奖	一等奖
——	林作铨	中创软件人才奖	——

（刘化荣）

力学与工程科学系

【发展概况】 力学与工程科学系是在1952年创办的北京大学数学力学系力学专业基础上发展起来的，是我国第一个力学专业。1953年成立力学教研室，周培源教授任主任。1958年10月1日建成当时全国最大的唯一能进行飞行器型号实验的风洞，风洞试验段直径2.25米，最大风速50米/秒，成立了空气动力学实验室（当时称101室）。1963年夏，力学专业迁至昌平200号新址。至1965年力学专业教师人数达到90人。1966年,"文化大革命"开始,学校停止招生。1969年10月力学专业迁至陕西汉中分校。1972年成立北京大学汉中分校力学系,下设流体力学教研室,固体力学教研室和一般力学教研室。1978下半年北京大学汉中分校迁回北京。1979年3月24日北京大学力学系正式成立,周光坰教授任系主任。1995年9月8日力学系更名为力学与工程科学系。

力学与工程科学系共有教职工97名,其中教师系列53人,教辅系列28人,行政系列9人,工勤系列7人,教授27人,副教授16人,正高工1人,高工9人。1998年招本科生71人,招硕士生20人,博士生3人。现共有本科生257人,硕士生70人,博士生22人,博士后11人。

(李正华)

【学科建设】 力学与工程科学系下设流体力学教研室、固体力学教研室、一般力学教研室、结构工程教研室、计算力学与应用数学教研室、空气动力学实验室,测试分析室和湍流研究国家重点实验室。现设有2个本科生专业:理论与应用力学专业、工程结构分析专业。设有4个博士点:一般力学与力学基础,固体力学,流体力学和工程力学。主干基础课有:"流体力学"、"弹性力学"、"理论力学"、"材料力学"、"实验力学"、"数学分析"等。"流体力学"、"数学分析"被评为北京大学优秀课程。严宗毅教授主持的"流体力学",王敏中教授主持的"弹性力学"列入教育部"创建国家名牌课程"立项。

(李正华)

【科研活动】 1998年6月,国家自然科学基金委员会组织专家对"基础科学研究与教学人才培养基地"进行中期评估,北京大学力学理科基地被评为A等,获每年(1998、1999两年)70万元的资助。1998年1月,周光坰教授、严宗毅教授等著《流体力学》(上、下册)获国家教委科技进步二等奖。1998年2月,由黄琳教授为第一主持人的国家自然科学基金重大项目"复杂控制系统理论的几个关键问题——基于数学和计算机的研究"通过国家自然科学基金委员会组织的专家验收组的验收,评定为"优秀"。叶庆凯教授承担的国家自然科学基金项目"面向对象的控制系统计算机辅助设计基础"的成果AD/MATH软件于1998年4月4日通过教育部组织的鉴定。

1998年5月3日下午召开"百年校庆力学与工程科学系庆祝大会",美国科学院院士林家翘教授,全国人大常委会副委员长丁石孙教授,中国科协副主席庄逢甘教授等出席了会议,900名返校校友参加了会议,会上以"现代力学进展"为主题进行了学术交流。

1998年7月,武际可教授和黄克服副教授参加的基金委重大项目"大型旋转机械动力学研究"通过答辩。

1998年9月14日,北京大学在因特网上公布了湍流研究国家重点实验室公开招聘室主任的通知。1998年9月17日,由郑哲敏院士(中科院力学所)等组成的专家组对应聘的湍流研究国家重点实验室主任进行了面试,评审意见指出:"佘振苏教授是湍流研究的知名学者,在这个领域有重要的国际影响。他所提出的北大湍流研究国家重点实验室建设设想目标明确,如能实现可望使我国的湍流研究方面迅速达到国际前沿。"1998年11月9日,根据教人司「1998」63号文件《关于高等学校设置第一批特聘教授岗位的通知》,确定在北大流体力学专业设立"长江奖励计划"特聘教授岗位。1998年12月教育部正式批准北京大学设立全国第一个工程结构分析专业。1998年12月31日,正式聘任佘振苏教授为北大教授、湍流研究国家重点实验室主任和周培源教席。

在"理科基地"项目的资助下,至1998年10月,流体力学低速风洞实验室和水槽实验室四套直流吹式和一套直流吸式低速风洞的同体加工与组装等已完成。1998年11月,中国力学学会换届,陈滨教授任第六届副理事长。1998年12月,方竞教授参加的"863-2"航天高技术项目"空间溶液晶体生长关键技术研究和原理样机研制"通过了国防科工委组织的中期评估。1999年1月,陈滨教授的"航天器复杂系统力学与控制"获教育部科技进步二等奖。

1998年,力学系还选派教师出国参加了"第八届国际流动显示会"、"湍流98国际研讨会"、"第三届生物力学大会"、"国际水动力学会议"和到台湾参加"海峡两岸计算流体力学研讨会"。

(李正华)

物理学系

【发展概况】 北京大学物理学系的前身是1902年京师大学堂师范馆下设的数学物理部,这是我国数理方面高等专业教育的开端。

1913年夏,格致科理论物理学门(不久改为物理学门)正式招生,这是我国最早的物理学本科,经过几年的艰苦创业,到1917年已建成预科两年、本科四年的一套比较完整的课程设置。到了1925年,教学实验室已初具规模。1919年3月,物理学门改为物理系。1935年,物理系开始招收研究生,到1937年已系统地开出了研究生课程。

西南联大物理系教授中,1948年当选为中央研究院院士的有饶毓泰、叶企孙、吴有训、吴大猷、赵忠尧5位,先后当选为中国科学院数理化学部或技术科学部委员的有11位。据不完全统计,西南联大物理系师生在国外Phys. Rev.等刊物上发表论文50篇,在国内刊物上发表58篇。在本科和研究院毕业的学生中有诺贝尔物理奖获得者杨振宁和李政道。

1952年院系调整后清华大学气象系并入北大物理系,物理系分物理和气象2个专业。物理专业在专门化建设方面设立了理论物理、光学、电子学、固体物理4个专门化;1954年把固体物理分成金属物理、磁学、半导体物理3个组,1956年独立成为3个专门化;1956年还把电子学分成无线电物理、电子物理2个专门化,同时新成立了地球物理专门化。到1957年已开出全部专门化课程和实验,1960年时又成立低温物理、热物理、高压物理、晶体物理、等离子物理、固体电子学、电介质物理等专门化。随着物理系规模急剧发展,1958年暑假后在系学生人数已达1800人之多。1959年初地球物理和无线电电子学由物理系分出,分别独立建系。物理研究室改为原子能系,后又改为技术物理系。

1956年国家集中北京大学、复旦大学、南京大学、厦门大学、吉林大学五校的师生到北大物理系,在黄昆、谢希德教授的主持下创办了中国第一个半导体物理学专业。1956年在中国科学院地球物理研究所的大力协助下,建立了第一个地球物理专业。

物理系现有教授64人,占教师总数的48.4%,副教授43人,占教师总数的32.5%,讲师25人,工程技术人员52人,中科院院士3人(包括已退休院士1名),博士生导师31人,占教师总数的23.4%。

1998年物理系共有研究生150人,其中博士生33人,硕士生117人。1998年7月,毕业博士生9人,硕士生41人;1998年9月招收博士生8人,硕士生45人。

物理系本科生人数380人,其中98级人数88人,有3人获得国际物理奥林匹克竞赛金牌,有5人获得全国数学竞赛一等奖及全国物理竞赛一等奖。

(成丽丽)

【学科建设】 物理系现有3个学科方向:理论物理、凝聚态物理、光学,其中,理论物理和凝聚态物理是全国重点学科。3个学科方向都设有硕士和博士点,并设有博士后流动站。物理系还设有国家理科基础科学研究与教学人才培养基地,为国家培养大量人才。物理系现有研究所及中心3个:理论物理研究所、固体物理研究所、北京现代物理研究中心(挂靠)。并设有人工微结构和介观物理国家重点实验室,实验室目前下设扫描隧道显微镜研究室、近场光学研究室、瞬态激光和强场物理研究室、氧化物高温超导电性与超导电子学研究室、非线性动力学与基因技术开发研究室、光电子学和光电子器件研究室、宽禁带半导体研究室、材料和材料物理研究室、功能薄膜与器件研究室、凝聚态理论研究室、计算物理研究室。物理系还设有实创公司,负责研究开发。5月11日到13日,在太原市举行了基础人才培养基地近两年工作的评估,物理系作为第一批通过的基地参加了评估。在会上报告了在教学改革、教学基地建设、实验室改造与更新、教材建设、学生工作等方面的工作情况,评估结果物理系列为优秀,普通物理实验室和近代物理实验室于1998年11月10日正式接受了北京市教委主持的北京市对基础课教学实验室的评估。评估专家组认为,两个实验室都已达到评估标准要求,建议上报市教委,审批两个实验室为"达标实验室"。

(成丽丽)

【科研活动】 物理系1998年收录SCI论文共约156篇。申报的1998年度国家自然科学基金项目多项获得资助。其中数理科学部有9项(其中1项为重点基金),信息科学部有2项。

物理系王世光组研制成功300MHzrf－SQUID的电子学电路。3月11日,国家超导领导小组组织有关专家进行检查测试,最佳结果为3×10^{-9}高斯,在国内处于领先水平,接近世界同类器件的水平。

从10月中旬起,由北京现代物理中心和清华大学高科技中心联合举办了一系列名为"量子力学(理论和实验)新进展"的报告会。向北京各大高校及研究机关师生系统地介绍近年来量子力学在理论和实验上的最新进展。

人工微结构和介观国家重点实验室张国义课题组承担国家863高技术计划信息光电子(307)主题的重大项目"GaN－based蓝光LED的研制"于1998年10月18日,通过了评审验收专家组的评审验收,并被评为A+。

杜为民领导的小组正致力于利用紫外吸收及荧光技术研究癌症病人血清及癌变组织的光谱特征,以期实现对癌症的简便快速普查。

1998年5月4日至5月6日,物理学前沿问题国际研讨会在北大举行,诺贝尔奖获得者朱棣文教授作题为"原子和生物分子的激光冷却和囚禁"的特邀报告,北大名誉教授、诺贝尔奖获得者杨振宁教授出席,应邀出席大会的还有全国政协副主席朱光亚院士、于敏、王大珩等20多位院士及校友代表300多人。

1998年12月,由羌笛教务长为首的学校211工程检查组对物理系的211工程建设项目进行了检查,对工作表示满意。另外,学校材料科学中心委托物理系建设光子学实验室也通过检查，获得好评。

（成丽丽）

地球物理学系

【发展概况】 北大地球物理学系的前身是物理系的气象专业和地球物理专门化教研室。1937年，北大、清华、南开南迁至长沙，成立长沙临时大学。北大的地质系、清华的地学系与南开的经济地理系合并成一个系。1938年3月，临时大学又迁往昆明，成立西南联大，建立地质、地理、气象系。1952年，国家对教育体制实行改革，着手实施全国范围内的院系调整。气象系在这种形势下缺乏建系的条件，且需要数理支持，因此作为一个专业纳入物理系中。1956年，当时的高等教育部决定在北大物理专业中设立地球物理专门化教研室，培养地球物理方面的人才。1958年，北京大学地球物理学系正式建系。

地球物理系现有地球物理学、大气科学、空间物理、天文学等4个本科生专业和固体地球物理学、大气物理学与大气环境、气象学、空间物理学、天体物理等5个硕士生专业，以及固体地球物理学、大气物理学与大气环境、气象学、空间物理学、天体物理等5个博士生专业。目前有3个一级学科：地球物理学、大气物理学、天体物理学；3个研究机构：自然灾害综合监测与研究中心、地球物理与空间物理研究所、大气科学研究所；一个国家重点实验室：国家暴雨监测与预测重点实验室；一个基础人才培养基地：大气科学基础人才培养基地；三个博士后流动站：大气科学、地球物理学、天体物理学博士后流动站。截至1998年，教职员工97人，其中教学与科研岗位72人，辅助机构25人，人员中正高级职称26人，副高级职称30人，中级职称32人，中国科学院院士1人，博士生导师19人。

1998年地球物理学系招收本科生65人，硕士生27人，博士生17人，留学生4人。地球物理学系与中国气象局、中国民航局共同合作举办天气动力学硕士生课程进修班，第一期招收学员31名，第二期招收学员15名。

（于超美）

【学科建设】 1998年地球物理系教师开设课程共60多门，本科生课程40门，其中校选课8门；研究生课程24～26门。在北京大学设立的主干基础课中，地球物理系教师在“力学”、“电磁学”、“原子物理学”、“理论力学”、“计算机概论”、“数据结构”、“电子线路”、“气候学”等8门课程中被聘为主讲教师。

1998年地球物理学系围绕着如何将北京大学办成世界一流大学等问题进行了教学大讨论。在讨论中，对系研究生课程设置、本科生基础课建设提出了具体建议，为制订新的教学计划打下了基础。

地球物理学系“211工程”建设的主要目标是建立“自然灾害综合监测与研究中心”，1997年向学校申请立项，并获得批准，第一批拨款80万元。该项目的主要内容是建立对自然灾害的监测数据收集与处理系统，对某些自然灾害进行监测、研究、预测和风险评估，以减轻和避免自然灾害，并为国家有关部门提出减灾尤其是灾害预防的咨询意见。中心的建立对地球物理学系的学科建设和我国国民经济的可持续发展都有重要意义。第一批拨款的主要建设项目包括：VSAT子系统、多波段大气辐射计、GPS、数字地震仪和部分数据处理设备。经过积极建设，初步建立起气象资料的卫星接收和处理系统（VSAT子系统），该系统的建立，使气象数据接收进入国内先进行列。通过VSAT系统，可实时地接收由中国气象局数据中心发布的国内各台站及周边国家的气象数据，并有相应的数据处理软件，学生在上天气学课时，可在计算机上观看实时的天气图，使天气学、大气物理学教学可视化，大大地节省了画图的时间。这样，学生可将主要精力放在天气图的分析方面，明显地提高了课堂效果，使天气学的教学水平处于国内先进水平。

（于超美）

【科研活动】 地球物理学系有三个一级学科，3个博士后流动站，1个国家重点实验室，6个博士点和1个基础人才培养基地。学科跨度大，研究领域既包括天文学、地球内部物理学、空间物理学、大气科学这样的基础学科，也有天气气候学、空间探测科学、空间环境、大气环境、地震学及勘探地球物理学这样的与国民经济密切相关的应用学科。建系40年来（1958年建系）已取得了丰硕的科研成果，大部分学科在国内同行中居领先水平，某些领域的研究成果在国际同行中具有相当的影响。1998年正是地球物理学系建系四十周年，加之百年校庆的大好时机，科研工作呈现出如下特点：

由于地球物理学系科研所涉及的学科有着时空大尺度、综合性强的特点，科学研究若有一些重大突破，已不是个别专业或整个系就可以实现的，它必须要联合多个分支学科，多家科研单位乃至多个国家联合攻关，因此，在科研方面，地球物理学系十分注重国际间的合作研究及国内的与其它科研单位的合作研究，积极参与以全球环境变化为研究对象的“世界气候研究计划（WCRP）”、“国家减灾十年计划（IDNDR）”以及“国际岩石圈计划（ILP）”等。

系内许多教员在国际学术界

表现也十分活跃，在国际学术团体里任职或是成员，如赵柏林院士同时也是俄罗斯高等教育科学院院士，肖佐教授是国际宇航科学院(基础学部)院士，王绍武教授任联合国环境署气候影响计划科学顾问，是国际政府间气候协调组(IPCC)第3次科学报告的主要作者，濮祖荫教授被邀请担任欧洲空间局CLUSTER卫星群计划高能粒子研究项目(RAPID)合作研究科学家，陈晓非教授1998年暑假应邀出国讲学并作学术交流，他与东京大学灾害中心、德国商空研究所、南加州大学地震研究所等一些国外的学术研究机构建立了合作关系。与香港科技大学签订共同培养硕士生和博士生的合作协定。地球物理学系在国内也同国家地震局、中国气象局、中科院等科研机构建立了旨在优势互补资源共享的强强合作关系。1998年5月，经双方主管部门领导在协议书上正式签字，天体物理学专业与北京天文台联合创办了北京天体物理中心，进行科学研究和学术交流，接受国内外学者的访问研究，通过组织学术活动，推动研究课题的联合与交叉，逐步形成有实力的重点课题，同时也营造宽松的学术气氛，达到"百花齐放，百家争鸣"的效果。

1998年4～5月，乘北京大学百年华诞和地球物理学系40周年系庆之东风，举办了规模空前的地球物理新进展国际研讨会，研讨会分三个一级分会，一级分会下又分成几个二级分会，有一千多人参加了研讨会，外国专家学者近百人。这次研讨会使全系师生把握了国际学术动态和前沿课题。各专业还举办了多次形式多样的科学报告会，如大气科学沙龙，气候论坛，空间俱乐部等。

由于空间技术的发展和地球科学的进步，人们已可对环境生态、自然灾害、气候变化、资源探索、国土与开发进行有效的监测，从维护人类生存和发展的角度来研究环境和灾害的形成机理及其预测预防已成为可能。研究人类活动和地球环境变化之间的关系，即人和自然的关系，已是地球科学研究的重要战略任务之一。目前，多波段大气辐射系统已经投入使用，开始积累大气辐射特性的资料。从美国购买的双频全球定位系统(GPS)已经到位，这种双频GPS系统既可用于大气科学研究，也可用于空间物理研究，而且都属于相应学科的前沿。利用GPS反演水汽是90年代国际上新兴的大气遥感手段，其结果可以引入数值天气预报和气候模式。大气物理专业已有一名硕士生专门进行此项研究。空间物理专业计划于1999年在此课题上设立一名博士后，专门进行GPS监测电离层总电子含量的研究。大气科学专业协同中国气象局进行四次大型外场实验：淮河能量水分平衡实验，青藏高原实验，南海季风实验，华南暴雨实验。张北6.2级地震后，地球物理专业派人加入极震区余震序列观察专家组，采集宝贵的实地地震资料并做了震情预测分析。

1998年地球物理学系在研项目53个，投入经费近300万元，其中重大或重点的项目有：赵柏林院士主持的淮河流域能量与水分循环研究，王绍武教授主持的20世纪中国与全球气候变率研究，陈受钧教授主持的中尺度强对流动力学研究，陈晓非教授主持的杰出青年基金项目复杂地质构造中的地震波的激发与传播机理及其应用，毛节泰教授主持的中国地区气溶胶辐射特性的研究，陈家宜教授主持的半干旱草原土壤ꟷꟷ植被ꟷꟷ大气输送过程研究，王绍武教授参加主持的攻关项目我国短期气候预测业务系统研究，陈受钧教授参加主持、陈家宜、刘式适教授参加的青藏高原地气系统物理过程及其对天气气候影响，秦瑜教授主持的长江三角洲大气过程和生态系统相互作用研究等；1998年度新获准自然科学基金7项，博士点基金3项，全系在国际学术刊物上发表论文44篇，国内131篇，论著1部，SCI论文14篇。

(于超美)

技术物理系

【发展概况】 1955年，国家为了发展原子能事业，周恩来总理批准在北京大学建立了我国第一个核科技专门人才培养基地——物理研究室，1958年发展成为原子能系，1960年更名为技术物理系，设原子核物理专业(后来又发展了核技术及其应用学科)和放射化学专业(后来又发展了环境化学专业)。

几十年来，技术物理系一直是我国核事业首屈一指的人才培养基地和重要的科研基地，为我国的核武器研制、核能利用以及核科学的发展作出了巨大贡献。先后有7名两院院士在技术物理系工作过。该系共为国家培养输送了3000多名合格毕业生，其中，5名成为中科院院士，2名成为工程院院士。技术物理系现设原子核物理与核技术专业和应用化学专业，有教职工173人，其中教授43人，中科院院士3人，博士生导师18人。1998年，技术物理系在站博士后10名，博士研究生23名，硕士研究生81名，本科生286名。其中，新招收博士研究生8名，硕士研究生31名，本科生68名。

(张胜群)

【学科建设】 原子核物理与核技术专业包括核物理与粒子物理、核技术及其应用两个二级学科。1981年第一批建立了博士点，1987年被评为国家教委重点学科，1993年作为国内核专业的唯一代表被单独评选进入物理学理科基地。1983年在技术物理系建立了重离子物理研究所，建设了一批重要的低能加速设备，取得若干杰出成果，1990年该所被国家教委确定为开放实验室，重点发展粒子束物理及其应用；1994年该所被国家科委确定为少数几个基础性研究改革试点单位之一；1997年国家批准建立了核技术及其应用博士点。原子核物理与核技术专业的教学力量居国内同类专业之首，曾组织编写出版了四大力学(量子力学、理论力学、电动力学、热力学与统计物理)、近代物理等全套专业课教材，特别是本科生《原子核物理》、研究生《原子核理论》等核心教材，已在全国广泛使用并获得国家级奖励。近年来，在理科基地建设经费的支持下，面向全校的核物理教学实验室大大改观，核电子学等专业教学实验室目前也正在改造，一批新的专业基础课教材正在修订或重写，并推出了“人类的生存发展与核科学”等很受学生欢迎的全校性公共选修课。

应用化学专业是在原放射化学专业和环境化学专业合并基础上成立的，增强了专业的应用性和适应性。主要有以下三个研究方向：药物化学，材料科学，环境化学与工程。其主要特色是：(1)立足于高新技术的应用性基础研究和产业开发；(2)将核化学和放射化学交叉渗透到应用化学的研究领域中。

1998年技术物理系共为本科生开设了6门主干基础课，45门必修课，17门限选课，17门任选课；为研究生开设了30门课程。叶沿林主持并主讲的“原子核物理”课程是北京大学优秀主干基础课。胡济民、钟云霄编著出版了《原子核的宏观模型》教材。唐孝炎、李金龙、栗欣、陈旦华编著的《大气环境化学》教材获国家教委科技进步一等奖；胡济民、郑春开等编著的《原子核理论》教材获国家教委科技进步二等奖和国家自然科学二等奖；虞福春、郑春开编著的《电动力学》教材获国家教委科技进步三等奖。

（张胜群）

【科研活动】 技术物理系近年来不断加大科研投入力度，取得一系列科研成果。1987年建成了7000多平方米的加速器大楼，在其中装备了4.5MV单级静电加速器、2×6MV串列静电加速器、2×1.7MV串列静电加速器等大型实验设备，在此基础上承担了夏商周断代工程等若干重大项目，取得了一系列重要成果。与此同时，还按照国际惯例，积极参与国内外大科学合作，如LHC－CMS部分探测器研制、放射性核束物理等。应用化学专业的三个研究领域均取得了一系列重要成果。核药物化学组在加速器质谱法研究化学物质的遗传毒性、放射性标记单克隆抗体药物及诊断和治疗肿瘤的放射性药物等方面的研究处于国内领先地位；天然药物“血脂康”已产业化，在国内天然药物领域已占有重要地位，并且以保健品形式进入了美国市场，是北京大学的支柱产业之一；在环境化学方面，大气化学反应的模式研究、酸雨及大气气溶胶方面的研究也处于国内领先地位；在高分子辐射化学方面，利用辐射化学方法合成生物相容性高分子材料、环境敏感性高分子材料，聚丙烯的辐射改性及食品和中药的辐照质量监测等方面取得了国内领先的成果，并保持强劲的发展势头；微乳液理论及应用研究也取得了很好的成果；同时，在生命起源和化学进化及应用量子化学等基础性研究方面，取得了一系列有影响的成果；围绕轮烷、多聚轮烷、环糊精纳米管、环糊精分子传感器展开的新型超分子体系的研究，目前在国内是唯一的，在国际上也是仅有的几家之一。

1998年，技术物理系项目总经费共493.3万元，在研项目共65项，其中，来源于国家教委10项，国家计委、科委6项，国家自然科学基金委29项，国务院其它部门11项，横向6项，国际合作3项。发表学术论文186篇，其中，发表在国外学术刊物上82篇、全国性学术刊物上98篇、地方性学术刊物上6篇。以第一作者出版科学专著3部：蔡建新主编出版《生物医学电子学》；唐任寰编著出版《平衡生命的砝码》，唐任寰等编著出版《生命科学中的微量元素分析与数据手册》。由陈佳洱主持的“4.5兆伏单级静电加速器”获国家教委科技进步二等奖；由郭之虞主持的“加速器质谱计C14测定”获中国分析测试协会奖。胡济民编著的《原子核理论》修订版获教育部1998年科技进步二等奖。

（张胜群）

电子学系

【发展概况】 1958年在北京大学物理系的无线电物理专业、电子物理专业及波谱专门化基础上成立了北京大学无线电电子学系，1996年更名为电子学系。

电子学系现有教职工116人，其中中科院院士1人(吴全德教授)，博士生导师16人，教授32人，副教授20人，讲师22人，助教6人，高级工程师6人，工程师8人，助理工程师1人，博士后5人。现有客座教授2名，兼职教授16名。学生405人，其中本科生288人，硕士研究生96人，博士研究生21人。

电子学系主要有区域光纤通信网与新型光通信系统国家重点实验室、基础教学实验室和11个专业实验室。其中近年新建的区域光纤通信网与新型光通信系统国家重点实验室，EDA、DSP 实验室及基础电子学实验室具有高水平的设备和条件。另外，电子信息科学基础实验中心正在筹建当中；数字电路实验已经完成了 100 套实验设备；DSP 实验室使用 TI 公司的软硬件更加配套、资料更齐全、更新更快的 DSP 芯片及教学仿真系统（TMS320C54 系列），将教学内容作了较大调整。

（栾桂冬）

【学科建设】 电子学系设有学士授予点一个：电子信息科学与技术；硕士授予点五个：通信与信息系统、信号与信息处理、物理电子学、无线电物理、声学；博士授予点五个：通信与信息系统、信号与信息处理、物理电子学、无线电物理、声学；另外还有 1 个博士后流动站：物理学。

1998 年电子学系课程建设成绩显著，沈伯弘教授负责的“面向 21 世纪理科信息与电子科学类专业主要课程建设”项目完成“数字逻辑电路”教材，初稿通过专家评审；《基础物理中的数学方法》和《电磁学》2 本教材定稿，交北京大学出版社出版；新开了“VHDL 语言”、“纳米电子学”、“系统综合分析实验”等三门研究生课程，同时对 EDA 实验室开设的研究生课“通信系统仿真实验”在教学内容和教学方法上作了较大改进。

（栾桂冬）

【科研活动】 1998 年电子学系引进科研项目经费 782 万。在研科研项目 52 项，其中基础研究 17 项，应用基础研究 29 项，实验发展后劲项目 2 项，科研开发服务 4 项。新立项有：国家自然科学基金重大项目 1 项，国家自然科学基金面上项目 4 项，博士点和教育部基金项目 2 项，博士后基金项目 3 项，留学归国人员基金项目 2 项，横向项目 4 项。

1998 年电子学系共发表论文 108 篇，其中国外学术刊物 27 篇，国内学术刊物 81 篇。其中被 EI 收录 17 篇，SCI 收录 7 篇，ISTP 收录 7 篇。国外 SCI 统计被引篇数 7 篇，被引次数 12 次，国内科技期刊被引篇数 22 篇，被引次数 33 次。

1998 年电子学系科研硕果累累。徐安士等 8 人获教育部科技进步二等奖；栾桂冬等获中国船舶工业总公司科技进步三等奖；周乐柱获北京大学科技成果二等奖等。另外，有 5 个项目通过鉴定：(1)国家自然科学基金重大项目“几种新型薄膜材料基础研究”结题时，专家评审组评定为“特优”；(2)4x2.5Gb/s 光纤波分复用系统；(3)公路车辆收费监控系统；(4)印章管理与识别系统；(5)德州减灾中心雨情自动测报系统。

1998 年学术交流活动频繁：出国访问 27 人次。其中，出国三个月以上 3 人，出国参加国际会议 12 人次，参加韩国双边会议 10 人。接收短期专家 5 人，接收进修教师 1 人，在职申请学位 1 人。接收博士后 3 人，出站 2 人。

（栾桂冬）

计算机科学技术系

【发展概况】 计算机科学技术系于 1978 年 12 月正式成立，其前身是北京大学数学力学系计算数学专业软件专门化组、无线电电子学系计算技术专业和物理系半导体专业。1955 年北大数学力学系成立了国内第一个计算数学专业；1956 年，周恩来总理领导制定国家科学发展 12 年远景计划，黄昆、谢希德等一批科学家汇聚北大，建立了全国第一个半导体专业，培养了来自北大、复旦、南大、吉大和厦大等五校的第一批半导体专门人才；同年，为适应我国计算技术发展规划的需要，举办了计算技术训练班，1959 年在无线电电子学系成立了计算技术专业。1969 年，为支持石油勘探事业，北京大学承接了研制百万次集成电路数字电子计算机（150 机）的任务。来自数学力学系、物理系、地球物理系、无线电电子学系等系的一批教师和原四机部 738 厂等单位的同志在北大昌平园区（200 号），以“校办工厂、厂办专业”为试点，经过团结奋斗，不仅研制成功了我国第一台百万次集成电路数字电子计算机和第一块大规模集成电路 1024 位 MOS 随机存储器（三种类型），双双获得了 1978 年全国科学大会奖，而且还培养了计算机、软件、半导体三个专业 560 多名学生，走出了一条产学研相结合的道路。这不仅为我国石油地质勘探事业做出了贡献，而且为计算机系 1978 年的正式成立奠定了坚实的基础。

从建系到 1997 年止，计算机系承担了包括国家重点科技攻关、国家自然科学基金、863 高技术计划，攀登计划、军事预研和国家重大基础研究在内的各种科研项目共 106 项，取得了丰硕成果。其中 44 项获得国家级和部委级的表彰和奖励，包括国家科技进步三等奖，电子工业部科技进步特等奖、一等奖，国家发明三等奖，国家教委科技进步一等奖等；取得 6 项发明专利。出版专著 34 部，教材 54 种，其中 5 种获得国家级和部委级奖励。

计算机系现有教职工 196 人，其中教授（含研究员和正高工）34 人（其中中科院院士 2 人，博士生导师 17 人）；副教授 46 人。在校生共 921 人，其中本科生 659 人，硕士生 193 人，博士生 62 人，博士后研究人员 15 人。

1998 年是计算机系建系二十周年，5 月 5 日在资源宾馆召开了建系二十周年庆祝大会。

（魏引树）

【学科建设】 计算机系现设有 6 个教研室：计算机科学理论、计算机软件、软件工程、计算机系统结构、理科计算机教学和微电子学；设有计算机体系结构、程序设计和微电子学3个实验室。另还设有3个研究所：微电子学研究所、计算语言研究所和计算机系统与软件研究所。研究所分设软件工程、人工智能、数据库、网络、图形、图像、CAD、超高速集成电路、新器件、微机电系统集成、CMOS/SOI、小尺寸MOS器件物理、系统集成系统和ASIC电路设计等研究室。此外还设有软件工程国家工程研究中心，国家级微米、纳米加工技术重点实验室、北京市软件固化高技术实验室；与国际著名公司建立了一些联合实验室，包括：北京大学0 Intel新技术实验室、北京大学一贝尔实验室软件技术联合实验室、北京大学一摩托罗拉半导体联合实验室、北京大学一ADI公司模拟电路联合实验室，为培养高技术人才提供了优良的环境和条件。

计算机系设有计算机软件、计算机及应用、软件工程和微电子学等4个本科生专业、微电子与固态电子学等4个硕士和博士授予点，拥有计算机科学与技术一级学科1个（内含计算机软件与理论、计算机体系机构、计算机应用技术等3个二级学科）。计算机系注重专业基础主干课的建设，突出学科交叉特点，在教学过程中并得到青鸟公司的支持和赞助。在教材建设方面，与北大出版社合作，成立了“北京大学计算机科学与技术系基础主干课和专业主干课教材编译指导小组”，制定了出版计划，这一系列教材从1999年7月已开始陆续出版。

（魏引树）

【科研活动】 1998年计算机系科研取得丰硕成果，完成和鉴定科研项目6项：(1)支持MPP（曙光2000）的HPF编译系统（“八六三”项目）；(2)基于构件一构架复用的面向对象软件开发技术及其系统（“八六三”项目）；(3)多通道用户界面研究（重点科学基金）；(4)数据库管理系统COBASEV2.0（“九五”攻关项目）；(5)网络信息自动发现与查询系统（部委）；(6)中文编码和分布式中英文信息发现（“九五”攻关项目）。

微电子研究所在研国家重点项目有18项，1998年8、9月对在研的10项国家科技预研项目进行中期评估，其中“硅硅低温键合技术研究”、“硅深槽刻蚀技术”、“高速CMOS/SOI电路研究”（该项目因完成任务出色于1998年底获上级机关奖励18万元科研经费）3项为优，其余7项为良。在所有参加中期评估单位中是完成任务最好的单位之一。微电子研究所的微米/纳米加工技术国家重点实验室于1998年4月分别通过专家评估委员会的评估和领导机关的验收评议。专家评估委员会评估报告认为“实验室设备精良，实力雄厚，其总体水平国内领先，关键设备达到国际先进水平，实验室的建成为我国开展MEMS研究加工服务和培养高水平人才提供了良好的条件和环境，它将为我国微米/纳米技术发展作出贡献”。

1998年计算机系共发表中文论文37篇，外文论文39篇，被SCI检索论文18篇，被EI检索论文32篇。出版专著、教学用书等14本、译著5本：《现代汉语语法信息词典详解》（俞士汶、朱学锋）、《代数结构和组合数学》（离散数学第三分册）（屈婉玲）、《面向对象的系统分析》（邵维忠、杨芙清）、《离散数学》（耿素云、屈婉玲）、《概率统计》（耿素云、张立昂）、《集合论与图论》（耿素云）、《Petri网原理》（袁崇义）、《数据结构与算法分析》（张铭、刘晓丹）等。

由北京大学牵头承担的国家科技攻关项目“大型软件开发环境青鸟系统”获国家科技进步二等奖；北京大学参与的“COSA国产系统软件平台”（合作项目）获国家科技进步二等奖；计算语言研究所的《现代汉语语法信息词典》获教育部科技进步二等奖；“保险业务综合管理信息系统”获中国人民银行总行金融科技进步二等奖；微电子学研究所的“用于多晶硅发射极电路的专利和关键技术”获国家教委科技进步二等奖。

计算机系二十周年系庆恰逢北大百年华诞，为纪念这两件盛事，举办了计算机与微电子科学技术国际研讨会，美国模拟数字公司总裁RayStata先生、香港科技大学PingK. Ko教授、中科院自动化所戴汝为院士等著名学者出席了会议。在微电子技术、计算机软件技术、计算机系统及应用分组专题报告会上，计算机系13位教授或年轻骨干教师与来自美国、香港、内地十几所著名大学和科研所的16位专家学者作了专题报告。参加报告会的来宾、学术界同仁、校友有600人次。会后几经努力，还出版了这次学术会议的论文集和纪念册。

（魏引树）

化学与分子工程学院

【发展概况】 北京大学化学系始建于1910年，是我国高等院校中建立最早的化学系之一，1994年发展成为化学与分子工程学院。近九十年来，化学学院培养了8000多名本科生、1000多名硕士生和400多名博士生。化学学院拥有一支学识渊博、治学严谨的师资队伍。现有教授76人，副教授69人，博士生导师45人，其中中国科学院院士7人。近十几年来，一大批年轻的博士、硕士陆续充实到教师队伍中来，现有教师中具有博士学位的有69人，占教师总数的34%。学院每年招收本科生约180

人、硕士生和博士生约100人。现有无机、有机、分析、物化四大基础课实验室，总面积为3000多平方米。各种仪器设备总价值达6000多万元。

化学学院一贯注重扎实系统的基础理论教学和严格系统的实验训练，每年从各种渠道获得的科研经费近千万元。目前，化学学院主持1项国家科技部重点基础研究发展规划项目（“973”项目）和4项国家科技部重大基础研究项目（攀登项目）、多项国家“863”高科技项目、攻关项目，以及近百项国家自然科学基金项目和省部级项目。1978～1998年共获科研成果奖141项（不含北京大学校级奖），其中国家自然科学奖和国家科技进步奖共15项。1978～1998年，全院共出版专著、译著、教材50多部，其中先后被评为国家级优秀教材特等奖1部，国家级优秀奖6部，国家教委一、二等奖共9部；共有5项教学成果获得国家级奖励。1994～1998年在国内外核心学术刊物上发表论文共855篇，其中被SCI收录568篇。

学院蓬勃的发展也得到了国内外社会各界的关注。1998年美国罗门哈斯公司开始在北京大学设立化学奖学金。该公司每年提供4万元人民币奖学金，奖励24名品学兼优的研究生和本科生，其中一半用于奖励高分子专业的学生。

（宋莉）

【学科建设】 目前学院设有化学系、材料化学系、高分子科学与工程系等3个系以及若干研究所、研究中心，拥有2个国家重点实验室：稀土材料化学及应用国家重点实验室、分子动态与稳态结构实验室和1个教育部重点实验室：生物有机与分子工程实验室。学院有无机化学、有机化学、分析化学、物理化学、高分子化学与物理等5个二级学科，均于1989年被教育部首批认定为重点学科。这些学科均设有硕士点、博士点和博士后流动站。

化学学院有化学和材料化学2个学士学位授予专业，有无机化学、分析化学、有机化学、物理化学、高分子化学与物理等5个硕士学位授予专业，以及无机化学、分析化学、有机化学、物理化学、高分子化学与物理等5个博士学位授予专业。

为促进学术交流，提高研究生和本科生的科研兴趣，创造良好的学术环境，1998年化学学院举办了面向研究生的“兴大科学系列报告”28讲和面向本科生的“今日化学”讲座6讲。香港大学化学系王希萌博士，中科院大连化物所林励吾院士，北大王义遒、严纯华、龚旗煌教授等著名学者先后应邀讲演。

由教育部和国家自然科学基金委主办、化学学院承办的“98全国化学研究生暑期学校”于7月19日～8月20日在化学学院成功举办。本期学校共开设了16门课程及19次科学讲座，其中有16位海外学者参加了授课和报告，共有26所高等院校和科研单位的111名学员参加了学习。讲课人员中有：美国Cornell Univ. Stephen Lee教授，美国纽约大学赵康教授、美国Pacific Lutheran大学的K. T. Tang教授，美国Pharmacopeia公司的李革研究员，香港科技大学李晓原教授，中科院化学所孔繁敖，以及南京大学化学系游效曾教授和陈洪渊教授等。讲座报告人中有：美国Michigan州立大学的A. Ottova教授和H. TiTien教授，美国哈佛大学的黄震研究员，美国明尼苏达大学的刘鸿文研究员，美国杜克大学杨伟涛研究员，台湾中兴大学理学院杨登贵教授，新加坡国立大学LohTeckPen教授，以及香港科技大学尤乃亨教授和香港中文大学的黄乃正教授等。

（宋莉）

【科研活动】 1998年化学学院在教学、科研及开发等方面取得优异成果，共获科研项目奖8个，其中5个是教育部科技进步奖（合作2项），3个是中国分析测试协会分析测试奖。共出版著作5部；授权专利2项，申请专利6项；在国内外学术刊物共发表论文约500余篇，其中被SCI收录177篇。共承担项目126项，其中主持了国家科技部重点基础研究发展规划项目（“973”项目）1项，主持国家科委重大基础研究（攀登计划）4项、“863”项目3项，国家自然科学基金委重大、重点8项（5项由化学学院负责），国家自然科学基金委杰出青年基金项目3项，国家自然科学基金面上基金（含青年基金）51项。获奖项目及成果见附表。

1998年化学学院对外学术交流频繁，美国科学院院士Fraser-Reid教授，诺贝尔化学奖获得者、法兰西大学教授Jean－MarieLehn等人先后来讲学、合作研究，香港科技大学化学系系主任张启光等贵宾先后访问了学院。德国拜尔施坦研究所所长R. Luckenbach教授等学者被聘为北京大学客座教授。为庆祝北京大学建校100周年，在5月3日～5日化学学院还主办了“面向21世纪的化学”国际研讨会，R. A. Marces教授（诺贝尔奖获得者、美国加州理工学院），李远哲教授（诺贝尔奖获得者、台湾的中央研究院院长），徐光宪教授（中科院院士、北京大学）等著名学者应邀参加了会议。

成果统计

1. 著作：

（1）《唐有祺文集》，唐有祺，北京大学出版社，专著。

（2）《钎焊手册》，张启运等，机械工业出版社，专著。

（3）《化学》，周公度、阮慎康、樊杰等，上海书局有限公司，教材。

（4）《 Peptide ： Biologyand -

Chemistry》,徐筱杰、叶蕴华等,荷兰 KluwerAcademic 出版社,论文集。

(5)《生命科学中的微量元素分析与数据手册》,王夔(北医)、慈云祥等,中国计量出版社,专著(合作)。

2. 专利

(1)分离重金属杂质制高纯稀土的方法,黄春辉,授权专利。

(2)合成一吡咯烷酮乙酰胺的方法,花文廷,授权专利。

(3)一种氧化钛一氧化铝复合物为载体的钯催化剂及其制法和用途,朱月香等,申请专利。

(4)高聚物热解碳为负极的锂离子电池,慈云祥,申请专利。

(5)分离生产各种纯度规格稀土的工艺,廖春生、严纯华等,申请专利。

(6)萃取分离生产高纯氧化镥的工艺,廖春生、严纯华等,申请专利。

(7)能提高免疫功能的活性肽及其应用,宋艳玲、申请专利。

(8)一种由四氢呋喃聚合制备聚酶的方法,张鸿志等,申请专利。

化学学院获奖项目

项目名称	时间	负责人	获奖名称及等级
生物医学高分子	1998	冯新德	教育部科技进步一等奖(合作)
重稀土分离理论与实践	1998	严纯华	教育部科技进步二等奖
多孔硅的光谱学研究	1998	蔡生民	教育部科技进步二等奖(合作)
超细粒子的湿化学制备方法研究	1998	马季铭	教育部科技进步三等奖
含稀土新氧化物陶瓷材料的研究	1998	郑朝贵	教育部科技进步三等奖
MIKES 及软件峰匹配法在有机质谱碎裂机理研究中的应用	1998	何美玉	中国分析测试协会 CAIA 一等奖
激光动态光散射技术及应用	1998	吴佩强	中国分析测试协会 CAIA 二等奖
荷移分光光度法在药物及生物物质分析中的应用	1998	赵凤林	中国分析测试协会 CAIA 三等奖

化学学院承担科研项目情况

任务来源	项目名称	起止时间	负责人	总经费(万元)
国家科委 973 项目	1998.7～2000.6	严纯华	1500.0	稀土功能材料的基础研究
国家科委攀登计划	1994.～1999.12	刘忠范	500.00	超高密度"光子电子型"信息存储材料的研究
国家科委攀登计划	1997.12～2000.12	桂琳琳	150.00	功能体系的分子工程学研究
国家科委攀登计划	1997.12～2000.12	来鲁华	150.00	生命过程中重要化学问题研究
余下 123 项略	以下略			

(宋莉)

生命科学学院

【发展概况】 北京大学生命科学学院的前身是创办于 1925 年的北京大学生物系,它是我国高等学校中最早建立的生物学系之一。1937 年,北京大学、清华大学和南开大学内迁到长沙,成立长沙联合大学。次年又迁往昆明,改名国立西南联合大学。1946 年夏,北京大学迁回北平,并分设植物学系和动物学系。1952 年院系调整时,与清华大学生物学系、燕京大学生物学系合并,成立了新的北京大学生物学系。为了适应现代生命科学的迅速发展,培养 21 世纪的专业人才,北京大学生物学系于1993年11月扩展为北京大学生命科学学院。经过几代人的长期努力,已形成师资力量雄厚、设备齐全的教学、科学研究和技术开发三结合的基地。新中国成立五十年来,生命科学学院先后培养出5000余名生命科学工作者。他们在生命科学领域的教学、科学研究、技术开发和管理工作等方面做出了突出的成绩,其中一批人已经成为教学、科学研究、管理工作的骨干和学科带头人。

生命科学学院现有教职工200人,其中教授32人(其中中国科学院院士1人,博士生导师26人),副教授31人,高级工程师及高级实验师14人,讲师、助教和其他教职工124人。目前在校本科生807人,硕士生159人,博士生83人,博士后研究人员9人,此外还有进修教师9人。

学院学生工作也取得了可喜的成绩,荣获北京大学1997~1998"学生工作先进单位"称号和北京大学先进班集体"五四"奖杯。院里的师资队伍建设和科研开发工作也取得一定的成绩。生命科学既是历史悠久的学科,又是朝气蓬勃、迅猛发展的学科。现代生命科学从分子、细胞、个体和群体四个水平上来认识生物界。这将对人类乃至整个世界的发展与变革产生重大影响。生命科学学院将根据当今生命科学发展的趋势,结合全院长期以来在学科建设中形成的优势,为培养新一代生命科学领域人才,为我国经济发展,特别是在生命科学及生物技术革命中赶上世界先进水平做出贡献。

(王世珍)

【学科建设】 北京大学生命科学学院现设6个系、2个研究中心、2个研究所、2个国家重点实验室,它们是:生物化学及分子生物学系、细胞生物学及遗传学系、生理学及生物物理学系、植物分子及发育生物学系、环境生物学及生态学系、生物技术学系以及生命科学中心、大熊猫及野生动物保护研究中心、分子生物学研究所和细胞生物学研究所、蛋白质工程及植物基因工程国家重点实验室和生物膜及膜生物工程国家重点实验室(部分)。

生命科学学院本科生学制为四年,各系前三年共同学习的基础课有:高等数学、计算机语言、物理学、无机化学、分析化学、有机化学、物理及胶体化学、植物生物学、动物生物学、微生物学、遗传学、细胞生物学、生理学或植物生理学、生物化学及分子生物学、生态学、现代生物学技术。第四年学习专业课,进行专业大实验和毕业论文科研训练。

目前院内具有博士学位授予权的学科8个,即生物化学、生理学、生物物理学、动物学、植物学、植物生理学、细胞生物学和昆虫学等。有硕士学位授予权的学科12个,除上述8个学科外,另有分子生物学、微生物学、遗传学和生态学。各系均设有博士后科研流动站。生物化学、生理学、植物生理学和细胞生物学等四个学科被评为教育部重点学科。1998年,由生命科学学院编写的《细胞生物学》、《生物化学》和《脊椎动物学》等教材,分别获得教育部科技进步一、二、三等奖。

(王世珍)

【科研活动】 1998年,生命科学学院在教学、科学研究、科技开发和学生工作等方面都取得较好的成绩。在国家理科基础科学研究与教学人才培养基地建设评估中,获得A类第一名。科学研究工作也有很大发展:一年来,学院承担和参加攻关项目5项,科技部攀登预选项目1项,"863"专题科研项目10项,科学技术部项目2项,教育部项目7项,国家自然科学基金项目37项,国际自然科学基金重点项目2项,教育部博士点基金项目8项,优秀青年教师基金项目1项,横向协作科研项目4项,自选项目3项。全年科学研究经费近1200万元。1998年获教育部科学技术进步三等奖和中国青年科技奖各1项,在国内外学术刊物上发表学术论文246篇。

1998年5月4日,为纪念北京大学成立一百周年,生命科学学院举行了主题为"21世纪的生命科学"的科学研讨会。研讨会议题涵盖了生态学、生物进化、细胞生物学等各个学科。海内外一百多位校友参加大会,听众多达400余人。会议期间,还举行了授予7位港台及外籍科学家北京大学客座教授称号仪式。这次研讨会对促进学术交流、开展国际合作起了积极作用。

(王世珍)

地质学系

【发展概况】 北京大学地质学系创建于1909年,是北大最早建立的两个理科系之一,是中国培养高等地质人才的第一个教学单位,也是中国最早的一个地质学术机构。北京大学前身京师大学堂1898年创办时,就设有地质学门,但分科大学始于1909年,这一年,格致科(相当于现在的理科)大学设立了化学门和地质学门。1912年京师大学堂改称北京大学,格致科改称理科。1913年北京大学因经费紧张,暂时停办理科,并委托当时临时政府工商部创办了地质研究所,借用北大地质学门的旧址、图书、仪器、标本及部分教员继续办学,作为培养地质人才的临时机构。1917年北京大学地质学门恢复招生,1919年改称地质学系。1938年迁往昆明,更名为西南联合大学,设地质地理气象学系。1952

年全国高校院系调整,北京大学、清华大学、天津大学和唐山铁道学院的地质系合并,组建北京地质学院。此时,北京大学设地质地理学系,但没有地质学专业的学生。1955年地质学专业恢复招生,1956年增设地球化学专业,1958年起设古生物及地层、构造地质学、地球化学3个专业,1972年增设地震地质专业。1978年北京大学分设地质学系和地理学系,至此,地质学系又恢复了建系初期的名称。

被称为地质人才摇篮的北京大学地质学系,89年来共向国家输送了本科生2931人,研究生365人,专科生71人。地质系的毕业生中已有50位当选为中国科学院或中国工程院院士,还有许多人担任了重要的领导工作,他们为中国地质科学和地质事业的发展和国家建设做出了重要贡献。地质系创建初期,中国地质事业的奠基人章鸿钊、丁文江、翁文灏、李四光以及著名美籍地质学家葛利普教授等都曾在地质学系长期任教。

地质学系设有学生工作组,负责学生的思想教育和日常管理工作。地质学系学生工作自1991至1998年,7次获得北京大学德育先进单位和红旗团委称号,其中1994年获北京市德育工作先进集体,1997年获北京市红旗团委嘉奖。在北京大学"挑战杯"科研论文竞赛中,连续4年进入集体成果奖前2名,1997年荣获总成绩第一名。

地质学系还设有系属分析测试中心、教学实验中心、同位素地球化学实验室、基础计算机实习室、图书资料室、地质陈列馆和地质科技档案馆等机构,以及岩石圈地质科学研究所(1986年成立)、石油天然气研究中心(跨系)、地球动力研究中心等科研机构。

1998年度地质学系有教职工112人,其中院士2人,教授32人(博士生指导教师22人),副教授31人,讲师6人,助教1人,实验教师,图书资料和行政管理岗位上的高级职称人员有13人,中级职称17人,其它13人。

为迎接北京大学百年校庆和地质系建系89年,1998年4月23日至5月8日由地质系和北大奇石研究会联合举办"赏石文化节"活动,是百年校庆的三大文化节之一。开幕式上,韩国友好人士、韩中爱石研究所李知恩所长向北京大学地质陈列馆捐赠四款珍贵奇石,加上以前已经捐赠的50款奇石,共计54款,有祝福北大"五四"校庆之义。5月2日《中国地质矿产报》对文化节作了"观赏奇石品味人生——北大石文化活动丰富多彩"的专门报道。5月4日上午,地质学系庆祝北京大学建校100周年大会在新地学楼举行,参加庆祝大会的系友约700余人,其中院士13名。整个校庆期间,返校的校友多达1600余人,其中院士20多人。

(李凤棠)

【学科建设】 地质学系设有4个本科专业和1个专科班:矿物岩石矿床地球化学专业、构造地质学专业、古生物学及地层学专业、地震地质学专业、宝玉石学大专班。地质学系于1994年起,按地质学一个专业招收本科生。地质学系还设有8个硕士研究生专业:构造地质学,地震地质学,地球动力学,矿物学,岩石学,矿床学,地球化学,古生物学及地层学专业;同时设有古生物学及地层学,构造地质学,岩石学,矿床学4个博士生专业和1个博士后流动站。

地质系教学实验中心(1998年11月成立)负责全系与教学有关的实习、实验工作。教学实验中心的设立对于促进教学改革、提高教学质量、发挥现有资源整体优势、加强统一管理,具有很大作用,受到学校主管部门的重视与肯定。

分析测试中心拥有数百万元的精密仪器设备,不仅可以满足系内科研和教学的需要,还向社会开放。其中电子探针、等离子光亮计(ICP)和红外分光光度计等仪器被纳入北京地区联合测试网,向全国开放,1994年通过国家计量认证。

同位素地球化学实验室是全国筹建最早(1960)的同位素实验室之一,近年来不断完善了实验功能。

地质档案馆在争取到学校部分"211工程"配套资金的基础上,投资建立了面积约1800平方米的亚洲最大的地质档案馆,把本系教员多年科研积累的重要标本存放起来,结合已完成的科研成果进行展示。

地质陈列馆历史悠久,创立于1909年,是中国最早的地学专业陈列馆。八十多年来行政机构多变,大量展品调拨到其他单位。现在陈列的展品主要是地质学专业恢复招生(1955年)以后积累的精品。珍藏了一批宝贵的标本,有矿物、岩石、矿床、宝玉石、化石和地质变动的岩石标本等。地质陈列馆于1992年"5月4日"在新地学楼开馆,面向全校师生及社会开放,已成为北京大学对外交流的一个重要窗口。

地质系图书资料室创建于1955年,现馆藏面积约200平米,馆藏各类文献5万余种册,外文期刊78种、中文期刊150种。馆内配备高档计算机和部分光盘版专题文献数据库,资料室已联网,开展网上资源的检索与利用。

1991年新落成的地学楼(逸夫二楼)为地质学系的教学、科研提供了良好的环境。地质学系于1993年被教委批准为国家理科基础科学研究和教学人才培养基地,现今北大地质学系已经成为我国地质科学研究和高素质人才培养的重要基地。在人才培养方面,为了适应社会、经济和科学技术发展的需要,经过几年来的调整,现在已基本完成了由以培养专业口径较窄的专门人才为主向以培养知识面宽、基础扎实的高层次人才为主的转变。同时,对延续多年的本科和研究生专业设置进行了大幅度的调整。

（李凤棠）

【科研活动】 1998年北京大学百年校庆期间,地质学系举办了“北京大学百年校庆国际地质科学”学术研讨会。会议于5月3日上午举行,欧洲地质学会秘书长、德国前寒武纪专家Alfred Kroner教授,韩国地质学会会长汉城大学金贞涣教授,校友李廷栋和许志琴院士,地质系何国琦和曾贻善教授,分别就大陆地壳演化、大地构造研究进展、中国科学钻探工程和矿产资源等重大地质科学前沿问题及研究进展做了大会报告。下午,学术报告分六个学科分会进行,共有280多位国内外学者参加研讨。到会的中科院院士、中国工程院院士24人,国外知名学者13人,分别来自欧洲、美洲和非洲。国内外知名专家近80余人作了学术报告,地质系教师和研究生20余人也作了报告。学术报告会对地质科学的各个领域进行了广泛的讨论和交流。国际学术研讨会还组织了河北、内蒙古大青山、乌拉山等地区进行野外地质考察,就国内外学者所关心的前寒武纪岩墙、华北地台北缘的高压麻粒岩和世界特大型推覆构造等地区进行了现场地质考察。1998年4月由地震出版社出版了这次国际学术研讨会会议论文集,共收录114篇国内外学者的论文,展示了北京大学的学术水平和地位。

1998年5月5日,地质系、中科院地质所及国土资源部地质所共同举办了华北克拉通早前寒武纪地质学国际专题学术报告会。11月举行了开题报告会。

1998年8月20日至26日,第9届国际地质年代学、宇宙年代学与同位素地质大会(ICOG)在北京大学召开。会议由中国地质学会同位素地质专业委员会、中国矿物岩石地球化学学会同位素地球化学委员会、北京大学地质学系、国土资源部同位素地质开放研究实验室共同主办。四年一度的ICOG大会是国际同位素地质学界最为重要的学术会议,来自世界五大洲24个国家和地区的300(其中国外代表177人、国内代表120余人)多位代表参加了这一盛会。北京大学地质学系为这次大会的申办和召开做出了重要贡献。

1998年11月30日至12月1日,“九五”重点项目“华北克拉通早期大陆的性质及演化”专题学术报告会在北京大学地质学系举行。会议由北京大学地质学系、中国科学院地质研究所、中国地质科学院地质研究所联合召开。刘树文副系主任主持了开幕式,中国科学、地质学报、地质科学、岩石学报等学报编审到会进行了指导,大会交流了华北克拉通及邻区的最新研究成果,并提出华北前寒武纪地质研究的前缘科学问题。钱祥麟教授围绕早前寒武纪地质问题进行了学术演讲,项目负责人李江海博士介绍了课题的学术思路及课题研究设想,郭敬辉博士、耿元生研究员、刘树文博士、王仁民教授、张立飞博士等13人作了专题学术报告。

1998年地质学系以第一作者发表论文被美国《科学引文索引》(SCI)收录有17篇,在国内核心期刊上发表论文143篇,一般刊物发表论文28篇。

（李凤棠）

城市与环境学系

【发展概况】 北京大学城市与环境学系的前身是清华大学地理学系,始建于1929年。后因增加地质学研究与教学而改名为地学系。抗日战争期间,北京大学、清华大学、南开大学三校合称西南联合大学。北大地质学系与清华地学系合并,并增设气象学研究与教学,称地质地理气象学系。抗日战争胜利后,恢复了北京大学、清华大学、南开大学,并在清华设地学系、气象学系。地学系下设地质组和地理组。1952年全国院系调整中由清华大学地学系地理组和燕京大学部分教员联合成立北京大学地质地理系。早期仅设自然地理学专业。1955年、1956年、1994年、1997年相继设立地貌学、经济地理学、环境学、地图学与地理信息系统专业(本科)。1978年北京大学决定撤销地质地理学系,分别成立地质学系和地理学系。

为适应改革开放和国家社会、经济和科技发展的需要,地理学系教学与科研工作在信息化、生态化和应用化,地理信息科学技术、区域科学与城市规划、资源与环境管理等方面迅速发展。1984年北京大学以地理学系遥感教研室为基础成立了与地理学系密切联系的遥感技术与应用研究所(1994年改为遥感与地理信息系统研究所),1988年地理学系正式更名为城市与环境学系。

目前,城市与环境学系教学与科研已经形成了人文地理(城市、区域科学与规划),地理信息科学以及自然地理与环境科学“三足鼎立”的格局。有全国唯一的人文地理学重点学科,是国家第二批确认的国家地理学人才培养基地之一。从1952年院系调整到1998年共培养各类学生2562人,其中本科生1963人,硕士376人,博士94人,博士后16人,进修生90人。1998年各类在校学生507人,其中本科生279人,硕士生148人,博士生80人。

自1980年以来承担主持科研项目432项,其中重大攻关项目25项,出版著作122部,国内外学术刊物发表论文2134篇，获各种奖207项(其中省部级以上102项)。截止1998年，城市与环境学系有教职员工92人，其中教授27人(中国科学院院士1人，博士生导师17人)，副教授20人，高工4人，讲师14人，助教7人。另有兼职、客座教授17人。教师结构趋向合理，45岁以下的有40人，占教师总数的53.3%。教授中50岁以下的有10人，占教授总数的37%。博士生导师中50岁以下有的4人，占博士生导师总数的23%。城环系教师队伍建设实行"两支队伍、三个循环、四方结合"的战略方针，在积极建设内部队伍的同时，利用校外的资源，将一大批国内外知名学者、院士聘为兼职教授、客座教授。注意校内、国内和国际的人才循环来充实教师队伍；师资队伍建设以养、用、奖、罚四方面相结合的方针提高教师的专业和外语水平以及运用新技术、新手段的能力。

城市与环境学系设有自然地理学、人文地理学、历史地理学、第四纪地质学、地图学与遥感、区域经济学等6个博士生专业和博士后流动站、自然地理学、人文地理学、历史地理学、第四纪地质学、地图学与遥感、环境地学、区域经济学等7个硕士生专业和7个本科生专业。7个本科生专业按城市专业、环境学专业、自然资源与环境预测专业、地理信息专业4个专业组招生，实行专业组内自由选择专业方向。

系里设有"地貌与第四纪"、"土壤—环境—生态"、"遥感与地理信息系统"等实验室，另外还有地理研究所、区域科学中心、土地科学中心、历史地理研究中心、生态学研究与教学中心、城市规划设计中心、不动产鉴定中心、环境工程研究所、世界遗产研究中心等附属机构。

在图书信息资料增订和利用方面，购进中外文图书、期刊1036多册，增加幻灯片、投影片、声像资料，多媒体软件150张/集。

针对校团委组织开展的"文明修身"活动，城环系学生成功地举办了"人与环境"文化节，将"文明修身"深入落实，认真组织各级团校和党校学习；举行了知识竞赛、有奖征文等活动；制定了以民主为精神，以增强透明度、完善决策结构和激励机制为核心的各项系级规章制度，做到有章可循。

通过几年的努力，城环系各方面建设都已进入一个良好的发展期。从队伍建设来看，中青年队伍在全国高校同类系科中位居第一；从学科优化组合来看，获得了地理学一级学科授权；从教学来看，1998年国家基础科学理科人才基地评比，在全国所有地球科学基地(包括地质、地理、大气和海洋等)中，城市与环境学系获得第一名。

(贾振邦)

【学科建设】 为满足培养高素质地理学人才的需要，系里在对各专业教室的幻灯机、投影仪进行修理补充的同时，重点建设了一个现代化的地理学专业电化教室和多媒体教室；组建了一个一流的遥感与GIS应用实验室，配备有两台工作站、11台高档微机及一批高档外设和有关软件，为开展遥感与GIS应用研究和教学提供了更加有利条件；购置了有机质测定仪、气捉捕集装置、微波消解装置、紫外可见分光光度计等一批设备；更新了土壤—环境—生态实验室；对地貌与第四纪实验室原有的X衍射仪进行了升档；改善了沉积物分析的教学和科研条件，设立了一个有相当规模和水平的地貌第四纪标本陈列和实习室；购置了冠层分析仪、植物光合作用及蒸腾过程测定系统、GPS等设备；重点支持了植物地理、土壤地理实习装备的建设，大大改善了地质、地貌第四纪、植物地理、土壤地理的野外实习条件。

教学教材研究与改革方面，针对城环系自然科学、社会科学、技术科学多学科会合交融的特点，力求做到综合发展，形成了自然地理、人文地理、遥感与地理信息系统从本科到博士后的人才培养体系；针对自然地理学、人文地理学、遥感与地理信息系统更加相互渗透与综合的趋势以及城环系的实际情况，提出和实行了"把专业当方向，办大地理学"的行动计划。采取的主要措施是：①强化基础，增加系级公共基础课；②淡化专业，各专业的专业课互为选修课；③面向社会，增强辐射。为了加强面向21世纪的教材和教学参考书的建设，一方面鼓励教师积极申请出版社和学校的教材出版资助，一方面自筹资金与科学出版社合作，设立了"北京大学地理学教材丛书"和"北京大学地理研究丛书"出版基金。

(贾振邦)

【科研活动】 1998年城市与环境学系承担各类科研项目共49项，其中国家自然科学基金重点项目、面上项目14项，省部级项目3项。1998年通过鉴定、评审的科技成果共7项，出版专著15部，在核心期刊以第一作者发表的论文155篇，获得各类科技奖共8项。

国际学术交流活动较为广泛，已与22个国家和地区66所高等学校建立了联系。十多年来先后派出人员出国进修或访问达200多人次。1998年，环境工程研究所代表中方与欧盟联合组织了"S & TCo－operation with Asia in the Area of Sustainable Management of Natural Resources"的国际会议。

城市与环境学系科技成果获奖情况

获奖者	成果名称	奖项名称	获奖等级
崔之久　伍永秋 高全州　刘耕年 葛道凯	青藏地区晚新生代以来岩溶夷平面与隆升过程研究	教育部科技进步奖	2
贾振邦　吕殿录 赵智杰　辛会忠	柴河铅锌矿对柴河水库水质影响研究	教育部科技进步奖	3
周一星	《城市地理学》	教育部科技进步奖	3
吕　斌　陈晓卉 周林杰	河北省迁安市沙河驿镇规划	河北省科技进步奖	1
杨开忠	北京市经济发展战略研究(B)	北京市科技进步奖	2
柴彦威		中国地理学会第四届青年地理科技奖	
杨开忠		第六届中国青年科技奖	
倪晋仁		第六届中国青年科技奖	

城市与环境学系出版科技专著、教材情况

作者姓名	著作名称	著作类别	出版社
崔之久 刘耕年	中天山冰冻圈地貌过程与沉积特征	专著	河北科学技术出版社
倪晋仁 马蔼乃	河流动力地貌学	专著	北京大学出版社
许学工	黄河三角洲地域结构、综合开发与可持续发展	专著	海洋出版社
晏　磊	资源环境生态区系统控制	专著	华夏出版社
杨吾扬	高等经济地理学	专著	北京大学出版社
于希贤	中国古代地学史大纲	专著	河北科学技术出版社
俞孔坚	生物与文化基因上的图示	专著	台湾田园城市文化事业有限公司
俞孔坚	景观、文化、生存和感知	专著	科学出版社
周一星 陈耀华	市域城镇体现规划研究——以洛阳市为例	专著	中国环境科学出版社
倪晋仁等	拦减粗泥沙对黄河河道冲淤变化影响	专著	黄河水利出版社
王缉慈等	世界的高技术园区	译著	北京理工大学出版社
胡兆量 韩茂莉	开发后的中国	教材	中国环境科学出版社
胡兆量 王恩涌 韩茂莉	中国区域经济差异及其对策	教材	清华大学出版社
胡兆量 谢正观	新世纪的中国城市	教材	台湾台北市唐山出版社
王　超 胡兆量	Changing Spatial Patterns of Medium - Sized Cities in China		China Environmental Science Press

（贾振邦）

心理学系

【发展概况】 北京大学是中国最早传播心理学的学府。早在1900年即开设有心理学课程。1917年创立北京大学心理学实验室，标志了中国现代科学心理学的开端。该实验室是由著名教育家、北京大学校长蔡元培先生倡导的，他曾在德国莱比锡大学冯特教授创建的世界第一个科学心理学实验室考察、学习，为把科学心理学引入中国作出了巨大努力。1926年正式建立北京大学心理学系。

1952年全国院校调整，清华大学、燕京大学、复旦大学的心理学师资并入北京大学，合成为哲学系心理学专业，云集了一大批著名心理学家，成为国内最具实力的心理学研究、教学机构。1978年，北京大学率先在国内恢复心理学教学与科研，成立了当时国内第一个心理学系，并归入理科。师生中共有3位入选中科院院士：原北京大学教授唐钺院士，原中科院上海脑生理所所长张香桐院士，原中科院心理所所长潘菽院士。

北京大学心理学系现有教学、科研人员28人，其中教授10人，副教授8人，讲师10人；另有博士后1名，教辅、技术、行政后勤人员12名。拥有理学学士、硕士、博士学位授予资格，同时设有心理学成人自学考试点，并受理在职人员申请硕士、博士学位。

心理学系拥有计算机教室、录音录像设备、动物中心、图书资料室等教学和科研设施；拥有独立的神经生理心理学与比较心理学研究教学实验楼、一个专设的发展心理学研究教学实验室、一个独立的综合研究实验区及行政区，并与校医院合建有心理诊所。

心理学系现有180名全日制学生，其中包括90名硕士、博士研究生，另有自学考试大专生及在职申请硕士学位的学生。每年都有85%以上的本科毕业生继续攻读研究生或出国深造。现有基础心理学、应用心理学2个硕士专业（点）。

心理学系与国外著名大学的心理学系建立有合作关系，其中包括英国牛津大学，美国密西根大学、伯克利加州大学。合作双方进行互访，共同研究，共享信息，交换教学等活动。此外，还与相当一批外国研究机构、学者保持各种形式的学术往来，并与香港中文大学心理学系有长期学术合作协议。

1998年1月6日，心理系设立了蔡元培心理学科教发展资助金，以纪念1917年蔡元培先生在北京大学建立心理学实验室、开创中国现代心理学。首批捐助的有客座教授、台湾中央研究院常务副院长杨国枢教授，客座教授、香港中文大学心理学系梁觉教授。英国荷兰皇家壳牌公司也在心理系设立博士生奖学金，资助从事管理心理学及人力资源开发研究的博士研究生3年的学习，并资助有关管理心理学方面的研究。该项目的实施标志心理系应用心理学走向社会、得到业界认可的努力取得重要成就。

1998年5月成功举行了心理学系恢复建系20周年纪念活动，约有450名校友参加了庆典。这是心理系历史上规模最大的一次庆典，共有300多名本科毕业生、150名专科生返校参加。著名的脑生理学专家、中科院院士、心理学系30年代学生张香桐教授给母校和陈佳洱校长发来贺信，并赠送了他的个人论文集，其中有他30年代在北京大学心理学系就读时撰写的论文。

（王垒）

【学科建设】 心理学系最突出的特色之一是学科建设。其认知神经心理学、生理心理学在国内处于领先地位，而临床心理学、比较心理学、情绪心理学则是国内综合大学中独一无二的，此外还设有心理学研究所以及认知神经科学研究中心、人力资源评价与开发中心、临床心理学研究中心等机构。

1998年心理学系在学科建设方面取得了历史性进展：同英国牛津大学展开了深入合作交流，与伯克利加州大学心理学系签订了学术合作交流协议；硕士研究生招生人数首次超过本科生人数；建立了应用心理学硕士点，使该方向学科建设向纵深发展；与著名企业壳牌公司建立了博士生奖学金；对哲学楼实验区进行了彻底改造，面貌焕然一新；在香港筹集到基金资助国际学术交流；以引进英国剑桥大学博士为标志，开始了全面引进人才的队伍建设计划。

随着学校创建世界一流大学计划的启动，心理学系调整了学科建设方向，集中优势，以认知神经科学为主，以应用心理学为辅，以基础研究为重点，以应用研究与社会服务为辅助，“两条腿走路”，为校内外各方面工作确定了战略性思路，并取得了明显的成效。

（王垒）

【科研活动】 心理学系的科研领域包括实验心理学、认知心理学、认知神经科学、生理心理学、心理统计与测量、发展心理学、人格与社会心理学、临床心理学、情绪心理学、比较心理学、医学心理学、工业与管理心理学、消费与广告心理学、人力资源管理等，这些研究为培养我国高等基础与应用心理学人才奠定了重要基础。1998年，心理学系与国际知名大学之间的校际学术科研交流活动频繁。系主任王垒对美国伯克利加州大学进行正式访问，与对方签订了系际学术交流与合作协议。这是伯克利加州大学历史上第一个系际学术交流协议。美国伯克利加州大学心理学系代表团对心理学系进行了正式访问,对双方的学术交流与合作的具体问题进行了充分商讨。英国牛津大学实验心理学系主任、英国皇家学会会员布莱恩特教授对心理学系进行正式访问,对学科建设整体情况进行了全面考察,双方展望了两系今后的交流合作,并签署了进一步加速交流合作的备忘录。世界著名学府美国宾夕法尼亚大学校长、心理学家罗丹教授访问北大,并作专题演讲。访问期间与北大签订了校际合作协议。10月,实验心理学研究室开发的PES实验教学系统在世界银行贷款项目中一举中标,获得订货47套,总招标额超过50万人民币。这是我国高校心理学史上最大的一次心理学机构自有技术产品销售,标志着北大心理系在该领域的进一步成功,并巩固了在心理学教学软件开发方面的领导地位,特别是它为心理系产、学、研相结合创出了模式,是心理学教学软件向产业化迈进的重要标志。1998年心理学系新获准的横向、纵向科研经费接近100万人民币。

(王垒)

中国语言文学系

【发展概况】 北京大学中国语言文学系前身为京师大学堂文科中国文学门。1910年京师大学堂开办分科大学,其文科设有四年制的"中国文学门",是独立建制的中文系的雏形。1919年北京大学废门改系,"中国文学门"改称"中国文学系"。此后,中文系教学体制虽时有变动,系名也几度更迭(国文学系、国文系、中国语言文学系),但总体框架基本不变。沈尹默、马裕藻、胡适、朱自清、闻一多、罗常培、杨振声等先后任系主任。1952年,政务院对全国高等学校进行院系调整,清华大学中文系、燕京大学国文系、新闻系与北京大学国文系四个系合并为新的北京大学中国语言文学系。1954年,中山大学语言学系也并入北京大学中国语言文学系。院系调整后,北京大学中文系设中国语文学、新闻与编辑2个专业。1953年在中国语文专业设中国文学、中国语言学2个专门化。1958年,新闻与编辑专业并入中国人民大学新闻系。1959年增设古典文献专业。此后,文学、语言、古典文献的专业设置一直延续至今。1971年曾重新设新闻专业,1978年再次并入中国人民大学。1984年设编辑专业,1996年转归北京大学信息管理系。院系调整后,杨晦任系主任直至"文化大革命"。"文化大革命"结束后,季镇淮、严家炎、孙玉石、费振刚相继担任系主任。

1998年有在编教师118人,其中教授52人(45岁以下8人),副教授40人。45岁以下教师59人,占教师总数的50%。有博士学位的教师36人,占教师总数30%。本年度公派出国出境共71人次,博士后流动人员4人,国内访问学者75人,国外访问学者15人。

1998年在册各类学生824人,其中本科生362人,硕士研究生177人,博士生143人,本科留学生142人。1998年招收各类新生216名,其中本科生103名(含留学生20名)、硕士生57名(含留学生7名)、博士生56名(含留学生21名)。

新中国建立以来,中文系共培养本科生近5000名,硕士研究生近500名,博士研究生100余名。

(张辉)

【学科建设】 新中国成立后,中文系在杨晦、游国恩、王力、魏建功等几代学者的不懈努力下,成为北京大学文科中师资雄厚、学科齐全、特色鲜明的基础学科,在全国高校同类学科中处于前列。"文化大革命"结束以后,中文系进一步加强学科建设,提高办学水平和层次,已建成本科专业、硕士点、博士点、博士后流动站俱全的一级学科,下设7个二级学科、17个三级学科:语言学和应用语言学学科,含理论语言学、实验语音学2个方向;汉语言文字学学科,含现代汉语、汉语方言、汉语史、古文字学4个方向;文艺学学科,含文艺学、中国文学批评史2个方向;中国古代文学学科,含先秦两汉文学、魏晋隋唐文学、宋元文学、明清近代文学4个方向;中国现当代文学学科,含现代文学、当代文学、民间文学3个方向;比较文学与世界文学学科;中国古典文献学学科。

1987年,中国古代文学、中国现当代文学、现代汉语、汉语史、中国古典文献学等5个学科被评为国家重点学科。1995年,中文系被批准为"国家文科基础学科人才培养和科学研究基地"。1997年底,国家教委专家组对基地进行中期检查的《评审意见》认为:"中文系学术根底深厚,名家众多,历来为国内同行众望所归,基地建设的起点高。在基地建设过程中,一方面发扬光大严谨求实的学术传统,一方面培养提倡活泼、创新的精神,在不长的时间内,产生了一批影响重大的学术成果,承担了一系列颇有分量的科研项目,形成了强大的学术梯队,从而保持了在全国中文学科中的整体领先水平。"

中文系现设9个教研室:古代文学、现代文学、当代文学、文艺理论、民间文学、现代汉语、古代汉语、语言学、古典文献。另有3个研究所:北京大学古典文献研究所、北京大学比较文化和比较文学研究所、北京大学中国语言文学研究所。还有1个国家"211工程"重点支持的语言学实验室。

1983年起,教育部所属全国高等院校古籍整理工作委员会秘书处设在北京大学,其机构挂靠在中文系。中国俗文学研究会也挂靠在中文系。

1998年中文系获中国语言文学一级学科博士学位授予权。

1998年开设各类课程225门，其中骨干基础课12门，研究生课67门，留学生课23门，境外办学课程50门。

（张辉）

【科研活动】 中文系既是教学单位，又是科研单位，科研立项和成果获奖的质与量均居全国高校同类学科前列。

1998年有1篇博士论文入选首批全国百篇优秀博士论文。

全年承担各类科研项目70项，其中省部级以上项目54项，本年度已完成11项，正在进行的59项。获社科成果奖共26项，其中获全国高校第二届人文社会科学研究成果奖9项，占全校获该项奖数的24%。据不完全统计，1998年出版各类著作70种，发表论文320余篇。

中文系国际学术交流活跃。1982年以来，陆续应邀派出60多名教师分赴日本、德国、法国、意大利、荷兰、美国、泰国、韩国、新加坡等国以及香港、澳门、台湾地区的大学担任客座教授，讲授中国语言文学课程。此外，每年还有30多人次应邀出国、出境进行学术访问、参加学术会议。与此同时，每年有200多名外国留学人员（本科生、硕士生、博士生、进修生、高级进修生、访问学者）到中文系学习、研究。中文系还主办了多次国际学术研讨会。

5月份参与主办北京大学"国际汉学会议"；8月份主办"98现代汉语语法国际研讨会"，并参与主办"《文心雕龙》年会"；10月份主办"东亚比较文化会议"。全年参加各类学术会议148人次，在会议上发表论文106篇，应邀在国外讲学或作学术报告62人次，参加国际及两岸三地学术交流活动71人次。国外及港台地区学者来系作学术讲演22人次。

1998年语言学实验室获"211工程"二期资金40万元，固定资产增至150余万元。另获各类研究项目经费63万余元。

（张辉）

历史学系

【发展概况】 北京大学历史系的前身可溯至1902年秋京师大学堂设立的史学堂，是近代中国最早建立的史学教学科系。1903年改为中国史学门和万国史学门。1910年3月，京师大学堂分科大学（相当于今制本科）的中国史学门开始招生。新文化运动中，北京大学的史学教育多方吸取近代世界新的科学理论、方法和知识，力求使学生获得广博的基础知识，打下厚实的学术功底，练就精深的专业能力。五四运动后，1919年8月，校评议会依新制将中国史学门改为史学系。1937年7月，北京大学与清华大学、南开大学的相关科系合组为国立西南联合大学历史社会学系。抗战胜利后，北大史学系于1946年随校北上复员。1952年全国高等学校进行院系调整时，由于清华大学和燕京大学一部分历史学骨干教师的汇入，北京大学历史学系的师资阵容进一步壮大，在国内外史学界的学术地位益发突出。随着形势的发展，考古学专业于1983年从北大历史系分出，独立成为考古学系。

在近百年的发展历程中，北京大学历史系培育了一代又一代具有历史目光和渊博知识的人才，在各条战线发挥了积极作用。实事求是的优良学风、严谨扎实的治学态度，承前启后，代代相传。

全系共有教师66人，教授32名（其中博士生导师24名），副教授19名，讲师15名。高级职称教师占教师总数的77%。另有行政管理人员10名，资料管理人员5名。

历史系每年面向海内外招收本科生60余人，硕士研究生30余人，博士研究生10余人，接受各层次进修生10余人，进修教师20余人，访问学者10余人。历史系十分注重利用首都地区和北京大学的学术优势和人才资源，经常聘请国内外一流专家学者前来作学术报告，向师生介绍学术界的最新研究成果和信息。

（高毅　董正华）

【学科建设】 历史系本科教育从1994年起列为国家历史学科人才培养基地，现设有历史学和世界历史2个专业，学制4年。基础课程有中国通史、世界通史、中外史学史、史学理论等类别，选修课有断代史、国别史、专题史等70余门，还有公共课和工具、语言、方法、辅助学科等课。此外，社会调查将学生的视野和知识引向广阔天地；按年级逐年提交的读史报告、读论报告、学年论文、毕业论文，使学生经过系统的训练，学会科学的思维和严谨的写作。历史系现有7个硕士点，分别为中国古代史、中国近现代史、世界上古中古史、世界近现代史、中国史学史、历史地理学和历史文献学；3个博士点，分别为中国古代史、中国近现代史和世界史。硕士和博士研究生均分中国古代史、中国近现代史和世界史3个专业，学制3年。中国古代史专业从先秦至明清分设8个断代史、另设中西文化交流史、历史文献、史学史、历史地理等，共12个研究方向。中国近现代史专业分设近代史、现代史、中外关系史等3个研究方向。世界史专业分设上古史、中世纪史、主要国别史及地区史、史学理论、现代化进程、欧洲从封建向资本主义过渡、殖民主义史等19个研究方向。历史系还拥有全国最先设立的历史学博士后流动站。

1998年教学方面的主要工作,是进行了面向21世纪的课程体系和教学内容改革。

1998年,教育部对全国普通高校的专业设置作了大幅度的调整,历史系本科生的专业结构因此发生了深刻的变化:原有的中国史和世界史两个专业更名为历史学和世界历史两个专业。这实际上对本科教学工作提出了更高的要求,原有的教学计划、课程设置也就需要做一些相应的调整。

这次教学改革遵循着拓宽考察历史问题的视野、重视具有前瞻性课程的创设、实施跨学科和多学科交叉互渗、适当增强教学内容的灵活性等4项基本原则进行了对专业和课程的调整。

历史学专业方面:历史学专业课程的教学任务将仍由原中国史课程的教员承担。在原中国史课程中,中国古代史部分是历史系传统的优势项目,在此次课程体系改革中又增设了大量社会史、文化史、历史地理、史料学及史学史的新课,从而进一步突出了优势。在中国近现代史方面,也本着锐意创新的精神增设了若干思想文化史方面的新课。

世界历史专业方面:由于新专业目录将世界历史专业提高到与历史学专业平级的地位,原有的世界史课程便显得不敷需要了,必须加以重大调整。调整的主要内容是大幅度地增设新课,以开阔学生的学术视野和知识面,切实贯彻素质教育。由于数十年来世界历史知识量增长迅猛,同时还要注意保持历史系世界史专业独步中华的全面性和系统性特点,新课的增设率相当大,几达百分之百。为保证学生多选课同时又不致增加学时负担,决定缩短课时,即每门课的周学时一般限定为2学时(以往通常都是3学时)。这些新课的增设,不仅将大大提高世界史专业学生的知识面、优化他们的知识结构,而且也将彻底解决该专业选修课长期开课不足的问题。

面向全校的课程建设:除上述本系学生的课程调整之外,还配合全校学生的素质教育,开设19门全校性的历史学选修课,并把它们列为历史系近几年课程建设的重点来加以开发。这些课程包括:历史学专业8门,有"中华文明史"、"中国古代官僚政治"、"古代中外文化交流史"、"中国历史重要问题评析"、"中国近代社会史"、"中国近代政治制度史"、"中华民国史专题"、"中华人民共和国五十年"等;世界历史专业11门,如"教会史"、"近代欧洲的兴起"、"文艺复兴史"、"资本主义史"、"冷战史"、"知识发展与社会变迁"、"人类发展与环境变迁"、"战后美国与第三世界"、"东北亚历史发展进程"、"苏东社会主义兴衰史"等。这些课程均为新近开发或准备开发的新课,具有内容新、方法新、观点新的"三新"特点。

(高毅　董正华)

【科研活动】 承担科研项目情况。1998年历史系教员承担的各类人文与社科研究项目,共有37项在册。其中国家社科规划项目(包括重点项目)15项,教育部规划项目18项,高校古籍整理研究项目2项,其余为北大校内研究项目。中期检查结果显示:2项已完成并出版,1项请求缓期,其余均在顺利进行之中。所有项目负责人均能认真负责、全力以赴,力争在"九五"期内高质量地按时完成任务。

专著及论文获奖情况。两部专著(何芳川著《澳门与葡萄牙大商帆》和梁志明著《当代越南经济革新与发展》)获北京市哲学社会科学1998年优秀成果二等奖。

研究生论文及博士后工作。98级硕、博士研究生均按期毕业,优秀论文正在评审中。1998年在站博士后共4人,共发表论文14篇,其中尚小明博士的论文《学人游幕的兴盛与清代学术的发达》获首届全国优秀博士论文奖。

学术会议情况。1998年历史系共举办三次学术会议:(1)"亚洲与中国的现代化:1860～1960"国际学术讨论会,由"世界现代化进程研究中心"与荷兰"国际亚洲研究院"(IIAS)合作,在北大举行(1998年3月8日－12日)。(2)"戊戌变法一百周年"国际讨论会,由北大历史系主办,1998年10月在北大举行。3、"纪念翦伯赞教授学术讨论会",1998年11月在北大举行。

(高毅　董正华)

考古学系

【发展概况】 北京大学的考古学科是教育部的考古重点学科。早在1922年,北京大学就在国学门设立了考古学研究室,著名金石学家马衡任研究室主任。1952年正式在历史系设立考古专业,著名考古学家苏秉琦任教研室主任。随着学科本身发展的需要,1983年考古专业由历史系独立出来,成立了考古学系,著名考古学家宿白任系主任。在北京大学百年校庆前夕,由国家文物局和北京大学合作,又在北京大学考古系的基础上成立了北京大学考古文博院(中国文物博物馆学院)。

伴随着学科的发展,考古学系的队伍已颇具规模。现有教职工67人,其中教授12人(博士生导师8人),副教授19人,基本形成了合理的老、中、青三代结合的教学梯队。培养了一批又一批考古学的专门人材。曾在考古文博院学习、深造和进修过的博士生、硕士生、本科生、留学生和进修生共有1700余名。

隶属考古学系的北京大学赛

克勒考古与艺术博物馆,是中国高等院校中第一所专门的考古类博物馆。由北京大学和美国赛克勒基金会共同兴建,于1993年正式对外开放。博物馆除常年展出北京大学考古文博院收藏的中国历代文物和有关中国考古学的教学与研究标本外,还定期举办考古文博院近年来的重要发掘成果展并承办其它博物馆及学术研究机构和收藏家的藏品展览。

考古学系始终与国内外学术界保持着广泛而又密切的联系。迄今为止,已接收来自美国、英国、波兰、蒙古、日本、朝鲜、香港、台湾等十多个国家和地区的留学生、进修生和访问学者近200名。与此同时亦不断有考古文博院教师被邀请或出访至美国、英国、德国、日本、韩国、俄罗斯、埃及、伊朗、南非、斯洛文尼亚及香港、澳门、台湾等国家和地区进修、访问考察和讲学。近些年来,还分别同美国、日本的同行合作,联合对江西万年吊桶环遗址、浙江桐乡普安桥遗址及宁夏固原隋唐墓进行了发掘与研究。与国内各考古研究机构的合作交流更为密切。已先后与有关省市的兄弟单位合作,对内蒙古呼和浩特大窑、辽宁营口金牛山、南京汤山、湖北江陵鸡公山、湖北天门石家河、河南邓州八里岗、山西曲沃天马－曲村、北京房山琉璃河、江西丰城、河北磁县、浙江慈溪等一大批重要遗址进行了联合发掘与研究,并取得了可喜的学术成果。

1998年考古学系的工作主要围绕两项进行。一是落实北京大学与国家文物局联合办学,共建北京大学考古文博院(中国文物博物馆学院);二是为迎接北京大学百年华诞,举办了两个专题展览,开放了苏秉琦图书室,并接待返校系友500多人。4月8日,国家文物局和北京大学合办北京大学考古文博院(中国文物博物馆学院)签字仪式在北京大学赛克勒考古与艺术博物馆举行。北京大学校长陈佳洱、国家文物局局长张文彬代表双方签字并讲话。4月29日中共中央总书记、国家主席江泽民参观了北京大学赛克勒考古与艺术博物馆,建议"以后外国元首来北京大学时,都要请他们来看北大的博物馆",并欣然提笔签名。5月4日,考古学系召开"考古校友庆祝大会",并宣布"苏秉琦考古学基金"正式设立。会后,举行了"考古英才的摇篮——迎接21世纪的北京大学考古系系史展览"和"国之重宝——晋侯墓地出土文物精品展"以及"苏秉琦图书室"揭幕仪式。12月28日北京大学考古文博院(中国文物博物馆学院)发展指导委员会成立并召开第一次全体会议。会议推选出该委员会主任、副主任、秘书长和副秘书长并通过了委员会章程。

(李崇峰)

【学科建设】 考古学系的教学机构日趋完善。现有考古学与博物馆学2个专业,涵盖考古学、博物馆学和文物保护科学3个方向,设考古学与博物馆学硕士点和博士点。其中硕士点涵盖旧石器考古、新石器考古、夏商周考古、秦汉考古、魏晋南北朝隋唐考古、宋元考古、佛教考古、中西亚考古、陶瓷考古、古文字研究、科技考古、文物保护科学等13个研究方向;博士点涵盖新石器考古、青铜时代考古、汉唐考古、宋元考古、佛教考古、中西亚考古、科技考古、文物保护等8个研究方向。考古学系下设旧石器时代考古、新石器商周考古、汉唐宋元考古、博物馆学和陶瓷研究所等5个教学研究所、室,另外还有年代学实验室、文物保护实验室及技术室、赛克勒考古与艺术博物馆、图书资料室等附属教学研究机构。

针对不同层次考古学人才的培养,已有50余门常设的专业课和专题研究课。近些年来除了不断完善中国考古学的基础课程之外,还着力加强了与考古学相关的其它学科的课程建设,同时还聘请国外的知名考古学家讲授国外考古及考古学理论与方法。

1998年全面修订了本科生的培养方案,使之更加适应中国的改革开放政策。同时,对研究生课程亦做了相应的调整。为了扩大学生视野,于1998年3月9日－4月10日举办了"当代西方考古学理论与方法"系列讲座。该讲座是北京大学考古学系与英国伦敦大学考古学院开展学术交流活动的第一步。伦敦大学的Stephen Shennan教授、Peter Ucko教授、Tao Wang博士、Cyprian Broodbank博士、Jeremy Tanner博士等分别阐述了各自对当代西方考古学理论与方法的观点。为筹办文物建筑专业,考古学系分别于1998年4月和10月召开两次文物建筑专业教学方案研讨会,与会专家就培养目标与要求、课程类别、学分分配、课程设置、教学实习、教员聘请等问题进行了细致深入的讨论。

(李崇峰)

【科研活动】 考古学系师生承担或参与的考古调查与考古发掘上自旧石器时代,下至宋元时期,地点遍及大江南北、黄河两岸。其中许多重要遗址的发掘和研究都对中国考古学学科的繁荣和发展产生了积极的推动作用。自"八五"开始举行"中国考古十大发现"评选以来,在全国50项成果中,考古学系共有8项发掘成果入选。"八五"期间全国10项重大考古发现中,考古学系参与的有4项。另外,自"七五"以来,考古学系还承担了国家及省部级重点研究项目51项,其中19项获得相应的奖励。数十年来,累计已发表论文600余篇,出版专著40余部。

重大科研活动及学术著作。国家级重大科研项目"夏商周断代工程”已取得阶段性成果；全国哲学社会科学重大精品项目——多卷本《中国考古学》各卷正积极展开；天马——曲村遗址发掘报告已交付待出版；晋侯墓地发掘报告正在编写之中；三峡库区已进行两次考古发掘，郑州八里岗遗址完成第六次发掘。

宿白教授所著《中国石窟寺研究》，1997 年获美国“第三届岛田著作奖”，1998 年获北京市“哲学社会科学优秀成果”特等奖。高明教授所著《帛书老子》1998 年获北京市“哲学社会科学优秀成果”一等奖。

本年度考古文博院教师出版的重要学术著作有：《夏商周考古学论文集·续集》（邹衡著）、《民族考古学论文集》（李仰松著）、《史前考古论集》（严文明著）、《走向 21 世纪的考古学》（严文明著）、《中国青铜文化结构体系研究》（李伯谦著）、《北京大学百年国学文粹·考古卷》（李伯谦主编）、《“迎接二十一世纪的中国考古学”国际学术讨论会论文集》等。

学术交流。1998 年 5 月 6 日～8 日在香山召开的北京大学“汉学研究国际会议”上，与会海内外考古学者正式代表 44 人，其中考古文博院教授、副教授 19 人，并均在分组会上宣读了论文。论文内容主要集中在考古学理论与方法、某一地区或某一类遗存的综合研究、考古遗物个案研究及考古最新发现的介绍和研究等。

“7～8 世纪东亚地区历史与考古”国际学术讨论会于 1998 年 8 月 6 日至 8 日在北京大学赛克勒考古与艺术博物馆举行。会议的中心议题主要集中在墓葬、都城、寺院等方面，考古文博院汉唐教研室大部分教师与会并宣读了论文，其中不乏新发现、新创见。

（李崇峰）

哲学系

【发展概况】　北京大学哲学系始建于 1914 年，是我国高等院校中最早成立的哲学系。创建之初为北大文科哲学门，亦称“中国哲学门”，1919 年更名为哲学系。历史上，著名学者蔡元培、马叙伦、章士钊、胡适、熊十力、梁漱溟、汤用彤、张申府、金岳霖、冯友兰、贺麟、朱光潜、张岱年、宗白华、洪谦、王宪钧等先后在这里执教。中国共产党的创始人陈独秀、李大钊等人也曾在此开设哲学课程，传播马克思主义。

1937 年，在云南昆明与清华、南开的相关科系合组为西南联合大学哲学系。抗战胜利后，1946 年北大复校，哲学系也随之恢复为北大哲学系。1952 年全国院系调整，部分高校哲学骨干教师汇入哲学系，进一步壮大了哲学系的阵容。1978 年，心理学专业从哲学系分出，独立成为心理学系。

改革开放以来，哲学系在课程改革和学科建设等方面得到了很大的发展，学科门类逐步完备，教师配备渐趋合理，图书资料也日益丰富。1994 年起被列为“国家文科基础学科人才培养和科学研究基地”。

由于学科发展的需要，1995 年 9 月，原来同哲学、逻辑学并列的宗教学专业独立成系。按照一种新的办学模式，宗教学系与哲学系联体运作，以求协力发展。

哲学系现有 2 个本科专业、8 个硕士研究生专业、6 个博士点，3 个全国重点学科，10 个教研室，1 个和系结合的研究所。1998 年经批准设立了哲学学科博士后流动站。

截止 1998 年底，全系共有教师 70 人，其中教授 33 人（其中博士生导师 20 人）、副教授 29 人、讲师 8 人。另有博士后 1 人。教师中国家级有突出贡献专家 3 人，国务院哲学学科评议组成员 1 人，全国优秀教师 2 人。学生人数为：本科生 123 人，硕士生 95 人，博士生 50 人，留学生 23 人。哲学系资料室藏书 3 万余册，期刊 150 余种。在国家 211 工程项目基金及部分海外捐款的支持下，哲学系建立了计算机机房及信息库，修缮了办公用房，较大地改善了办公条件。

哲学系在学生工作中取得了比较突出的成绩。1997～1999 年，连续两次获得“学生工作先进系”称号；1997～1998 学年获北大“红旗团委”称号；1998～1999 学年获北京市“红旗团委”称号；1997～1998 学年哲学系本科 96 级获“北京市红旗团支部”、“首都高校先锋杯团支部”和“北京市优秀班集体”称号。1997～1998 学年，哲学系学工组及团委、学生会、研究生会举办了“学生学术文化节”，旨在弘扬中华传统文化、倡导人文精神和素质教育、引导校园读书方向。

从 1914 年到 1998 年的 84 年里，哲学系共培养了 8000 多名毕业生，其中有冯友兰、张申府、朱自清、顾颉刚、王浩这样的大学者，也有邓中夏这样的革命志士，还有各行各业的大批骨干力量。这些毕业生遍布海内外，为中华民族的振兴和人类文明的发展做出了巨大的贡献。在 1998 年 5 月 5 日哲学系召开的庆祝北大建校 100 周年报告会上，新老系友济济一堂，正式成立了北京大学哲学系系友会，并通过了有关章程。

（席大民）

【学科建设】　哲学系现有 2 个本科专业：哲学、逻辑学；8 个硕士研究生专业：马克思主义哲学、中国哲学、西方哲学、东方哲学、美学、伦理学、逻辑学、科学技术哲学；原有 6 个博士点：马克思主义哲学、中国哲学、西方哲学、美学、逻辑学、科学技术哲学，1998 年 5 月被批准为全国第一批一级学科博士点单位之一；3个全国重点学科：马克思主义哲学、中国哲学、西方哲学；10个教研室：马克思主义哲学原理、马克思主义哲学史、现代中国哲学、中国哲学、西方哲学、东方哲学、美学、伦理学、逻辑学、科学技术哲学；1个和系结合的研究所：北京大学外国哲学研究所。1998年被批准设立哲学学科博士后流动站。

1998年11月和12月，按照学校1998年教学讨论会的统一安排，哲学系、宗教学系组织全系教师进行了2次大讨论和6次专题讨论会。之后出台的“哲学系、宗教学系人才培养、学科建设与体制改革方案”就是综合了这两个月全系教师讨论的成果。在讨论中大家认为，从学科总体力量来说，目前北大哲学系在全国各大学的哲学系(包括台湾大学、香港中文大学等)中仍是处于前列。

哲学系作为国家文科基地，其重点学科和博士点在全国各大学哲学系中是最多的。十年来，开出各类课程200多门，其中许多课程是国内首开的新课，具有开拓性。出版的教材和教学参考书共70种，覆盖各个学科。承担的国家社科基金项目从“七五”、“八五”到“九五”一直处于各大学哲学系的前列，获奖项目也处于前列。

从学科布局来看，二级学科比较全；在二级学科内，布局也比较全。这一点无论在国内或是在国际上都是不多见的。在二级学科中，马克思主义哲学史、中国哲学、西方哲学、美学、逻辑学、科技哲学等学科在国内占有比较明显的优势。

从教师队伍看，哲学系的教师阵容在国内也是处于前列的，其标志是有一批国内外知名的资深教授和一批非常有发展潜力的年轻教授；教师队伍是稳定的，凝聚力在不断增强，对外的吸引力也在增强。从亚洲范围看，北大哲学系也是属于一流的。从国际范围看，北大哲学系在中国哲学方面的力量和水平是一流的，但在西方哲学、逻辑学、科技哲学、伦理学等方面和国际上的一流水平还有较大距离。

在这次讨论中还形成了创办世界一流大学哲学系的“人才培养、学科建设与体制改革方案”的雏形，为1999年的工作打下了基础。

(席大民)

【科研活动】 1998年哲学系教师在学术研究方面取得了一些成果，发表了大量论文和专著。

如《北京大学百年国学文粹·哲学卷》、叶朗的《胸中之竹——走向现代之中国美学》、陈启伟的《西方哲学论集》、赵敦华的《柏罗丁》、郭世铭的《递归论》、吴国盛的《追思自然》、何怀宏的《底线伦理》和《选举社会及其终结》、陈波的《奎因哲学研究——从逻辑和哲学的观点看》、张祥龙的《海德格尔传》、曹玉文的《西方人看马克思主义》、韩林合的《新实证主义》、徐凤林的《费奥多洛夫》、楼宇烈和张志刚主编的《中国宗教交流史》、宋文坚和郭世铭主编的《逻辑学》、宋文坚主编的《方法论全书Ⅱ》等。

1998年，陈来的《有无之境》、赵敦华的《基督教哲学1500年》获全国高校人文社会科学优秀成果二等奖，张祥龙的《海德格尔与中国天道》、周北海的论文《嫁接框架与SI—完全性》、叶朗等主编的《世界诗学大词典》获全国高校人文社会科学优秀成果三等奖。

1998年，北京大学哲学系与日本大正大学文学部签订了《关于双方留学生及学术交流的协定书》。北京大学哲学系、宗教学系、艺术系与日本岩手大学教育学部签订了《学术交流协定书》。

(席大民)

宗教学系

【发展概况】 北京大学宗教学系的前身是北京大学宗教学专业，1995年9月正式独立成系，按照一种新的办学模式，宗教学系与哲学系联体运作，以求充分利用人力资源。

追溯历史，北京大学具有宗教学研究的深厚传统，梁漱溟、胡适、汤用彤、熊十力等在中国宗教或东方宗教研究领域成果彰著。原燕京大学设有神学系。50年代初院系调整，北京大学哲学系集中了全国哲学和宗教学的教学科研力量。1964年，以北京大学哲学系教师为骨干，组建了中国科学院哲学社会科学部(现中国社会科学院)下属的世界宗教研究所。在改革开放的环境里，宗教学研究在北京大学有长足的发展。1982年北京大学哲学系建立了全国第一个宗教学本科专业，同时佛教、道教、基督教专业方向也开始招收硕士和博士研究生。

北大宗教学系致力于以实事求是的科学精神和严谨求实的科学态度，从事跨宗教、跨学科、跨文化的学术研究，公正客观地评价世界各主要宗教的历史和现状；培养具有较全面的哲学、宗教学基础知识，以及具有21世纪所需要的知识结构和基本技能的中高级人才，为文化部门、宗教事务部门、高等学校和研究机构输送师资、专业研究人员和各类工作人员；积极发展对外交流与合作，广泛介绍中国宗教学研究的历史和现状，吸收国外先进研究成果，以国际水准和中国特色为目标，力争建成具有世界水平的宗教学系。

宗教学系下设宗教学原理、佛教、道教、基督教等4个教研室，以及宗教学综合研究中心。宗教学系教师由专职和兼职两部分组成。

专职教师是指宗教学系4个教研室的教师，兼职教师包括哲学系的部分教师，以及从本校其他系和校外聘请的教师。此外每年还要邀请少数海内外知名学者任客座教授。

（席大民）

【学科建设】 宗教学系招收本科生、硕士研究生和博士研究生。本科生设宗教学专业，每年通过国家高考招收10人左右。硕士和博士研究生设宗教学专业，包括宗教学原理、佛教、道教、基督教等专业方向，每年通过国家统考及学校的考试招收约15人。1998年哲学系、宗教学系申请一级学科博士点已获得通过。本科和研究生各专业方向除招收中国大陆学生外，还接受外国留学生和台港澳地区的学生。

为达到以上的办系目标，宗教学系不断完善课程建设，到1998年已经形成了比较全面系统、适应培养目标需要的课程体系。本科生专业必修课有：马克思主义哲学原理、宗教学导论、西方哲学史、中国哲学史、古代汉语、专业英语、逻辑学导论、心理学概论、东方哲学概论、基督教、伊斯兰教、佛教、道教、世界宗教现状、宗教哲学、哲学概论、宗教问题调查、治学与写作以及学年论文、毕业论文等。限制性选修课有：中国通史、世界通史、《圣经》导读、古兰经、佛教原典、道教著作选读、当代宗教学原著选读、基督教哲学原著选读、中国基督教、宗教仪规与管理、新兴宗教、民间宗教等。硕士研究生必修课有：宗教学研究方法、世界宗教哲学名著选读、世界各宗教原典选读、现代宗教学论著选读、中国佛教哲学著作选读、印度佛教著作选读、印度古代哲学著作选读、《圣经》选读、神学名著选读、基督教史专题、《古兰经》选读、伊斯兰教名著选读、中国伊斯兰教名著选读。选修课除第二外语外包括世界宗教哲学文献概述、佛典概论、《圣经》研究概论、印度佛教史专题、中国基督教史专题、中国佛教史专题、中国伊斯兰教专题以及宗教艺术研究、宗教心理学等。博士研究生包括佛教、道教和基督教等专业方向。

1998年12月北京大学哲学系、宗教学系组织了“学科建设与教学改革”的讨论活动。以创办世界一流大学的宗教学系为目标，宗教学系形成的共识是：宗教学系还应开拓新的研究领域和课程门类，完善教学和学科体系。一方面加强跨宗教、跨学科的研究，开设神话学、宗教社会学、宗教伦理学、原始宗教和民间宗教等领域的课程；另一方面注重宗教典籍研究，争取开设希伯来文、古希腊文、拉丁文、梵文、巴利文、波斯文、阿拉伯文等语言课程，并聘请若干海外学者担任客座教授，重点主持语言类课程、跨学科课程和新开课程。此外还应进一步扩大与国内（包括港台地区）和国际学者的学术合作与交流。

（席大民）

【科研活动】 宗教学系成立以来在学术研究方面取得了一些成果，出版了大批学术著作。如赵敦华的《基督教哲学1500年》获北京市第五届哲学社会科学优秀成果一等奖、1998年全国高校第二届社科优秀成果二等奖，陈来的《古代宗教与伦理》1998年获北京大学人文科研一等奖，许抗生的《老子评传》获第八届全国图书“金钥匙”奖，姚卫群的《佛教般若思想发展源流》获北京市第五届哲学社会科学优秀成果一等奖等。此外，楼宇烈、张志刚的《中外宗教交流史》，姚卫群的《印度哲学》，沙宗平的《伊斯兰哲学》，张志刚的《走向神圣——现代宗教学的问题与方法》、《理性的彷徨——宗教哲学理性观比较》，孙尚扬的《基督教与明末儒学》、《汤用彤》等著作也受到国内外学术界好评。

宗教学系自成立以来，注重国际学术交流工作，力求达到国际化水准。每年一度的“中美哲学与宗教学研讨会”就是哲学系、宗教学系主办的旨在就宗教学、尤其是宗教哲学的前沿问题展开学术对话的一项国际学术交流活动。此项活动由中方张志刚教授和美方斯图尔德教授召集，中美双方各有10名学者参加。1998年10月20日至22日在燕园举行了第四届研讨会，主题是宗教哲学认识论，并出版了中英文论文集。此外，1998年宗教学系还派出教员多人次参加境外召开的有关宗教问题学术会议和进行访问讲学活动。如赵敦华、陈来赴香港中文大学崇基学院宗教系访问并参加“第四届基督教与儒家对话”国际学术会议、张志刚赴美国哈佛大学访问、沙宗平赴埃及访问进修等。

为促进创办世界一流大学宗教学系目标的实现，宗教学系设立了学术发展基金，以支持以下经常性项目：学者交流、学术会议、出版、研究、资料、办公设备等。此资金正在筹集中。

（席大民）

国际关系学院

【发展概况】 北京大学的前身京师大学堂1902年始设政治学门，后改称政治学系，是近代中国建立最早的政治学教育科系。1952年全国性院系调整中被取消。1960年，北京大学重建政治学系。1964年，根据中共中央关于加强外国问题研究的批示，将政治学系更名为国际政治学系，主要任务是培养国际政治问题的研究和应用人才。

改革开放以来，国际政治学系已培养了近3000名本科生、双学士生、硕士研究生、博士研究生、干部专修科生和外国留学生。其中不少已成了知名学者、省市党政部门的领导和中央各业务部门的骨干。毕业的留学生中,有些成为大使和部长级官员。

1996年7月,在原国际政治学系、国际关系研究所和相关研究机构的基础上,成立了国际关系学院。

北京大学国际关系学院是中国综合性大学中建立最早的国际关系学院,是中国培养国际问题和外交与涉外工作应用、研究和教学专门人才的重要基地。中共中央政治局常委、国务院副总理李岚清在建院时为该院题词:“面向二十一世纪的机遇和挑战,为培养高素质国际关系人才作贡献”。中共中央政治局委员、国务院副总理钱其琛在建院时也为该院题词:“培养国际问题人才,开拓中国对外关系新局面”。

国际关系学院成立后,原国际政治学系扩大为三系一所,即国际政治学系、外交学与外事管理系、国际传播学与文化交流系和世界社会主义学研究所。

国际关系学院师资力量较强,梯队整齐,知识结构合理。现有教师52人,其中教授16人(含博士生导师13人),副教授20人,讲师16人。赵宝煦、张汉清教授是我国著名学者。国际关系学院还聘请国内外著名专家担任名誉教授、客座教授和兼职教授。形成了以国际关系学院教师为主体、与国内外著名学者相结合的雄厚师资队伍。其中有美国加州大学伯克利分校斯卡拉皮诺教授;意大利社会活动家瓦洛里教授;日本东京大学卫藤教授、成蹊大学宇野教授;法国波尔多孟德斯鸠大学马特教授;以色列前总理佩雷斯教授;台湾政治大学魏萼教授等。1999年1月,国际关系学院聘请了德国前外交部长汉斯·迪特里希·根舍先生为北京大学名誉教授。

1998年共有各类在校学生676人,其中专科生118人,本科生273人,第二学位生38人,硕士生177人,博士生70人。内含外国留学生(本科生、硕士生、博士生)125人。国际关系学院拥有丰富的中外文图书资料和供学生学习的电脑室等各种现代化设备,为教学和科研服务。

(王联)

【学科建设】 国际关系学院设有国际政治、科学社会主义与国际共产主义运动、外交学与外事管理等3个学士专业和国际传播与文化交流1个双学士专业;以及国际政治、外交学、科学社会主义与国际共产主义运动、中共党史等4个硕士专业和国际政治、科学社会主义与国际共产主义运动等2个博士专业。其中国际政治专业(含国际共产主义运动专业)为国家级重点学科。

国际关系学院开设学士、硕士、博士等各种层次的专业必修课和选修课100多门,建立了系统完善的培养多层次学生的课程体系。培养人才的目标,是在德、智、体全面发展的基础上,特别重视涉外专业教育的学术性、应用性和社会性,分层次地培养高质量、高素质的国际问题研究、教学和涉外部门的专门人才。一是突出学术功能,建立和完善从本科生到硕士生、博士生的系统培养方案,在各阶段都要打好坚实的理论基础,以利于进一步的专业学习和适应21世纪对学术骨干的高层次需要。二是加强本科生的能力训练,包括资料搜集、整理、综合、分析能力;中国语言文字表达和写作能力,并较熟练地掌握一门外语;还应具有外事调研和公关能力,以及计算机等辅助工具应用能力等,并给他们提供一些相关学科的知识,以满足社会各界各部门对于具有扎实涉外专业基础的应用人才的广泛需求。三是充分发挥涉外专业的社会功能,积极参与国际问题及国际知识的普及传播,向高等院校非涉外专业的学生乃至公务员和社会公众,宣传国际形势和中国的对外政策、目标和任务,以提高国民的国际意识,为中国的现代化建设服务。

1998年1月,国际关系学院学术顾问委员会召开本年度会议,该委员会是根据学科建设的需要,经北京大学校领导批准,于1997年9月正式建立的,其主旨是邀请国内在国际政治领域决策、研究机构的负责人,为国际关系学院教学、科研长期发展规划出谋划策。该年,国际关系学院还修订了研究生教学计划,进一步完善了研究生课程体系。

(王联)

【科研活动】 1998年,国际关系学院梁守德教授承担了全国人大、全国政协组织的大型社会科学项目:《中国现代科学全书·国际政治卷》的主编工作,全卷共包括《国际政治新论》、《国际机制论》等分卷在内的18种丛书,预计2000年完成;同年,叶自成教授承担了国家社科基金国际问题研究项目“跨入21世纪的俄罗斯与中俄关系”。

目前,国际关系学院教师承担的国家科研项目、国家教育部项目和国际合作或海外基金资助课题共40多项,研究经费充足,学术气氛活跃。从研究领域看,不仅有理论研究、历史研究和现状研究,也有综合研究与地区研究,力争在有中国特色的国际政治学、外交学、国际传播学、国际组织学、世界社会主义学、世界民族学、国际关系史、中国外交思想史和中外文化交流史,以及区域学(如东亚学、西欧学)、国别学(如美国学、俄国学、日本学、印度学、韩国学等)和国际关系中的台港澳问题等分学科建设上做出自己的贡献。

1998年,国际关系学院教师出版专著、教材11部,发表论文300多篇。

随着中国改革开放的日益发展，国际关系学院同海外的合作与交流日益增进，已经同美国、俄罗斯、德国、法国、意大利、日本、韩国和台湾等国家和地区的大学和学术机构，建立了较为固定的学术交流关系。1998年接待了77人次的海外学者前来讲学、访问或进修；同时也选派教师、研究生和本科生58人次赴海外讲学、访问、进修或学习。国际关系学院现职绝大多数教师都有海外讲学、访问、进修或参加国际学术会议的经历。

国际关系学院除积极参与校际交流外，还在国内外各种项目和基金的资助下，以多种方式积极开展合作与交流，如建立研究机构、合作研究专门课题以及召开国际学术会议等。1998年与瓦洛里教授合作建立中欧研究中心，与中国对外经济贸易合作部合作建立国际组织研究中心，并于1998年10月协助外经贸部成功举办了"WTO和中国农产品国际研讨会"；同时成立德国问题研究中心。

北京大学百年校庆期间，国际关系学院组织召开了"中国的发展与21世纪的国际格局"国际学术研讨会，40余位中外学者出席了本次国际学术研讨会。在大会发言中，外经贸部副部长龙永图结合中国加入世界贸易组织的谈判细节，从独特的角度分析了当前国际关系的变化和中国的地位，引起了与会者的极大兴趣。在三天的会议中，与会学者围绕着中国的发展对世界的影响、中国的发展与中国传统文化的复兴、中国的发展与未来的世界格局、中国的发展与对外关系等一系列问题展开了深入而热烈的探讨，加强了相互间的沟通和理解，促进了国际关系学院与国内外学术研究机构的交流与合作。

10月，国际关系学院与韩国庆熙大学、日本大学联合举办的"冷战后东亚国际关系"学术研讨会在北京大学召开。11月，在《中日和平友好条约》签订20周年之际，国际关系学院和日本成蹊大学法学部在东京联合举办"中日关系的过去与未来"学术研讨会。

1998年5月，北京大学决定重组美国研究中心。国际关系学院所属国际关系研究所所长袁明教授被任命为中心主任。美国研究中心凭借北京大学的学科和人才优势，从多学科和跨学科的角度开展活动。来自历史学、经济学、法律学、社会学、国际政治学、文学、艺术学等系科的国内外专家们，通过科研、教学以及政策研究开展了各种形式的合作。1998年，美国研究中心展开的一系列活动中包括中美著名学者的演讲、主题讨论和国际会议等。年初，美国哈佛大学亚洲中心主任傅高义在美国中心发表了有关美国的中国研究的演讲；年底，美国中心又与北京大学法律系合办中美法学系列演讲，第一讲由北京大学兼职教授、最高人民法院副院长罗豪才主讲。今后，这一讲座将与哈佛大学法学院合作进行。该年，美国中心举行的专题讨论主要有"商业外交"、"媒体与中美关系"、"美国国内政治与选举"等等。5月，美国研究中心举办了大型国际学术讨论会"亚洲金融危机：中国和美国的观点"。同年，美国研究中心还与北京大学历史系合作启动了"走向现代化：中国留美学生口述历史"项目。

每年寒暑假期间，国际关系学院办有长短期不等的"中国政治、外交与文化讲习班"，向海外各种层次的留学生、进修生讲授有关中国政治、外交与文化等方面的知识，深受海外人士的欢迎。

国际关系学院今后的任务是，造就面向21世纪同现代化要求和国际形势演变相适应的开拓创新型专门人才，充实国家外交外事机构的公务员队伍和科研部门、高等院校的学术队伍；建设有中国特色的国际性学科，更新完善学科结构与内容，构建跨世纪的课程体系，开拓先进高效的教学方法，加强教师队伍素质的培养，创立特色鲜明学派，自立于世界学科之林，努力成为世界一流的学术阵地。

（王联）

政治学与行政管理系

【发展概况】　政治学与行政管理系是北京大学历史悠久的系科之一，又是北京大学最年轻的新系之一。1902年，北京大学前身的京师大学堂就设立了政治学门，1905年改称法科政治学门，1913年又改称法政科政治学门，1919年废科改门为系，遂正式定名为政治学系。1937年的日本全面侵华战争迫使北京大学南迁。北大政治学系先后加盟长沙临时大学的法商学院政治学系和西南联合大学法商学院政治学系。1946年，北京大学复校后，政治学系隶属于北京大学法学院。1952年，高等院校院系调整后，北京大学政治学系停办。其后，从1960年至1963年，北大政治学系又恢复存在了三年，旋即并入1964年新组建的国际政治系，成为一个下设的教研室。北京大学于1982年在全国率先重新设立了政治学专业；1985年，经国务院学位委员会批准，设立了全国第一个政治学博士学位授予点；1988年3月，政治学系在中断了多年之后终于得以重建，因为增设了行政管理学专业，遂定名为政治学与行政管理系。

政治学与行政管理系现有教师33人，教学辅助人员9人。33位教师中，有教授9人，副教授18人，讲师6人。在整个教师队伍中，有博士学位的14人，其中获国外博士学位的5人，有博士学位者占总教师人数的42%，另有客座教授2人。现有各类学生约350

人左右，本科生和研究生各占一半。

政治学与行政管理系现有的学科专业横跨政治学与公共管理学2个一级学科。在研究生培养方面，设有政治学理论博士点和政治学理论、行政管理学、政府经济学、中共党史等4个硕士点。本科生设有政治学与行政学2个专业。

（江荣海）

【学科建设】 1998年在教学方面有了明显的进展。按照学校的布置，顺利的完成了主干基础课主讲教师的聘任工作。政治学原理、行政管理学概论、政策科学、中国政府与政治、中国政党与政治、比较政治学概论、人事管理学7门课被学校确定为主干基础课，其中王浦劬教授主持的“政治学原理”课被评为北京大学优秀基础课，政治学原理课还被评为北京市教学优秀成果二等奖；陈庆云教授的“政策科学”，1998年被学校评为优秀课程奖。

1998年，政治学与行政管理系对本科生教学计划进行了调整，增加了公共财政学等新课，使教学计划保持常新的态势。至1998年，全系教员相继出版的教材，与教学有关的专著、译著、参考书等共20余种，初步形成了比较完备的教材体系。

（江荣海）

【科研活动】 政治学与行政管理系于1998年6月出版了《中国地方政府管理丛书》并举行出版讨论会。以谢庆奎教授为项目负责人的国家“八五”重点规划项目“中国地方行政体制研究”，最终以10卷本的地方政府管理丛书这一成果形式全部面世。这套丛书的具体书目是：《中国政府体制分析》、《中国政府功能的经济分析》、《省政府管理》、《市政府管理》、《行署管理》、《县政府管理》、《乡政府管理》、《镇政府管理》、《特别行政区管理》、《中国地方政府体制概论》。在出版讨论会上，与会专家都对这套体系详尽的丛书给予了较高的评价。《光明日报》、《中国青年报》、中央电视台等数家宣传媒体都对这套书的出版和研讨会进行了报道。

1998年，除去《中国地方政府管理丛书》，政治学与行政管理系教员出版著作10多本，在国内外发表各类文章累计近80篇。1998年度结项和正在进行的各类科研项目共达28项，其中，王浦劬教授等承担的“经济体制改革与政治体制改革互动关系之研究”为国家社会科学基金规划重点项目。是年，政治学与行政管理系共获得省部级以上科研奖励2项：陈庆云教授撰写的《公共政策分析》获北京市第五届哲学社会科学优秀成果一等奖，陈哲夫教授主编的《监察与监督》获教育部普通高等学校第二届社会科学研究成果三等奖。

（江荣海）

【十周年系庆】 1998年是政治学系重建的第10个年头。为了庆祝恢复建系10周年，政治学与行政管理系的党政领导班子作了精密的安排，使整个系庆活动隆重而有秩序。其主要活动有五项：第一，借《北京大学》校刊这个窗口，出版了主题为“庆祝政治学行政管理系恢复建系10周年”的专刊，详细地介绍了建系十周年来的科研成果和各方面的成绩，以及将来的发展目标。第二，结合系庆，出版了100多万字的学术纪念文集《现代化进程中的政治与行政》，该文集粹选了系里教师和少数博士生和硕士生近年的优秀论文，用以展示本系科研的一个侧面。该文集出版后，其学术价值得到了全国政治学界和行政学界同仁的肯定与赞扬。第三，结合系庆，召开了“面向21世纪的中国政府”国际学术讨论会。来自美国、英国、日本等国以及港台地区专家学者60多人参加了会议。与会学者就中国政府在21世纪的职能转换、体制改革等一系列重大问题进行了研讨。会议共收到学术论文30篇，会后结集出版。第四，结合系庆，系团委、系学生会和系研究生会开展了大型的学术文化节活动，组织了一系列有关政治学与行政学的学术讲座，很多著名的学者专家被邀请来为同学作学术报告，为普及政治学、行政学的有关知识进行了广泛的宣传。第五，召开系庆大会。5月2日在办公楼礼堂召开系庆大会，中国政治学会、中国行政学会负责人及师生和系友近千人参加了大会。

（江荣海）

经济学院

【发展概况】 经济学院的前身是北京大学经济学系。经济学系始建于1912年，是中国高等学校中建立最早的经济系科，源于1898年戊戌维新运动中创办的京师大学堂商学科，至今已有百余年历史。著名学者、中国共产党的创始人之一李大钊同志曾在经济学系任教。我国经济学界老前辈马寅初先生（解放后曾任北京大学校长）是经济学系的早期负责人和教授。1952年全国院系调整后，著名经济学家陈岱孙教授长期担任北大经济学系主任。1985年5月北京大学经济学院正式成立，下设经济学系、国际经济系和经济管理系。1993年12月，经济学院进行了调整和扩充。学院现有经济学系、国际经济与贸易系、金融学系、保险学系等4个本科系及少量专科，7个教研室和4个科研机构。

经济学院师资力量雄厚，不仅拥有一批造诣深湛、享誉国内外的教授和学术带头人，还有众多近年来在学术上崭露头角的中青年学者。学院现有教师54人，其中教授23人(含博士生导师22人,另有外单位2名博士生导师在该院博士点),副教授14人,讲师14人,助教3人。

经济学院拥有完整的学士—硕士—博士人才培养体系,是面向全国培养高级经济人才的重要基地之一。在本科生培养方面,实行四年学制,坚持“注重基础,拓宽专业,加强实践,因材施教”的原则,自80年代中期开始实行学分制。在研究生培养方面,形成了鼓励优秀人才脱颖而出的制度和方法。“勤奋、严谨、求实、创新”是学院一贯倡导的学风。

1998年,经济学院共有学生3194人,其中博士后7人,博士生63人,硕士生154人,普通进修生30人,本科生680人,留学生75人,研究生课程进修生250人,成人教育部学生(大学本科与专科)1935人。

多年来,经济学院为国家输送了大批优秀人才,其中包括近千名硕士、博士,他们遍布全国各地及海外,活跃在国家机关、财政经济部门、企业和事业部门、高等学校及科研机构等领域。他们理论基础扎实,知识面广博,又经过实践锻炼,富于开拓精神,因而在工作中表现出高度的适应能力和创造性,受到社会的肯定和赞誉。

(肖治合)

【学科建设】 经济学院的根本任务是为我国经济理论界、经济决策部门和企业界培养适应社会主义经济改革和建设及对外开放,德智体全面发展,既有扎实的经济理论基础,又有较强的实际工作能力的专门人才。同时,经济学院还承担着相关学科的大量学术研究任务。学院的教学、学术研究等各项工作坚持以邓小平理论为指导,坚持面向实际、面向世界、面向未来的办学方向,积极探索和实施与建立社会主义市场经济体制相适应的各项教学制度、方法和课程,并加强与国家职能部门及企业界的密切合作。在充分发挥原有的以史论见长的传统优势的同时,大力拓展对现实经济问题的教学与研究。在学生培养方面,学院既重视提高学生的理论素质,又强调应用性学科和实际操作能力的训练。面对世界经济发展的新格局和中国转向社会主义市场经济的现实挑战,学院正在为造就跨世纪的经济人才而努力奋斗。

经济学院下设经济学教研室、国际经济与贸易教研室、金融学教研室、保险学教研室、数量经济教研室、中国经济史与中国经济思想史教研室、外国经济史与外国经济思想史教研室等7个教学机构。

经济学院是我国最早设立博士点的高等院校之一,现有经济思想史、西方经济学、经济史、政治经济学、世界经济、金融学等6个博士点,其中外国经济思想史和西方经济学是国家重点学科,此外还设有经济学博士后流动站。学院有政治经济学、西方经济学、经济思想史、经济史、世界经济、金融学等6个硕士点和经济学、国际经济与贸易、金融学、保险学等4个本科专业。此外,学院成人教育部有3个兼读制本科专业和3个兼读制专科专业。兼读制学生教学由学院设在全国各地的函授站承担。

本科生必修课程、选修课程主要有:经济学基础、高等数学、会计学、统计学、微观经济学、宏观经济学,财政学、货币银行学、国际贸易、国际金融、发展经济学、经济计量学、经济法、经济学说史、英语、计算机、体育、文化艺术和自然科学课程等。

(肖治合)

【科研活动】 经济学院是国内经济学研究的重要基地。学院素有史论见长的传统学术优势,同时十分注重对我国改革与建设的理论和对策的研究。1978年以来,学院教师出版各种专著、译著、教材、参考工具书数百部,发表论文数千篇。自80年代以来,获奖著作近30部,论文40多篇。1996年以来,经济学院承担了60项科研项目,其中全国文科博士生科研项目22项,国家“七五”社会科学研究项目10项,国家“八五”社会科学研究项目10项,国家教委青年科研项目6项。这些科学研究对我国改革与建设的理论和实践起到了积极作用。学院现有国外经济学说研究中心、市场研究中心、经济研究所、国际经济研究所等学术机构。

《经济科学》杂志是学院主办的国家级经济理论刊物,1979年创刊,面向国内外公开发行。其办刊宗旨是坚持四项基本原则,贯彻双百方针,繁荣经济理论,促进学术交流,为教学和科研服务,为改革开放与社会主义现代化服务。主要内容包括经济学、经济管理、国际经济、经济史、经济思想史等。

1978年以来,北京大学经济学院一直努力贯彻对外开放的方针,广泛开展国内合作与国际交流并取得了丰硕成果。1994年初,北京大学经济学院与国家经济体制改革委员会建立了正式合作办学关系。双方商定在教学、科研、信息开发等多项领域切实合作,实现优势互补,积极研究建立社会主义市场经济体制的各项重大理论和实践课题,并探索新形势下开展经济科学教学与研究的新思路。

改革开放以来,北京大学经济学院先后派出多人次出国短期讲学,参加国际学术会议与长期进修。亦多次邀请国外专家来院讲学或短期工作。与多所海外大学与科研机构建立了合作关系,其中有奥地利维也纳经济与管理大学、日本北海学园北见大学、日本信州大学、日本新泻大学、台湾淡江大学等。

北京大学经济学院注重探索与企业界协力办学的合作方式。

1994年以来先后有海内外的若干企业家资助学院。为加强同社会各界联系及充实教学力量，经济学院先后聘请了于光远、薛暮桥、孙尚清、乌杰、戎文佐、高尚全、蒋震、龚如心、伊安·罗兰等海内外数十名专家、学者及政府、企业界人士担任兼职教授或顾问教授。

（肖治合）

光华管理学院

【发展概况】 北京大学光华管理学院的前身是北京大学工商管理学院，于1993年12月在原北京大学经济学院经济管理系和北京大学管理科学中心的基础上成立。1994年9月18日，北京大学与光华教育基金会签订合作办学协议书，工商管理学院更名为光华管理学院。学院现有11000多平方米的教学科研楼，教学科研设备一流。教室、会议室、教师办公室、图书资料室、拥有250台计算机的计算机网络等设备为教师和学生提供了良好的教学科研条件。

光华管理学院下设应用经济学系、企业管理系、财务金融系、会计系、市场营销系和管理科学与管理信息系统系等教学机构和管理科学中心、国际经营管理研究所、金融数学与金融工程研究中心、金融与证券研究中心、工商管理研究所、国际会计与财务研究中心、经济社会系统分析与模拟实验室等科研机构。

学院现有教员42人，其中教授18人、副教授12人，教员中有18人获得博士学位。此外，学院还聘请了学术造诣深厚和富有实际管理经验的专家学者作为学院的兼职教授，师资力量雄厚。

学院现有本科生480人，MBA学生781人（其中MBA学位班300人），其他硕士生165人，博士生61人，还有1523名函授生和其他各种形式的在职培训学员。此外，为了体现交叉学科的特点，学院多年坚持文理兼收的原则招收学生。

校庆期间，英国路透集团向光华管理学院捐助“2000金融信息服务系统”，并提供为期两年的金融免费信息服务。北京泰盛德电子有限责任公司也捐助一套“新纪元多媒体电子教室”系统。

（徐俊华）

【学科建设】 1998年，国务院学位办批准北京大学设立应用经济学一级学科，与之相适应，光华管理学院通过专家评审增设了金融学、产业经济学等博士点。11月，光华管理学院增设应用经济学和工商管理博士后流动站。

北京大学“211工程”资助320万元支持学院计算机实验室建设项目。在实验室工作人员和全院师生的努力下，该项目圆满完成，通过了学校组织的专家组的鉴定。

目前学院设置有工商管理、财务管理、会计学、市场营销、金融学（货币银行方向）等本科专业，国民经济学、金融学、产业经济学、管理统计、管理科学与工程、会计学、企业管理、工商管理（MBA）等硕士研究生专业和国民经济学（国家教委批准的重点学科）、金融学、产业经济学、企业管理等博士研究生专业。

（徐俊华）

【科研活动】 作为百年校庆重要学术活动之一，由光华管理学院主办、光大证券有限公司协办的“中国资本市场发展国际研讨会”于1998年5月2日至3日在光华管理学院大楼学术会议中心隆重召开。来自内地、港台、英国、美国、日本、澳大利亚等国家和地区的近200名知名专家、学者、政府官员和企业界人士共聚一堂，对中国资本市场发展过程中的理论和实践、政策和法律、宏观和微观等方面的问题进行了深入的研究和探讨。会议是学院主办的规模最大的国际研讨会。

1998年5月22日至24日，由北京大学会计与财务研究中心和北美华人会计教授协会共同主办，夏威夷大学等四所大学的会计学院系合作协办的“转型经济中的会计与财务国际学术研讨会”于在光华管理学院大楼举行。来自国内外的120多位专家学者和企业界人士参加了会议。

1998年6月13日至15日，“中国企业管理案例库组建工程”实施研讨会在北京大学光华管理学院召开。来自政府和全国40多所院校的专家学者以及企业界人士参加了会议。本次会议由国家教育部社科司主办，光华管理学院承办，北京大学出版社协办。

1998年10月25日，以宝洁公司为首的13家跨国公司联合捐助实施的北京大学光华管理学院和美国西北大学凯洛格（Kellogg）商学院共同培养MBA的合作项目正式启动，并举行了隆重的签约仪式。此后，成立了项目合作委员会，涂平教授任主任。

1998年10月，光华管理学院厉以宁院长的学术论文《股份制与现代市场经济》获全国高校第二届人文社会科学研究优秀成果一等奖，张维迎教授的《企业的企业家—企业理论》获二等奖。

北京大学工商管理研究所涂平副所长主持“Lunch Talk”（午间学术会谈），组织本院教师、博士、硕士研究生在周三午间讨论社会、经济、管理等领域的学术与实际问题，营造良好的学术研讨氛围，深受广大师生欢迎。

（徐俊华）

法律学系

【发展概况】 北京大学法律学系在中国法学教育中历史最为悠久。早在1898年,京师大学堂从一开始就在她的专门学第三门"高等政治学"内设有法律学课程。1904年1月修订大学堂章程,改大学专门分科为分科大学堂,在政法科大学堂内设法律学门,1919年又将法科法律学门改为法律学系。1927年,北京大学法科并到北京法政大学,称法科第二院。1929年8月南京政府恢复国立北京大学的名称,法律学系也随之恢复成为北京大学法律学系。1930年12月,设法学院,法学院设政治、经济、法律三系。西南联大时期,北京大学法律学系的部分师生编入西南联大法商学院,历时8年。法商学院由法律学系、政治学系、经济学系、社会学系、商学系组成。1946年5月,西南联大结束,北京大学重迁北平,于是年秋开学。法律学系与政治学系、经济学系合为法学院。

1952年实行院系调整,北京大学法律学系并入北京政法学院。

1954年,在政务院副总理、中央政法委员会主任董必武的直接指导下,北京大学法律学系得以重建。司法部教育司司长陈守一受命出任重建的法律学系第一届主任。1954年9月12日,北京大学校长马寅初教授郑重宣布法律学系重新成立。重建后的法律学系第一次科学讨论会于1955年5月4日举行。

"文化大革命"十年中,北京大学法律学系受到严重冲击。1977年,随着正常的招生制度在全国得以恢复,北京大学法律学系迎来新的转机;特别是党的十一届三中全会以后,法律学系进入了大发展的新时期。现在,法律学系已成为北京大学最大的院系之一。

法律系现有教研室9个:法学理论教研室、法律史教研室、宪法行政法教研室、刑法与犯罪学教研室、民商法教研室、经济法教研室、国际法教研室、国际经济法教研室、诉讼法与司法鉴定教研室。

1998年7月,本科生、双学位共毕业209人,硕士139人(其中计划内83人,计划外56人),博士27人(其中计划内的24人,计划外的3人)。

1998年12月29日,北京大学宣布筹建法学院。

(王磊)

【学科建设】 法律学系有法理学、国际法两个重点学科,设有法理学、宪法与行政法、国际法、经济法、法律史、刑法学、环境法等7个博士点和博士后流动站,设有法理学、宪法与行政法、法律史、刑法学、民法学、诉讼法学、经济法学、国际法学、国际经济法学、科技法、环境法等11个硕士点。

法律学系设有国际法研究所、经济法研究所、比较法与法律社会学研究所、港澳台法律研究中心、科技法研究中心、立法学研究中心、金融法研究中心、司法鉴定中心、非营利组织法研究中心等研究机构。创建于1994年初的同和律师事务所,其专职律师全部由北大法律系的教师担任。法制信息中心有全国高校最大的中国法律电脑检索系统。

(王磊)

【科研活动】 法律学系的学术刊物《中外法学》目前是全国法学界三个最具有学术性的刊物之一。1998年《中外法学》编辑部举办了沈宗灵先生学术研讨会。

《北大法律评论》是全国第一份由法律专业学生独立编辑、公开发行的连续出版物,诞生于1998年北京大学百年校庆前夕,是法律学系的研究生向学校和法律学系的一份献礼。

《北大法律人》是北大法律学系系刊,由法律学系团委宣传部主持编辑。

《金融法苑》(法律出版社)为北大金融法研究中心编辑的半月刊学术性杂志,1998年8月至1999年1月已出版了12期。

《燕园法学文录》(1997年卷)于1998年3月编辑发行,该书收入了北京大学法律学系教员1997年在全国核心期刊上发表的学术论文。

"法律图书馆"现有中外图书期刊7万余册,拥有160个座位的阅览室。

1998年5月1日在北京大学法律学系举行了"面向21世纪的法学教育国际研讨会"。在本次研讨会上,来自全国各地著名高校法律院系的名师、学者,以及来自台湾、日本、美国等海外大学法律院系的多位教授,就各自院系的法学教育情况和发展方向作了介绍,同时提出了对于法学教育体制变革与发展的看法。

1998年11月10日,北京大学法律学系和哈佛大学东亚研究所在北京大学法律学系联合举办了首届张福运先生讲坛,此次讲座由全国政协副主席、最高人民法院副院长、北京大学教授罗豪才讲授"行政法的平衡理论"。

1998年12月6日至16日,系主任吴志攀教授率领代表团出访香港大学,成立了北大港大法律研究中心,并举行了学术研讨会。

1998年12月26日至31日,北京大学、清华大学、香港大学两地三校的40余位同学在香港进行了为期6天的"98京港青年法律文化交流计划"活动。北大法律学系有12名同学参加了此次活动,他们参观了香港高等法院、法律援助署、廉政公署、律师公会、惩教署等机构,对香港和祖国内地的法律制度进行了比较和探讨,加深了理解,促进了交流。并与香港首席大法官李国能先生、律政司司长梁爱诗女士以及多名大法官、资深大律师进行了亲切交谈。1999年1月7日至8日，在北京大学召开了由北京大学、香港特别行政区律政司、香港讼辩学会联合举行的“内地与香港诉讼制度研讨会”。

法律学系因其学术地位在国际上的影响，吸引了众多专家学者前来交流、考察。1998年共接待了包括荷兰司法大臣索贺得拉赫在内的荷兰司法代表团、香港大学、日本神户大学、荷兰鹿特丹大学、美国密苏里大学堪萨斯法学院、美国密执根大学法学院、耶鲁大学法学院、台湾大学等近百位专家学者的来访。

（王磊）

信息管理系

【发展概况】 北京大学信息管理系创建于1947年，是我国自己创办的最早的图书馆学情报学教育基地之一。经过半个世纪的建设和发展，在几代人的不懈努力下，逐步壮大为一个多学科、多层次、全日制与继续教育相结合的新型专业教育中心，高层次信息管理人才的摇篮。现有教职员47人，其中，教授10人（含博士生导师5名），副教授16人，讲师10人。另外，聘有国外客座教授3人，国内兼职教授多人。系内设有4个教研室（图书馆学、情报学、信息经济与立法、编辑出版）、1个研究所（信息传播研究所）、2个实验室（电子图书馆实验室、计算机信息管理应用实验室），还设有实习室、资料室、党委办公室、行政办公室、函授办公室、教务办公室等机构。

1998年在校全日制本科生人数达245人，硕士生68人，博士生10人。50多年来，累计已培养出全日制本科生1800多名，研究生300多名。

1998年2月，中国科学技术信息研究所在北京大学信息管理系设立“万方数据”奖学金，专门用于鼓励该系学有所长的研究生。

1998年5月，为迎接百年校庆，设立刘国钧、王重民学术基金，并举行了“五四”学术研讨会。

（赖茂生、肖东发）

【学科建设】 在专业设置方面，经过多年的调整和发展，已形成一个以信息管理为核心的，专业门类较齐全的专业体系。本科设有：信息管理与信息系统专业、图书馆学专业、编辑出版学专业，每年招生60人。博士和硕士研究生设有2个专业：图书馆学、情报学，每年招收博士生8～12人，硕士生22～25人。

继1990年获得图书馆学专业博士学位授予权之后，1998年又设立了情报学博士点，并与中国科技信息所和国防科委情报所（现为总装备部科技情报所）签订了联合培养博士生的合作协议。

1996年，以贯彻学校部署的全面修订教学计划的任务为契机，系里开展了新一轮教改工作，确定了今后的学科发展方向：面向大信息，以信息资源管理和信息技术应用为核心和发展重点，为国家信息化培养合格人才。学科定位在信息资源建设和信息传播与服务的教学与研究方面。还提出，要特别关注网络信息资源建设与管理问题。未来的信息管理学科还将与传播学逐渐融合，形成新的信息/传播学科群。

在培养目标上，强调基础宽厚，自我发展和应变能力强，提出要培养信息主管（CIO）、信息经纪人、数据库工程师等新型人才。研究生专业的研究方向也作了调整，图书馆学专业下设图书馆学理论、文献资源建设、目录学、文献学和编辑出版等5个方向。在课程设置和教学内容改革方面，强调课程设置要讲求科学性和系统性，完善课程的论证和审议制度，加强信息管理和信息技术应用方面的课程，改造和优化那些必要的传统课程，提倡文理兼容互选。认为信息管理专业的学生的知识结构应包括7个方面：专业理论、信息增值知识和技能、信息服务与市场营销知识和技能、信息系统开发与管理知识与技能、坚实的数理基础知识、必要的人文社科知识、语言和交际能力。

根据上述原则和思路，对原教学计划进行了大幅度修订。新设置的本科课程有20门，经过调整和改造的有近10门。研究生课程的调整力度更大，新计划中绝大部分都是经过调整或新设的课。新的教学计划得到了学生的好评。当然，改革的真正难点和攻坚战是课程建设和教学内容改革。经过近两年的努力，所有新课已基本开出。目前，开设的本科课已达54门，研究生课达32门，函授和夜大课程20多门，为全校开设的公共选修课6门。

1997年，原国家教委部署了新一轮本科专业目录调整工作。信息管理系自始至终都非常重视这项工作，积极参与其中，带头提出把科技信息专业扩展为信息管理专业，编辑学专业与出版发行专业合并为编辑出版学专业，同时保留图书馆学专业。为使这些议案能被采纳，联合其他兄弟院校一起准备论证报告，参加有关的教学指导委员会和教育部组织的专家论证会，并承担了信息管理专业培养规格的起草工作，优化了专业设置，理顺了招生、培养和就业等环节之间的关系。

在成人教育方面，自1956年开办函授班以来，至今已有40多年的历史，为国家培养了近8000名函授毕业生，为图书馆界输送了大批实用人才，并为函授教育摸索和积累了许多有益的经验。目前正在开办的成人教育专业有3个:图书馆学(专升本)、计算机信息管理(大专)、编辑出版(脱产大专),每年共招生400～500人,正在学习的学生约有1300～1500人。另一方面,鉴于成人教育的高层次化趋势,信息管理系从1994年起每年都开办研究生课程进修班,为社会上那些具有同等学力要申请硕士学位的人员提供进修学习的机会。

1998年3月,北京大学信息管理系与澳门资讯协会签订合作办学协议,标志着信息管理系海外远程教育的正式启动。

(赖茂生　肖东发)

【科研活动】　50多年来,已完成各类科研项目30余项,出版各类教材、专著和其他著作百余种,发表论文2000余篇,获得各种学术奖励和荣誉20余项。目前正在承担的科研项目20多项,其中国家级项目10项,省部级项目10项,其他项目若干。

在学术交流方面,信息管理系是国际图联、中国图书馆学会、中国科技情报学会、中国社科情报学会、中国信息协会、中国信息经济学会、全国科技传播研究会等重要学术团体的机构会员,并在其中担任了常务理事或副理事长等重要学术职务。与国内外一些重要大学的信息管理系或其他相关院系有密切的交往,每年都接待一定数量的国内外专家学者的访问或讲学,选派若干名教师出国进修、访问或参加学术会议。近年,还分别与日本爱知淑德大学和日本图书情报大学签订了学术交流和合作协议。

(赖茂生、肖东发)

社会学系

【发展概况】　19和20世纪之交,社会学作为"经世济民"之学在变法维新、救亡图存的运动中出现在中国。尽管社会学系直到1922年才在燕京大学开办,但北京大学的前身——京师大学堂早在1910年就开设了社会学课。到1912年,以《群学肄言》为名而将英国著名社会学家H.斯宾塞的代表作《社会学研究》翻译介绍给中国的爱国启蒙学者严复,就任北京大学第一任校长,使得北京大学与社会学的不解之缘更为深厚,法科政治学门和文科哲学门均开设了社会学课程,此后即一直沿袭下来。抗日战争爆发后,被迫南迁的北京大学、清华大学和南开大学,合并组建了长沙临时大学及其后的西南联合大学,交替开办了独立的社会学系或历史社会学系,社会学的教学和科研都取得了很大的成效,以陈达、潘光旦、费孝通、袁方、全慰天等为代表的一批学者,为中国包括北京大学的本土化的社会学学科建设做出了积极的贡献。

1979年社会学在中国恢复以后,受到雷洁琼、费孝通等知名社会学家的推动并得到社会有关各方的支持,北京大学于1980年获国家教育部的批复而在国际政治系设立了社会学专业及硕士点,遂于1981年招收了首批6名社会学专业的硕士研究生。在调集和培训相结合以组建和充实教学行政人员队伍的基础上,北京大学于1982年正式成立了社会学系。

社会学系成立后,为适应当时的社会工作需要和专业发展需要,于1982年继续单独招收硕士研究生,1983年开始同时招收本科生和硕士生,1985年开始同时招收本科生、硕士生和博士生,1986年又与北京大学社会学人类学研究所合作建立了中国唯一一个社会学博士后流动站。从1984年第一届硕士研究生毕业算起,社会学系迄今共培养博士研究生70名、硕士研究生200名、本科生300名。

社会学系现有教学、教辅和行政人员共计30人。在23名教师(含4名兼职和返聘教师)中,有教授8人(其中7人为博士研究生导师),副教授11人,讲师3人,助教1人。其中,8人拥有博士学位,10人拥有硕士学位。

1998年,社会学系招收博士研究生6人、硕士研究生18人、本科生41人;同年毕业博士研究生3人、硕士研究生14人、本科生24人;合计拥有在校学生212人,其中博士研究生12人、硕士研究生49人、本科生151人;此外,还有2名博士后在站从事研究工作。

(唐军)

【学科建设】　社会学系现设4个教研室:社会学理论教研室、社会学方法教研室、应用社会学教研室和社会工作教研室;还设有北京大学社会生活口述研究中心、北京大学万科社区发展研究中心和北京大学社会调查研究中心;拥有藏书万册的资料室和装机十余台的计算机室。

社会学系在各个层次设置了比较完备的专业:现有社会学理论和方法专业、应用社会学专业和人口学专业3个博士点,有社会学理论和方法专业、应用社会学专业和人口学专业3个硕士点,有社会学以及社会工作与管理2个本科专业。

在教学改革方面,一是加强教材编写,在1996－1997年编写教材18部的基础上,1998年又有十余部教材交付出版或完稿或即将完稿;二是加强课程建设,继1993年对本科生和研究生课程的门类、名称和学分做了更为合理的调整之后,通过课程评估、督促备课和讲授等手段,有效地提高了教学质量,1998年更着重对博士研究生的课程做了精心的规划和设置。这些具体的措施对于教学的规范化和系统化都产生了积极的作用。

(唐军)

【科研活动】 在研究方面,社会学系鼓励引导教师将自己的专业兴趣和学科的发展方向作有机的结合,在继续深化传统的优势研究项目如城乡社会结构、农村工业化与劳动力转移、农村基层政权建设、家庭和家族、人口问题、生活质量等之外,根据中国社会发展的现状和趋势,又重点开拓了社区发展、流动人口、老年人社会保障等一些较新的研究课题,此处所列的三个研究项目均于1998年成为国家教委资助的重点课题。除了争取国家的重点扶持和资助以外,社会学系还积极开拓多种资金来源,中国农村基层政权组织研究这一课题即获得了福特基金会充分的资金支持。通过这样一些内容丰富、方向开阔的研究课题的开展,数量较多、质量较高的一批论文和专著也相应形成。

与教学和研究密不可分的是,与境外学术机构的合作和交流也得到了进一步的加强。除开继续保持了与诸如美国密西根大学、加州大学、耶鲁大学、斯坦福大学,英国的诺丁汉大学,加拿大的多伦多大学,俄罗斯的莫斯科大学,香港中文大学等一些学校的学术联系之外,1998年尤其着力开展了具体的合作研究和人员交流,如与香港理工大学合作进行中国家族文化研究、与香港中文大学合作进行社会团结研究、与法国国家科学研究中心合作进行失业工人的社会保障研究等,都有了实际的成果或良好的开端,并带动了相应的一些以学术访问、研究和进修为内容的人员交流。

随着20和21世纪交接的临近,中国社会将开始自己新的发展,北京大学社会学系在关注、研究并记录这一重大历史时期的中国社会变迁形貌的过程中,也必将迎来自己新的辉煌。

(唐军)

东方学系

【发展概况】 东方学系的前身为东方语言文学系,于1946年由东方学家季羡林教授等创建,是我国高校中开设东方学科历史最悠久、专业最多的系。

东方学系以东方国家的语言和国别文化(或地区文化)设置14个本科专业,其中梵巴、乌尔都、希伯莱、波斯、菲律宾专业属于全国独有的专业;设有4个博士生专业(亚非语言文学、印度语言文学、日本语言文学、阿拉伯语言文学)和4个硕士生专业(亚非语言文学、印度语言文学、日本语言文学、阿拉伯语言文学),其中亚非语言文学专业包含12个语种。为把学生培养成既有深厚基础与宽口径相结合的知识结构,又有专门技能和较高文化素质的人才,东方学系努力拓宽学科领域,相继开设了有关亚洲国别语言、文学、文化、历史、民俗、宗教以及跨专业的东方文学、东方文化、汉语语言学、语言学概论、古代近东文明、古代印欧文化、东南亚文化、伊斯兰文化与艺术等本科课程230多门,硕士、博士研究生课程160多门,为全国高校同行院系之冠。东方学系实行教学和科研并重的办系方针,成立了东方文化研究所、东方文学研究室,并设立了日本文化研究所、阿拉伯——伊斯兰文化研究所、伊朗文化研究所、印尼—马来文化研究所、南亚文化研究所、朝鲜文化研究所、希伯莱文化研究所、东南亚文化研究所、泰国研究所等9个分所,主编学术刊物《东方研究》。

截止1998年底全系共有教职工105人,其中教员91人,行政管理及教辅人员14人,有正高职称的26人,副高职称的36人,中级职称的21人,助教13人,博士生导师16人。1998年全系招收本科生58人,硕士生28人,博士生10人,留学生3人。东方学系坚持教书育人的优良传统,有一批热心学生德育工作的教师和干部,学生工作成绩突出,曾多次获北京市、北京大学"红旗团委"、"学生工作先进系"的光荣称号。

(张玉安)

【学科建设】 1998年东方学系教师共开设课程160门左右,其中校选修课6门,研究生课100门左右。

1998年,东方学系围绕如何将北京大学办成世界一流大学等问题进行了教学大讨论。在讨论中,针对本科生基础课建设、研究生课程设置提出了具体建议,为制定新的教学计划打开思路奠定了基础。

1998年东方学系学科建设的特点是:

(1)学科领域进一步拓宽,如古代东方文明研究方向的教员已开始同考古系有关学科的教员合作,参加北大考古研究中心的重大科研攻关项目,并准备建立古代东方文明研究所。比较语言学研究已经涵盖了东北亚、东南亚以及我国少数民族语言共10多种。"世界四大文化体系与东南亚文学"这一国家重点科研项目,从世界文化体系的宏观角度审视东南亚文学的发展及其特点,是近年来东南亚文化研究的可喜成果。

(2)较过去更多地关注国际现实问题。1998年北大百年校庆期间召开的七个研讨会中有相当一部分论文探讨了当前东方国家的一些热点问题,如东南亚金融危机、东南亚华人问题、柬埔寨局势、中东问题、伊斯兰原教旨主义问题等。阿拉伯语专业的陈嘉厚教授主编的《现代伊斯兰主义》(1998年3月出版)是近年来东方学研究国际现实问题的重要成果。这一变化对于历来以研究过去和历史为主的东方学系是值得称道的。

(3)中青年骨干教师的带头作用尤其突出。截止1998年底,东方学系中青年教师中获博士学位的有12人,正在攻读博士学位的有16人,其总数占全系教师的三分之一。他们中的一些人已脱颖而出,成为本学科的学术带头人,受到国内外同行的关注。1998年东方学系有5位教员承担国家级社会科学研究项目6项,他们全部是中青年博士。

(张玉安)

【科研活动】 1998年东方学系共承担了6项国家级科研项目,它们是:教育部人文社会科学"九五"项目"佛经翻译文学研究"(王邦维教授承担)、"印度戏剧研究"(姜景奎副教授承担)、"喀尔喀蒙古英雄史诗研究"(陈岗龙副教授承担),国家社会科学年度规划项目"蒙古族目莲救母故事与汉族目莲戏的比较研究"(陈岗龙副教授承担),教育部留学归国人员科研启动基金项目"日汉四字成语对比研究"(彭广陆副教授承担)、"中日茶文化交流史"(滕军副教授承担)。

1998年东方学系获国家级科研奖3项,获北京大学科研奖共5项。它们是:全国高校第二届人文社会科学研究优秀成果奖《东方文学史》(一等奖,季羡林主编)、《南海寄归内法传校注》(三等奖,王邦维著),北京大学第六届人文社会科学研究优秀成果奖《汉语波斯语词典》(著作一等奖,曾延生主编)、《唐高僧义净生平及其著作论考》(著作一等奖,王邦维著)、《光辉的历史篇章——15世纪明朝与马六甲王朝的关系》(著作二等奖,梁立基著)、《北京话的满语低层和"轻音"、"儿化"探源》(著作二等奖,赵杰著)、《关于当代马列主义的若干问题》(著作二等奖,赵玉兰译)

为庆祝北京大学百年华诞,东方学系举办了16项重要活动,接待了来自全国22个省、市、自治区和12个国家和地区的两千余名校友和嘉宾。其盛况、其影响都是东方学系建系52年来空前未有的。4月25日到5月底,东方学系举办全系研讨会开幕式和重点学术报告会,在此前后,以专业和地区为单位陆续举办了7次研讨会:日本学研讨会,"东南亚历史与未来"研讨会,波斯语教学研讨会,蒙古语言文化研讨会,南亚问题研讨会,朝鲜语言文化研讨会和中东问题研讨会。东方学系系友、外交部长唐家璇,国家民委副主任陈虹,北京大学校长陈佳洱,东方学系教授季羡林,北京大学副校长何芳川,马来西亚新纪元学院院长郭全强,新加坡南洋学会会长魏维贤,美国哈佛大学研究员王育三,伊朗大学校长及其代表团,泰国、日本、印尼等国的学者和驻华使节应邀前来参加开幕式。在一个多月的时间内连续举办7次研讨会,全系14个专业、9个研究所全部参与,全系绝大多数教员,包括退休教员都积极参加并发表论文。研讨会共发表论文123篇。论文内容反映了东方学系近年来学科建设和发展的方向和水平,范围涉及语言、文学、政治、经济、社会、历史、教学方法等。研讨会的规模之大,范围之广是空前的。

为纪念百年校庆,东方学系出版了《东方研究》百年校庆论文集,并举办了"东方学系教学科研成果展",展出展品1000多件,专著、译著、词典、教材、奖杯、奖状、国家级、省部级及学校级的获奖证书摆满了展柜和展台。其中有些是外国政府、领导人或学术界颁发的最高荣誉奖。成果展集中说明了东方学系建系52年来的辉煌成绩。

(张玉安)

西方语言文学系

【发展概况】 北京大学西方语言文学系原有英语、德语、法语3个专业,其历史可以追溯到成立于1862年的京师同文馆,后于1902年并入京师大学堂。解放后,在1952年进行的全国院系调整中,将原清华大学、北京师范大学、燕京大学、辅仁大学的外文系合并到北京大学的西方语言文学系,这就形成了该系得天独厚的强大基础。1960年又增设了西班牙语言文学专业。1984年,为了加强面向全校的英语教学,英语专业独立成系,西语系便由德、法、西3个专业和1个文学教研室组成。1994年又成立了意大利文化中心,为全校开设意大利语课程。

目前设有博士点3个,硕士点4个(其中一个是世界文学)。全系教职员56人,教师47人,其中博士生导师9人,教授18人,副教授14人,讲师11人,助教4人。目前在校学生共177人,其中本科生140人,硕士生33人,博士生4人。

(赵振江)

【学科建设】 在1998年中,西方语言文学系在教学与科研方面均取得了可喜的成绩。全系共开设课程61门,本科生课程33门,研究生课程28门。其中法语和西班牙语的精读课被评选为优秀主干基础课;德语的翻译课也被评为全校的优秀课程。1998年西语系还为全校开设了公选课3门。

(赵振江)

【科研活动】 在科研方面,德语、法语、西班牙语三个专业共出版专著和译著约50余部,论文40余篇。参加国际学术会议20人次,并在会议上宣读论文。其中有多项成果获得了不同的奖项,如法语专业罗芃教授等编著的《法国文化史》获得了1998年度北京市第五届哲学社会科学优秀成果一等奖;西班牙语专业段若川教授的专著《卡夫列拉·米斯特拉尔传》获1998年度北京大学科研成果一等奖;王文融教授的译著《历史的见证——雷蒙·阿隆传》和张玉书教授主编的《海涅学术论文集》获1998年度北京大学科研成果二等奖;赵振江教授等的译著《生命与希望之歌》获新闻出版署外国文学优秀图书奖;田庆生副教授获朱光潜美学与西方文学奖等等。

在这一年中西语系举办了多次有影响的学术活动。德语专业举办了歌德国际研讨会,参加会议的有国际著名学者、德语国家驻华使节、首都外国文学界的专家学者以及本校师生数百人。《浮士德》的译者、著名诗人绿原和著名诗人柯岩为大会献诗。此外,德语专业还举办了奥地利当前政治与政党报告会、当前德语语言文字发展趋势及新正字法报告会、中古德语文学报告会、德国教育制度报告会、德国戏剧史报告会、哈布斯堡王朝及希茜公主报告会等。法语专业举办了为期一个月的法国著名华人学者程抱一教授关于“中西思想与文化”以及法国伊夫·瓦代教授关于“文学现代性”的系列讲座。西班牙语专业与中国西班牙、葡萄牙、拉丁美洲文学研究会和西班牙驻华使馆合作,主办了纪念著名诗人加西亚·洛尔卡百年诞辰及洛尔卡诗歌研讨会,西班牙和拉丁美洲的驻华使节、在京的70余位诗人以及外国文学界的专家学者约170人参加了会议,西班牙著名学者、加西亚·洛尔卡专家安德列斯·索里亚教授专程来华并做了学术报告。该教研室还协助智利驻华使馆在北大举办了《外国文艺》智利文学专号的首发式,11个拉美国家的大使参加了会议,国内外的报刊都作了报道,受到了广泛的好评。此外,西班牙语专业还邀请了美国加利福尼亚大学的西班牙籍教授、诗人安娜·玛利亚·法贡多来校讲学。

1998年9月1日,西班牙国王胡安·卡洛斯一世颁诏,授予赵振江教授“伊莎贝尔女王”勋章,以奖励他对中西文化交流做出的卓越贡献。

在这一年中,各专业都多次接待了来校参观访问及进行学术交流的代表团和外宾,同时也分别向有关国家派出了访问学者和客座教授,促进了本系与国外的学术交流。

(赵振江)

俄罗斯语言文学系

【发展概况】 俄罗斯语言文学系有着悠久的历史。1902年并入京师大学堂并更名为译学馆的京师同文馆时期就设有俄罗斯文馆,1910年京师大学堂分科大学设立了俄罗斯文学门,1920年北京大学设立了俄文系,该系是俄罗斯语言文学系的直接前身。

早年的俄文系就已经注重多角度多方位地介绍和研究与俄国社会生活和文化有关的多种学科的内容,把俄语词汇和语法、俄国地理、俄国历史及俄国文学列为主要课程。著名俄语语文学家张西曼教授曾在这里执教。20年代中期就已经有苏联学者到此讲授俄罗斯文学。

1950年,在著名翻译家、教育学家曹靖华(1897～1987)的主持下正式成立了俄罗斯语言文学系。该系下设三个教研室:俄语语言教研室、俄苏文学教研室、公共俄语教研室,这一建制一直延续至今。曹靖华、李毓珍(余振)、田宝齐、王岷源、魏真(魏荒弩等)、龚人放、张秋华等老一辈学者为俄罗斯语言文学系的开创和建设倾注了大量心血。一些苏联专家先后在这里任教,与中国教师一道为培养俄罗斯语言与文学领域的专门人才做出了重大贡献。

俄语系目前有教学科研人员26人,2位博士后研究人员,从校外聘请的兼职教授及俄罗斯专家5人。26人中在编教授7人,其中博士生导师5人,副教授及副研究员8人,讲师11人。有博士学位的在编教师8人,获得硕士学位的教师9人。

俄罗斯语言文学系每年在校的本科生、硕士生和博士生总数一般保持在120人左右。从本科生到硕士生的完整培养体系的形成,提高了俄罗斯语言文学系的学术地位,为适应社会对俄语人才多层次需要所制定的办学方向又给该系增添了活力。俄罗斯语言文学系建系50年来,培养了一批又一批学有专长的人才,他们发挥着各自的聪明才智,为祖国的建设事业和人类的文明进步热诚服务。经过实际工作的锻炼,他们之中的许多人陆续成为中国外交、新闻、经济贸易、国防、文化教育、科技情报、文学翻译、图书出版等各个部门的骨干力量。

(赵桂莲)

【学科建设】 改革开放二十年来,办系规模作了适当调整,俄罗斯语言文学系的建设和发展进入了一个新的阶段。1978年,经国务院学位办公室批准建立了俄罗斯语言文学专业硕士授予点,1990年10月国务院学位办公室批准俄罗斯语言文学系为博士学位授予单位。截止到1998年底,博士生导师由最初的1名增加到7名,博士专业的研究方向也大大拓宽,由单一的俄苏文学史扩展到中俄文学关系史、俄语文学翻译、俄语语法学、俄语语音学、俄语教学法等,从而成为中国俄语语言文学研究方向最齐全的博士学位授予机构。俄罗斯语言文学系现有语言文学1个本科生专业,语言、文学、翻译学和国情学4个硕士生专业,语言、文学和翻译3个博士生专业。1992年,俄罗斯语言文学系与北京大学英语语言文学系、西方语言文学系、东方学系和比较文学研究所共同组建了外国语言文学博士后流动站。俄罗斯语言文学系拥有丰富的俄罗斯语言文学资料，其中藏书3万余册，俄语报刊30余种，配备有现代化的电化教学设备，与俄罗斯、乌克兰、白俄罗斯、日本等国多所教学与科研机构保持不断的学术交流，每年举办各种国际与国内的学术活动。

1998年俄罗斯语言文学系教师开设的课程有近50门，其中本科生课程28门，研究生课程20门。为与国际研究方向接轨、为北京大学建设世界一流大学的过程中贡献自己的一份力量，俄罗斯语言文学系对课程设置和科研重点作了一定的调整。在加强基本功训练的同时，突出和培养学生的参与能力和分析问题解决问题的能力成为教学工作努力的方向；科研工作注重理论性与实践性结合，在"现代俄语模型句法学"和"俄罗斯文学与俄罗斯人"等课题的研究中遵循的就是这样的宗旨。拓展研究领域，从俄罗斯文学拓展到对俄罗斯文化的研究，从对俄罗斯文化的多层次角度的研究过渡到对俄罗斯文学的深层次理解，这种研究方法拉近了与世界的距离。

（赵桂莲）

【科研活动】 从1950年俄罗斯语言文学系成立以来，在这里工作过以及正在工作的教授近40人，他们翻译的俄罗斯文学著作、学术著作及撰写的学术专著、教材有数百部之多，比如，《铁流》（曹靖华）、《伊戈尔远征记》（魏荒弩）、《俄苏文学史》（曹靖华主编）、《苏联当代文学概观》（李明滨、李毓榛主编）、《苏联小说史》（彭克巽）、《俄罗斯诗歌史》（徐稚芳）、《莱蒙托夫诗选》（顾蕴璞）、《罪与罚》（臧仲伦）、《中国文化在俄罗斯》（李明滨）、《俄国文学与宗教》（任光宣）、《新编欧洲文学史》（彭克巽为主编之一）、《现代俄语句法学》（吴贻翼）、《俄语语音教程》（陈君华）、《俄语教学心理学》（李国辰），等等。

1998年俄罗斯语言文学系的工作重点是：在高质量地完成教学任务之余，加强学术研究的力度，完成并出版专著2部，教材2本，译著2部，在国家核心刊物发表学术论文33篇，结项或正在进行的研究课题5项 。除此之外，注重拓展和加深与国外学术机构和专家学者的交往，组织了多项重要的学术交流活动：1998年4月邀请俄罗斯当代著名作家库尼亚耶夫（《我们的同时代人》杂志主编）、丘普利宁（《旗》杂志主编）、卡斯特洛夫（俄罗斯普希金委员会主席、苏联国家奖金获得者）与北京大学俄罗斯语言文学系师生举行座谈会，据此发表在《文艺报》上的谈话录《对话——让历史评说》引起强烈反响；1998年4月邀请俄罗斯当代著名语言学家卓罗娃在北京大学举行了为期2周的学术讲座，不仅使俄罗斯语言文学系的师生们而且使兄弟院校的同行受益匪浅；1998年5月邀请来访的著名作家叶辛（俄罗斯高尔基文学院院长）、古谢夫（小说家），批评家、莫斯科作家协会主席，姆哈默基耶夫（鞑靼作家、俄联邦议会会员）来校讲演，他们带来的不仅是俄罗斯文坛的最新动向，而且介绍了俄罗斯政治、经济、文化、社会思潮领域的争端及存在的问题。

1998年最重要的学术活动是5月在北京大学成功举办的全国普希金学术评论会。来自全国各地的近百名代表就普希金创作及创作思想的方方面面展开了热烈的讨论，此次大会拉开了1999年中国纪念普希金诞辰200周年系列活动的序幕。

（赵桂莲）

英语语言文学系

【发展概况】 北京大学英语系的前身是由北京大学、清华大学、燕京大学、辅仁大学等高校外语系部分师生于1952年院系调整时组合而成的北京大学西语系英语专业。1983年建成英语语言文学系。北大英语系是全国综合性大学英语重点学科点，其中英语语言文学专业是目前国内少数几个可以培养博士生的外语语言文学专业之一。北大英语系现有英语专业、大学英语、研究生公共英语和视听教研室等几个部门，并设有英语语言文学研究所。

北大英语系实行系主任负责制，设有系学术委员会和学位委员会等专门机构。近年来，从国外学成归来和我国自己培养的博士，成为本系师资队伍的新兴力量，教学与科研事业后继有人，蓬勃发展。目前英语系有本科生、硕士生、博士生261名，教职工114名，其中博导7名，教授21名，副教授27名。为强化外语学习环境，英语系还常年聘请数名外籍专家学者任教。由北大英语系与西语系、东语系、俄语系和比较文学研究所于1981年联合创办的《国外文学》是国内研究与译介外国文学的国家一级刊物，面向国内外国文学研究界和广大社会读者。《北京大学学报》（外国语言文学专刊）是英语系与《北京大学学报》编辑部于1990年起联合创办的学术性刊物，每年不定期出1～2期，作为与全国高等院校英语系、研究机构以及港台地区有关单位进行学术交流的刊物。

1993年，由香港星光传呼集团董事长黄金富先生捐赠全套设备的星光外语教学广播台开播。该广播常年向全校广播英语节目，节目全部由英语系教师自己编辑制作。面对日益频繁的世界交流和建设社会主义市场经济的现实挑战，北大英语系正在为造就跨世纪的外语人才而奋斗。

（张桂珍）

【学科建设】 英语系本科课程结构：英语系学生四年的总学分是150个学分。其中有1/6是全校性的公共必修课，包括政治、体育、计算机、军事理论等等。第二类是非专业选修课，占总学分的1/10。其中包括2个艺术类学分，2个理科类学分，其它则由学生按各自的兴趣来选修，既可以选修中文、哲学、历史，也可以选修热门的经济和法律。有这种要求，主要是为了发挥综合性大学的优势，为学生提供一种更全面的教育。第三类是辅修专业和双学位。目前，英语系学生可以选修的辅修专业有两个（经济与法律），双学位专业有三个（经济、知识产权、国际文化传播）。录取工作由各有关的系进行，学成后由各有关的系发给辅修证书或者学位证书。与英语系有直接关系的两大类课是专业必修课（74学分）和专业选修课（36学分）。专业必修课包括听说读写译、英国文学史、美国文学史、普通语言学、第二外语等，分布在整个四年当中。专业选修课中大部分是高年级课程，大致分为四大类：思想文化类；实用类；语言学类；文学类。这种课程结构的安排是为了完成教育的两个任务：即培养合格的公民和培养合格的专业人员。

1998年英语系在教学改革方面也有大的举措：英语文学专业大规模调整研究生培养计划；英语系英语专业教研室于1998年9月开始从在校研究生中选拔、聘任助教，聘期为一学期，主要负责精读和泛读等课的答疑和批改作业。

（张桂珍）

【科研活动】 1998年英语系承担了3个国家科研项目：(1)由沈弘承担的国家社会科学规划基金项目1项："中古英语文学研究"；(2)由胡家峦、王继辉、韩加明、辜正坤、沈弘等人承担的国家教育部博士点人文社会科学研究基金项目1项："英语诗歌与基督教传统"；(3)由沈弘承担的国家教育部留学回国人员科研资助项目1项："中古英语文学史研究"。

英语系编辑出版了《观海登山集：英语语言文学论文选编》（北京大学出版社，1998.5）。该论文集收录了英语系32位教师近年来的代表性科研成果，内容涉及英国文学、美国文学、语言学，以及文论与文化等4个方向，共计40余万字，反映了北大在近年来的总体成就；而由英语系学生负责撰稿、编辑与出版的英文月报《八分之一报》(One Eighth) 按照原本的版式结集出版，收入该报自创刊至1998年初出版的全部内容，共7期。

3月16日，国家社科基金重点科研项目《新编欧洲文学史》工作会议在英语系召开。来自各高校及科研单位、担任撰写工作的45位专家学者与会。何芳川副校长和担任该书主编的李赋宁先生到会并讲话。与会代表纷纷发言，交流经验，探讨问题。全面负责该书编写工作的刘意青教授总结了前期工作，并对以后的工作进行了安排。该书的编撰工作已近尾声。此次会议的主旨是检查和协调工作。

9月18日至21日，北京大学英语系、北京大学英语教学研究会与河北师范大学英语系在石家庄联合召开了"全国高等院校英语专业高年级教学研讨会第二届年会"。来自全国21个省份与自治区的61个单位的89位代表参加了大会。

10月26日至29日，由北京大学澳大利亚研究中心和澳中理事会合办的"第六届中国澳大利亚研究国际学术讨论会"于1998年在北京达园宾馆召开。来自中澳两国的111位代表专家出席了会议。此次研讨会的主题是：中澳合作的前景，包括政治外交、经济贸易、教育与文学和文化三个专题。

英语系主办的语言学沙龙在1998年活动频繁：国家语委陈建民、北大中文系徐通锵、加拿大University of British Columbia语言教育系的Stephen Carey、美国哥伦比亚大学教育学院Clifford Hill、北京外国语大学语言所姚小平、清华大学外语系胡庚申、北京航空航天大学外语系高员等学者出任了沙龙嘉宾。

在全系师生上下的一致努力下，英语系1998年科研成果突出，获北京市第五届哲学社会科学优秀成果奖有3项：韩加明的《Henry Fielding: Form History Ideology》（《菲尔丁小说散文的叙事形式、历史观和意识观》）获著作一等奖，罗经国编著的《新编英语文学选读》（上、下）（教材）获著作二等奖，胡壮麟撰写的《语言·认知·隐喻》获论文二等奖。获北京大学第六届人文社会科学研究优秀成果奖有3项：韩加明的《Henry Fielding: Form History Ideology》（《菲尔丁小说散文叙事形式、历史观和意识观》）获著作一等奖，赵白生撰写的《民族寓言的内在逻辑》获论文二等奖，姜望琪撰写的《Pragmatics溯源》获论文二等奖。英语系科研奖合计6项：申丹的《叙事学与小说文体学研究》（专著），刘建华翻译的《终结的意义：虚构理论研究》，马文谦的《菲力浦·麦辛哲的悲剧——自我否定的世界》，刘树森的《〈天伦诗〉与中译英国诗歌的发轫》，钱军的《结构功能语言学——布拉格学派》，王逢鑫的《汉英饮食文化词典》。赵萝蕤英美文学奖4项：陶洁《紫颜色及序言》（译著），沈弘《〈农夫皮尔斯〉及文本汉译本序》（论文），王玲《异化的悲歌——透过语言视角看〈动物园的故事〉的主题》（论文），韩加明

《克拉丽莎与黛玉：悲剧性格与死亡意志》(论文)。

(张桂珍)

马克思主义学院

【发展概况】 北京大学的马克思主义理论研究和教育的历史最早可以追溯到五四时期。1918 年冬，李大钊、高一涵等在北大组织了我国最早的马克思主义研究团体，名为“马客士主义研究会”。1920 年 3 月，在李大钊的带领下，又秘密发起成立“北京大学马克思学说研究会”。在我国大学中第一次把马克思主义理论正式列入课程，公开讲授，并对学生进行考核，也是在北京大学从李大钊开始的。中华人民共和国诞生后，北京大学成立了“新民主主义论教学委员会”，此后，又成立了“政治课教学委员会”，开设了“辩证唯物主义与历史唯物主义”、“社会发展史”、“中国革命史”等课程。1952 年院系调整后，北京大学成立了马列主义基础教研室和中国革命史教研室，负责全校“马列主义基础”和“中国革命史”两门课程的教学。1959 年，北京大学成立马列主义基础教研室，统管全校马克思主义理论课的教学，由校长陆平兼任教研室主任。1963 年，学校决定将马克思主义理论课确定为“中共党史”、“哲学”、“政治经济学”3 门。1964 年 7 月，学校又将讲授三门课程的教员集中，成立了“公共政治理论课教研室”，统管全校政治理论课的教学。1973 年秋，学校成立马列主义教研室，1975 年 2 月被解散。粉碎“四人帮”后，学校于 1978 年 4 月重建马列主义教研室。1980 年，学校成立了马列主义研究所，是从事马克思主义理论特别是科学社会主义理论的科研机构。1985 年，学校成立马克思主义理论课教学指导委员会，同时撤销马列主义教研室，中共党史教研室改称中国革命史教研室，并由中国社会主义建设教研室与中共党史教研室合组为中国革命与建设研究中心。1987 年 12 月，学校撤销中国革命与建设研究中心，成立马克思主义理论教育中心，1992 年 3 月 17 日，学校作出《关于建立北京大学马克思主义学院的决定》。1992 年 4 月 2 日，马克思主义学院宣布正式成立。

学院现有教职工 67 人，其中教员 58 人，行政人员 9 人。在教员中有教授 18 人，副教授 24 人，讲师 16 人；在行政人员中有副研究员 2 人，馆员 3 人。学院有博士生导师 9 人。

(黄南平)

【学科建设】 学院教师承担了全校本科生的马克思主义理论课，包括中国革命史、马克思主义哲学、资本主义经济概论、中国社会主义建设、世界政治经济与国际关系等；承担了全校本科生的思想政治教育课，包括人生理论与实践等课程；承担了全校硕士生、博士生的公共政治理论课，包括马列原著选读、科学社会主义的理论与实践等。

学院目前的教学科研单位有中国革命史(毛泽东思想概论)教研室、哲学教研室、经济学(邓小平概论)教研室、世界政治经济与国际关系教研室、社会发展研究所、德育研究所(思想政治教育专业)，有邓小平理论研究中心、社会经济与文化研究中心、港澳研究中心和台湾研究中心等 4 个研究中心(虚体)。设有行政办公室、党委办公室、教务办公室、培训办公室、资料室等机构。学院现有中共党史、哲学、经济学、科学社会主义、思想政治教育等 5 个硕士点，有科学社会主义博士点。在成人教育和培训方面，有金融与贸易、企业管理、国际金融贸易等专科专业；有金融与贸易、思想政治教育 2 个本科专业；有经济学、思想政治教育 2 个硕士专业。1998 年上半年，在校党委和行政直接领导下，由学院直接组织实施的系统开设“邓小平理论”课的教学试点工作经验，受到社会的广泛关注和好评。1998 年 3 月，丁关根、李岚清等中央领导对北大邓小平理论课的情况专门作了批示，给予肯定。1998 年暑期，学院受教育部委托，开办全国高校邓小平理论课教师培训班，参加人数超过 800 人。1998 年下半年，为落实中宣部、教育部《关于普通高等学校“两课”课程设置的规定及其实施工作的意见》，大力推进教学改革，学院在继续进行“邓小平理论概论”课的教学试点的同时，又进行了“毛泽东思想概论”课的教学试点工作。

(黄南平)

【科研活动】 学院成立 5 年来，学院教师先后承担、完成了国家和国家教委哲学社会科学课题 17 项(其中重点课题 7 项)和其他研究课题；先后有 3 人次获国家教委科研成果奖，有 6 人次获北京市科研成果奖，有 12 人获北京大学科研成果奖。现由学院教授、学者承担的国家重点课题有 9 项；一般性课题 7 项。

北京大学百年校庆期间，学院组织了在国内较有影响的“马克思主义理论研讨会”，校内外百余名专家、学者与会。由院长陈占安主编的《马克思主义与北京大学》纪念文集和德育研究所编著的《北京大学德育丛书》(一套 6 本)，作为校庆的献礼图书由北京大学出版社出版。学院社会发展所、港澳研究中心举行了“澳门回归问题”学术研讨会。

1998 年 6 月，学院组织编写的《邓小平理论课专题讲座》一书由北京大学出版社出版，受到社会各方面的欢迎，以后又连续加印多次。1998 年 10 月，学院中青年教师学术研究规划项目《马克思主义与中国现代化》获得学校批准,纳入"大船计划"给予资助,开始启动。

(黄南平)

艺术学系

【发展概况】 北京大学艺术学系正式成立于1997年4月,其前身是北京大学艺术教研室。北京大学艺术教研室成立于1986年,主要面向全校开设艺术类公共选修课,辅导学生艺术团体,并于1995年开始招收广告学专业本科生。

北京大学艺术学系现设3个本科专业和1个硕士专业。即:广告学专业本科、艺术学专业辅修本科、文化艺术管理专业本科,以及艺术学专业硕士点(分为艺术教育、艺术批评、影视学、美术学、广告学、文化艺术管理等6个专业方向)。此外,艺术学专业还开设了文化艺术管理方向的研究生课程班。

艺术学系承担了全校艺术类公共选修课的教学任务。北大自1991年起,率先在全国作出每个在校生需至少修满艺术类公选课2个学分才能毕业的决定。目前,艺术学系每年接纳公选课学生人数均在3000人左右。

艺术学系还负责管理北京大学学生艺术总团的日常活动及艺术指导工作。总团下设学生合唱团、学生管乐团、学生舞蹈团、学生民乐团4个分团。

艺术学系现有教职员工21人。其中教授4人,副教授8人,讲师5人,助教1人,资料员1人,教务员2人。

艺术学系现有学生人数为:广告学本科85人,艺术学辅修本科50人,研究生14人,研究生课程班100人。学生艺术团四个分团的人数为280人。

1998年8月,艺术学系还开展了"扶贫支教"活动。察右中旗是一个以蒙古族为主体民族的典型的"老少边穷"地区,属国家级贫困县。艺术学系教师一行3人前往察右进行实地调查,在当地举办艺术培训班,就音乐、美术等艺术门类的欣赏等作了专题讲座。1998年10月,艺术学系与察右中旗人民政府正式签订扶贫支教协议,帮助他们培训艺术师资,定期派教师前往察右中旗讲学,并为改善该地区的教学条件提供力所能及的援助。

(陈旭光)

【学科建设】 提高教学质量艺术学系自成立以后,一直把加强学科建设,提高教学质量作为全系工作的重点,并多方面开展了工作。

广告学是一门新兴的交叉学科,在现代社会的经济文化生活中起着日益重要的作用。为了适应社会急需,经国家教委批准,艺术教研室分别自1993年和1995年起开始招收广告学专业大专生与广告学专业本科生。艺术学系成立后,对广告学专业的培养目标进行了重新定位,着重培养广告创意、策划、管理等方面的人才,同时修订教学计划,加强教学管理,充实师资力量,使教学质量逐步得到提高。

艺术学专业硕士点是目前全国仅有的两个艺术学专业硕士点之一。分艺术批评、艺术教育、美术学、影视学、广告学、文化艺术管理等研究方向。

为了充分发挥艺术学系所应有的提高大学生文化修养和艺术素质的功能,1998年11月,经国家教育部批准,艺术学系在全国首次试办艺术学辅修专业,即从1999～2000年学年度第一学期开始在全校学生(从主修专业第二学年开始)中招收辅修学生(攻读艺术学第二学士学位)。艺术学系已制订了艺术学辅修专业较为详尽的教学计划,并已开始着手进行此项工作。

1998年艺术学系与北京电视台联合举办"文化艺术管理研究生课程班",参加人员是来自北京电视台、解放军总政治部、中央电视台、文化部等单位的40余位同志,相当一部分为文化艺术界的优秀骨干和知名人士。

1998年3～6月,艺术学系与广州市文化局联合,成功地举办了文化艺术管理干部培训班,取得了圆满成功。

为适应大学生艺术素质教育的需要,艺术学系在严格把关的前提下鼓励老师多开新课,1998年两个学期内,开设了《影视鉴赏》、《中国卷轴画史》、《现代画家专题》、《文化与艺术专题》、《文学与写作》等新课。受到了同学们的普遍欢迎。为贯彻李岚清副总理关于"交响乐进高校"的指示,1998年,艺术学系特意邀请中央音乐学院前任院长,著名音乐学家于润洋教授前来为全校同学作《如何欣赏交响乐》的专题讲座,又先后聘请中央音乐学院刘诗嵘、黄晓和、李秀军为北京大学同学开设"世界著名歌剧赏析"(1998～1999年第一学期)、"西方交响乐欣赏"(1998～1999年第一学期)、"交响乐名曲赏析"(1997～1998年第二学期)等课程,受到了广泛的欢迎。

(陈旭光)

【科研工作与教材建设】 艺术学系自成立以来,重视科研工作和教材建设。1998年1月－1999年2月期间,艺术学系教师负责主编的《人文学科导论》、《影视鉴赏》列入国家教育部人文素质教育丛书;艺术学系教师撰写的《世界电影史概论》、《音乐原理与管弦乐简介》、《文学与写作》等教材列入北京大学教材出版基金"九五"规划;正式出版了《广告文案与创意》(中国商业出版社,1998)、《影视鉴赏》(高等教育出版社,1988)。艺术学系教师主编的《中国艺术学》还获得了1998年度"中国图书奖"及1998

年度北京市哲学社会科学优秀成果一等奖。

艺术学系教师还积极参与设计百年校庆的一系列艺术设计活动。如北大百年校庆标志、纪念邮票、纪念雕塑、校内路牌等都是由艺术学系教师设计的。

(陈旭光)

社会学人类学研究所

【发展概况】 北京大学社会学人类学研究所的前身是北京大学社会学研究所,由费孝通教授于1985年3月创建并出任所长,1987年被列为国家教委文科重点研究所,同年设立社会学博士后流动站。为适应学科建设的需要和发挥特色,1992年4月,更名为北京大学社会学人类学研究所。在费孝通教授的指导下,研究所自成立以来有40余项研究成果和个人先后在国内外获奖。

研究所现由费孝通教授任名誉所长。1998年在编员工18人,其中专职科研人员13人。专职科研人员中有博士生导师4人,教授6人,副教授3人,讲师4人,还有博士后研究人员5人,博士研究生9人,硕士研究生14人,海内外进修访问学者2人。

研究所图书情报资料室现有中文图书15000册,外文图书4500册,中文报刊200种,外文报刊40种,中文过刊150种,外文过刊38种;并积累了大批课题资料、上万份调查问卷档案资料,以及诸多地方调查报告和声像资料等。信息分析室现有计算机14台,可供研究人员和研究生进行调查数据的处理分析、资料检索、联网通讯以及论文的写作。

(于惠芳)

【学科建设】 研究所的主要特色和学术思路是:立足于中国社会实际国情,现实问题与学术问题相结合,多学科交叉研究,社区研究—类型比较—定性定量分析结合,历史观点和追踪研究,注重运作过程和机制研究。为适应改革开放和学科建设的需要,研究所近年来不断拓展研究领域。主要研究领域有:社会学与人类学学科建设,城乡社会发展研究,边区与民族地区发展研究,人类学与民俗研究,社区研究的理论、方法和运用,乡镇组织的制度结构与运作机制研究,企业研究,家庭与社会问题研究,中国民族关系研究,人口迁移与城镇化研究,环境与社会经济发展,城乡教育发展、文化与传播研究等等。

研究所现设有:城乡社区研究室、人类学与民俗研究室、民族社会学与人口研究室、家庭与妇女研究室、环境与发展研究室、文化与传播研究室,区域综合开发室,图书情报资料室、信息分析室、行政办公室、北京大学人类学与民俗研究中心秘书处、中国社会学会民族社会学专业委员会秘书处、中国社会学会社区研究专业委员会秘书处,以及由费孝通学术基金支持的“北京大学学生社区研究奖”评审委员会。编辑出版《人类学与民俗研究通讯》、《城乡发展研究通讯》、《民族社会学研究通讯》3种学术通讯和不定期的研究论文系列。并与全国20多个省市建立了联系,设立了20多个实地调查点。

研究所与北京大学社会学系共同设立了社会学博士点和硕士点,1998年又设立了人类学博士点和硕士点。至1998年,研究所教师先后开设专业课程19门,指导培养博士、硕士研究生30余人,指导海内外进修访问学者13人。1987年研究所设立了当时全国唯一的文科博士后流动站。在费孝通、袁方等教授的指导下,先后招收博士后研究人员22名,其中海外归来学者9名,国内13名。

为使科研成果及时转化为教学内容,1998年所里新开了“人口迁移与城市化”、“中国少数民族专题研究”、“社会人类学与中国研究”、“中国农村社会组织”、“比较社会学”等6门体现科研成果的课程,受到学生好评。

(于惠芳)

【科研活动】 11年来研究所博士后人员共参加国家级项目8个,国际合作项目6个,发表论文100余篇,出版或即将出版的专著10余部,有8篇论文或专著在国内外获奖。有13人获博士后科研科学基金资助金,1人获“国氏”博士后奖励基金。1人获第二届全国青年优秀社科成果优秀奖(最高奖)。

1998年,全所认真贯彻江泽民主席在北大百年校庆大会上的讲话精神,继续发扬团队精神,在学科建设、课程建设、科研成果、人才培养及内部管理等方面都取得了可喜成绩。1998年全所有6人分别获普通高等学校第二届人文社会科学研究成果奖、北京市第五届哲学社会科学优秀成果奖、第二届全国青年社会科学优秀成果奖、北京大学第六届科学研究成果奖等奖项,费孝通教授还荣获“霍英东杰出奖”,马戎教授获“第四届首都民族团结进步模范”称号,高丙中教授和麻国庆副教授获北京大学鼎新和桐山奖教金。

在科研方面取得了可喜成绩。1998年全所完成和在研各类课题18项,其中,由费孝通教授主持的教育部“九五”重大项目“社会人类学的理论与方法”、马戎教授主持的跨世纪人才项目“民族社会学的学科建设”等都取得了较大的进展。尤其是承担组织的北大创世界一流文科“大船”项目“世纪之交的中国社会变迁研究”。进行了多次论证,进一步明确思路、目标及分工,各项研究都在顺利按计划进行。此外,与加拿大蒙特利尔大学合作的“中国6省24县教育发展研究”、与新加坡东亚研究所合作的“中国乡镇企业调查和乡镇组织研究”等国际合作项目也取得了最终成果。在陆续出版了16部《社会与发展研究丛书》及20余部其他学术著作的基础上，1998年全所又出版了《社会学人类学论丛》等科研著作10部，发表论文90余篇。其中，马戎教授的专著《西藏的人口与社会》、《美国的种族与少数民族问题》获普通高等学校第二届人文社会科学研究成果奖社会学一等奖和北京市第五届哲学社会科学优秀成果二等奖，王铭铭教授的专著《社会人类学与中国研究》获北京市第五届哲学社会科学优秀成果一等奖，高丙中教授的专著《民俗文化与民俗生活》与博士后研究人员韩嘉玲的论文《中国贫困农村妇女发展进程研究：贵州省雷山县案例剖析》获第二届全国青年社会科学优秀成果奖(最高奖)，麻国庆副教授的论文《环境研究的社会文化观》获第二届全国青年社会科学优秀成果奖二等奖，于长江讲师的论文获北京大学第六届科学研究成果二等奖。

1998年全年共组织举办各类学术讲座、研讨10余次，邀请海内外10多位专家就学科前沿及诸多社会现实问题进行讲演讨论。其中，校庆后举办的“21世纪：文化自觉与跨文化对话”系列讲座和教育部第三届社会文化人类学高级研讨班，邀请了国际社会学、人类学界24位著名学者教授参加并作学术讲演，国内社会学、人类学界学者200余人参加了研讨，在海内外社会学、人类学界产生了广泛影响。此外，还组织了由日本文部省资助的“中国民族地区社会与文化研究”课题的实地调查。由教师和博士、硕士研究生共同组织的“读书会”每周活动一次，对开阔学生思路和鼓励创新起到了很好的作用。1998年全所有6人次出席参加了国内外各类学术会议。3名研究人员赴美国和日本进修学习。

(于惠芳)

高等教育科学研究所

【发展概况】　北京大学高等教育科学研究所初建于1980年，当时为高等教育研究室，1984年经教育部批准建所。其任务为从事高等教育领域的研究及研究生的培养，同时为教育机构和教育决策部门提供决策咨询。

1999年1月挂靠该所建立了北京大学教育经济研究所，以从事国家教育部财务司等部门所组织的“中国教育经济培训网络”的培训和研究工作。

经国务院学位委员会批准，高等教育科学研究所设有高等教育学专业博士点(设于1990年)、硕士点(设于1983年)和教育经济与管理学专业博士点(设于1997年)、硕士点(设于1995年)。现有在编人员19人，其中教授4人(博士生导师3人)、副教授4人、研究员1人、副研究员1人、讲师4人、助教2人、助理馆员及职员各1人。

高等教育科学研究所开设有硕士和博士课程25门；1998年度在读硕士研究生22人，博士生24人，硕士班研究生23人。1998年获博士学位4人，硕士学位3人，在职申请者并获硕士学位7人。

(陈洪捷)

【教学及科研】　高等教育科学研究所从事高等教育领域的基础和应用性研究，侧重于宏观高等教育的跨学科研究，研究领域涉及高等教育基本理论、教育经济学、教育管理、比较高等教育、中国高等教育、教育社会学和教育心理学等。所设博士和硕士研究生培养方向包括：(1)高等教育学；(2)教育经济学和教育管理；(3)中国高等教育；(4)国际与比较高等教育。

高等教育科学研究所在1998年的课题主要为“九五”规划课题以及新增课题，其中大型课题有：21世纪的中国高等教育(教育部“九五”规划课题，项目负责人：喻岳青教授)；21世纪综合大学理科人才素质、质量标准和课程体系研究(教育部“九五”规划课题，项目负责人：喻岳青教授)；高等学校供求决策系统研究(教育部“九五”规划课题，项目负责人：陈晓宇讲师)；重读辍学研究(世界银行贷款中国贫困地区教育发展项目，项目负责人：丁晓浩副教授)；中国教育个人收益率研究(世界银行贷款中国贫困地区教育发展项目，项目负责人：丁晓浩副教授)；社会主义市场经济条件下高等教育运行机制研究(教育部“九五”规划课题，项目负责人：闵维方教授)；社会主义市场经济条件下高等教育投资体制改革对策及资源配置模式研究(教育部“九五”规划课题，项目负责人：魏新副教授)；中美日德法五国高等教育国际化比较研究(国务院学位办公室项目，项目负责人：陈学飞教授)；中国博士生培养模式研究(全国教育科学“九五”规划项目，项目负责人：汪永铨教授)；通识教育研究(教育部“九五”规划课题，项目负责人：汪永铨教授)；欧洲一体化与欧洲高等教育的国际化(欧盟与国家教育部合作计划项目，项目负责人：陈洪捷副教授)。

高等教育研究所历来重视对外学术交流，1998年所内学术交流活动尤其频繁：2月22日，魏新副教授作为世界银行中国教育经济学培训网络专家组成员赴美国华盛顿、旧金山等地进行考察；5月4日，香港教育学院校长许美德教授(Ruth Hayoe)、香港大学副校长程介明教授和香港中文大学教育学院院长钟宇平教授在参加北京大学百年校庆之际，来所进行访问；5月6日，喻岳青教授应日本名古屋大学之请,赴名古屋大学高等教育研究中心进行为期四个月的研究;5月27日,国家教育部办公厅主任康宁在所内作了关于"当前中国教育改革"的报告;6月4日,香港中文大学杜祖贻教授、李绍鸿教授、刘述先教授等和台湾阳明大学曾志朗教授等来访,商讨关于"北京大学与香港中文大学教育及社会科学应用论文奖"的执行情况;6月15日,闵维方教授、魏新副教授和丁晓浩副教授参加教育部财务司召开的关于世界银行贷款我国贫困省项目(一贫～四贫)会议;8月8日,陈洪捷副教授赴德国卡塞尔大学,从事欧盟资助项目"欧洲一体化与欧洲高等教育国际化"的研究;9月15日,美国波士顿学院国际高等教育中心主任菲利浦·阿特巴赫(Philip G. Altbach)来访并讲学,于16、17和21日在所内作了关于"高等教育国际化"、"拉丁美洲高等教育"和"比较高等教育"的报告;10月7日,日本名古屋大学高等教育研究中心所长马越彻教授来访并分别于12日和13日在所内作了关于"国际比较教育"和"日本高等教育"的报告;10月8日,魏新副教授、阎凤桥讲师赴四川成都参加世界银行贷款贫困省项目(贫四)考察及检查工作;10月23日,日本国立学校财务中心研究部部长市川昭午教授来访并讲学,于26日在所内作了关于"21世纪高等教育经费的负担"的报告;11月14日,美国宾夕法尼亚大学迈克尔·蒂尔尼(Michael Tierney)来访并讲学,于16日在所内作了关于"高等教育的三个市场"的报告。

(陈洪捷)

人口研究所

【发展概况】 北京大学人口研究所前身是1979年成立的北京大学经济系人口研究室,1984年经教育部批准扩建为北京大学人口研究所。现有教职工22人,其中教授6人,副教授6人,讲师3人。该所拥有自己的资料室和计算机室,此外还定期出版《市场与人口分析》。

近几年来,全所教员在人口与经济、人口与健康、社会保障等研究领域共发表研究论文166篇;有1人获国家级奖项,获省部级奖项16人次,校级5人次;为国内外培养博士9人,硕士29人;先后有8人来该所做博士后研究工作(国内外);接纳进修教师4人;聘请国外专家到该所讲学、进行国际合作研究的长短期专家30人次。人口研究所先后派出20多人出国留学。其中11人已学成回国,在教学和科研中发挥了骨干作用。

(景来明)

【学科建设】 北京大学人口研究所是一个多学科交叉联合的人口科学研究与培训机构,其主要研究方向是:人口经济学;人口与健康;人口社会学;人口地理学;老年人口学;人口分析方法与应用、生殖健康的社会科学研究;工商人口学、区域管理人口学、家庭人口预测方法与应用;人口、资源与环境经济学等。

人口研究所不招收本科生,只承担培养人口学博士、硕士研究生任务。作为北大社会科学博士后流动站的一个分站,人口所还接受博士后研究人员来所工作。北京大学人口研究所现有博士生9人,硕士研究生21人,博士后研究人员2人。

人口研究所开设的研究生课程主要有:人口经济学,人口社会学,人口分析方法与应用,生殖健康的社会科学研究,社会科学研究方法,计算机在人口科学中的应用,工商人口学,区域管理人口学,人口学概论,人口学著作精读,人口科学系列讲座,人口地理学等。

1991年初,北京大学人口研究所被命名为"世界卫生组织生育健康与人口科学合作研究中心"。在中国政府与国际人口组织的支持与资助下,同时招收中国与外国研究生。

(景来明)

【科研活动】 1998年是人口所科研大获丰收的一年,张纯元教授获1998年中华人口奖,张纯元、楚军红、刘贵平、周云、郑晓瑛、柳玉芝获计生委科学研究奖。人口所正在承担的科研项目主要有:国家社会科学规划基金课题5项:"下世纪我国计划生育政策平稳过渡的必要性与可行性研究","生育健康综合指标的研究","村民自治新形式下计划生育民主管理研究","社会转型期中城镇贫困人口特征及反贫困战略研究","社会统筹及个人账户相结合式养老保险的风险因素分析";国家自然科学基金课题1项:"生殖健康引入人口方案的可行性研究";教育部人文社会科学研究规划课题4项:"中国农村青少年、儿童失学的人口社会学研究","城市购买力指数评估研究","中国农村养老模式及其优化研究","人口政策、生活质量与可持续发展";国家计生委"九五"攻关课题1项:"新型IUD的引入性实验研究——评估";国家卫生部课题1项:"关于反毒品的预防教育";国家计生委国际合作课题1项:"出生缺陷干预工程—引入性试验";国际合作课题4项:"中国高龄老人健康长寿研究","中国1990年普查被访百岁老人追踪调查研究","城市外来青年女工的生育健康状况与需求","中、印、美人口增长、消费与土地利用研究","中国妇女管理系统评估与培训";世界卫生组织课题1项:"贫困地区妇女生殖健康需求研究";高校合作课题1项:"中国医疗体制改革与医疗保险基金的合理利用"。

人口所1998年对外交流频繁，联合国原人口统计局游允中博士、美籍教授Rachel Connelly博士来开设课程；百年校庆期间国家计生委张维庆主任到人口所与师生进行座谈。人口所楚军红博士到美国哈佛大学做博士后研究。

(景来明)

中国经济研究中心

【发展概况】 北京大学中国经济研究中心成立于1994年8月，宗旨是动员国内外社会资源，吸引一批受过现代经济学良好训练的中青年经济学者为北京大学的教学科研、中国经济改革发展和当代经济学研究做出贡献。中心实行董事会领导下的主任负责制。

经过五年发展，中国经济研究中心现有教职员工21人，其中专职教学科研人员16人，行政办公及科辅人员5人。教学科研人员均为留学回国的经济学博士或博士候选人，其中教授8人，副教授7人，在站博士后1人。

中国经济研究中心成立以来，先后从世界银行、福特基金会、洛克菲勒基金会、台湾亚陆银行、香港“致福轩”之友基金会、亚洲基金会等机构争取各种捐赠及研究课题经费分别用于办公房屋修建、办公设备购置、外聘客座教授及行政开支等。此外，还从香港英之杰太平洋有限公司和悟宿基金会有限公司各筹得讲座教授基金100万元人民币，其利息分别用于支付中国经济研究中心的教学科研费用。台商林旺松先生和香港已故学者钟国光先生之妻孙慧女士分别出资100万和15万在中心设立了中国经济研究奖学金和钟国光社会服务奖学金。

(张加利)

【学科建设】 中国经济研究中心先后为北大及社科院研究生开设了微观经济学、宏观经济学、计量经济学、国际经济学、产业组织、人口经济、城市经济、环境经济、中国经济问题等10多门专业课。

中国经济研究中心现有博士生导师4人：林毅夫(经济史)、海闻(国际经济)、易纲(国际金融)、宋国青(西方经济学)。现有博士研究生23名，研究方向有：世界经济、经济史、国际金融和西方经济学等；硕士研究生62名，研究方向有：政治经济学、中国经济史、外国经济史、西方经济学、世界经济和国际金融等。此外，中国经济研究中心还招收在校经济学双学位及辅修(本科)学生900多名，国际MBA学生100多名。

(张加利)

【科研活动】 几年来，中国经济研究中心研究人员出版专著15部，在国内外学术刊物上发表论文60余篇，出版面向国内政府经济决策研究和新闻单位发行的简报75期，大多受到政府部门重视或被新闻机构采用。出版反映中心研究成果的中英文内部讨论稿共76篇。林毅夫所著《制度技术与中国农业发展》获孙冶方经济学著作奖；《中国的奇迹：发展战略与经济改革》获北京市第四届社科成果一等奖。中国经济研究中心主持、参与的研究课题主要有：世界银行与财政部专题调研项目“粮食市场与流通”、国家经贸委的“国有企业经营机制转换”、劳动部“农村劳动力转移”、中国人民银行的“中国金融发展规划”、国家计委“十五规划”、山西省引黄工程项目评估及人员培训等。

中心已成功地举办了包括国际水稻会议在内的6次高质量的国内外学术会议，邀请了包括诺贝尔经济学奖获得者在内的国内外著名经济学者来校举行学术报告200多次；派人参加国际学术会议50多人次，并先后接待了包括世界银行副行长、世界贸易组织总干事、美国总统经济顾问委员会主席及澳大利亚财政部长在内的中外学者官员400多人次。

1998年中心学术交流活跃，6月21～22日，中国经济研究中心与美国国家经济研究局在北京举行了“中国经济改革与发展”学术研讨会，中外著名学者和官员40多人参加了会议。12月21日，中国经济研究中心与台湾“中央研究院经济研究所”联合举办的第二届“两岸经济研讨会”在台北举行，中国经济研究中心代表海闻、周其仁、赵耀辉、姚洋四人参加了会议。

1998年来中心进行访问和演讲的著名人士还有美国商务部部长戴利、美国总统经济顾问委员会主任珍妮特·耶伦博士和世界银行副行长、首席经济学家约瑟夫·斯蒂格利茨。

(张加利)

环境科学中心

【发展概况】 1982年，北京大学成立了我国第一个跨学科的环境科学中心。根据学科发展的需要，一些学者脱离原来的母学科正式进入环境科学领域，还有一些仍依托于母学科发展。1985年7月环境科学中心正式成为北京大学的实体单位，并以虚实结合为其组织形式，同时担负组织和协调北京大学环境科学的研究和教育的工作。环境科学中心由技术物理系环境化学教研室部分人员、力学系环境风洞全部成员、地球物理系大气物理教研室部分人员、生物系环境生态部分人员、地理系部分成员以及法律系环境法专业教师组成。1986年北京大学与国家环境保护局(现国家环境保护总局)签署联合办学协议，国家环境保护局投资100万元人民币，共同成立“国家环保局北京大学环境科学中心”

(以下简称中心),协议要求中心承担培养国家和地方各级高级专门人才和培训技术骨干的职责,并为国家和地方环境保护的决策提供科学技术支持。

近年来,北京大学环境科学与环境工程学科的学术队伍正在不断壮大,目前已围绕环境科学中心形成了一支以中青年学者为学术骨干、且新老结合的环境科学与环境工程学术队伍。专职的教学、科研人员有46人;其中中国工程院院士1名,正高职称9人,副高职称12人,有博士学位者12人,有硕士学位者17人。现具有副高职称以上的,年龄在61岁以上者3人,56～60岁3人,46～55岁4人,45岁以下11人。另外还有国内外客座教授和高级技术人员7名以及9名在站从事博士后研究的青年专业人才正在从事本学科的合作研究工作。

迄今,环境科学中心已培养了硕士研究生267人,博士研究生58人。中心自1997年开始招收本科生,现有本科生43人。

在建设一流大学战略鼓舞下,1998年环境科学中心群策群力,制订了本中心21世纪的发展规划,为今后环境科学和工程的发展确定了总体战略和实施计划。

(邵敏)

【学科建设】 中心现有环境化学、污染气象学、生态学、环境规划与管理学、环境质量评价、可持续发展和环境法等7个教研室,下辖"环境模拟与污染控制"国家重点联合实验室大气环境模拟分室和中国可持续发展研究中心。伴随着北京大学环境科学学科进一步的整合,北京大学环境工程研究所于1999年并入环境科学中心。中心目前主要的研究方向包括大气环境化学、水污染与控制、水治理理论与技术、大气污染控制、环境生态学、环境模拟与模式、环境规划与管理学、环境社会系统发展学、环境人文学、环境系统分析理论与技术等。环境科学中心现拥有环境科学的硕士点和博士点。

1998年,中心组织了两次关于教学工作的大讨论,对中心的教学管理、科研与教学的关系、教材、课程设置和教学大纲的修订等进行了充分的研讨,并在此基础上形成了环境科学中心未来教学体系框架。在中心各级领导的关心和支持下,学生管理工作成绩突出。两个本科生班级均配备了具有博士学位的青年教师担任班主任。唐孝炎院士用自己获得的成果奖为本科生设立了奖助金,资助优秀和困难学生。环境科学中心本科男、女生班均获得北京大学军事训练优秀班集体,在1998～1999学年,97级本科生团支部获北京大学优秀团支部,宋豫秦老师在全校班主任评比中获优秀班主任一等奖(全校共7名)。97级本科生唐明宇同学在"挑战杯"科技论文赛中,获全国最高奖——展望奖(全国共10名);96级研究生班洪阳同学三年研究生期间共发表14篇论文。

(邵敏)

【科研活动】 环境科学中心近5年来先后获得校级以上奖励23项,其中国家级奖励6项,获省部级奖励7项;在国内外核心学术刊物上发表论文346篇;出版学术专著7部,高等学校教材4部;主办国际学术会议6次,全国性学术会议8次。其中《大气环境化学》获国家教委和国家环保局1995年教学教材一等奖、教育部1998年科技进步一等奖,"大气环境化学教材与教学"获北京市1997年教学成果奖一等奖。中心的教师曾获得何梁何利奖1项、国家杰出青年基金1项、国家优秀中青年人才专项基金1项、国家教委霍英东青年基金1项、教育部跨世纪杰出人才基金2项以及中国青年科技奖、中国环境科学青年科技奖、首届中国十大博士后"国氏"奖等十余项奖励。唐孝炎院士现任教育部环境科学教学指导委员会主任和中国环境科学学会副理事长。唐孝炎院士和张远航教授还先后任国际纯粹与应用化学联合会大气化学专业委员会的衔称委员。中心部分教员直接参与了联合国环境署的技术和决策支持工作,唐孝炎院士担任联合国环境署臭氧损耗环境影响评估委员会共同主席,张世秋教授担任联合国环境署臭氧损耗经济评估专家委员会共同主席,胡建信副教授担任联合国环境署清洗行业委员会专家。

1998年,由环境科学中心作为主要承担单位的国家自然科学基金"九五"重大项目"长江三角洲低层大气物理化学过程及其对生态系统的影响"和"江河泥沙灾害形成机理及其防治研究"正式启动,中加科技合作(CIDA)项目"防洪、生态保护与可持续发展研究"、国家自然科学基金重点项目"与全球环境变化有关的我国含硫化合物排放的基础研究"获得批准。"八五"科技攻关项目"中国酸沉降及其生态环境影响研究"获得1998年国家科技进步奖一等奖,环境科学中心单位排名第三,个人排名第三;山东省可持续发展科技示范工程项目"济南大气污染综合治理技术研究开发与示范"1998年获得批准并开始执行,叶文虎教授任首席科学家;环境科学中心在《全球环境展望》和《中国环境公报》编制中的贡献受到国家环保总局和联合国有关专家的一致赞誉;在中国淘汰臭氧层损耗物质国家方案和行业计划的制订和实施中,环境科学中心作做了突出贡献,已协助政府获得联合国资助2.12亿美元,起草方案、计划和政策8项,其中许多方案被联合国环境署确定为发展中国家的典范。"环境模拟与污染控制"国家重点联合实验室通过了教育部组织的评估,并在地学类国家实验室中排名第一。1998

年环境科学中心组织了三次大型的国际学术研讨会,包括北京大学百年校庆系列学术活动中的环境科学研讨会,臭氧层损耗经济评估国际研讨会,东亚地区酸沉降研究国际研讨会等,其中北京大学百年校庆纪念活动“面向21世纪的环境科学和可持续发展”学术研讨会邀请到了包括美国、日本、英国、德国、法国、瑞典、荷兰、加拿大、挪威以及香港和大陆在内的国际国内百余位专家学者,世界知名的环境科学家 Lar Olof Bjorn , Mohan Munasinghe, H. Akimoto, M. Tevini 等,曲格平、解振华、王玉庆等国家环境保护界领导以及国内环境科学与技术领域的绝大部分机构均应邀参加。此次研讨会充分展现了北京大学环境科学研究的成果,进一步加强了国际国内的交往和合作。

(郜敏)

重离子物理研究所

【概况】 北京大学重离子物理研究所是在技术物理系的基础上发展起来的。为进一步开展核科学与技术的研究,1983年经国家教育部批准成立了北京大学重离子物理研究所。1986年研究所成为以李政道教授为主任的北京现代物理研究中心的一部分并开始对外开放。1987年总面积为6000平方米的加速器大楼建成。1989～1990年,3台加速器先后运行,实验室建设初具规模。1990年教育部批准成立了北京大学重离子物理开放实验室。1994～1998年经国家科委和国家教委推荐成为全国基础性研究所改革试点单位。1997年北京大学批准重离子物理研究所和北京大学医院合作建立北京大学肿瘤物理诊疗技术研究中心。1998年重离子物理研究所还和中国原子能科学院核物理研究所联合建立了北京核科学中心。该中心轮流在双方单位挂靠。在研究所的支持下,经学校批准于1994年在海淀工商局注册了一个高科技开发公司:北京市北大科玛技术发展中心。

研究所现有固定人员54人,其中院士1人,博士导师7人,教授、研究员和教授级高工共18人,占职工总数不到1/3。职工中有博士学位的人员为11人,占职工总数的20%,40岁以下的年轻人20人,占职工总数的37%。重离子物理研究所承担了粒子物理和核物理专业的部分教学和人才培养任务,以及核技术及应用专业的主要学科建设和人才培养任务,现有博士研究生5名,硕士研究生31名,承担各类课程19门。

重离子物理研究所是国内基础性研究所中率先实行理事会领导下所长负责制的单位,理事会每年召开一次,主要审查研究所的改革措施、发展方向和重大项目完成情况和学术成果。1999年研究所的在研项目22项,合计经费为300万元。重离子物理研究所已经成为北京大学的一个以核物理和核技术为主、多学科结合的综合性研究基地。

(包尚联)

【科研活动】 研究所目前有四个研究方向:(1) 核物理。以低能核物理为主,重点以4.5MV静电加速器为单能中子源开展中子核参数评价和测量,已完成的任务包括:Si, Ca, Mg及238U全套数据评价(获国家教委科技进步二等奖);中子双微分、中子活化及(n, p)、(n, alpha)等反应道的截面测量。研究所的单能中子源在中子能区4～7MV, 及15～22MeV之间的能区在国内是唯一的。而且加速器运行稳定可靠,吸引了俄罗斯杜布纳研究所和镭研究所以及清华大学的科学家来此工作。同时研究所还开展了以锕系元素核为主要研究对象的裂变物理的研究,对裂变核的颈部无规断裂和多通道裂变模型有推动,建立了确定道几率的计算方法,对裂变后现象进行了系统研究,对核物理基础和干净核能源需要做出了贡献。

(2) 加速器物理与技术。这是研究所的主要研究工作,人员和规模占到研究所的一半以上。主要有3个科研课题组和1个静电加速器实验室。

A. 超导加速器物理和技术研究。在最近几年的工作中完成了国产超导腔的研制,发展了电子和重离子超导腔等两种腔型,获得国家教委和国家科技进步二等奖。建立了相应的射频超导测量的实验室,正在研制超强超快电子和X光源和重离子加速器,并正在开展自由电子激光装置的研制工作。

B. 加速器质谱计技术及应用。重离子所利用英国牛津大学赠送的一台6MV串列静电加速器,建成了北京大学加速器质谱计,开展了与生命科学、地学、环境科学和考古学的交叉学科研究,其成果获得教委科技进步奖一等奖,近年来承担夏商周断代工程,^{14}C测年的精度可好于0.5%,达到国际先进水平。

C. 在陈佳洱院士的直接领导下,提出并完成了有自己特色的整体分离环型射频四极场(RFQ)300kV和1MV重离子加速器。它可以进行正负离子同时加速,其成果在1999年验收,专家评估认为其成果达到了国际先进水平。

(3) 研究所的第三个研究方向是离子束材料物理及其应用。目前开展的研究工作分为三个层次,一是离子与物质相互作用的基础研究,正在承担着国家自然科学基金重大项目有关离子与生物体系相互作用研究的子课题和有关团簇与材料相互作用研究的重点基金,其中离子在生物样品中的动态输运过程的研究成果受到学术界的重视和专家的好评；二是离子束材料物理的新方法和新技术研究，目前正在进行强脉冲离子束技术及 MeV 离子注入形成光波导等方面的研究，为离子束在国防、金属工业及信息产业中的应用奠定基础；三是离子束的新应用，利用 MeV 重离子辐照培育出优质水稻和高粱的新品种，利用团簇技术制备出了多种具有特殊光学和磁学特性的包埋团簇膜及 AlN 金属陶瓷太阳能膜。

(4) 研究所的第四个研究方向是医学影像物理和医学影像工程。这个研究方向于 1994 年研究所进入基础性研究所改革试点时，经过国家科委和国家教委组织的专家委员会评审后确定的。目前正在开展核磁共振成像的新成像原理和关键技术研究，包括 RF 线圈，数据处理方法学研究和小型全开放便携磁共振成像仪研制；开展核医学成像的高分辨率和重建方法的研究，解决了一些国际上还没有解决的重建方法，设计编制了一个临床图像分析软件包。在肿瘤放疗物理学和关键技术方面，开展了剂量学和三维治疗计划系统的研制，正在组织所内力量，开展新型放疗技术硼中子俘获治癌(BNCT)研究。

研究所的静电加速器实验室，负责 6MV 串列静电加速器和自行研制的 4.5MV 静电加速器的运行、维护和性能改进。

(包尚联)

信息科学中心

【发展概况】 北京大学信息科学中心成立于 1985 年，是以信息科学为主体的多学科交叉的研究机构，也是国家批准在北京大学建立的第一个重点实验室——视觉与听觉信息处理国家重点实验室。信息科学中心现任学术委员会主任为中科院院士石青云教授，国家重点实验室学术委员会主任为中科院院士唐孝威研究员，中心和实验室主任为唐世渭教授。

实验室具有良好的实验条件，现拥有 SGI Server(Oringin 2000)1 台，SGI 工作站 4 台(包括 02, INDIGO)，SUN 和 DEC 工作站 12 台，VAX11/785 小型机 1 台，Motorola 小型机(4CPU, 100MIPS)1 台，微机(586, 686)若干台，实验室的局域网已与 Internet 联网，便于国际交流。

目前实验室有固定人员 32 人，其中研究人员 20 人，技术人员 9 人，管理人员 3 人。

(李林)

【主要研究领域】 实验室的主要研究方向是紧密结合智能计算机，智能机器人，智能武器及指挥系统，管理自动化等重大课题和发展需要，开展机器视觉与听觉信息处理方面的基础研究与应用基础研究。特别是关于机器视觉、机器听觉、语音、文字的识别处理与自然语言理解，图像识别和图像数据库，智能系统与知识工程，视觉与听觉的神经计算模型和人工神经网络等方面的基本理论与基本方法研究，以及具有显著经济和社会效益的应用研究中的基础性工作，以期为实现实用的机器视觉系统与听觉系统提供可用的方法与技术，为实现自然的人机通信提供基础技术手段并在某些应用领域提供具有国际先进水平的设计思想与技术，指导实用产品的开发。

(李林)

【科研活动及成果】 实验室围绕国家信息科学发展需要，开展了计算机视觉、图像处理与模式识别，计算机听觉、语音处理与说话人识别，视觉与听觉信息处理的心理和生理学基础及神经计算模型，以及智能信息系统与知识工程 4 个方向的研究；承担了多项有关的国家攻关项目、攀登计划项目、"863"项目、国家自然科学基金项目和省部级项目，取得了大量重要成果，近四年来共发表论文 200 多篇，重要国际会议特邀报告 7 篇。实验室的一个突出特点是：充分发挥学科交叉的综合优势，特别注意从视觉与听觉信息处理中提出新的数学问题并进一步发展用于信息处理的数学方法，取得了一批有独创性的重大成果，包括：大容量指纹自动识别系统研究方面，提出了新的理论和高效实用算法，在自动入库率、大库破案率等方面的性能优于同类系统，取得显著的社会效益和经济效益；在计算机视觉研究方面，提出了一种基于对偶空间几何形状约束条件的理论和相应的三维重构方法，以及高效的误差校正算法，曾在国际会议上获得优秀论文奖；在神经网理论与应用方面，提出并实现了一个较完整反映听觉通路与听觉皮层最基本特性的混合神经网络模型和相应的说话人识别系统，具有重要意义，同时在说话人识别过程中的生理学和心理学研究中，得到了新的发现，并于 1994 年和 1995 年两次在世界神经网络大会上获得了国际神经网络学会颁发的"神经网络领导奖"。在应用方法于整体立体视觉，小波构造及最优小波基的选取方面取得了重要成果，受到了同行的重视。1998 年，"COSA 国产系统软件平台"获国家科技进步二等奖(北京大学为第二完成单位)。"神经网络理论及其智能信息处理应用基础"获教育部科技进步一等奖 (北京大学为第三完成单位)。

(李林)

计算机科学技术研究所

【发展概况】 北京大学计算机科

学技术研究所始建于1977年9月,它的前身是北京大学文字信息处理技术研究室,1983年正式成立北京大学计算机科学技术研究所。所内建有博士、硕士研究生培养点和博士后流动工作站,并以所为依托建有文字信息处理技术国家重点实验室和电子出版新技术国家工程研究中心,下设报业管理、文字与图形处理、数字媒体、金融信息技术、照排技术,以及彩色系统、地理信息、办公自动化、出版社管理、字模研制等多个研究室。现有工作人员400余人,其中副高级职称以上人员30人,博士19人,硕士171人。总建筑面积近10000平米,各种仪器设备900余台套。现任所长为中科院院士、中国工程院院士、第三世界科学院院士、著名计算机专家王选教授。

80年代后期计算机研究所与北大方正集团通过技术转让形式建立合作关系,研制和销售方正激光照排系统。1995年,经北京大学批准,计算机研究所与北大方正集团共同组建北大方正技术研究院,实现了组织与管理机构的一体化。1998年,北大方正集团入选"国家技术创新试点企业",作为方正集团的科研开发基地,方正技术研究院被国家经贸委指定为国家级企业技术中心。

计算机研究所由于所取得的丰硕成果而受到多次表彰,1984年被评为"北京市模范集体",1990年被评为"全国高等学校科研工作先进集体",1997年获北京市教学成果一等奖。

(丛中笑)

【技术研制与开发】 计算机研究所是中国最早从事汉字信息处理技术研究的单位之一,多年来一直走在电子出版技术发展的前沿,取得了以北大方正电子出版系统为代表的一系列突破性成果,并实现了产业化。现已成为全球最大的中文电子出版系统研究基地和全球最主要的多文种电子出版系统研究基地之一。

研究所重视研究工作的可应用性,并着眼于研究开发有国际竞争力的技术与产品,研究方向除包括多文种集成排版、图形与图像的计算机处理、栅格图像处理技术外,还涉及各类新闻出版与传媒单位(如报社、出版社、电台、电视台)综合业务处理系统、金融及商业系统集成技术、数字媒体技术、办公自动化技术、地理信息系统、语音识别技术、以及 Internet / Intranet 上的应用技术的研究与开发等。

早在1975年,计算机研究所就在王选教授的带领下承担了国家重点科技攻关项目"汉字信息处理工程"(又称"748工程")中"汉字精密照排系统"这一项目的研究开发。经过艰苦钻研,王选教授针对汉字字数多、印刷用汉字字体多、精密照排要求分辨率很高所带来的技术困难,发明了高分辨率字形的高倍率信息压缩和高速复原方法,在世界上首次使用控制信息(或参数)来描述笔画的宽度、拐角形状等特征,以保证字形变化后的笔画匀称和宽度一致。这一发明获得了欧洲专利和8项中国专利。据此研制的华光和北大方正电子出版系统处于国内外领先地位,占领了99%的国内报业市场和95%的书刊市场,以及海外80%的中文报业市场,取得了重大的经济和社会效益,引发了中国印刷出版业的一场技术革命,使我国印刷业告别了"铅与火"的历史,迈入"光与电"的新时代。

1988年,当 Microsoft 公司刚刚推出 MS-Windows 时,研究所敏锐地意识到它将成为软件平台的标准,于是开始着手将软件开发从 DOS 平台转移到 MS-Windows 环境下,开发出了国内最大的 Windows 应用软件——多文种、多窗口交互式集成排版系统 WITS,使北大方正电子出版系统的主要软件都在 MS-Windows 环境下运行,顺利地完成了向图形用户界面的过渡。

进入90年代,计算机研究所宣布支持 Postscript 标准,不断进行技术创新,引起了中国印刷出版业一次次"告别":告别报纸传真机(从1991年起),卫星远传页面描述语言格式的报纸版面效率高,毫无失真,从而取代了报纸传真机;告别传统的电子分色机(从1992年起),1992年《澳门日报》开始采用方正彩色系统取代电子分色机出彩色版,这是世界上首次中文与彩色照片合一处理的输出,告别纸和笔(从1994年起),报纸采编流程的计算机管理、广告管理和制作系统的推广,导致报社编辑和记者逐步告别纸和笔。

1997年,计算机研究所研制成功日文出版系统,并出口到日本的日文出版市场(合同额约400百万美元),创下了中国自有品牌软件产品批量出口的记录,打入国际市场。

与此同时,计算机研究所把握计算机应用领域的最新发展动向,不断开拓新的研究领域,推出了纯软件栅格图像处理器(PSPNT RIP)、新闻采编流程管理系统、广告管理和制作系统、资料检索系统、中文和日文排版系统、多媒体创作工具、地图出版系统、办公自动化系统、动画制作系统、电视采编播系统及出版社和出版局管理系统、商业系统集成等一大批新成果,部分居国内和国际领先水平,并创造了良好的经济效益和社会效益。

1998年8月,计算机研究所搬迁至上地信息产业基地的方正大厦内,这里空气清新,环境宜人,距中关村约7公里,科研条件有了明显改善。年内,计算机研究所在技术开发与应用、队伍建设、人才培养等方面都取得了新的成绩。

1999年1月,电子出版新技术

国家工作研究中心通过了由教育部组织的验收委员会(受国家计委委托)的验收。该中心于1994年经国家计委批准,以计算机研究所为依托开始建设,几年来在电子出版及报业管理领域研究成果显著,并全部形成产品在国内外市场大量推广使用,创造了良好的经济和社会效益。1998年,计算机研究所与北大方正集团共同研制开发的计算机应用软件产品——“点睛”计算机辅助动画制作软件、方正“飞腾3.0”多文种排版软件、方正“世纪RIP”1.5以及方正出版社管理系统,通过了信息产业部组织的鉴定委员会的鉴定。1998年还承担了3项科技部国家高技术研究发展计划(“863”计划)研究课题,它们分别为:人工智能的报业系统研究、虚拟演播室系统中的实用VR技术、电视台数字化系统。

计算机所在技术开发的同时,还注重队伍建设和人才培养。研究所重视对青年科技工作者的培养,阳振坤、汤帜、李平立、郭宗明、尹伟强等就是这方面的突出代表。研究所还充分发挥博士和硕士研究生的作用,使他们在学习期间掌握了独立从事科研工作的能力,毕业后能在科研工作中独当一面。1998年,研究所又有3名博士研究生和12名硕士研究生毕业,并有10人留所工作,使研究所的科研力量进一步得到加强。

获得的奖励和专利

(一)获得的奖励

北大华光和北大方正电子出版系统自投放市场以来,以其先进的技术和良好的性能获得国内外奖励二十余项,其中包括:

1985年和1995年两次被评为中国十大科技成就之一;

1986年获第14届日内瓦国际发明展览金牌;

1987年和1995年两次获国家科技进步一等奖;

1989年获中国十大专利发明创造金奖;

1989年获国家火炬杯奖;

1991年获国家重大技术装备表彰项目特等奖;

1991年获国优产品银质奖;

1993年获北京市科技进步特等奖。

(二)获得的专利

计算机研究所自1985年以来共获得国内外专利十四项,这些专利构成了华光和方正电子出版系统的基础,为推动我国出版印刷业的技术革命起了重要作用。

(丛中笑)

·教学和学科建设·

教育思想大学习大讨论

为了贯彻邓小平科教兴国理论和江泽民同志在庆祝北京大学建校一百周年大会上的讲话精神，推进北京大学创建世界一流大学的进程，北京大学于1998年9月至1999年1月开展了转变教育思想，更新教育观念的大学习、大讨论活动。此次活动注意将邓小平科教兴国理论同邓小平理论的科学体系结合起来，将邓小平科教兴国理论同江泽民同志在庆祝北京大学建校一百周年大会上的讲话结合起来，将学习邓小平科教兴国理论与推动北大改革发展的实践结合起来，全面深入地理解和把握邓小平科教兴国理论的精髓和基本观点、基本精神，以及科教兴国战略的伟大意义。通过学习和讨论，进一步充实、调整和完善北京大学面向21世纪创办世界一流大学的改革发展战略，以及近期目标和实施方案，制定并出台有关教育教学和学校管理方面的重要改革措施。

此次学习讨论主要围绕以下三个主题：(1)关于科教兴国战略和北京大学的地位、作用问题。实施科教兴国战略应当抓住什么样的基本线索和中心环节，解决哪些关键性问题；作为在国家和民族发展史上做出过重大贡献的北京大学，在实施科教兴国战略中处于什么样的地位，应当发挥什么样的作用；(2)关于面向21世纪教育改革和发展方向问题。北大应当如何实现教育的两个转变，全面适应社会主义现代化建设的要求，全面提高教育质量和办学效益，为现代化建设提供更好的人才支持和知识贡献；北大要实现教育、科技与经济社会发展的紧密结合，在教学、科研、管理等方面的体制和运行机制上应当解决哪些关键性问题；(3)关于创办世界一流大学和建立知识创新体系、培养高素质的创造性人才问题。什么是世界一流大学，它的基本标志和主要特征是什么，北大与世界一流大学的主要差距何在；建立创新体系对于国家和民族，对于创办世界一流大学具有何等重要意义。

为促进学习讨论的顺利进行，北大特向各院系及有关部门印发了以下学习文件：《邓小平文选》、《中国共产党第十五次代表大会报告》、《邓小平教育理论学习纲要》、《邓小平科技理论学习纲要》、《江泽民同志在庆祝北京大学建校一百周年大会上的讲话》、《江泽民同志在会见出席中国科学院第五次院士大会和中国工程院第四次大会代表时的讲话》、《中华人民共和国高等教育法》。同时，在组织安排上精心部署，使整个活动有步骤、有层次、高效率地进行。

通过讨论，大家一致认为学校的基本和首要任务是培养人才。教学是培养人才的主要途径，所以教学是学校工作的核心，培养高素质的创新人才又是教学改革的核心。

针对本科生教育，教务处提出教学改革应从培养具有创造性思维的人才和加强教学管理两方面入手，在培养具有创造性思维的合格人才方面，今后将采取九项新的举措。(1)在严格控制学分的同时，减少总学分，给学生更多自学时间；(2)鼓励各院系、中心多开双学位、辅修课程，培养复合型人才；(3)除保送生以外，学生可以根据自己的兴趣和特长转学其它专业，并减少对转专业学生的限制；(4)改进选课方法，取消限选课。针对目前学生选课的盲目性，教务处将实行先试听再选课的方法。同时教务处将整理现有选修课，编辑选修课指南手册，各系配备一名选课指导老师；(5)改进考试制度，减少闭卷考试门数，更多地采用讨论、论文、口试、开卷等方式；(6)对学生重修科目，在毕业成绩单上将只记录重修成绩，但原始记录仍要保留；(7)改进招生工作，保证让最优秀的学生进入北大，同时要努力发现和选拔特殊人才；(8)加强素质教育，促使学生综合素质的提高，如积极推进文理课程互选等；(9)推进导师制，让有条件的本科生尽早进入科研领域。

在加强教学管理方面，教务处提出了七点方案。(1)立足现有优势，总结经验，争取国家和社会进一步的支持；(2)抓好世界银行300万美元贷款的使用工作，利用这批资金建立物理实验教学、化学实验教学、生物实验教学、电子实验教学、语音语言、多媒体网络六个中心；(3)结合专业调整，进行教学计划修订，增强教学灵活性；(4)抓好教师队伍建设，特别要明确主干基础课主持人、主讲教师的职责；(5)评选优秀课程，办出一批有特色的课程；(6)抓好教学管理的科学化、规范化；(7)抓好计算机网络教务系统的改进。

研究生教育作为我国最高层次的教育，它担负着为国家经济发展和社会进步培养所需各类高级专门人才的重任，因此，如何培养高层次、高素质的创造性人才，已成为研究生教育刻不容缓的光荣而又艰巨的任务。北大应以教育部在《关于进一步改进和加强研究生工作的若干意见》中提出的"立足国内，适度发展，优化结构，相对集中，推进改革，提高质量"的二十四字方针为指导思想，在保持和发展适当规模的研究生教育的同时，进一步提高研究生培养质量。讨论中大家普遍认为：(1)北大第九次党代会通过的《北京大学改革与发展纲要》中提出的要"适当增加研究生比重"，"把重点放在培养高层次、高质量的人才上"的指导思想是非常正确的，它应成为全校的共识和今后办学的重点；(2)研究生院作为全校研究生培养管理的职能部门任重而道远，今后应在坚持德才兼备的原则下，努力提高研究生的全面素质，特别是要重点抓好博士生的培养工作。北京大学培养的博士生应该能在教学和科研中成为专家、教授、学者，有的人能成为国际学术前沿的带头人甚至摘取类似诺贝尔奖的最高荣誉的著名科学家；一部分博士生在管理工作中能成为各级领导骨干，有的人将能进入国家党政领导人行列。(3)北京大学培养的博士生应该是：第一要具有坚定正确的政治方向，要能较好地掌握马克思列宁主义、毛泽东思想和邓小平理论，拥护党的基本路线，热爱祖国，遵纪守法，品德良好，学风严谨，具有较强的事业心和献身精神，积极为社会主义现代化建设事业服务，这是由社会主义的本质所决定的。第二要求博士生在业务上要具有坚实宽广的基础理论和系统深入的专门知识，同时要掌握一定的相关学科知识。这是因为某一学科的知识是未来人才的基础，人才的创新能力正是源于其坚实宽广的基础理论和系统深入的专门知识。而与本研究领域相关的知识在未来人才的知识结构中将显得越来越重要。无论是自然界还是人类社会，本来就是一个统一的整体，一个相关的系统，一个交错的网络。掌握相关学科的知识对于从整体上对问题进行全面地观察、探索和研究是必需的。第三要求博士生的业务学习要与科研紧密结合，以学习推动科研，以科研带动学习。研究生教育的特点在于把教学与科研紧密结合，特别是博士生培养，更是兼业务学习和科学研究于一体，一身而二任。第四要求博士生要具有独立进行科学研究和创新的能力，做出创造性的成果。如果说我国培养的博士生从总体上看与发达国家相比还有一定的差距，主要就表现在创新能力不够，取得的具有创造性的成果少。要创新，首先要培养研究生的创新意识和创新能力。只有具有了创新意识，才可以超脱具体的思维定势、传统观念和习惯势力的束缚，在习以为常的事物和现象中发现新的联系，提出新的思想。现代社会又称为信息时代，社会机体的每个角落都流淌着信息，充满了知识的"细胞"。但是也只有具备了获取知识信息的能力，才能够对知识和信息进行储存、加工、生产和创新。这种能力包括计算机的使用和具备一定的外语水平。其次要具有合作精神和组织领导能力。当代重大科学研究项目都是国际化和跨学科的，单靠个人能力来解决大科研问题的可能性已越来越小，科研集体已成为科学创造的主要形式和活动方式，人才和创新的能力将以一种集合体的方式体现出来。这要求我们培养的博士生要有与人交往、合作、组织、协调以至领导的能力。(4)为了全面提高研究生的培养质量，在今后的培养工作中既要重视目标管理又要重视过程管理。这应包括研究生培养过程中的每一个重要步骤和环节。邓小平同志提出"教育要面向现代化，面向世界，面向未来"，这是我国教育改革和发展的战略指导方向，也是我们进行研究生教育改革和发展的指导方针。只有实现三个面向，才能真正培养出能适应未来社会发展的高素质创造性人才。

各院系在学习讨论中集思广益，结合各自实际，在教学改革中出台了一系列切实可行的改革措施。如化学学院实行完善课程主持人制度、主干基础课主讲人制度、教师竞争上岗制和年轻教师考核上岗制，启动教师知识更新的"再充电"制、学术休假制、教学科研轮回制；实行以院为基础调整课程设置，对实验采取"三层次两段式教学"，对某些仪器、设备统管统用，提高使用效率，大力度改革实验内容。又如哲学系准备从1999年暑假以后为全校其他各系开设哲学辅修专业，着眼于提高大学生哲学修养与精神境界，加强理论思维训练。其它院系也在教学内容、教学方式和手段与教学管理等方面做了深入的探讨。

通过这次学习讨论，全校上下在以教育教学作为学校工作中心，进一步加强对高素质创造性人才的培养等问题上达成了共识。从这个认识出发而推行的一系列教育教学及学校管理方面的改革措施，必将大大推动北大人才培养工作和创建世界一流大学的步伐。

(党委办公室供稿)

本科生教育

【概况】 北京大学教务处负责全校本专科教学管理工作。它是1992年在原教学行政处和社会科学处、自然科学处的文理科教学研究科的基础上建立起来的，经过精简，设有办公室、招生办、学籍科、教学管理科和教学研究科5个科室，另设有计算机室为全处办公及学校教学管理的自动化提供技术支持，实验班办公室负责文理科实验班的教学管理。教务处科室建制简明，分工明确，为明确岗位责任、提高办事效率和教学管理水平打下了良好的基础。

为适应社会经济建设和现代科学技术发展的需要，培养高素质创造性人才，北京大学在教学方面进行了一系列改革，在人才培养模式方面进行了一些探索。

1.确定了“加强基础，淡化专业，因材施教，分流培养”十六字教学改革方针，增强了素质教育观念。加强基础，不仅包括专业基础，也包括广泛的文化基础；不仅是指基础知识，而且包括基本技能、基本素质。比较明确地加强了三个方面的基础，这就是：宽广的知识领域，扎实的基本技能和较好的文化素质。

2.深化教学内容和课程体系改革，提高教学质量。按照学校的教学改革方针，教务部门一方面调整专业设置，拓宽专业方向；另一方面，对教学计划进行了多次修订，制订了体现素质教育思想的人才培养方案。在现行教学计划中，毕业要求总学分由原来的170至180学分减少到150学分左右，在总学分中选修课占30%左右。150学分的课程可以分为三个层次，一是全校公共课，包括政治理论和思想品德系列、军事与体育系列、外语系列、数学与计算机系列、文化艺术系列和文理交叉选修课系列，各系列着重于学生某一方面素质的培养；二是一级学科的基础课和学科大类的基础课，体现宽基础教育的思路；三是专业必修课和专业方向的选修课。三部分大体各占三分之一的比重。

3.着重加强素质教育。学校加强了马克思主义政治理论课和思想品德课的教学工作，由著名教授组成专家教学组为学生开设邓小平理论课，激发了学生的热情，提高了他们分析和理解现实政治问题的能力。学校要求文科学生必须选修4学分的理科课程，理科学生必须选修4学分的文科课程，以体现文理科之间的交叉和融合。学校还专门为理科学生开设了大学语文课。这个语文课不同于中学的语文教学，不是语文知识的灌输，也不仅是写作能力的提高，更重要的是文学艺术的感染和熏陶，是学生的情感、想象、审美和创造能力的激发。学校还十分重视美育。要求每个学生都必须修读至少2学分的艺术类课程，并专门成立了艺术学系，为全校学生开设艺术选修课。同时，学校举办了丰富多彩的学术讲座，充分利用第二课堂加强学生素质的培养，还经常邀请国内外著名的学者、科学家、企业家、社会活动家来校讲学或举办讲座。

4.建立灵活的教学管理制度。学校在增加选修课的同时，鼓励学生在不同学科之间交叉选课，促进学科之间的渗透。北大学科门类齐全，课程丰富多彩，每学期开设本科课程1000余门。为充分发挥学科齐全、课程丰富的优势，学校规定只要是北大开设的课程，北大的学生都可以选修。这就打破了系与系之间、专业与专业之间的界限，为学生充分发挥他们的个性和爱好，施展他们的才能和创造力提供了条件。为了给优秀学生提供多种成才的途径，鼓励部分学生在修完学分后提前一年毕业；允许学生在校学习一段时间后保留学籍离校参加社会实践；鼓励学生在本科阶段参与科研，提前开始攻读硕士学位；允许学生根据自己的特长和兴趣转入学校其它专业学习。为培养复合型人才，学校鼓励学生在学好主修专业课程的前提下，辅修一个专业，达到一定要求的，还可以授予双学位。在教学方面，学校要求教师采用启发式的教学方法，激发学生的学习兴趣，引导学生了解科学规律的发现过程，树立科学创新精神。学校鼓励课堂讨论，鼓励学生自己思考问题，解决问题，真正做到以学生为主体，鼓励学生对现存的知识和权威提出质疑和挑战。

（王韬）

【招生工作】 1998年，北大招生工作形势喜人。招生形势好主要有以下几方面的原因，一是具有光荣革命传统和优良学术传统的北京大学一直是广大中学生向往的最高学府，二是北京大学不断进行的教学改革和专业调整具有强大的吸引力，三是百年校庆的成功举办在社会上产生了广泛而良好的影响，四是招生工作人员的出色工作推动了招生工作的顺利进行。

1998年共招收新生4771名，其中，本科生2240名，思想政治教育班(专科起点二年制)78名,国际文化交流二学位20名,知识产权法34名,应用文理学院走读专科生208名,硕士生1611名,博士生580名。本科生生源充足,质量优秀,共录取各省市自治区文、理、外高考总分第一名37人(其中文、外语科26人,理科11人),第二名29人,第三名34人。河北、辽宁、河南等省生源质优量足,不得不增加招生计划。宁夏、青海、甘肃等边远省区生源质量大幅度上升,新疆、青海、贵州、甘肃、内蒙古等省区的文理科第一名都报考了北大。

(梁枫)

【本科生主干基础课教师聘任】 本科基础课教学是北大教学工作中最基本和最重要的部分,其水平与质量关系到北大的整体教学水平和教学质量。近年来,北大采取了许多措施来加强基础课教学,如发放基础课津贴、拨专款支持课程建设等。根据1993年教学研讨会精神,学校于1992—1996学年发放了4次基础课津贴,前3年30万/年,1995—1996学年150万/年,全校共有480门基础课教师受益。这笔经费虽然不多,但在相当大程度上调动了教师承担基础课的积极性,对稳定基础课教师队伍起到了积极作用。

为进一步提高基础课教学在全校工作中的地位,全面提高北大基础课的教学质量,校学术委员会成员于1997年10月31日下午在临湖轩西厅召开会议,就基础课的认定、基础课主持人的聘任、优秀基础课(示范课、精品课)的评定、基础课教师待遇的提高等问题进行讨论。根据该次会议精神(见北京大学校学术委员会1997年10月31日会议纪要),1998年,学校首先对基础课进行了清理,经院、系和学校学术委员会审议,于1998年4月7日终审确定了《北京大学本科主干基础课清单》(主干基础课由480门合并、减少至372门),并决定首先对本科主干基础课教师进行聘任(见校发[1998]28号文《关于实行本科主干基础课教师聘任及基础课津贴发放标准的通知》)。1998年7月15日,完成了基础课教师聘任工作。1998年9月10日,正式宣布聘任104名教师为课程主持人,642名教师为主讲教师,并颁发了由陈佳洱校长亲自签发的聘书。在此次聘任的基础课教师中有博士生导师108人,占14.5%;教授269人,占35.9%;副教授302人,占40.3%,后二者之和占76.2%。

此次聘任,增强了基础课教师的荣誉感、责任感、使命感,调动了课程开设的积极性,优化了教学资源配置,加强了基础课教师队伍的建设,提高了教学质量,同时也是北大对教师实行聘任制的一项重要尝试。此次基础课教师聘任之后仍存在着以下几个问题:担任主干基础课教学工作的优秀教师数量仍感不足;少数院系对聘任工作不够重视;个别被聘任教师在聘期内不能完成教学计划;对基础课主持人、主讲教师职责规范不够明确;课程辅导教师、实验课指导教师的配备以及课程主持人、主讲教师及后备队伍的培养尚存在问题。

(卢晓东　王韬)

【课程体系改革】 北大积极参与原国家教委和北京市教委组织的教学改革课题研究工作。在国家教委面向21世纪教学内容和课程体系改革立项中,北大主持其中理科12个大项、18个子项目,文科(包括经济、法律类)11个大项、28个子项目的研究。在北京市教育教学改革项目中,北大也承担了14项课题。一些著名学者都主动参加了教学改革的研究项目。

通过研究,学校提出了"加强基础,淡化专业,因材施教,分流培养"的教学改革方针,打破狭隘的专业教育观念,树立素质教育和终身学习的思想,发挥学生学习的主动性,注重启发式教学,培养学生的创新能力。目前这项工作并没有停止,而是边探索边改革,在改革上下功夫,在探索中不断取得新的成绩。

1.进行专业调整,拓宽专业面向。改革开放以来,北大为了改变计划经济体制下形成的专业面过窄的局面,不断进行专业调整。教育部颁布新的本科专业目录后,北大再次对本科专业目录进行了清理和调整。全校总专业数由原来的86个减至74个,其中文科专业49个,理科专业25个。新的专业设置进一步体现了培养厚基础、宽口径、具有较强适应能力和创新能力人才的指导思想。

2.修订了本科教学计划,设计了新的课程体系。从1993年到1996年,北大多次发动广大教师,积极进行面向21世纪教学内容和课程体系改革的探索,要求他们摆脱现有师资队伍状况和教学条件的束缚,设计出面向21世纪的人才培养方案和教学计划。各院系教改小组成立后迅速开展工作,进行了大量的调查研究工作。1998年百年校庆之际,教务处又对全校本科教学计划进行了修订,出版了《北京大学本科教学计划》(百年校庆专版)。

3.改进教学方法。鼓励教师采用现代科学手段,改进教学工作。学校大力支持CAI课件的开发工作,并专门成立了CAI领导小组。

4.加强文化素质教育,培养创新人才。加强大学生文化素质教育是目前高等教育教学改革中的一件大事,是转变教育观念和人才培养模式的重要探索。北大加强了全校公共选修课的建设和管理,举办学术讲座,推进校园文化建设。学校组织的全校大型选修课《名著名篇导读》,在校内外产生了很好的反响。

1998年,为了进一步加强大

学生文化素质教育，教务处会同学校有关单位组织了“中华文明之光”、“艺术与美育”、“自然科学前沿”、“形势与任务”四个大型系列讲座。季羡林、侯仁之、汤一介等著名学者以及袁世海、陈佐湟、邵大箴、沈鹏、吴冠中、谢铁骊、欧阳中石等文艺界著名人士的精彩讲演，为广大学生提供了丰富的精神食粮。同时，学校还面向理科学生开设了“大学语文”课。这些措施，为广大学生陶冶情操、提高素质，培养创新能力创造了良好的条件。

5. 设立实验班，探索教学改革和人才培养的新思路。为了探索教学改革和人才培养的新思路，北大1993年设立了理科实验班，1996年又设立了文科实验班。两个实验班实行特殊人才培养计划，在人才培养模式方面探索新的道路。

经过全校师生的共同努力，北大教学改革取得了一些成绩，国家教委1998年国家科技进步奖教材类推荐8种教材参评，其中5种为北大所出。

（卢晓东　王韬）

【课程建设】 根据校发[1996]72号文《北京大学关于进一步推进课程建设的决定》，学校在经费十分困难的情况下，从1996年开始，每年拿出120万元专款（80万元用于本科课程，40万元用于研究生课程），通过立项的办法，进行课程建设。

在1996、1997年第一批、第二批课程建设立项评审工作的基础上，教务处与全校各院系一起组织了第三批本科课程立项的评审工作。本批本科课程建设共有110门课程通过评审，获准立项。其中，文科64门，理科46门。这次立项工作中，重点突出了新的教学计划中的基础课、必修课。110门课程中必修课75门，对于教学改革中的一些新开的重点基础课如邓小平理论，学校也给予了特别支持。与此同时，对一些重要的专业选修课和全校性选修课也给予了应有的重视。

到1998年，学校投资建设的本科课程累计达到246门，总投资127.9万元。此外，经过教育部组织的专家评审，北大有17门主干基础课确定为教育部创建全国理科名牌课程项目，1998年获得37万元的经费支持。

（卢晓东　王韬）

【文理科基地建设】 北大原有数学、力学、物理（包括技物系核物理专业）、大气、化学、生物、地质、地理和中文、历史、哲学等文理科基地，1998年，北大申请经济学人才培养基地和文化素质教育基地又顺利通过评审，这样，北京大学共有13个半基地（核物理算半个），居全国高校之首。1998年，国家自然科学基金委组织对理科基地进行评审，北大8个半理科基地中有6个半被评为A级，其中5个半为同类学科第一名。

（王韬）

【教学经费】 到1998年底，学校“211工程”用于基础课教学条件改善的经费已达2707万元，教学条件得到了改善。经过申请和专家的反复论证，北大争取到世界银行用于支持本科一、二年级教学的贷款300万美元。经研究，学校确定了建设6个教学实验中心的计划。包括物理实验中心（物理系）、基础化学教学实验中心（化学学院）、生命科学教学实验中心（生命学院）、电子信息科学基础实验中心（电子学系）、语言语音教学中心（电教）、多媒体网络教学中心（电教）。

（卢晓东　王韬）

【教务办公自动化】 北大计算中心与教务处联合成立了教务计算机管理系统研制小组，成功开发了“高校校园网络环境下本（专）科生教务管理信息系统”。1998年3月25日，这套系统通过了国家教委主持的科技成果鉴定，获得了很高的评价，被认为“处于全国同类系统的领先地位”，先后向中国人民大学、上海交大、中山大学、内蒙古大学等进行了转让。

目前，教务处从招生、学籍、课程设置、教学计划的制定、排课、学生成绩登记到毕业审查等管理工作，都通过计算机网络完成。在教务处的促进下，凡有本科教学任务的院系都已实现与教务处联网，教务处还对教务员进行了多次培训，本专科教学管理工作已经做到自动化、网络化。

（卢晓东　王韬）

【“两课”教学改革】 为适应形势发展和学校改革的需要，北大的马克思主义理论课和思想品德课，即“两课”教学进行了一系列的探索和改革。

总结近年来邓小平理论课的教学经验，北大“两课”教学的改革，打破常规，超常运作，周密设计，精心组织，牢固树立以学生为中心的观念，做到从学生的实际需要出发，以学生的健康成才为目的，把教学工作的着力点放在提高教学效果上。

从教学内容上来讲，“两课”教学着眼于引导和帮助学生掌握马克思主义的立场、观点和方法，确立建设有中国特色社会主义的共同理想。以邓小平理论为中心内容，比较系统地进行马克思主义基本原理和爱国主义、集体主义和社会主义的教育；认真贯彻理论联系实际和“学马列要精，要管用”的原则，力求全面地反映中国实际和时代发展，讲究教学方法，钻研教学艺术，使“两课”的教学内容真正能进入学生的头脑。

从教学方法尤其是教学管理方法上，在以下几方面进行了改革：（1）把以往由教师各自单独承担课程的办法，变为既有教师单独承担又有几位教师联合组织的教学组承担课程的办法；（2）把以往由一位教师承担一门课的全部教学组织工作的办法，变为小班可以由一位教师承担，而教学组承担的大班同时配有助教的办法；(3)把以往教师课堂讲授的单一教学方法，变为以课堂讲授为主导，同时又要有其他实践性教学环节与之结合的办法；(4)把以往一门课统统排在一个学期的办法，变为以一个学期为主，另一个学期也要安排少量班次上这门课的办法；等等。

1998年第二学期，由吴树青等12位教授组成的专家教学组继续在96级文理科本科生近500名学生中担当授课任务，这已是第三轮试点，教学效果保持了良好的态势。与此同时，马克思主义学院由革命史教研室负责，又组织了以沙健孙教授为牵头人，有梁柱、钟哲明、萧超然、张文儒、陈占安等6位教授参加的专家教学组，在文理科98级本科生4个院系分两个大班进行"毛泽东思想概论"课的第一轮试点教学。从已过去的半学期进展的情况看，学生对这门课很重视，很认真，很投入，到课率也很高，课上气氛很好。同时，这门课的学习已经涉及到与邓小平理论之间的历史联系，为学生以后学习邓小平理论课做了必要的铺垫。

（教务部供稿）

【体育教学】 北京大学的体育是伴随着试图打破封建教育纲常名教的"中学"之"体"、呼唤新教育思潮的维新运动出现的，作为近现代教育的标志之一，在京师大学堂创建伊始即显现出旺盛的生命力。1898年由梁启超起草的《京师大学堂章程》规定"体操""皆溥通学"为必修课程。其后大学堂章程虽几经修改，但德、智、体全面发展的辩证教育思想始终得以贯彻。

1977年全国恢复高考制度后，北京大学体育工作进入了一个大繁荣、大发展的时期，形成了在校长挂帅的"体育运动委员会"领导下，体育教研部与教务处、总务处、学工部、工会、团委、学生会等部门的协作，构成了校园体育管理网络，由体育教研部对体育课教学、群体活动、运动队训练竞赛、体育科研、对外交流和体育资源开发等进行具体实施。

在教学方面，北京大学严格执行《学校体育工作条例》和《全国普通高等学校体育课程指导纲要》，坚持"一拳、一操，学会游泳"的特色教学，完善教材和建立试题库，把培养全面发展、面向21世纪的高素质人才作为出发点和归宿。1992年实施《全国普通高等学校体育课程教学指导纲要》和《大学生体育合格标准》，获"全国普通高校体育课程评估优秀学校"。1994年起，全面、正式实施体育教改方案，即在校期间除完成体育基础、选项课规定的教学任务外，男生学会太极拳和游泳，女生学练健美操和游泳，简称："一拳、一操，学会游泳"。实施四年来，效果明显，太极拳、健美操每年都在体育文化节开幕式上表演，游泳一百米达标率为90.8%。1995年获"北京市教学成果一等奖"、"北京市实施《国家体育锻炼标准》模范学校"。1996年获"北京市市级优秀教学成果一等奖"、"普通高校体育课程评估先进学校"。在1998年6月25日举行的新闻发布会上，北京大学与清华大学成为《全国田径业余锻炼等级标准》证书证章的首发单位。1993年以来，体育教研部共发表论文80余篇，出版专著20余部，获1项省部级教学研究成果一等奖。1997～1998年体育教研部共有30余人次出国（境）进行学术考察和赛事交流活动。

业余运动队训练　北大各代表队运动水平的提高是"文革"后北大体育工作的突出特点。1987年，北京大学被北京市教委确定为北京市试办高水平运动队试点学校，1992年成为全国培养高水平学生运动员试点学校。1993年被中国大学生体育协会评为"全国高等院校课业余训练试点先进学校"。现有10个项目11支代表队。主要项目有田径、艺术体操、健美操、羽毛球等。这些代表队及运动员在北京高校田径运动会、全国大学生运动会、全国田径锦标赛、全国运动会、东亚运动会、第十一届亚运会等赛事中均取得过良好成绩。

群体工作是围绕着组织体育文化节和体育社团活动展开的，强调体育的文化性和教育性。1994年北京大学成为群体甲级学校和贯彻学校体育工作条例先进学校。"体育文化节"是北京大学群体工作的特色之一，始创于1989年冬，当时称"体育文化周"，1991年更名为体育文化节，是由体育部和工会、团委、学工部、学生会联合实施，集体育竞赛、表演、讲座、学术交流、体育征文、健康咨询于一体的综合性校园体育文化活动。在1998年4月16日第九届体育文化节开幕式上，由4000余名师生参加的《青春颂》大型团体操表演，盛况空前，拉开了北大建校100周年庆祝活动的序幕。

1998年，北京大学体育盛事频频。4月26日，北京大学自行车协会举办了"八达岭——北京大学自行车拉力赛"，全赛程90公里，共有来自首都十几所高校的百余名学生参加了比赛。4月27日晚，由教练郎平率领的中国国家女子排球队在北大第二体育馆进行了训练表演，并与师生举行了联谊活动。5月13日，国家体育总局局长、国际武术联合会主席伍绍祖莅临北大，在北大体育文化节学术活动中发表内容为弘扬武术的演讲。11月16日，应台湾大学邀请，北大艺术体操队一行8人赴台参加台湾大学建校70周年庆祝活动。12月18日至23日，"全国大学生体育协会健美操艺术体操分会换届大会"在北大举行，北京大学有5

人入选新一届两操分会执委会，副校长林钧敬担任主席。

1998年9月1日，享有"体操王子"之称的著名体操运动员李宁进入北大法律系学习。李宁在17年的运动生涯中，共获得106六枚金牌，在1982年第六届世界杯体操赛上更是独得6枚金牌。进入北大学习的还有跳水运动员周继红（英语系），围棋运动员张文东（历史系95级），体操运动员陆莉（国政系95级）。

（刘铮）

【艺术教学】 承担全校艺术类公共选修课教学任务的是北京大学艺术学系。艺术学系正式成立于1997年4月，其前身是北京大学艺术教研室。主要面向全校开设艺术类公共选修课，辅导学生艺术团体，并于1995年开始招收广告学专业本科生。

北京大学艺术学系现设3个本科专业和1个硕士专业。即：广告学专业本科、艺术学专业辅修本科、文化艺术管理专业本科，以及艺术学专业硕士点（分为艺术教育、艺术批评、影视学、美术学、广告学、文化艺术管理等六个专业方向），还开设了文化艺术管理方向的研究生课程班。自1991年起，北京大学率先在全国作出每个在校生需至少修满艺术类公选课2个学分才能毕业的决定。目前，艺术学系每年接纳公选课学生人数均在3000人左右。1998年两个学期内，艺术学系开设了"影视鉴赏"、"中国卷轴画史"、"现代画家专题"、"文化与艺术专题"、"文学与写作"等新课，并特意邀请中央音乐学院前任院长、著名音乐学家于润洋教授前来为全校同学作"如何欣赏交响乐"的专题讲座。还先后聘请中央音乐学院刘诗嵘、黄晓和、李秀军为北京大学同学开设"世界著名歌剧赏析"（1998～1999年第一学期）、"西方交响乐欣赏"（1998～1999年第一学期）、"交响乐名曲赏析"（1997－1998年第二学期）等课程，受到了同学们的普遍欢迎。

开设"美育精品系列讲座" 在学校党委和行政的直接领导下，艺术系从1998年9月份开始开设了"美育精品系列讲座"。截止1999年2月，讲座邀请了著名艺术家与学者多人前来北大作艺术讲座。如：著名指挥家陈佐湟的"谈谈交响乐"；著名京剧表演艺术家袁世海的"京剧漫谈"；著名电影导演、中国电影家协会主席谢铁骊的"电影艺术是综合艺术"；著名书法家欧阳中石的"书法艺术与中国美学"；著名画家吴冠中的"中西美术比较谈"；著名美术评论家邵大箴的"广阔的审美天地——中外美术的创作与欣赏"；著名京剧评论家徐城北的"京剧艺术与中国文化"等。

这些讲座，不但受到了北京大学师生的热烈欢迎，也在社会上产生了广泛的影响。中央电视台、新华社、北京电视台、《中国文化报》、《文艺报》、《北京青年报》等新闻单位都作了报道。

学生艺术团的建设与管理工作 艺术学系成立之后，加强了艺术团的管理与建设。在百年校庆活动中，艺术学系积极参与，做了大量工作。艺术学系负责组织协调参加几台晚会的11个文艺团体，共1000余人（学生艺术团的节目尤其受到好评），为"五四"校庆晚会、海外中心校庆晚会、北京电视台校庆晚会的圆满成功，做出了重要贡献。此外，艺术学系教师还积极参与百年校庆的一系列活动。如北大百年校庆标志、纪念邮票、纪念雕塑、校内路牌等都是由艺术学系教师设计的。（艺术团1998年度的演出活动及得奖情况详见附录）

（陈旭光）

［军训工作］ 1998年8月20日至9月7日，北京大学97级本科生2175名同学的军训任务圆满完成。其中1180名同学在昌平县"北京市军训基地"接受了193师579团的军事训练，其余的1037名同学在平谷接受了38军炮兵旅的军事训练。

通过19天的军训，许多领队老师和同学们都觉得，"军训作为一种独特的育人方式，已经成为高校实施素质教育的重要组成部分"；"军训极为有效地磨练了大学生的意志品质，培养了他们的集体主义精神和组织纪律观念，激发了他们的爱国主义情感"。军训不到二十天，同学们通过学习"三大条令"，了解和掌握了连队一日生活十三项制度；通过队列训练，掌握了单个军人队列动作要领、班队形和连队形动作要领；学会了军体拳和摸爬滚打的战术基础动作；掌握了轻武器射击的一般要领；学会了阅兵式、分列式的队列动作；通过传统教育，了解了我军的性质、任务、宗旨、优良传统、作风以及建立铁的纪律的必要性，提高了自我要求、加强道德修养的自觉性；军训期间同学们还学会了十多首军歌。概括起来，军训主要有以下几点收获：

（1）军训磨炼了大学生艰苦奋斗的意志品质。军训使大学生接受了军营这座大熔炉的考验，军人的顽强、勇敢、坚韧不拔的优良作风，给他们留下了直观、生动的印象。严格的军事训练使他们克服了自身不能吃苦、缺乏自信心、自制力的弱点。军训二团前指组总结说："长期以来，如何对大学生的意志品质进行培养和锻炼，使他们养成良好的行为习惯，成为高校教育工作者积极探索的重要课题。军训培养了大学生果断的品质、顽强的毅力和坚韧不拔的作风、自制能力和自觉性。"

（2）军训培养了大学生团结向上的集体主义精神。在建设有中国特色社会主义的伟大实践中，在为北大第二个辉煌百年奋斗和为培养社会主义建设德智体全面发展栋梁材的过程中，集体主义思想和精神的教育显得尤为重要，军训生活为青年学生补上了集体主义教育这一课。军队是最集中、最统一、最紧张、最严格的集体。军队除了一般集体所具有的团结、严肃、协调、细致等作风外，还有令行禁止、雷厉风行、英勇顽强、艰苦奋斗的良好作风。接受军训的每一个大学生均被严格地编进了班、排、连、营的集体中，每天都生活在整齐化一、步调一致、令行禁止的集体中。集体意识很快成为大学生们的自觉意识。

(3) 军训树立了大学生自觉严格遵守组织纪律的观念。纪律是执行命令、履行职责的一种行为规则，是保证社会和群众有秩序地进行各种社会活动的必要手段，是精神文明建设的需要，也是培养"四有"新人的要求。"三大条令"的教育是军训的第一课，从一开始就使参训大学生在思想上有了纪律观念，在行为上有了行为准则。军训对大学生的日常生活中的礼节礼貌、言行举止、军容风纪、内务卫生、请假销假等都有明确具体的规定和要求。大多数同学在自己的总结中都认为："军营的生活、规范化的管理、制度化的训练，很快克服了大学生不同程度存在的松、散、懒、娇的不良习惯，使大学生树立了自觉、严格的组织纪律观念。

(4)军训激发了广大学生崇高的爱国主义情感。爱国主义教育是贯穿于整个大学生军训的主旋律，更是军训中思想政治教育的主题。大学生融入军营、参加军训，通过与有着强烈爱国之情的广大官兵朝夕相处，通过一堂堂传统教育、国防史教育课的宣讲，通过一曲曲军歌的学习与演唱，通过摸爬滚打的军事科目的训练，大幅度地提高了同学们的爱国主义精神和国防观念。首先，军训激发了大学生的爱国情感。其次，军训增强了学生的国防观念。同时也强化了三个意识，即：维护祖国的领土、主权、反对侵略的意识；维护祖国的统一、团结、反对分裂的意识；维护祖国的国防建设、拥军爱民的意识。

(武装部供稿)

·附　录·

北大开设邓小平理论课的做法和体会

1997年暑期之后，北京大学正式开设了"邓小平理论课"，到1998年7月，在4个大课堂近600名学生中完成了两轮教学试点工作，并取得了初步成功。学生上课之踊跃，学习热情之高，课堂气氛之活跃，教学效果之好，在政治理论课教学中是多年少见的。邓小平理论课成为深受学生欢迎的一门课程。

北大开设"邓小平理论课"取得初步成功后，李岚清副总理和中宣部、教育部的领导高度重视，及时给予充分肯定，宣传媒体也做了大量报导。4月19日，岚清同志邀请北大从事邓小平理论课教学的12名教授到中南海座谈，直接听取汇报，并就如何搞好"邓小平理论课"建设做了重要指示，这对我们是巨大的教育和鼓舞。北大开设"邓小平理论课"时间还不长，还处于试点阶段，许多方面有待于改进和完善。

一、充分认识开设邓小平理论课的重要性

1997年上半年，按照原国家教委关于邓小平建设有中国特色社会主义理论要"进课堂，进教材，进头脑"的要求，学校决定从当年暑期后正式开设邓小平理论课，先行试点，逐步推开。学校党委要求，一定要以高度的政治责任感和精益求精的态度，集中力量搞好试点，使邓小平理论课成为全校一门重点课、精品课。

为什么要在大学中开设邓小平理论课，学校党委有这样几点基本认识：

第一，党的十四大确定了邓小平建设有中国特色社会主义理论在全党的指导地位。党的十五大进一步在党章中规定邓小平理论为党的指导思想，并且把"高举邓小平理论伟大旗帜，把建设有中国特色社会主义事业全面推向21世纪"作为今后一个时期全党工作的主题，号召兴起一个学习马列主义、毛泽东思想特别是邓小平理论的新高潮。对于党的十五大做出的这个重要历史性决策，高等学校应当作出积极响应，我们必须站在关心党和国家前途命运的历史高度，充分认识学习邓小平理论的极端重要性。

第二，北京大学是中国最早研究传播马克思主义的基地。早在1920年，李大钊等革命先驱就在北大正式开设了一批马克思主义理论课程，这是我国第一次把马克思主义引入大学课堂，编成教材。在新的历史时期，北大应当继承、发扬研究和传播马克思主义的优良传统，在学习、研究和传播当代中国的马克思主义——邓小平理论方面做出新的贡献。正如党的十五大报告所指出的："坚持邓小平理论，就是真正坚持马克思列宁主义、毛泽东思想；高举邓小平理论的旗帜，就

是真正高举马克思列宁主义、毛泽东思想的旗帜。”

第三，改革开放20年来，北大有了历史性的大变化、大发展。特别是进入90年代以来，在邓小平南方谈话的指引下，北大出现了过去少有的改革、发展、稳定相互促进的好形势，其根本原因就在于指导思想发生了历史性飞跃，在邓小平理论的旗帜下，广大师生员工团结凝聚了起来。进一步学习贯彻邓小平理论，对巩固发展北大的好形势具有至关重要的意义，也是实现建设世界一流大学目标的根本思想保证。

第四，学校的根本任务是培养人才。我们培养出的学生，能否担负起承前启后、继往开来的历史重任，能否坚持党的基本路线一百年不动摇，关键在于能否用邓小平理论武装头脑，树立起为建设有中国特色社会主义而奋斗的政治方向和坚定信念。正如李岚清副总理在高等院校邓小平理论课座谈会上所指出的：“只有把学生的思想统一到邓小平理论和党的基本路线上来，才能把他们培养成高素质的社会主义事业的建设者和接班人。”同时，我们也希望通过开设好邓小平理论课，推动整个马克思主义理论课和思想品德课的改革，把邓小平理论的精髓和巨大活力注入到“两课”中，开创“两课”教学的新局面。

近年来，我们一直把用科学理论武装人作为精神文明建设的首要任务。以学习和贯彻邓小平理论为重点，不断推进马克思主义理论课的教学改革。党校、团校把学习邓小平理论作为主要培训内容。学生社团邓小平理论与实践研究会也非常活跃，即将汇编出版近30万字的学生研究邓小平理论的专集。1993年，学校建立了跨学科的邓小平建设有中国特色社会主义理论研究中心，成为组织理论骨干、推动邓小平理论研究的一个基地。学校坚持每年召开一次全校性的邓小平理论研讨会，每两年出版一本研究邓小平理论的论文集。教师撰写出版的研究邓小平理论的专著已有十几部，发表的论文有300多篇，并且涌现了一批在校内外都有一定影响的研究邓小平理论的知名专家。这些，都为开设邓小平理论课打下了很好的基础。

二、充分发挥北大多学科的优势，精心选聘高水平教师，这是邓小平理论课取得成功的关键因素

邓小平理论是一个涉及众多学科的博大体系，有许多理论上的突破和创新，作为一门课程来讲授，还处于探索和初创阶段，仅靠一个院系或某个教师，难以胜任教学任务。在筹划开设邓小平理论课时，我们强调一定要发挥北大在马克思主义理论学科和其它哲学社会科学学科方面的综合优势，在全校范围内选聘知名教授，组成阵容强大的专家教学组。这个专家教学组，由前校长、教育部马克思主义理论课教学指导委员会主任委员、著名经济学家吴树青教授任首席专家，共有12名教授组成。他们来自6个不同的院系和单位，专业背景包括哲学、政治经济学、科学社会主义、中共党史、经济学、思想政治教育、高等教育管理等。这些教授对邓小平理论有着坚定的信念，有丰富的教学经验，在邓小平理论研究方面又有突出成果，近年来在校内外作过学习邓小平理论的辅导报告且效果良好。他们既通晓邓小平理论体系，又在某一方面有专深的研究，或有丰富的实践经验。如肖蔚云教授曾任香港基本法起草委员会委员，现任澳门基本法起草委员会委员，在“一国两制”方面是有权威的法律专家。沙健孙教授曾任北大副校长、中共中央党史研究室副主任，现任教育部马克思主义理论课教学指导委员会副主任委员，是著名的中国革命史和中共党史专家，等等。从全校选聘教师、配置如此强大的教师阵容，而且多位知名教授共同讲授一门课程，这是前所未有的。

学校党委也希望通过这门课程的建设，把全校马克思主义理论骨干队伍进一步组织起来，以老带新，逐步扩大，进而通过优才优用、优才优遇等措施，加大对这支队伍的扶植力度，逐步建设起一支政治强、业务精、学风好、教学和科研能力都比较过硬的马克思主义理论教师队伍。

尽管教学组的成员都是知名专家，每人只承担一讲，但他们对担负邓小平理论课教学的试点任务都十分重视，怀有高度的政治责任感，对教学工作一丝不苟，精益求精。许多教授反复阅读《邓小平文选》，他们说，要说服学生首先要说服自己，真正弄通弄懂邓小平理论。肖蔚云教授已是74岁高龄了，在盛夏7月，他把《邓小平文选》又通览了三遍，认真地写出了讲稿。张德修教授说，自己虽然只有2小时的讲课任务，但要力求把多年学术研究的心得、把一个学期课程中最精华的内容，提炼到这2小时的教学中。许多教授都不厌其烦、几易其稿，最终形成了比较满意的教材。梁柱教授说，我们要使学生“不惟明字句，而且得精神”，不仅要告诉学生“是什么”，而且要使他们懂得“为什么”。

许多学生反映，在一门课程中能够听到这么多的知名教授讲学，非常难得。他们不仅为教师们雄厚的理论功底、对重大问题的深刻思考和风格迥异的讲课艺术所叹服，而且为老师们对邓小平理论真教、真信、真干的人格力量所感染。

三、坚持理论联系实际的学风，改进教学方式和方法，努力使邓小平理论课的教学生动活泼，别开生面

在邓小平理论课的备课中我们一直强调，邓小平理论是生机勃勃、富有活力的理论，我们千万不能用教条式的说教和呆板的方法，窒息了邓小平理论的活力，降低了邓小平理论的声誉。解放思想，实事求是，是邓小平理论的精髓，我们必须把这个精髓贯穿于教学的

全过程。邓小平理论的最大说服力存在于中国改革开放的伟大实践中，广大师生都是改革开放的实践者，是邓小平理论的见证人，只有紧密联系实际，才能使学生有一种亲切感，调动起学生学习钻研的热情。

在邓小平理论课的教学过程中，我们采取自学、讲授和研讨相结合的办法，讲授要力求少而精，给学生留有较大的自学和研讨的空间。在讲授上，采取专题讲座、重点深入的办法，在完整把握邓小平理论体系的基础上，确定了十二个专题。这些专题基本涵盖了邓小平理论的主要内容，既有一以贯之的一条主线索，又抓住了重点和难点。这些专题以教师深厚的专项研究作后盾，进行理论深化，从不同角度阐释邓小平理论。这种专题讲座方式，有利于贯彻“少而精”的原则，有利于讲出特色，讲出理论深度，从而增加了邓小平理论的吸引力和说服力。同时，我们还把课堂讲授、形势报告、收看影像、社会实践、参观访问等结合起来，组织学生参观改革开放成就展览，收看有关邓小平同志和宣传改革开放的电视片，这些都很受学生欢迎。

李岚清副总理指出：“北京大学的经验和各地成功做法的最重要一点，就是切实贯彻理论联系实际原则，学以致用。”在备课阶段，学校把近年来“两课”教学和思想政治工作中学生提出的疑点、难点和关注的热点，梳理成100多个问题，提供给任课老师，以便有针对性地给予解答。在教学过程中，始终紧密联系改革开放和现代化建设的实际，联系国内外形势的新发展，注意研究新情况、新问题、新经验和中央的新精神，力求从理论与实际的结合上来说明问题，使教学内容既有稳定性，又不断充实新鲜的材料。在每一讲的授课中都留出一点时间，让学生提问，当场予以解答。我们还尝试用“记者招待会”的方式，举行专场答疑。由几位任课老师出面，对学生关注的各种问题进行回答，师生有来有往，有问有答，互相切磋，教学相长，气氛非常轻松、活跃。对于学生提出的问题，教师都不回避，敢于表明自己的观点，知之为知之，不知为不知，这种民主教学、自由讨论的方式，学生也非常乐于接受。

四、学校党政领导对邓小平理论课高度重视，党委直接领导，多方支持，提供保证

学校的党政领导对邓小平理论课一直给予高度重视，从多方面给予指导和支持，下决心把这门课建设成一门有影响力的精品课程。首先，由党委书记牵头，主管宣传工作的副书记参加，直接领导和组织这门课程，学校有关党政职能部门负责协调，由马克思主义学院负责实施。在师资力量的配备上，也是由党委面向全校选聘高水平的教授组成专家小组。党委的领导同专家组一起三次集体备课，共同商定教学的指导思想、课程体系的设置、专题讲授的内容、联系实际的重点等。学校和院系的党政领导干部带头上台授课，在专家组12名教授中，现任或离任的校级党政领导有5人，现任或离任的院系党政领导有4人。学校党委积极为邓小平理论课的开设提供后勤保证，设立专项基金支持课程建设和师资队伍建设。同时学校党委还注意不断总结试点经验，改进教学质量。

五、下一步的打算

（一）认真贯彻落实中宣部、教育部关于普通高校开设“邓小平理论概论”课的通知精神，进一步改进完善北大邓小平理论课的教学。从1998年上半年起，邓小平理论课的授课范围已扩展到17个课堂，2000多名学生。目前，学校编著的邓小平理论课教材已经出版，同时要尽快建设起邓小平理论课教学的资料信息库，精心选择一批音像教材，形成完整的教学体系。在师资队伍建设上，一方面要加强培训，以老带新，把现有12名专家一分为二，分别带领一些年轻教师承担起教学任务；同时，还要从社会上聘请一些对邓小平理论造诣较深的专家学者担任兼职教师，以带动师资水平和教学质量的提高。

（二）认真借鉴开设邓小平理论课的经验，推动“两课”的改革，并逐步开设一批旨在提高学生全面素质的精品讲座。我们在开设邓小平理论课中的一些做法，如党委直接领导，党政齐抓共管；跨学科组织队伍，选配知名教授上讲台；理论联系实际，不断改进教学方式；在把握体系的前提下进行专题讲授等，这些，对“两课”的改革都有借鉴意义。学校已经决定，迅速建立党委领导、党政共管的“两课”改革指导委员会，按照教育部提出的新的课程设置方案和实施意见，统一领导和协调“两课”的改革。从1998年下学期开始，学校聘请两院院士和知名学术带头人，为师生开设“当代自然科学技术前沿系列讲座”。聘请季羡林、侯仁之、袁行霈、田余庆、叶朗、汤一介等名师大家，开设“中国传统文化系列讲座”。同时，学校还将从社会上聘请音乐、美术、书法、戏剧、舞蹈、影视等方面的著名专家，为学生开设“美学系列讲座”。

（党委办公室供稿）

创建一流的校园文化

1998年是北大历史上不平凡的一年。这一年，我们对北大历经沧桑的百年历史进行了系统地回顾与反思，对北大百年来形成的精神进行了深刻的总结。作为北大校园文化的主要组织者和参与者，北大共青团组织遵循“迎校庆、抓落实、练内功、树形象”的思路积

极有效地开展工作，为学校的建设和发展做出了应有的贡献。尤其是在校园文化建设中开展了大量卓有成效的活动，为学生创造了良好的学习、生活环境。

一、积极推进校园政治文化建设

政治文化建设是校园文化建设的灵魂。校团委以各种有形活动为载体，通过灵活多样的工作方式，不断地加强理论学习，尤其是邓小平理论的学习，用邓小平理论教育和引导广大团员青年，构筑强大的精神支柱。在实际的活动中，我们逐步确定了"一条主线，两个侧重，三点切入"的工作模式，形成了党团组织领导、学生骨干带动、理论社团推进、基层组织落实、广大青年学生积极参与的格局。"一条主线"就是"学小平理论，与改革同行，做世纪英才"。"两个侧重"就是侧重落实和侧重实践。"三点切入"即在实际的推进过程中，以骨干带动、基层推进和社团活动为切入点。围绕这样的工作思路，3月，校团委组织观看了大型文献纪录片《丰碑》，缅怀邓小平同志的伟大业绩。4月，团校举办了以"与改革开放同行"为主题的演讲比赛，召开了"北京大学深入学习邓小平理论团员骨干大会"。5月，校团委又与党委宣传部、学工部、马克思主义学院等单位联合举办了"邓小平理论与改革开放20周年"征文活动，得到了广大同学的积极响应。5月4日，江泽民总书记在庆祝北京大学建校一百周年大会上作了重要讲话，向全国青年提出了四点希望。校团委与学工部立刻召开了座谈会，组织同学们认真学习领会江总书记的讲话精神，把理论学习工作推向了一个新的高潮。8月下旬，学校组织了60多名学生党支部书记参加系统的培训学习，加强学生骨干的带动作用，充分发挥党支部、学生党员在政治文化建设中的战斗堡垒作用和先锋模范作用。据初步统计，在学习过程中全校团组织共举办大小座谈会20余次，演讲比赛3场，参加者达4000余人，上交学习心得文章300余篇，并且每个团支部都举行了一次主题团日活动。9月，校团委总结了北大团组织及广大团员青年学习邓小平理论的经验，提交出《学小平理论，与改革同行，做世纪英才》的总结报告，参加了全国高校的学习经验交流，得到广泛的好评。

1998年北京大学迎来了建校100周年，校团委以百年校庆为依托，以爱国主义教育为切入点展开了大规模的思想政治教育工作。1998年元旦清晨，校团委组织了千名大学生到天安门广场举行主题宣誓活动，发出了"承百年报国志，做世纪栋梁材"的铮铮誓言，拉开了北大百年校庆的序幕，受到了社会各界的广泛关注。4月，校团委举办了"共青团在北大"图片展，直观地反映了北大共青团的辉煌历史，特别展示了近些年北大共青团的丰硕成果，向社会展现了北大共青团良好的形象。校团委同时还推出了"精神的魅力，永远的家园——我心中的北大"首届十佳演讲大赛，各院系同学踊跃报名参赛，抒发了北大学子对百年母校的无比热爱，并表达了要继承北大优秀传统，做新时期科教兴国先锋的壮志决心。此外还有校史知识竞赛、英语演讲比赛等一系列活动，均有力地烘托了主题，渲染了校庆气氛。6月29日，美国总统克林顿访问北大，在办公楼礼堂发表演讲并回答了部分学生的提问，北大学子的出色表现受到国家领导人和社会各界的广泛好评。

1998年夏，我国华东、东北地区遭遇特大洪灾。校团委当即发动各级团组织和广大团员青年积极行动起来，踊跃捐款，以交一次"特殊团费"的形式支援灾区建设，向灾区人民献爱心。校团委还同学工部联合召开"弘扬抗洪精神，立志科教兴国"座谈会，与会同学纷纷表示要学习抗洪精神，为建设世界一流的北大，实现科教兴国的伟大战略作出自己的贡献。学习抗洪精神，增强民族自豪感成为校园中的热潮。

二、不断加强道德文化建设

道德文化建设是校园文化建设的关键。

北大学生具有良好的道德文化素质，被誉为"高校精神文明建设的一个创举"的文明修身工程的坚持开展使之得到了进一步的强化。为迎接百年校庆，团委成立了"北京大学百年校庆青年志愿者文明礼仪学校"，通过实务培训、授课、模拟等形式直接为校庆培养了500多名学生志愿者。在校庆前夕，礼仪学校共举办讲座25场，推出"北京大学文明礼仪宣传日"和"做文明礼貌的大学生"等2个大型主题宣传活动，组建了"北京大学学生文明礼仪服务队"、"校园导游团"和"北京大学国旗班"等3支精品服务队伍，进行了18次实务训练，编辑了5期辅导教材，向全校发放了3500册《北京大学学生文明礼仪手册》。校庆期间，礼仪学校参与了"4.28"演唱会、接机接站、义务咨询、校友会、"外事陪同团"、"校史展"、"5.2"交响音乐会、"5.4"晚会等几乎所有的志愿者工作。哪里有穿"红马甲"的志愿者，哪里就有礼仪学校的成员。礼仪学校的成功创办为团委今后的工作开辟了新的思路，提供了新的动力。

更大范围的青年志愿者活动也在北大校园蓬勃展开。有近3000名学生加入了青年志愿者总队的行列，相继举办了"一厂一校"义务家教；与下岗女工手拉手，与归国老华侨、老专家一助一，社区援助及与社区街道共建，文明讲师团等大型活动，并受到了新闻媒体的广泛关注。在中央电视台《新闻30分》、《十二演播室》、《半边天》、北京电视台《北京您早》及《生活时报》、《北京人才市场报》等栏目中均可听到或见到有关北大青年志愿者活动的报道。

作为青年志愿者活动杰出代表的北大“爱心社”，自1995年暑假开始推出“爱心万里行”的活动。1998年，他们兵分三路，奔赴内蒙古、广西、宁夏等偏远贫困地区，支教、支农，带去捐款捐物和科学文化知识，体现了当代大学生关爱他人的良好精神风貌，更在全国青年中掀起了奉献的热潮。

三、学术实践活动硕果累累

一年来学生的社会实践活动硕果累累，科技活动开展得卓有成效。在社会实践方面，校团委花费了大量的人力、物力，组织同学深入社会，深入基层，使暑期社会实践又迈上了一个新台阶。1998年，团委组织了76个团队奔赴全国各地进行社会实践，并组织了“百名博士老区行”和“百名学子京郊志愿服务”两大特色活动。另外，爱心社组织的“爱心万里行”活动和高级团校学员赴海淀区街道挂职锻炼活动都扩大了北大学生社会实践活动的影响，使学生社会实践逐渐形成了规模大、层次高、辐射面广、形式多样的特点，并逐步走上了规范化、深入化、科学化的轨道，为同学的成长成才发挥了极其重要的作用，社会反响热烈，受到了团中央、团市委和社会各界的一致好评。由于社会实践的出色成绩，北大团委1998年再次被评为全国高校社会实践先进单位。

在科技活动方面，自1994年参加“挑战杯”后，学术文化始终是校园文化建设的核心。青年科技论文大赛以来，团委高度重视这项工作，不断加强对大学生科技活动的支持和引导力度。我们一方面集中人力、物力、财力备战第四届“挑战杯”，力争能取得更好成绩。另一方面，积极开展各类学术活动。大学生电脑大赛、全国大学生数模竞赛、“五四青年科学奖”评比以及在校团委支持下各院系开展的科技论文比赛，开展得有声有色。校团委利用校庆这一契机，适时推出了一系列旨在弘扬北大优秀学术传统、展示北大学术成果的讲座，成为校团委学术活动的精品。讲座的水平高、层次多、涉及面广，充分体现了北大学术传统既博大精深又兼容并包的特点，受到了广大同学的热烈欢迎。

我们举办了“迎百年校庆院士系列讲座”，弘扬北大的优良学风和学术传统，受到大家的热烈欢迎。唐有祺、徐光宪、冼鼎昌、周光召、陈远泰等一大批院士做了几乎涵盖所有自然科学学科的讲座，成为迎校庆活动中重要的学术活动之一。校团委还举办了“素质教育一百讲”，按照文、理科分别邀请一大批各个学科领域作出突出贡献的专家、学者和社会上、企业界的成功人士就其个人的成长历程、大学生的素质教育及如何成才等方面进行介绍。我们邀请到了包括王选、姜伯驹、甘子钊等院士和英特尔、微软等信息产业的巨头来北大演讲，深受广大同学好评。“中华文明之光”系列讲座和美育专题讲座从中华民族灿烂辉煌的文化发展和传统美德方面给学生们补了生动的一课，教授们广博的学识、儒雅的风度和高尚的师德，都令同学们耳目一新、受益匪浅。“名篇名著导读”选修课的成功开设，开拓了同学们的视野、陶冶了同学们的情操，也体现了北京大学的文化氛围，对我们学生全面素质的提高大有裨益。“百年北大，学问中国”系列讲座内容的丰富超乎想象，将北大精神的魅力展示给世人，给人以精神家园的旖旎风光。

此外，团委还举办了第一届学生创业设计大赛及“创业系列讲座”，充分调动了同学们创新创业的积极性。1998年底，北大首次应邀参加第二十九届瑞士圣加伦国际大学生论文赛，并取得较好的成绩。这标志着北大学生的对外学术交流迈上了一个新台阶。在同期举行的由香港大学主办的全国大学生论文赛中北大学生亦有突出表现，进一步对外展现了北大学子的实力和风采。此外，首届“北京大学 &AMD 杯计算机文化节”及其中“计算机技术与人类未来”的主题论坛的成功举办进一步丰富了北大校园学术文化的内涵。

四、社团和文体活动丰富多彩

学生社团是北大一道亮丽的风景线，他们的活动在丰富学生精神文化生活、推动校园文化建设方面发挥了重要作用。

1998年，对于北京大学来说，是具有非凡意义的一年。而在这非常的一年里，北大社团以他们丰富多彩的活动，为北大的百年校庆献礼。4月3日，在电教报告厅拉开了北大“百年校庆、多彩社团”第二届社团文化节的序幕。各社团以庆祝校庆为主题，举办了讲座、展览、参观等一系列活动。尤其是几家名牌社团纷纷推出自己的特色活动。山鹰社登山队的队员们高扬“艰苦奋斗、勇攀高峰”的旗帜，经过半年的筹备和奋勇拼搏，克服了无数的艰难险阻，于4月21日成功登上海拔8201米的世界第六高峰——卓奥友峰，展现了北大学生顽强拼搏、坚韧不拔的优秀品质，在海内外引起强烈反响。自行车协会则与国家自行车运动管理委员会共同主办了首届“八达岭——北京大学”首都大学生自行车拉力赛。此外，自行车协会还在长城举办了“百年北大、千年长城”的捡拾垃圾的环保活动。未名创作社充分发扬长处，编写完成了《精神的家园——当代大学启示录》，回顾百年历史，寻找精神的永恒。戏剧社参与主办的话剧《蔡元培》演出多场，探寻了北大精魂，更展示了当代学子的风采。

暑假，自行车协会赴丝绸之路进行考察实践，行程千余公里，并沿途举办以文物保护为主题的多项宣传活动。山鹰社奔赴西藏珠峰自然保护区，考察珠峰周围城市的宗教、教育、卫生、生态。爱心社秉持着“献爱心”的宗旨，一行30人分别前往内蒙、宁夏、广西3省开展“爱心万里行”活动。计算机协会开展的“民族软件中国行”活动，在北京、上海、天津等11个城市展开，带来了时代的强音，关注科技，爱我中华。环保意识的增强，显示当代大学生健康向上的精神面貌，绿色生命协会、环境与发展协会组织实践团分赴秦岭和云南丽江，将语言化为实践。

为了更好地加强对社团的管理和引导，使社团既能充分发展，又能保持健康的发展方向，社团部在1998年又出台了《北京大学社团管理文件汇编(试行)》，使社团管理和社团活动都“有章可依，有规可循”。同时又编写了《北大百年话社团》一书，对北大学生社团的历史、现状及未来发展作了详尽的阐述，成为北大社团的一本珍贵资料。

此外，校团委立足基层，面向同学，开展了大量高品位的文体活动，丰富了同学的业余文化生活。除一年一度的新生文艺汇演，校园十佳歌手大赛，以及北大杯足球赛、排球赛、篮球赛等传统项目外，团委还联合两会组织了多场音乐会、文艺演出。4月11日，“京华杯”北大、清华(第12届)棋牌对抗赛在北大举行，北大获胜。参与组织了4月28日举办的“北京大学百年校庆演唱会”和4月29日举办的“北京大学百年情深——师生同庆母校百年华诞文艺晚会”。此外，3月—5月，团委又负责组织了北大百年文化名人知识讲座，共6讲，王刚等著名演员到场演讲。

总之，1998年，校团委以百年校庆为契机，不断加强政治、道德、学术和文体文化建设，以建设一流的校园文化，为学生创造良好的育人环境，为创建世界一流大学而努力。

(北京大学团委)

北京大学本科专业目录

序号	专业代码	专业名称	修业年限	学位授予门类
1	010101	哲学	四年	哲学
2	010102	逻辑学	四年	哲学
3	010103	宗教学	四年	哲学
4	020101	经济学	四年	经济学
5	020102	国际经济与贸易	四年	国际经济
6	020104	金融学	四年	经济学
7	020107	保险	四年	经济学
8	030101	法学	四年	法学
9	030201	科学社会主义与国际共产主义运动	四年	法学
10	030301	社会学	四年	法学
11	030302	社会工作	四年	法学
12	030401	政治学与行政学	四年	法学
13	030402	国际政治	四年	法学
14	030403	外交学	四年	法学
15	030404	思想政治教育	二年	法学
16	050101	汉语言文学	四年	文学
17	050102	汉语言	四年	文学
18	050105	古典文献	四年	文学
19	050201	英语	四年	文学
20	050202	俄语	四年	文学

序号	专业代码	专业名称	修业年限	学位授予门类
21	050203	德语	四年	文学
22	050204	法语	四年	文学
23	050205	西班牙语	五年	文学
24	050206	阿拉伯语	四年	文学
25	050207	日语	四年	文学
26	050208	波斯语	四年	文学
27	050209	朝鲜语	四年	文学
28	050210	菲律宾语	四年	文学
29	050211	梵语巴利语	四年	文学
30	050212	印度尼西亚语	四年	文学
31	050213	印地语	四年	文学
32	050216	缅甸语	四年	文学
33	050218	蒙古语	四年	文学
34	050220	泰语	四年	文学
35	050221	乌尔都语	四年	文学
36	050222	希伯莱语	四年	文学
37	050223	越南语	四年	文学
38	050303	广告学	四年	文学
39	050304	编辑出版学	四年	文学
40	050422	艺术学	四年	文学
41	060101	历史学	四年	历史学
42	060102	世界历史	四年	历史学
43	060103	考古学	四年	历史学
44	060104	博物馆学	四年	历史学
45	070101	数学与应用数学	四年	理学
46	070102	信息与计算科学	四年	理学
47	070201	物理学	四年	理学
48	070301	化学	四年	理学
49	070302	应用化学	四年	理学
50	070401	生物科学	四年	理学
51	070402	生物技术	四年	理学
52	070501	天文学	四年	理学
53	070601	地质学	四年	理学

序号	专业代码	专业名称	修业年限	学位授予门类
54	070602	地球化学	四年	理学
55	070701	地理科学	四年	理学
56	070702	资源环境与城乡规划管理	四年	理学
57	070703	地理信息系统	四年	理学
58	070801	地球物理学	四年	理学
59	070901	大气科学	四年	理学
60	071101	理论与应用力学	四年	理学
61	071201	电子信息科学与技术	四年	理学
62	071202	微电子学	四年	理学
63	071302	材料化学	四年	理学
64	071401	环境科学	四年	理学
65	071402	生态学	四年	理学
66	071501	心理学	四年	理学
67	071502	应用心理学	四年	理学
68	080605	计算机科学与技术	四年	工学
69	081702	工程结构分析	四年	工学
70	110102	信息管理与信息系统	四年	管理学
71	110201	工商管理	四年	管理学
72	110202	市场营销	四年	管理学
73	110203	会计学	四年	管理学
74	110204	财务管理	四年	管理学
75	110301	行政管理	四年	管理学
76	110501	图书馆学	四年	管理学
77	080702	城市规划	五年	工学

1998～1999 学年理科课程表

院 系	年 级	课 程 名 称
数学科学学院	98 级	大学英语、中国革命史(理、外)、军事理论、体育、数学分析、数学分析习题、高等代数、高等代数习题、几何学、几何学习题、计算机——计算概论、计算机上机、普通物理学(B)
	97 级	大学英语、马克思主义哲学(理、外)、体育、常微分方程、数学分析、数学分析习题、计算机上机、计算机——数据结构、初等数论、复变函数、微分几何、概率论、计算机——软件系统基础、软件系统基础上机、利息理论与应用、宏观经济学、数值代数、数值代数上机、代数结构与图论、程序设计技术与方法、数据库与应用信息系统
	96 应用数学	应用多元统计分析、应用多元统计分析上机、微观经济学、偏微分方程、操作系统、操作系统上机、寿险精算、应用随机过程、统计软件(SAS 系统)、统计软件上机(SAS 系统上机)、资本主义经济概论、金融实践序列分析、常微分动力系统、金融风险分析、货币银行学、非寿险精算、生命表构造理论
	96 数学	资本主义经济概论、抽象代数(A)、实变函数论、偏微分方程、拓扑学、泛函分析、数学模型、复变函数选讲
	96 应用软件	资本主义经济概论、实变函数论、偏微分方程、数值代数、理论力学、数值代数上机、数值分析、数值分析上机、偏微分方程数值解、流体力学引论
	96 统计与概率	资本主义经济概论、实变函数论、数理统计、应用随机过程、应用回归分析、测度论、统计计算、抽样调查
	96 信息科学	资本主义经济概论、数理逻辑、数理统计、数理方法、数据库、操作系统、操作系统上机、信息系统工程概论、数据库上机、数字信号处理、信息科学基础、计算机上机、计算方法(A)、软件工程、软件工程上机、计算机网络
	95 数学	微分流形、代数拓扑初步、傅立叶分析、微分方程渐近理论、模形式、常微分方程定性理论、偏微分方程选讲、毕业讨论班、微分动力系统、组合数学、代数数论、群表示论、计算几何、数学史、常微分方程讨论班、保险统计、教学实践:应用多元统计分析
	95 应用数学	应用多元统计分析、应用多元统计分析上机、国际金融、期权期货与其它衍生证券、证券投资学、统计软件(SAS 系统)、统计软件上机(SAS 系统上机)、应用时间序列分析、保险风险模型、毕业讨论班与实习、数学史
	95 应用软件	偏微分方程、最优化方法、计算机代数上机、计算机代数、蒙特卡洛方法、毕业讨论班、非线性方程组解法、数学史
	95 统计与概率	应用时间序列分析、应用回归分析、数理统计、统计软件(SAS 系统)、统计软件上机(SAS 系统上机)、毕业论文、数学史
	95 信息科学	数字信号处理、理论计算机科学基础、计算机代数上机、计算机代数、计算机图形学、数据库、数据库上机、计算机图形学上机、实分析讨论组、调和分析、现代分析与方程、毕业实习、数学史

院系	年级	课程名称
力学与工程学系	98 级	大学英语、中国革命史(理、外)、体育、军事理论、结构工程概论、数学分析、力学概论、线性代数与几何、数学分析习题、机械制图、现代生物学概论、计算概论、普通地质学、现代社会的人生理论与实践、普通物理学(B)
	97 级	大学英语、马克思主义哲学(理、外)、体育、常微分方程、理论力学(A)、程序设计方法(C和 Fortran)、普通物理实验(B)、普通物理学(B)、微机原理、材料力学、数学物理方法、工程数学
	96 级	资本主义经济概论、微机原理、数学物理方法、流体力学、力学实验、工程流体力学、钢筋混凝土结构、普通物理实验(B)、自动控制原理、专业英语、邓小平理论、计算方法、弹性力学、弹性力学习题、钢结构、土力学与地基、有限元法、塑性力学、流体力学进展选讲、固体力学进展
	95 级	力学实验、弹性板理论、粘性流体力学、弹性力学变分原理、专业英语、振动原理、计算机图形学、动力学系统引论、计算流体力学、粘性流体力学、优化计算与最优化控制、力学史
物理学系	98 级	大学英语、计算概论、高等数学(B)、高等数学习题课(B)、线形代数、力学、力学习题、中国革命史(理、外)、军事理论、体育、现代社会的人生理论与实践、算法与数据结构、算法与数据结构上机、热学、电磁学、电磁学习题课
	97 级	大学英语、马克思主义哲学(理、外)、体育、高等数学(B)、光学、光学习题、普通物理实验、高等数学习题课(B)、数学物理方法(A)、数理习题、数学实验、微机原理及上机、电子线路、电子线路实验、理论力学(A)
	96 级	资本主义经济概论、量子物理学习题、量子物理学、热力学与统计物理(A)、热力学与统计物理习题、电动力学(A、B)、电动力学习题、邓小平理论、近代物理实验(A)、量子力学(A)
	95 级	近代物理实验(A)、磁性测量实验、铁磁学、激光物理学、激光物理实验、半导体物理实验学、低温物理学、超导物理学、衍射物理学、原子核物理学、材料物理
地球物理学系	98 级	大学英语、中国革命史(理、外)、体育、军事理论、高等数学(B)、高等数学习题课、力学、力学习题、计算机概论学、计算机概论上机、基础天文、误差分析、现代社会的人生理论与实践、热学、电磁学、电磁学习题课、C 语言、C 语言上机
	97 级	大学英语、马克思主义哲学(理、外)、体育、高等数学(B)、高等数习题课、光学、光学习题、普通物理实验(A、B)、数学物理方法(A)、数理习题、电子线路、电子线路实验、微机原理、线性代数、算法与数据结构、算法与数据结构上机、理论力学(B)
	96 级	邓小平理论、电动力学(A、B)、电动力学习题、普通天体物理、原子物理、大气物理学基础、概率统计(B)、流体力学、热统习题、热力学与统计物理(B)、实测天体物理、地震学、弹性力学、地球物理观测与实验、磁层与太阳风物理基础、大气探测学、天气学、大气动力学基础、太阳物理概论、计算方法(A)、量子力学(B)、数值算法与程序设计、普通地质学、等离子体物理学基础、大气物理实验、天气诊断分析、统计气象学、英语专业阅读、高层大气物理
	95 级	理论天体物理学、地磁与地电、地热与重力、地球物理观测与实验、电离层物理与电波传播基础、空间探测原理和实验、射电天文学、脉冲星物理、近代物理实验(B)、大气物理实验、大气遥感和遥测、云物理与大气光声电、数值天气预报、微机应用、大气动力学精选

院系	年级	课程名称
技术物理系	98 级	大学英语、中国革命史(理、外)、体育、军事理论、现代社会的人生理论与实践、军事理论与军事训练、高等数学(B、C)、高等数学(B、C)习题课、力学、计算概论、无机化学、无机化学实验、机械制图、普通物理实验(B)、普通物理学(B)、有机化学、有机化学实验、线性代数、热学、热学习题课、电磁学
	97 级	大学英语、马克思主义哲学(理,外)、体育、高等数学(B)、高等数学(B)习题课、普通物理学(A、B)、普通物理实验(A、B)、光学、电子电路基础及实验、分析化学、分析化学实验、有机化学、概率统计(B)、电工电子学及实验、机械制图、有机化学、有机化学实验、线性代数(C)、数学物理方法 A、理论力学(A)
	96 级	资本主义经济概论、数字系统与微机原理、电动力学、热力学与统计物理、有机化学实验、物理化学、仪器分析、算法与数据结构、结构与物性、核科学技术应用概论、生物化学、邓小平理论、物理化学实验、结构化学、仪器分析实验、化学工程及实验、计算机软件系统、近代物理实验(A)、量子力学及习题课、原子核物理、辐射物理基础、核电子学及实验、加速器物理基础、计算机软件系统
	95 级	物理化学实验、化工实验、核物理实验、放射化学、放射化学实验、环境化学、辐射化学及辐射加工工艺、粒子物理概论、固体物理导论、辐射防护基础、中子物理及应用、离子束材料学、分离化学、现代化学讲座
电子学系	98 级	大学英语、体育、军事理论、线性代数、力学、基础物理中的数学方法、计算机基础、计算机基础上机、高等数学、高等数学习题、现代社会的人生理论与实践、高等数学(B)、高等数学(B)习题课、热学及分子物理学、电磁学、计算方法(B)
	97 级	大学英语、马克思主义哲学(理,外)、体育、高等数学(B)、高等数学(B)习题课、光学、基础物理实验、电路分析原理、数学物理方法(B)、数学物理方法(B)习题课、原子物理学、电子线路、电子线路实验(B)、理论力学
	96 级	资本主义经济概论、概率论、电动力学、数字逻辑电路、数字电路实验、算法与数据结构、信号与系统、声学基础、量子力学(B)、热力学与统计物理(B)、微波技术与电路、数字信号处理、软件系统、微机实验、光电子学
	95 级	固体物理、通信原理、电子物理、近代声学、传感器技术、可编程数字逻辑电路、数字信号处理实验

院系	年级	课程名称
计算机科学技术系	98级	大学英语、中国革命史(理,外)、军事理论、高等代数(A、B)、数学分析、计算引论、数学分析习题、现代社会的人生理论与实践、高等代数(A)习题课、数字逻辑、数字逻辑实验、数理逻辑学、面向对象 C++、热学、电磁学、微电子学概论
	97级计算机软件	大学英语、马克思主义哲学(理,外)、体育、数学分析、数学分析习题课、微型计算机原理、数据结构、Java 编程、集合论与图论学、编译技术、汇编语言程序设计、微机实验、UNIX 与 C、微电子学概论
	97微电子学	大学英语、马克思主义哲学(理,外)、体育、高等数学(B)、高等数学(B)习题课、光学、光学习题、普通物理实验(A、B)、微型计算机原理、电子线路基础、电子线路实验(B)、原子物理、数学物理方法(B)、理论力学(B)
	96计算机软件	资本主义经济概论、代数结构与组合数学、概率统计、操作系统、物理学(B)、编译实习、计算机图形、计算机专业英语、Visualage C++、邓小平理论、计算机组织与结构、操作系统实习、计算机图形学、IBM 大型机 MVS 编程、IBMda 大型机 unix 程序设计、IBM 大型机对象技术
	96微电子学	资本主义经济概论、半导体物理、算法与数据结构、热统习题、热力学与统计物理(B)、电动力学(B)、微机实验、邓小平理论、量子力学(B)、工艺原理、半导体器件物理、mos 集成电路、计算机组成
	95计算机软件	数据库概论、软件工程、理论计算机科学基础、UNIX 与 C、计算机网络、编译实习、软件工程
	95微电子学	ICCAD、双级集成电路、半导体工艺实验、固体物理
	95级	数理逻辑学、Pascal 程序设计、软件工程、汇编语言程序设计
化学与分子工程学院	98级	大学英语、中国革命史(理,外)、军事理论、高等数学(C)、高等数学(C)习题课、计算机上机、计算概论、普通化学、普通化学实验、教学实践:数学习题、现代社会的人生理论与实践、体育、算法与数据结构、算法与数据结构上机、英语听力、物理学(C)、有机化学、有机化学实验
	97级	大学英语、马克思主义哲学(理,外)、体育、物理学(C)、普通物理学(B)、定量分析、有机化学、定量分析(理科班)、有机化学实验、有机化学(理科班)、定量分析实验、仪器分析、仪器分析实验、物理化学(A)、仪器分析(理科班)、普通物理学实验(B)、环境化学
	96级	资本主义经济概论、有机化学、有机化学实验、有机化学(理科班)、物理化学(A)、物理化学实验(A)、计算机在化学中的应用、化学专业英语、邓小平理论、结构化学、生命化学基础、材料化学导论、化工基础、天然产物化学、高分子化学、有机化合物光谱鉴定、化学史
	95级	生命化学基础、中级无机化学、分析化学选读、物理有机化学、中级有机化学、分散体系物理化学、多晶 X 射线衍射、无机物研究法、材料化学实验、原子光谱分析、电分析化学、色谱分析、中级分析化学实验、中级有机化学实验、高分子物理、高分子化学与物理实验、中级物化实验、界面化学、催化化学、结构化学选读、材料化学导论、有机化学文献、无机化学文献、高分子化学文献、胶体化学文献、物理化学文献、有机合成设计、电解质溶液理论、生物热化学、分析文献

院 系	年 级	课 程 名 称
生命科学学院	98 级	大学英语、中国革命史(理、外)、体育、军事理论、高等数学(C)、高等数学(C)习题课、植物生物学、无机化学(B)、无机化学实验(B)、植物生物学实验、普通心理学、现代生物学概论(C)、物理学(C、D)、分析化学(B)、分析化学实验、动物生物学实验、动物生物学、有机化学(B)、有机化学实验(B)、计算概论及上机
	97 级	大学英语、马克思主义哲学(理,外)、体育、物理学(C)、物理化学(C)、有机化学(B)、有机化学实验(B)、生物英语、现代生命学讲座、生产劳动、普通物理实验(B)、物理化学实验、生物化学、计算概论及上机、线性代数(C)、细胞生物学、细胞生物学实验、有机结构、结构化学、生物统计学、生物英语、微机原理及上机
	96 级	邓小平理论、生物化学实验、普通物理学实验(C)、物理化学实验(B)、生物化学、基础分子生物学、微生物学、微生物学实验、算法与数据结构及上机、生理学(A、B)、生理学实验(A、B)、脊椎动物比较解剖学、脊椎动物比较解剖学实验、无线电电子学基础、无线电电子学基础实验、现代生物技术导论、环境毒理学、生态学、生物化学实验、细胞生物学、细胞生物学实验、遗传学、遗传学实验、微生物大实验、植物生理学实验、植物生理学、发育生物学、神经解剖学及实验、遗传工程学、同位素应用技术及实验、生物大分子晶体学基础、植物胚胎学及实验、昆虫学及实验
	95 级	生物化学大实验、植物生理学、动物细胞培养、单克隆抗体技术及应用、微生物发酵工程、生物技术制药基础、生物物理学、植物生化实验技术、群体遗传学、微生物遗传学、蛋白质化学、酶学、进化论、动物行为学、生物电子学、神经生物学
地质学系	98 级	大学英语、中国革命史(理、外)、体育、军事理论、高等数学(B)、高等数学(B)习题课、无机化学(C)、无机化学实验(B)(地学)、普通生物学、普通地质学、现代社会的人生理论与实践、物理学(C)、结晶学与矿物学
	97 级	大学英语、马克思主义哲学(理,外)、体育、物理学(C)、普通物理学实验(C)、古生物学、普通岩石学、计算机概论、构造地质学、地史学、地质摄影
	96 级	资本主义经济概论、算法与数据结构、地球化学、矿床学、概率统计(B)、分析化学、大地构造学、现代地层学、多晶 X 射线分析、固体力学基础、矿相学、邓小平理论、线性代数、中国区域地质学、地球物理学、地震地质学、古生态学与古环境分析、矿产经济学、弹性力学、岩石学研究方法、地貌与第四纪地质
	95 级	物理化学(C)、构造岩石学、宝石学、成因岩石学、同位素地球化学基础、元素地球化学

院系	年级	课程名称
城市与环境学系	98级	大学英语、中国革命史(理、外)、军事理论、体育、高等数学(B)、高等数学(B)习题课、无机化学(C)、无机化学实验(B)(地学)、经济地理学、自然地理学、普通地质学、现代社会的人生理论与实践、计算概论、物理学(C)、地貌学、摄影
	97级	大学英语、马克思主义哲学(理,外)、体育、高等数学(B)、高等数学(B)习题课、概率统计(C)(理科系)、环境学基础、地图学、气候学、算法与数据结构、算法与数据结构上机、中国地理、工业地理学、建筑概论、土壤地理学、土壤地理实验、植物地理学、线性代数、美术与制图、人文地理、经济学概论
	96级	资本主义经济概论、沉积与环境、中国地貌与第四纪、地貌调查与制图、工业地理学、交通运输地理、遥感基础与图像解译原理、普通生态学、环境经济学、环境地球化学、分析化学、水文地质学、工程地质学、城市园林绿地规划、房地产学导论、建设项目经济评价、自然灾害风险评价、农业地理学、旅游经济学原理、旅游文化、中国自然地理、有机化学(B)、环境污染与人体健康、邓小平理论、应用地貌学与第四纪地质学、空间结构与组织、城市总体规划原理、综合自然地理学、资源与旅游制图、应用数理统计方法、环境评价、环境生物学、矿物与岩石、第四纪年代学、城市基础设施规划、居住区规划、旅游地理学、旅游开发与管理、城市化与城市体系、环境监测与实验、环境工程原理
	95级	区域经济学、土地评价与管理、地理信息系统、环境经济学、城市设计、城市发展与规划史、房地产估价、建设项目经济评价、应用生态学、仪器分析、算法与数据结构
心理学系	98级	大学英语、中国革命史(理、外)、军事理论、体育、高等数学(C)、高等数学(C)习题课、普通生物学、普通生物学实验(B)、普通心理学、现代社会的人生理论与实践、线性代数(D)、物理学(C)、CNS解剖、变态心理学
	97级	大学英语、马克思主义哲学(理,外)、体育、概率统计(B)、物理学(B)、普通物理实验(B)、实验心理学实验、实验心理学、心理统计、生理学、生理学实验、微机原理及上机
	96级	资本主义经济概论、心理测量、变态心理学、生理心理学、Visual C++ 5.0、计算机与心理实验、组织管理心理学、邓小平理论、认知心理学、生理心理实验、比较心理学、心理咨询与治疗、计算机与心理实验
	95级	SPSS统计软件包、比较心理学、工程心理学、环境心理学、儿童心理学、健康心理学、社会心理学
环境科学中心	98级	大学英语、中国革命史(理、外)、军事理论、体育、高等数学(B)、高等数学(B)习题课、无机化学、无机化学实验、自然地理学、现代社会的人生理论与实践、物理学(B)、分析化学(B)、分析化学实验
	97级	大学英语、马克思主义哲学(理,外)、体育、高等数学(B)、高等数学(B)习题课、物理学(B)、普通物理实验(B)、地图学、环境学基础、线性代数、环境工程学基础、环境质量评价
理科实验班	97、98级	高等数学(B)、高等数学(B)习题课、算法与数据结构(理科实验班)、普通物理学(B)、计算概论、大学化学、普通地质学、体育、计算概论上机、现代生物学概论、线性代数、数字系统与微机原理、大学化学实验

1998～1999 学年文科课程表

院　系	年　级	课　程　名　称
中国语言文学系	97 级	大学英语、马克思主义哲学(文科)、体育、中国古代文学史、逻辑导论、中国当代文学、语言学概论、古籍整理概论、中文工具书使用法、史学要籍解题、《吕氏春秋》研读、《韩非子》选读、计算机基础与应用、汉语音韵学、文字学、目录学、中国古代文化、汉语修辞学、索绪尔语言学理论、语音专题研讨、《战国策》选读、《汉书》导读
	96 级	资本主义经济概论、中国古代文学史、中国文学理论批评史、欧洲文学史、汉语史、版本学、校勘学、训诂学、现代汉语虚词研究、现代汉语语法研究、唐诗语言研究、说文解字概论、《韩非子》选读、世界政治经济与国际关系、邓小平理论、、民间文学概论、俄苏文学、理论语言学、文字学、哲学要籍解题、古文献学史、微 B 编程、二十世纪末中国文学现象研究、中国曲艺、新诗与民间诗歌、汉语修辞学、《左传》选读、日本中国学、论语、孟子研究、敦煌文献概要
	95 级	中国文学理论批评史、汉语方言学、哲学要籍解题、古文献学史、接受美学与现代西方文论、20 世纪外国小说经典、台港文学研究、民俗与文化、中国书法美学史、古典小说鉴赏、元明散曲研究、当代诗歌现象、实验语音学基础、地下出土文字资料选读、方言专题、方言调查
	留学生(96、97、98 级)	高级汉语、现代汉语、古代汉语、现代汉语规范化、中国古代文学作品、文字学、语法研究、中文工具书使用、中国当代文学作品、中国民间文学、中国现代文学史、先秦诸子概况、汉语修辞、汉字书法、汉语写作、中国古代文化、中国古代文学史、现代汉语词汇、中国当代文学、古文选读、现代汉语虚词
历史学系	98 级	大学英语、体育、现代汉语、古代汉语、中国古代史、马克思主义哲学原理、逻辑导论、高等数学(D)、世界中古史、中国当代文学、世界上古,中古史、哲学概论
	98 级留学生	中国古代史、世界上古史、古代汉语
	97 级	大学英语、马克思主义哲学(文科)、体育、计算机基础与应用、中国近代史、世界近代史、史学概论、美国文明的早期成长、中国现代史、中华人民共和国史、世界现代史、当代世界史、史学概论、中国历史地理概论
	96 级(世界历史)	资本主义经济概论、华侨华人史、英国史、印度史、韩国史专题、宗教改革史、古代埃及的语言与文化
	96 级(中国历史)	中国近代对外关系史、中国历史名著选读、中国现代社会经济史、中国科学技术史、先秦史专题、宋辽金史专题、中华民国史专题、中国周边关系史
考古系	98 级	大学英语、中国革命史、体育、军事理论、高等数学(C)、无机化学(B)、无机化学实验(B)、中国古代史、考古学导论、习题、英语听力、数学习题
	97 级	大学英语马克思主义哲学 (文科)、体育、计算机基础与应用、新石器时代考古、旧石器时代考古学、中国考古学、文物保护技术、考古绘图、丝绸之路考古、中国古代货币、考古测量、夏商周考古、战国秦汉考古、博物馆藏品管理与陈列、古文字学、田野考古学概论、考古摄影、人体骨骼学、动物考古学、中国古代瓷器
	96 级	野外考古实习(一学期)、定量考古学、中国古代陶瓷、中国佛教考古、文物研究与鉴定、三国两晋南北朝隋唐考古、宋辽金元考古、文物法规与行政管理、邓小平理论、世界政治经济与国际关系、学年论文
	95 级	中国古代物质文化史、文物研究与鉴定、科技考古、战国文字、中国古代货币

院系	年级	课程名称
哲学系	97 级逻辑学	马哲原理、逻辑导论、数学、中国革命史、军事理论、数学习题、高等代数习题、体育、大学英语、数学分析、高等代数(A)、哲学概论、代数学引论、数理逻辑、数字逻辑
	97 级宗教学	大学英语、体育、计算机基础与应用、佛教(印度、中国)、伊斯兰教、哲学概论、中国哲学史(A)、伦理学原理
	97 级哲学	大学英语、体育、计算机基础与应用、哲学概论、西方哲学史(A)、中国哲学史(A)、科学哲学、宗教学导论、波普的历史哲学、哲学概论、现代西方哲学(A)、伦理学原理、环境伦理学与生命伦理学
	97 级实验班	大学英语、体育、计算机基础与应用、中国古代文学、中国现代文学史、中国近代史、世界近代史、西方哲学史(A)、中国哲学史(A)、世界现代史、中国现代史、现代西方哲学(A)、伦理学原理
	96 级	资本主义经济概论、现代西方哲学(A)、中国现代哲学史、东方哲学概论、概率统计(B)、模态逻辑、古代汉语、美学原理、道教史、佛教原著选读、世界政治经济与国际关系、邓小平理论、中国社会主义建设(文科)、西方逻辑史、应用逻辑、马克思主义哲学史、马列哲学著作选读、科学哲学、环境伦理学与生命伦理学、心灵哲学、基督教史(中国)
	95 级	马列哲学著作选读、基督教史(西方)、西方美学史、中国美学史(A)
国际关系学院	97 级	大学英语、马克思主义哲学(文科)、中国革命史、体育、计算机基础与应用、专业英语精读、中华人民共和国对外关系、专业英语听说、中国政治概论、近代国际关系史、中国特色社会主义、涉外秘书学、台湾概论、香港与世界事务、世界社会主义理论与实践、社会主义资本主义两制关系论、日本政治经济与外交、外国政治思想史、外事管理学、冷战后国际关系
	96 级	资本主义经济概论、第三世界发展学、外国政治经济制度比较、俄罗斯和中亚各国政治经济与外交、外交学、战后国际关系史、德国政治经济与外交、世界政治中的民族问题、中国涉外法律概论、涉外公共关系、澳门概论、邓小平理论、国际政治概论、东欧各国政治经济与外交、法国政治经济与外交、东南亚政治经济与外交、世界环境与发展、中俄关系、谈判学、传播学概论、经济外交
	95 级	国际格局与国际组织、西方国际关系理论评介、涉外企业管理、国际旅游、美国社会发展史、世界社会主义理论与实践、台湾概论、新闻学概论
	98 级二学位	国际政治概论、对外宣传概论、传播学概论、英文新闻写作、新闻传播学理论与实践、跨文化交流学、传播学研究方法 、外教课、中国文化概论、外国新闻事业概说
	97 级二学位	外国政治经济制度比较、西方国际关系理论评价、国际传播、外国新闻事业概说、美国社会发展史、说服学、台湾概论、西方社会与文化、中国文化概论
	98 级留学生	国际格局与国际组织、中国革命史、中国特色社会主义、台湾概论、中文报刊选读、计算机基础与应用、国际关系与国际法、中文报刊选读、中国近现代对外关系、中美关系与台湾问题、海外华侨与华人社会

院系	年级	课程名称
经济学院	98级留学生	高等数学(微积分)、习题/高等数学(微积分)、微观经济学、经济学基础
	97级	大学英语、马克思主义哲学(文科)、体育、线性代数、习题/线性代数、统计学、微观经济学、财政学、计算机基础与应用、国际贸易、货币银行学、宏观经济学、概率论与数理统计、习题/概率论与数理统计
	96级	国际金融、发展经济学、经济法、《资本论》选读、中国近现代经济史、经济学说史、西方财政学、保险学、日本经济管理、欧洲经济共同体、世界政治经济与国际关系、国际经济学、统计计量学、市场营销学、国外统计资料分析、跨国公司管理、世界经济专题、利息理论与应用、公司财务、投资银行学、投资学、保险精算、保险法、人寿与健康保险、房地产经济学
	95级	中国经济思想史、国际投资学、专业英语(保险学专业)、项目评估、跨国公司管理、投资学、保险法、风险管理学、财产与责任保险、国际商法、保险精算、国别经济专题、中国对外经贸政策与投资环境、国际经济学、经济发展比较、国际信贷、证券市场、保险公司经营战略、社会保险、金融市场概论、商务日语、金融期货与期权、国际结构管理、保险经济学
光华管理学院	97级	大学英语、马克思主义哲学(文科)、体育、管理学原理、管理数学、中级财务会计、市场营销原理、计算机应用基础、经济法、统计学原理、成本会计、货币银行学、市场调研、公共关系、国际营销、消费者行为、宏观经济学
	96级	企业与环境、中级财务会计、会计信息系统、财政学、公共关系、运筹学、专业英语、市场预测、世界政治经济与国际关系、组织行为学、人力资源管理、管理信息系统、国际企业管理、企业伦理、经济案例分析、财务管理、财务报告分析、国际贸易、国际金融学、租赁与信托、国际投资法、预算会计、商业谈判、新产品发展、C语言
	95级	国际企业管理、高级财务会计学、保险学、证券投资学、广告管理、会计审计实务专题、国民经济管理学、项目评估、企业伦理、经营案例分析、策略管理、审计学原理、资产评估、国际金融学、国家产业政策与长期规划、会计职业道德与责任、预算会计、金融衍生证券、商业谈判、零售业管理、新产品发展
法律学系	98级留学生	法理学、宪法学、刑法学
	97级	大学英语、马克思主义哲学(文科)、体育、民法学、民事诉讼法学、西方法律思想史、外国法制史、婚姻法与家庭继承法、法医学、司法精神病学、监狱法学、计算机基础与应用、刑法学、知识产权法、经济法学、金融法，银行法、中国外交史、海商法
	96级	邓小平理论、行政法与行政诉讼法、国际法、经济法学、企业法/公司法、司法鉴定学、财政税收法、环境法、国际组织法、国际海洋法、国际贸易法、国际投资法、国际技术转让法、外国民商法、票据法、资本主义经济概论、世界政治经济与国际关系、知识产权法、国际经济法学、反不正当竞争法、国际金融法、司法精神病学、刑事侦查学、英美侵权法
	95级	反不正当竞争法、专业英语、国际金融法、香港特别行政区基本法、立法学、外国行政法、外国刑事诉讼法学
	95级辅修	国际法、国际私法、法理学、宪法学、行政法与行政诉讼法、民法、刑法、刑事诉讼法学、反不正当竞争法、著作权法、专利文献检索、技术合同法、商标法

院系	年级	课程名称
信息管理系	98级	大学英语、中国革命史(理,外)、体育、军事理论、高等数学(B)、高等数学(B)习题课、信息管理概论、计算机原理、计算机原理上机、中文信息处理、中文信息处理上机、现代社会的人生理论与实践、数据结构、文献管理(文献编目)、数据结构上机、信息科学基础
	97级编辑学	大学英语、马克思主义哲学(文科)、马克思主义哲学(理科,外语)、体育、计算机基础与应用、中文工具书、编辑出版学概论、文献管理(文献编目)、文献资源建设、国外图书馆事业与出版社、社会调查、文献管理(分类与主题)、普通目录学、中国历史文献目录学、中文信息处理、新闻理论与实践、中文信息处理基础上机、广告学概论
	97级情报学	大学英语、马克思主义哲学(文科)、马克思哲学(理科,外语)、体育、计算机基础与应用、高等数学(B)、高等数学(B)习题课、文献管理(分类与主题)、数据结构、数据结构上机、计算机原理、计算机原理上机、中文工具书、社会调查、概率统计(C)(理科系)、著作权法、信息环境论、信息科学基础、数据库系统、专利与专利信息、数据库系统上机
	96级编辑学	资本主义经济概论、科技文献检索、电子出版技术、电子出版技术上机、中国哲学史(A)、图书馆学专业英语、书评研究、信息法学、出版经营管理、书刊编辑实务、欧洲文学史、邓小平理论、信息服务与用户、著作权法、信息环境论、计算机情报检索、办公自动化、计算机情报检索上机、办公自动化上机、广告学概论
	96级情报学	资本主义经济概论、科技文献检索、文献计量学、信息法学、信息经济学、电子出版技术、多媒体技术、电子出版技术上机、多媒体上机、邓小平理论、信息服务与用户、计算机情报检索、信息分析与决策、计算机情报检索上机、线性代数、情报专业英语、计算机网络、信息与媒体、计算机网络上机
	95级编辑学	图书馆管理、图书馆自动化基础、图书馆自动化系统上机、中国哲学史(A)、图书馆学专业英语、著作权法、情报检索语言、情报检索语言上机、西文工具书、版本学、毕业实习、毕业论文
	95级情报学	情报检索语言、管理信息系统、情报检索语言上机、管理信息系统上机、图书馆管理、著作权法、多媒体技术、多媒体技术上机、毕业实习、毕业论文
社会学系	97级	大学英语、马克思主义哲学(文科)、体育、计算机基础与应用、国外社会学学说、社会统计学、社会心理学、个案工作、文化人类学、社会工作概论、中国社会思想史、社会调查与研究方法、社区工作、中国社会、社会人口学、统计学与统计指标、西方社会思想史、公共关系
	96级	邓小平理论、社会统计学、劳动社会学、计算机技术、统计学与统计指标、家庭社会学、社会分层与社会流动、公共关系、贫困与发展、社会政策研究、资本主义经济概论、世界政治经济与国际关系、农村社会学、团体工作、社会行政、社会保障与社会福利、市场调查与预测、口述史、公共关系、发展社会学
	95级	马列经典著作选读、劳动社会学、统计学与统计指标
政治学与行政管理系	97级	大学英语、马克思主义哲学(文科)、体育、计算机基础与应用、比较政治学概论、中国政治制度史、中国政治思想史、人事管理学、政府经济学、中国政党与政治、组织与管理、中国现代政治思想、发展政治学、西方文官制度、行政法学
	96级	资本主义经济概论、普通统计学、政策科学、社会调查的理论与方法、国家公务员制度、政治学行政学专业英语、行政领导学、美国政府与政治、行政诉讼法、世界政治经济与国际关系、邓小平理论、政党学概论、检察与监督概论、民族政治学、政治社会学、西方当代政治思想、公共关系学、秘书学与秘书工作
	95级	普通统计学、政治哲学、西方当代政治思想、中国传统政治文化与现代化、政治发展的比较研究、中国农村发展政策、政治社会学

院系	年级	课程名称
东方学系	98级	大学英语、中国革命史(理,外)、体育、军事理论、基础日本语、基础朝鲜语、朝鲜半岛概况、基础菲律宾语、基础泰语(教程)、泰语会话、中国古代文学史、汉语语言学、现代社会的人生理论与实践、语言学概论、日本语会话、初级泰语阅读、泰国概况与历史、越南语口语
	97级	大学英语、马克思主义哲学(理、外)、体育、基础阿拉伯语、阿拉伯语视听、阿拉伯语口语、阿拉伯语阅读、基础日本语、日本历史、日本语视听说、朝鲜语视听说、基础朝鲜语、基础蒙古语、蒙古语语法、基础乌尔都语教程、乌尔都语口语、基础越南语、越南历史、越语会话、文学概论、阿拉伯语语法、乌尔都语泛读、越南语泛读、中国现代文学史、阿拉伯世界现状、日本社会、中日文化交流史、近东艺术语美学文献导读
	96级	资本主义经济概论、阿拉伯语视听、阿拉伯语口语、阿拉伯语阅读、阿拉伯语语法、阿拉伯语写作、阿拉伯文选、日本语视听说、日本语作文指导、日本文化概说、高年级日本语、波斯语散文、波斯语写作、波斯语口语、朝鲜语语法、朝鲜文化、朝鲜现代文学(选读)、印地语视听说、印语报刊阅读、印地语语法、印地语写作、印地语文章选读、古代汉语、阿拉伯简史、阿拉伯报刊文选、日本语敬语、日本语词汇学、日本语文体学概论、中日语言对比、印度英语报刊文章选读、波斯语、世界政治经济与国际关系、邓小平理论、阿拉伯语翻译教程、日本语文言语法、日语口译指导、日本语报刊选读、日译汉教程、日本文学史、伊朗历史和文明概论、波斯语报刊阅读、波斯语小说、波斯语诗歌选读、波斯语－汉语翻译教程、朝鲜语(韩国语)报刊选读、朝鲜古代文学导读、印地语戏剧、印地语译汉语教程、印度文化、印度英语报刊文章选读、阿拉伯世界现状、阿拉伯应用文、日本语句法、日本现代文学作品选读、中日文化交流史、朝鲜语文体学、朝鲜语方言
	95级	阿拉伯语视听、阿拉伯语阅读、阿拉伯语翻译教程、阿拉伯小说、印尼语视听说、印度尼西亚文学史、印尼民俗学、印度尼西亚文体学、印尼语写作、缅甸语视听说、缅甸报刊选读、缅甸语翻译教程、缅甸现代文学作品选读、希伯来语视听说、高级希伯来语、希伯来语翻译教程、希伯来文学史、阿拉伯世界现状、阿拉伯报刊文选、印尼报刊选读、印尼文献选读、阿拉伯散文、阿拉伯文学史、战后印尼政治与经济、缅甸语语法、阿拉伯文学选读、中国、印尼文化交流、印度尼西亚电影欣赏、实习
西方语言文学系	98级	大学英语、中国革命史(理,外)、体育、军事理论、中国古代文学史、德语录像、德语、法语录像、法语、西班牙语录像、现代社会的人生理论与实践
	97级	大学英语、马克思主义哲学(理、外)、体育、欧洲文学史、德语、西语、会计学、法语、文学概论、宏观经济学、货币银行学、德国概况、德语语法、中国现代文学史
	96级	大学英语、资本主义经济概论、德语、德语笔译、德语国家文学史、口语、法语、法语写作、德语报刊选读、商务法语、法国报刊选读、世界政治经济与国际关系、邓小平理论、法国文学史和文学选读、德语听力、经济德语
	95级经济辅修	国际金融、发展经济学、西方财政学、笔译、法国报刊选读、法语、法语写作、经济法语、宏观经济学、国际贸易、口译
	95级语言文学	德语、德语笔译、德语国家文学史、口译、经济德语
	95级语言文学	西班牙语报刊选读、西班牙语作文、西语、英语精读、英语视听、阶梯阅读(速读与理解)、口语、应用文写作、西汉口译、阶梯阅读、西班牙语报刊选读
	98级辅修	德语精读、德语泛读、德语视听、法语精读、法语泛读、法语视听
	97级辅修	德语精读、德语泛读、德语视听、法语精读、法语泛读、法语视听

院系	年级	课程名称
俄罗斯语言文学系	98级	大学英语、中国革命史(理,外)、体育、军事理论、俄语一外、实践俄语(A)、俄语视听说(A)、中国古代文学史、现代社会的人生理论与实践
	97级	大学英语、马克思主义哲学(理科、外语)、体育、俄语一外、俄语视听说(B)、实践俄语(B)、俄语语法(B)、俄罗斯及独联体其他国家概况、文学概论、中国现代文学史、电影观摩
	96级	资本主义经济概论、俄语(C)、俄语写作(C)、俄罗斯文学、翻译(C)、俄语新闻听力(C)俄语报刊阅读(C)、十八世纪的俄国文学、俄语外交与领事翻译、俄语一外、世界政治经济与国际关系、邓小平理论、俄语功能语法学
	95级	俄罗斯文学、俄语口译、俄语(D)、翻译(D)、俄语修辞学、俄语报刊阅读(D)、俄罗斯文学、经贸俄语会话
英语语言文学系	98级	中国革命史(理,外)、体育、军事理论、英语精读、英语视听、阶梯阅读(速度与理解)、口语、英语语音、应用文写作西方文明史、希腊罗马神话、英语结构、现代社会的人生理论与实践、语言学引论、语法语义学、英语文化
	97级	马克思主义哲学(理科、外语)、体育、计算机基础与应用、英语精读、英语视听、口语、写作、测试(A、B)、文科教育思想选读、欧洲文学选读、文学形式导论、西方思想传统、美国短篇小说
	96级	资本主义经济概论、英国文学史、普通语言学、英译汉、二外(德)、二外(法)、文学形式导论、汉英口译、社会语言学、词汇学、英语语体学、美国文化、世界政治经济与国际关系、邓小平理论、报刊选读、语言与文化、英国散文名篇、英国小说选读、英诗选读、西方经济思想、文化与翻译批评
	95级	汉译英、美国文学史与选读、二外(德)、二外(法)、莎士比亚新读与欣赏、同声传译、英诗选读
艺术学系	98级	大学英语、中国革命史(理,外)、军事理论、现代社会的人生理论与实践、体育、高等数学(D)、广告学概论、平面广告设计、计算机基础与应用、大学英语ABC、设计基础
	97级	大学英语、马克思主义哲学(文科)、计算机基础与应用、市场营销原理、平面广告设计、文学与写作、普通概率统计学、传播学、体育、摄影基础、计算机广告设计、市场调查、公共关系、苹果电脑设计、实力广告专题
	96级	资本主义经济概论、大学英语、市场调查、广告策划、广告计算机设计、文学与写作、世界政治经济与国际关系、邓小平理论、CI研究、广告法规、广告心理、实力广告专题
	95级	广告法规、专业英语、广告心理、实力广告专题
马克思主义学院	96、97、98级	英语、青年学、思想政治教育原理与方法、建设有中国特色社会主义理论、政治学概论、中国政治思想史、伦理学、社会学、法学概论、思想政治教育心理学、世界政治经济与国际关系、文秘与写作、组织行为学、计算机应用、科学社会主义理论与实践、思想政治教育原理与方法
中国经济研究中心	二学位	经济学原理、微积分、线性代数、概率统计、经济史、经济与商业统计、国际贸易、发展经济学、环境经济学、中级微观经济学、中级宏观经济学、计量经济学、管理学、应用经济学、工业组织、博弈论、人口经济学

1998 年体育运动成绩

队名	成绩	领队	教　练	运动员姓名(单项名次)	比赛名称	比赛地点	比赛时间
男　子篮球队	冠军	胡京翔	张 剑	刘维凯　吴恩延　续　光　张　承　丘　方　张誉馨　王伯钊 孟令号　樊　晗　王英东　夏杨杨　李晓东	北京赛区CUBA	北京商学院	4.15－5.19
	第五名				北方赛区CUBA	天津财经学院	7.25
田径队	第四名	田敏月	曹晓培 戴名辉 刘　铮 滕炜莹 胡京翔 李朝斌 陈　露	白少华 400 米 4×400 米 (1B) 王辉 十项全能 (5) 马宏升 3000 米障碍 (1B)5000 米 (2B) 于洋 800 米(2) 1500 米 (3) 4×400 米 (4) 高帆 100 米(5)4×400 米 (4) 4×100 米 (6) 李辉 400 米栏(4) 4×400 米 (1) 达奔那 4×400 米 (4) 张庆越 110 米栏(4)4×100 米(6)高剑 铁饼 (5) 苏磊 400 米 (4) 4×400 米(1)越建军 110 米栏 (5) 戈艳冲 400 米(5) 4×400 米(1)李明鑫 4×400 米 (4) 王伟 跳远 (5) 易征涛 祖辉 4×100 米 (6) 王榕 100 (1) 200 米 4×100 米 (2) 4×400 米(3) 周娜 200 米(1) 100 米 4×100 米 (2)何童童 标枪 (2) 张颖 4(100 米 (2) 100 米 200 米 4×400 米 (3) 马景春 1000 米第 (3) 5000 米 (4) 谢月 跳高 (6) 张欣 跳远 (3) 三级跳远 (6) 程晓燕 铅球 (1B) 张海珊 三级跳远 (3) 跳远 (7) 刘茜 4×400 米 (3) 陈浃 400 米 4(400 米 (3) 钟艳 100 米栏 (6) 张丛 100 米 (4) 4×100 米 (2)	第三十六届北京高校田径运动会	首都师范大学	5.22－5.24
	第八名(女团)			*马宏升 3000 米障碍(1)于洋 800 米 (4) 4×400 米 (2) 李辉 400 米栏(2)4×100 米(4) 4×400 米(2) 戈艳冲 4×100 米(4) 苏磊 400 米(4)4×100 米 (4) 4×400 米(2) 200 米 (7) 张庆越 110 米栏 (6) 4×100 米(4) 高健 铁饼(7)铅球 (8) *周娜 200 米 4×100 米 (2) 王榕 4×100 米(2)4×400 米(5) 张丛 100 米(3) 4×100 米(3)4×400(5) 米陈浃 4×400 米(5) 张颖 4×100 米(2)4×400 米(5) 马景春 10000 米 (3) 5000 米 (5) 张欣 跳远 三级跳远 (4)	第六届全国大学生田径锦标赛	湖南师范大学	8.14－8.18
武术队	冠军	胡京翔	李士信 彭　芳	杜振 自选拳 (1) 形意拳(2) 剑术 (3) 李沐泽 自选太极拳、太极剑 (1) 通臂拳 (5) 芮嗣文 螳螂拳、九节鞭 (2) 南拳 (8) 马明俊 少林拳 (1) 初级三路拳 (2) 刀术 (5) 陈国峰 螳螂拳 (3) 自选太极剑 (6) 潘良斌 初级三路拳 、南拳 (5) 陈煌 24 太极拳 (3) 自选太极拳 (7) 周钥云 枪术 、通臂拳 (1) 剑术 (2) 刘莹 少林拳、棍术 (1) 对练 (2) 林芬 自选拳 (1) 螳螂拳 (2) 对练 (6) 刘志影 初级三路拳 (3) 刀术(5) 对练 (6) 石林 自选太极拳 、初级三路拳 (2)	北京高校武术比赛	北京大学	5.30
羽毛球(女)		胡京翔	李志贵	张海霞 女双 (1) 女单 (2) 张灿 女双 (1) 女单 (3)	北京高校“领导杯”羽毛球比赛	北方交通大学	6.6
				张灿 女双 (3) 女单 (5) 张海霞 女双 (3)	第三届大学生羽毛球锦标赛	广西大学	7.17－7.23
	冠军			欧阳泽曼 女单 (1) 张海霞 女单 (2) 张灿 女单 (3)	北京市“奥德杯”羽毛球比赛	北京大学	11.6－11.9

队名		成绩	领队	教练	运动员姓名(单项名次)	比赛名称	比赛地点	比赛时间
网球	男一	季军	滕炜莹	李德昌	谢大滔 韩乃骞 黄善瑞 徐建平	"豪迈杯"北京高校学生网球团体赛	北京大学	5.16－5.23
	男二	亚军			徐林州 俞立 安藤 鲍林			
	女一	冠军			吕赫 石井弓 杨琴			
	女二	季军			朱贤 张健 刘倩			
游泳队		冠军	李安模	丘震 沈忠民	孙巍 50 米 100 米仰泳 4×50 米自由泳 混合泳接力 (1) 陈延 50 米 自由泳 200 混合泳 4×50 米自由泳 混合泳接力 (1) 芮鹏 100 米 自由泳 (2)200 米 (3)4×50 米自由泳 混合泳接力 (1) 朱蕾 50 米自由泳 (2)100 米蝶泳 (3)4×50 米自由泳 混合泳接力 (1) 王侠 50 米自由泳(2) 200 米自由泳 (4) 马龙 50 米仰泳 100 米蝶泳(5) 郑超 200 米蛙泳(3) 100 米蛙泳(5) 高帆 200 米蛙泳(5)100 蛙泳(6) 俞肇辉 50 米蝶泳 (3)200 米混合泳 (4) 崔康康 50 米 100 米仰泳 4×50 米自由泳 混合泳接力 (1) 杨泳 50 米 100 米蝶泳 4×50 米自由泳 混合泳接力 (1) 杨东宁 50 米 100 米 蛙泳 4×50 米自由泳 混合泳接力 (1) 全奕颖 200 米混合泳 50 米蝶泳 4×50 米自由泳 混合泳接力 (1) 杨沐 200 米 自由泳 (1) 100 米蝶泳 (2) 王洋 50 米 100 米自由泳(2) 陈倩 50 米自由泳 100 仰泳 (3) 孙媛媛 200 蛙泳(1)50 米蛙泳(3) 郭雅 200 米混合(2)100 米蛙泳(3)	98 北京高校游泳运动会	小汤山	7.13
健美操		三等奖	刘承鸾	黄育	李铭:男子单人(一等奖) 最佳编排奖 混合双人(二等奖) 程琳琳 混合双人(二等奖)	全国第七届"中洋杯"健美操、艺术体操锦标赛	河海大学	8.28－8.30
艺术体操		二等奖		谭军	张朔 带操、球操(一等奖) 绳操(二等奖) 蔡妮 圈操、绳操(一等奖) 球操(二等奖) 李佳 带操、圈操(二等奖)			
乒乓球	男团	亚军	胡京翔	侯文达	男团:王江涛 李晓峰 张昊 杜相卿 李晓峰 男单(3) 男双、混双(5) 王江涛 混双(1) 男单、男双(5) 张昊 男双、混双(5) 杜相卿 男双(5)	98 北京高校乒乓球联赛暨高校乒乓赛	人民大学	11.1
	女团	冠军			女团:刘音 李洛 冀乃暹 刘音 女单、混双(1) 女双(3) 李洛 女单、女双(3) 混双(5) 冀乃暹 混双(5)			
自行车					张江 男子山地车 (1) 王焕杰 女子赛车 (1)	八达岭—北京大学自行车拉力赛	京昌路	4.26

* 精神文明运动队(运动员)

北京大学田径记录(截至 1998.12.31)

男子

项目	成绩	姓名	单位	时间	地点
100 米	10″7	张轻	心理系	二十八届高校运动会 1990.5	北京大学
200 米	21″8	张轻	心理系	二十八届高校运动会 1990.5	北京大学
400 米	46″53	于宝一	城环系	第七届全国运动会 1993.10	奥林匹克中心
800 米	1′52″5	林军	城环系	第三届全国大运会 1988.8	南京
1500 米	3′50″90(电)	林军	城环系	第三届全国大运会 1988.8	南京
3000 米	9′23″9	谢寮	化学系	校田径运动会 1960.5	北京大学
5000 米	14′27″1	马宏升	法律系	三十五届高校运动会 1997.6	清华大学
10000 米	32′23″5	杜春武	法律系	二十八届高校运动会 1990.5	北京大学
110 米栏	14″4	赵建军	法律系	三十五届高校运动会 1997.6	清华大学
400 米栏	54″4	蔡奕	法律系	三十四届高校运动会 1996.5	体育大学
3000 米障碍	8′57″5	马宏升	法律系	三十五届高校运动会 1997.6	清华大学

项目	成绩	姓名	单位	时间	地点
4×100米接力	42″2	校田径队		全国高校田径锦标赛1990.8	
4×400米接力	3′15″4	校田径队		市九运会(高校组)1995.5	先农坛
跳高	2.15米	于洪	经济学院	第三届全国大运会1988.8	南京
撑杆跳高	3.80米	陈子楠	力学系	校田径运动会1985.5	北京大学
跳远	7.15米	李露	法律系	二十八届高校运动会1990.5	北京大学
三级跳远	14.67米	吴尚辉	心理系	校田径运动会1990.4	北京大学
铅球	14.10米	朱诺伟	法律系	校田径运动会1997.5	北京大学
标枪	57.90米	陈涛	经济学院	校田径运动会1993.4	北京大学
铁饼	47.72米	屈树军	法律系	校田径运动会1995.5	北京大学
链球	42米	沈弘	西语系	校田径运动会1985.5	北京大学
10000竞走	45′20″1	刘立峰	心理系	二十八届高校运动会1990.5	北京大学
十项全能	6089分	王辉	法律系	三十五届高校运动会1997.6	清华大学

女子

项目	成绩	姓名	单位	时间	地点
100米	12(17(电)	包菡薇	法律系	第四届全国大运会1992.8	武汉
200米	24″27(电)	周 娜	法律系	第五届全国大运会1996.8	西安
400米	56″4	冷雪艳	心理系	三十五届高校运动会1997.6	清华大学
800米	2′19′6	王丽雯	心理系	二十八庙高校运动会1990.5	北京大学
1500米	4′50″5	黎叶梅	法律系	校田径运动会1995.4	北京大学
3000米	9′32″4	黎叶梅	法律系	市九运会(高校组)1995.5	先农坛
5000米	17′02″1	黎叶梅	法律系	市九运会(高校组)1995.5	先农坛
10000米	35′30″6	黎叶梅	法律系	市九运会(高校组)1995.5	先农坛
100米栏	14″	刘波	心理系	校田径运动会1995.4	北京大学
400米栏	1′00″0	邱爱华	心理系	二十八届高校运动会1990.5	北京大学
4(100米接力	47′4	校田径队		三十六届高校运动会1998.5	北京体师
4×400米接力	4′02″6	校田径队		三十五届高校运动会1997.6	清华大学
跳高	1.77米	倪秀玲	心理系	二十八届高校运动会1990.5	北京大学
跳远	6.55米	关英楠	法律系	三十五届高校运动会1997.6	清华大学
三级跳远	12.28米	孙海姗	法律系	北京高校田径队1995.10	八一田径场
铅球	19.03米	周天华	心理系	二十八届高校运动会1990.5	北京大学
标枪	53.36米	何童童	经济学院	市九运会(高校组)1995.5	先农坛
铁饼	44.44米	周天华	心理系	二十八届高校运动会1990.5	北京大学
七项全能	5681分	刘波	心理系	三十五届高校运动会1996.6	清华大学

北京大学田径最好成绩

项目	成绩	姓名	单位	时间	地点
马拉松	2:38′08″	黎叶梅	法律系	十四届澳门国际马拉松赛1994.12	澳门

北京大学游泳纪录

项目		男子				女子			
		成绩	姓名	单位	时间	成绩	姓名	单位	时间
爬泳	50 米	24″16	宋士新	心理系	1987	29″96	马　佳	法律系	1998
	100 米	53″95	宋士新	心理系	1987	1′05″87	马　佳	法律系	1998
	200 实	2′04″10	宋士新	心理系	1987	2′18″15	马　佳	法律系	1998
蝶泳	50 米	27″55	宋士新	心理系	1987	31″27	杨　泳	东语系	1998
	100 米	1′02″50	宋士新	心理系	1987	1′09″90	杨　泳	东语系	1997
	200 米	2′25″50	宋士新	心理系	1987	2′33″67	杨　泳	东语系	1997
仰泳	50 米	30″16	孙巍	法律系	1998	33″35	崔康康	法律系	1998
	100 米	1′05″66	孙巍	法律系	1997	1′13″28	崔康康	法律系	1998
	200 米	2′33″13	孙巍	法律系	1998	2′42″50	崔康康	法律系	1998
蛙泳	50 米	33″13	陈涛	法律系	1998	36″05	杨东宁	经济学院	1995
	100 米	1′13″13	朱蕾	法律系	1998	1′21″04	杨东宁	经济学院	1995
	200 米	2′47″73	朱蕾	法律系	1998	2′57″28	杨东宁	经济学院	1996
混合	200 米	2′32″86	陈延	法律系	1997	2′41″54	杨东宁	经济学院	1995

学生艺术团演出及获奖情况

一、学生合唱团：

1998 年

4 月　录制《乘着歌声的翅膀》——北京大学学生合唱团百年校庆纪念 CD；

4 月　录制 MTV《送别》，后获全国音乐电视大赛银奖；

4 月底　参加中央电视台《欢聚一堂》栏目北京大学百年校庆专场晚会；

5 月 4 日　参加中央电视台、北京大学合办的《光明行》——北京大学百年校庆专场晚会；

9 月　参加北京电视台《五彩缤纷》节目录制；

11 月　在勺园多功能厅为世界大学图书馆馆长会议演出；

1999 年

1 月　在办公楼礼堂为学校党代会演出；

1 月　艺术周招新。

二、学生管弦乐团：

1998 年

4 月 26 日　北京剧院举行管乐专场音乐会。丁石孙副委员长、市领导及校领导等出席了音乐会；

4 月 26 日　北京剧院举行管乐专场音乐会。丁石孙副委员长、市领导及校领导等出席了音乐会；

5 月 4 日　上午，在人民大会堂，参加百年校庆庆典，与解放军军乐团联合吹奏（下午），北京大学图书馆新馆落成庆典吹奏；

12 月 5 日　在北京金帆音乐厅，参加市委主办的“扬帆新世纪学生百场音乐会”，举行末场演出，受到市教委表彰。

1999 年

1 月　中学生艺术周活动。

三、学生舞蹈团：

1998 年

4 月 28 日　参加中央电视台“欢聚一堂”栏目特别节目“北大人”文艺晚会；

5 月 4 日　参加中央电视台现场直播晚会“光明行”；

5 月 5 日　接待夏威夷大学艺术团并与其联欢；

6 月 20 日　专场汇报演出；

7 月 2 日　接待韩国梨花女子大学艺术团；

9 月中旬　接待德国艺术家访华团；

4 月 28 日	参加中央电视台“欢聚一堂”栏目特别节目“北大人”文艺晚会；
10 月 17 日	赴天津参加河北工业大学参加金秋文化节；
12 月 26 日	年底举办专场汇报演出；
1999 年	
1 月 27～30 日	中学生艺术周活动。

四、学生民乐团：

1998 年

4 月	校庆期间一系列接待演出；
5 月	北京大学百年校庆“光明行”文艺晚会；
9 月	全国高校校长论坛会演出(京伦饭店)；
10 月	河北工业大学艺术节演出(天津)；
10 月	华北电力大学校庆演出(昌平)；
10 月	北京轻工业学院文艺汇演；
1999 年	
11 月	北京工业大学文艺演出；
11 月	为北京服装学院一患癌症学生义演；
1 月	校党代会文艺演出。
1 月	中学生艺术周活动。

研究生教育

【概况】 1978 年北京大学恢复研究生招生后，学校成立研究生处，具体负责研究生教育管理工作。1984 年 8 月教育部《关于在北京大学等二十二所高等院校试办研究生院的通知》下达后，于同年 10 月成立研究生院。自 1978 年至 1998 年北京大学招收研究生 21309 人。1998 年北京大学年招生人数达到 2191 人，包括留学生及港澳台生 185 人。在校生总人数达到 6108 人，硕士生 4463 人，博士生 1645 人，其中包括港澳台生 649 人。北京大学的年招生人数和在校生总人数都在全国高校中名列前茅。北京大学是 1981 年国务院学位委员会批准的首批博士学位、硕士学位授予单位。截止 1998 年有硕士学位授予权专业 138 个，专业硕士学位 2 个，博士学位授予权专业 124 个，按一级学科授权的博士点 16 个。1998 年在岗的博士生指导教师 623 人。北京大学的学位授权点和博士生指导教师数都居全国高校之首。截止 1998 年授予学位 12823 人，博士学位 1702 人，硕士学位 11121 人，其中包括以同等学力在职申请博士学位 44 人，硕士学位 657 人。为努力推进研究生教育的改革与发展，不断提高研究生教育质量，研究生招生在贯彻德、智、体全面衡量，择优录取，确保质量，宁缺毋滥的原则下，采取了免试推荐、单独考试、硕士生提前攻博、硕博连读、直攻博，以及定向、委培、在职学习、自筹经费等多种方式、多种渠道吸引优秀人才攻读博士、硕士学位的办法，并积极开展和做好在职人员以同等学力申请学位和研究生课程进修班的工作。在研究生培养上，研究生院多次对培养方案进行全面修订，并适当调整专业方向。在保持“宽口径、厚基础”优势的同时，强调对专业前沿的新知识、新技术、新理论和前沿发展趋势的反映和要求。在教学和学科建设中，不断改进教学内容，加强课程建设，认真遴选指导教师，并提倡建立博士生指导小组，努力培养研究生的创新能力，培育更多优秀论文，积极开展学位与研究生教育质量评估。研究生院还不定期召开工作研讨会，进行工作经验的总结和交流，提高教育管理的水平。由于北京大学培养的研究生理论基础雄厚，外语水平高，有后劲，具有较强的分析问题和解决问题的能力，能够胜任教学科研等工作，不少人已成为所在单位的业务骨干和学术带头人。1991 年国家教委和国务院学位委员会表彰在工作中做出突出贡献的中国博士、硕士学位获得者，北京大学有 29 人获此荣誉。1998 年北大参加首次全国优秀博士学位论文推选工作，共推荐 59 篇优秀博士学位论文，最后筛选出 20 篇参加全国评优，有 7 篇获得全国优秀博士学位论文奖。在 1998 年百年校庆时，研究生院编写的《如歌岁月》一书，又以燕园学子访谈的形式报导了 57 名毕业的博士生、硕士生的先进事迹。正如陈佳洱校长在这本书的序言中所写的那样：“从 1978 年起，北大研究生教育生机勃发，经过最近 20 年的苦心经营，已经形成了较完善的体系，出现了学科门类较齐全、师资力量雄厚、管理严密、规模适度的新局面，培养了一大批高级专门人才”。

（魏志义）

【招生工作】 1998 年研究生院进

一步加强了招生宣传工作。组织了有关院(系、所、中心)分四路到外地各大学进行招生的宣传和咨询,动员优秀毕业生报考北大。1998年报考北大硕士研究生人数为5660人(包括留学生和港澳台考生225人),录取1612人,报考与录取的比例为3.5:1;报考博士生人数为1484人(包括留学生和港澳台考生165人),录取597人,报考与录取的比例为2.5:1。1998年的考生人数居历年之首,生源质量也有所提高。招生的层次和类型有硕士生、博士生、计划内招生、计划外招生、定向招生、委托培养、硕士专业学位、在职兼读、港澳台生、外国留学生、异地办班、免试推荐、统考生、单考生等。在吸引优秀生源方面采取的主要措施是:(1)积极向教育部争取招收推荐免试生的名额。在保证本校优秀生源不外流的同时,加大接受外校推荐免试生的比例。(2)在过去试点的基础上,继续扩大招收本、硕连读和硕、博连读生的数量。(3)对博士生招生试行一年2次招生办法。(4)优化调整硕士生的考试科目,改变原来按专业方向命题的做法,实施按专业命题的办法。也可按一级学科命题,适当照顾招生专业。招生试题从原有的400多种减少到290多种。这一改变,扩大了生源面,保证了录取的学生有更加宽厚的专业基础和综合素质。(5)在招生中尽量保证重点学科、中青年学术骨干、重大科研课题组,以及北大重点扶持发展的新兴学科、交叉学科招生的名额。另外,还办了政治、外语考前辅导班。对在职人员攻读MBA和法律专业学位硕士生的推荐、报名、考前复习、考试、录取等也做了大量工作,并通过考前辅导,使北大MBA联考成绩比上一年有了显著提高。招生工作存在的问题是:学校的客观条件不允许再扩大招生规模,但各院系仍要求增加招生名额。过分限制研究生特别是博士生的招生人数对北大科研任务的完成可能产生不利影响。与此密切相关的是,在硕士生与博士生、文科与理科、社会需求与办学能力诸方面存在着严重的比例失调。另外,研究生招生处在国际竞争的大环境下,竞争能力不强,生源质量不甚理想。因此提出适当压缩那些社会需求不旺或师资力量较弱、培养质量不高的专业或教师招生。1998年5月,硕士研究生招生院系两级计算机网络管理招生子系统正式启动。9月,招生专业目录在国际互联网上公布。1999年度博士生报考开始使用机读卡。管理手段的改进,极大地提高了工作效率。1998年,根据教育部学生司在招生工作研讨会上提出的关于研究生教育实行收费制改革试点意见,起草了《北京大学关于研究生教育实行收费制改革试点报告(草案)》,在报告中对北大研究生教育的现状及存在的问题进行了分析,对收费制改革的意义和试点的原则进行了阐述,提出了实行收费制改革试点方案的要点。

(魏志义)

【培养工作】 1998年研究生院围绕着如何提高研究生,特别是博士研究生的培养质量问题,在进行调查研究和总结经验的基础上,对研究生培养过程的各个主要环节进一步加强了管理。在教务工作中,加强了教学情况检查,尤其是对新学期的开课情况和期末考试的检查。1998年全校研究生政治、外语和计算机公共课开班160多个。聘请了4名外教教授博士生一外英语。办理外单位人员旁听研究生课程200多人次。在学籍管理方面,1998年入学注册硕士研究生1574人,博士研究生566人。办理硕士、博士毕业研究生离校1348人。办理延长学习年限、提前毕业、休(停)退学、转专业转系转学等学籍异动537人次。办理研究生公派到国外联合培养、短期进修、出席国际会议等107人次。办理毕业研究生自费出国留学或工作240人。重新修订了《北京大学研究生学籍管理实施细则》,对研究生提前或延长学习年限的,可由各院(系、所、中心)审批,报研究生院备案。去掉了原规定中关于博士生在延长学习年限内"不发给普通奖学金、不安排住房、不给办理自费出国留学手续"的条文。1998年延长学习年限的博士生115人次。放宽了转系转专业的限制。针对计划外研究生大量延长学习年限的状况,制定了《关于计划外招收研究生延长学习年限的收费规定》。依据国家有关公民出国(境)的有关政策,制定了《北京大学研究生院关于研究生假期出国(境)探亲和旅游的规定》。在培养工作中,尊重培养规律,进一步优化培养方案,加强课程建设。对博士研究生的培养,一是采取有效措施鼓励并及时吸收优秀在读硕士生攻读博士学位,直接攻博和硕、博连读的博士生人数有所增加,某些博士点专业提出或考虑只招收直接攻博学生的办法。二是强化培养过程的科学管理,包括课程学习、学科综合考试、学位论文开题报告、预答辩、答辩等一系列重要步骤和环节。课程学习和学科综合考试起到了加强基础、拓宽知识面的作用;学位论文开题报告则有利于学生把握本学科发展前沿,正确选择最有价值的研究课题;预答辩不仅为导师小组严格评判论文成果的优劣提供了机会,而且使学生明确了努力方向;论文的正式答辩则是最后一关。这些环节构成了一个有机的整体,有力地保证了博士学位的授予质量。三是强调成立博士生指导小组,使博士生能具有更广博的基础,更具有创新精神和创新能力,更能适应交叉学科、新兴学科的发展。由一个导师群体参与对学生的指导,可以使博士生博采众长，受到多方面的训练和启迪。博士生指导小组由导师任组长，具体负责制定个人培养计划，安排课程学习，学科综合考试，论文的选题、审核和评审。到1998年，北大博士生都成立了以导师为首的指导小组。针对博士生指导教师队伍正处在新老交替阶段的实际情况，成立博士生指导小组，吸收一些尚未取得博导身份的优秀年青教师参与工作，对导师队伍的建设具有重要意义。因此，在征得导师同意的情况下，可考虑以导师指导小组的名义招生。针对每年论文审查和答辩时间过于集中，难以确保论文质量不受影响，提出了培养博士生的“两阶段方案”设想，考虑可在某些文科和个别理科专业试行。这个“两阶段方案”是：修满学分并通过综合考试之后发给学生博士研究生课程结业证书，允许学生离校，是为第一阶段；在此后的一年内提交学位论文开题报告，在二至三年之内完成论文预答辩和答辩，发给毕业证书和学位证书，为第二阶段。

（魏志义）

【学位授予】　1998年共授予博士学位325人、硕士学位1213人，是授予学位最多的一年。在所授学位中，包括以同等学力在职申请博士学位6人、硕士学位216人，也是最多的一年。以同等学力在职申请学位，是多渠道培养人才的一种途径。为加强对在职人员以同等学力申请学位的管理，1998年国务院学位委员会下发了关于授予具有研究生毕业同等学力人员硕士、博士学位的规定。根据文件的精神，制定了《北京大学关于授予具有研究生毕业同等学力人员硕士学位的暂行办法》和《北京大学关于授予具有研究生毕业同等学力人员博士学位的暂行办法》。截止到1998年，已授予以同等学力在职申请学位701人，其中硕士学位657人、博士学位44人。1998年到北大申请硕士学位的人员452人。另外，1998年的一项重要工作，是配合国家机关人事制度的改革和大批国家机关工作人员的“带职分流”，承担国务院各部门机构改革中分流人员的学习与培训。分流到北大的人员一部分是攻读硕士专业学位，一部分是参加研究生课程进修班的学习。下达给北大的“带职分流”培训任务中，有研究生课程进修班645人，工商管理专业硕士生100人，法律专业硕士生80人，共计825人。这次任务关系到国家全局，不容讨价还价，必须无条件地完成任务。1998年6月初至7月底，根据国务院学位委员会、教育部关于《开展全国优秀博士学位论文评选工作的通知》，开展了参加首次全国优秀博士学位论文的推选工作。各院（系、所、中心）对1995—1997年度的博士学位论文进行了认真的审查和遴选，北大1995年—1997年度共授予博士学位683人，其中理科398人，文科285人。共推荐59份优秀博士学位论文（其中理科33份、文科26份）。在此基础上，学校组成专家组，对各单位上报的博士学位论文又进行了严格评审，最后筛选出20份（文、理科各10份）上报参加全国优秀博士学位论文的评选，其中7篇被评为全国优秀博士学位论文。从北大评选的优秀论文来看，其共同的特点就是具有创造性，其中不少科研成果达到了本学科领域的国际先进水平。这次评优以推选北大优秀博士学位论文参加全国评选为动力，进一步推动了北大研究生尤其是博士生培养质量和科研水平的提高。并以此为契机，促进了把研究生工作的重点切实转移到提高质量上来，并逐步建立起有效的质量监督和激励机制。

（魏志义）

【教学和学科建设】　教学和学科建设是研究生培养工作中的重要环节。在研究生教学中，首先是改进马克思主义理论课的教学，使学生树立起正确的政治方向。在业务上强调“宽口径、厚基础”，重视交叉学科和学科前沿领域的研究，使学生打好专业基础，拓宽知识领域，并具有较强的动手能力。不断对培养方案进行修订，对专业方向进行及时调整。包括课程设置、教学计划的修订以及指导教师的配置。在教学内容更新时，特别注意适应科学研究的跨学科、多学科，实行不同学科交叉开课、跨学科联合培养。强调在教学中要反映专业前沿的新知识、新技术、新理论和发展趋势，要把当代科学技术的最新成果及时地进行收集、整理，形成课程，传授给学生，保持课程内容的先进性。在导师队伍的建设中，制定了《北京大学关于遴选博士生指导教师的试行办法》，每年遴选一批优秀的教师担任博士生指导教师。在课程建设中，根据《北京大学关于进一步推进课程建设的决定》，连续几年进行了课程的立项建设工作。对博士点、硕士点进行了合格评估，按照新的学科专业目录进行了对应调整，新增加了一批博士点、硕士点和一级学科授权点。

（魏志义）

【遴选博士生导师】　1998年，根据《北京大学关于遴选博士生指导教师的试行办法》，进行了博士生指导教师的遴选工作。高标准地遴选那些思想素质好、学术水平高、治学严谨，而且有适于作为研究生科研课题的在研项目的教师上岗指导研究生，是遴选导师的指导思想。1998年共遴选博导138人。在这批博导中，年龄在45岁以下的55人，占40%。具有博士学位的57人，占41%。博导队伍的年龄结构和学位结构得到了进一步的改善。近几年来，由于学科专业目录的调整和教学、科研工作的发展变化，有些博导需转到其它专业招收博士生。为此，经校学位评定委员会讨论通过，下发了校发[1998]38号文《关于博士生导师转专业招收博士生审批程序的通知》，1998年按此审批程序转专业招生的博导有26人。导师队伍建设中存在的问题是：年龄结构不够合理，对博导缺乏考核机制，只评上，不评下，这种情况应有所改变。

(魏志义)

【课程建设】 根据《北京大学关于进一步推进课程建设的决定》，学校从1996年起，连续4年每年投入40万元，专款资助研究生课程立项建设。1996年启动建设的研究生课程共63门，1997年共102门。按照规定，1996年启动的课程建设项目，应在1998年底前完成，并提交项目成果报告；1997年启动的课程建设项目应在1998年底就立项后所做的工作，取得的进展和成果，以及下阶段的工作计划提交中期报告。1999年初，收到结项报告53份(理科26份、文科27份)，因故项目推延报告2份(文、理科各一份)。中期报告93份(理科46份、文科47份)。从所反映的整体情况来看，研究生课程建设促进了研究生课程体系的改革和课程内容的更新，促进了教学方式与教学手段的改革，促进了教学与科研的有机结合，取得了显著的成效。1998年全校各单位申报立项的研究生课程112门(理科49项、文科63项)，经评审，确定了100门为1998年度研究生课程建设启动项目(理科45项、文科55项)。资助经费理科、文科分别为20万元。已拨付经费的60%至各项目的负责人，余下的40%将待到中期检查通过后再拨给。

(魏志义)

【增列博士点、硕士点】 1998年6月国务院学位委员会公布了1997年第七批增列博士点、硕士点的审批结果。北大上报的12个一级学科，全部获准取得一级学科授权。这12个一级学科是哲学、理论经济学、应用经济学、中国语言文学、历史学、物理学、地理学、大气科学、地球物理学、地质学、生物学、信息与通信工程。此外还新增博士点6个，即：核技术及应用、人类学、情报学、亚非语言文学、西班牙语言文学、教育经济与管理。新增硕士点9个，即：应用心理学、产业经济学、会计学、国际关系、外交学、传播学、人类学、社会保障、艺术学。同时，国务院学位委员会还批准了北大按国务院学位委员会1997年新公布的专业目录对原有学位授权点进行对应调整的报告。按照新的专业目录，北大有16个一级学科有学位授予权(这16个一级学科包括了91个专业)，此外还有33个博士点，14个硕士点，以及工商管理硕士和法律硕士两个专业硕士学位点。这样北大共有124个博士点，138个硕士点和2个专业硕士点。北大可根据学科发展的需要，自行决定招生、培养和授予学位。在16个有学位授予权的一级学科中，有30个专业原不是博士点，为确保北大博士生的培养质量，这些点在开始招收博士生时，需先经学校审批后才能招生。为此，经校学位评定委员会讨论通过，下发了校发[1998]39号文《关于具有博士学位授予权的一级学科中原不是博士点但拟招收博士生的审批程序的通知》。1998年，按该文件规定的程序，学校批准了6个专业于1999年开始招生。这6个专业是：区域经济学、金融学、地球化学、工程力学、计算机系统结构、信号与信息处理。

(魏志义)

·附　录·

1998年研究生课程建设项目表(理科)

序号	单位	课程名称	主持人
1	数学科学学院	组合数学	徐明曜
2	数学科学学院	图像处理的数学方法	姜　明
3	数学科学学院	有限元Ⅱ	王　鸣
4	数学科学学院	统计数据处理	郑忠国
5	数学科学学院	同调论	姜伯驹
6	力学与工程科学系	非线性动力学	黄永念
7	力学与工程科学系	线性系统与多变量控制	叶庆凯
8	力学与工程科学系	工程中的粘性流动	颜大椿
9	力学与工程科学系	计算力学概论	武际可
10	技术物理系	量子化学与分子光谱	王德民

序号	单位	课程名称	主持人
11	技术物理系	核磁共振成像学	俎栋林
12	技术物理系	配位化学	王祥云
13	技术物理系	带电粒子束光学	吕建钦
14	地球物理系	天体物理方法	张华伟
15	地球物理系	等离子体物理学	濮祖荫
16	电子学系	通信系统仿真	郑大春
17	电子学系	通信网原理	何英姿
18	电子学系	扫描探针显微学	侯士敏
19	化学与分子工程学院	波谱学原理与技术	陈月华
20	化学与分子工程学院	量子化学导论	黎乐民
21	化学与分子工程学院	功能高分子化学	李福绵
22	生命科学学院	植物发育生物学	崔克明
23	生命科学学院	植物发育的分子生物学	白书农
24	生命科学学院	微生物发酵工程	罗大珍
25	生命科学学院	心肌细胞电心理学	刘泰樵
26	生命科学学院	微生物遗传学	薛友坊
27	生命科学学院	蛋白质化学	茹炳根
28	生命科学学院	细胞分子生物学	翟中和
29	生命科学学院	化学生态学	闫凤鸣
30	生命科学学院	保护生物学	潘文石
31	城市与环境学系	自然环境研究与管理	许学工
32	城市与环境学系	城市、区域与国土规划	吕　斌
33	城市与环境学系	混杂沉积相概论	崔之久
34	城市与环境学系	中国古代地理学源流	于希贤
35	城市与环境学系	第四纪基本理论与问题	夏正楷
36	城市与环境学系	城市生态学	李迪华
37	地质学系	交代作用与成矿	艾永富
38	地质学系	地球化学热力学基础	曾贻善
39	地质学系	高等大地构造学	李茂松
40	地质学系	岩石学进展	魏春景
41	地质学系	结构矿物学	郑　辙
42	心理学系	认知心理学专题	王　甦
43	信息科学中心	计算机视觉	石青云
44	电镜室	扫描电子显微镜的X射线显微分析	陈文雄
45	环境科学中心	环境数据处理	邵可声

(魏志义)

1998年研究生课程建设项目表(文科)

序号	单位	课程名称	主持人
1	中国语言文学系	中国现代诗学研究	孙玉石
2	中国语言文学系	战国文字概论	李家浩
3	中国语言文学系	马克思主义文艺理论发展史	董学文
4	中国语言文学系	文心雕龙研究	张少康
5	中国语言文学系	语义理论研究	叶文曦
6	中国语言文学系	对外汉语教授法	陆俭明

序号	单位	课程名称	主持人
7	历史学系	欧美现代史研究	徐天新
8	历史学系	拉丁语	彭小瑜
9	历史学系	中国现代军事史	徐　勇
10	历史学系	转型社会中的农村与农民问题研究	王红生
11	历史学系	中国古代经济史研究	郭润涛
12	历史学系	中国近代文化思想史研究	房德邻
13	考古系	旧石器时代考古研究	黄蕴平
14	哲学系	科学史名著选读	孙永平
15	哲学系	西方近代哲学原著选读	尚新建
16	哲学系	道教史料学	王宗昱
17	国际关系学院	世界政治理论	潘　维
18	国际关系学院	当代西方社会结构与政党政治研究	林勋建
19	国际关系学院	中东经济	安维华
20	经济学院	当代西方经济思潮评介	王志伟
21	经济学院	高级微观经济学	刘文忻
22	光华管理学院	市场营销	涂　平
23	光华管理学院	会计学	黄慧馨
24	光华管理学院	产业组织理论	张维迎
25	光华管理学院	证券投资学	刘　力
26	信息管理系	信息资源管理专论	岳剑波
27	信息管理系	情报学基本理论问题研讨	秦铁辉
28	社会学系	经济发展与社会分层	林　彬
29	社会学系	数据分析技术	刘德良
30	社会学所	比较社会学	麻国庆
31	社会学所	符号人类学	高丙中
32	政治学与行政管理系	公共政策分析	陈庆云
33	政治学与行政管理系	政治哲学专题研究	李　强
34	政治学与行政管理系	中国现代政治思想专题研究	江荣海
35	东方学系	古代西亚的艺术与建筑	拱玉书
36	东方学系	伊克巴尔及其诗歌研究	刘曙雄
37	东方学系	东南亚历史与现状研究	李　谋
38	东方学系	高级汉阿翻译教程	张甲民
39	东方学系	朝鲜(韩国)古代文学专题研究	李先汉
40	东方学系	日本作家与作品专题研究	李　强
41	东方学系	日本文化史	刘金才
42	西语系	德语文学概论	谷　裕
43	西语系	拉美魔幻现实主义	段若川
44	西语系	符号学选读	王东亮
45	俄语系	俄语话语语法	李　玮
46	俄语系	中俄比较文学	查晓燕
47	俄语系	俄罗斯学导论	李明滨
48	英语系	《圣经》文学阐释	刘意青
49	马克思主义学院	社会主义建设与改革专题研究	刘志光
50	马克思主义学院	思想政治教育方法论研究	祖嘉合
51	马克思主义学院	马克思主义哲学原著专题研究	林　娅

序号	单位	课程名称	主持人
52	科学与社会研究中心	科学、技术与社会	孙小礼
53	汉语中心	对外汉语教学理论与实践	赵燕皎
54	汉语中心	对外汉语教学语法研究	李晓琪
55	研究生院	研究生法语(二外)	研　院

(魏志义)

北京大学有博士、硕士学位授予权的学科专业目录

01　哲　学

★0101　哲学
1　＊010101　马克思主义哲学
2　＊010102　中国哲学
3　＊010103　外国哲学
4　＊010104　逻辑学
5　＊010105　伦理学
6　＊010106　美学
7　＊010107　宗教学
8　＊010108　科学技术哲学

02　经济学

★0201　理论经济学
9　＊020101　政治经济学
10　＊020102　经济思想史
11　＊020103　经济史
12　＊020104　西方经济学
13　＊020105　世界经济
14　＊020106　人口、资源与环境经济学
★0202　应用经济学
15　＊020201　国民经济学
16　＊020202　区域经济学
17　＊020203　财政学(含:税收学)
18　＊020204　金融学(含:保险学)
19　＊020205　产业经济学
20　＊020206　国际贸易学
21　＊020207　劳动经济学
22　＊020208　统计学
23　＊020209　数量经济学
24　＊020210　国防经济

03　法　学

0301　法学
25　＊030101　法学理论
26　＊030102　法律史
27　＊030103　宪法学与行政法学
0301　法学
28　＊030104　刑法学
29　030105　民商法学(含:劳动法学、社会保障法学)
30　030106　诉讼法学
31　＊030107　经济法学
32　＊030108　环境与资源保护法学
33　＊030109　国际法学(含:国际公法、国际私法、国际经济法)
0302　政治学
34　＊030201　政治学理论
35　＊030203　科学社会主义与国际共产主义运动
36　030204　中共党史(含:党的学说与党的建设)
37　030205　马克思主义理论与思想政治教育
38　＊030206　国际政治
39　030207　国际关系
40　030208　外交学
0303　社会学
41　＊030301　社会学
42　＊030302　人口学
43　＊030303　人类学

04　教育学

0401　教育学
44　＊040106　高等教育学
0402　心理学
45　＊040201　基础心理学
46　040203　应用心理学

05　文　学

★0501　中国语言文学
47　＊050101　文艺学
48　＊050102　语言学及应用语言学

	★0501	中国语言文学
49	*050103	汉语言文字学
50	*050104	中国古典文献学
51	*050105	中国古代文学
52	*050106	中国现当代文学
53	*050107	中国少数民族语言文学
54	*050108	比较文学与世界文学
	0502	外国语言文学
55	*050201	英语语言文学
56	*050202	俄语语言文学
57	*050203	法语语言文学
58	*050204	德语语言文学
59	*050205	日语语言文学
60	*050206	印度语言文学
61	*050207	西班牙语语言文学
62	*050208	阿拉伯语语言文学
63	*050210	亚非语言文学
	0503	新闻传播学
64	050302	传播学
	0504	艺术学
65	050401	艺术学

06 历史学

	★0601	历史学
66	*060101	史学理论及史学史
67	*060102	考古学及博物馆学
68	*060103	历史地理学
69	*060104	历史文献学(含:敦煌学、古文字学)
70	*060105	专门史
71	*060106	中国古代史
72	*060107	中国近现代史
73	*060108	世界史

07 理 学

	★0701	数学
74	*070101	基础数学
75	*070102	计算数学
76	*070103	概率论与数理统计
77	*070104	应用数学
78	*070105	运筹学与控制论
	★0702	物理学
79	*070201	理论物理
80	*070202	粒子物理与原子核物理
81	*070203	原子与分子物理
82	*070204	等离子体物理
83	*070205	凝聚态物理
84	*070206	声学
85	*070207	光学
86	*070208	无线电物理
	★0701	数学
	★0703	化学
87	*070301	无机化学
88	*070302	分析化学
89	*070303	有机化学
90	*070304	物理化学(含:化学物理)
91	*070305	高分子化学与物理
	0704	天文学
92	*070401	天体物理
	★0705	地理学
93	*070501	自然地理学
94	*070502	人文地理学
95	*070503	地图学与地理信息系统
	★0706	大气科学
96	*070601	气象学
97	*070602	大气物理学与大气环境
	★0708	地球物理学
98	*070801	固体地球物理学
99	*070802	空间物理学
	★0709	地质学
100	*070901	矿物学、岩石学、矿床学
101	*070902	地球化学
102	*070903	古生物学与地层学(含:古人类学)
103	*070904	构造地质学
104	*070905	第四纪地质学
	★0710	生物学
105	*071001	植物学
106	*071002	动物学
107	*071003	生理学
108	*071004	水生生物学
109	*071005	微生物学
110	*071006	神经生物学
111	*071007	遗传学
112	*071008	发育生物学
113	*071009	细胞生物学
114	*071010	生物化学与分子生物学
115	*071011	生物物理学
116	*071012	生态学
	0712	科学技术史(分学科,可授理学、工学、农学、医学学位)
117	0712	科学技术史

08 工 学

	★080	力学(可授工学、理学学位)
118	*080101	一般力学与力学基础
119	*080102	固体力学
120	*080103	流体力学
121	*080104	工程力学

	★080	力学(可授工学、理学学位)
	0809	电子科学与技术(可授工学、理学学位)
122	＊080901	物理电子学
123	＊080903	微电子学与固体电子学
	★0810	信息与通信工程
124	＊081001	通信与信息系统
125	＊081002	信号与信息处理
	★0812	计算机科学与技术(可授工学、理学学位)
126	＊081201	计算机系统结构
127	＊081202	计算机软件与理论
128	＊081203	计算机应用技术
	0827	核科学与技术
129	＊082703	核技术及应用
	0830	环境科学与工程(可授工学、理学、农学学位)
130	＊083001	环境科学
	12	**管理学**
	1201	管理科学与工程(可授管理学、工学学位)
131	1201	管理科学与工程
	1202	工商管理
132	120201	会计学
133	＊120202	企业管理(含:财务管理、市场营销、人力资源管理)
	1204	公共管理
134	120401	行政管理
135	＊120403	教育经济与管理(可授管理学、教育学学位)
136	120404	社会保障
	1205	图书馆、情报与档案管理
137	＊120501	图书馆学
138	＊120502	情报学
139		工商管理硕士
140		法律硕士

说明:截止 1998 年北京大学共有 16 个一级学科有博士学位授予权(即学科专业目录中标有★的一级学科);有 124 个博士学位授权点(即学科专业目录中标有＊的专业,这些专业同时有硕士学位授予权);有 138 个硕士学位授权点和 2 个专业硕士点。

(魏志义)

1998 年在岗博士生指导教师名单

学科	专业	姓名
哲学	马克思主义哲学	赵光武
哲学	马克思主义哲学	宋一秀
哲学	马克思主义哲学	施德福
哲学	马克思主义哲学	赵家祥
哲学	马克思主义哲学	张文儒
哲学	马克思主义哲学	陈志尚
哲学	马克思主义哲学	李士坤
哲学	马克思主义哲学	魏英敏
哲学	马克思主义哲学	张翼星
哲学	马克思主义哲学	丰子义
哲学	马克思主义哲学	王　东
哲学	马克思主义哲学	曹玉文
哲学	中国哲学	汤一介
哲学	中国哲学	朱伯崑
哲学	中国哲学	楼宇烈
哲学	中国哲学	陈　来
哲学	中国哲学	许抗生
哲学	中国哲学	魏常海
哲学	外国哲学	张世英
哲学	外国哲学	陈启伟
哲学	外国哲学	杨　适
哲学	外国哲学	赵敦华
哲学	外国哲学	万俊人
哲学	外国哲学	靳希平
哲学	逻辑学	刘壮虎
哲学	美学	叶　朗
哲学	美学	闫国忠
哲学	科学技术哲学	＊龚育之
哲学	科学技术哲学	孙小礼
哲学	科学技术哲学	＊何祚庥
哲学	科学技术哲学	马名驹
哲学	科学技术哲学	傅世侠
哲学	科学技术哲学	任定成
理论经济学	政治经济学	吴树青
理论经济学	政治经济学	张友仁
理论经济学	政治经济学	刘方棫

学科	专业	姓名
理论经济学	政治经济学	傅骊元
理论经济学	政治经济学	刘　伟
理论经济学	政治经济学	陈德华
理论经济学	政治经济学	钱淦荣
理论经济学	政治经济学	徐雅民
理论经济学	政治经济学	睢国余
理论经济学	经济思想史	赵　靖
理论经济学	经济思想史	石世奇
理论经济学	经济思想史	晏智杰
理论经济学	经济思想史	郑学益
理论经济学	经济史	陈振汉
理论经济学	经济史	*林毅夫
理论经济学	西方经济学	胡代光
理论经济学	西方经济学	*易　纲
理论经济学	西方经济学	宋国卿
理论经济学	西方经济学	刘文忻
理论经济学	世界经济	张康琴
理论经济学	世界经济	张德修
理论经济学	世界经济	巫宁耕
理论经济学	世界经济	海　闻
理论经济学	世界经济	肖　琛
应用经济学	国民经济学	厉以宁
应用经济学	国民经济学	闵庆全
应用经济学	国民经济学	高程德
应用经济学	国民经济学	陈良焜
应用经济学	国民经济学	*高尚全
应用经济学	国民经济学	*王梦奎
应用经济学	国民经济学	秦宛顺
应用经济学	国民经济学	胡健颖
应用经济学	区域经济学	刘昌明
应用经济学	区域经济学	杨开忠
应用经济学	金融学	肖灼基
应用经济学	金融学	曹凤岐
应用经济学	金融学	李庆云
应用经济学	金融学	孙祁祥
应用经济学	金融学	胡　坚
应用经济学	金融学	刘　力
应用经济学	产业经济学	张维迎
应用经济学	产业经济学	朱善利
法学	法学理论	沈宗灵
法学	法学理论	赵震江
法学	法学理论	周旺生
法学	法学理论	罗玉中
法学	法学理论	朱苏力
法学	法律史	饶鑫贤
法学	法律史	王　哲
法学	法律史	*武树臣
法学	法律史	李贵连
法学	宪法学与行政法学	肖蔚云
法学	宪法学与行政法学	*罗豪才
法学	宪法学与行政法学	姜明安
法学	宪法学与行政法学	郑胜利
法学	刑法学	杨春洗
法学	刑法学	储槐植
法学	刑法学	张　文
法学	刑法学	陈兴良
法学	刑法学	刘守芬
法学	经济法学	贾俊玲
法学	经济法学	盛杰民
法学	经济法学	刘瑞复
法学	环境与资源保护法学	金瑞林
法学	环境与资源保护法学	魏振瀛
法学	环境与资源保护法学	朱启超
法学	国际法学	王铁崖
法学	国际法学	芮　沐
法学	国际法学	赵理海
法学	国际法学	邵　津
法学	国际法学	杨紫烜
法学	国际法学	龚刃韧
法学	国际法学	吴志攀
法学	国际法学	饶戈平
政治学	政治学理论	#赵宝煦
政治学	政治学理论	李景鹏
政治学	政治学理论	宁　骚
政治学	政治学理论	萧超然
政治学	政治学理论	丁则勤
政治学	政治学理论	谢庆奎
政治学	科学社会主义与国际共产主义运动	曹长盛
政治学	科学社会主义与国际共产主义运动	梁　柱
政治学	科学社会主义与国际共产主义运动	钟哲明
政治学	科学社会主义与国际共产主义运动	黄宗良

学科	专业	姓名
政治学	科学社会主义与国际共产主义运动	闫志民
政治学	科学社会主义与国际共产主义运动	林代昭
政治学	科学社会主义与国际共产主义运动	*沙健孙
政治学	科学社会主义与国际共产主义运动	林勋建
政治学	科学社会主义与国际共产主义运动	潘国华
政治学	科学社会主义与国际共产主义运动	薛汉伟
政治学	科学社会主义与国际共产主义运动	智效和
政治学	国际政治	#赵宝煦
政治学	国际政治	梁守德
政治学	国际政治	方连庆
政治学	国际政治	陆庭恩
政治学	国际政治	陈峰君
政治学	国际政治	袁　明
政治学	国际政治	林良光
政治学	国际政治	王　杰
政治学	国际政治	龚文庠
政治学	国际政治	刘金质
政治学	国际政治	叶自成
社会学	社会学	*费孝通
社会学	社会学	*雷洁琼
社会学	社会学	马　戎
社会学	社会学	王思斌
社会学	社会学	卢淑华
社会学	社会学	郭崇德
社会学	社会学	刘世定
社会学	社会学	杨善华
社会学	人口学	袁　方
社会学	人口学	张纯元
社会学	人口学	曾　毅
社会学	人口学	郑晓瑛
社会学	人类学	周　星
教育学	高等教育学	汪永铨
教育学	高等教育学	喻岳青
心理学	基础心理学	陈仲庚
心理学	基础心理学	王　甦
心理学	基础心理学	朱　滢
心理学	基础心理学	沈　政
心理学	基础心理学	钱铭怡
心理学	基础心理学	王登峰
心理学	基础心理学	肖　健
中国语言文学	文艺学	陈熙中
中国语言文学	文艺学	王岳川
中国语言文学	文艺学	刘　烜
中国语言文学	文艺学	董学文
中国语言文学	文艺学	李思孝
中国语言文学	语言学及应用语言学	林　焘
中国语言文学	语言学及应用语言学	徐通锵
中国语言文学	语言学及应用语言学	沈　炯
中国语言文学	语言学及应用语言学	王洪君
中国语言文学	汉语言文字学	陆俭明
中国语言文学	汉语言文字学	郭锡良
中国语言文学	汉语言文字学	蒋绍愚
中国语言文学	汉语言文字学	王福堂
中国语言文学	汉语言文字学	何九盈
中国语言文学	汉语言文字学	符淮青
中国语言文学	汉语言文字学	张双棣
中国语言文学	汉语言文字学	李家浩
中国语言文学	中国古典文献学	裘锡圭
中国语言文学	中国古典文献学	*金开诚
中国语言文学	中国古典文献学	孙钦善
中国语言文学	中国古典文献学	倪其心
中国语言文学	中国古典文献学	安平秋
中国语言文学	中国古典文献学	李　零
中国语言文学	中国古典文献学	杨　忠
中国语言文学	中国古代文学	林　庚
中国语言文学	中国古代文学	袁行霈
中国语言文学	中国古代文学	陈贻焮
中国语言文学	中国古代文学	褚斌杰
中国语言文学	中国古代文学	孙　静
中国语言文学	中国古代文学	张少康
中国语言文学	中国古代文学	葛晓音
中国语言文学	中国古代文学	周　强
中国语言文学	中国古代文学	费振刚
中国语言文学	中国古代文学	周先慎
中国语言文学	中国古代文学	夏晓虹
中国语言文学	中国古代文学	钱志熙
中国语言文学	中国现当代文学	严家炎
中国语言文学	中国现当代文学	谢　冕
中国语言文学	中国现当代文学	孙玉石
中国语言文学	中国现当代文学	洪子诚
中国语言文学	中国现当代文学	钱理群
中国语言文学	中国现当代文学	温儒敏
中国语言文学	中国现当代文学	陈平原

学科	专业	姓名
中国语言文学	中国现当代文学	曹文轩
中国语言文学	比较文学与世界文学	乐黛云
中国语言文学	比较文学与世界文学	严绍璗
中国语言文学	比较文学与世界文学	孟　华
外国语言文学	英语语言文学	胡壮麟
外国语言文学	英语语言文学	陶　洁
外国语言文学	英语语言文学	申　丹
外国语言文学	英语语言文学	王逢鑫
外国语言文学	英语语言文学	胡家峦
外国语言文学	英语语言文学	刘意青
外国语言文学	俄语语言文学	彭克巽
外国语言文学	俄语语言文学	吴贻翼
外国语言文学	俄语语言文学	李明滨
外国语言文学	俄语语言文学	李毓榛
外国语言文学	俄语语言文学	陈君华
外国语言文学	俄语语言文学	任光宣
外国语言文学	俄语语言文学	李国辰
外国语言文学	法语语言文学	陈占元
外国语言文学	法语语言文学	桂裕芳
外国语言文学	法语语言文学	王文融
外国语言文学	法语语言文学	张冠尧
外国语言文学	法语语言文学	罗　芃
外国语言文学	法语语言文学	王庭荣
外国语言文学	德语语言文学	杨业治
外国语言文学	德语语言文学	张玉书
外国语言文学	德语语言文学	范大灿
外国语言文学	德语语言文学	孙凤城
外国语言文学	日语语言文学	潘金生
外国语言文学	日语语言文学	徐昌华
外国语言文学	日语语言文学	顾海根
外国语言文学	印度语言文学	季羡林
外国语言文学	印度语言文学	刘安武
外国语言文学	印度语言文学	王邦维
外国语言文学	西班牙语语言文学	赵德明
外国语言文学	西班牙语语言文学	段若川
外国语言文学	西班牙语语言文学	赵振江
外国语言文学	阿拉伯语语言文学	仲跻昆
外国语言文学	阿拉伯语语言文学	张甲民
外国语言文学	阿拉伯语语言文学	孙承熙
外国语言文学	阿拉伯语语言文学	陈嘉厚
外国语言文学	亚非语言文学	李　谋
外国语言文学	亚非语言文学	姚秉彦
外国语言文学	亚非语言文学	孔远志
外国语言文学	亚非语言文学	史习成
外国语言文学	亚非语言文学	叶奕良
外国语言文学	亚非语言文学	赵　杰
历史学	考古学及博物馆学	宿　白
历史学	考古学及博物馆学	吕遵谔
历史学	考古学及博物馆学	*徐苹芳
历史学	考古学及博物馆学	邹　衡
历史学	考古学及博物馆学	严文明
历史学	考古学及博物馆学	陈铁梅
历史学	考古学及博物馆学	原思训
历史学	考古学及博物馆学	马世长
历史学	考古学及博物馆学	李伯谦
历史学	考古学及博物馆学	晁华山
历史学	历史地理学	侯仁之
历史学	历史地理学	于希贤
历史学	历史地理学	韩光辉
历史学	中国古代史	吴荣曾
历史学	中国古代史	祝总斌
历史学	中国古代史	吴宗国
历史学	中国古代史	王天有
历史学	中国古代史	阎步克
历史学	中国古代史	张希清
历史学	中国古代史	邓小南
历史学	中国古代史	李孝聪
历史学	中国古代史	岳庆平
历史学	中国古代史	荣新江
历史学	中国古代史	徐　凯
历史学	中国近现代史	*刘桂生
历史学	中国近现代史	王晓秋
历史学	中国近现代史	房德邻
历史学	世界史	马克垚
历史学	世界史	林承节
历史学	世界史	刘祖熙
历史学	世界史	徐天新
历史学	世界史	沈仁安
历史学	世界史	郭华榕
历史学	世界史	郑家馨
历史学	世界史	梁志明
历史学	世界史	何芳川
历史学	世界史	何顺果
历史学	世界史	林被甸
历史学	世界史	宋成有
历史学	世界史	高　毅
历史学	世界史	朱孝远
数学	基础数学	姜伯驹
数学	基础数学	*丁石孙
数学	基础数学	#程民德

学科	专业	姓名
数学	基础数学	段学复
数学	基础数学	#张恭庆
数学	基础数学	丁同仁
数学	基础数学	*潘承彪
数学	基础数学	李　忠
数学	基础数学	王雪平
数学	基础数学	刘嘉荃
数学	基础数学	*殷蔚萍
数学	基础数学	李承治
数学	基础数学	*石生明
数学	基础数学	王诗宬
数学	基础数学	彭立中
数学	基础数学	徐明曜
数学	基础数学	文　兰
数学	基础数学	张继平
数学	基础数学	陈维桓
数学	基础数学	王　铎
数学	基础数学	谭小江
数学	基础数学	赵春来
数学	基础数学	丘维声
数学	基础数学	王长平
数学	基础数学	王　杰
数学	基础数学	郑志明
数学	基础数学	段海豹
数学	计算数学	应隆安
数学	计算数学	滕振寰
数学	计算数学	张平文
数学	概率论与数理统计	*龚光鲁
数学	概率论与数理统计	郑忠国
数学	概率论与数理统计	陈家鼎
数学	概率论与数理统计	钱敏平
数学	概率论与数理统计	谢衷洁
数学	概率论与数理统计	程士宏
数学	概率论与数理统计	耿　直
数学	应用数学	#程民德
数学	应用数学	#张恭庆
数学	应用数学	钱　敏
数学	应用数学	石青云
数学	应用数学	陈亚浙
数学	应用数学	程乾生
数学	应用数学	郭懋正
数学	应用数学	黄少云
数学	应用数学	胡德焜
数学	应用数学	刘张炬
数学	应用数学	林作铨
数学	应用数学	张乃孝
数学	应用数学	王正栋
物理学	理论物理	杨立铭
物理学	理论物理	高崇寿
物理学	理论物理	杨泽森
物理学	理论物理	曹昌祺
物理学	理论物理	曾谨言
物理学	理论物理	宋行长
物理学	理论物理	赵光达
物理学	理论物理	林宗涵
物理学	理论物理	俞允强
物理学	理论物理	彭宏安
物理学	理论物理	李重生
物理学	理论物理	吴崇试
物理学	粒子物理与原子核物理	陈佳洱
物理学	粒子物理与原子核物理	张启仁
物理学	粒子物理与原子核物理	江栋兴
物理学	粒子物理与原子核物理	王正行
物理学	粒子物理与原子核物理	叶沿林
物理学	凝聚态物理	尹道乐
物理学	凝聚态物理	甘子钊
物理学	凝聚态物理	章立源
物理学	凝聚态物理	杨威生
物理学	凝聚态物理	任尚元
物理学	凝聚态物理	杨应昌
物理学	凝聚态物理	秦国刚
物理学	凝聚态物理	*王忠烈
物理学	凝聚态物理	戴道生
物理学	凝聚态物理	吴思诚
物理学	凝聚态物理	韩汝珊
物理学	凝聚态物理	闫守胜
物理学	凝聚态物理	朱　星
物理学	凝聚态物理	张树霖
物理学	凝聚态物理	王世光
物理学	凝聚态物理	戴远东
物理学	凝聚态物理	章　蓓
物理学	凝聚态物理	熊光成
物理学	凝聚态物理	林　勤
物理学	凝聚态物理	田光善
物理学	凝聚态物理	张国义
物理学	光学	孙駒亨
物理学	光学	邹英华
物理学	光学	刘弘度
物理学	光学	龚旗煌
物理学	无线电物理	董太乾

学科	专业	姓名
物理学	无线电物理	王义遒
物理学	无线电物理	杨东海
物理学	无线电物理	汤俊雄
化学	无机化学	#徐光宪
化学	无机化学	张青莲
化学	无机化学	苏勉曾
化学	无机化学	刘元方
化学	无机化学	吴季兰
化学	无机化学	吴瑾光
化学	无机化学	王文清
化学	无机化学	黄春辉
化学	无机化学	*王　夔
化学	无机化学	李标国
化学	无机化学	顾镇南
化学	无机化学	高宏成
化学	无机化学	王祥云
化学	无机化学	哈鸿飞
化学	无机化学	严纯华
化学	无机化学	林建华
化学	无机化学	陈志达
化学	无机化学	魏根拴
化学	无机化学	*支志明
化学	分析化学	孙亦梁
化学	分析化学	慈云祥
化学	分析化学	童沈阳
化学	分析化学	李南强
化学	分析化学	常文保
化学	分析化学	李克安
化学	分析化学	李元宗
化学	有机化学	张　滂
化学	有机化学	邢其毅
化学	有机化学	金　声
化学	有机化学	叶秀林
化学	有机化学	李崇熙
化学	有机化学	花文廷
化学	有机化学	叶蕴华
化学	有机化学	袁　谷
化学	物理化学(含化学物理)	#徐光宪
化学	物理化学(含化学物理)	唐有祺
化学	物理化学(含化学物理)	谢有畅
化学	物理化学(含化学物理)	黎乐民
化学	物理化学(含化学物理)	邵美成
化学	物理化学(含化学物理)	桂琳琳
化学	物理化学(含化学物理)	林炳雄
化学	物理化学(含化学物理)	徐筱杰
化学	物理化学(含化学物理)	蔡生民
化学	物理化学(含化学物理)	马季铭
化学	物理化学(含化学物理)	赵新生
化学	物理化学(含化学物理)	朱步瑶
化学	物理化学(含化学物理)	来鲁华
化学	物理化学(含化学物理)	寇　元
化学	物理化学(含化学物理)	吴念祖
化学	物理化学(含化学物理)	杨锡尧
化学	物理化学(含化学物理)	刘忠范
化学	物理化学(含化学物理)	李芝芬
化学	物理化学(含化学物理)	郭国霖
化学	物理化学(含化学物理)	章士伟
化学	高分子化学与物理	冯新德
化学	高分子化学与物理	李福绵
化学	高分子化学与物理	丘坤元
化学	高分子化学与物理	陈慧英
化学	高分子化学与物理	曹维孝
化学	高分子化学与物理	张鸿志
化学	高分子化学与物理	周其凤
化学	高分子化学与物理	宛新华
天文学	天体物理	乔国俊
天文学	天体物理	吴鑫基
地理学	自然地理学	陈静生
地理学	自然地理学	陶　澍
地理学	自然地理学	蔡运龙
地理学	自然地理学	黄润华
地理学	自然地理学	方精云
地理学	人文地理学	杨吾扬
地理学	人文地理学	胡兆量
地理学	人文地理学	周一星
地理学	人文地理学	*郭来喜
地理学	人文地理学	谢凝高
地理学	人文地理学	董黎明
地理学	地图学与地理信息系统	马蔼乃
地理学	地图学与地理信息系统	徐希孺
地理学	地图学与地理信息系统	李　琦
地理学	地图学与地理信息系统	邬　伦
大气科学	气象学	王绍武
大气科学	气象学	陈受钧
大气科学	气象学	刘式适
大气科学	气象学	陶祖钰
大气科学	气象学	黄嘉佑
大气科学	大气物理学与大气环境	赵柏林
大气科学	大气物理学与大气环境	陈家宜
大气科学	大气物理学与大气环境	*周秀骥

学科	专业	姓名
大气科学	大气物理学与大气环境	毛节泰
大气科学	大气物理学与大气环境	刘式达
大气科学	大气物理学与大气环境	桑建国
大气科学	大气物理学与大气环境	秦　瑜
地球物理学	固体地球物理学	臧绍先
地球物理学	固体地球物理学	蔡永恩
地球物理学	固体地球物理学	陈晓非
地球物理学	空间物理学	濮祖荫
地球物理学	空间物理学	萧　佐
地球物理学	空间物理学	涂传诒
地质学	矿物学、岩石学、矿床学	冯钟燕
地质学	矿物学、岩石学、矿床学	崔文元
地质学	矿物学、岩石学、矿床学	艾永富
地质学	矿物学、岩石学、矿床学	王仁民
地质学	矿物学、岩石学、矿床学	阎国翰
地质学	矿物学、岩石学、矿床学	许保良
地质学	矿物学、岩石学、矿床学	郑　辙
地质学	地球化学	曾贻善
地质学	地球化学	穆治国
地质学	古生物学与地层学	王新平
地质学	古生物学与地层学	白顺良
地质学	古生物学与地层学	郝守刚
地质学	古生物学与地层学	董熙平
地质学	古生物学与地层学	齐文同
地质学	构造地质学	钱祥麟
地质学	构造地质学	何国琦
地质学	构造地质学	郑亚东
地质学	构造地质学	刘瑞珣
地质学	构造地质学	李茂松
地质学	构造地质学	邵济安
地质学	构造地质学	史　谓
地质学	构造地质学	潘　懋
地质学	第四纪地质学	崔之久
地质学	第四纪地质学	杨景春
地质学	第四纪地质学	任明达
地质学	第四纪地质学	倪晋仁
地质学	第四纪地质学	夏正楷
地质学	第四纪地质学	莫多闻
生物学	植物学	李正理
生物学	植物学	曹宗巽
生物学	植物学	吴相钰
生物学	植物学	*许智宏
生物学	植物学	陈章良
生物学	植物学	尤瑞麟
生物学	植物学	顾红雅
生物学	植物学	崔克明
生物学	植物学	林忠平
生物学	植物学	李　毅
生物学	植物学	赵进东
生物学	动物学	张　昀
生物学	动物学	潘文石
生物学	生理学	刘泰槰
生物学	生理学	高天礼
生物学	生理学	于龙川
生物学	生理学	孙久荣
生物学	细胞生物学	翟中和
生物学	细胞生物学	吴鹤龄
生物学	细胞生物学	丁明孝
生物学	细胞生物学	尚克刚
生物学	生物化学与分子生物学	茹炳根
生物学	生物化学与分子生物学	朱圣庚
生物学	生物化学与分子生物学	*梁宋平
生物学	生物化学与分子生物学	朱玉贤
生物学	生物化学与分子生物学	唐建国
生物学	生物物理学	卢光莹
生物学	生物物理学	张人骥
生物学	生物物理学	吴才宏
力学	一般力学与力学基础	黄　琳
力学	一般力学与力学基础	陈　滨
力学	一般力学与力学基础	叶庆凯
力学	一般力学与力学基础	王　龙
力学	固体力学	*胡海昌
力学	固体力学	王　仁
力学	固体力学	武际可
力学	固体力学	王大钧
力学	固体力学	王敏中
力学	固体力学	殷有泉
力学	固体力学	黄筑平
力学	固体力学	苏先樾
力学	流体力学	孙天风
力学	流体力学	周光炯
力学	流体力学	吴望一
力学	流体力学	陈耀松
力学	流体力学	吴江航
力学	流体力学	黄永念
力学	流体力学	严宗毅
力学	流体力学	魏庆鼎
力学	流体力学	王健平
力学	工程力学	颜大椿
力学	工程力学	袁明武

学科	专业	姓名
力学	工程力学	陈德成
力学	工程力学	方　竞
力学	工程力学	顾志福
电子科学与技术	物理电子学	吴全德
电子科学与技术	物理电子学	徐承和
电子科学与技术	物理电子学	西门纪业
电子科学与技术	物理电子学	薛增泉
电子科学与技术	物理电子学	吴锦雷
电子科学与技术	物理电子学	龚中麟
电子科学与技术	物理电子学	刘惟敏
电子科学与技术	微电子学与固体电子学	武国英
电子科学与技术	微电子学与固体电子学	王阳元
电子科学与技术	微电子学与固体电子学	韩汝琦
电子科学与技术	微电子学与固体电子学	谭长华
电子科学与技术	微电子学与固体电子学	*马俊如
电子科学与技术	微电子学与固体电子学	张利春
电子科学与技术	微电子学与固体电子学	吉利久
电子科学与技术	微电子学与固体电子学	许铭真
信息与通信工程	通信与信息系统	王　楚
信息与通信工程	通信与信息系统	*谢麟振
信息与通信工程	通信与信息系统	项海格
信息与通信工程	通信与信息系统	吴德明
信息与通信工程	通信与信息系统	沈伯弘
信息与通信工程	通信与信息系统	梁庆林
信息与通信工程	通信与信息系统	徐安士
信息与通信工程	通信与信息系统	余道衡
信息与通信工程	信号与信息处理	迟惠生
信息与通信工程	信号与信息处理	谭少华
信息与通信工程	信号与信息处理	陈　珂
计算机科学与技术	计算机系统结构	李晓明
计算机科学与技术	计算机软件与理论	袁崇义
计算机科学与技术	计算机软件与理论	杨芙清
计算机科学与技术	计算机软件与理论	许卓群
计算机科学与技术	计算机软件与理论	俞士汶
计算机科学与技术	计算机软件与理论	董士海
计算机科学与技术	计算机软件与理论	宋再生
计算机科学与技术	计算机软件与理论	唐世渭
计算机科学与技术	计算机软件与理论	张立昂
计算机科学与技术	计算机软件与理论	陈　钟
计算机科学与技术	计算机软件与理论	邵维忠
计算机科学与技术	计算机软件与理论	杨冬青
计算机科学与技术	计算机应用技术	王　选
计算机科学与技术	计算机应用技术	陈堃銶
计算机科学与技术	计算机应用技术	肖建国

学科	专业	姓名
核科学与技术	核技术及应用	方家驯
核科学与技术	核技术及应用	赵　夔
核科学与技术	核技术及应用	赵渭江
核科学与技术	核技术及应用	郭之虞
环境科学与工程	环境科学	唐孝炎
环境科学与工程	环境科学	*戴乾圜
环境科学与工程	环境科学	李金龙
环境科学与工程	环境科学	叶文虎
环境科学与工程	环境科学	陈国谦
环境科学与工程	环境科学	张远航
工商管理	企业管理	涂　平
工商管理	企业管理	王其文
工商管理	企业管理	张国有
工商管理	企业管理	靳云汇
工商管理	企业管理	王立彦
公共管理	教育经济与管理	闵维方
图书馆、情报与档案管理	图书馆学	周文骏
图书馆、情报与档案管理	图书馆学	吴慰慈
图书馆、情报与档案管理	图书馆学	肖东发
图书馆、情报与档案管理	图书馆学	王锦贵
图书馆、情报与档案管理	情报学	赖茂生
图书馆、情报与档案管理	情报学	*梁战平
图书馆、情报与档案管理	情报学	*赵澄谋

说明：1998年在岗的博士生指导教师共623人（包括在北大兼职的指导教师32人）。名单以1998年11月30日的统计为准。已不指导博士生，也不再新招博士生的导师未包括在内。在名单中标有*的为兼职导师，标有#的为两个专业的导师。

（魏志义）

优秀博士学位论文

序号	姓 名	学科专业	论文题目	指导教师姓名
1	安森建	一般力学	混合不确定系统的鲁棒稳定性与鲁棒性能	黄　琳
2	孙树立	计算力学	高层与多层建筑结构中剪力墙模型的研究及总体结构优化设计	袁明武
3	蔡庆东	流体力学	新型 NND 有限元方法和三维 FCT 有限元技术的研究	吴望一
4	乔从丰	理论物理	重夸克介子的产生	赵光达
*5	盖　峥	凝聚态物理	扫描隧道显微镜的应用研究	杨威生
6	林　军	凝聚态物理	多孔硅红、蓝和近紫外光发射及发光机制研究	秦国刚
7	张　冰	天体物理学	强磁场中的逆康普顿散射和脉冲星极冠区物理	乔国俊
8	金浩芳	放射化学	I.酮－乙醇体系的辐射化学研究及以二苯基酮探测磷氧键激发态 II.色氨酸氮自由和苯氧自由基与超氧阴离子自由基反应机制的研究	吴季兰
9	白新华	原子核物理	轻核结构的微观研究	胡济民
10	李义民	无线电物理	用磁光阱捕获与冷却铯原子的理论和实验研究	王义遒
*11	张　侃	无线电电子学	波分复用光纤通信系统中若干问题的理论与实验研究	谢麟振　徐安士
12	郑大春	无线电电子学	全数字接收机关键技术的研究	王　楚　项海格
*13	周德建	无机化学	I.C60 衍生物的合成及性质 II.功能性金属配合物及 LB 膜	黄春辉
14	廖春生	无机化学	重稀土的萃取分离	徐光宪　李标国　严纯华
15	于化忠	物理化学	功能分子的有序组装与长程电子转移动力学	刘忠范
16	朱武生	物理化学	高精度高效率的数值计算方法及其在量子演化体系中的应用	赵新生　唐有祺
17	李子臣	高分子化学与物理	双分子层脂质体膜的稳定、修饰及性质研究	李福绵
18	周阮宝	植物生理学	HetR 基因调控蓝细菌异型胞分化的机理研究	曹宗巽
19	蒋争凡	细胞生物学	非细胞体系核重建机理的研究及利用非细胞体系研究细胞核凋亡	翟中和
20	瞿幼星	生物物理学	虎纹捕鸟蛛毒素 I 的二维核磁共振结构研究	张人骥
21	张　博	细胞生物学	非细胞体系核装配与核孔复合体	翟中和
22	周盈颖	生理学	小鼠心肌细胞的钾通道及其在早后去极化中的作用	刘泰槰
23	张进江	构造地质学	小秦岭变质核杂岩的构造特征、形成机制及构造演化	郑亚东
24	秦　善	矿床学	异类结构基元层间层矿物研究	冯钟燕
25	刘　波	构造地质学	华北早古生代构造—沉积演化及下古生界油气系统	钱祥麟
26	陈忠明	环境化学	长光路 FTIR 研究氯氟烃替代物大气化学行为	唐孝炎
27	王飞越	自然地理	中国河流颗粒物——重金属环境地球化学	陈静生
*28	许传祥	应用数学	二进小波变换、吴方法及其在图像处理和计算机视觉中的应用	石青云　程民德

序号	姓 名	学科专业	论文题目	指导教师姓名
29	朱 澍	应用数学	动力系统中的 Ruelle 算子及 Gibbs 态的大偏差原理	程民德 钱 敏
30	赵丽琴	基础数学	平面余维三多角环的环性	张芷芬
31	杜少飞	基础数学	2pq 阶半对称图的完全分类	丁石孙 徐明曜
32	方海涛	概率论与数理统计	大偏差原理与随机逼近和模拟退火	龚光鲁 钱敏平
*33	王启华	概率论与数理统计	随机删失模型中的渐近理论	郑忠国
*34	孙玉文	汉语言文学	汉语变调构词研究	郭锡良
35	史成芳	比较文学	诗学中的时间概念	乐黛云
36	臧 力	中国现当代文学	四十年代中国新诗的现代性	孙玉石
37	漆永祥	中国古典文献学	乾嘉考据学研究	孙钦善
38	张 辉	比较文学	审美现代性批判——二十世纪上半叶中德审美思想的现代性关联	乐黛云
39	孟繁华	中国现当代文学	中国当代文学的精神历程	谢 冕
*40	尚小明	中国近现代史	清代学人的幕府生涯及学术活动	刘桂生
41	汪桂海	中国古代史	汉代官文书制度	吴荣曾
42	程恭让	中国哲学	体用简别与佛旨真诠——欧阳竟无佛学思想探微	楼宇烈
43	郑安德	中国哲学	明末清初天主教和佛教的护教辩论	楼宇烈
44	刘晓力	科学技术哲学	哥德尔的柏拉图主义数学观	孙小礼
45	张良福	国际政治	中国与邻国海洋划界争端问题	方连庆
46	唐士其	国际共产主义	国家与社会的关系:传统社会主义模式的运动理论与实践比较研究	张汉清
47	张 延	西方经济学	西方学者对货币中性问题争论的研究	胡代光
48	毛毕华	政治经济学	商业银行发展国际比较	肖灼基
49	孟晓苏	外国经济思想史	现代化进程中房地产业理论与实践的比较研究	厉以宁
50	梁根林	刑法学	刑罚结构研究	储槐植
51	汪 劲	环境与资源保护法学	论环境法的目的	金瑞林
52	张海文	国际法	适用于南海诸岛的法律制度	赵理海
53	董小英	图书馆学	网络环境下的信息资源管理	周文骏
54	唐 军	应用社会学	从事件入手对当代华北村落家族群体的一项实地研究	雷洁琼
55	王丽萍	政治学理论	论联邦制的本质与形式	宁 骚
56	张辰龙	政治学理论	个体权利与制度性自治——一种新的政治发展分析框架及其在中国的实证	李景鹏
57	姜景奎	外国文学(印度语言文化)	印度独立前的印地语戏剧文学	刘安武
58	刘乃银	英语语言文学	巴赫金的理论和《坎特伯雷故事集》	李赋宁
59	丁小浩	高等教育学	中国高等院校规模效益研究	闵维方

备注:1998 年评选的优秀博士学位论文是 1995～1997 年度的博士论文。序号前带 * 者为全国优秀博士学位论文。

(魏志义)

成人教育

【概况】 北京大学成人教育的历史可以上溯到1918年。当时任北京大学校长的著名民主革命家、教育家蔡元培先生就积极倡导平民教育,在北京大学开办了两个成人业余学校——"平民夜校"和"校役夜校"。这一举措翻开了北京大学成人教育历史的第一页,也首开中国高等学校兴办成人教育的先河。

新中国成立以后,北京大学继承和发扬了举办成人教育的优良传统。早在50年代初期,北京大学就积极发展了以培养社会主义建设者为目的的工农大众业余教育,并以接受行业、系统委托、吸纳在职人员插班学习、进修的方式培养了大批社会急需的科技、文化骨干。1956年,北京大学开办了函授教育。根据中华人民共和国高等教育部《关于综合大学开办函授教育的通知》(1956年5月31日[56]综于大字第400号)的指示精神,图书馆学系率先开办了图书馆学专业函授教育。1958年北京大学气象学专业又开办了函授专修科。到1966年"文革"开始时止,图书馆、气象两个专业共向社会输送了1731名函授专修科学生。

1978年,在党的十一届三中全会召开前夕,因"文革"而处于停滞状态的成人教育开始复苏。当年就接受进修教师171人,重新开始了接收进修生和为兄弟院校培养教师的工作。1980年,图书馆学专业函授恢复招生。1981年,受中共中央纪律检查委员会和中共中央组织部的委托,国际政治系和经济系分别开办了政治学和经济管理专业脱产学习的干部专修科。这些办学形式的相继恢复和增加为加强成人教育管理带来了新课题。学校及时注意了这一情况,于1983年8月26日第128次校长办公会通过决议,决定在教学行政处增设"进修函授科",负责全校的函授、进修教师等招生和管理工作。1984年根据教育部的指示精神,北京大学物理系、数学系、哲学系同时举办了助教进修班,在进修教师中分出了高校师资培养的新形式。为适应成人教育发展的新形势,1984年10月17日,学校第173次校长办公会决定对教务部门机构进行调整,增设北京大学成人教育部,在教务长领导下负责统一归口管理全校的成人教育工作。1985年2月18日,成人教育部组建完毕,它的成立标志着北京大学成人教育已顺利渡过了"文革"后的恢复时期,进入了新的发展阶段。

1985年北京大学夜大学中文秘书、心理学、化学实验技术专修科和哲学系思想政治教育本科班招生。同年4月16日,北京大学与中国人民武装警察部队党委签订了共建共育的《协议书》,决定接受中国人民武装警察部队的委托,面向武警部队各总队干部开设法律、经济管理专业函授专修科,培养军地两用人才。在与武警部队开展的共建共育活动过程中,北京大学成人教育突破传统的函授教育方式的局限,采用了现代的电化教学手段。整个教学过程以录制音像课件为主要授课方式,辅以教师面授辅导和自学教材。现代电化教学手段在函授教育中的应用,不仅创造了良好的教学效果,而且也使北京大学成人教育步入规范化、现代化的发展阶段。

为推动成人教育的改革和发展,学校把成人教育发展规划列入了"七五"规划。根据1986年12月1日国家教委[86]教计字188号文批准北京大学设立成人教育学院的指示精神,1987年3月2日北京大学成立了成人教育学院。成人教育学院成立以后,认真贯彻了学校第八次党代会精神和全国成人教育工作会议提出的"一是要发展,二是要改革"的总方针,积极调整了成人教育的专业结构、层次结构和形式结构,在巩固、提高老专业的基础上,开办了一些社会急需的新专业,扩大了专业培训和大学后继续教育,提高了办学层次,使成人教育的结构体系日趋完善。1987年,北京大学成人教育学院与香港树仁学院合作,在香港地区开设了法律专业四年制函授本科,夜大学历史专业三年制专科和图书馆学三年制大专起点本科函授也于同年在北京招生。1988年,图书馆学系开设了编辑出版专业三年制函授专科,经济管理系开设了经济管理专业三年制函授专科。1989年,夜大学行政管理专业,经济管理系财务会计专业和企业管理专业三年制函授专科同时增设。到80年代后期,北京大学的成人教育已有12个专业开设了专科学历教育,5个专业开设了本科学历教育并设有学士学位。在全国29个省(直辖市、自治区)设有57个函授教育辅导站。全校各院系都接收了一些兄弟院校的进修教师和国内访问学者,举办了一些短训班、研修班和高级研讨班。1989年,全校各类成人学历教育在校学生已达6291人。国内访问学者、骨干教师进修班、单科进修、高级研讨班等大学后继续教育和各种短期培训等非学历教育培训的人数已达2822人以上。

在学校总体改革思想指导下，北京大学成人教育在90年代初步形成了“改革向教学领域深入，办学层次向上提高，重点向高层次的大学后继续教育转移”的新局面，各方面工作都取得了新进展和新成绩。

1.以社会需求为导向，积极调整成人教育的专业结构，为学校学科体系改革提供实验园地。从1992年开始，成人教育学院率先开始了学科专业设置的改革。1993—1997年的四年中，先后开出了金融与贸易、国际经济、货币银行学、财务会计、理财学、市场营销、现代会计、房地产、知识产权法、管理与决策、精算与保险决策、外贸秘书、外事管理与涉外秘书、文化艺术管理、广告学、计算机信息管理、计算机实用技术、环境工程、建筑(结构)工程、房地产开发与物业管理、生物化学与分子生物学技术等22个全日制本科没开过的新专业。这些新的专业有的是在北大全日制教育原有学科专业基础上嫁接、衍生而成，有的是在交叉、边缘学科的生长点上诞生，有的则是北大文理或工程技术学科的新专业。现在这些新专业有的已在成人教育园地中经受了社会适应性和生长能力的考验，开始逐步移植到全日制本科教育园地中去开花结果。

2.改革课程体系，修订教学计划，努力为成人学生构筑适应未来的知识结构。进入90年代后成人教育学院在1992年、1995年先后两次修订教学计划，调整各专业课程体系，最近的一次是在学校“实施‘211工程’，面向21世纪修订教学计划”的统一部署下进行的。在这次修订教学计划中，各专业都注意了区别全日制教育与成人教育的不同特点，较好地处理了四个关系：一是理论课与应用性课程的关系，在新的计划中坚持了理论以够用为度的原则，加强了实务性和技能性课程，适当减少了“史”、“论”课程；二是基础课与专业课的关系，注意“加强基础，拓宽专业”，使课程设置既保证成人学生有扎实的基础功底，又使学生具有较强的专业适应能力；三是较好地处理立足当前和面向长远的关系，许多专业都考虑到了21世纪专业人才知识结构的需求，注意把反映新理论、新知识、新技术的课程纳入教学计划中，为培养跨世纪专业人才做出努力；四是注意处理好专科与专科起点本科课程结构的关系，较好地解决了大学期间两个不同层次的课程衔接问题。

3.更新教学内容，把科学的新发展、新理论、新知识、新技术充实到教学中去。成人教育教学内容不断更新，及时地反应了科学新发展、新理论、新技术、新知识，确保了教学质量和水平，培养了学生研究解决改革开放中的理论、实践问题的能力和求实创新的学风。

4.改革成人教育学习制度，试行学分制。成人教育学生在职学生、业余学习的特点与突出的工学矛盾，使学生感到沿用传统的学时、学年制不利于更快、更好地培养各类急需的专业人才，对因材施教也是一种局限。从1994年开始，北大便在北京地区夜大学中文专业试行了学分制。实践证明，学分制的试行为缓解成人学生的工学矛盾以及贯彻“因材施教，分流培养”的方针创造了条件，保证了快出人才，早出人才。

5.发挥学校优势，大力发展高层次的继续教育，初步实现成人教育向大学后继续教育的重点转移。从1994年开始，学校把发展大学后继续教育的着眼点瞄准在各学科的前沿动态上，充分发挥北大重点学科和重点实验室多、仪器设备精良、师资力量雄厚、科学信息和图书资料丰富的优势，大力开展大学后继续教育活动，积极举办了各种高级研讨班、硕士学位进修班。先后举办了马克思主义人学、文化人类学、可持续发展战略、西方市场经济理论与实践、介观物理、现代地质学基础理论、低维拓扑等高研班和保险公司经理研讨班、现代日本问题研究班、骨干教师进修班、硕士学位课程教师进修班以及每年接收的几百名国内访问学者等，标志着北京大学的成人教育初步实现了向高层次的大学后继续教育的重点转移。

6.改进成人教育管理体制，建设圆明园校区，努力建设起自我完善、自我发展的运行机制，为独具北大特色的成人教育体系的形成奠定必要的物质基础。1997年9月20日，圆明园校区建设工程全部竣工，成人教育学院也改变了过去没有专用校舍和教学用房的历史，掀开了全方位建设、改革、发展的新篇章。随着成人教育基地的落成，成人教育的管理体制也在不断完善。本着“加强管理、提高质量”的精神，成人教育学院于1993年设立了学生工作组，1993年12月7日经校团委常委会研究报党委组织部批准成立了学生会和共青团北京大学成人教育学院团委，并在成人脱产班学生中设立了党小组。这些机构、组织针对成人教育学生的特点积极开展了生动活泼的思想政治工作和校园文明建设活动，推动了圆明园校区的精神文明建设，促进了良好校园环境的形成，为使各类学生具有良好的道德风尚，强烈的爱国、爱社会主义、爱北京大学的精神和勤奋、严谨、求实、创新的优良学风，造就大批德、智、体全面发展的专业人才做出了成绩。

90年代是北京大学成人教育深化改革、全面进步的重要阶段。1991—1997年，北京大学共向社会输送各类学历教育毕业生10170名，非学历教育学生(含各类进修教师、高级研讨班、进修班等高层次的大学后继续教育和各种短期培训结业学员)共44639名,为我国的社会主义现代化建设培养了数以万计的各类专业人才。1996年,北京大学成人教育还以教育改革的优异成果和良好的教育质量,迎接了国家教委对普通高等学校函授、夜大学教育质量的评估,函授、夜大学教育双双获得了优良的好成绩。

(李国斌)

【开办高层次的大学后继续教育】 这是一流大学教育资源优势向社会辐射、延伸,对各类在职人员进行创造力再开发的重要途径,也是北大成人教育工作的重点。1998年,成人教育学院在坚持做好培养学术带头人的高研班、国内访问学者工作的同时,发挥北大学科齐全和人文、社会、政治、经济、管理学科较强的优势,组织多学科会战,先后组织了一些跨学科专业、综合性较强的高级管理人员研修班、研讨班。1998年3月2日,受海淀区区委、区政府的委托,与清华大学合办的现代公共管理硕士课程研修班开学,30多名海淀区的局、处级领导干部进入北大学习。成人教育学院组织了11个院系的30多名知名学者、优秀教师授课。在开设6门主干课程的基础上,开设了中国社会主义建设与发展战略、21世纪可持续发展战略、新知识经济、高新技术园区现状与发展趋势、邓小平理论等20个研究社会发展前沿问题的大型系列讲座,使学员开阔了眼界,提高了自己的知识层次和科学管理决策能力。1998年5月20日开办的北京市商贸工委现代领导科学研修班、1998年9月13日开办的云南省县级民族干部研修班等都体现了高层次的特点。

5、6月份,百年庆典的隆重举行使北京大学的学术研究气氛空前浓烈,也把高层次的大学后继续教育研讨班办班活动推向了一个新的起点。此时举办的高研班高层次、高水平、高品位的特点非常突出。1998年4月25日,物理系举办了"现代物理学前沿问题"高级研讨班,参加研讨的106人中仅科学院院士就有20多位,海外回来的年轻物理学者9位。借百年校庆之机,该班特邀了杨振宁、李政道、朱棣文作开题报告,其他国内外知名学者依次探讨了物理学发展的前沿状况,整个研讨班研究空气浓厚,讨论热烈,为培养大物理学意识、推动物理学研究工作培养了骨干。第三届社会文化人类所高研班开学时,借北大百年校庆之机,邀请25位国内外著名的人类学家、社会学家和研究中国社会文化的著名学者,组织了一系列的学术报告和演讲,展开了13场具有较高学术水平的研讨、对话,特别是对费孝通教授在第二届社会文化人类学高研班上提出的"文化自觉与跨文化对话"等命题的研讨,以及国内外学者带来的新的国际人类学前沿课题、学说和信息,使大家增广了见识,拓展了思路,提高了创新能力,培养了一批中国社会文化人类学研究的学科带头人。

(李国斌)

【推进教学管理改革】 1997年9月,成人教育学院把光华管理学院夜大学理财学专业专升本作为学分制试点单位,取消原学制年限的限制,减少必修课比重,增加选修课的比重,课程安排实行"四通",即把日校本科与成人教育专升本课程打通,允许成人学生选修全日制课程;把成人脱产班与夜大学的业余学习的课程打通,允许学生互选课程;把高年级低年级课程打通,允许学生在不颠倒先修课、后修课的前提下互选课程;把专科和专升本的课程打通,允许学生作为选修课选修,通过这些办法为成人学生创造一个宽松的学习环境,为贯彻"因材施教,分流培养"的方针和培养创新能力创造条件。1998年暑假,成人教育学院总结了学分制试点工作,研究制订了扩大试点、推广学分制的工作方案和管理办法,为1999年在夜大学专升本全面推开学分制奠定了必要的基础。

(李国斌)

【筹备远程教育工作】 从1998年暑假起,学校责成成人教育学院牵头并在校远程教育领导小组的领导下开展远程教育的筹备工作。成人教育学院组织力量,通过因特网对世界上34所著名大学和62所一般大学远程教育情况进行了调研,并派人赴教育部已批准试点的四所学校进行调研学习。1998年年底,提出了北大远程教育规划实施方案,决定采用卫星通讯技术和网络技术结合的技术路线开展远程教育工作。成人教育学院还筹集了200万元资金投入到远程教育筹备工作中去,保证了北京大学远程教育作为教育部第五个试点学校在1999年按计划开展起来。

(李国斌)

·附　录·

北京大学成人教育管理机构沿革

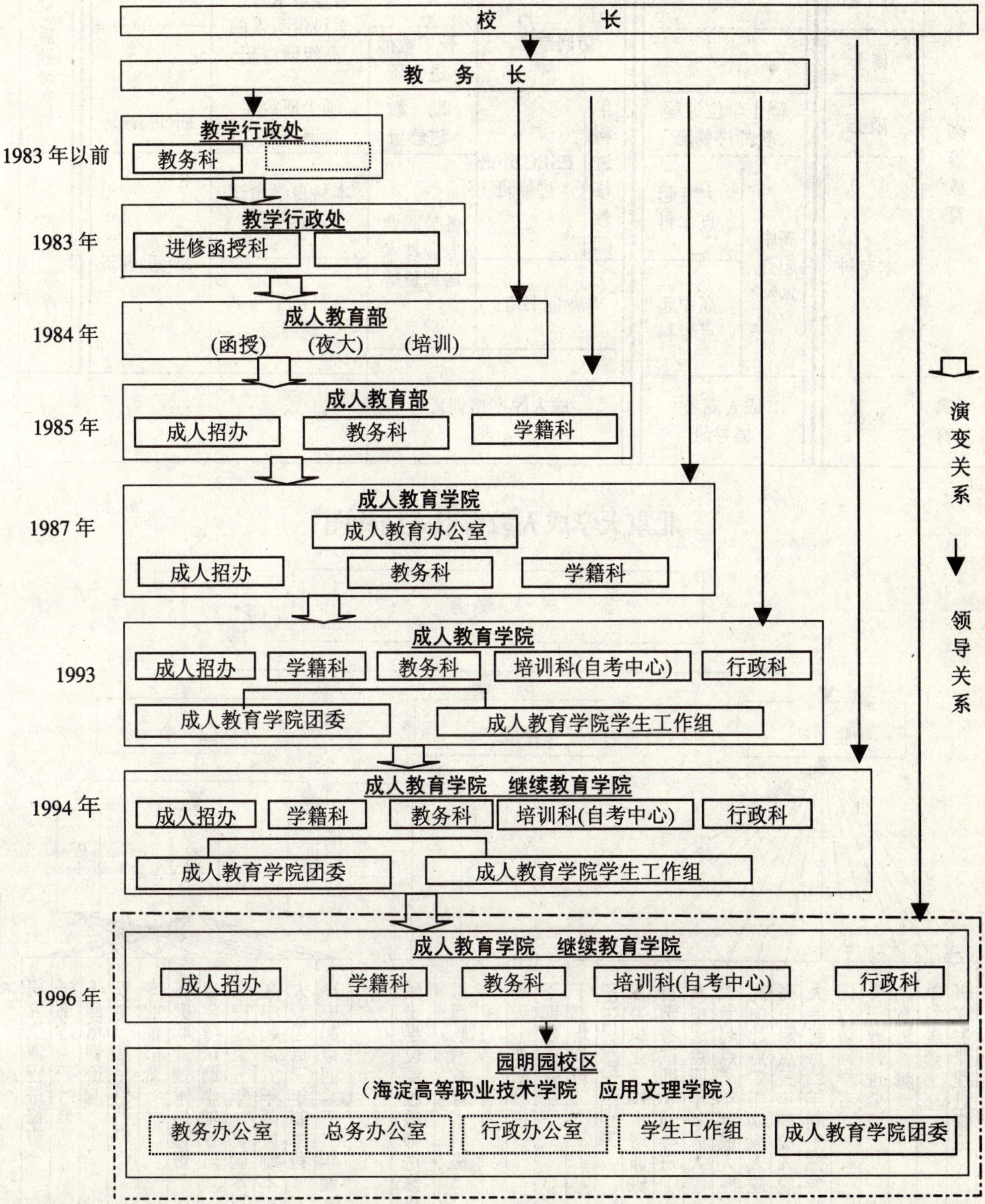

北京大学成人教育层次结构图

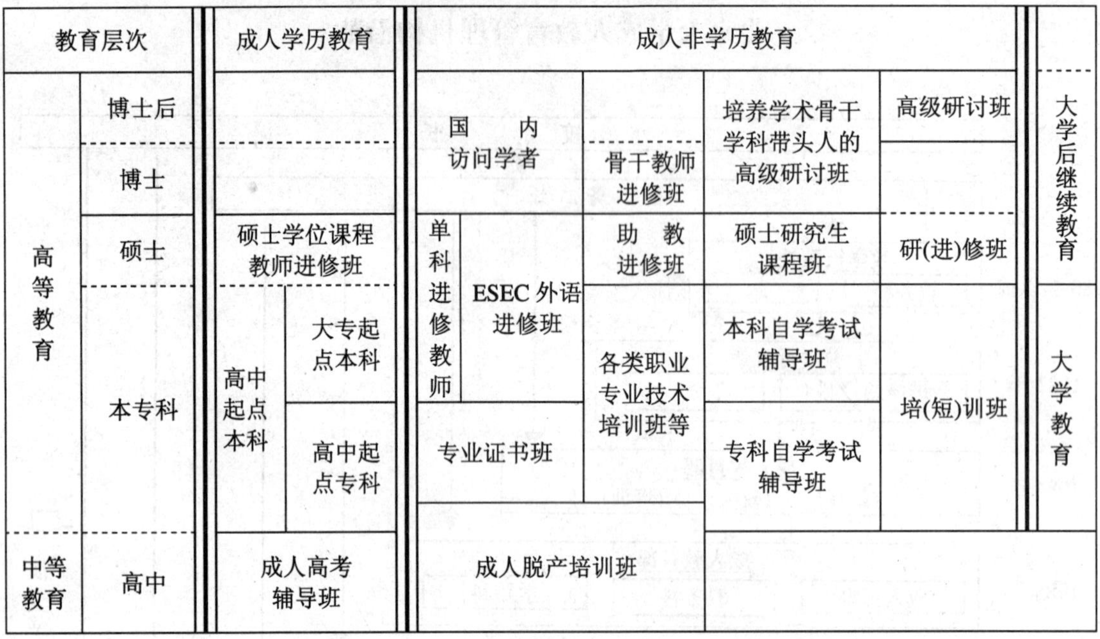

北京大学成人教育形式结构图

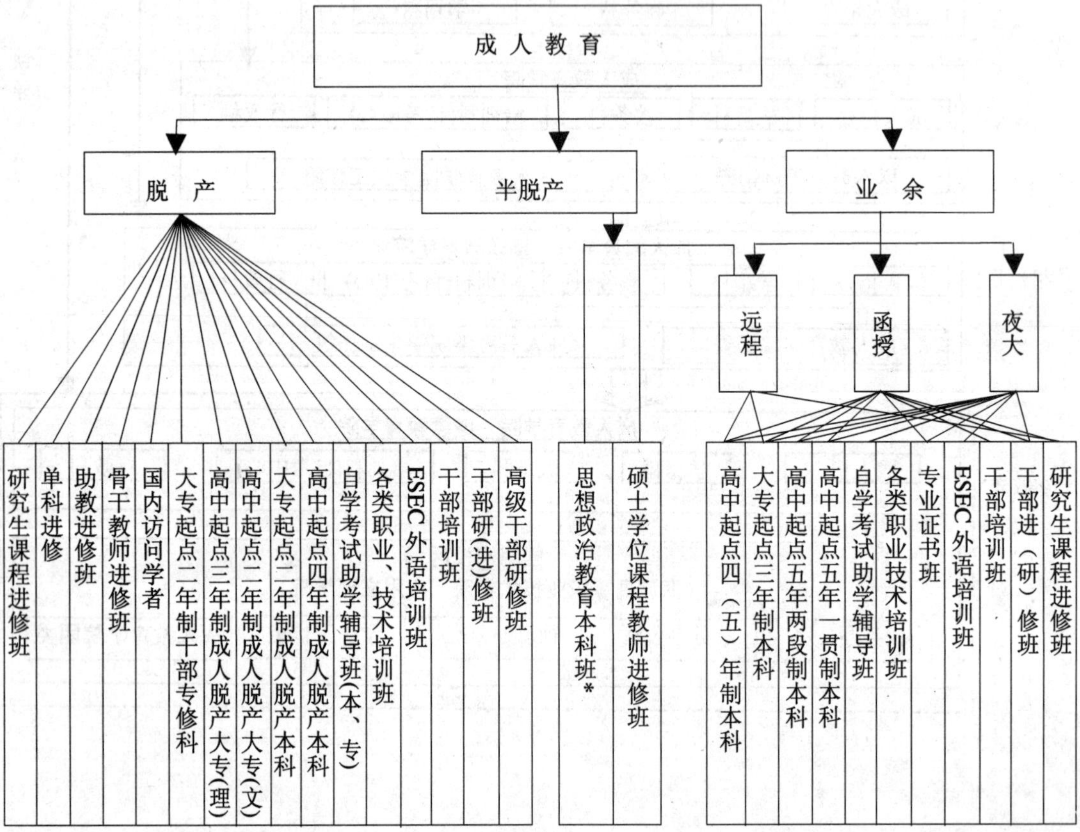

北京大学成人学历教育专业设置一览表

院系	专业	层次	形式	始办年份
信息管理系	图书馆学	专 科	函授	1956
		专升本	函授	1987☆
		五年两段制	函授	1985
		五年一贯制	函授	1986
	编辑出版	专 科	函授	1988
			脱产	1998
	信息管理	专 科	函授	1995
	计算机信息管理	专 科	函授、脱产	1996☆
光华管理学院	国民经济管理	专升本	函授	1992
	市场营销	专 科	函授	1995
	经济管理	专 科	函授	1985
	财务会计	专 科	函授	1989☆
	工业企业管理	专 科	函授	1988
	理财学	专升本	函授	1955☆
经济学院	货币银行学	专升本	函授	1994☆
		专 科	函授	1994☆
	金融与贸易	专 科	函授	1993☆
	国际经济	专 科	函授	1933☆
	国际贸易	专 科	函授	1995☆
			脱产	1994☆
	财务会计	专 科	脱产	1995☆
			函授	1994☆
	理财学	专升本	函授	1995☆
	经济管理	专 科	干修科	1981
国政系	政治学	专 科	干修科	1982☆
	外事管理与涉外秘书	专 科	函授	1994☆
			脱产	1998☆
	涉外旅游与宾馆管理	专 科	函授	1994☆
马列学院	经济管理	专 科	函授	1994☆
	金融与贸易	专 科	函授	1995☆
	国际商务	专 科	脱产	1995
	企业管理	专 科	脱产	1995
英语系	英 语	专升本	夜大	1993
		专 科	夜大	1993
		专 科	脱产	1994
知识产权中心	法学(知识产权法)	专升本	函授	1994☆
哲学系	政治思想教育	专升本	函授	1985
	管理决策	专 科	函授	1994
	哲 学	专 科	干修科	1985
法律系	法 学	专升本	函授	1993☆
	法律学	专 科	函授	1985
	经济法	专升本	函授	1993
		专 科	函授	1992
		专 科	干修科	1985

院系	专业	层次	形式	始办年份
行政管理系	行政管理	专升本	函授	1991☆
行政管理系	行政管理	专　科	函授、夜大	1989☆
行政管理系	公共关系	专　科	函授	1994
环境中心	环境工程	专升本	函授	1994☆
环境中心	环境保护	专　科	函授	1994
俄语系	俄　语	专　科	夜大	1993
城市环境学系	房地产	专　科	函授	1993
计算中心	计算机实用技术	专　科	夜大	1993
计算中心	计算机实用技术	专　科	脱产	1994☆
计算中心	计算机及应用	专升本	夜大	1994☆
艺术系	广告学	专　科	函授	1993☆
艺术系	文化艺术管理	专　科	函授	1994☆
中文系	中国文学	专升本	脱产	1993
中文系	中文秘书	专　科	夜大	1985
化学系	化　学	专升本	夜大	1993
化学系	化学实验技术	专　科	夜大	1985
生物系	生物学	专　科	夜大	1986
心理系	心理学	专　科	夜大	1985
历史系	历　史	专　科	夜大	1987
概率系	经济预测与保险决策	专　科	夜大	1995
概率系	精算与保险决策	专　科	夜大	1996
社会学系	社会工作与管理	专　科	函授	1994☆
社会学系	市场分析与营销	专　科	脱产	1997☆
数学学院	现代会计	专　科	脱产	1997☆
数学学院	计算机软件	专　科	脱产	1997☆
力学系	电子计算机应用技术	专　科	脱产	1997☆
力学系	建筑(结构)工程	专　科	脱产	1997☆
生命科学学院	生物化学与分子生物学实验技术	专　科	脱产	1997☆
西语系	法　语	专　科	脱产	1997☆
西语系	德　语	专　科	脱产	1997☆
西语系	西班牙语	专　科	脱产	1997☆
成教学院	外贸秘书	专　科	函授	1993
成教学院	现代工商会计	专　科	函授	1994
成教学院	房地产经营与物业管理	专　科	脱产	1997☆

注:1.本表所列为成人学历教育教育曾开设过的专业,并注明了始办年份。凡打“☆”号的专业为1998年仍在开办的专业。

2.现开设的成人脱产班除政治学干部专修科外均在圆明园校区。

北京大学成人教育学院函授站设置及开设专业一览表

设站单位	院系	年级	层次	专业
唐山电视大学	经济学院	96	本	理财学
		97	本	理财学
		98	本	理财学
		96	专	财务会计
		97	专	财务会计
		98	专	财务会计
	计算中心	96	本	计算机应用
哈尔滨职工大学	经济学院	96	本	理财学
		97	本	理财学
		98	本	理财学
		96	专	金融与贸易
		97	专	金融与贸易
		98	专	金融与贸易
大连财贸经济学院	经济学院	96	本	货币银行学
		97	本	货币银行学
		96	专	金融与贸易
		97	专	金融与贸易
		98	专	金融与贸易
江西省师范大学	经济学院	96	专	金融与贸易
		97	专	金融与贸易
		98	专	金融与贸易
		96	本	货币银行学
		97	本	货币银行学
		98	本	货币银行学
山东省农业银行干部学校(泰安)	经济学院	97	专	金融与贸易
		98	专	金融与贸易
甘肃工商业联合会	经济学院	98	专	金融与贸易
阜阳市教委	马列学院	96	专	金融与贸易
		97	专	金融与贸易
		96	专	经济管理
		97	专	经济管理
合肥炮兵学院	法律系	97	本	法学
	马列学院	96	专	金融与贸易
		97	专	金融与贸易
		98	专	金融与贸易
山西省政府法制局	马列学院	96	专	金融与贸易
	政治学系	96	专	行政管理
		98	专	行政管理
宁夏工商银行干部学校	马列学院	96	专	金融与贸易
		97	专	金融与贸易
		98	专	金融与贸易
		98	本	货币银行学
吉林市委党校	马列学院	96	专	经济管理
徐州电视大学	马列学院	98	本	国民经济管理
		96	专	经济管理
		97	专	经济管理
		98	专	经济管理
洛阳市教委	光华管理学院	96	专	经济管理
		97	专	经济管理
		98	专	经济管理
		96	专	财务会计
		97	专	财务会计
		98	专	财务会计

设站单位	院系	年级	层次	专业
青岛市科技经济学校	光华管理学院	96	本	理财学(财会)
		98	本	理财学(财会)
湖南省交通干校	光华管理学院	96	本	理财学(财会)
		97	本	理财学(财会)
	哲学系	96	专	管理决策
烟台远大信息咨询中心	光华管理学院	96	专	财务会计
		97	专	财务会计
		98	专	财务会计
		98	专	行政管理
包头市成人教委	政治学系	96	本	行政管理
		97	本	行政管理
		98	本	行政管理
	马列学院	97	专	金融与贸易
		98	专	金融与贸易
承德大学	政治学系	97	专	行政管理
		98	专	行政管理
河南安阳科委	政治学系	96	专	行政管理
		97	专	行政管理
		98	专	行政管理
安徽省图书馆	信息管理系	97	专	计算机信息管理
南京图书馆	信息管理系	96	本	图书馆学
		97	专	计算机信息管理
		98	专	计算机信息管理
山西省图书馆	信息管理系	96	专	计算机信息管理
		97	专	计算机信息管理
		98	专	计算机信息管理
河北省图书馆	信息管理系	97	专	计算机信息管理
		98	专	计算机信息管理
湖南省图书馆	信息管理系	97	本	图书馆学
内蒙古大学	信息管理系	97	本	图书馆学
陕西地区图书馆协委会	信息管理系	96	本	图书馆学
天津市图书馆	信息管理系	96	本	图书馆学
山东省图书馆	信息管理系	96	本	图书馆学
		96	专	计算机信息管理
		98	专	计算机信息管理
	经济学院	98	本	货币银行学
		96	专	金融与贸易
		96	专	国际贸易
辽宁省图书馆	信息管理系	97	本	图书馆学
四川省图书馆	信息管理系	97	本	图书馆学
甘肃省图书馆	信息管理系	97	本	图书馆学
广东省中心图书馆委员会	信息管理系	98	本	图书馆学
江苏省省级机关干部学院	法律系	98	本	法学
山东省环保干部学校	环境中心	96	本	环境工程
		97	本	环境工程
江西省科委	知识产权中心	96	专	知识产权法
		97	本	法学(知识产权)
	法律系	96	本	法学
贵州侨升职业大学	国际政治系	97	专	外事秘书
云南省文化厅职工大学	艺术系	96	专	文化艺术管理
		97	专	文化艺术管理
		98	专	文化艺术管理

海外教育与留学生工作

【海外教育学院】 北大承担海外教育的机构是海外教育学院。学院成立于 1995 年 4 月，下设外国学者留学生处、港澳台学生办公室、境外办学办公室、对外汉语教学中心，是集行政管理与教学于一身的机构。1998 年，海外教育学院有工作人员 75 人，其中管理人员 26 人，教师 46 人(教授 4 人，教学辅助人员 3 人)。

（张秀环）

【留学生工作】 1952 年，全国高等学校进行院系调整后，设在清华大学的东欧交换生中国语文专修班迁入北京大学并改名为外国留学生中国语文专修班，1962 年 7 月又调整到北京外国语学院，留在北京大学入系学习的留学生在留学生办公室下设的公共汉语教研室继续学习汉语。1984 年，外国留学生工作处成立，1991 年，更名为外国学者留学生处。

外国留学生工作是北京大学对外交流的一个重要层面。从 1950 年至 1998 年，共接受长期外国留学生 9283 人，短期留学生 10361 人。北京大学培养的外国留学生，有的成为所在国的部长、副部长，有的担任驻华大使，有的工作在外国驻京银行、商社及新闻机构等单位。九十年代，北京大学接收的外国留学生在层次上、人数上逐年提高。

北京大学的留学生工作，本着稳定规模、提高层次、保障质量、改善服务的思想，取得稳步发展。1998 年共招收新生 500 名，其中硕士生 55 名，博士生 48 名，本科生 101 名，高级进修生和访问学者 35 名，完成国家留学基金管理委员会下达给北京大学 150 名的招生计划。

第四次全国来华留学工作会议 1998 年 2 月 16 日至 18 日在北京召开。北京大学常务副校长迟惠生到会并讲话。北京大学提交给会议的交流材料的题目为《抓住机遇，发挥优势，培养高层来华留学生人才》。文章从历史的角度探讨北京大学乃至全国培养高层次外国留学生的意义。

在实践中学习 教学实习是北京大学外国留学生教育的一个方面，配合课堂教学。1998 年 4 月下旬，北京大学历史系、哲学系组织留学生到山西太原、大同、五台山进行教学实践，实地考察中国历史和宗教，之后写出实习报告，编印成册，取得了预期的效果；北京大学考古学系留学生还参加本系组织的重庆考古发掘。

寓教于乐 北京大学除日常组织留学生参观长城、定陵、故宫、天坛等重要景点、观赏杂技、京剧等传统节目、进行各种体育比赛外，还多次组织留学生参加大型文艺演出。在 1998 年 1 月北京电视台"外国人唱中国歌颁奖晚会"上，5 月 4 日"庆祝北京大学建校一百周年大型晚会"上，北京大学留学生表演的"真心英雄"，1998 年 12 月"首都外国留学生新年文艺汇演"晚会上，北京大学 30 名来自 24 个国家的留学生排演的《咱当兵的人》，受到观众和各级领导的好评。

海外学子迎校庆 北京大学百年华诞即将来临之际，毕业的外国留学生纷纷来函、来电，希望返校参加百年校庆活动。为了使毕业的留学生和港澳台学生了解北京大学的现状，校庆前夕出版了"海外学子在燕园"的画册和录像带。

北京大学百年校庆期间，接待返校的外国留学生 89 人，他们当中有五六十年代毕业的留学生，也有七八十年代毕业的留学生。5 月 4 日，留学生校友代表参加了在北京人民大会堂举行的北京大学百年庆典大会。当日中午，学校为返校留学生在勺园举办校庆招待会，大家共同举杯，祝愿母校明天更美好。

设立"自费生学习优秀奖" 经北京大学校长办公会研究决定，从 1998 年开始，每年从留学生经费中拨款 25 万元人民币，在外国留学生中设立"自费生学习优秀奖"，奖励那些学习努力、成绩优秀的外国留学生。

（林百学）

【对外汉语教学】 北京大学对外汉语教学中心成立于 1984 年。1998 年，对外汉语教学中心承担了 30 个国家 289 名长期留学生、580 名短期生的教学任务。这里不仅设有初级班、中级班，还设有高级班，讲授中国概况和文学选读等课程，还为入系的学生开设选修课。1998 年，汉语中心派出教师 10 人到国外讲授汉语。

5 月，北京大学汉语中心组织留学生赴密云、大兴两县教学实习，了解中国改革开放的成果和北京郊区的变化。

12 月，第二届北京大学汉语中心留学生汉语演讲会举行，近 60 名学生登台演讲，向老师汇报自己的学习成果。

北京大学汉语中心在改进教学的同时，参加各种学术会议，如 7 月 12 日的中国对外汉语教学学会第六届年会，8 月 16 日的"九八现代汉语语法学国际学术会议"，汉语中心均有论文提交并在核心刊物上发表。

（王顺洪）

1993－1998 年北京大学外国留学生统计

学年	长期生人数	研究生人数	短期生总数
1993～1994	753	63	787
1994～1995	838	141	947
1995～1996	1011	212	1037
1996～1997	1083	267	1095
1997～1998	1106	294	1319
1998 第一学期	1050	301	1375

（林百学）

【港澳台学生工作】 北京大学自1988年起开始招收港澳台地区的学生，并且一直重视港澳台学生的工作。1995年成立专门机构“北京大学港澳台学生办公室”，具体负责港澳台地区学生的教学行政管理和日常事务。随着祖国大陆与港澳台地区交流的加强，来内地求学的人越来越多。1998年共招收港澳台新生48人，其中研究生36人，本科生12人。1998年在校学生达110人。

（林百学）

【境外办学】 境外办学是在我国实行对外开放的大背景下应运而生的，它标志中国高等教育事业走出国门、走向世界。目前境外办学大都是在办学点所在国寻找合作伙伴，利用其资金和社会联系、教学设施、师资力量，分工合作，发挥各自的优势，承担办学项目。

到1998年，北京大学在境外或港澳地区的办学项目有：

1.与香港树仁学院合办的法学士课程（1987签署协议）和经济、历史、中文、法律硕士课程（1991年签署协议）。从1987年至1998年，共招收本科生2471人，已毕业571人，555人获得学位。

2.与新加坡东方文化学院合办中国语言文学课程（1996年签署协议）：学生在新加坡读完三年的课程，选拔成绩优秀者插北京大学四年级，考试合格，论文通过，可获得北京大学的毕业证书和学位证书。现已招收学生80名。

3.与香港普通话研习社合办的普通话项目已发放133人的结业证书。该协议签署于1996年。

4.在澳门开办图书馆学大专课程，第一期学生98人。协议签署于1998年6月。

5.蒙古大学的中文培训项目。中国政府每年向蒙古提供100万人民币，资助蒙古大学中文培训中心。北京大学先后派出7名教师到蒙古大学工作，培养预备来华留学生50人，短期生100人。

6.北京大学遥感所在马来西亚举办的遥感技术培训班。

1995年北京大学海外教育学院成立后，境外办学工作迅速发展。办学项目中不仅有大专、本科课程，还拥有硕士课程。办学地点从港澳、东南亚拓展到北美，可望在韩国和日本有所突破。

（程茂亭）

· 科学研究与高科技产业 ·

理科科研工作

【综述】 北京大学承担了国家自然科学基金项目、国家重点科技项目(“攻关”计划)、国家基础研究重大关键项目(攀登计划)、国家重点基础研究发展规划项目、国家高技术研究发展项目(“八六三”计划)、国防项目等。“六五”以来,科研经费和科研项目逐年增加,1997年理科科研经费达到1.24亿元。自然科学基金是北京大学科研经费的主要来源之一。在国内各高校中,北大获得的资助项目数和获资助率一直位于前列。“九五”期间,由北京大学主持的基金重大项目4项:包括“江河泥沙灾害形成机理及其防治研究”,“纳米电子学基础研究”,“淮河流域能量与水分循环实验和研究”,“发展近场技术、研究生物大分子体系特征”等。北京大学取得了一批具有国际水平的成果,从1978年至1997年北京大学获得的国际奖励9项,其中第三世界科学院奖2项,联合国科教文组织青年科学家奖1项,联合国科教文组织科技奖1项,美洲中国工程师学会“成就奖”1项,“陈省身数学奖”3项,国际空间组织VIKRAM SARABHAI奖1项;获国内各级奖励共672项,其中国家级奖励195项(自然科学奖42项、国家科技进步奖54项、国家发明奖7项、国家星火奖1项和国家攻关奖等91项)、部委级奖励384项、其他奖88项;通过鉴定、评审的科技成果880项;获得专利权数92项,申请专利数172项;发表专(译)著827部。

1998年科研工作以“知识创新”为核心,着眼于人才和基地的建设,发扬学校的优势和特色,拓展国家急需而自己又有条件发展的领域。北京大学众多理科院系、科研实体从学科建设与发展的需要出发,在“211工程”经费的支持下,建立多学科的交叉研究。计算机科学技术系、无线电电子学系、信息科学中心、微电子研究所、力学系等单位在原有主要学科基础上交叉联合、重新组合形成北大的电子信息科学与技术学科群。整个学科群有雄厚的科研力量,包括3名院士,24名博士生导师,200余名教授和副教授,拥有科研经费4000万元。学科群主要研究方向有:视觉与听觉信息处理、软件平台与软件环境、科学模拟与可视化、电子系统设计与实现技术、微电子技术等。每个研究方向都将涉及4个以上的相关学科。目前,该学科群已进入正式启动阶段。交叉建设的浪潮也冲击到了其它学科。地球物理系的大气科学专业、空间物理学专业和天体物理学专业借“211工程”实施之机建立了“自然灾害综合预测与测试实验室”,实现了学科之间的资源共享。

北京大学在制定中长期发展规划时,尤其是在实施创建世界一流大学计划时,将重点支持一些对基础研究和对国民经济发展起重要作用的领域,如生命科学(基因工程、新药研制、生物大分子机构、细胞重大生命活动等)、信息与工程科学(网络、通信、数字地球研究等)、新型功能材料、环境与生态学(大气、水和土壤的保护、动物保护与环境治理等)和高新技术(纳米科学技术、软件系统研制等)。在传统的基础研究领域,如数学、物理、化学等,将建成高校重要的教学与科研基地,强调不同学科的交叉与整和,强调科研成果的转化。北京大学在实施创建世界一流大学计划过程中,将发挥学科齐全的优势,重点支持跨学科的重大项目,力争在基础研究方面做出一批国际一流水平的工作,在应用科学方面为国家的发展起到实质性作用,在国际学术界中迅速步入一流大学的行列。

(王进)

【科研项目】 1998年北京大学科研项目共810项(各院、系、所和中心项目分布见《1998年理科到校科研课题统计表》)主要来自国家攻关项目、国家自然科学基金项目和教育部各类项目等。科研经费约9575万元(各院、系、所、中心科研经费分布见《1998年理科到校科研经费统计表》)。科研课题主要集中在化学学院、物理系、生命学院、数学学院等,项目主要来自自然科学基金和其它类科学基金。科研经费主要分布于化学学院、微电子所、计算机科学技术系、生命科学学院和物理系等。

1998年北京大学申请国家自然科学基金项目257个,获准109个,获准率42.41%。共获准经费1899万元。其中,申请重点项目18项,获准13项,项目经费697万元。按学部统计,数理科学部、化学学部和信息科学部项目获准率超过50%;按院系统计,化学学院、地球物理系、心理系和遥感所项目获准率超过50%;按获准经费数额看,化学学院为327万元,生命科学学院、地质系和城环系超过200万元。数学学院、物理系、地球物理系和环境中心均超过100万元。

1998年国家杰出青年科学基金(简称A类)除原有类别外,又设立了海外国家杰出青年科学基金(简称B类,用于资助海外优秀青年学者在国内建立研究基地,每年回国开展两个月以上研究项目),以及从1995年度国家杰出青年科学基金获得者中择优延续资助两年(简称C)。北京大学有3位青年教师获A类,他们是数学学院的耿直,化学学院的席振峰、甘良兵。有5项B类,共4位得到延续资助(见《1998年度国家自然科学基金项目获准情况》表、《1998年度国家杰出青年科学基金项目获准情况》表等)。

1998年北京大学主持国家重点基础研究发展规划("973"项目)计划首批启动的15个项目之一"稀土功能材料的基础研究",北京大学化学与分子工程学院的严纯华任首席科学家。

(王进)

【跨世纪人才培养】 1998年,北京大学继续实施面向21世纪加强教师队伍建设的政策,根据"总量控制,结构调整,强化管理,解决难点"这一人事工作指导思想,采取了多种有效的措施,使教师队伍建设,特别是中青年骨干队伍建设取得了良好的成效。除了广开渠道,引进国内外优秀人才,还在扶持与压力并举中促进中青年教师的成长。学校依据不同情况对青年教师实施政策倾斜,把一批实力强的中青年业务骨干推向前台大显身手。从1996年开始,北京大学每年投入50万元以上的经费,设立校长科研基金,加强对新启动项目、交叉综合项目和青年项目的支持。1998年,在中青年教师队伍中,已经产生了一批优秀学术带头人。如青年学者数学科学院张继平教授在9月2日获得1998年度香港求是科技基金会颁发的"杰出青年学者奖"后,又在10月份的"中国青年科学家奖"评选中获正式奖。北京大学现有总理基金奖获得者18人,入选国家"百千万人才工程"18人,国家教委"跨世纪人才基金"27人,国家级有突出贡献中青年专家31人,均列全国高校前茅。这些中青年骨干教学科研双肩挑,在竞争中脱颖而出,多人获得多项奖励。

青年科学家奖1人:

数学学院 张继平

青年科学家奖提名奖1人

化学学院 赵新生

求是科技基金奖1人

数学学院 张继平

第六届中国青年科技奖6人

力学与工程科学系 王健平

物理学系 龚旗煌

计算机系 阳振坤

生命学院 唐建国

城市与环境学系 杨开忠

环境科学中心 张世秋

中国地理学会第四届青年地理科技奖1人:

城市与环境学系 柴彦威

中国化学会青年化学奖1人:

化学学院 甘良兵

中国环境科学学会首届青年科技奖共4人:

环境科学中心 胡敏

环境科学中心 马晓明

环境科学中心 张世秋

中国力学学会青年科技奖1人:

力学与工程科学系 王健平

(王进)

【科技成果】 北京大学作为综合性学校,历年来获得国家自然科学奖(主要奖励基础研究和应用基础研究成果)数目最多,而获得国家科技进步奖(主要奖励科技应用和开发成果)和国家发明奖的数目不如清华大学等工科院校。获得的省部级奖励,特别是教育部的奖励名列前茅。但是,因为科研中的"小型化"、"分散化"等其他原因,北京大学近几年获得省部级奖励的质量和数量都有所下降。1998年获得国家级、省部级等各种奖励55项,通过鉴定、评审的科技成果32项,发表专(译著)78部,获得专利权5项,申请专利20项。

(王进)

1998 年通过鉴定、评审的科技成果(32 项)

力学系 2 项

1. 面向对象的控制系统计算机辅助设计基础
叶庆凯、王肇明、文伶
2. 大型冷却塔塔群风压分布研究成果(合作)
顾志福、陈为炎等

技术物理系 1 项

1. 图像配准和融合及其在医学影像中的应用
王卫东、卢卫国、包尚联、纽栋林、尤江生

电子学系 4 项

1. 德州减灾中心雨情自动测报系统
唐镇松、许培良、沈伯弘、顾康德、毛晋昌、高繁民、吴建军 等
2. 印章管理与识别系统(合作)
王道宪、王树元等
3. 公路车辆收费监控系统(合作)
王树元、段晓辉、孙超、李毅、李平曾等
4. 4 * 2.5Gb/s 光纤波分复用系统(合作)
吴德明、徐安士、朱立新、王子宇、张肇仪等

计算机系 6 项

1. 支持 MPP(曙光 2000)的 HPF 编译系统
丁文魁、程旭、都志辉、汪剑平、郑耿斌、许卓群、李晓明等
2. 多通道用户界面的研究
董士海等
3. 数据库管理系统 COBASE V2.0
唐世渭、杨冬青、史森、裴芳等
4. 基于构件、构件复用的面向对象软件开发技术及其系统
杨芙清、梅宏、邵维忠、王玉广、吴穹、李克勤、袁望洪、郭云峰等
5. 网络信息自动发现与查询系统(合作)
陈葆珏、周利民、李全忠、熊怡、雷鸣等
6. 中文编码和分布式中英文信息发现(合作)
陈葆珏、刘建国、周利民、李全忠、熊怡、雷鸣等

地质学系 2 项

1. 鄂尔多斯盆地北部东段古生界天然气成藏规律与目标评价
杨承运、吴朝东、包洪平 等
2. 吐哈岩芯数据库管理系统
潘懋、张树义等

城市与环境学系 7 项

1. 虎林市可持续发展总体规划暨绿色食品发展战略研究
秦其明、蔡运龙、谭仲军、刘大平、周广华、刘红兵、姜玉祥、承继成
2. 北京市门头沟区旅游开发总体规划
陈传康、王恩永、卢培元、许学工、崔海亭、刘继韩、蔡运龙、邵庆山、李蕾蕾、冯若梅等
3. 唐山新区分区规划
陈耀华、董黎明、邓耀东、吴运娟、张明治等
4. 河北省迁安市沙河驿镇规划
吕斌等
5. 黄河三角洲环境系列研究(UNDP 支持黄河三角洲可持续发展专题报告之五)
许学工、蔡运龙、贺雄燕、张亦萌、付在毅等
6. 矿区土地资源复垦技术与利用研究(合作)
蔡运龙、王仰麟等
7. 青海省柴达木盆地跃进二号油田(东高点)油藏储层研究(合作)
任明达、严润娥、徐海鹏、马军付、黎劲松、尹寿鹏、王随继

计算机科学技术研究所 5 项

1. 方正出版社管理系统
方曲祥、孙肖锋、杨建武、陈志雄、张洋、王盛华、陈智清
2. 多文种排版软件方正飞腾 3.0
汤帜、王保华、魏丕、唐英敏、丑成业、李平立、潘艳、吴毛利、张浩、龙武、王学武、苏冬林、李毅、宋明帅、樊力越、曾纪才
3. 方正世纪 RIP1.5
阳振坤、贾文华、汪岳林、杨斌、刘振飞、陈峰、黄渭平、王剑、蒋国新、唐勇、徐忠良、刘廷辉、吴开宇、刘潭华、环昆
4. 多媒体创作工具方正奥思 3.0 版
杨德顺、徐剑波、李征、张锐、周秉锋、李文杰、曹志斌、叶红星、董宁、黄峥
5. 点睛计算机辅助动画制作软件(合作)
郭宗明、邹维、孙磊等

信息科学中心 1 项

1. 河南省基本养老保险管理信息系统(合作)
唐世渭、张岩、裴芳、王文婷等

计算中心 4 项

1. 高校校园网络环境下的办公自动化系统
黄达武、李庭晏、王倩宜、姜如、李润娥、王一心、孙绍芳、宋雅琴、范强、张少云、张芳

2.高校校园网络环境下的本(专)科生教务管理系统
黄达武、陈光、谢素环、耿幼平、何山、李润娥、睢行严、李克安、王一心、孙绍芳、宋雅琴
3.高校校园网络环境下的综合查询与统计系统
李润娥、孙绍芳、王一心、黄达武、王倩宜、陈光、章毅远、宋雅琴、姜如、崔玉琴、侯荣菊、马连芬
4.分布式中英文目录服务技术
张兴华、江涛、罗岳、马皓等

【科技奖励】 科技奖励是评价高校科研水平的重要指标之一。1998年北京大学获得国家级奖励8项,其中,国家科技进步奖6项,发明奖2项。8项中以北京大学为主的有4项,与外单位合作完成的4项。1998年教育部奖北京大学推荐37项,获得奖励24项,其它部委级奖励2项,中奖率为70%。在省部级奖励中,以推荐教育部的奖励为主。其它类型奖励21项,包括青年科学家奖、何梁何利科学与技术进步奖、中国青年科技奖、求是基金奖等。

(王进)

1998年科技获奖情况

国家级奖励(共8项)

(一)国家科学技术进步奖共6项

一等奖1项

1.中国酸沉降及其生态环境影响研究(合作)
环境科学中心、技术物理系　唐孝炎、孙庆瑞等

二等奖2项

1.大型软件开发环境青鸟系统
计算机系　杨芙清、邵维忠、梅宏、陈钟、王立福、朱三元、金茂忠、钱乐秋、黄柏素等

2.COSA国产系统软件平台(合作)
信息科学中心　唐世渭等

三等奖3项

1.《原子核理论》
技术物理系　胡济民

2.《细胞生物学》
生命学院　翟中和、丁明孝

3.塔里木盆地构造特征(合作)
地质学系

(二)国家发明奖共2项

四等奖2项

1.IFV-900型智能流速测量系统
力学与工程科学系　盛森芝、庄永基、徐月亭、刘松秋、张金钟、陈殿兰

2.测径靠尺和显微测树仪(合作)
物理学系　赵绥堂等

省部级科技进步奖共26项

(一)教育部科技进步奖共24项

一等奖5项

1.无穷维Teichmuller空间中的几何
数学学院　李忠

2.反应扩散方程引论
数学学院　李正元等

3.扬子北缘前寒武纪蓝片岩及有关榴辉石研究
地质学系　董申宝、崔文元、张立飞、魏春景、王式光、臧启家、王晓燕

4.生物医学高分子(合作)
化学学院　冯新德等

5.神经网络理论及其智能信息处理应用研究(合作)
信息科学中心　迟惠生等

二等奖9项

1.非线性变分问题奇性解的数值解法
数学学院　李治平

2.仿射和Moebius微分几何中的子流形理论
数学学院　王长平

3.扫描隧道显微镜在纳米科技中的应用
物理学系　杨威生、盖峥、方胜、赵汝光、季航

4.多孔硅的光谱学研究
物理学系、化学学院　张树霖、蔡生民、李经建、贾林、何国山

5.4*2.5Gbit/s,154公里无中继波分复用通信系统
电子学系　徐安士、朱立新、吴德明、王子宇、张肇仪、史美琪、刘佳、唐瑛

6.重稀土分离理论与实践
化学学院　严纯华、廖春生、贾江涛、易洵、高松、孙聆东、王哲民、程福祥、李标国、徐光宪

7.现代汉语语法信息词典

计算机系　俞士汶、朱学锋、路俭明、王惠、郭锐

8.青藏地区晚新生代以来岩溶夷平面与隆升过程研究

城市与环境学系　崔之久、伍永秋、高全洲、刘耕年、葛道凯

9.航天器复杂系统动力学控制(合作)

力学与工程科学系　陈滨等

三等奖 10 项

1.时间序列分析中潜频率模型的参数估计

数学学院　何书元

2.动力系统的理论与计算

数学学院　郑志明、马世龙、宁书城

3.常识推理

数学学院　林作铨

4.《粒子世界探秘》

物理学系　高崇寿

5.超细粒子的湿化学制备方法研究

化学学院　马季铭、程虎民、齐利民、赵振国

6.含稀土新氧化物陶瓷材料的研究

化学学院　郑朝贵、荆西平、田曙坚、李国宝

7.《城市地理学》

城市与环境学系　周一星

8.深港治理深圳河工程环境评估研究

城市与环境学系　陶澍、倪晋仁、王学军、曾辉、黄润华、赵智杰等

9.中国河流颗粒物环境地球化学研究

城市与环境学系　陈静生、王飞越、贾振邦、王学军、邓宝山

10.纳米硅薄膜结构与物性研究(合作)

电子学系　奚中和等

(二)金融科技进步奖 1 项

二等奖 1 项

保险业务综合管理信息系统

信息科学中心　唐世渭、王文婷、裴芳、刘军等

(三)河北省科技进步奖 1 项

一等奖 1 项

1.河北省迁安市沙河驿镇规划

城市与环境学系　吕斌、陈晓卉、周林杰等

(四)中国分析测试协会奖 1 项

技术物理系　郭之虞、李坤、鲁向阳、汪建军、李斌、刘光新、袁敬林、马宏骥、陈佳洱

(五)何梁何利基金科学与技术进步奖共 4 人

1.数学学院　程民德

2.化学学院　冯新德

3.化学学院　张青莲

4.信息科学中心　石青云

【理科论文】　国家论文数据取自美国三种在国际上颇具影响的检索工具:《科学引文索引》(SCI)、《工程索引》(EI)和《科学技术会议录索引》(ISTP);国内论文数据直接取自我国主要科技期刊(1998 年为 1286 种)。

北京大学理科论文 SCI 收录量 1993 至 1995 年一直在 200 篇左右徘徊,1993 年学校设立“北京大学方正论文奖”,专门奖励论文被 SCI 和 EI 收录的第一作者,每篇奖励个人 300 元,SCI 收录的文章还另外奖励 3000 元科研经费。1996 年达到 285 篇,1997 年 458 篇。

据 1998 年中国科技论文统计结果,北京大学被 SCI 收录论文 544 篇,高校排名第二;被引用论文篇数为 505 篇,排名第二。

1998 年北京大学的国内论文数为 935 篇,在高校中排位第十二。论文被引用次数为 1672 次,排位第四。

(王进)

1998 年 SCI 论文情况

单　位	IP 因子较低文章数	IP 因子较高文章数	优秀文章数	总计
数学学院	45	10	0	55
力学系	13	0	0	13
物理系	117	33	0	150
地球系	7	5	0	12
技物系	26	3	0	29
电子学系	7	2	0	9
计算机系	8	1	0	9
化学学院	139	38	0	177
生命学院	28	11	1	40
地质系	12	2	0	14

单　位	IP因子较低文章数	IP因子较高文章数	优秀文章数	总计
城环系	9	2	0	11
心理系	0	1	0	1
重离子所	5	2	0	7
微电子所	9	0	0	9
环境中心	2	0	0	2
自然科学处	6	0	0	6
总计	433	110	1	544

注:IP因子是论文被引用量。

【科技专著】 1998年北京大学理科出版专译著、专业教材和科普著作等共78部。其中专著30部、译著10部、专业教材30部和科普著作8部。专业教材主要来自数学学院和计算机科学技术系,专著主要来自城市与环境系和计算机科学技术系。

(王进)

1998年出版的科学技术著作(78部)

数学学院16部

1. An Introduction to Inverse Algebraic Eigenvalue Problems(专著),徐树方,北京大学出版社/德国Vieweg出版社
2. SAS系统, SAS/ETS软件使用手册(译著),高惠璇、李贵斌、何书元、李东风、栾贻会,中国统计出版社
3. 微分流形初步(教材),陈维桓,高等教育出版社
4. 随机过程论(教材),钱敏平等,北京大学出版社
5. 应用随机过程(教材),钱敏平等,北京大学出版社
6. 有限群和紧群的表示论(教材),丘维声,北京大学出版社
7. 高等数学(教材),姚孟臣,北京大学出版社
8. 高等数学(学习指导书)(教材),姚孟臣等,北京大学出版社
9. 高等数学(同步练习册)(教材),姚孟臣等,北京大学出版社
10. 大学文科高等数学(第一册)(教材),姚孟臣等,北京大学出版社
11. 大学文科高等数学(第二册)(教材),姚孟臣等,北京大学出版社
12. 硕士研究生入学考试(数学)应试教程(理工类)(教材),田茂英等,科学技术文献出版社
13. 理工类数学最后冲刺(硕士研究生入学考试)(教材),田茂英等,科学技术文献出版社
14. 硕士研究生入学考试(数学)应试教程(经济类)(教材),田茂英等,科学技术文献出版社
15. 经济类数学最后冲刺(硕士研究生入学考试)(教材),田茂英等,科学技术文献出版社
16. Partial Differential and Integral Equations(合作)(论文集),闻国椿等, Kluwer Academic Publishers

力学与工程学系1部

1. CFD Review 1998(专著),王健平等, World Publishing

物理学系1部

1. 高温超导物理(教材),韩汝珊,北京大学出版社

地球物理学系2部

1. Seismograms Synthesis: theory and applications(专著),陈晓非,国家地震局内部发行
2. 空间物理前沿进展(专著),濮祖荫、涂传诒、宋礼庭、肖佐、王树仁、付绥燕、王劲松、陈祖兴,气象出版社

技术物理系3部

1. 室内环境质量调查——北京大学园区室内空气污染综合评价(专著),白郁华、陈旦华等,原子能出版社
2. 生物医学电子学(教材),蔡建新等,北京大学出版社
3. 平衡生命的砝码——微量元素与健康(科普),唐任寰,湖南教育出版社

计算机系18部

1. 现代汉语语法信息词典详解(专著),俞士汶、朱学峰、王惠、张芸芸,清华大学出版社
2. Petri 网原理(专著),袁崇义等,电子工业出版社
3. 面向对象的系统分析(专著),邵维忠、杨芙清,清华大学出版社
4. Smalltalk 程序设计原理(译著),梅宏、黄柏素,科学出版社
5. 多媒体通信协议及应用(译著),龙晓苑、吴良芝,清华大学出版社
6. 数据结构与算法分析(译著),张铭、刘晓丹,电子工业出版社
7. Java 开发程序设计——设计原理与模型(译著),严伟、陈志兰,北京大学/爱迪生维斯理出版有限公司
8. Internet 网络安全专业参考手册(译著),严伟、刘晓丹、王干祥,机械工业出版社/西蒙与舒斯特国际出版公司
9. 离散数学(教材),耿素云、屈婉玲,高等教育出版社
10. 概率统计(教材),耿素云、张立昂,北京大学出版社
11. 集合论与图论(教材),耿素云,北京大学出版社
12. DECnet-VAX 应用与开发(教材),卢锡城、严伟,解放军出版社
13. 代数结构与组合数学(教材),屈婉玲,北京大学出版社
14. C 语言程序设计(教材),孙家骕等,北京大学出版社
15. 从标准 Pascal 到 Delphi 4.0 (上册)(教材),张铭等,北京大学出版社
16. 数据结构——C++与面向对象的途径(教材),张乃孝、裘宗燕,高等教育出版社
17. Visual FoxPro 3.0 中文版——命令和函数(科普),徐其钧等,人民邮电出版社
18. Visual FoxPro3.0 中文版——类和对象(科普),徐其钧等,人民邮电出版社

化学学院 5 部

1. 唐有祺文集(专著),唐有祺,北京大学出版社
2. 钎焊手册(专著),张启运等,机械工业出版社
3. 生命科学中的微量元素分析与数据手册(专著),赵夔、慈云祥、唐任寰等,中国计量出版社
4. 化学(教材),周公度、阮慎康、樊杰等,上海书局有限公司
5. Peptide: Biology and Chemistry(论文集),徐筱杰、叶蕴华等, Kluwer Academic Publishers

生命学院 5 部

1. 细胞生物学动态(第二卷)(专著),翟中和、佟向军、陈建国、闵光伟、赵允等
2. 植物分子生物学——实验手册(译著),顾红雅、瞿礼嘉、陈章良,高等教育出版社/施普林格出版社
3. 现代生物技术导论(教材),瞿礼嘉、顾红雅、陈章良等,高等教育出版社/施普林格出版社
4. 行为生态学(教材),尚玉昌,北京大学出版社
5. PCR 传奇(科普),朱玉贤译,(上海科技教育出版社

地质学系 1 部

1. 小秦岭变质核杂岩的构造特征,形成机制及构造演化(合作)(专著),郑亚东、刘树文等,海洋出版社

城市与环境学系 15 部

1. 中天山冰冻圈地貌过程与沉积特征(专著),崔之久、刘耕年等,河北科学技术出版社
2. 河流动力地貌学(专著),倪晋仁、马蔼乃,北京大学出版社
3. 黄河三角洲地域结构、综合开发与可持续发展(专著),许学工,海洋出版社
4. 资源环境生态区系统控制(专著),晏磊,华夏出版社
5. 高等经济地理学(专著),杨吾扬等,北京大学出版社
6. 中国古代地学史大纲(专著),于希贤,河北科学技术出版社
7. 生物与文化基因上的图示(专著),俞孔坚,台湾田园城市文化事业有限公司
8. 景观、文化、生存和感知(专著),俞孔坚,科学出版社
9. 市域城镇体系规划研究——以洛阳市为例(专著),周一星、陈耀华等,中国环境科学出版社
10. 拦减粗泥沙对黄河河道冲淤变化影响(合作)(专著),倪晋仁等,黄河水利出版社
11. 世界的高技术园区(译著),王缉慈等,北京理工大学出版社
12. 开放后的中国(教材),胡兆量、韩茂莉,中国环境科学出版社
13. 中国区域经济差异及其对策(教材),胡兆量、王恩涌、韩茂莉,清华大学出版社
14. 新世纪的中国城市(教材),胡兆量、谢正观,台

湾台北市唐山出版社

15. Changing Spatial Patterns of Medium - Sized Cities in China(专著),王超、胡兆量等,China Environmental Science Press

心理学系6部

1. Recent Advances in Human Neurophysiology(专著),沈政、Junwei Chen、Zhihuon Chen、Yang Jiang、Weian Huan、Pengfei Wu、Guanghao Wu、Baoyun Sun等,ELSEVIER
2. Organizational Psychology, Foundations and Applications(合作)(专著),沈政等,Oxford University Press(纽约)
3. Recent Advanced in Human Biology(合作)(专著),苏彦捷、任仁眉、李进军、周茵等,World Scientific Publishing
4. 名医谈老年医疗保健(合作)(专著),肖健等,中国计量出版社
5. 认知神经科学(译著),(心理学系、信息科学中心)沈政、朱滢、迟惠生等,上海教育出版社
6. 心理保健(科普),肖健、侯玉波等,科学普及出版社

环境科学中心3部

1. 驻马店杨庄——中全新世淮河上游的文化遗存与环境信息(专著),环境科学中心、城市与环境学系、地质学系、考古学系
宋豫秦、莫多闻、姜钦华、韩建业、雷兴山、王宪增等,科学出版社
2. 1998 Assessment Report of the UNEP TEAP Economic Options Committee(合作)(专著),张世秋等,UNEP
3. 里约后五年:环境政策的创新(合作)(译著),张世秋等,中国环境科学出版社

计算中心2部

1. 北京大学管理信息系统的建设(专著),黄达武、李润娥、陈光、李庭晏,机械工业出版社
2. Internet实用技术教程(教材),刘贺湘、张立云、滕小玲,清华大学出版社

【专利】 专利包括发明专利、实用新型专利和外观设计专利。北京大学作为综合性大学,主要以发明专利为主。从1985年中国实施专利法以来,北大共申请专利172项,其中发明专利132项,实用性型40项。获权专利92项,其中发明专利53项,实用新型39项。北京大学作为知识创新的主体,从每年承担800多项理科科研项目来讲,所申请的专利数远远不够。原教委科技发展中心做的“1985年至1996年高校历年申请专利情况统计”表中,北京大学排名21,“1985年至1996年获得专利权情况统计”表中,北京大学排名26。

(王进)

1998年授权专利5项

1. 金属有机物气相外延制备氮化物单晶薄膜的装置与方法(发明)/张国义、方家驯
2. 制备三环异色满的方法(发明)/米宝雨
3. 分离重金属杂质制高纯稀土的方法(发明)/黄春辉
4. 贵重物品存放柜(新型)/任卫东
5. 合成—吡咯烷酮乙酰胺的方法(发明)/花文廷

1998年申请专利20项

1. 一种氧化钛-氧化铝复合物为载体的钯催化剂及其制法和用途(发明)/朱月香、谢有畅、李峰、唐伟、唐有祺
2. 分离作用射频四极场加速方法及其装置(发明)/陈佳洱
3. 一种从天麻中提取的抗真菌蛋白及其制备方法(发明)/陈章良、徐庆
4. 高聚物热解碳为负极的锂离子电池(发明)/慈云祥
5. 栅控混合管及其制备方法(发明)/黄如
6. 烟草花叶病毒外壳蛋白三个突变体基因(发明)/李毅、陈章良、周北雁、李恩虎、俞立
7. 分离生产各种纯度规格稀土的工艺(发明)/廖春生、严纯华、贾江涛、高松、李标国
8. 萃取分离生产高纯氧化镥的工艺(发明)/廖春生、严纯华、贾江涛、李标国
9. 获得雄性不育植物的分子方法(发明)/林忠平、胡鸾雷
10. 能提高免疫功能的活性肽及其应用(发明)/宋艳玲
11. 铟镓氮单晶薄膜金属有机物气相外延生长(发

明)/童玉珍

12. 一种用于表面工艺多晶硅结构释放工艺(发明)/肖志雄、郝一龙、张国炳、李婷、张大成、刘诗美 李志宏、陈文茹、武国英、王阳元

13. 一种横向检测式陀螺(发明)/李志宏、肖志雄、郝一龙、张大成、李婷、武国英、王阳元

14. 光纤阵列型基因芯片及其制作方法(发明)/阎宏

15. 一种由四氢呋喃聚合制备聚酶的方法(发明)/张鸿志、张阿方、张广利

16. 浮雕、碑刻三维激光扫描仪(发明)/张明

17. 三维激光扫描仪(发明)/张明、李新章

18. 真人头像三维激光扫描仪(发明)/张明、李新章

19. 硅)/硅键合质量测试仪(新型)/肖志雄、张大成、武国英、张录、张太平、张国炳、王阳元

20. 用于现场遥测的使用单路接受光纤的拉曼散射光探头(新型)/杜为民、周赫田、王晶晶

【科技开发】 1998年科技开发工作又上了一个新台阶,合同额突破1亿元,当年到款达3200万元,相当于1996年的10倍。为使北京大学的科技成果尽快推向市场,建立了科技开发风险基金,并制定相应的管理办法,从而规范了科技开发管理,并将科技开发工作定位在北大科技开发工作的组织和服务上。逐步开展了从项目组织到项目宣传、合同谈判、信息咨询、法律服务以至资金和政策支持等方面的工作。

(王进)

1998年北京大学主要科技合同分布表

项　目	合同金额(万元)	项　目	合同金额(万元)
宁夏辉煌制药厂蚓激酶	700	与凤凰相机公司、乐凯胶卷公司合作	1400
深圳河治理	1300	肇东市炼油厂	800
计算语言所出口软件	100	电子技术所出口软件	50
三峡网络工程	45	沙漠逐鹿筑路技术股	189
光纤622模块技术股	150	两个MT提成折合	800
水蛭素	120	稀土催化剂	400
胃安素	300	鞍山胜宝联营	6410
金属硫蛋白	300	其它各种小合同	约100

【重点实验室】 北京大学有11个国家重点实验室、3个教育部开放实验室、2个工程研究中心、1个国防重点实验室,已形成国家级、部委级以及校级研究机构基地配套齐全的体系。这些研究机构承担了大量的科研课题,也取得了大量优秀研究成果。如获得国家科技进步奖二等奖的"大型软件开发环境青鸟系统"、获得教育部科技进步一等奖的"重稀土分离理论与实践"、合作完成获得国家科技进步一等奖的"大气酸化和酸沉降研究"等,都出自这些实验室。

国家重点实验室是:

实验室名称	主任
人工微结构与介观物理	甘子钊
分子动态与稳态结构	吴念祖
蛋白质工程及植物基因工程	陈章良
生物膜与膜生物工程	吴才宏
视觉与听觉信息处理	唐世渭
湍流研究	佘振苏
稀土材料化学及应用	黎乐民
暴雨监测与预测	陈受钧
区域光纤通信网与新型光纤通信系统	吴德明
文字信息处理	王　选
环境模拟与污染控制	胡　敏

教育部开放实验室是:

实验室名称	主任
数学与应用数学	张恭庆
重离子物理	陈佳洱
生物有机与分子工程	袁　谷

国家工程研究中心是:

研究中心名称	负责人
电子出版新技术工程研究中心	王　选
软件工程国家工程研究中心	杨芙清

国防重点实验室是:

实验室名称	主任
微米/纳米加工技术国防重点实验室	王阳元

(王进)

1998 年理科到校科研经费统计表

单位名称	教育部各类项目	重点实验室经费	国家重大基础研究	国家攻关项目	国家863 计划	国家自然科学基金	其它类科学基金	基础科学基金	协作科研项目	与云南省合作项目	合计
数学科学学院	736,600	1,100,000	299,000	160,000	50,000	1,352,301	50,000	400,000	194,500		4,342,401
力学与工程科学系	693,940	200,000	347,600	21,500	135,000	680,069	8,000	400,000	442,280	200,000	3,128,389
物理学系	1,150,940	200,000	618,500	72,800	1,945,000	3,297,150	220,100	400,000	373,500		8,277,990
地球物理系	414,840	200,000	442,200	563,156	0	2,609,000	50,000	400,000	701,732		5,380,928
技术物理系	606,980		180,000	135,000	720,000	1,531,500	155,000	200,000	181,000		3,709,480
电子学系	212,980	100,000	90,000	784,290	1,450,000	917,000	113,000		627,836		4,295,106
计算机科学技术系	295,120		72,000	9,758,930	20,000	78,000	40,000		312,638	900,000	11,476,688
化学与分子工程学院	1,218,500	400,000	1,916,830	450,000	390,000	4,680,546	237,500	400,000	1,717,792	1,950,000	13,361,168
生命科学学院	627,900	300,000	350,000	630,000	2,532,542	2,593,500	192,401	400,000	819,892	1,500,000	9,946,235
地质学系	560,040	80,000	100,000	595,263	100,000	1,143,500	20,000	400,000	503,044		3,501,847
城市与环境学系	672,020			290,000	0	2,026,000	158,000	400,000	798,623	1,000,000	5,344,643
心理学系	199,640		20,000	118,700	0	171,000	40,000	0	3,000	0	552,340
重离子物理研究所	810,000						28,000		96,500	0	934,500
计算机科学技术研究所	31,960	200,000							20,000	0	251,960
遥感技术研究所	49,860			1,853,760	54,000	129,000			204,569		2,291,189
微电子研究所	237,040			7,599,000		42,000			4,368,000		12,246,040
信息科学中心	192,780	200,000	11,000	1,386,450	300,000	538,000					2,628,230
环境科学中心	47,440	100,000		70,000		541,000	40,000		148,600		947,040
计算中心	100,000			399,500	24,400				4,379		528,279
其它	1,500,000		1,001,470							100,000	2,601,470
合计	10,358,580	3,080,000	5,448,600	24,888,349	7,720,942	22,329,566	1,352,001	3,400,000	11,517,885	5,650,000	95,745,923

1998年理科到校科研经费统计图

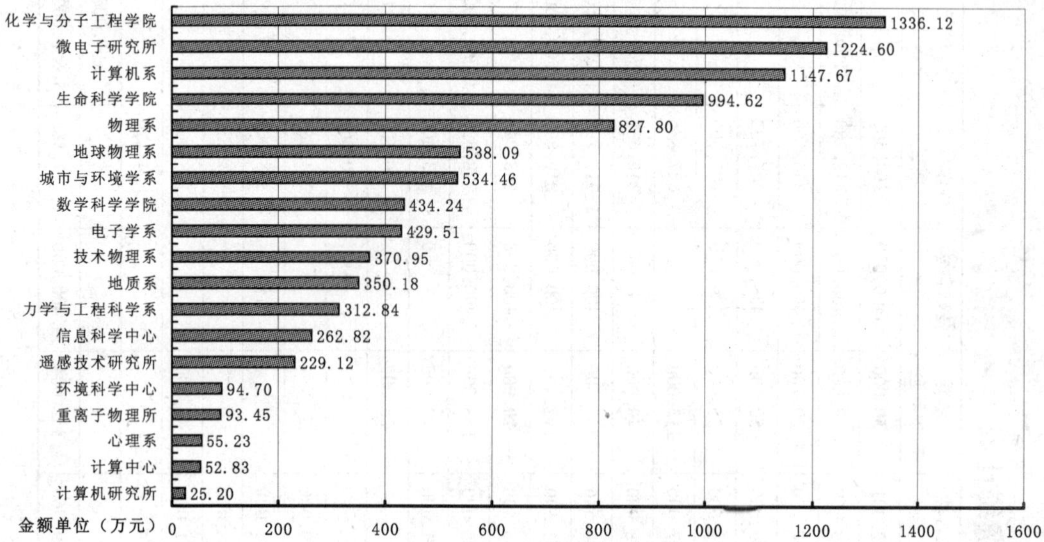

1998年理科到校科研课题统计表

单位名称	教育部各类项目	学校自选课题	国家重大基础研究	国家攻关项目	国家863计划	国家自然科学基金	其它类科学基金	国防科工委	协作科研项目	与云南省合作项目	合计
数学科学学院	27	5	0	1	2	34	10	2	2	0	83
力学与工程科学系	12	2	2	0	1	17	10	1	3	1	49
物理系	23	3	1	0	7	48	13	4	0	0	99
地球物理系	10	3	4	2	0	24	7	0	3	0	53
技术物理系	8	2	0	2	1	27	9	0	4	0	53
电子学系	6	3	0	0	3	14	1	16	4	0	47
计算机科学技术系	2	3	1	3	4	4	1	0	0	1	19
化学学院	27	6	4	1	3	62	13	1	0	5	122
生命科学学院	16	3	1	5	10	39	6	0	4	4	88
地质学系	11	5	1	7	0	23	9	0	2	0	58
城市与环境学系	11	4	0	1	0	29	4	0	8	1	58
心理学系	1	3	0	2	0	4	0	0	0	0	10
计算机研究所	1	0	0	0	1	1	0	0	0	0	3
遥感技术研究所	0	0	0	2	1	3	1	0	1	0	8

单位名称	教育部各类项目	学校自选课题	国家重大基础研究	国家攻关项目	国家863计划	国家自然科学基金	其它类科学基金	国防科工委	协作科研项目	与云南省合作项目	合计
微电子研究所	2	0	0	6	0	0	0	14	0	0	22
信息科学中心	1	0	0	2	1	3	0	0	0	0	7
环境科学中心	4	2	0	2	0	5	4	0	0	0	17
其他	0	0	0	8	0	6	0	0	0	0	14
合计	162	44	14	44	34	343	88	38	31	12	810

1998年度国家自然科学基金项目获准情况(按学部统计)

学部名称	申请项目数		获准项目数		获准率(%)		获准经费(万元)		NSFC
	面上	重点	面上	重点	面上	面上+重点	面上	重点	批准率(%)
数理科学部	47	10	25	6	53.19	54.39	268.0	157.0	20.03
化学科学部	40	3	20	3	50.00	53.49	242.0	160.0	17.02
生命科学部	41	3	15	2	36.59	38.64	181.5	160.0	10.04
地球科学部	64	2	19	2	29.69	31.82	306.0	220.0	14.57
材料科学部	14		2		14.29	14.29	25.0		12.29
信息科学部	21		11		52.38	52.38	142.0		16.84
管理科学部	12		4		33.33	33.33	37.5		10.09
合计	239	18	96	13	40.17	42.41	1202.0	697.0	
总计	257		109		42.41		1899.0		

1998年度国家自然科学基金项目获准情况(按院系统计)

单位名称	申请项目数		获准项目数		获准率(%)		获准经费(万元)		教职员工	人均项
	面上	重点	面上	重点	面上	面上+重点	面上	重点	总人数3	目数(%)
数学学院	14	6	11	5	78.57	80.00	84.0	87.0	151	10.60
力学系	17		7		41.18	41.18	94.0		115	6.09
物理系	20	3	10	1	50.00	47.83	126.0	70.0	237	4.64
地球物理系	12		7		58.33	58.33	104.0		110	6.36
技术物理系	13		3		23.08	23.08	41.0		184	1.63
电子学系	6		2		33.33	33.33	27.0		134	1.49
计算机系	8		2		25.00	25.00	24.0		199	1.01
化学学院	44	2	22	2	50.00	52.17	267.0	60.0	339	7.08
牛命学院	28	3	9	2	32.14	35.48	110.0	160.0	218	5.05
地质系	31	1	8	1	25.81	28.13	130.0	110.0	121	7.44
城环系	27	1	6	1	22.22	25.00	95.5	110.0	86	8.14
心理系	4		3		75.00	75.00	33.0		43	6.98
遥感所	4		2		50.00	50.00	28.0		35	5.71
信息中心	1		0		0.00	0.00	0.0		24	0.00
环境中心	4	1	1	1	25.00	40.00	11.0	100.0	42	4.76
其它	6	1	3		50.00	42.86	27.5			
合计	239	18	96	13	40.17	42.41	1202.0	697.0		
总计	257		109		42.41		1899.0			

1998年度国家杰出青年科学基金项目获准情况(按学部统计)

学部名称	A类		B类		C类	
	申请人数	获批准人数	申请人数	获批准人数	应结题人数	获延续人数
数理科学部	3	1	10	3	2	1
化学科学部	3	2	1	1	2	1
生命科学部	2		1	1	2	1
地球科学部	2		3		1	1
材料科学部						
信息科学部	4					
管理科学部						
合计	14	3	15	5	7	4
NCFC合计	402	100	135	32	81	20

文科科研工作

【综述】 北京大学是一所综合性大学，人文学科的历史尤为悠久。一百年来，北京大学在传播马克思主义、弘扬中华民族优秀文化、推进我国现代化建设等方面，发挥了独特的作用，形成了优良的学术传统和学风。新中国建立后，北大文科汇聚了一大批全国最著名的学者，如马寅初、汤用彤、冯友兰、翦伯赞、王力、曹靖华、朱光潜、冯至、冯定、陈岱孙等。至今仍拥有季羡林、费孝通、张岱年、周一良、林庚、宿白、王铁崖、赵理海、李赋宁、金克木等老一辈杰出学者。同时，涌现出厉以宁、吴树青、裘锡圭、袁行霈、田余庆、汤一介、叶朗等一大批国内外知名度很高的学者，许多人曾经或正在担任国内外重要学术机构的主要领导职务。

1998年，北京大学文科有18个院系。一级实体研究所或中心有3个，二级实体研究所或中心有12个，虚体所或中心有50多个。北大文科学科齐全，重点学科19个、博士点67个，都高居全国之首。国际学术交流与合作十分频繁，而且层次高、影响大。学术成果在国家、省部级历次评奖中均名列前茅。

北京大学在世界上享有很高的声誉，文科起到了举足轻重的作用。但与创办世界一流大学的要求相比，仍有差距，主要是研究经费和实验设备严重不足，基础设施条件差，研究手段和方法比较陈旧，新的图书资料匮乏，网络条件差，无法及时获得信息资源，这些都严重影响了北大文科学术水平的进一步提高和中国优秀文化向世界的传播。

(耿琴)

【科研项目】 北大文科科研项目经费资助来源主要包括全国哲学社会科学规划办公室的国家哲学社会科学项目、教育部的人文社会科学规划项目、北京市哲学社会科学规划办公室的哲学社会科学项目以及其它部、委和各类机构、基金设立的项目。文科“211工程”已立项的项目有：建设中国传统文化学科群，包括中文系语言学实验室、历史系多媒体实验室、考古系文物保护实验室、哲学系文史哲信息系统；建设经济学与市场管理学科群，包括光华管理学院经济与社会模拟实验室；建设社会可持续发展学科群，包括法律系法律信息网、高教所教育政策模拟研究实验室等；改善外语类资料室条件，包括俄语系、西语系、东方学系。目前这些项目进展正常，有些项目已经取得阶段性成果。

国家哲学社会科学基金项目 国家哲学社会科学基金年度项目包括一般项目和青年项目两种，每年3月受理申请，全国获批准资助520项左右。1998年我校文科共申报72项，通过初审、复审，最后获批准19项，获资助项目总数为全国高校第二(中国人民大学第一，22项)，中标率居全国高校第一，为26.4%。

国家教育部人文社会科学“九五”规划项目 国家教育部人文社会科学研究“九五”规划项目包括重大、重点、规划基金、博士点基金和青年基金等五类，“九五”期间，国家教育部于1996年、1998年分别组织全国高校进行了申报。1998年北大文科共申报84项，通过初审、复审，最后获批准28项，获资助项目总数位居全国高校前列。

教育部留学回国人员科研启动基金项目 为了贯彻国家留学回国人员方针，充分发挥广大留学

获1998年国家哲学社会科学基金项目表

项目负责人	项目负责人单位	项目名称	经费额(万元)
智效和	马克思主义学院	俄罗斯国有财产私有化(自选项目)	3.30
白建军	法律系	金融犯罪研究	3.30
王幼平	考古系	中国旧石器时代考古学方法研究	3.30
刘兹恒	信息管理系	虚拟图书馆和传统图书馆的关系研究	3.00
沈　弘	英语系	中古英语文学研究	3.60
俞士汶	计算机语言所	古诗计算机辅助研究系统及其应用	4.00
徐　春	哲学系	可持续发展与社会文明建设	3.30
陈岗龙	东方学系	蒙古族目莲救母故事与汉族目莲戏的比较研究	1.60
徐凤林	哲学系	当代俄罗斯哲学的文化阐释	2.50
张国有	光华管理学院	中国跨国公司经营业绩评估	4.00
叶自成	国际关系学院	跨入21世纪的俄罗斯与中俄关系	3.20
刘贵平	人口所	社会统筹及个人账户相结合式养老保险的风险因素分析	2.50
杨善华	社会学系	农村家庭、家族活动的现状及其对现代化影响的研究	3.50
谢立中	社会学系	八十年代以来国外“现代性”与“后现代性”社会理论研究	3.50
周志忍	政治学与行政管理系	公共组织绩效评估的理论与方法	3.30
黄恒学	政治学与行政管理系	我国事业单位体制改革研究	3.00
陈保亚	中文系	近二十年来中国语言学理论建设研究	3.60
张双棣	中文系	《吕氏春秋》词义研究	3.60
邵永海	中文系	《韩非子》词义研究	2.60

获1998年国家教育部人文社会科学九五规划项目表

项目负责人	申请人所在单位	课题名称	批准经费(万元)
李　东	光华管理学院	基于区域网的案例教学研究教学模式	1.50
李红云	法律系	海洋法专题研究	2.20
袁　方	社会学系	转型时期的政府与失业职工	2.20
程为敏	社会学系	改革以来农民流动和城市社会结构的变迁	2.20
王　杰	国际关系学院	联合国安理会否决权研究	2.20
苏彦捷	心理学系	概念形成机制的比较研究	2.20
孙小礼	科学与社会研究中心	自然科学与人文社会科学方法论的比较研究	2.50
曹玉文	哲学系	社会发展理论研究	2.50
韩林合	哲学系	维特根斯坦和老庄哲学比较研究	2.50
孙尚扬	哲学系	1840年以前的中国基督教	2.50
胡家峦	英语系	英国诗歌与基督教传统	2.50
王邦维	东方学系	佛经翻译文学研究	2.50
林承节	东方学系	印度现代史(独立以后)	2.50
秦大树	考古系	磁州窑窑炉的考古研究	2.00
李保平	亚非所	南非政治发展进程及模式研究	1.80
李　强	政治学与行政管理系	当代西方政治思潮研究	2.50
饶戈平	法律系	多极化、全球化与现代国际法的发展	2.50
白桂梅	法律系	国家人权法研究	2.50

项目负责人	申请人所在单位	课题名称	批准经费(万元)
陆杰华	人口所	中国城市居民购买力指数研究	2.00
李国新	信息管理系	20世纪的目录学研究与面向21世纪的目录学学科建设	2.50
赖茂生	信息管理系	多媒体数字化图书馆的标引与检索技术研究	3.00
陈向明	高等教育研究所	初中阶段渗透职业技术教育模式研究	2.00
喻岳青	高等教育研究所	大学教学中"教"与"学"的心理学问题	2.50
沈　政	心理学系	内隐认知与脑事件相关电位在智力测验中的应用	2.50
姜景奎	东方学系	印度戏剧研究	1.20
陈岗龙	东方学系	喀尔喀蒙古英雄史诗研究	1.20
麻国庆	社会学人类学研究所	蒙古民族的民间环境知识与草原生态保护	1.20
鄢盛明	社会学系	人口老龄化与城市高龄老人的照顾问题	1.20

获1998年教育部留学回国人员科研启动资金项目表

项目负责人	所在单位	课题名称
赵耀辉	中国中国经济研究中心	我国农村入学率分析
沈　弘	英语系	中古英语文学史研究
李　琨	国际关系学院	交流与融合:世界优秀影视作品与我国中小学生素质教育
彭广陆	东方学系	日汉四字成语对比研究
马万华	高等教育研究所	高等教育中教学模式改革探索
张　思	社会学人类学研究所	近代华北地区农村社会的变迁; 最近二十年间日本学者关于亚洲农村社会的研究
田庆生	西语系	法国现代小说的诞生
滕军	东方学系	中日茶文化交流史;日本传统文化论
谷　裕	西语系	德语十九世纪小说
张　骐	法律系	产品责任法的比较研究及中国产品质量法的改革与发展
关贵海	国际关系学院	俄罗斯政治文化研究
彭小瑜	历史系	西方法制传统的形成与发展:十一到十三世纪教会法与世俗法的关联与冲突
麻国庆	社会学人类学研究所	民间环境知识与生态保护
董小英	信息管理系	网络环境下的电子信息资源管理

人员在科教兴国中的作用,支持他们回国后的教学、科研工作,教育部于1991年开始设立留学回国人员科研启动基金。教育部留学服务中心随时受理留学回国人员的科研启动基金项目申请书,每年3月份、7月份共审批两次,申请者必须具有博士学位(获国内博士学位在外留学一年以上),年龄在45岁以下。1998年北大共申请18项,14项获批准。

中欧高等教育合作项目　中欧高等教育合作项目是由中国教育部与欧盟委员会合作,资助中国学者从事有关欧洲问题研究的项目。该项目始于1997年,共持续四年,将于2000年结束。1998年为该项目的第二轮资助。在本次申请中,北大有4个合作项目标,最后中标4项,中标率为100%。

(耿琴)

1998年中欧高等教育合作项目表

项目负责人	单　位	项目名称	经费额(1埃居约为10元人民币)
韦　之	法律系	欧盟著作权法一体化及其对中国的借鉴作用	欧盟6000埃居
马　戎	社会学人类学研究所	西欧人口迁移与民族关系	欧盟9000埃居
卢淑华	社会学系	欧盟公众环境意识及环境政策及其对中国现代化的意义	欧盟6000埃居
林勋建	国际关系学院	欧盟政党与欧洲一体化	欧盟5000埃居

【跨世纪人才培养】 国家教育部为稳定和培养高等院校人文社会科学中青年学术骨干，实施人文社会科学“跨世纪优秀人才培养计划”工程，北京大学为积极配合该项工作并做到切实地有计划落实，特制定文科“跨世纪优秀人才”培养计划。

北京大学跨世纪人才培养计划　培养目标是：培养具有较高政治素质、较突出学术成就的中青年骨干教师；新一代马克思主义的人文社会科学家；跨世纪的学科学术带头人。

科学研究部督促入选者制定个人培养计划，每学期检查一次执行情况，并于每年年底填报《“跨世纪优秀人才”培养计划(人文社会科学)年度检查表》，报送国家教育部社会科学研究与政治思想工作司。做好入选者参加项目申报、成果评奖等工作，对于其他特殊基金申报优先考虑入选者，提高他们的学术水平和科研能力，为入选者能顺利开展项目研究做好管理和服务工作。

科研部会同校教务部和研究生院及相关院、系、所负责安排入选者教学任务，鼓励他们开新课，并编写出高水平教材；积极组织入选者的教学观摩工作，并且总结和推广他们的教学经验。

校国际合作部、人事部在安排长期与短期的校级交流项目或遴选参加重要国际学术会议人选时，优先考虑入选者，使他们有更多的机会走出国门，了解本学科的最新进展，为他们能尽早达到本学科国际先进水平创造条件。

校组织部、人事部在干部培养方面优先考虑入选者，提高他们的领导能力、管理能力，使他们在提高学术水平的同时，政治素质及政策水平也能得到提高，成为政治素质、业务水平都能跨世纪的优秀人才。

北京大学出版社为入选者科研成果和教学成果的出版提供帮助；并尽快将他们的成果推向社会，使其成果尽快产生社会效益和经济效益。

北京大学将尽量提高入选者的工资待遇，尽可能改善入选者的工作环境和住房条件，督促后勤部门做好后勤保障工作，以便使入选者免除后顾之忧，全身心地投入工作。校科研部将协助财务部做好项目经费管理工作。

教育部“跨世纪优秀人才培养计划(人文社会科学)　北京大学第一批入选11人。他们分别是历史系的荣新江、朱孝远、高毅，光华管理学院的朱善利，经济学院的刘伟，法律系的陈兴良、朱苏力、龚刃韧，社会学人类学所马戎，高教所闵维方。

第二批入选7人。他们是哲学系的陈来、丰子义、刘壮虎，中国经济研究中心的林毅夫，政治学与行政管理系的王浦劬，国际关系学院的叶自成，社会学与人类学研究所的周星。

(耿琴)

【资助基金】 1998年，北京大学有3项来自台湾和韩国的资助基金，以帮助从事人文或社会科学研究的教师和研究生。

中流研究奖助金　该奖金始设于1996年，由台湾中流文教基金会设立，资助从事人文或社会科学研究的教师和研究生。

韩静远哲学教育奖学金　该奖学金始设于1998年，由台湾韩效忠先生出资设立，资助从事哲学方面的研究项目。

韩国学研究基金　本基金始设于1995年，由韩国国际交流集团设立。该基金资助有关韩国问题研究的人文及社会科学项目。

(耿琴)

1998 年获得中流研究奖助金资助学者名单

姓名	单位	项目名称	资助经费额(元)
李　更	中文系	宋代馆阁校勘研究	5000.00
杨荣祥	中文系	从《世说新语》看汉语同义词聚合、反义词聚合的历史演变	5000.00
张　健	中文系	元代诗法研究	5000.00
孟二冬	中文系	唐诗研究史	5000.00
吴小红	考古系	利用碳、氧同位素研究古代人的饮食	5000.00
杨哲峰	考古系	战国秦汉酒器研究	5000.00
姚志勇	经济学院	九十年代美国信息经济的发展	5000.00
闫学杉	经济学院	信息传播学的内容与结构	5000.00
潘　钧	信息管理系	日语语法变迁史略说一以中世语法的演变为中心	5000.00
程　彤	东方学系	波斯语言的发展特点——兼谈伊朗对外文化交流	5000.00

1998 年获得韩静远哲学教育奖学金资助学者名单

姓名	单位	项目名称	资助经费额(元)
漆永祥	中文系	论中国传统考据学的现代意义	5000.00
孙　华	考古系	三峡地区的古代文化	5000.00
郭润涛	历史系	中国古代幕府制度研究	5000.00
姚卫群	哲学系	佛教思想与当代社会	5000.00
曾　志	哲学系	西方知识论哲学的最新发展	5000.00
韩水法	哲学系	韦伯合理性学说与现代性问题	5000.00
李　琨	国际关系学院	传播学研究方法	5000.00
佟　新	社会学系	中国清朝人口压力与土地制度的互动关系	5000.00
孙蚌珠	社会经济与文化研究中心	中国人的就业观念研究	5000.00
尚会鹏	亚非所	论佛教在印度灭亡和在中国兴盛的原因:中印文化传统比较研究的一个视角	5000.00

1998 年获得韩国学研究基金资助学者名单

姓名	所在单位	项目名称	资助经费额(元)
郭卫东	历史系	清代中期人参贸易研究	6400.00
文基连	对外汉语中心	从金泽荣看归有光在韩国的影响	6400.00
鄢盛明	社会学系	孝道的测量与维度:中国和韩国之间点与差异	6400.00
张小明	国际关系学院	中国与朝鲜半岛安全机制的建立	6400.00
赵　杰	东方学系	韩国语语系归属研究	6400.00
金　勋	东方学系	《金刚三昧经论》之研究	6400.00
秦大树	考古学系	中国北方地区瓷器与高丽青瓷的联系与相互影响	6400.00
赵　顺	马克思主义学院	韩国工业结构及雇佣政策对中国的启示	6400.00
傅　刚	中文系	韩国“文学选”研究	6400.00
张　延	经济学院	对韩国货币政策的研究	6400.00
陈跃红	比较文学所	东亚文学与诗学中的生命和死亡意识	6400.00

【获奖学术成果】 1998 年,北京大学有 34 项成果获国家教育部普通高校第二届人文社会科学研究成果奖,并有 3 项合作项目获奖,获奖总数名列全国高校之首。在北京市第五届哲学社会科学优秀成果奖评奖中有 45 项获奖。有 66 项成果获北京大学第六届人文社会科学优秀成果奖。

国家教育部普通高等学校第二届人文社会科学研究成果奖

1998年3月，北大社会科学处组织了该奖的申报工作，共有91项成果参加评选，其中著作64部，论文27篇。评选结果，北大有34项成果获奖，另有3项合作项目获奖，获奖总数名列全国高校之首。

获教育部普通高等学校第二届人文社会科学研究成果奖项目

姓　名	单　位	成　果　名　称	等级
厉以宁	光华管理学院	股份制与现代市场经济	一等
季羡林	东方学系	东方文学史	一等
邓广铭	历史系	稼轩词编年笺注(增订本)	一等
马　戎	社会学人类学研究所	西藏的人口与社会	一等
龚刃韧	法律系	国家豁免问题的比较研究——当代国际公法、国际私法和国际经济法的一个共同课题	一等
赵敦华	哲学系	基督教哲学1500年	二等
陈　来	哲学系	有无之境——王阳明哲学精神	二等
吴荣曾	历史系	先秦两汉史研究	二等
王福堂等	中文系	汉语方言词汇	二等
刘　伟	经济学院	工业化进程中的产业结构研究	二等
吴慰慈	信息管理系	图书馆藏书——补充、组织、控制与协调	二等
秦大树等	考古系	观台磁州窑址	二等
荣新江	历史系	归义军史研究——唐宋时代敦煌历史考察	二等
张维迎	光华管理学院	企业的企业家——契约理论	二等
薛汉伟	马克思主义学院	时代发展与中国特色——当代社会主义在中国的兴起	二等
何九盈	中文系	中国现代语言学史	二等
晏智杰	经济学院	亚当斯密以前的经济学	二等
温儒敏	中文系	中国现代文学批评史	二等
裘锡圭	中文系	释殷墟卜辞中的“[illegible]”、“[illegible]”等字	二等
袁行霈 孟二冬等	中文系	中国诗学通论	二等
孙立平	社会学人类学研究所	改革以来中国社会结构的变迁	二等
周北海	哲学系	嫁接框架S1-完全性	二等
夏吉生	亚非所	南非种族关系探析	三等
乐黛云 叶　朗	中文系	世界诗学大辞典	三等
陈平原	中文系	千古文人侠客梦——武侠小说类型研究	三等
王邦维	东方学系	南海寄归内法传校注	三等
陈保亚	中文系	论语言接触与语言联盟:汉越(侗台)语源关系的解释	三等
曾延生	东方学系	汉语波斯语词典	三等
沈　阳	中文系	现代汉语空语类研究	三等
阎步克	历史系	士大夫政治演生史稿	三等
陈哲夫	政治学与行政管理系	监察与监督	三等
王志伟	经济学院	诺贝尔经济学奖获得者希克斯经济思想研究	三等
王锦贵	信息管理系	中国纪传体文献研究	三等
张祥龙	哲学系	海德格尔思想与中国天道——终极视域的开启与交融	三等
合作项目			
何芳川 宁骚等		非洲通史	一等

姓名	单位	成果名称	等级
查瑞传 曾毅		中国第四次人口普查资料分析	一等
蔡德贵 仲跻昆		阿拉伯近现代哲学	三等

北京市第五届哲学社会科学优秀成果奖　1998年下半年,社会科学处组织了该奖申报工作,北大文科院系、所及理科有关系科的相关专业共申报了110项。评选结果:北大45项成果获奖,占获奖总数(208项)的22%,其中特等奖1项(共2项),一等奖14项,三等奖30项。在全部参评单位中名列榜首。在45项获奖成果中,50岁以下的第一作者有26位,超过历次获奖率,说明青年教师的素质和学术水平都在不断提高。

获北京市第五届哲学社会科学优秀成果奖项目

作者	单位	等级	成果名称	成果形式
宿白	考古系	特	中国石窟寺研究	专著
姚卫群	哲学系	1	佛教般若思想发展源流	专著
陈庆云	政治学与行政管理系	1	公共政策分析	专著
钱志熙	中文系	1	唐前生命观和文学生命主题	专著
张双棣	中文系	1	淮南子校释	专著
高明	考古系	1	帛书老子校注	专著
彭吉象	艺术学系	1	中国艺术学	专著
罗罗	西语系	1	法国文化史	专著
韩加明	英语系	1	菲尔丁小说的叙事形式、历史观和意识观	专著
胡代光	经济学院	1	当代国外学者论市场经济	专著
张建国	法律系	1	中国法系的形成与发达	专著
王思斌	社会学系	1	中国社会工作的经验与发展	论文
梁柱	马克思主义学院	1	蔡元培与北京大学	专著
孔寒冰	亚非所	1	克拉拉·蔡特金评传	专著
王铭铭	社会学人类学研究所	1	社会人类学与中国研究	专著
徐雅民	马克思主义学院	2	社会主义本质及其在初级阶段的表现	专著
张纯元	人口所	2	建立符合市场经济运行机制的人口增长控制模式	论文
马戎	社会学人类学研究所	2	美国的种族与少数民族问题	论文
张联荣	中文系	2	汉语词汇的流变	专著
徐通锵	中文系	2	语言论	专著
佘树森	中文系	2	中国当代散文报告文学发展史	专著
沈阳	中文系	2	汉语句法结构中名词短语部分成分移位现象初探	论文
郭锐	中文系	2	过程和非过程——汉语谓词性成分的两种外在时间类型	论文
马真	中文系	2	简明实用汉语语法教程	教材
何芳川	历史系	2	澳门与葡萄牙大商帆	专著
梁志明	历史系	2	当代越南经济革新与发展	专著
王东	哲学系	2	中华国富论	专著
胡壮麟	英语系	2	语言·认知·隐喻	论文
罗经国	英语系	2	新编英国文学选读(上下)	教材
孙祁祥	经济学院	2	保险学	专著

作　者	单　位	等级	成　果　名　称	成果形式
萧　琛	经济学院	2	论中国经济改革:道路、转轨、接轨——从世界经济看中国	专著
刘　伟	经济学院	2	产权通论	专著
何绿野	经济学院	2	“戒急用忍”扬汤止沸非明智之举	论文
张一弛	光华管理学院	2	沪、深股市有效资产组合的时证研究:1994-1996	论文
陈瑞华	法律系	2	刑事审判原理论	专著
李红云	法律系	2	领海无害通过制度中沿海国的权利与义务	论文
阎志民	马克思主义学院	2	强国之路——邓小平改革思想研究	论文
陈昌凤	国际关系学院	2	香港报业纵横(当代香港报业史)	专著
叶自成	国际关系学院	2	对外开放与中国的现代化	专著
韩光辉	城环系	2	北京历史人口地理	专著
陈学飞	高等教育研究所	2	当代美国高等教育思想研究	专著
魏　新	高等教育研究所	2	关于我国教育投入若干问题的思考	论文
林毅夫	中国经济研究中心	2	充分信息与国有企业改革	专著
易　纲	中国经济研究中心	2	中国的货币、银行和金融市场	专著
任定成	科学与社会研究中心	2	在科学与社会之间——对1915-1949年中国思想潮流的一种考查	专著

北京大学第六届人文社会科学优秀成果奖　1998年5月,社会科学处组织了北京大学第六届人文社会科学优秀成果评奖工作,共有66项成果获奖。其中一等奖22项,二等奖44项。在荣获一等奖的22位学者中,40岁以下的6位,40～50岁的6位,50岁以下中青年学者获一等奖比率已超过半数。

北京大学第六届(1998)人文社会科学优秀成果奖获奖者名单

著作一等奖

姓　名	单　位	成　果　名　称
张双棣	中文系	淮南子校释
钱志熙	中文系	唐前生命观和文学生命主题
王　瑶	中文系	中国文学研究现代化进程
梁志明等	历史系	当代越南经济革新与发展
荣新江	历史系	归义军史研究——唐宋时代敦煌历史考察
张祥龙	哲学系	海德格尔思想与中国天道——终极视域的开启与交融
陈　来	哲学系	古代宗教与伦理——儒家思想的根源
秦大树等	考古系	观台磁州窑址
曹长盛	国际关系学院	民主社会主义模式比较研究
朱苏力	法律系	法治及其本土资源
王锦贵	信息管理系	中国纪传体文献研究
薛汉伟	马克思主义学院	时代发展与中国特色
孙小礼	科社中心	科学技术与世纪之交的中国
段若川	西语系	米斯特拉尔——高山的女儿
曾延生	东方学系	汉语波斯语词典
王邦维	东方学系	唐高僧义净生平及其著作论考
韩加明	英语系	Henry Fielding:From History Ideologe

著作二等奖

姓　名	单　位	成　果　名　称
张希清	历史系	宋朝典制
张文儒	哲学系	中国兵学文化
王　东	哲学系	中华国富论
彭吉象	艺术系	中国艺术学
陈为民	经济学院	儒家伦理与现代企业精神的承接
林毅夫	中国经济研究中心	充分信息与国有企业改革
陈昌凤	国际关系学院	香港报业纵横
李保平	亚非所	非洲传统文化与现代化
安维华	亚非所	海湾近现代史研究
陈瑞华	法律系	刑事审判原理论
徐　燕	法律系	公司法原理
白建军	法律系	证券欺诈及对策
周庆山	信息管理系	文献传播学
林被甸	历史系	核心期刊的文献计量学研究
陈占奎	体育教研室	48式太极拳及其防身应用
陈学飞	高等教育研究所	当代美国高等教育研究
张玉书	西语系	海涅名作欣赏
梁立基	东方学系	光辉的历史篇章——15世纪明朝与满剌加王朝的关系
赵　杰	东方学系	北京话的满语底层和“清音”、“儿化”探源
赵玉兰	东方学系	关于当代马列主义的若干问题
王文融	西语系	历史的见证——雷蒙·阿隆传

论文一等奖

姓　名	单　位	成　果　名　称
丁小浩等	高等教育研究所	规模效益理论与高等教育结构调整
张一弛	光华管理学院	沪深股市有效资产组合的实证研究
易　纲	中国经济研究中心	人民币汇率的决定因素及走势分析
袁　刚	政治学与行政管理系	晋王杨广和天台智者大师
韩明谟	社会学系	中国社会学调查研究方法和方法论发展的三个里程碑

论文二等奖

姓　名	单　位	成　果　名　称
郭锡良	中文系	汉语史论集
沈　阳	中文系	名词短语的多重移位形式及把字句的构造过程与语义解释
陈跃红	比较文学所	走出古典的泥沼——关于汉语诗学阐释学的现代转化诸问题
郭卫东	历史系	《南京条约研究》系列论文三篇
晁华山	考古系	新疆焉耆锡格星石窟
晏智杰	经济学院	亚当·斯密以前的经济学
吕随启	经济学院	中国金融改革对资本流动性的影响
雷　明	光华管理学院	资源——经济投入产出核算(系列论文)
李成言	政治学与行政管理系	中国农村改革发展政策历史述评
关世杰	国际关系学院	述评美国全球信息高速公路的实施战略
尚会鹏	亚非所	1997～1998南亚形势报告:印巴安全对话
李贵连	法律系	二十世纪初期的中国法学

姓名	单位	成果名称
张建国	法律系	西汉刑制改革新探
杨善华	社会学系	改革以来我国大城市居民家庭收入格局的变化
刘世定	社会学人类学研究所	占有制度的三个维度及占有认定机制——以乡镇企业为例
于长江	社会学人类学研究所	拉热村社区调查与研究
楚军红	人口所	通货膨胀对寿险需求的影响机制分析
赖茂生	信息管理系	国民经济信息化政策立法的国际经验研究
李青宜	马克思主义学院	西方马克思主义论当代资本主义
夏文斌	马克思主义学院	契约与公平
陈松岩	俄语系	白银时代俄罗斯诗歌的总体美学、诗学特征
赵白生	英语系	民族语言的内在逻辑
姜望琪	英语系	Pragmatics 溯源

1998 年"中华人口奖" 人口所张纯元教授获奖。本奖设立于1993年4月,由中宣部、国家计生委、国家科委与中国计划生育协会、中国人口福利基金会共同发起和主办,由中组部、国家教委、人事部、卫生部、人民日报社和中央电视台合办的国家级常设个人终身荣誉奖。旨在奖励在我国人口与计划生育事业中以及与之相关的社会科学和自然科学领域内对我国人口事业作出重大贡献的实际工作者和科学工作者。

(耿琴)

【国际会议】 1998 年,北大文科共承办了 13 个国际学术会议,有 468 名国外学者和 924 名国内学者参加了会议。

(耿琴)

1998 年文科承办的国际会议

承办单位	负责人	会议名称	会议时间	参加人数		
				国内	国外	合计
传统文化中心	袁行霈	汉学研究国际会议	5.5~5.9	200	100	300
马克思学院	钟哲明	走向 21 世纪的马克思主义	4.17~4.18	60		60
工商学院	厉以宁	中国资本市场发展国际会议	5.2~5.3	126	42	168
社会学所	马戎	21 世纪:文化自觉与跨文化对话	6.15~7.5	40	20	60
北大、中国史学会	王晓秋	戊戌维新 100 周年国际研讨会	8 月(三天)			100~150
妇女中心	郑必俊	21 世纪女性研究与发展	6.21~6.23	88	38	126
政治学系	宁骚	中国经济体制转型中的政府作用	4.29~5.1	37	13	50
图书馆	朱强	21 世纪大学图书馆的新使命	10.25~10.28	75	75	150
法律学	吴志攀	面向 21 世纪的法学教育国际会议	5.1~5.6	31	18	49
国际关系学院	梁守德	中国的发展和 21 世纪的国际格局	5.5~5.7	35	15	50
日本中心	王学珍	传统文化与中日两国社会经济发展	4.9~4.10	60	17	77
蔡元培研究会	王世儒	纪念蔡元培诞辰 130 周年国际学术会议	5.6~5.7	30	60	90
中文系	李小凡 陆俭明	现代汉语语法学国际学术会议	8.26~8.31	142	70	212

·附　录·

科研机构及负责人名单

理　科

科研机构名	负责人
重离子物理研究所	陈佳洱
环境工程研究所	倪晋仁
理论物理研究所	赵光达
固体物理研究所	甘子钊
微电子研究所	王阳元
遥感与地理信息系统研究所	杨开忠
计算机系统与软件研究所	杨芙清(兼)
计算语言研究所	杨芙清
近代通信研究所	王　楚(兼)
地理研究所	崔之久
岩石圈地质科学研究所	李茂松(兼)
计算机科学技术研究所	王　选
数理统计研究所	郑忠国
数学研究所	张恭庆
心理学研究所	王　甦(兼)
大气科学研究所	黄嘉佑(兼)
力学研究所	王　仁
分子生物学研究所	
物理化学研究所	唐有祺
大熊猫和野生动物保护与研究中心	潘文石
非线性科学研究中心	赵凯华
北京现代物理中心	李政道
凝聚态与辐射物理中心	甘子钊
生态学研究与教育中心	陈昌笃
景观规划设计中心	俞孔坚
历史地理研究中心	唐晓峰
信息科学中心	唐世清
稀土化学研究中心	徐光宪
石油天然气研究中心	钱祥麟
环境科学中心	张远航
地球动力学研究中心	王　仁
区域科学中心	杨开忠

文　科

科研机构名	负责人
高等教育研究所	闵维方
亚非研究所	李　玉
国际法研究所	饶戈平
社会发展研究所	徐雅民
国际关系研究所	袁　明
外国哲学研究所	叶　朗
古文献研究所	孙钦善
比较文学与比较文化研究所	乐黛云
人口研究所	曾　毅
社会学人类学研究所	费孝通(名誉所长) 马　戎
东北亚研究所	宋成有
宗教研究所	楼宇烈
中国哲学与文化研究所	汤一介
经济法研究所	杨紫烜
比较法和法律社会学研究所	沈宗灵
国际经济研究所	张德修
中国语言文学研究所	张　冕
东方文化研究所	叶奕良
英语语言文学研究所	胡家峦
俄罗斯学(独联体)研究所	李明滨
科学与社会研究中心	马名驹
管理科学中心	厉以宁
中国中古史研究中心	王天有
中国经济研究中心	林毅夫
邓小平理论研究中心	吴树青
中国加拿大研究及学术合作中心	张冠尧
欧洲研究中心	张芝联
现代科学与哲学研究中心	赵光武
人学研究中心	黄楠森
科技法研究中心	赵震江
犯罪问题研究中心	康树华
港澳台法律研究中心	肖蔚云
市场经济研究中心	丁国香

科研机构名	负责人	科研机构名	负责人
外国经济学说研究中心	胡代光	世界文学研究中心	张玉书
国际会计与财务研究中心	厉以宁	世界现代化进程研究中心	林被甸
中国传统文化研究中心	袁行霈	港澳台研究中心	梁柱
日本研究中心	王学珍	世界社会党研究中心	曹长盛
燕京美国问题研究中心	齐文颖	中外妇女问题研究中心	郑必俊
中国国情研究中心	赵宝煦(名誉主任)	澳大利亚研究中心	胡壮麟
	沈明明	韩国学研究中心	杨通方
亚洲太平洋研究中心	季羡林(名誉主任)	金融与证券研究中心	曹凤歧
	郝斌		

校办高科技产业

【概况】 1998年,北京大学校办高科技企业共有47个。业务以电子信息、生物制药和物业开发管理三大支柱产业为主,形成了方正集团、未名集团、青鸟有限责任公司和资源集团四大支柱企业集团。全年累计实现产值82.6亿元,比上年增长33%,增加值22亿元;产品销售额78亿,较上年有较大幅度增长;出口创汇1200万美元,占销售总收入的1.28%;实现利税总额6521万元,较上年增长30.4%,增加额1521万元;各项产业主要指标较上年增长30%以上。四大支柱企业集团全年上交学校财政4000万元,上交额占学校财政支出的6.4%,成为补充学校办学经费主要来源之一。此外,校办企业资助学校办学和建设超过3000万元,资助学生社团、艺术团体、共建学科及文化活动等230万元。在1998年抗洪赈灾中,产业系统捐资捐物累计达331万元。

1998年,校办高科技企业产品结构继续呈多样化发展,产品主要为电子信息类和生物制药类,许多产品在市场上取得了较好的销售业绩。校办高科技产业继续坚持知识创新、技术创新和体制创新,加大对科技人员和研究开发的投入。科技创新人员不仅在总人数较上年有所增长,科技人员占全体员工的比重也有较大增长,科技人员的学历层次提高。其中,方正研究院共有科研人员300余人,50%以上获硕士以上学位,未名集团共有20多位中外名牌大学毕业的博士,青鸟公司90%以上的员工具有本科以上学历,博士、博士后有近20人。R&D的经费主要投放在科技含量高、市场前景看好的产品项目上,不仅注重数量增长,在投入方向上更严格把关,更注重所带来的经济效益和商业利润。在国内市场上,R&D的经费支出占企业税后利润总收入的比重在同行业继续保持较强竞争力,反映出较强的科技创新能力。

(姚永魁)

【产学研结合】 21世纪,知识经济将逐步占据世界经济的主导地位,知识经济的发展规模和发展水平将决定一个国家的综合国力和竞争优势。北京大学作为科技产业在中国科技成果转化过程中的排头兵,开创了一条具有中国特色的产、学、研相结合的道路,这是知识创新、推动科学技术成果向现实生产力转化的重要力量。1998年,北京大学继续完善和发展已形成的产学研发展模式,以学科建设为中心,积极筹建信息科学与技术、生物技术与制药、新型功能材料研究开发基地,加大技术投入,积极建设以方正集团为中心的信息产业基地和以未名集团为中心的生物制药基地。在信息、生物、材料、能源环境等具有学科优势的领域,凭借产学研结合的宝贵经验,走了一条有中国特色的高科技产业化发展道路,成为国家知识创新和高新技术创新的重要基地、辐射源和"孵化器",成为我国创新体系的重要环节。产学研结合加速了校办高科技产业与资本市场的融合,走了一条外向型的发展之路。1998年,北京大学校办高科技企业在加大研究与发展经费投入的同时,注重科技成果向商业产品的转化,注重研究项目的持续发展和产品的后续开发。除部分产品在当年实现商品化外,更多的是为产品的研究开发打下了基础,可望在近几年内取得实质性进展。

1998年,各种科技成果不断转化。方正集团除在电子信息、金融、实业开发和精细化工实现科技成果转化外,还在数字媒体、指纹自动识别等领域取得重大突破和发展。方正技术研究院共有5个新产品通过部级鉴定,其研究的智能化报纸自动排版系统、虚拟布景制作工具软件以及数字化电视台系统获得了国家"八六三"项目的经费支持。方正集团电子出版系统在电子领域占有85%以上的国内市场和90%以上的海外市场,成为世界上市场占有率最大的中文出版系统软件系统;日文报纸排版系统MAGLITH已成功打入日本报业出版市场;方正个人电脑经过三年的发展,跻身国内电脑市场国产品牌前三名,成为国内个人电脑知名品牌。

未名集团的α1b型干扰素实现销售收入2亿元,较上年的1.5亿元增长33%,市场占有率为60%以上,并且成为中国第一个打入国际市场的基因工程药物。未名集团的"血脂康"销售收入较上年实现大幅度增长,并出口到东南亚和欧美市场,成为校办高科技企业出口创汇的主要产品之一。未名集团完成了10个项目的可行性研究,为企业新产品的进一步开发储备了大量的信息资料。该集团与新加坡维信集团合资兴办的高科技生物制药企业——北大维信生物科技有限公司在脑中风新药以及治疗脂肪肝药物的研制开发方面取得实质性进展。

青鸟公司在技术创新和产品开发方面取得了相当好的成绩,7项软件产品被评为中国软件行业的优秀产品。青鸟公司的青鸟金融电子化系统、青鸟商业自动化系统、青鸟信息安全系统、青鸟电业管理信息系统和青鸟移动目标监控报警系统等在全国同行业产生了相当大影响,占有举足轻重的市场份额。

北大资源集团引进外资合作建设的近4万平方米、全高100米的智能化科技发展中心一期工程将于1999年10月投入运营,届时将成为中关村科技园内标志性建筑之一。在未来的经营管理中,它将全力为高新技术产业的发展提供专业优质的服务,成为高科技合作与交流的中心。北京大学科学园主体建筑工程的启动,标志着科学园区的建设已初具形态。另外,集团作为探索产学研结合道路的先行者,为加速科技成果的转化、引进国外高新科技成果和先进管理经验、加快中关村科技园区的建设发挥了重要作用。

校办高科技产业的成功与发展不仅仅体现在产品数量的增长和规模的扩大,更主要是在产品质量和对市场占有的深度和广度以及可持续发展的潜力上有了更大提高,实现了集约型增长。北京大学初步实现了"教学——科研——产业"和"科技化——产业化——资本化"良性循环,以资本市场、技术市场为纽带,努力创建世界一流的产学研一体化的成果转化模式,建立高新技术的"孵化"基地,为国家高新技术产业的发展与国家经济新生长点的培植做出重要贡献。

(姚永魁)

【现代企业制度的建立】 1998年,北京大学校办高科技企业加速了与资本市场的结合,在资产重组、企业兼并、优化资本结构和产业结构调整方面取得新进展。大力加强企业内部管理和外部监督,缩小与国际化大企业的管理差距。在国际经理市场上引入高级管理人才,并以此为契机,在技术管理方面,强化产品质量;在经营管理方面,提高产品服务质量;在财务管理方面,设立会计核算制度,加强对职能部门和分支机构的审计工作,减少库存和非生产性支出,加速资金流动,提高资金使用效益;在人力资源管理方面,树立以人为本的思想,实施人才工程,加强培训,不断提高管理干部和员工的业务素质和管理水平。校办高科技产业通过与资本市场相结合,充分发挥资本市场在高新技术产业发展过程中推进剂和催化剂的作用,有效促进技术转化和技术扩散,壮大了实力。

方正集团、青鸟公司在二级市场通过对上市公司上海延中实业和北京天桥百货的股权收购,获得对两家传统产业上市公司的控制权,将之更名为"北大方正科技"和"北京天桥北大青鸟科技股份有限公司",成功实现买"壳"上市。上市后通过改变原有公司的主营业务并把自己的主营业务(电子信息)注入其中,成为高科技上市公司,在股票市场表现出较强的盈利能力。凭借自身良好业绩和较高市盈率,通过二级市场配股融资,增大了校办产业总资产规模,使资产结构迅速优化,使企业获得巨大发展。未名公司和维信公司通过资产重组和企业改制,组建北大未名生物科技股份公司(北大药业)在国内挂牌上市,并借此实现对企业产权结构和内部管理结构的积极转变,优化资本结构,促进企业经营机制的转换,增强了企业的市场竞争力。资源集团则与全国其它几家高科技园区发起创立了"高科技风险投资基金",并已进入实质性运作阶段。风险投资、证券市场和第二股票市场的创立和发展,资本市场的完善和国际化,必将为高新技术企业发展提供强大的资金支持、技术支持和管理支持。除方正集团、青鸟集团实现上市外,在前二年工作基础上,完成对北佳公司、北大印刷厂最终并入方正集团的资产重组,成功实现企业产业结构调整和资本结构的优化,盘活了国有资产并使国有资产得以增值保值,进一步壮大了校办高科技企业。

1998年,上市公司的成立为明晰产权提供了依据,进一步理顺了北京大学与各企业之间的关系,使得外部监督机制进一步完善,加速了向现代企业制度改革的发展进程。高级管理人才的引进,有利于解决企业的内部管理和外部监督,有利于企业委托—代理关系向国际化大公司模式迈进;产业管理工作委员会组织结构的完善,进一步健全了企业决策机制,使企业继续向着国际化股份制大公司的模式发展。

现代企业制度的建立,使企业创新能力不断提高、新产品不断涌现,无论在空间上还是在产品种类上,业务量不断攀升,业务领域不断拓展。方正集团拥有10余家产品专业公司以及构成全国销售服务网络的50余家全资及控股企业,同时在香港、日本、马来西亚、新加坡、加拿大和美国设有分支机构,更把业务范围拓展到了精细化工、新能源和新材料研究开发及科技成果的转化。未名集团与五个国家签订了10多个地区销售代理协议,可望1999年实现"赛若金"的出口创汇。中关村科技园规划为资源集团的发展提供了历史性机遇,在经过近五年的准备后,开始启动科技项目,成立了北大资源科技有限公司、北大新世纪科技发展有限责任公司。青鸟公司则将市场拓展到金融业、商业零售业、电力行业和通讯行业。

(姚永魁)

主要校办产业

·北大方正集团公司·

【概述】 北京北大方正集团公司(下文简称"方正集团")是北京大学创建的高新技术企业。1998年,北京大学企业举牌并购上海延中实业股份公司,方正集团入主延中实业,更名为"方正科技"。至此,方正集团拥有2个控股的上市公司:方正(香港)有限公司和上海方正延中科技集团股份有限公司,16家独资和合资企业,40多家海内外分支机构。集团员工约3200人。自1997年起,方正集团已成为国家120家试点大型企业集团之一,是国家六家技术创新试点企业之一,及国家重点支持的五家PC生产厂家之一。方正集团1998年工业总产值是75亿元,销售收入为74.5亿元,其中产品销售65亿元。全年利税2·47亿元,出口创汇1099万美元,总资产额是28亿元。方正集团在产业发展方面坚持以创新为先导,在IT产业上充分发挥软件开发、系统集成、硬件制造三大优势。以方正技术研究院为首的软件开发人员十几年来不断开发出广泛应用于海内外、技术领先于世界水平的中文出版软件和系统。系统集成方面,既有服务于广播电视业的方正视频网络系统,面向银行、保险、税务、证券业的大型信息系统,应用于公安保安及民用的方正指纹信息系统,可应用于各行业的信息可视化决策分析集成系统(GIS),还有面向于教育现代化的教学仪器、多媒体教学软件和校园网络系统;硬件制造方面,方正电脑已成为国内最驰名的品牌,1999年1月5日,国家工商行政管理局认定"北大方正"商标为驰名商标。显示器产销规模居国内企业的首位。

方正在IT界与许多国际著名企业保持着良好的合作关系。方正集团在精细化工、稀土材料业务领域发展迅速。精细化工在香精香料方面拥有多项世界领先的专有技术和多个系列的产销品种。稀土分离和稀土功能材料研究居国内外同行业领先水平,产品远销国外。21世纪初进入世界500强,是方正集团发展的战略目标。

【产品开发】 方正集团作为国家6家技术创新试点企业之一,拥有电子出版新技术国家工程研究中心、文字信息处理技术和稀土材料化学及应用2个国家重点实验室,集团以及方正技术研究院(含3个研究所和2个直属研究室:文字与图形所、照排技术所、新闻出版所、数字媒体所、金融信息技术所、地理信息室、公共技术室)和方正指纹技术研究所、方正电脑技术研究所、方正硬件研究所、方正精细化工研究所以及方正稀土科技研究所。多年来,方正集团在文字信息处理、电子出版、数字媒体技术、人体生物特征识别、地理信息科学、金融数学与信息系统、PC和显示器技术、精细化工以及稀土材料等领域的研发一直处于国内外先进水平,绝大部分已形成了具有市场竞争实力的规模产业。主要产品中软件有:方正RIP(栅格图像处理器),方正字库,方正FIT(排版软件),方正书版(排版软件),方正画苑(图像拼版、处理软件),方正文合(拼版软件),方正包装(盒型设计),方正智绘(地图软件),方正超线(底纹创意设计软件),方正新闻采编系统,方正广告管理系统,方正电子报纸系统,方正稿酬管理系统,方正信息检索软件,方正指纹识别软件,方正奥思(多媒体制作软件),方正点睛(动画制作软件),方正无限(非线性编辑系统),方正虚拟布景软件,等等。硬件有:方正电脑(商用台式电脑、家用多媒体电脑、笔记本电脑、服务器),方正显示器,激光打印机,方正WYSE终端,方正飞虹Modem,等等。系统集成有:印前制版系统,新闻出版综合业务网络系统,广播电视网络综合应用系统,商业流通应用系统,邮电综合业务系统,地理信息系统,数据可视化信息管理系统,公安刑侦指纹系统,刑事犯罪情报资料综合管理系统,指纹身份识别管理系统,多媒体教学网络系统,电子交易系统,票据电子化管理系统,现金自动化管理系统,客户自助服务系统,电话中心服务系统,等等。精细化工有:在香精香料方面拥有多项世界领先的专有技术,拥有中国发明专利

——多环麝香人工合成技术,开发生产的知名产品有方正麝香等。稀土材料有:稀土分离和稀土功能材料研究,生产各种高纯的单一稀土化合物以及金属产品。

【方正 1998 年大事记】 1998 年 3 月 25 日,方正激光打印机正式发布。

1998 年 4 月 8 日,"方正"品牌彩色显示器正式推出。

1998 年 4 月 18 日,方正集团举行发展十周年庆典。

1998 年 4 月,国家计委火炬办公室批准成立北大方正软件园。

1998 年 5 月 11 日,北京北大方正集团公司控股上海延中实业股份有限公司;8 月,北大控股的延中实业更名为"上海方正延中科技集团股份有限公司",股票简称更名为"方正科技";12 月,方正电脑业务注入上海方正延中科技集团股份有限公司。

李岚清副总理、吴邦国副总理、宋健国务委员,分别于 1998 年 3 月 11 日、1 月 22 日、1 月 20 日,对方正集团 1997 年工作总结做了重要批示。

1998 年 7 月 29 日,吴邦国副总理视察方正;10 月 16 日,李岚清副总经理听取关于北大方正与中央电视台共同研制开发的"点睛动画制作系统"的工作汇报。

1998 年 8 月 14 日,江苏溧阳方正稀土总厂正式投产。

1998 年 11 月 18 日,北大方正与美国 Mapinfo 公司全面合作。

1998 年 12 月,方正电脑通过 ISO9001 认证。

1998 年 12 月,国家批准北大方正集团成立电子出版社。

1998 年 12 月 23 日,深圳方正育星信息系统有限公司正式成立。

1999 年 2 月初,北大方正技术研究院通过 ISO 9001 质量体系认证(适用于软件产品的设计、开发、生产、安装和服务)。

(刘栋)

方正集团 1998 年主要企业名录

企业名称	电话传真
北京北大方正集团公司	010.62982266/62981525(FAX)
方正(香港)有限公司	00852.26114138/24133218(FAX)
北京北大方正电子有限公司	010.62579955/62563881(FAX)
上海方正延中科技集团股份有限公司	021.52986118/52985038(FAX)
北大方正科技电脑系统有限公司	010.62531116/62557420(FAX)
东莞市方正科技电脑有限公司	0769.6603111/6603222(FAX)
上海延中办公用品实业公司	021.54037433/54037369(FAX)
中国教学仪器设备总公司	010.66097397/66064089 (FAX)
北京北大方正指纹电子有限公司	010.62752426/62752408(FAX)
中方网通信息技术有限公司	010.63072635/63072710(FAX)
深圳市北大方正科技发展有限公司	0755.2411925/2420677(FAX)
北京北大方正集团公司深圳分公司	0755.2265571/2414063(FAX)
东莞方正丽康科技设备有限公司	0769.6607775/6620933(FAX)
深圳方正育星信息系统有限公司	0755.2429810/2404750(FAX)
成都方正电子有限公司	028.5559957/5559814(FAX)
北京北大方正彩色印务有限公司	010.62751392/62751391(FAX)
北京北大方正电子出版社	010.62755478(含 FAX)
北京北大方正集团公司化学工业分公司	010.86250005/86250006(FAX)
北大正元科技有限公司	010.86250005/86250006(FAX)
江苏省溧阳方正稀土有限公司	0519.7229031/7229218(FAX)
四川金融租赁有限责任公司	028.6120539(含 FAX)
北京北大方正实业开发公司	010.62759075/62752429(FAX)
四川国际高尔夫俱乐部	028.5785017/5785102(FAX)
北京正中广告公司	010.64443895/64443898(FAX)

注:上表信息截止到 1999 年

·北大未名生物工程集团·

【概述】 90年代初期,发展高新科技产业,迎接知识经济挑战成为时代主题。1992年10月,北大未名生物工程公司在北京大学未名湖畔应运而生,迈开了产学研结合把生物高科技转化为现实生产力的步伐。经过几年的艰苦创业,北大未名生物工程公司发展为主要从事基因工程制药、天然药物、化学药物、生化制品、疫苗、诊断试剂、农业生物工程七大领域的技术研究、开发、产业化和商业化高科技企业集团。21世纪将是生物学的世纪,生命科学将成为带头学科,并将为其它学科的研究和发展提供新的思路和方法。生物工程产业将成为21世纪支柱产业。北大未名集团秉承"科教兴国、产业报国、健康强国"的企业理念,在创新理论的指导下,在实践中探索出一条发展我国生物工程产业的道路:利用一个产品启动一个市场,利用一个市场发展一个企业,利用一个企业创建一个基地,利用一个基地推动一个产业。沿着这条道路,北大未名从一家只有40万元流动资金、一间仅14平方米办公室的生物技术公司发展成为一个拥有深圳科兴生物制品有限公司、北京北大维信生物科技有限公司、厦门北大之路生物工程有限公司、北京北大生物城有限公司等十几家全资、合资、合营企业,净资产几亿元的生物高科技企业集团,创造了令世界生物工程产业同行叹服的业绩。截止到1998年底,北大未名生物工程集团总资产达2亿元人民币,总销售额1.5亿元人民币。

北大未名生物工程集团的强大技术后盾是北京北未生物技术研究中心即北京大学蛋白质工程与植物基因工程国家重点实验室(NLPGE)。该中心坐落于北京大学未名湖畔,建筑面积2000平方米的生物技术楼是研究中心的主体建筑,楼内是用上千万元装备起来的现代化的分子生物学实验室,主要仪器设备包括DNA自动合成仪、DNA自动测序仪和同位素检测仪等。北京北未生物技术研究中心这一年有来自美国、英国、德国、法国、日本、俄罗斯、爱尔兰等国的著名大学或研究机构的博士10名。他们承担了大量国内国际的研究课题,并取得了丰硕的成果。截止1998年底中心在国内外著名刊物上发表150多篇论文,申请专利10项。北大百年校庆期间,江泽民主席等国家领导人曾亲临这里视察。北京北未生物技术研究中心完成的农业植物基因工程项目到1998年底已有13项通过了农业部农业生物基因工程安全评价,进入了大田实验。在全国获准商品化许可的6个植物基因工程项目中,北未研究中心获得了3项,其中包括转基因甜椒、转基因西红柿、转基因烟草和转基因花卉等。部分产品1999年面市。

北大未名自成立以来,力求在观念、体制、技术、产品、市场、管理六个方面进行全面创新。在"出思路、出模式、出人才、出效益"方面作出了表率作用。为推进知识经济,探索产学研结合模式、技术创新、高科技产业化等方面提供了成功的范例。培养造就创新型的人才是实现一切创新的关键。几年来北大未名一直实施旨在培养符合三高标准(高学位、高素质、高水平)的人才工程,培养造就一批三高型的科研技术专才和经营管理专才。到1998年底,北大未名共有20多位中外名牌大学(如美国哈佛大学、普林斯顿大学和哥伦比亚大学)毕业的博士。以三高型为骨干而形成的北大未名人才群体将携手并肩共同托起中国生物工程产业的大厦。

【集团的产业】 北大未名制定了以生物工程和制药为重点发展方向的战略目标,具体包括七个领域:基因工程制药、天然药物、化学药物、生化制品、疫苗、诊断试剂、农业生物工程。

深圳科兴生物制品有限公司是北大未名生物工程集团和美国汉鼎亚太公司合资经营的现代化生物高技术企业。1989年7月7日经深圳市政府批准创建于深圳科技工业园,投资总额2亿元人民币,是国务院发展研究中心认定的全国最大的基因工程药物产业化基地。目前主要生产赛若金SINOGEN(注射用基因工程干扰素α1b)和悦康仙RecoSun(注射用重组人白细胞介素-2)。赛若金是世界上第一个采用中国健康人白细胞基因克隆和表达的基因工程药物,是国际公认的治疗乙型、丙型肝炎的首选药物,是我国迄今为止唯一拥有独立知识产权的基因工程药物,是中国"863"计划生物技术领域第一个实现产业化的项目,被列入第一批国家火炬计划。1998年赛若金已占国内同类产品60%的市场份额,据权威部门调查,赛若金在疗效、使用频率、市场份额、知名度、美誉度等方面已跃居同类产品第一,成为中华医学会重点推广产品。

1997年赛若金α1b干扰素产能达到1000万支,产量500万支;销售额1.5亿元人民币。

1998年赛若金α1b干扰素产能达到2000万支,产量1000万支;销售额2亿元人民币。

北京北大维信生物科技有限公司是北大未名与新加坡维信集团合资兴办的高科技生物制药企业,1994年8月经北京市政府批准创建于北京新技术产业开发试验区,注册资本8000万元人民币。北大维信以现代中药的研究、开发、生产和销售为发展方向,目前主要生产天然调血脂药物"血脂康"。血脂康以其原料的纯天然性与生产手段和检测方法的科学性深得广大高脂血症及心脑血管疾病患者的信赖，目前已进入全国二十多个省市的几千家医院与大型药店，被中华医学会列入重点推广工程。血脂康在临床上的广泛运用不仅显示其疗效显著、安全可靠的卓越品质，而且为利用现代科技改造传统中药生产，让中药走向世界提供了成功的范例。自1996年起，血脂康及其原料进入东南亚及欧美市场。美国权威杂志称，血脂康在美国成功的销售是全美5700万高血脂患者的福音。

1997年血脂康销售额1000多万元人民币。

1998年血脂康销售额3000多万元人民币。

此外，北大未名生物工程集团还拥有北京北大求实生物工程有限公司、北京北大生物城有限公司、厦门北大之路生物工程有限公司、北京大雅堂商业发展有限公司、北京鼎立康生物药业有限公司和北京北大未名诊断试剂有限公司等下属企业；还拥有北京北未生物技术研究中心这一强大的技术后盾。

【三大基地】 为了迎接生物学世纪的到来，为了推动中国生物工程产业的发展，在深圳科兴、北大维信等企业取得飞速发展的基础上，按照集团发展的基本思路："利用一个产品启动一个市场，利用一个市场发展一个企业，利用一个企业创建一个基地，利用一个基地推动一个产业"，未名集团将于1999年创建北京北大生物城、厦门北大生物园、深圳北大生物谷三大基地，为21世纪中国生物工程产业的腾飞奠定坚实的基础。

北京北大生物城　是北大未名集团的集研究、开发和产业化于一体的生物工程产业化基地，位于北京市海淀区，占地30万平方米。首期项目包括：基因工程G-CSF；特制红曲系列产品；甲肝灭活疫苗；诊断试剂；转基因植物园区等。北大生物城的建设已列为北京市1996—2010年中长期社会经济发展重点项目和北京"中关村高科技区"首批重点建设项目。

深圳北大生物谷　位于深圳市高新技术产业园区，占地面积约9万平方米。是以深圳科兴生物制品有限公司为依托而发展起来的基因工程制药基地。主要有基因工程干扰素不同亚型和不同剂型项目、基因工程胰岛素项目和生长激素项目等。该基地被国家计委列为国家高新技术产业示范工程，被深圳市列为2000年十大重点建设项目之一。

厦门北大生物园　位于厦门市忠仑公园，占地10万平方米。主要从事生物工程产业化、高科技保健品生产和转基因植物产业化。目前进行中的项目有神经生长因子、虎纹镇痛肽HWAP-I、"再生人"保健品和转基因植物等。厦门北大生物园的建设已被列入厦门市重点建设项目。

（张华　罗德顺　陈雁淼）

·北大青鸟有限责任公司·

【概述】 北大青鸟有限责任公司成立于1994年，是以软件为主体的高科技企业集团。公司现为北京大学四大支柱产业之一，1995年被评为北京市高校产业"十佳"优秀企业。公司员工在国家重大科技攻关项目"青鸟工程"的基础上，推动科研成果向市场产品的转化，形成了以青鸟基础类软件、青鸟应用类软件和青鸟嵌入式系统三大产品为基础，产品线齐全，从软件产品、系统集成到嵌入式软、硬件产品的体系。1996年，公司被中国人民银行指定为专业系统集成商，并成为国内贸易部的合作伙伴和技术依托单位。目前，集团在总资产、净资产、产值、利税、市场占有率等五个方面连续四年年增长率均超过了100%，员工总数更超过500人。1998年，集团进行了增资扩股，注册资金为1.4亿元。此次增资扩大了企业的规模，增强了企业的实力，推动了企业的发展。1998年12月30日，集团宣布受让北京天桥股份，成为北京天桥的第一大股东，成功实现了借壳上市。现在，集团的总资产已达5亿元，拥有4家全资子公司和5家控股公司，形成了以软件为主体的信息产业集团。北大青鸟公司自成立以来，在青鸟工程的基础上，以市场需求为带动，逐步开展各项业务，完善组织结构。1998年5月26日，国家科技部火炬办在京举行"国家火炬计划北京软件产业基地"命名授牌仪式，北大青鸟公司被命名为"国家火炬计划北京软件产业基地骨干企业"其北大青鸟软件园被命名为"国家火炬计划北京软件产业基地"。

同年7月，青鸟技术研究院正式成立，负责公司第一代产品的技术支持和第二代产品的研制开发，由此形成了集教育、科研、开发、生产(TRDC)四位于一体的企业运行机制。8月4日，海南北大青鸟软件有限公司注册成立，以生产出口软件为主营业务，目前已经完成首批技术人员的培训，为公司向国际化发展奠定了基础。8月14日，海南北大青鸟天意计算机有限公司注册成立，以计算机硬件的开发、生产、销售和服务为主营业务，并相继成立了北京、上海、成都、厦门、广州五家分公司。北大青鸟的业务范围也延伸至计算机硬件领域。

12月30日，北大青鸟公司以协议方式受让了北京市崇文区国有资产经营公司和北京住宅开发建设集团总公司持有的北京市天桥百货股份有限公司(600657)法人股股权，受让后北大青鸟共持有北京天桥法人股15349870股，占总股本的16.76%，成为北京天桥第一大股东，成功实现了借壳上市，为公司发展创造了良好的后续条件。

北大青鸟集团于1994年成立伊始，就确立了高起点、高技术、高目标、高速度的发展战略。集团全体员工秉承“以人才为根本，以技术为核心，以产品为依托”的经营宗旨，在国家支持的重大科技攻关项目“青鸟工程”的基础上，面向行业，不断拓展，积极推动科研成果向市场产品的转化，逐步形成了青鸟基础软件产品、青鸟应用系统及软件开发平台、青鸟嵌入式系统三大产品体系。

集团产品的应用范围覆盖各个行业和领域，以软件行业为中心向外辐射到金融、国防教育、航空航天、铁路、石油、电力、船舶等多个领域和部门，拥有广阔的市场发展前景。软件产业是以人为第一生产要素、高度智力密集型产业。北大青鸟的主要技术骨干来自于北京大学等高校和科研单位，在集团的主要技术部门中，研究生、本科生以上学历员工比例占90％以上，其中博士、博士后近20人，理论基础扎实。同时，他们参加过国家重点科技公关项目，从事过大型应用软件系统的开发和集成，赢得了“软件开发国家队”的美誉，兼具丰富的实践经验，是一支素质优良、富于创新精神、充满生机和活力的年轻化的员工队伍。

【各项业务蓬勃发展】 计算机软件、微电子、通讯三大技术的有机结合与应用是北大青鸟在国内软件业同行中的优势所在，以面向对象技术为代表的软件工程技术的应用，以及国内外其他先进技术被充分运用到集团主要产品的开发过程中。集团参与研制的“大型软件开发环境—青鸟系统”，荣膺1996年电子工业部科技进步特等奖，1997、1998年国家科技进步二等奖。1998年青鸟公司的各项业务蓬勃发展。

1．集团的四项拳头产品　青鸟CASE软件工具（JB－CASE for Windows）V2.0、青鸟商业自动化系统（JB－CIMS）V2.0、青鸟区域清算及电子联行业务系统（JB－RCS&EIS）V2.0、青鸟通信平台（JB－COMM）V1.1等四项软件产品被评为1997年中国软件行业协会推荐的优秀产品。

2．公司新品频频亮相　（1）“C＋＋程序理解工具”网上试运行：1998年11月，公司推出的产品“C＋＋程序理解工具”试用版在网上正式发布，开始试运行。

（2）青鸟3G系统研发工作结束：1998年12月，“青鸟3G（GIS、GPS、GSM）”系统的研制开发工作圆满结束，标志着公司的数传技术研究达到了更高水平。

（3）青鸟IC卡系统应用广泛：1998年11月，北大青鸟仪器设备公司与中央警卫局签订合作协议，承接其非接触式IC卡门禁系统和食堂售饭系统的开发和集成工作，预计年内即可完工。在1998年年内召开的“中国共产党北京大学第十次代表大会”上，正式使用了北大青鸟公司生产的非接触式IC卡签到系统，系统在5天的会议期间运转正常，得到了与会代表的好评。

3．信息安全领域捷报频传

（1）“青鸟内部网保密网关”通过鉴定：1999年1月，公司产品“青鸟内部网保密网关”通过了国家保密局技术鉴定，为我公司开展网络与信息安全研究、开发和推广奠定了基础。

（2）两项课题通过验收：1999年1月24日，青鸟公司承担的“跟踪与研究国际上Internet安全技术和安全对策的发展方向”及“信息自动查询与识别技术”两课题通过国务院信息化领导小组办公室的验收，进一步拓展了信息安全领域开发的实力。

（3）青鸟产品获国家保密局推荐：1998年12月22日，公司产品“青鸟内部网保密网关”被国家保密局推荐为政府、企业内部网保密系统专用产品。

4．系统集成再展新图　（1）金融电子化业务向专业银行拓展。1998年3月11日，公司与中国建设银行贵州省分行正式签订了“综合网络支付密码票据系统建设项目合同书”。4月30日，公司与中国农业银行北京市分行签订了“农行综合布线系统二期工程项目协议书”，实现了公司系统集成业务向国有商业银行拓展的新突破。

（2）商业自动化业务喜签新单。1998年4月12日，商用公司与朝阳副食品总公司签约，完成其下属的宝佳、宝欣、宝惠及团结湖四个大型超市的计算机管理系统，7月25日，公司又与其下属的北京市朝阳京源商场合作，共同开发京源商场的计算机管理系统。

1998年4月14日，商用公司与银川新华购物中心签订“银川市新华购物中心商业自动化信息系统”合同，这是公司在银川市签订的第二个集大型零售与连锁并存的商业信息系统项目。

1998年5月19日，商用公司又与湖南五一文长沙文化用品商场签订了“五一文商场商业连锁管理系统”正式合同，这是公司零售业方面在华中地区的第一个项目。

5．MIS系统集成取得新进展

1998年5月12日，公司与平顶山电业局签订了“平顶山电业局管理信息系统（MIS）建设技术开发”委托合同书；同年11月10日，双方又签订了“平顶山电业局管理信息（MIS）系统建设系统集成”委托合同书，承担平顶山电业局管理信息系统的技术开发及系统集成工作，拓宽了MIS系统集成业务范围。

6．青鸟自动检票机在广州站安装完毕　1998年12月，由公司研制开发的“青鸟自动检票机”在广州站全部安装完毕,并于1999年春运期间正式运行,首次实现了我国大站检票业务的自动化。

【获奖产品】 1998年11月,由中国软件行业协会举办的'98中国国际软件博览会及技术研讨会优秀软件评选活动揭晓,北大青鸟公司参选的7项产品中,青鸟地理信息系统开发平台Geo-union V3.0获创新奖,青鸟面向对象软件开发工具v1.5、青鸟结构化软件开发工具v3.0、青鸟商业自动化系统JB-CIMS v2.0、青鸟区域清算及电子联行业务系统(JB-RCS&EIS)v1.0、青鸟通信平台JB-COMM v1.1、青鸟送配电线路管理系统v1.0获金奖。

北大青鸟集团将以更大的热情投入产学研一体的工作中,并为带动科技成果向生产力转化做出自己最大的努力。预计年末总资产将达到7亿元。

(范一民)

·北大资源集团·

【概况】 北大资源集团的前身——北大房地产开发部成立于1992年9月,在北京市新技术产业开发试验区注册。1993年3月北京大学南街工程开工,北京北大资源开发公司成立,1996年8月更名为北京北大资源集团。北大资源集团是北京大学的全资企业,成立以来,一直担负开发北大周边地区,建设北京大学科学园的使命。集团遵循"开拓、实干、高效、奉献"的企业宗旨,经过七年艰苦创业,目前初步建成北大科学园的框架性结构。集团现拥有近10万平方米建筑,职工170多人。集团下设12个部,分管27个控股或参股公司,是拥有近10亿资产的高科技企业集团,并成为北京大学校办产业的支柱型企业。作为北京市高新技术产业的利税大户,受到政府的奖励和表彰。

1995年落成的资源大楼是北大科学园的起步区,地处中关村黄金地段,北四环路、海淀路、中关村路和成府路交汇于此。内设营业展厅和标准写字间,设施齐备,可提供法律、信息、商务、金融、邮政等方面服务。经过五年的经营,在写字间市场树立了一定声誉,目前有200余家高新技术企业入驻。资源楼的建设彻底改变了南街原有的杂乱无序状态,创建了现代化科技文化一条街,为集团未来的发展奠定了坚实基础。

作为北京大学科学园二期工程的燕园教育培训中心于1998年校庆之际开业,该项目投资近7000万元,总建筑面积18000平方米。内设写字间、客房、公寓、餐厅等多种功能用房,为到北京大学进修的学子和有志到中关村地区创办高新技术企业的人士提供一流的教育培训、办公会议、住宿餐饮、体育健身等多项服务。燕园教育培训中心的成功在于准确地把握市场需求,发掘教育资源巨大的市场潜力,改变了集团单纯的物业经营格局,转向对教育资源、文化资源、科技资源的综合利用和开发。

北京大学科学园主体建筑"北大科技发展中心"一期工程于1998年北大百年校庆当日开工,是北京大学百年校庆的献礼工程,该项目建筑面积4万多平方米,高达百米,内设专业电脑市场和写字间,具有中央冷暖空调、进口电子消防及保安设施、现代化综合布线系统等。从外观到内部设施配置均按国际标准设计施工,是一座现代化综合智能型大厦。大厦于1999年10月隆重开业。

北大资源集团依托北京大学的综合资源优势,致力于北大周边地区资源的优化重组工作,创建北京大学科学园。其目的是主动形成一个高校与社会的融合地带,以较高品质的硬件设施和软件服务为高新技术成果的商品化、产业化、国际化提供载体,同时为企业和企业家们提供一个广泛接触最新科技成果的场所。通过对学校和社会的双向服务和互动作用,达成高校与社会的良性依存关系:一方面,开发大学资源,促进科技成果转化,能够带动区域经济的发展;另一方面,在科技成果向现实生产力转化的过程中,使大学获得必要的资金,更有力地支持教学科研工作。在这一互动过程中北大科学园扮演了孵化器和辐射源的角色。作为北京大学的校办产业,北大资源集团义不容辞地承担起支持北大教育事业发展的使命。目前已为学校增加数十亿元的固定资产,1995—1998年累计向学校上交利润2450万元,其中1998年上交利润1200万元,1999年上交利润幅度预计比上年提高50%—100%。另外,集团还以多种方式支持北大教育事业:集团于1995年出资建立"北大资源公司北大院士文库出版基金",并与北京大学出版社合作出版《北京大学院士文库》,1998年已出版5辑;1998年参加北大百年校庆书画展的赞助活动,为学校募集了1100多幅名家的书画作品;集团与北大附中合作创办北达资源中学,学校本着服务于北大、服务于园区的宗旨,为奋斗在教学科研和经济建设一线人员的子女提供优良的成长环境;连续三年捐助"北大资源杯"教工、学生运动会;向学校见义勇为基金捐款;参加校企联办教工、学生文艺社团等。北大科学园的建设带动了区域经济的发展。在短短几年内,集团凭借良好的企业形象和社会声誉,吸引了包括高新技术企业在内的各类企业300余家入驻科学园。据统计,1998年科学园内企业总营业收入超过20亿元,年利润超亿元,创造直接就业机会近4000个。集团从1995年到1998年共上缴税收500万元,成为北京市高新技术产业试验区的利税大户，受到政府的奖励和表彰。

【主营产业及主要公司】 北大资源集团依托于北京大学的综合资源优势，致力于北大周边地区资源的优化重组工作，创建北大科学园区。北京大学科学园业已形成在电子信息技术、光机电一体化技术、生命科学与生物工程技术、新能源、新材料、环境科学技术等高科技领域进行研究、开发和经营的格局。在科学园的建设中，集团广泛吸纳国内外技术、资金与人才，使北大周边地区逐步形成高科技产业群和高科技辐射源，成为中国"硅谷"——中关村的核心地带。北大资源集团已投资的高科技项目主要分布于电子信息、精细化工、新能源、新材料的研制开发等领域。目前集团控股、参股公司有27家，主要公司有：

(1) 北京北大新世纪科技发展有限公司。由北京大学科技开发部和北京北大资源集团共同出资组建，于1999年2月成立，注册资本为500万元人民币。公司依托北大的高科技力量，致力于加速北大高科技成果向现实生产力的转化，目前已筛选出一批以高能锂离子电池、DCPA、纳米材料、氮化镓蓝光管等高新技术产品为代表的最新科技成果进行扶植、孵化，并面向开放的资本市场寻求合作伙伴。

(2) 北京北大正元科技有限公司。是由北大资源集团与北大方正集团在原北大方正化工公司的基础上，共同出资组建的以高新技术为先导的大型化工企业。公司成立于1999年，注册资本5000万元人民币，主要致力于合成香料、香精、医药、化工、生物传感器等领域的研究开发及生产。公司充分利用北京大学人才与技术的优势，在高科技领域成功生产出新型合成麝香产品——方正牌佳乐麝香(Musk Found)等合成香料产品。目前在生产规模和产品质量上均处于世界领先水平，主要外销欧美及东南亚地区。公司还在北大化学学院有关实验室的基础上成立了专业的精细化工研究所，进行香料、化合物等多领域的开发与研究。目前已开发出极具市场前景的几十种新型香料产品。

(3) 北京北大先锋科技有限公司。注册资本为1000万元人民币，公司开发出具有国际领先水平的多种吸附剂、催化剂和分离净化技术，用于各种气体的分离和纯化，可提供以下设备与产品：变压吸附(VPSA)空分制氧新型吸附剂PU-8，变压吸附(VPSA)空分制氧设备、一氧化碳吸附剂PU-1，变压吸附分离一氧化碳设备、一氧化碳低温氧化催化剂PU-6，高效脱氧剂PU-5，气体加氢除氧催化剂PU-7等，性能达国际先进水平。其中一氧化碳吸附剂PU-1获中国、美国和加拿大专利，并获"国家级新产品"称号，已在国内外推广应用。

(4) 云南生物资源开发有限公司。公司利用现代生物工程技术，积极参与云南省四大支柱产业之一的生物资源开发产业的开发，公司投入6000多万元人民币引进日本的种苗、设备和技术，建立了规模达2000亩的山嵛菜生产基地，建成一座具有山嵛菜系列产品生产能力的现代化加工厂，年产山嵛菜新鲜根茎200吨，各种半成品500吨，管状山嵛菜膏500万支。山嵛菜是一种富含营养成分，具有较强杀菌、消毒作用的天然香辛料，尤其是管状山嵛菜膏在国内具有良好的销售前景。

(5) 北大资源集团投资控股的北京北大誉洋科技有限公司。最新研制成功全新型高能环保蓄电池——全封闭中性铅蓄电池，该电池突破传统铅酸电池理论，采用中性电解质和特殊化成工艺，在生产及使用过程中，不向外界排放任何有害气体和其他物质，其主要性能指标均优于国际目前最先进的铅蓄电池产品，是真正意义的绿色环保电池。

(6) 北京北大融通科技发展有限公司。致力于知识创新和信息技术在关键行业的应用，通过知识创新和行业应用为客户提供高质量的专业化的应用系统，成为最好的行业应用解决方案的提供者。

另外集团控股、参股的公司还有北京世纪京华房地产公司、新疆北大资源科技文化股份公司、北大科学园建设公司、国创国际高技术投资公司、密云北大资源工业园、北京华颖东方国际医药公司、北京宝源化工公司、北大资源科技公司及其子公司北大辰龙科技公司、北大资源法律事务所、北达资源中学、北大学园、北大资源文化艺术中心及其子公司北大蔚秀投资公司和燕园书店、北达物业管理公司(筹)、博闻广告中心、博亚特商贸公司、资源宾馆、北大太平洋科技公司、北大明天资源科技公司和北大资源科技大厦等。

北大资源集团充分挖掘北京大学蕴涵的丰富的科技、人才和知识资源，为科技成果的孵化及转化提供便利条件和资金支持，大大提升了现代高等学府的科技创新能力和知识应用能力，为实现现代大学功能的转变和办学模式的改革做出有益探索，也为社会创造经济效益。

【三大支柱产业】 北大资源集团在实施招商引资和园区建设的同时，着重发展了三大支柱企业。

(1) 物业开发、经营和管理：在现有资源楼、资源宾馆及北大科技发展中心的基础上，继续开拓新的物业项目，打通中关村通往上地信息产业基地的瓶颈地区—成府路，为中国硅谷的建设疏通血脉。

(2) 继续创办高科技产业：主办北京大学科学园为各类高科技企业服务；运用风险投资进行科技成果的孵化和转化，其中以电子信息、生物制药、精细化工、生物资源利用、新材料和环保领域为主攻方向；创办实业，生产各类生物、化工、环保产品及设备。

(3) *探索教育文化产业道路*：与北大成人教育学院合作，开办远程教育，兴办网络教育，建设北大学园，探索从幼儿园到大学阶段的育人模式。北大资源集团还将承担北京大学学生公寓的建设任务，并参与北大周边成府小区的改造任务。到本世纪末下世纪初，北大在科学园内将建成几十万平方米的高科技用房和科研开发中心，学校的综合办学实力和办学条件将得到较为彻底的改善。面对知识经济的挑战，北大资源集团将承担探索科教产业化道路的使命。资源人将乘着加快建设中关村科技园区的东风，大胆改革，锐意进取，走规模化经营和规范化管理的发展道路，推动中关村科技园区迈向新世纪的前进步伐，为把北京大学建设成为世界一流大学而努力奋斗。

（郭倩卿）

校办高科技产业业绩增长图

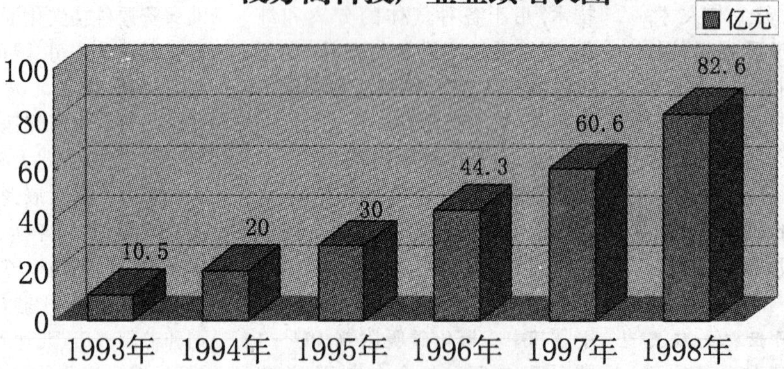

1998年校办高科技企业技术创新能力及主要产品(项目)表

企业名称 / 产品(项目)	方正集团	青鸟公司	未名集团	资源集团
人才优势	50%以上科研人员具有硕士以上学位	90%员工具有本科以上学历，博士、博士后近20人；赢得"软件开发国家队"美誉	20多位国内外名牌大学博士	依托北京大学的人才优势
主要技术及优势	拥有方正研究院、世界最大中文电子出版基地、多文种电子出版系统研究基地、10项专利	拥有青鸟技术研究院计算机软件、微电子、通讯有机结合的优势	国内外著名刊物发表论文150多篇，专利10项，13项农业植物基因工程项目	依托北京大学的技术优势和位于中关村科技园区核心区的地理优势
主营产品	软件、硬件、系统集成、精细化工、稀土材料	青鸟基础软件产品 青鸟应用类软件 青鸟嵌入式系统	α1b型干扰素、血脂康、白细胞介素－2	精细化工 新能源 新材料
主要项目	收购上海延中实业	收购"北京天桥百货"	转基因甜椒、转基因西红柿、转基因烟草和花卉	资源楼、燕园培训中心、北大资源出版基金
主要发展项目或产品	方正软件园	青鸟科技大厦软件园软件产业基地	北大生物城筹建北大药业上市公司厦门北大生物园深圳北大生物谷	开发成府路、发起风险投资基金、科技发展中心、燕园生物工程大厦、科学园、基础教育
主营业务发展领域	电子信息产业 软件产业 精细化工产业	电子信息产业 软件产业	生物工程产业	物业开发管理、教育产业

1.软件产业包括基础软件、应用软件、智能软件和专家系统。

2.生物工程产业包括基因工程药物、天然药物、化学药物、生化制品、疫苗、诊断试剂、农业生物工程。

主要教学科研服务设施

北京大学图书馆

【概况】 北京大学图书馆的前身是始建于1902年的京师大学堂藏书楼，辛亥革命之后正式改名为北京大学图书馆。"五四"运动前后，北京大学图书馆成为当时的革命活动中心之一，李大钊、毛泽东等革命领袖曾在这里工作。在历任图书馆馆长中，有许多是著名的学者，如章士钊、袁同礼、向达等。1952年全国院系调整，北京大学图书馆随北京大学迁至原燕京大学校址，原燕京大学图书馆馆藏并入北京大学图书馆，并吸收了部分其他单位的馆藏，形成以原燕京大学图书馆馆舍为中心的格局。1975年，在校园中心地带建成一座新馆舍，成为当时国内建筑面积最大、馆舍条件最好的图书馆。1998年5月4日，北京大学百年校庆之际，由香港著名实业家李嘉诚博士捐资兴建的北京大学图书馆新馆落成，标志着北京大学图书馆面向现代化的新的起点。

多年来，北京大学图书馆得到党和国家领导人的亲切关怀，邓小平同志亲自为图书馆题写馆名。1992年北京大学图书馆建馆九十周年时，江泽民同志亲笔题词："几代英烈百年书城，发扬传统继往开来"。

北京大学图书馆现有馆藏465万册。其中较有特色的馆藏有：古籍150万册，在全国图书馆居第三位，善本书17万册，珍稀品种和版本数千种；金石拓片约24000种，56000份，1949年以前旧刊11547种，27650册；1949年以前旧报纸605种，9644册，旧报刊中孤本千余种，稀有品种占有相当数量。现收藏中文现刊近3500种，外文现刊2600多种。此外，还拥有大量视听资料，以及涵盖各学科的光盘和网络数据库等新型载体出版物。

北京大学图书馆现为国际图书馆协会联合会(IFLA)、中国图书馆协会和中国科技情报学会的机构会员。作为"211工程"两个公共服务项目之一的"中国高等教育文献保障体系"(CALIS)的管理中心以及其中的"全国文理中心"设在北京大学图书馆。目前图书馆与国外500多个图书馆、学校、研究机构保持着固定的资料交换和馆际互借关系。图书馆接收了海内外许多机构、个人的珍贵赠书，丰富了馆藏。图书馆还与国外许多图书馆保持人员交流培训关系。

北京大学图书馆现有正式工作人员212人，其中研究馆员7人，副研究馆员37人，馆员81人，助理馆员49人。学历构成：博士1人，硕士25人，本科82人，专科38人。

全馆设采访部、编目部、期刊部、流通阅览部、信息咨询部、自动化部、古籍特藏部、视听资料室、文献服务部、馆长办公室等业务及行政部门。

1998年正值北京大学百年校庆，也是北大图书馆历史上具有特殊意义的一年。江泽民总书记亲临图书馆视察；美国总统克林顿、香港特别行政区行政长官董建华、香港长江实业集团主席李嘉诚等来北大图书馆参观访问；北京大学图书馆接受了克林顿总统、石景宜先生等重大图书捐赠。此外，赠书新馆大楼的落成和启用及CALIS建设项目的正式启动，这两件大事在北大图书馆发展史上更是具有里程碑式的意义。

为纪念百年校庆，图书馆古籍特藏部金石组编辑了《北京大学图书馆藏历代金石拓本菁华》一书，收集历代金石拓片273种，多为金石史上具有代表性的佳作，由文物出版社出版。古籍特藏部从馆藏精品中选出130种书，编成《北京大学图书馆藏善本书录》，每书叙录介绍，由北京大学出版社出版。在江泽民总书记视察北大图书馆时，林被甸馆长将其作为珍贵礼品赠送给江总书记。同时，北大图书馆与中国版协书籍装帧艺术委员会合作，共同制作了反映北大历史和传统精神的藏书票三套，第一套的主题是"与祖国同行"，第二套的主题是"难忘岁月"，第三套的主题是"百年华诞"。每套100枚。制作和发行工作由北大出版社负责。

(邹新顺)

【文献采访】 1998年北京大学图书馆文献采访工作情况如下：

1998年北大图书馆共采集中外文新书21144种，42047册。其中中文图书11420种，31002册。外文图书9724种，11045册。(详见1998年图书采访统计表)

1998年北京大学图书馆共订购外文期刊2681种，2754份，3627491.24元；中文期刊3380种，7367份，374762.24元。另外接受赠刊2200种。预计1999年外文期刊订购2619种，中文期刊3458种。(详见期刊订购情况表)

另外，北大图书馆全年还新增订了ISTP、AHSCI等学术光盘10种，收集录像400种500盘，VCD约200盘。

(邹新明)

1998 年图书采访统计表

经费项目	经费金额	中文书(种)	中文书(册)	外文书(种)	外文书(册)
校拨经费	1238931.39	8935	26125	585	662
文科专款	1785317.54			3228	3721
数学专款				424	440
国外赠书				5487	6222
国内赠书		2485	4877		

1998 年、1999 年外文期刊订购情况

类别	1998 年订购情况			1999 年订购情况		
	种数	份数	金额(元)	种数	份数	金额(元)
原版	1020	1035	2065731.74	970	984	2129368.28
影印	1445	1500	1215661.00	1426	1499	1143372.00
协调	216	219	346098.50	223	219	398012.70
合计	2681	2754	3627491.24	2619	2645	3670752.98

1998.1999 年中文期刊订购情况

类别	1998 年订购情况			1999 年订购情况		
	种数	份数	金额(元)	种数	份数	金额(元)
邮发	2486	5646	287224.92	2451	4245	244672.34
非邮发	894	1721	87537.32	1007	1309	65202.70
合计	3380	7367	374762.24	3458	5554	309875.04

【书刊编目】 1998 年北大图书馆全年共编中文新书 12437 种,35616 册;西文图书 7061 种,7869 册;为美国中心图书馆编目 1369 种,1369 册;日文新书编目 903 种,1255 册;东方文新书编目 428 种,598 册;统编 8322 种,8322 册。中文图书回溯套录 8244 条,原始编目 4102 条;西文图书回溯套录 8989 条。期刊编目修改了部分以前套录入库(未作加工)的记录,回溯建库统计如下表:

项目	1997 年底库有记录	1998 年底库有记录
西文	8638	9363
中文	8229	11766
合计	16867	21191

(邹新明)

【读者服务】 北京大学图书馆 1998 年全年共接待借书读者 348711 人次,外借图书 395542 册;接待图书阅览读者 40 余万人次,阅览图书 70 余万册;接待期刊阅览读者 29 万人次,借阅期刊 135615 册。新馆搬迁后,借阅时间改为早晨 8 点至晚上 10 点,中午不休息,受到读者的好评。图书馆继续扩大光盘的免费使用,由原来的 4 种 15 张扩大至 9 种 32 张,在光盘检索室面积减少的情况下,仍为 1500 多位读者提供了免费服务,先后引进了 INSPEC、Business Source Elite 等多个国外网络数据库,向读者进行宣传推广。美国《科学》杂志网络版自启用以来,访问人数已达 350 万人次,仅半年来平均每天达 1 万人。图书馆为读者作了 16 个查新报告,96 个查引报告,较好地满足了北大科研工作的需要。

(邹新明)

【重要捐赠】 1998 年北京大学图书馆接受海内外个人、机构捐赠主要有:4 月 2 日,日本武生市狮子会访华代表团代表武生市民向图书馆捐赠近 6500 册日文新书;5 月 14 日,台湾汉学研究中心向北大图书馆赠送 100 部该中心所藏中国古籍善本缩微胶卷;美国哈佛大学前总图书馆馆长冯彦才以个人名义捐赠 1.2 万美元;北京大学图书馆顾问、日本友人正木龙树连续第 11 年向我馆赠书。此外,图书馆还接受了几项特殊的重大捐赠,具体情况如下:

美国总统克林顿赠书 美国

总统克林顿向北大图书馆捐赠有关美国历史、文化方面的图书558册。6月29日,在新馆东门广场举行了隆重的捐赠仪式,克林顿总统发表了讲话,总统夫人希拉里、女儿切尔西和国务卿奥尔布莱特等出席了捐赠仪式。

香港爱国人士石景宜先生赠书　10月29日,“授予石景宜先生北京大学名誉博士称号”仪式和“石景宜先生向北京大学赠书展”揭幕仪式在北京大学图馆举行。石景宜先生是香港著名爱国人士、社会活动家,近十年来,先后向大陆近500家图书馆赠送台湾、香港版图书300余万册。此次向北大图书馆赠送台湾版图书3万余册,包括巨帙丛书《中国近代史料丛刊》,台湾方志,以及15部珍贵的“贝叶经”等。石先生许诺今后将继续捐赠台湾版新书,把北大图书馆台湾文献室建设成为大陆第一流的文献中心。

美国帕克德基金会捐赠　在1997年向北京大学图书馆捐赠47万美元基础上,1998年又追加9万美元。根据协议,这笔总数为56万美元的款项专门用于制作1000个樟木柜,用于保存北大图书馆珍贵的古籍善本图书。此外,由帕克德基金会资助的古籍数字化的计划也在争取实施。

美国友好人士欧迪安教授捐赠　为配合北大百年校庆,出资21万美元复制北大馆藏明代米万钟的《勺园修禊图》。由日本“二玄社”负责印制,制作精美,图像清晰逼真,甚受好评。

美国哈佛大学已故教授方志彤先生捐赠　方先生赠书2万余册到馆。这批关于欧美文学的图书具有很高的学术价值和版本收藏价值。这是从周培源校长开始,经历任校领导积极争取的结果。闵维方副校长赴美访问期间最后谈定,并筹款运至北大。

(邹新明)

【交流合作】 1998年图书馆共接待境外专家学者访问、讲学近60人次,其中著名的有韩国中央图书馆馆长,美国伊利诺大学于子乔先生,香港科技大学图书馆馆长周敏民,台湾大学图书馆副馆长林光美等。北京大学图书馆还与香港科技大学图书馆签署了两馆合作交流协议书。

1998年北大图书馆继续与匹兹堡大学、香港中文大学等海外大学进行Ariel文献传递工作,并与北京图书馆、清华大学图书馆等7家国内图书馆签订了文献传递协议,开展馆际服务工作。

1998年10月25日至28日“21世纪大学图书馆的新使命”国际学术研讨会在新馆报告厅举行。来自海内外17个国家和地区的近200名图书馆和图书馆学界的专家学者参加了本次会议。代表们就“21世纪大学图书馆的使命和目的”、“数字化图书馆的管理和组织结构”、“网络环境下的服务和资源共享”、“电子信息的管理”、“图书馆和远程教育”、“职业发展和继续教育”等六个主题进行了热烈的交流和探讨。美国约翰霍普金斯大学图书馆馆长James Neal倡议成立一个全球性研究型大学图书馆联合会,并在因特网上创建一个研究型大学图书馆论坛,这一倡议得到了与会者的赞同,被命名为“北京大学计划”。

(邹新明)

【新馆落成并启用】 北京大学图书馆新馆作为向北大百年校庆献礼的重要工程如期完工。5月4日,新馆工程竣工仪式在新馆东门广场隆重举行。捐资人李嘉诚先生及来自各界的代表300余人应邀出席。

10月15日,图书馆正式接收新馆。在家具设备经费仅部分到位的情况下,抓紧完成家具选购和安装,于11月开始搬迁工作。在武警战士的帮助下,短短一个多月就完成了上百万册书刊的大搬迁。搬迁工作实行边搬迁,边开放,到年底新馆一层参考工具书阅览区、二层人文社科图书借阅区、三层科技图书借阅区、四层期刊阅览区全部对读者开放。新馆的开放,使开架借阅书刊量由30多万册增至80万册,阅览座位由1700个增至4000多个。可藏书量由300万册增至650万册。搬迁之后,延长了开放时间,从早晨8点至晚上10点,实行14小时连续开馆。新馆采用先进的模数式、大开间建筑格局,适应藏阅结合的新型服务模式。新馆安装先进的电子设备和自动化、网络化系统,实行全面开放式管理,采用多媒体技术、超文本技术、全文检索技术及现代信息技术手段和新的服务方式,为读者提供高效、优质的全方位信息服务。新馆的建成和启用,为北大图书馆从传统图书馆到现代图书馆的转变,为北京大学争创世界一流大学提供了重要的条件。

(邹新明)

【CALIS项目】 “211工程”高等教育文献保障系统(CALIS)建设项目在教育部的领导和学校的大力支持下,1998年正式启动和实施。该项目的全国管理中心和文理中心设在北京大学图书馆。现已初步建立起“全国中心——地区中心——高校图书馆”三级文献服务网络,即一个CALIS全国管理中心,4个全国文献信息中心:文理中心(北大),工程中心(清华),医学中心(北医大),农学中心(北农大);7个地区文献信息中心:华东南(上海交大),华中(武汉大学),华南(中山大学),西南(四川大学),西北(西安交大),东北(吉林大学),华东北(南京大学)。服务网络的基层是以“211工程”立项高校为主体的高校图书馆。三级服务网络实行分工合作:本门学科中文文献立足本校,相关学科中文文献在地区范围合作互补,外文文献全国协调保障。9月22—23日，管理中心召开了CALIS项目实施的第一次工作会议。12月，CALIS项目经费正式下达，1999年1月6日，在北大新馆召开了“中国高等教育文献保障体系建设项目(CALIS)工作会议”，正式宣告CALIS建设项目的启动。

(邹新明)

【自动化系统】 为适应21世纪图书馆信息管理的需要，北京大学图书馆决定更新自动化系统，经过招标，选定了美国Sirsi公司的Unicorn系统，并决定同北大进行合作汉化。1998年已基本完成了第一阶段的汉化任务。10月中旬，Sirsi公司派员对北大图书馆部分人员进行了一期培训。Unicorn系统具有明显的优越性，如全文检索功能、灵活性、开放性、模块的高度集成性等。同时该系统已经具备了一些中国文化特色，并在中文汉化方面具有潜在的优越性。另一方面，系统在索引、界面显示、数据转换、事务处理、系统性能等方面仍存在不少问题，需要进一步修改和完善。

图书馆：E－mail：office@lib.pku.edu.cn

主页：http:/www.lib.pku.edu.cn

(邹新明)

北京大学出版社

【概况】 1898年，京师大学堂创办之初即设立了以翻译西洋教科书为主的译书局，之后于1902年又设立了编书处，专门编纂出版有关国学的教科书，编书处即为北京大学出版社的前身。蔡元培任北大校长时设立了北京大学出版部，出版了许多著名学者编著的教材、专著和译著。1952年，北大出版部被撤销。党的十一届三中全会以后，北京大学出版社于1979年恢复建制，属于中央级综合性大学出版社。1997年底，北大出版社对社内机构设置进行了较大范围的调整，其中图书编辑部的设置由原来的8个编辑室调整为4个编辑部：原数理编辑室、化生地编辑室和计算机编辑室合并调整为理科编辑部，原文史编辑室和古籍编辑室合并调整为文史哲编辑部，原政法编辑室和经济编辑室合并为政经法编辑部，语言编辑室改为语言编辑部。原音像出版部和电子出版部合并为音像电子出版部。出版部、发行部、经营部等部门也进行了不同程度的调整，全社中层干部实行了轮岗。北京大学出版社最近几年平均年出书800多种次，是国内出书品种最多的大型出版社之一。

1998年度，北大出版社有在编职工154人，其中有正高级职称者9人、副高职称者44人。全年共出书741种(含重印)，达911种次，印制总册数1094万册，发行955.5万册，印制码洋1.63亿元，发行码洋1.4亿元；有38种图书、1种音像读物和4种电子出版物获奖。《北京大学学报》(文科)主编龙协涛荣获中国出版工作者协会第二届“全国百佳出版工作者”称号，编辑张凤珠和郭力分别荣获第三届全国优秀中青年编辑奖和首届全国高校出版系统先进作者奖，原社长麻子英和原总编辑苏志中荣获全国高校出版系统荣誉奖。全年引进版权80种，转让版权27种。

1998年2月，原国家教委条件装备司对北京大学出版社1995、1996、1997年三年的工作进行了评估。参加评估的有关方面领导和专家对北大出版社这三年的工作给予了充分肯定，同时也提出了一些建议和意见，希望北大出版社进一步解放思想，抓住机遇，加强管理，优化结构，加快改革，促进发展，不断取得新成绩，创造新经验，办出特色，早日进入世界一流大学出版社之列。1999年1月，中宣部和新闻出版署联合举行向45家全国优秀出版社颁奖授牌仪式，北京大学出版社作为1993年首批获奖和连续保持荣誉的单位受到表彰。

(刘乐坚)

【庆祝北京大学建校一百周年出版工作】 北大出版社1998年最重要的出版活动，是出版纪念北京大学建校一百周年的各类图书。五四前夕陆续推出30多种校庆图书，全方位展现了北大一百年辉煌历程。这些图书弘扬了北大爱国、进步、科学、民主的光荣传统，奏响了北大精神的主旋律，展示出在中国教育界素有最高学府之称的北大的学术成就。《北京大学》大型画册，收有400多幅图片，从不同侧面生动地展现百年学府的辉煌旅程。书中有许多珍贵的历史图片，既有北大“老照片”，把人们引进百年老校的历史氛围，又有种种新景观，展示了最高学府日新月异的大气象。《北京大学纪事(1898—1997)》首次全面、翔实记录了北大的百年发展历程，提供了许多难得的史料。《今日北大(1993—1997)》则全面反映了1993至1997年的五年间北大教学、科研、教师队伍建设、校办高科技产业、对外交流与合作、校园建设等方面的改革和发展情况。《精神的魅力》、《青春的北大》倾诉了老中青校友对母校的深沉情感，令读者感受到北大精神的永恒魅力。《巍巍上庠，百年星辰——名人与北大》讲述了毛泽东、周恩来、邓小平等68位曾在北大工作过或与北大有过特殊关系的著名政治家和众多的科学、文化学术名人与北大之间双映生辉，共同推动中国的政治、科学、文化不断进步的历史。《在巨人与圣地之间——毛泽东与北京大学》一书，比较全面地揭示了毛泽东与北大之间的双向的、恒久的、深刻的历史影响。《我与北大》汇集了在北大工作或学习过的60多位中国现代著名人物回忆北大的文章,他们中有梁启超、蔡元培、陈独秀、胡适、李大钊、鲁迅、毛泽东、冯友兰、梁漱溟、茅盾、张申府、许德珩、傅斯年、蒋梦麟、顾颉刚、台静农、林语堂等,文章涉及中国教育史、文化史、马克思主义在中国传播史及其他中国现代史上的重大历史事件,具有较高的史料价值。《马克思主义与北京大学纪念文集》收录了曾在北大工作过的中国共产党早期领导人及其他由北大校友撰写的在国内有重要影响的宣传马克思主义的文章,从中可以真切地了解北京大学为马克思主义在中国的传播和发展做出的重要贡献。大型文集《北京大学百年国学文粹》洋洋500万言,分文学、历史、哲学、语言文献、考古卷,集中了一个世纪以来北大在这几个学科的重要的有代表性的学术成果。其他校庆图书还有《北大风:北大学生刊物百年作品选》、《如歌岁月——燕园学子访谈录之一》、《北京大学创办史实考源》、《百年文存——北大中文系百年学术文存》、《北京大学与中国政治文化(1898—1920)》、《蔡元培先生年谱》、《蔡元培与北京大学》、《翦伯赞传》、《北大百年百联》、《北京大学名人手迹》、《北京大学百年校庆北大人书画作品集》、《我爱燕园》、《未名文丛》、《北大校长与中国文化》(增补本)、《精神的家园——当代大学启示录》等。校庆纪念光盘《学府沧桑,百年辉煌》第一次用多媒体的形式浓缩了北大100年的历史,其中收录了大量珍贵的历史资料,包括各院系各单位的数据资料,教授名录、历届校友名录等,集文字、照片、声音和活动图像于一体,为人们利用电脑这一现代科技手段了解北大的昨日和今天提供了一份难得的观赏性极强、方便、实用的资料。校庆出版物还有"纪念北京大学建校100周年藏书票"。由出版社把藏书票作为一种出版物出版,在出版界和收藏界尚属首次,这一独特的新型出版物受到校友和收藏界的喜爱。

1998年5月22至30日,北京大学出版社在香港举办"庆祝北京大学建校一百周年书展",北大常务副校长迟惠生和香港出版界知名人士出席开幕式。这次书展展出了北大出版社的图书、音像和电子出版物1500多种,在香港引起较大的反响。

在庆祝北大建校一百周年大会上,江泽民总书记发表了重要讲话。为配合这一重要讲话的学习活动,教育部组织编写了《科教兴国动员令》一书,由北大出版社出版。书中收录了江泽民总书记的重要讲话和有关的学习文章。

(刘乐坚)

附:北京大学出版社1998年新书目录

书　名	作　者
邓小平理论专题讲座	北大马列学院
马克思主义与北京大学纪念文集	本书编委会
真理之树常青	北大党委宣传部
汉魏两晋南北朝佛教史	汤用彤
青年美育新编	杨辛、王秀芳、彭吉象
倾听孩子:家庭中的心理调适	陈平俊、李美格
时间概念史研究	杨　河
数理逻辑引论	王宪钧
北大校长与中国文化	汤一介主编
北京大学百年国学文粹·史学卷	北京大学历史系选编
北京大学百年国学文粹·语言文献卷	北大中文系
北京大学百年国学文粹·哲学卷	北大哲学系
北京大学百年国学文粹·中国文学卷	北大中文系
北京大学百年国学文粹·考古卷	北大考古系
从实求知路	费孝通
管理信息系统的理论与应用	李　东
社会工作导论	王思斌
乡土中国与生育制度	费孝通
心灵结构与文化解析	胡家祥
燕京学报(新五期)	燕京研究院
中国禁毒大视角	贺晓东
中国内地和香港地区老年人生活状况和生活质量研究	齐　铱
澳门现行法律汇编(第三辑)	肖蔚云主编
保险法 附保险法自学考试大纲	覃有土
比较法研究	沈宗灵
必读法律法规资料选编	金瑞林主编
二十世纪的中国法学	李贵连
法理学(律师专业)	沈宗灵主编

书　名	作　者
法律经济学论纲	周林彬
法律社会学	赵震江
国际法引论	王铁崖
国际合同:法律适用论	邵景春
国家赔偿法原理与实务	房绍坤
国家与社会的关系	唐士其
婚姻法学	杨大文等
金融刑法导论	王　新
经济法学自学考试指导与题解	杨紫烜
科技法学(修订版)	赵震江
美国革命的激进主义	傅国英
美国律师实用入门:从学生到律师	黄亦川
民事诉讼法学附大纲(修订本)	柴发邦主编
票据法(附票据法自学考试大纲)	姜建初
企业与公司法学	甘培忠
社会主义市场经济与经济法	游本强
外国法制史	由嵘、张学仁等
我国民主与法制的目标与道路	刘隆亨
现代化进程中的政治与行政	本书编委会编
刑罚结构论	梁根林
刑法学附刑法学自学考试大纲	高铭暄
刑事诉讼法学(新编本)	王国枢
刑事诉讼法学	王国枢
刑事诉讼原理与实务附大纲	王国枢
行政法学附考试大纲	罗豪才
行政法学自学考试指导与题解	湛中乐
在巨人和圣地之间:毛泽东与北京大学	魏国英主编
政治经济学(第三版)	宁玉山、钱淦荣编
知识产权法	吴汉东
中国法律思想史新编	张国华
中国内地与香港地区法律比较研究	魏振瀛
中国涉外法概论	张学斌编
中国刑法论(第二版)	杨春洗
中国刑法史纲	周　密

书　名	作　者
中华人民共和国法律、行政法规、规章、司法解释分卷汇编(共52卷)	人大法工委编
著作权法原理	韦　之
财务管理分析	沈艺峰译
产品管理	魏立原译
风险收益对应论	陈云贤
古典经济学	晏智杰
货币银行学	姚长辉
经济漫谈录	厉以宁
厉以宁九十年代文选	厉以宁
剖析“亚细亚”——亚细亚商贸集团兴衰实录	陈松雨
企业财务会计	居维纲
汽车神话——文化、社会与创业	王　玮
人·心理·管理	张光泉
寿险精算学	雷　宇
通货膨胀与人寿保险	楚军红
同创崛起	袁道之
投资大师谈投资	[美]泰纳斯
西方经济学说的演变及其影响	胡代光
行业与上市公司分析——沪市上市公司分册	林义相
行业与上市公司分析——深市上市公司分册	林义相
行业与上市公司——行业报告分册	林义相
怎样组建股份制和股份合作制企业	厉以宁　曹凤岐
中国经济思想史述要(上下)	赵　靖
中国经济思想通史(第四卷)	赵靖等主编
中国企业批判	陈惠湘
中国市场交易	国家工商管理局等编
中国资本市场发展的理论与实践	厉以宁
资本运行论析——《资本论》与市场经济	弓孟谦
21世纪大学图书馆的新使命	北京大学图书馆
Internet改变中国	陈　炎
北京大学创办史实考源	郝　平
北京大学图书馆藏善本书录	张玉范　沈乃文

书　　名	作　者
北京大学学生工作的理论与实践	林钧敬等
北京大学与中国政治文化(1898～1920)	[美]魏定熙
超越雅俗:抗战时期的通俗小说	孔庆东
创造力的培养(北京大学德育丛书)	李毅红、马名驹
国学研究(第五卷)	袁行霈主编
今日北大(1993—1997)	《今日北大》编写组
精神的家园:当代大学启示录	林钧敬主编
科教兴国动员令	教育部编
蓝色巨人	袁道之
面向21世纪的人才素质	沈继英
人格美的塑造	仓道来
日本学(第八期)	北大日本研究中心
日本语言文化论集	北大东方学系日语室
如歌岁月	北京大学研究生院
社会公正:当代青年的新道德观	程立显
谈学论教集	王义遒
探求一个灿烂的世纪:金庸/池田大作对话录	金庸、池田大作
巍巍上庠百年星辰:名人与北大	萧超然主编
西文工具书概论(增订版)	邵献图
信息媒体及其采集	刘兹恒
研究生入学考试数学模拟试题(1999)	邵士敏主编
研究生入学考试英语复习指南与模拟试题(1999)	石春桢主编
研究生入学考试政治理论复习指南与模拟试题(1999)	肖灼基主编
燕京学报(第四期)	燕京研究院
伊朗学在中国论文集(第二集)	叶奕良
英文名著选读指导(英文版)	[英]约翰·莫克里等
张志公先生纪念文集	本书编委
张志公自选集(上、下)	张志公
中国概况	王顺洪
中国历代国家藏书机构及名家藏读叙传选	袁咏秋、曾季光
中国历代图书著录名著文选	袁咏秋
中国现代学术之建立:以章太炎、胡适之为中心	陈平原

书　　名	作　者
中华古诗文读本·丑集	中少基金会
中华古诗文读本·卯集	中少基金会
中华古诗文读本·子集	中少基金会
中华文化讲座丛书(第三集)	北大中国传统文化研究中心
中华文明之光(1-3辑)	袁行霈主编
阿拉伯语三百句(外语口语三百句系列之十一)	李生俊
白话论语(注音本)	武惠华
败坏了赫德莱堡的人——马克·吐温集	高翔编注
标准汉语教程(上)	黄政澄
标准汉语教程(下)	黄政澄
参与(汉语中级教程)	赵燕皎
超级生活美语	苏亚敏
初级汉语口语(下)	戴桂芙等
从英文法句型学会话	苏亚敏
大学英语四级统考词汇手册	张桂珍
黛西·密勒——亨利·詹姆斯集	刘乃银编注
对外汉语教学探讨:北京地区对外汉语教学讨论会论文集	赵金铭等
对粤港澳普通话教程	高然等
二十世纪的中国语言学	刘　坚
广播电视日语(二)	尹学义
汉语·汉字·汉文化	胡双宝
汉语古文读本	王　硕
汉字津梁(上)	施正宇
汉字书写入门	张朋朋
基础经济管理专业英语	戴贤远
交际文化汉语(上)	李克谦、胡鸿
交际文化汉语(下)	李克谦
科技英语短语和习惯用法词典	鲁　人
快乐地道美语	苏雅敏
快乐学日语(社会篇)	刘文柱
快乐学日语(生活篇)	刘文柱
快学办公室美语	苏雅敏
朗朗上口美语会话	苏亚敏
流利英语单词2000	苏雅敏
冒险家——欧·亨利集	李玮编注
美英报刊文章选读(下)	周学艺
牛津电气与机械工程学英语	李非译
牛津电子学英语	童玉珍

书　名	作　者
葡萄牙语三百句	王玉红等
普通话水平测试习题集（粤语区）	汤力文
轻松日语(附语法提要及示例)	胡一玲
热爱生命——杰克·伦敦集	李淑言编注
日本语概论	顾海根
日语学习例解活用辞典	庄涑正宜
苏州方言语法研究	李小凡
文本·读者·阅读	朱刚
问和答——速成汉语口语	陈晓华等
现代汉语配价语法研究（第二集）	袁毓林、郭锐主编
现代汉语虚词词典	侯学超
现代英汉翻译操作	何刚强
新编日汉翻译教程	庞春兰编著
英语成功32法则	苏亚敏
英语词汇札记	薄　冰
英语歌曲精品	封一函
英语活页文选(一)	本书编辑组
英语活页文选(二)	本书编辑组
英语活页文选(三)	本书编辑组
英语活页文选(四)	本书编辑组
英语活页文选(五)	本书编辑组
英语活页文选(六)	本书编辑组
英语活页文选(七)	本书编辑组
英语活页文选(八)	本书编辑组
英语活页文选(九)	本书编辑组
英语活页文选(十)	本书编辑会
英语活页文选(十一)	本书编辑组
英语活页文选(十二)	本书编辑组
英语交际口语教程	夏纪梅
英语书信精品	唐承贤
语言的认知研究和计算分析	袁毓林
最新自助旅行英语	苏亚敏
百年投影	金克木
百年学术——北京大学中文系名家文存(上下卷)	费振刚、温儒敏编
北大风	温儒敏主编
北大中文系研究	北京大学中文系编
比较文学原理新编	乐黛云
菲利浦·麦辛哲的悲剧——自我否定世界	马文谦
福克纳的魅力	陶　洁

书　名	作　者
观海登山集——英语语言文学论文选	北大英语系
海涅也属于我们	张玉书
精神的魅力(一)	北大校刊编辑部
来之文录续篇	季镇淮
爬坡集	佘树森
批评之路	[加]弗莱
伟大的代码:圣经与文学	[加]弗莱
青春的北大——《精神的魅力》续篇	北大校刊编辑部
全宋诗(第二六册)	北大古文献研究所
全宋诗(第二七册)	北大古文献研究所
全宋诗(第二八册)	北大古文献研究所
全宋诗(第二九册)	北大古文献研究所
全宋诗(第三十册)	北大古文献研究所
全宋诗(第三一册)	北大古文献研究所
全宋诗(第三二册)	北大古文献研究所
全宋诗(第三三册)	北大古文献研究所
全宋诗(第三四册)	北大古文献研究所
全宋诗(第三五册)	北大古文献研究所
莎士比亚十四行诗集	辜正坤译
生命之路	孙玉石
圣经文学词典	李传龙
诗国高潮与盛唐文化	葛晓音
世界文学格局中的中国小说	应锦襄　林铁民
市场经济下的中国文学艺术	祁述裕
思·言·道	王岳川
天地有正气	王　瑶
透过历史的烟尘	乐黛云
未名湖岁月	吴宝三
渭水集	魏荒弩
文心雕龙研究(第三辑)	本书编委会
文学鉴赏论	黄书雄
文艺学当代形态论	董学文
我爱燕园	宗　璞
叙述学与小说文体学研究	申　丹
燕园岁月	金开诚
艺境	宗白华
永远的校园	谢　冕
元人杂剧与元代社会	么书仪
中古文学史论	王　瑶
中国比较文学学科理论的垦拓——台湾学者文集	黄维梁
中国古代文学学习指导(修订本)上	韩传达

书　名	作　者
中国民间文学概要（修订本）	段宝林
中国文学史参考资料简编（上）	北大中文系
中国文学史参考资料简编（下）	北大中文系
中国文学史纲要(二)	中古文学教研室
中国文学史纲要(三)（电大教材）	李修生
中国现代文学三十年	钱理群等
中国现代文学史论集	王瑶
中国小说研究论集	吴组缃
中唐诗歌之开拓与新变	孟二冬
追随永恒	曹文轩
奥上锦堂篆刻作品选	奥上锦堂
北大百年百联	谷向阳
北大画册	北京大学画册编委会
北京大学百年校庆北大人书画作品集	张学书等
北京大学名人手迹	梁惠陵编
舞台美术:幻觉与非幻觉的诱惑	汪又绚
北京大学百年校庆世界史文集	北京大学历史系编
北京大学纪事(1898～1997)	王学珍主编
北京大学校园图	毛赞猷等
北京大学中文系简史	王耀成
蔡元培先生年谱(上下)	王世儒
陈寅恪先生史学术略稿	王永兴
敦煌吐鲁番研究(第三卷)	季羡林等
古代的国家——起源和统治形式	[德]赫尔佐克
侯仁之文集	侯仁之
胡适与韦莲司:深情五十年	周质平
蒯伯赞传	张传玺
历史的见证	[法]尼古拉·巴维雷
唐研究(第四卷)	荣新江
我与北大——"老北大"话北大	王世儒编
戊戌维新与清末新政	王晓秋
折焚柴记	新井白石
传播媒体和信息技术	高利明
聆听大师——北大百年校庆著名华人科学家演讲集	北大自然科学处编

书　名	作　者
《基础有机化学》习题解答与题示例	邢其毅
复半单李代数引论	孟道骥
复合材料及其结构的力学、设计、应用和评价	王震鸣等
概率统计(第二版)	耿素云
高等数学	姚孟臣
高等数学(同步练习册)	姚孟臣
高等数学(学习指导)	姚孟呈
高等数学简明教程(第一册)	李忠、周建莹
高等统计学	郑忠国
高温超导物理	韩汝珊
工程力学进展	王大钧等
基础分析化学实验(第二版)	北大化学学院
简明数论	潘承洞等
近代光学信息处理	宋菲君
理论物理基础	彭恒武
量子力学导论(第二版)	曾谨言
趣味离散数学	罗振声
群表示论	曹锡华等
数学泰斗,世代宗师——江泽涵教授纪念文集	编委会
唐有祺文集	唐有祺
位势论	张鸣镛
线性代数讲义(第二版)	兰以中
应用随机过程	钱敏平 龚光鲁
河流动力地貌学	倪晋仁
分子生物学实验技术	郝福英
生物进化	张　煦
行为生态学	尚玉昌
中国营养改善行动计划	国务院办公厅编
生物医学电子学	蔡建新
3DS MAX 实例与技巧	北京黎明电子
C 语言程序设计	孙家骕
C 语言基础教程	吕凤翥
HomePage 制作高手	台湾旗标出版公司
Intranet 企业网路技术导览	蔡奇玉
Java 程序设计语言	James Gosling 等
Java 并行程序设计——设计原则和模式	Doug Lea
Java 常见疑难解	Jonni Kanerva
Java 语言规范	James Gosling 等
Microsoft Internet Explorer 4 即学即会	Perspection 公司

书　　名	作　者
Microsoft Windows 98 即学即会	[美]Jerry Joyce
MS Excel 97 即学即会	Microsoft Press
MS Front Page 即学即会	Microsoft
MS Office 97 即学即会	Microsoft Press
Ms Outlook 97 即学即会	Microsoft Press
PASCAL 程序设计习题解析	丁文魁
Pascal 语言教程	庄燕文、俞咪华
Photoshop 5.0 实战教程	吴晓东、王新民
Visual basic 5.0 视窗编程技术	赵振修
Wicrosoft Windows 98 中文快速教程	北京博彦公司
Windows 95 实用工具参考大全	吴延雄
Windows NT Workstation 4 中文版快速教程	[美]Microsoft 公司
Windows 95 下复合文档的制作和编辑	王金义
Windows 98 中文版看图速成	北京博彦科技公司
Windows 98 & 97 实用教程	杜云贵
初识电脑	陈星火
初识 Windows	陈星火
电脑达芬奇	陈星火
电脑小作家	陈星火
多媒体趣谈	陈星火
海龟绘图	陈星火
海龟绘图程序精选	陈星火
漫游 Internet	陈星火
趣味 QBASIC	陈星火
游戏小精灵	陈星火
办公自动化基础教程	赵文
从 BASIC 跃到 C	潘正伯
从 BASIC 跃到 Fortran	林义相
从 BASIC 跃到 Pascal	韩耀军、罗雪梅
从标准 Pascal 到 Delphi4.0 (上册)	许张铭、黄维通
代数结构与组合数学	屈婉玲
多媒体基础与应用	谢深泉、朱珍民等

书　　名	作　者
汇编语言基础及 CASL 汇编语言	刘克武、刘畅
集合论与图论	耿素云编著
计算机基础实用教程	聂永生
计算机网络基础教程	邬恩溢
计算机与微电子科学技术国际研讨会论文集	王阳元主编
快捷掌握 Windows 98(中文版)	郭　涛
面对电脑时代——Window 95 应用篇	王金义
模糊信息处理系统	李　凡
青少年程序设计的数学基础	方文祺
轻松学习中文 Office 97	刘明亮
数据库实用基础教程——从 FoxBase+到 FoxPro	张立权
王阳元文集	王阳元
微机操作基础——DOS 实用教程	韩祖德
微机操作基础——Windows 实用教程	韩祖德等
微机应用基础教程	孙光斗
微机应用基础教程——DOS 篇	董引吾
微机应用基础教程——Windows 篇	董引吾
小学生学电脑	陈文慧、蒋　硕
小学生学电脑(基础篇)	庄燕文
信息学(计算机) 奥林匹克新版(PASCAL 篇)	庄燕文等
信息学(计算机)奥林匹克新版(竞赛篇)	赵志方等
信息学(计算机)奥林匹克新版(提高篇上册)	陈星火等
信息学(计算机)奥林匹克新版(预备篇习题集)	周爱民等
循序渐进学用 FoxPro 数据库	郭　涛
杨芙清文集	杨芙清
中文 Word 实用问答	初娜娜
责任重于泰山	倪朝烁等编
中国名胜与历史文化	葛晓音

北京大学档案馆

【概况】 北京大学档案馆前身为北京大学档案室，是党委办公室的内设机构，该室建于1958年11月，1982年12月成立北京大学综合档案室，为处级建制。1985年7月经学校批准综合档案室内设立科技档案科和文书档案科。1993年4月建立北京大学档案馆，内设一、二两个室，建筑面积850平方米。北京大学档案馆馆藏档案始于1898年，有北京大学、西南联合大学、燕京大学、北平大学、日伪占领区的北京大学等五个全宗，截至1999年2月1日，档案馆库存纸质档案59938卷，照片47098张，录音录像带1362盘，底图2728张，资料902卷(册)，排架总长度920.8米，分为党政、教学、声像、科研、基建、设备、产品、出版物、会计等门类。其中有明清档案161卷，民国时期档案13799卷，新中国建立后档案45978卷。这些档案反映了百年来北京大学创建、变迁、发展、建设的历程，其中有些档案极为珍贵，此外还有大量珍贵的照片。北京大学档案馆在工作中很重视档案管理的业务基础建设。档案工作规章制度日趋完善，先后制定了《北京大学档案管理实施办法》、《北京大学党政管理档案立卷的步骤与要求》等17项管理办法，部门立卷已形成制度，理科科研项目档案课题组立卷制度也在逐步形成。为做好档案的查阅利用工作，进一步开发档案信息资源，档案馆先后整理了北京大学、西南联合大学、燕京大学、北平大学、日伪占领区北京大学的历史档案及建国后的部分档案，编制了案卷目录、部分全引目录、专题目录、专题卡片等，并根据档案价值大小，对利用率高的档案编制了46种专题检索工具。燕京大学学生学籍档案和北京大学1981－1995毕业生学籍档案的专题检索数据库已经建立，各类档案原件的扫描和光盘存储工作正在开展。现在部分珍贵历史档案资料和照片已经过扫描存入光盘，有效地保护了原件，提高了利用效率。北京大学档案馆学术空气日益浓厚，在做好日常工作的同时，档案馆工作人员积极开展档案学术研究，在各种刊物上发表学术论文和其它文章共34篇，在高校档案学术讨论会上交流论文12篇。5位同志的论文已被收录《中国档案管理精览》一书。

(刘晋伟)

【档案收集】 利用百年校庆的契机，档案馆提出“给百年档案划上圆满句号”的口号，对有些部、处、系、所积存的一些历史文件材料进行收集，在全校开展了补充归档的工作。这一工作得到了校领导的支持，在各单位的大力配合下，共收集各类档案10180卷。

(刘晋伟)

【档案利用与服务】 1998年是档案作用发挥得比较充分的一年。全年向利用者878人次提供档案4118卷次，利用照片3057张。较好地发挥了服务功能，满足了各项工作利用档案的需求。百年校史展览、校庆纪念画册、纪念光盘、纪念邮票、藏书票等的制作单位，新华社、电视台、杂志社、报社等许多家新闻单位的记者以及北大校内各系、所和团委、学生会为了筹备校庆、系庆，举办展览、出专刊，查阅了大量文字材料和反映北大百年历史的老照片和反映改革开放硕果累累的新照片。1998年翻拍、拍摄照片2777张，放大冲洗黑白照片1098张。另外，基建档案也为北大的扩建、修缮工作发挥了很大作用，一年利用图纸档案435卷。

(刘晋伟)

【档案整理】 学籍档案和基建档案的利用率是比较高的。为了使这些档案案卷规范化，以便利用和管理，几年来对其进行了标准化整理，1998年在过去整理的基础上对学籍档案和基建档案又集中精力进行了突击整理。至1998年年底，学籍档案已完成了立卷的基础工作。基建项目档案也整理完毕。此外，还对部分照片、科研、文书等档案进行了整理。全年共整理档案734卷，整理照片档案5458张。

(刘晋伟)

【学术交流与编研】 1998年档案馆工作人员在国内杂志上发表文章4篇。档案馆参加了《西南联大史料》的编辑工作，此书六卷，已出版两卷，1999年上半年将全部出齐。北京高校档案研究会1998年汇编出版了《北京高校档案学术论文选萃》一书，78篇论文中有本馆几年来发表的文章13篇。

(刘晋伟)

博　物　馆

【赛克勒考古与艺术博物馆】 1980年，美国著名科学家、出版人和艺术品收藏家赛克勒先生来华协助卫生部工作，其间，他提出在北京资助兴建现代化博物馆的意向。1984年，赛克勒先生的代表与北京大学洽谈合作建馆事宜。1986年9月8日，北京大学与美国赛克勒艺术、科技与人文基金会签署了合作建设北京大学考古博物馆的协议。1987年5月，双方就扩大博物馆建筑面积事宜签署了附加协议。1993年5月27日，博物馆正式向社会开放。

北京大学建筑设计室和美国P&CO设计事务所共同承担博物馆的设计工作。博物馆开馆展览由美国史密森学会沙可乐(赛克勒)美术馆陈列设计人员负责设计。博物馆建筑外观为中国传统建筑样式，馆内装备了现代化的展示、空调、照明和安全监控设施。

博物馆现收藏玉石、青铜、陶瓷、甲骨、书面和古代家具等各类文物2万余件。这些藏品始于1922年北京大学国学门考古研究室收藏的历代文物。1952年，原北京大学文科研究所古器物整理室、北京大学博物馆和燕京大学史前博物馆的藏品合并为北大历史系考古研究室文物陈列室。此后，考古系师生在历年的考古教学实习中，收集典型的考古标本入藏。同时，国内一些考古机构和博物馆，为支持中国考古人才培养，调拨给北大考古系考古科研和教学标本。1993年博物馆建成后，海内外收藏家又陆续捐赠了一些珍贵文物，如韩国金亨石、申熙哲捐赠长沙窑及历代陶瓷器100件、青铜带钩及牌饰等200余件。

北京大学赛克勒考古与艺术博物馆系统收藏和展示中国考古学教学标本，展示北大考古系近年新发现，展示国内考古研究机构、博物馆和海内外收藏家的文物收藏，达到展现中国考古学研究成果，普及考古和文物知识，促进国内外考古学术交流的目的。同时为培养高素质的博物馆工作人才提供教学和实践场所。

博物馆基本展览是“中国考古学教学标本展”，该展览按时代、地域、考古学文化和考古出土单位组织陈列，展出各时代典型的考古学标本；还不定期组织北京大学考古系近年重大考古工作成果展和捐赠文化展。

北京大学赛克勒考古与艺术博物馆在组织各项展览和教育活动时，注意突出体现学术和文化特色，使博物馆成为展现北京大学深厚文化积蓄的窗口。开馆以来，博物馆接待了多位国际贵宾，如英国前首相希思，日本前首相海部俊树，诺贝尔奖获得者李政道等。博物馆还接待了大批中小学生，并安排专人接待讲解。每逢北大校庆，博物馆都要敞开馆门，热情欢迎校友参观。

1998年，为庆祝北京大学建校一百周年校庆，博物馆组织了“国之重宝——晋侯墓地出土文物精品展”和“考古英才的摇篮——迎接21世纪的北京大学考古学系”展。江泽民主席视察北京大学工作时，兴致盎然地参观了这两个展览。博物馆还接待了参加校庆的国内外来宾和各届校友近4000人。

（宋向光）

【北京大学地质陈列馆】 北京大学地质陈列馆是我国建立最早的地质博物馆，早在1909年北大地质学系成立之初即已建立，到1917年，珍藏和展出的标本已有1000余种，包括古生物学、构造地质学、地史学、矿物学和矿床地质学等专业的标本。我国著名地质学家李四光和由美来华的葛利普教授，都为地质陈列馆的早期建设花费了不少心血。1955年北大地质学系恢复招生，地质陈列馆也重建起来，到1972年展出的标本已达3000多种。

1991年地质陈列馆搬入新建成的北大新地学楼。右边门廊辟为地质学系系史长廊，一排排的照片展示了从北大地质学系毕业的48位中国科学院院士的业绩。地质陈列馆有些展品颇为珍贵，以国际交流标本最引人注目。这些由我国学者采回和外国学者馈赠的珍贵标本，包括夏威夷岛的现代火山岩和俄罗斯在世界最深的11千米深钻孔中取得的岩心等。地质部赠送的深海锰结核，采自南极、北极、珠穆朗玛峰和最深的深海沟底部的岩石，与有海石花之称的雪白六射珊瑚相映生辉。一颗闪光的金刚石仍保存在十多万大气压下形成的金伯利岩中。

地质陈列馆作为北大对外开放的一个窗口，不但满足本系和本校教学、科研的需要，而且接待各方面的内宾和外宾，每年来馆参观的各界人士达2000多人。1997年9月，罗马尼亚总统康斯坦丁内斯库博士也来馆参观，这位总统是资深矿物学家，他向本馆赠送了辉锑矿和石膏晶体标本以及科学专著，并题词赠言。

地质陈列馆正像是一颗矿物晶体，在阳光下映射出今日北大的风貌。

（地质学系供稿）

【地质博物档案馆】 地质博物档案馆是北大“211工程”项目之一，1996年“211工程”立项后正式动工兴建，于1997年6月顺利通过验收。此项“211工程”仅包括地下室部分，建设的目的在于着眼于学校和地学的长远发展，建设一个亚洲一流水平的博物档案馆，提供一个正规化、规范化的有重大学术意义的地学模式标本、典型标本存档场所，一个面向本校和国内外的优秀学术论文、资料归档、成果展览和交流的场所，并为科研、辅助教学和培养高水平人才提供基地。

档案馆位于北京大学逸夫二楼（新地学楼）地下室，档案馆现有工作人员3名。总面积约2500平方米，包括4个标准档案室、1个展览大厅、1个信息室。建有存档用钢制轨道式标本柜146个，可存100万件标准手标本。拥有微机、标本盒、抽湿机、幻灯机和投影仪等配套设备。档案室现已存10万块标本（还有大量有待进行规范化归档的地学标本），以及一些国内外著名专家送存的文字资料。在西大厅展示了地质学系教师的部分科研成果和标本，是地学基础课和相关学科的教学实习基地，是了解地学研究和进展的一个窗口。

到目前为止，已有40多个国家的学者来参观。地质博物档案馆的建成为与国际接轨，为规范化、制度化归档提供了条件。

（地质学系供稿）

电教中心

【概况】 北京大学电教中心成立于1973年,1986年建成并启用建设面积1万多平方米的电化教学楼。现有教职工53人,其中具有正高职称的5人,副高职称的9人,中级职称22人。现设有多间多媒体教室、电化教室、语言实验室、微机房等,有各种型号微机200多台。有大、小演播室各一间和多种档次的录像制作设备,并有三维动画视频制作系统SGI Indigo-2工作站,可制作多媒体教材。电教中心下设办公室、教育技术教研室、文科计算机教研室、多媒体技术实验室和技术室。

(殷金生)

【教学与科研】 电教中心的教学与科研工作主要由多媒体软件制作实验室、文科计算机教学实验室、电教中心语音教室及多媒体功能教室等机构承担。

"文科计算机教学实验室"于1996年10月11日初步建成,1997年4月10日验收。该项目完成后,文科计算机的教学取得了显著的效果:大幅度更新充实了教学内容;改变了全部用黑板加粉笔授课的落后方法,利用连机大屏幕投影仪讲解软件操作;学生的学习效率大大提高,并提高了文科学生学习计算机的积极性。

"多媒体功能教室"到1998年建成了4个。教师在多功能教室讲课时,既可以用原有的投影胶片、幻灯片、录像带等媒体教材,又可以使用计算机教学软件、多媒体光盘教授,更可以使用网上丰富的教学资源,还可以把实物、图片与文字材料通过大屏幕投影机直接展示给同学。

"多媒体软件制作实验室"的主要任务是为学校各单位制作多媒体教材(教学软件)提供设备和技术支持,为学校各单位教学、科研的多媒体软件制作提供设备和技术服务。

电教中心承担了全校文科学生的"计算机基础与应用。课程和全部文科学生的上机任务及全校文科教师的教育技术服务培训。开设了面向全校文理科学生的选修课"计算机辅助教学","高等数学CAI","传播媒体与信息技术","影视编导基础与制作技巧","影视广告"等。电教中心几年来共制作1000多小时的录像教材,几万张幻灯片,录像教材多次获国家教委、北京市奖励。录制了100集大型电视系列片《中华文化讲座》(每集半小时),获1996年全国首届优秀教育音像制品一等奖。

电教中心获"全国电化教育工作先进单位"奖励,完成了全校电视共用天线系统的改造。百年校庆期间,电教中心协助中央电视台完成了人民大会堂主会场的"光明行"文艺晚会的现场转播等工作,制作了《今日北大》、《世纪盛典》、《故园纵横》等录像带和光盘。

(殷金生)

计算中心

【概况】 北京大学计算中心始建于1963年,原隶属数学力学系,1985年改为处级建建制,由学校直接领导,近十多年来得到很大发展。计算中心现有教职工70人,其中正高级职称4人,副高级职称20人,中级职称26人,获得博士学位2人,获得硕士学位17人。

计算中心现拥有各种计算机设备共450多台,其中超大型服务器IBM S/390机1台,大、中型服务器SUN 3000等9台,小型服务器12台,图形工作站18台,各种PC机400多台。计算中心是一个为全校教学和科研服务的大型综合实验室,下设运行室、网络室、管理信息系统研究室、计算机教研和办公室。1993年,学校成立管理信息中心,1995年成立网络中心,都挂靠在计算中心,因此,计算中心是计算中心、管理信息中心和网络中心三位一体的实体单位。中国教育和科研计算机网络(Cernet)华北地区主节点也设在计算中心。

【教学与科研】 计算中心主要承担的工作有:

全校计算机网络建设——校园网规划、设计、施工、管理及维护,为全校师生在网络方面提供全方位服务。

学校管理信息系统建设——北京大学管理信息系统建设的规划、研制、开发和维护。现已建成三个分系统,即综合查询、办公自动化、本(专)科生教务管理。

学生计算机实习环境建设——有486、586微机300多台,供理科学生在网络环境下使用。所有计算机都可浏览国内资料,通过代理服务器可进入Internet。

北大成人教育学院计算机专业的教学任务(有本科学生135人,专科学生240人)——负责脱产班、专科班的教学工作,同时负责夜大学专转本学生的教学工作,在校学生300多人。

北大IBM技术中心的建设与管理工作——该中心负责IBM用户培训,并为北大高层次计算机教学提供实习场所。

Cernet华北地区主节点的建设、管理、维护工作——负责河北省、天津市及北京市部分学校接入国内、国际网络的工作。

计算中心还是全国高等教育学会信息系统专业委员会的理事长单位。计算中心还承接纵向、横向计算机应用和科研方面的任务,近几年承担了"863"项目和计算机网络"九五"攻关项目,以及一些其他应用工程项目。

(计算中心供稿)

· 管理与后勤保障 ·

对外交流与合作

【概况】 北京大学执行涉外政策、协调对外交流与合作事务的职能部门是国际交流与合作处,其前身是北京大学外事处,1996年改为现名,下设办公室、欧美交流科、亚非交流科、专家科、派出科和对外交流中心,负责校际合作项目的签署落实、接待外宾、国际智力引进的规划管理以及校内人员的出国(境)事务。

加强对外交流与合作在北京大学始终占据重要地位。改革开放的深化特别是国际教育交流的持续发展使北京大学的国际交流与合作工作呈现外在的挑战性和内在的迫切性。在全球一体化程度不断加深的进程中,国际化程度是大学办学水平的重要指标。1998年北京大学的国际交流与合作遵循两条主线进行。一是既定计划的落实。根据学校的整体规划,制定了"强强合作"的国际交流指导原则,调整历史形成的校际交流格局,寻求与世界一流大学的优势互补。校企合作是另一突出特点,抓住世界著名跨国公司重视、抢占中国市场的有利时机,北京大学以多种方式开展与大公司的国际合作,尝试利用国外资源实现办学资金来源的多样化,取得了很好的成效。二是一百周年校庆。这一历史机遇使本年度的国际交流合作工作强度高、活动密度大。是年成功举办了"世界著名大学校长论坛",海内外大学校长140多人聚集北大,探讨21世纪高等教育发展的重大问题,校长们的发言被汇成文集,以资后世。这是中国高等教育史上的创举,也是世界高等教育史上的盛事。校庆期间接待了1500多位海外来宾,这也从一个侧面反映了北京大学国际化的程度和水平。

以国家"科教兴国"战略的提出和百年校庆为契机,北京大学明确提出了创建世界一流大学的目标。校庆后的国际交流与合作工作一方面消化校庆成果,另一方面将工作重心转移到为创建世界一流大学的目标服务上来。1998年先后接待了意大利、美国、韩国三国总统的来访;接待了香港特别行政区行政长官董建华和台湾海峡交流基金会董事长辜振甫;授予近10位海外著名学者名誉教授等荣誉称号;聘请了40名长期专家,218名短期专家,专家的学科布局和结构更趋合理;通过竞争从教育部、国家外国专家局得到7项重点资助项目、2项联合国发展计划署资助项目和5项独联体资助项目;因公出国1113人次,赴港澳台626人次,因私出国(境)1119人次。

北京大学的国际交流与合作工作还存在两个不协调的倾向:一方面各院系认识到国际交流对学科建设和科研的重要作用,加强对外联系的意识不断增强、行为日益自觉;另一方面计划经济时代形成的旧传统、旧观念与新形势、新挑战相去甚远,同时学校的国际交流资源需要合理配置,共享机制和需求一反应机制有待建立、完善。1999年的国际交流工作应该在观念与体制创新、信息与资源共享机制的建立健全、引智成果的积累和政策调研方面有所突破。

(刘海明　李岩松)

【校际交流】 1998年,北京大学的校际交流以百年校庆为契机而展开。到1998年底,与北大建立校际交流关系的境外大学达到161所,分布于46个国家和地区。全年新签及续签校际交流协议10份,其中包括美国5份,欧洲3份(白俄罗斯1份,法国2份),大洋洲2份(澳大利亚1份,新西兰1份)。

根据校际交流协议,来北大进行长、短期访问、学习的外国交流学者和留学生共60人;按照交流计划派出赴姊妹学校研修的北大教员共54人,其中美国10人,欧洲27人,大洋洲3人,亚洲14人,全部被接收,接收率是近两年中最高的。

百年校庆期间,北京大学成功举办了"世界著名大学校长论坛",共接待海内外大学校长140人,及590多位前来参加百年校庆的海外来宾。与会的海外大学大多是与北京大学建立了校际交流关系的姊妹学校，其中莫斯科大学和夏威夷大学还派出艺术团祝贺北京大学百年华诞，而美国普林斯顿大学、布朗大学、伯克利加州大学，加拿大不列颠哥伦比亚大学、多伦多大学、麦吉尔大学、蒙特利尔大学还专程前来与北大新签、续签交流协议，或探讨进一步加强合作的途径。

据统计，除校庆期间来访的外宾外，北京大学 1998 年外宾总流量为 17591 人次，全年共接待境外来访代表团 133 批。

校庆前后，北京大学还接待了来访的境外大学校长、副校长 19 人，另有 33 位校长出席了在北大举办的第一届中英、中德、中澳大学校长会议。北大还筹办了哈佛大学、宾西法尼亚大学、任斯利尔理工学院等多位校长在北大的演讲活动，接待了美国康奈尔大学校长代表团、美国埃默里大学校长代表团、美国匹兹堡大学校长代表团、英国诺丁汉大学代表团、加拿大麦克马斯大学代表团、日本早稻田大学代表团、韩国成均馆大学代表团、越南河内百科大学代表团等。此外，奥地利萨尔茨堡大学在北大图书馆新馆举办了以“奥地利科技、文化、教育”为主题的展览，与代表团随访的奥地利萨尔茨堡四重奏演奏组参加了北京大学 1998 年的开学典礼，并在北大举行了两场专场音乐会，反响热烈。

北大共有 4 个代表团出访。闵维方常务副校长率领的北大教育管理考察团访问美国数所大学，何芳川副校长参加教育部组织的中国高等教育代表团访问英国，赵存生副书记、潘庆德副处长组团访问德国柏林自由大学，郝平校长助理访问美国夏威夷大学、奥地利维也纳大学和萨尔茨堡大学。

在新兴学科方面，北大与美国大学合作，开展联合培养项目。其中光华管理学院与美国西北大学凯洛格管理学院合作培养工商管理人才，与摩托罗拉大学、宾州州立大学合作，培养合资企业管理人才；中国经济研究中心与以美国福坦姆大学为首的美国工商管理学院联盟合作，培养工商管理硕士。

为进一步加强交流与合作，北京大学成立和改建了一系列跨学科研究中心，包括美国研究中心、加拿大研究中心、欧洲研究中心、澳大利亚研究中心等，并积极开展活动。

（夏红卫）

【港澳台地区交流】 北京大学 1998 年接待港澳台地区来访人员 990 人，包括香港 350 人，澳门 210 人，台湾 430 人，其中有香港科技大学、香港中文大学、台湾淡江大学、阳明大学校长等。

北京大学与港澳台地区联合主办或参与举办的学术研讨会有 20 余次，比较重要的有“澳门经济社会发展战略学术研讨会”、“海峡两岸农村发展与农业现代化研讨会”、“海峡两岸现代化与共同发展学术研讨会”，北大、台大、港中大三校“大学科技转移研讨会”等。9 月，在教育部的组织和指导下，北京大学受香港中文大学、香港科技大学的委托，为上述两校代招了 25 名本科生，目前这批学生已在港学习生活。

1998 年适逢北京大学百年校庆，在人民大会堂举行了隆重的庆祝大会，召开了世界著名大学校长论坛，举办了数学、化学、国际汉学等 15 个大规模的国际学术研讨会。来自台湾、香港和澳门地区的 18 所大学的校长及 500 多位学者，出席了北京大学校庆纪念活动和各类学术研讨会。台湾著名物理学家、“中研院”前院长吴大猷，著名地质学家阮维周还发来贺函。台湾“中研院”院长李远哲、台湾大学校长陈维昭、新竹清华大学校长刘炯朗等人前来出席，北大均给予很高礼遇，在海内外产生了非常好的影响。

北大与港澳台地区学校的交流朝着多层次发展。如与台湾大学、香港中文大学已连续举办了两届“三校运动友谊赛”。北大附中管乐团分别去香港、台湾演出，得到了当地舆论的高度评价。北大出版社在香港举办图书展览。北大学生与港澳台三地学生也多次举行交流联谊活动。交流方式越来越呈现出多样化的趋势。

（王伦）

【专家工作】 引进国外智力是我国对外开放事业的重要组成部分，聘请外国专家来校任教是引智工作的一个方面，对于提高高校办学质量和办学效益，推动和促进学校教学、科研、管理和高层次人才培养等方面具有十分重要的意义。改革开放以来，本着教育要“面向现代化，面向世界，面向未来”的方针，北京大学聘请外国专家来校任教的工作取得了长足的进展。

北京大学 1998 年 9 月至 1999 年 7 月共聘请长期专家 39 人次，短期专家（1999 年 1 月至 12 月 31 日）234 人次（注 1），来自亚、欧、美、大洋洲等 24 个国家和地区。长期专家分布在北京大学十余个语言系科和专业，以及文史、社科和理科院系。这些外国专家除承担本科生、研究生教学外，还承担了青年教师进修、合作编写教材的工作，从而保证了北京大学多语种正常的语言和文化教学，促进了北京大学教学水平和教材质量的提高。在一些国家急需的和重点的科研项目上，外国专家也为学校科研水平的提高作出了积极的贡献。短期专家分布在北京大学 30 多个院、系、所和中心，为各个院系重点和新兴学科的建设与发展发挥了重要的作用。二十多年来，北京大学在教育部、国家外国专家局的指导下，结合学校的实际情况，探索出一套行之有效的外国专家工作管理办法，充分利用有限资源，聘请不同年龄、不同层次的外教，重视聘请专家的质量和效益，建立和健全教学评估手段，强化服务意识，使引智工作规范化和制度化。从1999年起，北大将采取措施把聘请长期专家的重点由语言教学更多地引向科研和教学的各个领域，全方位地扩展引智工作，使之更好地为北京大学的教学改革和发展服务。

注1：短期专家按年度聘请，即从1998年1月1日至12月31日；长期专家按学年聘请，即从1998年9月1日至1999年8月31日。

（白燕）

【校企合作】　1998年，许多境外著名大型企业和基金会与北京大学接触频繁，积极推进与北大的合作关系。如美国英特尔公司副总裁、美国惠普公司副总裁、日本三菱电机公司常务理事、日本日立制作所日立工厂技师长、微软中国公司副总裁、美国福特基金会第一副会长、美国帕卡德基金会主席、美国亚洲基金会主席等纷纷到访。

设立奖学金、助学金、奖教金和研究基金是校企合作的重要方式。1998年，著名企业、基金会及工商界人士在北京大学设立奖学金34项，助学金15项，奖教金12项，研究基金4项。如德国戴姆勒—奔驰公司设立的奔驰奖学金，顶新集团设立的顶新助学金，美国摩托罗拉公司设立的摩托罗拉奖教金和日本笹川良一基金会设立的笹川良一研究基金等。

一些境外著名企业与北京大学合作建立的实验室和研究中心。其中包括北大微电子所和美国摩托罗拉公司建立了“北京大学—摩托罗拉半导体联合实验室”；北大电子学系与美国惠普公司建立的“北京大学电子实验室”；北大计算中心和IBM公司合作建立的IBM培训中心，主要用于培训IBM公司的员工，并用于北大的教学活动；计算机系与美国贝尔实验室联合建立“CASE研究室”，并和美国英特尔公司建立“北京大学英特尔实验室”；北京大学技物系和美国SUN公司合作成立了JAVA计算机语言培训中心，承担了SUN公司组织的全国范围内的JAVA计算机语言培训，并服务于北大的教学与科研；北大图书馆与SUN公司合作，筹建中国高等教育文献保障系统。

许多大企业还向北大捐资捐物。百年校庆期间落成的北大图书馆新馆即是由香港长江实业集团董事局主席李嘉诚捐资1000万美元资助建造的；德国戴姆勒—奔驰集团捐资100万元人民币，修缮北大西校门；美中教育服务机构捐资100万元人民币整修北大南校门；美国帕卡德基金会捐资300万美金，修葺体斋、健斋，建立帕卡德国际学者公寓；惠普中国公司向帕卡德国际学者公寓捐赠计算机设备；IBM向北大赠送大型计算机；日本佳能公司向北大捐赠5000万日元，设立奖学金和奖教金。百年校庆期间，67家日本企业向北大捐赠2.76亿日元，筹建北京大学校史馆。

（夏红卫）

【政要来访】　1998年，北京大学共接待来访外国元首3人，分别是意大利总统斯卡尔法罗、美国总统克林顿、韩国总统金大中。此外香港特别行政区行政长官董建华、台湾海基会董事长辜振甫也访问了北大。其中意大利总统、美国总统和韩国总统发表了演讲，他们在演讲和会谈中都表示来北大访问是一种荣誉，并高度评价了北京大学在中国教育、文化、经济、科技和社会发展中举足轻重的作用，对北京大学的跨世纪发展前景表示支持。此外，他们还向北京大学赠送了有关书籍。

同年，还有众多外国政府要员前来北大访问，如法国科技司司长、瑞典科学家协会主席、瑞士联邦教科协会国务秘书、白俄罗斯教育部长、国际科联主席、越南科教部部长、缅甸联邦教育部部长、加蓬高教科研部部长等。北大还接待来访的各国驻华使节23人，包括美国、加拿大、德国、南斯拉夫、日本、澳大利亚、越南、马来西亚、韩国、巴基斯坦、以色列、菲律宾驻华大使等。许多驻华使节在访问北大时，极力希望促成本国大学与北京大学建立或加强合作关系。

1998年，北京大学还授予了23位海外著名学者、政治家等名誉博士、名誉教授或客座教授称号。

意大利总统斯卡尔法罗访问北大　1998年6月10日，意大利总统斯卡尔法罗访问北大，并在北大电教报告厅发表演讲。陪同的有意大利外交部副部长托雅参议员、意大利驻华大使夸罗尼、意大利总统秘书处主任塞克亚参赞等。教育部副部长韦钰、中国驻意大使吴明廉也陪同来访。陈佳洱校长、迟惠生常务副校长、郝平校长助理等参加会见并出席了演讲。

斯卡尔法罗总统向到场的近500名北大师生作了题为“‘欧洲·意大利与中国’——国家之间、人民之间合作与友谊的根源”的演讲。演讲回顾了中国与意大利两国悠久的历史传统和由来已久的友好交往，并提出以维护和平、民主和自由来保证世界发展的观点。

陈佳洱校长在演讲会上致欢迎辞，并向斯卡尔法罗总统赠送了国画《松鹤图》，衷心祝愿总统健康长寿，并希望中意两国人民的友谊不断加深。

美国总统克林顿访问北大　1998年6月29日，美国总统克林顿访问北大，在北京大学办公楼礼堂发表演讲，并出席在图书馆新馆举行的向北京大学图书馆赠书仪式。陪同来访的有总统夫人希拉里,美国国务卿奥尔布赖特,美国驻华大使尚慕杰,美国商务部长、农业部长、经济顾问理事会理事长、国家安全顾问等。教育部副部长韦钰、中国驻美大使李肇星,北大校务委员会主任任彦申,校长陈佳洱,常务副校长闵维方、迟惠生等参加了会见和演讲。

克林顿总统在演讲中说,几千年来,中国为人类文化、哲学、艺术和科技作出了贡献,在今天这个历史性的时刻,可以与中国光辉灿烂的过去相提并论的,是中国目前气势磅礴的改革和更加美好的未来。同时,克林顿对即将跨入新世纪的中美关系和中国未来的发展前景进行了展望,并对21世纪年轻一代的责任提出看法。近1000名北大师生和来宾出席了演讲会。

演讲结束后,克林顿总统出席了在北京大学图书馆新馆前举行的赠书仪式,向北京大学图书馆赠送了550本有关美国历史文化的图书,受到了北大师生的热烈欢迎。演讲会前,总统夫人希拉里和国务卿奥尔布赖特访问了北京大学法律系妇女法律咨询中心。

香港特别行政区行政长官董建华访问北大 1998年10月16日,香港特别行政区行政长官董建华访问北大。北京大学校务委员会主任任彦申,校长陈佳洱,常务副校长闵维方、迟惠生参加了会见。校领导向董建华介绍了北京大学的发展历程和目前的状况。

董建华对北大的百年庆典表示祝贺。他说,他对北大仰慕已久,像北大这样有着百年历史的学校,看一看北大就可以看到中国的变化。董建华还应北大同学的要求,与部分学生代表进行了座谈,勉励青年人努力学习,成为优秀的人才,将来为国家的建设贡献力量。

座谈会前后,董建华还饶有兴趣地参观了北大赛克勒考古与艺术博物馆和图书馆的珍善本室。

董建华在与北大陈佳洱校长及其他校领导共进午餐时,详细询问了北大的国际交往情况。他说,西方国家过去对中国很不了解,应该通过学术交流增加这种了解,在这一点上,北大可以发挥很大的作用。董建华还高度评价了北大学生的素质,表达了希望与北大加强联系,加强高科技合作的愿望。

台湾海基会董事长辜振甫访问北大 1998年10月17日,台湾海峡两岸基金会董事长辜振甫访问北大。教育部副部长韦钰,北京市副市长林文漪,海协会常务副会长唐树备参加了会见。北大校务委员会主任任彦申、校长陈佳洱、常务副校长迟惠生参加了接待。

辜振甫夫人辜严倬云女士是“京师大学堂”更名为北京大学后第一任校长严复的孙女,百年校庆时捐资雕铸了严复先生铜像。辜振甫及夫人进入图书馆大厅拜谒了严复先生的铜像,并向北大图书馆赠送了20册的《严复全集》。辜严倬云女士动情地说:我虽然不是北京大学的学生,但今天的感觉像是回到了母校一样。先祖父弃官从教,看到北大今天的发展,先祖父在天之灵会非常之安慰。作为他的后代,我们也感到非常之光荣。

辜振甫夫妇盛赞北京大学培养优秀人才取得的成果。会见结束后,辜振甫一行游览了北大校园,对燕园的美丽风光赞叹不已,并在未名湖畔合影留念。

韩国总统金大中访问北大 1998年11月12日,韩国总统金大中访问北大。韩国外交贸易部长,驻华大使,韩国驻华商社、财团代表等陪同来访。教育部副部长韦钰、北大校长陈佳洱、常务副校长迟惠生、校长助理郝平等参加了会见及演讲会。

金大中总统在演讲中表达了对北京大学的深厚情谊,回顾了中韩关系的发展历史。他说,韩中两国两千多年来在地理、历史和文化上,一直维持着比世界上任何一个国家都密切的关系,韩国在很大程度上受到了来自中国的影响。他高度赞扬了改革开放后中国所取得的重大成就,同时就新世纪中韩两国面临的挑战和发展前景作出了展望。

共有600余名北大师生听取了演讲,其中包括在北大留学的100名韩国学生。演讲后,金大中总统还饶有兴趣地回答了学生的提问。陈佳洱校长向金大中总统赠送了由东语系陈玉龙教授书写的“翰逸神飞”条幅,金大中总统回赠了他亲笔书写的“实事求是”条幅。

(夏红卫)

【国际会议】 1998年至1999年2月期间,北京大学共举办国际会议37次,平均每月3次左右。

在这37次国际会议中,文科性的国际会议22次,理工科的国际会议15次。与会人数达4007人,其中海外学者1142人。1999年度的国际会议包含了物理、数学、化学、生物等自然科学领域,法律、经济、国际政治等社会科学领域以及哲学、宗教学等人文学科领域,无论在会议规模上还是在涵盖领域上与往年相比都有较大的突破。37次国际会议当中,为迎接和配合百年校庆的国际会议就有12次之多(一览表中2、3、4、12、14、15、16、27、28、33为校庆会议)。

(黄文)

1998年国际会议一览表

序号	会议名称	会期	与会人数	海外学者人数	主办单位
1	19世纪中叶以来的东亚与中国国际学术讨论会	1998.3.9～12	30	10	世界现代化进程中心
2	传统文化与中日两国社会经济发展国际学术讨论会	1998.4.9～10	60	20	日本中心
3	中国经济体制转型中的政府作用国际学术讨论会	1998.4.24～26	50	15	政治学与行政管理系
4	中国资本市场发展国际研讨会	1998.5.2～3	150	40	光华管理学院
5	面向21世纪的高等教育:大学校长论坛	1998.5.2～4	192	157	北京大学
6	21世纪的生命科学国际研讨会	1998.5.2～4	150	20	生命科学学院
7	地球物理新进展国际会议	1998.5.2～5	200	14	地球物理系
8	数学科学前沿展望研讨会	1998.5.2～5	200	25	数学科学学院
9	21世纪的环境科学与可持续发展国际研讨会	1998.5.2～5	110	20	环境科学中心
10	国际地质科学学术研讨会	1998.5.3～5	200	20	地质学系
11	现代物理前沿问题国际研讨会	1998.5.3～7	200	50	物理系
12	中国的发展与21世纪的国际格局国际学术讨论会	1998.5.4～7	30	10	国关学院
13	21世纪化学学术研讨会	1998.5.5～6	400	100	化学学院
14	面向21世纪的法学教育研讨会	1998.5.5～6	30	15	法律系
15	汉学研究国际会议	1998.5.6～8	150	50	传统文化研究中心
16	纪念蔡元培诞辰国际学术讨论会	1998.5.7～8	90	20	蔡元培研究会
17	和平·发展:走向21世纪的中国与亚非国际学术讨论会(会议取消)	1998.5.11～13			亚非所
18	国际刑事法院的建立和国际法研讨会	1998.5.12～14	40	7	国际法研究所
19	中韩应用统计联合研讨会	1998.5.17～21	40	10	数学学院
20	21世纪:文化自觉与跨文化国际研讨班	1998.6.15～30	100	20	社会学人类学研究所
21	21世纪女性研究与发展国际学术研讨会	1998.6.21～23	100	35	妇女中心
22	中国经济改革和发展学术研讨会	1998.6.21～22	50	20	经济研究中心

序号	会议名称	会期	与会人数	海外学者人数	主办单位
23	7~8世纪东亚地区的历史与考古国际学术会议	1998.8.5~8	30	7	考古系
24	中美双边III~V氮化物宽带半导体材料与器件专题研讨会	1998.8.6~11	150	12	物理系
25	第六届海外及归国中国生物学者生命科学暨生物技术讨论会	1998.8.7~10	60	40	生命科学学院
26	国际动力系统学术会议	1998.8.8~12	80	20	数学学院
27	戊戌维新一百周年国际学术讨论会	1998.8.20~23	120	40	历史系
28	'98现代汉语语法学国际学术会议	1998.8.22~27	190	20	中文系
29	中日哲学研讨会	1998.9.10~14	45	10	哲学系
30	中韩文化与现代化国际学术研讨会	1998.10.7~9	60	30	韩国中心
31	21世纪的中国现代化:课题与展望中日学术讨论会	1998.10.13~15	60	20	经院 政治学系 亚非所
32	第四届中美哲学与宗教学研讨会	1998.10.19~23	20	10	哲学系宗教学系
33	21世纪大学图书馆的新使命国际学术讨论会	1998.10.25~28	150	75	图书馆
34	第六届中国澳大利亚研究国际学术会议	1998.10.25~30	80	30	澳大利亚研究中心
35	传统文化与中日经济发展国际学术研讨会	1998.10.25~28	50	10	历史系
36	21世纪的亚太地区劳动立法趋向国际研讨会	1998.10.26~30	40	20	法律系
37	农村基层组织建设与农村可持续发展国际学术讨论会	99.1.10~14	40	5	社会学系

1998年因公出国人员统计表

出访类别 / 国别	国际会议	合作研究	访问考察	长期任教	短期讲学	实习培训	其他	合计
美国	124	24	103	1	9	26	5	292
澳大利亚	11	6	7	0	0	0	4	28
法国	19	10	39	1	4	0	0	73
加拿大	11	2	6	0	0	0	0	19
日本	56	16	182	9	20	0	0	283
荷兰	8	0	8	0	1	0	0	17
韩国	40	1	27	5	4	1	2	80
马来西亚	9	1	3	1	0	0	1	15
新加坡	9	1	13	0	10	0	2	35
西班牙	3	2	0	0	0	0	0	5
德国	27	11	43	0	2	2	2	87
埃及	4	0	5	0	0	0	0	9
印度	3	0	0	0	1	0	0	4
俄罗斯	2	0	9	0	0	0	0	11
意大利	13	6	8	0	0	0	0	27
希腊	2	0	5	0	0	0	0	7
南非	6	0	0	0	0	0	0	6

国别＼出访类别	国际会议	合作研究	访问考察	长期任教	短期讲学	实习培训	其　他	合　计
墨西哥	2	0	1	0	0	0	0	3
奥地利	10	0	1	0	1	1	0	13
乌克兰	1	0	1	0	0	0	0	2
泰国	3	0	2	4	0	0	0	9
瑞士	13	2	5	0	0	0	0	20
英国	16	3	22	0	1	0	0	42
波兰	3	0	0	0	0	0	0	3
斯洛伐克	1	0	3	0	0	0	0	4
新西兰	2	0	2	0	0	0	0	4
阿根廷	2	0	0	0	0	0	0	2
白俄罗斯	0	0	1	0	0	0	0	1
毛里求斯	1	0	0	0	0	0	0	1
巴西	1	0	2	0	0	0	0	3
挪威	0	0	3	0	0	0	0	3
以色列	1	0	0	1	0	0	0	2
克罗地亚	1	0	0	0	0	0	0	1
斯洛文尼亚	1	0	0	0	0	0	0	1
越南	2	0	1	0	0	0	0	3
丹麦	0	0	4	0	2	0	0	6
蒙古	0	0	1	0	0	0	0	1
立陶宛	1	0	0	0	0	0	0	1
比利时	8	2	7	1	1	0	0	19
捷克	3	0	0	0	0	0	0	3
匈牙利	4	0	0	0	0	0	0	4
瑞典	1	0	3	0	0	0	0	4
菲律宾	2	0	0	0	0	0	0	2
沙特	2	0	1	0	0	0	0	3
阿根廷	0	0	1	0	0	0	0	1
古巴	0	0	1	0	0	0	0	1
朝鲜	0	0	2	0	0	0	0	2
摩纳哥	1	0	0	0	0	0	0	1
土耳其	1	0	0	0	0	0	0	1
尼泊尔	1	0	0	0	0	0	0	1
哈萨克斯坦	1	0	0	0	0	0	0	1
印度尼西亚	0	1	0	0	0	0	0	1
伊朗	1	0	0	0	0	0	0	1
合计	433	88	522	23	56	30	16	1168

（庞志荣　高忠新）

1998 年自费出国(境)人员统计表

	拟赴国别(地区)	留学	工作	探亲	旅游	定居	访友	学术交流	其他	合计
1	美国	511	2	99	1	2	12	3	6	636
2	日本	21	2	13			1	5	3	45
3	加拿大	6	1	11		6	2		1	27
4	香港			18	83				6	107
5	奥地利								1	1
6	德国	5		7			3		2	17
7	新加坡	15	1	8	38		5			67
8	台湾			5						5
9	韩国	1		3	2		12	1	1	20
10	法国	5		2			1		1	9
11	英国	4		6			2			12
12	罗马尼亚						2			2
13	澳大利亚	1		8	1		2		1	13
14	意大利	2					1		3	
15	泰国			1	103		13			117
16	孟加拉						1			1
17	匈牙利			1						1
18	新西兰		1				1			2
19	芬兰	1		1					1	3
20	荷兰	1		3					2	6
21	印度尼西亚							1		1
22	比利时	3								3
23	瑞典			1			1		1	3
24	秘鲁			1						1
25	瑞士	2								2
26	马来西亚			1	37		2		1	41
27	越南			1			2			3
28	马耳他						1			1
29	朝鲜	7								7
30	俄罗斯			1			1		1	3
31	澳门			1	47					48
32	沙特阿拉伯						1			1
33	丹麦	2						1		3
34	缅甸			1						1
35	科特迪瓦			1						1
36	也门						1			1
合计		587	7	194	312	8	67	11	28	1214

(庞志荣)

1998年因公赴港澳台情况

区域	参加会议	合作研究	访问交流	学术讲学	培训就读	合计
香港	97	49	186	86	29	447
澳门	12	1	15	14	0	42
台湾	73	2	49	13	0	137
合计	182	52	250	113	29	626

（李惠津）

1998年短期专家统计

文　科

序号	单位	聘请人数	国别和地区
1	中文系	4	美、日
2	历史系	8	美、韩、英、意
3	考古系	6	英、美
4	哲学系	11	比利时、英、韩、德
5	国政系	9	美、德、法、港、日
6	政治学系	2	美、澳大利亚、日
7	经济学院	1	美
8	光华管理学院	3	港、美、马来西亚
9	法律系	5	英、美
10	信息管理系	1	美
11	社会学系	3	美、港、印度
12	东方学系	3	日、马来西亚
13	日本研究中心	9	日
14	英语系	6	美、澳大利亚、加
15	西语系	4	德、西班牙
16	中国经济研究中心	4	美
17	计算语言所	1	格鲁吉亚
18	俄语系	1	俄
19	马克思主义学院	2	美
20	人口所	1	美
21	高教所	2	美 、日
22	艺术学系	1	德
23	图书馆	3	台、港、新西兰
24	社会学人类学所	4	美
25	比较文学所	8	法、美、比利时
26	出版社	2	日
	合计	104	

理　科

序号	单位	人数	国别和地区
1	数学学院	36	新西兰、美、西班牙、日、意、法、英、丹麦、德、澳大利亚、韩
2	力学与工程科学系	10	日
3	物理系	6	日、意大利
4	地球物理系	9	德、丹麦、加、美、港
5	技术物理系	8	美、德、日、法、奥地利

序号	单位	人数	国别和地区
6	电子学系	6	日、韩、乌克兰
7	环境中心	5	荷兰、英
8	化学学院	19	美、德、日、加、法
9	生命科学学院	16	美、匈牙利、英、德
10	地质学系	3	美、日
11	城环系	5	加、英
12	心理系	4	英
13	遥感所	2	美
14	微电子所	1	美
合计		130	

（白燕）

北京大学聘请长期外国专家名单（1998.9.1～1999.7.15）

编号	国别	专家姓名	性别	出生年月	学位	担任工作	聘期	系、所
1	埃及	Ahmed A. Gad Mohssen 艾哈迈德	男	1961.10	硕士	阿拉伯语视听、会话和口语	1996.9.1～1999.7.15	东语系
2	伊朗	Mahmoud Shakib	男	1949.8	博士	基础波斯语教程、合作编写词典	1998.2.16～1999.1.31	东语系
3	泰国	西堤差	男	1923.8.17		离休	永久	东语系
4	印度	C. E. Jeeni 金妮	女	1946.8	博士	印地语文章选读、口语	1998.9.1～1999.7.15	东语系
5	以色列	Ron Cohen · 让.科恩	男	1965.7.22	学士	犹太文化、希伯莱语写作与视听说	1998.2.10～1999.1.30	东语系
6	菲律宾	Janneth L. Candor 堪德	女	1971.7.29	硕士	菲语精读、菲语语法	1998.9.1～1999.7.15	东语系
7	德国	Gartner Detlef	男	1952.5.7	博士	德语	1996.9.1～1999.7.15	西语系
8	意大利	Celilia Manfredi	女	1965.1.1	学士	意大利语言	1997.9.1～1999.7.15	西语系
9	西班牙	Jose R. M. Cillero	男	1970.4.27	硕士	西班牙口语、听力	1998.9.1～1999.7.30	西语系
10	法国	Olivier Petragallo	男	1974.9	学士	经济法语、口语	1997.9.1～1999.7.15	西语系
11	法国	Libert Isabelle	女	1962.9	硕士	法语	1996.9.1～1999.7.15	西语系
12	俄罗斯	奥列兹奈娃·亚力山大罗夫娜	女	1965.12	博士	现代俄语语言学	1998.9.1～1999.7.15	俄语系
13	美国	Rocco De Pietro	男	1942.12	博士	组织传播学	1998.9.1～1999.7.15	国政系
14	美国	余国滔	男	1955.6	博士	生物物理	1994.12～1999.1.15	生命学院

编号	国别	专家姓名	性别	出生年月	学位	担任工作	聘期	系、所
15	德国	Gerhard Schmitt	男	1957.10	博士	环境信息系统及管理、京津地区水资源可持续管理	1998.1.1~1999.12.31	城环系
16	美国	Jewel Schroder	女	1963.2	学士	英语写作	1998.9.1~1999.7.15	研究生院
17	美国	Sheila Ann Wayman	女	1948.12	硕士	英语口语、听力	1998.9.1~1999.7.15	研究生院
18	美国	Larry Stegink	男	1935.10.	硕士	英语写作	1998.9.1~1999.7.15	研究生院
19	美国	Harlean Stegink	女	1934.12	学士	英语口语	1998.9.1~1999.7.15	研究生院
20	美国	Zhen Zhu	女	1971.5	学士	英语口语、美国文化、写作	1999.9.1~2000.7.15	英语系
21	美国	Nathan Faries	男	1971.7	硕士	英国口语、文化	1998.9~1999.7.15	英语系
22	美国	Tumothy A. Jones	男	1953.1		英语听力、口语	1997.10~1999.10	一附中
23	美国	Janssenr. Richard	男	1942.3.9.	博士	西方文学评论、美国少数民族作家	1998.9.1~2000.7.15	英语系
24	美国	Xun Z. Pomponio	女	1955.3	博士	国际金融	1999.9.1~2000.2	经济中心
25	德国	Matthias Ottings	男	1966.07.24	博士	大气化学	1997.10.6~1999.10.16	环境中心
26	美国	Angel Goding	女	1968	博士	西方文化艺术史	1998.9~1999.7	历史系
27	加拿大	郑安德	男	1955.4	硕士	基督教哲学概论	1998.9.1~1999.7.15	哲学系
28	日本	渡边爱二	男	1935.8		日本近代小说、日语作文	1998.9~1999.7.15	东语系
29	日本	冈崎兼吉	男	1909.9	硕士	退休	永久	东语系
30	韩国	金晓民	男	1969.11	博士	韩国语基础、韩国古代文学	1998.9~1999.7.15	东语系
31	美国	B. Obenchain	女	1948.5	博士	宗教学导论	1998.9~99.2.15	哲学系
32	美国	Hosik Won	男	1938.5	博士	宗教心理学	1998.9~1999.8.31	哲学系
33	美国	Rachel Connelly	女	1957.11	博士	社科研究方法	1998.9~1999.6.30	人口所
34	德国	Eckhard Dcheider	男	1960.8	硕士	艺术史专业德语	1998.3~1999.3	艺术系
35	新西兰	Rodger J. McNab	男	1972.3		中文资料数字化后上网使用	1998.10.31~1999.2.28	图书馆

（谷凤兰）

北京大学校际交流院校名单

序号	国家及地区		院校名称	英文名称	签署时间	续签情况
1	美国 (37所)	1	美国伯克利加州大学	University of California at Berkeley	1979.4	
		2	哥伦比亚大学	Columbia University	1979.7	
		3	纽约州立大学总校	The State University of New York	1979.9	
		4	纽约州立大学石溪分校	The State University of New York at Stony Brook	1979.9	1985.10
		5	纽约州立大学奥伯尼分校	The State University of New York at Albany	1979.9	
		6	约翰霍普金斯大学	John Hopkins University	1980	
		7	伊利诺斯大学	University of Illinois at Urbana Champaign	1980.7	1994.7 1996.5
		8	马里兰大学	University of Maryland At College Park	1980.8	
		9	明尼苏达大学	University of Minnesota	1980.9	
		10	芝加哥大学	University of Chicago	1980.10	
		11	普林斯顿大学	Princeton University	1981.5	
		12	哈佛大学文理学院	Faculty of Arts and Science, Harvard University	1981.8	
		13	埃默里大学	Emory University	1982.9	
		14	密执安州立大学	Michigan State University	1982.10	
		15	基督教联合大学	The Christian College Consortium	1984.9	
		16	密苏里大学	University of Missouri	1984.12	
		17	得克萨斯工艺大学	Texas Tech University	1984.12	
		18	内布拉斯加大学	University of Nebraska	1985.8	1996.11
		19	加利福尼亚大学	University of California	1986.3	1992.7
		20	哈姆林大学	Hamline University	1986.4	
		21	乔治·华盛顿大学	George Washington University	1988.5	
		22	乔治亚理工学院	The Georgia Institute of Technology	1988.7	1997.12
		23	宾州州立大学	The Pennsylvania State University	1988.7	
		24	夏威夷大学	University of Hawaii	1988.8	1993.11
		25	斯坦福大学	Stanford University	1988.10	
		26	普渡大学	Purdue University	1990.10	
		27	科罗拉多大学(丹佛)	University of Hawaiiat Denver	1993.8	
		28	西南路易斯安那大学	The University of South western Louisiana	1995.11	
		29	摩托罗拉大学	Motorola University	1996.4	
		30	俄克拉荷马大学	The University of Oklahoma	1996.6	
		31	曼隆学院	Menlo College	1997.1	
		32	康奈尔大学	Cornell University	1998.1	
		33	犹他州立大学	Utah State University	1998.3	
		34	布朗大学	Brown University	1998.5	
		35	得克萨斯农业机械大学	Texas A&M University	1998.5	
		36	华盛顿大学(西雅图)	University of Washington at Seattle	1998.11	
		37	宾夕法尼亚大学	University of Pennsylvania	1998.11	

序号	国家及地区		院校名称	英文名称	签署时间	续签情况
2	加拿大 (6所)	38	加拿大麦吉尔大学	McGill University	1979.9	
		39	蒙特利尔大学	University of Montreal	1981.6	
		40	不列颠哥伦比亚大学	University of British Columbia	1988.5	
		41	多伦多大学	University of Toronto	1989.3	
		42	阿尔伯塔大学	University of Alberta	1995.10	
		43	渥太华大学	University of Ottawa	1997.9	
3	澳大利亚 (5所)	44	澳大利亚国立大学	The Australian National University	1980.12	
		45	墨尔本大学	University of Melbourne	1987.8	
		46	莫纳斯大学	Monash University	1987.8	
		47	新南威尔士大学	University of New South Wales	1989.2	
		48	悉尼大学	University of Sydney	1994.5	
4	新西兰 (2所)	49	惠灵顿维多利亚大学	Victoria University of Wellington	1986.8	
		50	奥克兰大学	University of Auckland	1997.11	
5	巴西 (1所)	51	巴西利亚大学	Universidad de Brasilia	1986.6	
6	墨西哥 (1所)	52	墨西哥国立自治大学	Universidad Nacional Autonoma de Mexico	1983.7	
7	哥伦比亚 (1所)	53	哥伦比亚国立大学	Universidad Nacional de Colombia	1990.3	
8	德国 (8所)	54	柏林自由大学	Free University of Berlin	1981.4	1984.4 1986.4 1988.6 1990.11 1997.9
		55	洪堡大学	Humboldt University of Berlin	1986.4	1990.11
		56	杜塞尔多大学	University of Duesseldorf	1987.7	1995.4
		57	图宾根大学	University of Tubingen	1987.9	
		58	拜洛伊特大学	University of Bayreuth	1993.7	
		59	慕尼黑大学	University of Munich	1996.5	
		60	奥斯那布鲁克大学	University of Osnabruck	1997.5	
		61	弗莱堡阿尔伯特—路德维希大学	Albert – Ludwigs University of Freiburg	1999.5	
9	法国 (6所)	62	国立东方语言文化学院	L' Institut National des Langues et Civili sations Orientales	1984.9	1997.8
		63	马赛普罗旺斯大学	University of Provence	1989.4	
		64	巴黎第十大学	University of Paris Ⅹ	1993.4	
		65	巴黎第二大学	University of Paris Ⅱ	1993.12	
		66	波尔多·孟德斯鸠第四大学	University Montes quieu Bordeaux Ⅳ	1996.8	
		67	巴黎索尔邦暨第四大学	University of Paris – Sorbonne(Paris Ⅳ)	1998.12	
10	英国 (5所)	68	伦敦大学玛丽皇后学院	Queen Mary College (University of London)		

序号	国家及地区		院校名称	英文名称	签署时间	续签情况
		69	伦敦大学政治经济学院	The London School of Economics and Politics	1989.4	
		70	米德尔塞克斯大学	The Middlesex University	1994.11	
		71	牛津大学	Oxford Unsversity	1996.12	
		72	剑桥大学	Cambridge University	1997.11	
11	西班牙 (2所)	73	格拉纳达大学	University of Granada	1987.12	
		74	马德里卡姆鲁滕斯大学	The Complutense University of Madrid	1991.5	
12	俄罗斯 (3所)	75	莫斯科大学	Moscow State University	1987.9	1990.9 1999.4
		76	阿穆尔大学	Amur State University	1990.9	1996.4 1997.11
		77	列宁格勒大学	Leningrad University	1990.9	
13	乌克兰 (1所)	78	基辅大学	University of Kiev		
14	南斯拉夫 (1所)	79	贝尔格莱德大学	University Belgrade	1980.7	
15	捷克 (1所)	80	查理大学	Charles University	1987.6	
16	波兰 (1所)	81	华沙大学	University of Warsaw	1984.3	
17	荷兰 (3所)	82	莱顿大学	Leiden University	1980.11	1994.12
		83	耐梅根大学	The Catholic University of Nijmegen	1984.10	
		84	阿姆斯特丹大学	University of Amsterdam	1989.8	
18	希腊 (1所)	85	雅典大学	University of Athens	1994.2	
19	瑞典 (3所)	86	斯德哥尔摩大学	Stockholm University	1980.11	
		87	乌布撒拉大学	Uppsala University	1988.6	1993.10
		88	龙德大学	Lund University	1997.9	
20	意大利 (3所)	89	罗马大学	Universita Degli Studi Di Roma "LaSapienza"	1981.5	1992.5
		90	卡里亚里大学	University of Cagliari	1993.6	
		91	佛罗伦萨大学	University of Florence	1994.9	
21	芬兰 (1所)	92	赫尔辛基大学	University of Helsinki	1983.12	
22	丹麦 (1所)	93	哥本哈根大学	University of Copenhagen	1990.11	
23	挪威 (1所)	94	奥斯陆大学	University of Oslo	1995.11	
24	葡萄牙 (1所)	95	科英布拉大学	University of Coimbra	1995.12	

序号	国家及地区		院校名称	英文名称	签署时间	续签情况
25	瑞士 （1 所）	96	洛桑大学	The University of Lausanne	1993.6	
26	奥地利 （3 所）	97	维也纳经济管理学院	Vienna University of Economicsand Business Administration	1997.5	
		98	萨尔茨堡大学	University of Salzburg	1997.10	
		99	维也纳大学	University of Vienna	1997.10	
27	比利时 （1 所）	100	列日大学	University of Liege	1997.8	
28	白俄罗斯 （1 所）	101	白俄罗斯国立大学	National University of Belarus	1998.5	
29	日本 （21 所）	102	创价大学	Soka University	1980.4	1985 1995
		103	早稻田大学	Waseda University	1982.6	1986
		104	法政大学	Hosei University	1982.11	1985 1993.1
		105	京都大学	Kyoto University	1983.4	
		106	东京大学	University of Tokyo	1985.3	
		107	庆应义塾大学	Keio University	1985.5	1988.7
		108	九州大学	Kyushu University	1985.12	
		109	日本大学	Nihon University	1986.10	1992
		110	大阪经济法科大学	Osaka University of Economics and Law	1986.10	
		111	大东文化大学	Daito Bunka University	1987.1	
		112	学习院大学	Gakushuin University	1988.10	
		113	一桥大学	Hitotsubashi University	1990.8	
		114	东京工业大学	Tokyo Institute of Technology	1991.8	
		115	北陆大学	Hokuriku University	1992.7	
		116	中央大学	Chuo University	1993.7	
		117	神户大学	Kobe University	1994.12	
		118	共立女子大学	Kyoritsu Women's University	1996.7	
		119	同志社女子大学	Doshisha Women's Collegeof Liberal Arts	1997.9	
		120	关西大学	Kansai University	1998.12	
		121	樱美林大学	Eibirin University	1998.12	
		122	东北大学	Tohoku University	1999.11	
30	韩国 （13 所）	123	高丽大学	Korea University	1993	1997
		124	延世大学	Yonsei University	1993.10	
		125	汉城国立大学	Seoul National University	1993.11	
		126	庆北大学校工学院	Kyungpook National University	1994.6	
		127	浦项科技大学	Pohang University of Science and Technology	1994.7	
		128	庆熙大学	Kyung Hee University	1994.8	
		129	精神文化研究院	The Academy of Korean Studies	1994.9	
		130	汉阳大学	Hanyang University	1994.9	

序号	国家及地区		院校名称	英文名称	签署时间	续签情况
		131	亚洲大学	Ajou University	1995.10	
		132	梨花女子大学	Ewha Women's University	1996.4	
		133	淑明女子大学	Sookmyung Women's University	1996.6	
		134	忠南大学	Chungnam National University	1996.7	
		135	东国大学	Dong Guk University	1999.1	
31	蒙古 (1所)	136	蒙古国立大学	National University of Mongolia	1990.6	
32	朝鲜 (1所)	137	金日成综合大学	Kim Il Sung University	1981.6	
33	越南 (2所)	138	胡志明国家大学	University of Ho Chi Minh City	1994.1	
		139	河内国家大学	National University of Hanoi	1996.1	
34	菲律宾 (2所)	140	菲律宾大学	University of the Philippines	1984.11	
		141	马尼拉大学阿基诺分校	Ateneode Manila University	1991.11	
35	新加坡 (2所)	142	新加坡国立大学	National University of Singapore	1991.12	
		143	新加坡教育学院	Educational College of Singapore	1993.3	
36	马来西亚 (3所)	144	马来西亚南方学院	Southern College of Malaysia		
		145	马来西亚新纪元学院	New Era College of Malaysia	1997.9	
		146	马来西亚百育灵学院	The University of Birmingham, UK and Prime College	1997.9	
37	印尼 (1所)	147	印度尼西亚大学	University of Indonesia	1992.11	
38	伊朗 (1所)	148	德黑兰大学	University of Tehran	1991.1	1994
39	巴基斯坦 (1所)	149	旁遮普大学	University of the Punjab, Lahore	1998.11	
40	泰国 (3所)	150	曼谷东方文化书院		1993.10	
		151	朱拉隆功大学	Chulalongkorn University	1988.10	1995.2
		152	华侨崇圣大学	Huachiew Chalermprakiet University	1994.12	
41	埃及 (2所)	153	艾因·夏木斯大学		1985.9	
		154	开罗大学	Cairo University	1986.8	
42	土耳其 (1所)	155	安卡拉大学	Ankara University	1993.8	
43	以色列 (2所)	156	特拉维夫大学	Telaviv University	1993.7	
		157	希伯莱大学	The Hebrew University of Jerusalem	1993.7	
44	香港 (5所)	158	香港中文大学	The Chinese University of Hong Kong	1985.5	1997.1
		159	香港树仁学院	Hong Kong Shue Yan College	1987.3	1998.12

序号	国家及地区		院校名称	英文名称	签署时间	续签情况
		160	香港大学	The University of Hong Kong	1993.5	1996.11 1999.9
		161	香港城市理工学院	City Polytechnic University of Hong Kong	1993.12	1996.11
		162	香港科技大学	The Hong Kong University of Science and Technology	1998.6	
45	台湾 (1所)	163	台湾大学	National Taiwan University	1995.4	
46	澳门 (1所)	164	澳门大学	Macao University	1995.12	

(李晓勤)

人事工作

【指导思想】 大学的人事工作承担着配置人力资源、协调人事政策等重要使命，其中心任务是为造就结构优化、素质良好、富有活力的高水平的教师队伍和管理队伍服务。北京大学在多年实践中逐步形成了队伍建设的基本指导思想：第一，坚持“五湖四海，土洋并举，德才兼备，不拘一格”的原则，广开进贤之路，不搞近亲繁殖，不拘门户之见。改革开放以来，北大更以“海纳百川，有容乃大”的胸怀，吸纳天下英才，造就强大的教师阵容。第二，坚持学术骨干与管理骨干并重的方针。学校认识到，管理薄弱是长期制约办学水平和效益的突出问题，一流的大学，必须要有一流的管理。特别是随着学校功能的拓展和办学自主权的扩大，学校的生存和发展在很大程度上要靠内部的管理，管理队伍的重要性日益明显。所以学校在队伍建设上不把学术队伍与管理队伍建设截然分开，而是两支队伍一并规划，一并推进。第三，努力为优秀人才的脱颖而出开辟道路，营造良好的学术风气和完备的制度环境。一个杰出的学科带头人可以凝聚一支队伍，带动一个学科，对优秀的尖子人才必须及时推上岗位，敢于破格重用，优才优用，优才优酬，求得最佳的用人效益和政策效益。一整套明晰规范、科学合理、具有可操作性的规章制度是市场经济条件下学校队伍建设的长远之计，北京大学非常重视制度建设，为人力资源合理配置和创造性人才成长提供持久动力。

现阶段人事改革工作的基本方针是持续有效地进行以分配制度为中心的人事制度改革这是学校实现教学科研目标的关键环节。1995年召开的人事改革研讨会上提出了“控制总量，调整结构，强化管理，解决难点”的人事管理体制改革的总方针。1998年度，配合百年校庆的各项工作，以教师和管理两支队伍建设为中心环节，学校继续全面推进各项改革措施的调研论证和贯彻落实。

(郭海)

【教职工队伍】 截止1998年12月31日，北京大学教职工总数为7038人，其中教学科研人员2433人，占35%；实验技术人员612人，占8.7%；图书资料人员267，占3.8%；工程技术人员479人，占6.8%；党政管理人员881人，占12.5%；出版系列人员267人，占3.8%；财会人员207人，占2.9%；工勤人员1644，占23%；医药卫生人员125人，占1.8%。在教学科研队伍中，共拥有教授813人，副教授793人，讲师599人。在教授队伍中，在职的博士生导师514人，中科院院士和中国工程院院士29人。

1998年，北京大学有离退休人员2812人，其中离休人员400人，退休人员2352人，退职人员56人。

总量控制　到1998年年底，全校共减员440人，其中离退休288人，调离57人，辞职、自动离职86人，在职死亡6人，开除处分3人。离退休的288人中，教学科研人员107人，其中教授89人；实验技术与工程技术人员45人，其中正高27人。本年度具有正高级专业技术职务人员退休总数为116人，高级专门人才的退休高峰已经到来。工人退休35人，其他如图书出版、中小学、卫生、党政等96人。在调离、辞职、自动离职的143人中，教学科研人员53人，实验技术人员15人，工程技术人员(主要是产业)40人，党政管理人员18人，工勤人员12人，其他人员为图

书、出版等方面人员。相对而言，这些人学历层次较高、年纪较轻，其中拥有博士学位者24人，硕士学位者83人，本科28人，大专及以下8人。

本年度学校共补充304人，其中事业编制224人，企业编制80人。在224名事业编制中，教学科研人员124名，实验技术17名，图书资料10名，出版系列6名，工程技术3人，党政管理30人，工勤11名，其中10名是收回昌平校区时接收的工人。304名新增人员中，有博士学位者108人，硕士126人，本科47人。在108位博士中，国外留学人员16人，国内调入教授级优秀人才12人。此外，有根据国家指令性计划接收的3名援藏干部。

从总的情况看，1998年队伍总量继续得到有效控制，净减人员136人，比前两年形势要好(1995年净减258人，而1996年为131人，1997年为91人)。主要因素一是离退休人数增加，二是学校严格控制非教学科研人员的补充。

结构调整　在结构改善方面，各支队伍大结构上变化依然不大，但教师和管理队伍的建设出现了良好的发展势头，教师队伍中后继乏人的状况已得到初步缓解。到1998年年中，教师平均年龄44岁，尽管教授平均年龄仍然偏高(57岁)，但整体年龄结构趋于合理，45岁以下的教师1335人，占教师队伍的54%。年轻教授的比重也有所上升，45岁以下的教授从1987年的2人、1995年的51人增加到115人；副教授的平均年龄43岁，比1997年又下降了一岁。教师中具有博士学位的教师720人，占教师总数的31%，具有硕士学位的教师799人，占教师总数的33%，学历结构有了很大的改善；在具有博士学位的教师当中，非北大毕业的已占到三分之二，学缘结构也得到了调整。一批优秀中青年教师担任了学校和院系的领导工作，在学术组织和行政管理上发挥着带头人的作用。在数学、化学、生物、地学与环境科学、计算机科学、中国语言文学、经济学、哲学等学科方向上，已经形成了一个个优秀的青年科学工作者群体，他们正活跃在教学科研第一线。

(郭海)

【人才引进和长江学者奖励计划的启动】　教师和管理队伍建设的关键在于人才的引进和培养。在1998年度，学校配合各个院系，大力宣传，多方努力，在人才引进工作上，取得了较大的进展。在国内外共引进了31名优秀中青年人才，他们已经在学科发展和科学研究中做出突出成绩，如中文系朱庆之、哲学系何怀宏、法律系陈兴良、工商管理邹恒辅、数学学院林作荃、物理系欧阳颀、化学学院席振峰等。法律、哲学、经济中心、工商管理、历史、中文、数学、物理、化学、城环、生命科学学院等单位领导非常重视人才引进工作，并取得了良好的成果。

长江学者奖励计划是由教育部与香港爱国实业家李嘉诚先生领导的长江集团合作，投入专项基金，共同设立的奖励计划。它是《面向21世纪教育振兴行动计划》中"高层次创造性人才工程"的重要项目，主要内容是在大学中设立长江特聘教授岗位，通过国内外公开招聘，延揽优秀人才，并给予10万元年度岗位津贴。这为北大提供了引进优秀人才的重要机会，也为学校探讨深化人事制度和分配制度改革的方向和措施提供了契机。1998年，北京大学首批获得教育部批准设立特聘教授岗位的学科为：基础数学、理论物理、凝聚态物理、光学、纳米科学与技术、分子生物学、计算机软件技术、计算机应用和流体力学等。到1998年年底，学校已经完成首批9个学科特聘岗位应聘人员的申报和第二批共15个岗位的申报。北京大学通过各种渠道向海内外公开招聘，从而在人才培养和引进中得到重要的收获。在应聘的人员中，有最近几年引进或培养成长起来的优秀中青年骨干(如欧阳颀、龚旗煌、刘忠范、阳振坤)，更多的是从国内外其他单位吸引的优秀学科带头人(如彭练矛、佘振苏、邓兴旺、田刚、夏志红、陈十一、鄂维南、程正迪等)。

(郭海)

【学术带头人培养和人才工程建设】　1998年在学术带头人队伍培养和人才工程建设方面，成效相当显著。1998年共有11位青年教师获得杰出青年基金，其中A类3人，B类6人，C类2人，从而使北京大学获得国家杰出青年基金的A类人员总数达到21人，他们是：张继平、王诗宬、耿直(数学学院)，刘忠范、赵新生、林建华、严纯华、来鲁华、席振峰、甘良兵(化学学院)，陈建国、唐建国、赵进东、朱玉贤(生命学院)，陶澍、方精云(城市与环境学系)，倪晋仁(环科中心)，龚旗煌、李振平、欧阳颀(物理系)，陈晓非(地球物理系)。"百千万人才工程"是人事部等七部委为落实中共中央、国务院《关于加速科学技术进步的决定》而实施的人才培养工程，其目标是"争取到本世纪末，在我国重点学科领域，培养造就一批能进入世界科技前沿，在世界科技界有较大影响的杰出科学家和具有国内领先水平的跨世纪学术和技术带头人，在各学科领域培养一大批有较高学术造诣、成绩显著、起骨干作用的学术和技术带头人后备人选"。1998年，阳振坤、林建华、倪晋仁、方竞、陈晓非等五位教授成为"百千万人才工程"的一、二层次人选，使全校入选一、二层次的总人数达到23人。教育部跨世纪人才基金是原国家教委为落实科教兴国战略而实施的人才培养计划，到1998年，北京大学共有20人获得此项资助(其中1998年有3人),他们是:来鲁华、刘忠范、张继平、方竞、朱玉贤、张远航、王学军、肖建国、王世光、顾红雅、王龙、李元宗、刘张炬、叶沿林、耿直、段海豹、张酣、杨开忠、张世秋、陈衍景。1998年,张继平获得求是科技奖和中国青年科学家奖,吕植荣获全国十大杰出青年。北京大学在青年学术带头人的培养和成长方面取得了可喜的成就。

根据《中共中央、国务院关于给做出突出贡献的专家、学者、技术人员发放政府特殊津贴的通知》的精神,逐年给予符合条件的专家学者发放政府特殊津贴,并颁发政府特殊津贴证书。从1990年到1998年,北京大学共有830人被批准享有政府特殊津贴,其中1998年有20位教师。根据1984年中组部、中宣部等关于《优先提高有突出贡献的中青年科学、技术、管理专家生活待遇的通知》的要求,1998年,北大有张继平、周其凤、马戎等三位教授被批准成为有突出贡献的中青年专家,并获得奖励晋升工资档次。这样,北京大学共有34人获得"有突出贡献的中青年专家"称号。

在配合政府部门进行学术带头人的培养和选拔工作的同时,北京大学中青年学术骨干的培养资助工作也取得明显进步。1998年,学校确定的中青年学术骨干为102名。围绕中青年学术骨干和其他引进人才和短期回国工作的学者,人事部门主要开展了如下的工作:(1)资助中青年学术骨干生活费;资助出版学术著作,资助国际国内会议费用;回国留学人员科研启动费的支出等。(2)入选中青年学术骨干及50岁以下的副教授、教授人才信息调查。(3)鉴于留学人员回国短期讲学已经成为不少单位教学科研活动的重要组成部分,并纳入学术活动中,积极配合国家教委和驻外使领馆作好春晖计划的资助及申请受理工作。

在北京大学,选派中青年学术骨干、学科带头人和青年学者到国外大学进修、学习、合作研究,对于提高学校人才培养质量和科研工作的进步都有重要作用。派出留学进修的项目主要有校际交流、国家公派、单位公派等。校际交流是根据北京大学与国外大学和学术机构订立的协议,互派学者、学生,进行科研、教学合作交流。目前北大与40多个国家和地区的120多所学术机构建立了交流关系,其中来往频繁、交流密切的约40所。1998年,北京大学通过校际交流渠道派出访问学者共44人,分布在15个国家的38所大学。单位公派,是根据各院系或个人与国外大学建立的学术交流关系,由国外大学机构或基金会资助而派出学习的渠道,基于北京大学在国际上的影响和地位,这种方式逐渐成为北京大学教师出国进修的重要渠道,1998年通过单位公派有69位教师出国进修、讲学或合作研究。国家公派是教师出国进修的另一重要途径,这是指由中国政府资助,或根据政府间协议,由国外政府或有关基金会资助,由国家留学基金委派出的项目。主要包括:福布莱特项目、日本文部省奖学金、太古奖学金、中加交流项目、法国政府奖学金、欧共体项目等。1998年共有20人获得国家公派资助出国学习。

在人员选派中,学校始终把重点学科的建设放在最重要的位置,把出国进修同师资队伍建设密切结合起来,采取了以学科建设为基本出发点的派出留学思路,将派出机会向中青年教师倾斜。近五年中,出国进修和合作研究的人员中,有75%以上年龄在50岁以下,他们中的绝大部分是具有硕士或博士学位的教师。1997年以后学校明确规定利用校际交流途径出国进修或合作研究的人员年龄不得超过50岁。

(郭海)

【专业技术职务聘任】 大学是专业技术人员十分密集的机构。北京大学拥有教师、实验技术、图书资料、出版、卫生、工程技术、中小学教师、财会、翻译、档案、统计等11个专业技术系列。1998年底,专业技术人员在全校教职工中比例超过80%。根据教育部授权,北京大学教师职务评审委员会、北京大学专业技术职务评审委员会、北京大学中小学教师职务评审委员会分别承担相应系列的正高级职务、副高级职务、中级职务和初级职务的资格评审确认工作。工程技术、财会、卫生等专业系列的高级职务,北京大学没有评审权,需委托北京市或教育部有关专业技术职务评审机构代评。1998年学校没有进行集中专业技术职务评审工作,但根据人事部"专业技术职务在什么范围内评审在什么范围内有效"的政策,北京大学必须对调入学校人员的专业技术职务任职资格进行重新确认,获得通过后,才能按照该职务进行聘任,并享受相应的工资、住房和其他福利待遇。

实行专业技术职务聘任制是国家确定的改善事业单位人事管理的重要措施和基本政策。自1986年以来,学校坚持不懈地进行落实聘任制的各项尝试,由于缺乏职业流动、福利、住房、社会保障等各项配套制度,在一个单位内难以形成"能上能下,能进能出"的机制。聘任制长期以来流于形式而没有实际的措施。到90年代中后期,国有企业全面改革的探索为事业单位落实聘任制提供了有益的借鉴,实施专业技术职务聘任制的制度条件和社会环境日益成熟。1998年人事部门进行了聘任制改革的宣传和政策调研工作,起草了一些文件规章,主要包括:聘任制的基本要求、评估考核制度、教职工纪律条例、教师职务分级制度和实施办法、减员增效与人员分流的再就业工程等。

（郭海）

【劳动工资和福利】 根据人事部、财政部《关于1997年调整机关、事业单位工作人员工资标准问题的通知》和《关于机关、事业单位离退休人员增加离退休费的通知》精神，1998年2月，完成了1997年度正常晋升工资档次工作。在职人员升级人数6307人，人均月增资37.07元，年增资额281万元；离退休人员升级人数2690人，人均月增资23.85元，年增资额77万元。1998年的正常晋升工资档次工作在年终考核的基础上于1999年初完成，共有522人晋升了工资，人均增资30.47元。根据教育部“教发司(1999)22号”文件的规定，从1998年7月1日起，中国科学院、中国工程院实行资深院士制度，资深院士享受资深院士津贴，其标准是每人每年1万元人民币。1998年，北京大学共有八位院士享受资深院士津贴。

校发津贴是弥补教职工生活费用，根据学校情况调整国家工资结构的重要措施。目前的津贴发放办法基本上是1993年工资改革后逐步形成的，共由五部分构成：津贴1是1993年为缓和工资改革中出现的矛盾而设立的，称为“档加津”，档加津标准的制定考虑到职务、职称、提职年限、参加工作时间、学位、学历等多种因素；津贴2是1993年首次正常晋升工资档次工作中，考虑到教职工收入仍然偏低，学校投入资金予以补贴，其标准是职务工资升级级差的90%；津贴3是1996年前后，北京市和国家机关先后出台多项物价补贴措施，为缓和对学校的冲击而设立的，同时还设立了系主任、书记和国家重点实验室主任岗位津贴、院士及老教授生活补贴、教师生活补贴等；津贴4是1997年10月第二次正常晋升工资档次后，考虑到北京大学与北京市职工平均收入的差距，而在1998年百周年校庆前为每位教职工增发的校内津贴，在职人员5747人享受津贴4，离退休人员有2638人享受，全年学校投入800多万元。

教职工福利工作直接关系到党的知识分子政策的贯彻落实和劳动人事制度改革。其主要内容包括：(1)根据《卫生部关于中央国家机关在京单位司局级干部及高级知识分子医疗照顾的补充规定》，在北京大学的司局级干部和1994年以前取得正高级专业技术职务的教职工享受高干医疗待遇(通常称为6号门诊)，到1998年，共有1259人享受该项照顾，其中1998年办理20人；(2)为弥补6号门诊的不足，北京大学设立8号门诊，对部分中老年知识分子和干部的医疗待遇实行校内照顾，每年增加办理100人左右享受8号门诊医疗照顾；(3)根据中组部的有关规定，每年对两院院士和工改前的一、二级教授在指定的大医院进行身体健康检查。1998年在北京大学共组织了50人参加了体检；(4)改革了校内干部和高级知识分子电话费补贴办法。从1998年1月起，原来的电话费补贴直接转入个人工资，其标准是校级干部40元/月，现职正处30元/月，院士级1985年工改前一至三级教授13元/月不等；(5)养老保险。1998年7月，北京市对养老保险进行了新一轮改革，调整了缴费比例，增加了单位划转金额，其中个人缴费比例5%，单位缴费比例19%(均指占工资总额的比例)。根据北京市政府1998年2号令，从1999年1月起建立个人养老保险账户，单位缴费中6%连同个人缴纳的费用构成个人账户。北京大学根据这些规定加入养老保险的人员目前是新合同制工人及城镇户口的临时工，共有218人纳入社会养老保险范围，同时为配合养老工作尽快走上规范化、全员化的道路做了大量工作；(6)失业保险目前仅涵盖新老合同制工人227人，1998年共交纳保险费30612元。

进行年终考核和考工是人事工作的重要内容。1998年的年终考核，主要配合正常工资档次晋升而进行，从12月上旬考核，到1999年1月结束。参加考核人数7195人，其中合格6981人，不合格为246人，占总人数的3.42%，不合格的原因包括长期出国不归、长期不在岗、病休超过半年等。

北京大学根据教育部授权承担教育部在京单位部分工种的工人技术等级培训考核工作，1998年共有763人参加培训和考核，开设课程53门，培训完毕的人数达到180人。

（郭海）

【奖教金评审和发放】 对热心教育事业，师德高尚，学风严谨，教学成绩突出，科研成就显著的教师进行表彰奖励是人事工作的重要一环。除了学校筹集资金对在教学、科研、管理岗位上做出突出成绩的人员进行奖励外，学校还通过基金会接受社会各界设立奖教金。截止到1998年，在北京大学设立的奖教金包括：宝钢教育奖、光华“安泰”奖教金、岗松家族基金、柯达奖教金、杨芙清—王阳元奖励基金、奥德奖教金、威林克奖教金、通化东宝生命科学奖教金、上海证券报奖教金、怡和奖教金、顶新奖教金、摩托罗拉奖教金、大众电脑奖教奖、金都奖教金、花旗银行奖教金、宝洁科技奖等。这些奖教金项目有的面向全校教师，有的面向某些特定学科，奖励优秀教师。1998年的奖教金共涉及18个大项，奖励了230名优秀教师，奖金总额200万元。

（郭海）

【博士后工作】 北京大学是我国首批设立博士后流动站的单位之

一。1985年最早设立6个博士后流动站,之后陆续增设。1998年增设了5个博士后流动站,使学校总共拥有23个博士后流动站,其中理科9个,工科5个,文科9个,它们分别是:

数学、物理学、化学、天文学、地理学、地质学、大气科学、地球物理学、生物学;

力学、电子科学与技术、信息与通信工程、计算机科学与技术、环境科学与工程;

哲学、理论经济学、应用经济学、工商管理、法学、社会学、中国语言文学、外国语言文学、历史学。

在北京大学,博士后流动站涵盖99个博士专业,32个教学科研实体。十四年来,累计招收博士后研究人员600多名,出站400多名。1998年,北京大学在站博士后研究人员174名,新招收86名,其中,国家资助39名,自筹经费36名,留学归来10名,外籍1名。全年出站65人,其中留校工作30名,占出站总人数的51%。

博士后制度在促进人才流动、培养高层次专门人才方面取得了突出成绩。博士后人员对学校科学研究工作不仅是一支重要力量,也是补充师资队伍的重要渠道。1997年,SCI收录北京大学449篇,EI收录219篇,其中博士后人员发表的文章中,SCI收录75篇,EI收录40篇,分别占总数的19%和18%,对学校科学研究作出了贡献。在中国博士后科学基金会组织的"国氏博士后奖励基金"的评审中,北大共有7人获奖,他们是文兰、倪晋仁(1994年)、周星(1995年)、龚旗煌、袁谷(1996年)、段海豹(1997)、奚梅宏(1998年),为北京大学争得了荣誉。自1985年以来,博士后研究人员出站留校工作的近200人,占出站总数的50%,博士后成为学校吸引、遴选优秀人才的重要来源。

(郭海)

【人事档案管理】 到1998年,北京大学的人事档案管理涉及全校教职工和学生档案35000多份,其中教职工档案12000多份,学生档案23000多份。日常收集的教职工档案材料包括:干部任免、增加工资、考核、奖惩、劳动合同、离退休、死亡离职、学习培训等内容;收集的学生档案包括入团、入党材料、考研究生报名表、政审表、奖惩、毕业生登记表、成绩表、体检表等。对收集的各种档案材料需要经过登记、鉴别、核对、分类、排序、归档等环节之后,准确无误地归入个人档案中。人事档案在组织发展、提职任用、核实年龄工龄、政审外调、安全保卫等方面发挥着积极的作用。

(郭海)

【人才交流中心的工作】 对教职工实行聘任制是高校用人制度改革的重要环节,但由于出口不畅,聘任制往往流于形式,严重阻碍了人事改革的进程,制约了"能上能下,能进能出"这一基本的用人机制,影响了校内人员就业思想的更新。学校成立人才交流中心,并赋予它接受和安置各类富余人员的任务,相对地缓和了单位人员聘任的压力和矛盾。为支持各单位工作,加强学校人事管理,在1998年基本做到,各单位希望上缴一名,校人才交流中心接受一名。现人才中心直接管理的各类人员共有42名。人才中心的另一种重要功能是为上缴转岗人员就业服务。为尽快使上缴富余人员找到稳定的工作,减轻学校负担,实现最佳的用人效益,人才交流中心付出了艰辛的劳动。人才中心还负责管理外地农民工,包括审核各单位用工指标并为农民工核发就业证,协助北京市劳动局检查用工情况。1998年,学校(主要是后勤)使用约800名农民工。

(郭海)

【离退休人员服务与管理】 北京大学负责离退休人员服务与管理工作的机构是老干部处。老干部处成立于1983年。1982年中共中央作出建立干部退休制度的决定,大批参加过革命战争的老干部从各级领导岗位上离职休养(简称离休)。为了安顿、照顾好这批离休干部,从中央各部到下面的党政机关相继成立了老干部机构。北京大学老干部处就是在这种形势下在党办"老干部组"的基础上成立起来的,当时的主要任务是负责落实中央关于离休干部的各项政策及对离休干部的管理、服务工作,从1985年开始,其工作职能逐步演变成负责全校所有离退休人员的工作。学校的老干部工作实行两级管理,即老干部处代表学校,对该项工作实行宏观管理,主要负责中央各项政策的落实及开展全校性的文化体育活动,具体的管理与服务工作则由离退休人员所在的原单位负责。由于中央对离休干部有一些特殊的政策,所以离退休干部的部分服务工作也由老干部处来做。

老干部工作 到1998年底,全校有离休干部413名,其中享受部级待遇的1名,享受司局级待遇的96名,享受处级待遇的295名。中央对离休干部待遇的要求是"政治待遇不变,生活待遇从优"。老干部处致力于保证以上政策的落实。在政治待遇上,司局干部学习会坚持了十几年,每逢国家有重大事情,学校有重大举措,学校都会派负责人向他们传达。每年学校领导都会利用春节离休干部团拜会(联谊会)或专门为离休干部举行的会议向离休干部通报学校的工作。在1998年百年校庆前夕,组织离休干部参观学校的新建筑,让他们感受到学校的新面貌。到1998年底,离休干部的住房、医疗等有关生活方面的政策全部得到了落实。1992年学校聘请了一位退休医生为80岁以上或长期患病

在家的离休干部进行家庭巡诊。每年春秋两季组织离休干部参观工农业生产的伟大成就，到市郊公园、风景区参观游览，对患病住院离休干部的及时慰问及医疗补贴等都体现了学校对离休干部的关心。

离退休人员的文化生活　为丰富老年人的文化生活，落实中央“老有所为，老有所学，老有所乐”的精神，老干部处组织离退休人员开展了丰富多彩的文化活动。

举办老年书画活动。1985年，老干部处开始举办老年书画班。截止到1998年，先后有近千人参加了山水画班、工笔花鸟画班、写意花鸟画班和书法班的学习。由历届书画班毕业生组成的北京大学老年书画协会（会长为杨辛教授）配合北大及社会重大政治活动举办了多次书画展，如1994年“爱燕园、爱北京、爱祖国”书画摄影展，1995年纪念抗战胜利五十周年书画展（在炎黄艺术馆），1997年庆香港回归书画展，1998年迎百年校庆北大人书画艺术作品展等，这些展览不仅展示了北大离退休人员的书画成就，而且对北大师生及社会公民起到了良好的教育作用。

组织老同志合唱团。1995年成立的北大老同志合唱团以离退休人员自娱自乐为主。也经常参加教育部、北京市教工委组织的比赛及公益演出。他们参加的大型活动有1995年纪念抗战胜利五十周年的万人大合唱“历史的回声”，1998年北大百年校庆的大型文艺演出“光明行”。北大老同志合唱团是一支校内外颇有影响的合唱团。

此外，还有老人健身秧歌队，各居委会组织的老年舞蹈、太极拳、太极剑等老人健身活动。

老年人才开发　北京大学的离退休人员是一支高级知识分子密集的队伍，他们对北大来说是闲置人才，但对国家来说是有用人才，开发利用北大老年人力资源是一个值得重视的问题。老干部处在这方面做了有益的尝试。1993年创办的金秋公司，其宗旨是为推广离退休人员的技术成果服务的。到1998年已有多项成果被推出。老干部处在校成人教育学院的支持下，组织离退休人员举办成人教育也取得了成绩。1993年、1994年两次招收成人学历班，为国家培养了近300名计算机，财务会计等大专人才。1997年、1998年举办的自考助学班，其办学质量、课程通过率在北京市的同类学校中也是名列前茅的。

老龄问题研究　1993年成立的北京大学老龄问题研究中心挂靠在老干部处，老干部处的副处长负责中心的日常工作。中心主任为张学书，副主任有袁方、胡代光、孙宗鲁、姜德珍等。老龄中心集中了北大社会学系、人口所、心理学系、生命科学学院、校医院等从事老龄研究的学者，就老年社会学、老年人口学、老年心理学、老年法学、老年生理学、老年医学等老龄问题进行广泛的研究，在社会学系开设了老年学课程，出版了《老年学导论》等多本专著，1995年、1998年分别召开了两次学术研讨会，为我国的老龄研究作出了贡献。

（熊汉富）

财务与审计工作

财务工作

【概况】　承担北京大学财务工作的是北京大学财务处。北京大学财务处的前身是燕京大学庶务科财务室，1952年院系调整后为北京大学庶务科财务室，70年代更名为财务科，80年代初改为财务处。财务处管理的各项经费从1952年的715万元到1998年的70100万元，学校固定资产总额从1952年的135万元到1998年的12亿元。

作为学校的一级财务机构，财务处在主管校长的领导下，始终坚持“统一领导、分级管理、财力集中、财权下放”的财务管理原则，统一管理学校的各项财务工作，在多渠道筹措教育经费，提高办学效益，统筹运用学校资金，加强财经活动管理上起到重要作用。

1998年12月财务处在册人数40人（含教育基金会3人），其中高级会计师3人，会计师9人，助理会计师14人。

（阎敏）

【总体财务状况】　收支总量稳步增长　1998年学校收入总额为70100万元，比1997年的62019万元增加8081万元，增长13.03%。支出总额为67911万元，扣除住房基金用于自筹基建的支出5690万元后，实际支出为62221万元，比1997年的44614万元增加17607万元，增长39.47%。支出增长幅度大于收入增长幅度，表明学校

1998年教学科研活动十分活跃。在各支出项目均有增加的情况下，学校重点加大了对设备购置和自筹基建的投入力度。设备购置费支出8698万元，比1997年3123万元增加5575万元；结转自筹基建支出13346万元(扣除用住房基金支付的结转自筹基建支出)，比1997年的7585万元增加5761万元，增长75.95%，这些基础设施建设的投入对改善办学条件将起到十分重要的作用。

多渠道筹措办学经费　1998年北京大学各项收入达到历史最高水平。1998年在国家教育经费拨款有所增加的基础上，学校通过开展计划外办学，发展校办高科技产业，争取海内外捐赠，进行资金运作等多种形式，积极组织收入，实现了收入的稳步增长。1998年收入构成分析见表《1998年收入构成》。

根据“保证重点，兼顾一般”的原则合理安排支出　围绕学校发展的总体目标，充分发挥资金的使用效益，促进事业发展。1998年学校总支出67911万元，其中人员经费支出19805万元，占总支出的29.16%；公用经费支出48106万元，占总支出的70.84%。1998年重点加大了对基础设施和教学、科研设备的投入力度，设备购置费和结转自筹基建支出达27734万元，占总支出的40.84%，在一定程度上改善了办学条件，提高了教学水平。特别是理科教学楼群的建设和新图书馆的启用，大大改善了学校的基础设施条件，对创建世界一流大学提供了良好的基础。1998年支出结构见表《1998年支出结构》。

“211工程”进展顺利　“211工程”财政专款在连续两年拨款的基础上，1998年财政拨款2785万元(1996年拨款4375万元，1997年拨款2275万元)。1998年设备费支出2565万元，修缮费支出138万元。“211工程”经费的全面启动对改善学校的教学条件，提高教学质量发挥了重要作用。在经费使用上，按照国家教委《211工程专项资金管理暂行办法》的具体要求，学科建设资金主要用于购置具有先进水平的高新技术仪器和设备，提高实验室的档次，加强对设备使用人员的培养，全方位促进教学水平的提高，为创造出高质量的成果提供软硬件保证。

教育部拨入1998年筒子楼改造专款968万元　根据专款专用的原则，这一专款全部用于学校的筒子楼改造工程，截止1998年底，已经完成55楼、六乙楼的改造，使部分青年教师的住房矛盾有所缓解，提高了居住质量。

自有资金余额上升，自主办学能力提高　1998年末学校固定资产总额120317万元，比1997年的104190万元增加16127万元，其中基建新竣工面积30145平方米，增加7998万元；购置专用设备等净增加8129万元；专用基金2904万元，比1997年的380万元增加2524万元，主要原因是按照新会计制度的要求将原来在后勤部门单独核算的公有住房售房款8425万元纳入学校统一核算。售房款中已安排支出6707万元，其中用于自筹基建支出5690万元。提取公共维修基金1718万元。

财务状况稳中趋好　按照新会计制度核算口径，根据“高等学校财务状况预警系统”指标体系的考核要求，1998年北京大学现实支付能力6.7个月，潜在支付能力8.7个月，非自有资金占年末货币资金的比重为107.70%，自有资金占年末货币资金的比重为47.37%，自有资金动用程度为95.98%，自有资金净余额占年末货币资金的比重为22.86%。

总体办学效益提高　1998年学校平均在校学生(含留学生、函授、夜大生)为25333人，全年平均在职教职工7030人，在职教职工与学生比为1:3.6，比1997年提高了0.32；专任教师全年平均数2118人，专任教师与学生比1:11.96，比1997年提高了0.49。学生人数适度增长，教职工人数逐年下降，师生比进一步优化，符合教育部提出的“稳定规模、调整结构、提高质量、适应要求”的人事管理改革方针。

(阎敏)

【财务管理工作】

研制北京大学计算机财务管理系统　为了满足新财务制度、会计制度的要求和学校教学科研管理的需要，更好地为教学科研服务，财务处、计算中心共同研制了新的计算机财务管理程序。这套程序不仅应用性强而且功能齐全，实现了机器制单、事前经费指标控制、余额查询、提供各种分析图表、各类简报、计算机自动生成季报和年报、系级财务联网等多种功能。1998年该系统并入北京大学校园网，实现了会计信息共享，财务处和各院系还利用该系统对学生学费第一次实现了计算机管理，有效地提高了工作效率。

重新研制了奖学金贷学金管理程序　针对原来助学金程序存在的问题，按照新会计制度、财务制度和学生管理部门的要求，研制新的奖助学金程序。新程序的研制克服了原有程序的不足，增加了财务管理和统计功能，操作简便，内存扩大。

成功进行新旧会计科目的转换　财务处从1997年9月开始进行了几个月的会计科目设置、计算机程序研制、设备调试等精心的准备，1998年元旦顺利地完成了新的《高等学校会计制度》与旧制度总账及明细账数据的转换与核对。1月4日新的财务管理系统和会计制度同时启动，机器制单，实时控制，在对外服务和账务处理方面跃上了一个新台阶，在北大的财会

1998年收入构成

单位:万元

项目	金额		增长幅度%
	1997年	1998年	
中央教育经费拨款	11055	12400	12.17
中央专项及一次性拨款	3653	9065	148.15
科研收入	14227	13901	97.71
其他经费拨款	860	1602	86.28
办学收入	6245	7675	22.9
校办产业上缴	2802	3800	35.62
事业单位企业化管理上缴	636	634	-0.31
利息收入	3082	3453	12.04
捐赠收入	14312	8465	-40.85
后勤服务收入	1210	2363	95.29
其他收入	3937	6742	71.25
合计	62019	70100	13.03

1998年支出结构

单位:万元

项目	支出金额			占总支出的%
	合计	人员经费	公用经费	
拨出经费	583		583	0.86
教学支出	16869	7167	9702	24.84
科研支出	12781	2560	10221	18.82
业务辅助支出	2494	426	2068	3.67
行政管理支出	2860	1204	1656	4.21
后勤支出	6946	2166	4780	10.23
学生事务支出	2478	2423	55	3.65
离退休人员保障支出	3150	3150		4.64
结转自筹基建支出	19036		19036	28.03
其他支出	714	714		1.05
合计	67911	19810	48101	

史上实现了一次重大的飞跃。1998年以全新的面貌顺利地完成了13万余笔日常会计核算业务。

组织会计人员培训　为贯彻实行新的财务制度和会计制度，从1997年开始陆续举办财务处本部和二级单位会计人员培训，聘请教育部会计制度起草成员和学校领导授课，财务处针对实际操作过程中的问题进行专题讲座，收到良好的效果。

坚持预算收支平衡　1998年财务处根据教财司(1998)6号文件的要求，结合学校事业发展的需要，第一次填报了《1998年北京大学预算》，并根据以上预算精神，按照校内预算归口管理办法，拟订了《1998年北京大学综合预算》草案，于1998年6月17日经395次校长办公会通过执行。在年度会计核算中严格按预算执行，维护了年度预算的严肃性，在主管校长的领导下，保证了学校各项事业的正常运转，在经费缺口严重，事业发展规模不断扩大的形势下，付出了艰苦的努力，保证了预算收支平衡。

修订校内分配办法　为进一步调动教学、科研人员的积极性，建立有效的激励机制，1998年拟订了《关于本科生经费分配的办法》、《关于委托培养、自筹资金培养等研究生经费分配的办法》、《关于文科科研项目经费管理的规定》、《关于自然科学科研项目经费管理的规定》等四个校内文件并于1998年12月18日经第403次校长办公会讨论通过。依据这几个文件，将1998年以前(含1998年)的委培研究生学费全部分配到相关院、系、所、中心。年末将已完成的科研项目全部结题。

完成抗洪赈灾捐款活动　财务处承担学校救灾捐款的汇集收款工作，设计了捐款计算机管理系统，每天从工会、学生、校办产业、街道四个渠道收到的单位及个人捐款按单位姓名、金额逐笔录入计算机，单独核算，将捐款日报表送交校长办公室，历时一个多月，做到账目清楚，受到了有关方面的书面表扬。

做好百年校庆的相关工作　百年校庆是学校1998年的重要工作，校庆期间财务处直接负责近千万元的邮品保管及发行工作。直接参与了“世界著名大学校长论坛”的会议服务、校友联络处收费等服务工作；在账务处理上，对“百年校庆”1000余万元的支出进行单独核算，从经费使用上保证了校庆活动的正常进行。

接受国家审计署的专项审计检查　1998年国家审计署审计的重点是科研经费管理及使用，前后历时近两个月。审计部门对北大科研经费管理体制和分项目会计核算给予了充分的肯定，但也就提成分配办法提出了意见。财务处按照审计部门的要求，将科技开发部单独核算的科技开发收入并入学校总账统一核算，并与自然科学处修订了科研经费管理和分配办法，规范了科研经费支出。

积极稳妥做好牡丹卡代发工资　1998年10月开始，陆续将校内工资转入牡丹卡，对确有实际困难的教职工仍然发放现金，对使用牡丹卡过程中出现的问题及时解决。

加强收费票据管理，规范校内经济活动行为　1998年加强了校内收费的立项审批和收费票据的合理使用的审查，规定校内一切收费行为必须通过财务处立项报主管校长审批，收费使用合法票据，取得的收入全部上交财务处统一核算，使学校内部的经济活动趋于规范化、制度化。

提出水电费管理办法　水电费支出近年来以每年500万的速度增长，1998年已超过2000万元，为此财务处和学校节能办公室参考了兄弟院校水电管理的先进经验，结合学校实际情况，提出了水电经费包干的管理办法，提交校长办公会审批。

试行会计派驻制试点，加强校医院财务管理　近年来，医药费超支严重，学校的负担日益加重。根据校医院的实际情况和校领导的指示，在1998年暑期做了充分准备的基础上，从10月1日起撤销了校医院三个银行账号，其会计账务全部并入财务处，财务处派出一名会计直接到校医院协助指导工作，作为学校“会计派驻制”的试点。

强化资金管理部的管理职能　1998年重点做好两项工作，首先严格审查校内银行开户情况，对非法人独立核算单位的银行账户进行清理，其次做好资金管理部管理和服务工作，利用校内结算功能集中财力，充分发挥资金的使用效益。

(阎敏)

审计工作

【审计完成情况】　1998年，学校审计室深入开展学习和贯彻审计准则和审计规范的活动，坚持依法审计，坚持走法制化、制度化、规范化的审计道路，认真落实教育部关于加强内部审计工作的意见，广泛开展审计工作，为维护学校经济秩序，促进学校经济活动健康发展作出了贡献，受到教育部的表彰。

1998年完成各类审计任务9项，涉及大、小单位16个。审计项目主要有：1997年学校预算执行情况和决算审计、学校211工程预算执行情况和管理情况审计、校庆办公室财务收支审计、大友公司财务收支审计、集软公司财务收支审计、天元公司财务收支审计、维信公司总经理离任审计、资源集团总裁离任审计、蛟河药厂经理离任审计等。审计总金额为143781.64万元；查出各类违纪金额数百万元。完成各类审签任务174项，审签总金额为77168.4万元。

1998年6月25日，学校审计室被评为全国教育系统先进审计机构；学校审计室的王雷同志被评为全国教育系统先进审计工作者，他的经验交流文章《努力提高自身素质，适应现代审计需要》，在全国教育审计工作会议和先进表彰会上印发，受到广泛好评。

（赵立群　王雷）

【落实教育部关于加强内部审计工作的意见】 1997年12月31日，国家教委发布了《教育系统内部审计规范》，包括《审计准则》和10个具体的各类《审计实施办法》。《审计规范》的颁布施行，是教育系统审计工作走上法制化、制度化、规范化道路的重要一步。

学校审计室高度重视对《教育系统内部审计规范》的学习贯彻。在开始执行1998年年度审计计划之前，学校审计室专门组织审计人员学习讨论了《教育系统内部审计规范》，并重点学习了《教育系统内部审计准则》。

通过学习，进一步明确了各级审计人员的职责范围。即：

1.审计人员应当对审计工作底稿的真实性负责；

2.审计组长应当对提出的审计报告的真实性负责；审计报告应当经审计组集体讨论，并由审计组长定稿；

3.审计报告由审计机构审定：一般审计事项的审计报告，由审计机构负责人审定；重大审计事项的审计报告，由审计机构业务会议审定；

4.审计方案应当由审计机构负责人审核批准。

在贯彻《审计规范》的过程中，审计室还指定专人严格遵循规范设计了"审计工作底稿"等十来种标准文书格式，提高了规范化的水平。

1998年，随着国务院机构改革的进行，教育系统内部审计工作划归教育部财务司管理。为进一步加强内部审计工作，教育部办公厅于1998年10月19日发布了教财厅[1998]11号文件《关于进一步加强教育系统内部审计工作的几点意见》。

学校认真学习和落实这一文件精神，经研究，于1999年1月4日专门制订了北发[1999]7号《北京大学关于落实教财厅[1998]11号文件的几点意见》，上报教育部。《落实意见》指出，从学校审计室十几年所取得的成绩来看，审计室起了其他监督部门不可替代的作用，内部审计是健全学校监督制约机制和加强内部管理的重要部门，即使在机构改革中，内部审计也必须加强，不能削弱。《落实意见》还对学校审计队伍现状作出了准确的分析，指出由于历史原因，北大目前审计队伍的结构不甚合理，需要调整队伍，优化专业、知识和年龄结构，提高整体素质；需要加强以培养一批业务骨干为重点的队伍建设，这些骨干必须具有现代经济、管理知识，掌握现代审计手段，具备较高的综合素质。《落实意见》根据教育部的指示精神，结合北大实际，明确阐明了学校今后加强审计工作的原则和措施，成为学校审计工作的重要指导性文件。

（赵立群　王雷）

资产管理工作

【房地产管理】 房地产是学校固定资产的重要组成部分，是支持学校教学科研和日常运作的重要条件，也是体现和落实教职工待遇，吸引和留住人才的有力保障。北京大学的房地产管理工作由房地产管理处负责，下设有：公用房管理科，管理学校教学、科研、行政办公和生产经营性用房，以及全校土地产权等工作；家属房管理科，管理教职工的各类家属房（成套房和非成套房）与集体宿舍；学生宿舍管理科，管理安排全校的学生宿舍；人防办公室，负责新建工程的报批审验，管理维护全校的人防地下室；家具管理科，负责全校的家具注册、登记上账以及回收、报废、核销工作。1998年，在完成各项常规工作的同时，重点做好了蓝旗营住宅小区集资建房工作，学生宿舍的初步公寓化尝试，配合筒子楼改造工程进行了改善青年教师居住条件的调房工作。

住房管理　北京大学住房管理及分配实行教代会分房审议委员会集体决策，学校房产处职能部门进行日常管理操作的模式。改革开放以来，学校一直推行基本建设向教职工住宅倾斜的政策，使家属住房面积有了很大的增长，近年来住房问题也从解困转移到改善住房条件的阶段。通过国家投资，国家、地方政府和学校合作及学校自筹、个人集资等多种渠道筹措建房资金，形成了住房总量空前增长的局面。从1994年到1998年的5年时间里，共改善4587户教职工的住房条件，使人均住房面积从1994年的6.8平方米增加到1998年的7.6平方米。房产处按照《北京大学教职工住房分配办法》及相

关政策规定,在历次住房分配中都实行政策公开、计分公开、房源公开、按分排队、依次排房。1998年全年共分配调整1185户住房。为保证住房分配的公平、公正,家属房管理科共接待来访人员4000余人次,走访480多户。按照李岚清副总理对清退不合理占用高校教职工住房问题的批示精神,继续清理社会户,加大挖潜力度,1998年共计挖潜62套,2345.5平方米。此外,进行集体宿舍分配148户,调整20余人次,搬迁9户,验收房屋300多处,办理天然气手续500余人次。1998年收房租、天线费和供暖费计248万元。

公用房管理 在做好各项常规工作的同时,1998年为保证北京大学百年校庆工作的顺利进行,积极配合学校领导及有关部门开展工作,进行桌椅家具的配置3400件次,翻新和新制标牌219件。公用房管理继续按照"定额管理,有偿使用"的原则进行改革,并进行了有益的试点运行。为配合学校的整体规划建设,保证校内学生宿舍33楼以及畅春园青年公寓顺利开工和按时交付使用,1998年在校内学生区和畅春园拆旧房3669平方米,为新项目建设提供了场地。此外还清查学校各处的违章建设和违法建筑数十处。

学生宿舍管理 学生宿舍连续几年进大于出,至1998年,宿舍压力持续增大,房产处除尽力增加房源外,在有关部门协助下,对房屋及室内家具进行了维修。计维修房屋720间,修家具2136件,配钥匙5200把。为创造优美环境,迎接百年校庆,房产处牵头与学生工作部、团委共同举办了"创文明卫生宿舍,迎北大百年校庆"的活动,开展评比奖励,效果显著。1998年3月,在考察遴选的基础上,召开了"北京大学学生床上用品招标会",经过公开竞争,集体投标,选定了中标厂家。1998年9月,在98级入校新生中,初步尝试了学生宿舍公寓化管理,统一配备了室内用品,取得了较好的效果。

人防工程管理 《中华人民共和国人民防空法》颁布实施以后,中央国家机关人防办公室将在京中央单位人防实行了归口管理,北京大学人防由属地管理改为中央和教育部直管。1998年7月,北大恢复成立了人防工程领导小组及办公室。在加强对新建人防工程报批验收的同时,对现有人防地下室进行了普查维护,同时对可开发利用的地下室进行了改造,服务于学校教学科研以及作学生、进修人员宿舍等,实行平战结合,创造了较好的经济效益和社会效益。

(罗志良)

【房改工作】 北京大学住房制度改革工作原由房地产管理处负责,从1991年集资建房起步,经过小步提租,建立住房保证金等房改措施,1995年建立住房公积金制度并开始出售公房。1995年11月,成立北京大学房改办公室,负责住房制度改革工作,管理操作学校的房改和售房。从1995年开始,对北大所属园区的93栋楼房,4051套可售房逐步进行了出售。其中,1995年成本价1165元/平方米,标准价710元/平方米,共售2043套;1996年开始只按成本价1337元/平方米售房,当年共售296套;1997年房价是1450元/平方米,出售471套。截止到1998年底,共计出售住房2810套,占可售住房的69.4%,回收资金7221.77万元。

蓝旗营住宅小区集资售房工作 (1)科学测定,以较准确的量化结果制定政策及集资房价,为集资购房办法的正式出台提供了量化依据。(2)制定了"北京大学蓝旗营教师住宅集资建房购房办法",对集资购房条件、选房排序、价格、权益等作了相应的规定。(3)旧房折抵,现场计价。蓝旗营购房户中约70%为原已购房户,为此提前对原购房按1997年度价格增值计价并折抵入新房购房款中。(4)办理个人住房委托贷款。蓝旗营住宅贷款人数585人,贷款总额为7744万元。房改办公室代教职工办理585笔贷款,为申请贷款的教职工代办各项手续,完成了贷款所规定的各项程序。

加大房改力度,继续做好出售公有住房工作 1998年,基本完成了95价购房产权证制证的准备工作。96价购房户取消了标准价,全部为成本价一次付清,开始操作二次购房户,并于1998年4月4日全部收缴了全额房价款。97价北京大学售房方案加大了房改力度,燕北园新建的9号、10号楼以及相关可售区旧房只售不租,按北京市人民政府《关于1997年向职工出售公有住宅楼房的价格及有关政策的通知》规定的成本价每平方米1450元出售,并于1998年7月收缴了首批购房预付款。

(罗志良)

【蓝旗营住宅小区建设】 1998年,北京大学、清华大学蓝旗营教师住宅小区的集资售房工作启动,这是北大自房改以来力度最大、涉及面最广的一项重要举措,小区住宅取消福利分配,全部集资出售。

蓝旗营住宅小区建筑面积约20万平方米,其中可售住宅面积15万平方米,土地无偿划拨,北京市减免部分费用,建设资金由国家、学校和入住教师个人三方集资,国家计委补贴2亿元,两校筹款3亿元,入住教师个人集资2.7亿元,平均每平方米向个人收取1800元。

此次蓝旗营集资售房工作中,北京大学共集资出售房屋615套,分为A、B、C三类,收回集资售房款约1.3亿元,其中贷款人数585人,贷款总额为7744万元。贷款购房在北京大学属首次,类别为个人住房担保委托贷款,由北京市住房资金管理中心北大分中心运用住房公积金,委托中国建设银行北京市分行向购买自住房的住房公积金交存人和离退休职工发放贷款,并由北大资源集团连带责任保证担保。

(罗志良)

【筒子楼改造工程】 1997年,中央领导和国家教委明确提出,不能将青年教师住筒子楼的问题带入下世纪。北京大学的筒子楼改造工程在李岚清副总理的亲自关心下启动,也成为高校筒子楼改造的试点。

1998年初,北京大学有待改造的筒子楼13幢,共计28931平方米。根据学校规划安排和技术部门的专业检测,1998年末,已改造畅春园55楼和燕东园6公寓乙楼,并新建畅春园61号、62号青年公寓楼和中关园1号、2号楼,改善了近500户青年教职工的居住条件。对使用年限较长,已没有改造价值的筒子楼和主校园内学生区筒子楼进行易地新建。

(罗志良)

·附 录·

1998年房屋基本情况汇总表(按用途划分)

房屋用途	面积(平方米)
一、教学及辅助用房	212268.42
教室	31468.29
图书馆	52351.00
实验室及附属用房	115246.31
体育馆	11667.40
会堂	1535.42
二、行政办公用房	17608.68
三、生活用房	804814.69
学生宿舍	83657.00
学生食堂	11998.09
教工集体宿舍	17433.20
教工住宅	395753.00
教工食堂	4368.80
生活福利及其他附属用房	291604.60
合 计	1034691.79

(王伟)

1998年土地资源基本情况汇总表(按区片划分)

区片	面积(平方米)
校园	1066266.79
校园周边	740402.64
昌平园区	346601.82
其它	119509.03
合 计	2272780.28

(王伟)

1998年教工住宅现状情况表

建筑面积(平方米)	使用面积(平方米)	居住面积(平方米)	实住户数(户)	家庭人均居住面积(平方米)	有成套房户数(户)	住房成套率(%)
395753	296888	177711	7043	7.67	5470	78

(赵月娥)

1998 年成套家属房汇总统计表(按区片划分)

区　片	套数(套)	建筑面积(平方米)
校内	190	23656
中关园	1073	73319
蔚秀园	1495	90117
燕东园	828	51697
燕北园	1294	88511
西三旗(一期)	316	22387
六道口	83	6166
燕东园小楼		6547
燕南园小楼		5650
合　计		368050

(赵月娥)

1998 年人防工程统计表

项目 / 地点	人防工程				普通地下室			
	独立办公区		独立宿舍区		独立办公区		独立宿舍区	
	个数	面积 m^2	个数	面积 m^2	个数	面积 m^2	个数	面积 m^2
校办公区	9	4599			10	7050.2		
中关园、燕东园			7	5160.8			4	719.8
蔚秀园、承泽园			1	344.6			1	166.5
燕北园			3	1607.0				
合计	9	4599	11	7112.4	10	7050.2	5	886.3

(杨晶)

【设备与实验室管理】 北京大学设备与实验室管理工作由设备与实验室处负责,主要包括全校实验室的规划、建制、建设,实验技术队伍的建设与管理,各项管理制度的建立与完善;全校仪器设备、特别是大型贵重仪器设备的管理,仪器设备的维修、维护,仪器设备与器材的采购与供应等。北京大学外资贷款办公室也挂靠在设备实验室处。

1998 年,北京大学共有各类实验室 117 个,实验室总使用面积约 5.4 万平方米。按管理级别分,有国家重点实验室 12 个,部委开放实验室 3 个,校中心级实验室 5 个,院级实验室 11 个,系、所级实验室 57 个,教研室级实验室 29 个;按实验室性质分,有基础课实验室 20 个,专业基础课实验室 24 个,专业实验室 35 个,科研实验室 30 个,综合实验室 8 个。

1998 年,北京大学共有各种仪器设备 31867 台(套),总价值 5.623 亿元,其中教学、科研仪器设备 26700 台(套),总价值 4.97 亿元。1998 年,全校新增仪器设备 3380 台(套),价值 1.3 亿元,其中直接用于教学、科研的仪器设备新增 2736 台,价值 1.1476 亿元,20 万元以上的设备有 49 台,价值 8309 万元。

基础课教学实验室评估　按照原国家教委和北京市教委评估要求,1998 年是北京大学基础课实验室进入实质性评估的一年,以设备实验室管理处为牵头单位,在教务处配合下,进行了评估工作。(1)根据原国家教委和市教委的要求,结合北京大学的实际情况,制定了“北京大学基础课教学实验室评估实施办法”,对评估工作的组织、程序、条件、进度以及评估标准的 6 项 39 条逐条作了具体的说明和要求。(2)1998 年 2 月 26 日,召开了评估领导小组会议,加强学校领导对评估工作的重视与支持,发挥有关部门的协商作用。会议通过了实验室评估实施办法,讨论确定了 13 位评估专家组成员,明确了评估工作中有关具体问题。(3)

1998年5月20日，召开了学校评估专家组会议，对评估标准逐条进行了讨论，制定了评估标准。(4)经过多次深入被评实验室进行指导、检查以及实验室全体人员的共同努力，化学学院化学分析、有机化学实验室于1998年5月27日通过学校自查，6月3日通过了北京市教委的评估。物理系普通物理基础课实验室、近代物理实验室和化学学院物理化学基础课实验室分别于1998年11月10日和11日通过了北京市教委的评估。1998年北京大学通过的5个基础课实验室受到了北京市教委有关领导和专家组的好评。

大型仪器管理　(1)组织北京大学参加北京地区协作共用网工作。为了充分发挥北京地区强大的科学仪器装备资源的优势，促进资源共享，协作共用，提高科学仪器装备的社会化服务水平，原国家科委、国家教委、中科院、国家自然科学基金委和北京市于1997年5月设立了北京科学仪器装备协作共用基金，建立了北京科学仪器装备协作共用网络。北京大学优选出10台大型设备参加了该协作网，1998年度绝大多数仪器使用、开放情况良好。(2)北京大学1997－1998年度大型仪器开放基金工作执行情况良好。参加开放的46台仪器共完成课题283项，总执行金额约31万元。(3)完成了1997～1998年度大型仪器使用情况调查。接受调查的大型仪器108台，共完成11万个机时，完成课题743项。完成了《北京大学大型仪器设备手册》第五册的编写，以及60多台大型仪器的上网工作。(4)为保证已有大型仪器设备正常服务于教学、科研工作，利用北京大学多学科、高技术人才集中的优势，从1998年8月开始，组织开展了大型仪器设备的维护、维修工作。修复了价值近百万元的仪器两台，改变了因国外进口仪器设备更新快、转产频繁造成的仪器坏了无人修的状况。

大型仪器设备及国家仪器中心的建设论证　1998年，参加组织了刘忠范纳米科学与技术研究实验室的超高真空镀膜系统，“211工程”中同分辨ICP质谱的论证等多个大型仪器设备的论证工作。在依托北大建设国家级核磁中心，论证购置800M核磁共振谱仪的工作中，同自然科学处一起作了大量的调查、研究，与有关单位进行协调等，已正式向教育部、科技部提出了申请报告。

设备进口　1998年，签约54项，108台(套)，计90.1万美元，约合人民币770万元。其中高于5万美元的有：电子学系的多功能扫描隧道显微镜，微电子所的电子设备自动化系统等。1998年共办理接收国外赠送设备27项，金额为71.76万美元，约合人民币595.6万元。

(王兴邦)

【“211工程”设备采购】　设备采购是“211工程”执行阶段中的一项主要工作。北京大学“211工程”设备采购由设备实验室处负责。为了保证高质量地完成“211工程”教学科研仪器设备采购任务，设备实验室处制定了《北京大学“211工程”建设项目采购实施办法》，并经北京大学“211工程”办公室批准后试行。主要包括以下三个方面：

经费运作　经“211工程”办公室研究决定，用于设备购置的“211”经费，只限于校财务处与设备实验室处财务科发生财务往来。即“211”经费由校财务处与设备实验室处掌握，不直接分配到各院系、所、中心。“211工程”子项目经“211工程”办公室审核后，由主任一支笔签字下达通知单到校财务处和设备处，经设备处审核采购清单后按有关采购管理程序进行采购，验收、结算后由设备处会计持发票向校财务处报销。这种财务管理制度既严格保证了资金的管理使用，又简化资金使用程序，节约了用户的大量时间，大大地方便了用户。

采购管理　“211工程”采购中实行严格把关、规范管理、集中采购的原则。在采购过程中，为防止经费超支，所购设备必须与清单相符，对经费的使用、所购设备进行严格审核。为保证所购设备的高质量、优质服务和最低廉的价格，在用户咨询、谈判的基础上，设备处的采购人员要根据市场的状况严格审核。所购设备必须经过“货比三家”或集中采购、有限招标的方式确认，最后由设备处与用户共同认可后由设备处代表学校签订合同，付款购买。经用户验收后建账建卡纳入国有资产管理。这种方式保证了投入、产出的高效益，保证严格按照“211工程”办公室下达的计划和清单进行采购，也有效地防止了在设备采购中可能出现的漏洞。

做好沟通与协调　“211工程”设备采购工作启动后，由于涉及的校内单位和建设项目很多，虽然事先尽可能地做了各项组织准备工作，但仍会遇到未能预先考虑的各种情况。出现问题后，首先要同有关项目单位或有关管理部门沟通与协商，研究讨论解决方案。凡超出采购负责人权限的问题，及时向处室有关负责人请示，必要时向“211工程”办公室汇报，由“211工程”办公室讨论决定后再继续执行。

1998年，设备与实验室处共谈判、签订合同63项，119台(套)设备，合同金额为208.8万美元，折合人民币1787万元，其中超过5万美金的5台(套)，分别是：物理系扫描探针显微镜，电子学系码形发生器/误码检测仪，生命科学学院基因分析仪，化学学院电荷耦合同探测系统及生物用原子力显微镜。“211工程”的国内设备采购量约为730万元。1998年到货、安装、验收并建账、建卡的“211”项目仪器设备共719台，共计2834万元，其中单价20万元以上的有23台，计1559万元。

（王兴邦）

【世行贷款“高教发展项目”】 1998年，经国家计委、教育部、财政部批准，立项世界银行贷款“高等教育发展项目”，以支持中国28所重点院校基础课教学改革，共计7000万美元，北京大学分得额度300万美元。此项目是1998年涉及全校的一项重点工作，3月开始准备，6月正式启动。按教育部的要求，成立了该项目北京大学领导小组，组成新的项目贷款办公室，各有关院系成立项目工作小组。以设备与实验室管理处为牵头单位，在教务处、财务处、校办等单位的协助下，开展了实施工作。

1.开展基础课教学，基础课实验教学改革的讨论，成立6个校级基础课教学实验中心，提出了实验教学改革方案。

2.组织各中心有关人员和专家完成项目建设方案及仪器设备配备方案。

3.项目进展情况。1998年6月23日完成项目建议书，10月4日完成项目可行性研究报告，12月28日完成并上报可行性研究报告的最终修改版，6个实验教学中心的建设方案及设备清单。北京大学利用世行贷款建设的6个实验教学中心是：物理基础教学实验中心、化学基础教学实验中心、生命科学基础教学实验中心、电子信息科学基础实验中心、语言语音教学中心、多媒体网络教学中心。

（王兴邦）

1998年北京大学实验室基本情况

序号	单位	实验室个数	实验室使用面积（平方米）	教学实验（1997～1998学年）			仪器设备			
				实验个数	实验时数	实验人时数（万）	数量	金额（万元）	其中20万元以上 数量	其中20万元以上 金额（万元）
0	合计	117	53655	1845	71106	172.24	25089	48134.28	290	23860
1	数学科学学院	3	957	40	2866	1.37	509	783.2	5	179
2	力学与工程科学系	8	3545	40	942	0.69	1099	2052.4	14	998
3	物理学系	10	5405	240	1275	24.2	2699	4386.09	33	2155
4	地球物理系	7	1250	31	375	0.66	1165	1769.49	8	777
5	技术物理系	12	4875	136	7489	3.6	2192	3563	20	1798
6	电子学系	13	2640	77	16232	35	1809	2354.51	15	854
7	计算机与科学技术系	5	1780	68	2487	32.74	1413	6271.29	41	3824
8	化学与分子工程学院	20	11273	287	2357	23.83	3695	6380.63	66	3517
9	生命科学学院	16	4385	463	6263	19.92	3737	4202.09	26	1185
10	地质学系	3	2970	195	1422	3.35	1375	930.35	3	148
11	城市与环境学系	3	1280	68	357	0.52	742	710.58		
12	心理学系	2	530	125	24668	8.9	357	265.23		
13	中国语言文学系	1	60	9	2100	0.73	165	203.12		
14	考古学系	2	320	3	240	0.55	271	667.08	7	404
15	法学院	1	150	1	12	0.08	164	126.04		
16	电教中心	1	7000	6	1036	10.04	1201	1366.68	5	251
17	计算机科学技术研究所	1	1600				202	1316.82		
18	遥感与地理信息系统研究所	1	550				282	454.57	2	109
19	电子显微镜实验室	1	280	4	28	0.1	67	805.78		
20	计算语言学研究所	1	40				23	24.02	5	700

序号	单位	实验室个数	实验室使用面积（平方米）	教学实验（1997～1998学年）			仪器设备			
				实验个数	实验时数	实验人时数（万）	数量	金额（万元）	其中20万元以上	
									数量	金额（万元）
21	人口研究所	1	75	3	96	0.13	15	80.64	1	69
22	信息科学中心	1	440				205	1252.27	10	842
23	环境科学中心	1	200	4	24	0.02	163	764.5	12	541
24	计算中心	1	1200				648	5992.59	7	5014
25	光华管理学院	1	450	17	553	5.8	343	492.48	1	26
26	图书馆	1	400				548	918.83	9	469

（张聂彦　张解东）

1998年北京大学校内开放大型仪器设备情况

仪器编号	仪器名称	负责人	所在单位
1	顺磁共振谱仪	吴　恩	物理系
2	提拉法测磁装置	刘尊孝	物理系
3	高功率脉冲染料激光器	夏宗炬	物理系
4	激光拉曼分光光度计	周赫田	物理系
5	振动样品磁强计	孙允希	物理系
6	激光散射光谱仪	吴佩强	化学学院
7	富里埃变换多功能（拉曼、红外）光谱仪（910－750）	许振华	化学学院
8	扫描电镜（S－450）	刘淑祺	化学学院
9	电子能谱（ESCALAB5）	郭沁林	化学学院
10	四元单晶衍射仪（AFC－6S）	杨清传	化学学院
11	高分辨核磁共振谱仪（ARX400）	吕木坚	化学学院
12	色质联用仪（ZAB）	林孝元	化学学院
13	转靶X衍射仪（D/max－ra）	李　能	化学学院
14	高压液相色谱仪（5060）	黄爱今	化学学院
15	磁园二色分光光度计（J－500）	周永芬	化学学院
16	元素分析仪（240C）	刘　晖	化学学院
17	凝胶色谱仪（208）	黄　兰	化学学院
18	ICP光量计（2.5）	中国荣	化学学院
19	热分析系统（1090B）	钱久信	化学学院
20	全自动X衍射仪（D/max2000）	阮慎康	化学学院
21	紫外、可见、红外分光光度计（UV3100）	周永芬	化学学院
22	扫描寿命荧光光谱仪（48000S）	姚光庆	化学学院
23	气谱/质谱联用仪（HP5971A）	王显仑	化学学院
24	双联拉曼光谱仪（U1000）	赵壁英	化学学院
25	气体同位素质谱仪（SARI24）	金德秋	化学学院
26	透射电镜（H300）	付宏兰	生命学院
27	蛋白质序列仪（491A）	沈为群	生命学院
28	制备超速离心机（L8－80M）	潘　立	生命学院

仪器编号	仪 器 名 称	负责人	所在单位
29	基因合成仪(381A)	沈为群	生命学院
30－31	高压液相色谱(5060,2台)	唐庆平	生命学院
32	透射电镜(JEM－100CX)	马淑芳	生命学院
33	多功能离子束分析系统(5SDH－2)	沈定予	技物系
34	高压离子色谱仪(2010I)	栗 欣	技物系
35	高压液相色谱(5060)	何永克	技物系
36	气相色谱(GC－9A)	周玉荣	技物系
37	红外分光光度计(PE683)	周维金	技物系
38	ICP 光量计(ICAP－9000)	邵宏翔	地质系
39	电子探针(EPM810Q)	舒桂明	地质系
40	红外分光光度计(PE983G)	朱炜炯	地质系
41	表面结构分析仪(M50)	赵兴钰	电子学系
42	场发射扫描电镜(1910FE)	陈文雄	电镜室
43	透射电镜(JEM－2000CX)	汪裕萍	电镜室
44	扫描电镜(KYKY1000B)	张会珍	电镜室
45	高分辨透射电镜(H9000)	刘真泉	电镜室
46	富利埃变换红外光谱仪(FTS65A)	邵可声	环境中心

（高颍）

1998 年北京大学"211 工程"进口仪器设备一览表

序号	品 名	数量	合同金额	使用单位
1	气溶胶采样器	1台	$ 14403.00	环境中心
2	测试样品制备仪	1台	$ 10900.00	化学学院
3	超快激光测试系统附件	1套	$ 6000.00	材料学科群
4	超导量子干涉梯度计	1套	$ 20290.00	物理系
5	十二通道蠕动泵	1套	$ 3368.30	城环系
6	真空冷却干燥机	1套	$ 6900.00	城环系
7	荧光分光光度计	1套	$ 12966.40	城环系
		1个	$ 500.00	化学学院
8	大地测量接收仪	1套	$ 25700.00	地球系
9	激光定位分析仪/图像分析制图仪	2套	DM24150.00	艺术教育系
10	脉冲束流时间拾取系统	1套	$ 19645.00	技物系
11	扫描探针显微镜	1套	$ 107600.00	物理系
12	网络服务器	3套	$ 61500.00	计算中心
13	数据交换仪	27件	$ 110241.20	计算中心
14	数字霍尔效应特斯拉计	2套	$ 13835.00	技物系
15	控制仪及分析软件	1套	$ 14550.00	化学学院
16	倒置光学显微镜	1套	JP￥1649360.00	化学学院
17	Visual HDL 电路设计软件	1套	$ 10000.00	电子学系
18	HP B180L 工作站	1套	$ 11700.00	电子学系
19	SPW 电子设计软件	1批	$ 25565.00	电子学系
20	元素分析仪	1套	$ 49980.00	化学学院
21	图书馆馆藏系统管理软件	1套	$ 122214.00	图书馆
22	残余气体分析仪	1套	$ 11700.00	技物系
23	图像增强仪	1套	$ 36000.00	电镜实验室

序号	品　名	数量	合同金额	使用单位
24	频率综合器	1套	$ 10417.11	电子学系
25	飞行时间谱仪	1套	$ 28134.00	技物系
26	微通道处理器	2件	JP￥730000.00	技物系
27	四元衍射仪升级	1套	$ 40000.00	化学学院
28	培训费合同		$ 22700.00	化学学院
29	拉曼光谱升级系统	1套	$ 27305.00	化学学院
30	IBM 服务器及工作站	8台	$ 257800.00	图书馆
31	氦一镉激光器	1套	$ 20000.00	物理系
32	小型光谱仪	1套	$ 2770.00	物理系
33	红外光谱分析软件	1套	$ 4000.00	化学学院
34	码形发生器/误码检测仪	1套	$ 142857.00	电子学系
35	频率合成扫频仪	1套	$ 34055.92	电子学系
36	可照像光学显微镜	1套	JP￥256600.00	化学学院
37	电化学综合测试仪	1套	$ 12495.00	化学学院
38	存储示波器	1台	$ 8674.08	化学学院
39	人工气候植物培养箱	2套	$ 61000.00	生命科学院
40	Sun 工作站	1套	$ 15764.00	计算中心
41	冷冻干燥仪	1套	DM14831.00	化学学院
42	高压灭菌仪、制冰机	5台	$ 20200.00	生命科学院
43	高速离心机、离心浓缩仪	3台	$ 29866.55	生命科学院
44	微量移液器、超声波清洗仪	1台、65个	$ 8894.00	生命科学院
45	基因扩增仪	4台	$ 16000.00	生命科学院
46	电泳仪	2台	$ 35749.00	生命科学院
47	微型发酵罐	1套	$ 25875.00	生命科学院
48	基因分析仪	1套	$ 55000.00	生命科学院
49	超低温冰柜	1台	$ 6800.00	生命科学院
50	高速冷冻离心机	3台	$ 44512.30	生命科学院
51	真空浓缩仪	2台	$ 14352.80	生命科学院
52	紫外可见分光光度计	1台	$ 19406.00	生命科学院
53	快速电泳分析仪	1台	$ 9548.00	生命科学院
54	荧光仪	1台	DM37966.50	生命科学院
55	高速离心机	5台	$ 19659.00	生命科学院
56	超纯水系统	1台	$ 6424.00	生命科学院
57	凝胶渗透色谱仪	1台	$ 46400.00	化学学院
58	气质谱联用仪附件		$ 9000.00	化学学院
59	光波信号发生器	1套	$ 13090.00	电子学系
60	基因扩增仪	1台	$ 8500.00	生命科学院
61	蛋白质核酸检测仪	1台	$ 8000.00	生命科学院
62	电荷耦合面探测系统	1台	$ 136200.00	化学学院
63	生物用原子力显微镜	1台	$ 103000.00	化学学院
	合计	119套(台)	$ 2088115.66	

（石铄）

1998年北京大学正常进口仪器设备一览表

序号	品名	数量	合同金额	使用单位
1	总有机碳分析仪	1套	$ 32000.00	城环系
2	电化学分析仪	1套	$ 5495.00	化学学院
3	化学试剂	1批	DM1806.51	化学学院
4	旋转真空泵及配件	1套	$ 2790.00	化学学院
5	台式马弗炉	1套	$ 1118.50	考古系
6	三维眼动仪	1套	$ 4967.60	心理系
7	微电极推进器	2套	$ 7194.00	心理系
8	光耦合器	1套	$ 6884.00	电子学系
9	化学试剂	1批	$ 23870.00	物理系
10	电泳仪	1套	$ 2323.00	生命科学院
11	离心机	1台	$ 12088.00	生命科学院
12	杂交仪	1套	$ 3400.00	生命科学院
	精密恒温培养箱	2套	$ 2160.00	生命科学院
13	可编程静电计	1套	$ 4119.00	技物系
14	网络分析仪	1套	$ 12796.72	技物系
15	高精度天平	2套	$ 2147.16	生命科学院
16	多功能扫描隧道显微镜	1套	$ 50000.00	电子学系
17	HP工作站	1套	$ 18157.00	信息中心
18	显微镜配件	1件	$ 1673.60	物理系
19	高效液相色谱系统	1套	$ 23531.00	化学学院
20	CISCO网络设备	1批	$ 143378.40	图书馆、计算中心
21	小型实验设备	1批	$ 9218.10	物理系
22	精流泵	6台	$ 30288.00	物理系
23	图像采集器	1套	$ 2813.00	物理系
24	化学试剂	1批	$ 1674.30	物理系
25	台式冷冻离心机	1台	$ 2000.00	生命科学院
26	IBM计算机设备	1批	$ 136160.05	计算机所
27	植物冠分析仪			
	光合作用测量系统	2套	$ 23054.00	城环系
28	光学显微镜	1套	JP￥667524.00	物理系
29	电子设计自动化系统	1套	$ 77399.00	微电子所
30	集成系统工程模拟开发软件	1套	$ 8500.00	微电子所
31	单光子计数器	1件	$ 7130.00	化学学院
32	离子检测器(质谱附件)	1套	$ 27400.00	化学学院
33	泰克示波器	5套	$ 3895.00	计算机系
34	SGI O2 工作站	1套	$ 6475.68	化学学院
35	SUN工作站/服务器	4套	$ 57237.00	微电子所
36	SGI O2 工作站	2台	$ 15843.00	化学学院
37	热交换仪	1台	JP￥880000.00	化学学院
38	激光器附件	3件	$ 1000.00	环境中心
39	数字信号发生器	1台	$ 4700.00	环境中心
40	绝对压力传感器	2套	$ 4216.00	环境中心
41	压力计	2个	DM1967.00	环境中心
42	质量流量控制计	5件	$ 5356.50	环境中心

序号	品　　名	数量	合同金额	使用单位
43	旋转真空泵	1台	DM4530.00	环境中心
44	精密移液器	20支	$ 2400.00	生命科学院
45	分子设计软件	1套	$ 12000.00	化学学院
46	高功率脉冲信号发生器	1套	$ 29442.00	微电子所
47	酶标仪及精密天平	2台	$ 14725.00	生命科学院
48	蛋白电泳仪	1台	$ 1324.00	生命科学院
49	化学试剂	1批	$ 4340.00	生命科学院
50	化学试剂		$ 285.30	物理系
51	超纯水系统	1套	$ 6385.00	生命科学院
52	化学试剂	1批	$ 3610.15	生命科学院
合计		108台(套、件)	$ 900885.25	

（石铄）

1998年北京大学办理国外赠送科教用品一览表

序号	品　　名	数量	合同金额	使用单位
1	电化学检测器	1套	$ 8497.00	化学学院
2	辐射测量仪	1套	$ 500.00	环境中心
3	半导体设备	6台	$ 7000.00	微电子所
4	紫外分光光度计、冷却系统	2套	JP￥865300.00	化学学院
5	图书	6499册	JP￥470000.00	图书馆
6	化学试剂	1批	DM13267.00	化学学院
7	化学试剂	1批	GB2500.00	化学学院
8	表面张力测试仪	1台	GB7595.00	化学学院
9	半导体设备	2套	$ 20000.00	微电子所
10	双光束分光光度计	1套	$ 7000.00	生命科学院
11	同位素凝胶图形仪	1套	$ 18200.00	生命科学院
12	探针台系统	2套	$ 30000.00	微电子所
13	电路模拟软件	1套	$ 12000.00	微电子所
14	SUN计算机设备	7套	$ 250537.00	计算机所
15	化学试剂	1批	$ 535.00	物理系
16	化学试剂	1批	$ 595.47	物理系
17	IBM培训系统	1套	$ 131522.00	计算中心
18	笔记本电脑、扫描打印机	4台	JP￥1176000.00	城环系
19	图书	28344册	HK $ 600000.00	图书馆
20	化学药品	1批	$ 3691.50	化学学院
21	臭氧分析仪	1台	JP￥400000.00	环境中心
22	汽车	1辆	DM57444.00	基金会
23	图书	290册	JP￥1657798.00	图书馆
24	HP测试系统	1套	$ 43810.00	力学系
25	水冷系统	1套	$ 2000.00	物理系
26	图书	11942册	JP￥500000.00	图书馆
27	样品探测器	1套	CHF100.00	技物系
	合计:	47114套(批、册)	$ 717587.04	

（殷雪松）

北京大学历年仪器设备增长情况示意图

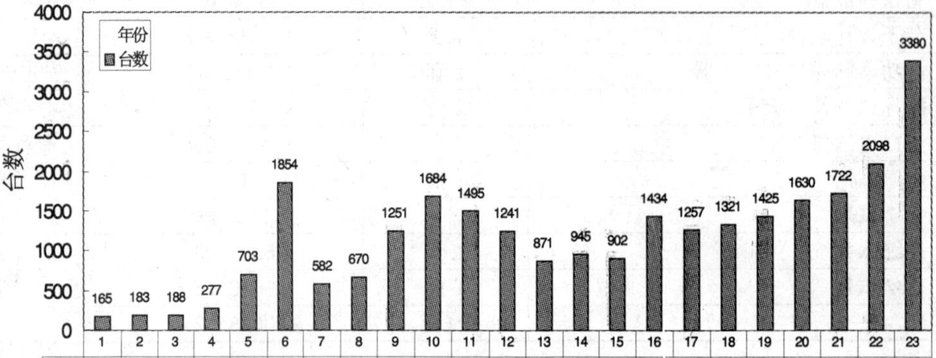

年份	1976	1977	1978	1979	1980	1981	1982	1983	1984	1985	1986	1987	1988	1989	1990	1991	1992	1993	1994	1995	1996	1997	1998
台数	165	183	188	277	703	1854	582	670	1251	1684	1495	1241	871	945	902	1434	1257	1321	1425	1630	1722	2098	3380

后勤工作

【概况】 1952年9月全国院系调整，北京大学设立了由若干科组成的后勤机构并设总务长。1959年设立了总务长领导的由基建处、总务处组成的后勤系统。1962年困难时期学校撤销了基建处，并入总务处。1966年至1978年，后勤机构名称改称后勤组。1979年恢复了总务长设置并相继组建了由总务处、基建处、伙食处、房产处、修建处、勺园管理处(1981年)组成的后勤系统直至现在。80年代中期，为适应学校的发展，根据后勤各部门的特点，实行各种形式的承包制；调动社会第三产业(包括国营、集体、个体)的积极性；努力做到“优质服务、服务育人”。进入90年代以后，后勤系统在后勤工作社会化方面进行了积极的探索，以适应北京大学创办世界一流大学后勤的需要。后勤人事改革也不断深化：四年来，后勤在编人员由1256人减少到1003人(其中全民职工662人，集体职工341人)，还精简了大批临时工，提高了办学效益。

北京大学后勤系统现设10个部门：总务长办公室、基建处、房产处、伙食处、动力中心、事务中心、产业中心、幼教中心、工程技术办公室、节能办公室。后勤机关实行总务长领导，下设总务长室、办公室、人事室、财务室。1999年1月，后勤系统选出新一届党委会。经校党委批准，张宝岭任书记，刘宝栓、李贡民任副书记，王宏昌、宋心才、张鸿奎、徐晓辉、崔芳菊、鞠传进任党委委员。

(潘燕生)

【百年校庆的后勤保障】 *百年纪念讲堂局部竣工* 百年纪念讲堂坐落在原大讲堂位置上，占地面积5780.5平方米，总建筑面积12671.8平方米，地下一层，地上三层，局部六层，建筑高度34.8米。其中纪念讲堂11518.87平方米(包括地下餐厅)，学四食堂附属面积892.3平方米。工程1997年8月启动，1999年4月底局部竣工，外檐亮相，观众厅交付使用。百年纪念讲堂为乙等剧场，耐火等级一级，抗震烈度为8度。讲堂由舞台、观众厅、纪念厅、休息厅、四季庭院、多功能厅、会议室等组成。可供大型会议、讲演、小型文艺演出、日常排练和电影放映。观众厅内容纳2169座。

图书馆新馆竣工 图书馆新馆于1996年6月动工，1998年4月竣工。总建筑面积2.6万平方米，工程造价1.3亿元。新馆设计使整体建筑与燕园特有的传统风格环境相协调，巧妙地结合了现代图书馆的各项功能，并突出了低造价高品位的整体设计构思。新馆将成为国内大型现代化图书馆之一，由地下书库、阅览室、视听室等部分组成。地下书库是古籍专用书库，为古籍藏书提供了可靠的保证；新馆阅览室宽敞、洁净、明亮、安静，阅览条件得到充分改善，增加了4500阅览座位；视听室具有声、光等先进的设施，文库资料显示由书本变为音像，充分显示了现

代化图书馆先进的阅览功能。新馆注重了建筑风格的协调,突出了文化氛围,为读者提供了较好的阅览条件。

勺园九号楼投入使用　作为百年校庆用房的勺园九号楼由北京国际建筑集团总公司承建,建筑面积4994平方米,六层混合结构。共有客房123间/套,大小教室6个。1997年6月14日开工,1998年1月20日交付使用,整个工期七个月,作为"市优"工程标准一次通过验收。

未名湖清淤修整　由三金公司总裁、北大校友尹建生先生捐资的未名湖清淤、修整工程于1996年12月动工,1997年4月正式完工放水,历时五个月。这次整修共清淤泥1.1万立方米,码放青石驳岸1383延长米,修环岛小路200多平方米,花神庙前铺青石砖390平方米,拆除了废弃多年不用的天体观测天线。1997年夏季至1998年校庆前夕,事务中心园林科对未名湖周边护坡实施了绿化工程,并向湖中投放了鱼苗。未名湖整修之后,叠石驳岸错落有序,下沉的翻尾石鱼也露出了水面。

校内古建筑整修　投入资金1539万元,完成了对办公楼、外文楼、化学南楼、化学北楼、档案馆、南阁、北阁、临湖轩等25座古建筑的油漆彩画和内部装修。

校门修缮　由德国奔驰汽车公司捐资100万元的修缮西校门工程于1997年7月动工,1998年3月底竣工;北京大学南校门修缮工程由美国美中教育机构捐资,由基建处设计所设计,工程办管理,中建一局四公司承建,于1998年4月28日竣工。

保证校友用餐安全　伙食处把校庆期间用餐当做政治任务来完成。为保证校庆期间饮食卫生安全,校、处领导反复深入供餐企业考察,聘请卫生防疫部门为职工讲课传授卫生防疫知识,并现场监察。在校庆期间,伙食处设售饭点6处,接待宴会520桌,5万余名校友食用快餐无事故。

保障供电　为保障校庆期间各种活动供电,动力中心抽调技术人员对学校变电站两条35kv送电线路和校内、家属区内30余座变压器进行了检修、清扫和保养,对部分线路进行调整、换线。

布置五四晚会会场　为保证校庆晚会在静园草坪顺利进行,工程技术办公室承担了静园草坪观众席和荧光队表演台的设计任务。4月28日,7800座观众席、荧光表演队席、会场周边封闭工作全部完成。

美化校园　为使校庆期间校园更具节日气氛,园林科会场组新添置横幅布300余米,彩旗600面,各种彩色串旗、三角旗600面,布置在校园主干道上。仅校庆期间,会场组共完成各种会议中文、英文、中英文同幅会标300余条。同时,工程办对西校门、办公楼等地万余平方米路面和校东门外蒋家胡同东口至吉永庄北口近百米破损路面进行了整修。此外,基建处市政科在一教、哲学楼、外文楼、化学北楼周边铺设绿化方砖2360平方米。

后勤党委多次组织党员周日义务劳动,绿化校园。仅4月份就在哲学楼西侧、百年纪念讲堂周边等地种植草坪12000平方米、植树乔木58株(青千、桧柏)、花冠木940株、黄杨绿篱3800株。此次种植的草坪为草地早熟禾草、麦冬、野牛草,适应北方生长,绿期长,叶型短,禁践踏。园林工还在百忙中根据环境特点,采用白、绿色油漆粉刷办公楼、临湖轩、蔡元培像周边草坪护栏471延长米。在校庆前夕,园林工抢种云南校友赠送的20万株郁金香鲜花,保证在校庆期间郁金香如期绽放。园林工还在南门主干道两侧、南门外等地营造了花坛。

动力中心电工队对校园路灯进行全面检修,调整线路,更换灯泡,并油漆路灯灯架160余根。电工队为静园1－6院建筑安装了彩色轮廓串灯,总长度为3300延长米,安装灯泡万余盏。

房产处对校内建筑及各单位的标志牌进行了统一检修和制作,其中油漆旧牌百余块,翻修旧牌50块,做新牌40块。

(潘燕生)

【后勤财务工作】　后勤系统是学校二级财务核算单位,学校对后勤实行"经营包干、超支不补,节余留用"的基本原则。

1998年预算收支情况:

学校拨款3046.25万元

后勤实际经费支出4765.26万元

后勤自筹及抵支收入1719.01万元

(超支部分由后勤创收及收入抵支解决)

1998年后勤创收情况:

后勤创收纯收入1300.47万元

上缴学校(总务长)947.98万元

上缴收入占总纯收入72%

后勤财务核算工作为适应后勤机制转换,后勤服务逐步向社会化过渡的需要,提出全成本核算和模拟法人的核算形式,控制三大支出,积极创收,为学校节约运行经费。

控制供暖经费支出　对供暖经费进行了多次测算,核定全校供暖面积,制定出切实可行、较为有效的供暖承包方案,定量、定指标,继续实行煤炭招标,保证资金到位,按11.84元/m^3承包给动力中心,动力中心承包到锅炉房,经多方努力,1998年共节约供暖经费83万元。

控制水电费支出　节能办继续实施定额管理超标收费的办法,在因水电费涨价水电费支出比去年增加480万元的情况下，加大收费力度，收回水电费1321万元，比去年多收200多万元；同时投入10万元资金进行水电基础改造，如在学生宿舍及教学楼安装500套声光控节能灯座，年节电3万度；教学、科研楼改造安装50套远红外线小便池技术控制器，年节水15万m^3；应用微喷技术在南北阁及办公楼周围安装微喷管线1000延长米，年节水5000m^3。

降低成本，控制维修费支出　1998年投入正常运行经费1208万元，与1997年相比，增加了33万元；为庆祝校庆投入资金2300万元，进行了29项古建筑维修以及其它35大项服务，其中总务长从自筹资金中投入285万元为校庆增添光彩。在与工程办同志的共同努力下，严格控制维修工程的预决算，认真严把工程招标关，节约维修工程费约450万元，收回废旧料款约70万元，大大减少了经费支出。

（潘燕生）

【伙食管理工作】　概况　承担北京大学伙食管理工作的是北京大学伙食管理处。1952年，北京大学开设总务处膳食科，负责全校伙食工作。学生按月包伙，所交伙食费全部用于学生伙食。办伙所需行政开支均由学校支付。膳食科先后兴办7个学生食堂(学一、学二、学三、学四、学五、学六和学七)、2个教工食堂(员一和员二)、“工人包伙食堂”、“教授食堂”、“回民食堂”、“新疆食堂”，“越南留学生、朝鲜留学生食堂”、“留学生食堂”、“肺健会食堂”、“肝炎病人食堂”和“华侨食堂”等。1969—1972年，按系或按单位(革委会)以连队形式办食堂，各自为政。1972年恢复由学校伙食科负责管理全校的伙食工作。1976年，就餐方式由包伙改为凭饭票购买。1982年，北大正式建立伙食管理处，承担全校师生日常就餐的服务和管理工作。

1985年伙食管理处正式提出在全校食堂实行“一堂两制”，即一个食堂两种管理制度：保持原大伙食堂纯福利型伙食为主体不变，称为第一制；开辟小炒、客饭、糕点、售卖饮料等为第二制。两制实行单独核算，在第二制回收的间接成本中留1%－2%直接补贴到第一制中。此举在全国高校引起强烈反响。

从1990年开始，北大伙食工作进入一个迅速发展的新时期。总结“一堂两制”的管理办法，有针对性地修改、制定了财务两级管理制度、大集体采购制度、食品检验制度、成本核算制度、岗位责任制和分配制度等，全校伙食管理出现蓬勃发展的新局面：(1)改善就餐环境，更新设施设备，调整食堂布局。1993年4月，与健力宝、新华社食品实业有限公司联营“北大宝华快餐厅”，1995年自筹资金300万元装修原宝华快餐厅，开办农园餐厅。1996年3月，改造原燕春园餐厅为“农园学生食堂”。1997年3月，将学三食堂调整为全日开业的快餐食堂(公用餐具)，保证学生可以随时就餐。1994年新建公寓食堂。1997年自筹资金68万元装修改造学五和公寓食堂。(2)狠抓食品卫生。落实食品卫生责任制，建立专业化的食品检验室，将食品的加工管理程序化，每年4月开展“食品卫生活动月”活动。(3)加强管理的科学化和规范化建设。1994年6月，为控制在校就餐人员的数量，减轻食堂面积不足的压力，经校党委常委会批准，实行买饭票就餐，并利用计算机进行管理，非在校人员就餐需经主管校长批文并加收15%管理费，用于补偿经费不足。1995年5月，试用北佳公司的IC卡售饭系统。(4)注重精神文明建设。1996年12月与校团委开展文明共建活动。1997年5月特支12万元对学生食堂进行文化装饰，宣传文明修身、优质服务和社会公德。

伙食管理处直接隶属于总务长，是负责管理全校伙食工作的职能部门，承担着全校教职工和学生共30000余人日常就餐的服务和管理工作。伙食管理处下设食堂管理科、采购供应科、行政科和财务室四个科室，辖学一、艺园、学三、学四、学五、农园、员二、公寓食堂、昌平园区食堂、农园餐厅，共有食堂面积12300平方米。

1998年3月3日，北京电视台“北京您早”节目专题报道了北大的伙食服务工作。

提高管理水平　10月底，伙食处用功能齐全、性能优良的天津南开太阳卡食堂售饭收费系统替代北佳IC卡系统。南开太阳卡食堂售饭收费系统的启用大大提高了食堂的工作效率，为伙食管理水平的提高提供了有力的技术支持。本年伙食处进一步强化经营管理，修改和补充30多项规章制度。

创建副食品基地　伙食处与北京卫戍区警卫一师三团于3月12日签订《永丰副食品基地共建合同》。初步意向10年，已签协议2年。按照合同，伙食处拥有对包括30亩菜地、10间温室、4间大棚、83间猪舍、61间营房在内的基地的使用权。伙食处对基地进行投资和管理，部队负责组织战士从事生产。6月初，伙食处调詹耕利任永丰副食品基地负责人。在伙食处干部职工的辛勤耕耘下，基地新建猪舍849.5平方米、猪栏82个，修补旧房1174.9平方米，新装粉碎搅拌机，添置相关设备，已具备日产蔬菜20多个品种计60000多斤，养猪存栏1000头和咸菜加工的生产能力。一个功能齐全、规模较大、产销一体化的副食品基地初具雏形。

（李振）

【基建工作】　概况　1952年调整后设立总务处，并成立北京大学基建委员会，副校长直接负责总务、基建工作。1954 年正式成立基建科。1959 年学校在昌平建理科新校区，将原基建科扩编为基建处。1962 年困难时期将基建处并入总务处，1966 年至 1972 年“文革”期间基建工作停办。1973 年重新组建基建办公室，后变更为基建处。至 1998 年底基建处共设置四科一所一队，即计划科、施工科、材料科、市政工程科、北大建筑设计研究所及基建车队。

基建处根据学校发展规划部审定的新建项目及在施工程进展情况组织编制年度基建投资计划，经学校和教育部批准后负责组织实施和落实；配合学校规划委员会做好新建工程设计方案的评选及优化工作，负责签订设计合同及初步设计和施工图设计阶段的组织协调工作；负责组织编写新建工程的立项报告和可行性研究报告；负责办理工程建设用地规划许可证(或土地使用权证)、建设工程规划许可证、建设工程开工许可证等各项报建、审批手续；组织工程招投标，负责签订和管理与工程有关的各类经济合同；对在施工程实行全面管理，对工程质量管理负全责，并有效控制工程进度和投资；负责组织工程的验收、移交及保修工作；负责审核工程概预算及竣工结算；会同财务处做好基建资金的调配使用和管理工作；准确、及时报送政府各主管部门要求的统计报表；负责收集、整理、审查工程竣工资料并及时移交北京市档案馆和校档案馆；承办学校交办的其它事项。

百年校庆的基建工作　为在百年校庆之际建成一批具有一流水平的教学、科研用房，并能接待更多校友、专家，在学校统一布置下，基建处早在两年前就开始启动了“百年庆典工程”。

“光华管理学院工程”于 1997 年 8 月交付使用；“图书馆新馆工程”1998 年 4 月底基本竣工，充分显示现代化图书馆各项使用功能，与燕园特有的传统文化环境协调一致，为校庆活动增添新景观；“勺园 9＃楼工程”为校庆活动提供 123 间客房，大小教室 6 个；“百周年纪念讲堂工程”紧张有序进行施工，虽未赶上百年校庆使用，但全体工作人员仍全力以赴完成观众厅等各项工程任务，力争在学校 1999 年庆祝“五四”运动 80 周年、校庆 101 周年组织活动时启用。

近几年来北京大学建设一批高质量工程：

“图书馆新馆工程”荣获北京市工程设计优秀奖，1998 年度北京市优秀工程奖。

“百周年纪念讲堂”荣获北京市工程设计三等奖。

“燕北园住宅 10＃楼”荣获北京市优秀工程奖。

“理科教学楼群工程”荣获北京市 1998 年结构优秀奖。

1998 年基建完成情况一览

工程项目	施工面积 M^2	竣工面积 M^2	投资完成(万元)						1998 年新增固定资产
			国家计委	国家教委	财政部	自筹	捐赠	合计	
211 工程	104671	31735		1000	1575	4478	3732		4435
非 211 工程	271067	67799	740	4700		6463	7070		5276
筒子楼改造	(18634)	1200		868					77
抗震加固	(65800)			520					520
总计	373738	100734	740	107822	1575	10941	21743		10308

(张淑鸾)

【动力中心工作】　*概况*　动力中心始建于 1952 年全国院校调整时期，当时称工程科，1960 年改称修建科，1979 年学校后勤编制扩大，改名为北京大学修建处，1995 年 3 月改名为动力中心。

动力中心主要工作任务是保证全校水、电、暖、汽的正常运行管理及维修保养，1998 年全中心以“迎接百年校庆，做好各项服务工作”为中心，圆满地完成了为全校师生员工的教学、科研和生活提供各项服务保障的工作。中心现设有生产办公室、财务室、人事室和行政办公室等四个职能部门，下设零修队、电工队、东区供暖科、西区供暖科、材料科、供汽站等七个运行单位。

1998 年零修电工班被评为学校后勤系统的“精神文明服务”示范窗口单位。

1998年基建完成情况一览表

(单位：万元，平方米)

单项工程名称	开工年月	竣工年月	施工建筑面积	其中：竣工建筑面积	计划总投资						自开始建设至1998年底累计完成投资						1998年计划投资						1998年完成投资						1998年新增固定资产
					合计	国家计委	财政部	教育部	自筹	捐赠	合计	国家计委	财政部	教育部	自筹	捐赠	合计	国家计委	财政部	教育部	自筹	捐赠	合计	国家计委	财政部	教育部	自筹	捐赠	
1	2	3	4	5	6	7	8	9	10	11	12	13	14	15	16	17	18	19	20	21	22	23	24	25	26	27	28	29	30
总　计			375738	100734	183819	22160	11888	18568	75257	55946	85894	16015	8225	15088	22607	23959	34222	740	2443	7088	11108	12843	31146	740	1575	7088	10941	10802	10308
一、211工程			104671	31735	53194	19500	10500	5000	14394	3800	39827	15275	8225	3000	9595	3732	10866		1575	1000	4559	3732	10785		1575	1000	4478	3732	4435
1.学科建设					16000	5500	10500				13455	5230	8225				1575		1575				1575		1575				2197
2.公共服务体系建设					2000	2000					2000	2000																	331
3.基础设施建设					35194	12000		5000	14394	3800	24372	8045		3000	9595	3732	9291			1000	4559	3732	9210			1000	4478	3732	1907
1)理科教学楼群2#	1997.10		46821		14000	10000			1800	2200	8052	5920				2132	2132					2132	2132					2132	
2)水电暖基础设施	1998.3	1998.11	6072	6072	5300	1000			4300		5323	2125		1000	2198		506				506		506				506		
3)理科教学楼群1#	1997.10		26115		7834			4000	2234	1600	7021			2000	3421	1600	6100			1000	3500	1600	6021			1000	3421	1600	
4)学生食堂			(8500)		960				960								10				10								
5)其它基建					4600				4600		3976				3976		543				543		551				551		1907
(1)燕北园住宅3#.4#	1995.10	1996.11	17445	17445	1400				1400		2149				2149		405				405		405				405		1224
(2)燕北园住宅9#			(3753)		425				425		77				77		10				10		-6				-6		
(3)燕北园住宅10#	1997.7	1998.12	3753	3753	425				425		591				591		60				60		60				60		591
(4)燕北园住宅1#(搬)	1995.12	1996.8	4465	4465	530				530		501				501														
(5)燕北园配套工程			(4000)		450				450																				
(6)室外工程					900				900		658				658		68				68		92				92		92
(7)其它基建					470				470																				
6)基础设施预留费					2500	1000		1000	500																				
二、非211工程项目			271067	67799	127648	2660		12700	60142	52146	44602	740		10700	12935	20227	21100	740		4700	6559	9101	18973	740		4700	6463	7070	5276
1.蓝旗营住宅小区	1998.11		96500		34500			10000	24500		11000			8000	3000		2500			2500			2500			2500			
2.校办产业楼	1998.3		900	900	160				160		112				112		57				57		57				57		
3.燕园教育培训中心	1996.5	1998.3	18163	18163	5800				5800		4348				4348		1400				1400		1400				1400		
4.附中教学实验楼	1998.3		13042		2975			400	2575		897			400	497		562			200	362		593			200	393		
5.附中科技楼征地			(5.5亩)		750				750								10				10								
6.附中辅助用房	1998.6	1998.12	738	738	220				220		110				110		110				110		110				110		
7.青鸟科技楼			(8625)		1400				1400		11				11		100				100								
8.仪器厂办公楼扩建	1997.11	1998.3	781	781	89				89		89				89		23				23		23				23		89
9.光华管理学院楼			11487	11487	4010					4010	3826					3826	765					765	580					580	3826
10.图书馆扩建	1996.7	1998.6	26624	26624	13050			2000	3068	7982	11167			2000	1185	7982	3635			2000	1152	483	3668			2000	1185	483	
11.学生宿舍33楼	1998.11		8664		1512					1512	116					116	100					100	109					109	
12.中关园人才楼2#	1998.8		2856		500					500	115				115		83					83	83					83	
13.中关园人才楼3#	1998.8		2856		500					500	112				112		81					81	80					80	

单项工程名称	开工年月	竣工年月	施工建筑面积	其中：竣工建筑面积	计划总投资 合计	国家计委	财政部	教育部	自筹	捐赠	自开始建设至1998年底累计完成投资 合计	国家计委	财政部	教育部	自筹	捐赠	1998年计划投资 合计	国家计委	财政部	教育部	自筹	捐赠	1998年完成投资 合计	国家计委	财政部	教育部	自筹	捐赠	1998年新增固定资产
1	2	3	4	5	6	7	8	9	10	11	12	13	14	15	16	17	18	19	20	21	22	23	24	25	26	27	28	29	30
14.科技发展中心一期	1998.3		41279		28500					28500	3652					3652	5002					5002	3177					3177	
15.熊猫生态研究楼	1998.8		1085		240					240	198					198	200					200	198					198	
16.勺园9#楼	1997.6	1998.1	4994	4994	1362			300		1062	1361			300		1061	478					478	478					478	1361
17.百年纪念讲堂	1997.8		12672		8000				4000	4000	5286				1916	3370	3789				1930	1859	3755				1916	1859	
18.畅春园教师公寓*	1998.10		15607		1500				1500		242				242		335				335		307				307		
19.上地方正职工住宅	1998.8		8707		1500				1500		464				464		438				438		438				438		
20.力学设备楼	1998.4	1998.9	4112	411	580				580		580				580		530				530		530				530		
21.方正科技产业大楼			(51900)		14000				14000		154				154		102				102		104				104		
22.附小教学楼2#			(4500)		680					680							10				10								
23.燕东园幼儿园			(3178)		560					560	22					22	30					30	23					23	
24.校史馆			(2000)		1600					1600							10					10							
25.考古教学楼			(2500)		1000					1000							10					10							
26.教育文献保障体系					2660	2660					740	740					740	740					740	740					
三、筒子楼改造			(28931)		2315		868	868	579		945			868	77		1736		868	868			868			868			77
1.校内16~24楼			(13170)		1053		395	395	263																				
2.校内26~27楼			(5600)		448		168	168	112																				
3.校内40楼			(3101)		248		93	93	62																				
4.校内44楼			(3118)		250		94	94	62																				
5.蔚秀园23楼			(1686)		135		50	50	35																				
6.科学院19楼			(2256)		181		68	68	45																				
7.燕东园六乙楼			(1200)	1[illegible]00							77			77			124		62	62			77			77			77
8.中关园人才楼2#			(2856)								69			69			138		69	69			69			69			
9.中关园人才楼3#			(2856)								69			69			138		69	69			69			69			
10.畅春园教师公寓61			(4611)								353			323	30		668		334	334			323			323			
11.畅春园教师公寓62			(7111)								377			330	47		668		334	334			330			330			
四、抗震加固			(65800)		662		520		142		520			520			520			520			520			520			520
1.老图书馆			(25000)		320		250		70		250			250			250			250			250			250			250
2.技物大楼			(9000)		135		110		25		110			110			110			110			110			110			110
3.物理大楼			(13000)		207		160		47		160			160			160			160			160			160			160
4.昌平园区主楼			(10000)																										

说明：1. 4栏内括号数字为未施工面积、筒子楼改造面积、抗震加固面积。

2. 30栏中，燕北园住宅3#、4#楼，1998年新增固定资产1224万元含1996年前完成320万元。

3. 1栏中第18项“畅春园教师公寓*”为3栋楼（60#、61#、62#），建筑面积15607平方米。

供暖面积情况

单位名称	1997年供暖面积	1998年供暖面积	新增加供暖面积
技物锅炉房	12082.72	12082.72	0
附中锅炉房	28376.90	29438.76	1061.86
蔚秀园锅炉房	116124.93	120229.11	4104.18
燕北园锅炉房	88918.45	90903.39	1984.94
热电锅炉房	640000.00	660000.00	20000.00
合计	885502.60	912653.98	27151.38

水电供应　全年供电共3298万度(其中燕北园181万度),供水495万吨(其中燕北园24万吨),完成了电站和水井的安全检测、水质化验工作,全年安全运行没有发生重大的责任事故和设备故障。

日常维修零修　费用554209.46元,电零修约25万元。下水道、电、门窗维修27212张,紧急抢修上下水80余处,电30余次,为校区、家属区道路换灯泡1280个。

供暖　中心加强了夏季设备维修和供暖期间的运行维修工作,改造了部分管网,室内温度好于往年,11－12月发电148万度,实现了150天安全、连续供暖。完成了集中供暖至31楼锅炉房、大讲堂和动物房锅炉房,蔚秀园锅炉房至原海淀乡政府院的管网改造工程,将校内原有八个锅炉房,并网改造减至五个。

完成工程量　完成工程收入12059901.76元,计划内收入6020732.54元,计划外收入6039169.22元。实现利润2331368.40元。

材料科高质量完成营业额量　材料科全年完成营业额量528万元,比1997年增加23%,车辆安全运行34194公里,送货3154吨,比1997年增加32%,截至11月底收入437427.80元,在人员、运行经费自支的情况下实现利润90937.17元。

供汽站工作　全年为学生食堂、校医院供应蒸汽9012立方米,向大浴室供应热水约60000吨,洗澡人数599073人次,全年总收入1295753元,在各项费用自支的情况下,节余经费362837.36元。延长洗澡开放时间,积极做好日常维修,暑假大修了两台锅炉及辅机,粉刷墙面1881平方米,油漆1899平方米,铺地面砖318平方米,修补瓷砖115平方米,保证了浴室全年开放。

实行半企业化管理　全处自筹资金支付190人的奖金、劳务费,返还后勤财务141人工资877841.15元,工程利润上交656175.99元。全年上交后勤财务1534017.14元(不含直接扣除27人的30%和任务津贴),比上年增加34.6万元。

推行供暖承包责任制　1997年开始推行这项工作,经济效益和社会效益明显,1998年进一步落实完善承包机制。(1)加强承包后科学化、规范化管理。成立了四个工作小组,调控供暖工作的全过程。(2)加快校园管网的改造工作,充分发挥集中供暖的效益,31楼锅炉房、动物房锅炉房和公社院锅炉房并网,工程造价500余万元。(3)夏季维修实行定工作量,定材料消耗,定人工费用,定工期,班组包干办法,改变"干着看、一人说了算"的做法。(4)减员增效,减少二线人员,正式工顶一线岗位,减少临时工。自己动手完成31楼换热站工程,冬季一线中把临时工数由182人减少到121人。

(李少庄)

【事务中心工作】　概况　1952年全国院系调整,学校设立了总务处,隶属总务长领导。1978年学校成立了事务行政管理处,任命两名副处长主持工作。1985年任命处长主持工作。随着后勤工作的不断深入发展,1995年事务处改为事务中心。

事务中心是总务长领导下的一个职能部门,负责北京大学绿化、卫生、汽车运输、教室管理及部分生活服务工作。中心下设园林科、车管科、高汽公司、家佳搬家公司、教室服务部、茶煤服务部、火车票订购服务部、校收发室等部门。另外,校爱卫会办公室和校绿化委员会办公室也设在事务中心。中心现有在职职工182人(其中全民所有制职工118人,集体所有制职工64人),离退休职工269人。

绿化工作　全年完成校园绿化、昌平园区荒山绿化工程,栽植树木1101株,攀援植物2074株,种绿篱9127株(折合2282延长米),种植草坪23310.2平方米。

爱卫会工作　负责学校的垃圾清运(生活垃圾、环境垃圾)、门前三包、除四害、卫生检查。(1)与校内123个单位签订了"门前三包”责任书。(2)清运生活垃圾4380车19710吨，渣土780车3510吨。(3)接待全国、市、区、高校各种卫生、除四害(蚊、蝇、鼠、蟑螂)检查考核15次，对学生1500间宿舍重点消杀蟑螂、灭蚊蝇，对家属区220栋住宅楼除四害8次，蚊、蝇密度大幅度下降。(4)在全校设立垃圾桶290个、果皮箱98个、垃圾楼1个。(5)对全校250个化粪池、34个厕所及时清掏，未发生跑冒、外溢现象。(6)及时组织教工进行铲冰、扫雪工作，并组织学生宿舍集体劳动17次。

汽车运输队工作　1998年初车队从中关村移址到法学楼。在保证全校师生员工日常用车的同时，顺利完成了北京大学百年校庆的运输任务。在全国人大、政协两会期间，汽车队职工克服困难，保证了北大与会代表的正常用车。另外，汽车队大胆改革，自筹资金150万元，购置2台大型黄海客车和一辆面包车。全年安全运行180万公里。

教室服务工作　教室服务部除继续作好一教、三教、四教、文史楼等公共教室的值班、保洁、门前三包等工作外，还接管了光华大楼、外事处南北阁、临湖轩、办公楼的保洁及会议服务工作。

茶煤服务工作　中心克服困难，定期检修、合理调配，保证了校内供水站全年的开水供应。为提高饮用水质量，事务中心投资2万元安装除碱设备，受到广大师生的好评。

收发室工作　收发室承担着全校的报刊、信函的收发任务。1998年全校订阅报刊5000余种，各种杂志刊物3000余种，收发投递报纸18万余张，刊物28000余本，并主动承担了燕北园的投递工作。

订票服务工作　订票服务部克服人员少、学生票集中等困难，保障了教职工出行、学生寒暑假探家。全年为广大师生预购火车票散票7327张、学生票10763张，飞机票243张。

（胡运起）

【产业中心工作】　产业中心成立于1995年1月，经过三年的发展，到1998年底已经发展下属企业26个，职工211人。固定资金和流动资金1000多万元，1998年实现营业额1.4亿元，上缴后勤财政327万元，上缴各项税金68.3万元。后勤产业中心设财务部、业务部、开发部、宣教部、办公室。后勤产业中心是独立核算、自负盈亏的经营管理部门，负责对下属企业以及逐步纳入中心的经营实体的统筹规划和管理，负责对校园周边地区零散资源的开发和学生宿舍区服务网点的设置。校内经营和服务是以微利经营、优质服务、方便师生员工为主要原则。下属企业分三种类型：(1)经营型企业：博实商场、华阳综合服务部、华美装饰用品商场、蔚秀商店、国辉食品批发部、成龙玻璃经销公司、燕园文化用品部、燕欣物资供销部、知达贸易公司、华庆商行、北利纺织品经营部、新北高科技开发公司、大科电子科技公司、华方园科贸公司、北欣科技公司、燕园甲天下餐厅、未名湖酒家、天缘酒家、银梦美容院。(2)服务型企业：综合服务社、理发店、招待所。(3)生产型企业：燕园建筑工程处、水电服务队、抗震加固队、苑峰图书文献部。

1998年后勤产业中心开展了如下工作：(1)加大资金投入，不断改善经营服务条件，投入40多万元对48楼电话亭、自行车修理部、理发店、华美商场及校园周边经营用房等上下水、电、暖基础设施进行了改造、装修。(2)狠抓管理，增强企业效益，提高服务水平。不断完善各项制度、规定，落实责任到人，严格核算，降低消耗，增收节支。1998年完成了畅春园筒子楼、六公寓筒子楼共4830平方米改造施工，完成昌平园区近6000平方米的综合改造工程。(3)提高干部、职工的管理能力和政治、业务素质。1998年利用暑期召开经理学习研讨会，全体与会人员认真学习了江泽民总书记在经济工作会议上的讲话和企业管理方面的知识，进一步提高了企业经理和机关人员的政治、业务素质和管理水平。

（李贡民）

【幼教中心工作】　北京大学幼教中心即北京大学幼儿园，始创于1952年。占地面积11200平方米。1986年，为方便家长接送孩子，按园址分为燕东园、蔚秀园、朗润园三处。1995年6月2日成立北京大学幼教中心，经历几番分合变迁，形成了现今特有的办园模式：一个中心，两个基本园(燕东幼儿园和蔚秀幼儿园)。中心办公室设在燕东园，中心主任(幼儿园园长)全面负责全园各项事宜，中心副主任(幼儿园副园长)负责全园行政后勤工作。分园各设分园主任一名，负责教育教学和其它日常工作。全园有教职工80余名，教师全部为一级以上职称，其中中高级教师2名，高级教师20名，获得市级先进称号3名，海淀区骨干教师5名，本科学历教师2名，大专学历教师9名，中专学历教师29名。两分园各设医务室一个，负责全园幼儿的保健工作和卫生工作。全园有幼儿近700名，按年龄分为大、中、小、托18个班，每班设有3名保教人员。

本着服务学校教职工、解除家长后顾之忧的原则，中心主要收托本校教职工适龄子女、第三代子女，并适量收托外单位子女。幼儿园秉承北大校训：“严谨、求实、进取、创新”，并确立了自己的办园目标：“双向、三化、创特色”，即教育要面向家长，面向幼儿；园所要实现国际化、科研化及社区化，最终创一所具有北大特色的幼教机构。幼儿园承担儿童在3－6岁的预防接种、服糖丸、龋齿检查、入园体检、身高体重视力血色素测查，科学膳食，营养配餐、伙食营养量的计算工作，确保全园幼儿在园得到良好的保育服务。

1998年中心围绕着以上原则开展了如下工作：(1)优质服务。根据园内具体情况制定教师队伍建设发展和提高的规划及具体措施，有计划地分派青年教师深造，参加各种进修班，进行爱岗敬业教育。制定优质服务计划，开展优质服务竞赛，评选优质服务班组，教师奖金与服务质量挂钩。帮助家长排忧解难，幼儿园克服困难开办了中断多年的全托班，每周接送一次。日托常年坚持早上7:00上班，晚上6:00下班，是全校上班时间最早的单位。幼儿园开办暑假班，节假日不提前休息。教师们利用中午休息时间开展教研活动，利用双休日油漆大型玩具，装饰壁画等。党员学习开会全部利用休息日进行。(2)精心育人。幼儿园定期开展全园游戏、早操、自制玩具评比。冬季外出为幼儿加穿棉背心。幼儿园有严格的晨午检制度。

1998年幼儿园工作成绩显著：幼儿园小朋友多种作品入选市级儿童科普作品展；多幅绘画作品被编入北大百年校庆“藏书票”，发行海内外；多名幼儿在国际牙防组织举办的“预防龋齿”主题作品展中，荣获国际奖项。

幼儿园被评为学校后勤系统文明服务窗口示范单位，海淀区家庭教育工作先进单位，幼儿园党支部被评为学校后勤先进党支部。幼儿园出色的教育实效得到社会各界广泛赞誉，两次入选参加北京电视台“荧屏连着我和你”节目制作。改善办园条件，创办一流幼儿园，与北京大学这所世界闻名大学知名度相适应，燕东幼儿园正在重建，蔚秀幼儿园已全面修缮，为孩子提供一个适宜儿童身心健康发展的良好环境。

（杨雪扬）

【工程技术管理办公室工作】 工程技术管理办公室为处级建制，简称工程办。根据后勤改革、发展的需要，1995年后勤将原修建处的部分职能从修建处分离，成立了工程办。

工程办代表学校行使对修缮工作的管理权，承担对修缮工程的施工、水、电、暖、汽运行的管理工作。办公室下设土建组，电气组，水暖组，学校基础管网组，报修、资料组。

工程办成立四年来，共完成1000多项工程，合计8000多万元维修经费。尤其是百年校庆云集海内外宾客，工程办为此集中精力投入校园环境美化工作，以未名湖整治工程为标志，紧接是全校古建筑修缮等，为学校教学、科研、师生生活条件的改善做出了贡献。

（莫元彬）

【节能办公室工作】 1986年经学校批准，成立了北京大学节能办公室，隶属总务长直接领导并由总务长兼任节能办公室主任，办公室的主要成员基本上是由修建处和房产处抽调的。1991年正式任命原修建处副处长为节能办公室主任，主持全面工作。

节能办公室是总务长领导下的职能部门，是全校用水用电的管理机构，负责参与制定有关能源的总体规划，制定学校水电管理的有关规定和管理办法及对全校各单位及家属用水用电的增容审批、指标下达、计量考核收费和执法检查，同时负责节能器具的推广和应用。节能办公室下设财务室、家属区管理室、公用区管理室和计量维修室四个部门。办公室现有在职职工19人，离退休职工5人。

1998年全校总用电量3928万度(含热电站发电286万度)，用水495万立方米，全年水电费支出为2088万元。

(1) 1998年坚持对全校400余家用水用电单位和7000余户家属实行下达计划指标，强化“成本核算”观念，按时抄表核查，控制用水用电迅猛增长的势头，保证水电费回收，减轻学校的经费负担。全年水电费回收抵支达1300万元。

(2) 1998年节能办主持的全校地下管网勘测与计算机管理系统工程基本结束。勘测结果，全校各种地下管网总长度为210千米，其中给水即上水管总长49千米，排水即下水管总长(雨水、污水)54千米，供暖管道27千米。同时校内所有建筑物、构筑物、道路等等的位置坐标等一并勘查测绘完毕。“北京大学综合管网计算机管理系统”已基本完成。该系统将对全校基础设施实施动态的科学的管理，目前在全国高校中处于领先地位。同年10月经校长办公会讨论通过了《北京大学基础设施资料管理暂行条例》。

(3) 由节能办公室牵头的家属区用电与校区用电剥离工程于1998年6月开工，该工程是将现有的蔚秀园等三个大型家属区5200户居民用电与学校教学科研用电剥离，改由市电直接供电。这样将腾出3000KVA的用电容量供教学科研使用，在一定程度上缓解了学校用电紧张的局面，同时既减轻了学校暗补电费百万元的负担，又保证了教职员工的生活用电。一期工程(蔚秀园、燕东园)9月份完工，二期工程(中关园、畅春园)于1998年底完工。

(4) 继续完善计量，规范管理。1998年对全校各单位716个户号的水电计量装置认真检查，维修安装了900余只水电表，认真核查了7580户家属水电表数据，利用计算机技术进行管理收费，差错率仅为2‰，同时投资4万元，购置了电能表计量校验台，培训了操作人员，为进一步保证计量的准确性做好了技术准备。

(5) 积极采用节水节电先进技术。①在家属宿舍及办公教学楼等安装了2000余只声光控节能开关;②在教学科研楼等公共场所安装350套远红外小便池节水控制器;③学校5眼水井安装了水泵变频调速控制器;④应用微喷技术在办公楼及南北阁等处安装微喷管线1000延长米;⑤在物理楼、四教等安装就地补偿电容器,减少无功功率消耗;⑥在缴费老大难单位安装"预付费式"电能表,保证电费回收。全年节水60万立方米,节电80万度。

(王祖荫)

基金会与校友会工作

【基金会工作概况】 北京大学教育基金会是对国内外社会团体和其他组织以及个人自愿向北京大学捐赠的资金进行管理的非经营性组织,是独立的社会团体法人。主要工作是接受和管理社会各界捐赠的资金,用于北京大学的发展建设,奖励教学、科研工作中的优秀教师,鼓励资助优秀学生,促进北京大学与海内外各界的友好关系和广泛合作,推动北京大学教育和科学事业的发展。

北京大学教育基金会申请成立的请示经国家教委1993年5月同意,报送民政部和中国人民银行总行(教财[1993]33号)。1995年2月中国人民银行批复同意成立北京大学教育基金会(银复[1995]43号),并核准《北京大学教育基金会章程》。北京大学教育基金会于1995年7月在民政部正式注册登记。法人代表吴树青,理事长吴树青。自1997年起闵维方任常务副理事长。

《北京大学教育基金会章程》对基金会的性质、任务,基金的来源、主要用途,基金的财务管理与运作,以及基金会的组织机构作了明确规定。基金会实行独立核算,财务管理规范。教育基金会设有办公室、业务部、财务部,处理日常工作。基金会成立之初工作人员3人,1998年底增至10人。教育基金会接受民政部和人民银行的稽核、监督和检查。

教育基金会接受的捐赠来自海内外社团、企业和个人。按照捐赠人的意愿,主要设有各类用于不同资助项目的基金,学校基本建设项目,奖助学金,奖教金,研究基金等资助项目。

(许诤)

【设立基金】 设立基金是教育基金会资助活动的重要资源。1992年2月日本笹川和平财团捐赠100万美元设立的优秀青年奖学基金,是北京大学接受的第一笔数额较大的基金。1993年日本岗松先生家族捐赠2000万日元,后增加5万美元,设立岗松家族基金。1992年,国内著名民营企业陕西505集团董事长来辉武先生捐赠人民币100万元设立505中国文化奖基金。1993年香港实业家蒙民伟先生捐赠100万美元设立海外教育交流基金。1995年香港著名人士查良镛捐资人民币100万元设立中国传统文化基金。1996年香港陈国钜先生捐赠人民币100万元设立明德奖学金,奖励考入北京大学的文理科状元。1996年,台湾杨钦清资助10万美元设宗教学奖学基金。1997年,为祝贺北京大学教育基金会的成立,台湾光华基金会捐资100万美元作为教育基金。1997年著名国有企业宝钢集团公司捐赠人民币100万元设立北京大学发展基金。1997年,香港方家伟先生捐赠100万元港币设立基金。为庆祝北大百周年校庆,何柱国先生在捐赠投入理科楼群建设的大额资金的同时,又与该公司的董事、总经理聂海燕捐赠500万元作为北京大学教育发展基金。香港著名实业家蔡志明和夫人捐资200万元设立化学专项基金,用于化学学院中试基地的建设,为促进科研成果的转化工作提供资金支持。香港树仁学院捐赠港币100万元作为奖教基金。香港悟宿基金会捐赠人民币100万元设立中国经济研究中心讲座教授基金。宝洁公司研发中心捐赠人民币100万元设立奖教基金。日本佳能公司捐赠5000万日元设立奖学基金。通化东宝实业集团公司总裁、校友李一奎在校庆前夕捐赠人民币100万元设立通化东宝生命科学奖学、奖教基金。1998年7月,民营企业性质的光彩事业投资管理有限公司董事长卢志强设立本金1350万元的光彩奖学基金,每年可有100万元奖励成绩优良的贫困学生,成为在北大年资助金额最大的奖项。同时,用650万元设立光彩著作基金,每年可有50万元资助北大学术著作的出版工作。

(许诤)

【建设项目大额捐赠】 1989年,香港著名人士邵逸夫为改善教学基本条件,捐资港币2000万元兴建新地学楼、法学楼,于1991年底和1992年底先后竣工,投入使用。1994年香港著名人士李嘉诚捐资1000万美元,兴建新图书馆。1994年香港著名人士曾宪梓捐赠人民币 100 万元,支持光华管理学院教学科研工作。1996 年,台湾光华基金会捐赠资金 1000 万美元用于光华管理学院教学大楼、学生宿舍大楼的建设及支持学科发展等项目。

(许诤)

【奖助学金、奖教金、研究基金管理】 这是面向北京大学教师、学生的资助项目。在教育基金会成立之前,此项工作由北京大学奖学金管理委员会负责管理。1995 年奖学金、助学金、奖教金及研究基金项目共有 35 项,资助金额计 125 万元。1996 年,教育基金会管理的校级奖项增加 27 项,年发放资金总额增长一倍以上。1997 年,奖助学金、奖教金、研究资助项目共 85 项,发放金额 590 万元,获得奖励、资助者 2480 人。1998 年,各类奖助项目又有所增加,达到 100 项,发放金额 760 多万元,获资助奖励的学生、教师共计 2736 人。

奖助学金、奖教金资金和项目管理由教育基金会负责,评审和发放工作由北京大学学生工作部和专门的评审委员会负责,并向设奖机构(个人)提交执行情况的报告。教育基金会每年均获得新的捐赠,资金来源不断扩展,资助项目持续增长。大部分资助项目是长期设立的。

(许诤)

【校庆捐赠】 在北京大学百年校庆前后,北大的建设与发展得到海内外友人的支持,捐赠资金数额大,资助项目众多。在李岚清副总理的关心下,外经贸部所属数十家外贸公司捐赠人民币 3370 万元,筹建百周年纪念讲堂。1998 年,香港陈国钜以香港北大之友的名义为纪念讲堂的建设捐赠美元 100 万元。1996 年,北京大学 1963 级数力系校友黄志源与他的父亲、印尼金光集团董事长黄奕聪捐赠美元 200 万元,用于理科楼群公共教室楼的建设。1997 年,香港著名人士邵逸夫和夫人邵方逸华捐赠港币 2000 万元,建设理科楼群二期工程中的 2 号楼。1997 年 9 月,泛华投资(香港)有限公司董事局主席何柱国代表他的祖父、香港著名人士何英杰先生捐赠人民币 3500 万元,支持理科楼群的建设。为祝贺北京大学建校百周年,由日本电通株式会社发起,日本六十余家知名企业捐资 27600 万日元兴建北大校史博物馆,这一建设项目正在筹备中。

为祝贺北大百周年校庆,香港企新有限公司捐赠人民币 200 万元,香港陈国钜捐赠港币 115 万元,新加坡黄绍文捐赠人民币 100 万元作校庆活动启动费用。美国 IET 基金会捐资 10 万美元赞助世界大学校长论坛活动。美国大都会人寿保险公司捐赠 5 万美元资助百周年校庆庆典大会。教育基金会还收到来自美国、香港、内地等 12 个校友会和部分校友、以及社会各界人士 1503 人,为校庆捐赠的人民币 801123.66 元。

为迎接百周年校庆,校内建筑和环境的修缮、整理工作得到各界的热情关注和多方资金支持。美国露西亚·帕卡德基金会捐赠 150 万美元修缮健斋,建成高级访问学者公寓,又捐赠 50 万美元专款购置樟木书柜,用于图书馆古籍保护项目。泰国正大集团捐赠人民币 400 万元修缮临湖轩、化学北楼。北京三金集团总裁、校友尹建生捐赠人民币 100 万元用于整修未名湖。德国戴姆勒—奔驰集团捐资人民币 100 万元用于西校门等处的修缮,美中教育服务机构(ESEC)捐赠人民币 100 万元修缮学校南门。香港方润华先生捐赠人民币 100 万元设立树华电子智源中心,香港林健忠先生捐资人民币 100 万元修缮外文楼。香港江学院先生捐赠价值数百万元的办公家具,布置了办公楼、临湖轩、新图书馆贵宾室。

(许诤)

【校友会工作】 1998 年,在纪念北京大学百年校庆活动中,校友会配合校方接待返校老校友 2000 多人,并发动广大校友为建立"校友馆"募捐,捐款人数为 1571 人,捐款金额共计 250626.26 元。为纪念北京大学百年华诞,编印并分发了《北京大学校友通讯》等 24 期北京大学建校一百周年特刊 10000 册和 1952 年以前文、理、法、工、医、农、中法等各学院校友通讯录 12000 册。

1998 年 10 月,北大办公会议决定成立北京大学校友联络总部,用以加强学校与广大校友的联系。1999 年 1 月 9 日至 10 日,北京大学全国校友会负责人会议在深圳市举行。学校主要领导任彦申、闵维方、陈章良出席,来自全国 35 个省、市校友会的主要负责人参加了会议。任彦申书记、闵维方常务副校长分别就北大当前的主要工作与任务,向校友们展示了母校的发展目标和宏伟蓝图;详细介绍了为创建世界一流大学开展的四项日常工作,对校友会工作提出了新的要求和希望。百年校庆指挥部秘书长陈章良副校长总结了校庆期间所开展的校友联络工作,通报了百年校庆期间广大校友的捐赠情况,以及日夜兼程为母校运送纪念品的感人事迹。校领导向各校友会颁发了感谢状,向各校友会负责人颁发了北大百年校庆纪念章。会上,代表们报告了各地校友会的现状和面临的问题,并对北大校友联络总部的工作提出了建议和希望。会议由北大校友联络总部和北大教育基金会策划,北大深圳科兴公司、方正公司及香港"北大之友"承办。

(郑孝云 高超)

昌平园区工作

【概况】 昌平园区地处北京卫星城原昌平县城西5公里处的十三陵乡，是60年代初为适应学校的发展建设起来的教学、科研区。1963年正式启用办学，当时有无线电电子学系，数学力学系力学专业。到1966年"文革"开始后，无线电系和力学专业回到燕园校区。1967年昌园区办电子仪器厂，厂办半导体专业、计算机专业和计算机软件专业。园区研制并生产出我国第一台百万次计算机、第一片1024大规模集成电路、第一台氢原子钟、第一只返波管等。1981年国家教委借用园区办国家高级教育行政学院和教委招待所。招待所于1989年归还北大，国家高级教育行政学院于1998年6月全部迁走，并将昌平园区全部建筑设施和管理归还北大。1994年北大由于调整军训，五届本科生同时在校，造成学生宿舍、食堂、教室和图书馆等全面紧张。经学校决定并由国家教委批准，北大重新启用昌平园区办学，至今有6届共4000多名文科一年级学生曾在这里学习和生活。

昌平园区占地530多亩，建筑面积53000多平方米，主要建筑有主楼、老图书馆22000多平方米，可全部用作教学、辅助教学和办公用房。4幢宿舍楼21000平方米，学生食堂2000多平方米。1998年先后有1997级(上半年)760名，1998级(下半年)747名一年级文科学生在园区学习。学习的专业有：古典文献专业、中国文学专业、汉语言学专业、中国历史、世界历史、考古学、哲学、宗教学、社会学、政治学与行政管理学、国际政治、外交学、法律学、图书馆学、编辑学、国际经济、国际贸易、国际金融、经济学、保险、会计学、企业管理、市场营销、货币银行学、财务学。

1998年有将近120名教师来园区授课。其中有7门公共课教师近40名、81门专业课(包括两门选修课)教师81名。同学学习成绩优秀率25.6%，及格率98.2%，上课出勤率96%，认真学习、刻苦读书的风气逐步形成。

园区的任务主要是管理。通过不断加强管理力度，园区的教学质量有了极大提高。通过抓考勤，加强了纪律教育和学风教育，严格了考场纪律。园区建立了评选最佳教员制度，狠抓教学效果；通过组织教学评估、期中教学检查、教学研讨，加强了院系间的交流，促进了动态管理，提高了教学质量。

(张荫春)

【园区的全部收回与修整】 昌平园区是北京大学的一个组成部分，又具有它的独立系统，其工作范围含教学管理、行政管理、学生管理、后勤管理和党的建设。有自己的独立供电站、水井、供暖系统，有相对独立的维修部门和后勤服务部门。由于学校形势、任务的要求，园区被赋予的中心任务是：保持稳定、全面育人。经过不懈努力，园区容纳了1997级760名文科一年级学生、1998级747名文科一年级学生在这里学习，缓解了学校本部宿舍、食堂、教室、图书馆紧张的矛盾，使学校各项工作得以顺利正常运转。1998年还为学校接收并完成了200名短期培训班学员任务。

昌平园区资产于1998年6月全部从行政学院接收回来，包括近3万平方米建筑，3.5万伏电站，4眼水井，400门电话交换机，大锅炉房，浴室，茶炉，大餐厅和整个校园，还接收了10名职工，整个交接工作安全、顺利、有序。一年来，园区不断改善教学和生活条件，共投资75万多元，新建了多功能教室、计算机房和语音教室。投资340多万元购置了3台锅炉，改造暖气管网。投资100多万元装修了大食堂，一号楼、主楼和图书馆都进行了不同程度的维修。新购置空调车一台。累计投资1000万元。1998年是1994年恢复办学以来园区投资最多，完成工作量最大的一年。建筑、设施的维修和条件的改善，为师生员工工作、学习、生活提供了良好的条件，也为学校今后的使用、发展预留了良好的空间，打下了较好的基础。

(张荫春)

【园区学生工作】 园区的学生学习刻苦，政治上积极上进，97级有31名学生入党，98级有36名学生入党。这为学生今后的全面成长打下了良好基础。党校、团校培养了一大批学生干部，为学校学生工作输送了骨干力量。1998年6月园区学生党支部被评为北京大学先进党支部。以党支部为核心，建设园区学生工作强有力的骨干队伍，是园区学生工作的特色。

97级有党员79名，98级有党员96名。他们在学习、工作、生活中继承园区学生党支部的优良传统，发扬"有困难找党员"的口号精神，贯彻党的宗旨，从身边小事做起，无私奉献，关心、了解、帮助同学，切切实实地为同学排忧解难，得到同学的好评与认同，为同学树立了榜样。园区已形成了以学生党员、入党积极分子为主体的学生骨干队伍,这支队伍承担任了各种学生组织的负责工作,在围绕园区中心任务,组织多层次、多形式的各类活动,营造园区健康向上的文化氛围,陶冶同学情操,帮助同学全面成才方面发挥了良好作用。《党建快报》、《学工通讯》、《世纪风》等园区报刊起到了鼓舞同学、交流思想的积极作用。在党员的影响和带动下,园区广大学生政治上积极向上,要求入党人数达480多人,以党支部为核心,以党校为纽带,形成了园区学生工作的庞大而有力的骨干队伍。

1998年7月1日,园区50名学生党员代表北京大学的年青党员参加了由人民日报主办的"纪念党的七十七岁生日、香港回归一周年宣誓"活动。

(张荫春)

燕园街道办事处工作

【概况】 燕园街道办事处于1981年5月成立,受海淀区委、区政府和北京大学双重领导。办事处位于北京大学院内,辖区面积2.3平方公里,下设11个居(家)委会,有居民5650户,30061人,分属汉、满、蒙古、藏、朝鲜等25个民族。

燕园原是燕京大学校园的名称。1952年院系调整时,燕京大学并入北京大学。境域内明清时曾建有九座园林:勺园、淑春园、鸣鹤园、蔚秀园、承泽园、朗润园、镜春园、治贝子园、畅春园(部分),但大部分1860年毁于英法联军之手。1920年燕京大学在未名湖附近购地兴建校舍,1926年夏基本建成。原燕京大学旧址建筑,于1990年被列为北京市文物保护单位,1995年又升为国家级文物保护单位,被北京市政府和首都绿化委员会评为"城市绿化花园式办事处"。燕园街道是海淀区三大"院落式"街道之一,主要职责是为北京大学教学、科研服务,为职工和居民服务,搞好北大家属区的管理工作。

燕园街道办事处组建以来,在海淀区委、区政府和北京大学领导下,认真执行上级领导的指示和主管部门的工作部署,在为北京大学的教学、科研及家属区的管理提供服务方面不断取得新的进展。1998年,燕园街道结合燕园工作实际,落实北京市和海淀区街道工作会议精神及北大精神文明建设会议精神,以邓小平理论和十五大精神为指导,以北大建校100周年和迎接建国50周年为契机,以家属区管理为重心,以保稳定、治脏乱、办实事为重点,开展了大规模的环境整治,并取得了效果和进展。

1988年燕园街道设科室10个,机关工作人员25人。

(王振华)

【文明社区建设】 1998年办事处和居委会干部协调有关职能部门,拆除了立在北大地学楼前长达6年之久的大型广告牌一块;迁移畅春园北门外的集装箱8个;拆除镜春园、朗润园、燕北园三个园区违章设施(包括篱笆、栅栏、围栏、私搭房屋、服务网点、小棚)共70多处,近1000平方米。为迎接北大百年校庆和全国卫生检查,燕园街道先后对燕南园、燕东园、镜春园、朗润园以及有关园区墙外的环境进行清理,共清理垃圾渣土415吨,保洁绿地2400平方米,全年卫生工作共投资20万元。

在蔚秀园和四至七公寓分别建立和改造了一个200平方米和一个100平方米的封闭式车棚,所需5.7万元资金全部由居委会自筹。校庆前,在燕东园铺砖地250平方米,植树30株,栽种黄杨120延长米。在燕东园吉永庄建巡逻值班室一间。整修、粉刷园区公厕投资1200元,更换窗纱、门纱110平方米。建居民阅报栏,投资6000元。筹建中老年保健站,投资2000元。燕园街道1998年内用于居民区建设共投资近10万元。

燕园街道在北京大学的支持下,加强各生活园区的治安工作,推进封闭式管理,加强了治安巡逻力量,兴建了门卫值班室,雇用了保安人员。1998年聘用专兼职治安巡逻员47人,在7个生活园区建起了门卫值班室,1998年无立案居(家)委会9个,占居(家)委会总数81%,发案率占辖区总人口的3.1%。

为了确保校庆各项工作顺利进行和外宾、校友的安全,燕园街道办事处和居(家)委会配合市公安局、校保卫部、派出所,对中关园、燕东园、四至七公寓等私人出租房屋进行了整顿,并对园区内的外来人口进行了全面清查。其中,整顿清查6次、连续清查工作共出动人员408人次、收审犯罪嫌疑人2人、收容5人、被罚款人数78人、被教育人数65人、补办各类证件人数29人、限期搬出居住地人数40人、等待处理人数64人、没收淫秽光盘390张。办事处还采取措施,临时关闭了家属区所有饭馆、商亭以及蔚秀园市场等一些服务性设施和场所。

开展"情系灾区、爱在北大"赈灾募捐活动,共收到抗洪救灾捐款(不含全校在职职工捐款)13307.40元,募捐衣物5646件。

为老人购置健身器材,组织老年人秋游。由民政科组织部分老年人参加北京市老龄体协活动而且获得北京市体育锻炼项目优秀奖和北京市庆祝国际老人节"金蓝鲨杯"秧歌大赛二等奖。

计划生育工作由管理型向服务型转变,将原来的计划生育单一宣传逐步拓展为育龄夫妇提高生殖健康,更年期自我保健等教育来满足不同人群的需求。全年辖区计划生育率100%,晚育率100%,达到了三无要求。

市场管理上建立健全工作制度,市场物价、计量、个协的工作档案齐全,摊商座商票据完备。

重视信访工作,凡是上级转来的群众来信及群众电话反映,做到件件有答复。

(王振华)

【居(家)委会建设】 燕园街道根据区政府1998年街道工作会议精神和区街工办关于做好居民工作的要求,依照《中华人民共和国城市居民委员会组织法》和北京市实施办法,建立以街道民政、居民、劳动等部门为主要承办单位的社区服务体系。1998年对全体居(家)委会干部进行业务培训3次,对全体居(家)委会干部进行普法教育培训2次,对辖区11个居(家)委会做到组织、人员、任务、制度和经费五落实。1998年年终总结评比一级居(家)委会1个,二级达标居(家)委会2个,三级达标居(家)委会7个,报评市级先进居(家)委会1个、区级先进居(家)委会1个,总达标率为100%。

根据上级党委的部署和要求,街道工委抓好邓小平理论学习,在领导班子和干部队伍中,开展勤政为民,廉洁自律、依法行政的公仆形象教育,并结合典型案例对全体党员和干部进行反腐防变专题教育。为增强法制观念,掌握法律知识,特请北大法律系大学生法律援助团为街道干部举办了法律知识系列讲座。为了深入掌握十五大精神,了解我国政治、经济、外交形势,班子成员还参加听取了郑必坚、李肇星、唐国强等同志所做的辅导报告。组织街道干部撰稿参加"北京大学学习邓小平理论征文活动",1998年燕园街道一篇题为《高举邓小平理论伟大旗帜,加强社会主义民主法制建设》的论文,获得学习心得类二等奖,论文作者被特邀参加了"北京大学建校一百周年马克思主义理论研讨会"。

街道工委在党内开展争优创先活动,组织评选北京大学优秀共产党员和优秀支部。街道工委系统评出校级党员4名、优秀党支部1个,街级优秀党员8名、先进党支部1个。

(王振华)

北京大学医院

【概况】 校医院始建于1958年,是全国高校中首家创办的一所综合性校医院,担负着北京大学燕园地区和昌平园区的常见病、多发病的诊治任务和急诊抢救工作,同时为全校师生员工提供预防保健、咨询指导等健康服务,并面向全社会开放。

1998年医院有职工165人,其中卫生技术人员124人。全院正高职称4人,副高职称28人,中级职称64人,初级职称37人;行政后勤人员32人。医院开设病床130张;有万元以上医疗设备60件,其中本年度新购置500毫安X光机、全能麻醉监护系统等8件,800元以上固定资产总价值614万元;总建筑面积7913平方米。

医院设有肿瘤科、内科、外科、妇产科、眼科、耳鼻喉科、口腔科、皮肤科、中医科、保健科、急诊室等临床科室和检验科、放射科、B超室、心电图室、内窥镜室、理疗室、供应室、药剂科、病案统计室等辅助科室,以及院办公室、医务科、护理部、门诊部、总务科、财务科等行政后勤科室;开设30个专家、专业、专科门诊,由正副主任医师和外聘教授开诊;设有5个病区:肿瘤科、内科、外科、妇产科、森田疗法病区。

1998年,开设森田疗法病区,解除神经症患者的病痛;成立了圆明园校区医务室,探索大学社区服务的途径和办法。

1998年,对门诊楼房顶全部进行了翻修,门诊楼、总务科部分房间进行了调整、装修,新建部分围墙,加强医院后勤管理,改善病人就诊环境,院容进一步改善。

1998年,医院继续以方便患者就医为中心,以提高全体工作人员的全面素质为目的,开展多种形式的教育。以北大百年校庆及召开第十次党代会、第三次教代会等为契机,认真总结建院40年的经验,举办了院史展览,从医院的基础设施、设备引进、队伍建设、开展业务、拓宽服务、丰富生活等方面展示了医院的发展，举办了工作总结报告会和学术论文报告会，内科门诊和药房被评为“文明科室”。抗洪救灾期间，医院集体捐款1万元，个人捐款、捐物也非常踊跃，全院百余名党员积极响应校党委的号召，把一日的工资收入捐给北大的灾区学生。组织参观农村改革模范村韩村河，观看全国禁毒展览。在区人大代表换届选举中，医院精心组织安排，投票率100%，受到上级通报表扬。一年来，荣获市、区、校级先进集体奖5次，先进个人奖22人次。

(叶树青)

【医疗保健工作】 全年门诊190339人次，日均门诊750人次。家庭病床355人次。急诊18171人次。抢救危重症8人次，抢救成功5人次。孕产妇死亡率0，新生儿死亡率0，围产儿死亡率0。入院628人次，出院618人次，床位使用率37.82%，床位周转次数4.75次/张，治愈好转率87.05%，死亡率6.15%。入出院诊断符合率98.68%，七日确诊率98.35%，普外、妇科及耳鼻喉科手术680例。查体26519人次，其中学生19150人次，教职工6746人次，幼儿623人次。进行肿瘤初筛407人次，经查体发现癌症患者10人。师生员工中有1481人无偿献血。

北大肿瘤物理诊疗技术研究中心临床医学部对晚期癌症患者的平均完全缓解(CR)率12.9%，部分缓解(PR)率12.9%，好转(MR)率16.1%，稳定(SD)率32.3%，进展(PD)率25.8%，总缓解率25.8%，总有效率74.2%。

进一步完善护理工作制度，坚持每周召开一次护士长例会，每月进行一次综合护理质量考评。搞好“三基”训练，全年业务考核6次，190人次参加，平均及格率100%，反复训练并抽考医护配合等操作，对急诊室进行徒手心肺复苏练习，要求熟练掌握各种抢救仪器操作规程。定期召开院内抗感染委员会例会，进行物表采样及空气培养，认真填写报表，使院内感染率控制在6%以下，漏报率控制在8%以下。全年护理人员外出参加中华护理学会北京分会学习班3人次，组织护士继续教育学习22次，主管护师撰写论文13篇。

全年有90人次参加中华医学会组织的学术报告活动，52人次参加各种短期学习班，有290名医务人员参加“三基”训练，医学基础理论考试及格率98%。承担大学生健康教育课，授课32学时，451名大学生选修并参加考试。为本院医务人员举办高血压防治学习班，38人次参加学习。举办各种业务讲座9次。组织了庆祝北京大学医院建院40周年论文报告会，有23人宣读了论文。有2人到上级医院进修。为168名大学生红十字会会员讲授红十字会法和会务知识、内科心肺脑复苏急救技术等7门课程，共28学时。通过多种形式广泛开展宣传活动，组织卫生常识宣传8次，发放宣传材料600余份，举办社区志愿服务、献血宣传及现场服务活动等。

(叶树青)

【科研与交流】 完成与北京医院合作的“黑泽明药物疗效观察”；与北医三院合作进行“糖尿病高危人群监控”，在教工中进行预防糖尿病知识的宣传及生活干预，取得了良好的社会效益；继续与北京心肺血管疾病研究所合作进行国家“九五”医学科技攻关项目“心血管病社区人群综合干预研究”；进一步与日本渡边牡蛎研究所合作进行“活性牡蛎丸抗衰老的临床观察”。

全年撰写学术论文63篇，译文9篇，其中发表的学术论文29篇，包括中华系列医学杂志刊登5篇，国外杂志刊登1篇；在全国和地方学术会议上宣读10篇。制作一辑电视录像片《让北大人更健康地生活工作》。

1998年3月与中国森田疗法发展基金会共同建立森田疗法病房，专治心理障碍的神经症。日本财团负责人岗本先生一行3人参观了森田疗法病房，表示愿意今后更好地合作。1998年4月日本渡边牡蛎研究所所长一行5人来访，由马树孚副校长授予渡边贡先生“北京大学教育贡献奖”；10月在上海与渡边贡先生进行学术交流，进一步商讨活性牡蛎丸抗衰老的药理作用。

(叶树青)

【院内管理改革】 根据创建一流高校医院的需要，完善了各项规章制度和岗位职责，并汇编成册。

在学校财务处指导下，调整了医院财务总账、明细账科目，将医院财务纳入学校统一管理。

继续执行学校1996年的公疗改革方案，加强了公疗计算机个人台账的录入和管理，筹建公费医疗管理办公室，做好计算机网络管理准备，调整充实了医疗报销财会人员和办公用房。1998年获首都大专院校公疗管理先进单位。

(叶树青)

北京大学附属中学

【概况】 北京大学附属中学建于1960年，是北京市重点中学，是北京大学的重要组成部分。1981年，北大为了解决教职工子弟的入学问题，决定成立二附中。1997年7月，北大附中和二附中实现了合并，合称北京大学附属中学。

北大附中位于海淀区中关村，分南北两个校区，面积105亩，建筑面积4.2万平方米。有教学楼、教学实验楼、阶梯教室、图书馆楼（藏书15万册）、宿舍楼、体育馆及各种球类运动场地。置有物理、化学、生物实验室及计算机、多媒体、心理咨询、语音、地理、美术、劳动等专用教室。有闭路电视、校园广播和计算机系统，所有计算机均联入北京大学网络并进入国际互联网。北大附中还有一个颇具规模的培训中心，可以接待国内外进修教师和各种参观访问团、学术会议、培训班及外国留学生。

北大附中现有教职工220人，教师146人（其中特级教师10人），教学班41个，学生2056人。

北大附中是北京市花园式先进学校、北京市科技活动示范校、全国体育传统项目先进学校、青少年科技俱乐部活动基地。

北大附中深受北京大学的影响，形成了独特的办学特点。建校之初的首批骨干教师队伍由北京大学的40名优秀讲师和助教组成。他们以创业精神奠定了北大附中的教风、学风和校风。改革开放以来，北大附中坚持教育改革，全面发展，把北大的优良传统和附中的实际相结合，从而形成了北大附中的办学模式。北大附中历来注重素质教育，提倡"百花齐放"的学术空气，学生的个性特长得到了充分的发展，教师的个性风采也得到了充分展现。多年来，北大附中高考升学率一直为100%，为北京大学、清华大学等著名高等学校输送了大批优秀人才。北大附中在历次国际中学生奥林匹克竞赛中夺得9枚金牌、4枚银牌，为祖国赢得了荣誉。如今，北大附中已经成为"名师的沃土，英才的摇篮，科研的基地，辐射的中心"。北大附中在教育、教学观念上不断更新，始终处于改革的前沿阵地。北大附中承担全国理科实验班的实验课题，实验班的学生是从全国物理竞赛中选拔出来的，高三阶段在北京大学上课，高三毕业后全部升入北大、清华。经北京大学批准，从1999年起设置直升北大的"大学——中学"衔接实验班。在课程改革上，北大附中也走在前列，现在开设的除了常规课程外，还有社会综合实践活动课、艺术活动课及多种选修课。

北大附中是一所国际化的学校。目前，北大附中已经和美国、法国、日本、加拿大、澳大利亚等多个国家的著名中学建立了友好关系。北大附中还发挥自身优势，与社会力量合作办学，在广东汕头、湖南长沙和北京香山开办分校。8月30日，由北大资源集团公司申办、北大附中承办的"北达资源中学"，在经过几个月的努力后，迎来了第一届学生的开学典礼。北大资源集团董事长巩运明出任"北大资源中学"办学董事会董事长，北大附中校长赵钰琳任副董事长，北大附中党委书记董灵生任法人校长，杨文焕任执行校长。目前一个以北大附中为核心的教育集团正在形成。

（赵钰琳　程翔）

【教学改革】 "名师工程"启动　1998年2月13日，旨在加强北大附中师资队伍建设的"名师工程"正式启动。在实施"名师工程"的过程中，有29名青年教师报名参加了北京大学、北京师范大学举办的研究生课程进修班学习，有两名教师被评为北京市特级教师，并拟调进数名特级教师。

三个面向教学现场会　3月25日，北京市海淀区"三个面向"教学工作现场会在北大附中召开。北大附中有10名教师开设了公开课，其中副校长张思明的数学公开课，吸引了200多名校长和教师。课后张思明介绍了他提出的教学模式，赵钰琳校长介绍了北大附中深化课堂教学改革和实施"名师工程"的情况。

德育、教学会议　7月20日和8月20日，北大附中德育和教学研讨会相继召开，研讨会不仅认真总结了近年来的教育教学工作，而且明确了在新形势下提高教育教学质量的重要性和紧迫性，并提出了具体的改进措施。

课堂教学改革现场会　10月14日，北京市课堂教学改革研讨会北大附中课堂教学现场会召开。市、区各级教委领导数十人听了张思明老师的教学公开课和吴祖兴老师的语文公开课。赵钰琳校长汇报了北大附中的教学改革情况，与会者对张思明的"导学探索，自主解决"教学模式和吴祖兴的"宽松式"教学模式给予充分肯定。

接管全国知名中学科研联合体　11月20日，在"全国知名中学科研联合体"年会上，北大附中被推荐为理事长单位，赵钰琳校长当选为理事长，联合体总部和秘书处移至北大附中。

迎接海淀区教育质量督导评估检查团　12月7日，北京市海淀区教育质量督导评估检查团一行70人来北大附中进行督导检查评估，通过听取校长汇报、听课、查阅资料、座谈、访谈、巡视等方式，对北大附中教育质量进行全面检查和评价。评价团认为北大附中教育观念层次高，具有相当的教学实力，但也指出硬件设备差，少数教师业务水平需要提高。

北大附中第三届教职工代表大会召开　12月13日，北大附中第三届教代会第一阶段会议正式召开，代表们在认真听取和讨论赵钰琳校长所作《北大附中教育质量自评报告》的基础上，一致通过了修改后的《自评报告》。

（赵钰琳　程翔）

【课外活动】　北大附中管乐团庆祝教师节音乐会举行　1998年9月10日，北大附中管乐团在北京音乐厅举办庆祝教师节音乐会，受到有关领导、与会驻华使节和部分首都教师的肯定与好评。

北大附中与北达资源中学联合举办田径运动会　10月4日，北大附中、北达资源中学、北大附中香山分校联合举办大型田径运动会。经过大家的努力，运动会取得圆满成功，加强了团结，充分展示了各学校学生的精神风貌。

接待日本师生旅行团　10月5日和11月15日附中高中年级学生先后接待了日本早大本庄高等学院的240名师生第十四次访华修学旅行团和日本济济黉高等学校420名师生访华修学旅行团，并举行了丰富多彩的交流、联欢活动。

向灾区奉献爱心活动　8月16日至9月2日，北大附中师生向灾区人民踊跃捐钱捐物，向遭受洪涝灾害的灾区人民奉献爱心。南北校区师生共捐款72231元，捐衣物1997件，以实际行动支援灾区抗洪救灾工作。

（赵钰琳　程翔）

【改善办学条件】　教学实验楼奠基　1998年3月21日，北大附中13000平米的新教学实验楼举行了奠基典礼，北京市副市长林文漪和北京大学校长陈佳洱等领导参加了奠基仪式。新教学实验楼预计1999年8月竣工并交付使用，这将大大改善北大附中的教育教学条件。

塑胶篮球、网球场投入使用　10月10日，北大附中塑胶篮球、网球场竣工并投入使用。这个较高水准的塑胶场地的建成，大大地改善了学校体育场地的条件，受到广大学生欢迎。

（赵钰琳　程翔）

北京大学附属小学

【概况】　北京大学附属小学是北京大学附属的教职工子弟小学，直属国家教育部领导，始建于20世纪20年代。前身是燕京大学附属小学，1952年全国高校实行院校调整后更名为北大附小。原校址在现北京大学图书馆处，1960年迁到燕东园南边，占地面积24800平方米，建筑面积8000平方米。截止到1998年底，有学生1615名，分35个教学班，实行全日制六年制教育。附小是“北京市实施愉快教育先进校”、“海淀区全面育人先进校”和“海淀区现代化教育试点校”。

1998年6～7月份，附小进行党政两套班子换届改选。经民意测验，北京大学任命刘开云为附小校长，尹超为副校长。党内改选，李建新担任附小党支部书记。至此校级领导由三人组成，平均年龄38岁，均为学校管理类本专科学历。附小设德育（下设大队辅导员）、教学（下设教学大组长）、教务、后勤四个职能部门，管理干部除校长以外均兼课，做到减员增效，更有利于校长责任制的落实。8人中有4人曾获得北京市教育育人、管理育人的荣誉称号，5人曾获得区县级以上评优课一等奖，班子基本实现革命化、年轻化、知识化、专业化。

截止到1998年2月，附小有正式教工92名。教师中具有中教高级职称者7人，具有小教高级职称者42人，具有小教一级职称者28人。教工队伍思想建设的核心一贯是“三心两爱”，即“事业心、责任心、进取心，爱学校、爱学生”。学校鼓励、督促教师提高学历，1998年建立了进修奖金制度，调动中青年教师进修的积极性，并决定今后新进教师要求本科学历。1998年全校教师本专科学历已达到62%。同时，学校通过各种渠道帮助教师提高业务水平。坚持组内研究课和校内展示课制度；与科研机构挂钩，采取“请进来，走出去”的方法收集情报，获取信息；对教学基本功，如书法、图画、板书、演讲等加强校内考核。从1996年到1998年底，有52人次的科研论文在全国、市、区获奖及在报纸杂志上发表;计算机老师陈文惠出版了15本专著。1998年10月,尹超老师在南京举办的全国小学语文情境教学观摩课评选中获一等奖;11月,沈雪瑶、于昆当选全国现代小学数学“实验之星”,段红琴当选“实验新星”,5位教师获得现代小学数学优质课教学设计一、二、三等奖,附小获评比活动组织奖。目前学校已形成以7名中学高级教师、2名北京市中青年骨干教师、7名海淀区学科带头人为龙头,校内各学科均有骨干的教师队伍。

学校一切工作的出发点是育人,衡量工作的标准是学生的全面发展。1998年,附小已设立34个课外活动小组,加之传统的体育节、艺术节,为学生施展才华,培养特长,发展个性创造良好条件,在同年区、市、全国各级各类比赛中均获优良成绩:①在海淀区、北京市举办的数学和计算机竞赛中,附小共有117人次获奖。并获得北京市第八届青少年计算机竞赛团体一等奖。②在市区体育竞赛中15人次获个人奖,男子棒球队获全国“奋发杯”儿童棒球邀请赛第四名,北京市“奋进杯”棒球赛第一名,北京市儿童棒球赛第三名;女子篮球队获海淀区小学生篮球赛第二名。③全国少儿第三届美术书法大赛28人获奖。④在区、市、全国车模、航模竞赛中,27人获奖,并获得北京市中小学生航海模型比赛团体总分p2—t型第一名,p2—3型第三名。

(刘开云)

【教学改革与特色教育】 以先进的教育观念,科学的教学方法,高素质的师资队伍,良好的育人环境把学校办成全面贯彻党的教育方针,具有时代气息,充满生气,在社会上享有较高声誉的学校,是附小的办学目标。努力使全体学生通过在校六年的学习,得到和谐主动全面的发展,具有可持续发展的意识和能力,为其终身发展奠定基础是附小的奋斗方向。继实施1992—1995三年规划后,附小立即执行1996—2000五年规划,一步一步把学校办成现代化学校。

1998年暑假,新领导班子进一步完善了各项规章制度。目前成文的有《干部管理条例》、《教育管理制度》、《教学管理制度》、《行政管理制度》、《后勤管理制度》。

坚持以科研指导教研,以教研推动教学,突出“双元主体”的教学思想,强调课堂上“教师是教的主体,学生是学的主体”,并不断加大科研力度,在人事机构、规划制度、经费投入上均予以保证。1998年,附小参加4项国家“九五”重点课题的研究:①北大心理所主持的“学习困难儿童心理因素的鉴定、研究和培养”。心理所主持了对全校学生的智商测试(不对学生公布测试结果)和对50%学生的心理测试,得到70项测试结果。在此基础上,筛选出48名学生参加由附小两名青年教师执教的“快乐人生培训班”,效果良好。② 中科院心理所刘善循教授主持的“高效率学习”实验。教师注重研究学法并对学生进行严格训练,6月举办了教学研讨会。③中央教科所的“回宫格习字法”教学研究。全校师生同练回宫格,10月,中央教科所在附小召开回宫格教学现场会。④从80年代中期就参加中科院心理所刘静和主持的《现代小学数学》实验。1998年着重对小学生数学学习主动性与心理素质发展进行了研究。

1997—1998年,语文进行“三课时”教学研究。即中高年级每篇课文原则上三课时完成,分别是预习课、读书课、练习课,减轻学生负担,教会学习方法。数学进行“三层次”教学研究,即普通课、思维训练课和小组活动课,力求每一个学生在不同层面上发挥自己数学潜能。各科教学都注重教学观念的更新,教学方法的改革,现代教学手段的充分应用,使学生乐学会学,达到高效高质。

追求学生身心健康,品德良好,基础知识扎实,培养责任感、科学精神、创新意识、积极向上的生活态度,使之将来最终寻找到既有利于个人发挥潜能、追求幸福,又有利于为民族为国家做出贡献的社会角色地位,是附小工作的出发点和归宿点。以爱国主义为主线,以养成教育为重点,是附小德育工作的一贯原则。传统教育和主题教育相结合,充分发挥少先队组织作用是附小一贯做法。开展富有创造性的活动,寓教育于活动之中是附小德育工作的特点。如派出少先队员代表赴南极,树立“中国少年纪念标”;“爱心社”成员与北京大学学生一起到贫困山区考察等。1998年4月,少先队组织大型募捐,在张北地震灾区建立北大附小马连渠希望小学;9月,六年级269名师生再次赴京郊农村与农民同吃同劳,体验农家生活。这些有计划的环环相扣的主题教育活动与日常教育相结合,使学生们爱祖国爱人民的情感油然而生,培养了学生良好的品德和习惯。

附小把普及与提高相结合的美育工作作为学校工作重要内容和主要特色。民歌合唱团、民族舞蹈团、娃娃京剧团被称作“三朵民族艺术的小花”,并组成艺术团走出国门,把中国艺术带向世界。继1996年访问奥地利后,1998年1月年再次出访莫斯科,参加国际儿童舞蹈节,获得舞蹈节奖杯。12月,应邀参加在北京举办的第二届全国京剧艺术节,获得特邀演出荣誉证书。著名京剧表演艺术家马少波、袁世海、刘长瑜等都曾亲临附小指导工作。1998年7月,1—6年级学生开始中华古诗文诵读活动,在社会上产生较大反响。美育活动的开展,帮助学生领悟美的内涵,陶冶情操,净化心灵。1998年,《北京日报》、《北京晚报》、

《工人日报》、《中国教育报》、《光明日报》以及《北京大学校刊》、《中国教育》杂志、《辅导员》杂志和中央电视台、北京电视台、北京人民广播电台共计11次报导附小教育活动情况。

目前,附小正在努力实现学校制定的《素质教育十条要求》。

（刘开云）

【改善办学设施】 附小以三个面向为指针，坚持做到基础设施建设每年向前迈一步。努力办好校办企业，多方筹措资金，继1995年至1997年，用300万元扩建教学楼，添置专用教室设备，配置电化教学设施后，1998年投入120万，安装了具有双向遥控、多点直播、开路闭路同时传送的闭路电视，建立了局域网和多媒体网合一的电子教室，修建具有系列体育活动器材的儿童乐园，并美化装潢教学楼。先进设备的高效使用，延伸了教师工作的手臂，优化了教学结构，使学生们轻松愉快地学习。

校园建设突出民族艺术的特点，融科学性、教育性、艺术性于一体，努力创造赏心悦目、充满生机与童趣的氛围，抓好育人的隐性课程。

（刘开云）

·党建和思想政治工作·

综　　述

在1998年7月召开的全国高校第七次党建工作会议上，北京大学被中组部、中宣部、教育部党组授予"党的建设和思想政治工作(1993—1998)先进高等学校"荣誉称号。1998年上半年，中共北京市委教育工作委员会对包括北京大学在内的1994年获得北京市党建和思想政治工作先进高校称号的五所学校进行了复查；复查后，北京市委教育工委正式下发通知：同意北京大学继续保留"北京市党的建设和思想政治工作先进普通高等学校"称号。北京市委教育工委在《北京大学"党建先进校"复查意见》中指出，北京大学党政领导班子能在政治上、思想上与党中央保持高度一致，改革意识强，精神面貌好，具有较强的统揽全局和驾驭全局的能力；党委坚持全面领导学校的工作，议大事，谋全局，围绕创建世界先进水平的一流大学的目标，带领全校党员干部和师生员工，以学科建设和教学改革为龙头，以队伍建设特别是教师和党政管理干部两支队伍建设为关键，以多渠道筹措办学资金改善办学条件为后盾，以加强党的建设和精神文明建设为保证，紧紧抓住实施科教兴国战略、"211"工程建设和北大百年校庆等机遇，积极稳妥地推进学校的改革与发展，取得了重要进展；正确处理改革、发展与稳定的关系，保持了学校的持续稳定局面；党委重视党建和思想政治工作，能够从北大的实际出发，形成比较系统的党建工作思路，党建和思想政治工作得到了进一步的加强，取得了明显成效；党委把建设高素质的干部队伍作为党建工作的关键环节，工作力度较大；德育和思想政治工作注意在新形势下结合北大光荣传统，引导学生健康成长；学校在"两课"改革和邓小平理论"进课堂、进教材、进学生头脑"上取得了显著成绩；党建和学生工作的制度建设近年来取得了很大进展，形成了比较系统的工作制度和规定。

进入90年代以来，特别是党的十四大和北大第九次党代会以后，北大高举邓小平理论伟大旗帜，进入了一个持续、健康、快速发展的新时期。在学科建设和教学改革、队伍建设、科技产业的发展、办学条件的改善、对外交往的活跃等方面都取得了长足进步。

1998年百年校庆之后，特别是1999年初召开的北大第十次党代会确定了创建世界一流大学的奋斗目标之后，全校师生员工认真学习贯彻江泽民总书记在百年校庆大会上的重要讲话，同心同德，群策群力，锐意进取，开始向世界一流大学的宏伟目标迈进，北大的历史又掀开了新的一页。

与此同时，北大坚持马克思主义在学校的指导地位和社会主义办学方向，以常抓不懈的精神，积极探索，不断创新，使党建和精神文明建设工作又迈上了一个新台阶。北大第十次党代会工作报告明确指出：创建世界一流大学，是一次伟大的创业实践，需要长期的艰苦奋斗。在这一历史过程中，必须加强和改善党的领导，充分发挥党的思想政治优势、组织优势和密切联系群众的优势。我们要紧密围绕着全党工作的大局，围绕着落实科教兴国战略、创建世界一流大学这一主题，加强党的建设，从严治党，不断增强党组织的领导核心作用、战斗堡垒作用和共产党员的先锋模范作用。衡量学校党的建设的成效，归根到底要看能否保证创建世界一流大学这一任务的顺利进行和最终实现。

学校整体工作全面向前推进

几年来，北大高举邓小平理论伟大旗帜，全面贯彻党的基本路线和教育方针，认真落实科教兴国战略，切实推进教育的"两个重要转变"，高标准实施《中国教育改革和发展纲要》，制定了奋斗目标和"九五"建设规划，明确了改革发展的思路、任务、方针和措施，紧紧抓住启动"211工程"、贯彻落实科教兴国战略和迎接百年校庆三大机遇，经过不懈的努力，各方面工作都有了新进展。

政治局面持续稳定，从根本上扭转了改革开放前期那种动荡不安、争论不休的状况，广大师生对党和国家的大政方针以及学校改革发展的基本思路形成日益广泛的共识，出现了过去少有的一种聚精会神搞建设、同心同德搞改革的校园氛围；办学规模稳步发展，学生结构得到优化，形成了以培养高层次人才为主、多层次、多形式办学的新格局；学科建设和教学改革取得显著进展，“211 工程”项目全面实施；科学研究更加活跃，在基础研究、应用研究和科技成果转化方面都取得了许多重要的成果，产学研结合取得了重大进展，人文社会科学的研究水平和获奖数目继续保持高校领先的地位；实施跨世纪人才工程取得巨大成效，在平稳的新老交替中，一批跨世纪的优秀人才正在茁壮成长；体制改革取得阶段性成果，内部管理体制改革在分头推进的基础上，正在形成总体方案；多渠道筹措办学经费的格局基本形成，办学条件明显改善；对外交流合作空前活跃，在国际化方面大有进展；党的建设和精神文明建设不断取得新成就，校园综合育人环境不断改善；迎接和庆祝百年校庆，成为学校各项工作的强大推动力。

今日北大正以安定团结、开拓进取、人才辈出、硕果累累和两个文明协调发展的良好形象展现于社会和世人面前。

建设坚强有力的领导核心　北大一直实行党委领导下的校长负责制。几年来，党政领导班子全面、坚定地贯彻党的基本路线和教育方针，工作思路清晰，改革意识强烈，善于把握机遇，坚持、加强和改善党的领导，带领全校师生进行大规模的创业实践，稳妥而有节奏地推进了学校的改革与发展。面对激烈的竞争和严峻的挑战，领导班子成员以时不我待的良好精神状态，同心同德，知难而进。高举旗帜、抓住关键、注重根本、廉洁自律是北大党委紧紧围绕中心工作抓好党建的主要经验。

从思想建设入手，大力加强基层党组织建设　校党委一直把学习贯彻党的基本理论、基本路线、基本方针作为思想建设的根本任务和学校工作的根本指针，认真搞好用邓小平理论武装党员的工作。几年来，以“双学”活动为中心，进行了富有成效的思想建设。以跨系科的邓小平理论研究中心为基础，发挥多学科优势，开展邓小平理论研究，每年召开一次邓小平理论研讨会，出版和发表了一批专著和论文，在校内外进行宣讲和辅导，有力地推动了全校的理论学习。认真做好党员的民主评议工作，学先进、树典型，发挥模范的作用，先后开展了向国政 92 本科班这样的先进集体和王选教授这样的科教兴国先锋人物学习的活动，每年评选优秀党务与思想政治工作者和优秀共产党员。发挥党校在党的思想建设中的作用，加强马克思主义理论的培训。

学校建立了加强基层党组织建设的责任制，结合北大的实际，贯彻落实《中国共产党普通高等学校基层党组织工作条例》，明确了院系党委、党支部的地位、作用、职责和任务，并经常进行检查和总结。在院系党委一级，学校一直强调要坚持民主集中制的原则，保证领导干部对党政工作的精力投入，提倡开拓进取、真抓实干的工作作风。坚持并不断完善党政领导班子联席院(系)务会议制度，有力地促进了院(系)党政协调和决策的科学化、民主化。从 1997 年下半年开始，开始中层班子的届中考核。

加强党支部建设是加强党的基层组织建设的基础。在制定基层党支部工作制度的基础上，坚持每年一次的评选、表彰先进活动。坚持分批对党支部书记进行培训，制定了关于教职工党支部和学生党支部工作的意见。严格党员管理，充分发挥党支部的作用。认真做好党员发展工作，1993～1998 年共培训入党积极分子 10567 人。针对企业党的建设这一薄弱环节，成立中共北京大学校办产业工作委员会，制订并实施了《关于加强校办产业党建工作的意见》。

思想政治工作和德育进入了在改革、稳定中建设、发展的新阶段　近年来，德育和思想政治工作狠练内功，进入了在改革、稳定中建设、发展的新阶段。学校领导得力，政策、措施到位；坚定不移地贯彻“稳定压倒一切”的工作方针，标本兼治，实现了持续稳定；坚持正面教育与引导，各种形式的教育互相配合，营造了良好的思想政治教育环境；加强学生管理制度化、规范化建设工作；大力推进组织建设、思想建设、阵地建设；练就了一支素质过硬的德育和思想政治工作队伍。

学校的总体思想政治工作和德育状况发生了重大的变化：第一，学生政治素质提高，整体思想政治状况稳定。第二，学生文明意识、道德水准、学习积极性进一步提高，校园精神氛围积极向上。第三，实现了持续稳定，校园安定团结。与此同时，党委还把教师的思想政治工作列入重要议事日程，积极探索教师思想政治工作的路子，大力提倡并加强了师德建设，改变薄弱环节，也取得了可喜的进展。

干部工作和队伍建设取得重大进展　干部工作以邓小平新时期用人思想为指导，坚持“四化”方针和德才兼备的原则，鼓励干部把管理工作当做一门科学、一门艺术、一项崇高的事业、一个可以建功立业的岗位，努力建立一支专兼结合、功能互补、政治坚定、业务精湛的干部队伍，努力把干部培养成为熟悉管理的专业人员或懂专业的管理人员,使之成为具备多方面素质的复合型人才。中层领导班子基本形成了比较合理的年龄梯次,基层干部的结构也发生了很大变化,一大批学历高、年纪轻、有想法、有干劲的干部走上领导岗位。采取各种方式,加强对干部的培养与教育,建立了有效的激励机制,设立了党政管理和思想政治工作奖励基金。

在办学规模不断扩大、教育职能进一步拓宽的情况下,学校不仅没有增加人力投入,而且教职工总量逐年减少。在总量控制过程中,强化管理,建章立制,规范政策。在人才的选留、引进、培养上,建立了各级考核选拔机制,多角度选拔最佳人员充实教科队伍,合理调整校内一般性人员的需求。近年来,加大从国外和校外引进人才力度,每年均有100名左右博士加入教师队伍,推动学缘组合逐步朝着合理化的结构发展,整个教师队伍的年龄结构也发生了较大的变化。打破论资排辈观念,实施必要的政策倾斜,择优择重地发挥有限资源的最大效益。

进一步加强统战工作和党对群众组织的领导 北大统战工作的基本特点是:人数多,层次高,涉及面广,全方位介入到国家、地方和学校的改革、发展和建设之中。校党委一贯重视统战工作,早在1991年就制定了《贯彻落实中共中央中发〔1989〕14号及中共北京市委京发[1990]28号文件精神的若干实施意见》。改革开放以来,连续四任党委书记主管统战工作,并配有一名副校长分管。学校对各民主党派在共产党领导下的多党合作和思想政治工作方面所做的贡献和成绩给予充分肯定,并于1995年开始把民主党派及其成员列入到中共党建的评优表彰范围之中,在校内外引起较大反响。

几年来,学校深入贯彻《中共中央关于加强和改善党对工会、共青团、妇联工作领导的通知》等文件精神,全心全意依靠广大教职工办好学校。校工会较好地履行了维护、参与、建设、教育职能,在团结动员教职工积极参与学校的改革、发展和建设方面发挥着越来越重要的作用。校工会是北京市教育工会评选的"模范职工之家",任彦申同志是市教育工会评选的"全心全意依靠教职工办好学校的先进党委书记"。

在加强工会工作的同时,学校非常重视教代会的建设。教代会议大事、办实事,努力履行各项职权,参与学校的民主管理,把维护教职工的合法权益与配合、支持学校保持稳定,推进改革建设,完成各项任务有机地结合了起来,形成了制度化、规范化、程序化。

共青团在学校的总体发展建设,特别是在思想政治、德育和稳定工作中发挥了其它组织不可替代的作用。几年来,校团委努力探索新形势下青年思想教育工作的新形式,创造性地推出并实施文明修身工程,聚精会神地培养学生骨干,不断丰富校园文化,开展了大量的富有成效的工作,得到了团员青年的认同和欢迎,也受到上级组织的好评。

精神文明建设和文明校园建设取得丰硕成果 1997年3月召开了全校性的社会主义精神文明工作会议,形成了《关于进一步加强学校社会主义精神文明建设的意见》等重要文件,文件确定的工作任务得到了认真贯彻和落实。为建设文明校园,学校在思想政治工作、保持稳定、师德建设、完善校纪校规、综合整治以及环境卫生等方面做了大量的工作,取得了阶段性的成果。为迎接百年校庆,对广大师生进行了北大优良革命传统和优良校风学风的教育,加强了对学生社团的引导,治理校园中的脏乱差现象,特别是校园文化建设走出了一条新路,形成了北大的特色。

(刘宇辉)

纪检监察工作

【概况】 学校1980年5月16日成立纪律检查委员会筹备组。1980年11月恢复建立北大纪律检查委员会。委员会由13人组成,下设纪委办公室,编制7至9人。

根据监察部驻国家教委监察局的要求,1990年7月成立监察室,编制3人。监察室的主要任务是教育行政监察。监察对象是学校机关各职能部门及学校任命的副处以上党政干部。

1993年3月,根据北京大学校发[1993]43号文,监察室与校纪委合署办公。对外两块牌子,担负两种职能(党纪检查和行政监察),独立行使职权。

校纪委监察室在校党委和上级纪委的领导下,1998年以邓小平理论为指导,认真贯彻党的十五大精神和上级纪检监察机关关于加强党风廉政建设与反腐败工作的部署和要求，紧密围绕学校的中心任务和创办世界一流大学的奋斗目标，在维护党的纪律、加强干部廉洁自律、查处违法违纪案件、实施保障监督等各项工作中，取得了一定的进展，对加强学校党风廉政建设，维护学校改革、发展和稳定起到了积极的促进作用。

（曲春兰）

【学校党风廉政建设】 *处以上干部廉洁自律民主生活会* 按照北京市纪委、教育部纪检组和北京市教育工委的要求，这次民主生活会的内容主要是结合学校的实际情况，检查贯彻执行《中国共产党党员领导干部廉洁从政若干准则（试行）》、《关于党政机关厉行节约制止奢侈浪费行为的若干规定》和中央办公厅、国务院办公厅《关于坚决反对和制止在统计上弄虚作假的通知》以及领导干部在党风廉政建设中起表率作用的情况。

为保证民主生活会的质量，校纪委注意抓会前准备即广泛听取群众意见、会中安排即结合学校实际情况认真自查自纠和会后整改即对自查自纠出的问题提出整改措施。

为开好校级领导干部的民主生活会，校纪委和组织部一起组织召开了两次有各方面代表参加的座谈会，较为全面地听取了干部和群众的意见和建议，并将这些意见和建议分类汇总写出情况报告，提交校党委主要领导。各院（系）分党委也都采取多种形式广泛征求党内外群众的意见，为民主生活会的召开做了充分准备。

6月底以前，校系两级领导干部共计42个单位的213位领导同志按时参加了生活会，占应该参加生活会总数的三分之二。

领导干部廉洁从政的专项检查 根据北京市教育工委的要求，1998年11月份协助校党委对处级以上领导干部执行《高等学校领导干部廉洁从政的若干规定（试行）》的情况进行了专项检查。检查采取自查与抽查相结合的办法。在各单位自查的基础上，对30余个处级单位进行了重点抽查。根据检查的情况写出了“贯彻落实《高等学校领导干部廉洁从政的若干规定（试行）》的情况和问题”的报告。北京市教育工委陈大白同志带队到校检查。郝斌同志做了汇报。检查组对北大自律工作基本满意。

代币购物券的专项检查 根据北京市纪委教育工委、北京市教委监察室《关于转发京纠发[1998]10号文件的紧急通知》的精神以及随文转发的国务院纠风办《关于坚决刹住发放使用各种代币购物券之风的紧急通知》（国纠办发电）[1998]9号文件的各项要求，校纪委、监察室于年底将《紧急通知》及有关文件转发到各院系和各部门，要求各单位按照通知的各项要求和有关规定，认真进行自查。通过对校内72个单位进行的检查结果看，年内没有发现发放和使用代币购物券的情况。

对用公款安装住宅电话和使用移动电话情况的专项检查 按照北京市纪委教育工委的工作布置和要求，分别于5月份和9月份对公款安装住宅电话情况进行了检查。北大处级以上干部128部住宅电话的安装均符合有关文件要求。关于电话的通话费用，学校规定了话费补贴数额，其余自理的办法。校级干部每月补贴话费40元，正处级干部每月补贴话费30元，符合有关规定。

根据上级纪委的有关精神，下半年对学校各单位使用移动电话的数量、管理和使用的情况进行了检查。检查结果为：北大除校办、系办公司外，共有移动电话81部，其中公款购买31部，接受赠送的50部。检查中发现，北大现有的移动电话在购买、管理和使用方面不太规范，缺少制度约束：有的在购买时没按规定办理报批手续；接受赠送的未纳入固定资产管理，大部分变成了账外物资，很容易分散和流失；在使用方面有的单位没有规定的限额等。校纪委、监察室就公款购买移动电话的问题、接受赠送的移动电话的统一管理和分配使用的问题以及关于移动电话的话费限额等问题写出了专题报告给主管校长，建议学校采取有效措施，建章立制，加强管理，并提出了具体的意见。主管校长于11月6日批示：“按纪委的意见办理移动电话的登记并规定报销限额。公款购买移动电话先暂仍由设备处审批。”

检查和控制业务招待费 继续与校财务处合作，对校内各单位的业务招待费用实行单独列项的办法。对招待费支出较高的单位，采用及时提醒、黄牌警告的方法，以控制业务招待费，抑制用公款吃喝的情况。1998年校内各单位用于招待的费用共计293万元（含校庆有关费用）。

规定与要求 以勤俭节约的精神办好学校百年庆典活动。上半年，结合学校百年校庆的实际情况，作出了“百年庆典活动要朴实、热烈，要控制会议开支，节省招待费用”以及“严禁发放礼品和贵重纪念品”的规定，于3月初和4月中旬以通知的形式发至校内各单位、各部门。

为控制校内招待餐标准，制止奢侈浪费行为，校纪委、监察室与党办、校办一起研究制定，以党办发[1998]10号《关于严格控制校内招待餐标准制止奢侈浪费行为的通知》形式发至校内各单位。文中规定将招待餐标准控制在每人每天20元以内。正式确定学校的勺园餐厅、资源宾馆餐厅和农园餐厅为北京大学招待餐厅。

元旦和春节前，向全校各单位发出通知，要求各单位严格按照有关规定办事,勤俭节约,严禁借节日之机用公款请客送礼,严禁在节日期间用公款大吃大喝,互寄贺卡,严禁以各种会议为名进行公款招待、消费活动。

(曲春兰)

【信访与违纪案件查处】 1998年共受理群众信访举报98件,其中来信58件,来访10件,电话举报30件。在这些信访中,涉及经济类信访件25件,道德类11件,其他类62件。涉及处以上干部30件。通过信访工作,密切了党群、干群关系,拓宽了监督渠道,也为教职工解决了一些具体问题。

1998年校纪委、监察室初核各类违纪线索14件,其中经济类8件,道德类2件,其他类4件。在初核件中,涉及处级干部7人,科级干部1人,教师3人,其他人员3人。

经初核后转立案8件,其中经济类案件4件,道德类案件2件,社会管理秩序类案件1件,其他类案件1件。立案件中涉及处级干部1人,科级干部1人,教师2人,其他人员4人。

有5人受到不同程度的党内纪律处分,其中受开除党籍处分的2人,留党察看的1人,党内警告处分的2人。还有3人分别受到了开除公职、行政警告及其他相应的行政处理。受处分的党员占学校党员总数的0.8‰。

通过查办违纪案件,为学校挽回了约6.8万元的经济损失,维护了党组织的声誉。经北京市纪委批准,校纪委监察室在1998年度办案工作中荣立集体三等功。

(曲春兰)

【宣传与调研工作】 转发有关文件,认真组织学习 年初转发了尉健行同志在中纪委二次全会上的报告《以党的十五大精神为指导,加大工作力度,深入开展反腐败斗争》。11月份转发了市纠风办《关于对北京学会学研究会违反中央规定组织公款出国(境)旅游的通报》(京纠发[1998]9号)。要求各党组织认真组织学习,引以为戒。加强对公费出国出境的管理,防止此类事件在北大发生。

典型案例教育 陈秉才盗窃案和程正康嫖宿案是北大发生的两件在校内引起很大震动、在社会上造成不良影响的大案。为了对党员进行遵纪守法教育,校纪委监察室5月份编发了《关于陈秉才盗窃案、程正康嫖宿案的通报》,发至校内各单位。要求全校各党支部以此为反面教材,过一次组织生活,从这两件大案中吸取教训,在反腐防变这个重大问题上提高认识和增强能力,同时要改进工作,堵塞漏洞,从主客观两个方面防止违纪违法事件的发生。

6月底前,各支部普遍组织了学习和讨论。7月1日校纪委、监察室通过《北京大学纪检监察简报》第2期,将党员讨论陈程两案的情况通报校内各单位。

该通报被北京市纪委教育工委内部文件《北京教育纪检监察工作》6月19日第9期全文转载,并加了编者按,发至北京市各高等学校。

干部廉洁自律教育 结合三讲学习的内容,校纪委书记于1月份和4月份分别在全校党员干部会上和学校党校举办的干部培训班上讲解《廉政准则》及北大党风廉政建设方面的情况,对党员干部进行廉洁自律教育。

调研工作 校纪委、监察室在完成各项任务的同时,注意结合学校实际,开展调查研究,取得了较明显的成效。《高校党风廉政建设面临的挑战与对策》被北京市纪委教育工委评为优秀论文一等奖,《关于加强预算外资金管理的探讨》被评为优秀论文二等奖。

(曲春兰)

【自身队伍建设】 参与筹备党代会工作。完成学校纪律检查委员会向党代会所作的工作报告。选举了新一届纪律检查委员会。

校纪委、监察室在专职工作人员少、工作任务重、压力大的情况下,注意提高纪检监察干部的政治、业务素质,积极参加上级纪检监察机关主办的各种专业培训。1998年,1人参加了教育部纪检组组织的纪检监察干部业务培训,取得了良好的成绩;2人参加了中纪委组织的会计知识培训班、电算化培训班,取得了会计证和电算化证书。另外,在学校的支持下,纪检监察办公室充实了新生力量,增加一位双学位毕业的专职工作人员。

(曲春兰)

组 织 工 作

【概况】 全校共有党员7257名(占全校总人数的31.9%),其中:干部610名(占干部总数的92.8%);教师1459名(占教师总数的70%);工人253名(占工人总数的14.3%);其他专业技术人员560名(占其他专业技术人员总数的22.8%);学生2442名(占学生总数的15.8%),其中研究生1364名,占研究生总数的22.3%;本科生1061名,占本科生总数的11.7%;大专生17名,占大专生总数的7.4%;中小学教工145名(占中小学教工总数的36%);离退休人员1308名;长期在国外的其他人员480名。

全校共有基层党委35个,党的工作委员会2个,党总支2个,党支部417个(其中直属支部2个)。

共有中层干部356名(其中正处117名,副处239名);男277名,女79名(占中层干部总数的22.2%);党外中层干部27名(占中层干部总数的7.6%);少数民族干部7名(占中层干部总数的2%);兼职干部225名(占中层干部总数的63.2%);专职干部131名(占中层干部总数的36.8%)。总平均年龄为47岁(正处52岁,副处45岁);45岁以下中层干部145名,占中层干部总数的40.7%;50岁以下中层正职47名,占中层正职的40.2%。其中博士31人,硕士86人,本科毕业218人,大专毕业18人,高中以下3人。高级职称302人,中级职称44人,初级职称4人,无职称6人。

(孟庆焱)

【党员思想教育与党支部建设】 学校党员队伍素质的提高对于发挥党组织的政治核心作用,落实科教兴国战略、创建世界一流大学具有至关重要的作用。十五大把邓小平理论确立为党的指导思想,号召"全党要重视学习,善于学习,兴起一个学习马列主义、毛泽东思想特别是邓小平理论的新高潮"。北京大学响应十五大的号召,在理论学习中制订了详细的学习措施和规划。

上半年重点是组织党员学习江泽民同志在党的十五大上所作的政治报告,主要是理解邓小平理论的历史地位和作用,掌握理论精髓和全面把握其理论科学体系。同时,把学习十五大精神与学习、贯彻第九届全国人大会议文件相结合。组织党员就邓小平理论旗帜问题、社会主义初级阶段理论问题、公有制的实现形式问题等若干问题进行了学习讨论,把邓小平理论的学习活动进一步引向深入。并结合这次学习组织了征文、评选和奖励活动,共评出优秀论文28篇,其中特等奖5篇,一等奖9篇,二等奖14篇。

下半年的学习重点是学习邓小平的科技理论和江泽民同志在北京大学百年校庆的讲话,理解我国实施科教兴国战略的意义,结合北大实际开展实施科教兴国战略、转变教育思想、更新教育观念的大学习、大讨论。

在中青年党员干部马克思主义理论读书班和入党积极分子培训班上,都把"科教兴国"的内容放在比较重要的位置进行安排。这次学习、讨论的思想成果已体现在北京大学第十次党代会的工作报告中,落实在创建世界一流大学的目标上和措施中了。

同时,结合学习十五大通过的党章,对党员进行世界观、人生观、价值观教育,组织党员进行新时期党员标准讨论,着重解决了坚持党的根本宗旨和正确履行义务、行使权利的问题。并把这项学习与北京大学评选、表彰优秀共产党员的活动结合起来,激励广大党员更好地发挥先锋模范作用。"七一"表彰了校级优秀共产党员标兵9名、优秀共产党员160名。

加强党支部建设是加强党的基层组织建设的基础,一直是北大组织工作的重点。1995年北京大学党建工作会议对北京大学的党建工作有重要意义。这次会议制订的《关于加强教职工党支部建设的若干意见》、《关于加强学生党支部建设的若干意见》对基层支部工作具有指导作用。

制定先进党支部的评选办法,建立竞争机制,开展表彰活动 北京大学党委坚持两年一次表彰先进党支部的制度。通过评选,"七一"表彰先进党支部38个。评选和表彰的过程,也是总结支部工作经验,学习先进党支部事迹的过程。这一活动对加强基层组织建设起到了积极的推动作用。

加强党支部书记的培训、选拔工作 支部书记是一个支部的带头人,他们的工作态度和水平直接关系到支部工作的开展。组织部门注意尽量选那些党性强、政治业务素质好、具有一定党务经验和奉献精神的党员担任党支部书记,并分批对党支部书记进行了培训。1998年暑期,组织部与学生工作部合作,对学生党支部书记进行了培训,并从1998年下半年开始实行了学生党支部书记例会制度,对学生党支部的工作起到一定的监督、推动和促进作用。

加强、改善对校办产业党的基层组织的管理 企业党组织的建设一直是学校党建工作的薄弱环节。北京大学校办产业所辖公司较多,且类型不一,人员分散,流动性大,难于管理。1997年校党委制订了《中共北京大学委员会关于加强校办产业党建工作的意见》。该意见就校办产业各级党组织的设置、职责、基层党支部及流动党员的管理工作等问题都作出了详细规定。1998年认真贯彻这一文件,组建了校办产业工委,并对校办产业管理委员会及各公司领导层做了人事调整,以便于党组织参与企业重大决策。同时充实了一些基层党支部,加强了对流动党员的管理。1998年暑期召开了校办产业党建工作研讨会,下半年又召开了校办产业系统基层党支部组织委员学习班。这些工作进一步加强和改善了党组织对校办产业的领导,既符合建立现代企业制度的要求,又充分发挥了党的政治核心作用。

根据市教育工委的统一部署,进行教工党支部的考核评估试点工作 教工党支部是高校中比较稳定的基层党组织,在教书育人中起着重要作用。搞好教工党支部的建设是加强高校党建工作的重要一环。而建立基层党支部考核评估体系,对支部进行量化管理,是适应新形势的要求、使党支部工作逐步规范化、制度化,推动基层党建工作的重要措施之一。1998年共有15个院系的19个基层党支部进行了此项工作的试点,各单位按照计划均于学期末做了考核评估工作总结。此外,还对17个院系作了基层党支部情况的调研。

(孟庆焱)

【党校工作与党员发展】 北京大学的入党积极分子培训工作主要是通过党校来实施的。采用举办党的基本理论、基本路线和基本知识普及培训班及开办党性教育读书班等形式,为发展党员工作打下了良好的基础。

1998年上半年完成了第十期入党积极分子培训班的补课和结业工作,在昌平园区举办了100人参加的提高班。下半年举办了第十一期党的知识培训班,共有1606人参加,通过严格考勤、考试,1544人获得结业资格(其中有本科生新生中的预备党员161人,入党积极分子1383人)。

在培训中贯彻了"永恒的主题要常讲,基本的教材要常学,时代的特点要突出"这一工作思路,注意联系实际,突出重点,增加针对性,教材的使用到活动的安排,既保持了深度又不使学生感到空洞。

1998年计划发展党员750人,实际发展680人(其中教工32人、研究生227人、本科生416人、大专生5人)。在发展工作中严把入口关,对发展对象进行了严格审查和多方考察,尤其注意考察发展对象的政治态度、政治观点、理想信念和思想品质,注意听取党内外群众意见,严格按照发展程序办事;同时对预备党员加强管理,把好转正关,使他们能够克服不足,真正发挥党员作用。

(孟庆焱)

【基层班子换届工作】 贯彻"党管干部的原则",充分发挥基层党组织在选拔任用干部与班子换届调整中的作用,同时规范班子换届的程序。从近几年的情况看,"民主推荐——组织考察——党委集体讨论决定"是必经的三步程序。加大民主化进程,广泛听取意见,把考察干部的"德才、政绩、民意"标准原原本本交给群众,动员更多的群众参与班子的建设,是调好一个班子的重要条件。在群众的认同率方面,重视访谈结果与无记名推荐结果是否基本一致。1998年调整班子都严格按照规定的程序进行,效果较好。

干部队伍逐步形成了比较合理的年龄、专业和知识结构。1998年换届和调整的领导班子正值跨世纪,在贯彻干部队伍"四化"方针、按照德才兼备原则选拔人才的同时,着力加强了对年轻干部的选拔任用,以利于北京大学在本世纪末能在干部队伍建设方面顺利完成新老交替的任务。在这一思想指导下,1998年的班子换届工作取得了一些成效:

1998年党政班子换届、调整充实、建制改变共41个;中层干部任免共120人次,科级干部任命10人(正科6、副科4),团干部定级24人(副处1、正科14、副科9);后备干部上岗27人,占新任和提任干部总数64.3%;办理干部离退休6人。

1998年有16个中层班子换届,换届前总平均年龄为51.4岁,换届后为44.8岁,下降了6.6岁;

1998年新任命中层干部33人,平均年龄为42.2岁,最小的26岁;提任正职9人,平均年龄45.1岁,最小的33岁;中层干部平均年龄47岁,比1994年下降了5岁。

中层干部研究生以上学历者近33%,具有高级职称者占总数的85%。基层干部的结构也发生了很大变化,一大批学历高、年纪轻、有想法、有干劲的干部走上了基层科室、教研室负责人的岗位。这是转变观念的结果,也是学校适应环境和时代发展的必然。

(孟庆焱)

【干部的培养与教育】 一流的大学必须有一流的管理,一流的管理有赖于一流的干部队伍。把优秀人才选拔到领导岗位上之后,更要注意加强对他们的培养教育。坚持和健全校、院(系)两级的理论中心组学习制度,组织干部认真学习马克思列宁主义、毛泽东思想,特别是邓小平理论;要求新上岗的中层干部参加学校党校组织的干部理论读书班;选派干部到校机关挂职,设立助理岗位以锻炼干部;建立复合型干部的博士培养制度。通过这些措施，使北京大学干部队伍的整体素质不断提高。

鼓励干部把管理工作当做一门科学、一门艺术、一项崇高的事业、一个可以建功立业的岗位，一直是北大干部工作的一个思路。为了调动和激励干部努力工作，北大从校外筹集资金建立了北京大学党政管理和思想政治工作奖励基金，每年奖励50名左右干部，人均奖励强度为4000元左右。

学校各级领导班子都十分重视后备干部队伍建设，制定了《关于后备干部队伍建设的实施办法》，要求各单位认真学习有关文件精神，切实建立一支数量充足、素质优良、年龄和专业结构合理的党政管理后备干部队伍。提出了后备干部产生、培养和管理办法，诸如党校培训、实践锻炼、交流和挂职锻炼。提供条件鼓励后备干部和年轻干部在职学习、攻读学位，到境内外交流、学习、考察，建立在职领导干部培养后备干部责任制，落实领导责任。同时，作为后备干部选拔和培养工作的一项重要内容，加强了对优秀学生骨干的培养和选拔。

1998年对校级后备干部进行了调整。

制度化建设方面在过去的基础上进一步完善，制定并下发了《北京大学后勤行政处级干部管理暂行方法》（试行）、《北京大学关于退（离）休的暂行规定》，修订完善了《中层行政班子换届程序》。

（孟庆焱）

宣 传 工 作

【理论工作】 1998年4月，北大党委宣传部举办了学习邓小平理论大型征文活动，引起了全校广大师生员工的普遍关注。征文活动从1998年1月15日开始，到1998年4月15日结束，主办者共收到征文135篇。这次征文有两个特点，一是学术水准较高，一些知名学者把近年来研究邓小平理论的高水平学术成果提交上来，如沈宗灵教授的《依法治国，建设社会主义法治国家》，张汉青教授的《邓小平论国际共产主义运动》，赵靖教授的《三大伟人和中国经济学发展之路》等都从社会主义现代化实践和当代中国哲学社会科学发展的角度，深刻论述了邓小平理论的当代价值。二是参与面较广，参加征文的作者既来自政、经、法等文科院系，也来自数、理、化等理科院系；既有来自管理后勤等部门的干部职工，也有北大的博士、硕士和本科生。经过主办单位邀请的专家对这些征文的严格评审，共评出获奖征文22篇并已结集出版。

1998年4月17—18日，北大党委宣传部与北大马克思主义学院等单位联合举办了“北京大学建校一百周年马克思主义理论研讨会”。中央文献研究室主任逄先知、中共中央宣传部副部长白克明、中央党校副校长龚育之、中央党史研究室副主任石仲泉和北大党委书记任彦申、副书记赵存生，及校内外专家近一百人参加了大会。大会由北大前校长、现全国人大常委吴树青任主席。本次会议拉开了北大百年校庆学术研讨会的序幕，也是近年来国内水平较高的一次马克思主义理论研讨会。会议就邓小平理论是当代中国的马克思主义、马克思主义在中国的传播和发展、北京大学与马克思主义这三个专题进行了深入的研讨，取得了多方面学术成果。

1998年5月11日，北大党委宣传部举办了纪念真理标准讨论二十周年理论研讨会。北大党委书记任彦申、副书记赵存生和近20名学者参加了会议。与会者研讨了真理标准讨论在思想解放过程中的伟大意义，指出北大要创建一流大学，就必须坚持不懈地贯彻解放思想、实事求是的思想路线，全面落实邓小平科教兴国的战略，将培养高层次、高素质的创新人才作为学校的中心工作。

1998年11月14日，北大党委宣传部举办了北京大学纪念党的十一届三中全会二十周年理论研讨会。北大党委副书记赵存生、副校长何芳川，及厉以宁、黄楠森、赵家祥、阎志民、李士坤等老一代学者和王东、刘伟、丰子义、赵杰等中青年学者40余人参加了会议。专家学者从不同角度、不同侧面谈了十一届三中全会以来思想理论界取得的突破和成就，充分肯定了邓小平理论对于推动中国改革开放和社会主义现代化建设所发挥的重要作用。与会学者还认为，由北大学者所提出的新思想、新观念，如股份制理论、“一国两制”理论、社会主义初级阶段理论等，也为中国的改革开放起到了鸣锣开道的作用。

（夏文斌）

【调查研究与形势政策教育】 1998年宣传部从国际、国内整体形势的大背景和北京大学百年校庆具体工作出发，对全校教职员工的思想状况进行了调查研究，并通过《宣传工作动态》和简报的形式上报给学校党委，下发校内各职能部门。其中，2月份针对教师开学初思想动态、3月份围绕对九届人大和九届政协会议的反应、4月份就教师们对学校百年校庆工作开展的建议、5月份就北大师生观看电影《居里夫人》一片的反映、6月份就美国总统克林顿在北大进行演讲、9月份结合“支援灾区，学习抗洪精神”、10月份围绕北京市委“向王选教授学习”的号召、12月份联系北京市人大代表选举的实际工作都开展了专门的调研工作。

1998年3月至4月，在宣传部组织下，北京大学第10次参加了一年一度的“全国八省市高校教师滚动调查”活动，经过随机发放问卷、召开座谈会、与教师单独交流等方式，最终写出了一万五千余字的调查报告，上报市教育工作委员会。调查表明，北大教师关心国家的发展和建设，拥护国家的大政方针，支持国家的经济体制改革。对于中央的工作既肯定了成绩，也指出了存在的问题。呼吁国家加大高等教育体制改革的力度，提高教师的生活待遇。

形势政策教育是宣传工作的一项重要内容，采取的教育形式主要包括组织形势政策报告、组织学习重要文件和时事政策、传达重要会议精神、编印学习资料和参考资料、组织收看重要影视片等，范围涉及国际、国内和北京大学校内等各个方面，目的是使北京大学的师生员工能够及时、准确地了解各方面的政策，把握导向，保持稳定。1998年这方面的工作主要有：以《政府工作报告》为重点，组织九届人大一次会议和九届政协一次会议文件的学习；举行抗洪抢险英模报告会等报告；组织学习王选教授先进事迹等。

宣传部下发文件有：①《北京大学1998年上半年宣传思想工作要点》，1998年3月，根据上级有关要求及学校总体工作部署，制定此《要点》，下发各院系党委。《要点》指出1998年上半年宣传思想工作的三个方面：深入开展邓小平理论的学习活动；全面完成百年校庆的各项宣传任务；开展形势教育和调查研究，优化校园文化环境。②《北京大学1998年上半年理论学习意见》，1998年3月，为贯彻宣传工作计划，保证理论学习落到实处，宣传部以校党委的名义将此《意见》下发各院系党委。《意见》要求全校师生员工要努力用邓小平理论指导我们的实际工作，认真学习十五大报告和九届人大政府工作报告；要求各单位建立严格规范的学习制度，加强理论学习的针对性，并制定了学习指导计划。③《北京大学1998年第二学期宣传工作要点》，1998年9月，根据上级要求及学校总体工作部署，制定1998年第二学期《要点》，下发各院系党委。《要点》强调了六个方面的工作：继续把理论学习活动引向深入；做好舆论宣传工作，迎接北京大学党的第十次代表大会的召开；弘扬抗洪精神，建设文明校园；学习、宣传王选同志先进事迹；巩固百年校庆成果，推进教育改革和发展；加大改革力度，提高宣传工作和新闻工作水平。

宣传部编印的学习材料和参考文件有：①《宣传工作简报》，搜集情况反映，为校领导决策提供参考依据，不定期。1998年上报的《简报》主要有：《北大学生为何喜欢“邓小平理论课”》（2月24日）、《北大教师观看〈居里夫人〉一片的反映》（5月25日）、《美国总统克林顿与北京大学学生的对话》（6月29日）等。②《理论宣传动态》，把握学校理论学习与研究的动向，对新思想、新观念及时予以宣传通报，不定期。《动态》曾一度中断，1998年11月恢复。1998年共2期：《北京大学纪念党的十一届三中全会二十周年理论研讨会纪要》、《认真学习邓小平理论，把改革开放推向一个新的阶段》。③《学习参考资料》，按照宣传工作计划，配合理论学习和形势教育的需要，1998年宣传部共编印了11期《学习参考资料》，主要内容有：《校庆专辑》（1998年5月），《江泽民主席美国之行》（1998年6月），《知识经济》专辑（1998年6月），《弘扬抗洪精神》专辑（1998年9月），《教育思想教育观念大讨论》专辑（1998年12月）等。

（孙战龙　张晓娟　王荣奎）

【新闻宣传】 1997年，北京大学成立新闻中心，负责组织、协调校内外媒体，开展新闻宣传工作。1998年，首次设立北京大学新闻贡献奖和优秀新闻作品奖，评选坚持新闻工作原则，坚持正确鲜明的报道方向，评选出为北大的改革、发展和稳定作出突出贡献的新闻工作者及产生良好社会效益的新闻作品。王呈选等6名新闻记者，《王选的选择》等15篇作品获得本年度的奖项。

1998年，新闻中心积极组织以百年校庆为重点的新闻宣传工作。1月底，宣传部组织召开了第一次百年校庆新闻发布会，为与会记者提供了有关学校历史及现状的背景材料，以及北大筹备校庆的情况。2月中旬，宣传部拟定了“逢世纪之交，庆百年华诞，育时代英才，创世界一流”等百年校庆宣传口号，并把校庆宣传主题定为“北大与祖国同行”，这句话成为整个校庆宣传的中心。3月份，为全面开展对北京大学百年校庆新闻报道工作，成立了“百年校庆新闻报道指挥中心”，下设文字报道组、电视报道组、广播报道组、摄影报道组、记者接待组和秘书组，规定了校外新闻记者来校采访程序等，设立了专门记者接待站，安装了两部专线电话并配备了传真。4月

15日，宣传部组织召开了第二次北京大学百年校庆新闻发布会，到会媒体50余家，到会记者100余人。4月，由宣传部编辑的为北大百年校庆献礼的《青春的北大》一书及《北大画册》印制完成，在校内外广泛发行。4月29日，江泽民总书记来北大考察；5月2日，世界著名大学校长论坛在中国大饭店开幕；5月4日，庆祝北京大学建校一百周年大会在人民大会堂举行；5月5日，著名华人科学家在北大办公楼礼堂进行了演讲。宣传部为这一系列重大校庆活动向校外媒体提供了背景材料和新闻宣传稿，并在北大百年庆典网站上对在北大静园举行的庆典晚会进行了网上直播。

据不完全统计，校庆期间，新闻中心接待新闻媒体近300家，新闻记者500多人次，国内主要媒体均报道了北京大学百年校庆的盛况，以及江泽民总书记考察北大的消息。其中，近100家报刊杂志发表北大的宣传报道1200多篇，共100万字，照片1500幅。境外报刊60多家，发表文章400多篇。中央电视台、中央人民广播电台、中国国际广播电台、北京电视台及香港凤凰卫视台等播出专题节目数百期。在中央电视台的协作下，庆典大会通过微波实现了校内现场转播，五四晚会实现了网络现场直播，创下中国首次在国际互联网上现场直播大型晚会的纪录。新闻中心设立的百年庆典特别网站的访问人次超过256万。国内外新闻媒体对北京大学的宣传报道规模之大，层次之高，在中国高校中史无前例，为北京大学在全社会、全世界树立了崭新的形象。

此外，宣传部根据中央、北京市委精神，结合北京大学百年校庆等重要活动，向校外媒体提供各类宣传信息，并积极配合校外媒体来校进行采访、节目制作。据不完全统计，宣传部全年接待各类校外媒体300余家，1000多人次。中央电视台、香港凤凰卫视、中国教育电视台、北京电视台、中央人民广播电台、中国国际广播电台、北京人民广播电台、人民日报、光明日报、中国日报、中国青年报、中国教育报、北京日报、北京青年报等主要媒体均对北京大学进行了大篇幅的专题报道，累计报道字数百万余字。

从6月份开始，根据北京市委的部署，宣传部会同学校产业办公室、北大方正集团等开始筹划开展向王选学习活动。经过多次召开座谈会、邀请著名作家写作，召开新闻发布会，最终于同年11月3日在《光明日报》、《中国教育报》、《北京日报》、《北京青年报》等媒体发表了多篇介绍王选教授事迹的文章，在全市乃至全国掀起了学习王选的高潮。

（张黎明　孙战龙）

【文化活动】　北京大学积极营造健康向上、生动活泼的校园文化氛围，既高品位又多层次、既有主旋律又多样化。宣传部负责对校内各种文化活动的指导和管理，利用多种形式，在大学生中开展高雅艺术的教育，丰富学生的精神文化生活，提高学生的综合素质。北大团委积极组织学生的校园文化活动，学生中涌现出爱心社、山鹰社、邓小平理论研究会、修身协会等百余个社团。本年度，在宣传部注册的各院系及学生社团刊物50余种。

1998年，国务院副总理李岚清致函北京大学，把电影《居里夫人》推荐给师生。学校党委、行政迅速组织师生观看，5月23、24日，在电教楼连续放映25场，先后有1万多人观看了影片，同时，北大电视台也连续播出此片，观众反应强烈。师生们决心学习居里夫人献身科学的精神，弘扬北大的光荣传统，为实施科教兴国战略做出贡献。

百年校庆期间，校园文化高潮迭起。4月21日，北大山鹰社登上海拔8201米的卓奥友峰。5月2日，北大在世纪剧院举办交响音乐晚会，著名指挥家陈佐湟博士指挥中国交响乐团演奏了贝多芬第七交响曲等中外名曲。5月4日晚，北大和中央电视台联合在静园草坪举行庆典晚会，并通过卫星实况转播了晚会的节目。在宣传部组织、指导下，校内外的专业、业余作家纷纷挥毫，庆祝百年华诞，讴歌北大精神。校内各种讲座空前活跃，其中，学生会推出的“院士系列”、“百年北大，学问中国”等系列讲座听众云集，座无虚席。北大剧社上演的话剧《蔡元培》获得成功，得到各界的广泛好评。

（张黎明）

【媒体建设】　校刊工作　1998年北大校刊除完成常规宣传报道任务外，围绕百年校庆这一新闻热点做了大量工作，在校庆之后又推出校刊电子版，并在学术业务水平提高和队伍建设上取得一些可喜的成绩。

校刊全年出报37期，出刊1期，共计107.5万字，平均每月出报4.5期，是近年来完成工作量最大的一年。以培训讲课、辅导采写的方式指导学生记者两届，共73人。一年来在校刊的常规报道中，学生记者采写的稿件占20.7%，在校庆专刊中达到53.2%，他们逐渐成为学校新闻报道工作中一支活跃的队伍。在10月底进行的每年一次的校刊好新闻和优秀记者、通讯员评选中，共有16篇作品、16人次获奖。

围绕宣传报道百年校庆，校刊主要做了八方面的工作：①编辑出版报纸《百年校庆专号》8期，共20万字。②编辑出版杂志《百年校庆特刊》1期，共15万字。③采写、编辑《北京大学新闻发布会材料》三套，37份，10万字。④设计、编写“校史知识竞赛”100题，印发1期专版，设计、编写“校史知识竞赛决赛"80题及相关背景材料。⑤组织编写、编辑加工百年校庆系列丛书两部:《在巨人和圣地之间——毛泽东与北京大学》,8.5万字;《如歌岁月——燕园学子访谈录之一》,33万字。⑥出版《北大部分校园道路命名》专刊1期。⑦协助《北京日报》、《中国教育报》、《神州学人》、《中华英才》、《大地》等报刊策划、组织专版、专栏。⑧给社会报刊提供了众多稿件,据不完全统计,约数十篇。一些稿件产生了良好的社会反响,如《百年学府沐浴春风——三代领导人关怀北京大学》,经新华社编发后被《人民日报》、《光明日报》等多家报刊同时在一版报眼刊登。

百年校庆之后,校刊编辑部利用暑假积极筹备校刊的电子版。经过努力,于1998年9月5日在网上推出了校刊第818期,为国内外关注北京大学的人士了解、认识北大又提供了一个新窗口。此外,校刊编辑部还和闭路电视台一起,从11月20日起,在校园网上推出《北京大学每周新闻》,每周五更新,校内外反应良好。

1998年是校刊学术论文和新闻作品获奖较多的一年。①在北京市高校校报研究会每年一度的校报好新闻评选中,北大校刊申报的1997年度刊登的5篇作品全部获奖,其中一等奖3篇,二等奖2篇;②在中国教育记者协会高校校报系列两年一度的好新闻评选中,北京市推荐的15篇作品中由北大校刊刊登的3篇全部获奖,其中一、二、三等奖各一篇;③在每年一度的北京市新闻评奖中,北大校刊的一篇消息获奖。这是北京市所有新闻媒体参加的市级最高新闻奖项,北大校刊荣获高校中唯一的一等奖,这也是连续三年获二等奖之后的首次问鼎;④在中国高校校报协会、中国教育记者协会联合举办的第三届高校校报优秀学术论文评奖中,校刊的一篇论文获一等奖。报刊的获奖情况反映了校刊编辑部队伍整体素质有所提高:平时注意学习政治理论和业务知识;选题能紧密围绕党的工作中心,主题突出;舆论导向正确;写作精细。

电视台工作　北京大学电视台于1989年10月正式创办,近年来得到了初步的发展,在"坚持正确导向、服务学校工作、准确传递信息、活跃文化生活"等方面发挥了日益重要的作用。目前,学校的有线电视网已基本覆盖了学校所有的教职工住宅区,共用天线系统经逐年建设与完善,现也已初具规模,覆盖三区(校本部、北大一附中、燕北园)、三网(电教楼内、家属区、学生食堂)。入网用户已达6000户,覆盖人数超过20000人;传送电视节目共43套。电视台利用《北大新闻》以及专题访谈节目在为学校教学、科研、人才建设服务、宣传学校改革发展新貌等方面发挥了重要作用。另外,有线电视台还充分发挥校内舆论监督作用和联系学校与师生员工的纽带作用,开办群众喜闻乐见的栏目,丰富师生员工的业余文化生活。1994年,北大电视台成功地举办了《燕园之秋》中秋文艺晚会,1995年由北大师生自编、自导、自演了一台春节联欢晚会,这台晚会在北京电视台播出。以后,北大电视台总结经验,在电视的编、导、演、播等环节不断扩大和完善队伍,形成了一定的规模和实力,并在第四届全国大学生"理想杯"电视剧创作比赛中,推出一部由北大师生自编、自导、自演、自制的单本电视片《阳光路》。电视台制作了《今日北大》、《永远的校园》、《世纪盛典》、《院士礼赞》等一系列反映北大全貌的专题片,在北大的对外宣传和对外交流中发挥了重要的作用,为北大保留了宝贵的学术资料。

为了做好百年校庆的舆论宣传工作,北大电视台在1996年98周年校庆之际开辟了《心系百年》栏目,三年共播出50期,采访100余人。1997年开辟《展示新成就,迎接百年校庆》专栏,为校庆在校内的不断升温起到了推动作用。北大电视台在1996年就开始以专栏的形式报道北京大学百年校庆的筹备工作,1997年底开始筹拍专题片《今日北大》,1998年全面投入百年校庆的宣传报道,《北大新闻》中有关百年校庆的新闻超过总量的三分之二。为了更充分地报道百年校庆的盛况,5月2日至5月5日共抽调10人、7台机器进行全方位的拍摄,完成摄像任务67个,保证了学校多项重点活动的拍摄,5月6日在新闻中迅速进行了全面报道。此间北大新闻共55条,超过平时新闻量的四倍,摄制人员工作至次日清晨,保证了百年校庆新闻的及时播出。电视报道速度创历史最高水平,电视台在4月29日江泽民主席考察北大的当晚就做出专题片并在闭路电视中播放。在中央电视台的协作下,北大电视台第一次通过微波对5月4日的人民大会堂庆典大会、五四校庆晚会用电视、广播的形式成功地实现了在校内现场转播。

(魏国英　孙华)

统 战 工 作

【概况】 北京大学是我国高校统战工作的重要阵地。早在民主革命时期，北京大学就有一批著名的爱国民主人士与中国共产党风雨同舟、并肩战斗，为新民主主义革命的胜利贡献了力量。在社会主义革命和建设时期，这里又涌现出许多为革命与建设事业作出突出贡献、与中国共产党真诚合作的党外代表人物。北京大学统战工作具有光荣传统，在社会主义现代化建设新时期更具有特殊重要的作用。

北京大学党委历来重视统一战线工作。1952 年，北大党委就设立了统战部，在党委统一领导下，负责全校的统战工作。“文化大革命”中，党委统战部被迫取消。十一届三中全会后，北大党委恢复设立统战部，各基层分党委均有统战委员分工负责本单位的统战工作。改革开放以来，北大党委不断加强、完善对统战工作的领导，把统战工作列入党委的议事日程，先后四任党委书记都亲自分管统战工作。现任党委书记多次强调，北大要努力成为高校统一战线工作的窗口和重要阵地，要成为党外代表人物的重要培养基地，党委统战部要成为学校党委联系党外人士的桥梁和纽带。

自 80 年代初北大党委恢复统战部以来，平秉权、任宁芬、葛淑英和张万仓等同志先后担任部长。现任校党委统战部部长卢咸池，副部长张庆熹、周爽。

在北大，现有各民主党派成员 460 多人，有一批著名的党外代表人士以及归侨侨眷、台胞台属、少数民族同胞、港澳同胞及其亲属和外籍华人家属。北大各方面统战人士数量多，层次高、与社会和海外各方面联系广。在北大各民主党派成员中，现有 3 人任民主党派中央副主席、5 人任中央常委，1 人任市委主委、4 人任市委副主委。北大 8 名九届全国人大代表中，有民主党派成员 3 人、无党派人士 3 人；19 名九届全国政协委员中，有民主党派成员 9 人、无党派人士 7 人、少数民族同胞 1 人；4 名十一届北京市人大代表，全部是民主党派成员；14 名九届北京市政协委员中，有 13 名是民主党派成员、无党派人士和归侨、台胞、少数民族同胞。在校内，有 1 名党外人士任副校长，27 人担任院(系、所)和机关各部、处的重要领导职务。北京大学广大统战人士积极参与学校的民主决策、民主管理和民主监督，参政议政，在学校的改革、发展和稳定方面发挥了重要作用。

(卢咸池)

【主要工作】 全国与北京市政协换届，北京大学一批统战人士任各级政协领导职务 九届全国政协和九届北京市政协第一次会议分别于 1998 年 3 月和 1 月在北京召开。换届工作分别于 1997 年秋季开始。经过学校和社会各界推荐，并经八届全国政协常委会和八届北京市政协常委会通过，北京大学有 19 和 14 人分别任九届全国政协委员和九届北京市政协委员。在九届全国政协第一次全体会议上，袁行霈、韩汝琦、叶朗、黎乐民、甘子钊等 5 位教授当选为全国政协常委。在九届北京市政协第一次全体会议上，韩汝琦当选为市政协副主席，章立源、金声、李庆云当选为市政协常委。

在同期举行的九届全国人大第一次会议和十一届北京市人大第一次会议上，厉以宁、王选分别当选为全国人大常委，申丹、叶文虎、晏懋洵当选为市人大常委。

召开民主党派工作研讨会 1998 年 5 月下旬，校党委统战部与北大六个民主党派组织联合召开了北京大学民主党派工作研讨会。中共中央统战部六局原局长熊文藻到会作了“市场经济体制下知识分子问题”的专题报告，校党委副书记岳素兰出席研讨会并讲话，校党委统战部干部、各民主党派(包括尚未建立北大基层组织的农工党)北大组织负责人和部分中、青年骨干共 30 多人参加了研讨会。与会者认真学习文件，并就中国共产党领导的多党合作和政治协商制度、民主党派自身建设、民主党派在北大的地位和作用以及民主党派组织和成员如何在创建世界一流大学，促进学校改革、发展、稳定方面作出新贡献等问题进行了广泛的研讨。

北大少数民族教授受表彰 在 1998 年 6 月份召开的北京市民族团结进步表彰大会上，北大社会学人类学研究所被表彰为北京市民族团结进步先进集体，马戎(回族)、钟锡华(畲族)两位教授被表彰为北京市民族团结进步先进个人。

支持、协助各民主党派做好组织发展工作 党委统战部协助各民主党派在坚持“发展与巩固相结合”的原则下积极慎重发展新成员。统战部和各院系党委认真负责地协助各民主党派对发展对象进行全面考察和情况介绍，协助各党派做好新成员的培养和教育工作，保证了民主党派组织发展的层次和质量。1998 年北大共发展民主党派新成员 23 名。

组织广大党外人士为制定北大跨世纪宏伟纲领积极献计献策 在中国共产党北京大学第十次代表大会召开前夕，统战部组织和发动广大党外人士为制定北大跨世纪宏伟纲领献计献策。根据校党委统一安排，将党代会工作报告（征求意见稿）分发到各民主党派负责人及党外全国和北京市人大代表、政协委员手中，校党委专门召开党外人士座谈会，征求对报告稿的意见。座谈会后统战部将党外人士的意见、建议整理汇总报校党委，一些意见、建议在党代会报告定稿时得到采纳。

北大统战信息工作受表彰 北大的统战信息、调研工作在北京市高校中保持了多年的优势。1998年北大党委统战部向校党委、市委统战部和其它有关部门报送了信息简报37份，并向有关领导部门提交了一些有分量的调查报告。在市委统战部进行的1997和1998年度信息、调研工作年终评比中，北大两次获得信息工作先进单位二等奖，一批同志被评为信息工作优秀领导者和优秀信息员，并获得优秀调研成果三等奖。北大党委统战部还在全市统战信息培训班上介绍了做好统战信息工作的经验。

协助各民主党派、侨联会等开展活动 1998年，统战部围绕国家和学校的中心任务开展工作，注意调动广大统战人士的积极性，将其化为“科教兴国、创建世界一流大学”的实际行动。统战部组织各民主党派北大组织负责人共同学习王选事迹，座谈创建世界一流大学方略。支持、协助九三北大委员会组织向王选学习主题座谈会及“素质教育”研讨会；支持、协助民进北京市委组织“科教兴国、民进有责”等大型活动；与侨联会共同组织归侨、侨眷、港澳台同胞及亲属中秋、国庆及春节联谊会；邀请学校少数民族教职工代表座谈学校工作。

（卢威池）

【民主党派工作】 民主党派工作是高校统战工作的重点。早在解放前，北京大学就有民主党派成员活动。解放后，各个民主党派分别在北大发展了一些成员。50年代，先后建立了民革、民盟、民进北京大学支部和九三北京大学支社四个民主党派校级组织。70年代末80年代初，各民主党派逐步恢复活动，并发展了一批新成员。到80年代末，北大民主党派成员从恢复组织活动初期的180人左右增加到300多人。随着民主党派队伍的扩大，80年代民盟、民进北大支部和九三北大支社分别升格为民盟北大委员会、民进北大总支和九三北大委员会，并成立了致公党北大支部。

进入90年代，在中共中央《关于坚持和完善中国共产党领导的多党合作和政治协商制度的意见》（即中央[1989]14号文件）指引下，民主党派的组织建设和思想建设不断加强，工作又有新的进展。民主党派组织队伍不断壮大，发展了一批素质好、有一定代表性和影响的中青年骨干，并成立了民建北大支部。在1995年和1997年进行的北京大学党务和思想政治工作先进表彰活动中，民盟北京大学委员会和九三北京大学委员会分别被评为党务和思想政治工作先进集体，章立源、赵靖等6人被评为先进个人，有一批民主党派老同志获党务和思想政治工作奉献奖。历年来，北大各民主党派向本党派领导机关输送了一批德才兼备的干部。

到1998年底，6个民主党派在北大建有校级组织，即民革北大支部、民盟北大委员会、民建北大支部、民进北大总支、致公党北大支部和九三北大委员会。民革、民盟、民建、民进、农工党、致公党、九三、台盟等八个民主党派在北京大学均有成员，计462人。

（卢威池）

保卫工作

【概况】 学校保卫部肩负着繁重的保卫工作任务，它包括治安、交通、消防、政保、门卫、巡逻、警卫、综合治理、集体户口和外来人口管理工作等十多个方面，概括起来就是与师生员工一道维护学校政治稳定和安定团结的局面；做好预防工作，配合执法机关打击犯罪活动，保护人民群众安居乐业；与灾害事故作斗争，查处隐患，确保安全；参与校园整治，优化育人环境；调解处理人民内部矛盾，把可能引发的事端消灭在萌芽状态等，为学校教学、科研、开发、生产、经营、群众生活创造稳定、安全、文明、有序的环境。这支队伍开展工作时，要与人、财、物和校内外等方方面面打交道，有管理、监督、检查、纠察的职能，也有大量的服务工作，在履行职能和服务中育人。广大保卫工作者要完成保卫工作任务，需要政治坚定，业务熟悉，作风过硬，纪律严明，特别能战斗，需要树立奉献精神和付出很大的辛劳。多年来，在学校党委和行政的领导下，保卫系统的同志们在学校管理和服务育人中一直默默无闻地做了大量的实事，为学校的稳定、安全、建设和发展做出了贡献。1990年以来，保卫部年年荣立集体功(其中两次二等功，七次三等功)，荣获公安部授予的全国保卫系统先进集体、北京大学党务思想政治工作先进单位，以及其他各项奖励38项。

1998年，学校保卫工作围绕中心工作开展。发动群众落实责任制，除隐患、立规章，整顿校园秩序，维护校园政治稳定和安定，确保安全，较好地完成了各项任务。北京大学获首都精神文明先进单位、海淀区社会治安综合治理先进单位。燕园地区被评为海淀区交通安全优秀地区。保卫部荣立市公安局集体二等功，获消防局授予的消防工作先进单位。

1998年7月，根据北京市公安局和海淀公安分局的布置，开始做居民户口本换发和户籍入计算机网络管理准备工作，先后组织百余人参加抄写本地区散居、集体户口近4万人、500多万字的户口卡，并输入计算机反复校对，最后打印成底卡、新户口本。这件事工作量大、要求高，在年内基本完成了新户口本发放准备工作。

1998年，在教职工和大学生中分别开展了一次保密知识答题竞赛活动和计算机联网信息系统安全保密法规学习答题活动。印发《大学生保密法规知识必读》5000册。在全校开展了贯彻中央保密《决定》情况检查和保密工作情况抽查，全年四次组织全校统一销毁密级文件、资料2700多公斤。一年来未发生失、窃密事件。北大获市保密局保密法规知识竞赛组织奖，获市教工委高校计算机联网信息系统安全保密法规答卷一等奖。完成了国家保密局委托的撰写《保密法比较研究》专著，已打印上报送审。

(童宣海)

【重大警卫活动】 1998年保卫工作的一大特点是重大警卫活动多，全年完成大型活动保卫49次，其中二级以上警卫活动24次，特别是江泽民主席视察北大、百年校庆活动和克林顿到北大演讲活动的保卫，更是层次高、难度大、范围广、规模空前。对每一项保卫活动，保卫部都从零做起，制定方案，落实专人负责，由于精心组织，周密布置，大力协同，方法得当，做到了万无一失。

(童宣海)

【安全保卫与稳定工作】 全校各单位领导安全保卫意识普遍增强，安全防范措施更加落实，三铁(铁门、铁栏、铁柜)或一器(防盗报警器)基本到位，加大了宣传教育和对不安全隐患及违章违规行为的查处力度。一年来，内部单位未发生大的治安案件和安全事故。校园内和家属区发生火情14起(其中家属园区5起，学生宿舍3起，室外草坪、垃圾通道、工地各1起，内部单位3起)，均因发现、扑救及时未造成大的损失。在校园内发生立案调解交通事故9起，在校外发生甲方责任一般事故6起。发生刑事治安案件162起(其中刑事案件48起，治安案件114起)，破案88起，破案率54%，处理173人。非正常死亡3人，报案被盗机动车4辆、自行车514辆。在治安管理中做到顺民意，不怕难，特别是对中关园地区等治安乱点和校园自行车被盗这两大居民、学生反映强烈的问题，保卫部组织力量打击非法活动，取得明显效果。仅9月至12月，就先后30多次集中600余人次到中关园平房区清理非法出租，抓获违法倒卖盗版、淫秽光盘人员200余名，其中收容、拘留70多人，收交盗版盘30000余张、淫秽盘1000余张，治安秩序混乱状况得到遏制。全年在校园内抓获偷盗自行车、卖黑车人员50多名，收缴、捡拾自行车1120辆，组织4次认领，给师生员工发还370辆。

一年来处理在校园内发现有问题的大小字报、张贴物共12起，上交有关单位转交来的煽动性邮件14份，协查各类案件155件次。特别是对学生抗议印尼排华暴行的突发事件的有效处置和对有不良倾向社团及骨干的处理，这两件事保卫部与学工部、团委及有关院系党委等部门密切配合，深入、扎实工作，有效控制了局面和事态发展。在掌握信息，了解事态的发展，对问题性质的判断和工作对策的研究等方面，保卫部发挥了其他部门无法替代的作用。

(童宣海)

【校园及周边环境整治】 上半年结合迎一百年校庆进行4次全校大检查，与有关单位领导签订了责任书，发限期整改通知书，共完成校园整治项目百余项。加强了对外来人口的管理，对内部单位使用外来人口核定用工指标，努力控制总量，对“三无”(无有效身份证件、无固定工作、无合法住所)人员不断进行清理，全年共为外来人口办暂住证6639份。积极推进家属园区的封闭管理，加强巡逻和创安全文明小区活动。为了净化周边环境，保卫部向政府反映情况，协商落实周边整治项目，已初见成效。研究推进、不断完善加强入校机动车管理，采取了发通行证、出入学校分流、划禁行区、增加标志牌等措施。制定了区别情况、分步实施，解决北大家属园区违章建筑、非法出租房和控制校内单位雇佣外来人口数量、加强管理等问题的方案，虽然推动困难，但得到有关部门支持和广大群众拥护，正在逐项落实。首批已拆除中关园违章建筑非法出租房1000多平方米。

(童宣海)

【队伍建设与研究活动】 从严要求,以内强素质、外塑形象为主要内容,进一步加强保卫队伍建设。为加强学校治安管理,进一步提高保卫队伍战斗力,保卫部部分科室干部进行了换岗;派出所和治安科进行合并,派出所工作进行了调整和加强;内部管理规章制度进一步完善;科室干部寒暑假到校门替换校卫队员值勤;开展"保卫工作者也是教师"的学术讨论和征文活动,为弘扬传统、宣传好人好事,编印了《燕园卫士风采录》。通过这一系列措施,进一步改善了保卫队伍形象,提高了工作水平和工作效率。

以提高队伍素质,促进保卫工作为目的的保卫学研究活动进一步开展。年初召开了北京大学第三届保卫工作理论研讨会,编印了第三本论文集,有48篇文章获北京市高教保卫学会第六届学术年会一等奖(5篇)、二等奖(16篇)、三等奖(27篇),占全市高校论文获奖数1/5。出版的《责任重于泰山》、编印的《保卫部内部管理制度汇编》、《北京大学保卫部志》、《燕园卫士风采录》、《论文集》等五本书,也分别获北京高教保卫学会第六届学术年会一等奖(1本)、二等奖(3本)、三等奖(1本),占全市高校获奖专著数1/2。

(童宣海)

学 生 工 作

【概况】 北京大学学生工作由学生工作部负责。学生部成立于1984年,由原北京大学党委学生部和学生处合并而成,受北京大学党委和行政双重领导。学生工作部内设教育、管理、勤工助学、本科生就业分配四个科室,主要负责全校学生的政治思想教育、日常管理、勤工助学、本科生就业几方面的工作。

1998年学生工作重点是围绕北京大学百年校庆,开展了一系列主题教育、学术、文体活动,组织学生参加校庆接待服务工作,同时,坚持做好学生思想教育、日常管理、毕业生就业、学生助理队伍建设等常规工作,并在此基础上开拓创新,取得了一系列成果。

百年校庆期间,学生工作系统开展了一系列丰富多彩的活动,主要有:

主题教育活动 举办北京大学校史知识竞赛。比赛分初赛和决赛两个阶段,历时六个月,参与师生近7000人。决赛于1998年4月16日在电教报告厅举行,信息管理系获团体冠军,10名同学获一等奖;10个院系获组织奖。举办迎百年校庆英语演讲比赛,79人参加选拔赛,30人参加预赛,决赛于4月29日在电教报告厅举行,10名同学参与角逐,500余名同学旁听。制作、发放北京大学建校一百周年纪念卡17000余个,纪念卡上刻有学生证号或工作证号。营建北京大学百年校庆纪念林,100名1998届毕业生代表种下100棵纪念小松树。

学术活动 策划"百年学府,永飘书香——北京大学迎百年校庆暨首届国林风·未名读书文化节";编辑出版《精神的家园 当代大学生启示录》,全书34万字;编辑出版《北京大学学生工作的理论和实践》,全书32万字。

文体活动 拍摄北大百年校庆专题电视片《流动的圣洁》,在北京电视台播出;4月28日举办"北京大学百年校庆演唱会",8000多名师生参加。

接待服务活动 4月22日召开志愿者动员大会,2000多名学生志愿者参与校庆接待服务工作。校庆期间,组织学生5万余人次,分别参加江泽民总书记考察北大、4月28日演唱会、五·四庆典晚会、世界著名华人科学家演讲会等集体活动23次。

(刘晓丹)

【学生思想政治教育】 *形势政策教育* 组织学生参加抗洪抢险英雄事迹报告团、王选教授等在北大举行的报告会;组织学生去人民大会堂参加朱镕基总理、人民银行行长戴相龙、国家计委主任曾培炎、外交部长唐家璇等主讲的形势报告会。1998年参加各类形势报告会的学生约3000人次。

理论学习 5月19日至11月15日,在学生中进行"邓小平理论与改革开放20年"征文活动,收到征文101篇;11月份开始组织全校学生参与教育观念改革大讨论,启发学生学会怎样学习、做人,怎样与他人共处,为教学改革提出了许多合理建议。

加强学生党建工作 8月27日至29日,举办'98学生党支部书记暑期学习班;9月24日、29日分别在昌平园和燕园校区召开了98级新生党员座谈会,了解他们的基本思想状况;1998年10月至12月,进行"学生党员、入党积极分子基本状况及素质调查",发放问卷2970份,回收2680份有效问卷,完成统计报告和分析报告,为学生党

建工作提供依据;10月18日至12月27日,举办北京大学党校第十一期党的知识培训班,入党积极分子和98级新生预备党员计1083人参加,1018人获结业证书。

(刘晓丹)

【学生日常管理】 1998年学生工作部采取各种措施,加强对学生的管理。

完善助学体系　1998至1999学年,减免953名学生学费共118.085万元,为1110名经济困难学生贷款88.38万元,为249名学生发放18项助学金116.42万元,为237名学生联系到社会爱心资助款58.034万元,截止1999年1月,到款26.994万元,为学生发放临时困难补助100余人次,达3万余元。98级来自灾区的新生有230余人,学校为他们减免卧具费4.6万元,减免学费34.5万元,贷款2.75万元,积极帮助他们解决生活、学习上的困难。

奖励先进,鼓励创新　1998年评出88名三好学生标兵,634名三好学生,55名优秀学生干部,847名单项奖,25个优秀班集体,27个先进学习班,25名北京市三好学生,3名北京市优秀学生干部,2398名学生获各类奖学金,1998年12月发放奖学金243.905万元,首次评选出北京大学"学生五四奖章"暨"班级五四奖杯",姚建钢等7人和法律学系94级本科(1)班等四个班分获五四奖章和奖杯,首次设立创新奖学金,鼓励学生在学术研究、社会工作、文体活动等方面的创新成果,67人获该奖。

严肃校纪,加强管理　1998年处分学生6人,其中严重警告1人,留校查看1人,勒令退学3人,开除学籍1人。

(刘晓丹)

【"三个一"联系基层制度】 为加强与院系的沟通,1998年8月,学生工作部推出部内干部的"三个一"联系基层制度,即学生工作部每位干部联系一个院(系、所、中心)、一个班、一个学生党支部,深入调研,填写《学生状况月报表》(包括学生基本数据、思想动态、学生生活需求,对学校和学生工作的意见、建议等)和反映学生工作队伍德、能、勤、绩的《学生工作干部状况月报表》,为改进学生工作提供依据。

(刘晓丹)

【学生工作理论研讨会】 7月13日至17日,北京大学学生工作理论研讨会召开,各院系学工组长、研究生工作组长、团委书记及学工部、校团委工作人员约80人参加会议。五人在会上做主题发言,分别是:王武召关于《北京大学学生全面素质评价体系》的说明;王其芬《关于国际关系学院奖学金机制的探讨》;赵建武《关于加强学生骨干队伍建设的若干意见》,李国忠《关于北大的分配与就业指导工作》,陈建龙《完善助学体系,强化日常管理,提高育人效益——北京大学经济困难学生资助工作的现状、问题和对策》及《北京大学勤工助学工作报告》,大会分组对主题报告进行讨论,提出修改意见。会议结束前,学工部长王登峰就上半年学生工作进行总结,提出下学期的工作设想,主要有三大任务,即加强学生骨干队伍建设,开展理论学习和教育目标大讨论,鼓励创新,造就一批"合格+特长"的人才;加强管理方面制度的修订,实施综合素质测评,鼓励拔尖人才。副校长林均敬作题为《认真学习,深入研究,努力创新——积极开创学生工作新局面》的总结发言,要求学生工作三支队伍认真学习理论,深入研究实情,积极进行创新。

(刘晓丹)

【毕业生就业指导工作】 就业概况　1998年北大本、专科、二学位毕业生1747人,其中录取研究生570人,占32.6%(1997年占32.1%);自费出国留学297人,占17.0%(1997年占17.4%),实际就业的897人中,到省部级以上机关74人,占8.4%(1997年占15.0%);到省部级以下机关50人,占5.7%(1997年占3.1%);去国有企业452人,占51.4%(1997年占41.3%);去三资企业25人,占2.8%(1997年占5.7%);去高校26人,占2.8%(1997年占6.1%);去科研单位42人,占4.8%(1997年占7.9%);去其他事业单位131人,占14.9%(1997年占13.4%)。与1997年相比,毕业生的流向发生较大变化,到省部级以上机关、三资企业、高校、科研单位的比例明显下降,到省部级以下机关、国有企业的比例明显上升。

1998年共有毕业研究生1101人,其中博士生259人,硕士生842人。除去自费出国留学261人和考博、做博士后88人外,实际参加就业752人。其中,去高校300人,占参加就业人数40%;去科研单位61人,占8.1%;去党政机关146人,占19.4%;去企业人数166人,占22%;去其它事业单位、部队61人,占8.1%;回省再就业18人,占2.4%。

加强就业指导　1998年,由于国家部委机关机构改革等因素,本、专科毕业生和毕业研究生都面临着比往年更为严峻的就业形势,为了保证毕业生顺利就业,北京大学多方采取措施,加强学生就业指导与服务。

(1)适应形势,调整政策。针对第一届并轨本科毕业生,学校根据教育部提出的并轨生"在一定范围内自主择业"的文件精神,首先放宽了对来自十大边远省区毕业生的限制,不要求边远省区统分毕业生在内地择业必须开具支边证明,变限制为鼓励和支持。边远省区毕业生回去建设家乡,内地毕业生支援边疆,学校都给予奖励。这给了边远省区毕业生以更广阔的择业空间,从而实现了真正的公平竞争。针对1998年3月出台的国家部委机关机构改革的大举措,学校及时调整了毕业生就业政策,把双向选择截止时间延后半个月,保证了就业计划的顺利落实。

(2)积极开展就业指导与咨询。学校就业指导服务中心建立就业咨询制度,组织经验丰富的就业工作干部,面向全体毕业生开展咨询工作,积极帮助毕业生排忧解难,就业咨询室共接待毕业生1500多人次。

(3)积极扩大信息量,办好就业洽谈会。从1997年10月份开始,向用人单位发征集需求信息函,共发出3000多封信函,收集需求信息7000多条。还为用人单位组织了100多场专场招聘会和一次有150多家单位参加的大型就业洽谈会。北大还承办了第二届教育部所属京津地区高校毕业研究生就业洽谈会,共邀请了300多家用人单位参会,使北大学子获得了较大的选择空间。

(4)加强就业信息的有效传播。在依靠院、系下达信息的同时,利用校内专栏向毕业生广发信息,1998年共办了20期专栏。办信息专栏的好处不仅是信息发布快,而且能较大限度地实现信息共享。这项工作很受毕业生欢迎,使就业信息在现有条件下做到了最有效的利用。

(5)办好《北大学生就业指导》报。《北大学生就业指导》至今已发行了19期,并由4版扩至8版,它是向毕业生宣讲政策,进行择业指导的有效手段。为了保证报纸及时传达就业政策和就业信息,学校组织了专门的送报服务队,确保每个毕业生宿舍都能按时收到每期报纸。《北大学生就业指导》报为做好1998年的就业工作起到了很好的作用。

(6)加强毕业生的教育工作。学校非常重视毕业生的教育工作。举办系列讲座,引导学生树立正确的择业观,掌握择业技巧和礼仪;组织毕业生参观了北大方正集团、沙滩红楼北大旧址等地,使学生了解国情,增强爱岗敬业的精神;通过开辟和种植"毕业纪念林",使学生珍视在母校的宝贵时光,牢记母校对他们的教诲。一系列的毕业教育活动取得了良好的效果。中文系的两名毕业生刘喜梅和何坦在面临人生重大选择的关头,坚决要求支援边疆,并分别被新华社西藏分社和广西电视台录取,为当代大学毕业生做出了表率。

(缪劲翔)

工会与教代会工作

【概况】 北京大学工会建立于1949年12月底,是全校教职工的群众性组织,受学校党委和北京市教育工会双重领导,依据工会法、工会章程开展各方面工作。"文化大革命"中北大工会被废除,1978年8月正式恢复,此后其组织、制度建设和各项工作逐步发展前进。

第十五届校工会委员会、常委会及经费审查委员会于1995年11月经选举产生。校工会委员会下设组织、宣传、文化、体育、女教职工、青年、财务、生活福利八个工作委员会,校工会办公室和各工作部作为办事机构承担日常具体工作。

1998年,北大工会进一步加强自身建设,努力履行维护、参与、建设、教育职能,积极推进各项工作,在为学校中心工作服务、为会员群众服务中取得显著成绩,于同年10月被授予全国"模范职工之家"称号。

北京大学教职工代表大会制度建立于1986年11月。校教代会受校党委领导,是学校管理体制的重要组成部分,在《高等学校教职工代表大会暂行条例》规定范围内,组织教职工对学校工作进行民主管理和民主监督并具有相应的职权。教职工代表大会与工会会员代表大会一并召开(代表为双重身份),每届任期四年,每年至少召开一次全体代表会议。在1995年10月底至11月初召开的北京大学第三届教代会暨第十五次工代会上,建立了作为校教代会常设领导机构的教代会执行委员会,并在原有的提案审理、教书育人、住房改革与分配审议三个专门工作委员会以外,增设了生活服务与医疗保健民主管理委员会,各项制度建设也进一步加强。

1998年,校教代会根据学校工作全局的要求,积极履行职权,提高民主参与水平,"议大事、办实事",在配合、支持学校改革、建设和依法维护教职工权益的各项工作中取得较好的成效。其中"教代会优秀提案奖"、"青年教师优秀教学奖"的设立及评选工作被北京市教育工会授予1998年度的"创新奖"。

1998年末,进行了两年一度的校、系两级工会工作积极分子评选表彰活动,评选出1997－1998年校级工会工作积极分子151人、系级工会工作积极分子558人，校工会对积极分子给予了表彰和奖励。

1998年，王学富、王洪波、王惠勤、叶丽宁、白敏珠、任时仁、刘树华、谭昌荣、廖陶琴被评选为北京市“爱国立功竞赛活动标兵”，受到市总工会表彰。

1998年，经校工会评选推荐，数学学院工会、物理系普通物理教研室工会小组被市教育工会分别授予北京市高校师德建设“优秀群体”和“先进群体”称号。

1998年3月8日，北大工会女教职工委员会被全国总工会授予“先进集体”称号。

1998年5月，北大工会被全国总工会授予“全国职工体育先进单位”称号。

（梁燕）

【获全国“模范职工之家”】 1986年、1991年、1993年，北京大学工会先后被评为北京市教育系统“合格教职工之家”、“先进教职工之家”和“优秀建家单位”，1994年被市总工会授予北京市“模范职工之家”称号。1997年年底，全校61个部门工会中，有“模范教职工之家”13个、“先进教职工之家”22个、“合格教职工之家”24个，“建家”总达标率为97%。

1998年4月，北大工会向上级工会提出升级为全国“模范职工之家”的申请。4月29日，北京市教育工会验收组对北大工会工作进行全面考核，包括听取校工会的工作自查汇报，召开座谈会了解工会兼职干部、会员的有关评价意见和检查各种工作资料等。此后，市教育工会、市总工会和全国总工会逐级评审通过了北大工会的申报，在同年10月召开的中国工会第十三次代表大会上，北京大学工会被授予全国“模范职工之家”称号。

（梁燕）

【文体活动】 *教工运动会及单项体育比赛* 每年春季的全校教工运动会是北大工会文体活动的大型传统项目，自1996年起，运动会得到北大资源公司的资助。第三届“北大资源杯”田径运动会于1998年4月18日在五四运动场举行。为迎接百年校庆，这届运动会在规模和组织水平上超过以往，有66个单位、约7000人次参加。中国教育工会、北京市总工会、市教育工会领导和学校党政领导出席了运动会开幕式。在64个单位、2000余人的入场式后，868人作第八套广播体操表演，992人作“百年之春”燕园健身扇舞表演。参加各年龄、性别组共57个项目比赛的运动员达3000人次，图书馆、北大附中、计算机系分别获得团体总分前三名，保卫部、校医院、技物系等八单位获得“精神文明奖”。

在其它季节，校工会分别组织了教职工乒乓球锦标赛、羽毛球锦标赛、篮球联赛和拔河、长跑、棋牌等比赛，并举办了首届工会干部趣味运动会。这些活动体现了“全民健身计划纲要”的要求精神，因而各部门工会积极支持，会员群众踊跃参加。

校际棋牌比赛 4月11日，北大清华第十二届“京华杯”棋类桥牌友谊赛在北大学生文化活动中心举行，北大以11:9取胜，在12届比赛中，北大为九胜三负。5－6月，北大工会组队参加市教育工会系统棋牌比赛，获得围棋团体第三名。

在钟声体协运动会上获好成绩 10月17日、18日，市教育工会在清华大学运动场举办北京市钟声体协第五届田径运动会，北大工会派出40名教工运动员参赛，取得高校甲组团体总分第四名的历史最好成绩，并获得体育道德风尚奖。赵建国、陈露等运动员分别获得男女七个单项比赛的第一名。600多名北大教工表演的健身扇舞也受到好评。

教工合唱团建团10周年 12月29日，北京大学教工合唱团成立10周年合唱音乐会在办公楼礼堂举行。教工合唱团是北大工会文体社团中规模、影响较大的一个，70余名团员来自教学、科研、管理、服务、产业各岗位。合唱团常年坚持每周一次排练，艺术水平不断提高，十年中在各类演出、比赛、庆祝活动中演唱过古今中外、风格各异的70余首合唱作品，受到校内外观众和首都业余合唱界的好评，并多次获得全国和北京市业余合唱比赛一等奖。1997年起，合唱团得到北大青鸟公司资助。

（梁燕）

【生活福利工作】 *住房分配与改革审议工作* 简称房审工作，是教代会配合学校改革和维护教职工权益的重要方面。1998年，房审委员会本着公开、公平、公正的原则，在有关方案的制定和对房管、房改部门进行配合与监督等方面做了大量工作。蓝旗营教师住宅小区的集资建房售房，是北大实行房改以来力度较大的一项举措，经学校各方面反复酝酿和校领导多次研究，并与清华大学密切合作，形成了该小区集资建房售房办法。在房审会积极参与下，售房工作顺利完成。

教职工暑期旅游活动 此项活动连续组织多年，深受教职工欢迎。1998年暑期校工会组织教职工到黄山、张家界、锡林郭勒草原旅游共8批、420人，并首次组织境外新、马、泰、港、澳旅游2批、63人。

实施“送温暖工程” 根据中国工会十三大提出的有关要求，北大工会在原有基础上加大了“送温暖”工作的力度，在部门工会上报情况的基础上研究确定了30个教职工生活特困户和20名重病患者。1999年1月，校工会派出专职干部，与各单位党政领导、工会干部一起看望特困户和病人，把补助费和慰问品送到他们手中。

实施“烛光工程” 为响应北

京市教育工会关于开展“烛光工程”、支持京郊山区普教事业的号召，1998年3月20日北大工会将2200余册书刊和手风琴、打字机等捐赠给昌平县西峰山小学，11名专职干部还为该校四名贫困学生捐助学费1600元及学习用品。

（梁燕）

【青年、女工工作】 青年教师工作 (1)举办“二十一世纪北京大学的发展与青年教师的责任”专题座谈会。这次座谈会是在“五四”运动80周年纪念日召开的，有25位青年教师参加。他们对北大的学科建设、人才培养、教学管理等方面工作提出了意见、建议。任彦申、闵维方、赵存生、岳素兰等校党政领导到会与青年教师进行交流，并勉励他们增强历史责任感，为把北大建成世界一流大学作出贡献。(2)评选青年教师优秀教学奖。这一奖项是由校教代会建议，经学校批准，于1994年设立的，它对调动青年教师的教学工作积极性起了促进作用。经各院系推荐和教书育人工作委员会评审，吕随启、王颖霞等12人获得1998年度青年教师优秀教学奖。(3)参加青年教师教学基本功大赛。北京市教育工会于1998年11月举办第二届北京高校青年教师教学基本功大赛。北大工会按有关要求和比例选派6人参赛，关成华等2人获一等奖，另4人获三等奖。

女教职工工作 (1)举办“北大女性迎接二十一世纪的挑战”座谈会。座谈会由校工会女教职工委员会筹备，于“三八”节前召开。杨芙清院士、石青云院士等女专家教授和中青年优秀教学、科研骨干30余人应邀出席，赵存生副书记、马树孚副校长到会向女同志致节日祝贺并参加座谈。与会同志以有关调研数据和自身成长经历说明了北大女性在各工作领域中所发挥的重要作用，表示要坚持“四自”精神，不断更新观念，更新知识，提高自身素质，以强者的姿态迎接二十一世纪的挑战。(2)开展女教职工队伍状况调查。1998年，校工会女教职工委员会以问卷(收回1230份)、座谈(分别邀请文、理科女教师，女干部和女教职工代表参加)和个别访谈形式，对北大女教职工队伍的思想、工作和生活状况作了一次全面调查，就女教职工面临的主要问题、矛盾加以分析，提出对策建议，并撰写了《关于北京大学女教职工双重角色选择与矛盾的调查报告》。《中国教工》1998年第12期登载了此报告。

（梁燕）

【第五届教书育人工作研讨会】 自1990年起，校教代会、校工会每两年举办一届教书育人工作研讨会。第五届研讨会于1998年暑期举行，有老、中、青教师和校党、政、工负责人共26人参加，会议主题是“教育思想和教学内容、教学方法的创新”。与会同志学习了江泽民主席“在庆祝北京大学建校一百周年大会上的讲话”及有关资料。会上赵存生副书记作动员报告，王义遒副校长作“以创新为灵魂深化教育教学改革”的报告，陈向明、李守忠等六位教师分别作专题报告和发言。不同学科的新老教师深入探讨交流，在学校教学工作、教师队伍建设、教育教学创新等方面既达成基本共识，也交换了不同意见，并对教学管理、教学服务工作提出了改进意见和建议。

（梁燕）

【校教代会三届四次会议】 北京大学第三届教代会第四次会议于1999年1月29日举行，会议主题是“贯彻学校第十次党代会精神，围绕创建世界一流大学目标任务做好教代会工作”，参加会议的有学校党政主要领导、教职工代表和部门工会负责人共270余人。会上，陈佳洱校长作学校行政工作报告，任彦申书记作学校第十次党代会精神的通报，赵存生主任作校教代会执委会1998年度工作报告，并对上次年会李谋等代表提出的“健全教代会制度，进一步发挥教代会作用”等三件优秀提案给予表彰。在分组讨论中，代表们对学校工作、教代会工作和教职工切身利益问题提出了意见和建议。本次会议前后，收到代表提案54件、意见20件。

（梁燕）

共 青 团 工 作

【概况】 五四运动揭开了中国新民主主义革命和青年运动的序幕，新民主主义革命时期，共青团的组织从创建到壮大、从公开到地下历经了艰苦卓绝的发展历程，机构设置逐步完善。这一阶段，整个青年运动的主要任务是反帝反封建和反对官僚资本主义。北大青年学生在高昂的爱国激情和民族责任感召下，在共产党和共青团的领导下，不断投入到民族民主革命的洪流之中，掀起了“五四”、“五卅”、“一二·九”、“五二〇”等一次次青年运动的高潮。

建国以后，北大积极整顿和恢复共青团组织，由以往领导青年运动转变为带领着青年师生投入到社会主义建设中去。从此，北大共青团工作面貌焕然一新。这一时期，团组织建设顺利发展，她不仅是思想政治教育的重要力量，更成为校园文化建设的重要阵地。北大团委在总结历史经验、反省自我的基础上，本着务实的原则，积极开展各种活动，形成了全方位、多功能的新格局：思想建设、素质培养、理论学习、文化生活等团的建设迅速发展。

尤其是进入90年代以来，北大团委在校党委、校行政的领导下，坚持共青团工作要服务于高校育人工作大局的根本方针，以广大团员全面成长成才为己任，从实际出发，不断开拓进取，锐意创新。团委不断推出新的精品活动，文明修身已成为北大青年的自觉行为，“举小平理论旗，走科教兴国路，做世纪栋梁材”更成为北大青年的共同心声。同时，团委注重对新时期以来形成的工作特色及时进行总结，并予以理论上的概括，从而不断地更新工作内容，使北大共青团工作迈上了新的台阶。

1998年，学习邓小平理论在全国掀起新的热潮，北京大学百年校庆的成功举办，将北京大学建设成世界一流大学的目标的确立，这一切给北京大学共青团工作带来了前所未有的机遇，也对北大团委提出了严峻的挑战。团委依靠学校党委和上级团组织的正确领导，遵循“迎校庆，抓落实，练内功，树形象”的工作原则，努力实现“做好工作出成绩，培养干部出人才”的工作要求，开拓进取，锐意创新，圆满地完成了各项工作。一年来，团委始终坚持以科学的理论武装人，以正确的舆论引导人，高举邓小平理论伟大旗帜，加强思想道德建设。响应江泽民总书记“深入学习邓小平理论”的号召，团委抓住各种契机开展教育活动，逐步形成了“一条主线，两个侧重，三点切入，五个层次”的学习模式，使邓小平理论学习活动逐步走上了规模化、科学化的轨道。在北京大学百年华诞之际，北大团委通过校庆这一主题，推进了理论学习和思想建设这一核心工作，使同学们深刻地认识到北京大学“爱国、进步、民主、科学”的光荣传统和“勤奋、严谨、求实、创新”的优良学风，使广大团员青年的思想觉悟得到了普遍提高。为建设一流校园文化，北大团委承前启后，继往开来，并根据学校自身的特色，以政治文化建设为灵魂，以道德文化建设为基础，以学术文化建设为核心，以文体文化建设为补充，取得了突出的成绩。其中，学术实践活动硕果累累，文体活动丰富多彩，社团活动更是百花齐放。团委不断加强组织建设和骨干队伍建设，并在原有的基础上有所创新，提高了共青团的整体工作水平；同时狠抓基层建设这一重心，保证共青团工作的全面落实。无论是百年校庆期间的志愿服务，还是邓小平理论的深入学习，各院系分团委和各团支部都发挥了积极的作用，表现出了较强的战斗力。北大团委加强机关内部建设，取得了可喜的成绩，树立了北京大学共青团人的良好形象。1998年北京大学团委的工作遵循了素质教育的基本思路，工作体系更加系统，运行机制不断创新，真正做到了全面提高学生的综合素质，迈上了一个新的台阶。

（王永辉）

【基层组织建设】 抓基层一直是北大团委工作的重心。1998年百年校庆的志愿者服务，邓小平理论的深入学习，书记、部长联系基层制度的确立，都使得基层建设的工作有了新的提高。

1998年3月，团委向全校各基层支部发出深入开展学习邓小平理论活动的通知，在校内形成了浓厚的理论学习气氛，以良好的精神面貌和优秀工作成果迎接百年校庆。同时，向雷锋同志学习的活动在团委宣传部倡议下展开。3月底，共青团系统评优工作开始，团委组织部制订出“评优创先”工作的评比办法及标准，正式行文通知各院系。4月，建立各院系研究生团总支书联谊制度，加强了团组织的基层组织建设。同一时期，在学工部和团委的号召下，全校各班级、团支部开展了“做好准备，迎接校庆”的主题活动，参与校庆热情大大提高。

下半年，基层团支部建设有了重大进展。10月20日，《共青团北京大学委员会基层组织管理条例（试行）》正式实施。该条例共分总则、团员、基层团支部、附则、附录五大部分，详尽地规定了入团程序、团员与党员的联系、团员的权利和义务、团支部的职责及组织机构。《条例》突出了团员的奖惩制度，并用工作流程图形象具体地规范了团支部的基本活动等事项。该《条例》是《共青团章程》在北大的细化，它标志着北大基层支部向制度化、规范化建设方面又迈出了一大步。

（王永辉）

【骨干培养】 多年来，共青团北京大学委员会经过不断探索，学生骨干培训体系不断完善，并形成了两条鲜明的主线。

其一是团校。北京大学团校创建于1983年。15年来，在学校领导的直接领导和大力支持下，全体团校人团结一致，锐意进取，取得了累累硕果。1998年，十四、十五期团校从理论学习和实践锻炼两方面入手，二阶三级培养模式日趋成熟。新学期伊始，北京大学团委书记关成华、副书记彭华彰先后给新生团支部书记班主讲了《北大共青团现状和未来》与《共青团干部的基本素质》的讲座，加强了对新生团干部的理论指导，从而加强了基层团组织的建设。团的理论学习更是形式多样,丰富多彩。北大党委常委、学工部部长王登峰,北大团委书记、团校校长关成华的讲座,各小组开展的新闻发布会、答辩会等形式多样的例会,团校举办的"与改革同行"的演讲比赛,"邓小平理论学习辩论赛",一次又一次把邓小平理论学习推向深入。在加强理论学习的同时,团校也非常重视校外实践活动,青龙桥、中关村街道的挂职活动,团校各组展开的各种形式的野外锻炼活动,组建突击队为校庆作后勤保障,与双语公司合作举办"空中英语教室"讲座,这些活动的开展大大提高了团校学员的团结协作、组织协调能力和理论的实际运作能力。

其二是研究生干部学校。北京大学研究生干部学校是为加强研究生骨干队伍的培养,提高研究生骨干的理论水平、政治素质及工作能力而组建成立的培训机构,适应了校园文化研究生时代的客观需要。1998 年,研究生干部学校围绕"理论学习"、"能力培养"、"思想交流"、"参与学校建设"、"接触社会"等主题组织一系列丰富多彩的活动。开学伊始,研干校就组织了一系列报告和讲座,邀请了北大党委书记任彦申、学工部部长王登峰、团委书记关成华及河南省委常委、宣传部长林炎志等领导、学界名人结合中国国情、北大现状,生动、具体地阐述了北大传统与北大精神,广大学员受益匪浅。为了提高学员的理论水平和政治素质,研干校组织了系统的邓小平理论学习。在理论学习基础上,研干校学员走出校门,加强与社会各界的联系和交流。6 月,研干校组织了赴河北保定学习考察团,对河北著名的八达集团进行了深入调查,加深了对我国经济体制改革和国有企业改革的理解。一年来,研干校为学校和社会培养了一批"敢当大任、能当大任"的具有较高思想修养、理论水平和较强工作能力的跨世纪人才,实践了办校宗旨。

通过以这两条主线为基础的全面工作,北京大学的学生骨干队伍不断壮大,他们不仅具有全面的素质与较强的组织协调能力,在校园文化中扮演骨干角色,更具有坚定的政治信念,成为校园政治生活的中坚力量。

(王永辉)

【理论与宣传】 高度重视思想政治教育,不断加强理论学习,一直是北大团委的工作重心。1998 年,团委以各种有形活动为载体,通过灵活多样的工作方式,坚持不懈地在广大团员青年中开展爱国主义教育,开展党的路线、方针、政策教育,国际形势教育、理想与信念教育,以及适应青年学生自身发展需求的素质教育;不断加强理论学习,尤其是对邓小平理论的学习,用邓小平理论教育和引导广大团员青年,构筑时代精神支柱。团委成立了"邓小平理论学习指导委员会",制定了《北京大学学生邓小平理论学习实施纲要》和《北京大学学生邓小平理论学习辅导大纲》,先后召开"北京大学深入学习邓小平理论团员骨干大会"、"北京大学学生纪念十一届三中全会二十周年暨学习邓小平理论研讨会"等专题会议,编印了"邓小平理论学习情况简讯和简报",各基层团组织围绕"学小平理论、与改革同行、做世纪英才"等主题开展了丰富多彩的活动。11 月 12 - 14 日,全国高校学生深入学习邓小平理论座谈会在上海召开,北大团委书记关成华带队出席了会议。会上,关成华介绍了北大团员青年学习邓小平理论"一条主线、两个侧重、三点切入"的工作模式及全方位立体式的工作格局。国际关系学院颜畅同学作了题为"学小平理论、扬抗洪精神"的大会发言,展示了新一代北大学子立足校园、放眼社会的精神风貌,受到了与会代表的广泛好评。

为迎接百年校庆,团委理论研究室启动了"北大青年与青年北大"系列访谈活动,并结集为《北大·五月·青年》一书。团委研究室筹办的"共青团在北大"和团委宣传部筹办的"江泽民总书记视察北京大学"图片展先后在三角地橱窗展出。"百年校庆学生采访团"在校庆期间采访了大学校长、商界精英、学界巨子、政界要人,表现出色。团委宣传部举办的以"精神的魅力,永远的家园"为主题的"凯奇杯"首届北京大学学生"演讲十佳"大赛决赛成功举行,展现了北大学子良好的语言表达能力。

1998 年,北大团委阵地建设实现了零的突破。下半年,《北大团内信息》、《北大青年》、《北大青年工作研究》等内部报刊先后创办,北大团委荣获团市委评选的信息工作先进单位。北大团委电脑主页和网站的建立,更是极大地方便了与外界的交流,这是北大共青团宣传工作方式上的一大飞跃。同时,理论研究室组织实施的"北京大学学生学习状况调查"荣获团市委调研成果评比一等奖,校团委被团市委评选为调研工作先进单位。

(王永辉)

【社团建设】 在北大校园文化建设中,社团文化是一道亮丽的风景线,校内近百家社团可谓是文化建设的生力军。在校园文化建设中,尤其是学术文化建设中,研究生异军突起,北大团委适时提出了"迎接校园文化建设的研究生时代"的口号,以调动广大研究生全面参与的积极性。截至 1998 年底,北大共有注册学生社团 90 家,其中理论类 30 家,实践类 18 家,体育类 19 家,文艺类 23 家。全校的本科生、研究生(含博士生,下同)近万人次参加了各类社团,另外尚有大约 10 家社团申请待批。此外,由季羡林先生题写书名、团委社团部编写的《北大百年话社团》一书正式完成，以使人们更好地了解北大社团。自团委制定了《北京大学社团管理条例(试行)》以来，北大团委社团部又制定了《北京大学学生社团管理文件汇编》，加大了对学生社团的管理力度，使北大社团管理逐步走上了制度化、规范化的轨道。在指导学生社团的过程中，团委鲜明地提出了“百花齐放，众志成城”的口号，确立了“统筹规划，分层管理，重点扶持”的指导方针，形成了“四个一”的管理制度，即一个社团，一个指导老师，一个挂靠单位，一个赞助单位。

1998年，北大百年校庆之际，学生社团竞相开展向校庆献礼活动。山鹰社号称北大第一社，他们“存鹰之心，志在高远”，1998年百年校庆前夕攀登世界第六高峰——卓奥友峰(8201)米的成功标志着群众性登山运动发展的高潮，填补了国内大学生登顶8000米以上高峰的空白。爱心社连续两年被评为“北大十佳社团”，他们以“奉献爱心，呼唤爱心”为宗旨，在不断实践中，追求真我，服务社会。8月，爱心社一行30人分赴内蒙、宁夏、广西三区举行“’98爱心万里行”暑期社会实践活动，取得圆满成功。自行车协会与国家自行车运动管理委员会组织了首届“八达岭——北京大学”首都大学生自行车拉力赛，还组织11名会员参加了第四届亚洲山地车锦标赛，又开展丝绸之路(西安——敦煌)暑期社会实践。“邓研会”等理论社团开展了学习邓小平理论活动。戏剧社演出话剧《蔡元培》。其他社团也纷纷以社会实践、讲座、报告、座谈等活动形式为校庆献礼，在校内外产生了强烈反响。

(王永辉)

【社会实践】　社会实践是大学生教育体系中不可缺少的一个重要环节。北京大学的学生社会实践以“接受教育，锻炼才干，服务社会”为基本指导思想，一直走在全国高校的前列，十几年来取得了许多重大成果。

为贯彻落实江泽民总书记在北京大学建校一百周年庆祝大会上对全国高校青年学生提出的“学习书本知识和投身社会实践的统一”的希望，响应“科教兴国”的号召，1998年北京大学团委继续以文化、科技、卫生“三下乡”为主题，组织了76支团队近1000名本科生、研究生在暑期奔赴全国26个省、市、自治区开展各种形式的社会实践活动，其中“百名博士老区行”和“百名学子京郊志愿服务”两大特色活动尤其引人注目。另外，爱心社组织的“爱心万里行”活动和高级团校学员赴海淀区街道挂职锻炼等活动也都扩大了北大学生社会实践的影响。

1998年暑期社会实践不仅继承了往年的优点，如跨院(系)、跨专业、跨年级的组团多，特色活动多，青年教师积极带队等，而且实现了新的进展：个人实践人数首次突破5000人次，进一步扩大了社会影响；团队实践的规模和经费资助等方面均创历史之最，组织工作实现校系结合，在实践活动中做到了服务与调研并重，形成了与专业实习、学生就业、国防教育相结合的新特色，并逐步走上了规范化、深入化、科学化的轨道。由于社会实践的出色成绩，北大团委1998年再次被评为全国高校社会实践先进单位。

(王永辉)

【科技工程】　丰富多彩的课外科技活动是北京大学校园文化的一大特色。为增强学生的实践能力，辅助课内教学，活跃校园科研气氛，北京大学从80年代初开始了学生课外科技学术活动的竞赛评比，1994年，为配合全国大学生“挑战杯”竞赛活动，又在校内开展了“挑战杯”科技工程，经过几年的发展，北京大学形成了以“挑战杯”科技竞赛为龙头的一系列科技和学术活动，繁荣了整个校园科技文化，为同学们创造了一个良好的全面成才的环境。1998年，无论是为庆祝北京大学百年华诞而开展的科技学术活动，还是北大传统的科技工程项目都取得了丰硕的成果。为配合校庆而举办的“院士系列讲座”，既介绍了当代科学的最前沿知识，又弘扬了北大的优良学风和百年学术传统，受到了全校师生的广泛好评。“博士论中国文化”讲座则有着较高的学术价值和现实意义。作为龙头项目的“挑战杯”科技工程及学生课外科学学术作品竞赛，其投入之多，同学们参加之踊跃，更超过以往各届。1998年，学校投入及社会各界赞助的资金总额在20万元以上。各院系也为此设立了专项经费，从3月份起，共有300多件作品参加了评选，这些作品包括科技制作、学术论文、社会调查报告三大类，经过初评和终审，有四分之一的作品分获一、二、三等奖和鼓励奖，其中部分优秀作品还被选送参加全国“挑战杯”大学生课外学术科技作品竞赛及其他全国性比赛。目前，该项活动的奖项“北京大学‘挑战杯’五四青年科学奖”已成为北大学生课外科技活动的最高奖，也是最具影响力的传统奖项。

此外，北京大学在1998年度的北京市数学建模与计算机应用竞赛和全国大学生建模竞赛中获一等奖数量居全国高校之首。北大已连续数年获此殊荣。在科普方面，北大被评为1998年北京市科普先进单位，是所有获此奖项的单位中唯一的一所高校。

(王永辉)

【学生会与研究生会】　1998年，北京大学学生会和研究生会以服务同学学习生活为根本宗旨和中心，以内部制度化、规范化的组织建设和管理为起点，以庆祝母亲百年华诞为重点，开展了多种类型的活动，丰富了校园文化生活。

本着“弘扬主旋律，大力出精品”的原则，学生会和研究生会推出了一系列精品活动。为弘扬北大百年学术传统，倡引兼容并包、求学问难的开放学风，学生会自1998年3月中旬起举办了“百年北大、学问中国”大型系列学术报告，邀请校内外一批正当盛年的学者就哲学、政治、经济、社会、法律、历史、教育等方面的学术问题做了主题报告，并以此向北大百年华诞献礼。研究生会配合团委研究生部推出“中华文明之光”系列讲座，弘扬传统文化的精华，增进当代大学生的文化底蕴，收到了良好效果。除此之外，学生会还举办了“纪念一代伟人邓小平逝世一周年报告会”，缅怀了小平同志的丰功伟绩。与此同时，生动活泼的文艺活动也精彩纷呈，为校庆期间的校园文化增添了一道亮丽的色彩。研究生会在五四前夕举办的“迎校庆露天电影展”受到广大同学的喜爱，学生会举办的“百年如歌——北大十佳歌手赛”、研究生会主办的“百年的北大，永恒的家园”文艺晚会等活动更是激发了同学们对母校的挚爱，将校庆系列活动推向高潮。

另外，学生会和研究生会在“大力出精品”的同时，也适时地推出传统的活动，如以“心灵的沟通、思想的净化、灵魂的升华”为主题的第六届女生文化节，从各个不同的侧面展现了当代女大学生的风采与多才多艺，在校园中引起了热烈的反响。而第四届“我爱我师——最受学生爱戴的十佳教师”评选活动更是超出往年的规模，吸引了广大老师、学生的注意力，起到了沟通学生与老师的桥梁作用。

（王永辉）

【青年志愿者活动】 “青年志愿者活动”是团中央发起的一项“朝阳工程”。在团中央的号召和支持下，全国的青年志愿者活动蓬勃开展起来，北京大学也先后涌现出许多优秀的青年志愿者团体。自1996年北大青年志愿者总队成立以来，有近3000名北大学子加入到这个无私奉献的行列中，他们在北大百年校庆及校园精神文明建设中都发挥了重要的作用。1998年，北大青年志愿者总队相继举办了“一厂一校”义务家教，与下岗女工手拉手，社区街道共建，文明讲师团等大型活动。

1998年，北京大学迎来了她的百年华诞，北大青年志愿者也开始忙碌起来。校庆期间，一群群身穿红马甲的志愿者承担起了校内导游，维持秩序及各项晚会、庆典的接待服务等任务。青年志愿者以其严整的阵容、专业的素养和出色的表现赢得了四海来宾和校友的交口称赞。作为北大青年志愿者培训基地的“北京大学青年志愿者文明礼仪学校”，将这些热情的青年培养为具有现代文明礼仪和很高专业素质的志愿者，为百年校庆活动乃至北大今后的志愿者活动提供了坚实的保障。

百年校庆的实践证明，校园需要志愿者，社会需要志愿者，时代需要志愿者。而北大青年志愿者的宗旨就是“面向校庆，做今日的北大主人；面向校园，做文明修身的先锋；面向社会，做传播精神文明的志愿者，做跨世纪的合格人才”。

（王永辉）

· 人　物 ·

历任学校负责人

1898 至 1948 年北京大学历届负责人名单

姓　名	任职日期	离职日期	附注
孙家鼐	1898.7	1899.12	时称管理大学堂事务大臣，简称管学大臣
许景澄	1899.7	1900.7	
张百熙	1902.1	1904.1	
张亨嘉	1904.2	1906.2	此后称京师大学堂代理总监督
曹广权	1906.2	1906.3	
李家驹	1906.3	1907.7	
朱益藩	1907.7	1907.12	
刘廷琛	1908.1	1910.9	
柯劭忞	1910.9	1911.12	署理
劳乃宣	1911.12	1912.2	1911 年 12 月，劳乃宣请假，由刘经绎暂行代理
严　复	1912.2	1912.10	1912 年 5 月后，改称北京大学校校长
章士钊	1912.10	1912.12	章未到任，由马良代理校长
何燏时	1912.12	1913.11	
胡仁源	1913.11	1916.12	
蔡元培	1916.12	1927.7	1923 年 8 月，蔡赴欧由蒋梦麟代理校长 1926 年 3 月。蒋离京。由余文灿、陈大气先后代理校务
刘　哲	1927.8	1928.6	时北大等九校合并为京师大学校，刘为校长
李煜瀛	1928.6	1929.1	时北大并入北平大学李为北平大学校长
陈大齐	1929.1	1929.8	时称北大学院院长
蔡元培	1929.9	1930.12	复称校长蔡未到任，由陈大齐代理
蒋梦麟	1930.12	1945.10	1937 年 10 月至 1938 年 4 月长沙临时大学和 1938 年 4 月至 1946 年 5 月西南联合大学时期，由北大、清华、南开三校校长组成常务委员会主持校务，蒋为常务委员
胡　适	1945.10	1948.12	胡未到任前，由傅斯年代理．1946 年 7 月，胡到达北平就任

1949至1998年行政负责人名单

校务委员会主席

汤用彤 1949.5～1951.9

校长		副校长	
马寅初	1951.6～1960.3	汤用彤	1951.9～1964.3
		江隆基	1952.11～1959.8
		马适安(兼)	1956.7～1958.10
		周培源	1956.11～1960.3
		陆　平(兼)	1957.10～1960.3
		邹鲁风(兼)	1959.4～1959.11
陆　平(兼)	1960.3～1966.5	周培源	1960.3～1966.5
		翦伯赞	1962.3～1966.5
		傅　鹰	1962.3～1966.5
		王竹溪	1962.3～1966.5
		魏建功	1962.3～1966.5
		黄一然	1962.10～1966.5
		戈　华(兼)	1963.2～1966.5
周培源	1978.7～1981.3	高　铁(兼)	1977.11～1980.2
		汪小川(兼)	1978.7～1980.5
		冯　定	1978.7～1981.3
		殷玉昆(兼)	1978.7～1979.8
		王竹溪	1978.7～1981.6
		季羡林	1978.7～1981.6
		张龙翔	1978.7～1981.6
		沈克琦	1978.7～1981.6
		张　萍	1979.8～1981.6
		王路宾	1979.12～1981.6
		王学珍	1981.3～1981.6
张龙翔	1981.6～1984.3	王竹溪	1981.6～1983.1
		季羡林	1981.6～1984.3
		沈克琦	1981.6～1984.3
		张　萍	1981.6～1984.3
		王路宾	1981.6～1984.3
		王学珍	1981.6～1984.3
丁石孙	1984.3～1989.8	张学书	1984.3～1989.8
		朱德熙	1984.3～1986.11
		沙健孙	1984.3～1987.3
		陈佳洱	1984.8～1989.8
		谢　青	1984.8～1989.8
		罗豪才	1986.11～1989.8
		周尔鎏	1987. ～1989.8
吴树青	1989.8～1996.8	张学书	1989.8～1991.5
		陈佳洱	1989.8～1996.8
		谢　青	1989.8～1991.5
		罗豪才	1989.8～1995.6

校　长		副校长	
		周尔鎏	1989.8～1991.5
		郭景海(兼)	1989.9～1995.6
		王义遒	1990.4～1996.12
		梁　柱	1991.3～1996.12
		李安模	1991.12～1996.12
		于　洸	1992.5～1993.7
		迟惠生	1992.8～1996.12
		任彦申	1994.5～1996.12
		郝　斌	1994.12～1996.12
		马树孚	1995.6～1996.12
		闵维方	1995.6～1996.12
		陈章良	1995.6～1996.12
陈佳洱	1996.8～	王义遒	1996.12
		闵维方	1996.12～
		迟惠生	1996.12～
		马树孚	1996.12～
		陈章良	1996.12～
		何芳川	1996.12～
		林钧敬	1996.12～

名誉校长

马寅初　1979.9～1982.5

顾　问

冯　定　1981.3～1983.10

王路宾　1984.3～1986.7

项子明　1984.3～1990.3

1949至1998年党组织负责人名单

1949年1月至1951年2月中国共产党在北京大学的组织建制是总支部委员会

书　记		副书记	
肖　松	1949.1～1949.3		
林乃燊	1949.3～1949.6	叶向忠	1949.3～1949.6
叶向忠	1949.6～1951.2	殷汝棠	1949.3～1949.6
		林乃燊	1949.6～1949.9
		文　重	1949.9～1950.3
		许世华	1950.3～1950.9

1951年2月起中国共产党在北京大学的组织建制为党的委员会

书　记		副书记	
叶向忠	1951.2～1951.10	王学珍	1951.2～1951.10
张群玉(女)	1951.10～1952.10	王学珍	1951.10～1952.10
李　瑚	1952.10～1954.12	张群玉(女)	1952.10～1954.12

书　记		副书记	
		谢道渊	1952.10～1954.12
史梦兰	1954.12～1956.12	张群玉(女)	1954.12～1956.12
		谢道渊	1954.12～1956.12
江隆基 (第一书记)	1956.12～1957.10	史梦兰 (第一副书记)	1956.12～1957.10
马适安 (第二书记)	1956.12～1957.10	张群玉(女)	1956.12～1957.10
		谢道渊	1956.12～1957.10
陆　平 (第一书记)	1957.10～1959.1	史梦兰	1957.10～1959.1
江隆基 (第二书记)	1957.10～1959.1	张群玉(女)	1957.10～1959.1
马适安 (第三书记)	1957.10～1958.10	谢道渊	1957.10～1959.1
陆　平	1959.1～1963.4	史梦兰 (1959.1～1959.5为第一副书记)	1959.1～1963.4
		邹鲁风 (第一副书记)	1959.5～1959.11
		崔雄昆	1959.1～1963.4
		张群玉(女)	1959.1～1963.4
		谢道渊	1959.1～1963.4
		冯　定	1959.1～1963.4
		张学书	1960.10～1963.4
		戈　华 (第一副书记)	1963.2～1963.4
陆　平	1963.4～1966.5	戈　华 (第一副书记)	1963.4～1966.5
		冯　定	1963.4～1966.5
		史梦兰	1963.4～1966.3
		谢道渊	1963.4～1966.5
		张学书	1963.4～1966.5
		彭珮云(女)	1964.9～1966.5
		黄辛白	1976.10～1977.9
		张学书	1976.10～1977.9
		马石江	1976.10～1977.9
周　林	1977.9～1979.12	高　铁	1977.11～1979.12
		韦　明	1977.11～1978.8
		黄辛白	1977.9～1978.4
		张学书	1977.9～1979.12
		马石江	1977.9～1979.12
		汪小川	1978.4～1979.12
		殷玉昆	1978.4～1979.8
		戈　华	1978.4～1979.12
		张　萍(兼)	1979.8～1979.12
韩天石	1979.12～1982.9	王路宾(兼)	1979.12～1984.3
		高　铁(兼)	1979.12～1980.2
		戈　华	1979.12～1981.1

书　记		副书记	
		周培源(兼)	1979.12～1981.3
		张学书	1979.12～1984.3
		马石江	1979.12～1983.1
		张　萍(兼)	1979.12～1981.10
项子明(代理书记)	1982.9～1984.3	项子明	1981.11～1984.3
王学珍	1984.3～1991.1	张学书	1984.3～1986.4
		郝　斌	1984.3～1991.1
		郭景海	1986.4～1991.1
		林炎志	1989.8～1991.1
		梁　柱	1989.9～1991.1
汪家镠	1991.1～1994.7	郝　斌	1991.1～1994.7
		郭景海	1991.1～1994.7
		林炎志	1991.1～1993.5
		梁　柱	1991.1～1991.3
		任彦申	1991.1～1994.7
任彦申	1994.7～	郝　斌	1994.7～
		朱善璐	1994.7～1996.9
		赵存生	1994.7～
		岳素兰(女)	1996.12～
		王登峰	1999.2～

建国以来曾任中共中央委员和候补委员、中共全国代表大会代表、中共北京市委常委人员名单

江隆基	中共八大代表
陆　平	中共八大代表
王路宾	中共八大代表
聂元梓	中共九大代表，中共第九届中央候补委员
由国栋	中共九大代表
周一良	中共十大代表
韩天石	中共十二、十三大代表
王学珍	中共十三大代表，中共第十二、十三届中央候补委员
汪家镠	中共十二、十三、十四大代表，中共第十二、十三届中央候补委员、第十四届中央委员，北京市委常委、副书记
吴树青	中共十四大代表
项子明	中共北京市委常委
沙健孙	中共十三、十四大代表，中共第十三、十四届中央候补委员
任彦申	中共十五大代表
陈佳洱	中共第十五届中央候补委员

北京大学历届全国人民代表大会代表、北京市人大负责人名单

曾昭抡	第一届全国人大代表
马寅初	第一、二、五届全国人大常委
江隆基	第一、三届全国人大代表
汤用彤	第一、二、三届全国人大代表
翦伯赞	第一、二、三届全国人大代表
许德珩	第一届全国人大常委，第二、三届全国人大代表，第四、五、六届全国人大副委员长
郑　昕	第一届全国人大代表
王路宾	第一届全国人大代表
叶企孙	第一、二、三届全国人大代表
林汉达	第一届全国人大代表
严景耀	第一、二、三届全国人大代表
吴　晗	第一、二、三届全国人大代表
雷洁琼	第一、二、三届全国人大代表，第六届全国人大常委，第七、八届全国人大副委员长
周培源	第一、二、三、四届全国人大代表，第五届全国人大常委
曹靖华	第一、二、三届全国人大代表
马　坚	第一、二、三、四、五届全国人大代表
费孝通	第一届全国人大代表，第七、八届全国人大副委员长
金岳霖	第三届全国人大代表
黄　昆	第三届全国人大代表
徐光宪	第三届全国人大代表
高小霞	第三届全国人大代表
王竹溪	第三届全国人大代表
魏建功	第三、四届全国人大代表
李继侗	第三届全国人大代表
冯友兰	第四届全国人大代表
范达人	第四届全国人大代表
季羡林	第六届全国人大常委
安太庠	第六、七、八届全国人大代表
朱德熙	第七届全国人大常委
胡代光	第七届全国人大常委
厉以宁	第七、八、九届全国人大常委，兼任第八届全国人大法律委员会副主任委员
吴树青	第八、九届全国人大常委
陈章良	第八、九届全国人大代表
闻家驷	北京市第七、八届人大副主任
张恭庆	第九届全国人大代表
王　选	第九届全国人大代表
申　丹	第九届全国人大代表
李庆云	第九届全国人大代表
杨紫烜	第九届全国人大代表

北京大学历届全国政协委员、北京市政协负责人名单

江隆基　第一届全国政协代表
许德珩　第一届全国政协代表,第一、二、三届全国政协常委,第四、五届全国政协副主席
马寅初　第一届全国政协代表,第一、二届全国政协委员,第三、四、五届全国政协常委
翦伯赞　第一届全国政协代表
雷洁琼　第一央全国政协代表,第五届全国政协常委,第六届全国政协副主席,曾任北京市政协副主席
陆　平　第一届全国政协代表,第六、七届全国政协常委兼副秘书长,兼第七届全国政协教育文化委员会副主任委员
汤用彤　第一届全国政协代表,第三届全国政协常委
曾昭抡　第一、二、三、四届全国政协委员
罗常培　第一届全国政协代表
樊　弘　第一、六届全国政协委员
马　坚　第一届全国政协代表,第一届全国政协委员
向　达　第二、三、四届全国政协委员
郑　昕　第二、三、四届全国政协委员
饶毓泰　第二、三届全国政协委员,第四届全国政协常委
熊十力　第一届全国政协特邀代表,第二、三、四届全国政协委员
金岳霖　第二、三、五、六届全国政协委员
陈岱孙　第二、三、四、五、八届全国政协委员,第六、七届全国政协常委
冯友兰　第二、三、四届全国政协委员,第六、七届全国政协常委
冯　定　第二、三、四届全国政协委员,第五届全国政协常委
朱光潜　第二、三、四、五届全国政协委员,第六届全国政协常委
闻家驷　第三届全国政协委员,第四、五、六、七届全国政协常委曾任北京市政协副主席
周培源　第三、四届全国政协常委,第五、六、七、八届全国政协副主席
江泽涵　第三、四、五、六届全国政协委员
季羡林　第二、三、四、五届全国政协委员
唐　钺　第二、三、四、五、六届全国政协委员
王　瑶　第二、六、七届全国政协委员
张　颐　第二、三、四届全国政协委员
周炳琳　第二、三届全国政协委员
楼邦彦　第二届全国政协委员
金克木　第三、四、五、六、七届全国政协委员
侯仁之　第三、四、五、六、七届全国政协委员
邵循正　第三、四届全国政协委员
游国恩　第三、四、五届全国政协委员
袁翰青　第一届全国政协代表,第二、三、四、五届全国政协委员第六、七届全国政协常委
薛　愚　第一届全国政协代表,第三、四、五、六届全国政协委员
叶企孙　第一届全国政协代表
林汉达　第一届全国政协代表
傅　鹰　第三、四届全国政协委员,第五届全国政协常委
黄子卿　第二、三、四、五届全国政协委员

俞大絪	第四届全国政协委员
王　力	第四届全国政协委员，第五、六届全国政协常委
乐森璕	第四、五、六届全国政协委员
张秋华	第四届全国政协委员
王竹溪	第五届全国政协委员
徐光宪	第五、六、七、八届全国政协委员
高小霞	第五、六、七届全国政协委员
曹靖华	第一届全国政协候补代表，第五、六届全国政协委员
唐有祺	第六届全国政协委员，第七、八届全国政协常委，兼第七、八届科技委员会副主任
王铁崖	第六、七届全国政协委员
邓广铭	第六届全国政协委员
王路宾	第六届全国政协委员
项子明	第六、七届全国政协委员
郭麟阁	第六届全国政协委员
张芝联	第六、七、八届全国政协委员
金开诚	第六届全国政协委员，第七、八届全国政协常委
丁石孙	第七届全国政协委员，第八届全国政协常委，兼第七、八届全国政协教育文化委员会副主任委员
黄辛白	第七、八届全国政协委员
赵　靖	第七、八届全国政协委员
姜伯驹	第七、八、九届全国政协委员
赵理海	第七届全国政协委员
张广达	第七届全国政协委员
罗豪才	第八届全国政协常委兼副秘书长
袁行霈	第八、九届全国政协常委
罗荣渠	第八届全国政协委员
王学珍	第八届全国政协委员
赵柏林	第八、九届全国政协委员
王　甦	第八、九届全国政协委员
裘锡圭	第八、九届全国政协委员
黎乐民	第八届全国政协委员，第九届全国政协常委
谢衷洁	第八、九届全国政协委员
王　选	第八届全国政协委员
甘子钊	第八届全国政协委员，第九届全国政协常委
严景耀	第一届全国政协代表
吴　晗	第一届全国政协委员，第二、三、届全国政协常委
费孝通	第三、四届全国政协委员，第五届全国政协常委，第六届全国政协副主席
许宝騄	第四届全国政协委员
黄　昆	第五、六、七届全国政协常委
邢其毅	第六、七届全国政协委员
李孝方	第六、七届全国政协委员
韩汝琦	第九届全国政协常委，北京市政协副主席
叶　朗	第九届全国政协常委
倪静云	第九届全国政协委员
肖灼基	第九届全国政协委员
袁　明	第九届全国政协委员
王晓秋	第九届全国政协委员
林毅夫	第九届全国政协委员

叶文虎　第九届全国政协委员
晏懋洵　第九届全国政协委员
任彦申　第九届全国政协委员
沙健孙　第九届全国政协委员

建国以来北京大学曾任各民主党派中央和北京市委负责人名单

中国民主同盟

马叙伦　第一、二、三届中央副主席
吴　晗　第一、二届中央常委，第二、三届中央副主席
曾昭抡　第一、二届中央常委
费孝通　第二、三届中央常委，第四届中央副主席，第五、六、七届中央主席，第八届中央名誉主席
闻家驷　第三届中央常委，第四、五届中央副主席，第八届中央名誉副主席，北京市副主任、主任
金岳霖　第三、四届中央常委
朱德熙　第五、六届中央常委
丁石孙　第五届中央常委，第六届中央副主席，第七、八届中央主席
张芝联　第五、六、七届中央常委
袁行霈　第七届中央常委，第七、八届副主席
厉以宁　第七届中央常委，第七、八届副主席
赵　靖　第五、六、七、八届北京市副主委
章立源　第七届北京市副主委
黎乐民　第八届中央常委

九三学社

许德珩　第一、二届中央理事会主席，第三、四、五、六、七届中央委员会主席
薛　愚　第一、二届中央常务理事，第三届中央常委
袁翰青　第三、四、六、七届中央常委
周培源　第四届中央常委，第五、六、七届中央副主席，第八届中央主席，第九届中央名誉主席
魏建功　第四、五届中央常委
王竹溪　第六届中央副主席
金克木　第六、七届中央常委
黄子卿　第六届中央常委
李孝方　第七届中央常委
金开诚　第八届中央常委，第九、十届中央副主席
张合义　第八届中央常委，第七届北京市副主席
王　选　第十届中央副主席

中国民主促进会

马叙伦　第一、二届中央常务理事，第三届中央理事会主席，第四、五届中央委员会主席
严景耀　第三届中央常务理事，第四、五届中央常务委员
雷洁琼　第四、五届中央常委，第六届中央副主席，第七、八、九届中央主席，第十届中央名誉主席
章廷谦　第六届中央常委

林汉达	第一、三届中央理事会常务理事,第四届中央委员会副主席,第五届中央委员会常委

中国国民党革命委员会

胡代光	第七、八届中央常委
韩汝琦	第八、九届中央常委、第十届北京市副主任委员

致公党

罗豪才	第十届中央常委、副主席,第十一届中央主席
梁立基	第十届中央常委、第三、四届北京市副主席
叶文虎	第十一届中央常委

中国民主建国会

肖灼基	第七届中央常委
晏懋洵	第七届中央常委

台湾民主自治同盟

彭克巽	第四、五届中央委员,第四、五、六届北京市副主委

院　士　一　览

1955年以来历届中国科学院院士与中国工程院院士中,在北京大学学习或工作过的共396名。其中北京大学教师中的院士52名;北京大学校友(包括西南联大与燕京大学在册师生)中的院士308名;曾任和现任北京大学兼职教授中的院士36名。

北京大学教师中的院士(学部委员)

中国科学院数学物理学部

王竹溪(1911～1983) 湖北公安人。1938～1946年任西南联大教授。1952年后任北京大学物理系教授,曾任副校长。1955年当选为学部委员(院士)。

叶企孙(1898～1977) 上海市人。1937～1946年任西南联大物理系教授。1952年后任北京大学物理系教授,曾任金属物理教研室和磁学教研室主任、校务委员会委员。1955年当选为学部委员(院士)。

江泽涵(1902～1994) 安徽旌德人。1931年任北京大学数学系教授。1938～1946年任西南联大教授。1946年后任北京大学教授,曾任数学系主任。1955年当选为学部委员(院士)。

许宝騄(1910～1970) 浙江杭州人。1928～1930年在燕京大学化学系学习。1933～1936年在北京大学数学系任教。1940～1946年任西南联大教授。1947～1970年任北京大学数学系、数力系教授。1955年当选为学部委员(院士)。

周培源(1902～1993) 江苏宜兴人。1937～1943年任西南联大教授。1952年后历任北京大学数力系、力学系教授和教务长、副校长、校长等职。1955年当选为学部委员(院士)。

胡　宁(1916～1997) 江苏宿迁人。1938年毕业于西南联大物理系。1950年后任北京大学物理系教授。1983年任北京大学理论物理研究所所长。1955年当选为学部委员(院士)。

段学复(1914～) 陕西华县人。1937～1940年任西南联大算学系助教。1952年起任北京大学数学力学系教授,曾任系主任、学术委员会主任。现任北京大学数学科学学院教授。1955年当选为学部委员(院士)。

饶毓泰(1891～1968) 江西临川人。1933年起任北京大学物理系教授,曾任物理系主任(1933～1952),理学院院长(1947～1950)。1937～1942年任西南联大物理系教授、系主任。1955年当选为学部委员(院士)。

胡济民(1919～1998) 江苏如皋人。1955年起任北京大学教授,曾任技术物理系主任。1980年当选为学部委员(院士)。

姜伯驹(1937～) 天津市人。1957年北京大学数力系毕业,后留校任教。现任北京大学数学科学学院教授、博士生导师、院长。1980年当选为学部委员(院士)。

程民德(1917～) 江苏吴县人。1952年起任北京大学数学力学系教授、数学研究所所长。现任北京大学数学科学学院教授。1980年当选为学部委员(院士)。

廖山涛(1920～1997) 湖南衡山人。1938～1942年在西南联大算学系学习。1956年起任北京大学数学系教授。1980年当选为学部委员(院士)。

甘子钊(1938～) 广东信宜人。1959年毕业于北京大学物理系。1963年研究生毕业后留校任教。现任北京大学物理系教授、博士生导师、系主任,固体物理研究所所长。1991年当选为学部委员(院士)。

杨立铭(1919～) 江苏溧水人。1952年起至今任北京大学物理系教授、博士生导师。1991年当选为学部委员(院士)。

张恭庆(1936～) 上海市人。1959年北京大学数力系毕业,后留校任教。现任北京大学数学科学学院教授、博士生导师、数学研究所所长。1991年当选为学部委员(院士)。

郭仲衡(1933～1993) 广东中山人。1963～1993年任北京大学数学系教授。1991年当选为学部委员(院士)。

陈佳洱(1934～) 上海市人。1955年起在北京大学任教,历任北京大学技术物理系教授、副系主任、重离子物理研究所所长,副校长兼研究生院院长。现任北京大学校长。1993年当选为院士。

杨应昌(1934～) 北京市人。1958年北京大学物理系毕业,后留校任教。现任北京大学物理系教授、博士生导师。1997年当选为院士。

中国科学院化学部

张青莲(1908～) 江苏常熟人。1939～1946年任西南联大教授。1952年起任北京大学化学系教授,曾任系主任。现任北京大学化学与分子工程学院教授、博士生导师。1955年当选为学部委员(院士)。

黄子卿(1900～1982) 广东梅县人。1937～1946年任西南联大教授。1952年起任北京大学化学系教授兼物理化学教研室主任。1955年当选为学部委员(院士)。

傅　鹰(1902～1979) 福建闽侯人。1919～1922年在燕京大学理学院化学系学习。1954年起任北京大学化学系教授、胶体化学教研室主任。1962年任北京大学副校长。1955年当选为学部委员(院士)。

冯新德(1915～) 江苏吴江人。1952年起任北京大学化学系教授,曾任高分子教研室主任。现任北京大学化学与分子工程学院教授、博士生导师。1980年当选为学部委员(院士)。

邢其毅(1911～) 贵州贵阳人。1946年后任北京大学化学系和农化系教授。长期担任北京大学化学系有机化学教研室主任。现任北京大学化学与分子工程学院教授、博士生导师、稀土化学研究中心主任。1980年当选为学部委员(院士)。

徐光宪(1920～) 浙江绍兴人。1951年起历任北京大学化学系和技术物理系教授、教研室主任、技术物理系副系主任。现任北京大学化学与分子工程学院教授、博士生导师。1980年当选为学部委员(院士)。

高小霞(1919～1998) 浙江萧山人。1951年后任北京大学化学系副教授、教授、分析化学教研室主任。北京大学化学与分子工程学院教授、博士生导师。1980年当选为学部委员(院士)。

唐有祺(1920～) 上海南汇人。1951年后任北京大学化学系副教授、教授。现任北京大学化学与分子工程学院教授、、博士生导师、物理化学研究所所长。1980年当选为学部委员(院士)。

刘元方(1931) 浙江镇

海人。1952年燕京大学化学系毕业,后一直在北京大学任教。现任北京大学技术物理系教授、博士生导师。1991当选为学部委员(院士)。

张　滂(1917～　) 江苏南京人。1942年毕业于西南联大化学系。1949年起先后任燕京大学副教授、北京大学教授。现任北京大学化学与分子工程学院教授、博士生导师。1991当选为学部委员(院士)。

黎乐民(1935～　) 广东电白人。1959年毕业于北京大学技术物理系。1965年北大研究生毕业后留校任教。曾任化学系副教授、教授。现任北京大学化学与分子工程学院教授、博士生导师、稀土化学研究中心副主任。1991年当选为学部委员(院士)。

中国科学院生物学部

张景钺(1895～1975) 江苏武进人。1932年后任北京大学生物系教授、系主任。1937～1946年任西南联大生物系教授、系主任。1946年起任北京大学生物系教授、系主任。1949年后曾任北京大学理学院院长。1955年当选为学部委员(院士)。

翟中和(1930～　) 江苏溧阳人。1956年后任北京大学生物系副教授、教授。现任北京大学生命科学学院教授、博士生导师。1991年当选为学部委员(院士)。

中国科学院地学部

乐森璕(1899～1989) 贵州贵阳人。1924年毕业于北京大学地质系。1936～1937年任北京大学地质系教授。1955年后任北京大学地质地理系教授。1964～1983年任地质系主任。1955年当选为学部委员(院士)。

王　仁(1921～　) 浙江吴兴人。1943年毕业于西南联大航空工程系。1955年起先后任北京大学数力系、力学系、地质系副教授、教授。曾任地震地质教研室主任、力学系主任。现任北京大学力学与工程科学系教授、博士生导师。1980年当选为学部委员(院士)。

侯仁之(1911～　) 河北枣强人。1936年燕京大学历史系毕业。1940年获硕士学位。1949～1952年任燕京大学历史系教授。1952年后任北京大学地质地理系教授,曾任系主任和北京大学副教务长。现任北京大学城市与环境学系教授、博士生导师。1980年当选为学部委员(院士)。

董申保(1917～　) 北京市人。1936年入北京大学地质系学习。1940年毕业于西南联大地质地理气象系。1944年西南联大研究生院地质学部硕士毕业。1950～1952年在北京大学任教。1984年后任北京大学地质系教授、博士生导师。1980年当选为学部委员(院士)。

谢义炳(1917～1995) 湖南新田人。1940年毕业于西南联大地质地理气象系。1952年起历任北京大学教授、物理系副主任、地球物理系主任。1980年当选为学部委员(院士)。

赵柏林(1929～　) 辽宁辽中人。1952年起先后在北京大学物理系、地球物理系任教。现任北京大学地球物理系教授、博士生导师。1991年当选为学部委员(院士)。

中国科学院技术科学部

王　选(1937～　) 江苏无锡人。1958年北京大学数学力学系毕业,后留校任教。现任北京大学计算机研究院教授、博士生导师、文字信息处理国家重点实验室主任。1991年当选为学部委员(院士)。1994年又当选为中国工程院信息与电子工程学部院士。

杨芙清(1932～　) 江苏无锡人。1955年毕业于北京大学数学力学系。1959年研究生毕业后留校任教。现任北京大学计算机科学技术系教授、博士生导师、系主任。1991年当选为学部委员(院士)。

吴全德(1923～　) 浙江黄岩人。1952～1959年在北京大学物理系任教。1959年起在无线电电子学系任教。现任北京大学电子学系教授、博士生导师。1991年当选为学部委员(院士)。

石青云(1936～　) 四川合川人。1957年北京大学数学力学系毕业,后留校任教。现任北京大学数学科学学院教授、博士生导师,兼任北京大学信息科学中心主任。1993年当选为院士。

王阳元(1935～　) 浙江镇海人。1958年北京大学物理系毕业,后留校任教,现任北京大学计算机科学技术系教授、微电子研究所所长、博士生导师。1995年当选为院士。

中国科学院哲学社会科学部

王　力(1900～1986) 广西博白人。1937～1946年在西南联大任教。1954年起任北京大学中文系教授，曾任汉语教研室主任、副系主任。1955年当选为学部委员。

马寅初（1882～1982）　浙江嵊县人。1916～1920年任北京大学经济门（系）教授、研究所主任，商学门主任、北大第一任教务长。1951～1960年任北京大学校长。1979年后任北京大学名誉校长。1955年当选为学部委员。

向　达（1900～1966）　湖南溆浦人。1939～1946年任西南联大历史系教授。1946～1966年任北京大学历史系教授。1949～1957年兼任北大图书馆馆长。1955年当选为学部委员。

冯友兰（1895～1990）　河南唐河人。1918年毕业于北京大学哲学系。1926～1928年任燕京大学教授。1939～1946年任西南联大教授、文学院院长。1952年后任北京大学哲学系教授。1955年当选为学部委员。

冯　定（1902～1983）　浙江慈溪人。1957年任北京大学哲学系教授。1959～1966年任校党委副书记。1978～1981年任副校长。1955年当选为学部委员。

汤用彤（1893～1964）　湖北黄梅人。1930～1937年任北京大学教授。1937～1946年任西南联大教授、哲学心理系主任、文学院代院长。1946年任北京大学教授，兼哲学系主任、文学院院长。1949年后历任北京大学校务委员会主席、副校长。1955年当选为学部委员。

季羡林（1911～　）　山东清平（今临清）人。1946年后历任北京大学东方语言文学系教授、系主任，南亚东南亚研究所所长，副校长等职。现任东方学系教授、校务委员会副主任。1955年当选为学部委员。

魏建功（1901～1980）　江苏海安人。1925年毕业于北京大学中文系。1929～1938年任北京大学副教授、教授。1938～1946年任西南联大教授。1948年后历任北京大学中文系教授、系主任，副校长等职。1955年当选为学部委员。

翦伯赞（1898～1968）　湖南桃源人。1950～1952年任燕京大学教授。1952年后历任北京大学历史系教授、系主任，副校长。1955年当选为学部委员。

中国工程院信息与电子工程学部

王　选　（双院士）

中国工程院农业轻纺与环境工程学部

唐孝炎（1932～　）　江苏太仓人。1950年考入燕京大学化学系。1953年北京大学化学系毕业，后留校任教。1955年起在北大技术物理系任教，曾任放射化学教研室副主任、环境化学教研室主任。1985年后任北大环境科学中心教授、主任。1995年当选为院士。

北京大学校友中的院士（学部委员）

中国科学院物理学部

马大猷（1915～　）　广东潮阳人。1936年毕业于北京大学物理系。1940～1946年任西南联大电机工程系教授。1946～1952年任北京大学物理系教授、电机系主任、工学院院长。1955年当选为学部委员（院士）。

王湘浩（1915～1993）　河北安平人。1937年毕业于北京大学数学系。1938～1945年任西南联大数学系助教、讲师。1949～1952年任北京大学数学系副教授、教授。1955年当选为学部委员（院士）。

周同庆（1907～1989）　江苏昆山人。1933～1936年任北京大学物理系教授。1955年当选为学部委员（院士）。

赵忠尧（1902～1998）　浙江诸暨人。1938～1945年任西南联大物理系教授。1955年当选为学部委员（院士）。

钱三强（1913～1992）　浙江湖州人。1929～1932年在北京大学理预科学习。1955年当选为学部委员（院士）。

华罗庚（1910～1985）　江苏金坛人。1938～1946年任西南联大算学系教授。1955年当选为学部委员（院士）。

吴有训（1897～1977）　江西高安人。1937～1945年任西南联大物理系教授、理学院院长。1955年当选为学部委员（院士）。

余瑞璜（1906～　）　江西宜黄人。1939～1946年任西南联大物理系副教授、教授。1955年当选为学部委员（院士）。

钱伟长（1912～　）　江苏无锡人。1939～1940年曾在西南联大任教。1946～1952年兼任燕京大学、北京大学教授。1955年当选为学部委员(院士)。

黄　昆(1919～　) 浙江嘉兴人。1941年毕业于燕京大学物理系。1944年获北京大学研究院物理学部硕士学位。1951～1977年任北京大学物理系教授,曾任物理系副主任、固体物理教研室主任、半导体物理教研室主任。1955年当选为学部委员(院士)。

葛庭燧(1913～　) 山东蓬莱人。1940年燕京大学理硕士。1940～1941年在西南联大物理系任教。1955年当选为学部委员(院士)。

吴文俊(1919～　) 上海市人。1951～1952年任北京大学数学系教授。1957年当选为学部委员(院士)。

张文裕(1910～1992) 福建惠安人。1931年燕京大学理学士,1933年获燕京大学物理系硕士学位。1939～1943年任西南联大物理系教授。1957年当选为学部委员(院士)。

张宗燧(1915～1969) 浙江杭州人。1948～1952年任北京大学物理系教授。1957年当选为学部委员(院士)。

郭永怀(1909～1968) 山东荣成人。1935年毕业于北京大学物理系。1935～1937年为北京大学物理学部研究生。1939～1940年为西南联大研究生,兼任助教。1957年当选为学部委员(院士)。

于　敏(1926～　) 河北宁河人。1949年毕业于北京大学物理系。1949～1951年为北京大学物理系研究生,兼任助教。1980年当选为学部委员(院士)。

王承书(1912～1994) 湖北武昌人。1934年燕京大学物理系理学士,1936年获燕京大学硕士学位。1980年当选为学部委员(院士)。

邓稼先(1924～1986) 安徽怀宁人。1945年毕业于西南联大物理系。1946～1948年任北京大学物理系助教。1980年当选为学部委员(院士)。

卢鹤绂(1914～　) 山东掖县人。1936年毕业于燕京大学物理系。1955～1957年任北京大学物理教研室教授,兼中子物理教研究室主任。1980年当选为学部委员(院士)。

朱光亚(1924～　) 湖北武汉人。1945年毕业于西南联大物理系。1950～1953年任北京大学物理系副教授。1955～1957年任北京大学物理系教授、物理研究室副主任。1980年当选为学部委员(院士)。1994年又当选为中国工程院能源与矿产工程学部院士。

关肇直(1919～1982) 广东南海人。1941年毕业于燕京大学数学系。1942～1947年先后在燕京大学　、北京大学任教。1980年当选为学部委员(院士)。

李正武(1916～　) 浙江东阳人。1938年毕业于西南联大物理系。1980年当选为学部委员(院士)。

李荫远(1919～　) 四川成都人。1943年毕业于西南联大物理系。1944～1946年任该系助教。1980年当选为学部委员(院士)。

杨　乐(1939～　) 江苏南通人。1962年毕业于北京大学数力系。1980年当选为学部委员(院士)。

萧　健(1920～1984) 湖南长沙人。1944年毕业于西南联大物理系。1980年当选为学部委员(院士)。

沈　元(1916～　) 福建福州人。1940年毕业于西南联大航空工程系,后留校任助教两年。1980年当选为学部委员(院士)。

陈　彪(1923～　) 福建福州人。1941～1942年在西南联大土木工程系学习。1980年当选为学部委员(院士)。

周光召(1929～　) 湖南长沙人。1954年北京大学物理系研究生毕业。1980年当选为学部委员(院士)。

胡世华(1912～　) 浙江吴兴人。1935年毕业于北京大学哲学系。1946～1953年任北京大学哲学系教授。1980年当选为学部委员(院士)。

洪朝生(1920～　) 北京市人。1940年毕业于西南联大电机工程系,后留校任教至1945年。1980年当选为学部委员(院士)。

徐叙瑢(1922～　) 山东临沂人。1945年毕业于西南联大物理系。1946～1951年任北京大学物理系助教兼作研究生。1980年当选为学部委员(院士)。

黄祖洽(1924～　) 湖南长沙人。1944～1946年在西南联大物理系学习。1980年当选为学部委员(院士)。

谢希德(1921～　) 福建泉州人。1956～1958年在北京大学物理系任教。1980年当选为学部委员(院士)。

谢家麟(1920～　) 黑龙江哈尔滨人。1943年毕业于燕京大学物理系。1980年当选为学部委员(院士)。

管惟炎(1928～　) 江苏如东人。1952～1953年在北京大学物理系学习。1980年当选为学部委员(院士)。

戴传曾(1921～1990) 浙江宁波人。1943年毕业于西南联大物理系。1942～1943年任物理系助理,1943～1946年任助教。1980年当选为学部委员(院士)。

万哲先(1927～　) 湖北沔阳人。1944～1946年在西南联大算学系学习。1991年当选为学部委员(院士)。

苏肇冰(1937～　) 江苏苏州人。1958年北京大学物理系毕业,留校任教至1961年。1991年当选为学部委员(院士)。

李德平(1926～　) 江苏兴化人。1944～1946年在西南联大物理系学习。1991年当选为学部委员(院士)。

张仁和(1936～　) 四川重庆人。1958年毕业于北京大学物理系。1991年当选为学部委员(院士)。

陈建生(1938～　) 福建福州人。1963年毕业于北京大学地球物理系。1991年当选为学部委员(院士)。

范海福(1933～　) 广东南海人。1956年毕业于北京大学化学系。1991年当选为学部委员(院士)。

周毓麟(1923～　) 浙江镇海人。1957～1960年在北京大学数力系任教。1991年当选为学部委员(院士)。

冼鼎昌(1935～　) 广东广州人。1956年毕业于北京大学物理系。1991年当选为学部委员(院士)。

徐至展(1938～　) 江苏常州人。1965年北京大学物理系研究生毕业。1991年当选为学部委员(院士)。

熊大闰(1938～　) 江西南昌人。1962年毕业于北京大学地球物理系。1991年当选为学部委员(院士)。

潘承洞(1934～　) 江苏苏州人。1956年毕业于北京大学数力系。1991年当选为学部委员(院士)。

王乃彦(1935～　) 福建福州人。1956年毕业于北京大学技术物理系。1993年当选为院士。

艾国祥(1938～　) 湖南益阳人。1963年毕业于北京大学地球物理系。1993年当选为院士。

严志达(1917～　) 江苏南通人。1941年毕业于西南联大算学系。1993年当选为院士。

吴杭生(1932～　) 安徽桐城人。1956年北京大学物理系研究生毕业,留校任教至1976年。1993年当选为院士。

应崇福(1918～　) 浙江宁波人。1944年西南联大物理系研究生毕业。1993年当选为院士。

霍裕平(1937～　) 北京市人。1959年毕业于北京大学物理系。1993年当选为院士。

陈省身(1911～　) 浙江嘉兴人。1937～1943年任西南联大算学系教授。1972年后任北京大学名誉教授。1994年当选为外籍院士。

林家翘(1916～　) 福建福州人。1937～1940年在西南联大物理系任教。1988年后任北京大学客座教授。1994年当选为外籍院士。

杨振宁(1922～　) 安徽合肥人。1942年毕业于西南联大物理系,1944年该校物理系研究生毕业。1994年当选为外籍院士。

李政道(1926～　) 上海市人。1945～1946年在西南联大物理系学习。1994年当选为外籍院士。

刘应明(1940～　) 福建福州人。1963年毕业于北京大学数力系。1995年当选为院士。

魏宝文(1935～　) 河南禹县人。1957年毕业于北京大学物理系。1995年当选为院士。

丁伟岳(1945～　) 上海市人。1968年毕业于北京大学数力系。1997年当选为院士。

张焕乔(1933～　) 四川巴县人。1956年毕业于北京大学物理系。1997年当选为院士。

陈难先(1937～　) 上海市人。1962年毕业于北京大学物理系。1997年当选为院士。

中国科学院化学部

纪育沣(1899～1982) 浙江鄞县人。1945～1946年在西南联大化学系任教。1955年当选为学部委员(院士)。

杨石先(1897～1985) 安徽怀宁人。1937～1945年任西南联大教授、化学系主任、师范学院理化系主任。1943年兼任教务长。1955年当选为学部委员(院士)。

张大煜(1906～1989) 江苏江阴人。1937～1941年任西南联大化学系教授。1955年当选为学部委员(院士)。

侯祥麟(1912～) 广东汕头人。1935年毕业于燕京大学化学系。1955年当选为学部委员(院士)。1994年又当选为中国工程院化工冶金与材料工程学部院士。

袁翰青(1905～1994) 江苏南通人。1947～1950年任北京大学化学系教授。1955年当选为学部委员(院士)。

唐敖庆(1915～) 江苏宜兴人。1936年考入北京大学化学系,1940年西南联大化学系毕业,留校任教。1950～1952年任北京大学化学系副教授、教授。1955年当选为学部委员(院士)。

梁树权(1912～) 广东中山人。1933年毕业于燕京大学化学系。1955年当选为学部委员(院士)。

曾昭抡(1899～1967) 湖南湘乡人。1931～1938年任北京大学化学系教授,曾任化学系主任。1938～1946年任西南联大化学系教授。1949～1951年任北京大学化学系教授兼系主任和校教务长。1955年当选为学部委员(院士)。

虞宏正(1897～1966) 福建闽侯人。1920年毕业于北京大学化学系。1928～1936年任北京大学化学系教授。1955年当选为学部委员(院士)。

蔡镏生(1902～1983) 福建泉州人。1924年毕业于燕京大学化学系。1932～1941年和1949～1952年任燕京大学教授,曾任系主任。1957年当选为学部委员(院士)。

申泮文(1916～) 广东从化人。1940年毕业于西南联大化学系。1980年当选为学部委员(院士)。

朱亚杰(1914～) 江苏兴化人。1938年毕业于西南联大化学系。1980年当选为学部委员(院士)。

严东生(1918～) 浙江杭州人。1939年毕业于燕京大学化学系。1941年燕京大学理学硕士。1980年当选为学部委员(院士)。1994年又当选为中国工程院化工冶金与材料工程学部院士。

萧　伦(1911～) 四川郫县人。1939年毕业于西南联大化学系。1939～1940年西南联大研究生。1955年兼任北京大学教授。1980年当选为学部委员(院士)。

何炳林(1918～) 广东番禺人。1942年毕业于西南联大化学系。1980年当选为学部委员(院士)。

汗德熙(1913～) 北京市人。1939～1941年任西南联大化学工程系助教。1980年当选为学部委员(院士)。

汪家鼎(1919～) 四川重庆人。1941年毕业于西南联大化工系。1941～1943年留校任助教。1946年任西南联大专任讲师。1980年当选为学部委员(院士)。

陈茹玉(1919～) 福建闽侯人。1942年毕业于西南联大化学系。1980年当选为学部委员(院士)。

钱人元(1917～) 江苏常熟人。1940～1943年任西南联大理化系助教。1980年当选为学部委员(院士)。

曹本熹(1915～1983) 上海市人。1938年毕业于西南联大化学系。1938～1942年任西南联大化学系助教。1980年当选为学部委员(院士)。

蒋丽金(1919～) 浙江杭州人。1938～1941年在燕京大学医预系学习。1946～1948年任北京大学医学院药化系助教。1980年当选为学部委员(院士)。

蒋明谦(1910～1995) 四川蓬溪人。1935年北京大学化学系毕业后留校任助教。1937～1942年在西南联大化学系任教。1950～1952年任北京大学医学院药学系教授。1980年当选为学部委员(院士)。

王　夔(1928～) 天津市人。1949年毕业于燕京大学化学系。1991年当选为学部委员(院士)。

孙家钟(1929～) 天津市人,1952年毕业于燕京大学化学系。1991年当选为学部委员(院士)。

余国琮(1922～　) 广东台山人。1943年毕业于西南联大化工系。1991年当选为学部委员(院士)。

陈俊武(1927～　) 福建长乐人。1948年毕业于北京大学化工系。1991年当选为学部委员(院士)。

陈庆云(1929～　) 湖南湘乡人。1952年毕业于北京大学化学系。1993年当选为院士。

朱起鹤(1924～　) 北京市人。1947～1948年北京大学化学系研究生。1948～1952年9月在燕京大学任教。1952年9月～1952年12月任北京大学化学系副教授。1995年当选为院士。

苏　锵(1931～　) 广东广州人。1952年毕业于北京大学化工系。1995年当选为院士。

方肇伦(1934～　) 天津市人。1957年毕业于北京大学化学系。1997年当选为院士。

白春礼(1953～　) 辽宁丹东人。1978年毕业于北京大学化学系。1997年当选为院士。

中国科学院生物学部

刘承钊(1900～1976) 山东泰安人。1927年毕业于燕京大学生物系。1955年当选为学部委员(院士)。

刘崇乐(1900～1969) 福建福州人。1937～1946年任西南联大农业研究所教授。1955年当选为学部委员(院士)。

汤佩松(1903～　) 湖北浠水人。1954～1960年任北京大学生物系植物生理教研室主任。1955年当选为学部委员(院士)。

李连捷(1908～1992) 河北玉田人。1932年毕业于燕京大学地学系。1946～1949年任北京大学农学院教授。1955年当选为学部委员(院士)。

李继侗(1897～1961) 江苏兴化人。1937～1946年任西南联大生物系教授。1952～1957年任北京大学生物系教授。1955年当选为学部委员(院士)。

吴征镒(1916～　) 江苏仪征人。1937～1946年在西南联大生物系任助教。1955年当选为学部委员(院士)。

张肇骞(1900～1972) 浙江永嘉人。1946～1948年任北京大学植物学系教授。1955年当选为学部委员(院士)。

陈　桢(1894～1957) 江苏邗江人。1937～1946年任西南联大生物系教授。1952～1954年任北京大学生物系教授、教研室主任。1955年当选为学部委员(院士)。

林巧稚(1901～1983) 福建厦门人。1947～1948年任北京大学医学院教授。1955年当选为学部委员(院士)。

秉　志(1886～1965) 河南开封人。1909年毕业于京师大学堂。1955年当选为学部委员(院士)。

胡经甫(1896～1972) 广东三水人。1946～1949年任燕京大学教授。1955年当选为学部委员(院士)。

钟惠澜(1901～1987) 广东梅县人。1947～1948年任北京大学医学院教授。1955年当选为学部委员(院士)。

俞大绂(1901～1993) 浙江绍兴人。1946～1949年任北京大学农学院教授、院长。1955年当选为学部委员(院士)。

殷宏章(1908～1992) 贵州贵阳人。1938～1944年任西南联大教授。1945～1948年任北京大学教授。1955年当选为学部委员(院士)。

诸福棠(1899～　) 江苏无锡人。1947～1948年任北京大学医学院教授。1955年当选为学部委员(院士)。

黄家驷(1906～1984) 江西玉山人。1930年毕业于燕京大学生物系。1955年当选为学部委员(院士)。

潘　菽(1897～1988) 江苏宜兴人。1920年毕业于北京大学哲学系。1955年当选为学部委员(院士)。

戴芳澜(1893～1973) 湖北江陵人。1937～1946年任西南联大农业研究所教授。1955年当选为学部委员(院士)。

冯兰洲(1903～1972) 山东临朐人。1947～1948年任北京大学医学院寄生物学科教授。1957年当选为学部委员(院士)。

刘思职(1904～1983) 福建仙游人。1946～1952年在北京大学医学院任教。1957年当选为学部委员(院士)。

张香桐(1907～) 河北正定人。1933年毕业于北京大学心理系。1957年当选为学部委员(院士)。

王世真(1916～) 福建福州人。1938年毕业于西南联大化学系。1980年当选为学部委员(院士)。

王伏雄(1913～1995) 浙江兰溪人。1941年西南联大研究院生物学部毕业。1951年后曾兼任北京大学教授。1980年当选为学部委员(院士)。

庄孝僡(1913～) 山东莒南人。1946～1949年任北京大学动物学系教授。1980年当选为学部委员(院士)。

吴阶平(1917～) 江苏常州人。1937年毕业于燕京大学医预系。1980年当选为学部委员(院士)。1994年又当选为中国工程院医药卫生工程学部院士。

邹承鲁(1923～) 山东青岛人。1945年毕业于西南联大化学系。1980年当选为学部委员(院士)。

沈善炯(1917～) 江苏吴江人。1942年毕业于西南联大生物系。1944～1947年先后在西南联大、北京大学任教。1980年当选为学部委员(院士)。

陆宝麟(1916～) 江苏常熟人。1941年西南联大研究院生物学部硕士毕业。1946～1949年任北京大学农学院讲师。1980年当选为学部委员(院士)。

陈华癸(1914～) 江苏昆山人。1935年毕业于北京大学生物系。1946～1947年任北京大学农学院土壤肥料学系教授兼系主任。1980年当选为学部委员(院士)。

赵善欢(1914～) 广东高要县人。1946～1949年任北京大学 农学院教授。1980年当选为学部委员(院士)。

钮经义(1920～) 江苏兴化人。1942年毕业于西南联大化学系。1980年当选为学部委员(院士)。

娄成后(1911～) 浙江绍兴人。1939～1946年任西南联大农业研究所教授,兼西南联大生物系教授。1980年当选为学部委员(院士)。

谈家桢(1909～) 浙江宁波人。1932年获燕京大学研究院理硕士学位。1980年当选为学部委员(院士)。

黄祯祥(1910～1987) 福建厦门人。1930 年毕业于燕京大学医预系。1980年当选为学部委员(院士)。

曹天钦(1920～1995) 河北束鹿人。1944年毕业于燕京大学化学系。1980年当选为学部委员(院士)。

梁植权(1914～) 广东中山人。1937年毕业于燕京大学化学系,1941年获燕京大学理学硕士学位。1980年当选为学部委员(院士)。

裘维蕃(1912～) 江苏无锡人。1940～1945年任西南联大农业研究所讲师。1980年当选为学部委员(院士)。

蔡旭(1911～1985) 江苏武进人。1946～1949年任北京大学农学院农艺系副教授。1980年当选为学部委员(院士)。

钦俊德(1916～) 浙江安吉人。1943～1944年任燕京大学助教。1944～1946年在西南联大农业研究所任研究助教。1991年当选为学部委员(院士)。

李博(1929～) 山东夏津人。1953～1957年任北京大学生物系助教。1993年当选为院士。

朱作言(1941～) 湖南澧县人。1965年毕业于北京大学生物系。1997年当选为院士。

许智宏(1942～) 江苏无锡人。1965年毕业于北京大学生物系。1997年当选为院士。

中国科学院地学部

田奇㑺(1899～1975) 湖南永定人。1923年毕业于北京大学地质系。1955年当选为学部委员(院士)。

许杰(1901～) 安徽广德人。1925年毕业于北京大学地质系。1955年当选为学部委员(院士)。

孙云铸(1895～1979) 江苏高邮人。1920年毕业于北京大学地质系,1920～1923年任该系助教。1937～1946年任西南联大地质地理气象系教授兼系主任。1946～1952年任北京大学教授兼系主任。1955年当选为学部委员(院士)。

李四光(1889～1971) 湖北

黄冈人。1920～1928年任北大地质系教授。1931～1936年任北大地质系研究教授，并兼任系主任。1955年当选为学部委员(院士)。

杨鍾健(1897～1979) 陕西华县人。1923年毕业于北京大学地质系。1929～1932年任北京大学地质系讲师。1938～1940年任西南联大兼任教师。1955年当选为学部委员(院士)。

何作霖(1900～1967) 河北蠡县人。1926年毕业于北京大学地质系。1955年当选为学部委员(院士)。

张文佑(1909～1985) 河北唐山人。1934年毕业于北京大学地质系。1955年当选为学部委员(院士)。

赵九章(1907～1968) 河南开封人。1938～1944年任西南联大地质地理气象系教授。1955年当选为学部委员(院士)。

侯德封(1900～1980) 河北高阳人。1923年毕业于北京大学地质系。1955年当选为学部委员(院士)。

俞建章(1898～1980) 安徽和县人。1924年毕业于北京大学地质系。1955年当选为学部委员(院士)。

顾功叙(1908～1992) 浙江嘉善人。1960年任北京大学地球物理系应用地球物理专业主任。1955年当选为学部委员(院士)。

黄汲清(1904～1995) 四川仁寿人。1928年毕业于北京大学地质系。1946～1949年任北京大学教授。1955年当选为学部委员(院士)。

斯行健(1901～1964) 浙江诸暨人。1926年毕业于北京大学地质系。1934～1937年任北京大学地质系教授。1955年当选为学部委员(院士)。

谢家荣(1898～1966) 上海市人。1933～1937年任北京大学地质系教授，1936～1937年任该系系主任。1955年当选为学部委员(院士)。

裴文中(1904～1982) 河北丰南人。1927年毕业于北京大学地质系。1955年当选为学部委员(院士)。

王竹泉(1891～1975) 河北泊头人。1930～1937年任北京大学地质系教授。1957年当选为学部委员(院士)。

冯景兰(1898～1976) 河南唐河人。1916年考入北京大学预科班。1938～1946年任西南联大教授。1957年当选为学部委员(院士)。

傅承义(1909～) 福建闽侯人。1937～1939年任西南联大物理系讲师。1956～1959年任北京大学物理系地球物理专门化教研室主任。1959～1961年任北京大学地球物理系地球物理专业教研室主任。1957年当选为学部委员(院士)。

丁国瑜(1931～) 河北高阳人。1952年毕业于北京大学地质系。1980年当选为学部委员(院士)。

马杏垣(1919～) 吉林长春人。1942年毕业于西南联大地质地理气象系，后留校任助教至1945年。1948～1952年任北京大学地质系副教授、教授。1980年当选为学部委员(院士)。

王　珏(1907～1984) 河北深泽人。1933年毕业于北京大学地质系。1980年当选为学部委员(院士)。

王恒升(1901～) 河北定县人。1925年毕业于北京大学地质系。1939～1943年任西南联大教授。1980年当选为学部委员(院士)。

王鸿祯(1916～) 山东苍山人。1939年毕业于西南联大地质地理气象系，后留校任该系助教和研究助教至1944年。1947～1952年任北京大学副教授、教授。1950～1952年任北京大学秘书长。1980年当选为学部委员(院士)。

叶连俊(1913～) 山东日照人。1937年毕业于北京大学地质系。1980年当选为学部委员(院士)。

叶笃正(1916～) 安徽安庆人。1940年毕业于西南联大地质地理气象系。1980年当选为学部委员(院士)。

卢衍豪(1913～) 福建永定人。1937年毕业于北京大学地质系。1937～1940年先后任北京大学、西南联大助教。1980年当选为学部委员(院士)。

刘东生(1917～) 辽宁沈阳人。1942年毕业于西南联大地质地理气象系。1980年当选为学部委员(院士)。

刘光鼎(1929～) 山东蓬莱人。1952年毕业于北京大学物理系。1980年当选为学部委员(院士)。

关士聪(1918～　) 广东南海人。1940年毕业于西南联大地质地理气象系。1980年当选为学部委员(院士)。

池际尚(1917～1994) 湖北安陆县人。1941年毕业于西南联大地质地理气象系,1941～1946年任该系助教。1980年当选为学部委员(院士)。

孙殿卿(1910～　) 黑龙江哈尔滨人。1935年毕业于北京大学地质系。1980年当选为学部委员(院士)。

李春昱(1904～1988) 河南汲县人。1928年毕业于北京大学地质系。1980年当选为学部委员(院士)。

谷德振(1914～1982) 河南密县人,1942年毕业于西南联大地质地理气象系。1980年当选为学部委员(院士)。

宋叔和(1915～　) 河北迁安人。1938年毕业于西南联大地质地理气象系,1938～1942年任该系助教。1980年当选为学部委员(院士)。

张宗祜(1926～　) 河北满城人。1948年毕业于北京大学地质系。1980年当选为学部委员(院士)。1994年又当选为中国工程院能源与矿产工程学部院士。

张炳熹(1919～　) 北京市人。1940年毕业于西南联大地质地理气象系,1940～1946年任该系助教。1950～1952年任北京大学地质系副教授。1980年当选为学部委员(院士)。

陈永龄(1910～　) 北京市人。1939～1943年任西南联大土木工程系教授。1980年当选为学部委员(院士)。

岳希新(1911～1994) 吉林省吉林市人。1937年毕业于北京大学地质系。1980年当选为学部委员(院士)。

赵金科(1906～1987) 河北曲阳人。1932年毕业于北京大学地质系,后留校任助教至1937年。1980年当选为学部委员(院士)。

郝诒纯(1920～　) 湖北武汉人。1943年毕业于西南联大地质地理气象系。1946～1952年任北京大学助教、讲师。1980年当选为学部委员(院士)。

贾福海(1914～　) 山西原平人。1941年毕业于西南联大地质地理气象系。1980年当选为学部委员(院士)。

顾知微(1918～　) 江苏南京人。1942年毕业于西南联大地质地理气象系。1980年当选为学部委员(院士)。

徐　仁(1910～1992) 安徽当涂人。1937年北京大学研究院地质学部毕业。1946～1948年任北京大学生物系及地质系副教授。1980年当选为学部委员(院士)。

高振西(1907～1991) 河南荥阳人。1931年毕业于北京大学地质系,后留校任教。1980年当选为学部委员(院士)。

郭文魁(1915～　) 河南安阳人。1937年毕业于北京大学地质系。1937～1940年先后在北京大学地质系、西南联大地质地理气象系任教。1980年当选为学部委员(院士)。

涂光炽(1920～　) 湖北黄陂人。1944年毕业于西南联大地质地理气象系。1980年当选为学部委员(院士)。

黄劭显(1914～1989) 山东即墨人,1940年毕业于西南联大地质地理气象系。1980年当选为学部委员(院士)。

穆恩之(1917～1987) 江苏丰县人。1943年毕业于西南联大地质地理气象系。1980年当选为学部委员(院士)。

曾庆存(1935～　) 广东阳江人。1956年毕业于北京大学物理系。1980年当选为学部委员(院士)。

曾融生(1924～　) 福建平潭人。1956～1958年在北京大学物理系任教。1959～1960年在北大地球物理系任教。1994年起至今任北大地球物理系兼职教授。1980年当选为学部委员(院士)。

谭其骧(1911～1992) 浙江嘉兴人,1932年毕业于燕京大学研究院历史学部。1980年当选为学部委员(院士)。

马宗晋(1933～　) 吉林长春人。1951～1952年在北京大学地质系学习。1991年当选为学部委员(院士)。

杨　起(1919～　) 山东蓬莱人。1943年毕业于西南联大地质地理气象系。1946年北京大学理科研究所地质学部研究生毕业。1991年当选为学部委员(院士)。

萧序常(1929～　) 贵州安顺人。1952年毕业于北京大学地质系。1991年当选为学部委员(院士)。

陈庆宣（1916～　）湖北黄陂人。1941年毕业于西南联大地质地理气象系。1991年当选为学部委员（院士）。

陈运泰（1940～　）广东潮阳人。1962年毕业于北京大学地球物理系。1991年当选为学部委员（院士）。

陈梦熊（1917～　）浙江上虞人。1942年毕业于西南联大地质地理气象系。1991年当选为学部委员（院士）。

黄荣辉（1942～　）福建惠安人。1965年毕业于北京大学地球物理系。1991年当选为学部委员（院士）。

丑纪范（1934～　）湖南长沙人。1956年毕业于北京大学物理系。1993年当选为院士。

李廷栋（1930～　）河北栾城人。1950～1952年在北京大学地质系学习。1993年当选为院士。

赵鹏大（1931～　）辽宁沈阳人。1952年毕业于北京大学地质系。1993年当选为院士。

许志琴（1941～　）四川重庆人。1964年毕业于北京大学地质系。1995年当选为院士。

於崇文（1924～　）浙江镇海人。1950年毕业于北京大学地质系。1995年当选为院士。

吴国雄（1943～　）广东潮阳人。1974.4～1975.8在北京大学地球物理系数值预报进修班学习。1997年当选为院士。

中国科学院技术科学部

石志仁（1897～1972）河北乐亭人。1918年毕业于北京大学预科。1955年当选为学部委员（院士）。

朱物华（1902～　）江苏扬州人。1933～1945年先后任北京大学、西南联大物理系教授。1955年当选为学部委员（院士）。

刘仙洲（1890～1975）河北完县人。1913年入北京大学预科。1937～1946年任西南联大机械工程系教授。1955年当选为学部委员（院士）。

吴学蔺（1909～1985）江苏常州人。1940年任西南联大机械工程系、航空工程系教授。1955年当选为学部委员（院士）。

孟昭英（1906～1995）河北乐亭人。1928年燕京大学物理系毕业，后留校任教。1936年任燕京大学副教授、教授。1938～1943年任西南联大物理系教授。1955年当选为学部委员（院士）。

章名涛（1907～1985）浙江宁波人。1937～1946年任西南联大电机工程系教授。1955年当选为学部委员（院士）。

蔡方荫（1901～1963）江西南昌人。1937～1940年任西南联大土木工程系教授，并任代理系主任、系主任。1955年当选为学部委员（院士）。

吴仲华（1917～1992）上海市人。1940年西南联大机械工程系毕业，后留校任教。1957年当选为学部委员（院士）。

王守觉（1925～　）上海市人。1942年在西南联大电讯专修科学习。1980年当选为学部委员（院士）。

王补宣（1922～　）江苏无锡人。1943年毕业于西南联大机械工程系。1980年当选为学部委员（院士）。

毕德显（1908～1992）山东平阴人。1932年毕业于燕京大学物理系，1934年研究生毕业后留校任教。1939～1940年在西南联大无线电研究所任教。1980年当选为学部委员（院士）。

吕保维（1916～　）江苏常州人。1939年毕业于西南联大电机工程系。1980年当选为学部委员（院士）。

刘恢先（1912～1992）江西莲花人。1945～1946年任西南联大土木工程系教授。1980年当选为学部委员（院士）。

李敏华（1917～　）江苏苏州人。1940年西南联大航空工程系毕业，后留校任教。1980年当选为学部委员（院士）。

杨嘉墀（1919～　）江苏吴江人。1941～1942年在西南联大电机工程系任教。1980年当选为学部委员（院士）。

张恩虬（1916～1990）广东广州人。1938年毕业于西南联大物理系，后留校任理化系助教。1980年当选为学部委员（院士）。

陈芳允（1916～　）浙江黄岩人。1938年毕业于西南联大物理系，后留校任无线电研究所助教。1980年当选为学部委员（院士）。

林为干(1919～) 广东台山人。1939年毕业于西南联大电机工程系。1980年当选为学部委员(院士)。

周惠久(1909～) 辽宁沈阳人。1938～1941年任西南联大航空工程系副教授。1980年当选为学部委员(院士)。

郑哲敏(1924～) 山东济南人。1943～1946年在西南联大电机工程系学习。1980年当选为学部委员(院士)。1994年又当选为中国工程院土木水利～建筑工程学部院士。

孟少农(1915～1988) 湖南桃源人。1940年毕业于西南联大机械工程系。1980年当选为学部委员(院士)。

钱钟韩(1911～) 江苏无锡人。1945～1946年任西南联大电机工程系教授。1980年当选为学部委员(院士)。

高庆狮(1934～) 福建鼓浪屿人。1957年毕业于北京大学数力系。1980年当选为学部委员(院士)。

高景德(1922～) 陕西佳县人。1947～1951年任北京大学工学院讲师。1980年当选为学部委员(院士)。

黄宏嘉(1924～) 湖南临澧人。1944年毕业于西南联大电机工程系。1946～1948年任北京大学工学院助教。1980年当选为学部委员(院士)。

曹建猷(1917～) 湖南长沙人。1940～1945年在西南联大任教。1980年当选为学部委员(院士)。

常 迥(1917～1991) 北京房山人。1940年毕业于西南联大电机工程系。1980年当选为学部委员(院士)。

梁守槃(1916～) 福建福州人。1940～1942年任西南联大讲师、副教授。1980年当选为学部委员(院士)。

慈云桂(1917～1990) 安徽桐城人。1942～1946年任西南联大无线电研究所助教。1980年当选为学部委员(院士)。

潘际銮(1927～) 江西瑞昌人。1944～1946年在西南联大机械工程系学习。1980年当选为学部委员(院士)。

卢肇钧(1917～) 福建福州人。1941年毕业于西南联大土木工程系。1991年当选为学部委员(院士)。

唐稚松(1925～) 湖南长沙人。1945～1946年在西南联大哲学心理系学习。1991年当选为学部委员(院士)。

屠守锷(1917～) 浙江湖州人。1940年毕业于西南联大航空工程系。1991年当选为学部委员(院士)。

戴汝为(1932～) 云南昆明人。1955年毕业于北京大学数力系。1991年当选为学部委员(院士)。

王希季(1921～) 云南大理人。1942年毕业于西南联大机械工程系。1993年当选为院士。

邓锡铭(1930～) 广东东莞人。1952年毕业于北京大学物理系。1993年当选为院士。

周巢尘(1937～) 上海南汇人。1958年毕业于北京大学数力系。1993年当选为院士。

张景中(1936～) 河南汝南人。1959年毕业于北京大学数力系。1995年当选为院士。

侯朝焕(1936～) 四川自贡人。1958年毕业于北京大学物理系。1995年当选为院士。

胡文瑞(1936～) 湖北武昌人。1958年毕业于北京大学数力系。1995年当选为院士。

程耿东(1941～) 江苏苏州人。1964年毕业于北京大学数力系。1995年当选为院士。

王 圩(1937～) 河北文安人。1960年毕业于北京大学物理系。1997年当选为院士。

伍小平(1938～) 天津市人。1960年毕业于北京大学数力系。1997年当选为院士。

李 未(1943～) 北京市人。1966年毕业于北京大学数力系。1997年当选为院士。

李启虎(1939～) 浙江温州人。1963年毕业于北京大学数力系。1997年当选为院士。

沈绪榜(1933～) 湖南临澧人。1957年毕业于北京大学数力系。1997年当选为院士。

雷啸霖(1938～) 广西桂林人。1963年毕业于北京大学物理系。1997年当选为院士。

中国科学院 哲学社会科学部

丁声树(1909～1989)　河南邓州人。1932年毕业于北京大学中文系。1937～1946年兼任西南联大研究院特约导师。1955年当选为学部委员。

千家驹(1909～　)　浙江武义人。1932年毕业于北京大学经济系。1935年任北京大学经济系兼职讲师。1955年当选为学部委员。

尹　达(1906～1983)　河南滑县人。1953～1954年任北京大学副教务长。1955年当选为学部委员。

何其芳(1912～1977)　四川万县人。1935年毕业于北京大学哲学系。1953～1956年任北京大学文学研究所副所长。1955年当选为学部委员。

吴　晗(1909～1969)　浙江义乌人。1940～1946年任西南联大历史系副教授、教授。1955年当选为学部委员。

杜国庠(1889～1961)　广东澄海人。1919～1922年在北京大学史学系任教。1955年当选为学部委员。

金岳霖(1895～1984)　湖南长沙人。1937～1946年任西南联大哲学心理系教授。1952～1956年任北京大学哲学系教授、系主任。1955年当选为学部委员。

胡　绳(1918～　)　江苏苏州人。1934～1935年在北京大学学习。1951～1952年兼任北京大学哲学系教授。1955年当选为学部委员。

范文澜(1893～1969)　浙江绍兴人。1917年毕业于北京大学国学门。1928～1932年在北京大学中文系任教。1955年当选为学部委员。

沈雁冰(1896～1981)　浙江桐乡人。1916年毕业于北京大学预科。1955年当选为学部委员。

马叙伦(1884～1970)　浙江余杭人。1914～1932年期间任北京大学哲学系教授。1955年当选为学部委员。

陈　垣(1880～1971)　广东新会人。1930～1932年任北京大学史学系教授。1935年后曾任北京大学史学系名誉教授。1955年当选为学部委员。

陈寅恪(1890～1969)　江西修水人。1937～1940年任西南联大教授。1940年后曾任燕京大学教授。1955年当选为学部委员。

陈翰笙(1897～　)　江苏无锡人。1924～1927年任北京大学历史系教授。1955年当选为学部委员。

陶孟和(1888～1960)　浙江绍兴人。1914～1926年任北京大学教授,曾兼任校教务长、哲学系主任。1955年当选为学部委员。

冯　至(1905～1993)　河北涿县人。1927年毕业于北京大学英文学系。1937～1946年任西南联大教授。1946～1964年任北京大学西语系教授、系主任。1955年当选为学部委员。

潘梓年(1893～1972)　江苏宜兴人。1923年毕业于北京大学哲学系。1955年当选为学部委员。

郑振铎(1898～1958)　福建长乐人。1930～1935年任燕京大学国文系教授,此间曾兼任北京大学教授。1955年当选为学部委员。

黎锦熙(1890～1978)　湖南湘潭人。1930～1931年任北京大学国文系讲师。1955年当选为学部委员。

罗常培(1899～1958)　北京市人。1919年毕业于北京大学中文系。1934～1936年在北京大学中文系任教。1937～1944年任西南联大中文系教授、系主任。1948年任北京大学教授、文科研究所所长。1955年当选为学部委员。

嵇文甫(1893～1963)　河南汲县人。1918年毕业于北京大学哲学系。1929～1932年任北京大学哲学系讲师。1957年当选为学部委员。

陆志韦(1894～1970)　浙江吴兴人。1951～1952年任燕京大学教授、校长。1957年当选为学部委员。

中国工程院 机械与运载工程学部

杜庆华(1919～　)　浙江杭州人。1951～1952年任北京大学工学院机械系教授、力学教研组主任。1997年当选为院士。

梁晋才(1927～　)　广东南海人。1950年毕业于北京大学工学院电机系。1997年当选为院士。

中国工程院 信息与电子工程学部

何德全(1933～　)　北京市

人。1953年毕业于北京大学物理系。1994年当选为院士。

陈力为(1917～) 山西洪洞人。1940年毕业于西南联大电机工程系。1994年当选为院士。

金国藩(1929～) 浙江绍兴人。1950年毕业于北京大学工学院。1994年当选为院士。

高鼎三(1914～) 上海市人。1941年毕业于西南联大物理系。1995年当选为院士。

叶铭汉(1925～) 上海市人。1944～1946年在西南联大土木工程系学习。1995年当选为院士。

吴佑寿(1925～) 广东潮州人。1944～1946年西南联大电机工程系学习。1995年当选为院士。

范滇元(1939～) 上海市人。1962年毕业于北京大学无线电系。1995年当选为院士。

李国杰(1943～) 湖南邵阳人。1968年毕业于北京大学物理系。1995年当选为院士。

赵伊君(1930～) 北京市人。1953年毕业于北京大学物理系。1997年当选为院士。

陈火旺(1936～) 福建安溪人。1958年毕业于北京大学数理逻辑专业。1997年当选为院士。

中国工程院化工冶金与材料工程学部

李大东(1938～) 北京市人。1962年毕业于北京大学化学系。1994年当选为院士。

黄培云(1917～) 福建福州人。1938年毕业于西南联大化学系。1994年当选为院士。

徐端夫(1934～) 浙江杭州人。1956年毕业于北京大学化学系。1995年当选为院士。

中国工程院能源与矿产工程学部

朱光亚 (双院士)

张宗祜(双院士)

毛用泽(1930～) 浙江宁波人。1951～1952年在北京大学化工系学习。1995年当选为院士。

朱建士(1936～) 湖南长沙人。1958年毕业于北京大学数力系。1995年当选为院士。

唐明述(1929～) 浙江宁波人。1950～1952年在北京大学工学院学习,1995年当选为院士。

钱绍钧(1934～) 浙江平湖人。1956年毕业于北京大学技术物理系。1995年当选为院士。

韩德馨(1918～) 江苏如皋人。1942年毕业于西南联大地质地理气象系。1995年当选为院士。

翟光明(1926～) 安徽泾县人。1950年毕业于北京大学地质系。1995年当选为院士。

潘自强(1936～) 湖南益阳人。1957年毕业于北京大学技术物理系。1997年当选为院士。

杜祥琬(1938～) 河南开封人。1957～1959年在北京大学数力系学习。1997年当选为院士。

中国工程院土木水利～建筑工程学部

郑哲敏(1924～) 山东济南人。1943～1946年在西南联大机械工程系学习,1994年当选为院士。

龙驭球(1926～) 湖南安化人。1945～1946年在西南联大土木工程系学习。1995年当选为院士。

关肇邺(1929～) 北京市人。1947～1948年在燕京大学理学院学习。1995年当选为院士。

李鹗鼎(1918～) 天津市人。1940年毕业于西南联大土木工程系。1995年当选为院士。

张蔚榛(1923～) 河北丰润人。1947～1951年在北京大学工学院土木系任助教。1997年当选为院士。

中国工程院农业轻纺与环境工程学部

顾夏声(1918～) 江苏无锡人。1951～1952年在北京大学工学院任教。1995年当选为院士。

曾士迈(1926～) 湖南湘潭人。1948年毕业于北京大学农学院植物病理系。1995年当选为院士。

李泽春(1935～) 江苏南京人。1962年毕业于北京大学地球物理系。1965年该系研究生毕业。1995年当选为院士。

任阵海(1932～) 河南新乡人。1955年毕业于北京大学物理系。1995年当选为院士。

中国工程院医药卫生工程学部

吴阶平 (双院士)

胡亚美(1923～) 北京市人。1943年毕业于燕京大学医预系。1994年当选为院士。

王忠诚(1925～) 山东烟台人。1949年毕业于北京大学医学院医疗系。1994年当选为院士。

吴德昌(1927～) 江苏武进人。1949年毕业于北京大学化学系。1994年当选为院士。

李载平(1925～) 福建福州人。1947年毕业于北京大学化学系。1996年当选为院士。

安静娴(1929～) 山东烟台人。1952年毕业于北京大学医学院药学系。1997年当选为院士。

阮长耿(1939～) 上海市人。1964年毕业于北京大学生物系。1997年当选为院士。

王澍寰(1924～) 北京市人。1950年毕业于北京大学医学院医学系。1997年当选为院士。

张金哲(1920～) 天津市人。1941年毕业于燕京大学医学预科。1997年当选为院士。

翁心植(1919～) 浙江宁波人。1940年毕业于燕京大学医预系。1997年当选为院士。

沈渔邨(1924～) 浙江杭州人。1944～1946年在西南联大理学院物理系学习。1951年毕业于北京大学医学院医疗系。1997年当选为院士。

北京大学兼职教授中的院士(学部委员)

中国科学院数学物理学部

彭桓武(1915～) 湖北麻城人。1952～1954年任北京大学物理系兼职教授。1955年当选为学部委员(院士)。

钱学森(1911～) 浙江杭州人。1955～1956年任北京大学数力系兼职教授。1957年当选为学部委员(院士)。1994年又当选为中国工程院机械与运载工程学部院士。

庄逢甘(1925～) 江苏常州人。50年代初至今一直任北京大学力学专业兼职教授。1980年当选为学部委员(院士)。

杨澄中(1913～1987) 江苏常州人。1956年任北京大学技术物理系兼职教授。1980年当选为学部委员(院士)。

唐孝威(1931～) 江苏无锡人。1979～1995年任北京大学技术物理系兼职教授。1980年当选为学部委员(院士)。

朱洪元(1917～1992) 江苏宜兴人。1956～1957年任北京大学物理系兼职教授。1980年当选为学部委员(院士)。

汤定元(1920～) 江苏金坛人。1953～1955年任北京大学物理系兼职教授。1991年当选为学部委员(院士)。

赵忠贤(1941～) 辽宁新民人。1993年起至今任北京大学物理系兼职教授。1991年当选为学部委员(院士)。

方守贤(1932～) 上海市人。1993～1998年任北京大学技术物理系兼职教授。1991年当选为学部委员(院士)。

中国科学院化学部

张存浩(1928～) 山东无棣人。1992年起至今任北京大学化学系兼职教授。1980年当选为学部委员(院士)。

梁晓天(1923～) 河南舞阳人。1987～1992年任北京大学化学系兼职教授。1980年当选为学部委员(院士)。

陆熙炎(1928～) 江苏苏州人。1987～1989年任北京大学化学系兼职教授。1991年当选为学部委员(院士)。

蒋锡夔(1926～) 上海市人。1987～1989年任北京大学化学系兼职教授。1991年当选为学部委员(院士)。

中国科学院生物学部

张锡钧(1899～1988) 天津市人。1932年在北京大学物物系任兼职教授。

林　镕(1903～1981) 江苏丹阳人。1953～1956年任北京大学

学生物系兼职教授。1955 年当选为学部委员(院士)。

蔡邦华(1902～1983) 江苏溧阳人。1952 年曾任北京大学生物系兼职教授。1955 年当选为学部委员(院士)。

方心芳(1907～1992) 河北临颍人。1952～1953 年任北京大学生物系兼职教授。1980 年当选为学部委员(院士)。

郑作新(1906～1998) 福建福州人。1930 年后曾兼任北京大学教授。

侯学煜(1912～1991) 安徽和县人。1950 年后曾任北京大学生物系兼职教授。1980 年当选为学部委员(院士)。

王文采(1926～) 山东掖县人。1953 年任北京大学生物系兼职教授。1993 年当选为院士。

中国科学院地学部

涂长望(1906～1962) 湖北武汉人。1952～1954 年任北京大学物理系兼职教授。1955 年当选为学部委员(院士)。

陈述彭(1920～) 江西萍乡人。1983 年起至今兼任北京大学遥感所教授。1980 年当选为学部委员(院士)。

汪品先(1936～) 江苏苏州人。1993～1998 年任北京大学技术物理系兼职教授。1991 年当选为学部委员(院士)。

周秀骥(1932～) 江苏丹阳人。1987 年起至今任北京大学地球物理系兼职教授。1991 年当选为院士(学部委员)。

陈　颙(1942～) 江苏宿迁人。1994 年起至今任北京大学地球物理系兼职教授。1993 年当选为院士。

中国科学院技术科学部

王大珩(1915～) 江苏吴县人。1994～1997 年任北京大学电子学系兼职教授。1955 年当选为学部委员(院士)。1994 年又当选为中国工程院信息与电子工程学部院士。

王守武(1919～) 江苏苏州人。1988～1990 年任北京大学计算机系兼职教授。1980 年当选为学部委员(院士)。

叶培大(1915～) 上海南汇人。1992 年起至今任北京大学电子学系兼职教授。1980 年当选为学部委员(院士)。

林兰英(1918～) 福建莆田人。1992～1995 年任北京大学计算机科学系兼职教授。1980 年当选为学部委员(院士)。

罗沛霖(1913～) 天津市人。1988～1990 年任北京大学电子学系兼职教授。1980 年当选为院士(学部委员)。1994 年又当选为中国工程院信息与电子工程学部院士。

胡海昌(1928～) 浙江杭州人。1981 年起至今任北京大学力学系兼职教授。1980 年当选为学部委员(院士)。

夏培肃(1923～) 四川江津人。1992～1995 年任北京大学计算机科学系兼职教授。1991 年当选为院士(学部委员)。

中国科学院哲学社会科学部

于光远(1915～) 上海市人。1978 年起至今任北京大学经济学院兼职教授。1955 年当选为学部委员。

艾思奇(1910～1966) 云南腾冲人。1950～1952 年任北京大学哲学系兼职教授。1955 年当选为学部委员。

许涤新(1906～1988) 广东揭西人。1978～1988 年任北京大学经济学院兼职教授。1955 年当选为学部委员。

钱俊瑞(1908～1985) 江苏无锡人。1978～1985 年任北京大学经济系兼职教授。1955 年当选为学部委员。

骆耕漠(1908～) 浙江临安人。1958～1979 年任北京大学经济系兼职教授。1955 年当选为学部委员。

薛暮桥(1904～) 江苏无锡人。1978 年起至今任北京大学经济学院兼职教授。1955 年当选为学部委员。

中国工程院 机械与运载工程学部

钱学森 (双院士)

中国工程院 信息与电子工程学部

王大珩 (双院士)

罗沛霖 (双院士)

教 授 名 录

说明：本名录包括1998年1月1日到12月31日在职的具有正高级专业技术职务的教职工。教授级高工是指经过评审享受相当于教授待遇的高级工程师。

数学科学学院

教授

丁同仁 尤承业 文　兰 方企勤 王长平
王正栋 王　杰 王诗宬 王　铎 王雪平
王耀东 丘维声 田　刚 刘西垣 刘张炬
刘和平 刘嘉荃 孙山泽 庄大蔚 何书元
吴兰成 应隆安 张乃孝 张平文 张恭庆
张继平 张绪定 张筑生 李正元 李　忠
李承治 李治平 陈大岳 陈亚浙 陈家鼎
陈维桓 周民强 周建莹 林作铨 林源渠
郑志明 郑忠国 姜伯驹 段海豹 胡德焜
赵春来 徐明曜 徐树方 耿　直 郭懋正
钱敏平 高维新 黄　敦 黄少云 黄文灶
彭立中 程士宏 程乾生 董镇喜 谢衷洁
蓝以中 谭小江 滕振寰 潘文杰 文　丽
娄元仁 王萼芳 张顺燕 伍胜健

教授级高工

魏泽光 孙　靖

编审

章学诚

物理学系

教授

尹道乐 王文采 王世光 王兰萍 王守证
王祖铨 王德煌 冯孙齐 甘子钊 田光善
任尚元 刘弘度 吕斯骅 孙駒亨 朱　星
吴思诚 吴崇试 宋行长 张国义 张承福
张树霖 张　酣 李重生 李振平 杨应昌
杨泽森 杨威生 邹英华 陆　果 陈开茅
陈辰嘉 陈秉乾 周治宁 林纯镇 林宗涵
林祥芝 林　勤 欧阳颀 俞允强 段家祇
赵光达 赵汝光 赵志泳 钟文定 钟锡华
钟毓澍 夏蒙棼 秦旦华 秦国刚 高巧君
高崇寿 曹昌祺 章　蓓 阎守胜 黄湘友
龚旗煌 傅济时 程檀生 舒幼生 韩汝珊
廖绍彬 熊光成 戴远东

教授级高工

李嘉璋 赵绥堂 程本培

化学与分子工程学院

教授

马季铭 邓　卓 丘坤元 章士伟 唐恢同
叶蕴华 甘良兵 关烨第 刘兴云 刘忠范
刘英骏 朱步瑶 邵美成 汤卡罗 阮慎康
严纯华 何美玉 吴念祖 吴瑾光 金　声
张鸿志 李明谦 李元宗 李安模 李芝芬
李克安 李南强 金天柱 李标国 李崇熙
李福绵 来鲁华 杨华铨 杨锡尧 羌　笛
花文廷 宏存茂 周其凤 宛新华 林建华
林炳雄 郑朝贵 金祥林 姚光庆 段连运
赵振国 赵新生 赵璧英 唐有祺 徐光宪
徐筱杰 桂琳琳 袁　谷 郭国霖 钱秋宇
顾镇南 陈志达 高盘良 寇　元 常文保
曹维孝 黄其辰 黄春辉 程虎民 童沈阳
谢有畅 韩玉真 张婉静 蔡生民 黎乐民
戴乐蓉

教授级高工

林孝元 黄惠忠 刘万祺

研究员

倪朝烁 杨以文

电子学系

教授

王子宇 王长清 王　楚 史美琪 刘志雄
刘惟敏 汤俊雄 西门纪业 佘道衡 佘耀煌
吴义芳 吴全德 吴锦雷 吴德明 张兆祥
张金铎 杨东海 沈伯弘 周乐柱 祝西里
项海格 唐镇松 奚中和 徐安士 徐承和
栾桂冬 梁庆林 龚中麟 郑有恒 董太乾
谢柏青 薛增泉

教授级高工

王树元 王　逊 许培良 姜天仕

地球物理系

教授

毛节泰 王绍武 乔国俊 刘式达 刘式适
孙荀英 朱元竞 吴月芳 吴庆鹏 吴鑫基
宋礼庭 张 镡 张霭琛 肖 佐 陈受钧
陈家宜 陈晓非 赵柏林 桑建国 涂传诒
秦 瑜 陶祖钰 黄嘉佑 谢 安 臧绍先
蔡永恩 谭本馗 濮祖荫 周道琪

教授级高工

张 铮 潘乃先

研究员

张荫春

生命科学学院

教授

丁明孝 于龙川 卫新成 尤瑞麟 王重庆
卢光莹 刘克球 华子千 孙久荣 朱圣庚
朱玉贤 吴才宏 吴光耀 吴鹤龄 张庭芳
李绍文 李 毅 陈章良 周曾铨 尚克刚
林稚兰 罗林儿 俞梅敏 茹炳根 赵进东
唐建国 顾红雅 高天礼 崔克明 黄仪秀
翟中和 潘文石 戴灼华

研究员

白书农 林忠平

地质学系

教授

保良民 王式洸 王时麒 王 涛 王新平
冯钟燕 史 謌 白志强 白顺良 刘瑞洵
许保良 闫国翰 齐文同 何国琦 李茂松
郑亚东 郑 辙 郝守刚 徐振邦 钱祥麟
崔文元 曹正民 曾贻善 董熙平 潘 懋
王英华 丁中一 廖志杰 艾永富 蔡永恩
杨承运 孙荀英

教授级高工

朱炜炯

研究员

徐 备 穆治国

城市与环境学系

教授

于希贤 马蔼乃 方精云 王红亚 王缉慈
任明达 刘继韩 邬 伦 李 京 李树德
李 琦 杨开忠 杨吾扬 杨景春 陈静生
周 星 承继成 俞孔坚 胡兆量 夏正楷
徐希孺 徐海鹏 莫多闻 陶 澍 崔之久
崔海亭 黄润华 董黎明 谢凝高 韩光辉
蔡运龙

教授级高工

严润娥 苏水秀 金丽芳

计算机科学技术系

教授

方 裕 王立福 王阳元 王德和 关旭东
吉利久 许卓群 吴良芝 张立昂 李晓明
杨冬青 杨芙清 邵维忠 陈 钟 陈葆珏
屈婉玲 俞士汶 唐世渭 耿素云 梅 宏
董士海 韩汝琦 陆忠辉

教授级高工

吕晋育 孙玉秀 张国炳 李映雪 吴修文

研究员

许铭真 袁崇义 魏引树

心理学系

教授

王 甦 王登峰 朱 滢 许政援 沈 政
沈德灿 肖 健 周晓林 钱铭怡 韩 凯

研究员

高云鹏

技术物理系

教授

丁富荣 方家驯 王文清 王祥云 叶沿林
石进元 伊 敏 刘元方 刘洪涛 孙庆瑞
巩玲华 江栋兴 许方官 吴季兰 张启仁
张保澄 李 坤 李金龙 孟 杰 哈鸿飞
姚荣奎 施 鼐 夏宗璜 夏松江 高宏成
戚生初 楼滨乔 魏金山 魏根拴 谢晓琴
郑春开 唐任寰 王正行 王德民 吴永慧

教授级高工

李纬国 沈定予 周维金 郭菊芳 张茂良

力学与工程科学系

教授

于年才 方 竞 王大钧 王 龙 王健平
王敏中 叶庆凯 曲圣年 严宗毅 佘振苏
吴江航 吴望一 苏先樾 邹光远 陈 滨
陈德成 武际可 殷有泉 袁明武 顾志福
黄永念 黄 琳 黄筑平 黄福华 温功碧
颜大椿 魏庆鼎 陈耀松 朱照宣

教授级高工

余光志 张伯寅 张远鹏 林荣生 钮珍南
盛森芝

研究员

韩铭宝

中国语言文学系

教授

丁尔苏 马振方 马 真 王岳川 王洪君
王福堂 乐黛云 刘 烜 孙玉石 孙钦善
孙 静 安平秋 朱庆之 严绍璗 严家炎
何九盈 张双棣 张少康 李思孝 李家浩
李 零 杨 忠 沈 炯 陆俭明 陈平原
陈熙中 周先慎 周 强 孟 华 段宝林
洪子诚 费振刚 倪其心 唐 沅 夏晓虹
徐通锵 索振羽 袁行霈 钱志熙 钱理群
商金林 曹文轩 符淮青 温儒敏 葛晓音
董学文 蒋绍愚 谢 冕 裘锡圭 褚斌杰
戴锦华

研究员

张剑福

历史学系

教授

马克垚 王天有 王晓秋 邓小南 刘俊文
刘祖熙 朱孝远 何芳川 何顺果 吴荣曾
宋成有 张希清 张衍田 李孝聪 沈仁安
岳庆平 房德邻 林华国 林承节 林被甸
祝总斌 荣新江 徐万民 徐天新 徐 凯
高 毅 梁志明 阎步克 余大钧 吴宗国
郑家馨 郭华榕

研究员

王春梅

考古学系

教授

马世长 严文明 李伯谦 陈铁梅 林梅村
赵朝洪 晁华山 高崇文 葛英会 原恩训
吕遵谔

哲学系

教授

万俊人 丰子义 王 东 叶 朗 任定成
刘壮虎 孙小礼 许抗生 张文儒 张志刚
李中华 李国秀 李醒尘 杜小真 杨克明
陈启伟 陈志尚 陈 来 金可溪 姚卫群
胡 军 赵光武 赵家祥 赵敦华 夏剑豸
曹玉文 阎国忠 楼宇烈 靳希平 魏英敏
魏常海 施德福 宋一秀 冯国瑞 张翼星

研究员

马名驹 何怀宏 傅世侠

法律学系

教授

王国枢 王 哲 刘守芬 刘瑞复 巩献田
朱启超 朱苏力 吴志攀 张 文 李贵连
杨紫烜 杨殿升 肖蔚云 邵 津 陈兴良
周旺生 罗玉中 郑胜利 金瑞林 姜明安
赵震江 饶戈平 贾俊玲 盛杰民 龚刃韧
储槐植 魏振瀛 杨春洗 杨敦先 王守渝
程道德

光华管理学院

教授

王立彦 王其文 厉以宁 刘 力 朱善利
张国有 张维迎 杨岳全 邹恒甫 陈良焜
胡健颖 涂 平 秦宛顺 高程德 曹凤岐
靳云汇 范培华

研究员

董文俊

国际关系学院

教授

方连庆 王 杰 叶自成 刘金质 张锡镇
陈峰君 林代昭 林勋建 袁 明 贾庆国
曹长盛 梁守德 黄宗良 龚文庠 潘国华

研究员

张映清

经济学院

教授

王俊宜 石世奇 刘文忻 刘 伟 孙祁祥
张秋舫 张德修 李庆云 肖灼基 陈德华
巫宁耕 郑学益 胡 坚 晏智杰 商德文
萧国亮 萧 琛 傅骊元 雎国余 胡代光
刘方棫 张康琴

研究员

丁国香

信息管理系

教授

王万宗 王余光 王锦贵 傅守灿 余锦凤
吴慰慈 肖东发 周文骏 孟昭晋 秦铁辉
赖茂生 郑莉莉

政治学与行政管理系

教授

丁则勤　王浦劬　宁　骚　石志夫　李景鹏
肖超然　陈庆云　谢庆奎　黄恒学

社会学系

教授

王思斌　卢淑华　杨善华　郭崇德

东方学系

教授

马克承　孔远志　王邦维　史习成　叶奕良
仲跻昆　刘安武　刘金才　孙承熙　张玉安
张甲民　张保胜　李　湘　李　谋　汪大年
陈嘉厚　季羡林　姚秉彦　赵　杰　徐昌华
崔应久　梁立基　黄琛芳　景云英　潘金生
顾海根　曾廷生　山　蕴　傅成劼

编审

张光璘

研究员

张殿英

西方语言文学系

教授

马文韬　王文融　王庭荣　任友谅　张玉书
张冠尧　张荣昌　沈石岩　周祖生　罗　芃
范大灿　金海民　段若川　赵振江　赵登荣
赵德明　徐曾惠　顾嘉琛

俄罗斯语言文学系

教授

任光宣　吴贻翼　李国辰　李明滨　李毓榛
汪意祥　陈君华　彭克巽　魏　玲

英语语言文学系

教授

王逢鑫　申　丹　石春祯　刘意青　孙　玉
孙亦丽　安美华　李淑言　沙露茵　孟继有
胡春鹭　胡家峦　陶　洁　辜正坤　韩敏中
解又明　王式仁

马克思主义学院

教授

王兰媛　江长仁　闫志民　吴国衡　李士坤
李顺荣　仓道来　陈占安　易杰雄　赵建文
钟哲明　徐雅民　秦玉珍　钱淦荣　梁　柱
智效和　薛汉伟　沈继英　杨淑娟　沙健孙

艺术学系

教授

彭吉象

社会学与人类学研究所

教授

马　戎　王铭铭　刘世定　周　星　费孝通

研究员

潘乃谷

体育教研部

教授

王　余　刘承骞　孙玉录　李士信　林志超
徐邦志

人口研究所

教授

李涌平　邵　秦　郑晓瑛　曾　毅　张纯元

研究员

顾鉴塘

中国经济研究中心

教授

宋国青　周其仁　海　闻　林毅夫

高等教育研究所

教授

汪永铨　闵维方　喻岳青　陈学飞

亚非研究所

教授

张振国　张敏秋　李　玉　陆庭恩　周南京
耿引曾　贾蕙萱　葛振家　居三元　林良光
安淮华

对外汉语教学中心

教授

李晓琪　赵燕皎　郭振华

环境科学中心

教授

叶文虎　刘宝章　张远航　邵可声　陈国谦
倪晋仁　唐孝炎　徐云麟

计算机科学技术研究所

教授

王　选　阳振坤　肖建国　陈堃銶　顾小凤
史树中　毛德行

教授级高工

鲍慧云

研究员

刘秋云

微电子研究所

教授

张利春　武国英　谭长华

教授级高工

倪学文　莫邦燹

研究员

盛世敏

信息科学中心

教授

石青云　迟惠生　陈　珂　姚国正　谭少华
唐世渭

重离子物理研究所

教授

于金祥　包尚联　陈佳洱　施兆民　赵　夔
唐国有　郭之虞　张征芳　严声清

教授级高工

赵渭江　袁忠喜　谢大林

研究员

陈金象

计算中心

教授级高工

王一心　孙绍芳　张兴华　梁振亚

图书馆

研究馆员

丁有骏　朱　强　张玉范　张其苏　侯忠义
谢琴芳　赖荣源　熊光莹　蔡蓉华　潘太明
戴龙基　董成泰

教授级高工

孙辨华

出版社

编审

龙协涛　乔征胜　朱新邨　江　溶　张文定
李昭时　苏　勇　邱淑清　周月梅　周学艺
彭松建　赵亨利　宋祥瑞

研究员

汪淑哲

电教中心

教授

万明高　朱万森　李树芳

研究员

殷金生

校医院

主任医师

王慧芳　钟玮玲　乌　云　王砚恩

校党政机关

教授

王义遒　任彦申　朱邦芳　吴树青　陈文雄
赵　敬

研究员

马树孚　王兴邦　王丽梅　王学珍　王淑文
史守旭　田德祥　刘景生　何淑云　吴同瑞
张庆熹　张桂英　张爱蓉　沈　鹏　邵济安
周起钊　林钧敬　侯学忠　赵立群　赵存生
郝　斌　郭建荣　睢行严　杨康善　王文清
张万仓　张章才　黄道林　汪太辅

编审

桑祥森　魏国英

后　勤

研究员

曹树石　杨永庚　唐幸生　崔殿祥　马云章
赵钰琳

教授级高工

汪　宇　姚德霖　徐晓芬　徐醒华

校办产业

研究员

张兆东　陈美章　周瑜采　鲁永令　唐晓阳
蒋　明　黄禄萍　姚秀琛

教授级高工

于立德　王　川　王永达　巩运明　朱守涛
江超华　何宇才　宋　云　张玉峰　杜永昌
杜宗躬　周广田　周　宁　姜纪冰　晏懋洵
贾秉文　潘爱华

新闻人物——王选

1998年10月14日,北京大学作出决定,在全校师生员工中广泛开展向王选教授学习的活动,以进一步贯彻落实科教兴国的战略方针,迎接知识经济的挑战,实现创办世界一流大学的宏伟目标。校内各新闻媒体积极开展王选事迹的宣传工作,新闻中心撰写了长篇通讯《奋斗在知识经济的前沿》,校刊、电视台、广播站及三角地宣传橱窗同时推出学习王选的专刊、专题节目和图片展览。学生工作部和校团委邀请王选教授为全校学生骨干作了一场生动的报告。各院系师生、民主党派、方正集团纷纷以座谈会、报告会等形式,交流学习体会,校园里涌现出"向王选教授学习,做科教兴国先锋"的热潮。

此后,北京市科委、市教委也分别作出向王选教授学习的决定。10月27日,北京市委宣传部、市委教育工委、市科委与北京大学联合举行"向王选教授学习,做科教兴国先锋"新闻发布会。11月3日、4日,市委教育工委、市科委分别组织了学习王选事迹座谈会。11月5日,北京市委宣传部、市委教育工委、市科委与北京大学在中央警备局礼堂联合举行大型报告会,王选教授应邀作知识经济与科技创新的报告。

学习王选活动在社会各界引起强烈反响。11月3日,《北京日报》在头版刊载了王宏甲撰写的长篇通讯《王选的选择》,并配发了评论。《人民日报》、《光明日报》、《新华每日电讯》、《中国教育报》、《中国青年报》、《科技日报》、《北京青年报》、《北京晚报》、《北京晨报》、《前线》、《宣传手册》、《大学生》杂志、中央电视台、中国教育电视台、北京电视台、香港凤凰电视台等新闻媒体都报道了王选的事迹以及学习王选的活动。

王选,1937年2月生,江苏无锡人。现任全国人大常委,中国科学院、中国工程院、第三世界科学院院士,中国科协副主席,北京大学计算机研究所所长,方正(香港)董事局主席。1954年,王选怀着探索数学王国奥秘的理想,考进北京大学,受到北大"勤奋、严谨、求实、创新"优良学风的熏陶。当时,担任一年级三门主课的教师是程民德、江泽涵和丁石孙。一流的学者主讲基础课,使他如鱼得水,受益匪浅。他刻苦攻读,博采众长,为日后的研究打下了坚实的基础。

1958年,王选大学毕业,留无线电电子学系工作,旋即投身于中型计算机——红旗机的研制工作。1961年,他转向软件,从事软硬件相结合的研究,承担了开发高级语言编译系统的项目。调试最紧张的时候,他曾废寝忘食地苦干40小时。因长期超负荷的工作,王选被怀疑为患结节性动脉周围炎,被迫卧床治疗。病魔缠身,但他没有放弃研究。在病床边的小桌上,作为总体设计负责人,他完成了高级语言ALGOL60编译系统,双重纠错码,为推广计算机高级语言发挥了积极作用。

1974年8月,周恩来总理亲自批准立项,开展汉字信息处理技术研究。这一项目因此称"748工程"。1980年,邓小平同志在北大关于"748工程"的报告中亲笔批示:"应加支持"。同年,时任国家进出口委员会负责人的江泽民,就"748工程"写了一封亲笔信,指出,"要集中力量支持北大的这一项目,尽可能少地进口,等将来研制成熟之后,可以把这一产品打入国际市场"。

一个项目牵动三代领导人的心,可见其非同寻常的意义。

其时,世界范围的科技革命势如破竹,把印刷业带入电子时代,中国却仍徘徊在铅字印刷的水平。王选以一个科学家的远见卓识敏锐地意识到,汉字印刷面临着一场巨大而深刻的革命。1975年春天,他加入"748工程"的研究小组,负责汉字精密照排系统的研究。

王选大量地阅读各种科技文献,了解国外研究的现状。他经常去位于和平里的中国科学院情报研究所查阅资料。这时,项目经费尚未落实。为了节省5分钱的车费,他每次都提前一站下车,以步当车;为了节省复印费,他手抄了大量的资料。

照排系统是"748工程"至关重要的门槛。汉字是象形文字,字数繁多。一个汉字从特大号到7号,共16种字号,总存储量达128万位。以每种字体字号收7000汉字计算,字模总储量将达200亿字节,一个天文数字。磁盘速度成了汉字照排系统的瓶颈。当时,英国的蒙纳、美国王安和HTS公司、日本的写研、森泽等颇具实力的公司为解决这一难题,不得不使用大容量磁盘来存放汉字字模。但磁盘存取时间长,影响输出速度。蒙纳公司的照排机每秒可输出西文字母近200个,输出汉字却仅为每秒20字。

王选与他领导的集体坚持高起点的创新战略。他独辟蹊径,敢为人先,首创"用轮廓和参数描述字形"的方法,利用信息压缩和高速还原技术研制汉字激光照排系统。当日本还在流行精密机械照排机，西方流行阴极射线管照排机时，他将自己的目标瞄在世界最先进的第四代机，使中国成为唯一没有经过第二、三代机，一步到位用上第四代照排技术的国家。

为尽早研制出这一产品，他习惯了夜以继日的工作。18 年间，他鲜有假日，天天泡在机房里，每周工作都超过 65 个小时。1981 年，研究进入最紧张的时刻，与他同在一个课题组的妻子因过度操劳不幸身患癌症。面对科研的难关、身体的疾病甚至死神的威胁，他们义无返顾，全力以赴地忘我拼搏。

经过无数呕心沥血的日夜工作，王选完成了 1:500 的高倍率汉字字形信息压缩方案，攻克了汉字激光照排系统的最大难关——汉字字模的存储量问题。以后，他又一鼓作气，发明了汉字字形信息高速还原技术，不失真的文字变倍技术。

1979 年 7 月，汉字激光照排机样机研制成功；1987 年和 1995 年该成果两次获得国家科技进步一等奖；1985 年和 1995 年两度列入国家十大科技成就，是国内唯一四度获国家级奖励的项目。王选的这一成就被誉为中国印刷史上 1000 多年来最伟大的发明之一。

在研究成果面前，王选没有息肩。他认为："国家给汉字激光照排投资上千万元，成果变不成产品，不推向市场，就没有实际效果。搞科研必须为发展中国的国民经济作出贡献。如果市场用不上，我们的成果就等于零。"他因此又迈出新的一步：推动技术与市场的结合，远大的学术抱负与追求产业进步的结合。

为了汉字激光照排样机能尽快进入商品化生产，形成产业，他一次又一次地奔波于生产厂家、上级主管部门和用户之间，做大量细致、繁复的协调、沟通工作。

1987 年 12 月 2 日，在协作单位的共同努力下，《经济日报》的排版工人甩开低效有毒的铅字作业，实现了计算机激光照排。这标志着中国的印刷业开始与"铅与火"告别，一跃跨入了"光与电"的时代。

1988年，北大新技术公司（后更名为北大方正公司）开始经销汉字激光照排系统，接着又推出报纸大屏幕组版技术，彩色出版技术，版面远传技术，采编流程的计算机管理和新闻综合业务网络。

中国的汉字激光照排技术终于昂首走在了世界的前列。国内 1000 多家报社和 6000 多家印刷厂用上了激光照排系统。国外的同类产品都被挤出了中国市场，美国的 HTS 公司因之而破产。几家颇具实力的外国大公司宣布，在汉字激光照排领域，他们已放弃与中国竞争。

王选是北大方正事业的主要开创者。他提出"顶天立地"的发展模式，既立足于国际科技发展潮头，追求技术突破，又致力于实现成果的商品化和大量推广、应用，形成产业。多年来，他身体力行，与方正的干部、员工一道，艰苦创业，不断开拓，带动了整个印刷行业的迅猛发展，为民族工业的腾飞提供了成功的经验，闯出了高校高科技企业产学研一体化的发展道路。

如今，方正集团已成为全球最大的中文电子出版系统开发商和供应商，统领国内 90% 的报业市场，获得海外 70% 以上的华文报业市场份额。1995 年，方正集团被评为全国新技术产业百强，名列第七；1996 年又被列为国家 120 家大型企业集团试点单位和 6 家技术创新试点企业之一；1995 年，随着方正（香港）有限公司在香港上市，方正集团成为世界上第一家在海外拥有上市公司的大学企业。

王选常引用这样一个公式：I + WE = FULLY I，即：个别我 + 集体我 = 完整的我，他将自己的智慧和心血完全融入到高科技企业发展的事业之中。他倡导团队精神，以提携后学为己任，春风化雨，润物无声。90 年代以来，他多次表示，"伏枥老骥"要"甘为人梯"。在方正的新闻发布会上，他总忘不了一一介绍优秀的年轻人。他随身携带的笔记本上，密密麻麻地记载了研究所年轻人的兴趣、特长、导师评语和工作成绩，全心全意地扶持他们，为他们提供成长的沃土。

1997 年，方正排版系统进入日本市场，负责这一项目的两位技术骨干都是王选的博士研究生，一位 32 岁，一位 29 岁。大批年轻人的脱颖而出，是方正集团保持技术优势的关键。这群年轻人完成了方正的诸多第一：第一个大屏幕报纸组版编排系统，第一个中文彩色报纸编排系统，第一个国内中文报纸分类广告管理系统，第一个国内报业采编流程管理系统……

汉字激光照排系统曾获国内外二十多项重大奖励，九项中国及欧洲的专利。王选先后荣获首届毕升奖、森泽信夫奖、何梁何利科学与技术进步奖、联合国教科文组织科学奖、王丹萍科学奖、台湾潘文渊文教基金奖，并三次被评为北京市劳动模范，1995 年被评为全国先进工作者。

人们亲切地称他为"当代毕升"、"汉字激光照排之父"、中国现代汉字印刷革命的"奠基人"。

（张黎明）

1998年逝世人员(教授、处级以上干部)

姓名	单位	职称	生卒年	在校工作时间
程民德	数学学院	教授、院士	1917.1.1～1998.11.26	1952.9～1988.9
胡济民	技术物理系	教授、院士	1919.1.1～1998.9.9	1955.7～1989.5
高小霞	化学学院	教授、院士	1919.7.1～1998.9.9	1951.5～1989.9
赵诏熊	英语系	教授	1905.10.1～1998.9.26	1952.8～1986.7
邓广铭	历史系	教授	1907.3～1998.1.10	1936.7～1988.9
甘雨沛	法律系	教授	1907.4.1～1998.11.4	1964.8～1988.9
庄圻泰	数学学院	教授	1909.3.1～1998.9.2	1946.1～1986.7
任　华	哲学系	教授	1911.7.1～1998.8.19	1952.1～1986.7
赵萝蕤	英语系	教授	1912.5～1998.1.1	1935.9～1986.7
黄永宝	计算机系	教授	1920.10.1～1998.6.6	1952.1～1990.11
叶蜚声	中文系	教授	1926.3.1～1998.8.23	1957.2～1992.10
展　凡	俄语系	教授	1927.10.1～1998.12.4	1955.9～1988.11
龚理嘉	计算机所	高工	1928.9.1～1998.2.25	1952.9～1992.7
邵献图	信息管理系	教授	1929.6.1～1998.12.31	1980.4～1992.7
李文绚	数学学院	教授	1931.9.10～1998.9.10	1959.10～1993.4
色　文	经济学院	教授	1932.1.1～1998.7.2	1979.11～1997.9
刘德贵	行政事务处	处长	1916.3～1998.1.5	1951.2～1981.1

· 1998 年度党发、校发文件 ·

党发[1998]1 号	关于学生工作部部长、副部长的任免通知
党发[1998]3 号	关于阎树森任党委研究室副主任的通知
党发[1998]4 号	关于一机关党委选举结果的通知
党发[1998]5 号	关于我校职工荣军同志申请女儿户口迁京的证明
党发[1998]6 号	北京大学后勤行政处级干部管理暂行办法(试行)
党发[1998]9 号	关于曹善光同志妻子来京落户的证明
党发[1998]13 号	关于深入学习江泽民同志在庆祝北京大学建校一百周年大会上的重要讲话的决定
党发[1998]14 号	关于北京大学财务处处长的任免报告
党发[1998]15 号	关于北京大学党委组织部部长的任免报告
党发[1998]16 号	关于党委组织部部长的任免通知
党发[1998]17 号	关于王武召、张彦的任免通知
党发[1998]18 号	关于校团委副书记的任命通知
党发[1998]20 号	中共北京大学委员会关于表彰优秀共产党员和先进党支部的决定
党发[1998]21 号	关于石志洪同志妻子来京落户的证明
党发[1998]23 号	关于邵德俭之女邵钊楠来京投靠的证明
党发[1998]24 号	关于环境科学中心党总支选举结果的通知
党发[1998]25 号	关于附小直属党支部选举结果的通知
党发[1998]26 号	关于彭华彰级别的通知
党发[1998]27 号	关于张强的任命通知
党发[1998]28 号	关于在全校范围内开展“情系灾区,爱在北大”抗洪赈灾活动的决定
党发[1998]29 号	中共北京大学委员会关于召开中共北京大学第十次代表大会的通知
党发[1998]30 号	中共北京大学第十次代表大会代表产生办法
党发[1998]32 号	关于我校退休职工赵富全申请其妻来京落户的证明
党发[1998]33 号	关于我校职工赵万杰同志申请其妻来京落户的证明
党发[1998]34 号	北京大学关于深刻领会邓小平科教兴国理论开展办学思想、教育观念大学习大讨论的计划安排
党发[1998]36 号	关于吴跃申请父母来京投靠的证明
党发[1998]37 号	关于我校职工秦勇申请其女儿户口迁京的证明
党发[1998]39 号	关于党委办公室副主任的任命通知
党发[1998]40 号	关于中国共产党北京大学校办产业工作委员会的通知
党发[1998]41 号	关于我校职工邢成文申请其子邢恩雪户口迁京的证明
党发[1998]46 号	关于贯彻落实京办发[1997]40 号文件情况的自查报告
党发[1998]47 号	关于向王选教授学习的决定
党发[1998]48 号	关于任尚元教授申请父母来京落户的证明
党发[1998]49 号	关于陶凯荣同志家属来京落户的证明
党发[1998]50 号	关于曹宝德同志家属来京落户的证明
党发[1998]51 号	关于数学学院党委选举结果的通知

党发[1998]52 号	关于党委统战部副部长的任命通知
党发[1998]55 号	关于召开中共北京大学第十次代表大会有关事项的请示
党发[1998]56 号	关于车子珍同志家属来京落户的证明
党发[1998]57 号	关于黄敦同志离休后享受司局级待遇的报告
党发[1998]58 号	关于中共燕园街道工作委员会书记的任免通知
党发[1998]60 号	关于出版政治理论课自考教材《邓小平理论概论》和《马克思主义哲学原理》的请示
党发[1998]61 号	关于取消张万中副处级待遇的通知
党发[1998]62 号	关于马克思主义学院党委选举结果的通知
党发[1998]63 号	关于图书馆党委选举结果的通知
党发[1998]64 号	关于二机关党委选举结果的通知
校发[1998]1 号	关于卢晓东和杨承运职务任免的通知
校发[1998]2 号	关于亚非研究所行政班子调整换届的通知
校发[1998]5 号	关于郝淑芳职务任命的通知
校发[1998]7 号	关于给张志玲按自动离职处理的决定
校发[1998]8 号	关于吴强职务任命的通知
校发[1998]9 号	关于金顶兵职务任命的通知
校发[1998]10 号	关于王顺洪和张英职务任免的通知
校发[1998]11 号	关于孙玉和解又明职务任免的通知
校发[1998]12 号	关于杨河和关成华职务任免的通知
校发[1998]13 号	关于程郁缀等三人职务任免的通知
校发[1998]16 号	关于给予董宝贵自动离职处理的决定
校发[1998]17 号	关于同意聘请小弗里德里克·埃文思·魏克曼为北京大学客座教授的决定
校发[1998]18 号	关于同意聘请吴琼恩为北京大学客座教授的决定
校发[1998]19 号	关于给予陈秉才开除公职处分的决定
校发[1998]22 号	关于教务处科级干部任免的通知
校发[1998]23 号	关于财务处科级干部任免的通知
校发[1998]24 号	关于同意成立北京百社联书店有限公司的批复
校发[1998]25 号	关于增补校产管理委员会委员的通知
校发[1998]27 号	关于同意授予有马朗人先生为北京大学名誉教授的决定
校发[1998]28 号	关于实行本科生主干基础课教师聘任及基础课津贴发放标准的通知
校发[1998]29 号	关于公布校内部分道路名称的通知
校发[1998]30 号	关于填报后勤服务保障工作登记表和就餐登记表的通知
校发[1998]32 号	关于景观生态研究中心更名的通知
校发[1998]33 号	关于成立细胞生物学研究所的通知
校发[1998]35 号	关于同意授予朱棣文先生为北京大学名誉教授的决定
校发[1998]38 号	关于博士生导师转专业招收博士生审批程序的通知
校发[1998]39 号	关于具有博士学位授予权的一级学科中原不是博士点但拟招收博士生的审批程序的通知
校发[1998]41 号	关于同意授予丘成桐先生为北京大学名誉教授的决定
校发[1998]42 号	关于北京大学百年校庆新闻宣传工作的通知
校发[1998]43 号	关于授予姚健钢等七人"学生五·四奖章"和法律学系 94 级本科(1)班等四个班"班级五·四奖杯"的决定
校发[1998]44 号	关于号召全校同学向"学生五·四奖章"和"班级五·四奖杯"获得者学习的决定
校发[1998]46 号	关于对《关于联合建设青年教师公寓和方正职工住宅的批复》的修改意见
校发[1998]48 号	关于董年波职务任命的通知
校发[1998]50 号	关于魏新任职的通知

校发[1998]51 号	关于陈学飞和喻岳青职务任免的通知
校发[1998]52 号	关于张彦和初育国职务任免的通知
校发[1998]53 号	关于王垒任职的通知
校发[1998]55 号	关于学生住宿管理的暂行规定
校发[1998]56 号	关于同意聘请罗伯特·麦克阿瑟先生为北京大学客座教授的决定
校发[1998]57 号	关于同意聘请理查德·伯克斯鲍姆先生为北京大学客座教授的决定
校发[1998]58 号	关于同意聘请程家瑞先生为北京大学客座教授的决定
校发[1998]59 号	关于同意聘请刘江彬先生为北京大学客座教授的决定
校发[1998]60 号	关于同意聘请孔宪铎等七人为北京大学客座教授的决定
校发[1998]61 号	关于同意聘请施敏先生为北京大学客座教授的决定
校发[1998]62 号	关于同意聘请陈新滋先生为北京大学客座教授的决定
校发[1998]63 号	关于同意聘请尤乃亭先生为北京大学客座教授的决定
校发[1998]64 号	关于同意聘请侯一钊先生为北京大学客座教授的决定
校发[1998]66 号	关于社会学系行政班子调整的通知
校发[1998]67 号	关于化学与分子工程学院行政班子调整换届的通知
校发[1998]68 号	关于廖陶琴和胡妙慧职务任免的通知
校发[1998]71 号	关于国际交流合作处科级干部任命的通知
校发[1998]72 号	关于同意聘请陈介中先生为北京大学客座教授的决定
校发[1998]73 号	关于任命北京大学附属小学副校长的通知
校发[1998]74 号	关于任命北京大学附属小学校长的通知
校发[1998]75 号	关于成立"北京大学图书馆图书文献服务部"的批复
校发[1998]76 号	北京大学关于表彰 98 届优秀毕业生的决定
校发[1998]80 号	关于昌平校区 97 级文科学生迁回海淀校区有关工作的通知
校发[1998]83 号	关于转发北京大学清华大学蓝旗营教师住宅建设办公室关于"北京大学蓝旗营教师住宅集资建房购房办法"的通知
校发[1998]84 号	北京大学关于博士后经费管理的规定
校发[1998]86 号	关于同意北大资源集团投资组建"北京资源理光复印中心"的批复
校发[1998]87 号	关于对部分本科生夜间喧闹行为进行批评的通报
校发[1998]88 号	关于成立北京大学校友联络总部及干部任命的通知
校发[1998]89 号	关于鞠传进和马树孚职务任免的通知
校发[1998]90 号	关于任命沈鹏同志担任"北京大学亚太教育中心与社会发展研究院"院长的决定
校发[1998]92 号	关于燕北园东墙边平房翻建的批复
校发[1998]93 号	关于募集衣被支援灾区的通知
校发[1998]94 号	关于成立美国研究中心和非洲研究中心的通知
校发[1998]95 号	关于肖以金任职的通知
校发[1998]96 号	关于陈荣任职的通知
校发[1998]97 号	关于在全校范围内开展"情系灾区,爱在北大"抗洪赈灾活动的情况通报
校发[1998]98 号	关于数学科学学院行政班子换届的通知
校发[1998]99 号	关于历史学系行政班子换届的通知
校发[1998]100 号	关于给予雷秀颖自动离职处理的决定
校发[1998]102 号	关于成立新的人防工程领导小组及办公室的通知
校发[1998]103 号	关于成立应用磁学研究开发中心的通知
校发[1998]104 号	关于给予张宝琪自动离职处理的决定
校发[1998]105 号	关于张聂彦职务任命的通知
校发[1998]106 号	关于保卫部科级干部任免的通知
校发[1998]108 号	关于地质学系行政班子换届的通知
校发[1998]109 号	关于郑兰哲职务任命的通知

校发[1998]110号　关于樊虹职务任命的通知
校发[1998]112号　关于外国学者留学生处领导班子换届的通知
校发[1998]113号　关于娄青山和慕淑芬行政待遇问题的通知
校发[1998]115号　关于同意聘请谢明先生为北京大学客座教授的决定
校发[1998]116号　关于同意聘请底特·布洛赫先生为北京大学客座教授的决定
校发[1998]117号　关于同意聘请朱狄·罗丹女士为北京大学名誉教授的决定
校发[1998]118号　关于郝平等三人任职的通知
校发[1998]119号　关于高超任职的通知
校发[1998]120号　关于周其凤等八人职务任免的通知
校发[1998]121号　关于高超任职的通知
校发[1998]123号　关于成立新的公费医疗管理委员会的通知
校发[1998]124号　关于李小寒职务任命的通知
校发[1998]126号　关于成立世界遗产研究中心的通知
校发[1998]127号　关于张宝岭任职的通知
校发[1998]128号　关于刘和平任职的通知
校发[1998]129号　关于成立考古文博院的通知
校发[1998]131号　关于给予胡峰岩自动离职处理的决定
校发[1998]133号　关于整顿金融“三乱”工作有关事项的通知
校发[1998]134号　关于蓝旗营教师住宅小区建成后腾空的3居室分配办法
校发[1998]135号　关于给予徐保华按自动离职处理的决定
校发[1998]136号　关于国际交流合作处科级干部任免的通知
校发[1998]137号　关于微电子学研究所行政班子调整换届的通知
校发[1998]140号　北京大学基础设施资料管理暂行条例
校发[1998]143号　关于北京北大青鸟软件系统公司二项无形资产对外投资的批复
校发[1998]144号　北京大学关于表彰三好学生和先进集体的决定
校发[1998]146号　关于电子学系行政班子调整的通知
校发[1998]147号　关于侯建军任职的通知
校发[1998]148号　关于比较文学与比较文化研究所等五个研究所不再作为处级建制单位的通知
校发[1998]149号　关于人事处科级干部任免的通知
校发[1998]152号　关于设立“北京图书批发交易市场北京大学出版社朝阳书刊经营部”的决定
校发[1998]153号　北京大学预算管理暂行办法
校发[1998]154号　关于文科科研项目经费管理的规定
校发[1998]155号　关于自然科学科研项目经费管理的规定
校发[1998]157号　关于委托培养、自筹资金培养等研究生经费分配的办法
校发[1998]159号　关于同意技物系与中科院兰州加速器实验室联合成立青年核物理中心的通知
校发[1998]160号　关于调整“挑战杯”科技工程领导小组的通知
校发[1998]161号　关于成立校园规划委员会的通知
校发[1998]162号　关于成立校园规划委员会办公室的通知

党办发[1998]4号　关于转发国家教委《1998年高校形势与政策教育教学要点》的通知
党办发[1998]7号　关于徐代城同志妻子来京落户的证明

校办[1998]3号　关于春节放假的通知
校办[1998]4号　关于开斋节对信仰伊斯兰教的少数民族放假的通知
校办[1998]14号　1998年献血工作安排
校办[1998]20号　关于“五一”放假和校庆停课的通知
校办[1998]21号　关于谭仲军任职的通知

校办[1998]26 号	关于庆祝北京大学建校 100 周年大会出席人员组织工作的通知
校办[1998]31 号	关于我校教职工子女今年入初中和北达资源中学招收初一学生的通知
校办[1998]40 号	暑假后五个理科院系一年级学生到昌平校区学习准备工作会议纪要
校办[1998]45 号	关于接受礼品和捐赠项目登记的通知
校办[1998]65 号	关于 1998 年暑期毕业生离校前活动安排的通知
校办[1998]69 号	关于比较文学与比较文化研究所行政班子调整换届的通知
校办[1998]70 号	关于放暑假的通知
校办[1998]81 号	关于填报“校庆活动资金收支情况表”的通知
校办[1998]91 号	1998 年迎新工作安排
校办[1998]101 号	关于国庆节放假和中秋节晚停课的通知
校办[1998]107 号	关于王诗宬和张继平职务任免的通知
校办[1998]138 号	关于编印北京大学年报等材料的通知
校办[1998]139 号	关于填报“计算机 2000 年问题调查表”的通知
校办[1998]141 号	关于元旦放假的通知
校办[1998]145 号	关于成立“北京大学资金管理部”的通知
北人[1998]1 号	关于卢金鑫等四人赴日本工作的请示
北发[1998]2 号	关于邀请国家教委领导出席北京大学 1998 年春节团拜会的请示
北发[1998]3 号	关于赵朝洪等五位同志组队参加国家文物局组织出国考察
北人[1998]4 号	关于刘渤赴日本校际交流的请示
北人[1998]5 号	关于张化瑞、耿幼平赴日本进行项目合作的请示
北财[1998]6 号	关于 1997 年购汇人民币限额执行情况的报告
北财[1998]7 号	关于报送 1998 年购汇人民币限额预算的请示
北发[1998]8 号	关于报请审核北京大学纪念建校 100 周年广告文稿的请示
北财[1998]9 号	关于购买大轿车的请示
北发[1998]10 号	关于申请赠送仪器设备免税进口的事
北发[1998]11 号	关于发行“北京大学建校 100 周年特种纪念金币”的请示
北审[1998]12 号	北京大学一九九八年审计工作总结
北产[1998]13 号	关于申请对北京北大德力科化学公司御苁蓉口服液非专利技术进行价值评估确认的请示
北财[1998]14 号	关于购买面包车的请示
北教[1998]15 号	关于北京大学 1998 年招生计划的请示
北社[1998]16 号	关于推荐孙祁祥教授申请资助赴香港讲学的函
北基[1998]17 号	关于调整 1997 年非“211 工程”建设项目投资计划的请示
北函[1998]18 号	关于报请审批北京大学 1997 年售房工作计划的函
北人[1998]19 号	关于同意解又明同志出国随任的证明
北函[1998]20 号	关于延长徐勇护照有效期的函
北研[1998]21 号	关于廖洪恩赴日攻读硕士学位的请示
北人[1998]22 号	关于肖伟山赴韩国进修的请示
北人[1998]23 号	关于陈开和赴香港大学攻读学位的请示
北函[1998]24 号	关于报送我校 1997 年基建财务决算报表的函
北研[1998]25 号	关于自审增列硕士点的报告
北研[1998]26 号	关于黎虹在港工作的请示
北研[1998]27 号	关于赵宛秋赴日学习的请示
北人[1998]28 号	关于王爱军赴香港培训的请示
北基[1998]29 号	关于我校畅春园青年教师公寓事宜
北人[1998]30 号	关于推荐鄢盛明、周乃君为赴德国进修生的请示

北发[1998]31 号	北医大校改字[1998]037 号关于北京大学与北京医科大学联合组建新的北京大学的请示
北发[1998]32 号	关于自筹经费作为 CERNET 主干网升级试验工程的套费的报告
北财[1998]33 号	关于更新购买一辆旅行车的请示
北财[1998]34 号	关于购买二辆校轿车的请示
北财[1998]35 号	关于报送一九九七年决算的请示
北教[1998]36 号	关于调用邵逸夫先生捐款的请示
北发[1998]38 号	关于拟请江泽民总书记为“翦伯赞先生诞辰百周年纪念学术研讨会”题词的请示
北基[1998]39 号	关于征地建设体育场的请示
北函[1998]40 号	关于北京大学对北京大学出版社工作的复评意见
北函[1998]41 号	关于北达加油站申请迁址的函
北人[1998]42 号	关于雷明赴日本合作研究的请示
北人[1998]43 号	关于刘振泉赴日本合作研究的请示
北人[1998]44 号	关于推荐林百学赴莫斯科大学进修的请示
北人[1998]45 号	关于光华学院蔡曙涛等三人赴美国合作研究的请示
北人[1998]46 号	关于张平赴美国合作研究的请示
北人[1998]47 号	关于翟茂林赴日本合作研究的请示
北发[1998]48 号	关于申请赠送仪器免税进口的事
北发[1998]49 号	关于申请赠送仪器免税进口的事
北基[1998]50 号	关于北京大学考古教学楼立项的申请
北财[1998]51 号	关于昌平园区建筑、基础建设修缮经费的请示
北发[1998]52 号	关于筒子楼情况调查及改造计划表
北人[1998]53 号	关于历史系许平赴日本合作研究的请示
北发[1998]54 号	关于北京大学百年校庆工作的请示
北人[1998]56 号	关于高巧君赴新加坡合作研究的请示
北发[1998]57 号	关于郝敏赴日短期研修的请示
北研[1998]58 号	关于李麟、董年波赴日短期研修的请示
北研[1998]59 号	关于李景赴美国合作科研的请示
北财[1998]60 号	关于报送 1998 年预算的请示
北发[1998]61 号	关于呈请中央领导同志为北大方正集团发展十周年题词 的请示
北人[1998]63 号	关于濮祖荫赴德国合作研究的请示
北发[1998]64 号	关于北京大学图书馆新馆工作和供暖工作经费缺口的请示
北发[1998]65 号	关于北京大学基础设施维修经费的请示
北教[1998]67 号	关于公派谭卫东、段践波去东京大学研修的报告
北函[1998]68 号	关于商请总政军乐团参加北京大学庆祝建校 100 周年大会的函
北研[1998]69 号	关于博士生戴桂玉转学的请示
北发[1998]70 号	关于北大化学试验厂增资的请示
北人[1998]71 号	关于解决刘波同志夫妻两地分居的请示
北人[1998]73 号	关于解决王毅同志夫妻两地分居的请示
北人[1998]74 号	关于推荐薛建明赴德国合作研究的请示
北人[1998]75 号	关于金衡山赴加拿大合作研究的请示
北发[1998]76 号	关于呈请江泽民总书记为北京大学图书馆题词的请示
北基[1998]77 号	关于申报零星基本建设项目的请示
北自[1998]78 号	关于对“微米·纳米加工技术国防科技重点试验室”(北京大学部分)进行验收的请示
北基[1998]80 号	关于报送 1997 年度统计材料软盘事
北函[1998]82 号	关于田岩同志出国政审函
北人[1998]83 号	关于杨东海赴美国合作研究的请示

北人[1998]84 号	关于梅凤乔赴英国进修的请示
北人[1998]85 号	关于苏都莫日根赴日本合作研究的请示
北发[1998]86 号	关于邀请江泽民总书记等党和国家领导人出席北京大学建校 100 周年庆祝活动的请示
北财[1998]87 号	关于申报我校 1998 学年度学费标准的报告
北函[1998]88 号	关于申请建设“北大化学试验厂添加剂车间”的函
北函[1998]89 号	关于申请建设“北京大学志明中试车间”的函
北人[1998]90 号	关于关平赴香港合作研究的请示
北社[1998]91 号	关于我校光华管理学院申请接受路透集团捐赠信息的请示
北基[1998]92 号	关于“北大科技发展中心”实施降税护坡和土方工程的请示
北函[1998]93 号	关于延长于鸿护照有效期一年的函
北财[1998]94 号	关于申报我校 1998 学年度学费标准的报告
北财[1998]95 号	关于报送审计报告书面意见的请示
北发[1998]97 号	关于“北大燕园教育培训中心”提前验收的请示
北发[1998]98 号	关于申请国际学术会议经费资助的请示
北社[1998]99 号	关于电视纪录片《行行重行行——费孝通与乡土中国》脚本的送审报告
北人[1998]100 号	关于解决萧文革同志夫妻两地分居的请示
北人[1998]101 号	关于解决汪琼同志夫妻两地分居的请示
北人[1998]102 号	关于解决王志诚同志夫妻两地分居的请示
北函[1998]103 号	关于商请市公安交通管理局协助北京大学作好庆祝建校 100 周年大会等活动交通安全工作的函
北备[1998]104 号	关于申请化学试剂免税进口的事
北发[1998]105 号	关于中科院生声所擅自利用《科学》中国服务器下载网络资源的报告
北发[1998]106 号	关于教育部宴请出席大学校长论坛代表的方案建议
北人[1998]107 号	关于齐东文赴香港合作研究的请示
北财[1998]108 号	关于申请校办产业周转金的请示
北发[1998]109 号	关于安排美国斯坦福大学校长 Cerhard Casper 先生拜访朱镕基总理
北发[1998]110 号	关于邀请吴邦国副总理视察北大方正集团公司的请示
北发[1998]111 号	关于北达加油站申请迁址的请示
北发[1998]112 号	关于授予江泽民总书记北京大学名誉哲学博士学位的请示
北发[1998]114 号	关于呈请全国政协副主席出席方正集团发展十周年纪念活动并题词的请示
北备[1998]115 号	关于申请化学试剂免税进口的事
北发[1998]116 号	关于制作发行“北京大学建校 100 周年金制纪念章”的请示
北基[1998]117 号	关于在海淀区畅春园建设北京大学青年教师公寓确认土地使用权性质的请示
北人[1998]118 号	关于郑海飞赴瑞典校际交流的请示
北发[1998]119 号	关于拟在北京大学百周年纪念邮折和邮册上刊登江泽民总书记题词手迹的请示
北社[1998]120 号	关于推荐我校考古系副教授李税城申请平山郁夫“丝绸之路”奖学金事宜
北社[1998]121 号	北京大学文科跨世纪人才培养计划
北发[1998]123 号	北京大学 1997 年预算执行情况和财务决算审计报告
北发[1998]124 号	关于蔡玉辉同学补录为北京大学“硕士学位教师进修班”正式学员的请示
北函[1998]125 号	关于在北京大学建配电室的申请
北发[1998]126 号	关于拟请江泽民等党和国家领导人会见出席北京大学百周年庆祝活动嘉宾的请示
北发[1998]127 号	关于拟请李岚清副总理出席“面向二十一世纪的高等教育——大学校长论坛”开幕式并讲话的请示
北发[1998]128 号	关于北京大学居民区用电改为市电网直供的申请
北发[1998]130 号	关于中葡科技合作项目事
北人[1998]131 号	关于陈少峰赴日本合作研究的请示

北人[1998]132 号	关于赵新生等二人赴美国合作研究及进修的请示
北发[1998]133 号	北京市北大青鸟软件系统公司资产评估立项申请书
北函[1998]134 号	关于确认北京大学在海淀区校内建设北大科技发展中心土地使用权性质的函
北备[1998]135 号	关于申请赠送仪器免进口的事
北发[1998]136 号	关于陈岱孙先生塑像安放位置的报告
北人[1998]137 号	关于王平媛赴西班牙校际交流的请示
北发[1998]138 号	关于报送庆祝北京大学建校 100 周年大会主席台建议名单的请示
北函[1998]139 号	关于申请车辆临时牌照的函
北发[1998]140 号	关于邀请香港郭富城先生来我校客串演出的请示
北人[1998]141 号	关于杨清传延期留港一年的请示
北发[1998]142 号	关于全国公金环境意识调查宣传活动方案的配合方案
北人[1998]143 号	关于周志忍赴英国合作研究的请示
北自[1998]145 号	关于微米/纳米加工技术国防科技重点试验室(北京大学部分)正式投入运行的请示
北人[1998]146 号	关于胡晓东赴美国合作研究的请示
北研[1998]147 号	关于北师大博士生田良转入我校的请示
北人[1998]149 号	关于推荐环境科学中心王会祥为 98 年度国家公派赴法国人选的请示
北发[1998]150 号	关于安排美国斯坦福大学校 Gerhard Casper 先生拜访李岚清副总理的请示
北函[1998]151 号	关于商请保留我校勺园卡式公用电话国际长途功能的函
北教[1998]152 号	关于于静和金欣延长在港签注的请示
北发[1998]153 号	关于制作庆祝北京大学建校 100 周年大会实况和录像带的请示
北研[1998]154 号	关于延长宋宇在港期限四个月的请示
北基[1998]155 号	“北京大学科技发展中心”工程项目请求“三边”施工分段议标的请示
北财[1998]156 号	关于购买轿车的请示
北财[1998]157 号	关于购买专控商品的请示
北财[1998]158 号	关于将香港星光电讯集团有限公司汇款北京大学账户的请示
北财[1998]159 号	关于报送北大青鸟软件系统公司资产评估的函
北人[1998]160 号	关于卢晖临赴香港读博士学位的请示
北备[1998]161 号	关于申请赠送仪器免税进口的事
北财[1998]162 号	关于公费医疗管理改革情况的汇报
北发[1998]163 号	关于申请办理评估立项、资产评估等手续的请示
北人[1998]164 号	关于赵成根赴英国合作研究的请示
北发[1998]165 号	关于调整专科来源计划的请示
北财[1998]166 号	关于更新一辆小轿车的请示
北教[1998]167 号	关于专科招生收费标准的请示
北人[1998]168 号	关于刘魁良、贾士蓓出国政审事
北自[1998]169 号	关于购买小口径运动步枪子弹的请示
北发[1998]170 号	关于邀请陈至立和韦钰同志出席北京大学 S 390 计算机开机仪式暨应用研讨会的请示
北财[1998]171 号	关于申请核拨 98 共建经费的请示
北人[1998]172 号	关于申请增设博士后流动站的报告
北人[1998]173 号	关于申请新设博士后流动站的报告
北人[1998]174 号	关于推荐刘和平等 9 人为教育部 98 年度“优秀年轻教师基金”候选人的报告
北发[1998]175 号	北京大学一九九八年审计工作计划
北人[1998]176 号	关于推荐刘大军赴韩国攻读博士学位的请示
北人[1998]177 号	关于推荐鄢盛明为 1998 年王宽诚基金人选的请示
北社[1998]178 号	关于请求民政部支持开展中国高龄老人健康长寿影响因素研究事
北人[1998]179 号	关于刘海明赴美国进修的请示

北人[1998]180 号	关于推荐潘璐、贾积邮赴德国攻读博士学位的请示
北人[1998]181 号	关于王广辉赴日本校际交流的请示
北人[1998]182 号	关于杨威生赴日本合作研究的请示
北人[1998]183 号	关于佟秀英赴德国校际交流的请示
北人[1998]184 号	关于盖峥赴日本合作交流的请示
北人[1998]185 号	关于陈祖幸赴德国合作研究的请示
北函[1998]186 号	关于申请书籍免税进口的事
北发[1998]187 号	关于为昌平校区购置救护车的申请
北人[1998]188 号	关于推荐阎宏、王毅赴日本攻读博士学位及博士后研究人选的请示
北人[1998]189 号	关于李超杰赴哈佛大学合作研究的请示
北人[1998]190 号	关于时和兴赴哈佛大学合作研究的请示
北人[1998]191 号	关于孙仁申延长在港期限半年的请示
北人[1998]192 号	关于陈宝亚赴香港合作研究的请示
北人[1998]193 号	关于丁尔苏赴香港讲学的请示
北备[1998]194 号	关于赠送仪器申请免税进口的事
北备[1998]195 号	关于赠送仪器申请免税进口的事
北人[1998]196 号	关于补充推荐赵海燕为赴日本攻读博士人选的请示
北研[1998]197 号	关于自审硕士点的报告
北社[1998]198 号	关于如何妥善保管及科学分析高龄老人健康长寿监测服务调查拟采集的指尖或耳垂血样事
北人[1998]199 号	关于申请解决李同归同志夫妻两地分居的请示
北人[1998]200 号	关于申请解决朱非同志两地分居的请示
北人[1998]201 号	关于申请调朱庆之教授来我校工作的请示
北函[1998]202 号	关于报废东风 140 型 5 吨货车的请示
北教[1998]203 号	关于 1997 年基础课教学试验室建设补助基金使用情况及申请 1998 年建设补助基金的报告
北社[1998]205 号	关于推荐李兆杰出席国际会议事
北函[1998]206 号	关于台湾大学法律系代表团请求访问最高人民检察院的函
北财[1998]207 号	关于申请专项外事经费的请示
北人[1998]208 号	关于齐利民赴德国合作研究的请示
北人[1998]209 号	关于焦英赴美国合作研究的请示
北财[1998]210 号	关于报送 1998 学年新生收取学费标准申报表(函)
北财[1998]211 号	关于申请世行贷款事
北函[1998]213 号	关于申请免交 1041 型货车养路费的函
北备[1998]214 号	关于申请 1998 年材料、设备储备贷款的函
北备[1998]215 号	关于将邵逸夫先生捐款余额 1,000 万港元调入我校的申请
北发[1998]216 号	关于接收台湾学者林崇熙博士留校工作的请示
北发[1998]217 号	关于为台湾学者林崇熙办理签证事
北人[1998]218 号	关于金景一赴日本进修的请示
北人[1998]219 号	关于解决何晋同志夫妻两地分居的请示
北人[1998]220 号	关于王伟华同志出国政审事
北人[1998]221 号	关于刘华杰赴美国校际交流的请示
北人[1998]222 号	关于刘素清赴美国校际交流的请示
北人[1998]223 号	关于宁杰远赴美国校际交流的请示
北成[1998]225 号	关于韩林合赴芬兰校际交流的请示
北人[1998]226 号	关于刘锋赴美国校际交流的请示
北人[1998]227 号	关于黄铠赴美国校际交流的请示

北备[1998]228号	关于赠送仪器申请免税进口的事
北备[1998]229号	关于赠送软件申请免税进口的事
北发[1998]230号	关于旧房改造的情况汇报
北函[1998]231号	关于推荐张纯元教授为中华人口奖侯选人的报告
北函[1998]232号	关于申请更换发动机缸体的函
北备[1998]233号	关于申请赠送设备免税进口的事
北财[1998]234号	关于申请开立美元账户的事
北财[1998]235号	关于申请核拨98年共建经费的请示
北函[1998]236号	关于保证美国总统克林顿在北大演讲活动供电安全问题的函
北人[1998]237号	关于许耀明赴日本校际交流的请示
北发[1998]238号	关于在住宅区建配电室的请示
北发[1998]239号	关于艺园食堂扩建操作间的请示
北函[1998]240号	关于"北京大学科技发展中心(Ⅰ期)"工程项目请求雨季继续完成基础工作的函
北函[1998]241号	关于我校"指纹识别系统"与云南省公安厅合作事宜的函
北研[1998]242号	关于报送"北京大学关于博士生指导教师遴选工作总结"的报告
北人[1998]243号	关于刘财星赴美国进修的请示
北人[1998]244号	关于张志刚赴美国合作研究的请示
北研[1998]246号	关于高建军、鲁葵赴日学习的请示
北研[1998]247号	关于于铁军赴日学习的请示
北社[1998]248号	关于建议奖励苏秉琦先生捐献藏书的请示
北研[1998]249号	关于博士研究生郝兆宽赴荷兰学习一年的请示
北研[1998]250号	关于我校博士研究生刘东国、陈须隆赴丹麦学习的请示
北函[1998]251号	关于姚瑞刚博士携仪器出境的函
北函[1998]252号	关于申请赠送试剂免税进口的事
北函[1998]255号	关于申请赠送仪器免税进口的事
北教[1998]256号	关于招收委培生的请示
北教[1998]257号	关于我校一九九八年专科毕业生升本科学习的报告
北自[1998]258号	关于中丹科技合作项目的确认函
北人[1998]259号	关于饶广远赴瑞典校际交流的请示
北人[1998]260号	关于董翊赴美国校际交流的请示
北人[1998]261号	关于王钦仁、彭甄赴俄罗斯校际交流的请示
北人[1998]262号	关于秦大树赴美国合作研究的请示
北人[1998]263号	关于史聪、李庭晏赴英国校际交流的请示
北人[1998]264号	关于费振刚赴香港讲学的请示
北备[1998]265号	关于申请赠送试剂免税进口的事
北留[1998]266号	关于台湾陈亚祺来我校进修事
北函[1998]267号	关于北京北大资源集团投资设立"北京资源理光复印中心"的函
北发[1998]268号	关于台湾TVBS无线卫星电视台在北大现场直播"2100全民开讲"电视节目的请示
北研[1998]269号	关于1998年录取港、澳、台研究生的请示
北人[1998]270号	关于史学军赴日本合作研究的请示
北人[1998]271号	关于马张华赴荷兰合作研究的请示
北人[1998]272号	关于蒋建成赴美国校际交流的请示
北人[1998]273号	关于余璐赴德国进修的请示
北人[1998]274号	关于贾庆国赴奥地利合作研究的请示
北人[1998]275号	关于徐万丽赴韩国校际交流的请示
北人[1998]276号	关于秦善赴德国校际交流的请示
北人[1998]277号	关于陈忠明赴日本合作研究的请示

北人[1998]278 号	关于张坚赴荷兰校际交流的请示
北人[1998]279 号	关于刘燕赴荷兰校际交流的请示
北人[1998]280 号	关于张庆红赴香港合作研究的请示
北社[1998]281 号	关于调整北京大学现代日本研究班领导班子的请示
北发[1998]282 号	关于修缮工程经费的申请
北人[1998]283 号	关于周校仪延长在港期限一年的请示
北人[1998]284 号	关于肖建国、王会民赴日本合作开发的请示
北社[1998]285 号	关于“中国古代盐业考古学研究”的请示
北财[1998]286 号	关于我校成人教育脱产班收费的请示
北财[1998]287 号	关于申请抗震加固经费的请示
北函[1998]288 号	关于报送我校自费来华留学生收费标准的函
北人[1998]289 号	关于阎桂珍赴香港合作研究的请示
北人[1998]290 号	关于刘璐赴英国进修的请示
北成[1998]291 号	关于北京大学作为远程教育试点单位的请示
北人[1998]292 号	关于法律系刘高龙申请延期二年的请示
北基[1998]293 号	关于追加“畅春园青年教师公寓”施工任务的请示
北人[1998]294 号	关于周庆山等 3 人赴美国校际交流的请示
北人[1998]295 号	关于朱锋赴日本合作研究的请示
北人[1998]296 号	关于宋力生赴瑞典校际交流的请示
北人[1998]297 号	关于胡少文赴韩国校际交流的请示
北人[1998]298 号	关于解决任定成同志夫妻两地分居的请示
北人[1998]299 号	关于解决陈祖幸同志家属户口迁京的请示
北人[1998]300 号	关于解决杨荣祥同志夫妻两地分居的请示
北基[1998]302 号	关于免交“北大科技发展中心”项目市政公用设施建设费的请示
北自[1998]303 号	关于报送“省市区教委和高校科技管理考察团”成员的函
北备[1998]304 号	关于申请接收送设备进口事
北备[1998]305 号	关于向海关申请出口退保证金的函
北发[1998]306 号	关于为第十七届国际拉曼光谱学会议筹备组设立临时外汇账户的请示
北函[1998]307 号	关于将北京大学在招商银行的港币的存款结汇到工商银行的函
北人[1998]308 号	关于刘晓丹赴美国进修的请示
北财[1998]309 号	关于北京市北大青鸟软件系统公司资产评估立项的申请
北发[1998]310 号	关于申请免交保证金的报告
北研[1998]311 号	关于博士生岳昌君赴美学习的请示
北研[1998]312 号	关于延长崔建新在澳期限一年的请示
北人[1998]313 号	关于穗志方赴香港合作研究的请示
北人[1998]314 号	关于统一免除罗宇回国服务两年义务的请示
北研[1998]315 号	关于贺日开、郝淑凤赴日学习的请示
北研[1998]316 号	关于博士生刘瑛赴日学习的请示
北人[1998]317 号	关于推荐刘怡、朱良保赴英国牛津大学合作研究的请示
北人[1998]319 号	关于北京大学实施“长江计划”申报特聘教授岗位的请示
北研[1998]320 号	关于李国山赴德国学习的请示
北人[1998]321 号	关于倪晋仁赴英国牛津大学合作研究的请示
北研[1998]323 号	关于录取香港(树仁学员)自费兼读硕士学位研究生的报告
北发[1998]334 号	关于北京大学考古教学楼经费的事
北产[1998]335 号	关于我校北大维信药厂用地的请示
北教[1998]336 号	关于录取李宁为我校本科生的请示
北研[1998]337 号	关于录取马志达先生为北京大学攻读硕士学位研究生的请示

北人[1998]338号	关于佟向军赴日本进修的请示
北人[1998]339号	关于吴晓樵赴德国校际交流的请示
北人[1998]340号	关于推荐丁延庆赴香港大学攻读博士学位的请示
北研[1998]341号	关于延长古英在港期限一年的请示
北研[1998]342号	关于延长王玲玲在港期限2年的请示
北人[1998]343号	关于推荐陈瑞华、张校明为美国福布莱特项目候选人的请示
北人[1998]344号	关于罗郁赴加拿大攻读博士学位的请示
北人[1998]345号	关于楚红军赴美国进修的请示
北人[1998]346号	关于谢绍东赴日本进修的请示
北海[1998]347号	关于北京大学/香港树仁学员合作开办全日制法律本科课程学位证书问题的请示
北发[1998]348号	关于减免养路费的请示
北发[1998]349号	关于在海淀区北京大学兴建北大科技楼确认土地使用性质的请示
北人[1998]350号	关于推荐郭童为国家公费赴印度进修人选的请示
北备[1998]351号	关于申请赠送化学药品免税进口的事
北人[1998]352号	关于同意免除蒋红回国服务两年义务的请示
北备[1998]353号	关于赠送图书申请免税进口的事
北人[1998]354号	关于邱红艳赴香港城市大学攻读博士学位的请示
北财[1998]355号	关于北大未名生物工程集团购车的请示
北基[1998]356号	关于我校“北大科技发展中心”一期建筑高度的请示报告
北研[1998]357号	关于延长李略在港期限的请示
北研[1998]358号	关于豁免韦毅回国服务两年的请示
北发[1998]359号	关于赠送仪器申请免税进口的事
北研[1998]360号	关于录取杨登杰先生为我校法律系攻读硕士学位研究生的请示
北函[1998]361号	关于我校接收应届毕业生工作的函
北研[1998]362号	关于王颀赴日本学习的请示
北研[1998]363号	关于豁免瞿幼星回国服务两年的请示
北研[1998]364号	关于豁免杨晓敏回国服务两年的请示
北人[1998]365号	关于解决张国辉同志夫妻两地分居的请示
北人[1998]366号	关于解决徐天进同志夫妻两地分居的请示
北人[1998]367号	关于解决黄必康同志夫妻两地分居的请示
北教[1998]368号	关于国家大学生文化素质教育基地的申请报告
北人[1998]369号	关于安宏林延期留港五个月的请示
北研[1998]370号	关于尚塞丁转入我校的请示
北人[1998]371号	关于林崇熙户籍问题的补充说明
北人[1998]372号	关于吴建华赴德国校际交流的请示
北人[1998]373号	关于鹿海青、师曾志赴新西兰校际交流的请示
北人[1998]374号	关于侯玉波赴法国校际交流的请示
北人[1998]375号	关于陈晓宇赴美国校际交流的请示
北函[1998]376号	关于启用“上海北大书苑”店名的函
北人[1998]377号	关于申请调史树中教授来我校工作的请示
北人[1998]378号	关于李昌珂赴德国合作研究的请示
北人[1998]379号	关于卞江赴加拿大蒙特利尔大学校际交流的请示
北人[1998]380号	关于柴真赴厦门香港合作研究的请示
北教[1998]382号	关于公派张美赴日本新泻大学学习一年的请示
北人[1998]383号	关于郑赵冰赴香港访问考察的请示
北基[1998]384号	关于扩建勺园洗衣房另建计划的请示
北基[1998]385号	关于学生生活区改造规划的请示

北发[1998]386号	关于我校校报《北京大学校刊》申请高校校报类报纸刊号的报告
北研[1998]387号	关于豁免黄智华回国服务两年的请示
北发[1998]388号	关于邀请李瑞环同志出席"授予石景宜先生北京大学名誉博士称号"仪式的请示
北函[1998]389号	关于"北京大学科技发展中心(Ⅰ期)"工程请求24小时连续施工的函
北研[1998]390号	关于王薇赴美学习的请示
北研[1998]391号	关于戴东刘键赴日学习的请示
北海[1998]393号	关于在新加坡开办中国语言文学学士学位课程的报告
北发[1998]394号	关于我校与布尔亚那大学合作研究的请示
北人[1998]395号	关于王毅赴美国进修的请示
北人[1998]396号	关于尤力平赴新加坡进修的请示
北人[1998]397号	关于我校申请接收1999年应届毕业生工作计划的请示
北函[1998]398号	关于蔡校海等人携带试验样品出、入境的函
北教[1998]399号	关于推荐华娓等五名学生赴阿拉伯国家留学的请示
北人[1998]400号	关于姜斌赴香港进修的请示
北研[1998]401号	关于豁免韩立杰回国服务两年的请示
北研[1998]402号	关于延长甘怡群在港期限的请示
北发[1998]404号	关于北京大学《超指标用税加价》情况的申述
北财[1998]405号	关于北京市北大青鸟软件系统公司无形资产评估确认的申请
北财[1998]407号	关于北京大学地质学系无形资产评估立项的请示
北人[1998]408号	关于解决黄柏素同志夫妻两地分居的请示
北发[1998]409号	关于蓝旗营教师购房款用于蓝旗营住宅建设的批复
北研[1998]410号	关于豁免尚海蓉回国服务两年的请示
北人[1998]411号	关于王理嘉赴香港中文大学讲学的请示
北人[1998]412号	关于同意刘真泉辞职并免除回国服务两年的请示
北人[1998]413号	关于同意潘琪免除回国服务两年的请示
北人[1998]414号	关于解决魏雄辉同志夫妻两地分居的请示
北人[1998]415号	关于同意免除王永强回国服务两年义务的请示
北人[1998]416号	关于田玲申请延长留港时间六个月的请示
北函[1998]417号	关于北京大学资源集团投资设立"北京资源理光复印中心"的函
北函[1998]418号	关于北京大学资源集团投资设立"北京资源理光复印中心"的函
北社[1998]419号	关于《中国地方政府管理丛书》申请出版的报告
北人[1998]420号	关于张东赴美国佐治亚大学合作研究的请示
北教[1998]422号	关于推荐李悦等五名学生赴朝鲜留学的请示
北备[1998]423号	关于赠送仪器申请免税的事
北研[1998]424号	关于卢晓霞赴荷兰合作研究的请示
北人[1998]425号	关于推荐1998年享受政府特殊津贴人员和1998年有突出贡献的中青年专家的请示
北函[1998]426号	关于邀请科技司派人参加软件工程研究中心体制运行机制考察团的函
北函[1998]427号	关于同意和中国科学院共建天文系的函
北教[1998]428号	关于吕炳文延长在港签注的请示
北基[1998]429号	关于申请学生生活区改造规划园林部分报告
北发[1998]430号	关于蓝旗营小区集资售房后腾出旧楼房拟按97年房改价出售的请示
北函[1998]431号	关于建设方正科技产业大楼的使用说明
北人[1998]432号	关于同意免除李秀芬回国服务两年义务的请示
北人[1998]433号	关于曾其明赴日本合作研究的请示
北人[1998]434号	关于张一弛、姜万军赴美国进修的请示
北研[1998]435号	关于北京大学1999年研究生招生计划的请示
北函[1998]436号	关于审定"北大科技发展中心"项目高度的函

北发[1998]437 号	关于推荐王红亚博士申请 DANIDA 讲学金赴丹麦合作研究的函
北发[1998]438 号	关于邀请部领导出席《中华人民共和国法律、行政法规、规章、司法解释分卷汇编》首发式的请示
北研[1998]439 号	关于裴健赴加拿大合作研究的请示
北研[1998]440 号	北京大学关于研究生教育实行收费制改革试点的报告
北基[1998]441 号	关于另建两个库房计划的请示
北基[1998]442 号	关于在学生生活区施工的几项措施
北财[1998]443 号	关于办理产权变更的申请
北财[1998]444 号	关于北大青鸟软件系统公司资产评估报告变更确认的申请
北人[1998]445 号	关于解决任波同志夫妻两地分居的请示
北人[1998]446 号	关于解决张海滨同志夫妻两地分居的请示
北基[1998]447 号	关于解决畅春园青年教师公寓 60＃楼位置向西平移问题的说明
北人[1998]448 号	关于同意袁心红免除回国服务两年的请示
北基[1998]449 号	关于确认“中国北大生物城”立项批复的报告
北发[1998]450 号	关于我校留学生赴重庆实习的请示
北人[1998]451 号	关于王世强赴美国合作研究的请示
北人[1998]452 号	关于同意彭初兵免除回国服务两年的请示
北教[1998]453 号	关于北京大学本科专业整理情况的报告
北人[1998]454 号	关于王启华赴加拿大合作研究的请示
北人[1998]455 号	关于我校招收计算机专业委培研究生的请示
北函[1998]456 号	关于编报北京大学 1999—2000 学年度接受进修教师计划的函
北研[1998]457 号	关于豁免张风雨回国服务两年的请示
北研[1998]458 号	关于延长汪红梅在港期限的请示
北发[1998]459 号	关于在我校哲学系设立“立夫讲座”的请示
北海[1998]460 号	关于北京大学/香港树仁学员合办法律本科课程的补充说明
北教[1998]461 号	关于报送 1999 年本科毕业生推荐免试生名单的函
北教[1998]462 号	关于派王志岩赴俄进修的请示
北继[1998]463 号	关于申请 1999—2000 学年度“以毕业研究生同等学力申请硕士学位教师进修班”招生专业的请示
北发[1998]465 号	北京大学关于安装境外天线的请示
北人[1998]466 号	关于周云赴日本校际交流的请示
北成[1998]467 号	关于开办应用心理学专业科起点本科函授夜大学教育的补充报告
北人[1998]468 号	关于解决汪劲同志夫妻两地分居的请示
北人[1998]469 号	关于申请调卢明同志到我校工作的请示
北研[1998]470 号	关于豁免朱武生回国服务两年的请示
北人[1998]471 号	关于杨凤春赴澳大利亚校际交流的请示
北人[1998]472 号	关于刘和平赴香港城市大学合作研究的请示
北基[1998]473 号	关于我校学生宿舍 33# 楼提前开工的请示
北备[1998]474 号	关于赠送科教用品申请免税进口的事
北备[1998]475 号	关于赠送科教用品申请免税进口的事
北发[1998]476 号	关于一九九九年向职工出售公有住宅楼房的请示
北财[1998]477 号	关于对青鸟商业自动化、金融自动化项目评估立项的请示
北函[1998]478 号	关于申请出版新编鲁迅全集的函
北基[1998]479 号	关于我校学生宿舍 33# 楼位置北移的请示
北成[1998]480 号	关于举办高级研讨班的请示
北研[1998]481 号	关于刘畅赴德学习的请示
北人[1998]483 号	关于王勇赴美国合作研究的请示

北人[1998]484号　关于胡进等三人赴日本合作科研的请示
北人[1998]485号　关于王戎疆赴芬兰合作研究的请示
北人[1998]486号　关于金泗轩赴美国进修的请示
北发[1998]487号　关于我校燕园小区附属用房的补充说明的请示
北函[1998]488号　关于北大维信生物科技有限公司中方股权变更的函
北人[1998]489号　关于同意免除贴建科回国服务两年义务的请示
北基[1998]490号　关于生命科学学院建造温室的请示
北教[1998]491号　关于推荐李珺等九名学生赴香港科技大学学习的请示
北社[1998]492号　关于申请"王宽诚教育基金会"1999年度资助的报告
北研[1998]493号　关于豁免何沁回国服务两年的请示
北人[1998]495号　关于马凤芝赴香港读博士学位的请示
北人[1998]496号　关于北京大学技物楼超指标用水加价情况的再申诉
北研[1998]497号　关于文琼赴日本收集资料的请示
北自[1998]498号　关于推荐海伦娜鲁斯坦妇女与科学候选人事
北自[1998]499号　关于申请撤消郑亚东等人获奖的请示
北财[1998]500号　关于申请专项修缮的请示
北人[1998]501号　关于曹晓凤辞职及免除回国两年的请示
北人[1998]502号　关于李义民赴美国进修的请示
北人[1998]503号　关于招收林志哲为博士后研究人员的请示
北人[1998]504号　关于推荐叶安培等2人为99年度以色列巴伊兰大学百名博士后讲学金项目候选人的请示
北发[1998]505号　关于北大方正集团办理机电产品进口手续的请示
北财[1998]506号　关于对北京市北大青鸟软件系统公司无形资产评估确认的请示
北函[1998]506号　关于昌平园区变电站供电问题的函
北财[1998]508号　关于减免小客车养路路费的请示
北财[1998]509号　关于提高现金库存定额的请示
北人[1998]510号　关于赵文莉赴新西兰校际交流的请示
北研[1998]511号　关于延长孙献茹在港期限的请示
北自[1998]512号　关于申请撤销秦国刚等人教育部科技进步奖的报告
北人[1998]513号　关于解决刘爱民同志夫妻两地分居的请示
北人[1998]514号　关于解决王一鸣同志两地分居的请示
北人[1998]515号　关于解决梁云祥夫妻两地分居的请示
北人[1998]516号　关于国防科技大学现役军人、我校计算机系博士后吴少岩出站专业留校事
北社[1998]517号　关于为"第一届传记文学国际学术研究讨会"申请经费资助的请示
北研[1998]518号　关于郑涛赴日本合作研究的请示
北研[1998]519号　关于延长梨红在港期限的请示
北人[1998]520号　关于申请解决于鸿君同志夫妻两地分居的请示
北财[1998]521号　关于报送1999年购汇人民币限额预算的请示
北研[1998]522号　关于李略申办因私护照的请示
北人[1998]523号　关于张红雨赴加拿大合作研究的请示
北人[1998]524号　关于王敬华赴美合作研究的请示
北人[1998]525号　关于蔡金星赴意大利合作研究的请示
北人[1998]526号　关于初育国赴美国校际交流的请示
北人[1998]527号　关于推荐田庆生、杨明丽为1999/2000学年法国政府语言文学奖学金进修生的请示
北备[1998]528号　申请原赠送仪器退出关外的事
北备[1998]529号　申请海关压保证金退保的事
北发[1998]530号　关于我校校报《北京大学校刊》更名为《北京大学校报》的报告

北备[1998]531号　关于赠送设备申请免税进口的事
北自[1998]532号　关于举办北京国际亚原子物理暑期学校申请经费支持的报告
北基[1998]533号　关于北京大学青鸟科技楼初步设计审批的请示
北财[1998]534号　关于申请专项修缮费借款的请示
北人[1998]535号　关于孙树立赴美国合作研究的请示
北人[1998]536号　关于杨鲁勤赴美国合作研究的请示
北函[1998]537号　关于报送我校利用世行贷款“高等教育发展”项目可行性研究报告的函
北人[1998]538号　关于空军电子技术研究所现役军人徐茂智博士调入我校数学学院工作事
北教[1998]539号　关于我校一九九九年招生计划的报告
北自[1998]541号　关于聘请佘振苏教授为“湍流研究”国家重点试验室主任的请示
北人[1998]542号　关于解决王诗宬同志夫妻两地分居的请示
北人[1998]543号　关于解决周恒辉同志夫妻两地分居的请示

· 统计资料 ·

1998 年各院系在校本科生人数

院系全称	一年级	二年级	三年级	四年级	总计
总计	2654	2359	2260	2040	9313
其中:女	1069	963	937	773	3742
国家任务	2653	2355	2220	2023	9251
数学科学学院	156	161	151	138	606
力学与工程学系	71	73	69	46	259
物理学系	89	92	68	95	344
地球物理学系	67	55	49	38	209
技术物理学系	68	72	77	56	273
电子学系	70	75	71	72	288
计算机科学技术系	166	167	165	166	664
化学与分子工程学院	183	169	156	162	670
生命科学学院	262	202	199	145	808
地质学系	25	27	28	22	102
城市与环境学系	76	71	66	64	277
心理学系	22	24	24	18	88
应用文理学院	210		18		228
中国语言文学系	83	81	96	72	332
历史学系	42	41	29	60	172
考古学系	32	16	19	19	86
哲学系	52	35	27	30	144
国际关系学院	107	105	65	59	336
经济学院	163	163	167	188	681
光华管理学院	105	102	151	121	479
法律学系	186	180	161	168	695
信息管理系	62	60	59	50	231
社会学系	40	42	34	33	149
政治学与行政管理学系	49	50	53	52	204
东方学系	58	73	61	37	229
西方语言文学系	27	40	34	42	143
俄罗斯语言文学系	20	17	19	18	74
英语语言文学系	46	45	45	46	182
马克思主义学院	78	79	72		229
体育教研部				1	1
艺术学系	18	20	27	22	87
环境科学中心	21	22			43

1998 年招收各省市自治区高考第一名名单

姓名	性别	院系专业	科类	总分	来源中学
高　正	男	物理系	理	653	新疆乌鲁木齐一中
孙　晖	男	电子学系	理	662	内蒙古呼市二中
丁　阳	男	计算机软件	理	900	河南信阳高中
董　申	男	计算机软件	理	900	广东华师大附中
刘昕鹏	男	计算机软件	理	642	青海乐都一中
伍　赛	男	计算机软件	理	900	陕西咸阳道北铁中
肖俊宇	男	生命科学学院	理	692	黑龙江望奎一中
张　颖	女	生命科学学院	理	676	天津耀华中学
谭　磊	男	生命科学学院	理	663	贵州凯里一中
唐爱辉	男	生命科学学院	理	657	甘肃白银市白银公司二中
冯云路	女	生命科学学院	理	682	黑龙江哈三中
陈　珺	女	中文系	文	898	福建大田一中
任羽中	男	国际政治	文	626	四川资阳中学
许静倩	女	国际政治	文	544	巴音部楞州二中
张　微	女	国际政治	文	601	甘肃兰州兰化三中
李　汀	女	经济学院	文	900	广西柳州地区高中
毛晓刚	男	经济学院	文	626	山西昔阳中学
莫思多	女	经济学院	文	665	重庆西南师大附中
朴粉兰	女	经济学院	文	628	黑龙江尚志市朝鲜族中学
曹　杰	男	经济学院	文	614	安徽当涂一中
范大郜	男	经济学院	文	613	河北邯郸一中
胡　婕	女	经济学院	文	592	青海西宁湟川中学
李文斐	女	经济学院	文	900	山东高密一中
晏　萌	女	经济学院	文	900	陕西西安市一中
王崇颖	女	经济学院	文	863	海南琼海市加积中学
赵志伟	男	经济学院	文	641	湖南益阳市十一中
贾　楠	女	光华管理学院	文	628	北京四中
韩思婷	女	法律系	文	900	山东淄博五中
李　佳	女	法律系	文	639	天津外国语学院附属外校
陆艳平	女	法律系	文	630	吉林东北师大附中
罗　煜	男	法律系	文	611	贵州六盘水煤矿厂子校
桑　叶	女	法律系	文	579	内蒙古赤峰天山一中
盛艳慧	女	法律系	文	900	河南长葛一中
张　锐	男	法律系	文	900	广东汕头一中
周　曦	男	法律系	文	617	浙江桐乡高中
高剑妩	女	英语系	文	614	湖南湘潭市一中
洪　玮	女	英语系	文	622	江西波阳

1998年新生奖学金名单

特 等 奖

1	数学学院	邹　谨	湖北武钢三中	数学金牌
2	物理系	吴欣安	浙江杭州二中	物理金牌
3	物理系	刘　媛	天津南开中学	物理金牌
4	物理系	邓志峰	湖南长沙一中	物理金牌
5	化学学院	刘铭钊	齐齐哈尔一中	化学金牌
6	化学学院	陈以昀	河南郑州一中	化学银牌
7	化学学院	谢　佳	湖北荆州一中	化学银牌
8	化学学院	廖　涵	湖南长沙一中	化学银牌
9	生命科学学院	郭　婧	湖南师大附中	生物金牌
10	生命科学学院	凌　晨	华中师大附中	生物金牌
11	生命科学学院	魏迪明	湖南长沙一中	生物银牌

一 等 奖

1	数学学院	陈　虎	福建龙岩一中	全国数学一等奖
2	数学学院	王　伟	山东青岛二中	全国数学一等奖
3	数学学院	黎　波	湖南长沙一中	全国数学一等奖
4	数学学院	许均天	湖北武钢三中	全国数学一等奖
5	数学学院	林海智	北京人大附中	全国数学一等奖
6	数学学院	方　烨		全国数学一等奖
7	计算机软件	徐楚林	吉林一中	全国数学一等奖
8	计算机软件	马　坚	湖南师大附中	全国数学一等奖
9	物理系	艾颖华	湖南师大附中	全国数学一等奖
10	物理系	吴　凡	湖南长沙一中	全国物理一等奖
11	物理系	万　谦	湖南长沙一中	全国物理一等奖
12	物理系	屈　强	试验班	全国物理一等奖
13	物理系	杨李林	试验班	全国物理一等奖
14	计算机软件	岳　斌	湖北黄冈中学	全国物理一等奖

二 等 奖

1	数学学院	薛光日	吉林延边一中	全国数学二等奖
2	数学学院	金　巍	浙江杭州二中	全国数学二等奖
3	数学学院	李　彬	浙江杭州二中	全国数学二等奖
4	数学学院	陆舟峰	浙江启东中学	全国数学二等奖
5	数学学院	于　品	山东青岛九中	全国数学二等奖
6	数学学院	文　晓	湖南长沙一中	全国数学二等奖
7	数学学院	方　方	湖北黄冈中学	全国数学二等奖
8	数学学院	樊春鹏	河南郑州一中	全国数学二等奖
9	数学学院	管　涛	石家庄二中	全国数学二等奖
10	数学学院	李　贺	东北育才中学	全国数学二等奖
11	数学学院	孙宏宇	哈尔滨师大附中	全国数学二等奖

12	数学学院	毛　羽	陕西西安一中	全国数学二等奖
13	数学学院	童　彦	上海中学	全国数学二等奖
14	数学学院	韩　飞	河南郸城一高	全国数学二等奖
15	数学学院	张　鹏	东北育才中学	全国数学二等奖
16	电子系	王小龙	吉林省实验中学	全国物理二等奖
17	物理系	马景辉	长春市实验中学	全国物理二等奖
18	物理系	刘争辉	成都七中	全国物理二等奖
19	物理系	赵　可	成都十二中	全国物理二等奖
20	物理系	周云鹏	西南师大附中	全国物理二等奖
21	物理系	尤郑昀	福建福州八中	全国物理二等奖
22	物理系	蒋关然	浙江义乌中学	全国物理二等奖
23	物理系	向　杰	江苏南京一中	全国物理二等奖
24	物理系	方　熙	安徽合肥一中	全国物理二等奖
25	物理系	邹晓晶	江西景德镇一中	全国物理二等奖
26	物理系	宁　靖	湖南长沙一中	全国物理二等奖
27	物理系	周嘉嘉	湖南师大附中	全国物理二等奖
28	物理系	彭　军	湖北荆州中学	全国物理二等奖
29	物理系	俞　鹏	河南郑州一中	全国物理二等奖
30	物理系	张贝贝	河南郑州二中	全国物理二等奖
31	物理系	朱　磊	河南郑州一中	全国物理二等奖
32	物理系	谢宇恒	华南师大附中	全国物理二等奖
33	物理系	王　东	云南昆明一中	全国物理二等奖
34	化学学院	项　征	吉林市一中	全国化学一等奖
35	化学学院	戴明骥	四川彭州一中	全国化学一等奖
36	化学学院	徐志伟	重庆南开中学	全国化学一等奖
37	化学学院	施建兴	绍兴鲁迅中学	全国化学一等奖
38	化学学院	朱冥星	江苏梁丰中学	全国化学一等奖
39	化学学院	刁会祥	江苏扬州中学	全国化学一等奖
40	化学学院	石　磊	山东淄博六中	全国化学一等奖
41	化学学院	叶林朋	山东莱阳九中	全国化学一等奖
42	化学学院	陈　超	湖南师大附中	全国化学一等奖
43	化学学院	邓　亮	湖南长沙一中	全国化学一等奖
44	化学学院	徐小明	湖北荆州中学	全国化学一等奖
45	化学学院	叶迎春	湖北黄冈中学	全国化学一等奖
46	化学学院	柳敬元	河南郑州一中	全国化学一等奖
47	化学学院	相明辉	河北辛集中学	全国化学一等奖
48	化学学院	刘玉鹏	河北辛集中学	全国化学一等奖
49	化学学院	高　翔	河北唐山一中	全国化学一等奖
50	化学学院	何丁丁	陕西师大附中	全国化学一等奖
51	化学学院	朱光宇	西安交大附中	全国化学一等奖
52	化学学院	廖明毅	华南师大附中	全国化学一等奖

三 等 奖

1	数学学院	许建民	吉林长春十一中	全国数学三等奖
2	数学学院	徐　辉	湖北攀枝花三中	全国数学三等奖
3	数学学院	陆怡舟	福律福安一中	全国数学三等奖
4	数学学院	李辰欣	山东省实验中学	全国数学三等奖

5	数学学院	龚　熹	长沙雅礼中学	全国数学三等奖
6	数学学院	夏　天	东北育才中学	全国数学三等奖
7	数学学院	徐长亮	哈尔滨师大附中	全国数学三等奖
8	数学学院	王铭锋	哈尔滨师大附中	全国数学三等奖
9	数学学院	刘　恋	天津耀华中学	全国数学三等奖
10	数学学院	黄亦元	广西柳州高中	全国数学三等奖
11	物理系	王　巍	东北师大附中	全国物理三等奖
12	物理系	林智斌	福建龙海一中	全国物理三等奖
13	物理系	王　路	安徽蚌埠二中	全国物理三等奖
14	物理系	刘明国	安徽明光中学	全国物理三等奖
15	物理系	胡亦斌	江西弋阳一中	全国物理三等奖
16	物理系	宋　炜	天津耀华中学	全国物理三等奖
17	物理系	孙　锴	陕西西安三中	全国物理三等奖
18	物理系	麦文杰	广东台山一中	全国物理三等奖
19	技物核物理	雷大伟	山西太原五中	全国物理三等奖
20	技物核物理	邹宇斌	云南昆明一中	全国物理三等奖
21	技物核物理	唐毅南	云南昆明一中	全国物理三等奖
22	地球物理	宋玉岩	大连二十四中	全国物理三等奖
23	化学学院	刘庆冰	大庆铁人中学	全国物理三等奖
24	力学系	杨玉林	山东牟平一中	全国物理三等奖
25	力学系	张　鹏	哈尔滨师大附中	全国物理三等奖
26	力学系	宾　彬	陕西西安中学	全国物理三等奖
27	力学系	马　上	宁夏银川二中	全国物理三等奖
28	力学系	郭海成	内蒙赤峰二中	全国物理三等奖
29	力学系	冯所前	海南文昌中学	全国物理三等奖
30	数学学院	李震国	海南中学	全国物理三等奖
31	化学学院	朱文江	甘肃兰州一中	全国物理三等奖
32	化学学院	韩　伟	贵州一中	全国物理三等奖
33	化学学院	张明泉	华中师大一附中	全国物理三等奖
34	化学学院	刘　扬	吉林市一中	全国化学二等奖
35	化学学院	张爱欣	吉林市一中	全国化学二等奖
36	化学学院	岳文博	东北师大附中	全国化学二等奖
37	化学学院	李大为	山西太原五中	全国化学二等奖
38	化学学院	李道兵	重庆南开中学	全国化学二等奖
39	化学学院	牛李姜	福建福州一中	全国化学二等奖
40	化学学院	张　勇	山东师大附中	全国化学二等奖
41	化学学院	杨　洪	河南省实验中学	全国化学二等奖
42	化学学院	谢书宝	河南南阳中学	全国化学二等奖
43	化学学院	贺　言	陕西长安一中	全国化学二等奖
44	化学学院	尚　路	广西柳州铁路一中	全国化学二等奖
45	化学学院	陈　鹏	甘肃西北师大附中	全国化学二等奖
46	化学学院	黄　春	海南中学	全国化学二等奖
47	化学学院	张继华	北大附中	全国化学二等奖
48	化学学院	高　强	试验班	全国化学二等奖

（教务部教学办公室供稿）

1998 年各院系在校研究生人数

	博士生	硕士生	合计
数学科学学院	95	151	246
力学与工程科学系	23	70	93
物理学系	38	116	154
地球物理学系	33	68	101
技术物理系	25	85	110
电子学系	27	92	119
计算机科学技术系	61	197	258
化学与分子工程学院	131	169	300
生命科学学院	84	162	246
地质学系	25	75	100
城市与环境学系	80	155	235
心理学系	13	52	65
遥感与地理信息系统研究所	8	20	28
信息科学中心	/	40	40
环境科学中心	32	61	93
中国语言文学系	148	182	330
历史学系	70	182	208
考古系	23	54	77
哲学系	100	117	217
国际关系学院	88	214	302
经济学院	76	189	265
光华管理学院	65	645	710
法律学系	177	689	866
信息管理系	9	60	69
社会学系	22	48	70
政治学与行政管理系	49	140	189
东方学系	15	65	80
西方语言文学系	9	37	46
俄罗斯语言文学系	13	29	42
英语语言文学系	12	65	77
马克思主义学院	30	127	157
外汉语教学中心	/	19	19
亚非研究所	/	18	18
中国经济研究中心	16	49	65
社会发展所	/	16	16
高等教育科学研究所	24	23	47
人口研究所	11	20	31
合计	1645	4463	6108

1985～1998 年成人教育学院招生人数统计

1999.10.22　　单位：人

年度	办学形式	小计	本科	专科	合计
1985	函授	744		744	855
	夜大学	111		111	
1986	函授	4508	118	4390	4691
	夜大学	183		183	
1987	函授	1744	892	852	1925
	夜大学	181		181	
1988	函授	2424	706	1718	2577
	夜大学	153		153	
1989	函授	1298	420	878	1369
	夜大学	71		71	
1990	函授	1113	161	952	1160
	夜大学	47		47	
1991	函授	1249	279	970	1313
	夜大学	64		64	
1992	函授	1651	607	1044	1781
	夜大学	130		130	
1993	函授	2399	998	1401	2666
	夜大学	267	86	181	
1994	函授	2856	1210	1646	3419
	夜大学	490	150	340	
	脱产班	73		73	
1995	函授	2098	730	1368	2768
	夜大学	135	63	72	
	脱产班	535		535	
1996	函授	1749	597	1152	2495
	夜大学	462	188	274	
	脱产班	284		284	
1997	函授	1541	564	977	2709
	夜大学	395	159	236	
	脱产班	773	76	697	
1998	函授	1593	506	1087	2761
	夜大学	486	197	289	
	脱产班	682	227	455	

1985～1999 年总计招生 35530 人，其中本科 10235 人，专科 25295 人；

函授共计招生 28607 人，其中本科 8467 人，专科 20140 人；

夜大学共计招生 3756 人，其中本科 1091 人，专科 2665 人；

脱产班共计招生 3167 人，其中本科 677 人，专科 2490 人。

1979～1998年北京大学留学生数字统计

学年	新生总数	在校生总数
1979～1980	86	161
1980～1981	113	203
1981～1982	159	253
1982～1983	162	265
1983～1984	164	265
1984～1985	208	308
1985～1986	261	387
1986～1987	255	439
1987～1988	305	517
1988～1989	290	509
1989～1990	276	484
1990～1991	380	598
1991～1992	369	621
1992～1993	417	687
1993～1994	419	753
1994～1995	445	838
1995～1996	499	1011
1996～1997	500	1083
1997～1998	373(不含在校生)	1026
1998第一学期	480	1102

（林百学）

改革开放以来研究生招生人数统计

	博士	硕士	合计		博士	硕士	合计
1978	/	458	458	1989	127	786	913
1979	/	162	162	1990	131	721	852
1980	/	76	76	1991	161	809	970
1981	15	379	394	1992	205	866	1071
1982	8	435	443	1993	252	900	1152
1983	9	533	542	1994	331	1093	1424
1984	71	743	814	1995	399	1138	1537
1985	102	1214	1316	1996	485	1385	1870
1986	88	894	982	1997	506	1558	2064
1987	143	886	1029	1998	580	1611	2191
1988	166	883	1049	合计	3779	17530	21309

（魏志义）

改革开放以来毕业研究生人数统计

	博士	硕士	合计
1980		4	4
1981	451	451	
1982	117	117	
1983	1	60	61
1984	8	204	214
1985	10	469	479
1986	11	540	551
1987	34	821	855
1988	74	798	872
1989	81	786	867

	博士	硕士	合计
1990	82	752	834
1991	95	723	818
1992	103	590	693
1993	94	727	821
1994	147	742	889
1995	184	784	968
1996	228	812	1040
1997	286	948	1234
1998	330	1025	1355
合计	1377	10118	11495

（魏志义）

授予博士、硕士学位人数统计

	1982	1983		1984		1985		1986		1987		1988		1989		1990		1991	
	硕士	博士	硕士	博士	硕士	博士	硕士	博士	硕士	博士	硕士	博士	硕士	博士	硕士	博士	硕士	博士	硕士
哲　学	33		8		24	3	25		26		30	1	71	5	48	3	38	9	30
法　学	36		15		24		48	1	69	1	74	3	89	3	122	5	114	12	121
文　学	78		19		32		56		50	3	42	5	79	5	81	7	82	13	89
经济学	18		1		19		41		32		6	2	75	1	89	4	58	5	54
历史学	26		10		8		54	1	24	1	28	4	38	5	35	4	47	3	32
教育学									4				4				3		3
理　学	298	1	34	12	127	4	331	11	243	26	246	42	389	56	355	44	367	54	393
合　计	489	1	87	12	234	7	555	13	448	31	426	57	745	75	730	67	709	96	722

	1992		1993		1994		1995		1996		1997		1998				总　计
	博士	硕士	博士	硕士	博士	硕士	博士	硕士	博士	硕士	博士	硕士	博士	硕士	博士	硕士	
哲　学	8	29	6	41	8	26	10	31	15	30	21	43	25	40	114	573	687
法　学	10	132	11	138	17	175	17	167	29	194	54	335	59	313	222	2166	2388
文　学	2	52	7	84	13	85	8	95	28	112	39	102	32	111	162	1249	1411
经济学	5	24	1	67	1	46	11	67	11	106	12	207	28	219	81	1129	1210
历史学	8	36	3	31	7	34	7	38	7	46	18	51	13	45	81	583	664
教育学		2		4		6	2	6		3		5	4	3	6	43	49
理　学	64	350	62	362	88	374	132	381	138	349	138	371	164	372	1036	5342	6378
工　学						3		4		9		11		9		36	36
合　计	97	625	0	727	134	749	187	789	228	849	282	1125	325	1112	1702	11121	12823

（魏志义）

1986－1998年成人高等教育毕业生人数统计表

年份	脱产班(人数)			夜大学(人数)	函授(人数)		人数(小计)
	思政本科班	干部专修科	圆明园校区		函授站	香港地区	
1986	60	202					262
1987		487					
1988		258		85	640		983
1989	102	271		176	4408		4957
1990		212		169	1451		1832
1991		68		131	2111	81	2391
1992		47		60	1342	65	1514
1993		62		39	874	30	1005
1994		67		52	1065	23	1207
1995		67	325	35	950		1377
1996		70	334	60	1627		2091
1997		53	363	189	1725		2330
1998		67	239	42	1690		2038
总计	162	1982	1786	1388	20156	199	25673

1986～1998年大学后继续教育学生结业人数统计表

类别 学年	访问学者	骨干进修	助教进修	单科进修	硕士学位班	高研班	短训班	总计
1986－1987	5			394			703	1102
1987－1988	7			318			685	1010
1988－1989	3			208			7807	8018
1989－1990	18			127			2677	2822
1990－1991	17		139	124			4133	4413
1991－1992	32	46	229	112			5611	6030
1992－1993	51	126	78	183			4781	5219
1993－1994	70	57	75	127			5988	6317
1994－1995	91	43	94	140		1189	4950	6505
1995－1996	168		80	184	11	664	3123	4230
1996－1997	184	30	28	118	30	380	7412	8182
1997－1998	142	19	19	120	37	749	7050	8156
1998－1999	162			141	31	253	2919	3419
小计	950	321	742	2296	129	743	57839	65495

注:本表数字均按学年统计。1998－1999学年的高研班、短训班统计的截止日期为1998年12月。

1994～1998 年本科公费毕业生去向统计一览表

	毕业生数	人数	录取研究生人数及所占比例	自费出国留学生人数及所占比例	实际参加就业人数及所占比例	省部级以下机关人数及所占实分比例	省部级以下机关人数及所占实分比例	去国有企业人数及所占实分比例	去三资企业人数及所占实分比例	去高校人数及所占实分比例	去科研单位人数及所占实分比例	其它事业单位及所占实分比例	二分及所占比例	待分及所占比例
998	2213*1 本科 1762 专科 285 二学位 91	1747	570 32.6%	297 17.0%	897 50.3%	74 8.4%	50 5.7%	452 51.4%	25 2.8%	26 2.8%	42 4.8%	131 14.9%	54 6.1%	25 2.8%
1997	2983*2 本科 2721 专科 214 二学位 48	2603	836 32.1%	454 17.4%	1301 50.0%	195 15.0%	40 3.1%	537 41.3%	74 5.7%	80 6.1%	103 7.9%	174 13.4%	82 6.3%	16 1.2%
1996	2190 本科 1831 专科 311 二学位 48	1755	600 34.2%	268 15.3%	885 50.4%	73 8.2%	166 18.9%	308 34.8%	34 3.8%	96 10.8%	91 10.3%	86 9.7%	15 1.7%	10 1.1%
1995	1896 本科 1450 专科 391 二学位 55	1434	477 32.9%	185 12.8%	784 54.0%	87 11.1%	91 11.6%	405 51.7% (国有大中型企业 276:35.6%)		129 16.5%		72 39.1%	0	0
1994	922 本科 664 专科 232 二学位 26	664	238 35.8%	84 12.7%	340 51.2	218 64.1%				80 23.5%			23 6.8%	

* 1:2213 人中含思想政治班本科 75 人,不参加就业。1998 年本科生中并轨生 1747 人。

* 2:1997 年本科生中,92 级参加过一年军政训练的 1755 人,93 级 907 人,其他 59 人。

1994～1998年毕业研究生就业情况统计

项目 \ 年度		1998年		1997年		1996年		1995年		1994年	
流向		人数	比例(%)	人数	比例(%)	人数	比例(%)	人数	比例(%)	人数	比例(%)
总计		1101	100	1068	100	903	100	858	100	812	100
出国		261	23.7	174	16.3	150	16.6	105	12.2	171	21.0
录取博士(后)		88	8.0	88	8.2	88	9.7	102	11.9		
实际参加就业	合计	752	68.3 (100)	806	75.5 (100)	665	73.6 (100)	651	75.9 (100)	641	79.0 (100)
	高校师资	300	(39.9)	300	(37.2)	244	(36.7)	235	(36.0)	254	(39.7)
	科研单位	61	(8.1)	114	(14.1)	112	(16.8)	119	(18.2)	107	(16.8)
	党政机关	146	(19.4)	227	(28.2)	161	(24.2)	162	(24.8)	132	(20.5)
	企业	166	(22.1)	75	(9.3)	79	(11.9)	117	(18.0)	52	(8.1)
	其它事业单位	54	(7.2)	78	(9.7)	49	(7.4)			91	(14.2)
	部队	7	(0.9)	5	(0.6)	11	(1.65)	/	/		
	回省再就业	18	(2.4)	7	(0.9)	9	(1.35)	18	(3.0)	5	(0.8)
	其它(自谋职业)					0	0	/	/	/	/

· 表彰与奖励 ·

1998 年优秀共产党员、先进党支部

优秀共产党员标兵(共 9 名)

关成华　龚旗煌　魏引树　吴荣曾　张晓黎
叶静漪　李清池　唐幸生　张兆东

优秀共产党员(共 160 名)

丘维声　陈家鼎　刘雨龙　田立青　邹　惠
张远鹏　陈　凯　邵　晖　杨应昌　刘继周
仲维英　张军华　陶祖钰　徐　可　谢景林
吕建钦　李赛君　郑　涛　刘广恩　赵慧周
吴全德　姚著先　胡冶刚　周有光　冯　燕
朱德新　高盘良　倪朝烁　苏勉增　陈志达
杨庆华　丁慧君　李　波　张　莉　孙博宁
陈耀堂　许崇任　张　宁　周曾铨　郝维城
刘瑞旬　李凤堂　李向荣　王恩涌　孙文杰
宫辉力　华炳荣　王　垒　于永兰　蒋朗朗
薛　剑　张　鸣　邵永海　王　伟　郑家馨
刘明利　张秀成　陈振宇　邢滔滔　李慧超
雒庆举　叶建弟　尹　嘉　胡代光　刘　辉
张纯元　崔建华　张一弛　庄欠志　傅　刚
李　玲　叶元生　龚文东　姜明安　王　磊
王树义　姜　卓　马　捷　潘国华　许振洲
吴祖馨　宋　毅　王　勇　归永涛　张　洁
江荣海　李凤兰　张庆东　陈文广　冷　敏
郭召志　于惠芳　李　强　张玉安　郭秀芸
赵登荣　沈石岩　徐勤霞　何　姝　黄必康
刘士杰　孙蚌珠　王寿林　马　清　刘宇辉
魏国英　张万仓　陈建龙　范　强　蒋宗凤
仇守银　朱邦芳　陈淑华　郑明书　孙光斗
王桂馨　陈振亚　沈　鹏　王兴章　魏　新
胡海帆　蔡蓉华　王立建　周广华　安玉涵
于　军　王明舟　徐万丽　孙秀玲　张玉忠
李贡民　刘汝昕　杨永庚　李蔚倩　冯春香
张永辉　张志君　张玉峰　王晓清　王国印
刘宝生　田　平　任伟泉　巩运明　叶丽宁
汪中秋　张　华　舒　萍　谭保增　付金生
杨文焕　梁凤琴　杨宝荣　丁淑琴　李淑兰
赵亚玲　梁平祯　洪德生　黄育林　张　英

先进党支部(共 38 个)

数学学院本科生党支部
力学与工程系本科生党支部
物理学系普通物理教研室党支部
地球物理系本科生党支部
技术物理系应用化学第二党支部
电子学系本科生党支部
计算机系本科生党支部
化学与分子工程学院稀土化学研究中心党支部
地质学系构造教研室党支部
城市与环境学系遥感所教工党支部
生命学院 95、96 级本科生党支部
心理学系本科生党支部
中文系本科生党支部
历史系 95 级硕士生党支部
哲学系哲学原理—现代中国哲学党支部
哲学系本科生党支部
经济学院外国经济史及经济思想史党支部
光华管理学院 96 级本科生党支部
法律系办公室及图书馆党支部
法律系 96 级本科生党支部
国际关系学院行政党支部
国际关系学院 94 级本科生党支部
政治学与行政管理系政治学、行政学研究生党支部
信息管理系本科生党支部

社会学系本科生党支部
东方学系离退休党支部
英语系研究生党支部
党委统战部党支部
研究生院党支部
成人教育学院党支部
校医院外科、妇产科、中医科党支部
后勤伙食处第二党支部
后勤车管科党支部
北京大学附属中学北校区党支部
校办产业资源集团党支部
昌平园区学生党支部
海外教育学院汉语中心党支部
燕园街道蔚秀园居民党支部

1998 年全国优秀教师

朱孝远

1998 年全国教育系统先进工作者

王义道

获得"有突出贡献的中青年专家"称号人员

张恭庆　李　忠　姜伯驹　张继平　甘子钊
赵光达　谢有畅　李标国　林炳雄　周其凤
严纯华　项海格　赵柏林　涂传诒　胡美浩
丁明孝　陈章良　陈佳洱　裘锡圭　袁行霈
蒋绍愚　董学文　楼宇烈　叶　朗　陈　来
曾　毅　马　戎　王邦维　厉以宁　智效和
王　选　肖建国　闵维方　吴树青

1998 年获得各类奖教金的教师

宝钢奖

许崇任　程　旭　濮祖荫　胡　坚　傅成勍
钱志熙

安泰个人奖

王正栋　蒋建成　闫　宏　郑汉青　王哲明
郭海清　李子臣　郑大春　吴建军　朱良保
魏春景　苏彦捷　王宇钢　刘克飞　刘建辉
吴晓东　黄春高　何　晋　雷兴山　叶　闯
任元彪　王　联　李　猛　姜景奎　王　军
罗　炜　燕　翎　杨爱梅　白智立　夏文斌
翁剑青　宋豫秦　李德昌　张　剑　郑宏红
王忆平　张潇剑　邓习峰　王倩宜　忘益明

安泰项目奖

丁延岗　郭建栋　王　远　刘树华　周曾铨
郝维城　刘克新　陈　凌　孙钦善　高　岱
叶自成　杨善华　谢庆奎　黄南平　郭宗明
封举富　吴志攀　张　积　黄润华　徐海鹏
唐懿达　谢凝高　邬　伦

怡和奖

朱永峰　徐天新　晏志杰　陈德华　何振明
刘大平

顶新奖

柳　彬　刘力平　傅春寅　张洁天　赵凤林
谢柏青　余道衡　焦维新　戴灼华　郑亚东
王德民　顾志福　袁明武　洪子诚　罗　新
宋向光　夏学銮　麻国庆　朱万森　周田宝
刘西垣　许家喜　屈婉玲　李晓明　朱　滢
何顺果

大众电脑科研奖

王世光　朱　涛　李晓东　张世琨　张大成
梁训东

摩托罗拉奖

张　铮　吴淑珍　胡冶刚　陈徐宗　许铭真
张　驰　张康琴　李　琦　李　其　罗　芃
韩敏中　刘红中

岗松奖

王若鹏 王晶晶 李 彦 李维红 瞿礼嘉
侯贵廷 王长秋 陈 军 彭 锋 王 勇
赵丹群 方 文 李 政 何 姝 白 巍
杨德峰 陈 萍 曾立民 黄 育 曹育文
陆杰华 李贵连

花旗银行奖

王志伟 陈为民 睢国余 萧国亮 刘文忻
郑学益 刘 伟 萧 琛 孙祁祥 李心愉

奥得奖

黄 如 王 雁 刘晓丹 冯小敏 冯 燕
张 铭

威林克奖

郭 华 江栋兴

宝洁奖

谭小江 李治平 陈熙谋 张国义 王剑波
黄建滨 何英姿 于龙川 丁明孝 夏正楷
焦 健 刘建国 刘元方 吴济兰 黄永念
黄筑平

建行海淀支行奖

杨静平 齐东方 刘 力 胡健颖 范培华
梁钧平 王小能 白建军 王 新 李顺荣
李庆瑞 安维华 唐国正 魏 新 胡大源
赵耀辉

东方硅谷奖

孙庆瑞 俎栋林 包尚联

东宝奖

容寿榆 崔克明

美国华盛顿地区北大校友会奖

秦国刚 刘万祺 杜金林 周先碗 刘松林
张书仁 唐幸生 赵钰林

桐山奖

王仁民 张智勇 王 甦 徐通锵 蒋绍愚
祝总斌 赵化成 楼宇烈 施德福 张德修
陈瑞华 林代昭 关世杰 孔凡君 刘安武
唐仁虎 张甲民 赵振江 王式仁 任光宣
杨 明 杨 河 李青宜 程立显 朱青生
马万华 高丙中 徐邦志 郭振华 王锦贵
秦铁辉 胡兆量

朱光潜奖

杨海峥 靳希平 田庆生 赵白生 赵桂莲
李 玮 尚会鹏

1998年获奖学金学生

三好学生标兵

数学科学学院
邢桂伟 孙明举 王 鹏 李秋生 隗雪莲
李 珺
力学系
孟昭龙 田 泉
物理系
谢 平 钱 海 辛永春
地球物理系
郑永光 陈 珀
技术物理系
朱 磊 蔡博峰 马兆远
电子学系
郑 毅 赵慧周 郭 凯
计算机科学技术系
谢映莲 韩果凌 单松巍 徐 颖 杨 勇
雷 鸣
化学学院
宁柏争 刘镇宁 石洪涛 范可强 谢祥金
李 密 武登国
生命科学学院
韩 春 张 弩 李丕龙 曾卫华 沙 江
王春霞 张 宁
地质学系
衣学磊
城市与环境学系
景 娟 赵 伟 方 森
心理学系
张 慧
环境科学中心
张宝慧
中国语言文学系
薛 剑 何 翔 李 倩

历史学系

程 龙 彭 硕

考古学系

胡明明

哲学系

陈振宇 李慧超

国际关系学院

归泳涛 王秀丽 叶海林

经济学院

蔚兴华 姬江帆 曾晓丽 韩雨芹 阳穆哲 黎新平

光华管理学院

周 权 杨翌昀 廉 洁 汪凌凌 秦丽娜

法律学系

韩 流 史震建 凌 斌 高云龙 吕 凯 唐应茂 丁后盾

信息管理系

刘晓玲 范晓虹

社会学系

刘亚秋

政治学与行政管理系

林 震 王龙雷

东方学系

张 毅 周祥勇

西方语言文学系

何德刚

英语语言文学系

栾 晔 李春林

俄罗斯语言文学系

王 馨

马克思主义学院

关爱华 柴 楠

艺术学系

李 莉

三好学生

数学科学学院

刘晓宇 安金鹏 张 骅 姜永镔 曾 钢 韩嘉睿 方剑刚 陈莉莎 张 州 季 霞 蔡 宁 吴国胜 吕文斌 王 烈 俞诗鹏 佘轶原 吴隆庆 李 征 陈华一 顾一弛 唐 翔 杨达治 韩 庆 卢 眺 颜水成 苏 阳 黄 海 庄伯金 宋 杨 马玉杰 张双林 戚立峰 杨宏伟 季晓梅 管智英 金雪峰 贾瑜君 余歆炜 张利华 陈旭盛

力学与工程科学系

金 明 陈 虎 尚俊杰 庄 宁 向 宇 陈 勇 余宏标 潘海珍 张 恺 杨 虹 刘 建 万 蕾 贾丛贤 谢文俊 田 军 刘 云 武义明

物理学系

冉 鹰 吴俊宝 周 立 吴赛骏 潘 奕 罗喜良 贾圣果 李 燕 柏树丰 刘 晓 杨义峰 王 鹏 吴日方 张 明 程 军 张 凡 孙永科 费 腾 杜尚峰 李中华 王启亨 方 伟 刘 宁 李懿馨 毛伟华

地球物理学系

盖增喜 刘 莉 肖池阶 陈 炯 刘凯军 叶方富 刘利辉 桂 剑 孙晓辉 叶国杨 王治国 王兴娟 章卫祥 董 峰

技术物理系

华 辉 唐渝兴 刘峻峰 周广辉 朱 凤 向 蓉 周生强 王炳武 程 艳 卢远瞩 孟铁军 李 波 高 歌 李 文 汪振国 彭 锋 黄志红 陈 珂

电子学系

张跃江 刘虹雯 桑 和 黄河甦 童念念 熊 强 周文旻 张平宗 黄啸龙 穆家松 亓祎男 李吉红 张利剑 刘政通 张 辉 王 彦 肖世军 葛维严 钱海春 孙 伟

计算机科学技术系

胡 钢 王 刚 黄 峰 邵 尉 倪叔琳 李 丹 王文杰 陈 锋 梁振凯 陈建巍 窦训金 徐爱民 柳 青 李 昕 何 雷 高 韬 许俊娟 郭迎春 姚 勇 赵剑云 王晓光 王 汐 黄 璜 韩 怡 范亚希 张 鹏 刘 迎 周述康 郭 琳 危夷晨 刘洪洲 章 悦 陈 华 陈旭宁 张京华 孙 胜 赵旭晟 严 怡 郭立峰 向 华 李小勇 王金延 万新恒

化学与分子工程学院

黄 波 胡逸民 张新南 袁 海 梅 岩 潮兴娟 王树志 周 江 甄剑峰 晏皖琳 刘 佳 王新益 孙豪岭 安 磊 张 伟 嵇 楠 管海荣 刘 瑾 阎 妮 杜 宇 韩 冰 孙稚平 汪建明 李 琪 贺笑非 秦瑞雯 应丽贞 骆宏鹏 黄福志 梁 健 张 丽 雷玉国 杨艳红 曾翌宁 何 峰 王永成 徐志刚 李卫杰 曲朝晖 黄伟强 付雪峰 刘 广 纪建国 李怀娜 郭兴林 白耀文 曹 炜

生命科学学院

许 强 陈凌懿 滕块琪 徐欢胜 马千里

王　多　黎　明　黄一凡　吴亚雷　李世杰
徐敬华　沈宇峰　常淑蓉　姜　海　黄燕华
李毓龙　宋　艳　侯海彤　王继征　徐海峰
任斌静　吴　炜　青曼丽　陈跃鑫　姚　杰
李华柏　余小萌　李倩如　石　毅　林　兰
王璞钥　谢　芳　刘　琼　桑丽芸　赖茂毅
顾　宇　黄晓松　张　旭　孙　艳　杨嘉树
王金玲　周鹏程　孙英丽　吴世安　朱小健
江国英　翁星河　俞　立

地质学系

桑汶成　周振声　付　真　许　绚　文彦君
段体玉　高永军　艾慧容　蒋金荷

城市与环境学系

姚文宇　袁　云　何其春　郑荣舜　刘战峰
张　荣　孙　楠　陈安平　闻　怡　赵婷婷
钱　伟　王彩凤　李卫峰　于占福　卢晓霞
仵宗卿　张泽浦　黄咏梅　罗湘华　刘　松
高　勇　尹连旺

心理学系

施俊奇　张　剑　袁文涛　刘　嘉　田　林
王玉改　刘祖祥

信息科学中心

孙宝海

环境科学中心

周伟奇　刘兆荣　陈　冰　林伟立

汉语中心

蔡云凌

人口研究所

田耀山

中国经济研究中心

林　明　郭　明

高等教育研究所

文冬毛　李春燕

中国语言文学系

张　鑫　王俊文　张　涛　张雪兰　刘肇熙
胡　斌　胡　颖　薄　茹　俞　骅　蒙　娃
姚静仪　李予湘　刘春华　齐湘辉　周　原
张　铁　蒋文仙　向　农　张玉春　张旭春
张智乾　刘　津　赵　彤　戴　萤

历史学系

王　伟　朱艳浩　高　波　刘　畅　赵锦丽
彭　亚　郑小威　王　宇　何心平　薄洁萍
和洪勇　党宝海　费秀丽　刘　哓　成广金

考古学系

刘耀辉　宋　洋　范丽萍　曹大志　魏　俊
唐　炜

哲学系

李四龙　刘宗坤　王善超　王德岩　周　濂
彭丽新　陈国锋　补利军　李允冠　向　勇
房自正　杨骁晨　李　立　马　赛　张利华

国际关系学院

李小源　张　菁　李文胜　史　哲　胡　兴
方利平　张　璟　管　梅　陶　靖　陈　菁
夏维勇　卢　峰　王丽新　郑克军　刘建飞
陈克明　刘　东　汪卫东　王　缅　韩　炎
张晓炜　周　杰　张晓文　颜　畅　王传洋

经济学院

尹　嘉　张　伟　张　翔　邱　巍　马　骏
吴崇奇　常志霄　胡怀国　谷　颖　石　峰
王轶佳　曾　卓　欧阳良宜　康　乐　黄　滢
薛小琳　李　可　王国强　陈昊飞　谢莉莉
郭济莺　马国昕　胡先琴　吕　霞　沈复初
周　桦　陈云捷　秦　斐　韩　西　周坤轮
吴　旖　车　瑞　刘丽娜　邵　亮　林慧丹
周　星　沈俏蔚　李　瑶　睢　岚　唐　昊
孙　佳　胡晓晗　李智娟　王丹莉

法律学系

褚福宝　李清池　王　晴　谭家悦　王　蕾
马世鼎　薛　丽　邓　芳　杨玉华　付　艳
姜　岸　易　平　贾　月　孙秋宁　李　霞
张　冉　王月华　张江莉　胡　镔　李晓龙
蒋央平　魏　帼　蔡斯栩　严　然　刘景明
李玲玲　刘云鸽　祖　辉　熊　瑛　陈　琎
张培祥　申晓雨　陶方舟　吴　丹　王　艺
韩　冬　祝二军　麻国安　侯　健　何慧新
王　成　崔国斌　刘晓纯　李保甫　郑顺炎
杨欣欣　陈炜恒　郭　雳　郝　敏　肖江平
郭卫华　胡　红

信息管理系

丁朝欣　艾　露　罗国建　陈　旭　姚益圣
田　敏　张莉扬　宋建敏　王海娟　侯艳飞
郑清文　罗丽丽　郑　宏　胡晓峰

社会学系

吴愈晓　李伟东　何　丹　杨　桦　郭　静
姚映然　李奋发　黄玉琴　刘振业　李　璐

政治学与行政管理系

宋月红　薛　凯　彭俊军　张庆东　徐　印
杨立华　哈　巍　侯华伟　崔绪奎　谷　雪
周立平　王冬欣　宁兆欣　刘灿灿　焦　伟

英语语言文学系

潘荣荣　李玉霞　蔡俊丰　操　辉　李　煜
来婷妍　孙　晔　易　璐　徐冬梅　郝田虎
吕　珺　王志欣

俄罗斯语言文学系

孙 曼 樊继光 彭爱民 许 飞 何皓瑜

马克思主义学院

林 琳 张树然 解海英 陈丽华 南京媛
孙在辰 王守华 赵 杰 徐祥生 卢奇俊
刘海侠 姜宏云 陈家鲁

科学与社会研究中心

朱效民

光华管理学院

刘 学 刘云中 马翔宇 张 会 杨 勇
刘军霞 姜荷泽 盛 雯 宋 焱 谢雯娟
吕晨飞 徐继业 刘笑涛 张 昆 黄明辉
王小莉 熊功伟 李 季 王 晨 姜昧军
刘京安 王剑峰 陈 涛 吴 丽 袁 颖
高 展 吕永生 郭 磊 代冰彬 周 潇
啜玉林 周 昊

东方学系

李 江 薛晓云 陈永利 刘迪南 郭 宁
王振明 孔 涛 蒋寅刚 徐 讴 刘雅敏
刘 乐 荣雪菲 魏 萍 戴晓琦 魏如明

西方语言文学系

滕 丹 黄冰源 于华音 史 迪 王 莺
丁郁敏 邱 萍 徐 华 彭文娟 徐 清

艺术学系

王 缅 霍 焰 郝 婧 朴美英

学习优秀奖

数学科学学院

张东林 高 敏 成 彬 刘启后 魏晓丹
方军雄 彭 捷 彭献华 蒋凌霄 方喜锋
赵 睿 王 辉 袁珂珂 李 伟 李飞跃
林 明 孙燕征 吴增涛 杨 磊 李贤德
吴金彪 刘劲松 秦胜潮 薛志强 贾淑梅

力学与工程科学系

李 毅 李 杉 胡 欣 杨海霞 李盛宏
周卫星 黄国华

物理学系

郑 睿 陈 元 姚 坤 黄 颉 姚 望
刘大猛 力 华 李志攀 刁鹏飞 张正帆
程 远 罗 婷 张 铭 李长辉 王 浩
王 令 刑 杰 鲁 立 袁 烽

地球物理学系

陈广超 文平辉 宋焱云 陈挺东 王玲华
唐 永 杨朝辉 贾晓峰 康杜娟 刘亚静

技术物理系

瞿 波 范 莉 杨志涛 梁巧丽 林 莉
张远波 刘 沂 张 超 王韶辉 俞芃芃

葛治国 叶卫国 潘知洋

电子学系

肖 磊 余 祥 陶振宁 邢观斌 蒋 伟
鲁 郁 王文佳 王晓鲲 姚 萍 唐文静
黎庆伟 李晓旭 沈志虹 肖灯炜 谢 芬
李萍剑 江志烨 傅大群 江兆宁 王华辉
李 楠

计算机科学技术系

陶有东 葛 佳 贾 娟 陈竞凯 章秀静
文 立 兰景宏 林长海 陈 黎 张 邈
张 鑫 何丁山 张 欣 王 君 刘桂美
李 薇 李英华 孙 飞 高 峻 吴 杰
饶文靖 袁 骏 于利波 姜 晖 宋春燕
徐 亮 苏玉梅 张志汝 杜 鲲 刘 燕
殷晓田 倪卫平 徐兴文 常继传 刘 旬
彭京亮 冉亚军 王立琦 吴 静 李 昕
蒋宇全 刘 田 唐礼勇

化学与分子工程学院

陈炜伟 李晓东 孙俊良 刘登峰 卿 泉
袁 敏 欧阳莲 武利庆 刘 涛 鲍海凌
刘 健 龙 海 王晓飞 罗 锋 杨 波
江 林 游良辰 李润锴 施卫锋 方 震
巴朝义 汤菲力 王健玫 王小勇 罗红霞
祝严师 杨纪元 唐艳春 王 繁 毛凤楼
严京峰 罗 皞 王金凤 焦 鹏 杜为红
姚 刚

生命科学学院

杨 鹏 耿 毅 卢 昊 申云平 冯 怡
刘 愫 葛 晖 梁浩博 张 宁 刘 越
丁 捷 郑小燕 于海源 胡湛智 周 娜
张燕娜 郭盛杰 黄腾波 渠 诩 孙雪峰
韩 冰 蒋少娟 王 萌 何 冰 袁 菁
张 岚 宋 兢 陈 溪 姚 远 徐 磊
张 亮 高新胜 李 雷 杨志宏 王学文
王鲁勇 周研娇 鲍 林 韩 嵘 李 斌
陈 昱 易 睿 许 可 安 好

地质学系

林 晨 刘广平 罗 纲 华永刚 高洪林
胡 岩 李 茜

城市与环境学系

磨 洁 王宇晴 赵 亮 刘 龙 孔宁宁
王明田 施 治 苏洁琼 沙志友 金 玲
周洪寨 陈 阳 戴君虎 胡晓猛 韩 鹏
黄鸿飞 宋 峰 祁黄雄 胡海瑛 陈爱军
周一鑫

心理学系

王 茜 罗凤英 陈梦晖 谢丹利 衣琳琳

信息科学中心

陶艳瑰　徐　威

环境科学中心

葛晓东　王雪松　曹　云

科学与社会研究中心

韩　骏

人口研究所

杨宏星

中国经济研究中心

荣　昭　岳昌君

高等教育研究所

阴　悦　潘天舒

中国语言文学系

杨　可　富　丽　谢　萍　张咏华　徐百柯

丁　元　何蕴琪　侯丽华　曾汀燕　林艳敏

杨　颂　方　欣　宋　刚　赵　爽　周亚琴

苏明明　王冬玲　李华川　贺桂梅　周威兵

历史学系

陈　爽　王　玥　彭　琦　尹锦花　包新宇

孙　明　刘显忠　陈志坚　顾　杭　陈　凌

考古学系

吕恒立　刘　钧　赵春青

哲学系

郑　开　雷龙乾　郭洪体　先　刚　吴干能

张寄冀　汤　倩　吴天岳

国际关系学院

王　琦　王　磊　章　芹　孙　云　程红霞

蔡燕冬　谭宏庆　俞敏浩　马　佳　魏　巍

李凤芹　刘慧萍　陈京晶　连淑钰　节大磊

吴　松　张晓明

经济学院

黄冠华　李　强　施贤文　黎　军　杨　钋

李亚峻　阚春梅　唐竹蕾　张　静　楼晓霞

张　艳　何　芳　张　铖　张爱民　吴　菲

郭　超　曹杰存　武　瑾　张漫春　林明锋

应婷婷　虞　健　杜　莹　锁凌燕　李　燕

李　佳　董　梅　孟　元　黄　莹　李轻舟

法律学系

李永丽　刘　芳　汪庆华　徐轶聪　董晓敏

王　冰　赵　岩　黄慧鹏　秦　钰　王　瑛

彭　声　顾契妮　武　欣　于　凡　李　静

陈亚丽　李　佳　田志平　刘晓春　吴　冬

杨　巍　马　征　王　榕　郑　芳　芮　鹏

赵　煜　赵晓力　张小虎　李国如　黎　军

黄　震　陈　洁　冯文生　胡　红

信息管理系

张燕婴　黄　颖　钟　琳　赵慧勤　侯欣然

万小军　何春勇　徐　波

社会学系

方卫华　樊欢欢　何博闻　高　旭　周　涛

范艳春　王利平　胡琳琳

政治学与行政管理系

高　旺　方　琳　王华伟　陈　娟　范贤睿

徐峻峰　丁　峰　皇　娟　王　利　祝乃娟

刘月梅

英语语言文学系

吴科萍　沈　涵　汤　璐　闻　钧　沈利江

崔鲜泉

俄罗斯语言文学系

徐　磊　顾仲阳　刘　淼　崔娟慧　胡卫平

马克思主义学院

生　华　李文雨　刘　平　梁伟玲　陈杰文

贾建坤　黄　河

东方学系

张雪燕　方　华　张雨辰　李　腾　吴　锐

李　悦　谢奕秋　韦　艳　刘　丽　李安钢

裘　实　华　娓　刘丽梅　刘琳琳　李明刚

光华管理学院

刘明志　李　学　方　军　彭　睿　钟天帆

陈兴珠　崔善花　秦　华　孟茹静　谢可可

李启信　贾文玉　付　焘　陈　琪　葛维连

周纪东　吴秦建　杨剑威　陈映雪　林　妍

左晓燕　赵柯禹　童晓晖　陈　辉　谭　丽

吴云英

西方语言文学系

陈　弋　胡　蔚　陈　颖　郝小松　袁克秀

艺术学系

陈　然　戴　阳　张　洁

社会工作奖

数学科学学院

张　磊　钟　声　曹　珺　高　明　瞿　超

丁　吉　闫　珺　王黎鸣　文小真　莫　旭

吴　溪　尹　瑞　郑本拓　姚　毅　刘　闯

孙海波　刘卫华　王智勇　彭春华　张　奎

徐正富　王宝山

力学与工程科学系

朱怀球　孙智利　金扬奇　李晓军　孟　敏

陈家琼　郤　峰　周昌令　武　蕊　郑巧玲

钟　彦　施兴华　葛幼璋

物理学系

周新建　张　威　屈　田　孙　泉　易万兵

穆良柱　戴树刚　杜胜望　孙文红

地球物理学系

黄军峰 史全岐 江林华 唐 瑜 沈 迹
汪 洋 徐轩彬 俞震江 倪紫剑

技术物理系

刘广智 彭权刚 郭 昱 徐卫民 李 强
赵承宇

计算机科学技术系

郭奔宇 陈品磊 孙 岩 黄广宇 潘 颖
张宏伟 裘 莹 段 炼

化学与分子工程学院

黄 鑫 何 健 张 珂 蔡新宇 叶 宏
李艳艳 徐 化 吴 敏 颜 河 赵九江
沈 磊 郭森立 申 越 李 颖 鲁海舸
夏国尧 刘 聪 赵 峰

生命科学学院

康 宁 方 刚 张 宇 丁 伟 何 坤
董雨星 于靖蓉 赵海军 连 佳 张 亮
成若之 程明非 李东辉 廖靖军 罗 娜

地质学系

杨 艳 波 音 杨默涵 姚卫浩 冼伟胜
黄费新

城市与环境学系

刘 洋 田 坤 王 锐 郑 雷 周 章
苏燕羚

心理学系

栾胜华 刘立惠

环境科学中心

贺 燕 何大伟

中国语言文学系

王 润 缪 川 董宜宁 李佳行 生云龙
陈洪治 曾 飚 李 纯

历史学系

尹红杰 张小萌 张 辉 王霄飞 周明圣
唐利国 王海华

考古学系

雷喜红 李媛媛 何元洪

哲学系

刘文旋 陈德中 杨安民 张 凝 张禄友
马千里 苗 林 谢 玄 金 鹏

国际关系学院

李晓红 张敏敏 梁 燕 张文超 陈志远
陈慧颖 顾琼瑶 苏颖君 刘振丽 吕 品
刘 建 俞 南 高 翀 林 颖 刘 宇
王 芳 曾 荣

经济学院

郑 伟 李春荣 郑永生 骆 毅 常玉华
曾 震 谢光启 陈金映 刘 峥 张原秀
瞿昕华 郭 彬 程春华 钱 君 赵 媛
张 磊 柯春欣 李 楠 姚 杰 张秋雷
颜 色 胡晓燕

法律学系

王 正 董华春 封 锐 马 龙 达奔那
魏 姝 张鸿雁 张晓萌 丁春艳 顾心悦
王 重 唐小娟 李林懋 赵 岩 陈良刚
孙小芳 鲁云龙 卢 琼 李光昱 马清升
徐建军 王 景 李 岭 朱 蕾 唐 睿
袁卫华 费维琦 王艳梅 杨海峰 全奕颖
唐 亮 陈梦伶

信息管理系

喻乒乒 孙剑波 李 桦 孙利红 周 芳
楼丽萍 许 珂 林 瀛 曹宽增

社会学系

董 杨 林 斌 李雁刚 荆志国

政治学与行政管理系

张 馨 宋 斌 郭丛斌 张丽娟 宋红海
张 鑫 邓湘树 周汝永 肖立辉 李 楠

英语语言文学系

海苑苑 阙登峰 赵昱东 吴 晶 杨竹松
孙 星 马浩岚 季敏华

马克思主义学院

徐 芳 李 颉 曹伟凤 赵庆凯 李 拓
余 新 朱玉山 郭永中

东方学系

王 华 曹武军 姚 骏

光华管理学院

李文德 陈 沅 潘 勇 徐大卫 李传英
胡 江 宁方明 丁大勇 江 岚 李治华
韩 颖 宋 黎 魏晓清 甘翠锋

西方语言文学系

孙 进 崔 燕 孙天骄 王 威 粟博莉
翁妙玮 白 洋 任立榕

艺术学系

韩 勇

中国语言文学系

蔡 虹 吴彩娟 王爱萍 滕 威 徐华莹
胡少卿 梁 顺 张蓉蓉 程书华 王辉晖
方英恩 李 杰

科学与社会研究中心

张 聚

优秀学生干部

数学科学学院

周 烽 江明涛

力学与工程科学系

刘向东　张杏超

物理学系

彭　程　丁　彧

地球物理学系

王洪光　马　隽

技术物理系

居学成

电子学系

张　渊　李　开

计算机科学技术系

陈健聪　吕思伟

化学与分子工程学院

姚　疆

生命科学学院

廖靖军　刘　伟

地质学系

张　键

心理学系

汪　默　陈小红

环境科学中心

陈燕霞

人口研究所

宿德军

高等教育研究所

丁延庆

中国语言文学系

周　方　马明俊

历史学系

李　纪　李　刚

考古学系

邓　超　孙　莉

哲学系

张其明　吴荣荃

国际关系学院

吴逢时　陈应武

法律学系

王　荣　高健军　俞永生　白　冰

社会学系

卢学慧　王海东　郭召志

政治学与行政管理系

高富峰　李永新　徐　印　李　春

英语语言文学系

王　丰　梁　波

马克思主义学院

赵海燕　高兴松　张凤来

科学与社会研究中心

曾昭贵

光华管理学院

张国梁　傅　刚　吴京达　许枝煌

经济学院

贾　科

城市与环境学系

王俊涛

五四体育奖

法律学系

于　洋　马红升　张庆越　苏　磊　马景春

张　朔　蔡　妮　李　佳　吴恩延　丘　方

李晓东　张　灿　任　娜　张　炅　王江涛

马东红　张海霞　李　辉　陈　浃　张　昕

周　娜　李　铭　张　颍　刘　玥　程琳琳

刘伟凯　陈庆辉　戴宗洲　李　路　芮嗣文

崔康康　孙　巍

中国语言文学系

马明俊

东方学系

杨　泳

俄罗斯语言文学系

胡卫平

经济学院

杨东宁

红楼艺术奖

信息管理系

刘　清　胡　斌

中国语言文学系

翟　毅　赵晨宇　赵　静　刘　津

法律学系

索　娜　崔　磊　姚　兰

电子学系

刘　箐

政治学与行政管理系

宁立波

艺术学系

李　璇

国际关系学院

吕　品　张敏敏　刘振莉

社会学系

翟杰霞　王文韬

生命科学学院

耿　泱　黄燕华　鲁　勖

环境科学中心
王　华
高等教育研究所
鄢　波
电子学系
王庆阳　张　健　李杰华
英语语言文学系
谭　露
西方语言文学系
王　晶
化学与分子工程学院
杨　希　秦瑞雯　何　峰　武　翔　卢一泓
经济学院
余晓潮
心理学系
张　佩　刘海骅　刘　洋
光华管理学院
国　桐
科技情报中心
周　芳
城市与环境学系
王　翌
数学科学学院
李佳慧

建辉奖学金

数学科学学院
俸　旻
地球物理学系
马　隽　刘亚静
电子学系
张跃江　鲁　郁
计算机科学技术系
徐　凯
地质学系
李　强
中国语言文学系
张宏强　王爱萍
国际关系学院
高　翀

松下奖学金

法律学系
黄　文　王艳梅　唐　睿　俞永生　白　冰
国际关系学院
折志凌
政治学与行政管理系
李　楠
地球物理学系
俞震江

NKK奖学金

经济学院
贾　科
社会学系
郭召志
政治学与行政管理系
李　春
生命科学学院
郑宏红

住友商事奖学金

社会学系
许漪旎
电子学系
魏中鹏
信息管理系
丁夕友
经济学院
金志刚
数学科学学院
戚立峰
国际关系学院
陈应武　印小平　徐未欣
环境科学中心
曹文田

IBM奖学金

计算机科学技术系
熊　怡　俅启昌　刘　翅　吴　琳　章秀静
王继英　赵　通　吴运声　陶有东　戴耀飞

瑞安归侨奖学金

法律学系
赵伊江
生命科学学院
赵饮虹　杨曼丽

有大奖学金

东方学系

冉　斌　华　娓　薛晓云　李安钢　刘迪南
韦　艳　郭　宁　裘　实　王　华　李　江
黄亮新　马　赛　闫君岩　钱志龙　芳　华
孙海虹　徐　讴　蒋国鹏　黄兆旦　陈　琳
蒋寅刚　李景晖　魏　萍　王　旭　李洪权
刘　昕　李明刚

奥德奖学金

计算机科学技术系

冯　罡　徐　佳　贾锦杰　李培贤　倪叔琳
张本宇　王文杰　戴耀飞　赵　颖　朱　晟
马志刚　陈品磊　徐爱民　徐　雯　裘　莹

联想奖学金

计算机科学技术系

刘　佳　黄　璜　张滋浔　周荣春　龚笔宏
段卫华　苏玉梅　邹优芳　吴旭声　赵绍君
温晓晖　王　刚　郭鸿飞　和　强　高小峰
邱道明　丁晓诚　林应明　裴　健　张　浩
张　鑫　刘　鹏　彭　鹏　赵剑云　王　君

宝洁奖学金

数学科学学院

张岭松　宣宇琳　林冬瑜

力学与工程科学系

孙　俊　史可天

物理学系

白志刚

技术物理系

刘峻峰　唐渝兴　林　莉　刘　沂　张　超

电子学系

王文佳　葛维严　谢　芬

计算机科学技术系

陈　黎　高　韬　姚　勇　向　华　李小勇

化学与分子工程学院

付雪峰　徐志刚　刘　涛　何　筝　李艳艳
杜　宇　慕　成

生命科学学院

徐海燕　赵　欣　周　娜　陈耀鑫　张　亮
王鲁勇　甄　伟

地质学系

倪云燕　沈文略　渠继永　王大明　王海华

中国语言文学系

刘春华　王冬玲　方　欣　卞　晶

历史学系

朱艳浩　韩　巍　晨　蕾

哲学系

张　凝　朱　莉

国际关系学院

王　勇　叶海林

社会学系

敖　丹　黄玉琴　杨　桦　何　丹

马克思主义学院

王　强　贾　兰　马　宏

宝钢奖学金

数学科学学院

隗雪莲　王　鹏

物理学系

李志攀　冉　鹰

电子学系

赵建业　蔡　鑫

计算机科学技术系

韩果凌　谢　涛

生命科学学院

王璞月　冯　磊

中国语言文学系

周　絖　赵　彤

国际关系学院

刘　东　杨晓兰

法律学系

李清池　王　荣

社会学系

刘亚秋　刘玉照

政治学与行政管理系

王庆锋　杨　光

奔驰奖学金

物理学系

谢　平　罗喜良　张　强　陈艳北　冯秀成
柏树丰

中国语言文学系

刘肇熙　侯桂新　胡晓霞　张丽华　何　翔
胡　斌

哲学系

李军会　赵丽萍　张寄冀　赵民民　杨骁晨
汤　倩

光华管理学院

孟茹静　官艳玲　韩　颖　左晓燕　李　蕾
王　俭

法律学系

刘景明　马永强　杨　起　丁春艳　邓　芳
李　欣

西方语言文学系

张林林　初艳红　刘　茜　赵敏莉　王　曼
胡　蔚

东宝奖学金(博)

生命科学学院

孙英丽　孙　艳　吉成均

东宝奖学金(硕)

生命科学学院

李恩虎　钱　斌　杨福雄　安　好

东京三菱奖学金

经济学院

张正鑫　李春荣　刘　辉　汤汇浩　鹿炳辉
张　伟　曾　刚　谢小英　谢小迎　王　青
梁永平　冯彦秋　郑永生

光华管理学院

李　麟　任贝志　任　明　王永宏　赵雅杰
牛玉英　冷　煜　袁世雄　罗　继　陈柳惠
郭　政　丁　吉　韦小丽

法律学系

刘泽军　郑耀抚　谢鸿飞　董　华　鄂晓梅
王鑫海　安玉超　郭卫华　肖江平　张亚芸
李　蕾　刘银良　潘　攀　胡　红

董氏东方奖学金

数学科学学院

颜水成　李金辉　王　辉　单　盈　张　州
张　骅　孙明举

力学与工程科学系

鲁　昊　周春燕　李俊修　张　恺　陈　勇
武义明

物理学系

王树峰　李念北　姚　望　王志海

技术物理系

程　艳　周生强

化学与分子工程学院

黄伟强　王永成　尹海清　王树志　史　峰
孙豪岭　嵇　楠　韩　冰

生命科学学院

傅宇昌　柴晶晶　邢　超　崔　谊　顾　宇
赖茂毅　董宇清

城市与环境学系

景　娟　刘战烽

国际关系学院

文　琼　李义峰

法律学系

薛　丽　韩　流　蒋央平　胡　镔　熊　瑛
申晓雨　于志远　郑顺炎

艺术学系

朴美瑛　曹　勇

马克思主义学院

关爱华　朱云汉

杜邦奖学金

化学与分子工程学院

何　峰　曲朝晖　甄剑锋　梁　晗　陈炜炜

生命科学学院

李　宁　王怡宁　高新胜　王炳武　陶　晓

城市与环境学系

李卫锋　陈安平　钟岳梅　陈建业　周铱鑫

光华管理学院

徐　涛　刘晓辉　宋　焱　林　妍　秦丽娜

法律学系

杨玉华　李　霞　李晓龙　谭小颖　陈炜恒

冯奚乔奖学金

物理学系

万　华

冯友兰奖学金

哲学系

张晓霞　税泥染　吴　舒

岗松奖学金

数学科学学院

李　超　何　琳　魏晓丹

力学与工程科学系

梁治安　朱怀球　黄　浩　符策基

地球物理学系

张军华　张天华　谢志辉　陈　炯

技术物理系

孙　刚　华　辉　陈守元　易　芳　陈中阳

江卫军　付成锋

计算机科学技术系

袁　晋　范亚希　韩近强　段　炼　张　欣

化学与分子工程学院

黄岩谊　陈金玉　程福祥　赵　峰　张宝中

梅　岩　刘　佳　何　斌　邓达义

生命科学学院

刘蔚蔚　陈淑贞　祖　可　施　婧　王　昊

地质学系

施光海　赵桂萍

哲学系

逢　飞　吴荣荃

法律学系

张　承　李　佳　芮　鹏

信息管理系

薛　旻　吴淑燕

政治学与行政管理系

廖　明　张　毓　孟　月

湖北建行奖学金

力学与工程科学系

王文彦

物理学系

钱　卫　邓宇俊

哲学系

张　旭

国际关系学院

杜　民

法律学系

刘　鑫　晏长青　戈艳冲　甄建军　冷　静

花旗奖学金

经济学院

薛小琳　陈昊飞　马国昕　张漫春　陈云婕

林慧丹　黎新平　李淑萍　任　冷　黄俊立

华臧奖学金

中国语言文学系

查正贤　周　方

历史学系

葛丽珊　潘延光

哲学系

陈志红　关群德　吴增定　罗保国　刘曙光

宋景堂　马秀丽　宁晓萌

华为奖学金

数学科学学院

吴国胜　李　征　陈莉莎　王恺顺

电子学系

陈　江　童念念　亓祎男　穆家松

计算机科学技术系

陈竞凯　陈　锋　孙　飞

黄乾亨奖学金

物理学系

张洪洲　刘四明

计算机科学技术系

倪卫平

法律学系

王建波　顾契妮　郑　芳　赵晓力　王　成

龚英姿

信息管理系

许　珂　田立文

汇凯奖学金

数学科学学院

李　伟　曾　钢

物理学系

高雨鹍　杨　光

力学与工程科学系

贾丛贤　樊　春　刘利平　周卫星　娄宇存

地球物理学系

孙晓辉　叶方富　刘利辉　张　勃

技术物理系

黄志红　陈　珂　张远波　卢远瞩

电子学系

张利剑　李吉红　刘政通

计算机科学技术系

刘　迎　周述康　危夷晨　杜　鲲
地质学系
彭　澎　沈　冰　许西桥
城市与环境学系
陈　阳　磨　洁　朴世龙
心理学系
袁文涛　刘海影
国际关系学院
夏维勇　李绘新　陈慧颍　刘慧萍
经济学院
刘志颖　李　佳　钱　华　张　璐
法律学系
孙海珊　达奔那　祖　辉
信息管理系
侯欣然　周　芳　何春勇　徐　波
政治学与行政管理系
吴　锐　刘灿灿　刘月梅　邓　月
西方语言文学系
蒋莎琳
环境科学中心
陈燕霞
艺术学系
罗　乐　俞　静　李　挺
马克思主义学院
陈丽华　解海英　颜士杰　李大炜

霍铸安奖学金

经济学院
曾　卓　阚春梅　范　堃
法律学系
汪庆华　秦　钰　刘晓纯

佳能特等奖学金

数学科学学院
余轶原　袁珂珂
物理学系
陈　元
计算机科学技术系
葛　佳　雷　鸣
化学与分子工程学院
李　密
哲学系
陈　星
信息管理系
刘晓玲
东方学系
张　毅

佳能优等奖学金

数学科学学院
彭　捷　俞诗鹏　彭献华　蒋凌霄　杨达治
刘雨龙
物理学系
刁鹏飞　江志刚　刘大猛
计算机科学技术系
吴　静　郭立峰　黄广宇
韩　怡　姜　晖
化学与分子工程学院
罗红霞　曹　炜　阎　妮　刘文设　吴　敏
鲍海凌
哲学系
杜新艳　李　立
信息管理系
王海娟　孙利红
东方学系
荣雪菲　刘丽梅

靳羽西奖学金

数学科学学院
顾一驰　刘　拂
物理学系
刘　媛
计算机科学技术系
宋春燕
化学与分子工程学院
潮兴娟
生命科学学院
唐显丽　蒋少娟　张颖　郭　婧　冯云路
中国语言文学系
何缊琪　陈　君
国际关系学院
管　梅　饶　贞　龙　瑾　张　美　张　微
许静倩
经济学院
李　燕　胡晓晗　窦慧靖　余　芳　黄　莹
李　汀　莫思多　朴粉兰　胡　婕　李文斐
晏　萌　王崇颖
光华管理学院
彭　燕　贾　楠
法律学系

张　璐　赵文艳　白洪娟　赵　晶　韩思婷
李　佳　陆艳平　盛艳慧
西方语言文学系系
宇　博　王　莺
英语语言文学系
洪　玮　高剑妩　易　婷　栾　晔　李朝晖

力学攀登奖学金

力学与工程科学系
李　毅　杨　虹　潘海珍　周春锋　杨　勇

立青奖学金

中国语言文学系
陆　乐　徐冀静　常　森　万丽华　赵文菊
金克中　霍志静　陈园媛　侯丽华　刘　颖
罗　绛　段美乔　金　翎　杨　颂
历史学系
宋　菡　张惕浩　夏洞奇　陈继静　学白羽
徐慧璇　薄洁萍　陶新华　刘海方　韩可敌
王海华　鲍立炜　姚　昱
考古学系
周双林　李海荣　刘利红　何元洪　唐　炜
王海城　刘耀辉　范丽萍　刘　钧　李志玲
齐　纪　曹大志　雷喜红　宋　洋　吕恒立
李媛媛
哲学系
顾卫宇　郑辟瑞　陈志远　胡辉华　杨道圣
孔建设　吴干能　马千里　罗德宏　张　玲
苗　林　周文峰　刘凤罡

联邦奖学金

数学科学学院
卢　朓　唐　翔　蔡　宁　方军雄
计算机科学技术系
何　雷　吴　杰　余利波　刘洪洲　陈　华
化学与分子工程学院
曾翌宁　梁　键　范可强　张　丽
地质学系
周振声　张海泉
中国语言文学系
曾汀燕　杨　可
生命科学学院
徐伟宏　青曼丽　姚　杰　李倩如
马克思主义学院
张树然　赵　杰
心理学系
隋晓爽　衣琳琳　张　慧

欧阳爱伦奖学金

生命科学学院
陈　崇　李　辉　徐　磊　李稚婷　程明非
中国语言文学系
程　瑛
经济学院
刘凤喜　刘双玲　溥　林
光华管理学院
付　崇　赵春来　张曰文
英语语言文学系
李玉霞　吕　雯　方　宏　李　晋

三和银行奖学金

中国语言文学系
黄　羽　富　丽　丘习丹
历史学系
吴孝娟　张　磊　郑小威
国际关系学院
汪卫华　王　缅　韩　炎　魏　巍　朱江南
卢　峰　金　蕾　林　燕
经济学院
石　峰　曾晓丽　谢莉莉　秦　斐　姜守涛
张　薇
光华管理学院
赵　榕　陈　琪　吕晨飞　马晓静　只　强
陈　涛
法律学系
刘　芳　田志平
信息管理系
万小军　楼丽萍
政治学与行政管理系
孙广厦　丁　峰　哈　巍　翟庆海　熊美娟
祝乃娟　宋　斌　王　利
社会学系
胡琳琳　姚映然

西门子奖学金

电子学系
陶振宁　蒋　伟　王江波　桑　和
计算机科学技术系

赵旭晟　严　怡　刘　旬　韩　华　孙　胜

经济学院

马　骏　李　晶　蔚兴华　邱　巍

光华管理学院

艾立夫　陈长龄　蓝颖杰　王　永

信息科学中心

孙宝海　徐　威　马　黎

细越奖学金

数学科学学院

陈志英　赵　睿

力学与工程科学系

孟昭龙　杨胜齐　金定考　刘云

技术物理系

朱　凤　王炳武　孟铁军　李　波

电子学系

毛卫洋　江兆宁

计算机科学技术系

黄　峰　贾　娟　李　丹　梁振凯　窦训金

李　昕　张京华

化学与分子工程学院

杨　宇　王新益　孙俊良　孔祥旭　胡逸民

江　林　杨　波　谢琼辉

生命科学学院

周　巍　黄小英　谭涛超　马超宇　刘红菊

李　婧

城市与环境学系

姜世国　马乐宽　王百川

国际关系学院

张敏敏　李宏霞　王立新

经济学院

沈复初　李智娟

政治学与行政管理系

徐俊峰　崔绪奎　张　帆

俄罗斯语言文学系

孙　曼　樊继光

社会学系

常　姝　李　军　钟　华

环境科学中心

葛小东

香港城市奖学金

物理学系

丁　伟　朱晓宇

地球物理学系

张　伟　王　毅

化学与分子工程学院

高希存　姚　刚　王　繁　李文钧　颜　河

生命科学学院

田雅吉　卞爱玲

国际关系学院

李文胜　高　歌

艺术学系

南晓莉　裘东蕾

小川平四郎奖学金

历史学系

成　国　唐利国　成广金

谢培智本奖学金

历史学系

赵　海　傅成双　洪庆明

谢义炳奖学金

地球物理学系

钱毅新　徐　袁　黄军峰　黄茂怡　张治坤

周天军

杨乃英奖学金

历史学系

张志雄　宋　辉　翁天兵

国际关系学院

李晓红　吴逢时　魏　军

杨清钦奖学金

哲学系

成　静　马百霞　陈中浙　朱东华　张映伟

王献华　刘时工　石衡潭　张　锋　黄建江

张凌毅　朱会贞　李基日　韩运哲　高健群

成　果　王　鹤　温海墨　谢　慧

怡和奖学金

数学科学学院

庄伯金　刘晓宇

计算机科学技术系

章　悦　陈旭宁

城市与环境学系

张　荣　孔宁宁

经济学院

吕　霞　李　瑶

社会学系

李　璐　王利平

余景山奖学金

中国语言文学系

马东瑶　曾和平　张　鑫

芝生奖学金

中国语言文学系

艾　英

历史学系

吴献雅

哲学系

补利军

住友银行奖学金

经济学院

何　芳　吴　域　周坤伦　瞿昕华　应婷婷
李　楠

光华管理学院

宋　黎　程海燕　廉　洁　牟咏梅　刘　韵
周　潇　严　欢

法律学系

李永丽　陈亚丽　张鸿雁　张会峰　唐小娟
陈　瑱　令狐铭

九鼎轩奖学金

城市与环境学系

金　玲　沙志友　侯　全　苏洁琼　吴　倩
罗　璇　徐　辉　孙玉霞　施　治　王　南
沈海花　欧　雄　沈体雁　张　甲　刘开瑜
齐　峰　吴晶晶　张　洋　杨　军　贾宏辉
张学青　杨新军　杨超伟　唐　江　王恩宙
郭庆华　马洪兵

林超奖学金

城市与环境学系

于占福　齐　新　罗湘华　卢晓霞

五四奖

数学科学学院

钟　山　林　明　张俊玉　金雪峰　季新华
王军辉　丁　吉　季　霞　胡国强　陈旭盛
马　辉　郭玉霞

力学与工程科学系

金　明　陈　伟　阮海辉　黄为鹏　郭　昊

物理学系

吴赛骏　钱　海　李　燕　杨义峰　吴俊宝
王启亨　张　凡

地球物理学系

莫　倩　黄　毅　董　峰　王洪光

技术物理系

周广辉　高　歌　李　文　汪振国　彭　锋

电子学系

张琦峰　王　彦　肖世军　张　辉　邓　杰

计算机科学技术系

刘　田　唐礼勇　王　刚　谢映莲　杨万里
林长海　柳　青　郭迎春　王　汐　潘　颖
高　峻　陈海强

化学与分子工程学院

罗　嗥　毛凤楼　白耀文　杨　智　谢祥金
骆宏鹏　贺笑非　雷玉国　王健玫　刘　健
孙稚平　武利庆　袁　敏　管海荣

生命科学学院

许　青　郭　峰　刘　奉　刘建文　石泓哲
谢志平　林　兰　刘　琼　张雪晗　黄晓松
阮桂仁　张　宁　吴世安　叶波平

地质学系

何　涛　付　真　蒋金荷

城市与环境学系

张宏亮　王明田　赵　亮　郑　雷　胡海瑛
邓　岚

心理学系

陈祉妍　王　彦

中国语言文学系

李　娅　李峻岫　周亚琴　雷世文　王俊文
杨　志　李予湘

历史学系

尹红杰　王　玥　王霄飞　彭　硕　刘

考古学系

孙　莉　邓　超

哲学系

程　斌　先　刚　那宇丽　诸世卓

国际关系学院

张力刚 张晓文 周 杰 陈 菁 李凤芹
梁晓君 乐利文 李 颖

经济学院

李宁忠 胡先琴 王轶佳 陈 宁 林明锋
车 瑞 张 莉 虞 健 徐 莹
欧阳雪君 黄冠华 施贤文

光华管理学院

蔡港树 戴小娟 黄明辉 李宏蕴 周哲娟
李 静 李治华 代冰彬 王莉君 王 晨

法律学系

谭家悦 马世鼎 付 艳 张江莉 王 瑛
武 欣 蔡斯栩 刘云鸽 杨 巍 王 重
祝二军 何慧新 王飞跃 李保甫 丁 飞
郭 雳

信息管理系

罗丽丽 宋建敏 胡晓枫 丁朝欣

政治系

高富峰 徐 印 王冬欣 宁兆欣

东方学系

刘 乐 刘 丽 王振明 祝湘辉

西方语言文学系

邱 萍 张春洁 张小华

俄罗斯语言文学系

许 飞 单之旭

英语语言文学系

蔡俊峰 李 煜 易 璐 李春林

马克思主义学院

林 琳 卢奇俊 刘桂英 南京媛

信息科学中心

刘俊辉

环境科学中心

陈 磊 陈雪霞

中国经济研究中心

刘明兴

科学与社会研究中心

段培君

人口研究所

王广州

高等教育研究所

袁本涛

社会系

梁 克 高 旭 包胜勇

艺术学系

尹铁钢

汉语中心

高小平

光华奖学金

数学科学学院

张信波 时建新 刘长剑 王咏亚 程明松
陈敏时 王俊锋 孙燕征 安 琪 方喜锋
黄倚霄 张 卉 吴 溪 周 怡 黄 海
尹 瑞 甘 锐 刘 嵩 刘劲松 秦胜潮
马瑞芹 李凤艳 李 颖 徐 竞 孙丽丽
王远靖 陈小俊 陈爱友 韩友斌 吕禅军
齐 峰 张利华 王晓谦 钟波清 刘敬伟
李育安 林宙辰 杨宏伟 邹本腾 蒋立宁
朴大雄

力学与工程科学系

孙宝江 宋春雷 陈 斌 张杏超 徐 刚
吴德全 庄 宁 李 杉 胡 欣 卢占斌
沈 芳 王 举 李盛宏 余宏标 刘志强

物理学系

姬长国 徐家胜 张铁桥 杜 序 陈庭勇
辛永春 谢晓波 杭青岭 王 浩 费 腾
王 宇 张 帆 吴丛军 路 宇 戴 束
陈云清 刘 韶 张胜群 童玉珍 杨志坚

地球物理学系

刘凯军 唐永弢 王玲华 陈 芳 陈 武
李 洁 桂 剑 张献兵 陈广超 高 丰
高慧琳 宋焱云 肖池阶 辛国君

技术物理系

吴 瑜 瞿 波 范 莉 李义军 杨志涛
刘广智 梁巧丽 陈 陶 余立锋 卢 君
郭 昱 王韶辉 俞 芃 葛治国 叶卫国
潘知洋 徐卫民 彭权刚 张亚龙 谢景林

电子学系

余 祥 王晓辉 刘虹雯 李 毅 孙 巍
李秀兰 黄河甦 王晓鲲 王华辉 黎庆伟
乐天遥 沈志虹 傅大群

计算机科学技术系

郭弈宇 陈健聪 赵 迴 义 立 张 飚
何丁山 吴益华 刘 健 李 薇 饶文靖
徐 亮 刘 燕 王立琦 吴 畏 杨建武
李 昕 蒋宇全 何新明 常继传 罗 憬
彭京亮 冉亚军 陈中建 杨燕燕 李克勤
金海岩 刘晓彦 张世琨

化学与分子工程学院

杨丽敏 王胜龙 严京峰 闫爱新 刘志杰
陈 宇 付南雁 刘 广 王金凤 焦 鹏
申 越 涂惠琳 戴怀成 张晓威 关莉莉
唐艳春 杜为红 宗瑞发 张昭良 康水福

高体玉　肖　军　张阿方　侯益华　祝严师
周　历　周　江　张　磊　卿　泉　顾　超
游良辰　李润锴　施卫锋　严铮光　阮　科
罗　锋　黄福志　李　琪　于　涛　王　宁
叶　宏　龙　海　徐　化　董纪军　秦瑞雯
谢桂阳

生命科学学院

黄　靖　李　静　王　颖　陆文博　沈　扬
崔　粲　马　岳　许欣嘉　王　旭　李　菁
张艳岭　李华柏　石　毅　王　燕　谢　芳
张　岚　姚　远　张　颖　杨志宏　王朝晖
刘　松　沈　炯　魏　欣　卞茂华　周　雪
赵明哲　方巧君　牟晓东　周北雁　简红雁
殷　武　周　军　颜长辉　张海龙　吕善运
鲍　林　王春霞　阳冬梅　郝雪梅

地质学系

李　震　孙　旎　李　敏　霍文虎　姜文波
高永军　张欣欣　张　宇　蒋凌志　巫银良
李魁星　陈廷礼　王德明

城市与环境学系

蒋依依　翟喜红　陈有镒　谭成文　祁黄雄
戴尊国　武　悦　戴君虎　周洁峰　曹艳丽
赵昕奕

心理学系

李晓轩　陈玉翠　沈大为　易晓明　何海瑛
张伟伟　刘　嘉　谢丹柯

中国语言文学系

李鹏飞　马浩楠　梅　雯　路文斌　胡敕瑞
周威兵　廉　萍　胡秋蕾　张　涛　程　凯
吴宇宏　陈巧媚　苏明明　李畅然　赵白生

历史学系

高　波　王锦萍　冯　杰　崇　明　陈　凌
周明圣　李　静　刘旭东　陈苏镇

哲学系

殷　迈　王　君　杨安民　刘春梅　姚中华
李志锋　刘成伦　梁晓杰　刘文旋　王善超
杨玉成　余　莲　刘海波　尚新建

国际关系学院

张　菁　张　晴　张耀军　钟建军　江少佳
刘公瑾　姚　铃　阎兴宇　王小民　祝志军
韩洪波　颜　畅　梁　星　梅　然　贾都强
孙建中　王　瑜　朱旭东　王　军　彭广京
张向英　任一雄　黄建钢　初育国　钱雪梅

经济学院

云　彤　赵冶虹　雷震洲　董年波　刘灵群
武亚军
刘宇飞

光华管理学院

周蔚文　周慢文　施　浩　钟　亮　朴文丹
邹　培

法律学系

封　锐　黄慧鹏　刘　扬　汤叶霞　刘晓春
吴　冬　马　征　麻国安　王千华　臧　立
朱绵茂　董　炯　郭义贵　黎　军　侯　健
彭　冰　陈布雷　许永强　包晔弘　卢　琼
刘学兵　刘　涛　欧阳倩　鲁云龙　武进锋
宾　亭　毛　川　扬　路　李　岭　徐建军
王　景　张玉珠　叶静漪　钱明星

信息管理系

罗国建　陈　旭　钟　琳　赵惠勤　姚益圣
田　敏　张莉扬　李　桦　付兵涛　喻乒乒
张燕婴　黄　颖　曹宽增　林　璐　刘　嘉
关飞霞

政治学与行政管理系

陈蔡志　任丙强　王　琦　姜　浩　孙　伟
吴群芳　孙　楠　孙曙光　田海军　安明栓
侯华伟　张　鑫　张　明　高　旺　周少来
宋月红　董　琦　张佳利　李　猛　冯支越
阎树森

西方语言文学系

胡旭东　孟玉秋　胡怡红　吴　君　杨国政
刘　敏

东方学系

卢文亚　曹武军　杜　菁　戴晓琦　千玉花
李　腾　谢奕秋

俄罗斯语言文学系

秦春秋　胡小琼　朱亚菲　何皓瑜　唐登俊
郭　利　郭凯燕

英语语言文学系

李莉春　徐华芳　梁　波　吴红亮　吕　珺
王志欣　王丽亚　高艳丽　余苏凌

信息科学中心

陈兆良

环境科学中心

张化天　许士玉　孙海林　李　迪　夏　成
李正鹏　曾海霞　黄凤茹　王彩欣　曾　健
贺　燕　吴　涓

中国经济研究中心

范　敏

科学与社会研究中心

韩　骏　曾昭贵　刘晓峰

人口研究所

叶笑颖　卓敏莉

高等教育研究所

丁延庆　朱　红　李春燕　阴　悦　潘天舒
鄢　波　葛长丽　雷　虹　蔡　晖　萧　群
董德刚

社会学系

李雁刚　马冬玲　何博闻　熊　浩　杨旭日
吴愈晓　卢学慧　赵丙祥　方卫华

艺术学系

金　妍　冯丹丹　冯华年

马克思主义学院

徐瑞华　韩旭海　高兴松　柴　楠　景逢春
朱效梅　宋建明　徐祥生　孙娉婷　王　卫
王文生　董志国　景　颖　孙　丽　孙代尧

光彩奖学金

数学科学学院

苏　阳　韩　庆　李　珺　方剑刚　姜永镔
李秋生　覃瑜君　王曙光

力学与工程科学系

陈　虎　谢文俊　万　蕾
向　宇

物理学系

毛伟毕　黄　元　刘　晓　姚　坤　黄　颉

地球物理学系

陈　珀　王兴娟　郑永光

技术物理系

朱　磊　蔡博峰　马兆远　向　蓉

电子学系

郑　毅　赵慧周　张平宗　周文旻

计算机科学技术系

许俊娟　刘桂美　张　鹏　郭　琳　杨　勇
王金延　万新恒　胡　钢　单松巍　徐　颖

化学与分子工程学院

李卫杰　郭兴林　纪建国　袁　海　宁柏宇
李晓东　黄　波　石洪涛　安　磊　张　伟

生命科学学院

刘志华　龙　华　黄　果　黄燕华　包　宁
吴　炜　桑丽芸　韦晓飞　翁星河　潘　宁

地质学系

衣学磊　段体玉　叶良新

城市与环境学系

王彩凤　闻　怡　姚文宇　刘　松　陈福友

心理学系

定险峰　姚君华

中国语言文学系

胡　颖　徐百柯　金树祥　薛　剑　蒙　娃
刘　津

历史学系

彭　琦　王　宇　陈亦玲

考古学系

赵春青　胡明明　魏　峻

哲学系

陈振宇　李绍猛　张　军　朱子男　缪劲翔
王武召

国际关系学院

史　哲　杨万强　孔　圆　归泳涛　陶　靖

经济学院

李　可　姬江帆　郭济莺　韩　西　吴　旖
邵　亮　阳穆哲　孙　嘉　尹　嘉　吴崇奇

光华管理学院

李维刚　张　昆　杨翌昀　陈映雪　谢雯娟
李　季　周　昊　刘京安　许枝煌

法律学系

褚福宝　马东红　孙秋宁　王月华　贾　月
陶方舟　吕　凯　张培祥　张小虎　包万超
杨欣欣　唐应茂　朱　蕾　刘　颖　薛松岩
刘晓丹　马正勇　关成华

信息管理系

郑清文　侯艳飞　郑宏祎　艾　露

政治学与行政管理系

胡建奇　杨立华　谷　雪　孙家祥

东方学系

周祥勇　陈永利　刘雅敏　孔　涛

西方语言文学系系

夏　昱　刘　伟　董　岚

俄罗斯语言文学系

彭爱民　温哲仙

英语语言文学系

孙　晔　潘荣荣　郝田虎

信息科学中心

周剑平

环境科学中心

张宝慧　马　宁　刘　猛

中国经济研究中心

岳昌君

科学与社会研究中心

朱效民

人口研究所

田耀山

高等教育研究所

文冬毛

社会学系

董　治　周　涛　李放春

马克思主义学院

程俊峰　晋文湛　孙在辰
艺术学系
姚宏波

创新奖学金

数学科学学院
于　江　漆　毅　黎德玲
地球物理学系
傅遵涛
物理学系
傅立斌　孙庆丰　袁烽
电子学系
饶亲江　肖　磊　付君贤
计算机科学技术系
袁望洪　伍　江
化学与分子工程学院
于安池　张　文　张春阳
高永宏
生命科学学院
张　辉
城市与环境学系
王　军　廖　谦
地质学系
冼伟胜　赵永超
中国语言文学系
李　纯　詹卫东　龚　刚　王　敖　徐　鹏
历史学系
党宝海　李　刚
国际关系学院
简　易　马　佳　吴　松　倪　斌
经济学院
林宏海　刘丽娜　段忠辉　秦春华　夏　春
冀乃逞　李　军　陈　炜　常志霄
光华管理学院
刘一辚　胡　江　刘　佳　张　蕾　徐林洲
法律学系
崔　磊　赵　辉　王　蓉　马　龙　安　然
杜　震　丁后盾　周　玥　张　从
政治学与行政管理系
胡永佳
社会学系
任道远　刘建华　于怀东　郑　宇　李　康
信息管理系
孙剑波　张久珍　范晓虹
马克思主义学院
王寿林
艺术学系
盛　磊
环境科学中心
刘吉成

安泰奖学金

数学科学学院
余歆炜　聂　锟　王明辉　林　通　黄　红
陈建华　黎　雄
中国语言文学系
汤晓燕　宋作艳
历史学系
王鹤丹　赵万霞　张继海　王立新　宁映霞
高　波
国际关系学院
贺艳青　连淑钰　王　芳　李　力　张晓明
章　芹　朱玉轩
经济学院
张　艳　陈　颖　李亚峻　于映辉　武　瑾
刘佳佳　韩　华　程满清　孟　元　杨　芳
杨　冰　尚　研　郭　盛　李　游　张　翔
余淼杰　冯　娟　刘书林　易建华　李　强
光华管理学院
席建国　于凤坤　邹积建　樊健康　陈于文
孙　涛　江　禹　田　昆　臧恒佳　洪　宴
熊功伟　王　卫　盛　雯　周纪东　郭　磊
赵柯禹　赵肖行
法律学系
李　静　顾心悦　李国如　王树义　孙晓芳
戴庆康　李光昱　陈良刚　金　铃　仝宗锦
吴　涛　马　宙　赵建军　孙　黎
信息管理系
钟智锦　魏　铮
政治学与行政管理系
皇　娟　靳舜尧
西方语言文学系
陈　颖
东方学系
张雨燕
俄罗斯语言文学系
楼晶晶
中国经济研究中心
张兆杰　赵先信　骆颖浩　汤鹏飞　徐建国
秦　琦
社会学系
刘振业　孙晓琳

马克思主义学院
刘海霞 贾 益 王 磊

明德奖学金

数学科学学院
陈华一 王 烈 闫 珺 倪 忆 韩嘉睿
安金鹏 何旭华 邹 瑾
物理学系
邓志峰 高 正 吴欣安 王晨扬 杨翔宇
电子学系
孙 晖
计算机科学技术系
魏松杰 王 龙 刘 强 朱 寰 敖 翔
段 晖 丁 阳 伍 赛 董 申 刘昕鹏
化学与分子工程学院
周 璐 刘登峰 刘镇宁 汪建明 周小平
刘铭钊 廖 涵 陈以均 谢 佳
生命科学学院
张 弩 丁 捷 李旭东 崔 旭 任瑞漪
蔡莘莘 胡湛智 曾卫华 夏 凡 许 明
曾华鑫 宋 兢 周 游 凌 晨 魏迪明
肖俊宇 谭 磊 唐爱辉
中国语言文学系
吴天岳
国际关系学院
脱 脱 任 翀
经济学院
冯 泓 张原秀 熊远萌 梁云慈 田锋慧
马 荣 孙 斌 杨鲁闽 范大邯 赵志伟
毛晓刚 曹 杰
光华管理学院
朱 坤 黄永亮 唐 黎 唐 瑾 啜玉林
法律学系
于 凡 刘颖丽 王 瑾 李 艳 王 凌
张 炜 刘春东 阎 肃 刘晓飞 罗 彧
桑 叶 张 锐 周 曦
社会学系
欧阳觅剑

摩托罗拉奖学金

地球物理学系
章卫祥 沈 迹
技术物理系
王 祥 刘 莉 陈少杰
电子学系
张 渊 林惠保 郭 凯 熊 强 李晓旭
唐文静 姚 萍 肖灯炜 温 琪 吴学德
钱海春 李 强 赵承宇 徐明波
计算机科学技术系
王晓光 王宏武 张 路 陶有东 赵春晖
王继英 王 泊 章秀静 黄登玺 陈建巍
孙 岩 兰景宏 袁 骏 张志汝 殷晓田
英语语言文学系
黄 豪 来婷妍 徐冬梅 曲雪梅 陈霜叶
张 媛 张 怡 马 宁 赵剑英 沙筱薇
桂 华 宋 阳 陈先梅 李战子
化学与分子工程学院
朱耀球 晏皖琳 何 健 王小勇 李正平
生命科学学院
徐 涌 张海华 陈 溪 吕 静
地质学系
刘广平 张 南
心理学系
陈文锋 陈梦晖
经济学院
田晓霞 王 露 张 铖 杨 钋 马韧韬
林端明 陈 露 钱 郡 邓红霞 董 梅
孟丽君 柯春欣
光华管理学院
黄 斌 谢绚丽 李媛琳 葛维莲 魏晓清
王巍巍 曲 玉 袁 颖 王 冠 胡 君
蔡 珍 刘爱红

摩托罗拉特等奖学金

经济学院
胡怀国 沈俏蔚
英语语言文学系
操 烨
光华管理学院
谢可可
俄罗斯语言文学系
王 馨
物理学系
潘 奕

· 1998 年毕业生 ·

本科毕业生

（包括第二学士学位毕业生）

数学科学学院:94 人

基础数学专业:22 人

王石峰　苏凌云　沈群智　张良跃　姜　雁
范水涛　饶辉飞　易　骥　易　华　李　挺
章复熹　姚健钢　余　鹏　刘　锤　沈海鹏
苗蓬子　蒋杉杉　刘卫平　吴　昊　侯作良
方　向　付保华

计算数学与应用软件专业:19 人

万小海　单国健　徐进军　刘宝元　季　民
刘　星　张天宇　李显涛　黑　龙　田立秀
李亚军　朱朝星　梁胜德　于　炜　丰　鹏
万　成　罗武安　刘　睿　贾　峰

信息科学专业:27 人

刘　童　贾　宁　杨　斌　胡　胡　李　涓
徐雪松　李克伟　叶　诚　朱述杰　肖守和
方厚政　袁韵锋　胡绍平　邓　青　宋霁阳
汪俊宏　张　弢　须佶成　张俊峰　林　昊
林瑞泉　黎德玲　卢　虹　杨　涛　邢雁飚
孙赵君　何　斌

概率统计专业:26 人

李兴华　刘　烜　任　灏　吴岳晖　侯建新
张振勇　孙海涛　曹云波　田朝飞　黄晓红
张　艇　张克昊　占冠良　时根明　官永涛
杨均正　李国栋　袁利平　陈　威　阮杰锋
罗　安　王汉生　胡智鹏　陈　南　秦　莉
李旻

力学与工程科学系:36 人

理论与应用力学专业:36 人

苏　煜　刘　爽　王公韬　徐　航　王　钊
刘朝京　邱康敏　王　江　赵　伟　邓其林
张　宇　刘　霞　李唤龙　魏震松　黄耀海
李轶明　贲宇星　王立森　田　辉　李有东
韦余娜　吴绍江　万晓亮　赵颖涛　罗长虹
崔云俊　陈传华　陈　明　侯志琼　范　平
王　进　王　云　李徽徽　陈　凯　简延荣
李　勇

物理学系:61 人

物理学专业:61 人

赵　凯　朱　岩　陈　健　詹　勇　朱骏宜
阎　研　高　贺　佟崴嵬　俞　榕　朱　禾
朱　煜　胡国昕　李　昂　武津伟　张　林
刘蕴宏　高　朋　宋惠远　韩一龙　苏　铁
孙　洋　高春旺　姜　宇　许明伟　施国春
许晓伟　俞晓斌　杨　成　郑　俭　章　黎
张宇锋　杨　敏　何勇志　张　波　刘春雷
黄贵玉　闫福强　蔡　明　李士杰　姚　淙
吕　远　韩春晖　赵文辉　樊笑冰　李新春
丁云飞　魏亚军　王孙涛　王基刚　黄文涛
吴欣恺　段挺东　吕铁铮　代　勇　傅少华
李果锋　徐　茂　王　毅　陶　鲲　王江鹏
林　春

地球物理学系:39 人

天文学专业:6 人

汪　洋　路　羽　王均智　戴新宇　李好辰
闫慧荣

地球物理学专业:10 人

李　昶　吴京文　张　坚　瞿长淼　张海明
陈蔚天　李　强　沈　翔　蒋志勇　何宜文

空间物理学专业:6 人

高　超　余　彬　贾笑冬　陈　非　季　朔
周卫华

大气科学专业:17 人

崔宏 张宇瑛 耿硕 姬慕来 李晨光
陈世彦 魏雪 王旭光 张云雁 斯召俊
洪成 王云磊 刘洪涛 王在文 肖雪
罗泳涛 骆利峰

技术物理系:40人

原子核物理及技术专业:18人

赵坤 刘秋花 赵迎春 胡岩乐 李学楠
彭庆 陈川 张登 黄正红 马经国
向元益 廖红彪 孙哲 贺强 邓方
何锐 王晶 王庆

应用化学专业:22人

沙伟 王茂林 林琳 张磊 崔庆洲
张艳群 李正茂 邓仪友 陈涛 赵楠
姜健准 李治国 许云平 姚月辉 向玉双
戴华 龚慧明 余振 孙巍 官群英
韩源 何希兵

电子学系:69人

电子学与信息系统专业:69人

邓勇 张璐 王宏强 姜伟 刘鹏
卢琪 唐海江 祝朝辉 姚鹏 杜鹏
刘勇 冯疵禓 庄辰超 顾旗君 蔡志博
欧龙 吴廷耀 蔡绪鹏 邓中华 张振荣
朱继志 戚振超 林昊 胡琳 吕铁汉
冯路 王思 戴永梅 杨静 金红艳
黄华 林晨 洪霞 杨盛琳 王伯韬
姜志强 张海翔 金伟巍 吴鹏 王亮
张浩 冯沿鹏 王俊波 林涛 刘骁
高翔 沈逸江 张欣 刘崧 王毅平
张振祥 石浩鸿 杜民 贾利锋 陈博兴
刘新阳 刘璐 黎渊文 肖炜 陈朔
孙琰 李涛 陈淞晔 于利鑫 马黎黎
昝磊 彭亦梅 袁露 聂垚

计算机科学技术系:179人

微电子学专业:22人

孟春 吴伟强 张扬 江山 张小峰
蔡坚学 丛乐 肖志广 郭胤 杨振川
申秀擘 蒋逸波 黄小振 黄永灿 金立之
乔明胜 池保勇 黄爱华 杜刚 朱志清
霍宗亮 李晓

计算机软件专业:157人

陈常青 魏伟 姚磊 王汀兰 柯晓恩
林岚 杨激 王军 刘巍 张晓龙
董颖 朱克耀 郑春雷 张辉 段剑波
张静 赵晓峰 王冠东 张华 王婷
王海峰 陈珺 庞剑锋 王华 范学建
熊飞 龙勤 李顺 张惠亮 叶松
万国锋 孙慧 叶怡河 陈宇 张雯宇
袁幼谷 王涛 杨鹏宇 王靖 胡波
周缅 张扬 吴莹 刘威 罗平宇
孟欣 李馨叶 葛新 俞肇辉 易立
胡文蕙 李扬 刘忠华 丁振 付弘宇
刘洋 陆华 张少东 沈昶 张震
陈斌 史文勇 欧阳辰 郭云峰 王大伟
王永强 赵玲玲 李俊源 马秉桥 彭建波
周欣 陈伟锋 陈志东 黄岚 唐多
李盛颖 陈娜 王涛 程嵩 胡新
余立 何昕 张东利 任菲 戴永继
张英 杨旭 王玉柱 张凯 高洋
王宏伟 李刚 付哲 姚远 程学勇
徐快 李琦 朱永光 郑建丹 谢非
李发春 刘芳 朱德新 单宏浩 宋刚
杨叶 彭小全 徐涛 雷凯 吴伟
梁洁玲 吴涛 陈伟 汪筱莹 牛林伟
常天颖 魏延政 蒋志华 吴晓华 秦艳芳
张双 丁力 韩庐山 李晓萌 吴琼
王新天 杨睿 熊雁凌 成孝禹 金范春
黄微 戴坚 华云波 姚鑫 高琳
张继翔 叶晓端 陈林 林斌 周宇
曲磊 杜枫 李红 周海涛 郑华胜
钟志洪 朱武 李炜宏 黄伟文 钟作宽
李霁 唐雅容 张觉民 陈韫敏 郭海云
白志伟 房春华

化学与分子工程学院:158人

化学专业:158人

哇春玲 梁宇 杨小锋 汪卓 李靖
南小林 刘冬 李正山 王昊 王栋
万红 徐宁宁 张东辉 马滢 陈小芳
杨希琴 魏芳 侯小蓉 王峰 丁振生
蒋鸿 蔡文弘 翁健 陶鹏 曾雳
王泓 叶涛 宏亮 田宇 牟维华
张炜程 鲁纪章 张毅超 王琦 程玮
葛俊豪 宇宁 熊晖 路培超 罗伟东
谷闻 李波 陆漫春 黄諿 张慧
张丽烨 李扬扬 鹿宁 杨弃非 张宏霞
江凯 桂嘉 金实 张新峰 尹昊
曹轶辰 赵宪瑞 谢富春 李英明 王伟
常志锟 李晓峰 毛敏 金亚东 苏雄
黄亮 梁冰 赵红秋 孙鼎 陈涛
朱金东 向烨 陈晓波 史泓冰 李蕴颖
黎艳 姚丹凤 付欣 曹郁 管荣玉

赵宇新　王　欣　傅　原　富思宇　杜　岩
邝峻峰　狄建波　崔　澎　王　刚　李　赫
赵　桐　吕　昌　韩　强　倪立生　陈征峰
姜　江　陈　刚　付　强　任家文　刘　靖
钟　竑　罗永强　林　海　左　刚　王晓岗
松　颖　顾怡芳　赵晓燕　徐维明　林蔓菁
胡　瑛　苏迅航　刘志华　屠迎锋　邱伟华
朱继东　周长军　戚　星　温晓泉　巫纪恩
庄　伟　余军华　吴　斌　贺玉峰　郭文强
吴海臣　朱天强　雷政登　马　强　冯华升
李　正　罗宇飞　聂　晶　叶世欣　洪　薇
宋宁宁　李　巍　林　稼　朱丽荔　欧阳萌
李云松　谢　峥　王克彬　江　军　王　璟
张　超　黄永亮　王　震　吕京京　刘　泳
胡　朋　杜海宁　李东刚　吴惠中　邹　胤
王　俊　陈荣民　龚云卿

生命科学学院:132人

细胞生物学及遗传学专业:21人

林　华　伊春玲　马小可　王　萌　李　昂
唐凛男　曹　圻　王　健　严勇攀　张炳臣
李　亮　容晓庆　张玉军　鞠武建　牛恒尧
卢智刚　汤富酬　黄　超　崔　鹏　卞　婕
曹　尚

生物化学与分子生物学专业:38人

周立伟　王晓婷　孙　莎　郭　奕　董　燕
陈佳宾　谢　惠　张海英　田　原　程　妤
刘　晖　罗述金　刘　静　骆　欣　于　鹏
汪烨迅　徐惟佳　吕红翔　宁　叶　孙　亮
郑春阳　尹　鹏　王百庆　秦宝明　徐晨昊
顾正龙　蒋　锋　李权胜　黄　鹏　张志宏
刘旭斌　杨　光　蒋朋寰　孙庭万　赖　兵
张　海　陈新宇　侯晓辉

生物技术专业:28人

李　钦　李志英　张葳芮　高　巍　高金秋
张佳璐　杨　倩　刘有放　杨琳琳　吴　剑
黄葆英　林华文　姚　盛　卞　京　张　捷
邓　捷　朱明昭　浦奕奕　林松海　卢　龙
康文津　石　鹏　李宏伟　尹　涛　林　坚
苑华毅　李俊杰　高　春

生理学及生物物理学专业:19人

叶海虹　孙艳妮　张芃芃　刘　丹　李　岩
李　璐　刘　凯　张世芳　钱　程　秦　川
廖旭东　杜洋洲　傅擎昊　韩仁志　洪　伟
王焕臣　马洪涛　俞　怡　王丽琼

植物分子及发育生物学专业:18人

胡芳芳　张　宇　程　华　张　杰　姜　凌
杨秋颖　李枝蓉　李　伟　李　涛　陈　曦
黄晨辉　李季男　茹远斌　齐瀛川　赵　锐
陈将来　旷东辉　容　峰

生态学及环境生物学专业:8人

于　昕　王莉江　万　宏　王德智　周　辰
印　俊　虞建军　苏海澄

地质学系:24人

构造地质学专业:6人

唐　策　杜庆娥　冷　劲　王　冬　简安华
张　鹏

古生物学及地层学专业:2人

张依群　陈志民

地球化学专业:10人

孙　彤　汤　弦　田　伟　王海青　李　萍
陈　锐　陈华勇　肖　庆　汪　涛　邓　微

地震地质学专业:6人

曹　静　王　勇　孙世鹏　陈　晨　李　菡
焦振新

城市与环境学系:67人

旅游开发与管理专业:12人

殷　静　张新艳　张　扬　孟晓杰　金　华
王　健　赵一斌　万　军　尼加提　赵嘉新
贾恩平　周大鸣

地貌学与地质学专业:4人

丰爱平　裴志永　高俊国　娄靖宇

城市与区域规划专业:30人

甘萌雨　黄丽芳　黄　姝　王志芳　杨晓玲
邓　静　周　颖　房　方　刘江涛　张　平
赵燕霞　刘旭红　李峥嵘　戴锡平　胡智勇
王榕勋　文　彤　詹才保　张翼飞　张　波
赵晓文　王　可　蒋智生　孙　鹏　孙中云
王　磊　吕　昕　谈　斌　杨　震　王永乾

环境学专业:21人

凌　翔　喻　红　赵　坤　桑庆子　刘雪皎
吴晓莆　罗先学　唐志尧　彭金辉　杨　波
黄　兵　宋毓涛　叶生发　李志伟　莫　荣
郑袁明　郤万振　崔光文　袁吟欢　钱征寒
许　静

心理学系:20人

运动心理学(二学位)专业:1人

张宏新

心理学专业:19人

李晓宇　姚晴蕾　司　玫　赵　淼　江　波
严霄霏　王灏岭　孟　源　贾　林　王通理

肖　敏　雷　莉　李云峰　黄万里　罗　婷
罗雨燕　郭　兴　李　林　刘兴华

中国语言文学系:62 人

中国文学专业:35 人

张　凌　王鸣迪　杨昊　金云花　崔　洁
梅园　吕　焱　张贺敏　陆　成　徐　欣
徐兰君　郑　瑛　吴文尚　王晓平　李　艇
邹　颖　徐　莹　迟宇宙　谭建红　吴　静
冯瑞源　严武龙　陈　林　张慧文　李云路
刘　畅　李　颖　孟建成　王　艳　刘　芳
孙晓靖　张　键　沈春晖　杨　扬　肖　樱

汉语言文学专业:14 人

珠峰旗云　马　楠　宋红梅　刘喜梅　张洪岩
马怀宾　汪　锋　李　力　何　坦　张继冰
李　艳　金慧玲　邓　琳　魏　颖

古典文献专业:13 人

王　玉　虞丽琦　王　艺　李　靖　刘　明
李二民　吉彦波　李　媛　马月华　黄立武
王连成　王　俊　谷　健

历史学系:29 人

中国历史专业:17 人

张　丽　仝林岚　李树丛　吴艳辉　张志昌
孙东河　孙桂梁　张歆梅　钱家杰　张思银
刘　琳　谭星宇　许　珍　肖　红　张　静
于　浩　陈之川

世界历史专业:12 人

孙　柏　田杰亮　余洪峰　孙　瑜　冯　翔
黄中海　吴春梅　张君卓　任　红　庞冠群
李宽宽　杨沛奇

考古学系:11 人

考古学专业:11 人

李　焰　秦　岭　李　振　邓启江　王　干
孙　翔　刘小雄　陈祥伟　钟　焓　陈　馨
顾万发

哲学系:24 人

哲学专业:20 人

赵　嘉　刘兆国　眭松涛　王荣奎　陈玉鹏
由　红　王立刚　武　超　刘继成　史传发
代云明　陶乃韩　何江穗　王紫微　张兴明
蒋广学　唐兴元　唐　杰　翁智凯　单立坡

宗教学专业:4 人

张宇凌　刘传全　姚　琳　瞿旭彤

国际关系学院:81 人

国际政治专业:62 人

尤鲁明　杨　迪　安治平　王　笑　韩　东
杨立芳　刘洪生　鲁心茵　田文泉　沈文卓
汪　辰　李　迎　董关鹏　董书慧　张　东
衣春瑶　杨　洪　钟　放　王艳波　朱海涛
张　琴　丁志勇　姚芸竹　张平扬　徐　英
张　洋　叶　敏　张　寅　陈文振　钟冰松
韩　笑　王　泳　潘　蔺　邱镛妃　冯　林
胡九龙　方文军　叶　茹　郝　焱　代航军
孙波涛　程增宾　刘　洁　陈　强　张　琳
孙　瑞　李文凯　蔡建群　王　立　刘旺先
陆恩超　庞开强　李　全　姚　说　廖忠敏
高静宇　李绍鹏　德力夏提　刘逊　龚艳玲
阎小骏　夏　薇

国际文化交流二学位班:19 人

周世民　车　虎　肖　翎　马仲荣　陈　燕
陈　芳　刘卫威　宋宇虹　王春来　李小鸣
戴　娜　冯　雯　乔宇平　龙江梅　秦　翊
姚世红　韩志红　黄晓云　罗庆红

经济学院:169 人

经济学专业:39 人

赵　前　许博文　周　磊　唐　艳　王　培
刘　屿　韩玉玲　杨大勇　乔　雪　冯小军
孟祥轶　李　净　李莲花　谭宏钢　钱　昊
陈宏波　卢天其　潘志明　何观明　张　午
周　琼　彭艳玲　王晓东　张志兵　李学军
江小震　罗　艳　肖莲芳　丁　海　马　澜
黎志洲　敬　嘉　何　茵　陆　慧　赵　俭
张豫宁　罗　榕　曹　健　吴　波

国际经济专业:52 人

杨东宁　李　佳　冯　莉　刘琳琳　李可宁
许　铭　武雪松　刘　苑　侯娅丽　徐　哲
洪　宇　康　勇　王英霞　董智敏　张春梓
李　航　金英实　徐　鹏　苗　芳　方丽娜
胡　鬲　陈滢珠　李立炜　薛漫天　毛小龙
董　煜　叶建第　曹宇芳　叶　泰　杨　进
吴曦明　陈媛媛　祝　泳　刘永强　李　鹏
王震宇　陈晓轩　谭　志　张云翼　陈宇东
余旭鑫　陈　钰　陶　明　冯道伟　程宇亭
支兆华　赵雅玲　张　鹏　彭宜钟　马　琳
康建中　祝　莉

国际金融专业:43 人

赵　锐　章　燕　李　妍　虞　铮　马　乐
钟玉冬　刘　勇　徐光瑜　耿龙波　郭海秋

李　涛　郎雪玫　董　健　梁　媛　李文新
徐安娜　张志峰　陶志艳　黄文红　张　晴
余江腾　陈华锋　胡小果　李晓煦　罗敦山
颜文业　唐华荣　吴志明　李　萍　孙素民
刘旭平　张晓鹏　陈　刚　姚燕君　冯满红
沈华珊　王　亮　李　勉　张晓东　钱美君
王胜坤　曾　宇　王尽然

保险专业:35人

万　静　林　颖　王　晹　杨　靖　陈京京
仇　锐　傅　莉　王　辉　曹成荫　徐六五
韩　韬　毕　征　王　芳　裴金林　曹小明
杨　飞　苗凯洲　孙　颖　范维维　熊　骁
陈振华　曾维方　黄东玲　白艳萍　胡明冀
黄雪昀　邹　丽　李　彦　胡明勇　张若霖
苏　巍　程　梁　管　宁　张　鹏　李雷波

光华管理学院:95人

企业管理专业:33人

周　宓　王　刚　于　毅　李朝晖　张　岩
徐薇薇　徐　莉　傅　强　华新宇　张会涛
高占斌　李鹏涛　廉晓红　宋　浩　阎　项
马恩曼　陈　功　赵　悦　顾佳峰　何燕青
蒋榕峰　徐　进　王　东　王有天　朱忠庆
邓传伟　黄建军　冯若钊　吴进广　曹　莉
柴　勇　黄宇涛　郭建南

财务学专业:62人

郑海塘　陈歆玮　郑　汸　果　楠　尚春芳
周　明　郝碧辉　王　欣　李炳英　张　毅
程国卫　佛　影　鲍国军　张　颖　姜　蕾
孙黎黎　孙　骐　肖　勇　施　丹　艾　平
黄　萍　高　琳　路福清　卢　薏　陈　莹
赵　坚　邹永群　张　静　徐传球　穆志颖
陈寒清　许晓鹭　谢龙海　张传金　欧阳晓莉
温艳苹　曾爱辉　周会东　张　莹　孙梦雪
朱　振　刘水龙　曾　锐　邓　勇　覃海波
张昱林　夏治冰　王　河　廖　萍　秦　刚
张映红　林一才　马　越　王尚勇　高海波
陶　静　杨雪莉　苗广萍　郭海燕　赵雪萍
李　智　王　舒

法律学系:207人

法学专业:25人

高　嵩　崔智瑜　薄　勇　张万兴　王业涌
孙文博　孟庆红　张殿波　刘　冰　迁　峰
张　婕　王　东　李　哲　王　翔　陈文兴
尉迟玉庆　杨　明　刘一君　刘剑亮　苏雪石
周　虹　白海磊　刘　娜　黎叶梅　张　欣

经济法专业:89人

董　屹　史陈璇　李　敏　耿冬梅　台　冰
李晓慧　赵　君　李　健　徐　亮　傅晓亮
万福洋　唐淑真　喻　莉　撒贝宁　戴冠春
周　军　胡临春　杨　丽　金　朝　张智霞
叶军莉　张晨颖　马　骋　匡燕彬　齐中熙
孙　明　马德刚　姚　远　金　浩　李　磐
黄永庆　刘　畅　薛继成　袁平海　徐　进
朱　妮　李华周　傅建奇　邓海平　郭艳军
肖爱华　靳振雷　伍雄志　刘　兰　李绍杰
林　丹　朱振宇　连　莲　马海静　冯　艳
张　辰　汤庆文　樊功臣　崔悦环　史玲玲
栗　锐　王宇男　郭　飚　蔡东辉　刘　浩
刘　江　李春凤　严开元　刘　琦　方　刘
易明群　居晓林　周大勇　徐　正　陈　露
蔡　奕　王　楠　孔兵杰　孙媛媛　刘　峰
于　洋　康涵远　付东攀　郭振宇　唐烈文
徐　茜　侯晓阳　周庆渝　叶建丰　吴迪宇
刘青海　双秋涛　李　珂　邓映霞

国际法专业:6人

王　罡　史大晓　李国庆　马　捷　尹文娟
高　山

国际经济法专业:15人

朴春琴　张为一　马继东　钱　诚　孟　然
宋文静　崔雨鹃　林　云　高　燕　王　飞
王建刚　姜　卓　崔肖龙　王博钊　万　兴

知识产权法二学位班:72人

李艳新　王永文　杨少旭　黄　洁　何绍文
伍　梁　杜少辉　廖忆湘　卫光钦　王　翀
成绪新　陈东斌　金　涛　尹志欣　刘屹东
赵江琳　田　明　刘　怡　齐伯更　潘新平
鲜超华　鲜长久　庄　岭　邵　楠　刘春舜
刘长明　常明君　王宁燕　陈雁飞　仇小娟
孟楚麟　谭卫东　刘润奎　王　勇　陈　侃
万　怡　李　梅　任　春　陈　倩　袁晓如
胡雄姿　杨　巍　武　静　童　昕　黄　晶
黄剑飞　宋志强　岳秀云　杨　凯　倪　明
刘延喜　姜晓刚　姜丽楼　张树华　王云诚
贾　颖　张怀芹　王文生　张晓瑜　赵　远
杨晓娥　朱海波　徐　宕　王　茅　肖志刚
贾振勇　戈笑鸿　焦雅楠　段践波　由　亮
王　暖　张艳辉

信息管理系:49人

图书馆学专业:17人

徐　霄　刘燕浔　郑林子　马文燕　任　洁
纪丽斌　冷　敏　吴云勇　董欢军　俞月丽

李庆伟　梁海丽　汤路漫　符　锋　刘　路
谢　茜　于洪彬

科技信息(情报学专业):32人

沈江天　林　琳　许　冉　彭　飞　向京晖
刘　澍　董葳怡　杨　静　高文涛　李继成
张丽军　常姣燕　李爱红　徐飞飞　金　岩
吴　薇　刘永峰　钱　勇　马红艳　康小明
廖　远　李小雷　李朝辉　王咏刚　薛星星
卢伟钦　路小红　周　虹　刘　强　张　波
谭广辉　李　韬

社会学系:23人

社会学专业:20人

王　晖　马　骁　曹南来　刘蓉林　郝津京
毕向阳　杨振南　陈　强　范小伟　刘仕君
耿学技　陈　刚　张永强　郭金华　汪洪波
来铁山　付克友　马　缨　干咏昕　李　克

社会工作专业:3人

梅泽杰　蒋广慧　陈晓熊

政治学与行政管理系:44人

政治学与行政管理学专业:44人

李正超　张　浩　赵　飞　周曼丽　张　宁
刘　扬　秦梦卿　齐子鑫　张永钧　王韫鹏
王　莹　郭建光　崔志勇　李东贤　慕　伟
陈亚明　安　然　杨雪峰　王世茹　王晓琦
王　峰　金今花　刘小进　周鲲鹏　顾建伟
周　扬　强　翼　刘德威　林伟营　汪生科
王雪峰　尹海涛　苏晓龙　王洛忠　赵　义
陈　钢　刘建洪　黎炳盛　陈　研　刘海健
林　琳　邓　涛　邓名奋　阿里木江

东方学系:33人

日本语言文化专业:18人

张　宁　韩　添　孙佳音　周晨亮　王　岐
董海英　郑　煜　蓝建中　李凡荣　郑文换
金禄凯　汪　正　杨　琴　吴晓瑾　翁家慧
毕建鸽　李　易　熊　进

朝鲜语言文化专业:15人

吴　斌　揣姝茵　沈慧芳　郑　雷　何　鹏
梁　英　南　燕　韦冬泽　陶建宁　骆曙文
孔　渊　孙红娟　郭依坤　李勇智　杜　东

西方语言文学系:30人

德语语言文学专业:10人

罗　翀　温颖欧　曾　遗　靳　军　李　晶
孙　淼　林时庆　冯　波　何　宁　朱艳丽

法语语言文学专业:11人

高　玥　徐　勇　潘　捷　杜南威　孙　凯
何永艳　常佐威　朱晓洁　王懿静　赵春宇
靳　晴

西班牙语语言文学专业:9人

许　彤　林　瑶　韩亚慧　张艳辉　刘艳华
蔡学娣　何　静　李　琰　李晶晶

俄罗斯语言文学系:15人

俄罗斯语言文学专业:15人

卢　涛　李丽娟　刘　征　程　刚　吴时文
李莉莎　宦　敏　刘学平　寇露森　籍彩成
宋晓杰　孙　凌　任兴玉　栗明辉　赵　波

英语语言文学系:33人

英语语言文学专业:33人

陈　静　杨　洋　王晓颖　蔡　晖　张　颖
高　艾　张立群　葛　新　卢伦燕　郭　雅
陈黎辉　赵　鹏　丁　雯　段　燕　刘建锋
修立梅　韩丽丽　孙翼飞　沈英英　吴云峰
沈晓春　梅　春　陈　麓　王　欣　王海运
刘鸿勇　刘金梅　聂　泉　文　馨　田　笛
杨　莉　李卓靓　曾琳佳

马克思主义学院:71人

思想政治教育专业:71人

王战天　石秀梅　田守信　韩云连　陈　岱
张国清　汪乃兵　李传新　方保印　白春铭
靳自学　张　鉴　沈根钧　徐小川　徐合宪
吕冬明　段广燕　李桂莲　田雪鹰　王　琳
别怀峰　周　欣　张鹰翔　刘　沙　杨巧兰
王　梅　王则力　辛鸿兵　蒲力戈　肖新忠
李　涛　赵　蓓　吴希悦　丁兰军　张玉民
王志宏　王世威　张迎良　王现超　吴永沛
崔国欣　唐彦民　魏海娟　何秀敏　霍长春
李建明　肖选举　张德辉　徐长荣　刘克成
李　珺　蔡一源　李海章　陈廷献　贾继勇
吕方仕　姜道宏　周广强　李长斌　段书文
王宪法　李建春　潘江江　杨洪良　罗建峰
马春学　曲祉奎　李世增　郭全保　张　剑
黄肇维

专科毕业生(287 人)

数学科学学院:1 人

计算数学与应用软件专业:1 人

唐晓苗

物理学系:1 人

物理学专业:1 人

曹　鹏

技术物理系:1 人

应用化学专业:1 人

吕　科

地球物理学系:2 人

地球物理学专业:1 人

张　欣

大气科学专业:1 人

程小春

计算机科学技术系:1 人

微电子专业:1 人

王立军

考古系:1 人

考古专业:1 人

鲍海军

经济学院:1 人

国际经济专业:1 人

张　伟

光华管理学院:1 人

财务学专业:1 人

黎王烈

俄罗斯语言文学系:1 人

俄罗斯语言文学专业:1 人

姜　城

应用文理学院:277 人

金融专业:74 人

肖　宁　杜玉曦　谢　蔓　曹　刚　吕天庆
韩　东　贾　滢　张京梅　方建宇　左中明
刘　文　李　芳　董泽勇　柴　珏　曹　荣
韩　军　杜亚宏　毛羽艳　陆　琪　张瑜燕
陈文秀　贝　帆　戚　玲　朱丽蜜　包素玲
陈亚红　项　习　段成栋　何燕婷　张顺好
贾　若　崔晓强　张　怡　翟长玺　郭小力
尹会军　李　瑜　王科研　戎立军　王庆武
王　辉　张秀梅　冯晓安　唐带挂　王　芳
李　燕　王　磊　才　卓　王淑杰　张　宁
王春京　张　骥　许晓峰　康　健　李　晶
高澎涛　吕　娜　赵祎然　王　曼　贺　梅
王　霞　陈芳辉　苗　佳　戴　维　钟段禾子
钟　浩　梁　勇　刘英纳　王　杨　张　健
刘　楠　王峥旸　李　燕　许　楠

行政管理专业:36 人

徐民军　仇陈兵　刘中祥　雷　达　吕　莹
冯刘建　盛海锋　童力军　杨　煜　朱少媚
朱蕾琦　吴英彬　尹彦江　梁贵超　陈灿伦
谭雪兴　宗金宁　薛俊飞　姚　震　王　敬
刘　颖　高学莲　杨小利　蔺　音　玄　烨
胡泽媛　晁大治　李　想　李怡然　马　玥
李　晗　戴　琳　梁云飞　汤　洋　马海滨
杨章裕

俄语(商贸)专业:19 人

王绪然　王锴华　戴光明　于新民　邓文涛
黄希禹　马　妍　孙国兵　方柏顺　罗　萍
赵剑琦　卫利波　陈维民　王有山　张友发
田锡鹏　包信显　卢晨光　陈亚岚

广告学专业:34 人

王　嘉　沈　松　赵丽华　陈联芳　郁　均
王　云　秦　婧　袁春来　龚海晨　蒋孜宏
李胜华　何　嘉　滕蕴杰　高　峰　杨新宝
李笑梅　张　楠　孙　莉　董　薇　褚双双
李　威　贺　嘉　赵　青　张莉莉　李　锦
宋娟娟　杨正芳　王　璐　冯　嘉　张　博
袁静楠　孟令号　李路路　吴　楠

宝石学专业:22 人

孙来然　范　峰　王春海　辛　强　鲁　劢
张　健　朱奇清　宗文杰　梁　岩　杨丽萍
牛玉玫　张　雪　范　迎　关语佳　曲晓辉
张　鹤　赵　萌　弓　震　张　涛　崔英会
陈　曦　卢虹霞

计算机及应用软件专业:61 人

党筱青　李　伟　赵　冰　李　锐　张庆华
周　涛　谭　宇　张铭飞　李守亮　孙　涛
嵇　斌　陈小云　李兴东　桂曙光　刘珏好
林建红　章　绘　程挺锋　郑　晗　徐　鹏
高永杰　刘建同　薛浩月　王　雷　赵雪峰

张子茹 宋国海 程国伟 赵亨利 王延明
武 赓 孙 赟 付晨曦 杨 琳 李 锟
吴 涛 张 亮 邱 菲 于丹丹 梅学哲
宋 伟 尚长城 张晓翊 刘 嘉 傅 饶
李宇明 李晓燕 陈小龙 高 航 杨燕宁
甘嘉庆 展 毅 高 翔 魏 翀 杜 鹏
苏 非 王 超 郑 奕 叶国文 陈 磊
钱 勇

电子技术专业:30人

张智源 张彩虹 全 杨 韦 晨 周毅华
胡庆华 霍士元 闫 鹏 王 琴 朱兴超
缪秀兵 张伯君 卫江柳 任照青 刘 龙
王 宁 徐金鹤 马 瑛 夏永树 王 灿
刘 锋 寿志浩 刘长伟 胡润杰 耿 捷
汪 研 钟 放 杨晓丰 侯跃坤 刘 涛
刘永峰

硕士毕业生

数学科学学院

彭 程 王靖波 王守章 武连文 李雪峰
刘学利 于 卓 赵立久 钟晓云 姜 涛
李志宏 黄成邦 李广伟 葛永超 余伟明
张思容 周 锐 周慧斌 张 勇 王 燕
李仲安 阚延翔 康 建 薛咏波 黄吉祥

力学与工程科学系

杨子立 张 华 刁建快 黄清华 刘 熠
杨 健 杨雷鸣 尹辉明 曾 涛 李 娟
李新宇 林江发 刘昆仑 孟照钦 童 盛
余永生 闫长江 张凤国 刘怡光 谢理智

物理学系

高 木 贾 宇 孙 笛 姚权力 闫志涛
刘树新 白国锋 白卫平 卑延京 蔡晓磊
陈解涛 程 磊 蒋巨涛 李碧波 李海涛
林 勇 毛祥军 梅时中 屈建勤 任万万
宋 健 王 波 王红梅 张 勃 张学东
朴海镇 刘 筠 孙 鲁 秦小川 操传顺
陈志坚 李建良 刘志宇 谭 谷 王晶晶

地球物理学系

黄朝晖 黄河清 李月兴 刘学峰 蔡永卫
王 莉 毛江玉 陈洪卫 陈 晔 李庆兵
邵鸿飞 沃 鹏 朱玉秋 李成才 缪英好
陈良君 陈友麟 荣玉仿 袁怀玉 张 岭
康孔斌 秦 刚

技术物理系

刘建琴 唐双凌 王韶锋 朱 浩 龚幸颐
蔡崇贵 陈 昱 郭景新 宋犀云 孙银娥
吴岳伟 翟勇军 贺 飞 杜国栋 胡卫星
黎东旭

电子学系

罗 武 黄丽芳 黄 晔 杨 威 孙秀清
奚 波 董明科 范朝立 房立财 龚业勇
韩军地 贾成志 江 海 李春生 李文珍
罗 岳 王 新 王洪波 王晓峰 宣秀南
颜福祥 杨 勇 袁 训 赵 刚 郑 雷
朱遥瑶 闫晓东 陈海峰 林 琳 王树民
张 帆

计算机科学技术系

白晓亮 陈 沁 林 芳 陶 亮 卫建林
杨 波 梁 怡 赵 纲 谢志勇 陈 斌
陈 威 丁冬河 樊金亮 郭霁明 侯克合
兰 赛 李 鹢 李 剑 李全忠 桑毅宏
田 迅 吴愈青 谢 丹 邢 刚 徐 钧
郑耿斌 朱 磊 石利霞 陈庆春 成志毅
丁艳青 胡永刚 景小卫 郎岳枫 刘 彬
刘 斌 鹿传勇 潘 凯 钱 波 邵 强
沈荣松 宋小龙 田立民 王 欣 王海滨
王志勋 谢晚霞 薛巍巍 叶 峰 印朝晖
尤旭东 遇 强 张 靖 张劲飞 陈 瑞
管 勇 黄 强 李洪伟 林南晖 刘振宇
彭福春 唐志涛 朱 胜

化学与分子工程学院

吕海港 吴立军 杨 勇 张 涛 朱 庶
胡慧勇 田士英 杨文军 朱艳涛 范 瑜
丁玉琴 郑玉军 李天乐 刘俊英 王小青
杨金杰 朱文育 魏亦男 王 勇 李韶辉
梁锋廷 施建科 孙滨源 陶海燕 王贵杰
吕魁旺 杨倪海 杨雅男 姚 丹 隗 罡
安 欣 程广军 符小艺 刘伟华 刘业麒
龙 飞

生命科学学院

姜　楠　徐春宇　杨甲定　张　辉　周　雁
付达莉　王　昊　张　磊　毕　华　李艳春
伍广浩　黄亿华　刘素萍　马国栋　张俊山
于冬梅　干　路　官　菲　国哲峰　胡　苹
李　呐　凌世昀　刘　晖　马素永　沈千帆
杨宏杰　杨志茹　张　曼　佟　涛　袁　鹰
董　刚　李　波　梁　学　廖黔宁　阮鸿宇
白焕红　陆　宇　汪志高　王　瑞　赵国燕
陈正佳　刘　颖　冒志娟　阮　纯　田晓静
徐　洪　郑军恒　姚锦仙

地质学系

张光红　杨　松　张文才　李海军　丁　干
金海月　赖维成　孙晓婷　王　鹏　李　海
李翠萍　申　杰　陶　冶　唐先梅　孙晓松

城市与环境学系

冯若梅　韩　荡　扬　俭　陈习慧　唐元新
田　原　万林义　王少文　熊育武　张　宇
顾正江　李光宇　路建涛　孙　颖　孙雪东
杨黎鸿　张　军　周　圆　李　杭　朴海善
张金海

心理学系

姜冀松　李甫娟　李晓谦　毛利华　舒树静
吴晓梅　谢　波　张　莘　崔　虹　赵郁金
高利文

中国语言文学系

吴泽伟　方　生　李春颖　刘学慧　莫常红
全志玹　蔡宝英　曹惠英　李荣明　刘锦屏
马　力　马　越　萨支山　申东顺　孙仁淑
王　军　猿渡静子　柯景醇　崔庆红　杨庆淇
江少华　许振声　关志堃　何慕兰　陈冰清
李宥妊　尹　涛　张　耕　张进飞　赵长征
鄂　丽　张秀贞　王海燕　吴国武　张天革
牟廷烈　袁家宏　丁裕暻　金美淑　罗曼玲
中西裕树　杜海涛　黄信爱　林永泽　王珊珊
张　雁　罗　湉　马晓冬　唐克扬

历史学系

郭惠丽　蔡春娟　孟宪实　陈怀宇　夫　臣
梁在英　潘星辉　秋教顺　叶　炜　尹春根
禹成旼　钟铁军　李官炯　谷口惠　李永胜
林齐模　伍发明　周光辉　周兆利　朱鸿文
陈海珠　余　浚　左　方　毕可中　贺希荣
侯晓玲　刘杉杉　刘小粤　陆丽云　孙晓红
唐　飞　王苍柏　王晓春　杨仕文　杨跃平
曾晓祥　赵　伟　史纪合

考古学系

黄秋明　查　晶　黄　海　金英美　日　高
吴世恩　郑　彤　闫向东

哲学系

孙　华　陈岸瑛　王　斌　王　琦　王志刚
武锡申　肖自强　张西立　赵　宇　曹三根
初　晓　单正齐　黄棕源　李成宁　罗　翔
彭高翔　任文召　周华公　白力平　杨丹荷
厉才茂　梁宝珊　牟建君　朱万国　焦　爽
熊　明　张　彤　彭海燕　唐文明　方　伟
李文中　任会明　张凝华　张晓丹　侯锡瑾

国际关系学院

余万里　元东郁　张　锋　张利军　张志洲
朱高云　朱映星　谭　瑾　葛新梅　李　响
钱克锦　汤　炜　谢　鹏　达乌德　迪　娜
凡　佳　阿迪安　萨洪德拉　阿哥尼斯　瓦丝瓦
刘　荣　穆罕默德　贝特朗　让·马克　艾琳娜
拉法尔　仇　昱　高　飞　宋乐永　谢　峰
郭　庆　张大宝　李玉民　王圣敏　薛贵平
张莉萍　张正旺　金兑泳　房永学　冯　峰
冯　辉　耿协峰　洪贞婉　李豫川　李章源
李志鸿　陆全花　罗松涛　门洪华　叶光雄
尚　英　欧阳赛鸾　秋长珉　全家霖　王　芃
王志东　韦展辉

经济学院

王桂胜　安国勇　金　泓　陈　静　丁　勇
冯进新　李世波　彭志勇　孙　倩　王　珺
邹舰明　李　莹　吴　晖　魏岩萌　史学军
李京录　刘亚明　刘知颖　肖利娟　杨国华
周筑秦　朱　莉　周志华　杜后扬　封云飞
郭圆涛　刘文宪　孙　铃　王　卉　黄伍德
刘群艺　沙丽玎　姚志勇　高艳秋　江　怡
金京华　郑　伟　李国忠　李佳勳　王曙光
韩继东　程　桦　洪　清　陈　健

光华管理学院

黄　昊　曹　剑　高　见　李雅娟　梁跃军
彭志坚　朱启兵　刘建民　郑常恩　李兴武
鲁公路　谭继军　郑　庄　白承旭　蔡宜君

陈大汉 陈遊芳 崔 谨 蒋 璐 钱 斌
宋希武 宋志毅 王 璐 徐惠玲 陶 刚
杨建华 朴仁燮 张旭东 王励弘 车俊河
陈 勤 陈奇志 陈志人 樊飞军 付海强
高 立 高爱民 顾 强 郭建明 胡中求
黄 成 蒋必金 黎 涛 李柏文 李石磊
廖志军 刘 胥 刘 跃 刘 稚 刘建军
鲁浩宇 罗 颖 蒲正伟 钱云杉 曲敬铠
邵 文 沈罕夫 汤丹松 田文昭 汪 扬
王广斌 王惠舜 吴 刚 徐汉群 徐晓冰
于若梅 赵杰辉 周 建 朱 钢 刘德雷
唐传倩 熊晓平 炎宏军 张雄飞 朱 斌
朱 爽 吴越涛 唐红林 周建忠 颜庆宁
汤俊梅 沙重九 马筱琳 李学斌 兰宝石
韩 茨 陈文才 白紫光 南康熙 李 玲
陈强兵 王文海 徐德才

法律学系

李鸿生 杨 帆 吴基亨 黄 飞 胡晓辉
祁宏斌 姜守危 丁明胜 王文华 赵运恒
张国山 张明丽 古 静 刘建国 张彦平
何海波 刘勇锋 姚 军 张永伟 陈 曦
封丽霞 王燕平 陈绪刚 张 欣 傅郁林
邹记东 刘中伟 龚 灏 霍志英 陈启鸿
周长征 刘迎生 吴 鑫 老绮嫦 王丰伦
赵 静 沈晓雷 何文钢 刘永锋 赵德云
林向荣 张治峰 黄金宏 陈 震 姚 健
孙战龙 郑 琰 陈一男 姜振丰 任自力
李 闽 窦峰昌 常希葆 孙毅珉 张晓永
王少波 李红海 金自宁 毛 玮 谭 晋
陈学芹 兰全军 陶 鹏 吴剑锋 李长喜
张庆方 何昭瑾 陈天本 陈云霞 王勋非
姚 军 张 梅 朱 槟 凌 云 王 涛
吴晓萍 马继军 王建勋 王艳华 徐咏梅
梁向阳 曾日华 黎启生 许永俊 赵克祥
刘 涛 王增金 李动汉 林成钟 孟 玲
夏 松 吴宇欣 姚德年 叶振宇 张义平
丽 敏 李长城 付 忠 王 俊 肖 松
叶晓华 曾琳燕 刘锦莹 陈 强 彭 浩
李文柱 任颖明 连达鹏 葛 雷 柳华文
千叶直树 姜战军 张洪道 黄昌华 陈 洪
毛 翯 石 永 叶桂革 陈志华 邝国源
陈益文 于绪刚 戴长洪 李云朝 沈宏山
陶 榕 陈 玲 杜庆春 杨光瑛 李克诚
潘志强 杨素娟 刘志华 胡 基 干永韶
宿 君 李伙琼

信息管理系

邹 明 刘千祥 李 云 王 波 畅红霞
张仲林 张建刚 李 艳 陈志新 张广钦
别立谦 李 敏 夏 牧 任浩淼 项 菲
李鹏程 郝 旭 王欲晓

社会学系

夏春林 赵力涛 陈立辉 张暵硕 项 飚
李艳红 綦淑娟 宋秀卿 郭建如 黄晓林
晋 军 田南梅

政治学与行政管理系

岳劲松 陈仕杰 李真叔 刘淑妍 海 峡
王奉朝 河度亨 孙凡荣 陈志能 阎慧蓉
尹兴远 顾平安 钱义菊 李 湛 张 毅
刘海波 刘清鲁 华 英 李 劲 李 丹
负 杰 严 洁 李兴乾 李东映 杨宏山
杨 胜 杨诚虎 寿慧生

东方学系

郝志刚 罗 杰 陆咏梅 金志峰 吴冰冰
文基连 唐 慧 李顺亨 古龙驹 杜 新
杨晓强

西方语言文学系

鲍静静 奚天虹 贺 雷 刘 淼 庄美芝
田 宇 王则蒿 马晓路 张 京 许 婷
罗晓芳 王晓珏 涂晓华 谢静珍 卜 珊
曹高仁

俄罗斯语言文学系

张 菁 程海容 王丹若 安胜杰 张丽华
王 嘎 王东梅

英语语言文学系

冯冠军 李 艳 张 震 王震宇 杨莉莉
潘 菡 李 朝 贾燕丽 张 敏 阚冬青
周 澍 汪海涛 王 青 肖春艺 沈 娟
吴 芊 李建军 骆 延 萧 涛 雷晓婷
胡龙彪

马克思主义学院

赵燕杰 康贵民 石国祥 唐文慧 单继刚
张晓光 张庆杰 陈绍义 启永洁 邱 鹏
张国君 包佳荣 马晓萍 徐 文 张瑞芝
王同奇 陈树人 王德中 曹晓丽 吴晓光

任立强　汪志伟　盛继洪　张艳秋　王爱成
张长鹏　李家兴　张立明　原学文　秦　磊
孙自力　姚　娜　张玉麟　牛　犇　梁峰玲
王守宏　严　敏　廖运龙

科学与社会研究中心

李向朝　周剑文　陆　丁　孙雍君

对外汉语教学中心

汪　燕　杜艳冰　黄　立　刘晓雨　郑珠丽

遥感与地理信息系统研究所

范海生　王京傲　赵　鲁　王平荣　杜红悦
李浩川　张　涛　于海永　赖志斌

外国哲学研究所

胡笑容

亚非研究所

宁　靖　沈方吾　任红岩　王小颖　初晓波
林振江　安　娜　汤继强　李东铁　唐志超
李权锡

社会发展研究所

张　煜　胡冬菊　徐鹏程　仵天瑞　余　楠
王爱民

高等教育科学研究所

何光彩　蒋　凯　邱黎强

人口研究所

袁　焱　黄文顺　王海江　余盛超　杨　光
王　维

信息科学中心

高登凤　陈　新　文进炜　刘　智　陈伟毅
蔡德忠　向　冰　林　珂　虞慧臻　韩　亮
张若梅　高千里　叶财祥

环境科学中心

段彦新　邹　锐　刘　强　金玉芳　刘建国
王敬云　高　莉　戴长亮　董　巍　刘春玲
李荷碧

博士毕业生

数学科学学院

鲁自群　罗江涛　曲秉玉　万兆泽　邓明华
张文平　赵学志　赵育林　保继光　李兴民
朱一心　徐　军　许春光　冀有虎　刘迎东
周小波　张志祥　孙六全　汪　岱　李　元
范辉军　贾震雷　李今明　刘吉佑

力学与工程科学系

王金枝　郁文生　苏卫东

物理学系

马书懿　李美亚　刘玉玺　赵　强　朱守华
安宏林　曹志良　李　云　杨金波　王丛方
王鹏谦

地球物理学系

朱国富　刘一鸣　龚道溢　罗云峰　苏文颖
纪　飞　殷达中　白　洁

技术物理系

张小兵　周善贵　张国辉　赵云岑　杜宜奎
秦京东　孙红芳　赵　镪　张智勇

电子学系

韩乃骞　徐春林　刘　铁　刘爱民　张佰成
李恩家　赵玉峰　侯士敏　侯继东

计算机科学技术系

周莉娜　穗志方　张　伟　顾玉良　陈小群
都志辉　吴　穹　杨继国　曹　锋　王拥群
张克君

化学与分子工程学院

周　文　孔祥兴　潘怀忠　成庆民　贾江涛
李　泉　谢大弢　杨展澜　赵　莹　曹保鹏
查红英　董益阳　龙　虹　周恒辉　朱　龙
朱志伟　郎爱东　吕海涛　杜　玫　刘　亮
聂小平　赵　刚　陈　蓓　应立明　曹傲能
戴大地　刘道军　汤　鸣　王　健　王　翔
王俊梅　徐东升　张　斌　张　华　齐利民

王　东　刘向前

生命科学学院

童　英　朱国峰　张　毅　顾雪松　刘复权
肖　锦　杨崇林　孙迎庆　杜　欣　高志广
吴大庆　熊　燚　邢宝东　张彦斌　刘晓东
王　镇　佟向军　袁宗飞　赵　丽　李荣贵
王世强　张拥军

地质学系

郭光军　孙　青　刘国平　贾进斗　王建君

城市与环境学系

关文荣　刘岳峰　梁　涛　夏星辉　张利田
黎劲松　黎四龙　南　凌　谭利华　王随继
陆宇澄　王晓东　曹广忠　焦华富　张景秋
李蕾蕾　孟延春

心理学系

耿海燕　王超军　王建平　常　青　李进华

中国语言文学系

申正浩　皮术平　沈小喜　林贞玉　林汛钟
林　祁　吴开华　申正浩　高秀芹　刘圣宇
沈美庚　金昌庆　申夏闰　林清晖　陈桥生
李　铎　李哲洙　陶礼天　李敏辞　朴庆松
张　猛　李成兰　张　禎　大野香织　王柏华
张哲俊

历史学系

邵丽英　具圣姬　赵冬梅　赵连稳　卫广来
牛　可　吴宏阳　燕　锋　施　诚　都重万

考古系

杭　侃　李宾汉　程平山　周　军

哲学系

周伟驰　文　兵　夏文斌　巴能强　郝海燕
李少军　梁　枫　任红杰　陈和香　彭运生
杨立华　詹宇国　陈　刚　肖　鹰

国际关系学院

张海滨　王　联　杨发喜　许宗国　张胜军
张士义　夏海尔　崔洪建　金珍镐　吴圭烈
陶　涛　张民巍　孙恪勤　吴日焕

经济学院

李绍荣　王长青　沟口由己　张育军　陶　涛
钱　苹　周建涛　赵显泰　林志哲　阎庆悦
蒋怀栋　黄丹华　盛和泰　张　虎　胡江云
隆国强　丁　斗

光华管理学院

郭世邦　申长友　许宪春　吴克钟　王村壬
张道奎　徐文石　叶国鹏　孙　杰　吕景峰
王明舰

法律学系

袁　泳　李桂林　郑云瑞　王志强　刘淑琴
龙显雷　黄丁全　郑　戈　张智勇　林　峰
王　平　徐　璐　张红军　刘家声　郑　强
苗生明　吴海航　沈　岿　丁　智　李　娟
徐爱国　曾忠恕　傅思明　余民才　李清伟
鲁　兰　张冠梓

信息管理系

邹永利

社会学系

蒋丽蕴　陈忠清　张敦福　姜栽植　刘　能
蔡　亮　赵旭东

政治学与行政管理系

李军鹏　郑海容　滕祥志　袁瑞军　马敏镐
金安平

东方学系

潘　钧　高　鸿

西方语言文学系

段映虹

俄罗斯语言文学系

黄　颖

英语语言文学系

杨永林　黄必康　封宗信

马克思主义学院

柳在燮　周　平　陈　雷

科学与社会研究中心

苏贤贵　刘晓君　王志强　袁江洋　王蒲生
潘　涛

遥感与地理信息系统研究所

李天宏　赵永平　郭小方　潘峻峰

外国哲学研究所

冯艺远　文聘元　马临真　成官泯　田立年

高等教育科学研究所

陈洪捷　陈晓宇　阎凤桥　陆跃锋　李曼丽

人口研究所

庞丽华

环境科学中心

彭少华

成人高等学历教育毕业生

财务会计专业(专科)

王思靖	洪伟	宋国芳	苏建生	王利明
叶建萍	方英	王维英	曹桂英	张斌
袁芳	朱延雄	赵秉华	娄思源	许利平
李艳华	李绍文	赵一斌	邢军霞	李晓菲
李红宝	周越	王卫军	邢佩奇	聂玉敏
石绍敏	尹晨光	刘程	臧从军	王军
杜春辉	杨素霞	陈堤芳	刘红	工琰
赵思顺	郭英丽	安丽荣	刘颂红	白宁
张金星	靳宏安	岳湘山	于威	张海英
郭玉萍	王建强	刘德泽	薄颖	赵一群
张辉	陈春华	李灵	张权	杜秀英
车红	韩鸿琳	王月霞	孙艳	林涛
薄琳	刘国嘉	李向丽	张小华	秦海霞
焦向军	刘晓青	李文宇	张凯	闫颖
尚青慧	张红	赵志勇	王瑞海	祖晓峰
姜兴君	王信萍	洪群	齐述明	张会娟
徐秀云	刘湘女	关艳春	王红梅	张淑敏
朱志勇	李书华	白世茹	高雅香	孙波
杨林	郭丽梅	左京风	贾丽珍	孙林红
郭红	李文慧	宁静	徐琳	李明丽
胡顺红	郗学军	李颖丽	于泓	金宝红
邱巍	施伟	谭群	刘艳丛	史连芳
时泓	华正智	朱莉杰	张莹	时莹
王华荣	曾莉	孔伊冰	胡绪峰	韩春生
靳艳芳	潘宗全	李钧	杨晓东	郭凤珩
鲁红梅	杨宝昆	张文	高天晴	李刚
孙雷	陈萱	王雪松	温亮	马红梅
王素珍	常海萍	王继忠	尹凤英	张久晨
王世坤	赵继红	张晓双	于翔妍	崔梨花
贾振海	魏宏	梁小平	杨宏	杨兆起
胡凤英	张静	杨鸲	王连朋	张恩丽
姜素云	宋海英	赵全平	李蕾	刘培生
赵德刚	李玲玲	高倩	张会兰	杨华
崔岩	崔鉴波	张莉	李洪波	王淑艳
冯雯	王晓红	于萍	柳文倩	王立霞
王鹏	徐萍	谭洪涛	迟永强	吴晋垣
王学忠	霍永旭	杨云英	郑秋明	胡亚军
张振博	刘继风	刘丰云	马军	郝保平
牌洪坤	王青山	程瑞贤	卜凯军	金国莲
崔淑呤	张迅	周天义	胡万成	高茹
何秀玲	马振民	解本泉	赵政	李堃
王恺	邓玲	牛明利	张毅	吴晓琛
杨文芳	孙玉峰	方兵兵	杨巍嵬	纪玉恩
侯萍	高新华	任斌	宁艳杰	谢立萍
王保岚	何霞	董秀梅	尤长青	邵云青
韩艳	韩帅章	刘丰恩	俞万军	卞满
赵春蕙	孙茹	王洪涛	房伟娟	马捷燕
梁翠芬	张迈	夏永茂	李宁	张伟
秦桂娟	朱淑敏	宋郑江	苏勇	于学琴
曲继松	肖志强	吴德瑜	王寿林	卜晓苓
张晓鹏	郭振宇	罗志芳	曹旺	倪杰
苗霝	林琳	戴劢	陈值坤	张承志
宋文荣	赵潇	娄芙继	林江峰	张辉
中琳	曹文佳	吕宝杰	程光辉	邵文江
惠玲丽	郑海云	赵雪芬	安冉	刘德清
吕翔	彭智慧	林彩芬	向小玲	白丽
梁爽	唐红娟	窦丽萍	张天果	张帆
谢红	施昕	刘宇	蔡爱琴	阎英俊
王际飞	司玲	张宇宁	朱秀芬	夏凡
肖鲲鹏	张蕾	南颖	周磊	祁莹
罗红梅	雷小华	任睿	贾涛	陈芳
刘玉堤	邓华	张帆	李珊珊	高巍
张净瑶	林立	杨媚		

法学专业(专科升本科)

刘皓	杨清琦	杨卫华	王俊	朱贝贝
黄勇	姚文生	李静勤	陈伟	王家荣
马东井	张骏	李献斌	徐志高	周宗友
任瑛	夏涛	孙舒维	陈宏	崔振礼
邵晖	缪战春	赵峰	赵春午	丁明霞

石贵明	王亚芬	赵华明	陈捷	丁祥生
李浩	王维志	方俊	王琴	周天竹
徐海燕	郑光	李帮聪	徐斌	杨丽丽
康红兵	陈莉	李森	钱永忠	杨军
王瑞宽	潘淑平	李青	顾正龙	牛孝永
王中华	石金山	李丽	张海峰	焦山
周自明	王怀江	张建华	赵镭裕	邢应根
韩永乐	何启明	朱庆	韦京生	孙瑞华
俞长龙	杨文艳	方先见	施正矛	时波
范涛	周水仙	孙浩	范秋云	李华
来武	陆聪侠	张昊	薛山中	亓纪
李璐	张伟明	程莺	蒋玉中	

管理决策专业(专科)

吴正义	宁锐	曾登	钟高慧	徐德新
朱志刚	李春辉	鄢亚非	代兴铨	张永贵
黄继文	廖桂林	陈迈群	肖军	杨朝晖

广告学专业(专科)

孟昭湘	陈宝荣	翟殿朋	尹海燕	徐虹竹
刘洋	陈瀛辉	顾青	张亦军	梁巍
王宁	赵智	张立彬	包耀伟	史俊英
胡青松	张志玲	郭勇	张东凯	王红
刘燕平	贾九兴	李士琴	王静	王珍
贺建燚	王晓红	孙京伟	野明	王寅冬
何汉	雷彤	王静	张琳	冯渝秋
张萍				

国际贸易专业(专科)

梁浩	穆薇	宋烨	李博	魏婧
赵子渲	朱玉鹏	申玄淑	钟振棠	张影
臧文勖	侯磊	张永昊	吴青	陈俊
张鹏	刘江	岳巍	王晓斌	王九龙
闫战龙	张赤	周青	王敏新	瞿镝
杨雷	王晶	林巍	张胜	梁枫
李晶	马学斌	王鑫	庞华炜	陈宏伟
许文安	欧定国	王迎	简金梅	裴沙
丁福龙	王龢	陈巍	李旻	冯丽
康凯	方树林	曹斌	张宇	付琼莲
张逵	李淳华	张君	胡晓辉	李静霞
诸悦	包娇蓉	张景威	刘本宜	夏建业
杨瑞峰	蔡星原	陈卓佳	周秋阳	郑轶楠
苏亚威	李旻	刘巍	夏珍妮	张琳
吴兵	张旻	刘建红	叶巍	许冰
钱银川	邓胜燕	王维佳	叔成文	钟华
刘三伟	陈庆安	吕德璋	林华儿	翟玉华
张家春	蒋琪	周雪亮	韩成	周洁

袁利红	问凡亚	林美玲	程晓东	毛传艾
董志国	许钊慰	丁艳华	李龙	高艳君
邢晓燕	陈群	施峻峰	侯亦聪	崔保峰
李立	杜娜	李桢	何曙燕	桂红
王灵	叶惠媛	赵涛	王力为	王奎
吴德怀	陈静	万方	李江	周清
陈爱国				

国际商务专业(专科)

徐继红	周超	何汉交	欧阳小虹	武志恒
谢阳	陈静	李琳丽	欧美珍	贾一志

国民经济管理专业(专科升本科)

赵津	黄滨	任丽霞	曲志丽	代顺建
周伟	丁兴民	马军	李蕾	赵青
吴旭辉	聂玉龙	陈国初	范海霞	叶昊
丁静茹	牛蕾	郭军	彭桂华	梁栋
王焕祥	纪洁	陈相国	王志勇	王胜
刘岩	程勇	于延友	秦磊	邓瑜
王大明	戚朝晖	刘蔚	张岩	徐青
于涛	陈绪明	王辉	杜玲波	刘健理
徐鑫	王伟林	马蓉	孙莹	程雪艳
曲喆	季晓青	郑开云	李剑峰	张永友
王素青	王伟良	杨谊	郑明杰	徐涛
姜萍	陆艳	王丽君	王新莲	金宏梅
周蕾	徐蕾	邓阔	高海	林星
史小萌	孙峰	兰涌	张岩	刘珂
王洪敏	王麟禹	辛丰岩	单正鑫	李树彬
周跃东	刘向荣	朱晓楠	林霞	徐侃
何志强	李玫	庄湘莉	吴柏明	刘雷
丛大东	刘任生	于正	王新波	卢庆滨
滕春玉	强滨	洪连顺	林睿宸	代维鹏
赵庆吉	郭震	孙朝晖	刘东智	周晓航
赵斐	纪英滨	徐智鹏	王明照	刘铭欣
牛素梅	王洪媛	杨海燕	刘长勇	舒立
曹志刚	李振刚	陈艳梅	石明明	纪诺
曹伟	陈伟	邢伟		

环境工程(环境规划管理)专业(专科升本科)

袁伟东	魏建国	孙涌	王家军	王琪
杨爱菊	冯加国	于东升	张凤杰	邱琳
林虎	张曦乔	杨军	王惠勇	车林静
吕林涛	宋杰	高学治	张洪涛	张强
张爱超	周文丰	李静	张中华	李劢
李德胜	高福玲	郭玉文	邵守金	刘祥栋
谢呈水	张兆新	邢小勇	周荣刚	刘建华
陈强	李传兵	刘红吾		

货币银行学专业(专科升本科)

谢虹	周琦	周安平	辛军	蒋林
宋金辉	尤宇松	马燕	周春辉	孙颖智
孔发龙	段宣	胡玉莲	张安庸	蒋娜
徐福革	龚荔	刘静	王沛川	贾传宝
孙静	周军	毛英莉	李卫红	霍允萍
熊文华	杨寒	于军	胡晖	张辉
苏越	阳振荣	黄文泉	于成	彭润泉
张强	李京	万海萍	刘文军	赵霞
倪萍	杨兴波	薛宏	陈茂林	朱晖
赵明	余翔	孙晓宇	钱晔明	胡媛媛
梁松	张海熊	张少华	王义威	石莉娟
朱晔	张慧	秦颖	欧阳建	许刚
李虹	郑百华	戴洪	马建宸	胡融融
管怀忠	徐鹏	刘春华	周黎	杨国兵
綦涛	王韶刚	陈岱虹	喻君	汪敏
晏秋生	袁红娣	裴海慧	邵勤	雷志超
于晶	徐军	邹炜	贾江虹	韩凤英
王建民	顾宏	雷霞	高朝纲	吴旭
闫雯	严建明	叶梅	李民	朱达敏
陈志宏	聂星	吴堂保	张虹琳	徐学军
杨丽华	董恂琦	卢跃	黄欣	邓倩
张结山	李斌	任翠瑜	杨京岩	左南华
杨颖	徐成立	王为民	刘剑	王鲁京
陈元赣	乔焱	党杰	肖铭	涂福寿
孙岱松	焦树军	王燕	刘艳	刘岩
杨素霞	苏玲	孙九梅	郭建宁	丘岳
陈裕文	李蓉晖			

计算机及应用专业(专科升本科)

杜珊	姚芳	丛晓达	袁栋	徐建功
殷平	张昆	赵惠敏	田宝华	崔喜群
国锁柱	杨念念	张莹	张晓岩	王敬
张杰智	黄艺	石瑞生	卢洪臣	邓仁杰
吴连宏	孟宪双	易凯峰	吴亚东	王秀华
王长芝	侯玉生	王智敏	李怀勤	边灵宁
杨静	潘纳	杨占新	薛劭月	苑新卫
韩纪文	董瑞云	孙琦	项东	齐志敏
张军	戈红江	于波	徐朝辉	孙晓淀
王继军	王媛媛	谷淑敏	张林雅	林霆
苗军	王雅俐	王磊	张秀海	张硕
冯士永	易久	崔久英	尹建勋	袁祎

计算机实用技术专业(专科)

梁勇	唐晓蕾	王斌斌	李秀丽	孙巧燕
王雷	赵宏宇	李莹	邵仁义	蔡雪梅
胡向京	臧晓梅	陈玲	林锋	任敬伟
林晋选	许功勋	詹小海	田军	刘凤彦
邓剑锋	王树明	焦玉珍	杨红霞	朱先云
何银涛	张瑞	史强	庞红兵	黄国刚
田立平	范沛	王新刚	许可	孙轶娴
吴双平	周相东	李加文	金秀春	张荣华
解费芳	李忠艳	夏伟	陈歌瓯	陈浩
徐赫	刘纲	田梅妹	林野	邵洪恩
彭剑飞	刘彦阳	张松	杨峰	林立伟
周建新	郭庆丽	张向红	赵红军	纪承东
卓玲	华锋	徐伟	柳长桢	范江涛
吕海亮	崔丽荣	杨永	邹俭	周雪松
郑旭鹏	刘红梅	韩冰	阚翔	

金融与贸易专业(专科)

周峰	刘雪蕾	陈玲	钟友明	栗宝海
朱斌	房金华	贾燕	敖吉喜	黎立峰
聂基忠	范士东	邢振荣	王良军	方迪贵
全民	张胜利	王蕾	马洪轩	朱显祥
张翊钦	杨志青	聂振军	邢笑峰	陈晖
陈敏	董南萍	张静君	陈代辉	曹永平
徐中芳	冯志伟	占新建	马勋祺	张军
于新	张敏	唐睿	陶文涛	张建军
张行忠	胡秀萍	梅峰	杨增鸣	瞿佳
张军洪	刘冰	李岩	刘忠民	戴红
吕滨	傅预达	陈刚	王光	秦立航
邢新生	李开荣	杨芷	杨琳	齐振强
丁新宝	张卫东	赖桂灿	季明	刘养民
唐现金	秦浩	刘冠平	刘健	华小年
高峰	宋永辉	范冬梅	蒲强	汤岳
李敏	高鼎	潘清润	谭燕	田守坤
陆平	张帆	赵延国	李霏	范志刚
韩德明	贾红	龚明	黄德良	范晓红
韩锋	徐晓星	熊晨风	方雄	孔冬梅
李淇	宋云钊	崔胜玲	谢小毛	杨桦
李阿娜	王利霞	王宁	刘金鹏	杨清平
雷小舟	史立业	洪伟	马明辉	刘连村
张爱琼	杨波	宋长亮	朴兴春	鞠慧
郭勇	罗崇威	毛敏	金文智	许永泉
臧勇	邹宁	樊波	陈智武	孟艳青
李琼	王士拔	孙海涛	付榕斌	肖玲蓉
赵晶	赵雪鹏	姚耕	高智	陈铭铭
李峰	胥明霞	修弘祥	李国彬	刘淑梅
章兵	魏续红	王立新	王平	汤家飞
于冠鹏	潘琴	王小江	李兴坤	张晓东
马雪梅	单勇	饶爱华	赵萍	张竞卫
尹京爱	鲁斌	张建国	陈龙生	杜爱娣

陈春蕾　王　丽　李　辉　詹云霞　许春伟
魏筱英　尹立宁　梁文博　李曼尤　王炳新
杨　杰　卢　军　李晓霞　刘景祥　赵　鹏
何　娟　盛平喜　涂晓华　张济群　陈　刚
钮　颖　葛　华　刘文勇　罗勇敏　严青富
王　效　闻俊浩　张淑芳　陈立新　王保林
杨瑞庆　侯广有　郑瑞军　李振峰　万仁政
敖江涛　苏风雷　刘　影　韩小燕　张　勇
李雯洁　蒋　华　赵　霞　王立宏　任文涛
左　力　胡顺根　马新生　李树影　李洪苗
田连君　赵玉华　崔松海　李云龙　解建辉
夏传旭　张　宇　王铭锐　张海波　冯起云
赵　锴　王雪松　李　鹤　李　岩

经济管理专业(专科)

金　军　刘宏杨　纪　刚　王海涛　谢洪勇
陈文亚　刘　敏　常康升　刘　旺　陈丽娟
陈广丽　冯丽丽　刘旭光　秦国琳　李　莉
付　可　曲　坤　周明莉　孙现升　李　辉
金立山　刘永军　赵　勇　姜　柏　王建超
于建伟　曹　林　孙自新　赵　坤　张　巍
孟　勇　陶建民　彭媛媛　董宏欣　许顺爱
赵海东　崔朝阳　马德卿　管琳莉　粱冰石
牟艳梅　李　兵　陈韶德　高殿石　杨亚敏
袁卫兵　陶　琳　张　磊　张海玲　姚士东
张贺军　郭晓琳　尹日官　张晓峰　许志均
王　军　张　静　刘　扬　胡洪洲　桑春晖
程胜利　吴宏兴　姚　红　周兆銮　刘万顺
江東林　蔡　强　马长江　王路路　朱　刚
李玉波　陈世阳　高　峰　杜笑彦　张雁飞
丁　戈　程惠春　夏孝干　李晓峰　周红玉
张庆伟　申　虎　徐冰山　刘青山　茹一峰
曹六玲　叶小菁　汪　军　王伟杰　张瑾瑾
郭美俊　舒康林　王　涛　张伟娜　卫玉霞
汪　勇　熊继光　吴　强　李文豹　邢　进
刘大庆　李　伟　徐艳杰　陈国军　李清华
周　震　郭晓峰　周加廷　孙建龙　林建涛
董海军　王红燕　刘玉华　施红松　郭晓恒
朱莉莉　贾丽霞　苗玉强　孙明飞　娄可可
周晓光　刘云龙　靳　雷　吴良辉　夏云霞
李　晨　刘　军　李　建　韩凤姿　张成武
张海滨　傅玉明　郑　冬　杨向东　张　峰
郭　洁　张柏峰　岳文详　李家明　方治陆
姜　彪　宋　娜　庞长宽　吴光圣　聂尧康
李洪高　王　勇　朱宏杰　储怀武　张良永
王森超　田俊强　吕　晶　李昌海　岳文平
任　伟　魏向峰　时　颖　张忠玲　张清泉

邓少文　苏妮妮　王化民　张琳琳　谭　娜
刘　亮　张　涛　袁利红　王建辉　张　琦
胡　琏　牛雨来　车　磊　李太治　舒玉玲
张　勇　刘　颖　黄前进　邵峰涛　陈淑琴
吴锡亭　张孝彬　汪济萍　郑树清　倪东梅
刘红芹　高　翔　曹　颖　李照宽　张　军
蒋红军　汪　萍　方向东　吴　海　刘　刚
龚丽华

经济预测与保险决策专业(专科)

韩　非　鲜　军　赵文力　王　岩　熊　建
邵延栋　王国秦　金　杉　郭　涛　徐　川
丁建武

理财学(含会计)专业(专科升本科)

卢　谦　潘冬梅　刘万里　吕庆芬　向胜晖
陈郁坤　程炜煜　孙旭升　任建国　谢志琴
尹　斌　李　军　李学红　孙晓莹　李胜强
仲祟煜　符　红　李泽信　刘晓梅　王　卉
董爱民　赵晶萍　李文辉　陈永红　陈雪萍
王光霁　胡建波　杜宪忠　刘　映　韩　忠
纪冬梅　孙冀光　李进波　杨　晶　寇双翔
吴　洁　张　强　张　哲　王洪志　王　晖
许　颖　刘克泳　黄显军　顾万良　范敏捷
林　军　杨　维　周瑶华　王　蕊　李秀颖
王爱军　方　洁　黄　焱　赵　慧　刘思源
车　雷　赵　彬　李月新　张云平　舒友斌
司卓英　李伟峰　时梅娜　李建英　丁小民
黄建阳　郭佳秋　聂永民　张　弘　石　蕾
王　丽　李唐学　刘艳霞　姜礼德　冯振华
彭晓蓉　张　荣　蔡晓明　李国林　李建伟
孟　军　赵　伟　赵　燕　向　宁　刘　萍
熊　伟　薛　军　曹　宇　黎　晖　朱建军
王志良　郭艳香　刘爱辉　陈玉英　胡　懿
朱　玲　王　彤　鲍亚男　盛　江　马　太
李　芳　杨　滨　王晓东　支广梅　李金环
张　红　王建宇　曾玉萍　闫　冰　于　龙
刘　瑞　鲍　毅　吴　莹　杨　娟　曲　涛
孔庆武　黄　莺　王　垒　刘　利　唐劲松
曹永泽　张　丹　卢卫兵　吴燕凌　宋　恽
陈　颖　麻冰君　郁　冰　徐　蓉　傅　诚
郎树峰　孟宪涛　姬志辉　王雪梅　李剑梅
刘宇翔　杨杰来　郑雪松　赵素彦　肖佑飞
刘　滢　周洪伟　陆　红　姚晓鹰　廖　琼
姜凯萍　强伟光　胡迪安　武　颖　胡绍光
栾　艳　陈　思　张玉茜　顾宁一　侯　靖
王　颖　徐隶文　陈峥嵘　张云泓　雷　海

任惠东　陈　昊　王文焕　赵　晔　朱孟辉
林　宏　徐增钰　潘晓冰　朱凤荣　刘最新
张　薇　刘秀娟　修荣珍　徐悦钧　杨　宇
石　颖　何前秋　王　丽　施　扬　刘　静
王　宇　杨桂香　商海滨　廖　微　陈　瞵
周英辉　李剑慧　马海英　王雪迎　刘白玉
刘玉莹　韩绍杰　邹晓惠　卢玉梅　黄　剑
王　欢　马　勇　刘翠玲　苏丽群　周凤莺
刘海涛　王　巍　孙　青　孙　洁　廖　芳
李　莹　王桂华　马秀芝　查保恩　余志伟
王春梅　陈秀峰　孙育伟　陈　莉　李　泓
李剑红　李翠玲　李剑锋　向　柠　李　卫

企业管理专业(专科)

叶海锋　祁荣金　林　杨　孙　健　吕晓丹
张　倩

图书馆学(信息管理)专业(专科升本科)

穆凯昕　李　涵　王　欣　赵广元　蒋　锋
盛希文　陈　明　张　颖　张亚莉　包凌云
孙晶岩　张　红　高　虹　索　娅　冯　艳
徐　建　王红枫　杨　燕　张锦宏　江　洲
王立民　赵丁力　魏世平　周　鹏　罗恒卿
郭　琼　董　松　耿建夏　孙霜梅　黄　华
李雄飞　郭　培　林红宣　赵剑勇　陈洪滨
陈　晨　许俊荣　张　炜　杜小丰　罗新虹
宋　丹　李　颖　胡可东　王舒薏　汤艳丽
赵亚萍　李辑芳　谢杰民　郭晓梅　廖　梅
蔺小清　赵冬梅　尹秋琳　刘　唯　殷爱丽
贺　玢　朱福才　谢桂兰　彭武华　杨莉萌
程　榕　张　华　黎文莉　郭　鹏　许　贞
王纪民　许丹阳　黄全红　苏　雅　张倩雯
庞振华　樊雅双　罗　敏　焦　恒　周　霞
石　晶　吴　玲　黄　明　田玉涛　甘　露
何丁萌　蔺　军　赖　群　白玲巧　雍　欣
杨　静　崔　波　李献珍　史今姝　吴正洪
王晓萍　王力山　潘筱琴　贾建华　段　斌
田旭红　贾可为　李　玲　杨　毅　陈亚召
张素芳　张　彬　翟　迅　周　悦　罗雅琴
王玉娟　叶秀丽　邓　梅　胡广文　曾德良
金　蓉　祁　冰　何旭华　蔡　梅　郑云霞
艾晓飞　汪宇彤　居玲英　曾　军　熊再华
谭建红　姚成云　谢耀芳　张　军　谢晓波
谭　旭　聂　莹　陆　冰　刘亚文　石　宏
王　岩　刘　革　冼爱文　魏玉玲　刘慧平
刘迎清　李俊华　段丽敏　董蔚然　谭佩君
吴　军　赵慧莉　穆　蕾　杨允仙　邹北群

孙　力　叶　昕　张小平　王世艳　刘　芳
何　艳　高晓东　王宇平　唐　尉　李　丽
焦迎春　高　琦　英　娜　郑演秋　左　琦
徐继才　刘　艳　卜建华　黄依莉　黄逢卫
吕谊言　王　媚　刘志忠　张　驰　刘少明
肖圣忠　息连生　刘利民　冯　涛　毛晓阳
陈志飙　刘英杰　李　茜　李世喜　王　健
郭　政　张　立　周晓蓓　朱　萍　薛　民
郭丽杰　肖　明　唐　瑜　范家全　张志云
杨　浩　刘　瑛　吴翠华　刘　鑫　马天玉
张　华　周惠民　彭　强　何怡洪　郭　娟

外事管理与涉外秘书专业(专科)

彭周媛　倪　刚　彭韶辉　熊　燕　敖晓慧
黄　薇　戴启波　赵鲁黔　张盛江　梁建斌
杨　骊　王　能　刘　晔　高江江　太金妮
任　薇　叶　萍　冯春尼　向　婧　周帮全

文化艺术管理专业(专科)

严　林　杨建华　尧　远　李姝丽　李竹娟
刘昌富　杨建萍　明晓颖　范　红　杨恩刚
黄自廉　朱嘉瑜　刘　玲　王家玉　张应元
李莉芹　黄　艳　唐明霞　李贤芬　李　云
石家荣　刘晓燕　蔡　芩　周立荣　刘望燕
杨定云　牟敦莉　章文兰　李云达　田　媛
蔡薏萍　林学慧　王洪斌　许春艳　张贤松
李琳娅　王　莉　邱　丽　张梅丽　陆先玉
李进祥　孙志富　姚　远　王传新　郑　静
陈必忠　余亚佳　陈行华　朱　敏　杜新云
黄　灵　张代彩　吕　岚　付伟新　田国萍
谢巧云

行政管理专业(专科)

肖领群　宋云芳　王建军　刘延祯　玄先云
鲍　蕾　许光庆　宋　涛　王　珊　王显峰
马　雷　张　威　李育杰　王合柱　陈振友
刘红强　牛险峰　朱　宇　郭学士　李建勇
杨君君　李庆华　郭朋云　于　杰　魏明江
杜文锋　李　萍　谢昭辉　许向东　朱晓杰
张　剑　冯军强　张　鹏　武建伟　陈　刚
郭　莉　柳兆华

政治学干部专修科

黄　磊　凌绪微　张　鑫　张伊青　曾　睿
郭　杰　王文轩　苏　红　周敬峰　李　毅
张春梅　罗　梅　肖诗画　叶海峰　韦仕胜
常书铭　徐　燕　周生文　张晓东　陈　俊

薛小飞	邢燕凌	陈劲松	刘秋锋	王明忠
任慧峰	赵曙光	曹朝晖	曹正平	陆　华
李　莉	章　黎	龚秀春	崔新明	宁体忠
孙　勇	陈贺强	向道春	张　勇	刘　蓉
贺方忠	肖　岩	董仁铁	张瑞东	石俊蓉
房国明	马明元	雷慧东	吕丽红	周小平
王俊杰	郑有景	万　英	曾兆根	肖兴隆
朱　冰	陈民新	李　灵	邹桂标	惠　颖
何宗华	邹维薇	罗　猛	罗志权	梁　军
吴培惠	王守强			

（成人教育学院供稿）

毕业留学生

国籍	中文姓名	性别	学生类别
巴巴多斯	乔凯伦	女	本科
朝鲜	梁映淑	女	本科
朝鲜	姜文和	女	本科
俄罗斯	娜塔莎	女	本科
法国	马克	男	本科
古巴	马夏尔	男	本科
古巴	马丁	男	本科
古巴	鲁丽	女	本科
哈萨克	(达尼尔)丹尼亚·查纳	男	本科
韩国	秋贵盛	男	本科
韩国	李应齐	男	本科
韩国	李哉勋	男	本科
韩国	李政俊	男	本科
韩国	李相奇	男	本科
韩国	文昶植	男	本科
韩国	宋太玄	男	本科
韩国	朴真成	男	本科
韩国	罗建洙	男	本科
韩国	滕林宏	男	本科
韩国	金允山	男	本科
韩国	金知民	男	本科
韩国	朴玫永	男	本科
韩国	林凡鍾	男	博士
韩国	金珍镐	男	博士
韩国	吴圭烈	男	博士
韩国	郑海容	男	博士
韩国	许宗国	男	博士
韩国	姜栽植	男	博士
韩国	于心华	男	博士
韩国	李宾汉	男	博士
韩国	柳在燮	男	博士
韩国	吴日焕	男	博士
韩国	申正浩	男	博士
韩国	金昌庆	男	博士
韩国	都重万	男	博士
韩国	马敏镐	男	博士
韩国	李哲洙	男	博士
韩国	赵显泰	男	博士
韩国	朱映星	男	硕士
韩国	金兑泳	男	硕士
韩国	全志弦	男	硕士
韩国	李东铁	男	硕士
韩国	白承旭	男	硕士
韩国	金容基	男	硕士
韩国	李京文	男	硕士
韩国	宋贤锡	男	硕士
韩国	曹三根	男	硕士
韩国	吴基亨	男	硕士
韩国	金　泓	男	硕士
韩国	李官炯	男	硕士
韩国	林成钟	男	硕士
韩国	夫　臣	男	硕士
韩国	尹兴远	男	硕士
韩国	李动汉	男	硕士
韩国	梁在英	男	硕士
韩国	李京录	男	硕士
韩国	金硕基	男	硕士
韩国	李章源	男	硕士
韩国	金智慧	女	本科
韩国	尹显珠	女	本科
韩国	洪知淑	女	本科
韩国	崔宇媛	女	本科
韩国	申昊京	女	本科
韩国	宋蕙丞	女	本科
韩国	金琴珠	女	本科
韩国	金智媛	女	本科
韩国	郑江姬	女	本科
韩国	高贤守	女	本科
韩国	具圣姬	女	博士
韩国	李成兰	女	博士
韩国	林贞玉	女	博士
韩国	申夏闰	女	博士
韩国	朴庆松	女	博士
韩国	黄信爱	女	硕士
韩国	李宥正	女	硕士
韩国	孙仁淑	女	硕士
韩国	秋教顺	女	硕士
韩国	洪贞婉	女	硕士
韩国	金美淑	女	硕士
韩国	李顺亨	女	硕士
韩国	吴世恩	女	硕士

国籍	中文姓名	性别	学生类别
韩国	申东顺	女	硕士
韩国	丁裕景	女	硕士
韩国	张丙椿	女	硕士
加拿大	郑珠丽	女	硕士
喀麦隆	让马克	男	硕士
科摩罗	阿托玛那·达乌德	男	硕士
肯尼亚	阿涅斯·阿蒂安·奥科特	女	硕士
肯尼亚	简·瓦丝瓦	女	硕士
黎巴嫩	迪娜·那西尔	女	硕士
马达加斯加	阿迪安	男	硕士
马达加斯加	(范娜)拉扎芬得拉克托	女	硕士
马达加斯加	(安德拉)萨洪德拉	女	硕士
马拉维	波斯顿拉法尔	男	硕士
马来西亚	陈建	男	本科
美国	孟佳乐	男	本科
美国	陈文景	男	本科
美国	李权锡	男	硕士
美国	程光莹	女	本科
蒙古	图门巴亚尔	男	本科
尼泊尔	詹巴·莫拉(马拉)	男	本科
日本	丹羽俊之	男	本科
日本	西川纯	男	本科
日本	桥本卓哉	男	本科
日本	武田直士	男	本科
日本	远藤大介	男	本科
日本	小熊博幸	男	本科
日本	古井利明	男	本科
日本	大柳新	男	本科
日本	目代健人	男	本科
日本	白石佑二	男	本科
日本	下川弘训	男	本科
日本	林泰弘	男	本科
日本	大西健介	男	本科
日本	苏邦俊	男	本科
日本	田端一洋	男	本科
日本	小野浩太郎	男	本科
日本	长谷部正也	男	本科
日本	北野胜典	男	本科
日本	冈田大史郎	男	本科
日本	高泽真治	男	本科
日本	石原宽司	男	本科
日本	沟口由己	男	博士
日本	千叶直树	男	硕士
日本	中西裕树	男	硕士
日本	青木由子	女	本科
日本	安藤美波里	女	本科
日本	小池恭子	女	本科
日本	森山阳子	女	本科
日本	三代辉子	女	本科
日本	大岛弘子	女	本科
日本	藤邦世	女	本科
日本	林祥子	女	本科
日本	小笠原里香	女	本科
日本	李美莲	女	本科
日本	中川芙美子	女	本科
日本	渡边彩子	女	本科
日本	藤田香织(大野香织)	女	博士
日本	谷口惠	女	硕士
瑞典	傅瑞德	男	硕士
斯里兰卡	阿布杜尔·拉扎克	男	硕士
苏丹	加法尔·卡阿尔·阿赫麦德	男	博士
泰国	郭惠丽	女	硕士
乌干达	艾琳娜	女	硕士
新加坡	翁文炳	男	本科
新加坡	吴开华	男	博士
新加坡	何声华	女	本科
新加坡	黄美美	女	本科
印度尼西亚	阿里	男	本科
英国	裴晶润	女	本科
越南	黄文顺	男	硕士
越南	胡氏祥蔦	女	本科

(制表人:张秀美)

· 1998年大事记 ·

1　　月

1月1日　校团委组织20多个院系的1000多名学生，在天安门广场参加元旦升国旗仪式，并举行以"胸怀祖国、服务人民"为主题的北大学生"承百年报国志、做世纪栋梁才"宣誓活动。

▲英语系教授、英美文学专家、翻译家赵萝蕤因病去世，享年86岁。

1月2日　为庆祝北大百年校庆，《北京日报》从今日起开辟"北大学人"专栏，每周介绍一位北大知名学者。

1月4日　党委常委会举行(扩大)会议，传达江泽民在全国组织工作会议上的讲话精神、朱镕基在全国经济工作会议上的讲话精神、教委委属高校第八次咨询会议精神；决定任命李玉为亚非所所长，陆庭恩不再兼任所长；任命王登峰兼任学生工作部部长，刘勃不再担任学生工作部部长职务。

1月8—10日　北大在石油化工干部管理学院召开外事工作会议。会议在总结1997年学校外事工作的基础上，以改革的精神，就如何提高外事工作水平，做好百年校庆各项工作等进行了深入研讨。校领导任彦申、陈佳洱、郝斌、闵维方、迟惠生、赵存生、何芳川等出席会议并讲话。出席会议的还有国家教委外事司司长李东翔、外国专家局副局长徐振元等。

1月10日　历史系教授、中国中古史研究中心主任、第六届全国政协委员邓广铭逝世，享年93岁。遗体告别仪式于1月17日举行。

▲出版社发行部副主任张京华于1月6日从书库中盗走三卡车书，并在海淀图书城销赃。学校决定将其除名。

1月16—17日　举行中层以上干部"讲学习、讲政治、讲正气"大会。校党委书记任彦申、校长陈佳洱、纪委书记闵开德在会上讲话。

1月17日　学校开始放寒假。

1月20日　建筑面积为4994平方米的勺园9号楼通过验收并交付使用。

1月21－26日　现代科学与哲学研究中心举行"生命科学与哲学学术研讨会"。首都各大科研单位、兄弟院校和新闻单位的有关专家共45人出席会议。

1月23日　举行1998年春节团拜会。全国人大副委员长雷洁琼，民盟中央主席、原北大校长丁石孙，致公党中央主席、原北大副校长罗豪才，教育部副部长周远清，北京市委副书记张福森等出席了团拜会。

▲由著名物理学家李政道及家人捐资30万美元设立的"秦惠䇹与李政道中国大学生见习进修基金"在北京签字。该基金首次在北京大学、复旦大学、苏州大学和兰州大学实施。设立该基金的目的是支持大学优秀本科生利用暑假和课余时间获得基础科学研究的训练和经验。1998－1999年度主要支持物理和计算机学科方面的见习进修。

1月24日　李岚清副总理在校长陈佳洱、副校长马树孚等陪同下视察了已竣工的畅春园55楼。

1月　致公党中央常委、环境中心教师叶文虎，民建中央常委、产业办晏懋洵，九三学社中央委员、英语系教师申丹，当选为北京市九届人大常委。

▲有19名党内外人士被推选为第九届全国政协委员，他们是：韩汝琦、袁行霈、黎乐民、晏懋洵、倪晋仁、叶文虎、甘子钊、叶朗、赵柏林、姜伯驹、林毅夫、肖灼基、袁明、王晓秋、任彦申、沙健孙、谢衷洁、裘锡圭、王甦。

▲北大有14人被推选为第九届北京市政协委员，他们是：韩汝琦、章立源、金声、李庆云、王铮、郑胜利、刘伟、王德煌、马戎、王诗宬、陈平原、顾红雅、卢咸池、吴思诚，其中韩汝琦(民革中央常委)、章立源(民盟成员)、金声(无党派人士)、李庆云(无党派人士)为政协常委。另外，在新一届全国各民主党派中央领导班子中，北大有17人；在新一届各民主党派北京市委的领导班子中，北大有11人。

2　　月

2月9日　北京大学百年校庆书画邀请展的作品评选活动在

资源宾馆开幕。欧阳中石等著名书画家担任评委。参赛作品包括数百名书画家为北大百年校庆所作的书画共 1168 件。

2 月 13 日　北大方正集团公司被评为北京市工业系统 1997 年度“双十佳企业”，方正新型电子出版系统被评为“十佳新产品”。此项评选是由北京市经委、工委和北京市人事局、财政局联合举办的。

2 月 14 日　新学期开学。

2 月 16 日　“周培源讲席”评议会在北大举行。“周培源讲席”是为了学习、继承和发扬周培源的教学思想和治学精神，提高物理课程的教学质量和科学水平而设立的。讲席由物理系开始试办，物理系已选定《量子力学》和《电磁学》作为第一届讲席的课程。讲席的设立得到了周培源基金的大力支持。

2 月 18 日　校学生会组织“纪念邓小平逝世一周年报告会”，邀请电视片《丰碑》的撰稿人龙平平和中央党校教授李忠杰到会作报告。

2 月 19 日　校团委召开“纪念小平同志逝世一周年座谈会”。校党委副书记赵存生和沙健孙、薛汉伟等学者参加了座谈会。

2 月 20 日　在北京市统战部长会议的表彰会上，北大党委统战部获“’97 年度北京市统战系统信息工作优秀单位”称号。在 1997 年度理论研究优秀成果评比中，马列学院阎志民教授的论文《科学理论的力量》获一等奖，还有两篇论文获三等奖。

2 月 21 日　为纪念中国民间文艺学、民俗学创建 80 周年，向百年校庆献礼，北大中文系、中国俗文学学会、北大人类学民俗研究中心、北大民俗学会在北大中文系举行纪念学术座谈会。

▲ 北京大学万方数据奖学金设立仪式在光华管理学院会议室举行。国家科委科技信息司司长、中国科技研究所所长朱伟，北大党委副书记郝斌以及信息管理系的师生参加了仪式。该奖学金是由中国科技信息研究所万方数据集团公司捐资设立的，首次启动资金为 20 万元人民币，奖励品学兼优的硕士生、博士生，每年 5 名。

2 月 27 日　国家计委主任陈锦华等来北大参观考察，校领导任彦申、陈佳洱、闵维方、迟惠生等陪同并汇报工作。教育部长陈至立、市委教育工委书记徐锡安等陪同考察。

▲ 党委常委开会，讨论通过在后勤试行处级干部管理暂行办法；决定任命程郁缀为社会科学处处长，王浦劬不再担任社会科学处处长职务；任命何敬仁为燕园街道工委书记，张书仁不再担任书记职务；同意光华管理学院党委换届，由王其文任党委书记；同意一机关党委换届，由王丽梅任书记。

2 月 28 日(周六)　在办公楼礼堂召开全校干部会，校党委书记任彦申、校长陈佳洱在会上就今年的工作特别是百年校庆工作发表讲话，要求全校师生抓住百年校庆的大好机遇，以饱满的精神状态做好迎接校庆的各项工作。

3　月

3 月 1 日　中央电视台决定，5 月 4 日的北大百年校庆庆典晚会将在中央一套节目向全国进行现场直播，并使用因特网向全球同步转播。

3 月 2 日　校团委举办“弘扬雷锋精神，真情奉献社会”座谈会，纪念毛主席为雷锋题词三十五周年。

▲ 中国科协主席、原中科院院长周光召在北大作题为“中国科技发展的现状与展望”的报告。

3 月 4 日　北京市高校协作巡查小组一行 18 人，对北大校园、学生食堂、学生宿舍进行巡查指导。小组对学校校园环境、绿化、卫生以及食堂、学生宿舍的管理、公共设施的使用表示满意，对学校后勤工作和学生工作也给予了肯定，同时也提出了建议。副校长马树孚、副总务长鞠传进等陪同检查。

3 月 6 日　工会女教职工委员会在办公楼礼堂召开“北京大学迎校庆、庆‘三八’表彰先进集体、先进个人暨女教职工风采展示大会”。校党委副书记、工会主席赵存生参加了大会。

▲ 中宣部理论局《理论动态》3 月 5 日刊载《北大开设“邓小平理论课”受到热烈欢迎》一文。今日，中宣部部长丁关根批示：“这是一件很有意义的事。商请北大总结经验，撰文在《光明日报》发表，新华社可发消息。今年高校党建工作会议时，请商国家教委，建议北大在会上介绍这方面经验。”

3 月 9 日　由北大世界现代化进程研究中心与荷兰国际亚洲研究会联合举办的“十九世纪以来的东亚与中国”国际学术讨论会在正大国际会议中心举行。讨论会计划于 12 日结束。

3 月 10 日　马树孚副校长主持召开治安综合治理会议，审议、修改了《1998 年北京大学治安综合治理工作要点》，讨论了校园重点整治项目的难点以及对策。

▲ 保卫部召开畅春园东院治安秩序联防共管会议。决定由方正公司牵头，大院内 15 个单位参加成立管理委员会，制定管理措施，进行综合治理。

3 月 11 日　李岚清副总理在《北京大学简报》1998 年第 1 期《北大方正集团九七年取得新成绩》上批示：“北大方正是产学研相结合的好典型，希望继续搞好。高科技企业有高附加值，也有很大风险，要紧盯市场需求(包括前瞻需求)，不断技术创新，增强竞争力，才能屹立于世界之林。”

3月12日　校长办公会开会。原则通过《关于本科生主干基础课教师聘任及津贴发放标准的规定》;原则同意畅春园青年教师公寓、附中新教学实验楼、生命科学学院熊猫馆等三项工程开工;决定成立校园规划办公室;同意政治学与行政管理系聘请台湾政治大学吴琼恩教授、历史系聘请美国加州伯克利大学小弗里德里克·埃文思·魏克曼教授为客座教授,同意授予日本渡边贡先生教育贡献奖;同意景观生态研究中心更名为景观规划建设中心,同意在生命科学学院下设虚体的细胞生物学研究所;决定成立校友会联络总部作为联络各地校友的行政机构;决定开除盗窃图书馆图书资料的馆员陈秉才公职;原则通过《校内部分道路命名方案》,对校内12条主干道进行命名;同意与国家文物局合办北京大学文博院;任命杨河为马克思主义学院副院长,关成华不再担任马克思主义学院副院长职务;决定建立昌平校区,由林钧敬副校长兼任昌平校区主任,张荫春兼任常务副主任,赵桂莲、江长仁为副主任(赵、江两人后未到任)。

3月13日　西语系严宝瑜教授给李岚清副总理写信,汇报他在全校开设公共音乐选修课《贝多芬专题》的情况。今日,李副总理给严教授复信,说:"您二月三日的信及所附材料均收到。看到您在工作中所取得的成果感到高兴。在大学生中开展包括提倡交响乐的音乐、美术、舞蹈、工艺劳作等美育教育,不仅对提高大学生美育素养、陶冶他们的情操具有重要作用,而且对更好地开发青年的智力,培养适应21世纪需要的、有创造能力的、全面发展的高素质人才也是很重要的。希望您及同事们继续努力,争取在工作中取得新成绩。"

3月14日　北京大学博士后代表团一行20人赴密云贫困山村进行实地调查,这是北大博士后科教扶贫工作的一项内容。

3月15日　为培训志愿为百年校庆服务的青年而举办的文明礼仪学校开始工作,并于今日举行首届学员结业暨二期学员开学典礼。副校长陈章良、林钧敬和学工部长王登峰出席并讲话。北京礼仪专修学院院长、北京金桥旅游公司董事长等也应邀出席。

▲在九届全国政协会议上,韩汝琦、黎乐民、袁行霈、叶朗、甘子钊等五人当选为本届政协常委。

3月17日　浙江大学党委书记梁树德一行来北大就校办产业的一些问题进行调研,校党委书记任彦申、常务副校长迟惠生及有关部门负责人陪同接待。

▲学生会主办的"百年校庆,学问中国"系列学术讲座首讲在光华楼101室举行。社科院徐友渔、赵汀阳研究员作了题为"智慧复兴的中国机会"的报告。

3月18日　校团委邀请辽宁省省长、九届人大代表张国光来校与学生座谈,校党委副书记岳素兰、副校长林钧敬等参加了座谈会。张国光作了题为"国有大中型企业改革现状与前景"的演讲。

▲"北大方正与IBM软件产品开发中心"成立签字仪式在上地方正大厦举行。

3月20日　为迎接北大百年校庆,北京大学登山队于今日赴拉萨,进行为期两个月的远征世界第六高峰——卓奥友峰活动。

3月21日　江泽民、李鹏、乔石、李岚清等中央领导同志为北大百年校庆题词。

江泽民的题词是:"发扬北京大学爱国进步民主科学的优良传统,为振兴中华做出更大贡献"。

李鹏的题词是:"发扬北大爱国传统,争当科教兴国先锋"。

乔石的题词是:"继往开来再创辉煌,把北京大学办成世界一流的社会主义大学——北京大学建校百周年"。

李岚清的题词是:"认真实施科教兴国战略,进一步提高教学质量,为培养跨世纪人才做贡献"。

3月23日　应原国家教委和北京大学的联合邀请,美国哈佛大学校长尼尔·陆登庭一行10人来华访问。陆登庭校长在办公楼礼堂为师生作了题为"面向21世纪高等教育的改革和发展"的演讲。演讲结束后,陆登庭校长一行参观了赛克勒考古与艺术博物馆。

3月24日　关成华在北京市团代会上当选为北京市出席共青团十四大的代表。

▲"预备役军官授衔仪式"在北大举行,副校长林钧敬和海淀区武装部康健民政委、房占军副部长到会讲话。海淀区武装部领导宣读了北京卫戍区对北大贾增记等7人的授衔命令,并为他们授衔和颁发荣誉证书。

3月27日　召开校长办公会,通过《关于实行本科生主干基础课教师聘任及基础课津贴发放标准的通知》,责成羌笛教务长再作适当文字修改后报陈佳洱校长签发;同意设立自费外国留学生学习优秀奖,所需经费25万元由学校下拨;鉴于韩国经济受到冲击,同意对学习成绩优秀、交费困难的韩国留学生的学费实行减免或缓交,责成留学生处提出具体方案;原则通过《关于学生住宿管理的暂行办法》,同意对不提供床位、不实行补贴的在职研究生的家庭距学校距离由10公里缩短为5公里;马树孚汇报了家属区由市供电局进行直供电的改造工程问题:供电局决定增容费免交、工程补贴费可缓交,施工费需300多万元。会议同意实施此工程。

3月28日　"依法治税理论与实践研讨会"在北大召开。来自全国各地财税系统的领导和实际工作者与大专院校、研究单位的专家学者约50余人出席了研讨会。

3月29日　第十期党校结业典礼在办公楼礼堂举行,校党委书记任彦申到会并讲话,校党委副书记岳素兰、学工部长王登峰等出席。本期党校有1090人报名,1024人结业。

▲国际裁判马立军副教授被评为北京市十佳裁判员。

▲据校庆办统计,从1997年至1998年3月30日,北大获得的捐赠有:(1)香港著名企业家李嘉诚为北大新图书馆捐助1000万美元。(2)国家外经贸部为建百年纪念礼堂出资人民币1000万元。(3)香港泛华投资集团董事局主席何柱国代表其祖父、香港著名爱国实业家何英杰先生为北大捐资人民币4000万元。(4)北大校友黄志源为北大百年校庆捐资200万美元。(5)由日本电通株式会社组织日本知名企业七十余家共向北大捐资2.1亿日元兴建北大校史博物馆。(6)戴姆勒—奔驰公司为北大修葺西校门及两侧围墙等捐助人民币100万元。(7)北大校友尹建生任总裁的三金公司为整修未名湖捐助人民币100万元。(8)香港企新有限公司为支持北大校庆捐助人民币200万元。(9)韩国泉宝株式会社为校庆办公室捐赠汽车一部,价值人民币33万元。(10)北京天元律师事务所为校庆办公室捐助人民币10万元。(11)新加坡鸿国人寿保险有限公司董事长黄绍文先生捐资人民币100万元。(12)新鸿基地产发展有限公司发展顾问陈国钜捐赠港币115万元。(13)美国宝洁公司研发中心捐资人民币100万元设立奖教金基金。(14)美国大都会人寿保险有限公司为校庆捐款5万美元。(15)欧姆龙(中国)有限公司捐资500万日元修缮北阁。(16)美中教育服务机构(ESEC)及总裁俞国良先生捐资人民币100万元修缮南校门。(17)IET基金会捐资10万美元赞助世界大学校长论坛。(18)泰国正大集团捐资人民币200万元修缮临湖轩。(19)香港广华(远东)贸易发展公司董事长兼总经理江学院为北京大学办公楼、临湖轩、图书馆新馆贵宾室等提供约人民币270万元的家具。(20)香港林健忠晓阳慈善基金会主席林健忠捐资人民币100万元修缮外文楼。(21)广发证券有限责任公司董事长陈云贤捐资50万元人民币资助北京大学小行星命名活动和设立奖学基金。(22)北京诺基亚移动电话有限公司捐赠10部手机用于校庆筹备工作。(23)建设银行海淀支行捐赠10万元人民币资助100名家境贫寒的优秀学生及为100名优秀教师购买团体人身意外保险。

此外,还收到福建、广西、河北、无锡、镇江、青岛、上海、厦门、济南、天津、南京、香港12个校友会和校友以及社会各界人士1503人的捐款801023.66元。

3月　《北京大学学报》(哲学社会科学版)入选全国百种重点社科期刊,是全国入选的15家学术理论类期刊之一。确定全国百种重点社科期刊,是新闻出版署实施精品战略的重要举措,并将由新闻出版署统一制作全国百种重点社科期刊徽标,统一印制在期刊封面明显处。

4　月

4月1日　昌平校区党校提高班开班。本期共有115名学员参加学习。

4月2日　校学生会迎校庆筹建"国旗班"活动正式开始。将有40名同学到天安门国旗班集训四次,校庆期间将由他们组成北大第一个学生国旗班并举行升旗仪式。

4月3日　北大获北京市1997年度文明单位称号。

▲北京大学"迎校庆第二届社团文化节"开幕。83个学生社团将在校庆期间推出大小活动近百项,历时一个月。

4月4日　迎校庆全校中层干部动员大会在办公楼礼堂召开。迟惠生、马树孚、赵存生、陈章良等学校领导和秘书长史守旭、学工部长王登峰及法律系负责人介绍了校庆筹备工作的情况,校党委书记任彦申、校长陈佳洱做了动员,会议由副校长闵维方主持。

▲迎接百年校庆学生骨干动员大会在办公楼礼堂召开。任彦申等学校领导出席并讲话。

▲为美化校园、做好迎接校庆的准备工作,后勤组织近200名党员、入党积极分子进行义务劳动,完成了哲学楼西侧、一教前西侧的草坪种植。

4月5日　"文明礼仪"学校举行"做文明礼貌的大学生"主题教育活动。学员们观看了《做文明礼貌的大学生》录像片,并举行了《北京大学学生文明礼仪手册》首发式。

▲团校举办"与改革开放同行"演讲大赛。校领导赵存生、林钧敬和学工部长王登峰等出席并担任评委。

4月7日　迎校庆档案工作总结表彰会在体育活动中心会议室召开,副校长何芳川等参加了会议。在这次档案整理工作中,共有文书、科研、出版、基建、会计、声像等门类的档案10180卷归档。

▲国家文物局与北京大学联合办学的签字仪式在赛克勒考古与艺术博物馆举行,北京大学考古文博院暨中国文物博物馆学院宣布成立。国家文物局局长张文彬、副局长马自树和校长陈佳洱、副校长何芳川等出席了仪式。根据协议,国家文物局将投资1000万元人民币,用于兴建两院教学大楼,双方每年各出资100－150万元人民币进行教学科研。办学的主要目标是:进一步发挥双方优

势,为国家培养文博考古专门人才(主要是本科生、硕士生、博士生以及少数急需专业的大专生),为各级文博机构领导和业务骨干举办高级培训班;在专业设置上,除已有的考古、博物馆学专业以外,还将设立文物保护专业(本科),硕士生除上述三个专业以外,还将设科技考古、文物学、古建筑学和艺术史等专业。

▲首期"箬政基金"启动仪式在北大举行。校长陈佳洱出席仪式并讲话。

4月8日　北京市委常委、市教工委书记徐锡安带队来北大检查党建工作。校领导任彦申、陈佳洱、闵维方、赵存生、岳素兰、何芳川、林钧敬和纪委书记闵开德、学工部长王登峰及有关单位、院系负责人向检查组汇报了学校工作。检查工作计划进行两天。

▲团委开办"文化名人系列讲座",首讲邀请国家一级演员谢芳主讲"我的艺术生涯"。

4月9日　由日本研究中心主办、亚非所协办的"传统文化与中日两国社会经济发展"国际学术讨论会开幕。全国人大副委员长丁石孙、全国政协副主席罗豪才、中日友协副会长王孝贤、著名学者季羡林、日本驻华大使佐滕嘉恭等人出席了开幕式。参加会议的有中国、日本和其他国家的学者专家百余人。会议计划召开两天。

4月10日　中国环境科学学会在国家环境保护总局召开首届青年科技奖颁奖大会。环境科学中心马小明、胡敏、张世秋三位教授荣获该奖。

4月11日　在第十二届北大、清华"京华杯"棋牌对抗赛中,北大队以15:9的比分获胜,从而在十二届比赛中以9:3的总比分领先。

4月14日　举行纪念翦伯赞教授诞辰百年学术研讨会。全国人大副委员长赛福鼎·艾则孜和雷洁琼、季羡林等出席了会议。

▲重庆市市长浦海青应团委邀请作题为"三峡库区移民及长江中下游发展"的报告。

▲"北京大学百年校庆新闻发布会"在勺园多功能厅举行,60余家新闻单位的160多位记者参加。

4月16日　校史知识竞赛决赛在电教报告厅举行,著名电视节目主持人陈铎、时雨主持了本场比赛。信息管理系获得一等奖。校领导赵存生、林钧敬和学工部长王登峰等出席.

▲学生运动会在五四运动场举行。

4月17日　北京大学建校一百周年马克思主义理论研讨会开幕。中共中央文献研究室主任逄先知,中宣部副部长白克明,中央党校副校长龚育之、刘海藩,中央党史研究室副主任石仲泉,北京市教工委书记徐锡安和在京的近百名马克思主义理论专家以及北大教授出席了研讨会。

4月18日　方正集团公司举行成立十周年庆祝晚会。校党委书记任彦申、副校长闵维方出席了晚会。

▲教工运动会在五四运动场举行。

▲中共中央政治局常委、全国政协主席李瑞环为北大校庆题词:"发扬民主,崇尚科学"。

▲北大日本校友会在东京国立奥林匹克青少年中心举行招待会,庆祝母校百年诞辰。

应邀出席招待会的有中国驻日使馆教育参赞,新华社东京分社社长,日本国会议员,政治活动家,知名大学教授,企业界及新闻界人士,日中友好团体、留学生团体代表以及新老校友200余人。

4月21日　党委常委举行扩大会议,决定申报全国党建和思想政治工作先进单位;审议通过"五四奖章"(个人)和"五四奖杯"(集体)获奖名单。

▲根据《北京大学关于遴选博士生指导教师的试行办法》,经校学位评定委员会审查讨论,批准数学科学学院郑志明等126位教授为博士生导师。

4月22日　"北大方正集团等校办企业向百年校庆捐资仪式"在勺园举行。校办企业此次共捐资1110万元,其中方正集团750万元。

4月23日　"百年情深——北大迎百年华诞师生文艺晚会"在办公楼礼堂举行,任彦申、赵存生、岳素兰、陈章良、林钧敬等校领导出席,北大老领导彭珮云、汪家镠作为老校友合唱团成员登台演出。

▲北大首届学生演讲十佳大赛总决赛在电教报告厅举行。知名作家高洪波、中文系教授谢冕、中央电视台记者白岩松等校内外人士应邀担任了评委,校领导闵维方、岳素兰、林钧敬和学工部长王登峰等出席。

4月25日　学校决定授予7位同学北京大学学生"五四"奖章,他们是:数学学院94级本科生姚健刚、力学系94级本科生陈凯、电子学系96级博士生侯士敏、中文系94级本科生李二民、历史系96级硕士生李刚、经济学院94级本科生叶建第、光华管理学院95级本科生张昆。同时授予化学学院95级博士生班、生命科学学院94级生化专业本科班、地质学系95级本科班、法律系94级本科(1)班北京大学班级"五四"奖杯。

▲北京大学百名师生迎接北京大学百年校庆纪念林揭幕仪式及植树活动在海淀上庄乡举行。师生共栽下100棵小松树。校领导岳素兰、马树孚、林钧敬和学工部长王登峰等以及北京市政协副主席李荻生、海淀区区委书记朱善璐参加了揭幕仪式。

▲学生会"百年如歌——北京大学学生十佳歌手大奖赛总决赛"在中关村礼堂举行,岳素兰、林钧敬等校领导出席。

4月26日　由学生自行车协会主办的首届首都大学生自行车拉力赛(八达岭——北大)举行,共有24所高校近100名选手参加比赛。

4月27日　为庆祝百年校庆,弘扬北大爱国、进步、民主、科学的光荣传统,北大出版社推出30余种校庆图书,并邀请数百名专家学者教授在京举行校庆图书座谈会。

▲为庆祝北大百年校庆,郎平和张蓉芳率中国女排来北大举行表演赛。

4月28日　北京大学山鹰社今天上午从拉萨电告母校:4月21日13时15分,北京大学3名学生成功地把五星红旗和北大校旗插上了海拔8201米的世界第六高峰——卓奥友峰。这是大学生登山队首次征服海拔8000米以上的山峰。

▲为庆祝百年校庆,高等教育出版社特邀部分国内外知名的北大校友举行重游京师大学堂和原北大理学院旧址活动,同时捐款10万元,建立"王竹溪物理学讲习基金"。

▲庆祝百年校庆演唱会在五四操场冒雨举行。

4月29日　上午,中共中央总书记、国家主席江泽民在贾庆林、曾庆红、陈至立、由喜贵、王沪宁、贾廷安等领导同志的陪同下来北大考察工作。江总书记在校党委书记任彦申、校长陈佳洱等陪同下参观了赛克勒考古与艺术博物馆、蛋白质工程及植物基因工程国家重点实验室、计算中心、网络中心和图书馆,并在勺园与师生座谈。季羡林、王选、刘忠范、学生代表李岭和陈佳洱校长先后发言。

4月30日　一列由19节车厢组成的标有"北大百年校庆专列"字幅的列车由深圳出发北上,沿途有200多名校友从不同地点上车,同深圳近400名校友会合,同返母校参加百年校庆活动。

▲国家邮政局、中国集邮总公司向北大赠送8000本百年校庆邮票精装折仪式在新落成的北大资源宾馆举行。国家信息产业部党组成员、国家邮政总局局长刘丽清,中国集邮总公司总经理牛素娟和北大领导任彦申、陈章良出席了仪式。

▲由民俗学者、中国楹联协会副会长谷向阳独立创作,海内外一百多位著名书法家书写的《北大百年百联》由北京大学出版社出版。这是中国第一部个人楹联创作专集。

▲哲学系、宗教学系与比利时卢汶大学高等哲学所、汉学系以及安特卫普大学吕斯布鲁克研究所共同举办"欧洲宗教与哲学传统讲习班。"

▲　北大建立全国首家金融数学开发实验室,该实验室是由联合证券公司赞助建立的。

▲　方正新天地公司日前向北大赠送100套"中文之星"2.97版并免费授权北大使用2000套该产品。此两项总价值为100万元人民币。该公司还将从今年起出资100万元人民币,在北京大学设立"中文之星教师奖励基金",每年用10万元奖励为培养中国信息产业人才做出杰出贡献的北大教师。

5　月

5月1日　宝洁公司捐资100万元人民币,作为北大教师科技奖励基金。今日"北京大学宝洁奖教基金"协议签字仪式在勺园多功能厅举行。

▲北京大学"百年校庆书画展"在中国美术馆开幕。书画界为庆祝北京大学百年华诞,共捐赠书画1000多幅,此次展出的480幅作品是由中国美协等部门的专家组成的组委会精选出来的。

5月2日　由北大主持召开的"面向二十一世纪的高等教育——大学校长论坛"在北京中国大饭店举行。60余所海外著名大学和20余所国内著名大学的校长对21世纪高等教育的发展进行研讨和展望。中共中央政治局常委、国务院副总理李岚清出席论坛开幕式并发表讲话。

为庆祝北京大学建校一百周年,由北京大学和浙江金泰集团共同举办的"北京大学百年校庆交响音乐会"在北京世纪剧院举行。参加庆典活动的世界著名大学校长、诺贝尔奖得主、著名学者以及北大部分师生和校友出席了音乐会。

5月3日　北京大学校史博物馆奠基典礼。

▲"面向二十一世纪的高等教育——大学校长论坛"今日闭幕。在两天的会议中有40余位校长及其代表作了大会发言。代表们还就21世纪大学的地位与作用、21世纪的教学战略、21世纪的大学与社会的联系、21世纪大学的管理与财政事务等四个论题进行了分组讨论。

▲　奔驰集团为庆祝北京大学百年校庆向北大捐赠一辆E级奔驰豪华轿车。该集团在校庆期间还将提供10辆奔驰汽车供接送来宾使用,新图书馆落成后还将在其内设立"奔驰阅览室"并提供必要的设备,该集团还决定于今年内组织部分获得奔驰奖学金的学生代表去德国奔驰集团总部参观。

▲　北京大学香港校友会助学基金设立仪式在勺园7号楼301室举行。

▲　美国加州伯克利大学法学院与北大法律系合作交流协议签字仪式及客座教授授予仪式在临湖轩举行。陈佳洱校长与伯克利大学M·博达校长签署了合作协议,伯克利大学的Boxbuam教授和著名律师Micarchy先生被聘请为北大法律系客座教授。双方还互赠了图书资料。

5月4日　上午10时至11时

25 分,庆祝北京大学建校 100 周年大会在人民大会堂举行。中共中央总书记、国家主席江泽民出席庆祝大会,并在大会上发表了重要讲话。江总书记说:“北京大学和一些高等学府的相继创建,标志着中国现代教育事业的开端,也标志着中国人民带着寻求新知识、挽救民族危亡的强烈愿望进入 20 世纪”,“北大在长期发展和斗争历程中形成的爱国、进步、民主、科学的光荣传统,显示的不断钻研、求实、创新、向上的优良学风,生动地体现了中国人民自强不息、开拓进取的民族精神”,“北京大学作为我国重要的教育学术文化阵地,为祖国培养了一代又一代优秀人才,在社会科学和自然科学领域创造了许多重大成果,为我国的革命、建设和改革事业作出了重要的贡献”。江总书记要求“我们的大学应该成为科教兴国的强大生力军”,并提出“为了实现现代化,我国要有若干所具有世界先进水平的一流大学”。

中共中央政治局常委、全国人大常委会委员长李鹏,中共中央政治局常委、国务院总理朱镕基,中共中央政治局常委、全国政协主席李瑞环,中共中央政治局常委、国务院副总理李岚清,中共中央政治局委员、中央书记处书记丁关根,中共中央政治局委员、中共北京市委书记、北京市市长贾庆林,中共中央政治局委员、国务院副总理钱其琛,中共中央政治局候补委员、中央书记处书记曾庆红,中共中央政治局候补委员、国务委员吴仪,国务委员、国务院秘书长王忠禹,全国人大常委会副委员长彭珮云、何鲁丽、周光召、丁石孙、成思危,全国政协副主席钱伟长、任建新、朱光亚、马万祺、罗豪才、周铁农,在北大学习工作过的老同志王汉斌、费孝通、雷洁琼、邓力群等出席庆祝大会,并在主席台上就座。在主席台就座的还有中央有关部委、北京市和部分地方省市负责人,出席大学校长论坛的海内外大学校长,诺贝尔奖和菲尔茨奖获得者,北京大学名誉教授、校际交流学校代表,知名人士,为北大发展作出重大贡献的国内外重要企业负责人,北京大学历任和在任的党委书记、校长,在北大工作的全国人大常委、全国政协常委,历任北京大学地下党负责人和“一二·九”时期老同志代表,在校师生员工代表和校友代表,共 287 人。

另在台下设有 708 个贵宾席。在贵宾席就座的有:前来祝贺北大校庆的党政机关负责人、外国驻华使节、著名学者、部分京内外高校的党委书记或校长,为北大发展作出重要贡献的企业代表,在工作中取得突出成绩的校友,担任过副书记、副校长的老同志,现任校务委员会副主任,院士和文科知名学者代表。

参加庆祝大会的共 8300 人。

庆祝大会由党委书记任彦申主持。陈佳洱校长在大会上讲话。他讲了北大的光荣历史、发展现状和未来蓝图。教育部部长陈至立宣读了教育部的贺信。北京市副市长林文漪宣读了北京市政府的贺信。联合国秘书长安南的特使、秘书长外事办公室主任环纳宣读了安南的贺信。清华大学校长王大中、牛津大学校长卢卡斯分别在大会上致辞。校友代表、物理学系 49 届毕业生、为我国两弹研制作出突出贡献的科学家于敏,学生代表、三好生标兵、经济学院 94 级本科生叶建第也在庆祝大会上发了言。

在庆祝大会举行的同时,校园内设立了分会场,由中央电视台提供定向信号传输,在校园内的师生员工和校友们得以同时收看到庆祝大会的实况。

在庆祝大会举行前,上午 9 时 30 分,党和国家领导人江泽民、李鹏、朱镕基、李瑞环、李岚清、丁关根、贾庆林、钱其琛、曾庆红、吴仪、王忠禹等在教育部部长陈至立、北大校长陈佳洱、常务副校长闵维方、迟惠生的陪同下在人民大会堂湖南厅亲切会见了参加庆祝大会的 80 多位海外大学校长和诺贝尔奖及菲尔茨奖获得者。

▲北京市政府举行庆祝北大百年校庆招待会。来自国内外的著名大学校长、著名专家学者、著名企业家代表和校友代表等参加了招待会。中共中央政治局委员、市委书记、市长贾庆林,副市长刘淇,教育部副部长吕福源、韦钰、周远清等出席了招待会。

▲ 北京大学图书馆新馆举行竣工仪式。全国人大常委会副委员长丁石孙、全国政协副主席罗豪才、教育部部长陈至立、香港著名企业家李嘉诚等出席了仪式。

▲ 国家邮政总局和北大在人民大会堂联合举行北大建校一百周年纪念邮票首发式。邮票以北京大学百年历程中具有代表意义的三组画面为图案:京师大学堂章程、沙滩红楼、燕园西校门。这是中国邮政史上第一次由国家为大学专门发行邮票。

▲ 经国际小天体命名委员会批准,由北京天文台研究员、北大天体物理专业的校友陈建生院士领导的观测宇宙学课题组发现的一颗小行星被命名为“北京大学星”。“北京大学星”纪念雕塑揭幕仪式在北大湖心岛举行。教育部副部长韦钰等出席了仪式。

▲ 由北大和中央电视台共同主办的庆祝北大百年校庆文艺晚会在静园露天举行。中央电视台向全国进行了现场直播。

▲“物理学前沿问题国际研讨会”在北大开幕。在开幕式上,陈佳洱校长代表北京大学向 1997 年诺贝尔物理奖获得者、美国斯坦福大学应用物理系教授朱棣文授予“北京大学名誉教授”称号。仪式后,朱棣文教授做作了题为“原子

和生物分子的激光冷却和囚禁”的报告。诺贝尔物理学奖获得者杨振宁教授也应邀出席大会。

5月5日　著名华人科学家演讲会在办公楼礼堂举行。三位诺贝尔奖获得者杨振宁、李远哲、朱棣文和菲尔茨奖获得者邱成桐为北大师生做了精彩演讲。

▲ 中国青年五四奖章获得者来北大与学生进行座谈。副校长林钧敬、学工部长王登峰等出席并讲话，团中央书记处书记胡春华等也应邀出席。

▲ 校团委和学生工作部联合举行“前进，向着中华民族的伟大复兴——学习江泽民同志在北京大学百年校庆大会上的讲话”学生座谈会。

▲ 北京大学遥感与信息系统研究所举行“面向21世纪的遥感与地理信息科学研讨会”。校内外50多名专家学者参加了座谈会。

▲ “二十一世纪生命科学”国际研讨会在电教报告厅开幕。20多名国内外专家学者和100多名来自国内外的校友参加了会议。

5月6日　由北京大学中国传统文化研究中心主办的汉学研究国际会议在香山饭店开幕，来自美、日、英、德、法、俄、瑞典、捷克、荷兰等17个国家及香港、澳门、台湾的近300位专家学者出席了会议。

▲“物理学前沿问题国际研讨会”闭幕。

5月8日　学校召开中层干部会，校党委书记任彦申动员部署了学习江总书记5月4日在庆祝北京大学建校一百周年大会上的讲话精神的有关工作，并对校庆工作进行初步总结。

5月12日　北大召开纪念真理标准讨论20周年座谈会。校领导任彦申、赵存生、何芳川以及厉以宁、钟哲明、黄楠森等学者出席了座谈会。

▲在首届中关村电脑节上，方正电脑获得“十大知名品牌电脑”社会调查的第一名。

5月13日　数学学院、生命科学学院、法律系、东方学系等14个院系的领导在临湖轩作了校庆总结汇报。郝斌、闵维方、岳素兰、马树孚等学校领导听取了汇报。

▲ 国家体育总局局长伍绍祖来北大作了题为“开拓武术发展新纪元”的演讲。

5月15日　学校在资源宾馆召开校庆工作汇报答谢会。任彦申、郝斌、赵存生、马树孚、陈章良、林钧敬等学校领导参加。中共中央办公厅、国务院办公厅、教育部、北京市委、市政府以及公交安全等部门有关领导出席了答谢会。

▲ 党委常委举行扩大会议，学习江泽民总书记在北大建校一百周年大会上的讲话；对校庆工作进行初步总结；决定任命王垒为心理系主任，免去其副主任职务；决定社会学系暂不换届，由王思斌继续担任系主任；决定任命廖陶琴为财务处处长，免去胡妙慧处长职务；任命王杰为组织部部长，岳素兰不再兼任部长职务。

▲ 麦肯锡公司向北大经济学院赠书仪式在正大国际会议中心举行。麦肯锡公司向经济学院赠送了一百册金融专业图书《挑战风险》和100册该公司今年出的新书《价值评估》中译本，总价值约13000元人民币。

5月16日　李岚清副总理致信北大，向师生推荐影片《居里夫人》。北大随即组织师生观看。

▲ 第二届全国大学生电脑竞赛的前期项目——“中国民族软件巡回展”在北大举行。为配合这一展览，方正公司、目标软件公司、用友公司等于5月12－15日在北大作了有关方面的报告。

5月18日　教育部“九五”人文社会科学研究重大项目“中国西北部地区可持续发展区域格局研究”开题论证报告会在北大城环系会议室召开。北大副教务长吴同瑞主持了会议，教育部社科司司长奚广庆、国务院发展研究中心吴正章研究员等出席了会议。

5月22日　校纪委开会，通过“关于开除陈秉才、程正康党籍的决定”和“关于陈秉才盗窃案、程正康嫖宿案的通报”。陈秉才，原北大图书馆工作人员，1997年因盗窃珍贵图书资料被判处徒刑。程正康，原北大法律系教师，1996年在深圳被杀。

▲ 奔驰奖助学金获得者代表团一行19人在闵维方副校长的率领下赴德进行了为期8天的参观访问。

▲ 本日至30日　“庆祝北大建校100周年书展”在香港举行。北京大学出版社的1500种图书、音像制品和电子出版物在香港“天地图书公司”展出。迟惠生副校长及香港学术文化出版界知名人士饶宗颐、李祖泽等出席了开幕式。

5月26日　党委常委会开会，联系北大实际，继续学习江总书记五四讲话精神。

5月27日　北大登山队卓奥友峰攀登活动报告会在电教报告厅举行。北大领导、中国登山协会领导、赞助单位代表以及首都新闻界人士参加了报告会。中国登山协会领导为三名登顶队员颁发了登顶证书。这三名队员还将获得国家体育总局授予的“登山运动健将”称号，他们也是我国民间登山运动的首批健将。

5月28日　校团委召开研讨会，对校庆期间的共青团工作进行总结，对近期工作进行研讨部署和工作动员，对学生会制度改革方案提出了建设性意见。任彦申、林钧敬、王登峰等校领导出席会议并讲话，对校庆期间的共青团工作给予了充分肯定。团中央学校部副部长白希、北京市团市委副书记张效廉参加了会议。

5月30日 北京市高校武术邀请赛在北大五四体育馆举行。北大武术队共获得10个个人第一名,7个个人第二名,4个个人第三名。

5月 由香港英之杰太平洋有限公司捐资设立的"英之杰教授基金"捐赠仪式在北大中国经济研究中心举行。该基金为100万元,用于资助北大经济研究中心的教授进行经济发展、国际贸易及金融方面的研究。

▲ 校庆前夕,美国大都会人寿保险公司向北大百年庆典活动捐资5万美元。大都会人寿中华地区董事长兼总裁张源博士和北大常务副校长闵维方代表双方签署了捐款协议。

▲ 5月底 北大向教育部申报的"中欧高等教育合作项目"第二批研究项目和人员交流项目获得正式批复。根据批复,北大有4项合作研究项目、9项人员交流项目获得资助,申请中标率达到72.2%。

6 月

6月2日 北大方正电子有限公司与DIGITAL公司联合组建一家新的合资公司——方正迪成信息技术有限公司。全国人大副委员长王光英、教育部副部长韦钰、信息产业部副部长曲维枝和北京市副市长张茅等参加了签约仪式。

6月4日 北大环境科学中心和中央人民广播电台联合主办的环境科学与环境保护知识专题讲座于6月4日开始播出,时间持续3个月。

6月5日 校长办公会开会,原则同意蓝旗营小区住宅分配小组提出的入围建议方案,决定为校办产业系统和离退休人员分别切出一定比例的住宅;决定今年只安排400名98级博士研究生和940名硕士研究生的床位,在第二次招收的博士研究生中,如需安排住宿的则取消招生计划;决定成立美国研究中心和非洲研究中心,均为虚体的研究机构,挂靠在国际关系学院,原燕京美国问题研究中心自然融入美国研究中心;同意聘请美国刘江彬、侯一钊、Bob Mcm-Carthy,德国RichardM. buxbaum,台湾成家瑞、施敏,新加坡邱股庆、刘宗正,台湾吴成文、孙同天、李英雄,香港尤乃亭、陈新滋为北大客座教授,聘期为两年;决定免去乐黛云比较文学与比较文化研究所所长职务,任命严绍璗为比较文学与比较文化研究所所长,比较文学与比较文化研究所不再作为处级建制单位;同意化学与分子工程学院行政班子进行调整换届,由林建华任院长,原行政班子成员自然免职。

6月6日 "雅视1000"眼镜公司为北大贫困生捐赠眼镜仪式在校举行。

6月7日 第十四期团校毕业典礼在电教举行,林钧敬、王登峰等学校领导出席并讲话。

6月10日 意大利总统斯卡尔法罗来北大访问并在电教报告厅为师生作演讲。教育部副部长韦钰,校领导陈佳洱、迟惠生等会见了来宾。

▲ 北京大学"挑战杯"学生课外科技学术作品竞赛——"五四"科学论文奖表彰大会在电教召开,林钧敬副校长出席并讲话。此次竞赛共评出一等奖11项,二等奖29项,三等奖17项,鼓励奖27项。

6月11日 北京大学与中国科学院联合建立的北京天体物理中心成立大会在北大法学楼举行。教育部、国家基金委、北京天文台等单位有关领导,中科院院长路甬祥、北大校长陈佳洱及来自校内外的天体物理学者、学生50余人参加了成立大会。

6月12日 北大向国防大学赠送"运河信息检索系统"仪式在办公楼103会议室举行。校领导陈佳洱、闵维方,国防大学副校长王厚卿、政治部主任尹庆立等出席了赠送仪式。

6月14日 校研究生会第十四次代表大会选举产生第十九届研究生会执委会主席团和常代会正副主任。执委会主席团成员为:主席:俞永生(法律系96硕),副主席:江岑(工商管理学院97硕)、倪斌(亚非所97硕)、林颖(国际关系学院97硕)、余黄炎(经济学院97硕)。常代会主任何海波(法律系97硕)、副主任胡永佳(政治学系97硕)。林钧敬、王登峰等学校领导出席大会。

6月15日 由北京大学社会学人类学研究所主办的"21世纪:文化自觉与跨文化对话"国际学术暨第三届社会文化人类学高级研讨班在北京大学召开。费孝通、李亦园、彼德·布劳等国内外知名学者参加了会议。

6月16日 党委讨论通过今年"七一"表彰的名单。

▲ 化学学院中科院院士张青莲教授90寿辰庆祝会举行。校领导陈佳洱、郝斌、王义遒等出席了庆祝会。

6月17日 校长办公会开会,原则通过1998年度校级财务综合预算,其中临时出国费、西三旗小区物业管理费等等可于会后做微调;闵维方通报了今明两年内热电工程、新图书馆、理科楼群、大讲堂、蓝旗营小区等经费缺口共约2.44亿元的情况;原则同意召开全校财政工作会议;同意今年内设法筹集400—500万元经费用于图书馆新馆添置家具和设备;同意昌平校区修缮费按1000万元、运转费按358万元列入今年预算;决定为维持原来享受6号门诊待遇人员范围的经费缺口暂由学校垫付,先列入预算;新晋升的教授,则待北京市公费医疗管理委员会拨款到位后，再将其列入享受6号门诊待遇范围；同意地球物理系聘请香港科技大学陈介中为客座教授，聘期为两年。

6月21日　“21世纪女性研究与发展”国际学术研讨会在北大召开。来自美国、澳大利亚、韩国、丹麦、日本等国家和内地、香港、台湾的120多位专家、学者出席了会议。全国妇联书记处书记康泠、著名学者季羡林和校长陈佳洱在开幕式上致辞。

6月22日　由中俄友协、普希金研究会、北京大学俄罗斯语言文学系主办的“普希金在中国”学术研讨会在北大举行。副校长郝斌、俄罗斯驻华大使罗高寿、普希金研究会会长李明滨等出席开幕式并讲话。会议于24日结束。

6月26日　1998年度优秀共产党员、先进党支部表彰大会举行。会议由校党委副书记赵存生主持，校党委书记任彦申、校长陈佳洱以及参加“一二·九”运动的老校友刘导生、袁宝华等出席了会议。800多名师生员工参加了大会，丘维声等160人被授予“优秀共产党员”称号，哲学系哲学原理·现代中国哲学党支部等被授予“先进党支部”称号，物理系教授龚旗煌等9人被授予“优秀共产党员标兵”称号。

▲　1998年度新党员宣誓仪式暨中国教育电视台《中华英烈·北大英烈篇》开机仪式在静园草坪举行。近千名新党员参加了宣誓仪式。任彦申和“一二·九”时期老校友刘导生等出席了仪式。

6月27日　召开校级领导民主生活会。任彦申、陈佳洱、王义遒、闵维方、迟惠生、郝斌、岳素兰、赵存生、马树孚、闵开德、王登峰等参加了会议，陈章良列席了会议。与会校领导对照京组发[1998]19号文件，就领导干部贯彻中央廉政准则、民主作风、联系群众、校庆工作以及其它方面工作中的问题进行了交流谈心。市委教育工委书记徐锡安、市委教育工委高校联络员周行健列席会议，徐锡安在会上讲话。

6月29日　美国总统克林顿及夫人一行访问北大，并在办公楼礼堂向600多名师生作讲演。他在演讲中强调美中要建立一种新的关系。演讲后，他就中美关系、文化交流、台湾问题、人权问题、知识经济等问题回答了同学们的提问。随后，他参加了在北大图书馆前举行的赠书仪式，将500多册图书赠送给北大。在克林顿总统演讲前，克林顿夫人希拉里和美国国务卿奥尔布赖特访问了北大法律学系的妇女问题研究中心。

6月30日　1998届本科生毕业典礼在办公楼礼堂举行。任彦申、陈佳洱等校领导出席并讲话。本年共有1762名本科生、91名第二学位生、285名专科生和75名思想政治教育班学生毕业。

6月　北大第六届人文社会科学研究成果奖经过校学术委员会文科第一、第二分会审议投票，评选出优秀科研成果66项，其中一等奖22项(著作17项、论文5项)，二等奖44项(著作21项、论文23项)。

▲北大召开“民主党派工作研讨会”，民革北京大学支部、民盟北京大学委员会、民建北京大学支部、民进北京大学总支、致公党北京大学支部、九三学社北京大学委员会的负责人及部分成员就民主党派如何为把北大建成世界一流大学做出新贡献等问题进行了研讨。在此期间，举行了主题为“世纪之交的北京大学和对北大民主党派的期望”的座谈，校领导任彦申、陈佳洱参加了座谈。

▲经国务院学位委员会批准，北大将于今年9月招收第一批女性学研究生。这是我国第一次招收这方面的研究生。

6月　本科生主干基础课教师聘任工作自1997年10开始启动，现已全面展开。全校共确定主干基础课372门。其中数学学院承担全校数学类基础课35门，现已确定26门课的主持人和主讲教员。主持人中有博导和教授23人。

7　月

7月2日　北大方正电子有限公司与佳能(中国)有限公司合作成立的中外合资经营企业——北京北佳信息系统有限公司举行开业庆典。

7月5日　由团中央、中宣部、教育部联合举办的“首都大学生暑期三下乡出征仪式”在北大举行。教育部副部长张天保、团中央书记处书记胡春华、团市委书记吉林和北大校领导林钧敬、王登峰等参加了出征仪式。北大有千余名学生组队参加了“三下乡”活动。

7月7日　1998届研究生毕业典礼在办公楼礼堂举行。校领导陈佳洱、王义遒、岳素兰、何芳川、林钧敬、马树孚等出席。今年北大共有1354名研究生毕业，其中博士生329人，硕士生1025人。

7月11日　学校开始放暑假。

7月17日　校长办公会开会，原则通过蓝旗营集资建房售房领导小组提出的售房办法，同意由资源集团为购房的教职工做贷款担保人；原则通过研究生院提出的《北京大学研究生学籍管理实施细则(修订稿)》；同意成立新的人防领导小组及办公室，由鞠传进任领导小组组长，范强、罗志良任副组长，办公室挂靠在房产处公房科，由罗志良兼任办公室主任；决定成立信息科学学院筹备组，由杨芙清任组长；决定成立外国语言文化学院筹备组，由胡家峦任组长；决定学校整体规划由闵维方负责，其中理科方面由迟惠生负责，文科方面由何芳川负责；决定成立应用磁学研究开发中心。该中心为虚体的研究机构，挂靠在物理系。

7月20日　党委常委举行扩大会议，同意环科中心总支换届选举，由栾胜基任党总支书记；同意附小直属党支部换届选举，由李建新任书记；决定任命鞠传进为总务长，马树孚不再兼任总务长；决定成立北京大学校友联络部，由闵维方主管，由范强兼任联络总部主任。

7月29日　吴邦国副总理视察北大方正，听取了方正集团董事长张玉峰、总裁张兆东的工作汇报。教育部部长陈至立、国家经贸委副主任张志刚等陪同视察。

▲在本月召开的全国高校第七次党建工作会议上，中组部、中宣部、教育部党组授予北京大学“党的建设和思想政治工作(1993—1998)先进高等学校”的荣誉称号。

7月　国家自然科学基金委于5月开始组织对物理与天文等7个学科的基础科学人才培养基地进行评审，共评出优秀基地22个。其中，北大有6个基地被评为优秀基地，它们是数学、力学、物理(含技物系核物理专业)、化学、生物、地理。基金委规定从1997年起，优秀基地每年获得国家基础科学人才培养基金70万元，北大1997、1998年所获该项基金总额为1110万元。

8　月

8月4日　校党委召开全校分党委书记会议，传达有关处理陈希同问题的文件。

8月7日　由北大城市与环境学系和北大遥感所合办的“可持续发展及其地方实施”国际学术研讨会在北大召开。北美、欧洲、日本、韩国、香港等国家和地区的200余名学者出席研讨会，研讨会计划于10日结束。

8月13日　方正集团捐款100万元人民币，支援灾区人民抗洪抢险、重建家园。

8月20日　由中国史学会和北京大学联合主办，北京市社会科学界联合会、香港中文大学历史系协办的戊戌维新一百周年国际学术讨论会在北大举行。

▲截至今日，北大共向灾区捐款1400769.88元(包括方正集团于14日通过北京电视台赈灾义演晚会转给灾区的1000000元)。

8月26日　本月20日开幕的、由北大地质学系和中国地质学会等四家单位联合主办的第九届国际同位素地质学大会闭幕。来自24个国家的290余位学者参加了大会。这是国际地质学界第一次在中国举行这样的会议。

8月29日　学校开学。

8月　在由共青团中央、教育部、全国学联、中央电视台主办的第二届中国大学生电脑大赛中，北大城环系环境工程研究所96级硕士研究生廖谦设计的“长江三峡大江截流计算机三维仿真模拟系统”在软件展示比赛中获得一等奖。

▲北大蓝旗营641套教师住房全部售出，总贷款额7744万元，首付款3785万元。

▲在中国大饭店举办的微软MCSP98年度颁奖晚会上，北大方正集团公司获得“微软98年度最佳合作伙伴奖”。

▲王选教授被美国《商业周刊》亚洲版评为“亚洲之星”。

▲在上海复旦大学举办的东亚研究型大学学生围棋赛上，北大代表团获得亚军。

▲北大城环系96级研究生王军在“全国高校电脑大赛”中获软件展示一等奖。

▲今年，北大计划招收本专科生2610人，实际招生2580人，其中本科生2240人(含协和医大临床医学专业60人)、思想政治教育班(专科起点二年制)78人，国际文化交流第二学位34人，应用文理学院走读专科208人。本科新生中，有各省、市、自治区文、理、外高考总分前三名90人，其中第一名37人(文、外语科26人，理科11人)，第二名29人，第三名24人。免试入学者343人，其中全国数、理、化、生奥林匹克竞赛优胜者125人(一等奖46人，二等奖46人，三等奖33人)，在国际理、化、生奥林匹克决赛中获奖者11人(获数学金牌1人，获物理金牌3人，获生物金牌2人、银牌1人，获化学金牌1人、银牌3人)。

9　月

9月1日　奥地利萨尔茨堡大学在北大图书馆举行教育、文化、科技展览。奥地利驻华使馆文化参赞费格林女士、萨尔茨堡大学国际合作处处长威克林那教授和北大常务副校长迟惠生等参加了开幕仪式。

9月2日　党委于昨日和今日召开常委会，研讨本学期各方面工作，决定任命王天有为历史系主任、张继平为数学科学学院院长。

▲我国著名数学家、北大数学科学学院教授庄圻泰逝世，享年90岁。

9月3日　党委举行会议，决定召开北大第十次党代会，通过党代会代表选举办法，议定了代表资格审查小组成员名单。

9月4日　上月30日开始在北大召开的联合国环境署经济评估委员会会议今日结束。会议由经济评估委员会共同主席、北大环境科学中心张世秋教授主持，经济评估委员会9名专家到会。经济评估委员会是联合国环境署为履行《保护臭氧层的蒙特利尔议定书》而成立的一个专门委员会。北大环境科学中心自1992年以来积极参与中国保护臭氧层的工作，中国政府的一些重要行动、重要计划和政策设计均出自环境科学中心。该中心完成的《中国消防行业消耗臭氧层物质整体淘汰计划》于1997年为中国获得了6200万美元的无偿援助。环境中心的唐孝炎、张世秋、胡建信教授由中国政府推荐，成为联合国环境署有关专家组成员。

9月5日　4771名新生到校报到。其中本科生2240人、思想政治教育班(专科起点二年制)78人，国际文化交流双学位20人，知识产权法30人，应用文理学院走读专科208人，硕士生1611人，博士生580人。

9月7日　1997级本科生军训活动今日圆满结束。校党委副书记赵存生、副校长林钧敬和鞠传进、史守旭等参加了结业仪式。

9月8日　北大师生员工积极为"为了灾区的孩子"赈灾义演捐赠款物。截至今日共计捐款人民币165万元，捐赠物品折合人民币276万元。其中，师生员工捐款80万元，捐赠衣被价值100万元；北大出版社捐款30万元，捐赠图书35000册，价值50万元；北大方正集团捐赠价值126万元的计算机设备及教学软件，光华管理学院捐款5万元；未名集团公司、资源集团公司、勺园、维信公司、青鸟公司各捐款10万元。

▲"北京大学百年校庆纪念卡"赠卡仪式在校团委会议室举行，此次活动由威煌卡业和深圳荣明达公司主办，旨在纪念北大百年校庆，加强对同学的校史教育。

9月9日　技物系教授胡济民院士、化学学院教授高小霞院士分别于凌晨1:30和下午3:15因病辞世。

9月10日　教师节表彰大会在勺园多功能厅举行。大会颁发了1997—1998年度北京大学教学优秀奖、青年教师教学优秀奖、文理科基地建设贡献奖。陈佳洱校长在会上讲话。校领导任彦申、闵维方、迟惠生、赵存生、岳素兰、马树孚等出席了会议。

▲全校干部大会在电教报告厅召开。任彦申、陈佳洱在会上讲话，对百年校庆及1999年上半年的工作进行了全面总结，对下半年的工作进行了安排和部署。

9月13日　为加强对学生的素质教育，校团委从本学年开始推出"素质教育一百讲"系列讲座，季羡林教授作了第一次演讲。

▲校党委确定，每21名党员产生1名党代会代表，代表总数为288人。

9月14日　校工会和校党委宣传部联合召开贯彻实施《高教法》座谈会。高教所、法律系、人事处等单位的同志参加了座谈会，校党委书记任彦申到会并讲话。

9月18日　校长办公会开会，陈佳洱校长通报了副校长分工调整的情况。他说，考虑到闵维方在中央党校学习和百年校庆工作的需要，经征得原国家教委同意，决定已超过年龄不再进入领导班子的王义遒副校长留任一段时间。王义遒退出行政班子后，仍负责高校图书文献系统建设和一流大学的规划工作，他负责的学科建设、教学、"211工程"建设工作转由迟惠生副校长负责，迟惠生负责的校办产业转由闵维方负责。会议原则同意建立勺园董事会，对勺园进行企业化管理，不再把勺园当作学校的一个职能部门来对待。

9月19日　校学生会在电教报告厅召开第25次代表大会，校领导任彦申、林钧敬、王登峰等出席代表学校出席并讲话。经过选举，国际关系学院95级学生简易、光华管理学院96级学生吕晨飞、社会学系96级学生董扬、光华管理学院96级学生欧阳敏、地球物理系95级学生倪紫剑当选为新一届学生会主席团成员，简易为北大学生会主席；社会学系95级学生于怀东为常代会会长，力学系96级学生周昌令为副会长。

▲自校党委发出"教职工党员为我校来自灾区的学生捐献一天收入"的号召后，截至目前，共收到捐款234293.50元人民币和920元港币。

9月22日　数学学院教授张继平获得1998年度香港求是科技基金会颁发的"杰出青年学者奖"。

9月23日　在北京中国科技会堂举行的第六届中国青年科技奖颁奖仪式上，北大力学与工程系王建平、物理系龚旗煌、生命科学学院唐建国、城市与环境学系杨开忠、计算机研究所阳振坤、环境中心张世秋等6名青年科技工作者获奖。

▲学生工作部、团委联合召开"弘扬抗洪精神，立志科教兴国"座谈会，赵存生、王登峰等同志出席并讲话。

▲统战部组织召开归侨、侨眷联谊会。

▲党办、校办组织部分离退休老干部参观了百周年纪念讲堂、理科楼群、科技大厦等一些在建工程的工地现场。

9月25日　校团委为捐助灾区，向全校团员发出交纳特殊团费的号召。截至今日，有14个院系的团委上交特殊团费，共3万余元。

▲党委常委开会，讨论通过第十次党代会"两委"委员候选人预备人选名单；讨论通过《党委常委会议议事规则》和《北京大学关于处级干部退(离)休问题的暂行规定》；决定地质系行政班子换届，由潘懋任系主任；决定留学生处行政班子换届，由周金福兼任处长，原处长黄道林退休；决定任命隋凤花为校办产业工委书记。

9月　建行海淀支行向北大、清华两校教师发放个人住房委托担保贷款1.5561亿元。

▲马来西亚方正集团公司获得ISO9001国际质量体系认证。

▲在"'汉王杯'中国民族软件有奖问卷调查"中,北大方正集团公司的企业知名度和消费者评价指数最高,获得了这次问卷调查的"企业形象奖"。

▲微电子所王阳元院士荣获台湾新竹工业技术研究院颁发的"潘文渊文教基金会研究杰出奖"。

▲经教育部、国务院学位委员会批准,北大将与美国斯坦福大学合作培养"国际工商管理"硕士。

▲ 北大方正集团公司数字媒体技术公司成立,并与美国品尼高(PINNCALE)公司全面合作,共同开拓国内市场。在此之前,方正集团公司已与中央电视台建立了战略合作伙伴关系,双方合作开发、推出的点睛二维动画制作系统日前通过广电总局的鉴定,填补了国内空白。

▲ 对学生社团进行重新登记。有10个组织涣散、不能正常开展活动的社团解散,登记注册的社团共77个。

▲ 北大方正集团公司开发研制的"建立开发中国百科数据库"、"羊城晚报业务处理系统"两项成果获得1998年度国家新闻出版署科学技术进步奖一等奖。

10 月

10月5日 校党委举行扩大会议,通报了第十次党代会两委委员(党委和纪委)候选人酝酿提名情况和代表候选人推选情况。

10月6日 抗洪救灾英模报告团来北大作报告。校领导任彦申、陈佳洱、赵存生、林钧敬、王登峰等出席。

▲ 香港中文大学驻北京大学联络处成立。

10月8日 中澳大学校长研讨会在北大召开。教育部副部长周远清、澳大利亚驻华大使石励到会致辞。澳大利亚大学校长委员会代表团代表和北大、清华、南开等大学的校长数十人围绕"二十一世纪大学面临的新挑战"的主题进行探讨。北大副校长迟惠生作了题为"大学与政府之关系刍议"的报告。

▲ 截至今日,校团委组织的缴纳特殊团费活动所收到抗洪赈灾捐款已增至54088.94元。

▲ 校长办公会开会。决定由迟惠生副校长总体负责985规划的制定,羌笛和吴同瑞协助制定学科规划,其他人员由迟惠生决定。同意校园规划管理委员会由任彦申牵头,史守旭任秘书长,委员会的重要决策在实施前须经校长办公会讨论通过;原则通过《基础设施资料管理条例》,授权马树孚副校长负责实施;同意聘请美国宝洁公司总裁白波为北京大学顾问教授,聘请宾西法尼亚大学校长朱迪·鲁丁为北京大学名誉教授。

▲ 截至今日,全校各单位参加第十次党代会的代表均已选举产生。

10月10日 首届"学生创新奖学金"评选工作初评结束,在161名申请的学生中评出"社会工作类"22名,"艺术类"8名,"体育类"10名,"学术类"35名。

▲ 在9月下旬举行的首都大学生数学建模与计算机应用竞赛中,26支获一等奖的队伍中有6支是北京大学的代表队,名列各高校之首。

▲ 北大资源集团及其子公司北大明天资源科技有限公司向北大捐献人民币50万元设立奖教金,用于奖励在党政管理岗位上做出突出贡献的先进集体和先进个人。

10月11日 人口所教授、著名人口经济学家张纯元获得中国人口领域的最高奖——中华人口奖(科学奖)。

▲ 北大校刊电子版本周第一次上网。

▲ 校党委开会再次研究、讨论和确定第十次党代会的代表名单及两委委员候选人名单。会议还讨论通过《北京大学关于向王选教授学习的决定》。

10月16日 香港特别行政区行政长官董建华到北大参观访问。校领导任彦申、陈佳洱、闵维方、迟惠生等同志接待。

▲ 校长办公会开会,讨论创建世界一流大学1999－2001年度经费需求计划安排问题;决定给予私自变卖图书并将所得据为己有的出版社发行部负责人张京华开除公职处分;决定成立新的公费医疗管理委员会,由马树孚任主任,陈淑敏、陈文申、王惠芳为副主任,财务处、人事处、校医院、学工部、团委和学生会各出一人任委员;决定与中国科学院合办天文系;决定与北京市共建"首都科技与社会发展研究院(暂定名)",授权任彦申牵头,召集有关人员拟定方案;责成城市与环境学系派人参与海淀区和北京市的规划工作;授权马树孚副校长牵头拟定校园周边环境治理计划;决定免去杨以文研究生院学位办公室主任职务,由周其凤兼任主任。

▲ 校团委举行"北京大学1998年暑期学生社会实践总结表彰大会"。今年共组织了76支团队、近1000名学生参加社会实践活动。林钧敬、王登峰等参加了表彰会。

▲ 纪委会议通过给予因伤人致死被判刑的校医院赵洪田留党察看两年处分;给予违反财政纪律的张万忠党内警告处分。

10月17日 台湾海峡两岸基金会董事长辜振甫及夫人辜严倬云到北大参观访问。校领导任彦申、陈佳洱、迟惠生等接待。

10月18日 第五届"钟声杯"体协运动会在清华举行。北大代表队获得精神文明奖和团体总分第四名。北大教工表演的"扇子操"受到好评。

▲经济学院 96 级本科生冉永坪在未名湖投水自杀身亡。冉原籍四川，出生于农民家庭，家里比较困难，此前曾因在图书馆偷别人的书包被保卫部工作人员批评教育。在冉的抽屉中，发现三封遗书，反应出死者对现实比较失望，思想比较消极。学校决定，由经济学院负责丧葬费用，另给死者亲属困难补助 4000 元。

▲党校第十一期积极分子培训班开班。本期共有 1083 名学员，其中本科生 741 人，硕士生 206 人，博士生 30 人，教职员工 46 人。严纯华作了题为"青年知识分子成长道路"的报告。

10 月 20 日　第四届"中国青年科学家奖"评选结果在京揭晓，17 名青年科学家获得本届奖项(其中正式奖 11 名，提名奖 6 名)，数学学院张继平教授获得正式奖。

10 月 22 日　何梁何利基金 1998 年度颁奖大会在京举行。数学学院程民德院士，化学学院冯新德院士、张青莲院士和信息中心石青云院士荣获何梁何利科学与技术进步奖。

10 月 23 日　"第六届安子介国际贸易研究奖"揭晓，靳云汇教授获"优秀论文二等奖"，秦宛顺教授与唐爱国获"优秀论文三等奖"。

▲四川、山东、湖南、天津等十省、市的工会主席来北大参观考察。校党委副书记兼校工会主席赵存生等参加接待。

▲国家科技部科技信息所召开新闻发布会，公布 1997 年中国科技人员在国内外发表论文的数量和论文被引用情况的统计结果。据《SCI》统计，北大发表论文 448 篇，被引证论文 436 篇，849 次，均居全国高校第二；另据 1214 种国内科技期刊统计，北大共发表论文 812 篇，居 13 名，被引证 1111 次，居全国第 2 位。

10 月 24 日　继 10 月 15 日召开第一次"数字地球"专家咨询会后，由教育部科技司主持，北大遥感所和青鸟科技股份有限公司共同承办的第二次"数字地球"高级研讨会在北大召开。来自国家有关部委的领导及多个领域的专家学者参加了此次研讨会。与会者就"数字地球"与信息高速公路的关系及其对我国经济社会发展的战略影响与促进知识经济的形成等一系列课题进行了探讨，大家普遍认为"数字地球"是我国发展信息产业新的切入点和难得的机遇，是我国信息化建设的宏伟蓝图和国民经济宏观调控的必由之路。

10 月 25 日　北大团刊《北大青年》创刊。

▲北京大学研究生干部学校(第三期)开学典礼在电教 318 举行。林钧敬出席并讲话。本期共有学员 100 人，其中党员比例为 54%，理科生比例也为 54%。

▲北京大学青年志愿者文明礼仪学校第三期开学典礼在现代物理中心举行。本期共招收学员 90 名，其中研究生 1 名，本科生 86 名，专科生 3 名，男女比例为 1:2。

▲党委常委开会，研究确定北大第十次党代会两委委员候选人预备人选名单及常委建议名单；通过数学学院党委换届选举的结果，刘和平任党委书记。

▲"21 世纪大学图书馆的新使命"国际学术讨论会在北大开幕。来自中外 10 余个国家的 80 多所著名大学的图书馆馆长参加了讨论会。会议计划于 28 日结束。会议期间还将举办与图书馆有关的自动化系统和新产品的展览会。

10 月 27 日　北京市委宣传部、北京市委教育工委、北京市科协和北大联合举办"向王选教授学习，作科教兴国先锋——王选事迹新闻发布会"。北京市委宣传部副部长陶一凡，北京市委教育工委副书记夏强，北京市科协副主席黄正豫，北大任彦申、赵存生及学校和方正集团有关部门负责人参加了发布会。

10 月 28 日　北大非洲研究中心成立。外交部、中联部等单位的领导出席了成立仪式并讲话。外交部非洲司刘贵今司长做了《当前非洲形势与中非关系》的专题报告。该中心是跨学科、跨院系的综合性的研究机构，由北大从事非洲政治、经济、文化、历史、社会、语言和文学等领域的教学和研究人员组成。

▲北大授予香港汉荣书局董事长、全国政协委员石景宜先生名誉博士学位。石先生并向北大捐赠了 3 万册极具学术价值的台湾版书籍。

10 月 31 日　北大专业调整工作顺利完成。总专业数由原来的 86 个减至现在的 74 个，其中文科 49 个，理科 25 个。

10 月　北大方正集团公司向湖北灾区捐献价值 216 万元的电脑教学设备，并将由荆州市教育局建立现代化的教学技术培训中心，对荆州市教师进行培训，对灾区教师提供免费培训。

11　月

11 月 1 日　北京大学团校第十五期开学典礼在电教 318 举行。林钧敬、王登峰等出席并讲话。本期团校招生 100 人，其中党员 34 人，绝大部分学员是各院系的学生干部与团员骨干。

▲"北京大学'98 新生文艺汇演"在办公楼礼堂举行。

11 月 4 日　召开"北京大学 1998 年教学工作研讨会"。会议由迟惠生主持，任彦申、陈佳洱出席并做了动员，王义遒副校长作了专题报告。

▲宣传部、学生工作部、校团委等联合召开"向王选教授学习，做科教兴国先锋"座谈会。与会师生高度评价了王选教授不断攀登

的科学精神和为推动社会进步与发展做出的卓越贡献,并表示要以王选教授为榜样,争做科教兴国先锋。

11月5日　市委宣传部、市委教育工委、市科委和北大在中央警卫局礼堂联合举办王选事迹报告会。王选教授在会上结合自己的人生经历,作了报告。

▲北大党校第11期昌平校区分部开学典礼在昌平校区举行。本期共有511名同学参加培训。

11月6日　校长办公会开会,传达市委书记、市长贾庆林11月3日的谈话精神。贾庆林在谈话中指出,市里非常关心支持北大创建世界一流大学的计划,积极支持北大成立首都发展研究院,希望北大同志努力转变办学思想,认真走与市场结合、与首都建设结合的道路,为首都工农业发展、城市规划与建设、科技进步等工作做出贡献。结合学校情况,确定了当前应做好的四项工作:(1)由常务副校长迟惠生和教务长羌笛牵头,尽快提出首都发展研究院筹建方案,报市委副书记、常务副市长刘淇;(2)认真贯彻落实市委市政府关于治理高校周边环境的指示精神,拆除校园内违法建筑,清理外来人口,坚决打击违法经营活动;(3)结合教育思想大讨论活动,努力转变办学思想,在教职工中牢固树立为海淀区、为北京市服务的思想,并着手制定具体方案;(4)授权史守旭秘书长牵头,帮助海淀区制定区域规划,并选派专家教授积极参与首都的规划工作。会议还决定由常务副校长闵维方牵头,成立学校体制改革领导小组和工作小组,于本学期末提出初步方案提交党委常委会讨论;同意聘请日本安滕彦太郎为客座教授,聘期为两年;决定任命张宝岭为副总务长。

▲北京大学第四期新生团支部书记培训班举行开学典礼。共有近80名同学参加了培训。

11月8日　"北京大学清华大学蓝旗营教师住宅小区建设开工典礼"在蓝旗营举行。党委书记任彦申、副校长马树孚和韩汝琦等参加了典礼。

▲校长办公会开会,原则同意北京市建筑设计院关于校史博物馆建筑方案,建议他们吸收北大建筑设计所设计方案中好的做法加以改进;原则同意在校景亭东侧、镜春路北划出一块地兴建文博院大楼;请马树孚、陈文申提出改善附小办学条件的具体方案报陈佳洱校长同意后实施;由郝斌、马树孚牵头制定校园周边环境治理的具体实施方案;原则同意在博士后、博士生和留学生宿舍安装201卡电话,本科生宿舍楼每层可装四部,请马树孚、林钧敬、史守旭提出具体实施方案。

11月9日　著名物理学家李政道来北大做题为"21世纪科学技术展望"的演讲,陈佳洱、赵存生及1400余名师生参加了报告会。

▲日本阿含宗管长桐山靖雄先生捐资设立,旨在激励北大教师搞好教学和科研的"桐山奖教金"、"桐山研修基金"协议签字及首届"桐山奖教金"颁奖仪式在勺园7号楼举行。何芳川副校长在仪式上讲话。宗教学系主任叶朗教授代表陈佳洱校长向桐山先生颁发了"北京大学教育贡献奖"。根据协议,从1998年到2007年的10年间,阿含宗每年提供300万日元,奖励北京大学在人文、社会科学领域的教学和科研中表现优秀的教师。此外,还将从1999年到2003年的5年间,每年提供100万日元,资助北大教师及行政管理人员赴日研修。

11月10日　北大与巴基斯坦旁遮普大学举行校际交流签约仪式。巴基斯坦驻华大使、驻华文化参赞和北大迟惠生、郝平、吴新英等出席了仪式。

11月12日　韩国总统金大中来北大参观、演讲,这是金大中第三次访问北大。韩国外交贸易部长洪淳瑛,韩国驻华大使权炳炫,教育部副部长韦钰、外交部部长助理王毅和北大陈佳洱、闵维方、迟惠生等出席了金大中总统演讲会。

▲著名节目主持人王刚为北大青年志愿者文明礼仪学校作题为"有声语言的艺术"的报告。

11月14日　北大召开"纪念党的十一届三中全会20周年"研讨会。赵存生、厉以宁、赵稼祥等领导和专家、学者到会并发言。

11月15日　在全国大学生数学建模竞赛中,北大共有两支代表队获一等奖,一支代表队获二等奖。

11月20日　校长办公会开会,决定1997年以前晋升的教授和相应职称的人员及被任命为正处级的干部,1952年12月31日前出生、1995年底以前晋升为副教授和相应职称的人员及被任命为副处级的干部,夫妇二人、未住三居者,可以参加蓝旗营小区建成后腾出的三居室的分配排队。此次分房只售不租;通过调整换届后微电子所行政班子的成员名单,由王阳元继续担任所长。

11月21日　著名画家、中央工艺美术学院教授吴冠中在电教报告厅做题为"中西绘画艺术比较"的讲座。

11月22日　校团委召开1997—1998年度表彰奖励大会暨团员骨干大会。大会对荣获北京市红旗团委、北京市红旗团支部、北京市"先锋杯"优秀团支部、北京大学红旗团团委、先进团委、先进团支部的集体和荣获北京市优秀共青团干部、优秀共青团员、北京大学共青团标兵、优秀团支部书记、优秀团干部、优秀团员的个人进行了表彰和奖励。任彦申、林钧敬、王登峰等出席大会,任彦申在大会上讲话,号召大家为创办世界一流大学及一流的校园文化而努力奋斗。

12　月

12月3日　北京大学学生科协第二届执委会举行第一次会议，选举化学学院博士生黄岩谊为主席，经济学院硕士生郭盛和历史系硕士生钱家杰为副主席。

12月4日　北京大学、清华大学、海淀区政府与中国科学院、科技部火炬高技术产业开发中心五方举行“合作与协调发展委员会”签字仪式。五方协议，为进一步贯彻落实科教兴国战略、发展首都经济，签约各方将充分发挥各自优势，促进教学研企紧密合作，促进教育科技同经济的一体化，实现发展知识经济、建设中国硅谷的目标。

12月5日　第四期高级团校举行开学典礼。

12月8日　校团委召开“纪念‘一二·九’运动63周年座谈会”。刘导生、朱穆之等当年参加“一二·九”运动的老同志和党史专家沙健孙、原副校长张学书等应邀到会，赵存生、林钧敬、王登峰等参加了座谈会并讲话。

12月9日　1998年度教学改革研讨交流会在电教报告厅召开。大会由周其凤主持，数学学院、计算机系、化学学院、政治学系、哲学系、法律学系和人事处、教务处、后勤、学生工作部、研究生院等单位的负责人在会上作了经验介绍，陈佳洱校长在会上讲话，迟惠生、赵存生、马树孚、林钧敬等参加了会议。

12月10日　北京市保安公司文安分公司与北大雇佣保安员的单位签订1999年协议书。到目前为止，北大有13个单位共雇佣保安员170名。

12月11日　宣传部与学生工作部联合举办形势报告会，由新华社副社长闵凡路作关于国际政治、经济形势及中国外交现状的报告。

▲化学学院博士生于安池获本年度全国“建昊”奖学金特等奖。

12月15日　校党委常委开会，同意电子学系行政班子换届，由项海格任主任；马克思主义学院党委换届，由杨河任书记；图书馆党委换届，由高倬贤任书记；二机关党委换届，由仇守银任书记。

▲海淀区第十二届人民代表大会代表换届选举工作在北大进行，吕植、朱苏力、刘伟、李兰、陈文申、张兆东当选。因第一选区三位候选人中，两位未过半数，18日又进行了补选，魏引树当选。

▲生命科学学院进化生物学博士生导师张昀教授（男，61岁）乘坐海淀运输公司小公共汽车在燕北园东门路口下车时摔倒，先送西苑医院，再送309医院抢救无效，于15时45分死亡。事故责任主要在汽车售票员。

▲迟惠生会见了来访的美国民主党参议员Tim　Johnson一行8人。

12月16日　党委宣传部、学生工作部和团委联合召开“北京大学学生纪念十一届三中全会二十周年暨学习邓小平理论研讨会”。团中央书记处书记胡春华、市委教工委副书记夏强、团市委副书记王英偶等到会并讲话，校领导赵存生、林钧敬等也参加了研讨会。

▲赛克勒考古与艺术博物馆接受山东嘉祥县农民柴广清捐赠的40余件珍贵文物。这些文物包括战国至魏晋的陶器、陶俑和石刻，有一定的考古研究价值。

12月17日　西方语言文学系赵振江教授获西班牙伊莎贝尔女王勋章。该勋章设立于1815年，由西班牙国王颁发，授予那些“对西班牙与世界各国的友谊与合作做出杰出贡献的人”。

▲孙中山思想国际研究中心成立仪式在临湖轩中厅举行。何芳川副校长出席仪式并致词。

12月17日　普通高等学校第二届人文社会科学研究成果颁奖仪式在北师大举行，北大获奖35项，其中一等奖6项、二等奖17项、三等奖12项。这次评奖工作是对1991年以来文科科研工作的一次全面检阅。

12月20日　第四届“我爱我师——最受学生爱戴的十佳教师”颁奖大会在电教报告厅举行。考古系刘绪、法律系朱苏力、哲学系叶朗、艺术系朱青生、计算机系王克义、电子学系王楚、地球物理系李守中、技术物理系郭华、生命科学学院周曾铨、英语系Nathan Faries等十位老师获奖。

12月21日　由方正集团控股的香港方正上市，并与联想、四通等并称为“红筹股”。

▲　日本关西大学校长一行4人来访，与北大签署了两校学术交流协议书。

▲　12月21日　北大再次获得北京市“首都精神文明建设先进单位”和海淀区“治安综合治理先进单位”称号。

▲山东泛海集团公司、中国光彩事业促进会、深圳海商投资发展有限公司等11家单位联合组建的光彩事业投资有限责任公司于今年7月出资3200万元在北大分别设立“光彩奖学基金”和“光彩著作基金”。

▲12月25日　北京大学青鸟责任有限公司分别与北京崇文区国有资产经营公司、北京住宅开发建设集团总公司签署法人股转让协议书，分别受让其占北京天桥总股本4.92%、7.3%的股份。到目前为止，青鸟责任有限公司共持有北京天桥百货股份有限公司15349870股，占总股本的16.76%，成为第一大股东。

12月27日　北京大学党校第十一期党的知识培训班结业典礼在办公楼礼堂举行。校领导任彦申、岳素兰、王登峰等参加会议，任彦申讲了话。本期党校共有1083

名入党积极分子和98级预备党员同学参加了学习，经过考试，有1017名同学获得了结业证书。

▲“明德基金颁奖仪式”在北大举行。85名同学获奖。此项奖学金是“香港北大之友”设立的，总额为100万元港币，用于奖励在大学入学考试中获优异成绩及在国际奥林匹克竞赛中获得奖牌的学生。

▲马来西亚爱国华人廖宗明向北大捐资100万元人民币用于全面整修创建于1725年的清代建筑群承泽园。

12月30日　中国首家“世界遗产研究中心”在北大成立。北大博士生导师谢凝高教授担任主任，著名学者侯仁之、周干峙、罗哲文、郑孝燮担任顾问。该中心的任务是，以中国的世界遗产和国家遗产为主要研究对象同时对各国的世界遗产进行对比研究，培养世界遗产研究、鉴定、保护、规划、利用及管理人才。除招收研究生外还招收干部作短期培训，要把科研、教学和遗产的考察、鉴定、申办、规划等实际工作结合起来。

1998年　据统计，今年北大设有数学、化学与分子工程、生命科学、经济、光华管理、国际关系、马克思主义学院和知识产权等8个学院，有物理、心理学、中国语言文学、艺术学等22个直属学校的系，有74个本科专业、3个第二学士学位专业、138个硕士专业、124个博士专业和55个研究所、77个研究中心、2个国家级工程研究中心、42个全国重点学科、12个国家重点实验室、4个国家重点学科专业实验室、3个教育部开放实验室、1个北京市重点实验室、15个博士后科研流动站；有教职工7275人，其中教授814人、副教授783人、讲师719人、助教154人；有中国科学院院士29人(其中本年内逝世3人)、中国工程院院士2人(其中1人兼科学院院士)，博士生导师561人；有各类在校学生25336人，其中本专科生9313人(本科9085人、专科228人)，研究生6108人(其中硕士生4463人，博士生1645)，函授生、夜大学生、成人脱产班和进修生等8868人，来自66个国家和地区的留学生1047人；今年的毕业生3192人，其中本科生1747人，专科生285人，第二学位学生90人，研究生1070人，今年招生4845人，其中本科生2426人，专科生228人，硕士生1611人，博士生580人。截止今年12月，北大已经同40个国家和地区的154所学校建立了校际交流关系。至年底，北大校园占地面积共231.9万平方米，建筑面积102.175万平方米。图书馆各类藏书461万册。校办科技产业全年总营销额超过80亿。

据北大教育基金会统计，由该会管理的奖学金共有55项，总金额约380万元，助学金共17项，总金额约92万元。1998年新增加的“光彩奖学金”是由国内一批年轻企业家投资建立的长期基金，数额达92万元，约占基金总额的19%，是北京大学奖(助)学金中金额最大的一项基金。此外，奔驰公司、摩托罗拉公司、宝洁公司、上海宝钢公司、松邦公司、佳能公司、松下公司、IBM公司、日本钢管公司和浙江东港集团等国内外大公司、大集团也为北大提供了高额赞助建立教育基金。同时，一些金融机构，如日本三合银行、东京三菱银行、住友银行、中国湖北建设银行、菲律宾国家银行、美国花旗银行等也在北大设立基金。奖(助)学基金中还有一部分个人基金，由著名的北大教授和各界知名人士赞助。如以冯友兰、马寅初、林超、谢义炳等的名义设立的基金。以社会知名人士设立的基金有明德奖学金和靳羽西教育基金。1998年度全校有1730人获得奖学金，有390人获得助学金。本科生获奖比例为20%，研究生获奖比例为40%。

1998年，北大申请国家自然科学基金的项目为257个，获准109个，获准率42.41%。其中，申请重点项目18项，获准13项。共获准经费1899万元，其中重点项目经费697万元。项目数和经费数位居清华之后，名列全国高校第二。另外，在国家杰出青年科学基金的三个类别中，北大共有14人申请A类，其中3人获得资助；共有15位海外青年学者以北大为研究基地申请B类，其中5人获得资助；还有4位获得C类资助。

1998年，校纪委、监察室初核各类违纪线索14件，其中经济类8件，道德类2件，其它类4件。在初核件中，涉及处级干部7人，科级干部1人，教师3人，其他人员3人。经初核后转立案8件，其中经济类案件4件，道德类案件2件，社会管理秩序类案件1件，其它类案件1件。立案件中涉及处级干部1人，科级干部1人，教师2人，其他人员4人。有5人受到不同程度的党内纪律处分，其中受开除党籍处分的2人，留党察看的1人，党内警告处分的2人，还有3人分别受到了开除公职、行政警告及其它相应的行政处理。受处分的党员占学校党员总数的0.8‰。

· 附　录 ·

北京大学授予的名誉博士

序号	国别	姓名	性别	出生日期	职业与现职务	所授学位	批准日期	授予日期	备注
1	塞内加尔	阿马杜·马赫塔尔·姆博 Amadou－Mahtar M'Bow	男	1921.3.20	联合国教科文组织总干事	名誉博士	1983.8.1	1983.8.4	
2	美国	李政道 Tsung－Dao Lee	男	1926.11.24	理论物理学家	名誉博士	1984.12.15	1985.7.3	
3	日本	井上靖 Yasushi Inoue	男	1907.5.6	中日文化交流协会会长	名誉博士	1985.6.22	1986.4.21	已逝世
4	印度	纳金德拉·辛格	男	1914.3.18	联合国国际法院院长	名誉博士	1986.9.9	1986.9.10	已逝世
5	美国	斯坦因 E. M. Stein	男	1931.1.13	普林斯顿大学数学系教授	名誉博士	1985.11.9	1988.5.28	
6	丹麦	欧格·玻耳 Aage Bohr	男	1922.6.9	教授、院士	名誉博士	1985.11.9	未授	
7	巴西	若泽·萨尔内·科斯塔 Jose Sarney Costa	男	1930.4.24	总统	名誉博士	1988.6.15	1988.7.4	
8	日本	宇都宫德马 Utsunomiy Tokuma	男	1906.9.24	日中友协会长	名誉法学博士	1989.6.15	1989.8.17	
9	阿根廷	何塞·马利亚·鲁达	男	1924.8.9	联合国国际法院院长	名誉法学博士	1990.4.18	1990.4.25	
10	意大利	齐吉基 Antonino Zichichi	男	1929.10.15	高能物理学家	名誉理学博士	1990.7.10	1990.10.18	
11	意大利	朱利奥·安德雷奥蒂 Giulio Andreott	男	1919.1.14	总理	名誉法学博士	1990.7.10	1991.9.16	
12	中国	李嘉诚	男	1928	香港长江实业集团董事长	名誉博士	1990.11.28	1992.4.28	
13	南非	纳尔逊·曼德拉 Nelson Mandela	男	1918.7.18	非国大主席	名誉法学博士	1992.9.29	1992.10.5	
14	美国	彼得·拉克斯 Peter D. Lax	男	1926.5.1	纽约大学教授	名誉理学博士	1993.4.5	1993.7.2	
15	意大利	焦瓦尼·斯帕多利尼 Giovanni Spadolini	男	1925.6.21	参议院议长	名誉历史学博士	1994.1.20	1994.2.19	
16	阿根廷	卡洛斯·萨乌尔·梅内姆 Carlos Saul Menem	男	1930.7	总统	名誉博士	1995.9.27	1995.10.5	

序号	国别	姓名	性别	出生日期	职业与现职务	所授学位	批准日期	授予日期	备注
17	美国	欧内斯特·博伊尔 Ernestl Boyer	男	1928.9.13	卡内基基金会主席	名誉博士	1995.4.6	1996.4.4	已逝世
18	中国	石景宜	男	1916.2	香港汉荣书局有限公司董事长，全国政协委员	名誉博士	1997.6.17	1998.10.29	
19	罗马尼亚	埃米尔·康斯坦丁内斯库 Emil Constantinesc	男	1939.11.19	总统	名誉博士	1997.9.3	1997.9.9	

（魏志义）

北京大学聘请的名誉教授及客座教授

名誉教授

姓名	国别(地区)	职务	授予时间
阿卜杜·默音·马鲁海	叙利亚	诗人，外文局专家	1977.12.30
何塞·洛佩斯·波蒂略	墨西哥	国家总统	1978.10.25
陈省身	美国	哥伦比亚大学教授	1980.04.30
吴健雄	美国	哥伦比亚大学教授	1982.06.21
池田大作	日本	创价学会名誉会长	1984.06.05
杨振宁	美国	纽约州立大学石溪分校教授	1984.12.27
李政道	美国	哥伦比亚大学教授	1985.07.03
麦克唐纳	加拿大	达尔豪斯大学教授	1986.04.23
邹谠	美国	芝加哥大学教授	1986.04.29
塞蒙	美国	卡内基·梅隆大学教授	1987.05.27
潘诺夫斯基	美国	斯坦福大学教授	1987.06.04
摩斯特发·卡迈尔·托尔巴		联合国环境规划署执行主任	1987.08.28
阿卜杜斯·萨拉姆		理论物理国际中心主任、第三世界科学院院长	1987.09.15
李远哲	美国	加州伯克利大学教授	1988.05.24
樊畿	美国	加州大学圣地巴巴拉分校教授	1989.06.03
胡安·安东尼奥·萨马兰奇		国际奥委会主席	1990.09.24
泡令	美国	赖努斯·泡令研究所所长，加州理工学院教授	1991.01
隅谷三喜男	日本	东京大学名誉教授	1991.04.09
阿帕德·鲍格胥		联合国世界知识产权组织总干事	1991.11.29
吴大猷	台湾	著名物理学家	1992.05.23
阮维周	台湾	著名地质学家	1992.09.28
约翰·迈克尔·毕晓波	美国	加州大学胡伯尔基金会主任	1993.08.19
金俊烨	韩国	社会科学院理事长	1993.08.31
沃尔特·艾萨德	美国	康奈尔大学教授	1993.10.05
阿文·李	加拿大	麦克马斯特大学教授	1993.10.07
保罗·比亚	喀麦隆	总统	1993.10.26
海部俊树	日本	前总理大臣、众议院议员	1993.10.30
井口洋夫	日本	冈崎国立共同研究机构总长	1993.11.05
帕斯卡尔·利苏巴	刚果	共和国总统	1994.05.21
马勒		国际计生联秘书长	1994.08
赛义德·贾法尔·夏希迪	伊朗	德胡达大百科全书编纂所所长	1994.09.09

姓　名	国别(地区)	职　务	授予时间
汉斯·迈耶	德国	著名学者	1994.09.09
查良镛	中国香港	新闻出版家	1994.10.25
希利斯·米勒	美国	加利福尼亚大学厄湾分校杰出教授	1994.12.08
高锟	中国香港	香港中文大学校长	1995.07.06
葛守仁	美国	伯克利加州大学教授	1995.10.24
汉斯·里斯	美国	威斯康星大学麦迪逊分校动物学系(终身荣誉教授)	1995.11.01
王庚武	中国香港	香港大学校长	1995.12.13
吴家玮	中国香港	香港科技大学校长	1996.02.16
石桥义夫	日本	共立女子学园理事长	1996.07.18
彼得·雷文	美国	密苏里植物园主任	1996.07.24
陈德恒	加拿大	麦吉尔大学副校长	1996.07.30
吴瑞	美国	康奈尔大学生物化学分子及细胞生物学教授	1996.10.26
马丁·梅尔森	美国	宾西法尼亚大学荣誉校长	1996.11.04
梅原猛	日本	国际日本文化研究中心所长	1997.06.23
威廉·法伊夫	加拿大	西安大略大学教授	1997.07.14
斯卡拉皮诺	美国	加州伯克利大学教授	1997.11.05
成田丰	日本	电通株式会社社长	1997.11.19
瑞玛·吕斯特	德国	洪堡基金会主席	1997.11.21
井上清	日本	著名学者	1998.03.03
有马朗人	日本	日本政府改革委员会委员	1998.05.04
朱棣文	美国	斯坦福大学教授	1998.05.04
丘成桐	美国	哈佛大学教授	1998.05.04
朱狄·罗丹	美国	宾夕法尼亚大学校长	1998.11.04
山姆·爱德华兹	英国	剑桥大学物理学教授	1998.11.30
坎米尔·伊德里斯	苏丹	世界知识产权组织总干事	1998.12.30
迪特里希·根舍	德国	德国前副总理兼外长	1999.01.06

客座教授

姓　名	国别(地区)	职务	授予时间
葛拉菲斯	美国	哈佛大学教授	1983.07.28
林家翘	美国	麻省理工学院教授	1983.11.02
丘成桐	美国	普林斯顿高等研究院教授	1983.12.19
浅野长一郎	日本	创价大学教授	1985.10.25
周修义	美国	密执安州立大学教授	1986.06.11
沈元壤	美国	加州大学伯克利分校教授	1986.12.22
张光直	美国	哈佛大学教授	1987.04.17
徐皆苏	美国	加州大学伯克利分校教授	1987.09.12
沃尔夫根·克莱因	德国	荷兰麦克斯普朗克心理语言所所长	1987.12.05
凯富卡	德国	马普行为生理学研究所教授	1987.12.17
贾福相	加拿大	阿尔伯塔大学研究生院院长	1988.04.19
廖国男	美国	犹他州立大学气象系教授、遥感中心主任	1988.09.15
小岛丽逸	日本	大东文化大学国际关系教授	1988.11.10
洪镰德	新加坡	国立大学高级讲师	1989.04.25
拉奎恩		联合国人口活动基金驻中国项目主任	1989.10.14
斯蒂文生	美国	密执安大学教授	1990.03.10

姓　名	国别(地区)	职务	授予时间
A·德欧	荷兰	莱顿大学教授	1990.04.03
顾莱纳	德国	法兰克福大学教授	1990.04.22
姜·埃·瓦罗里	意大利	国际关系研究所秘书长	1990.09.07
海老原治善	日本	东海大学教授	1990.12.03
大田尧	日本	东京大学名誉教授	1991.04.06
郑子瑜	中国香港	香港中文大学高级研究员	1992.04.10
佛朗科·诺比利	意大利	伊利集团董事长	1992.09.30
梁君国	中国香港	香港城市理工学院高级讲师	1993.03.15
王靖宇	美国	斯坦福大学教授	1993.03.25
山本良一	日本	东京大学生产技术研究所室主任,教授	1993.04.05
西蒙·佩雷斯	以色列	以色列外交部长	1993.05.21
谢觉民	美国	匹茨堡大学教授	1993.06.12
赖尚龙		联合国经济与社会发展部办公厅主任、高级规划师	1993.06.21
藤鸟昭	日本	东京大学教授	1993.08.17
池田温	日本	北京日本学研究中心主任教授	1993.09.03
谷川道雄	日本	龙谷大学教授	1993.09.14
横田澄司	日本	明治大学教授	1993.09.15
马纳斯·恰特基	美国	纽约州立大学宾厄姆顿分校教授	1993.10.15
厉鼎毅	美国	贝尔实验室光波系统研究部主任	1993.10.21
李天培	美国	贝尔通信实验室光电器件研究部主任	1993.10.21
杰瑞米·沃福德		世界银行环境部顾问	1993.10.27
沃特·斯波福德	美国	未来资源研究所高级研究员	1993.10.27
田田米穗	日本	日本原子力委员会委员	1993.11
黄云潮	美国	天主教大学机械工程系教授	1993.12.13
劳伦斯·德汉	荷兰	鹿特丹艾那斯玛斯大学计量经济学院教授	1994.04.07
拉尔夫·科恩	美国	弗吉尼亚大学文学与文化变革中心主任、《新文学史》杂志主编	1994.05.26
斯兰尼纳	荷兰	能源研究基金会环境研究部主任	1994.07.15
斯华龄	美国	海军科学研究中心信息科学组主任、科学顾问	1994.10.21
雀部博之	日本	日本理化研究所生物高分子物理实验室主任	1995.03.24
清水正夫	日本	日中友好协会全国本部副会长、日中建筑技术交流协会会长	1995.06.29
韩礼德	澳大利亚	悉尼大学荣休教授	1995.07.18
李　明	加拿大	滑铁卢大学教授	1995.08.18
杨汝万	中国香港	香港中文大学逸夫书院院长	1995.09.25
杨国枢	台湾	台湾大学教授	1995.10.17
黄佩玉	中国香港	香港大学亚洲研究中心名誉研究员	1995.11.01
曾满超	美国	密西根大学(州立)教授	1995.11.02
埃默里·爱略特	美国	加州大学教授	1996.01.23
魏　萼	台湾	台湾亚洲与世界社主任	1996.03.04
黄秉乾	台湾	台湾清华大学生命科学学院院长、教授	1996.04.05
斯蒂文·伯莱恩	美国	美国国家健康中心癌症研究所病毒致癌源实验室主任	1996.04.16
宇野重昭	日本	成奚大学校长,教授	1996.05.06

姓 名	国别(地区)	职务	授予时间
薛凤旋	中国香港	香港大学地理地质系教授、系主任	1996.05.22
鍾宇平	中国香港	香港中文大学教育学院研究生处处长	1996.06.21
卢乃桂	中国香港	香港中文大学教育学院院长	1996.06.21
刘全生	美国	马里兰大学教授	1996.06.26
菲力蒲·阿特巴赫	美国	波士顿学院国际高等教育研究中心主任	1996.07.05
依田喜家	日本	早稻田大学教授	1996.07.27
绪方直哉	日本	东京上智大学化学系教授	1996.09.17
筏义人	日本	日本生物材料会会长教授	1996.09.26
土田英俊	日本	日本人工血液学会会长教授	1996.09.26
梁鉴澄	美国	内布拉斯加—林肯大学物理天文系教授	1996.10.03
石米塞	法国	巴黎皮埃尔－玛丽·居里大学教授	1996.10.09
柯伟林	美国	哈佛大学历史系教授	1996.10.30
乔治·夏勒	美国	国际野生动物保护学会科学主任	1996.11.05
大卫·杰弗雷	加拿大	渥太华大学英语系教授	1996.11.15
陈毓钧	台湾	台湾中国文化大学美国研究所所长,教授	1996.11.22
亨利·列文	美国	斯坦福大学教育研究中心主任	1996.11.23
木村时夫	日本	早稻田大学名誉教授	1996.12.16
卫藤沈吉	日本	亚细亚大学校长	1996.12.19
蒲池捹治	日本	大阪大学高分子系教授	1997.03.14
支志明	中国香港	香港大学化学系教授	1997.04.11
约翰·霍尔	美国	美国国家标准研究院高级研究员、美国科学院院士	1997.06.18
林国炯		联合国政治事务部裁军军事事务中心高级事务专员兼联合国大会裁军与国际安全委员会秘书	1997.06.19
艾伯特	美国	美国国家基特峰天文台研究员、天体物理学报主编	1997.08.29
梁正荣	美国	纽约州立大学石溪分校副教授	1997.09.01
胡小平	美国	明尼苏达大学副教授	1997.09.01
森本正夫	日本	北海学园理事长	1997.10.05
约翰·尼库斯	瑞士	巴塞尔大学生物中心药理系主任英国皇家学会会员	1997.10.10
何莫邪	挪威	挪威科学院院士、奥斯陆大学教授	1997.10.13
程正迪	美国	阿克隆大学教授	1997.10.14
曼彻斯特	澳大利亚	澳大利亚科学院院士、国立天文台首席科学家	1997.10.20
李华伟	美国	俄亥俄大学图书馆馆长	1997.10.20
马特	法国	孟德斯鸠—波尔多第四大学比较政治研究中心主任	1997.10.28
马若德	美国	哈佛大学教授	1997.10.30
李炳穆	韩国	延世大学教授	1997.11.09
理查德·森本	美国	西北大学生物化学、分子及细胞生物学系主任、西北大学生物医学研究中心主任	1997.11.11
小弗里德里克·埃文思·魏克曼	美国	伯克利加州大学东亚研究所所长	1998.03.12
吴琼恩	台湾	台湾政治大学公共行政系教授兼主任	1998.03.12
程家瑞	台湾	台湾东吴大学法学院院长	1998.03.12
罗伯特·麦克阿瑟	美国	麦卡锡和舒尔茨律师事务所律师	1998.06.05

姓　名	国别(地区)	职务	授予时间
里查德·伯克斯鲍姆	美国	伯克利加州大学法学院国际和地区研究中心主任	1998.06.05
刘江彬	美国	亚太法学院	1998.06.05
施敏	台湾	台湾新竹交通大学电子工程系首席教授	1998.06.05
陈新滋	中国香港	香港理工大学化学系主任、教授	1998.06.05
尤乃亭	中国香港	香港科技大学化学系教授	1998.06.05
侯一钊	美国	加州理工学院教授	1998.06.05
陈介中	中国香港	香港科技大学机械系教授	1998.06.17
孔宪铎	中国香港	香港科技大学副校长、教授	1998.06.05
邱殷庆	中国香港	香港中文大学药学系教授	1998.06.05
李英雄	台湾	台湾长庚医院教授	1998.06.05
刘宗正	加拿大	多伦多总医院教授	1998.06.05
吴成文	台湾	台湾卫生研究院教授	1998.06.05
大卫·奥曼	美国	印弟安那大学医学院教授	1998.06.05
孙同天	美国	纽约大学医学院皮肤学系教授	1998.06.05
谢　明		劳伦斯伯克利国家实验室加速器及聚变研究部束流物理中心高级研究员	1998.10.09
底特·布洛赫	德国	高级研究员	1998.10.09
安藤彦太郎	日本	日中人文社会科学交流协会会长	1998.11.06

注：客座教授自1998年起有聘期，自聘任日起两年；名誉教授没有聘期.

报刊报道有关北大主要消息索引

【新闻·事件】

北大学生在天安门广场举行宣誓仪式 ……《人民日报》1998年1月2日第1版
北大方正使新闻出版业走向现代化 ……《光明日报》1998年1月3日第2版
在北大拿美国MBA ……《北京青年报》1998年1月7日第1版
北京大学代表团访问日本 ……《科技日报》1998年2月26日第3版
邓小平理论成了北大必修课 ……《北京青年报》1998年3月17日第1版
迎百周年校庆　登八千米高峰 ……《北京青年报》1998年3月21日第1版
北大百年庆典设网站 ……《北京青年报》1998年3月22日第2版
《蔡元培全集》出版发行 ……《新华每日电讯》1998年3月22日第4版
哈佛大学校长到北大 ……《中国青年报》1998年3月24日第1版
北大纪念翦伯赞诞辰百年 ……《光明日报》1998年4月15日第2版
北大举办马克思主义理论研讨会 ……《人民日报》1998年4月18日第2版
北大一摩托罗拉联建半导体实验室 ……《光明日报》1998年4月21日第2版
八达岭——北京大学自行车赛在京结束 ……《光明日报》1998年4月27日第3版
郎平率女排到北大贺百年校庆 ……《中国体育报》1998年4月28日第2版
《我观北大——中国作家谈北大》出版 ……《光明日报》1998年4月28日第2版
北大建立我国首家金融数学开发实验室 ……《北京青年报》1998年4月29日第2版

北大登山队登上卓奥友峰 ……《中国体育报》1998 年 4 月 29 日第 1 版
江泽民总书记考察北京大学 ……《人民日报》1998 年 4 月 30 日第 1 版
北大百年校庆书画展开幕 ……《人民日报(海外版)》1998 年 5 月 2 日第 4 版
北大百年校史展览开幕 ……《北京青年报》1998 年 5 月 3 日第 12 版
大学校长论坛在京开幕——世界百位校长共度北大百年庆典 ……《光明日报》1998 年 5 月 3 日第 1 版
严复铜像在北大揭幕 ……《科技日报》1998 年 5 月 4 日第 2 版
市府举行庆北大百年招待会 ……《北京日报》1998 年 5 月 5 日第 1 版
庆祝北大建校一百周年大会在京举行 ……《新华每日电讯》1998 年 5 月 5 日第 1 版
在庆祝北京大学建校一百周年大会上的讲话 ……《光明日报》1998 年 5 月 5 日第 1 版
《北京大学建校一百年》纪念邮票首发 ……《光明日报》1998 年 5 月 5 日第 2 版
北大图书馆新馆竣工 ……《光明日报》1998 年 5 月 5 日第 2 版
科学大师与一代新人的交流——北大百年校庆著名华人科学家演讲侧记 ……《光明日报》1998 年 5 月 6 日第 2 版
北大学子与五四奖章获得者对话 ……《中国青年报》1998 年 5 月 6 日第 1 版
团中央、全国学联组织高校青年师生座谈江泽民在北大建校百年大会上的讲话 ……《光明日报》1998 年 5 月 7 日第 2 版
北大召开座谈会纪念真理标准讨论廿周年 ……《光明日报》1998 年 5 月 12 日第 2 版
北京大学七百余名学生党员七一前夕庄严宣誓 ……《光明日报》1998 年 7 月 1 日第 2 版
首都纪念北大新闻研究会成立 80 周年 ……《中国教育报》1998 年 10 月 7 日第 1 版
香港中文大学驻北大联络处成立 ……《中国教育报》1998 年 10 月 7 日第 1 版
北大学子聆听英模报告 ……《北京日报》1998 年 10 月 7 日第 3 版
董建华参观访问北京大学 ……《中国教育报》1998 年 10 月 17 日第 1 版
辜振甫夫妇参观访问北京大学 ……《中国青年报》1998 年 10 月 18 日第 1 版
北图与北大清华资源共享 ……《北京日报》1998 年 11 月 6 日第 1 版
北大清华蓝旗营教师住宅工程开工 ……《人民日报》1998 年 11 月 9 日第 5 版
北大纪念一二·九运动六十三周年 ……《科技日报》1998 年 12 月 9 日第 2 版
北大校园讲出故事 ……《北京青年报》1998 年 12 月 14 日第 1 版
北大一同过生日共祝祖国好——纪念党的十一届三中全会召开 20 周年 ……《中国教育报》1998 年 12 月 17 日第 1 版
方正电脑轰动上海证券展 ……《人民日报(海外版)》1998 年 12 月 22 日第 2 版
北大全面整修清代古建筑群承泽园 ……《光明日报》1998 年 12 月 23 日第 5 版
学生坐上评判席　给教师打分——北大学生参与学校管理 ……《中国青年报》1998 年 12 月 23 日第 6 版

【综述类】

百年北大　世纪辉煌 ……《光明日报》1998 年 2 月 11 日第 5 版
知识经济崛起北大 ……《北京日报》1998 年 4 月 8 日第 6 版
知识经济时代再领风骚——喜迎北京大学百年华诞(二) ……《人民日报(海外版)》1998 年 4 月 17 日第 1 版
全面实施 21 世纪人才培养方案——喜迎北京大学百年华诞(三) ……《人民日报(海外版)》1998 年 4 月 21 日第 1 版
从京师大学堂到北京大学 ……《中国教育报》1998 年 4 月 21 日第 8 版
民主党派在北京大学——写在北大百年校庆之际 ……《团结报》1998 年 4 月 21 日第 1 版
北大学者看北大 ……《中华读书报》1998 年 4 月 22 日第 10 版
辉煌百年 ……《新华每日电讯》1998 年 4 月 24 日第 5 版
百年学府科学殿堂 ……《中国青年报》1998 年 4 月 24 日第 4 版
风雨百年——北京大学建校百年启示录 ……《中国教育报》1998 年 4 月 28 日第 5 版
北大百年群星灿烂 ……《北京日报》1998 年 4 月 29 日第 1 版
北京大学科研跨入世界前沿 ……《科技日报》1998 年 4 月 29 日第 1 版

关怀·期望·激励——江泽民总书记考察北京大学记 ……………………《人民日报》1998年4月30日第4版
百年树人 木铎金声——贺北京大学建校100周年 ……………………《法制日报》1998年4月30日第5版
历百年沧桑 创世纪辉煌——纪念北京大学建校100周年 ………………《中国图片报》1998年5月1日第1版
百年辉煌与世纪庆典——写在北京大学百年校庆之际 ……………………《光明日报》1998年5月2日第1版
迈向新世纪的北京大学 ……………………………………………《中国教育报》1998年5月2日第4版
百年风雨铸辉煌 ……………………………………………………《人民日报》1998年5月3日第1版
百年学府沐春风——三代领导人关怀北京大学 ……………………………《光明日报》1998年5月4日第1版
北大迈向新世纪 ……………………………………………………《北京日报》1998年5月4日第1版
百年风雨 世纪北大——北京大学华诞庆典写真 …………………………《中国青年报》1998年5月5日第8版
喜看今日北大 处处生机无限 ……………………………………………《北京日报》1998年5月6日第6版
北大:中国二十世纪文化精神的缩影——写在北大百年校庆之际 ………《中国青年报》1998年5月7日第8版
北大:中国现代化进程中的明星 ……………………………………《中国青年报》1998年5月9日第8版
弘扬民主、科学与爱国主义——北京大学一百周年衷心的祝寿 …………《光明日报》1998年6月6日第2版

【人物类】

钱理群与“我的鲁迅观” ……………………………………………《北京日报》1998年1月16日第7版
我和北大 ……………………………………………………………《光明日报》1998年2月11日第2版
共同的心愿 …………………………………………………………《光明日报》1998年2月17日第2版
华夏文明看“风水”——访北大环境科学中心宋豫秦 ……………………《中国环境报》1998年2月22日第4版
赞百年北大 …………………………………………………………《光明日报》1998年2月26日第2版
我与北大 ……………………………………………………………《光明日报》1998年2月28日第2版
未名湖畔力耕人——记张国有教授 ……………………………………《北京日报》1998年3月13日第7版
大力扶持高校科技产业 ……………………………………………《中国教育报》1998年3月17日第1版
王铁崖:国际法庭的中国大法官 ……………………………………《北京日报》1998年3月20日第7版
兼容并包 再造辉煌 ………………………………………………《光明日报》1998年3月24日第2版
用科学创新造就年轻一代 ……………………………………………《科技日报》1998年3月26日第12版
解读厉股份 ………………………………………………………《北京青年报》1998年3月26日第13版
北大教我治学做人 …………………………………………………《光明日报》1998年3月26日第2版
刘忠范:走在世界最前头 ……………………………………………《北京日报》1998年3月27日第7版
北大人的敬业 ………………………………………………………《光明日报》1998年3月28日第2版
“人民币不会贬值”依据充分——北京大学教授萧灼基撰文 ……………《经济日报》1998年3月30日第6版
我爱未名湖 …………………………………………………………《光明日报》1998年4月4日第2版
北大——我“学余创作”的起点 ……………………………………《光明日报》1998年4月7日第2版
略说“实至名归” ……………………………………………………《光明日报》1998年4月8日第2版
学风的熏陶 师辈的关怀 ……………………………………………《光明日报》1998年4月11日第2版
未名湖与我的青春岁月 ………………………………………………《光明日报》1998年4月15日第2版
北大学风与我的治学 ………………………………………………《光明日报》1998年4月17日第2版
百年光荣与世纪机遇——访北京大学党委书记任彦申教授 ……………《中国教育报》1998年4月24日第1版
初进北大 ……………………………………………………………《光明日报》1998年4月24日第2版
背景 …………………………………………………………………《光明日报》1998年4月25日第2版
五四运动中的北大学子——访北京大学教授梁柱 ………………………《中国青年报》1998年4月25日第8版
从沙滩到未名湖 ……………………………………………………《光明日报》1998年4月28日第2版
未名湖畔书香飘——校庆前夕访北京大学出版社社长彭松建 …………《中华读书报》1998年4月29日第13版
发展学术 以昌国运 …………………………………………………《光明日报》1998年4月29日第2版
再写青春一百年——北大党委书记任彦申展望二十一世纪的北大 ………《科技日报》1998年4月29日第1版
爱国 进步 民主 科学——北大党委副书记赵存生关于北大传统的问答 ……………………………
……………………………………………………………………《法制日报》1998年4月29日第5版

春暖未名湖——北大师生畅谈江总书记“4.29”考察感受 ……………………《中国教育报》1998 年 5 月 1 日第 1 版
有容乃大——陈平原谈北大百年及其精神 ……………………………………《人民日报》1998 年 5 月 3 日第 4 版
北大百——访季羡林先生 ……………………………………………………《中国教育报》1998 年 5 月 6 日第 3 版
青年毛泽东的北大之行 ………………………………………………………《中国青年报》1998 年 5 月 9 日第 8 版
百年北大与“文化自觉” ………………………………………………………《光明日报》1998 年 6 月 8 日第 2 版
方正与北大 ……………………………………………………………………《光明日报》1998 年 6 月 22 日第 2 版
我钦敬的陈岱孙先生 …………………………………………………………《光明日报》1998 年 9 月 19 日第 7 版
我获得了平衡的幸福——青年科学家吕植谈人生 …………………………《中国青年报》1998 年 10 月 17 日第 6 版
王选——科技产业化的尖兵 …………………………………………………《光明日报》1998 年 11 月 3 日第 1 版
公平是市场经济的灵魂—访王海明 …………………………………………《光明日报》1998 年 11 月 10 日第 2 版
王选：吸引优秀人才的“四要素” ……………………………………………《教育文摘周报》1998 年 12 月 2 日第 4 版
一诺千金 ………………………………………………………………………《北京青年报》1998 年 12 月 11 日第 8 版
国学泰斗拜会神剑将军 ………………………………………………………《人民日报(海外版)》1998 年 12 月 12 日第 7 版

【专题类】

十年铸就擎天剑——“走近北大方正”系列报道之一 …………………………《中国教育报》1998 年 3 月 3 日第 1 版
书生市场竞风流——“走近北大方正”系列报道之二 …………………………《中国教育报》1998 年 3 月 5 日第 2 版
创新方能立潮头——“走近北大方正”系列报道之三 …………………………《中国教育报》1998 年 3 月 7 日第 2 版
江山代有才人出——“走近北大方正”系列报道之四 …………………………《中国教育报》1998 年 3 月 9 日第 2 版
北大方正知识经济闯天地 ……………………………………………………《北京日报》1998 年 4 月 19 日第 1 版
北大成教在改革中发展 ………………………………………………………《中国教育报》1998 年 4 月 27 日第 3 版
百年书城育人摇篮——北京大学图书馆沿革 ………………………………《人民日报(海外版)》1998 年 4 月 30 日第 7 版
法苑古树绽新枝——记百年校庆中的北大法律系 …………………………《人民日报》1998 年 4 月 28 日第 11 版
百年风采　面向未来——记北京大学法律学系 ……………………………《法制日报》1998 年 4 月 30 日第 5 版
北大毕业生过得如何 …………………………………………………………《中国青年报》1998 年 11 月 18 日第 1 版

(张琳)

部分世界一流大学简介

哈　佛　大　学

“先有哈佛，而后有美利坚。”

——题记

美国第一所学府

15 世纪末，由欧洲通往美洲的大西洋航道被哥伦布开辟出来以后，欧洲人纷纷远涉重洋来到美洲。17 世纪初，首批英国移民到达北美，在那里开拓自己的“伊甸园”——新英格兰。移民中有 100 多名清教徒，曾在牛津和剑桥大学受过古典式的高等教育，为了让他们的子孙后代在新的家园也能够受到这种教育，他们于 1636 年在马萨诸塞州的查尔斯河畔建立了美国历史上第一所学府——哈佛学院。1780 年，即美国建国后的第四年，已经有了 140 多年历史的哈佛学院升格为哈佛大学。

当初哈佛学院的创办者把剑桥大学的模式移植过来，学院最初定名为“剑桥学院”(Cambridge College)。1639 年，为了纪念学院的创办者和建校费用的主要捐献者约翰·哈佛(John Harvard)，马萨诸塞议会通过决议，将学院改名为“哈佛学院”。

由哈佛学院时代沿用至今的哈佛大学校徽上面，用拉丁文写着 VERITAS 字样，意为“真理”。哈佛大学校训的原文,也是用拉丁文写的,意为"以柏拉图为友,以亚里士多德为友,更要以真理为友"。校徽和校训的文字,都昭示着哈佛大学立校兴学的宗旨——求是崇真。

担任哈佛大学校长长达 20 年(1933～1953)之久的美国著名教育家科南特曾经说过:"大学的荣誉,不在它的校舍和人数,而在于它一代一代人的质量"。正是在择师和育人上坚持高标准、高质量,哈佛大学才得以成为群英荟萃、人才辈出的第一流著名学府,对美国社会的经济、政治、文化科学和高等教育都产生了重大影响,对世界各国的求知者具有极大的吸引力。

在竞争中争先

1693 年,北美第二所学府威廉·玛丽学院(今弗吉尼亚大学的第一所学院)诞生。1701 年,耶鲁学院(今耶鲁大学的第一所学院)成立。这两所学院的出现,使哈佛学院有了伙伴和竞争的对手。18 世纪下半期,北美洲陆续建起了 9 所学院,新建的学院虽然大体上仍沿袭英国古老学府的模式,毕竟时代不同了,受欧洲启蒙运动和产业革命的影响,数学和自然科学陆续挤进这些学院的教学领域。受英国古老大学传统影响较深的哈佛学院,面临着强有力的挑战。1727 年,哈佛学院建立了数学和自然哲学的教授讲座,这是顺应时势的变革之举。此时,北美产业革命的势头兴起,新兴的工商业对应用科学的需求使哈佛面临着重大的抉择:要么墨守成规,这将失去它在北美高等学府中的领袖地位;要么推陈出新,以求继续执掌北美学府之牛耳。哈佛选择了后一条路。

数学和自然哲学教授讲座开设后,哈佛学院还置备了一批科学仪器和设备,教授们用实验的方法,向学生讲授天文、物理和化学知识。在数学领域内,设立了测量术和航海术等技术学科。1780 年,医学教授讲座的建立,促进了植物学和化学的研究。教授们开展各种各样的科学研究,并将研究成果在北美和英国的学术刊物上发表,自然科学终于在哈佛建立起牢固的阵地,并对其它学院产生影响。

1775～1783 年,北美 13 个英国殖民地爆发了反对英国殖民统治的独立战争。哈佛学院顺应潮流,站在同情和支持独立战争的正义事业一边。在马萨诸塞,几乎所有著名的革命者都是哈佛的毕业生,包括美国《独立宣言》起草人之一、美国第二任总统约翰·亚当斯。1775 年 7 月 3 日,乔治·华盛顿在哈佛学院所在地坎布里奇就任北美独立战争军队的统帅,他的司令部也一度设在坎布里奇。1776 年美利坚合众国诞生后,哈佛学院给独立战争的主要领导人乔治·华盛顿、托马斯·杰斐逊(《独立宣言》主要起草人,美国第三任总统)、约翰·杰伊(美国联邦最高法院首任首席大法官)、亚历山大·汉密尔顿(首届美国联邦政府财政部长)等人授予荣誉法学博士学位。

到 1780 年,哈佛学院已先后建立了神学、数学和自然哲学、医学等教授讲座,学院升格为大学。按照欧洲中世纪大学的传统,必须拥有 3 个学院的联合体,才够格称为大学,当时马萨诸塞州议会竟破格承认哈佛学院升格为大学,这既是厚爱,也是鞭策。哈佛大学继续抓紧自身建设,1816 年设立了神学院,1817 年设立了法学院,加上原有的以文理为主科的哈佛学院,一共有了 3 个学院,成为名副其实、名正言顺的大学了。19 世纪上半叶,哈佛大学的影响已超出马萨诸塞之外,及于美国中部和南部。

在北美独立战争初年,哈佛学院的基金,连同地产的租金在内,不足 1700 英镑。战后的 1793 年,哈佛的基金已超过 18.2 万美元。到了 19 世纪,由于校友的赞助,哈佛大学的基金稳步上升,1800 年为 24.2 万美元,1869 年为 225 万美元。

在此期间,哈佛大学的课程设置有了较大的变化。1790 年,哈佛大学开设了拉丁文、希腊文、数学(包括天文学)、英文写作、哲学(包括形而上学、道德和政治)、神学、自然科学,希伯来文和法文两科由学生任选一科。哈佛大学课程的变化,在很大程度上是由于受德国高等教育改革的影响。在此时期,德国著名教育家威廉·洪堡关于大学教育改革提出了著名的三条原则:独立性;自由与合作二者统一的原则;教育与研究统一的原则和科学统一的原则。洪堡不仅提出了大学改革的理想,并在他倡办的柏林大学中付诸实践,提倡学术自由,教育与科研相结合,柏林大学成为德国新型大学的榜样。在哈佛大学任教的一些青年教授,曾经留学德国,受到德国大学的影响,他们要求改变英国大学的模式,转而以德为师,效法德国大学的一套制度。1825 年,有 4 位青年教授联名提出 4 项改革意见:减少古典文学课程的比重;重视对现代外国文学的研究;设立研究生的学位制度;按照学生的能力分班教学。这 4 项意见当时未被采纳。

1829 年,昆西(J. Quincy)出任哈佛大学校长,他大刀阔斧,极力扭转哈佛大学的方向,大力倡导重视理科的教学。他任职 16 年(1829～1845),在哈佛大学办起了理学院,建立了一座天文台。18 世纪和 19 世纪,随着哈佛大学的发展,学校课程内容范围扩大了,重点转换了,自然科学受到了极大重视。

1869～1909 年,化学家埃利奥特(Charles. William Eliot)担任哈佛大学校长,他任职 40 年,把哈佛大学建设成为一座规模宏大的现代化大学。他使法学院、医学院获得了新的活力,并且新建了商业管理学院、牙医学院、文理学院,注册学生从 1000 人上升到 3000 人,教学人员从49名增加到278名,学校基金从2300万美元增加到2.25亿美元。

1909～1933年,洛厄尔(Abbott Lwrence Lowell)担任哈佛大学校长,他重新制定了大学本科生课程计划,实行课程的集中与分配相结合的制度,以便使学生受到良好的基础教育。洛厄尔实行的导师制,至今仍被哈佛大学沿用。洛厄尔最突出的贡献是在哈佛大学实行住宿制度,这一制度的实施使得在大型的综合大学中,本科生都有一个小型的学院环境,新生入学后的第一年住在哈佛校园内或附近的宿舍中,一年以后,学生们分住在12幢宿舍楼内,还为少数走读生设置了第13幢宿舍楼。每幢宿舍楼内有一位住校教师和一个导师组,指导学生的学习和生活。此外,每幢宿舍楼还设有餐厅、图书馆,在宿舍楼区,经常开展各种有趣的体育、社会和文化活动。

近几届的几位校长,科南特(James Bryant Conant),普西(Nathan Marsh Pusey),博克(Derek Bok)和现任校长陆登庭(Neil L Rudenstine)等都对哈佛大学的建设作出了巨大的努力。他们一方面千方百计地提高本科生和研究生的教育质量,同时也尽力发挥哈佛大学作为研究机构的出类拔萃的作用。

科南特1919～1953年历任哈佛大学化学系教授、系主任、校长,他在哈佛大学实行校外特别委员会制度,用这个机构来评议学校教师的资格和任期。他还创建了一项普通教育方案,除主修课程以外,向所有本科生提供广泛的学习领域。1953～1971年,普西任校长,在他的主持下,哈佛大学进行了美国高等教育史上规模最大的募捐活动,为哈佛筹集资金达8.25亿美元,这项活动提高了哈佛大学教师的薪金,扩大了对学生的资助,建立了新的教授职位,充实了教学设备。1971年以后,博克担任校长,他精心处理了高等教育中的一些主要问题,包括行政管理、少数民族和妇女受教育的机会以及学术界与工业界之间的技术转换等问题,博克校长还重新组织了哈佛大学的管理机构,把现代化的管理方法和程序引进到哈佛大学的各个研究生院和各个系科。1991年,陆登庭出任第26任校长,作为更好地协调各学院和教师关系的一部分,他开创了一个集中的全校范围的学术计划,目的是辨别出哈佛最主要和优先的部分。另外,陆登庭还强调大学的责任:优秀的本科教育,大学的门始终向不同经济阶层的人敞开,研究型大学如何适应信息快速增长和严重财政约束的时代,在一个自由表达的社会中迎接挑战。

课程的不断改革与更新

哈佛大学360多年的历史,是一部发展与变革互相推进的历史。

创建后一个半世纪的哈佛学院,一直是以英国的牛津、剑桥两大学为榜样,以培养牧师、律师和官员为目标,注重人文学科,学生不能自由选择课程。19世纪初,高等教育课程改革的号角在哈佛吹响了,崇尚“学术自由”和“讲学自由”。“固定的学年”和“固定的课程”的老框框受到冲击,自由选修课程的制度逐渐兴起。在哈佛学院也有人倡议实行课程选修制度,这种革新的要求遭到传统的保守势力的反对,倡议在哈佛未能得以实现。

然而,高等教育要适应社会发展的需要,适应学生个性的呼声日益高涨。1839年,哈佛大学再次发动课程改革。1841年,哈佛正式实行选课制,但在保守势力的反对下很快又有所倒退。

19世纪60年代,美国爆发了南北战争。南北战争为美国资本主义的发展开辟了道路,生产力突飞猛进,科学技术工作者的地位逐步提高,工程师、自然科学家和工业技术人才得以和律师、官员等并驾齐驱。形势的变化对高等学校的课程改革十分有利,选修制再次兴起,哈佛走在了改革的前列。

1869年,年仅35岁的埃里奥特担任哈佛大学校长,此后他担任校长40年,是推行选课制的主将,在他的领导和推动下,哈佛大学全面实行选修制。到1895年,只有英语和现代外语仍为必修课,其它均为选修课。美国许多高校纷纷步哈佛大学后尘,减少或废除必修课,增加选修课。

按照自由选修制的要求,攻读一种学位,可有16门课程供学生选修,只要符合规定,便可取得相应的学位。这种方法打破了固定的四年学制,成绩优异者三年内即可取得相应的学位,可称得上是“不拘一格降人才”了。在埃里奥特的努力下,哈佛大学招聘学者名流任教,选修课程开设超过其它大学,学生的知识面扩大,学习潜能得以充分发挥出来。埃里奥特的教育思想和课程改革对美国高等教育的发展具有深远的影响,他强调高等学校要给予学生三个法宝:一是给学生学习上选择的自由;二是使学生在所擅长的学科上有施展才能的机会;三是使学生的学习从被动的行为转化为自主的行为,使学生从对教师的依赖和从属关系中解放出来。

1909年,洛厄尔出任校长,他在保留自由选课制优点的前提下又提出了新的教改方案,从1914年起,实行“集中与分配”制。所谓“集中”,是指从16门可供选择的课程中,必须选修6门本系的专业课,以保证重点;所谓“分配”,是指另外的6门课程从3个不同的知识领域中各选2门,以保证学生具有比较广泛的知识面。余下的课任学生自由选择。这种制度既保证专业课学习的深度,又能扩大学生的视野,也可给学生的个人爱好留下适当的余地。

1933年,化学家科南特担任校长,他励精图治,于1940年主持成立专门委员会,研究课程改革。经过5年的反复研究,提出了专门报告,主张加强普通教育。哈佛大学按照专门报告的建议,又做了5年实验,在1951年正式推行"普通教育"制度。按照普通教育制度的规定,第一,一、二年级的学生,要从自己所在的系中选修6门专业课,再从人文、社会、自然三大类别的普通教育课中各选一门,共3门课,另外还需从其他系的课程中至少选3门;第二,三、四年级也设有普通教育课,没有学过一、二年级普通教育课的,不得选修三、四年级的普通教育课;第三,攻读硕士和博士学位的学生可以选修一部分三、四年级的普通教育课;第四,学生不得选修属于同一个考试组的两门课。这样做,普通教育和专业教育结合的很紧密,而且先后有序,互相衔接。这种办法吸取以前制度的优点,加以综合,形成了以通识教育为基础,以集中与分配为指导的自由选修制度。

哈佛大学学生成绩的计分方法一般有四种:第一,按A、B、C、D、E五级计分,A为最高分;第二,及格和不及格;第三,满意和不满意;第四,有学分和无学分。

哈佛大学的课程改革并没有停滞不前,他们又进而研究在普通教育中哪些课程是核心课程,或称基础课程。他们深切认识到,不论学习任何专业,都必须有深厚的基础知识。"根深叶茂,本固枝荣",这一思想在哈佛大学是很明确的。

德里克·博克于1971年出任校长,他十分关注大学本科的基础教育,采取了有力的措施。20世纪初,美国一般大学文科的课程是按照纵深与横亘相结合的原则来设置的,既让学生对某一领域有比较深入的理解,又要求学生对其他领域有较为广泛的涉猎。到20世纪中期,则要求学生在知识广度方面对人文科学、社会科学和自然科学三个领域有概括的基本的理解。到了六七十年代,以上的课程模式再度受到挑战,由于人类的知识领域空前扩大,各学科之间过去的传统界限已被冲破,使得传统的文科课程结构处于不得不改革的局面。1973年,博克校长任命亨利·罗索夫斯基(Henry Rosovsky)为哈佛文理学院院长,责成他负责研究文理学院的目标及哈佛本科教育中存在的种种问题,号召教师们献计献策,以集思广益,重新制定有关大学教学的目的和方法。罗索夫斯基任命威尔逊教授研究共同基础课问题,于1976年提出一项改革方案,即"威尔逊报告"。这份报告主张制定一种强制性的共同基础课程,以后又经过反复讨论、修改,并由罗索夫斯基院长亲自主持进一步的修改工作,结果于1978年提出了关于共同基础课的报告,并决定于第二年开始付诸实施。

从以上过程可以看出:哈佛大学是不断适应时代的要求而不断革新的,这种改革不是凭单纯的热情而匆忙从事的,改革不是孤立进行的。这些对我们的教育改革工作是颇有借鉴意义的。

哈佛大学的机构

哈佛大学的校务领导机构,一是哈佛大学董事会,另一个是校务监督委员会。

大学董事会

哈佛大学董事会,负责大学的财政和校务的管理。有关教育政策和机构设置的重大事务,由校长和各部门主任向董事会提出讨论决定。哈佛大学各个研究生院院长和各个系的系主任,都由校长任命。

校务监督委员会

哈佛大学校务监督委员会,由30名成员组成。这些成员大多从哈佛学院和拉德克利夫学院毕业的校友中选举产生,任期为6年。校务监督委员会举行定期会议,对大学的工作进行调查研究,就有关大学的教育政策和教育实践提出建议,支持学校的重大活动。

历久常新的生机所系

在世界著名学府之林中,哈佛大学算得上是一株不老松,探讨这所名牌大学长盛不衰之所系,是各国高等教育研究者感兴趣的一个课题。其之所以能够历久常新,与时俱进,值得各个大学借鉴:

(一) 革故鼎新。初建时期的哈佛学院,其规模只相当于旧中国乡间的一所村塾,如今已发展成为规模宏大、设备先进、成就卓越、影响深远的全美学府之首,这不是上帝恩赐,也不是自发而成,而是哈佛人艰苦创业,不断革故鼎新的结果。事实证明:新陈代谢,革故鼎新,是事物发展的普遍规律。哈佛从仿效英、德到独创新制,由只学固定课程到采取自由选修制、集中和分配制、普通教育制,以致形成以普通教育为基础、以集中与分配为指导的自由选修制等等,无一不是革故鼎新的结果,时至今日仍未止步。这是一所学校欣欣向荣的生命力所在。

(二)质量并重。哈佛初创时,只有教师一人,学生四名。现在,教师人数已超过2000,学生人数近2万名,数量的发展是惊人的。哈佛在发展中并未忽视质量的提高,坚持质量并重。保证教育质量,除了指导思想明确以外,比较重要的措施有两条:一是充实和完善设备,"工欲善其事,必先利其器",哈佛的教学设施、实验室、图书馆、博物馆等等都是第一流的;二是重视人的素质,教师要严选,学生要精挑。对于学生的录取,哈佛是相当严格的,获准入学者约占申请者的10%~20%,大多数新生入学前的中学成绩为A等。由于教师阵容强,学生起点高,再加上物质设备等其他条件,才保障了哈佛有相当高的教育质量,在美国以至全世界的高等学校中名列前茅。

三、教研结合。世界上著名的高等学府,都已成为“两个中心”,既是教学中心,又是科研中心,哈佛是其中的佼佼者。事实表明,教师水平再高,也需不断进修。哈佛的教师都有科研任务,哈佛的高年级学生或成绩优异者也在学习的同时,从事一定的科研工作。哈佛图书馆、博物馆既是为教学、科研服务的机构,本身也从事教学和科研。哈佛大学做到了教学、科研结合,两者相互促进,相得益彰。

四、内外协作。哈佛大学内部各单位息息相通,许多学生可以交叉注册、跨系跨学科进行学习,哈佛又同麻省理工学院等名牌大学和有影响的科研机构通力合作。内外协作,使得哈佛大学能够最大限度地调动人力、物力,扬长避短,发挥最佳的效益。

斯坦福大学

1991年,斯坦福大学迎来了百年华诞,应该说在世界一流大学当中,它是比较年轻的。但它在发展人类智力、满足社会需求方面,又是充满活力、独树一帜的。在斯坦福大学百年校庆时的一篇纪念演说中曾这样说道:“至今,恐怕没有哪所百年的大学,无论是国内的还是国际上的,能为大学的发展、社会的进步提供一个比我们所拥有的更加有吸引力或诱惑力的机遇。斯坦福正是处在这样的一种位置上迈向它的第二个世纪,和现代社会一起迎接21世纪。斯坦福大学从地理位置上位于美洲—太平洋的边缘、东方和西方交汇之处,而且也身处技术和人文两大基础学科的融合之中,如果斯坦福大学能在东方和西方、技术和人文之间成功建立一道沟通的桥梁,那么可以预言,斯坦福大学将能为解决困扰当今世界发展进步的一些疑惑作出非常有意义的贡献。”

梳理斯坦福大学的发展史,我们必然会把目光投向它在“学术—技术—生产力”转化过程上的杰出作为、在建校理念上的高瞻远瞩、在学校建设上独树一帜的管理和操作。

斯坦福大学,全称小利兰·斯坦福大学(Leland Stanford Junior University),1891年10月1日正式开课。首任校长乔丹向师生和来宾发表了激动人心的演说,他说:“我们的大学虽然是最年轻的一所,但它是人类智慧的继承者。凭着这个继承权,就不愁没有迅猛而茁壮的成长。”他宣布:“我们师生在这第一学年的任务,是为一所将与人类文明共存的学校奠定基础。这所学校决不会因袭任何传统,无论任何人都无法挡住它的去路,它的路标全部是指向前方的。”一个世纪以来,斯坦福大学为几代年轻人提供了良好的生活条件和学习条件,产生了许多影响世界的著名科学家、学者,并出现了已经或可能改变世界的种种设想。它在教学和科研上的成就,使它跻身于世界一流大学的行列,创业者的宏图已经化为现实。实际上,说到斯坦福大学就必须要关注斯坦福研究园区和“硅谷”。很多早期的帕洛·阿尔托的工程师都是斯坦福大学的毕业生。虽然那个时候,同美国的无线电公司(RCA)相比,加州的工厂只不过是小巫见大巫;同东海岸的大学相比,斯坦福大学也不过是小弟弟。1920年斯坦福大学还是一所“乡村大学”,但到了1960年她便名列前茅,1985年被评为全美大学的第一名。是斯坦福大学的崛起为硅谷微电子工业创造了条件,也是硅谷帮助了斯坦福大学使它得以有今天的成就。

斯坦福大学与硅谷彼此的发展之所以能联系起来,一方面是时代发展与演进所提供的机遇;另一方面一些个人或集团的主观创造力也是不容忽视的。在回顾斯坦福大学与硅谷相得益彰的关系历程上,关键的还是连接斯坦福大学和硅谷的一座桥梁——斯坦福研究园区。

斯坦福研究园区是由斯坦福大学副校长特曼教授于1951年创建的,是世界上第一个研究园区,被誉为“研究园区之父”。40年代后期以来,由于联邦政府决定加大政府对教育的投资,美国的教育得到复苏。对当时偏于一隅的斯坦福来说,与东部的名牌大学是无法相提并论的,关键的是西部远不如东部发达,且人才流失严重。当时的斯坦福副校长特曼教授认为,高校的未来在于人才。在他看来,“大学不仅是求知的处所,它们对一个国家工业的发展、工业的布局、人口的密度和所在地区的声望,都可以发挥巨大的经济影响”,“而且要成为第一流的大学,必须有第一流的教授。”但当时的斯坦福对名牌教授并没有吸引力。为此特曼提出了他的“学术尖端”的构想,这包含两层意思,一是吸引顶尖人才。对此,特曼曾有这样形象的解释:“一个运动队里与其个个都能跳6英尺高,不如有一个能跳7英尺高。”同样的道理,如果有9万美元在手,与其平均分给5个教授,每人得1.8万美元,就不如把3万美元支付给其中的一名佼佼者,而让其他人各得1.5万美元。“只要有好的教授,他们就会吸引政府的投资拨款,也会吸引研究生和有发展潜力的年轻人,使学校兴旺发达。”其实,这也是特曼教授的一个预见:努力提高斯坦福的声誉和实力,以在未来不远的政府投资中获取尽可能多的教育经费。特曼教授“学术构想”的另一层意思就是树立若干学术上的顶尖科系。他认为，首先的突破口有3个：化学、物理和电子工程。事实上，物理和电子工程直至今天也还是使斯坦福大学享誉海内外的两大优势。

正是基于以上为了招揽出色人才和造就尖端系科的"学术尖端"的构想，特曼教授和当时的校长华莱士·斯德林(Wallace Sterling)决定要把斯坦福的土地变成金钱，而把钱——通过聘请名教授——变成了学术上的威望。他们的办法就是如此简单，出租土地为学校挣钱。在原来老斯坦福的赠予书内，写明了这些馈赠的土地(斯坦福校区)不许出售，但没有禁止出租。所以，他们就划出7.5%的校园土地，约655英亩，出租给从事高科技的工厂，始称为斯坦福工业园区。

一、创业精神——经济文化的繁盛

在斯坦福大学成长的历程中，学校的教育始终浸染着人尽其才、物尽其用的思想，饱含着学以创业、学以进取的精神。正如老斯坦福先生在首次开学典礼上所说的，"请记住，生活归根到底是指向实用的，你们到此应该是为了为自己谋求一个有用的职业。但也应明白，这必须包含着创新、进取的愿望、良好的设计和最终使之实现的努力。"这就是影响着斯坦福以及斯坦福人发展、成长的教育文化理念，它鼓励每一个有设想的人去进行创业、去突破。而且与斯坦福大学共生共长的硅谷所衍生的进取精神也成为了前行之路上的斯坦福以及斯坦福人的精神支柱。

文化环境对开创一个企业是十分重要的。"美国最大的财产是他们对失败的态度：能容忍失败并倾心于承担风险。"对一位致力创新的企业家来说，物质和精神的支持是同样重要的。而斯坦福研究园区就可以为有志者提供这两种支持。例如，如今闻名世界的惠普公司，就是在研究园区起家的。当时，在特曼教授学术、资金等各方面的帮助下，他的两位得意门生休利特和帕卡德以538美元创办了惠普公司。斯坦福研究园区从一开始就既给予了创业者以高风险但高利润的机遇，又为他们的创业提供一定的保险——技术、信息、资金的保障。正是提供了这种有冒险基础的研究园区，使斯坦福大学自然而然就成为了人才流向地。由于人才、资金以及创业精神的聚合产生出了一些有巨大成就的公司，也正是这些有成就的公司使得斯坦福研究园区和硅谷像一块大磁铁一样，吸引着美国各地和世界各地的工程技术人才。这样一种把大学与工业联系在一起的环境也造就了许多教授企业家。电器工程系教授林维尔(John Linvill)就是一个典型，他有数以千计的学生在硅谷工作，他本人也在好几个公司有兼职。1971年他与别人共同创立了遥感系统公司，专门制造视觉——触觉转换器，使得目前在美国已经有上万名盲人享用电子式的阅读。除了教授企业家和工程师创业家外，还出现了大学生创业家。驰名世界的苹果电脑公司，就是由两位年轻的大学毕业生乔布斯和沃兹尼克创办的。创业已经成为斯坦福大学的一种重要文化，这也是研究园区和硅谷根深叶茂的深刻底蕴。斯坦福大学甚至开设了创业课程，从理论上对企业家进行指导。一些著名的创业家，如擅长销售的AMD公司创始人桑德斯，不断另起炉灶的"创业狂"安戴尔，电子游戏工业的泰斗布什内尔等等，都是在这里起家和成长的。

斯坦福不仅吸引了学术人才，也吸引了创业能手。同时，研究园区对学术市场化的操作模式还催生了一种有利于新企业萌生的经济环境，正是这种高科技、高风险但高利润的经济环境在吸引着各种各样的创业者。由于研究园区把大学的智力和工业界的财力结合起来，其所产生的巨大的生产力，已经引起政府的重视。美国国家科学基金会设立了"小企业创新研究计划"的机构。该计划有助于小企业、新兴企业得到私人投资和其它来源的研究和开发资助，以及鼓励它们与大学、政府机构或大公司签订工作协议。例如，小企业的创业者可以从联邦政府得到5万美元的拨款作为开办费，继而可以发行几百万美元的公共股票。联邦政府能够以资助和贷款的方式为它们提供直接帮助，而且对小企业投资将用优惠的税收方式提供间接的鼓励政策。此外，州政府还以冒险资本计划和允许发行免税工业集资债券，以支持小企业的开办。总之，创业者可以得到许多方面的财政政策的支持，特别是硅谷地区优越的风险资本的提供，是斯坦福研究园区的成功因素之一，也是研究园区推动整个硅谷发展的核心动力。

二、寻求大学的生产性功能：发展大学与工业的合作关系

科技是生产力，知识是科技的基础，大学是生产知识的最重要的地方，这一系列的逻辑关系推动着大学把知识投向工业，使工业以科技取得发展、创新。这种逻辑关系正是"实用教育"观念的体现。斯坦福先生的"实用教育"(Practical Education)的教育观从一开始就影响着斯坦福的成长。斯坦福先生并没有受过高等教育，他是作为一个实业家进入社会的。实业家的社会实践，使他懂得教育对于振兴实业的重要性，同时，他又明了实业界需要什么样的教育，特别是高等教育。因此，"实用教育"也就成为其创办斯坦福大学的理念。而作为斯坦福研究园区创办者的特曼教授也是持此种观念的重要人物，他反对把大学办成一个脱离实际的"象牙之塔"。他预见到，50至60年代联邦政府将重新关注高等教育，增加对大学的投资，于是，在他的领导下，于1944年制定了斯坦福大学未来20年的发展规划，以便能吸引政府对斯坦福的重视，并充分利用联邦政府的资助，把斯坦福大学从一所地区性大学变成全国著名的研究学府。规划的要点包括:(1)结合斯坦福大学的尖端学科,努力使斯坦福大学成为工业研究和开发的中心。目标旨在使大学和工业联合起来为高科技发展、地区经济增长作出贡献,同时以便为该校毕业生提供优越的就业机会。(2)把大学的财力、物力集中起来,用以吸引第一流的研究人员,组建各种前沿的研究所、实验室等,培育在某些方面"引导世界"的人才。(3)同时也不忽视大学的基础教育。在教学和科研的战略上,把大学的二级学科视为潜在的"成长工业"的技术储备。(4)为了增加教师与工业进行联系的兴趣,斯坦福大学制定了一套刺激这种积极性的报酬制度,并且优先考虑可能对大学学术目标作出贡献的企业进入研究园区。

斯坦福现任校长格哈德·卡斯帕尔(Gerhard Casper)在1998年新学年对新生的演说中,再次明确了斯坦福的一贯传统,提出了"大学是一所公众服务机构"的说法。他还阐述了"大学行使商业机构的功能并不是一件坏事"的道理,按照亚当·斯密的观点,个人对自身利益的理性追求通常可以促进社会的整体利益。大学如能得到更多的基金支持,那么学校的教学、科研和开发等职能都能够开展得相当充分,而且有步骤。这样对学生的发展、社会的进步和人类的公共福利都是有一定益处的。

保持持续不断的大学—工业的合作关系,是斯坦福大学的传统职责,是为学术的高水平和为公共服务而努力的重要方式。这种做法得到了美国政府的赞许和支持。早在1983年5月,美国总审计局向国会提出的报告就指出,在他们所造访的研究园区、科学园中,发现有两种方法可以使大学与工业保持持续联系和维护大学传统职责与目标得以结合起来。第一种方法是制定大学的发展规划、政策时,把与工业的合作关系作为提高和保持大学高水平的学术、科研与开发计划的一部分。第二种方法是把开办研究园区的活动,列为大学公共服务职能的一个部分。而斯坦福大学在利用这两种方法方面取得的成就是独一无二的,她具有使大学与工业以及服务社会与达到最高学术水平结合起来的能力,而且目前,她仍在进一步发掘两者结合的更深层次的关系模式。

三、管理不是行政的、而是学术性的和生产性的,不仅仅是有序的、而且还是有效的

斯坦福研究园区的建设重点集中在土地的出租和管理上。最初研究园区的土地租借期为1999年,1960年把租期缩短为51年,当时是需要预付租金总额的。到1987年,建立了每年支付租金的规定。这也可以看出,时代的进步以及硅谷的迅猛发展已成为斯坦福研究园区得天独厚的条件和优势。斯坦福对投资者的申请特别谨慎,科研、开发和轻工业、制造业,被优先批准并允许长久存在,因为它们不会造成烟尘、噪音、臭气或威胁生命的物质等。许多园区承租者,把注意力放在电子、航空航天、药物和化学领域。由于研究园区对工业的进入有严格的限定,所以园区的土地出租必须经过谈判,双方的行为都应该建立在一个严格的商业基础之上。比如,公司在园区租借到了土地,可以按照自己的风格和意愿建造自己的建筑物。但是在建造之前,必须把建设计划报斯坦福大学批准才可以施工。而且在建筑物的规划上,斯坦福的建筑师和风景设计师要自始至终加以审核,以保证与总体布局相一致。公司要扩建或变更时,不管是次要的建筑物和风景设计,还是辅助性的或装饰性的结构,都必须经过斯坦福和帕洛·阿尔托市的建筑审查委员会双方的审查和批准。帕洛·阿尔托市的城市规划有严格的规定,如园区内一英亩地的最大建筑覆盖率为30%,并且规定在居住区域附近最大建筑高度为35英尺,地下建筑深度为25英尺。对地下公共设施的安装、道路的维护保养,园区的治安保卫和防火工作等也都有详细的规定。各公司、企业都仍愿意在研究园区占有一席之地,就意味着成功几率的加大。因为地处园区内部,公司可以经常扩大与大学相关部门的接触,通过这种接触可以发现更多的创业机会。所以在研究园区内的种种行为都可以归结为一点,就是"谋求共生共长的发展和进步,并预期这些进展会导致社会的积极的变化与改进"。因此,对研究园区管理的主导思想是:促成承租者、大学和周围各团体的事业,并取得足够的信誉。当然,在出租土地方面斯坦福和帕洛·阿尔托市都获得了可观的经济效益。斯坦福从预付租界土地的所得,每年约有300万美元的定期收入。另外,每年的租金约有130万美元。理所当然,这些收入有相当一部分要用于改善园区之用。"在建筑管理上允许斯坦福保持有吸引力的和有特色的建筑物和场地。大学的美学标准是高的,但是我们感到必须用一些附加费去建设和保持一个第一流的开拓区,这也是各个公司精明的投资,需要为雇员们提供愉快的工作条件。"

例1:研究开发机构

集成电路系统中心(简称CIS),是斯坦福大学微电子技术方面现代化的研究和教学的实验基地,被美国国家科学基地负责人称为"未来科研的一种组合模式"。这个价值1500万美元的高科技研究中心是由20个协会发起与美国联邦政府合作建成的。该中心由电子硬件和计算机软件两部分科研人员组成。这个中心成立的背景是:政府认识到电子工业的重要发展前景和美国所面临的挑战。CIS创办者约翰·扬在他的演讲中说,美国以它的成果与世界上其它一切国家展开经济上的竞争已经处于某种不利的地位。诸如高费用的人力资源、高成本的资金,以及地方性的分裂和美国对贸易的不关心。他说，美国享有的利益是它的技术，然而，技术是高度流动的，往往以高速度跨越国界。在科研和开发方面，美国也比它的贸易伙伴花费的力量小，同时将这些科研和开发转移到商业应用上也是比较慢的。约翰·扬说，我们的集成电路系统中心，可以起到传播作用。集成电路系统中心有许多研究小组，多数是与公司联合组成，数据库小组，英特尔小组等，每个课题都能得到5万美元以上的资助。许多课题都是科学前沿的高科技课题，如超微型计算机、平行系统计算机，据说世界上只有3个人在做此项研究；与国家半导体研究所合作生产一种新型半导体机器；与IBM、斯兰贝格合作发展一种自动检测半导体性质的专家系统，等等。激烈的竞争，使这里集中了大批优秀的人才和充足的经费，给研究园区带来了发展。由于集成电路系统中心的70%－80%成果可用于工业，这个中心在建设过程中和在后来的工作中，得到了许多公司的赞助。我们从中心门口墙上的铜牌上，就可看到刻有各公司的捐款情况。所以，这里的设备理所当然的是最先进的。

例2：大学与工业合作的各种渠道

研究园区实际上是将大学的智力和工业界的财力结合起来的产物，因此，大学和公司的合作是十分重要的。为保持大学——工业之间良好而持续的合作关系，大学的实力与工业目标之间必须有很好的配合。对于研究园区的公司、企业来说，它的成功，往往不是取决于诸如接近市场、原材料或有特殊技能的劳动力等方面，而主要取决于及早地取得大学研究成果的信息。一些在高科技领域竞争的公司，为什么要靠近大学？正是由于这些大学从事着科学领域里的前沿工作。为取得良好的合作关系，企业既要尊重大学的学术目标，又要探索和利用大学的智力。斯坦福研究园区不仅进行着基础研究，还进行应用研究和开发活动。基础研究不仅在大学实验室进行，也在工业和研究室内进行。合作形式包括为大学提供研究资金，以应用为背景的基础研究，以及工业对其进展进行持续地跟踪。在大学实验室和研究所从事的应用研究常常由大学教师和工业研究者共同参加。开发活动则集中在工业实验室。大学参加开发活动有两种方式：一是教师当企业顾问；二是企业吸收在开发活动方面具有研究经验和才能的学生。例如，斯坦福大学有80位教师和大约400名学生参加了集成电路系统研究中心的工作。

此外，斯坦福大学还通过多种形式加强与公司企业的联系。如开设专业课程、办夜校、任顾问、当董事，共用研究设施、联合研究、研究生参加非全日制工作，聘请企业家当兼职教师或当论文评审委员会成员，等等。斯坦福大学还采用闭路电视，把生动、形象的电视课程传送到坐落在研究园区的高技术企业，允许企业职工在不离开工厂的情况下获得学位，对攻读硕士学位者采取灵活措施，不一定要住校学习，甚至不要求写论文。1983年大约有50个公司的350名学员攻读“斯坦福大学优等成绩合作计划”的课程，各公司对这些学员的学习也十分支持，他们对参加学习的职工，支付了非正规学生加倍的学费。这种合作，对双方都有很大的好处。对公司来说，技术转移的速度十分惊人，往往教师刚刚获得的实验成果和毕业生革新计划，能马上在公司中实现。对大学也有很多好处，如可以从公司企业那里获得用于建立研究奖学金、增聘教师和购置实验设备的资金。特别是在硅谷，有许多公司曾在几十年前因免费使用过斯坦福大学的实验室而怀有感激之情，而今正是这些公司，在资助斯坦福大学雄心勃勃的研究计划。

斯坦福大学的发展，同硅谷的繁荣，同斯坦福校友在硅谷的成绩是分不开的。

(1)如前所述，斯坦福因出租闲置土地而获得一笔可以自由支配的稳定收入，从而吸引了人才，提高了该校的竞争能力。在硅谷地区发迹的斯坦福校友对母校也作出不少贡献，这所学校有一种捐献的传统，许多校友都继承了这种传统。例如，休利特和帕卡德当初从特曼那里得到538美元的资助而办起了惠普公司，在他们发达之后，不忘母校和师恩，于1977年回赠920万美元，建造了特曼工程中心。惠普公司还是斯坦福集成电路系统中心这一现代化的研究基地的赞助者之一。前任校长肯尼迪为了斯坦福大学建校一百周年进行了该校的第四次筹款活动，目标是11亿美元，他们的目标不仅达到了而且还超出了预计的筹款数额。斯坦福财源茂盛是她发展的基础。

(2)硅谷成为斯坦福师生实习和开发基地，教授们在硅谷可以拥有自办公司，或在各公司兼职，学生仍然可以在各公司实习和就业，师生们的研究成果很容易在硅谷迅速转为技术成果或产品。与硅谷联系最密切的电器工程系，其大部分教授都以不同的方式参加了硅谷企业的活动。

(3)硅谷的发展促进了斯坦福电器工程系的建设。如上面提到的特曼工程中心以及由硅谷20家公司在该校建立的集成电路系统中心。后者是由林维尔教授主持的，该中心每年培养100名硕士，30名博士。20家公司对他们有优先雇佣权，它们还派出一定数量的研究人员到中心参加研究工作。这个中心的设施是世界一流的，它使电子工程系的教学和科研提到了一个新的高度，使斯坦福作为硅谷的心脏这一地位更加稳固，斯坦福的设想诞生了硅谷，而硅谷的发展又像人们所说，使斯坦福成为硅谷地区最成功的一家“公司”。

牛 津 大 学

一、基本情况和数据

1. 学校结构

牛津大学是一所独立的、自我管理的大学。学校的每一位教员都有权参与决策，一切法律事务的最后责任由学校教员、管理人员和图书馆员组成的议会承担。

学校每四年任命一位“名义副校长”，他实际上是学校主要的管理人，他掌管着学校政务会——一个由选举出来的教员组成的负责学校日常事务的组织。“名义正校长”是学校的最高层人物，主持学校所有的主要仪式。大学的学术性事务则由总董事会管理，总董事会的主席每两年选举一次。

2. 学校组织

牛津的学校组织以 16 个学院(Faculty)为基础，有些学院还设有下属学院。每个学院都有一个经选举产生的董事会，该董事会对它所在的本科生的课程负责。每个学院自行承认、监督、检测所有毕业生的相关科目。在得到总董事会认可的情况下，它同时负责聘任教职员，以及与学院所包含科目有关的一切学术性事物。许多学院(并非所有)是以系的形式组织起来的；不以系为组织单位的主要是人文艺术学科。有些课程(如教育学)由委员会而不是由学院董事会负责。在学科中担任教学研究任务的学术人员通常隶属于某一个学院。

学院列表：

- 人类学与地理学
- 生物科学
- 临床医学
- 英语语言文学
- 法律学
- 古典文学
- 数学科学
- 中世纪与现代语言
- 现代历史
- 音乐
- 东方研究
- 物理科学
- 生理科学
- 心理研究
- 社会研究
- 神学

教职工人数：

学术人员（教学科研与教学）	男	女	总数
全职人员	1042	216	1258
兼职人员	45	19	64
诊疗人员	109	14	123
具备医疗资格的人员	128	16	144
来自其他国家的人员	144	57	201
只从事科研的人员	1240	725	1965
总人数			3755

管理和后勤人员

管理人员	301
电脑管理员	19
图书馆管理员	136
技术人员	927
文职人员	1436
助理	549
总人数	3368

3. 学生人数

全体学生数		96－97	95－96	86－87	76－77
本科生：	文科	6915	6806	6092	5988
	理科	4558	4476	4007	3233
	总数	11473	11282	10099	9221
研究生：	文科	3505	3309	2769	2778
	理科	6813	6708	5513	4495
	总数	17233	16823	14374	13261

各系研究生数

人文与社会科学	总数
人类学和地理	174
英语	323
法律	199
古典文学	176
现代历史	332
现代语言	146
音乐	34
东方研究	120
社会研究	509
神学	145
考古学	75
比较语言学	41
继续教育	56
教育研究	87
拉美研究	10
管理研究	137
伊丽莎白女皇之屋	16
斯拉夫和东欧研究	12
总人数	2592

理科	总数
生物科学	383
数学	258
临床医学	229
物理科学	757
生理研究	157
心理研究	75
总人数	1859
其它	总数
特殊教育文凭	12
教育证书	163
总人数	175

4.大学和学院

学院是牛津的核心组成部分。如今,牛津共有39个独立的自我管理的学院,它们和学校的关系就像美国那样,采用联邦制。每一所学院都由Head of House和几个Fellows管理,他们都是各种学术领域的专家,其中大多数在学校都有职位。此外还有6个Permanent Private Halls,这是由不同的新教教会建立的,至今还保留着它们的宗教特许状。Halls的权力和责任与学院相似。全部6个Halls和30所学院可以接受本科生与研究生;有7所学院只能接受研究生;还有2所学院招收的是特殊的非全日制学生。

学院为教育学生,在提供食宿等方面收取费用,同时捐赠也是一笔收入。接受捐赠较多的学院通过学院捐赠基金帮助接受捐赠较少的学院。

学校和学院的关系已经有了800多年的历史。这种关系很复杂,但一直在起作用。学院坚决地捍卫自己的自治权,校方也尊重他们的这种权力。这种相互关系多多少少有些像一个家庭,由"家长"代表全体成员作出决定,但个体成员行动的独立性所产生的生命力和多样性是那种一元结构所无法比拟的。对这种关系的修正也一直在进行,比如一个咨询委员会(Commission of Enquiry)就曾提出过93条修改建议,其重点在管理、联合聘用和联合学院安排等。

二、 功能介绍

1.牛津的学习方式

牛津的教育在于训练学生搜寻和消化信息,建立自己的观点并为之辩护,进行独立思考。带有明显职业训练内容的课程为数极少,然而牛津学生在毕业求职方面总是最成功的。

牛津学生总数包括11015名本科生和4626名研究生。本科生通常花三至四年时间研习一门单独的学科,如历史或生物化学,并达到相当深度。在相关学科间也可能会有联合课程,如在哲学、政治和经济等学科间,或在数学和计算机学科间。课程由校学院设计,他们组织课堂讲授和实习课。

导师制对学生的深入教学大有帮助,有时是导师辅导一组学生,有时是单独辅导。导师制教学促使学生对所学科目进行创造性思维,这也是牛津教学体系中最值得称道的地方。

研究生所占比例在稳步地增加,其中很大一部分来自海外。大约四分之一的课程达到了博士学位的高度。

2.本科生学习

牛津的本科课程为学生提供了在某个领域进行深入学习的机会。所有的课程都有众多的选择余地,以满足学生不同的兴趣。牛津的图书馆、实验室和博物馆都是极佳的学习场所。学生还有机会接触到很多著名的研究者。各种各样的学生社团也繁荣了学校的社会与文化生活。

每一个牛津的学生必须同时被学校和其中的一个构成学院承认。现在共有30个学院和6个永久性Permanent Private Halls可以承认本科生。学院体系在教师和学生间培养了一种社区精神。

学院欢迎来自不同类型学校和不同背景的学生申请入学。牛津的学生来自英国各地和海外。为获准入学的竞争十分激烈,但每一位候选者的个人优越点都会经过慎重的考虑。牛津意图在申请者中找出最好的学生。学术成就当然很重要,但导师也同样看重发展潜力、动机和申请者对在牛津学习的承诺。

3.继续教育

牛津每年为个人、职业组织和工业公司提供数百个短期或非全日性课程,主要目的是适应个人或社会发展,以及职业和技术更新。这些课程的绝大部分由继续教育部提供。它从学校其他系和学院抽取教学人员,所提供的课程涉及牛津所教授的绝大多数科目。

非全日性课程的参加者通常居住在牛津方圆60英里的区域以内,而寄宿性课程,时间从2天到十周不等,可从全国乃至国际范围内招收学员。大多数课程以开放的形式招收学员,但也有些课程是为满足特殊需求开设的。能够获得学校奖励的课程数目在增加,现已有数种硕士课程向兼职学生开放。

另一个为满足这类需求的机构是Kelogg学院。这是最近专为继续教育的目的而设立的,与继续教育部共用设在Wellington广场的办公场所。

继续教育(1996~1997)	课程数	学生数
公共项目	430	11976

非住宿性课程	390	9223
住宿性课程	37	2046
暑期学校	3	707
国际项目	38	1971
继续职业发展	120	2325
总数	588	16272

4. 发展项目

牛津的发展项目集中在一系列战略性优先权的方面，意在加强牛津作为世界研究和培训的领先地位，同时为达到这个目标筹集财政资助。

该项目的近期目标是为以下事业筹资：

· 跨学科研究中心
· 一个支持与欧洲其他主要大学联合的学术项目
· 一个完全应用信息技术的第一流图书馆
· 为研究生，尤其是外国研究生设立的奖学金
· 对一个安全的学术基金的捐赠
· 为改善学校环境的非学术性设施

它还同样计划与学院合作为支持导师制教学和提供住宿募集捐赠。

5. 捐赠

牛津如何对它的捐赠进行投资：

牛津对它的捐赠的投资计划是在1943年通过的大学和学院法案第二部分下设计的。所有信托财产都以一项叫做"共同信托基金"的单独基金形式由大学管理。学校有权在世界任何地方以债券、股份、现货、基金或其他形式(包括土地)进行投资。大学基金会的负责人(The Curators of the University Chest)有责任监督，开展财政事务。

投资政策和表现：

首先保证捐赠的不动产价值，这是 The Curators of the University Chest 最先考虑的事。无固定利息股票、优良股票和现金部分由 University Chest 管理，部分由职业顾问管理。不动产所有权由 Estates Committee of the Curators of the Chest 在职业顾问协助下管理。制定投资政策的目标是使共同信托基金以4%的比例增长。共同信托基金1997年7月31日的市场价格是9300万英镑。其中无固定利息股票占64%，优良股票和现金占25%，不动产占11%。

6. 学校财政

1997～1998年度总收入：9.12亿英镑：

其中：研究经费与契约占40.2%
HEFCE的赠款占29.4%
学费和资助占12.7%
其他经营收入占11.6%
捐赠收入和回收利息占6.1%

1997～1998年度总开支：8.5亿英镑

7. 出版社

牛津大学出版社是世界最大的大学出版社。它发端于15世纪晚期的信息技术革命。这场革命是从活字印刷技术的发明开始的。

作为牛津的部门之一，出版社和学校的共同目标就是：使学术和教育成果得到尽可能广泛地传播。管理出版社的是一群由教员中选出的代表。他们在学期中每两周会晤一次，会议主席是名义副校长，调控出版项目。

出版社广泛的出版项目包括一切研究领域的学术作品、字典、参考书、学校课本、英语教学材料、商务书籍、新闻和电子出版物。1996～1997年度的营业额超过7000万英镑，在世界范围内原有的3万个品种基础上又印发新书超过4800种。营业额的85%是在英国以外，雇员遍布50个国家，超过3400人。出版社在世界各地的办事处超过50个，其中在美国的最为重要，该社比任何美国的大学出版社都要大，每年出新书超过400种。

8. 研究与商务部

研究与商务部(Research and Commercial Services)是牛津管理结构中的焦点部门，因为它负责资助研究，与工业界联络以及其他相关活动，它主要负责与一切校外研究基金相关的事务，同时负责监察从研究课题的申请阶段，到控制研究的相关条件的协商，及至代表校方对研究协议或奖励的授权。

研究与商务部的责任还包括对讨论会、知识产权和保密问题提供咨询，以及生产、传播与科研有关的出版物。

9. 学生服务

学生会：学生会的存在是为使学生的观念协调一致，把学生的兴趣提升到大学水平。它向学生提供范围广泛的服务，包括为学生代言，组织有计划的活动，学生福利和学生服务等。

就业服务部(Careers Service)：牛津特设就业服务部向学生提供综合全面的就业服务，所有本科生和研究生于在校期间和离校四年内都可利用。就业服务部的功用是为牛津在校或刚毕业学生的职业选择提供多方面信息，特别是对现有机会的评价、鉴别，对所需能力和技能的调查研究；加深学生对自己价值观和兴趣的了解，认识并进一步发展学生的能力和技能，系统规划并实现学生早期的职业计划，提供给他们可能的职业选择等。这是英国最早建立，同时也可能是资源最丰富的大学职业服务部。服务项目包括：一间备有关

于职业，雇主，工作，研究生学习，国内和海外的学习与工作的详细信息的资料室；学期间的讲座和培训项目；一系列假期工作，包括一个专为牛津学生获取工作经验而设立的项目；每周直接向3000名学生发送的空职简报；10名就业顾问提供的建议；以及一个电脑化的就业指导系统。学生对这些服务的使用率很高，85%的学生在最后一年期间登记为使用者。对于雇主来说，这是一个十分经济、高效的沟通媒介。牛津毕业生的失业率一直是英国大学中最低的。

毕业生的去向：牛津学生继续保持很高的受雇率。从1997年(最近数据)情况看，约20%继续进行更高层次的学术研究或学习，另有20%从事职业培训，其中一半的人参加法律培训，11%进入公共服务部门，约7%进入工业界，进入商界的超过25%。只有4%的学生毕业六个月后仍在寻找工作。

牛津的信息技术设施：牛津在使用因特网进行教学、研究和图书馆管理方面处于领先地位。为改善因特网的设施和服务，牛津使用一种分散的计算机分布策略。多数自然科学系都有自己的联系广泛的计算机资源，其中有些功能非常强大，同时还有相当数量供教师和学生用的个人电脑。学校也特别为文科学者装备了联网的个人电脑。整个大学中教员的电脑拥有率接近1:1，学生的拥有率则为1:5。所有联网的电脑总数超过18000台，从而使人们可以通过桌面的方式直接进入并使用各系、校中心、图书馆和因特网上的资源。学校的每一所建筑、每一所学院都联入了校园网。

对于这些资源的第一线支持主要来自校内大多数院系。校计算机服务部也提供了广泛的因特网服务和支持，他们服务的重点在于中央基础(包括中央网络、专家咨询、因特网培训、电子邮件和其它信息服务器)，以及那些在本系和学院要求得不到满足的教员。

牛津对于信息技术领域的多方面研究也处于领先地位，主要是通过电脑实验室和工程科学系进行，此外继续教育部在应用电脑教学方面也很有成就。

语言中心：语言中心的服务对象是学校中那些出于研究或交流的目的需要学习和完善语言技能的人。中心收藏的原版、视听和电子的语言材料涵盖了100多个语种。设有欧洲主要语言和英语作为外国语的班级。中心的教员使用由卫星在整个欧洲传送的电视节目所组成的先进语言教学体系。

学生资助：校方十分关心学生的多方面福利。学生困难委员会掌管为缓解学生家中的经济困难而设的基金。他们提供的帮助形式主要是贷款和助学金，学校还接受高等教育基金委员会提供的入学基金，用以帮助家中有经济困难的学生。

学校为教员和学生提供广泛的幼儿看护项目，以及经过职业训练的人员提供的保密的咨询服务。

三、国际合作

牛津与世界上近80个国家有学术联系。这些联系主要以教员之间的非正式关系为基础。此外，牛津有少量的学术和研究合作协议，但只在特殊情况下才开展。

国际处(International Office)是学校对外关系司的一部分，负责管理有关国际学生的方案，并对相关的基金事务提供建议。

国际学生：国际学生仍是牛津学术与文化活动中必不可少的一部分。在1997～1998年度，共有4219名外国学生在牛津学习，其中本科生1050名，研究生2710名，访问学生459名。与前一年相比增长20%。增长最显著的是来自北美和大洋洲的学生，分别为27%和36%。

奖学金办法：在1997～1998年度，有132名学生得到全额或部分奖学金的资助，这些资金由校外赞助者提供，并由学校国际司管理，另有50名学生由校外赞助者和大学联合资助。还有103名学生得到学校筹集的研究奖助金资助

此外，学校还拨款303830英镑用以支持牛津海外资助基金计划，该计划帮助那些按照国外汇率支付学费，并且无法求得他们在牛津生活、学习所需资金的学生。1997—1998年度，有来自22个国家的53名新学生接受了资助，使受这个计划帮助的总人数达到110人。

罗德兹(Rhodes)奖学金方案资助来自英联邦十五国、美国和德国的学生在牛津学习，到目前总人数已达266人。

斯卡特德(Scatcherd)欧洲奖学金资助12名牛津学生在多个欧洲大学学习。

对东亚学生的资助：1997—1998年度，在牛津的留学生中有445名来自东亚。校方已注意到该地区经济危机给这些学生带来的严重困难。为此，学校拨款100000英镑，特设学生困难基金帮助这部分学生。另外，牛津还接受了36个由英政府和新马泰等国的学生机构共同资助的学生。

交换项目：本年度牛津迎来了首次从澳大利亚国立大学来的2名交换学生。同时，一名牛津的社会人类学博士生也将在澳大利亚渡过6个月的学习时间。

与欧洲的联系：牛津通过SOCRATES(ERASMUS)等交换项目与欧洲大学发生联系。同时它还是由34所传统欧洲大学组成的Coimbra集团之一。EVROPAEVM被认为是欧洲重要大学为促进在欧洲研究领域的人员和学生交换、联合研究、会议和暑期学校建立的核心联系网，牛津是其成员之一。1997～

1998年度,牛津继续通过SOCRATES(ERASMUS)项目拓宽同欧洲的联系,39名牛津学生参加对外交换项目,同时有53名学生交换到牛津来。这项计划也同样致力于促进教学人员的交换,本年度共有3名牛津教员交换到国外去。

学术联系:牛津协调着两个为促进与拉美国家间合作的项目。一个是关于经济和社会发展,由拉美中心开展,合作伙伴包括阿根廷、秘鲁、委内瑞拉、巴西、智利、西班牙、荷兰等国。另一个是关于被动移民,由伊丽莎白女皇机构(Queem Elizabeth House)组织,成员是拉美和欧洲的十一所大学。

校方同样十分注重发展同中国的联系,与北大签署了学术合作协议。双方都在争取扩大给中国学生的奖学金范围,并发展同大陆、港台大学的学术联系。本年度有200多名学生来自中国各地区。

慕尼黑大学

一、简　介

慕尼黑大学(全称路德维希·马克西米利安·慕尼黑大学 Ludwig Maximilian Muenchen Universitaet)始建于1472年,是德国历史上最悠久、文化气息最浓郁的大学之一。19世纪初,为了纪念学校的创始人H·路德维希大公和后来的马克希米里利安一世,这所学校改名为"Ludovico Maximilianes",后来又将这个拉丁文的名字更改为德文的Ludwig－Maximilians Universitaet。从1472年始建至今,她已经发展成为规模仅次于柏林自由大学,位居德国第二位的大学。

慕尼黑大学在1997—1998学年度学生已近70000人,其中女生35000人以上,超过半数,外国学生有5000人左右,在6万多名学生中,有51%分布在语言文化类和社会科学类的专业中。慕尼黑大学共有800名专职教授和2500名其他教学科研人员,另有近11000名非教学科研人员分布在行政管理部门、图书馆、医院、实验室和校办企业。慕尼黑大学每年用于发放教职员工工资、更新设备、修缮校舍等方面的费用约为12亿马克。

大学的教学单位现分为20个学院,这些学院中又分为总共178个研究所,以及为医学院实习用的诊所。慕尼黑大学成就较高的专业学院主要有企业经济学院、医学院、法学院、社会学学院、物理学院和化学学院、林学院、兽医学院等。

慕尼黑大学图书馆始建于1573年,如今,除了位于校本部的中心图书馆外,还有分属各研究所和各学院的分馆共215个。中心图书馆的藏书多为基础图书、日常图书和一定程度的专用图书,达140万种,加上各研究所的藏书,共为440万册,与巴伐利亚州图书馆藏书量相仿,图书馆藏书每年递增约50000册。

慕尼黑大学的知名度很大程度上来自于她的艺术和人文学科研究,但她在机械和科学领域的研究也取得了世界瞩目的成就,如她的分子生物基因中心实验室、与慕尼黑技术大学联合建立的加速器实验室。此外,慕尼黑大学高水平研究的标志是其成员每年荣获的多种奖金和奖励,如德国研究协会的Gottfied－Wilbelm－Leibniz奖和Koeber奖,迄今为止,慕尼黑大学教授中已有12人获诺贝尔奖。

二、学校机构设置及管理

从19世纪初起,慕尼黑大学就逐步形成了民主管理的制度。几经变迁,当前的机构设置及其职能如下:

大学评议大会

这是大学议事决策的权力机构,其成员由民主选举产生。在最近一届的与会代表中,教授代表为36人,其他学术人员代表为12人,学生代表为12人,非学术人员代表为6人。校长等校务领导委员会的5名成员也是评议大会的成员。评议大会的成员每两年选举一次,其中学生代表每一年选举一次。

评议大会的职能主要有:

★制订和修改大学的法规和章程;

★选举产生大学校长和副校长,组成校务领导委员会;

★听取校务领导委员会的工作报告。

评议会:

评议会是在评议大会休会期间所设的常务机构,其成员包括:教授代表12人,其他学术人员代表4人,非学术人员代表2人,各团体都按评议大会代表1/3的名额选出评议会成员。

此外,校务领导委员会5名成员,也是评议会的成员,参加日常会议。

评议会的日常工作任务主要有:

★拟定大学法规和章程中需要修订部分的修订草案,供评议大会研究讨论;

★决定教授聘请事宜;

★决定学术研究工作的重大项目;

★决定新的学科和考试规则等。

各种人员在评议大会和评议会中的比例,是根据巴伐利亚州《高等教育法》中规定的比例而设置的,教授多于其它人员的总和,即所谓的"教授治校"。另一方面,让学生参加学校的管理,学生的比例和其他学术人员相同，多于非学术人员，大学的机构设置、课程安排、活动组织都倾听学生的意见，这是“学生本位”制的具体体现。

校务领导委员会

慕尼黑大学设校长1人，副校长3人，均由评议大会选举，校务领导委员会办公室主任1人，由校长任命，5人共同组成学校行政领导机构。

校长的职能是领导校务领导委员会的工作，同时统筹、协调全校各个学院的教学科研工作。几百年来，当选的校长一般都是德高望重的教授，学校校长不是纯行政职务，只是“兼职”，任职期间仍不放弃教学和科研，从职位上“退休”后，还回到学院或研究所去继续从事他的本行。

学院组织

学院的议事机构为“学科会议”，成员比例为：教授7人，其他学术人员2人，学生2人，非学术人员1人。

学科会议由本学院学科代表大会选举产生，该会议同时选举院长和副院长。

学院院长的基本任务是：

★统筹、协调各研究所要完成的本学年度学术研究和人才培养任务；

★将各学科的先进经验集中推广，提高教学科研质量；

★组织各个学科的各级考试；

★搞好教师、科研人员的专业进修，选拔优秀人才充实教学科研队伍。

学生福利会

这是一个负责对所有慕尼黑大学学生的福利进行筹划和安排的机构，如维修建筑、管理宿舍和食堂、发放补助金等等。这是一个独立的社团，其成员共同努力使他们的工作尽量不受学校行政部门的干扰。该机构初创于1918年，两次世界大战都给德国带来了巨大的损失，不少学生是依靠福利会提供的低价膳食、服装以及勤工俭学的机会才渡过难关的，因此，这一机构成为其他学校效仿的榜样。直到如今，很多学生(约三分之一左右)仍有赖于该机构提供的工作机会才能修完德国大学漫长的学业。

三、产学研模式

注意科研与教学并举是慕尼黑大学的一个特点，在新形势下，他们更为注重与企业界的密切结合，在探索产学研结合的过程中，慕尼黑大学建立了几种不同的模式：

一是高校与企业共同组成研究中心，前期的开发研究由高校承担，后期的应用研究由企业承担；

二是以研究课题和项目为主、学校与几个企业共同组成研究联合体；

三是高校与校外研究机构组成联合体，联合体设在大学内，所长同时在大学兼职，这种负责人的双重身份十分有利于调动研究所和高校双方的积极性，科研经费的使用也很灵活，有利于研究所对博士生的培养。

四、教学改革

(1)学费改革　长期以来，德国的高等学校无偿为学生提供教育机会，每个学生全年的费用高达13万马克，这对于学校来说是一个极大的负担；而且，对学生在校学习的年限限制不强，出现了学生赖在大学中数年不走的现象。在政府拨款远远不足，大学筹集经费困难的情况下，慕尼黑大学校方正在考虑是否向学生收取适度的学费，数量大约在2000至4000马克之间。这样做有两个目的：一是减少在大学中滞留的学生数量，二是可以增加经费来源，并且，只要在收费的同时实行一些补救性的措施就不会把一些有才华而经济拮据的学子拒之门外。

(2)废院改系　慕尼黑大学主要吸取了美国大学的一些设置和作法，废除了过去设置的几大学院，在学院下面再设系、专业，提高各专业的地位。

(3)积极欢迎外国留学生　以前德国大学对待外国申请者是冷面孔的时候居多，学生不仅没有奖学金，勤工俭学也只能偷偷做些粗活，而且在德国大学拿到学位需要的时间太长，求学者往往知难而退。有鉴于此，慕尼黑大学积极落实德国政府于1996年5月出台的鼓励外国人赴德留学的新政策。虽然现阶段外国学生数量不足学生总数的1/10，但在授予外国学生奖、助学金方面有了一定程度的改善，同时，也放宽了某些限制专业中外国学生的申请标准。

(4)突出专业，进行学科改革　近几年，慕尼黑大学大刀阔斧地削减掉一些过时的专业，同时以更大的积极性增加了一些新型专业，如：在数学学院中加大信息学和计算机科学的比重，在国民经济学院中加大对当前经济现象研究的力度等。

东京大学

一、东京大学的院系结构

东京大学是一所学科齐全、闻名于世界的综合性大学，基本上囊括了当今世界高等教育和学术研究的主要领域。到1997年4月，东京大学有本科10个系，研究生院研究科 11 个，研究所 11 个，另外还拥有教育研究机构和附属医院等。东京大学有本科生 16500 人、研究生 9000 人，其中有来自 70 多个国家和地区的留学生约 1800 人。

学系以及学科(类、课程)

(各个学科按照学科、类或课程进行分类)

学系	学科(类、课程)名
法学系	第一类(私法课程)、第二类(公法课程)、第三类(政治课程)
医学系	医学科、健康科学、护理学科
工学系	土木工学科、建筑学科、都市工学科、机械工学科、产业机械工学科、机械情报工学科、精密机械工学科、船舶海洋工学科、航空宇宙工学科、电气工学科、电子情报工学科、电子工学科、物理工学科、计数工学科、系统量子工学科、地球系统工学科、金属工学科、材料学科、应用化学科、化学系统工学科、化学生命工学科
文学系	思想文化学科、历史文化学科、语言文化学科、行动文化学科
理学系	数学科、情报科学科、物理学科、天文学科、地球行星物理学科、化学科、生物化学科、生物学科、地学科
农学系	应用生命科学课程、生物环境科学课程、生物生产科学课程、地域经济＊资源科学课程、兽医学课程
经济学系	经济学科、经营学科
教养学系	超域文化科学科、地域文化研究学科、综合社会科学科、基础科学科、广域科学科、生命·认知科学学科
教育学系	综合教育科学学科
药学系	药学科

东京大学的本科生教育分两个阶段进行：前两年为基础教育阶段，后两年为专业教育阶段。新生入学后，首先在驹场校园的"教养学部"学习人文、社会及自然科学的基础知识，然后在驹场校园或者本乡校园的各个学系接受后期专业教育。东京大学的本科生教育有以下四个特点。

1. 重视基础教育。学生入学后，一半时间用于掌握基础知识，即使在后期的专业教育阶段同样也很重视基础知识和专业知识相结合。因此，有人建议把本科教育改成 6 年，因为在短短的 4 年时间里既要学好基础知识又要掌握专业知识是很困难的。

2. 课程内容的综合化。现代科学技术的迅速发展，促进了各种学科的相互融通与渗透及许多边缘学科的出现。这一趋势要求高等教育不但要避免过细的专业分化，而且也要求文理科相互融通，不断开拓跨专业学科，使课程设置向综合化方向发展。

3. 扩大选修课程的范围。为了适应学生个性发展的需要和培养学生主动学习的积极性，东京大学采取了缩减必修课，扩大选修课范围的措施，例如经济学系就把后两年的课程全部改成了选修课。

4. 各系(学部)灵活安排课程内容，办出自己的特色。各学部根据学部自身的特点，不仅在课程内容上，而且在必修课和选修课的安排上以及学分、实习、毕业论文等教学制度和形式等方面不拘一格，力求多样化。

研究生院研究科以及专业

(各个研究生院研究科，按照专业进行分类)

研究科	专业名	讲座数
人文社会系	基础文化研究、日本文化研究、亚洲文化研究、欧美系文化研究、社会文化研究	大 26
教育学	综合教育科学	大 6
法学政治学	公法、民刑事法、基础法学、政治	大 20
经济学	经济理论、现代经济、企业＊市场、经济史	大 12
综合文化	语言情报学、超域文化科学、地域文化研究、国际社会科学、广域科学专攻生命环境学系、广域科学专攻相关基础科学系、广域科学专攻广域系统科学系	大 34
理学系	情报科学、物理学、天文学、地球行星物理学、化学、生物化学、生物科学、地质学、矿物学、地理学	大 27
工学系	社会基础工学、建筑学、都市工学、机械工学、产业机械工学、机械情报工学、精密机械工学、船舶海洋工学、航空宇宙工学、电气工学、电子情报科学、电子工学、物理工学、计数工学、系统量子工学、地球系统工学、金属工学、材料学、应用化学、化学系统工学、化学生命科学、情报工学、超传导工学、先端学际工学	大 85
农学生命科学	生产·环境生物学、应用生命化学、森林科学、水圈生物科学、农业·资源经济学、生物·环境工学、生物材料科学、应用生命工学、应用动物科学、农学国际、兽医学	大 31
医学系	分子细胞生物学、机能生物学、病因·病理学、生体物理医学、脑神经医学、社会医学、内科学、生殖·发达·加龄医学、外科学、健康科学·护理学、国际保健学	大 27
药学系	分子药学、机能药学、生命药学	大 5
数理科学	数理科学	大 6

东京大学除了本科生教育机构和研究生院以外，还拥有 12 个附属研究所。各个研究所，根据研究专业

的不同,隶属于各个研究科。

研究所名	所属研究科
医学研究所	理学系研究科、农学生命科学研究科、医学系研究科、药学系研究科
地震研究所	理学系研究科、工学系研究科
东洋文化研究所	人文社会系研究科、法学政治学研究科、经济学研究科、综合文化研究科、理学系研究科、农学生命科学研究科
社会科学研究所	法学政治学研究科、经济学研究科、综合文化研究科
生产技术研究所	工学系研究科
史料编辑研究所	人文社会系研究科
分子细胞生物学研究所	理学系研究科、工学系研究科、农学生命科学研究科、医学系研究科、药学系研究科
宇宙线研究所	理学系研究科
物性研究所	理学系研究科、工学系研究科
海洋研究所	理学系研究科、农学生命科学研究科

这些研究所对推动尖端领域的研究发挥了重要作用。属于这些研究所的教授、副教授1996年达到500多名,占全校教授、副教授总数的1/5。这些研究所还大量接收外国研究人员,积极推进国际交流与合作研究。

二、办学方向的重大改变

"把东京大学办成以研究生教育为重点的大学"。这是东京大学面对21世纪世界高等教育的挑战而做出的抉择。战后日本经济的迅猛发展,使日本跻身于世界先进国家行列。日本经济地位的新变化及当今世界知识的信息化,经济文化交流的国际化,给日本的高等教育提出了新的课题。面对这些挑战,东京大学这所日本历史最悠久的高等学府,不是安于现状,而是勇于改革,锐意创新。同时,东京大学的研究生院无论在规模上,还是在教学与科研水平上,都居于国内领先地位。这不仅是东京大学的"特色"也是一种"难得的优势"。东京大学充分利用这一特色和优势,在系、科和研究所的协助下,进一步加强研究生院的教学和科研工作。

1987年3月,东京大学评议会设置"研究生院问题恳谈会",审议和讨论东京大学的教学与科研体制的改革问题及把东京大学建成以研究生院为重点的大学的各项方针和政策。通过10多年的改革,东京大学取得了以下几方面的成果。

(1)"大讲座制"的创立。改革之前的"小讲座制"是从二战前沿袭下来的,以一名教授、一名副教授、两名助教为基本单位,是"师傅带徒弟"式的传统而封闭的教育体制。教育研究的深化,科学研究的跨学科发展,需要具有弹性的、相对比较自由的教师组织。为了适应当代科学技术发展的需要,东京大学创立了一个讲座由若干名教授组成的"大讲座制"。这样既继承了日本传统的"讲座制"的优点,又借鉴了美国大学教授与学生关系的活泼性、开放性。经过这一改革,讲座数从1990年的613个,减少到1995年的346个。虽然其中教授定员由783人增加到978人,但却减少了助教的定员。这又使东京大学的改革遇到了一些困难。因为助教人数的减少不利于教授与学生之间的联系,也给教授的研究工作增加了负担。

(2)改革除了注重校内研究所及各系、科的通力合作以外,还加强了与校外研究所的合作。东京大学研究生院博士生人数大幅度增加,教育质量也有了提高。

(3)以研究生院为重点的改革也促进了本科教育的改革,加强了研究生教育与本科教育之间的联系。除继续重视本科的一般性基础教育外,还给本科教育提供更多的帮助和支持。例如法学政治学研究科就增加了对本科生的"演习"和"特别课程",经济研究科也把本科生和研究生安排到一起上一些研究生院的基础性课程。

三、促进与社会联合

东京大学把满足社会各方面的需要,作为大学对社会的贡献。同时从学校方面来说,积极开展与社会的交流,在学术研究上也会得到社会的大力支持,这对学校的发展也是大有裨益的。

东京大学在学术研究上谋求与社会联合的主要措施有:

(1)合作研究制度　即接受来自民间企业、地方公共团体的研究人员和研究经费,双方研究人员就共同的研究课题进行合作研究

(2)委托研究制度　即大学的研究人员接受民间企业及其他部、委机关的委托从事某项研究,并将其作为自己的主要工作,所需经费均由委托者负担。

(3)委托研究员制度　即大学及其研究机构对民间派来的现职技术人员、研究人员进行研究生水平的培训指导,以提高其素质,增强其能力。

(4)奖学捐赠金制度　所谓奖学捐赠金,就是接受来自民间企业及个人的赠款,其目的在于为学术研究筹措经费,它在振兴学术方面发挥着重要作用。依靠此类奖学捐赠金,东京大学设立了"捐赠讲座和捐赠研究部门",以活跃教学和科研。东京大学捐赠讲座达8个,捐赠研究部门达11个,所接受的赠款总额为305.5亿日元。

四、加强国际交流

“为适应国际化的需要，学校尤其是大学，要提高教学、科研水平，向世界开放，为全世界培养人才。”这是日本教育界一致的看法。东京大学为了培养国际性的优秀人才，通过广泛的国际交流，积极开展教育和科研领域的国际合作，并把将东京大学办成日本的国际学术交流中心作为自己的办学方向之一。

东京大学的国际交流主要包括国际合作研究和研究人员交流两大方面。在国际合作研究方面，积极开展两国间的合作研究和通过国际组织及学术团体组织的多国合作研究。研究人员的交流，特别是青年研究人员的交流，对于独创性的培养意义甚大。通过交流，研究人员之间建立起了亲密的合作关系，有利于将来从事合作研究；另外，国际学术会议不仅能够在学问上起到切磋的作用，而且也是把东京大学的学术信息传向海外的窗口和桥梁。而近期较活跃的是基于大学(或学系)之间的学术交流协定而进行的与海外大学的学术交流。

五、事务机构的改革

东京大学自从1964年在评议会承认的基础上设置事务改善委员以来，已召开了多次会议，研究东京大学事务机构的改革事宜。事务机构改革状况如下：

(1)按照从1968年到1996年的8次定员削减计划，东京大学共削减2121人，其中216人为助教及护士，1905人是事务官员及技术官员。

1996年度的教职员的定员

总长	1
教授	1316
副教授	1207
讲师	145
助教	1442
附属学校教师	36
职员(事务官员、技术官员)	3844
总计	7991

(2)把一些事务委托给社会，从而减少冗员以提高办事效率。例如文书及邮件等的发送、夜间警备、官署建筑物内部清扫卫生等业务均实现了外部委托化。

(3)为便于事务迅速、合理地彻底处置，采取了以下措施：

① 灵活安排工作时间。特殊安排教师的工作时间，原来要得到文部大臣的许可，而现在机关内部就可以处理。

② 工资手续的简单化。变原来要与文部省协商80%为现在的可以由总长来决定。

③ 委任经理金用项变更申请许可手续的简单化即变原来的要向文部大臣申请为现在的由总长许可。

④ 接纳委托研究项目的手续简单化。国家委托的研究项目和超过1000万日元的委托项目，不需再经与文部省协商，得到总长的许可即可。

面向21世纪的东京大学不断改革和创新，不但为这所古老的世界知名大学不断增添新的活力，也为其它大学的改革与发展提供了可资借鉴的经验。

·索 引·

使用说明

一、本索引采用内容分析索引法编制,并按照汉语拼音音序(同音字按声调)排列。
二、除"大事记"外,年鉴的各部分内容均列入索引范围,以便于检索使用。
三、索引标目后的数字表示内容所在的页码,数字后的英文字母 a、b、c,代表年鉴正文自左至右的栏别。
四、年鉴的篇名作为索引标目时,用黑体字标明;表格标目则用楷体字标明;其它标目以宋体字编排。
五、索引中遇有全称与简称、通称标目时,以"见"参照予以反映。一般是简称见全称,或全称、简称见通称。
六、为反映索引款目间的上下级关系,对于二级标目,采取在上一级标目下缩二格的编排形式,之后再按汉语拼音音序排列。

C

H

M

T

W

Y

Z

（肖东发　王彦祥）